A
HISTORY
OF
WESTERN GOVERNANCE THOUGHT

西方国家治理思想史

辛向阳 主编

[上卷]

浙江人民出版社

图书在版编目（CIP）数据

西方国家治理思想史 / 辛向阳主编． — 杭州 ：
浙江人民出版社，2024.3
ISBN 978-7-213-09984-7

Ⅰ．①西… Ⅱ．①辛… Ⅲ．①行政管理—政治思
想史—西方国家 Ⅳ．①D035-091

中国版本图书馆 CIP 数据核字（2020）第 271186 号

序　言
西方国家治理思想史的马克思主义解读

西方国家治理的思想历史复杂多元，流派庞杂如云，典籍浩如烟海，观点精彩纷呈，乍一接触，让人感觉到如坠云雾，摸不着头脑。其实，透过无数学术现象，我们可以发现很多带规律性的变化。

一、解读西方国家治理理论发展的历史进程需要坚持马克思主义的基本立场

国家治理问题从根本上讲是涉及各个阶级、阶层利益的政治问题，一个阶级、一个阶层在国家治理中有什么样的权力、发挥多大作用，根本上取决于国家治理的性质与结构。任何国家治理理论都必然带有一定的阶级性，直接或者间接地反映所代表阶级的利益和立场。魏特夫，这位曾经在1920年加入过德国共产党，后加入美国国籍的哥伦比亚大学和华盛顿大学中国史教授，在1957年社会主义国家事业欣欣向荣、西方资本主义出现相对衰败的时刻，站在资产阶级学者的立场上，给社会主义国家贴上诸如"亚细亚社会的复辟""东方专制主义""治水社会"等一系列标签，试图抹黑社会主义国家的合法性，给西方资产阶级以理论自信。他在为《东方专制主义》写的1957年导论中十分直白地说："赤手空拳不能进行战斗。在危机的时候，任

1

何理论上的真空犹如权力上的真空一样，招致灾难。当我们自己方面拥有无穷的强大潜力时，没有理由听任敌人为所欲为。没有任何理由听任极权主义的战略家们在理应属于我们的地盘上，炫耀他们制造的教条。也没有理由听任他们因我们不参加而取得思想战线上的胜利。"①这一论述的阶级立场已经再清楚不过了。

国家治理思想是所有思想中最能直接体现阶级性的。可以说，从亚里士多德到洛克，从霍布斯到贡斯当，从马基雅维利到亚当·斯密，每一种国家治理理论无不打上其阶级的烙印。亚当·斯密在讲到市场这只"看不见的手"的时候，背后站着的是资产阶级的守夜人和那只"看得见的手"。离开了资产阶级的国家，哪有什么"看不见的手"。他的《国富论》和《道德情操论》，无疑都是以资产阶级国家为前提的。

西塞罗（公元前106—前43年）是古罗马统治阶级的理论代言人。他是西方政治史上一位非常独特的人物，所有人对他的评价有着惊人的相似之处：他没有太多的独特贡献，但他对西方历史的影响又是他人无可替代的。其不可替代的贡献，在于他为自己代表的奴隶主阶级即罗马统治者进行了独特的政治合法性的论证。法国学者皮埃尔·格里马尔在1941年出版、1993年再版了一本名叫《西塞罗》的小册子。他在小册子的一开篇就讲："西塞罗的名字不但与古罗马的历史连在一起，而且与西方人文主义的历史也连在一起。他不仅是一位政治家、国务活动家，还是一位无与伦比的演说家和思想家。他身体力行，成功地阐释了古希腊文化的知识与精神成果，不仅将它传播给了其同时代的人，而且对后代人也产生了久远的影响。他们在很长的一段时间内只是通过他（或几乎是通过他）才了解了古希腊丰富的哲学思想和修辞学理论的。"②在全书的最后一段则讲："西塞罗身后对历史的影响还

---

① ［美］卡尔·A. 魏特夫著，徐式谷等译：《东方专制主义：对于极权力量的比较研究》，中国社会科学出版社1989年版，序论第22页。

② ［法］皮埃尔·格里马尔著，董茂永译：《西塞罗》，商务印书馆1998年版，第1页。

有待于继续写下去；但是，这段历史所唤起的不可胜数的思想家，以及不可胜数的著作中所带有的这个时代的印记，就已经表明，这位来自阿尔比尼姆的演说家是对建构西方思想大厦作出重大贡献者之一。"①这一首尾相呼应的评价充分说明作者对西塞罗的贡献有着非常切实的认识，而这一评价又是极其切合实际的。西塞罗何以有如此的历史地位？这与《论共和国》一书的理论贡献密不可分。

一般认为，《论共和国》写于公元前54年。在《论共和国》中，西塞罗系统地阐述了有关共和国的理论：第一，"共和国"的词源意义。我们都知道"民主"是Democracy（德摩克拉西），但知道"共和国"词源的人并不多。"共和国"一词的英文是"Republic"（瑞帕布里克），它来源于拉丁语"res publica"。"res publica"的字面含义是"共同的事业""共同的产业"。英语国家经常用以指称"共和国"的另一个词是"commonwealth"，其字面含义是"共同的财富"。在西塞罗的《论共和国》中，西庇阿②给"共和国"所下定义的拉丁文原文是："Est res publica res populi，populus autem non omnis hominum coetus quoquo modo congregatus，sed coetus multitudinis iuris consensu et utilitatis communione sociatus."显然，这里的"共和国"是"res publica"。而在《论共和国》的英文译本中，西庇阿是这样讲的："Well then：the commonwealth is the concern of a people，but a people is not any group of men assembled in any way，but an assemble of some size associated with one another through agreement on law and community of interest."这里的"共和国"就是"commonwealth"。这段话是什么意思呢？沈叔平、苏力在其中文译本中的翻译是："很好。国家是一个民族的财产。但是一个民族并不是随随便便一群人，不管以什么方式聚集起来的集合体，而是很多人依据一项关于正义的协

---

① ［法］皮埃尔·格里马尔著，董茂永译：《西塞罗》，商务印书馆1998年版，第145页。

② 此外，也有人译为"斯基皮奥"，本书采用"西庇阿"。

议和一个为了共同利益的伙伴关系而联合起来的一个集合体。"①我认为，这里的翻译缺少了能更加全面体现西塞罗共和国思想的内容。更真实的意思是：共和国是人民的财产，但人民不是一个随随便便的集合体，而是依法建立的有着共同利益的集合体。这里的核心是"依法建立""共同利益"。在希腊文中，res publica（公共事务或者财产）与res pupuli（一个民族的事务或财产）同义。其实，在西塞罗之前，很多古希腊的哲学家都已经对共和国的词源进行过论证。柏拉图（公元前427—前347年）的代表作《理想国》的英文就是"The Repulic"，也翻译为"共和国"。"犬儒学派"的代表人物第欧根尼的代表作是《论共和国》（Politeia），斯多葛学派创始人芝诺的代表作也是《论共和国》（Politeia）。因此，"Politeia"也有共和国的含义。西塞罗关于共和国的理论并不是建立在无本之源上的，而是有着很深厚的古希腊文化的基础。第二，"共和国"的含义就是"人民的财产"。西塞罗多次谈到了人民财产的问题。在西塞罗看来，"共和国是人民的财产"有两个含义：其一，共和国是财产，它是一个实实在在的财富实体。作为财产，共和国的各个部分都应该有明确的归属。其二，共和国作为财产，不是私人财产，而是公共财产。但这种公共其实不是一种普遍的公共。是谁的公共财产？是拥有罗马公民权的公民的财产，而奴隶则是完全被排除在外的。我们知道罗马的奴隶本身就是公民的财产，他们是被当作货物进行交易的。每当罗马军队战斗胜利，他们的大批战俘就会被卖掉，所得用于发放士兵的薪饷。

在资产阶级开始登上历史舞台的时候，洛克的国家治理理论就成为主流思想。本质上洛克的理论是为刚刚登上历史舞台的资产阶级，特别是为工商业资产阶级，或者说是为有产者服务的。洛克在日记中写道，由于大多数人沉迷于激情和迷信，人类的未来不能由多数人掌握，只能由开明者掌握，也就是由有产者掌握。20世纪美国思想家列奥·施特劳斯就曾质疑洛克给予个

---

① ［古罗马］西塞罗著，沈叔平等译：《国家篇 法律篇》，商务印书馆1999年版，第35页。

人权利是为了保障大多数人的思想。他说："洛克把多数人的权力视为对坏政府的制约，以及反对暴虐政府的最后凭借；他并不把它视为政府的替代物，或者就等同于政府。他认为，平等与公民社会是不能相容的。……最要紧的是，由于自我保全和幸福要以财产为前提，因而公民社会的目的就可以说是保护财产，保护社会中富有的成员免于贫困者的索要……"①施特劳斯不仅明确否认洛克有一种多数统治的政治学说，而且指出洛克的政治学说本质上是为有产者服务的，只有富有者才享有政治权利，财产上的不平等可以合理地导致政治上的不平等，因为人们进入政治社会的首要目的就是保护其财产。只要财产得到正当保护，就是正义的，其他一切政治价值都是从这里派生出来的，是要服从于这一优先理念的。财产是至高无上的，其他的都是从属。洛克的治理理论一方面要用激进的话语来激起人民反对国王的革命热情，一方面又要力图使这种革命热情限制在资产者、有产者能够接受的范围之内。加拿大马克思主义历史学家、政治学家艾伦·梅克辛斯·伍德在其著作中就阐述了这样的看法："洛克在《政府论（下）》中概括的政治理论，可以被理解成辉格党贵族和伦敦激进派之间联盟（这是一次为促进有产阶级利益而进行的激进观念动员）的理论表达。……洛克采用了艾尔顿在普特尼辩论中强硬拒斥的平等派的那些概念，但这个事实本身并不会使洛克成为一位平等派分子。洛克的理论策略的一个重要部分是，改造这些激进观念，使其顺应为议会反对国王，为革命权利做出最有力论证这个唯一意图，同时剔除这些观念最具民主性的寓意。"②也就是说，洛克用他的理论为资产阶级掌握政权提供了锐利的思想武器，这个武器又不会被这一阶级的新的对手——无产阶级所利用。

---

①［美］列奥·施特劳斯著，彭刚译：《自然权利与历史》，生活·读书·新知三联书店 2003 年版，第 239 页。

②［加］艾伦·梅克辛斯·伍德著，曹帅译：《西方政治思想的社会史：自由与财产》，译林出版社 2019 年版，第 259 页。

二、 解读西方国家治理理论发展的历史进程需要把握时代背景

没有任何一种国家治理思想能脱离时代性。奴隶社会的国家治理思想产生不了平等的国家治理观，封建社会的国家治理思想产生不了民主的国家治理观。马克思在1867年出版的《资本论》第一卷中曾谈到亚里士多德较早地研究了商品的价值形式。亚里士多德提及的"5张床=1间屋"无异于"5张床= 若干货币"，这既清晰地向我们表明货币形式不过是简单价值形式的进一步发展，又表明本质等同是价值通约的基础。但亚里士多德并未就此对价值形式进行深入分析，其原因不在于他本身，而在于他处于奴隶社会。这一不平等的社会无法解释一个平等社会的奥秘。马克思指出："但是，亚里士多德没有能从价值形式本身看出，在商品价值形式中，一切劳动都表现为等同的人类劳动，因而是同等意义的劳动，这是因为希腊社会是建立在奴隶劳动的基础上的，因而是以人们之间以及他们的劳动力之间的不平等为自然基础的。价值表现的秘密，即一切劳动由于而且只是由于都是一般人类劳动而具有的等同性和同等意义，只有在人类平等概念已经成为国民的牢固的成见的时候，才能揭示出来。而这只有在这样的社会里才有可能，在那里，商品形式成为劳动产品的一般形式，从而人们彼此作为商品占有者的关系成为占统治地位的社会关系。亚里士多德在商品的价值表现中发现了等同关系，正是在这里闪耀出他的天才的光辉。只是他所处的社会的历史限制，使他不能发现这种等同关系'实际上'是什么。"①马克思在这里实际上已经告诉我们，任何思想都不可能脱离思想所产生的时代，其贡献和局限都与时代密不可分。

我们知道，由于亚里士多德没有出生在雅典，所以他一辈子都没能成为真正意义上的雅典公民，尽管他为雅典作出了巨大贡献，以至于亚里士多德

---

① 《马克思恩格斯文集》第5卷，人民出版社2009年版，第75页。

自己都说：一个雅典城邦公民权的获得要看其父母是否都是本邦公民。在《政治学》中，他排除了奴隶和妇女的公民权。他认为：奴隶完全不具备思虑（审议）的机能，妇女确实具有这一部分但并不充分。还有，本邦人如果从事工商业达到一定期限，也会被取消其公民资格。这些思想实际上反映了那个时代的性质。苏格拉底的双亲都是雅典人，因此拥有雅典公民权；而亚里士多德出生马其顿，尽管他创设了学校，提升了雅典的文化水准，但依旧没有获得公民权。雅典人观念里的"公民"，意为出生于雅典境内，且双亲都是雅典人的人。就连建设雅典黄金时代的大政治家伯里克利，由于他再婚的对象是米雷托斯人，因此他再婚后出生的儿子就不是雅典公民。

正是从时代的历史性出发，我们看到现代西方学者在治理研究中提到的一些故事只能看成虚构的故事，或者说是美化了的故事，并不具备历史真实性。汪子嵩在其所著四卷本《希腊哲学史》中，特别是在1993年出版的第二卷中介绍过后人对柏拉图的36篇对话、13封书信的考证，经过数代人的努力，证明除了第7封信，其他信件都是伪作。36篇对话中可靠者有28篇。亚里士多德的遗嘱是后人伪造的，《论麦里梭、色塞芬诺和高尔吉亚》收录在《亚里士多德全集》中，但是是"货真价实"的伪作。还有一个故事也耐人寻味，那就是魏特夫在其《东方专制主义》一书结尾处讲到的那个故事。故事是这样的："古代希腊的优秀公民从他们的两个同胞斯普提亚斯和布利斯抵抗极权力量引诱的决心中获得了力量。这两位斯巴达的使节在前往苏查的路上，遇到了一个波斯高级官员哈德伦斯，他答应只要他们归附他的专制君主——伟大的国王，就可以使他们在本国成为了不起的人物。希罗多德保存了他们对于希腊人——和对于全体自由人类——有利的回答：'哈德伦斯，'他们说，'你是一个偏袒一方的顾问，你只看到事情的一面，而另一面你是无法了解的。你所了解的是一种奴隶的生活，但是你从来也没有享受过自由的滋味，你不能说出它是不是甜蜜的。哎呀，你如果知道什么是自由，你一定会叫我们不仅用长矛，而且还用战斧为自由而战斗．'"①这段对话说得太有思想性了，可惜已经超出了时代，显得不那么真实。首先，这是明显的西方中心主义，西方就是自由，东方就是专制。这个故事的编写者肯定不是希罗多德，而是近代西方学者托希罗多德而写的伪故事。其次，斯巴达本身就是奴隶制度，更谈什么自由。所以，斯普提亚斯和布利斯说的那句话，"你所了解的是一种奴隶的生活，但是你从来也没有享受过自由的滋味"，就显得特别矫情，完全失去了其时代性，仿佛是今人的对话。因此，研究国家治理一定要放在特定的历史背景中，这样一方面可以更好地理解这一思想产生的时代背景，另一方面就是可以去伪存真，更好地还原历史的真实性，使国家治理思想更加生动地体现其历史价值。

看看宗教改革前夜的社会状况，就可以理解宗教改革时期一些改革家们提出的社会治理理念。宗教改革之前的半个世纪中，因教皇在教廷出卖官职而造成贪污行贿之风盛行。1483年，西克斯图斯四世（1471—1484年在位）为了赎回以10万杜卡特抵押的教皇皇冠和珠宝，将大臣的人数从6位增加到24位。每位大臣的要价是2600佛罗林。1503年，亚历山大六世（1492—1503年在位）为给博尔贾筹集款项，新设8个官职，每个以760杜卡特出售。尤利乌斯二世设立了一个由101名文书组成的书馆，负责起草教皇敕书，他们付给教皇7.4万杜卡特作为回报。利奥十世（1513—1521年在位）任命了60名侍从和140名扈从，侍从为此回敬教皇9万杜卡特，扈从则回敬11.2万杜卡特。②当时不仅教廷腐败，而且大大小小的教士上行下效，到处搜刮民脂民膏。"'教士，'一位英国作家说，'对谷物、草地、牧场、牧草、木材、马驹、羔羊、鹅和小鸡等所有这一切，都要十中取一。除此之外，还要收取十分之一的羊毛、牛奶、蜂蜜、蜂蜡、干酪、黄油以及每一个

---

① ［美］卡尔·A.魏特夫著，徐式谷等译：《东方专制主义：对于极权力量的比较研究》，中国社会科学出版社1989年版，第475页。

② ［英］托马斯·马丁·林赛著，孔祥民等译：《宗教改革史》上卷，商务印书馆2016年版，第21页。

仆人的十分之一的工薪：他们追逐私利已无孔不入，以致要穷人的妻子奉献给他们每个鸡蛋的十分之一，否则她就不准参加复活节并以异教徒论处'。"①多么艰辛的生活。"压在农民头上的是社会的各个阶层：诸侯、官吏、贵族、僧侣、城市贵族和市民。无论农民是属于一个诸侯、一个帝国直属贵族、一个主教、一个寺院，还是属于一个城市，他们都毫无例外地被当做一件东西看待，被当做牛马，甚至连牛马都不如。如果他们是农奴，那就得无条件地听从主人支配。如果他们是依附农，契约规定的法定负担已经压得他们透不过气了，可是这些负担还在一天天加重。他们必须以绝大部分时间在主人的田庄上劳动；而他们在少量的自由时间里的劳动所得，还要用来缴纳什一税、地租、土地税、财产税、远征税（战争税）、邦税和帝国税。农民若不向主人送钱，非但不能结婚，连死也不行。除常规徭役以外，农民还要为老爷采集干草、草莓、越橘、蜗牛壳，驱赶野兽以供打猎，为主人砍柴等等。捕鱼和打猎都是主人才可以干的事；如果野兽践踏了农民的庄稼，农民只许眼睁睁地看着。农民的公社牧场和林地几乎到处都被主人强占。主人像支配财产一样任意支配农民及其妻女的人身。主人享有初夜权。主人可以任意把农民投入监牢；在监牢中，正如今天一定有预审法官等着一样，当时一定有刑具等着农民。主人可以任意把农民打死，或者把农民斩首。"②正是因为农民深受压迫，因此在宗教改革时期出现了很多向往未来的农民运动，也实践了一些早期共产主义的理想，提出了一些新的国家治理理念。

　　1534年2月9日，德国明斯特城再洗礼派的城市贫民发动起义，占领市议会，23日选出再洗礼派市长，成立新的市政机构。明斯特城市议会颁布普遍再洗礼令，并按财产公有的理想变革所有制，严格禁止高利贷和商业活动，登记生活资料，没收所有金银。另外，再洗礼派的胡特尔兄弟会在摩拉维亚地区建立了许多公社。这些公社取消私人财产，实行财产共有，同时采

---

①　[英] 托马斯·马丁·林赛著，孔祥民等译：《宗教改革史》上卷，商务印书馆2016年版，第100—101页。

②　《马克思恩格斯文集》第2卷，人民出版社2009年版，第231—232页。

取集体生产、集体生活的方式，取得一定程度的成功，在摩拉维亚地区持续存在了将近一个世纪。1524年直接组织和发动了德国农民战争的托马斯·闵采尔尖锐地揭露了剥削和财产不平等的罪恶。他指出诸侯、贵族不但强占土地、房屋和工具，而且"随意霸占：水中的鱼、空中的鸟、田野中的植物……破坏、抢劫穷苦的农民、工匠和整个世界"①。闵采尔的政治纲领是要求立即在地上建立"千载太平天国"，他主张：财产应共同分配，政权应当交给普通人民。闵采尔在缪尔豪森劳动群众中建立过一个叫作"上帝的永久契约"的临时性组织。在闵采尔的影响下，士瓦本地区的农民起义军于1524年冬提出了《书简》，作为各地起义斗争的基本纲领。这是受苦民众要求摆脱压榨、推翻反动统治、由普通人掌握政权的革命主张。1525年3月17日，缪尔豪森的城市平民、矿工和农民推翻了城市贵族的统治，建立了起义群众自己的革命政权——"永久议会"。这些思想带有那个时代的鲜明特点，同时又具有某种超越性。这一点，恩格斯在写于1850年夏秋的《德国农民战争》一书中明确指出："然而闵采尔作为米尔豪森永久市政会首脑所处的地位，要比任何一个现代革命执政者所处的地位面临更大的风险。不仅当时的运动，就连他所生活的整个世纪，也都没有达到实现他自己刚刚开始隐约意识到的那些思想的成熟地步。"②

三、 解读西方国家治理理论发展的历史进程需要关注思想的理想性与现实性的反差问题

应该说，从中世纪后期以来，西方思想家们构想过无数关于未来国家治理的理想模式，以至于我们现在很多人把书本中的理想性、构想性当作现实性的东西，其实这两者之间存在着重大的区别。正如马克思在《路易·波拿巴的雾月十八日》一文中所言："正如在日常生活中应当把一个人对自己的

① 郭守田主编：《世界通史资料选辑（中古部分）》，商务印书馆1974年版，第342页。

②《马克思恩格斯文集》第2卷，人民出版社2009年版，第304—305页。

想法和品评同他的实际人品和实际行动区别开来一样，在历史的战斗中更应该把各个党派的言词和幻想同它们的本来面目和实际利益区别开来，把它们对自己的看法同它们的真实本质区别开来。"①这是一个很重要的研究方法。一定不能把西方学者关于国家治理的理论等同于其治理的现实，更不能把其设想当作真实存在之物。

　　第一个反差就是分权理论与现实宪政专制的反差。300多年前，洛克初步比较系统地提出了现代意义上的分权理论，他把国家权力分为立法权、行政权和对外权，这三种权力应该分别由不同的国家机关行使。立法权属于议会，行政权与对外权均为国王行使。之后，孟德斯鸠被认为更进一步发展了分权理论，他把国家权力分为立法权、行政权和司法权。三权分立就是通过法律规定，将三种权力分别交给三个不同的国家机关执掌，既保持各自的权限，又相互制衡。三权分立理论是建立在这样一种观念的基础之上：即如果把所有权力集中到一个国家机构手中，这个机构就会滥用权力。要防止权力的滥用，就必须使权力分立，以便能够以权力限制权力，形成权力之间的制衡。再之后，法国学者贡斯当提出了"五权分立"的设想。贡斯当认为君主立宪政体是合宜的政体，在这种政体中存有五种分立的权力：王权、行政权、长期代议权、舆论代议权以及司法权。贡斯当用"王权"代指"国家元首的权力"，这是一种中立的权力；大臣掌握着行政权，负责法律的普遍实施，大臣的权力虽然出自王权，但它并不仅仅是王权的被动执行者，而是一种能动的权力，它同时也必须承担一定的责任；立法权分属于世袭制议院和选举制议院，世袭制议院掌握长期代议权，选举制议院掌握舆论代议权；法庭掌握着独立的司法权，负责在个案中运用法律。这五种权力必须受到一定的限制，必须遵守自己的边界，不得在边界之外行使。

　　这种分权理论实际上是资产阶级内部的利益切割，是对权力的分享，并不是与人民大众的分享。列宁在《国家与革命》中就明确指出："资产阶级

---

　　①《马克思恩格斯选集》第1卷，人民出版社1995年版，第611—612页。

国家虽然形式极其繁杂，但本质是一个：所有这些国家，不管怎样，归根到底一定是资产阶级专政。"①在当代，其实资产阶级国家的本质没有任何改变。正如2018年英国威斯敏斯特大学学者克里斯蒂安·富克斯和劳拉·蒙蒂塞利发表在《传播、资本主义与批判》第16卷第2期的文章《重读马克思：资本主义批判与激进理论的未来》中所言：在政治上，资本主义在不断地建构与破坏国家权力。国家中的监视无处不在。我们正在见证一个消极的辩证逻辑：新自由主义资本主义国家将矛头对准自身，并不断塑造威权主义资本主义的国家。在军事层面，资本主义通过制造新的斗争、冲突和帝国主义侵略破坏世界和平。

第二个反差就是全民国家理想与利益集团腐败横行的现实的反差。德国18世纪自由主义代表人物威廉·洪堡认为，国家的唯一目的就在于保障全体公民的自由、保护公民的生命财产安全。他说："我在这边所探讨的是国家对提升民族真正富裕的整体努力，讲的是国家对全国人民的关怀，一部分正好是通过穷人救济机构，一部分是间接地通过促进农业、工业和商业的发展，讲的是全部的财政和货币政策操作、进出口禁令等等（只要它们拥有这个目的），最后讲的是全部为防止自然灾害以及灾后重建的所有活动。"②这里的国家就是不分阶级性的所谓的全民国家。英国哲学家、政治学家和社会学家鲍桑葵在1899年出版的《关于国家的哲学理论》中就强调国家的目的在于使个人进入至善至美的绝对境界。另一位英国著名政治思想家、经济学家霍布森在1902年出版了那本被列宁称之为"我还是利用了的，而且我认为是给了它应得的重视"③的著作——《帝国主义论》。霍布森强调，国家的价值在于维护社会共同的"善"，体现社会总体的要求，实现社会共同的利益。

这些剥离了国家阶级性本质的理论与现实存在着巨大的差距。我们可以

---

① 《列宁选集》第3卷，人民出版社1972年版，第200页。

② ［德］威廉·洪堡著，窦凯滨译：《论国家的作用》，华中科技大学出版社2016年版，第27页。

③ 《列宁选集》第2卷，人民出版社2012年，第575页。

从其治理中存在的腐败现象看出其现实的样貌。有些人讲，西方一些国家几年也听不到打一只"老虎"出来，"苍蝇"似乎也不多见，认定西方国家就是清廉国家。总部位于德国柏林的"透明国际"组织每年发布的"全球清廉指数"似乎也显示，清廉国家基本上都是搞三权分立、多党制的国家，比如2015年清廉指数前十位的国家是：丹麦、芬兰、瑞典、新西兰、荷兰和挪威、瑞士、新加坡、加拿大和德国、卢森堡、英国。指数上的清廉掩盖不了其腐败的实质。西方国家并不是没有腐败问题，而是腐败问题以各种变形的方式存在着。"透明国际"创始人之一的劳伦斯·科克罗夫特于2016年12月在英国《独立日报》网站发布文章指出：多达70%的欧盟公民和美国公民认为他们本国的政党是"腐败"的——基于人们普遍认为领导人追逐个人利益而不是整个社会利益的认识的宽泛术语。

腐败的合法化，即腐败表现为利益分肥制，以合法的形式把公共利益转化为少数人的利益。在资本主义的市场经济中，由于存在着党派之争，市场与各个党派的利益密切相关，每一个上台执政的党派总是千方百计维护与自己党派有密切关系的市场主体的利益，而排斥其他的利益主体。针对这种利益集团性质的政治，恩格斯在1891年曾指出："正是在美国，同在任何其他国家中相比，'政治家们'都构成国民中一个更为特殊的更加富有权势的部分。在这个国家里，轮流执政的两大政党中的每一个政党，又是由这样一些人操纵的，这些人把政治变成一种生意，拿联邦国会和各州议会的议席来投机牟利，或是以替本党鼓动为生，在本党胜利后取得职位作为报酬。"①这种事例在当代资本主义社会中比比皆是，资本主义社会的腐败是资本家整体的腐败。各种公共资产以这种"合法"的形式被极少数人占有，美国在从2001—2021年前后共20年的阿富汗战争中，一共投入2.4万亿美元，其中2.02万亿美元是采购美国军工集团的军火。在这场战争中，遭殃的是阿富汗人民，获益的是美国军火商。

---

① 《马克思恩格斯文集》第3卷，人民出版社2009年版，第110页。

腐败制度化，即资本利用自身的影响力，不断控制各种政治权力为自己谋利益。"基金会理事会"在美国政治中的作用就生动地说明了这一点。"基金会理事会"是美国基金会中最大的、会员最广泛的全国性组织，成立于1964年。"基金会理事会"成立之后所做的一项重要工作就是应对1969年的税法改革，因为当时税法要提高对基金会投资所得的税率。理事会会长代表基金会在美国国会作证，向新税法的起草人陈述基金会的困难和实际问题。1978年，国会通过法案，把对基金会投资所得的税率由4%减为2%。1979年，"基金会理事会"总部由纽约迁至华盛顿，目的就是加强对国会和政府的影响。1995年，以伊斯托克为首的美国共和党议员再一次提出取消其优惠待遇的方案，经过"基金会理事会"和其他组织的努力，伊斯托克的议案未获通过。这一减税政策一方面使广大民众能够更加踊跃地参与公益事业，另外一个方面就是为私人资本找到了新的盈利空间。

最后，需要说明的是，本书涉及的治理思想，主要是从15世纪到20世纪初的思想。15世纪以前和20世纪后的思想没有涉及。

目 录

上　卷

第一编
近代西方"政治与道德分离"的国家治理理论
(15—16世纪)

第二编

近代西方启蒙主义的国家治理理论

（17—18世纪）

第一编　近代西方"政治与道德分离"的国家治理理论

（15—16世纪）

第一章　马基雅维利的国家治理思想

恩格斯在谈到文艺复兴运动时指出："这是人类以往从来没有经历过的一次最伟大的、进步的变革，是一个需要巨人并且产生了巨人的时代，那是一些在思维能力、激情和性格方面，在多才多艺和学识渊博方面的巨人。"[①] 恩格斯在列举这些巨人时也提到了马基雅维利[②]，特别评价他"是政治家、历史编纂学家、诗人，同时又是第一个值得一提的近代军事著作家"[③]。马基雅维利以其独特的政治活动，特别是建立在这些政治实践基础之上的深邃思考，以其渗透于诸种著作之中的国家治理思想，无愧于恩格斯的这一评价。

---

① 《马克思恩格斯文集》第9卷，人民出版社2009年版，第409页。

② 也译作"马基雅维里""马基雅弗利"，本书行文统一为"马基雅维利"，脚注、参考文献等则保留原貌。

③ 《马克思恩格斯文集》第9卷，人民出版社2009年版，第409页。

第一节　马基雅维利及其生活的时代

马基雅维利是意大利文艺复兴后期的重要代表人物之一。时代和经历给他的思想打下了深刻的烙印，在其不同体裁、不同主题的著述中贯穿着他别具一格的国家治理思想。

一、马基雅维利的生平与著作

（一）马基雅维利的生平

1469年5月3日，尼科洛·马基雅维利出生于意大利的佛罗伦萨。他的祖辈是佛罗伦萨贵族，他的父亲贝尔纳多曾担任过税务律师，在乡下有一份微薄的地产。他家是整个家族中贫寒的一支，仅能勉强维持生活。贝尔纳多爱好研究古典著作，曾借阅西塞罗的著作，并曾用9个月的时间为出版商编制地名索引而换得了李维的《罗马史》。马基雅维利后受父亲之命装订《罗马史》的第一至第三部，这为其40年后著《论李维罗马史》奠定了良好基础，并对其一生产生了深刻的影响。马基雅维利的拉丁文功底扎实，并且对意大利的古典文学和史学，特别是罗马共和国的历史非常了解，对西塞罗等思想家的社会哲学等有着透彻的把握。马基雅维利在著述中体现出的对罗马共和国的政体、政治的向往，对于国家统一强大的期盼，与此有着密切联系，这一切都为其后从事现实的政治外交活动奠定了基础。

马基雅维利在佛罗伦萨大学接受过教育。虽然他没有拿到这所大学的学历和文凭，但这段经历对他增长知识和才干效果显著，而且他在那里受到人文主义者、语言学家马尔切洛·阿德里亚尼的青睐和教诲。1494年，法国国王查理八世率军侵入佛罗伦萨，统治佛罗伦萨的美第奇家族不战而降。佛罗伦萨人民举行武装起义，驱逐了美第奇家族的统治者，推翻了他们的专制统治，重新建立了城市共和国。25岁的马基雅维利参加了起义，开始在共和国政府担任助理员，跟随从前的老师、任共和国第二国务秘书的阿德里亚尼习政。1494—1498年的习政经历丰富了马基雅维利的阅历，锻炼了他的才干。

1498年6月起，马基雅维利相继担任佛罗伦萨第二秘书厅秘书长、"自由与和平十人委员会"（简称"十人委员会"）秘书，负责具体办理外交与军政事务，一直到1512年美第奇家族复辟、佛罗伦萨共和国覆灭。

从政时期，他作为正义旗手索德里尼的得力助手，在日常工作中负责处理大量的外事文件，作为共和国的代表出访，行迹范围包括法国、瑞士、德意志各国和意大利各城邦。此外，他还数次负责军事组织等工作。马基雅维利在出使期间需要经常向"十人委员会"报告工作，他关于出使法国和德意志、意大利各城邦情况的报告及通信等文件，以深刻的洞察力描述了欧洲各国和意大利各城邦社会的政治现实，揭示了各国和各邦的统治者治理活动的目的、内容和方式，并对此作出了有说服力的深刻分析。这些也构成了他此后一系列著作中所阐述的政治思想的现实基础。在出使过程中，相比法国等已经实现了统一和初步的君主集权的国家，马基雅维利深感意大利的分散、孱弱以及由此所遭受的蔑视，因而生发出强烈而持久的对国家统一和民族独立的深切渴望。

马基雅维利的政治思想深受巴伦丁公爵切萨雷·佩鲁贾影响。佩鲁贾于1499年开始征服了意大利的许多地区，进而觊觎佛罗伦萨属地阿雷佐。1502年10月，马基雅维利奉命出使，企图与佩鲁贾修好，以求返还占领地。佩鲁贾精通政治谋略和权术，野心勃勃，力图统一整个意大利。"历史学家们对佩鲁贾曾有过极其具体、生动的描述，说他为了一己私利，不惜残害亲骨肉；他会用谦卑的礼貌对待政敌，隐蔽自己的用意。一旦取得对方的信任，就会无情地绞杀对方。当人民起来造反时，他会派酷吏前往血腥镇压；一旦和平到来时，他会强调镇压人民之罪同他无关。他会把镇压人民的官吏处以死刑，以平民愤。"①佩鲁贾企图统一意大利的梦想并未实现，随着其父教皇亚历山大六世的去世而垮台。不过，佩鲁贾却成为马基雅维利崇拜的、实现意大利统一理想的新君主的典型，在其1513年所著的《君主论》中多有奉扬。

马基雅维利在处理外交和军事事务的过程中深刻地认识到，要实现国家强盛、追求统一，必须建立国民军，绝不能依靠当时意大利盛行的外国雇佣军或所谓"援军"。1505年9月，佛罗伦萨收复比萨的军事行动再次受挫，马基雅维利更加主张必须彻底改革军事制度。1506年12月6日，最高会议批准了马基雅维利拟定的提案，设置一名新官员专门负责监管军队重建工作，马基雅维利担任"佛罗伦萨国民军军令局"局长。按照马基雅维利的设想，参军的人来自佛罗伦萨共和国的领土，每20名军人设军官1人，骑兵必须是佛罗伦萨市的市民，步兵则来自乡村，给养全部由乡村负担。

马基雅维利的军事改革收到了成效。半年间志愿参军的人数达到12000人，经过精选后只招收了5000人作为常备军。1507—1509年，马基雅维利监督部分国民军围困比萨。1509年5月31日，比萨投降。6月8日，马基雅维利率佛罗伦萨军入城。至此，佛罗伦萨重新获取了比萨。马基雅维利在负责组建国民军的同时，仍然承担了大量的外交事务。在1509年后，他又多次出使法国、德意志、瑞士等国，意大利各城邦以及罗马教廷。

1512年，马基雅维利的政治命运发生了重大转折。教廷与西班牙联合反对法王，美第奇家族谋求重新在佛罗伦萨掌权，马基雅维利察觉到佛罗伦萨处于外来侵略的威胁之中。尽管马基雅维利采取了推动通过新的军事法案、扩充国民军兵员等措施，但国民军还是于1512年8月在普拉托被入侵的神圣联盟军击溃。在西班牙军威胁下，佛罗伦萨共和国政府投降，美第奇家族重新在佛罗伦萨执政。马基雅维利先是被正式革职，接着被驱逐出佛罗伦萨并

---

① 刘丹忱著：《文艺复兴时代著名政治思想家及其代表作》，中国青年出版社2015年版，第92页。

被软禁于乡下，1513年2月又因莫须有的反对美第奇家族统治的罪名被捕入狱，遭受酷刑。马基雅维利力辩无辜，后经多方营救于1513年3月出狱，此后仍受到监视和限制。

马基雅维利带着家人回到城郊的简陋住所后，生活贫困窘迫，但他仍怀抱着重返政坛、实现意大利统一的理想，多次上书美第奇家族请求照顾、准予工作，并托人进行疏通，但都被拒绝。那时的马基雅维利过着村夫生活，白天务农、伐木、干杂活，夜晚则殚精竭虑，奋力写作，相继写成《君主论》《论李维罗马史》《曼陀罗华》《兵法七论》等著作。

1519年小洛伦佐死后，形势发生了变化。枢机主教朱利奥代位统治佛罗伦萨，由于改革的急迫需要，马基雅维利被起用，并于1520年11月受委托撰写《佛罗伦萨史》。此后，政局变动更加剧烈。1525年，时任神圣罗马帝国皇帝查理五世在争霸战争中击败法国国王弗朗西斯一世，继而率军入侵意大利。1526年，马基雅维利临危受命，以新设的"城防五人委员会"首长的身份负责加强佛罗伦萨城防工作。1527年，入侵者洗劫了罗马，佛罗伦萨人民乘机起义，再度驱逐了美第奇家族，恢复共和国和"十人委员会"。马基雅维利希望能够被重新起用，但是共和国却以他曾效力于美第奇家族为由，未让他复职。1527年6月22日，马基雅维利因急性腹腔疾病去世，享年58岁。

马基雅维利的国民军理想在佛罗伦萨得到复活。1527年11月6日，"十人委员会"又通过了关于征募兵役的法令，而该法令是由马基雅维利的昔日朋友和《兵法七论》的信徒、"十人委员会"秘书姜诺蒂草拟的。1530年，神圣罗马帝国再度入侵佛罗伦萨，共和国又被推翻，美第奇家族又回来了。几经世事变幻，马基雅维利的葬地已无可考。后人为了纪念马基雅维利，于1787年专门制造的石椁至今仍存放在佛罗伦萨桑达·克罗切教堂。石椁上铭刻的碑文写道："这位伟人的名字胜过任何墓志铭文。"

（二）马基雅维利的著作

马基雅维利青年时代即进入政界，在处理政务军务、奉命出使过程中勤奋地写下许多报告、建议书等，而其重要的学术和艺术著作，均完成于1512年美第奇家族在佛罗伦萨的统治复辟、自己罢退乡间之后。在城郊的困苦生活中，马基雅维利白天劳作，晚上过着一种严肃而愉快的精神生活，他在给朋友的信中写道："黄昏时分，我就回家，回到我的书斋。在房门口，我脱下了沾满尘土的白天工作服，换上朝服，整我威仪，进入古人所在的往昔的宫廷。……在四个小时里，我毫不感到疲倦，我忘记了一切忧虑，我不怕穷，也不怕死，我完全被古人迷住了。"[①]正是在这样的情境中，马基雅维利写出了《君主论》等传世之作。

1. 《君主论》

马基雅维利熟读古书，又在多年的政治实践中对政治、外交、军事等方面多有体会，在遭到放逐后，从1513年六七月开始写作，在同年年底以前写出了《君主论》，经过数年修改后定稿。马基雅维利在逆境中一直希望能再被任用，为国效力，因此想把自己的研究成果献给统治者。他在写给曾经的同僚、朋友，当时美第奇政府驻罗马大使弗朗西斯科·韦托里的信中说："我已经把我同古人谈话所学到的东西记下来，而且写成一本小册子，题为《君主论》，在这部书里，我竭力深入探索这个课题，讨论君主国是什么，它有什么种类，怎样获得，怎样维持，以及为什么会丧失。……此书一定会获得君主，特别是一位新君主的欢迎。"[②]马基雅维利诉说了他献书的缘由，并自信自己研究经国治世的成就能够获得使用。他说："假如他们读到这部书，他们会看到，在十五年间我一直在研究治国之术，我没有睡大觉也没有

---

① ［意］马基雅维里著，潘汉典译：《君主论》，商务印书馆1985年版，译者序第12页。

② ［意］马基雅维里著，潘汉典译：《君主论》，商务印书馆1985年版，译者序第12页。

玩乐。谁都会乐于使用一个从他人的牺牲中获得大量经验的人。"①马基雅维利最终将《君主论》献给了佛罗伦萨统治者小洛伦佐，却并未获得重新起用，书稿也石沉大海，未能公开出版。直至1532年，该书在教皇克莱门特七世的赞助下才得以面世。

《君主论》开篇是马基雅维利呈小洛伦佐的信，表明此书内容新颖和主题的重要性，也表达了以此书获其垂青的心愿。正文内容主要有：论述了君主国的种类和分别是用什么方法获得的；说明了新君主是怎样扩张新领土的，征服者对君主国新扩张的领土应采取哪些政策和措施；阐述了通过各种手段获得政权的君主，如何才能征服和统治被占领的地区；揭示了如何衡量市民的君主国和教会的君主国的力量以及怎样使君主国强大和巩固；分析了雇佣军、援军、混合军、本国军队的特点以及君主在军事方面的职责；阐明了君主的品质、修养、能力、手段和各种斗争方法以及君臣之间的关系。除上述内容，作者在该书的最后两章还抒发了相信人的能动作用的人文精神，表达了对在美第奇王室领导下拯救和解放全意大利的期盼。该书立足于当时意大利四分五裂、战乱频仍的实际，体现了马基雅维利关于国家治理思想的现实思考。

2. 《论李维罗马史》

《论李维罗马史》被称为《君主论》的"姊妹篇"。该书同《君主论》一样于1513年开始写作，但完成却是在1517—1519年。与《君主论》是献给美第奇家族的不同，《论李维罗马史》则是献给与马基雅维利一起参加在佛罗伦萨近郊举行的定期讨论会（"奥提·欧瑞切拉瑞"社会）的朋友的。马基雅维利在本书的《献函》中说：这一次"选择献书的对象不是君主之辈，而是具备君主才德的出类拔萃之士；不是可以授我官阶、荣誉与财富之辈，而是力不能及却心有余之士"②。马基雅维利指出，众人读史只是为了获取

---

① ［意］马基雅维里著，潘汉典译：《君主论》，商务印书馆1985年版，译者序第13页。

② ［意］马基雅维里著，吕健忠译：《论李维罗马史》，商务印书馆2013年版，第2页。

掌故，而不是为了见贤思齐，从历史中获得经验，运用于所生活的时代，他写作此书即是"根据古代的知识与现代的时事，阐述为了增进了解所不可或缺的心得，以方便读者从中汲取为人应该向历史知识寻求借镜的功效"[①]。

在《论李维罗马史》中，马基雅维利探讨了政治、政治家、君主、公民等的关系，主要阐述了共和主义的观点。他提出共和国是最好的政体，古罗马共和制是共和国的楷模。马基雅维利认为，共和制符合人们对平等和自由的追求，能够增进人们的利益和福利，保障和增加公民的财富，拥有一系列优点。同时，鉴于意大利当时那种封建贵族分裂割据、各自为政的状况，只有像古罗马那样强大的王权统治，才有可能消除这种状况。因此，共和制只能是远期的理想，国家不统一，就无法实现，当务之急是建立强大的君主政权以实现意大利的统一。马基雅维利还述及了宗教问题和罗马教会。关于宗教，马基雅维利认为宗教和教会对世俗君主是有重要作用的，可以利用人们的宗教感情维护社会秩序、建立军事纪律，使宗教和教会成为世俗政权巩固统治的工具。马基雅维利也坦率地指出，罗马教会是意大利长期分裂的根源，因为罗马教廷自身既无力统一意大利，也不允许哪一个强大的世俗君主来完成统一，而是通过各种手段，使意大利长期保持分裂状态。

3. 《曼陀罗华》

恩格斯曾评价马基雅维利是诗人，充分认可了他的艺术才华。《曼陀罗华》是马基雅维利创作的一部喜剧，完成于1518—1519年，上演后获得巨大成功。该剧揭露了腐朽的社会诈骗恶习。在该剧本中，他塑造了许多生动的角色，如愚昧无知而良善的商人尼奇亚、狡猾的淫棍、邪恶的教士等，辛辣地讽刺了当时社会通行的道德，揭露了存在的种种弊端。这部作品反映了作者对道德伦理、对教会的态度，后来成为文艺复兴时期意大利的喜剧杰作。

---

① ［意］马基雅维里著，吕健忠译：《论李维罗马史》，商务印书馆2013年版，第7页。

4. 《兵法七论》

马基雅维利的《兵法七论》（又称《兵法七卷》，马基雅维利在给友人的信中称此为《论军事》）一书，约在1520年完成和出版，这也是他生前问世的唯一一部主要著作，是第一部近代军事著作。恩格斯称赞马基雅维利是"第一个值得一提的近代军事著作家"①，这是名副其实的。马基雅维利在从事政务活动中，关注到雇佣军带来的危害，因此主张正确处理政治与军事的关系，建立国民军，加强军纪和训练，依靠爱国的训练有素的国民军决胜于战场，而不能依赖意大利的城堡化来取胜。《兵法七论》研究了武器及与之相适应的新兵种的发展变化情况。由于15世纪末16世纪初，军事技术在战争的实践中出现了新的发展，意大利的反侵略斗争也面临新的形势。相较于法国人使用的机动灵活的新式火炮，意大利人笨重的旧火炮已经落后了。意大利的传统战术因不适应战争形式的变化而使军队遭受极大损失。马基雅维利在《兵法七论》中对这些问题都有所探讨，该书体现出鲜明的以捍卫意大利国家独立与自由而探讨战术的特点，在讨论军事技术的背后反映出鲜明的爱国主义热情。

5. 《佛罗伦萨史》

《佛罗伦萨史》是马基雅维利受佛罗伦萨统治者朱利奥·德·美第奇的委托而撰写的。该书所述内容从北方民族入侵、罗马帝国衰亡开始，到科斯莫·德·美第奇的统治为止，跨越了佛罗伦萨的千年历史。马基雅维利在该书第一卷的结尾指出："应该弄清楚的是，经过了一千年的辛勤劳苦之后，佛罗伦萨竟然变得这么衰微屠弱，其原因究竟何在。"②这一思想贯穿着全书。过去的佛罗伦萨历史学者将原因归结为频繁的外敌入侵和对外战争，但马基雅维利对此并不认同。马基雅维利认为是佛罗伦萨内部的动乱纷扰造成了城邦的衰落，因此，他详述国内之乱，说明内部派别纷争的原因，力图促

---

①《马克思恩格斯选集》第3卷，人民出版社2012年版，第847页。

②［意］尼科洛·马基雅维里著，李活译：《佛罗伦萨史》，商务印书馆1982年版，第51页。

成统治者吸取教训、改良政治。《佛罗伦萨史》对于北方民族的入侵、意大利半岛的分裂、人民的反抗、各种政治势力之间的明争暗斗等都有着生动的记述。马克思曾经明确指出，马基雅维利"早就在他的'佛罗伦萨史'中指出教皇的统治是意大利衰败的根源"[①]。对于教皇、贵族、平民、雇佣军、外国势力的立场与行动，马基雅维利都作出了自己的分析，并竭力从政治、军事、宗教、社会等各方面的历史发展中探索意大利统一及复兴的道路，这都反映了马基雅维利这位"佛罗伦萨爱国者"对民族独立和国家统一的热切期盼。

二、马基雅维利的思想渊源

（一）历史背景

在十四五世纪，意大利佛罗伦萨等城市的资本主义生产萌芽，获得很大发展，并由此促使其在文化艺术方面非常繁荣昌盛，成为在整个欧洲首屈一指的文艺复兴重镇。当时的意大利在政治上长期处于四分五裂的状态：境内有佛罗伦萨、米兰、威尼斯、那不勒斯和罗马教廷辖地五个"国家"，另外还有许多小的封建城邦和领地。这些政治实体之间存在着错综复杂的利益关系，经常相互攻伐，战乱不断。

佛罗伦萨既具有当时意大利城邦国家的共性，又有其自身的鲜明特征。在经济上，佛罗伦萨是资本主义早期发展的典型代表，在国际市场上占有比较重要的地位。不过，在十四五世纪，英、法等统一的民族国家已逐渐形成，资本主义开始获得较大发展，佛罗伦萨在国际市场上的地位业已受到影响。在文化上，佛罗伦萨是意大利文艺复兴的重镇，文学、史学和艺术等都比较繁荣，代表作品和代表人物时有出现，具有相当浓厚的资产阶级文化氛

[①]《马克思恩格斯全集》第 13 卷，人民出版社 1962 年版，第 475 页。

围，自然科学和人文社会科学影响了整个欧洲。在政治上，佛罗伦萨是意大利的重要城邦，在整个意大利政局中经常处于争夺的中心，内部和外部的矛盾斗争此起彼伏。当时，佛罗伦萨有30余年处于显贵的寡头家族统治之下，而后60年则基本上是由美第奇家族统治着。政治上的分裂、落后，给经济文化的发展造成了极大的阻碍。

不同于意大利的长期分裂，15世纪前后，法国、西班牙等国已经建立了强大的封建王权。15世纪末以后，法国、西班牙等国在意大利地区的争夺日趋激烈。它们通过直接入侵、操纵各种政治势力、深度介入意大利各地区、各邦国之间等方式，维持和加剧意大利的动荡与分裂。当时意大利的一些邦国军事力量薄弱，没有自己的军队，在纷争中主要依靠政治上的"技巧"，军事上则依赖于雇佣军和外国的所谓"援军"，佛罗伦萨也是如此。马基雅维利在处理政务时深切感受到这种状况所带来的弊端，对雇佣军和外国援军的不可靠、不可控有着深刻认识。比如，佛罗伦萨长期对比萨作战，其依靠的雇佣军靡费巨大，以至于"十人委员会"被称为"败家子"，到了胜利在望时却因雇佣军队长通敌而功败垂成。又如，为收复比萨和抵御佩鲁贾的武力威胁，佛罗伦萨数次求助于法国，法王却对佛罗伦萨极尽勒索，有时甚至是公开劫掠。

佛罗伦萨政治上的衰弱涣散和军事上的重大缺陷对马基雅维利政治思想的形成和发展产生极大影响。强大的、统一的、中央集权的国家是资本主义发展需要的，分散的、动荡的政局已经给佛罗伦萨资本主义在国际市场上的竞争带来不利影响，缺少自己的常备军更是放大和加剧了这种情况。只依靠外交上的纵横捭阖而没有本民族自己的武装，是无法同强大的王权国家相抗衡的。马基雅维利的一生，无论从理念上还是从实际行动上都力主建立佛罗伦萨自己的常备军——由市民和乡村居民组成的国民军，力求建立统一、稳定、强大的政权。在追求稳固的政权和实现意大利统一的目标之下，马基雅维利的国家治理思想体现出明显的灵活性。应当看到，无论是对罗马共和政体的赞颂和向往，还是对佩鲁贾式君主的推崇与呼唤，抑或对美第奇家族的接受和颂扬，都是服从服务于这个大目标的。马基雅维利的思想饱含激情，论述有时看起来是比较片面和夸张的。他对武力、战争、军事方面超乎寻常的注重、对强势政治人物及其政治手腕的肯定、对既是"狮子"又是"狐狸"式的君主的主张，一方面反映了他的历史和阶级局限性以及自身的性格特点，另一方面亦体现了新兴资产阶级在政治追求上的某些历史进步性。

（二）理论源泉

马基雅维利生活在文艺复兴进入繁荣时期的意大利，从小受到热爱文史作品的父亲的影响，对古罗马和文艺复兴时代的学者和作品非常熟悉。他把自己所喜爱的前人的思想与自己从政的思考相结合，形成了独具特色的国家治理思想。以混合政体、政治自由、公民美德等概念为核心，在一定程度上继承了古典共和主义思想家的观点主张，并在"性恶论"的思想前提下用"公共精神"贯穿思想主体，这些共同构成了马基雅维利思想的理论基础。古典共和主义思想缘起于古希腊城邦、古罗马共和国，经柏拉图、亚里士多德、波里比阿、西塞罗等思想家的阐述而兴起与发展，对马基雅维利的思想具有启蒙意义。"公共精神"对公共利益的强调，以及与主张人"性本恶"的思想前提之间形成的冲突矛盾，为马基雅维利阐述公民美德和个人自由的思想奠定了基础。

1. 古典共和主义传统

西方的古典共和主义传统起源于古希腊时期的柏拉图与亚里士多德的思想观点。柏拉图的政体思想有一个发展过程。他推崇"哲学王"的统治，这是一种贤人政体。贤人政体又有四种变体，即军阀政体、财阀政体、平民政体和僭主政体。后来柏拉图发展了其政体理论，划分为六类政体，即君主政体、暴君政体、贵族政体、寡头政体、民主政体和暴民政体。他认为君主政体、贵族政体、民主政体是三种"正常政体"，另外三种分别是这三种正常政体的"变体"。因此，柏拉图主张建立一个吸收三种正常政体长处的混合政体。亚里士多德则系统阐发了"正常政体"与"变态政体"观，认为：

"凡能包含较多要素的总是较完善的政体；所以那些混合多种政体的思想应该是比较切合于事理。"①因此，需要同时考虑贵族阶层和平民阶层利益，要求贯彻正义与中庸原则，建立混合政体以实现城邦的长治久安。柏拉图和亚里士多德生活在雅典城邦制度之下，都倡导把公共利益置于个人利益之上，并将其视为公民美德。

古罗马时期是古典共和主义思想发展的黄金时期，出现了一批推崇和论证共和思想的思想家，其中以波里比阿和西塞罗为代表。古罗马共和国在长期的发展演变中，经历过不同的政体时期，逐渐形成了一种典型的混合政体。波里比阿认为，正是这种混合政体的共和主义，使罗马共和国能够经久不衰。西塞罗从三种单一政体的缺陷出发，进一步阐发了权力相互制衡的理念，认为混合政体能够更有力地维持和谐稳定，也能更好地保障人民拥有权力。稳定均衡的政体伴随着纯朴清正的公民道德。罗马帝国时代的史学家李维曾经评价：从来没有过比罗马更伟大的国家，更纯洁的道德和更丰富的范例；也从未有过任何国家像它那样如此长期地杜绝了贪婪和奢侈之风并如此高度而持续地敬重清廉和节俭。古典共和主义带来的罗马人的这种忠诚、勇敢、自我克制的美德，个人与国家密切结合的传统，造就了罗马的繁荣兴盛，而这种景象对马基雅维利产生了深刻的吸引力。

2. 李维《罗马史》影响

《罗马史》是古罗马历史学家李维的名作。李维全名提图斯·李维乌斯（公元前59—公元17年），他的青少年时代正是罗马由共和国末期的混乱向屋大维重新统一罗马并开创罗马帝国的历史转变时期。罗马共和国末期，恺撒执掌大权，实行独裁统治，于公元前44年被暗杀身亡。其后，其甥孙及养子屋大维击败竞争者，于公元前27年由元老院授予"奥古斯都"称号，大权定于一尊，开创了罗马的帝制时代。李维正是在这一时期离开故乡来到

---

① ［古希腊］亚里士多德著，吴寿彭译：《政治学》，商务印书馆1997年版，第66—67页。

罗马城，在那里花了40年的时间完成《罗马史》这部历史巨著，直到奥古斯都去世才重归故里。

李维所著《罗马史》总共142卷，分12包①。《罗马史》第一包5卷甫一出版，便极为轰动，以后各卷也受当时人的高度评价和追捧。一直到古典时期结束，李维的盛名始终不衰。进入中世纪之后，古罗马人文主义辉煌不再，基督教神学兴起并一统天下，《罗马史》逐渐被人轻视和遗忘。再加上当时的复制和保存技术极为落后，而该书卷帙浩繁，因此逐渐散佚。自以复兴古希腊、古罗马为旗帜的文艺复兴时期以来，李维及其史学的重要价值再度被人们所重视，以文艺复兴大家佩特拉克为代表，重又兴起了研究李维、搜集《罗马史》散佚书稿的热潮，《罗马史》再次洛阳纸贵、一卷难求。

李维《罗马史》对马基雅维利产生了多方面且深刻的影响。《罗马史》（*Ab Urbe Condita Libri*）直译即"建城以来"，其涵盖的历史时期是从罗马建城到屋大维时代，叙述了罗马史上共和取代王制、帝制又取代共和的历史演变。罗马的史家或思想家大多同时又是政治家，著史和从事政治活动的经历不能分割，因此也形成了从政治观点解读历史的传统。与此不同的是，李维没有从政的经历，而这又恰恰赋予了他观察历史、解读政治的独特视角，即从人格和道德的观点看待历史的进程。李维将这种独特的历史观与其经历的罗马从分裂到重新统一的时代巨变结合起来，在他的历史著作中到处都渗透着对罗马古德的推崇、对罗马功业的强调、对罗马盛世的追寻、对罗马统一的颂扬、对英雄人物的讴歌。他在《罗马史》自序中写道：即使我的名声在史家群像中湮没无闻，挡我光环的名人伟业也可以使我沾光。

马基雅维利在少年时代即读过《罗马史》。李维在《罗马史》中褒扬的罗马共和主义传统、人文主义精神、英雄人物风范，都给马基雅维利留下了不可磨灭的印象，深刻影响了马基雅维利的政治思想。

---

① 羊皮纸卷的包装术语，相当于现在套书的分册。

3. 文艺复兴思想氛围

意大利是文艺复兴的摇篮。文艺复兴运动最先从意大利开始，文艺复兴时期的学者和思想家大多生活在意大利或曾在意大利生活过，文艺复兴的成就在意大利表现突出。特别是在14—15世纪，意大利是拜占庭等各国学者和大量留学生的集中地，各种思想、文化交流激荡，蕴藏和吸收了古代希腊、罗马、中世纪欧洲及阿拉伯的各种文化源泉。这一时期，意大利涌现出一大批思想家或艺术家，犹如璀璨群星。比如文学领域的但丁、佩特拉克和薄伽丘等；历史学领域的维兰尼、布鲁尼、瓦拉、比昂多和瓦萨里等；艺术方面的达·芬奇、米开朗琪罗、拉斐尔以及乔托、多纳泰罗、乔尔乔内和提香等；政治学领域的马基雅维利和康帕内拉等；哲学领域的彭波那齐、特勒肖和布鲁诺等。上述巨人中有不少是马基雅维利的前辈和同时代人，其中有些还与马基雅维利相识。

文艺复兴的核心是被教会压抑了千年之久的人文主义精神的复兴。与其称之为"复兴"，毋宁称之为"重生"。文艺复兴是一场人文主义运动，文艺复兴的诸领域无不体现出这种人文主义精神的不可抑制的萌发与成长。佩特拉克在1337年以上古时代非基督教的英雄为实例发表《论名人》，在罗马受封为"桂冠诗人"之后，致力于搜寻和校勘李维的《罗马史》；马奈蒂1452年发表《论人的尊严与优越》，宣扬人具有"无可限量的尊严和优越"；古腾堡在1455年以活字印刷术印刷《圣经》，促发了文化的传播与思想的解放；达·芬奇以艺术实践着"人是宇宙的中心"这个抽象的观念。人文主义运动的本质注定了文艺复兴运动的重点不是物理学、神学或形而上学，它专注的是人文研究，研究重点在于"人文学科"。

马基雅维利深受文艺复兴氛围的影响，他和他的思想既是文艺复兴运动硕果的重要组成部分，也是文艺复兴时代氛围的结晶。马基雅维利曾说："正如但丁说过的：'如果不把已经见闻的事情记下来，就不成其为知识了。'"这种思想催生了如《论李维罗马史》《佛罗伦萨史》这样的史学巨著。与李维从人格、品德的角度疏陈罗马波澜壮阔的历史不同，马基雅维利从政治实务的观点来评点《罗马史》的义理，这种眼光中饱含着对古德的怀念与对其重生的期盼。从这个角度写出的《论李维罗马史》又把李维的名望推向另一个高峰。在《佛罗伦萨史》中，在对美第奇家族歌功颂德的表象之下，马基雅维利是从形形色色的政治活动轨迹中探寻人类行动动机，在对日渐衰落的故国城邦的惋惜中实现对"人的尊严"的向往。

第二节　对人文精神的深刻解读

伴随着文艺复兴运动的兴起与发展，整个欧洲社会逐渐从"以神为中心"向"以人为中心"转型，开始强调人的主体性和独立性，重视人的地位和价值。马基雅维利作为文艺复兴时期的代表人物，其国家治理思想亦体现了浓厚的人文主义色彩。马基雅维利从人的命运和国家的发展进程出发，聚焦于现实的人和事，积极改变国家治理的现实状况，强烈抨击神学和教会的堕落腐败，极力摆脱教会和神学的思想束缚，尊重人作为精神存在的价值，主张弘扬人的主体性，重视人的力量，充分肯定了人在国家治理中的巨大作用。

一、对现实国家治理的关注

《君主论》《论李维罗马史》《佛罗伦萨史》等著作虽属史论，但在这些著作中，马基雅维利并非单纯地以记述史实为主，而是侧重于从历史启发中思考现实政治，对现实的国家治理给予高度关注。这一点，他在《佛罗伦萨史》中有十分明确的表达："因为历史中任何引人入胜和发人深省的东西都来自于对特定事实的真实描述，如果任何阅读对致力于管理共和国的公民有所助益，一定是那样一部历史：它说明了这个城邦产生那些敌意和纷争背后的原因，吃一堑、长一智，以维持国内的安定团结。"[1]

（一）从现实的君主制国家出发

马基雅维利在政治学领域的重大贡献，就是他将现实主义原则和人本主义精神贯穿于政治学中，将政治学从宗教神学和封建束缚中彻底解脱出来。以往的政治学家往往习惯于讨论国家"应该"如何治理，而马基雅维利关注的则是国家"实际"是如何被治理的、这种治理是如何运作的。应然与实然、理想主义与现实主义的分野是国家治理思想史中的重大问题，而马基雅维利国家治理思想在这一问题上具有突出的体现。布克哈特曾对意大利文艺复兴时期在政治领域的建树作出高度肯定，他在《意大利文艺复兴时期的文化》中将马基雅维利那个时期的政治界定为"国家即艺术作品"，而马基雅维利正是政体艺术理论的创始人。

马基雅维利从现实主义出发，在其主要著作中探讨了国家治理问题。比如《君主论》，就具有浓厚的现实主义色彩。马基雅维利是一位对共和主义青睐有加的思想家，并不赞赏君主专制政体，然而，政治现实促使马基雅维利写出了《君主论》，并最终将书献给了重新获得佛罗伦萨统治大权的洛伦佐·美第奇。马基雅维利的著作充分反映出实现国家统一是他的不懈追求，他的具体观点和政治作为，无不是为着这一追求而服务的。他为此倾尽全力，甚至不惜向美第奇家族屈膝。马基雅维利痛感于意大利当时的四分五裂状态，富有强烈的民族主义和爱国情感，对待现实政治采取了"不择手段"的态度，但是，他的最终目的是实现民族和祖国统一。为了依靠强有力的王权，将意大利早日从蛮族手中解放出来，马基雅维利极力歌颂洛伦佐·美第奇。

从《君主论》产生的时代大背景来看，推崇共和制的马基雅维利，面对

---

[1] ［意］马基雅维利著，王永忠译：《佛罗伦萨史》，吉林出版集团有限责任公司2011年版，序言第2页。

美第奇君主制政府当权的政治现实，为了意大利的早日统一，只能主张实行君主专制制度，将全部希望寄托在君主身上。实现和巩固国家统一，是马基雅维利一切政治实践活动的出发点。他在共和政体被颠覆之后忍辱负重，数次上书美第奇家族统治者，不惜献上《君主论》，并在该书中对美第奇家族大加褒扬，就是服从和服务于现实中的君主制国家统治的集中体现。《君主论》的主题就是阐述如何成为一位合格的君主、一位能够有所作为的君主，其具体内容是马基雅维利围绕在长期的政治实践中积累的经验所进行的思考。马基雅维利认为，一个英明的君主首先得确保他所统治的国家是稳固的，但至于如何维系国家稳固，便不能从一般的道德的角度，而是应该从政治现实和治理实践的角度去考虑。在马基雅维利看来，只要政治上的目的本身是正当的，即有利于实现和维护国家统一与强大，那为达到此目的所采取的任何手段都是合理的。

（二）从实际政治斗争出发

马基雅维利的国家治理思想之所以具有现实意义，其中一个很重要的原因就是，他从现实政治斗争的实际情况和需要出发探索强国之策。这是现实主义作为马基雅维利国家治理思想精髓的又一体现。

马基雅维利在《君主论》中阐释了"事物在实际上的真实情况，而不是论述事物的想象方面"①。布克哈特曾经指出："他的政治论断的客观性，其坦率程度有时令人吃惊，但它是危急存亡之秋的时代标志。"②《君主论》颇具争议性的主要原因，就是马基雅维利所主张的目的手段论和领导权术论。人们普遍认为的马基雅维利主义的实质，实际上只是马基雅维利思想的外在表现。马基雅维利诸多看似有违道德传统的论断，正是其现实主义和经验主义思维方式的体现。马基雅维利与以往思想家的不同之处就在于"他把现存

---

① ［意］马基雅维里著，潘汉典译：《君主论》，商务印书馆1985年版，第73页。

② ［瑞士］雅各布·布克哈特著，何新译：《意大利文艺复兴时期的文化》，商务印书馆1979年版，第83—84页。

势力看作是有生命的和能动的，对于可能采取的方法，观察得广泛而精确，既不想自欺也不想欺人"①。马基雅维利是在仔细审视自身所处的现实政治环境的前提下，才将目光转向君主专制制度，力图依靠强有力的王权积极改变现实状况。由此可见，马基雅维利的现实主义绝不是一种宿命论现实主义，他的现实主义中寄托着一种对国家统一的期望，而这种期望必须通过现实的斗争才能争取实现。

《论李维罗马史》同样体现出马基雅维利从现实斗争出发的国家治理思想。与《君主论》相比，《论李维罗马史》所主张的政治体制明显不同，但两者为政治目的而研究历史的共性是不可忽视的，都体现出从现实斗争出发观察历史、再现历史的特点。马基雅维利的历史观带有严格的政治性和现实性，他认为历史应同时兼具道德与政治两种功能。所谓"真实历史"的作用就在于能够从优秀的人的历史事迹中汲取营养，从而在现实生活中仿效他们的事迹。在《论李维罗马史》第一卷第二十四章中，马基雅维利以罗马人完全不顾及贺拉提乌斯的显赫功劳，决然将其押上法庭的事例来证实"制度健全的共和国不会以公民所立的功抵消他们所犯的过"②。他认为这样的制度如能持久贯彻下去，城邦必能在一个有序的状态下维持统治，否则，城邦便会遭受衰弱的命运，迎来毁灭性的打击。在第二卷第三十章中，马基雅维利对罗马人和佛罗伦萨遭遇战事时的不同命运进行了鲜明的对比，以此来论证"真正强盛的共和国与君主购买友谊不是靠金钱，而是靠德性和军威实力"③。罗马人被围困不需要用黄金来收买盟友，便可获得友邦救援。然而，佛罗伦萨却在事关国家安全的重大历史关头不得不委曲求全，想尽各种办法讨好邻邦，付出了无数金钱的代价，却经常无法保证达到自己的政治和

---

① ［瑞士］雅各布·布克哈特著，何新译：《意大利文艺复兴时期的文化》，商务印书馆1979年版，第83页。

② ［意］马基雅维里著，吕健忠译：《论李维罗马史》，商务印书馆2013年版，第83页。

③ ［意］马基雅维里著，吕健忠译：《论李维罗马史》，商务印书馆2013年版，第287页。

军事目的。例如在1423—1428年，佛罗伦萨人为了对抗米兰公爵维斯孔蒂，使用雇佣兵，花费了350万佛罗林。孱弱的国力使得忍受屈辱变得习以为常。马基雅维利用鲜活的历史实例证明依靠德性和军威实力治理国家的必要性，力图从现实经验中总结出政治原则和行为准则，这种做法使历史事实不再悄无声息地淹没于历史长河中，而是将其转化为一种可以启发和指导现实的强大力量。

二、对神学和教会的拒斥

对人的主体性的弘扬是在对神的"主体地位"的否定中实现的。马基雅维利当然还不可能从根本上否定宗教、与宗教决裂，杜绝一切宗教活动，但是他却从政治领域旗帜鲜明地反对基督教神学的统治，尖锐抨击罗马教会和教皇的腐败堕落。他将宗教纳入世俗社会之中，确立了宗教从属于世俗社会的地位，进而把人文主义的理想推进到了一个新阶段。

（一）揭示基督教的堕落

马基雅维利在多部主要著作中都对基督教进行了大胆抨击。这些著作揭露了基督教的堕落使欧洲地区，特别是意大利地区陷入动荡不安的状况，并对此提出了异议和批判。

在《论李维罗马史》第一卷第十二章中，马基雅维利讨论了宗教对于国家的重要性，深刻分析了在罗马教会统治下意大利衰落的原因，并对教会的罪恶及其阻碍意大利统一进行了严厉的抨击。值得注意的是，马基雅维利在评判宗教时，具有"一般地"肯定和"具体地"否定的特点。他一方面承认"宗教情操的可贵"，另一方面却直指"基督教的堕落"。从普遍意义来讲，马基雅维利赞美宗教，肯定宗教在国家统治中的巨大作用，但是在涉及自己所处时代的教皇和教会时，他说："如果基督教共同体的君主维持当初创教的信仰于不坠，信奉基督教的政权与共和国将会比现在更团结而且更幸福。

罗马教会是我们的宗教根源，我们却看到最接近那个根源的人最欠缺宗教情操，从这事实不难恰当评估基督教的衰微。任谁只要考虑到当初奠定的基础，然后比较现在的风俗，不难断定它走向衰败或遭受天谴为期不远。"①在马基雅维利看来，基督教的堕落并不是因为宗教本身存在问题，而是在具体的实践中基督教背弃了最初的原则和情操，才使得其失去自身存在的价值和意义。同时，他还特别强调宗教的价值并不在于它的教义是否具有真理性，而在于它是否对国家和社会的发展起到推动作用。

在《论李维罗马史》第二卷第二章中，马基雅维利指出基督教的教化作用与古罗马时期的宗教是有明显区别的。古人的宗教是世俗的宗教，能在潜移默化中激励人们变得强壮、豪迈，积极建功立业。反观基督教，即使鼓励人内心刚强，也只是希望人们能更好地适应苦难，而不是让人们去从事什么壮举。显然，基督教使人变得失去了进取精神，"使世界变得文弱，使它成为恶徒予取予求的猎物，因为信众为了来日荣登天国，遭受打击时心里想的是如何忍辱负重，而不是如何报仇"②。在第三卷第一章中，马基雅维利从更深的层次，进一步揭示了中世纪以来基督教和教会势力对人性的束缚，并谈到变革的可能性与必要性。他认为基督教需要回归其最初的原则，以便使自己得到更新，从而改变基督教的现状。总而言之，马基雅维利对待宗教采取的是一种实用主义的态度，他比较和分析古代罗马宗教和基督教的优缺点，并不是出于虔诚的信仰而关心宗教，相反，他是出于政治关怀而重视宗教在国家统治中的作用，他力图将宗教变成政治的附属品，使宗教真正服务于国家统治。

（二）揭露罗马教会的罪恶

如果说马基雅维利对基督教的精神功用的看法是两面的，既指出了其教

---

① ［意］马基雅维里著，吕健忠译：《论李维罗马史》，商务印书馆2013年版，第52页。
② ［意］马基雅维里著，吕健忠译：《论李维罗马史》，商务印书馆2013年版，第188—189页。

化作用的积极方面，又揭示了其消极影响，那么他对教会，特别是作为教会首领的教皇，则持强烈的批判、痛斥态度。

在《论李维罗马史》第一卷第十二章中，马基雅维利列举了两个充足有力的理由来论证"罗马教廷使意大利分崩离析"这一观点。第一个理由是教会和教士的歪风邪气使意大利境内已完全丧失奉献的精神和宗教的情操，使意大利人民失去了良好的宗教信仰和风俗习惯，由此带来不计其数的困扰和动乱，严重影响了邦国的安宁和国家的有序治理。事实证明，有宗教情操的地方才能实现良善治理，缺少宗教情操则恰恰相反。因此，意大利首先要怪罪教会和教士的就是，人民因失去宗教信仰而变坏。第二个理由是教会持续使这地区分崩离析。诚然，只有像法国和西班牙那样由单一的共和国或单一的君主统治的国家才有团结或幸福可言，而意大利却没有这样的际遇，教会虽拥有世俗的治权，却没有足够的能力统治国家。而且，当教会的世俗主权严重衰弱或遭遇威胁时，竟不惜引入外国的势力前来协助对抗意大利境内的强权，以维持教会自己的腐败利益。结果，教会因成为牟取私利的工具而失去了其应有的价值，人们对教会的敬畏心理也逐渐丧失。因此，马基雅维利甚至认为他所处的时代已堕落为一个没有信仰的时代。

在《佛罗伦萨史》中，马基雅维利痛斥教皇是导致意大利分裂和祸乱不断的根源。马基雅维利在第一卷中讲道："几乎所有由北方蛮族在意大利境内进行的战争，都是教皇们惹起的；在意大利全境泛滥成灾的成群结伙的蛮族，一般也都是由教皇招进来的。这种做法仍然在继续进行，致使意大利软弱无力、动荡不安。"[①]此外，马基雅维利还毫不留情地对与美第奇家族交恶的教皇西克斯图斯四世予以指责。西克斯图斯四世为维护私利，一方面用世俗武力胁迫佛罗伦萨人，包括策划刺杀美第奇家族的执政者、联合那不勒斯国王进军佛罗伦萨等活动，另一方面动用宗教神权对佛罗伦萨人施加压力，

---

① ［意］尼科洛·马基雅维里著，李活译：《佛罗伦萨史》，商务印书馆1982年版，第15页。

革除了佛罗伦萨人的教籍。马基雅维利从民族利益和民族情感出发，极力抨击教皇的所作所为。在教皇去世的时候，马基雅维利甚至还讥讽地写道，教皇可能是被和平的实现气死的，因为他一向反对和平。由此可见，马基雅维利已彻底看清了教皇掩盖在慈善的宗教外衣之下的贪婪、伪善、野心勃勃的真实面目，并清醒地认识到在意大利民族统一进程中，过度扩张的教权是严重的阻碍因素。

三、对人的主体性的弘扬

弘扬人的主体性是文艺复兴运动的重要成就，也是文艺复兴时期的一个基本特征。这种主体性的弘扬体现在文学、艺术、政治以及宗教生活等各个领域。马基雅维利的国家治理思想亦体现了对人的主体性的弘扬。文艺复兴并不仅仅是古希腊、古罗马文化的"重生"，更为重要的是，它催生了新意识和新思想的觉醒。文艺复兴时期的学者，在学术研究领域挣脱传统不合理的观念和研究方法的约束，追寻新的思想和观点，追寻人类精神，弘扬主体意识。因此，我们可以看出，无论是马基雅维利在《君主论》中描绘的新君主，还是他在《论李维罗马史》中介绍的"新模式与新秩序"，都是对固有观点和模式的突破，都饱含着对人的主体性的肯定。

（一）实践"人的尊严"

文艺复兴蜕变成"现代性"的启蒙，其中马基雅维利对"人的尊严"的阐发功不可没。马基雅维利在力图肃清基督教对社会产生的恶劣影响的同时，还将古代"功德"转化为马基雅维利式"功德"。一直以来，基督教都把谦卑隐忍视作最高的善，而将积极作为看作一种恶。然而，正是由于基督教在被统治阶级中宣扬的这种"隐忍"，使得"现代人"变得越发懦弱，无法以暴制暴，以至于整个世界罪恶肆意横行，腐败不堪。马基雅维利试图以古代的德性医治"现代人"的懦弱，但他所推崇的古代德性指的是罗马德性，即罗马人在政治和斗争中体现的德性。这种德性展现的是一种人敢于与命运对抗的意志和才智的力量，它使现代人能够从对他们有利而不可逆转的进步之道中获益。

"人的尊严"体现在人的历史选择和历史活动之中。我们通常会将马基雅维利看作一个政治学家，其实他更为看重的一个称谓是"历史学家"。马基雅维利的历史观不仅促进了人文主义史学的发展，还带有明显的马基雅维利烙印。在《佛罗伦萨史》中，马基雅维利既从历史角度分析了国家衰弱的原因，又试图探寻社会发展的一般规律。他在第五卷开头指出，"在兴衰变化规律支配下，各地区常常由治到乱，然后又由乱到治"[1]。这是一种明显的历史循环论。但值得注意的是，他的循环史论与古典史学家的循环史论具有显著区别，马基雅维利更偏重于从人类的行为这一角度解释历史循环。可以说，马基雅维利的循环史论是对古典史学家循环史论的一种突破和升华。在《论李维罗马史》中同样也可发现历史循环论的痕迹，马基雅维利在此书中集中探讨了共和制的利弊，其主要用意就是让人们避免再次走弯路，从而选择建立混合式政府。总之，马基雅维利的历史循环论旨在警醒人们要以史为鉴，因时而进，绝不能因循守旧，使自身陷入历史的漩涡中难以自拔。

《论李维罗马史》是马基雅维利将"人的尊严"具体落实在政治领域中的一个典范。在中世纪，基督教神学观笼罩着整个欧洲文明，世间政务皆归之于天国，直至文艺复兴时期，马基雅维利才代表政治领域告别以往的神学统治。马基雅维利强调共和主义理想，尤其注重从实务层面避免社会腐败和维护国家秩序的稳定，使共和体制在分裂动荡的时代背景下仍能站稳脚跟。我们看到，马基雅维利十分看重、并经常强调自己的"佛罗伦萨公民"身份，这充分体现了他秉持人文主义传统和共和主义理性的政治态度。基于这种理想信念，他积极投身于争取和巩固佛罗伦萨共和制度、推进意大利民族

---

① ［意］尼科洛·马基雅维里著，李活译：《佛罗伦萨史》，商务印书馆1982年版，第231页。

统一的政治实践。政治实务的经验让马基雅维利不再对古典美德心存幻想，他从现实主义原则出发，实行政治与道德的二分法，对政治权力的本质作出前人所未有的透彻分析。他的这一现实观点是从中古时代过渡到文艺复兴时代的重要标志。

在《佛罗伦萨史》一书中，文艺复兴的人文主义思想得到进一步的展现。正是由于马基雅维利在史学领域作出的突出贡献，人们才意识到历史不再是为了实现天意而存在，而是对人类现实活动的总结，人有能力塑造自己的生活方式，进而创造生命的意义，将命运掌握在自己的手中。这正是意大利文艺复兴时期最令人瞩目的成就之一。这种历史观渗透进世俗的价值观，就是在实践"人的尊严"。美第奇家族重用马基雅维利的本意是要他为家族歌功颂德，但马基雅维利却有着更高的目标和视野。在中世纪的基督教神学视野中，历史发展被视为体现上帝意志的"天意"史观，人在历史发展中的主体作用得不到肯定和尊重。马基雅维利扬弃这一史观，着重从各种各样的活动中探求人类行为的动机和行为的准则，并尝试从中探讨历史发展的规律和轨迹，力图把自己生活的城市描绘成一个活生生的有机体。

（二）发挥"人的自由意志"

与人们的一般印象不同，中世纪的基督教神学并非与"自由意志"格格不入，但是，这种"自由意志"却又与上帝紧密相连，体现为对上帝的绝对信仰。无论是奥古斯丁还是阿奎那，都将"自由意志"视为上帝的赐予，认为人若能"正确"运用自由意志以爱戴上帝，便可超越自身原有的个人主义、利己主义和罪恶倾向，从而成为"圣者"。

马基雅维利高度重视人的自由意志的发挥，他将自由意志贯穿于人本身。在如何对待命运这一问题上，他对世界上的一切全由上帝和命运支配的观点持坚决反对态度。马基雅维利在《君主论》中说："不能把我们的自由意志消灭掉，我认为，正确的是：命运是我们半个行动的主宰，但是它留下其余一半或者几乎一半归我们支配。"①马基雅维利认为，命运好比河流，当其肆虐泛滥之时，具有强大的破坏力，人很难与其抗衡。但事情还有另一面。如趁天气好，修筑堤坝、水渠，待水涨时顺河道宣泄，便不会泛溢成灾。由此，我们可以发现，马基雅维利对命运的认识与宗教神学的观点可以说是迥然不同：自由意志不是上帝的赐予，而是个体的素质；不是用来崇奉上帝，而是用来自我实现；不是导向上帝意志，而是凸显人的价值。

马基雅维利打破了"命运"在古典世界里至高无上、不容亵渎的地位。马基雅维利在其政治哲学中，对命运进行了彻底的改造。马基雅维利是一个不屈不挠的战斗者，满怀信心地与宗教神学进行战斗，力图成为这场人神争夺中的胜利者。他战斗的根本目的就是使自由意志的存在不再为着宗教信仰的目的，他把自由意志从神间拉回到人世间，从虚无缥缈的天国拉回到现实生活的尘世，体现了进步主义的精神和人本主义的态度。马基雅维利还认为，当命运发生变化时，人们若不能随着时间与事态的发展情况而有所变化，注定是会失败的。任何君主的做法都应符合时代要求，这样才会得心应手，若君主的行为同时代发展不协调，当命运变化时他就会垮台。

马基雅维利在发挥人的自由意志时具有很强的忧患意识。他认为自由意志的运用使人们有理由主动顺应时势，减少事态变化中的不利因素。这一点在《君主论》中有所体现，马基雅维利分别就患难之时与和平时期所应具备的忧患意识进行了具体阐释。在患难之时，"所有明智的君主都应该做的：他们需要考虑的不仅是当前的患难，还有未来的患难"②。在和平时期，贤明的君主"绝不能够无所事事，相反，应该努力地利用这些时间，以便在命运逆转的时候，就已经做好了反击的准备"③。这就说明，命运并不是不可捉摸、无法把握的，自由意志也就成了人们掌握命运、争取美好生活的工具。

---

① ［意］马基雅维里著，潘汉典译：《君主论》，商务印书馆1985年版，第117页。
② ［意］马基雅维里著，潘汉典译：《君主论》，商务印书馆1985年版，第11页。
③ ［意］马基雅维里著，潘汉典译：《君主论》，商务印书馆1985年版，第72页。

马基雅维利认为，非但个人应该而且可以运用自由意志来控制自己的命运，国家也同样存在这个问题。从现实的政治运作出发，国家的自由意志离不开统治者的自由意志，但国家也必须有其发挥自由意志的基本条件，这个基本条件就是国家的自立自主。没有自立自主就没有自由意志，而没有属于自己的军队就没有国家的自立自主。马基雅维利长期从政获得的最刻骨铭心的记忆之一，就是雇佣军和援军的极度不可靠。雇佣军贪婪、涣散、自私自利、军纪松弛，视倒戈如儿戏，毫无忠诚可言，佛罗伦萨曾饱受雇佣军之患。援军则更是靠不住。当国家面临危难之时，援军来或不来，作战力与不力，完全操之人手，何况援军即使战胜，也往往成为受援国的占领军。马基雅维利根据自己从事军事、外交工作的实践指出，英明的君主必须依靠由本国人民所组成的军队。这是其根深蒂固的国民军思想在君主政体条件下的"变种"。总之，自己国家的命运要掌握在本国人民自己的手中，一个国家的防卫若依赖他国，那么这个国家迟早逃脱不了灭亡的命运。

第三节　君主制：国家治理的现实形式

马基雅维利的君主制思想集中体现在《君主论》一书中。《君主论》是马基雅维利在总结历史规律后，结合其自身丰富政治阅历而作，蕴含着诸多国家治理的思想光芒，其"实用主义"的治国理念，为其后历史中许多掌权者所践行。马基雅维利的治国思想主要包括人本观、军队建设观、政治无道德观、文化统一观、领导者素质观等，在西方政治思想史上具有重要影响。

一、对人和人性的反思

马基雅维利的人文主义，鲜明表现为一种人本思想。剖析马基雅维利的人本思想，应当避免用今天以人为本的标准去审视和评判，应该站在马基雅维利所处的时代背景下，对他的人本思想作出恰如其分的把握。马基雅维利人本思想中的"人"可以从以下两个方面理解：一是从神性到人性的复归，这是对人的自然属性的理解和反思，主张从人的自在状态出发，思考人的自然需要与理性思维之间的关系；二是作为社会关系的人，强调人在政治生活中的地位和作用。

（一）从神性到人性的复归

马基雅维利从世俗的人性出发透视历史和现实，打破了中世纪以来"神是万物的尺度"的价值评判标准，将国家从"神治"氛围拉回到现实的"人治"氛围当中。有学者总结道：马基雅维利的人文主义思想通过论证人作为自然界发展的产物，其与生俱来的自然属性在人类发展历史进程以及文化生活领域的影响作用，突出与人性密切相关的自由对于确立并巩固道德伦理规范和政治价值标准的重要性；立足于人所在的现实世界，强调处于社会关系中的人参与伦理和政治生活的合理性和合法性；观察自然的人及其世俗本性来研究社会现实，并进一步形成历史性和现实性相统一的人性论[1]，成为研究国家治理中的人文主义思想不可忽略的重要内容。

马基雅维利反对古希腊、古罗马将人性从抽象的"善"的角度进行概括的思维模式，他摆脱了这种形而上学的思维束缚，从历史和现实的角度出发，指出人性本恶且善变的特性，特别是将"人性本恶"作为论述自己政治主张的逻辑起点。一方面，马基雅维利认为人性本恶，"他们是忘恩负义、容易变心的，是伪装者、冒牌货，是逃避危难、追逐利益的"[2]，权力、财富、名誉是人与生俱来的追求和向往。另一方面，马基雅维利认为，基于人性本恶的认知，人性自私必然导致臣民对统治者的依赖，也可以说，国家的产生正是起源于人类趋恶的本性。这是因为，如果任由人们遵循自身本性行

---

① 周春生著：《马基雅维里思想研究》，上海三联书店2008年版，第10页。

② ［意］马基雅维里著，潘汉典译：《君主论》，商务印书馆1985年版，第80页。

事，社会必将走向灭亡，而平民大众要想在这种情况下保护自己，只能借助于国家权力，仰仗君主的统治，其他任何人和事都是不可靠的。能否保障个人财产和人身安全，成为平民认同国家和君主统治的唯一尺度。并且，只要君主能够保障臣民的个人财产和人身权益不受侵犯，臣民对君主拥有如何庞大的权力体系以及这些权力通过何种方式运行都不甚在意。

（二）民众是国家存在的基础

马基雅维利重视民众的力量，认为民众是国家存在的基础。他曾经指出："如果一个人由于人民的赞助而成为君主的话，他应该同人民保持友好关系。因为他们所要求的只是免于压迫，君主是能够轻而易举地做到这一点的。但是一个人如果同人民对立而依靠贵族的赞助成为君主的话，他头一件应该做的事就是想方设法争取人民……君主必须同人民保持友谊，否则他在逆境之中就没有补救办法了。"①马基雅维利甚至直接说明，如果君主单纯地认为只要国家的堡垒足够坚固，便可巩固和维护自己的政权，便是最愚蠢的想法。在他看来，当人民团结起来成为一个整体时，仅仅从数量上就要比贵族多很多倍，更何况人民群众拥有的能够推翻王朝的强大力量。所以，任何一位君主，如果不重视人民群众的有生力量，建立再牢固的堡垒也无济于事。无论什么时候，统治者都应与人民保持良好关系，这样才可以在任何情况下都不会失去国家。

马基雅维利认为，君主在重视民众的基础上，应该致力于探索造福于民的政权发展道路。在《君主论》中，马基雅维利提到，君主必须做的最重要的事情之一就是使人民心情愉悦、获得满足。"一位君主必须表明自己是一个珍爱才能的人，引用有才艺的人们，对各个行业中杰出的人物给予荣誉。此外，他必须激励他的公民在商业、农业以及其他一切职业上，能够安心地

---

① ［意］马基雅维里著，潘汉典译：《君主论》，商务印书馆1985年版，第47页。

从事他们的业务。"①君主必须对在各行各业中作出杰出贡献的人才给予一定的荣誉和奖励。此外，君主还需体恤人民，"应当在每年适当的时日，使人民欢度节日和赛会"②，这是营造安定祥和氛围、塑造与民同乐形象的重要手段。另外，君主还应当时常会见各部族、各行业的民众，一方面可鼓励人民安居乐业，另一方面也增进了自己与民众的联系，有利于得到百姓的支持。在《君主论》最后一章，马基雅维利在讲到"奉劝将意大利从蛮族手中解放出来"时，写道："现在有某种要素给一位贤明的有能力的君主提供一个机会，让他采取某种方式，使自己获得荣誉，并且给本国人民带来普遍的幸福。"③这也充分体现了他以民为本和造福于民的政治主张。以上这些意见和措施如果在国家治理中得以落实，就会在缓和君主与人民群众关系、保证人民群众基本生活的同时，极大地凝聚民众的力量，促进国家经济各领域的发展，对于维护和巩固国家政权统治具有重要意义。

二、对公民军队的强调

马基雅维利认为战争的正义性来源于其必要性。他说，当只有使用武力的手段才能使国家和人民获得解救、拥有希望的情况下，武力本身也是慈悲的。这种认识出于对意大利在四分五裂状态下所遭受苦难的深刻反思。"'……我不知道还有哪一个国家比我们的国家更有这个需要；也不知道除了把我们这个国家从奴役中解救出来之外，还有别的什么更伟大的同情。因此，我们的事业是正义的，我们的目标也是仁慈的。'"④而要实现这些所谓的"正义"，强有力的军队建设是尤为必要的。

---

① ［意］马基雅维里著，潘汉典译：《君主论》，商务印书馆1985年版，第109页。
② ［意］马基雅维里著，潘汉典译：《君主论》，商务印书馆1985年版，第109页。
③ ［意］马基雅维里著，潘汉典译：《君主论》，商务印书馆1985年版，第121页。
④ ［意］尼科洛·马基雅维里著，李活译：《佛罗伦萨史》，商务印书馆1982年版，第244页。

（一）军队是权力的基础

马基雅维利认为，军队是国家一切事务的基础，武装力量是构成一个国家的基本要素。衡量一个国家的强弱，最为重要的一点就是看它能否运用自身的力量维护国家的统一和稳定，而这种能力的高低反映着武装力量的强弱程度。对外来讲，如果一个国家拥有可以和任何入侵者对抗的精良军队，那么它就是强大的，反之，不能够做到这一点的国家，则会始终处于其他国家的威胁之下，难以维持有序统治。对内来讲，所有国家，不管是新国家还是旧国家，基本的要素是"良好的法律和优良的军队"。马基雅维利不仅重视军队的对外防御作用，还认为军队是法律得以有效施行的有力保障，对于国家秩序的维护具有基础性作用。一方面，马基雅维利重视法律，肯定法律对一个国家政权有保障作用，认为法律是维持社会稳定的重要工具，能约束人的贪婪与自私，引导人向善从善，进而有效弥补道德现实约束力的不足。另一方面，相对于法律而言，军队具有更基础的作用，即军队的作用在于保家卫国、维护社会秩序。没有良好的军队，国家的法律就不可能是完备的，而具备了优良的军队，其法律必定是良好的。

军队对于夺取和巩固国家政权具有不可替代的作用。马基雅维利向君主谏言："所有武装的先知都取得胜利，而非武装的先知都失败了。"[①]他在《君主论》第六章列举了摩西、居鲁士、罗慕洛和提修斯这些伟大的人物，称他们为先知。他提出，君主制国家的君主们都应该向这些建立了军队的先知学习，即学习对军队力量的正确认知。没有武装力量的存在，就没有迫使民众服从的手段，也就无法让新的秩序得到遵守、国家政体得到稳定。如果这些先知没有建立军队，必然无法成为建立新的秩序的君主，自然也无法巩固新生政权。因为，民众永远是利己的，在巨大的政治和社会变动中，他们看重的只是狭隘的自身利益，君主永远不能相信这些人的承诺。这是马基雅

---

① ［意］马基雅维里著，潘汉典译：《君主论》，商务印书馆1985年版，第27页。

维利基于人性本恶所作出的判断。他认为，政治生活中最不可靠的就是忠诚，人们随时可能为了逃避自身所面临的危险而背信弃义，君主只有具备一支可以随时施加压迫性的武装力量，才能确保人民对于其的忠诚。

（二）建设义务军性质的国民军

马基雅维利认为，精良的军队是国家政权巩固的基础，但并非所有的武装力量都是可以依靠的，一个国家要想建立并维持政权，必须建设自己的国民军。一方面，马基雅维利从雇佣军、援军和混合军的弊端入手，讨论了建设国民军队的必要性。他认为，雇佣军、援军是意大利一切灾难发生的主要元凶。其中，雇佣军之所以不可靠，是因为他们没有国家意识，不忠于任何一方，只遵循金钱法则。正如马基雅维利在《君主论》中所讲："这些雇佣军队是不团结的，怀有野心的，毫无纪律，不讲忠义，在朋友当中则耀武扬威，在敌人面前则表现怯懦。"[1]马基雅维利还列举了很多历史与现实中由于使用雇佣军而惨遭失败的例子。如1500年佛罗伦萨攻打比萨失败，1505年佛罗伦萨再度攻打比萨时雇佣军首领叛变，以及1509年威尼斯的维拉之役惨败等。从这些教训中，他深刻地认识到使用雇佣军的巨大弊端。至于援军，则比雇佣军更为恶劣，使用援军，会带来不可避免的不可预测性和危险性。而混合军虽然比援军和雇佣军的性质稍好，"可是比全部是本国的军队毕竟差得远了"[2]。只有培植忠于国家和君主的军队，才能拥有实现稳固政权的条件。

马基雅维利在佛罗伦萨共和政府任职时，曾极力推动和亲手创建了国民军，并取得过收回比萨的军事胜利，在国民军建设问题上拥有宝贵的实践经验。对于当时意大利普遍依赖雇佣军和援军的做法，马基雅维利表示极不赞同。值得注意的是，在长期依赖他国军队的意大利，马基雅维利能够首先提

---

① ［意］马基雅维里著，潘汉典译：《君主论》，商务印书馆1985年版，第57页。
② ［意］马基雅维里著，潘汉典译：《君主论》，商务印书馆1985年版，第67页。

出反对雇佣军、依靠国民军的这一见解是极其富有远见的。马基雅维利明确指出："所谓自己的军队就是由臣民、市民或者你的属民组成的军队。"[①]只有国民军性质的军队，才是承担国家治理的忠诚可靠的和坚强有力的力量。他主张，在恢复国民军建制的同时，组建一支由市民组成的义务军，并提出17—40岁的身体健康的男性公民都应该加入日常军事训练，为王权统治巩固后备力量。

（三）强调君主要承担军事责任

马基雅维利强调君主的军事责任，认为君主应精通军事，掌握优秀军事技能，获得士兵的尊敬和信赖。他认为，军事、军队、战争是君主须臾不可忘怀的事务，无论是在战时还是在和平时期都是如此。"君主除了战争、军事制度和训练之外，不应该有其他的目标、其他的思想，也不应该把其他事情作为自己的专业，因为这是进行统帅的人应有的唯一的专业。它的效力不仅能够使那些生下来就当君主的人保持地位，而且有许多次使人们从老百姓的地位一跃而高踞王位。"[②]

马基雅维利提出了能够提高君主军事技能的两个方法。一是实践的方法，即通过实地考察和演练活动，达到熟悉地理环境、练习谋划决策、提高身体素质等多方面的效果，为战争爆发时克敌制胜做好各种准备。二是理论的方法，即通过阅读和思考，从前代君主的事迹和学说中学习战争，掌握指挥军队、驾驭战争的各种技能。此外，马基雅维利指出，君主统治军队必须采用严酷手段。"当君主和军队在一起并且指挥庞大的队伍的时候，他完全有必要置残酷之名于度外；因为如果没有这个残酷之名，他就决不能够使自己的军队保持团结和踊跃执行任何任务。"[③]

---

①［意］马基雅维里著，潘汉典译：《君主论》，商务印书馆1985年版，第68页。

②［意］马基雅维里著，潘汉典译：《君主论》，商务印书馆1985年版，第69页。

③［意］马基雅维里著，潘汉典译：《君主论》，商务印书馆1985年版，第81页。

三、对政治与道德关系的定位

马基雅维利的国家治理思想最易引起争议之处，即其非道德性的政治观。在他看来，人类社会的最高追求是政治追求，道德应该服从和服务于政治，而不是变成政治发展的桎梏，因此，不应为君主的统治权术设置道德底线。一直以来，马基雅维利的政治无道德论颇受争议，然而，认为马基雅维利蔑视道德、排斥道德，恐怕是一种误解。身处马基雅维利时代的意大利，面对强势的教权、顽固的分裂势力、时时而至的外来侵略者，仅仅依靠道德是无法完成民族统一的。道德必须为政治服务，德性空谈必须为统一大业让路。马基雅维利的这一认知，标志着古典政治学向近代政治学的转变。

（一）肯定政治与道德分离

马基雅维利彻底推翻了从古希腊到文艺复兴时期将政治与道德无条件挂钩的传统观点。他进一步指出，道德属于伦理领域，而权力才是建立国家政治的核心。这种观点揭开了政治的真实面目，为建立统一的国家和正常的治理秩序奠定了基础。"君主为着使自己的臣民团结一致和同心同德，对于残酷这个恶名就不应有所介意，因为除了极少数的事例之外，他比起那些由于过分仁慈、坐视发生混乱、凶杀、劫掠随之而起的人说来，是仁慈得多了，因为后者总是使整个社会受到损害，而君主执行惩罚不过损害个别人罢了。"[1]这一观点说明，君主如果迫于政治和社会的现实需求而做出恶的行为，就国家治理角度来讲也属于政治上的善。在这里，他将道德的善与政治的善明确区分开来，将政治本质、政治合法性以及政治命运均放置于现实的利益关系中去思考，使君权摆脱了神学的束缚，转向以人性为基础，直面现实需求，使政治伦理真正走向了世俗化。因此，这一观点

---

[1]［意］马基雅维里著，潘汉典译：《君主论》，商务印书馆1985年版，第79页。

也被认为是现代政治学诞生的标志。马克思也对这种将道德与政治二分的思维方式给予了肯定，认为马基雅维利是16世纪运用理性和经验而不是神学来看待国家发展规律的第一人。

（二）主张目的决定手段

目的与手段的关系，既是一个传统的哲学问题，也是一个现实的政治问题。要求目的与手段都符合正直、仁慈、善良等价值观，是古代社会长期存在的政治伦理。然而，处于时代转折之际的马基雅维利，眼见传统美德在现实利益面前日渐崩解，欺诈和恶行遍布社会，意大利的分崩离析日甚一日，故国佛罗伦萨每况愈下，敏锐地提出了政治与道德分离的崭新观点。他认为，目的决定手段，目的有善恶之分，手段无正误之别，只要能有效促成达到目的、能为目的服务的手段就是好手段。具体来说，只要能促进意大利的统一、能建立良好的国家治理秩序的手段，就是可取的好手段。在当时情况下，只有建立和维护强有力的王权才是唯一的出路。马基雅维利明确指出，不必再纠缠于慷慨、正直、仁慈等虚幻的道德概念，唯一可靠的解决办法便是建立绝对君主制。总之，他把国家的存在当成唯一价值，这既是由那个时代所决定的，更是对当时国家现状的有力回应。对此，著名历史学家布克哈特评价道："在那个时代里，人们是难于相信正义或者别人有正义的行为的。我们如果从道德观点上来衡量而对他感到愤怒，那是没有必要的……马基雅维里毕竟能够为了他的主张而忘掉自己。"①

四、对文化认同的重视

改造意识形态以实现文化统一，是国家和君主权力得到长久保持和稳固

---

① ［瑞士］雅各布·布克哈特著，何新译：《意大利文艺复兴时期的文化》，商务印书馆1979年版，第84页。

的有力措施。马基雅维利认为，要实现对一个地域的长久统治，除了在政治、经济、法律、军事上加强控制，还需要对文化精神等意识形态归属进行渗透和同化。对于语言文化相同或相近的两个国家而言，征服者不需要改变原有国家的文化体系，只需要解散被占领区域原有的君主家族，进而统一民众的精神归属即可。对于文化差异较大的两个国家而言，则需要考虑被占领区域的强弱程度，采取文化渗透、文化殖民、完全毁灭等措施。具体来讲，若被占领国较为弱小，那就成为这些弱小国家的保护国，从而使自己国家的文化自然而然地渗透进这些被占领的国家。若被占领国较为强大，那就在消灭原有统治者的基础上，将被占领国的政治制度、经济制度、文化传统、语言文字、精神领袖等意识形态内容纳入征服国的文化体系，直到被占领国民众关于原有文化精神的记忆随着统治绵延而消散。当被占领国的文化强大到难以同化时，也可以通过在要害地区驻军、派遣移民或将其直接毁灭的方式，来实现意识形态统一。

五、对领导者个人素质的阐述

领导者的个人素质在马基雅维利的国家治理观中占有相当重要的地位。马基雅维利在《君主论》中利用大量篇幅论述了君主的统治权术，他从政治的角度出发，对传统道德进一步提出了挑战。其核心观点是，君主的仁义道德与国家的善治并没有必然的联系，相反，君主要达到统一和复兴意大利的目的，必须具备双重人格，以便自己能够随时根据斗争需要和实际情况，决定自己的施政方针。也就是说，君主最应该考虑的不是应该如何去做，或怎样做才是正当合理的，而是怎样做对自己的统治更加实用。

（一）善用权术

马基雅维利认为，优秀的君主必须懂得利用权术。以著名的"狐狸狮子论"为代表，即"君主必须是一头狐狸以便认识陷阱，同时又必须是一头狮子，以便使豺狼惊骇"①。马基雅维利劝告君主，要了解如何像野兽一样行动，进而善于如此。他认为，对于起义和归顺的民众，君主应该镇压前者、安抚后者，在民愤平息后，审判执行镇压任务的官吏以笼络人心。对于日常和战时的君主形象，君主在日常应该勇于并习惯于接受吝啬之名以保存自身实力资本，在战时表露慷慨以获得将士的追随。君主应该明确哪些恶行有可能使自己亡国并避而远之，了解哪些恶行不会使自己亡国并留而用之。对于有利于自己的信义和不利于自己的诺言，君主应该分而论之。遵守信义无疑是值得赞许的，但行事却要视具体情况而定。守信能带来利益则守信，反之则千万不能被信义所束缚，同时又必须得装出遵守信义的样子。经验表明，那些曾经建立了丰功伟绩的君主们并不是遵守诺言的。马基雅维利还指出："一位君主如果能够征服并且保持那个国家的话，他所采取的手段总是被人们认为是光荣的，并且将受到每一个人的赞扬。因为群氓总是被外表和事物的结果所吸引，而这个世界里尽是群氓。"②总之，人们更多关注的是君主的行为结果，是君主能否有效统治国家、实现国家统一富强。因此，君主要善于变通，做一个"伟大的伪善者"。

（二）避免受到轻视和憎恨

马基雅维利认为，君主即使不能做到受人民爱戴，但一定不能被人民憎恨。历史经验表明，自古以来篡权者、阴谋家、谋反派很多，但其中真正成功的却很少。人民是君主权力的基础，不受人民憎恨是君主防止篡权者阴谋得逞、维护国家政权的必要条件。马基雅维利指出，一个君主要做到被人民畏惧而不被憎恨是可能的。首先，君主不能贪财好色。"贪婪，霸占臣民的财产及其妇女，特别使君主被人衔恨；因此，他必须避免这两件事情。"③他

①　［意］马基雅维里著，潘汉典译：《君主论》，商务印书馆1985年版，第84页。

②　［意］马基雅维里著，潘汉典译：《君主论》，商务印书馆1985年版，第85—86页。

③　［意］马基雅维里著，潘汉典译：《君主论》，商务印书馆1985年版，第87页。

反复劝导君主，不能横征暴敛和加重人民负担，应公平处理事情而不损害他人。只要君主不侵吞公民的财产，不玷污妇女，不滥杀无辜，就不容易引起臣民的憎恨。其次，君主要在行动中表现出伟大、英勇、严肃庄重、坚忍不拔的风度品格。"君主如果被人认为变幻无常、轻率浅薄、软弱怯懦、优柔寡断，就会受到轻视。因此，他必须像提防暗礁一样提防这一切。"[①]马基雅维利认为，一国之君要具备令人信服的气质和大家风范，要得到人民的尊重和爱戴，切不可刚愎自用、喜怒无常。

（三）注重实际，不图虚名

马基雅维利认为，君主必须依靠自己的真实能力和实际行动去赢得声誉。在这一过程中，一方面，君主要在实际行动中发挥毕生所学去战胜一切困难，以建功立业赢得尊严和地位，这是最为主要的。君主积极进取的精神、英明果断的个性、凝聚人心的能力，是其获得人民敬意的基本素质。另一方面，君主要从历史中学习并效仿前人成就。马基雅维利认为，以史为鉴非常有必要，效法成功者的所作所为，经常使自己也成为成功者。另外需要特别注意的是，不能把民众的谄媚误作为爱戴。要有效识别和防止谄媚，是一件非常困难的事情。因为"人们对自己的事情是如此地自满自足，并且自己欺骗自己，以致他们难以防御这种瘟疫"[②]。马基雅维利建议，君主要在美言和信言之间懂得取舍。马基雅维利建议，可以通过选拔有识之士并授予其特别进谏权力的办法，察纳真言、良言。更重要的是，君主自己要保持主见，不能人云亦云，不能被臣下误导，要在明辨是非正误中作出有效决策。

（四）亲贤臣，远小人

国家长效治理离不开贤臣良将的辅助。一方面，马基雅维利特别强调选

---

① ［意］马基雅维旦著，潘汉典译：《君主论》，商务印书馆1985年版，第87页。
② ［意］马基雅维旦著，潘汉典译：《君主论》，商务印书馆1985年版，第112页。

拔贤臣、能臣是君主必须关注的大事、要事。君主既要意识到选拔良臣的重要性，也要具备识别英才的素质能力。"他们是否良臣，取决于君主的明智。"[①] 另一方面，马基雅维利具体指出了选拔贤能大臣的方法。"如果你察觉该大臣想着自己甚于想及你，并且在他的一切行动中追求他自己的利益，那末这样一个人就绝不是一个好的大臣，你绝不能信赖他；因为国家操在他的手中，他就不应该想着他自己，而应该只想着君主，并且决不想及同君主无关的事情。"[②] 马基雅维利认为，判断贤能大臣的标准，关键看他是否一心为君主、一切为君主的利益而行使权力。如果有私心，在治理国家时总是考虑自己的私利，便不能被信任，因为这样的大臣会给君主的统治带来危机。只有竭尽全力为君主考虑的大臣，才值得被信任、重用，才能给国家治理带来繁荣富强。

第四节　共和制度：国家治理的理想模式

马基雅维利在少年时代就接触了古罗马的共和历史和共和精神，从青年时代起，在实行共和制度的佛罗伦萨度过了十几年的从政岁月，其共和主义思想根深蒂固。美第奇家族在佛罗伦萨复辟后，他不得不从现实出发，花大精力去思考君主制度下的治国理政，但是却从来没有放弃共和主义理想。

一、马基雅维利共和主义思想的理论基础

马基雅维利的共和主义思想由来已久。他在青少年时期即接受了李维《罗马史》中共和主义思想的熏陶，又有着对在共和制下的佛罗伦萨政府从政经历的思考，具备深厚的理论基础。

---

① ［意］马基雅维里著，潘汉典译：《君主论》，商务印书馆1985年版，第110页。
② ［意］马基雅维里著，潘汉典译：《君主论》，商务印书馆1985年版，第111页。

（一）强烈的共和主义愿景

马基雅维利成长于意大利进入政治剧烈动荡的文艺复兴时期，他毕生都在追求使意大利能够得到解救、统一和强大的方法，其思想也大多来源于对古罗马共和国的深刻剖析和对人文主义思想的继承批判。共和制是与君主制相对的政体。《君主论》开宗明义就断言统治人类的政府不外乎共和制与君主制这两种政体。共和国是拥有自由的公民基于共同的利益而共同努力维持其生活方式的政治共同体，此一理念自从柏拉图的《理想国》以来可谓源远流长。马基雅维利毕生钟情于共和国的理想图景，但与众不同的是，他的共和主义愿景着眼于尘世社会。

《君主论》和《论李维罗马史》是马基雅维利的两部代表作，看似其中思想矛盾，但两部著作或多或少体现了马基雅维利的共和思想。《君主论》是马基雅维利站在君主视角，思考国家兴衰强弱的原因和君主的治国之道，本质上还是倾向于共和政体，认为君主专制是政权过渡最有效的选择，只有共和制才能实现公民真正的自由。他在《论李维罗马史》中指出，罗马创建了拥有执政官、元老院、护民官的混合政府体制，使共和制趋于完美，兼有君主政体、贵族政体、平民政体的优点，"造就一个完美的共和国"①。他认为，由于贵族倾向于遂行支配，而平民"有更强的意愿要求自由的生活方式，因此比较不会伤害自由"②，所以要由平民掌控捍卫自由的机制。在《论李维罗马史》中，马基雅维利从君主政体和共和政体两种视角出发，以古罗马共和国为范本，憧憬在不久或遥远的未来，古代共和政体的精神能够获得再生。两部著作共同体现了马基雅维利致力于从历史、现实与经验出发研究如何防止城邦腐败与重建政治秩序的思想，以及在古典共和主义话语传统下对古典共和主义思想的继承和创新，主要体现为以混合政体、政治自

---

① ［意］马基雅维里著，吕健忠译：《论李维罗马史》，商务印书馆2013年版，第18页。
② ［意］马基雅维里著，吕健忠译：《论李维罗马史》，商务印书馆2013年版，第23页。

由、公民道德等概念为核心的现代共和思想。

在美第奇家族直接统治佛罗伦萨时期，马基雅维利迫于压力将共和主张暂时搁置，然而，一旦情势稍有缓和，他便大胆提出逐步恢复共和制的建议。在小洛伦佐死后、枢机主教朱利奥代位统治佛罗伦萨期间，马基雅维利就在为教皇利奥十世撰写的意见书中表达了这一意见。这件事说明马基雅维利在同君主专制的统治者妥协的同时，并没有放弃共和制的理想。

（二）与"私人""个体"相对的"公共精神"

古典共和主义思想以积极参与公共事务和关注国家集体利益为公民善恶的评判标准。西塞罗曾就公民在一定社会关系中从事公共事务所体现出的公共精神作出特别阐释。他提道："公共事务乃人民之事务，人民并非以任意的方式所集合起来的，而是所有的人通过协议性的法律以及共同利益所形成的公共关系。"①他认为公民自愿克制私人欲望，主动服务于公共利益，以践行美德来成就城邦伟大是古罗马共和国的荣耀之源。马基雅维利一定程度上也继承了这种思想，强调与"私人"和"个体"相对的"公共"，主要体现在两个方面：一是将公民所从事的活动或采取的行动分为公共事务和私人事务，认为公民只有通过从事公共事务或私人事务两种渠道，才能够取得社会声望和势力；二是将公民从事活动或采取行动所蕴含的欲望和产生的效果分为公共利益和个人利益，认为只有追求公共利益，而非个人利益，才能够使城邦建设更加稳固、强大。同时，马基雅维利也强调在共和政体下追求公共的"善"才是最重要的，即公民应保持公共事务先于个人事务、公共利益高于个人利益的善德。这成为马基雅维利共和思想的核心要素之一。这一思想后期被卢梭发展为更系统、更为人熟知的"公共意志"，并继续流传。

马基雅维利在强调以上观点时，并不是完全相信公民能够自觉且自主形

---

① ［古罗马］西塞罗著，王焕生译：《论共和国　论法律》，中国政法大学出版社1997年版，第75页。

成公共精神和公民美德，相反，"性恶论"是马基雅维利论述其思想的逻辑前提。他认为，在个人利益与公共利益对立时，追求自己的私利是人之本性，正是人性本恶造成公民不能够长期保持美德，且在没有法律和制度约束的情况下，公民会自然而然将自己从公共生活和公民义务中分离出去，沦落腐败进而导致道德沦丧、国家衰亡。基于此，马基雅维利在《君主论》中主张君主应保持警醒，并采取一定的手段来解决问题，包括暴力与欺骗相结合的办法，其中也渗透出马基雅维利以结果为论的统治者权术思想。

二、对混合政体的提倡

古典共和主义思想普遍以能否维持共和国的持久与稳定作为政体好坏的评判标准。由于任何一种单一政体都具有各自的优势与劣势，一个国家施行某种单一政体必然会陷入兴替的循环。因此，只有同时兼具单一政体优势并能够保持平衡的混合政体，才能够避免这种循环，成为最理想的国家政体。马基雅维利延续了古典共和主义的这种思想。他认为，要建立一个好的共和国必须采用混合体制。他在《君主论》中指出，君主国和共和国是国家的两种基本形式，"从古至今，统治人类的一切国家，一切政权，不是共和国就是君主国"[①]。就国家政体来说，他仍然坚持以古罗马共和国混合政体的实践为范本，认为"君主制容易成为专制，贵族制容易成为寡头执政，平民制容易成为暴民统治。共和国的治理者如果采用这三种政体当中的一种，他的统治无法长久，因为政体的相似性使功德与缺德成为近邻，没有良策可用于预防德性的转变"[②]。只有混合政体才能够集合并发挥出君主政体、贵族政体、民主政体的优势，并采取相互制衡的方式来最大限度地兼顾各个阶层的利益，从而保证公民自由和公民道德的实现。

---

① ［意］马基雅维里著，潘汉典译：《君主论》，商务印书馆1985年版，第3页。
② ［意］马基雅维里著，吕健忠译：《论李维罗马史》，商务印书馆2013年版，第14页。

马基雅维利的这一思想是以贵族阶层和平民阶层的内部利益纷争为出发点的。他肯定利益冲突是完善法律制度、实现公民自由的有力武器，且作为一种客观存在而无法避免。"每一个共和国都有两种相互冲突的成分，也就是平民和贵族，而且对自由有利的一切法律都是源自他们之间的冲击，就像在罗马明显可以看到的。"①一方面，从权力角度，混合政体在实现权力制衡上更有优势。马基雅维利认为，任何一个政体都存在贵族和平民两个利益矛盾的集团。在单一政体下，不管是贵族政体还是民主政体，掌握权力的一方都会维护自己的利益。基于这种情况，公共利益将从属于所属集团利益之下，不利于城邦的壮大以及公民集体荣耀的满足。而在混合政体下，贵族阶层和平民阶层都不能完全掌握政权，彼此甚至可以相互监督、相互补充，在防止内讧的同时还可以抵御外侵，更重要的是能够防止任何一派的野心过大而威胁政权。另一方面，从法律角度，混合政体在制定通过有利于实现国家自由和公共利益的法律方面更有优势。他认为，正是存在贵族与平民之间的利益斗争，使得偏袒任何一方利益的法律都不会通过，只有对公共利益和政治自由有利的法律才能够通过。马基雅维利的这种思想被认为与传统人文主义相背离而饱受批判。然而，马基雅维利在肯定斗争和冲突的效用时，是有限定条件的。他认为，斗争和冲突发生效用的前提是要考虑以合适的方式和限度推动城邦的进步，即应该通过有序的争论、完备的法律来解决，而非直接性质的战斗、流放与死亡，与其《君主论》中表达的君主制思想有一致的部分。

从两部著作中可以看出，马基雅维利的共和思想和君主专制思想并不是完全对立的，比如实现共和政体的政治自由需要君主采取一些必要的强制手段，在推崇共和政体下的公民美德时并没有否认君主德性和能力的重要作用等。他认为，在共和政体的新秩序下，仅仅依靠共和的手段来实现共和的目的是不现实的，要分为正常状态和非正常状态，并结合城邦、国家现实状

---

① ［意］马基雅维里著，吕健忠译：《论李维罗马史》，商务印书馆2013年版，第20页。

况，使共和制度和君主专制相互补充以实现国家的长治久安。具体来说，和平时期要发挥共和制度的优势来维护国家持久稳定，战争时期应该利用君主专制来为共和制度服务。同样，马基雅维利认为一个国家的政体形式也不是绝对的，他主张在不同的现实背景下，可以采取不同的政体形式来保持国家稳定。一方面，他承认在国家处于稳定状态时，共和政体是最好的选择；另一方面，他并不执着于谋求一种完美的政体形式，主张根据外界环境变化随时调整政体形式。这一点也是与古罗马共和国曾将共和政体转变为独裁政体以应对政权颠覆危机的实践经验相对应的。

关于共和国的权力运行机制，马基雅维利的一个很突出思想就是要维持平衡或相互制衡。在这一点上，他推崇的仍然是古罗马共和国的权力运行机制。他认为，古罗马共和国能够持久兴盛的根源就在于保持混合体制，并采取权力制衡的运行机制，即权力平衡或相互制衡是保证共和国长治久安的重要条件，同时也是考虑到人的自私本性可能会给混合政体带来危险的需要。古罗马共和国的政体是君主制、民主制和贵族制的混合，同时设置执政官、元老院和护民官，由他们分别行使行政权、军事权、决策权和任命权、否定权，三者互动整合、相互制约、相互合作、优势互补，使共和国最终达到平衡状态。在这种情况下，任何一个阶层的力量或权力都不是绝对的，每种权力都不至于走向极端，国家能够保持公共权力的平衡，公民可以享有较为充分的政治自由。马基雅维利在这里与古典共和主义思想家有一些区别。古典共和主义思想家大多是从维持政体永续运行而避免腐败循环的角度考虑混合政体，而马基雅维利在此基础上，还考虑到了以建立混合政体这样一种新秩序的方式来保证公民利益的实现。比如，他主张元老院的权利和平民的权利要有区别，在保障公民权利的同时，促使公民完善个人美德、实现个人自由。同时，马基雅维利还认为，公民在保证混合政体有序运行中所起的作用是有限的，关键在于君主的德性与能力，也就是他在《君主论》中表述的君主制思想。

三、对政治自由的思考

马基雅维利自始至终推崇古罗马共和国的思想实践，在《论李维罗马史》第一卷首先就讨论了罗马共和国兴起强盛的原因。他认为，其关键在于罗马共和国获取了"政治自由"，即限定在公民公共生活领域范围内的自由。"经验表明，城邦只有处在自由之中才能政通人和、国富民强。"而在马基雅维利看来，具备这种政治自由的国家或城邦，并不仅限于共和政体，君主政体中同样存在政治自由，只不过他更加偏向于共和政体。因为，在君主统治下，君主的利益会损害城邦的利益，而有利于城邦的，也会损害君主。基于此，马基雅维利在其思想中特别强调作为一个国家或城邦的独立、自治的政治自由，而非作为公民个人权利的政治自由。具体来说，这里的"自由"包括两个方面：一是指保持共和政体的独立性，能够免除君主以及其他外界势力的侵犯；二是指共和政体内公民自治，即每个公民都享有积极参与政府事务的平等机会。他认为，在宗教和法律同时发挥约束作用的前提下，共和政体下的人民比君主更加明智、更加坚定。"掌握权力的人民如果受到恰当的规范，其稳重、谨慎与讲究情义无异于君主，说不定还胜过公认的明君。在另一方面，不受法律约束的君主会比人民更忘恩负义、更反复无常，也更厚颜无耻。"[①]但必须指出，马基雅维利始终坚持人性本恶，一方面，他承认人民的力量是不可小觑的，另一方面，他坚信追求权力和财富是人类最基本的欲望这一观点。因此，对人民的肯定也仅仅是从维持共和政体的角度去考虑，而不是由衷地赞扬人民。

马基雅维利将自由分为国家自由和个人自由，国家自由是指对外主权独立，对内实行自治，且公民具有参加国家管理与参与公共事务的自由和权

---

① ［意］马基雅维里著，吕健忠译：《论李维罗马史》，商务印书馆2013年版，第164页。

利；个人自由是指公民具有摆脱君主统治的自主性，且每个人都是平等地参与国家公共事务管理，能够集体行使公民权利并履行公民义务。其中，在集体主义和整体主义思潮的影响下，马基雅维利与其他思想家一样，认为国家自由是自由的核心，实现国家自由最理想的形式就是共和政体。"各方面都自由的城镇和地区无不受益无穷。那些地方人丁旺盛，因为婚姻自由，大家喜欢结婚，每一个人都乐意在力所能及的范围内尽量生养小孩。他们不担心祖传的家产会被充公；他们不只是知道自己生而自由、不是奴隶，而且知道凭自己的德性就有可能出人头地。"①在他看来，个人自由是政治制度所创设的一种状态，即公民可以通过政治制度提供的参与公共事务的机会来实现自己的真正价值。也就是说，只有在一个自由的共和国，公民才能获得自由；只有在共和政体的新秩序下，公民才能完成自己的目标，进而实现国家自由。马基雅维利还分析了意大利没有实现国家自由和个人自由的原因。他认为，基督教教义的腐败、雇佣军的潜在危险，以及公民只追求个人利益的人性是意大利自由遭到破坏的原因，而公民要想获得自由，必须要依靠法律和制度摆脱宗教神学的束缚、组建自己的军队、养成公民美德。

马基雅维利同古典共和主义思想家一样强调以实现国家自由为先，承认国家自由与个人自由之间的逻辑关系，但他突出公民在私人领域中可以获得荣耀以实现个人真正的自由的观点是与以往截然不同的。古典共和主义思想家认为，只有积极参与城邦公共事务，才能够实现公民自由，公民自由绝对服从于城邦政治活动，现代意义上的公民权利和个人自由的实现是不存在的。而马基雅维利在其另一本著作《佛罗伦萨史》中提道："公民取得名望和权势的办法有两种：一种是通过从事公务，另一种是通过私人关系。"②也就是说，在社会被划分为公共领域和私人领域的情况下，公民在私人领域也

---

① ［意］马基雅维里著，吕健忠译：《论李维罗马史》，商务印书馆2013年版，第190页。

② ［意］尼科洛·马基雅维里著，李活译：《佛罗伦萨史》，商务印书馆1982年版，第348页。

能够实现个人自由，而不需要完全依赖于国家自由的实现。在与公共领域相对的私人领域，公民可以根据自己的价值判断形成符合自己利益需求的思想行为，拥有自主选择道德标准和获取相应牺牲赔偿的自由，且在一定前提下不受公共权力干涉。但从马基雅维利的表述中可以看出，公民个人自由的实现是有限度的，私人领域的界限和范围是被严格控制的，公民个人自由依然要以实现国家自由和维护整体利益为底线。

四、对公民美德的推崇

马基雅维利认为，国家要获得政治自由，幸运和美德是两个关键因素，其中美德所起的作用更甚，即只有富有美德的公民才能够摆脱家族和所属利益集团的控制，将自身德性转化为追求"公共善"的具体实践，进而成就城邦伟业。古典共和主义思想家主张的"美德"是政治领域中的"公德"，是共和政体文化下每个公民所应该具备的基本公共精神，体现为公民对政治生活的积极参与。他所倡导的美德是指公民的美德，而非君主、伟大人物的美德，是要把公共利益即维护国家安全和强盛置于个人利益之上，并看作最大公共利益、最高道德追求的公民美德。这种公民美德包括两层含义，不仅包括以国家利益和公共利益至上的精神，也涵盖保障自由和保卫国家的能力。具体表现为，城邦中的公民应该有公正、平等的态度和智慧统治国家，有足够的力量和勇气去抵御外侵，有自我克制、自我管理的能力和品质去处理好公共利益与私人欲望之间的关系，有友善、慷慨、真诚的美德去处理好人与人以及人与社会之间的公共事务和公共关系，有尊重、虔诚的美德去面对宗教、法律和制度的奖惩。

古典共和主义思想家与马基雅维利虽然都强调基于"公共善"之上的公民美德，但不同之处在于，前者认为公民完善自身道德以实现"公共善"是一种自然本能，追求"公共善"的过程是与自然发展进程一致的。马基雅维利虽然承认国家的强盛需要公民美德的支持，但他同时坚信"性恶论"，即人性是自私的，美德并不是普通公民自然具有的品质，也不可能为公民持久拥有，自然存在公民个人的善与"公共善"相抵触的情况。马基雅维利认为："关于人类，一般地可以这样说：他们是忘恩负义、容易变心的，是伪装者、冒牌货，是逃避危难，追逐利益的。"①追逐权力、地位、金钱、荣誉是人的本性，现实生活中个体的利益追求、幸福指向与共同体的总体目标、道德需求是有矛盾冲突的。他正视这种矛盾并视之为常态，一旦个人利益与公共利益的冲突扩大至对国家安全与稳定产生威胁的程度，就必须采取措施使对个人利益的追求限制在保障国家公共利益的适度范围之内。

马基雅维利认为，要解决个人利益与公共利益竞争过度的问题，就必须从现实的人性出发，思考能够避免国家腐败甚至衰落的有效策略。从马基雅维利的论述可以看出，一要通过法律和制度以强制手段和惩罚措施来约束规范人们的行为，迫使公民将公共利益置于个人利益之上。"要维持共和国的稳定，除了以法律规范，使得为害共和国的不安情绪可以有效疏导，别无其他法子。"②要使公民自觉维护公共利益，克制私人欲望，涵养公民美德。二要通过良好的习俗、道德、法律等形式的公共教育来塑造公民德性，并维护法律和制度的合理有序运行。"就如同好习俗得要有法律加以维系，法律也得要有好习俗才能贯彻。"③三要发挥宗教的价值作用。这里的宗教指的是古代罗马人的宗教，而非基督教。他认为古代罗马人的宗教使人敬畏神明，"罗马公民害怕违背誓言远超过害怕违反法律，就像有人尊重神的权力超过尊重人的权力"④。这样的宗教运用于政治，使得罗马民风纯朴、善良审慎，可以凝聚精神力量，救赎人们的心灵。基督教则由于罗马教廷的堕落而

---

① ［意］马基雅维里著，潘汉典译：《君主论》，商务印书馆1985年版，第80页。

② ［意］马基雅维里著，吕健忠译：《论李维罗马史》，商务印书馆2013年版，第31页。

③ ［意］马基雅维里著，吕健忠译：《论李维罗马史》，商务印书馆2013年版，第69页。

④ ［意］马基雅维里著，吕健忠译：《论李维罗马史》，商务印书馆2013年版，第47页。

使信仰衰微了："由于罗马教廷的坏榜样，意大利境内已完全丧失奉献的精神和宗教的情操，由此而来的困扰与紊乱不计其数，因为有宗教情操的地方理所当然事事顺遂，缺少宗教情操则是恰恰相反。"①四要突出杰出公民在公民德性引导方面的榜样力量。马基雅维利在《论李维罗马史》第三卷中讨论了伟大人物在国家强盛中的作用："只要名望足以服众而成为好人乐于效法而坏人耻于违背的对象，一人之德也足以风吹草偃。"②他认为正是古罗马共和国历史上伟大领袖和英雄人物的突出作用，才使得古罗马共和国兴起壮大并获得至高荣耀。

在这种思想前提下，许多思想家认为马基雅维利割裂了政治与伦理的关联，模糊了善与恶的界限，使公民美德沾染了过多的利益色彩而成为一种单纯的维护国家治理秩序的工具，但同时我们也要看到马基雅维利始终以人的本性、国家与城邦的现实状态为出发点的思想前提。马基雅维利面对与古罗马共和国完全不同的现实局面，面对意大利四分五裂、佛罗伦萨公民道德沦丧的现实问题，他放弃了追求完美而固定的政体形式，也不再执着于对公民美德进行说教和呼唤，而是基于特定的历史背景和现实目的作出新的诠释论断。在以正义原则为基础的分配问题上，马基雅维利与亚里士多德以"分配正义"来实施奖惩的方法不同，虽然不否认奖惩要公正，但肯定分配与奖惩的目的性。即公民的奖惩不再是依据公民行为的善恶，而是根据是否有利于保持城邦的自由和稳定。在君主的德性和能力问题上，马基雅维利重新阐释了君主的德性标准，并提出了两种斗争方法，即君主应当兼具狐狸狡猾和狮子勇猛的品质，并灵活运用法律和武力相结合的手段来进行斗争，且只要君主在这种品质和手段影响下的所作所为是符合国家利益需求的，便不再受古典共和主义思想所要求的美德束缚。这都是他基于现实考量而试图作出的有

---

① ［意］马基雅维里著，吕健忠译：《论李维罗马史》，商务印书馆2013年版，第53页。

② ［意］马基雅维里著，吕健忠译：《论李维罗马史》，商务印书馆2013年版，第304页。

效改变，而且马基雅维利也始终有所限度，正如暴力和欺骗的手段是在能够保证正确目的的前提下采用的，马基雅维利"只不过将美德这个观念与在实践中'拯救我们国家的生存和维护其自由'所需要的一切品质等同起来"①。

第五节　马基雅维利的国家治理思想的评价和影响

马基雅维利可以说是西方近代史上最具争议的思想家之一。他曲折复杂的经历、独具特色的理论，使得人们对他和他的思想众说纷纭。结合马基雅维利生平一贯的思想主旨，从其纷繁复杂又看似充满矛盾的具体观点中探求国家治理思想，对于理解近代以来西方国家治理思想的根脉流传，具有十分重要的意义。

一、马基雅维利的国家治理思想的性质

自从《君主论》问世以来，"政治无道德"的观点便广为人知。多年来，包括一些著名思想家和政治家在内的不少人将马基雅维利的学说视为为达目的不择手段的政治权术理论，将其作为政治上尔虞我诈、背信弃义的同义语，甚至产生了诸如"马基雅维利主义""马基雅维利式人物"的说法。世人偏颇的理解，被法西斯分子用作实行独裁统治的理论依据，这些都使马基雅维利久负恶名。但是正如《君主论》译者潘汉典所指出的，马基雅维利去世400年后，法西斯对马基雅维利的称颂，实乃对热切谋求国家统一、民族独立与自由的佛罗伦萨爱国者的侮辱。②马克思曾经肯定马基雅维利及其后的近代思想家在国家观上摆脱神学的束缚，说他们"已经用人的眼光来观

---

① ［英］昆廷·斯金纳著，奚瑞森、亚方译：《近代政治思想的基础》上卷，商务印书馆2002年版，第286页。

② ［意］马基雅维里著，潘汉典译：《君主论》，商务印书馆1985年版，译者序第8页。

察国家了，他们是从理性和经验中而不是从神学中引伸出国家的自然规律"①，并且指出马基雅维利及其后的一些近代思想家使政治研究独立于道德。他说："从近代马基雅弗利……以及近代的其他许多思想家谈起，权力都是作为法的基础的，由此，政治的理论观念摆脱了道德，所剩下的是独立地研究政治的主张，其他没有别的了。"②马基雅维利的国家治理思想，总体来看属于新兴资产阶级的性质。生活于新旧交替的时代，没落贵族的身世，效力于共和政体的经历，与各色政治人物的纠葛，造就了他具有多面性的政治思想。

第一，马基雅维利推崇共和政体，反对封建专制，却又过分美化一些封建政治人物，将统一意大利、实现良好治理的理想寄托在此类人物身上。马基雅维利经反复权衡之后，最终将《君主论》献于小洛伦佐，除有意争取美第奇家族的谅解、谋求自身复出，也明显体现出他将佛罗伦萨的稳定乃至意大利民族的统一寄希望于美第奇家族之意。在担任美第奇家族任命的史官之后，他在写作《佛罗伦萨史》时更是有对美第奇家族的先人进行刻意美化和歌功颂德的意味。比如，他极力描述科斯莫·德·美第奇的慷慨大方，指出他不仅在财富和权威方面，在个人品格和治国策略上都胜过与他同时代的所有人物。在马基雅维利的评价中，阿谀之辞并不罕见。他说科斯莫不仅抑制了本城人的野心，甚至使许多君主的傲慢态度受挫，和他结盟的一定可以获益或者保证利益不受损，而反对者则要承受损失时机、金钱或领土的不良后果。马基雅维利毫不掩饰地承认，他在描述科斯莫的一生时不是用一般的历史撰写方法，"而是在采用帝王本纪的体裁"，"因为对这样一位特殊人物，我不得不多使用一些不平常的颂词"③。对于科斯莫的孙子洛伦佐，马基雅维利也极力颂赞他为政英明，为城邦作出巨大贡献，并将他的去世作为本书的终结。马基雅维利虽然对党派之争持强烈的否定态度，但对于与美第奇家族

---

① 《马克思恩格斯全集》第1卷，人民出版社1956年版，第128页。

② 《马克思恩格斯全集》第3卷，人民出版社1960年版，第368页。

③ ［意］尼科洛·马基雅维里著，李活译：《佛罗伦萨史》，商务印书馆1982年版，第358页。

相关的类似活动则曲笔处理，将其反对者的行动视为"阴谋"，极力斥责。马基雅维利的著作其实反映了他的国家治理思想乃至整个政治思想上的矛盾。他一方面推崇和向往共和政体，但另一方面，政治现实又使他不得不向当前的封建统治者表忠诚，同时他还怀有希望当前统治者成为定国安邦人选的幻想。这些复杂动机的叠加，造成了马基雅维利思想中既对立又统一的倾向。

第二，马基雅维利看到了平民的力量，提出建立国民军，却又将人民群众视为"群氓"，对最底层、受压迫最深的劳动者怀有敌意。马基雅维利看到了蕴藏在平民中的巨大力量，这体现在他对共和政体的追求、对以由市民和村民组成的国民军代替雇佣军和外国援军的主张。另一方面，他又蔑视和敌视平民群众。他虽然推崇共和政体，但又认为共和政体的主体绝不能是一般群众，群众既无能力又品行恶劣，不可能保持政体的稳定性。与罗马共和国的公民相比较，佛罗伦萨平民的要求蛮横极端，激化了与其他阶层的矛盾，是佛罗伦萨沉沦的重要原因。马基雅维利认为，平民天生幸灾乐祸，对于所有官员都抱有敌视态度，且容易受人指使、受舆论左右，特别是对于污蔑诽谤，不加分辨地一律接受。在刺杀米兰公爵一事上，马基雅维利则指出，过多地寄希望于群众，相信他们在心怀不满时必能甘心冒险或排除危难的期望则是荒谬至极。马基雅维利还反对底层劳动者为争取自身利益、反对压迫和剥削而进行的斗争，认为他们本性邪恶、争权夺利造成社会动荡。马基雅维利的没落贵族出身、在统治者上层任职的经历，使其对于劳动者充满了阶级偏见。

由以上两点可见，马基雅维利以现实政治的眼光分析历史，继承并深化了人文主义史学思想，从政治思想的"复古"到"开新"，较其他的人文主义史家更具进步意义。马基雅维利的政治立场体现出明显的新兴资产阶级特征，其中一方面是对旧的封建统治的抨击与拒斥，一方面是不愿和不能看到人民群众在历史发展中的积极作用，表现出历史和阶级的局限性。

二、马基雅维利"政治—道德"两分法评析

马基雅维利并没有全盘否认普遍美德的必要性，他也曾感叹："任何人都认为，君主守信，立身行事，不使用诡计，而是一本正直，这是多么值得赞美呵！"①他与文艺复兴时期的其他人文主义者一样，继承古罗马的传统，致力于宣扬善良、仁慈、慷慨等普通的人类美德，即所谓"古德"。同时，与其他人文主义者不同，马基雅维利的独特之处是将道德与政治截然区分开。他认为，在君主统治的过程中，合乎道德不是目的，一切行为都应该服务于君主地位的稳固和国家的生存。对于君主统治而言，凡是符合必然性即时势变化的行为都是德性。为此，马基雅维利提出了一种"新道德"，其作为统治者的道德，与普遍的社会道德迥然不同。

（一）马基雅维利"新道德"的要义

所谓"新道德"，指的是不同于传统的诸如诚实、守信、宽容、仁慈一类的道德，实际上就是与这些公认的道德相反的、通常被认为非道德、反道德的"道德"。这种"新道德"以"性恶论"为前提。马基雅维利是西方伦理史上"第一个提出一套完整的人性恶理论的人"②。他声称："关于人类，一般地可以这样说：他们是忘恩负义、容易变心的，是伪装者、冒牌货，是逃避危难，追逐利益的。"③在这样的认识下，君主如果用善良之道统治人民，往往达不到统治的目的。于是，提倡"新道德"就成了政治上的必要。

与马基雅维利对统治者和一般平民的看法相一致，他认为这种"新道

---

① ［意］马基雅维里著，潘汉典译：《君主论》，商务印书馆1985年版，第83页。

② 罗国杰、宋希仁编著：《西方伦理思想史》上卷，中国人民大学出版社1985年版，第403页。

③ ［意］马基雅维里著，潘汉典译：《君主论》，商务印书馆1985年版，第80页。

德”只适合于君主，因为"这个世界里尽是群氓"①。为什么一般被认为与道德观念格格不入的一些价值观，却被马基雅维利认为是君主应该遵循的"新道德"呢？马基雅维利从政治的实际运行出发，有一套自洽的逻辑。比如，马基雅维利认为，慷慨对一般人来说是一种德性，但是一位君主如果要做到慷慨，势必广泛布施财物，而钱财取之于民，这就使君主不得不加重捐税，所有君主的慷慨对于人民来说反而是一种吝啬；如果与此相反，君主待人吝啬，则事实上能减轻人民负担，对人民来说反倒成了慷慨。所以说，"为了不去掠夺老百姓，为了能够保卫自己，为了不陷于穷困以至为人们所轻蔑，为了不至变成勒索强夺之徒，君主对于招来吝啬之名亦不应该有所介意，因为这是他能够统治下去的恶德之一"②。

马基雅维利的"新道德"，并非是鼓励或怂恿君主毫无底线、毫无原则地作恶。按照马基雅维利的逻辑，这种"新道德"实际上体现了一种辩证法。在"新道德"中，吝啬可以取得慷慨的效果，残酷能够带来真正的仁慈。普遍道德如"慷慨"施及个人，"新道德"如"吝啬"施及共同体，概念的相悖为何会取得相同的效果呢？根本的原因在于君主不是一般人。人性恶是一种自然本能，君主是国家利益的代表者，是相对于大众的权威，所以，要从这个角度考虑君主践行某种道德观念的后果。在"新道德"中，君主并非可以肆意作恶，"他应当慎思明辨，人道为怀，有节制地行事"③。既实现统治又尽可能合乎普遍道德，是君主应该追求的理想。另外还要看到，即使从现实政治的考量出发，马基雅维利也对君主如何处理与人民的关系提出告诫："你最好不过的堡垒就是不要被人民憎恨"④，"满足人民倒是比满足军人更有必要"⑤。这表明，马基雅维利虽然对普通大众存在偏见，但是

---

① ［意］马基雅维里著，潘汉典译：《君主论》，商务印书馆1985年版，第86页。
② ［意］马基雅维里著，潘汉典译：《君主论》，商务印书馆1985年版，第77页。
③ ［意］马基雅维里著，潘汉典译：《君主论》，商务印书馆1985年版，第80页。
④ ［意］马基雅维里著，潘汉典译：《君主论》，商务印书馆1985年版，第103页。
⑤ ［意］马基雅维里著，潘汉典译：《君主论》，商务印书馆1985年版，第97页。

他也认识到，人民的共同利益得到满足是国家长治久安的根本要求。

政治与道德分离是马基雅维利国家治理思想的最大特点，而这也正是政治近代化的主要表征之一。在马基雅维利看来，普通大众对应的是个人，君主代表的则是国家这个共同体，群氓追求个人利益，英明君主代表国家共同利益，对两者的要求自然不能相同。相较于古代思想家对城邦共同体道德的普遍追求，相对于诸多近代人文主义者对普遍的理性、正义的颂扬，马基雅维利从现实政治的需要出发、从国家治理的实务出发，提出了堪称惊世骇俗的新观点。

（二）马基雅维利"新道德"的内在矛盾

马基雅维利倡导的"新道德"，一方面具有某些辩证因素，另一方面也存在着明显的理论张力和实践悖论。思考这些内在矛盾，对于当代国家治理有着重要的启发意义。

马基雅维利"新道德"的理论张力，表现在对人文主义自由意志的推崇与大多数人意志受到禁锢的矛盾中。马基雅维利深受文艺复兴这场人文主义运动的影响，被古罗马共和政体之下公民积极参与政治生活和社会生活的热情所折服，反对现实政治中教会以宗教思想和宗教组织对世俗社会的戕害和控制，体现了对自由意志的普遍追求。自由意志为人们现实生活中的主动性提供了依据，体现了时代进步和文化进步。然而，君主的"新道德"不同于普通群众的道德要求，实际上是在很大程度上剥夺了普通群众的自由意志，使其为君主所控制、被君主所欺骗、受君主所愚弄。对罗马"古德"的追求却导致了普遍的自由意志被压抑，少数统治者享受"自由意志"，而大多数平民百姓缺乏自主权利，这些都反映了理论上的内在矛盾。

马基雅维利"新道德"的实践悖论，表现为对民族统一的追求与良政善治受到损害之间的矛盾。因推崇共和政体而写出了主张君主"新道德"的《君主论》，其背后是对意大利民族统一、政治稳定的热烈追求。马基雅维利具有强烈的民族主义和爱国主义情感，对意大利现实政治的衰弱和道德腐败的极度不满与对意大利未来的美好憧憬，驱使他寻求强国之策。马基雅维利饱受共和主义思想熏陶，是残酷的、紧迫的政治事务促使他将眼光转向了主张君主制。然而，马基雅维利从现实政治出发，维护、鼓吹、推崇统治阶级，特别是专制君主的利益和意志，不可避免地会带来诸多消极后果。不主张君主为所欲为的"新道德"，无法阻挡君主私欲的无限膨胀；个人利益服从于民族和国家利益的要求，成为统治阶级剥夺人民群众利益的借口；对民族统一和强大的追求，成为煽动极端民族主义和实行对外扩张政策的依据。

当然，从政治运行的角度来讲，国家治理是有其自身的普遍规律的，而马基雅维利确实抓住了其中某些规律性因素。因此，如果从他的权术思想中剔除一些糟粕性的东西，可以将其合理的思想运用于国家统一和国家治理之中。比如，实现国家统一的要求、建立权威有序的统治秩序的观点，重视法制的思想、重视精神和文化对治理影响的观点，重视人民大众对统治者的制约的观念，等等，都反映了马基雅维利国家治理思想对西方政治学乃至近代政治思想的深远影响。正如布克哈特所赞誉的："在所有那些认为有可能建设一个国家的人们当中，马基雅维利是一个最无与伦比的伟大的人物。"[①]当然这一评价也有过誉之嫌。

三、马基雅维利共和思想的影响

共和主义思想源远流长。在西方，古希腊、古罗马，特别是古罗马有着共和主义政体的典型历程。在文艺复兴时期，这种古典共和主义通过学者对李维《罗马史》的研究而被发掘出来。马基雅维利对李维《罗马史》的研究可谓独有心得，而其自身的共和主义思想，一方面是对古典共和主义特别是李维共和主义思想的明显继承，一方面又具有许多近代特点，对近代以降共和国的国家治理思想具有重大影响。

---

① ［瑞士］雅各布·布克哈特著，何新译：《意大利文艺复兴时期的文化》，商务印书馆1979年版，第83页。

（一）马基雅维利共和思想的特点

第一，与古典共和主义相比，马基雅维利更加强调法律和制度的作用。古典共和主义思想的核心概念是建立在身份基础上的公民德性，认为美德既是公民个人的安身立命之本，也是支撑城邦生存发展的最关键要素。古典共和主义思想家认为，法律和制度虽然是必要的，但是却不居于国家治理的核心地位，而是只能服从和辅助公民德性。马基雅维利从近代意大利的现实环境出发，提出与古典共和主义思想家不同的主张。他并不否认公民美德的重要作用，但是却更加强调制度、规则、法律的设计和运行，强调分权制衡的政体对于维护国家长治久安的根本性作用，强调法律制度对于国内各阶级阶层利益的界分与平衡、对于公民行为的规范和引导作用。

第二，与古典共和主义相比，马基雅维利更加崇尚个人自由和个人权利。在古典共和主义中，城邦优先于个人是一个基本的政治命题。古希腊和古罗马时期是古典整体主义思想占据统治地位的时期。亚里士多德的观点很有代表性：城邦在本质上先于个人，因为个人是城邦的组成部分，作为整体的国家必须先于作为部分的个人，而且城邦体现了个人的本质，人必须服从城邦。[①]在千年之后的近代社会，古典整体主义赖以存在的政治基础和社会基础已不复存在。马基雅维利关于政治与伦理相分离的思想，实际上是社会现实在国家治理思想中的集中反映。"作为在私人事务范畴人的价值选择标准的道德理念与追求世俗价值的自由，国家权力无权干涉，这也就从根本上限定了公共权力的职能范围——正是在这个原则基础上，近代资产阶级在此后提出了政教分离的原则。"[②]马基雅维利的共和主义治理观，正是在资本主义生产关系得到发展，个人的自主性、独立性要求日益高涨的社会环境中产生的。

---

① 王彩波主编：《西方政治思想史——从柏拉图到约翰·密尔》，中国社会科学出版社2004年版，第81页。

② 王彩波主编：《西方政治思想史——从柏拉图到约翰·密尔》，中国社会科学出版社2004年版，第161页。

（二）马基雅维利共和思想的启示

马基雅维利的共和思想虽然在当时未能实现，却在国家治理方面具有多重价值，为后世共和思想的发展提供了诸多启示。

一是要重视民众力量。马基雅维利思想中有矛盾点。他一方面将对强大而有效的统治的希望寄托于"英雄人物"，轻视普通劳动群众，另一方面又崇尚共和政体，反映了新兴的市民阶层要求。马基雅维利认为："在选择官员时，他们（人民）比君主做出更好的选择……人民当家做主的城市在很短的时间大肆扩张。"[①]这是由于，公民政治权利与国家的政治进步是密切相关的，公民追求自由可以促进国家自由的实现，维护国家稳定需要捍卫公民参与公共事务的权利。

二是要追求分权制衡。马基雅维利虽然不是一个平等主义者，但是他始终致力于谋求各方利益集团的均衡利益，特别是坚持权力结构的平衡和分权制衡，以保证国家政权的稳固和壮大。而要实现分权制衡，各阶级、阶层、集团就必然展开相互之间的斗争，斗争一方面能够促成共和国的分权制衡政体的实现和运行，另一方面也有利于激发共和国的强大和扩张。

---

① ［意］马基雅维里著，吕健忠译：《论李维罗马史》，商务印书馆2013年版，第165—166页。

第二章 宗教改革家的国家治理思想

16—17世纪中叶，欧洲出现了一场重大的社会意识形态的变革运动——宗教改革运动。这也是一次具有欧洲和世界历史意义的政治事件。宗教改革揭开了欧洲早期资产阶级革命的序幕，确立了《圣经》的权威地位，反对天主教会政教合一的神权统治。宗教改革家就如何治理国家进行了理论思索和实践探索，其政治思想反映了新兴市民阶级的政治诉求，开启了现代民族国家治理的先声，成为西方国家治理思想史上不可或缺的内容。

第一节 宗教改革的社会背景和思想渊源

宗教改革运动是历史的产物。1054年，基督教东西教会大分裂后，罗马教廷成为欧洲天主教的最高权力机构。在中世纪的大部分时间里，罗马教廷在欧洲建立了满足其需要的管理体系，并攫取了大量地产。特别是随着商品经济的逐渐发展，天主教各级人士公开进行高利贷剥削，"中下级神职人员纷纷兼营商业、放高利贷，有些则变成地痞流氓"①。在这一背景下，各地反抗罗马教廷的斗争一直不断。到了16世纪初，罗马教廷和欧洲各国的矛盾进一步激化。与此同时，随着城镇工商业阶层的崛起，社会领域日益世俗化，教会与贵族主宰的社会管理体制已经无法适应新形势发展要求，进而催生了城市地方自治，要求享有自由权、管理权、司法权等。在历史变迁中生

---

① 杨真著：《基督教史纲》上册，生活·读书·新知三联书店1979年版，第292页。

成的宗教改革运动，首先由宗教改革家提倡，随后成为席卷整个欧洲的不可抗拒的社会潮流，具有划时代的历史意义，意味着中世纪的结束和现代的开端。正如恩格斯所指出的，重大的历史转折点有宗教变迁相伴随，只是就迄今存在的三种世界宗教——佛教、基督教和伊斯兰教而言。①

16世纪，欧洲发生宗教改革，动摇了天主教会的权威，从而打破了思想信仰大一统的局面。在宗教战争的乱局中，既有的国家治理模式开始发生重大转型，国家权力得到了加强，中央集权的专制君主制使各个民族国家日益巩固。在形式上，宗教改革表现为教义之争的运动，但有其深刻的经济、政治、社会内涵，是社会现实变革的产物，其思想源头大致可以追溯到中世纪市民的神学异端思想。所谓"异端"，最早出自希腊语，意为"选择"，指不依靠权威，根据自己的理性决定自己的思想和行动。基督教创教之后不久，教会就开始编订《圣经》，有些篇目被公认为是在上帝的感召下写成的，但许多其他的教导则受到教会的谴责，被称为"异端"。换言之，"异端"就是在基督教内部一些与占统治地位的正统神学观点大相径庭而受到教会权威排斥或迫害的派别。

在基督教的历史上，异端产生的深层次原因是因为基督教统一的客观需要。中世纪以来，在欧洲的中部、西部和北部，逐渐形成了一个罗马教廷统治下的基督教文化共同体。②在基督教文化共同体中，所有的成员都尊奉相同的宗教信仰，服从统一的宗教权威。基督教诞生之后，不仅要将自己与犹太教区别开来，还要面对数不胜数的各地异教。基督教自身的生存与发展，要求其保持教义的统一。因此，教会致力于维护自身阐释教义的权力。之所以存在着"异端"与"正确"的争夺，其背后实质上是教会统一的政治问题。在对上帝的启示有多种理解时，究竟如何界定标准？教会的标准就意味着"正确"。与之相左的，则被视为"异端"。宣布某种学说或某个流派是异

---

① 《马克思恩格斯选集》第4卷，人民出版社1995年版，第235页。
② 刘新成、刘北成主编：《世界史·近代卷》，高等教育出版社2007年版，第70页。

端，是教会的权力。教会逐步强化这种权力，在中世纪后期专门成立异端裁判所来打击各种异端。所以，异端几乎都带有反罗马大公教会的性质。在历史上，大公教会的"大一统"正是在与异端的斗争中取得的。

自基督教诞生起，异端就层出不穷。在11世纪主教叙任权之争爆发之后，以教皇为代表的大公教会在与神圣罗马帝国和各王国的斗争中逐渐取得了政治上的优势地位，反罗马的情绪愈演愈烈。叙任权之争以后的异端则更明显地出于和教皇对抗的政治目的。中世纪最著名的反罗马异端有巴黎的约翰、但丁、马尔西利奥和奥卡姆的威廉。其中，但丁是文艺复兴运动的先驱，严厉批驳教权派的主张，坚持精神权威与世俗权威并列和分工的原则，坚决否认君主权力来自教皇权力的各种观点，提出君主权力直接来自上帝而不需要任何中介。马尔西利奥则是反教权理论家之中的激进派，在《和平的保卫者》中与教权对抗，捍卫世俗权力。整体来看，这些反罗马的著名异端人士具有共同的政治目的，否定教皇至高无上的权威，将教会认定为"信徒的团体"，与"公民的团体"区分开。"信徒的团体"只拥有劝导的道德权力，"公民的团体"（世俗王国）才拥有制定法律等各种强制性的权力。当然，需要指出的是，中世纪异端的共同特征是只反对罗马教廷，并不反对基督教本身。

与此同时，许多反罗马教廷的运动在民间兴起，罗马教廷将其判为异端并进行严厉打击。罗马教廷的压迫和腐化，必然会激起欧洲人民的普遍反抗。作为旧势力的总代表，"一切针对封建制度发出的全面攻击必然首先就是对教会的攻击，而一切革命的、社会和政治的理论大体上必然同时就是神学异端"[①]。历史上比较著名的异端教派包括12世纪的阿尔诺德派、12世纪末13世纪早期的卡塔尔派和瓦尔德派、14世纪的胡斯运动。这些异端教派的共同点是反对罗马教廷贪婪、腐化的生活，反对罗马教廷对社会财富的巧取豪夺和对世俗政治的粗暴干涉；主张教会放弃财富和权力，回归教会早期

---

① 《马克思恩格斯文集》第2卷，人民出版社2009年版，第235—236页。

的简朴而纯正的生活方式；他们的观点都来自《圣经》，缺乏系统性；他们都将基督教早期的团结、互助、清贫、虔诚当作理想和运动的旗帜，体现出对精神独立和思想自由的热切追求，反映了农民阶级对教会压迫和剥削的反抗。

可以说，自11世纪以来，反罗马教廷的斗争逐渐从星星之火发展为燎原之势。教皇和教廷逐渐陷入世俗事务当中，对财富和权力的贪欲不仅招致了国王和贵族们的普遍不满，也导致广大人民对教会的普遍失望和反感。在经济上，教会的盘剥使农民阶级和新兴市民阶级不堪重负；在政治上，教会粗暴干涉各国事务；在精神上，教会对教义的解释已经沦为各种恶劣行径的辩护词。正如恩格斯在《路德维希·费尔巴哈和德国古典哲学的终结》中所揭示的，"新教异端的不可根绝是同正在兴起的市民阶级的不可战胜相适应的；当这个市民阶级已经充分强大的时候，他们从前同封建贵族进行的主要是地方性的斗争便开始具有全国性的规模了。第一次大规模的行动发生在德国，这就是所谓的宗教改革"[1]。它的范围之广、影响之大、意义之深刻，在基督教历史上是前所未有的。

宗教改革的实质并不是要反对宗教本身，而是要用一种更适合资产阶级需要的基督教替代专门为僧侣阶级谋利益的天主教。[2]今天回过头来看，在新的历史条件下，西欧诸国资本主义关系的产生和发展，造成了阶级结构的变化和阶级矛盾的尖锐化，由此形成了推动宗教改革的三种主要力量。第一种力量是下层民众。地位卑微、生活困苦的劳动人民和衣食无着、朝不保夕的无业者们历来对宗教满怀期待，希望从虔信中获得拯救，希望教会保护他们。然而，教会并没有真正保护下层民众，却和封建主一样剥削他们。他们成为推动宗教改革的重要力量，在德意志的宗教改革以及随后发生的农民战争中表现得最为活跃。第二种力量是城市中的市民阶级，特别是拥有自治权

①《马克思恩格斯文集》第4卷，人民出版社2009年版，第310页。

② 刘玉安、楚成亚、杨丽华著：《西方政治思想通史》，山东大学出版社2003年版，第144页。

的城市的市民。市民希望完全自主地处理有关自己宗教信仰的事情，以教皇和高级主教为代表的天主教会等级制度令其难以忍受，因此城市中市民阶级的宗教理想在加尔文宗教改革中表达得最为鲜明。第三种力量是国王和诸侯们。长期以来，世俗统治者与天主教会在经济、法律、政治权力等方面一直存在矛盾和争夺，他们希望有朝一日能将政权凌驾于教权之上，能将本国的财富留在国内而不必履行向教廷进贡的宗教义务。路德教和英国国教都体现了国王和诸侯们的意志。①从宗教改革的内容来看，主要涉及三个方面：一是建立民族教会，摆脱罗马教廷的统治；二是削弱教会对世俗政权的干预，甚至反过来增强君主对教会的控制；三是反对"繁文缛节"，把集体主义宗教变为个人主义宗教。

第二节　路德的国家治理思想

路德的国家治理思想蕴含在其宗教改革思想之中，他的思想促成了"教随国定"，使现代国家的构建摆脱了罗马教廷的束缚和影响。他主张维护王权和现存的政治秩序，在一定程度上推动了欧洲绝对君主制国家的发展，在国家治理思想史上具有独特地位。

一、路德的生平

马丁·路德（1483—1546），出生在德国萨克森的艾斯莱本，在家中排行第八。1484年，路德随父迁居到曼斯菲尔德，其家庭也由原来的农民逐步发展成为中产阶级。路德从小受到父母的影响，接受了民间流传的朴素的宗教观。

---

① 刘新成、刘北成主编：《世界史·近代卷》，高等教育出版社2007年版，第70页。

1488年，路德进入曼斯菲尔德城镇学校读书，开始学习语法、书写、阅读、算术等基础知识。1497年，路德进入马格德堡学校学习《圣经》，这是一所由共同生活兄弟会管理的学校。路德在这里生了一场大病，1498年，路德的父母决定将其转入埃森纳赫的圣乔治学校学习拉丁文。这是一所教堂办的学校，在这期间，他同方济各派的修士有来往。三年之后，1501年，路德进入爱尔福特大学哲学系学习法律和哲学，1505年以17名候选人中第二名的成绩获得硕士学位。他在获得硕士学位后放弃了法学，选择了神学，成为修士。1505年7月的一天，路德在回家路上被一声响雷所吓，并大声地向圣安娜起誓，终身做一名修士。为了还愿，7月17日，路德就进入了奥古斯丁修道院，因其靠近爱尔福特大学，他便经常去学习经院主义课程，特别是唯名论者比尔的弥撒法规。1507年4月，路德被任命为牧师（教士）。三年后，他被聘为符腾堡大学的文科教员，并结识了腓特烈三世。1509年，路德成为《圣经》课程的讲师。1510年，路德受命前往罗马教廷提交议案，然而，在罗马的所见所闻令他大失所望，并因此萌生了反罗马教廷的思想，更积极地支持斯陶皮兹的改革主张。1512年，路德获符腾堡大学的神学博士学位，随后成为该校的神学教授，并成为修道院副院长。在长期的教学过程中，路德悟出了"因信称义"的道理。

在路德生活的时代，君主政体已经诞生，罗马教廷代表的极乐世界接纳大众的时代已经过去。[①]在这一大的时代背景下，1517年10月31日，针对罗马教皇利奥十世为聚敛民财而推销"赎罪券"的行为，路德在符腾堡大教堂门口贴出反对罗马教皇售卖"赎罪券"的"九十五条论纲"，并附上一句"渴望真理被显明"，由此拉开了宗教改革的帷幕。路德认为，"那些宣称赎罪票者，说教皇的赎罪票能使人免除各种惩罚，而且得救，乃是犯了错误"（第21条），教皇的宣传不过是"欺骗"，"大多数的人难免是被这不分青红皂白和夸张的免除惩罚的应许所欺骗的"（第24条），是在传与基督教不符

---

① 徐大同主编：《西方政治思想史》第3卷，天津人民出版社2005年版，第46页。

的道理"（第35条）。得益于印刷业的发展，"九十五条论纲"影响很大，路德的宗教改革思想迅速传遍德国全境，人们感到欢欣鼓舞。其间，路德还在《致德意志基督教贵族书》《论教会的巴比伦之囚》《论基督徒的自由》等著名文章中，进一步阐述宗教改革思想。

1521年，教皇发布敕谕谴责路德，帝国会议也要求路德忏悔认罪。路德拒绝之后，被教廷宣布开除教籍，帝国会议也宣布通缉路德。萨克森选侯——"智者"弗里德里希庇护了路德。在此期间，路德将《圣经》翻译成德语，对德国语言和民族文化的发展起到了巨大的推动作用。路德的思想不仅鼓舞了德国民众，而且还迅速流传到德国境外。闵采尔领导的德国农民战争随后爆发，不仅冲击了德国的封建秩序，还使整个欧洲都卷入了宗教改革运动中。

二、路德的国家治理思想

"君权神授"说是路德国家治理思想的核心内容。路德的"君权神授"说，矛头直指中世纪的"神权论"，认为神授的君权独立于教会，并有改革教会、钳制教皇的义务。

（一）批判教会权威，主张改革教会

在路德看来，对上帝的真心信仰是基督徒获救的唯一条件。"你需要那为你受苦而复活的基督；你既已信他，就因这信可以成为新人，使你一切的罪都得赦免；并且你因另外一位的功德，就是单因基督的功德，得以称义了。"[①]路德在"因信称义"的基础上对罗马教廷权威进行了批判。路德反对罗马教廷提出的通过各种悔过形式实现得救的主张。他继承了保罗《罗马

---

① ［德］马丁·路德著，徐庆誉、汤清等译：《路德选集》，宗教文化出版社2010年版，第237页。

书》中提出的"义人因信得生"的思想。在他看来，罗马不是什么圣地，罗马教廷是教民血汗的榨取者和剥削者。路德形象地把罗马教廷比喻成"巨大的血吸虫""无底的罪恶深渊"。他还指出，"罗马教廷是撒旦的会堂"，教皇是"强盗头子"，是"撒旦的母猪"等。与此同时，路德还对罗马教廷的腐败进行了无情的揭露。当时，罗马教廷内部已经腐败不堪，买卖教职、欺诈行骗、信口撒谎、偷摸盗窃、伤风败俗、腐化堕落和各种亵渎上帝的行为比比皆是。当时，腐败的行为甚至被看成是"骑士作风和贵族风度"[1]。"罗马教会变成了最放纵的盗贼巢窟、最无耻的妓院、罪恶、死亡和地狱的王国。"[2]路德还把批判的矛头指向了教皇，将其看成"罪魁祸首"。在路德看来，教皇除蹂躏教会以外毫无成就，半点也没有想到上帝，"不愿为它牺牲一根头发"，一切"丑事都从罗马泛滥到世界，如同由一个汪洋罪恶的大海流出来一样"，是"一切背教、异端、不和、分裂、不信和痛苦的原因"。[3]

针对教会的种种恶行，路德提出了改革的方案。首先，他向罗马教廷的"宗教等级制"提出了挑战，主张"在教会里的人都是祭司"。路德认为，真正的"宗教等级"是全体基督教徒，"平等信徒皆为祭司"。教士和俗人的区别是由于他们的分工，而非宗教仪式给予的某种特征。这为近代资产阶级平等观念的传播奠定了基础。

其次，他主张宗教会议的权威高于教皇权威，每一个基督徒有权为宗教会议的召开竭尽全力。对此，路德以《圣经》为依据进行了论证，他指出《圣经》已经教导过，如果我们的兄弟犯了过错，我们就应告诉教会；如果教皇犯了过错并经常犯过错，单凭《圣经》所说就可以召开宗教会议。路德进而指出，真正的教会"是世上一切基督教徒的集会"，即有共同信仰的信徒的集会。

---

① 徐大同主编：《西方政治思想史》第3卷，天津人民出版社2005年版，第50页。

② ［美］威尔·杜兰著，狮师文化公司译：《世界文明史：宗教改革》上，东方出版社1999年版，第441页。

③ 徐大同主编：《西方政治思想史》第3卷，天津人民出版社2005年版，第50页。

此外，路德还提出了许多重要的改革措施，比如禁止向罗马缴纳首岁捐及一切其他收入，取消罗马任命德国教职人员的权力，实行彻底的政教分离，教皇权力不能高于王权，等等。

（二）教俗权力分离

教俗权力分离是路德国家治理思想的重要观点，它意味着罗马教廷操纵国家的时代走向终结。路德生活的时代是世俗权威成长、民族国家建立的时代。美国宗教社会学家贝格尔在《神圣的帷幕》一书中，将"世俗化"定义为社会和文化的一部分摆脱宗教制度和宗教象征控制的过程。1523年，路德在《论世俗权威》中对教俗分离作了全面阐释，主张加强世俗权力。路德遵循基督教精神权威与世俗权威并列的传统，明确提出了精神权威与世俗权威彻底分离的主张，比较系统地阐述了"两个世界"的思想。路德所谓的"两个世界"，是指上帝建立的精神的和世俗的两个世界。一个是"暂时的世界，它是由剑统治着的可见的世界，另一个是精神的世界，由仁慈和对罪恶的宽恕进行统治"①。精神世界是由真正基督徒组成的世界，是完全精神性的、福音的世界，是一个真正的教堂，基督则是精神世界的领袖。这个世界的精神原则是由爱和相互帮助所构成，所有的基督徒在这个世界中人人平等，享受着基督徒的自由，世界上的法律、权威都不能高于真正的基督徒的天良。世俗世界则与精神世界形成了鲜明对比，到处是罪恶，"政府的管制是必不可少的，用来维持和平，惩罚罪人，遏止恶行。因此，基督徒乐于被政府治理，他们缴纳税务，尊重执政的，服侍帮助他们，尽力支持他们的政权，使他们可以继续工作，对执政者的尊重和恐惧必须坚持"②。这一思想是维护现存的政治制度的。恩格斯曾评价路德"从圣经中拼凑了真正的赞美

---

① 朱孝远著：《欧洲涅槃：过渡时期欧洲的发展概念》，学林出版社2002年版，第252页。

② ［德］马丁·路德、［法］约翰·加尔文著，吴玲玲编译：《论政府》，贵州人民出版社2004年版，第12页。

诗去歌颂那些由上帝委派的当权者，这是任何一个舔食专制君主残羹的臣仆从来没有能够做到的"[1]。

竭力维护世俗权威是路德国家治理思想的重要内容。在路德看来，国家的存在和君主的权力，都是神意的体现，他在世俗事务中确立了君主的最高权力。他引《圣经》以佐证，圣保罗说，在上有权柄的，人人当顺服他，因为他不是空空的佩剑，他是上帝的佣人，刑罚那作恶的，称赞那行善的。圣彼得也说，你们为主的缘故要顺服人之一切制度，因为这是上帝的旨意。你们要服从君王为至上，要服从臣宰为他的使者，又要服从世上掌权者的命令。由此，路德提出，世俗的权力应在整个基督徒中自由地行使它的职务，无论对教皇、主教、神甫、修士、修女或对任何人，都不徇情面。在路德看来，君主的权力只受神祇法制约，教皇的权力和教会的律例对它均无约束力。路德反对罗马教廷对德国的干涉和掠夺，主张教会不应享有行政、司法权力，不能干涉国家事务，在国家管理上，国家权力是唯一的合法权力，不受罗马教廷辖制。[2]

（三）维护世俗统治

路德认为，世俗统治者的权力是绝对的，不可分割的，君高于法，法源于君，一切成文法都是来自君主的理性。君主的统治应完全出于自由的理性，超乎一切书本的法律之上。路德认为，有了《圣经》和贤明的君主，就有了充分的法律。君主不应使他的权力受佞臣、属僚所左右。君主要亲理政事，亲掌大权，依靠上帝的道和自己的理性来治理国家和人民。路德主张君主必须为人民着想，为他们谋福利。在作出这样的论述后，路德也直言贤明的君主很少，虔敬的君主更少。于是，他说，邪恶的君主是上帝对世人罪孽的惩罚，世人应当以祷告和忏悔来抵制。

---

① 《马克思恩格斯文集》第2卷，人民出版社2009年版，第244页。
② 徐大同主编：《西方政治思想史》第3卷，天津人民出版社2005年版，第53页。

　　君主的权力是神授的，而教皇的权力是人为的，是不合法的，教皇把自己提高到世俗当局之上，这是不适合的。加之当时教皇世俗权力和财富的巨大，使改革教会成为世俗政府义不容辞的责任。针对罗马教廷抵制世俗权力改革教会，路德进行了批判，以"人人皆僧侣"攻破了罗马教廷"属灵等级"高于"世俗等级"的理论。路德认为，信仰使人人具有平等的权利、禀赋与荣誉，只要接受了洗礼就可以担任神甫、主教或教皇。这就意味着"属灵等级"与"世俗等级"本质上并无差别。路德认为，尽管每个基督徒在改革教会事务中都有责任，但是，除了世俗当局，没有人能够把这事做得一样好，这恶应当由世俗权力加以禁止。

　　可以说，路德的国家治理思想浸透着西欧当时正在萌发的民族主义精神，具有鲜明的反教权色彩，为民族国家和民族教会独立于罗马教廷提供了理论依据。[①]路德的宗教改革思想主要集中在宗教范围内，他的矛头直指罗马教皇，他维护的是一个不受罗马控制、维护自身民族利益的德意志国家。他主张维护王权和现存的政治秩序，在他看来，教会必须进行改革，改革后的教会必须服从世俗权力。这逐渐成为路德宗教改革主张的主旋律，受到了欧洲君主和诸侯王公的欢迎。他的思想在一定程度上推动了欧洲绝对君主制国家的发展。1555年，《奥格斯堡宗教和约》签订，根据"教随国定"原则，德意志北部等地区的诸侯国和自治市可以将路德教立为唯一合法宗教。这标志着路德教的核心观念——世俗权力高于宗教权力——得到了实现。同时，路德的国家治理思想具有鲜明的历史局限性。路德指出，"基督教的自由"是指信仰和思想的自由，而非社会政治和经济的自由和平等。马克思认为："路德战胜了虔信造成的奴役制，是因为他用信念造成的奴役制代替了它。他破除了对权威的信仰，是因为他恢复了信仰的权威，他把僧侣变成了世俗人，是因为他把世俗人变成了僧侣。他把人从外在的宗教笃诚解放出

---

　　① 李平晔著：《人的发现——马丁·路德与宗教改革》，四川人民出版社1983年版，第178页。

来，是因为他把宗教笃诚变成了人的内在世界。他把肉体从锁链中解放出来，是因为他给人的心灵套上了锁链。"[①]

第三节　加尔文的国家治理思想

加尔文的国家治理思想蕴含在其神学之中，他在极力反对罗马教会权威的同时，强调上帝和《圣经》的权威，主张建立完全民主的、共和的教会体制。

一、加尔文的生平

约翰·加尔文（1509—1564）是欧洲宗教改革运动的领导人之一，加尔文教的创立者。1509年7月10日，加尔文出生在法国北部的诺扬城。他的父亲曾任主教秘书、大教堂教士会代理人及其主教团机关高级成员。加尔文童年时曾在诺扬城一个贵族家庭里受教育并被授予一个教会职务，从而获得神甫职位的薪俸作为教育费用。1523年，时年14岁的加尔文进入巴黎大学的马尔奇学院学习，随后进入巴黎大学蒙太古学院攻读文科。当时，路德宗教改革的思想已经传入蒙太古学院，支持路德派的学生领导人被学校当局火焚，这激起了进步学生的全力反对，加尔文也参与了这次斗争。1528年，加尔文获得文学硕士。

加尔文本意继续攻读神学，但在父亲的干预下到奥尔良大学攻读法律，但仍旧向路德的支持者、德国人威尔玛尔学习希腊文，研究《新约》。1531年5月，加尔文回到巴黎，和比德等共同研究神学。在这一时期，加尔文提出用古代基督教的原理改造现在的罗马教廷，并开始产生改革宗教的思想。

---

① 《马克思恩格斯选集》第1卷，人民出版社1995年版，第10页。

在巴黎期间，加尔文编写了《宽仁论》，并公开赞成伊拉斯谟和路德主张"信仰得救"的信条。巴黎当局指控加尔文为宗教异端，下令追捕并抄了他的住宅。无奈，加尔文化名卢卡纽斯流亡瑞士的巴塞尔，研究路德和彼得·隆巴尔。1536年3月，加尔文在巴塞尔出版了《基督教原理》。这是一部教义问答手册，概述了新教的基本教义。这部著作使加尔文赢得了对新教教义的发言权威性。该著作经过丰富和完善后，成为宗教改革时期影响基督教世界的一部百科全书。

1536年7月，加尔文来到日内瓦，参与当地的公共事务。日内瓦的政治环境为加尔文传教提供了便利，成为加尔文宗教改革活动的基地。当法勒尔知道加尔文来日内瓦时，立刻前去会见，苦苦劝他留在日内瓦同其合作，加尔文接受了邀请。加尔文在圣彼得教堂向牧师和市民们发表了初次动人的演讲，给市议会议员留下了深刻的印象。这就是加尔文宗教改革的开端。

1537年，加尔文出版了《信仰条文与训导》，其目的在于教育日内瓦人对宗教改革运动坚信不疑，约束日内瓦居民害怕强制推行教权主义和自由放纵的习惯。这招致了一部分市民的怀疑，加尔文在斗争中被撤职，被迫离开日内瓦，前往斯特拉斯堡担任法国流亡教会牧师的职务，由此获得了实际的牧师锻炼机会。加尔文用法语为会员草拟了一套新教礼拜仪式，随后演变成管理教区的教会章程。1539—1541年的三年时间里，加尔文结识了新教领袖梅兰希通等著名的路德教派神学家和天主教代表团团长卡斯帕洛·康塔里尼主教。加尔文认为解决新旧教矛盾的办法是发展新教，走独立的道路。这一时期，加尔文系统总结自己的神学思想，出版了研究《圣经》的著作《罗马教廷评注》、《圣餐短论》和《答萨杜里多》等。

1541年，他受邀重返日内瓦，加入城市委员会，掌握大权。这给了他施展抱负的大好时机。在他主持的宗教改革运动中，教会进行了一系列改革，根据《基督教原理》进行布道，并且在城市建立了政教合一的管理体制，建立了典型的"神权统治"。在加尔文治下的日内瓦，信仰虔诚、道德纯良、秩序井然、生活朴实，虽然失之严苛，但在教皇贪婪、教会腐化的欧洲，在人们对宗教和道德的纯洁普遍产生疑惑的欧洲，日内瓦在当时人们的心目中成了宗教和道德的虔诚之城，成了与罗马匹敌的宗教中心。

日内瓦成了新教城市的典型，也对各国的新教徒采取帮助的态度。它派出许多传教士到欧洲各地活动，建立加尔文教教会。同时，欧洲各地的人们也来到这里，学习加尔文教的经验。恩格斯指出，"在这里，加尔文教派显示出它是当时资产阶级利益的真正的宗教外衣"①。

1559年，加尔文成为日内瓦公民。日内瓦大学于同年建立，专门训练新教神学家和改革家。在那里求学的约翰·诺克斯将日内瓦大学称为"自使徒时代以来世界上最完美的基督教学校"。诺克斯日后成了苏格兰新教运动的领袖，他的徒子徒孙又将加尔文新教带到了北美新大陆。学校声名远播，吸引了各地学子前往求学，还印刷出版了许多记载加尔文教神学理论和教会制度的书籍，在世界各地散发。到他逝世时，英国、法国、德国、匈牙利等国都有加尔文教的组织和教派，法国有100万人自称是胡格诺派的加尔文教徒。

二、加尔文的国家治理思想

加尔文国家治理思想蕴含在其神学之中，即"神的主权"。新教神学的一大特点就是反对阿奎那的托马斯主义②，回归奥古斯丁主义，强调"预定论"。"预定论"就是以上帝的权威反对现世罗马教皇和罗马教会的权威性。"预定论"是加尔文宗教改革思想的理论基础。历史地看，加尔文的"预定论"是为新生的资本主义国家服务的，为资本主义的发展提供了最适宜的伦理精神。对此，恩格斯曾经作了如下评价："在路德遭到失败的地方，加尔文却获得了胜利。加尔文的信条适合当时资产阶级中最勇敢的人的要求。他

---

① 《马克思恩格斯文集》第4卷，人民出版社2009年版，第311页。
② 阿奎那是中世纪基督教神学和神学政治观的最高权威、经院哲学的集大成者。从本质上说，他的学说是为维护教会的神权统治服务的，且形成了所谓的"托马斯主义"。

的先定学说，就是下面这一事实在宗教上的反映：在商业竞争的世界中，成功或失败不取决于个人的活动或才智，而取决于不受他支配的情况。起决定作用的不是一个人的意志或行动，而是未知的至高的经济力量的摆布；在经济革命时期，当一切旧的商业路线和商业中心被新的所代替的时候，当印度和美洲已经向世界开放的时候，当最神圣的经济信条——金银的价值——也已经开始动摇和崩溃的时候，这种情形就特别真实了。"[①]

加尔文通过维护上帝的权威来反对现世罗马教皇和罗马教廷的权威。一方面，加尔文极力强调上帝和《圣经》的权威。在他看来，宇宙间的一切都是上帝的安排，人世间亦如此。加尔文认为，上帝是全能和至善的，人是脆弱和邪恶的，两者之间极其悬殊，完全是天壤之别。人因为信上帝而成为义人，义人自然会去行善。但是，行善的人不一定得救，是否得救是上帝预定的。另一方面，加尔文极力反对罗马教会的权威。加尔文强化了路德"因信称义"的原则，强化"预定论"，将一切的原因都归为上帝的决定，从而完全"否认罗马教廷得以提出原罪和救赎问题的根据与前提条件"[②]。加尔文认为，人只受制于神的权威而非神，教会和教皇也不是神，因此，人们没有理由受教会和教皇的统治。

加尔文以"预定论"和"因信称义"为基础，对教会、教皇及其说教给予了深刻批判。在加尔文看来，罗马教皇将自己视为基督的代表，要求信徒匍匐于他们脚下，服从于他们的权威，而非服从于上帝。为达此目的，教皇与教会编撰了诸多的"神迹"来使更多的人成为教会的追随者。这都是"经不起事实证明，都是无价值的，可笑的，或者是虚空的和不实在的"。罗马教会僧侣不过是一些"神迹贩子"，"口腹就是他们的上帝，厨房就是他们的宗教"，他们根本就不信上帝，而教皇不过是"教会中可诅咒和可憎恶的头"。

---

① 《马克思恩格斯全集》第22卷，人民出版社1965年版，第349页。

② ［美］列奥·施特劳斯、约瑟夫·克罗波西主编，李天然等译：《政治哲学史》上，河北人民出版社1993年版，第353页。

加尔文完全否定教皇的权威和以之为首的教阶制度，主张完全废除教皇和教阶制度，不设教皇和主教。这是加尔文宗教改革思想的重要内容。加尔文认为，教会不能掌握在诸侯和贵族的手里，应当交给大众来管理；教会应该按照民主的原则进行组织和建设，神职人员由教徒选举产生。加尔文曾经提出：依照神的权威，一位牧师当在众人面前公开选出，而且当由众人证明为合格而适当的人选。加尔文否定了以往以君主制的办法来治理教会的制度，主张主权归教民，教职人员由民主选举产生，以共和制度改造教会。这种主张集中代表了中世纪市民首先要求一个廉价教会。然而，加尔文否定革命的手段，号召人民尊敬和服从人间的长官，也就是说要求平民消极服从世俗政权。总体来看，加尔文不主张人民有反抗的权利。

加尔文反对路德的"教会从属于国家"的观点，不承认世俗政权有权干预宗教事务，但同时，加尔文也不赞成教会独立于国家和社会之外。加尔文的理想是"国家基督教化"，即将社会本身改造为宗教团体，实行政教合一。加尔文关于教俗合作的思想，使他把日内瓦市政府办成了一个与教会密切合作的政府。在这个政府中，宗教方面派出6名教会神职执事和6名牧师，与12名世俗长老共同组成宗教法庭。

在政府体制上，加尔文列举了君主制、贵族制和民主制，并分析了它们各自的局限。在加尔文看来，君主制容易导致"暴政"，贵族制容易产生"不公正"，在民主制中更是"频繁爆发骚乱"。于是，加尔文倾向于建立一种混合型的教俗贵族制度。在这种制度中，民众和贵族自愿结合起来，"贵族政权和民主政体的配合"比较好。对于现实政治，加尔文劝导基督徒服从现实的世俗权力，"职分本身值得尊重，所以无论是谁来做我们的治理者，只因他们的职位，就当受到我们的尊敬"[①]。加尔文主张由牧师和选举出的虔诚信徒组成教务评议会管理教会，而由牧师和长老组成宗教法庭以法治

---

① ［德］马丁·路德、［法］约翰·加尔文著，吴玲玲编译：《论政府》，贵州人民出版社2004年版，第109页。

国家。

　　加尔文反对只有僧侣的职业才是神圣的，他主张每个人可以而且应该在一切有用的事业当中增添上帝的荣耀，并不是只有专门的宗教职业才能做到这一点。加尔文将路德神学中谦卑、温和的道德原则改造为积极进取、热情洋溢的道德原则，鼓励人们在每种职业中去努力奋斗，完成上帝赋予的使命，为上帝增添荣耀。这一原则体现了新兴资产阶级和资本主义发展对上层建筑的积极要求，促进了新兴资产阶级和资本主义的发展。

第四节　宗教改革家的国家治理思想的历史影响

　　恩格斯在《德国农民战争》中指出："宗教战争首先也是为着十分实际的物质的阶级利益而进行的。这些战争同后来英国和法国的国内冲突完全一样，都是阶级斗争。如果说这些阶级斗争当时是在宗教的标志下进行的，如果说各阶级的利益、需要和要求都还隐蔽在宗教外衣之下，那么，这并没有改变事情的实质，而且也不难用时代条件来加以解释。……教会的教条同时就是政治信条，圣经词句在各个法庭都具有法律效力。甚至在法学家已经形成一个等级的时候，法学还久久处于神学控制之下。神学在知识活动的整个领域的这种至高无上的权威，同时也是教会在当时封建统治下万流归宗的地位的必然结果。"[①]

　　宗教改革导致的宗教战争促使西方更为迫切地认识到政治秩序和政治权威的极端重要性。从短期来看，宗教战争使既有的政治秩序遭受了严重的威胁，天主教与新教两大阵营都试图通过武力消灭对方，国内战争与国际战争相互纠结，除了造成巨大的经济损失和人员伤亡，在统一信仰的问题上并未取得丝毫的进展。最终的结果是"教随国定"原则的彻底确立，信仰的归属

---

① 《马克思恩格斯文集》第2卷，人民出版社2009年版，第235页。

彻底成为一国的内政事务。在宗教战争中，西方人普遍地意识到政治权威的极端重要性，路德、加尔文支持世俗权威的宗教理论在法学、政治学领域得到了直接的传承和呼应；博丹正是为了避免宗教战争而写就《国家六论》，系统阐述了近代国家主权理论，为近代民族国家的形成和发展提供了理论支持。

从长远来看，宗教改革使个人主义在宗教领域得以确立，促成了西方由集体本位向个人本位的转变。宗教改革确立了个人与上帝直接沟通、个人存在的意义直接来自上帝等基本原则。个人（自然）权利、自由主义、代议制等一系列西方近代政治基本原理和制度、国家治理的理论都得到了"宗教个人主义"的支持。

宗教改革引发的教派分歧，导致一系列宗教战争的发生。然而，随着时间的推移，宗教的色彩越来越淡薄，世俗的、政治的色彩则越来越浓厚。作为这一趋势的自然结果，在宗教战争逐渐平息以后，宗教显得更加宽容，民族国家则更加巩固。

要指出的是，宗教改革对封建天主教会的批判是不彻底的。马克思在评论路德时曾指出这一点。这种不彻底性表现在路德号召信徒服从世俗统治者。当德国广大人民群众发动激进的斗争运动时，路德便站到贵族和诸侯一边，仇视和镇压人民的斗争："神授君权，忍耐服从，甚至农奴制度都由圣经认可了。……这样，路德不仅把下层人民的运动，而且连市民阶级的运动也出卖给诸侯了。"[1]

---

[1]《马克思恩格斯全集》第7卷，人民出版社1959年版，第410页。

第三章　博丹的国家治理思想

让·博丹是近代西方国家主权理论的创始人，也是颇具争议的政治思想家。博丹的国家治理思想是16世纪西欧和法国社会矛盾和政治斗争的产物，其最突出的贡献在于提出并论证了国家主权理论，在现代意义上使用"国家"这一概念，并第一次试图把国家的类型和形式加以区别，加深了人们对权力的组成与形式方面复杂现象的认识，对后世产生很大影响，在西方政治思想史上具有奠基性意义。

第一节　博丹及其生活的时代

让·博丹（1530—1596），法国著名政治思想家。他声称王权是和平与秩序的支柱，其目的是强化国王高于一切宗教与政治派别的地位，并以此批评胡格诺教派反抗君主的理论。

一、让·博丹的生平

让·博丹出身于法国昂热省的一个中产阶级家庭。他的父亲曾经是一名律师，也是一名富有的裁缝师傅，母亲据称是一名西班牙裔犹太人。博丹年少时曾受到昂热当地的主教加布里埃尔·波福林的资助和影响。波福林既是弗朗索瓦一世的重臣普瓦耶的外甥，也是一位精通拉丁文、希腊文和希伯来文的学者。①博丹从波福林身上或多或少地感受到了政治当权者的掌控力。

大约13岁时，博丹加入了天主教会加尔默罗修道会，甚至决心要为教会事业奉献一生。博丹在1547年来到巴黎加尔默罗修道会，并入读皇家高级语言学院。根据研究，博丹在巴黎期间博览群书，受到了人文主义教育的熏染，逐渐形成自己的思想。在这里，他受到亚里士多德主义、柏拉图主义等思想的影响。②事实上，在1548—1549年间，博丹以自己年龄尚幼而不足以立誓为由，选择退出了教会。

博丹曾在图卢兹大学学习法律，毕业后担任法学讲师，后又在巴黎任律师和检察官。在这里，博丹实现了从学生到教师的身份转换，度过了整个16世纪50年代。根据有关资料，博丹其间可能在日内瓦作过短暂停留。1553年，博丹完成了他的首部作品。他将希腊一首有关打猎的长诗翻译成拉丁韵文。这虽然是一次尝试，却显示了博丹研究爱好的广泛性。在图卢兹时期的其他作品则预示了他后来作品的发展方向。博丹在遗嘱中曾提到这些早期作品应该毁掉。当然，这些作品已经无可考证。

1556年，博丹担任昂热省议会的代表和法国三级会议的代表。这一时期，法国已经开始把经院法理学与人文学者的博识密切关连。年轻的博丹对此产生了极大兴趣，开始研究民事法律，并逐步转到研究罗马法上来，在1562年达到了新的高度。这是他10年来在图卢兹积累的成果。博丹在图卢兹一直待到了16世纪50年代末，他希望谋求一份正式教职的愿望并没有实现，试图开设一所新式青少年人文学校的努力也没有成功。

在1560年或1561年，博丹前往巴黎。为了在巴黎寻求大律师资格，他放弃了法律教学而从事法律实践。在从事这个职业之前，按要求，他需要宣示信仰天主教。这次转换不仅涉及职业改变，更重要的是对他作为学者的影

---

① 柯联民：《让·博丹政治、法律思想研究》，上海师范大学博士学位论文2011年，第12页。

② 柯联民：《让·博丹政治、法律思想研究》，上海师范大学博士学位论文2011年，第12页。

响。博丹获得了巴黎高等法院出庭律师的职务。博丹认为，对普通法的研究不能仅仅通过文本和判例来进行，最好的方法是通过历史研究来确定。他在《易于认识历史的方法》献辞中写道："人们认为除了罗马法之外没有其他的法律。他们应该读柏拉图，他认为在一个国家建立法律和政府的最佳方法是智者收集和比较所有国家的所有法律，并从中提取和糅合而成的最佳模式。"①此时，博丹对政府形式的关注已经超过对法律形式的关注。

在学习了法律知识并参加许多公共实践服务后，博丹把学者的观点和实践的经验结合起来，他属于当时的"政治家派别"（a group of politiques），即16世纪法国宗教战争时期的温和派，他们希望恢复和平，主张国家统一，反对分裂，希望建立强有力的君主制，认为君主拥有至上的权力，提倡政府实行宗教宽容政策。有一段时间，他致力于研究法国的经济情况，确信这是根本重要性的问题。1568年，他发表的驳斥马莱斯特鲁瓦的著作确立了其政治经济学奠基人的地位，也是他对社会研究最原始的贡献。

1576年，博丹发表了《国家六论》。从某种角度来讲，《国家六论》是对《易于认识历史的方法》的扩展，最后一章亦反复对其中的主题进行论述。在博丹的有生之年，《国家六论》先后有10个版本出版发行。1586年，他出版了稍作扩充的拉丁语版本，在去世前，又两次付印这个版本。这部著作还被翻译成意大利语、西班牙语、德语和英语广泛传播。

在《国家六论》中，博丹试图历史地考察国家。他将各个国家的法律体系以及主要国家民众的习惯汇集在一起进行比较研究，以此来把握国家的产生、发展的条件以及变化与衰落。在他看来，这一方法是将历史与哲学结合起来，让历史赋予哲学生机，增强了思想体系的学理性。博丹系统地对国家主权进行了论述，这在欧洲近代政治思想史上具有里程碑意义。《国家六论》被誉为西方关于国家主权学说的最重要论著。然而，博丹的书太难读，

---

① Jean Bodin. *Method for the Easy Comprehension of History*. Beatrice Reynolds, trans. New York: Columbia University Press, 1945, p.2.

《国家六论》篇幅冗长，缺乏条理和组织，文风恶劣，随意大幅插入不相干的主题，遣词造句粗糙散漫，"缺乏章法和冗长乏味到了令人难以忍受的地步"①。

晚年，博丹担任阿朗松公爵的顾问。1584年，阿朗松公爵去世后，他离开了巴黎，回到妻子的故乡拉翁，并于1587年继承了他内弟的职位，成为一名国王的皇家检察官。1594年亨利四世登基，长期受到冷落的新教教派政策终获重视。尽管博丹早在前一年就断绝了同天主教联盟的关系，并转向站到亨利四世的阵营，却未重新得宠。1596年底，博丹走完了他的一生。

博丹遗留下一些未出版的著作。《七人论说集》初稿则于1857年出版了完整版本。这本书很可能写于1588年，博丹在书中批判了基督教正统的仪式，阐述了他设想中的真正宗教，也许是他所有的作品中最具独创性的。虽然博丹至死都保留着天主教徒的身份，死后也是以天主教仪式进行安葬，但从《七人论说集》表达的思想来看，这些其实是偏离博丹内心信仰的。

二、博丹生活的时代

在分析一种政治现象时，马克思主义总是将其视为一个历史的、不断发展的过程，对其进行具体的历史的分析。其中一条基本原则是："在分析任何一个社会问题时，……就是要把问题提到一定的历史范围之内。"②这就要求我们在分析任何一种政治思想时，都要把它放在整个历史发展的过程中，考虑其产生的特定历史条件。作为16世纪的法国政治思想家，博丹所生活的时代恰好处于西欧封建社会解体、资本主义生产关系建立的过渡时期，其思想不可避免地带有那个时代的烙印。

---

① ［美］乔治·萨拜因著，［美］托马斯·索尔森修订，邓正来译：《政治学说史》下卷，上海人民出版社2010年版，第78页。

② 《列宁专题文集·论马克思主义》，人民出版社2009年版，第302页。

（一）博丹所处时代的欧洲

自14、15世纪起，地理大发现迅猛展开，欧洲的船队出现在世界各地的海洋上，寻找着新的贸易路线和贸易伙伴，以此来发展欧洲新生的资本主义。欧洲进入一个在世界范围内进行殖民扩张的时期。地理大发现和殖民扩张不仅带给欧洲数量巨大的黄金、白银，更是造成多元文明在世界范围内的冲突、融合。在这场运动中，法国没有缺席。在16世纪中叶雅克·卡蒂埃探险发现加拿大后，法国正式加入了殖民扩张的行列。在这场运动之中，世界上的各个地区逐渐意识到，封闭的自我意识已经不能长期保持，要存在并继续发展下去，必须具备世界眼光。

地理大发现和殖民扩张直接促成了世界经济的形成和发展。像地理发现这种具有革命性质和丰富经济可能性的事件会使重商主义的思想和实践转入新的类型。随着世界经济的形成和发展，它既对资本控制、市场分配和技术革新等经济、科技领域产生重大影响，也给当时的欧洲及世界带来了重大影响。在宏观层面，"世界经济体现了欧洲的霸权，它促进了国家权力和资产阶级的发展，提示了土地贵族的衰落及农民的软弱性"[①]。

（二）博丹所处时代的社会状况

15世纪以来，西欧的封建制度开始日益衰败，资本主义的生产关系开始萌芽。从16世纪起，资本主义有了长足的发展。随着资本主义的产生和发展，西欧各国的阶级关系发生了深刻的变化，阶级矛盾和阶级斗争呈现出激烈复杂的局面。广大农民反对封建剥削和压迫的斗争，新兴资产阶级反对封建主义的斗争，以及正在形成中的无产阶级与资产阶级的斗争相互交错，连绵不断。与此同时，在思想上，人们开始批判旧的传统、语言、文学、艺术，旧

---

① ［法］J.阿尔德伯特、［英］德尼兹·加亚尔、［法］贝尔纳代特·德尚等著，蔡鸿滨等译：《欧洲史：彩图本》，海南出版社2014年版，第245页。

的神学体系、教会，国家之间旧的政治关系以及旧的宗教。这种思考和批评的精神暗中活跃，而后爆发为公开反抗教权和传统的斗争。在这一背景下，文艺复兴运动兴起。

文艺复兴运动是西欧资产阶级在思想文化领域中反封建、反神学的思想解放运动。它始于13世纪末、14世纪初的意大利，到16世纪进入全盛时期。它以人文主义为主题，人文主义是作为基督教神学的对立物而产生的资产阶级意识形态，人文主义者就是新兴资产阶级的思想代表。人文主义者坚决反对封建制度和基督教的蒙昧主义，对社会历史的发展起了重要作用。正如恩格斯所指出的："这是人类以往从来没有经历过的一次最伟大的、进步的变革，是一个需要巨人并且产生了巨人的时代。"①随着文艺复兴运动的发展，人文主义思想传播到欧洲各个国家，为资产阶级提供了一种新的文化和世界观，成为一种社会思潮。这一时期的政治思想家在人文主义的影响下，开始摆脱神学的影响，从人性和人的经验出发，具有了世俗的特征。

宗教改革运动是新兴资产阶级发动的另一场反封建、反教会的政治斗争，是人们在宗教上的觉醒，其矛头指向也是罗马教廷和宗教神学，以争取民族教会的独立和改变宗教教义为主旨。宗教改革的起源早在15世纪就已经开始显现。15世纪的欧洲，饥饿、战争和疾病时刻威胁着人们的生命。当时，罗马教廷是各国封建制度的国际中心，它和各国的天主教会对广大人民横征暴敛，巧取豪夺，并干预和控制各国政治，阻碍民族国家的统一，扼杀民族精神。因此，资产阶级和劳苦大众反对罗马教廷的斗争是异常激烈的。自16世纪初起，德国就掀起了声势浩大的宗教改革运动，随后扩展到西欧许多国家，斗争连绵持续了两个世纪之久。恩格斯称德国的宗教改革运动是"第一次大规模的行动"②。

新兴资产阶级在文艺复兴和宗教改革中提出的种种政治思想和政治主张

---

① 《马克思恩格斯文集》第9卷，人民出版社2009年版，第409页。
② 《马克思恩格斯文集》第4卷，人民出版社2009年版，第310页。

具有不同程度的进步意义。这一时期政治理论的中心内容都是反对以罗马教廷为代表的封建制度，主张资产阶级与王权结盟，借助王权扫除封建割据，建立和巩固独立、统一、世俗的君主专制国家，为资本主义的发展开辟道路，因而具有鲜明的民族主义和爱国主义性质的历史进步性。这一时期的政治学说都以人性论和理性主义为其理论依据。这一时期的政治思想虽然猛烈地冲击了神学政治理论，但它本身又没有完全摆脱宗教神学的影响，还带有不同程度的宗教色彩。

总之，在西欧封建社会解体和资本主义形成时期，近代民族国家、民族教会的建立已成定局。资产阶级思想家不仅摒弃了中世纪的神学教条，而且将其和古希腊、古罗马时期以伦理道德为准则的政治思想区分开来，代之以历史的、经验主义的方法和以人的现实需要为根基的理论原则。他们试图建立摆脱神学与教会的独立的政治理论，使之符合一个新的民族国家的理想。这个问题不仅是理论问题，由于基督教各个派别的存在，人们自然想到这些团体和国家及君主的关系，即有必要考虑统治权的意义和来源，创造一种新的政治学理论。博丹就是最能代表这一时期政治学说的思想家之一。

（三）博丹所处时代的法国

16世纪上半叶，法国较为繁荣富庶。原因有三：第一，土地肥沃；第二，人民勤俭；第三，政治修明。当时，法国的人口有1600万，相比英国的300万和西班牙的700万超出很多，仅巴黎就有30万人口，人口仅次于君士坦丁堡（今伊斯坦布尔）。在法国当时的社会结构中，农人向领主领地耕作，每年为领主上租服役；领主或为贵族，或为骑士，一方面靠采地生活，一方面率领兵马捍卫领土及国家。而当时的城市工人，仍然维持着自己开店、做工的形态，经济状况较农人差。因此，16世纪的法国，虽然封建生产关系仍占统治地位，但是，从15世纪末开始的资本原始积累，贵族与新兴资产阶级对殖民地掠夺的加剧，以及对外贸易的扩张，都促进了封建制度的解体和资本主义的产生和发展。不过，当时新兴资产阶级在政治上仍处于软弱无力的状态。

到了16世纪下半叶，法国的君主专制统治陷入了严重的危机。15世纪末到16世纪中叶，法国国王和罗马帝国为争夺意大利，在意大利土地上进行了长达半个世纪的战争。接着，法国国内发生了胡格诺战争。天主教是当时西欧封建制度的总代表，它的教义、教阶制度和各种繁杂的宗教礼仪严重阻碍了资本主义的发展，改革呼声高涨。16世纪初，法国人文主义兴起，20年代时有不少人信奉路德教，但绝大部分新教徒信奉加尔文教。加尔文教也称胡格诺派，其主体是资产阶级。法国南部少数大贵族也参加了胡格诺派，与中央集权的专制王权相对抗，他们入教完全是出于政治上的目的，故也称"政治上的胡格诺"。在法国，历代国王对新教都采取镇压的政策。

因内战引起的恐怖和混乱，尤其是那种无政府状态，使博丹深信公爵的观点是正确的，唯一的补救办法就是认可国家的绝对权威，在上帝之后，国家应该主宰一切。罗马法向他暗示了这种权力的基本概念。博丹超越了这种单纯的比较历史研究，使主权概念不仅仅局限于单独对罗马法的分析之中，他认为所有时代的所有政府都有这样的特征。

同时，旷日持久的意大利战争和国内混战，使法国经济受到了严重影响，并动摇了君主专制的根基，而封建割据势力却趁此时机得到加强；封建贵族和天主教会在法国仍占据统治地位，并拥有许多特权，资产阶级同他们的矛盾也变得日益激烈。基于这种历史条件，资产阶级为了发展资本主义，迫切要求进一步加强君主专制。这在当时是具有进步意义的。恩格斯曾经指出："在这种普遍的混乱状态中，王权是进步的因素，这一点是十分清楚的。王权在混乱中代表着秩序，代表着正在形成的民族（Nation）而与分裂成叛乱的各附庸国的状态对抗。"[1]

殖民扩张和探险运动使资本主义得到快速发展，并滋生了新的资产阶级；贵族内部也随着经济的发展开始分化；新的平民阶级成为法国特有的

---

[1]《马克思恩格斯文集》第4卷，人民出版社2009年版，第220页。

"第三等级"。法国社会显示出等级社会的特征："这个社会的阶梯已经完全形成了，自十六世纪以后便没有什么改变。上层贵族阶级因大家族的灭绝而消灭了，但是每个职业还保持它当时所占的地位。"①

博丹为适应新兴资产阶级的这种要求和愿望，努力探求恢复和建立君主专制的道路和方略。他一边从事律师和议员的工作，一边孜孜不倦地进行学术研究和著述。他知识渊博，涉及领域广泛，包括政治学、历史学、地理学、物理学、天文学等。其政治思想的主要代表作是发表于1576年的《国家六论》，这是论述国家学说的巨著。十年后，他亲自把该书翻译成拉丁文再版发行。博丹在该书中第一次系统地论述了国家主权学说，提出了具有现代意义的国家概念，这也是他对西方政治思想史作出的最重要贡献。

（四）博丹所处时代的政治实践

16世纪是西欧资本主义关系形成时期，是思想和社会剧烈动荡的时期。这一时期最重要的政治变化，就是民族国家的形成和国王权力的集中。在政治、经济、文化和宗教等因素的影响下，存在了近千年的中世纪封建制度开始动摇。宗教改革带来了欧洲分裂，其最直接的后果就是民族国家开始登上历史舞台。在民族国家的形成过程中，必然会遇到国家控制的政治问题，尤其是在掺杂着宗教改革和欧洲分裂的危机时代，更需要在现世找到一条应急的政治之路。这使得在该时代身份混杂的君主，在宗教纷争和资本主义新权贵抬头的微妙时刻，成为均衡各方的一股力量。而无论各国君主的动机如何，其在欧洲各国都产生了积极的效果，可以说是推动欧洲各民族国家进入所谓专制主义（或绝对主义）时期的助燃剂。

一方面，当时的政治和经济是封建式的，思想文化则由罗马教廷主导。在15—16世纪的欧洲社会变化中，民族国家的相继出现是最重大的政治事件。从某种意义上讲，15—16世纪欧洲的任何一种政治力量都必须首先研讨

---

① ［法］瑟诺博斯著，沈炼之译：《法国史》，商务印书馆1964年版，第195页。

民族国家的地位和治理问题。民族国家与教会国家不同，前者是基于现实的、人性论的立场，后者则是以宗教理想和传统的宗教势力为基础。"理论和实践意义上的国家概念，是到16世纪才产生，它的本质在于与其构成成员的人格相独立的人格和主权。"①"国家"这一名词在16世纪产生，在此之前的政治实体都因缺乏这些要素而不成其为国家。由此，各地的国王由于受到贵族（包括不同层级的封建领主）、教皇领导的跨国性教会、神圣罗马帝国的皇帝以及城市新兴商人阶级等各方面政治力量的抵抗，权力十分有限。中世纪社会的经济和政治组织的有效性，几乎完全局限于本乡本土。这种地方性的经济和政治组织显然不利于资本主义的发展。因此，国家一方面反对教会对政治权力的干预，一方面致力于建立一个强大的、统一的世俗国家。

另一方面，当时欧洲各国的情况也比较复杂。法国的路易十一在勃艮第这个中间国家被消灭以后，在当时还是残缺不全的法国领土上恢复了以王权为代表的民族统一，这也使他的继承者能够干涉意大利的内乱。英国终于停止了侵略战争，玫瑰战争结束后都铎王朝崛起，其权力之大超过了以前和以后的所有王朝。当时的斯堪的纳维亚各国早已合并，波兰自从和立陶宛合并以后，在王权尚未削弱的情况下，进入了其光辉时期。俄国人征服了诸侯，同时又挣脱了鞑靼人的压迫，这种局面由伊凡三世开创。全欧洲只剩下两个国家，那里没有王权，或者说，他们只是名义上存在，那就是意大利和德意志。

博丹生活的16世纪的法国，在政治上已经完成了国家的统一，并建立了中央集权的君主专制制度。在经济上，尽管封建生产关系占统治地位，但资本主义原始积累已经开始，资本主义工场手工业得到了一定的发展，新兴资产阶级的力量日益壮大。教会和贵族的势力在法国仍十分强大，他们反对

---

① 周春生编著：《文艺复兴时期人神对话》，华东师范大学出版社2002年版，第124页。

加强王权，反对发展资本主义工商业。这种情况由于法国国王与神圣罗马帝国皇帝争夺意大利的战争，以及法国国内发生的天主教徒与胡格诺教徒的战争而愈演愈烈。因此，新兴的资产阶级与王权结成了联盟，并要求加强君主专制制度，维护国家的统一及促进资本主义的发展。

（五）西方近代政治思想的奠基

一是政治学被看作道德哲学的一个独特分支。13世纪50年代，穆尔贝克的威廉首次出版了亚里士多德《政治学》的拉丁文译本；13世纪60年代，但丁的老师布鲁内托·拉蒂尼出版了《宝鉴》一书。这两件事可以看作政治学作为研究统治的科学开始从神学中分离出来的标志。二是国家权力的独立性。在这方面，法学家巴特鲁斯和他的学生作出了重要的贡献，他们论证了意大利北部各王国和城市共和国对神圣罗马帝国的合法独立性，确定了现代国家观念得以形成的法律基础。三是国家权威的至上性和绝对性。这主要是指国家权力而非统治者的权力被看作政府的基础。马尔西利奥在其1324年发表的《和平的保卫者》中宣称，一切强制性的权力按其定义都是世俗的，任何神职人员在其职务方面拥有的最高权力只能是教育和行道，而不能行使任何强制权力或进行世俗统治。此后，经过法国的罗马法学家和路德派理论家的论证，到16世纪末，认为国家是其领土内最高权力享有者的思想逐渐树立。四是教权与俗权的分离。经过了胡格诺战争和"三十年战争"（1618—1648），一些政治理论家认识到，要实现国内的和平，国家权力必须同维护宗教信仰的责任相分离，只为政治的目的而存在。只有当上述四个条件基本具备的时候，即15—16世纪，现代意义上的"国家"概念才开始出现。①

马基雅维利是第一个在现代政治学意义上使用"国家"这个术语的思想家。他在《君主论》一开篇就写道："从古至今，统治人类的一切国家，一

---

① 《西方政治思想史》编写组编：《西方政治思想史》，高等教育出版社、人民出版社2011年版，第119页。

切政权，不是共和国就是君主国。"①在这里，马基雅维利用"Stato"一词来指称他所说的一切国家，并作为不加区别地概括一切政体的总体名词，使国家具有了一种独立的价值。

现代国家的概念虽然始于意大利，却是在法国完成的。只有16世纪的法国才具备了上述的各种社会政治条件：统一的中央政权、官僚机构的增长和明确的国家边界。博丹的《国家六论》代表了中世纪国家观念向现代国家观念的转变最终完成。在此书中，博丹首次把主权和国家联系在一起，并区分了国家权力与统治者权力，区别了国家与全体公民，提出政治权力与宗教无关，明确地表达了国家是一种抽象的公共权力这一观念。

三、博丹的宗教立场

博丹的宗教立场和宗教思想集中体现在他关于自然、人类以及上帝谜一般本质的三部著作中：《自然的普遍原理》、《巫师的魔鬼术》和《七人论说集》。他认为自然序列包含在一个永恒的序列之中，这个永恒的序列可以理解宇宙及之内的所有特殊之物，它们都处于一个单独的关联系统之中……天体的正确运行可以通过观察决定，因为一切都是尽善尽美。但是当我们认识人的时候，那种神圣而自然的本意已被原始的堕落所扰乱。人类社会的正确序列不能仅仅由观察决定，因为人类是不完美的。要知道那个序列，我们必须遵从自然理性，以及坚定地遵从《圣经》中所揭示的上帝的意旨……实际上博丹的政治思想根植于教义之中，那就是上帝的律令。②

1545年，博丹加入了昂热的加尔默罗修道会，稍后至巴黎加尔默罗修道会做研究。在这期间，博丹与当时新智识的著名代表彼得·雷默斯（Peter Ramus）表现出密切的关系。雷默斯按其方法将逻辑主体划分成两个截然不

---

① ［意］马基雅维里著，潘汉典译：《君主论》，商务印书馆1985年版，第3页。

② Jean Bodin. *Six Books of the Commonwealth*. M. J. Tooley, trans. Oxford: Basil Blackwell, 1955, xix-xx.

同的部分。第一部分指创意（invention），旨在抽丝剥茧般地揭示思想。第二部分指处置（disposition），是有关对基本论据的正确使用。[1]在雷默斯看来，技术应用于创意是一个熟练划分工作程序的阶段，而无论事物的本质如何，雷默斯都坚持从一般到特殊的演绎方法。这对博丹的影响是显著的，他的《自然的普遍原理》最能展现类似雷默斯的方法论，《七人论说集》中亦有类似体现，即一名发言者发表主题，随后其他对话者进行细化讨论。

1548—1549年，博丹离开巴黎，脱离了加尔默罗修道会，没有确切资料能够说明个中原因。而且，在此期间，博丹的行踪也成了一个谜。不过，有一点比较明确的是，博丹当时曾被指控为异端分子，因受到了波福林主教的庇护而幸免于难。

整个16世纪50年代，博丹都在图卢兹大学学习，其间曾前往日内瓦。博丹对宗教改革一直抱有同情，这或许是他脱离加尔默罗修道会的主要原因。这样的一种同情心和兴趣，促使博丹前往日内瓦，以获取考察加尔文宗教改革的第一手资料。据《法国新教》（La France Protestante）里的描述，在那一年，有一位作为日内瓦居民的圣·阿曼达（S.Amand）的让·博丹。日内瓦的有关档案显示了一份1552年8月25日圣·阿曼达的博丹与一位日内瓦居民的婚姻契约。

虽然博丹在后来经常被指控为加尔文宗教徒，但在《七人论说集》中他却并没有将加尔文教派作为宗教看待。然而，他确实曾与许多新教团体有着共同的兴趣，对日内瓦宗教改革历史了解甚细。1553年10月27日，日内瓦对米格尔·塞尔维特（Michael Servetus）施以火刑，这使博丹对加尔文宗教改革的看法产生了转变。如果博丹希望日内瓦为日益增长的持宗教自由观的人提供避难所，塞尔维特事件显然将并不宽容的日内瓦推向了风口浪尖。这种不宽容和塞尔维特悲剧促使博丹决定离开日内瓦。不过，这对于充满才

---

[1] Jean Bodin. *Colloquium of the Seven about the Secrets of the Sublime*. Marion Kurtz, trans. Princeton: Princeton University Press, 1975, xviii.

气、向往自由思考的博丹来说已不重要。1553年，在他被巴黎禁教的当年秋天，瑞士巴塞尔热情接受了他，而他也在之后很短时间内便写出了《塞尔维特抗辩书》（*Apologia pro Serveto*）。[①]

第二节　国家的起源和目的

博丹从人类的历史经验出发，解释国家起源问题，提出家庭是国家的基础。他承袭亚里士多德的观点，把国家的起源和产生看作一个自然的过程，其贡献就在于把国家确认为权力系统。

一、国家的起源

博丹的一大贡献是他对国家起源的深刻剖析和独到见解，其国家治理思想在西方政治思想史上总体处于由古代的亚里士多德国家起源理论向社会契约论过渡的时期。

亚里士多德是古希腊百科全书式的学者和思想家、西方政治学的开山之祖。在古希腊，特定的地理与历史条件使"城邦"这一特殊的国家形态产生，其最鲜明的特征在于"小国寡民"。各城邦领土面积在数十平方公里左右，居民人口一般为数千。雅典是希腊最大的城邦，总人口三四十万。在这样的历史条件下，对城邦的一般认识及理论就成为亚里士多德政治学的基础。在城邦的起源问题上，亚里士多德提出了一个著名的命题："人类自然是趋向于城邦生活的动物。"[②]在亚里士多德看来，人类天生是合群的动物，必须过共同的生活，最初人类组成了家庭，后来为满足更大的需求，若干家

---

① 柯联民：《让·博丹政治、法律思想研究》，上海师范大学博士学位论文2011年，第29—32页。

② ［古希腊］亚里士多德著，吴寿彭译：《政治学》，商务印书馆1965年版，第7页。

庭联合起来组成了村庄，最后若干村庄又联合起来形成了城邦。

博丹关于国家起源的分析和论述，受到了较多亚里士多德的影响。博丹与亚里士多德一样，认为国家起源于家庭，他在《国家六论》第一卷的第二至第五章中详细论述了家庭。他把家庭定义为"一群生活在一起的人们的利益的合法安排，这些人服从于家庭首领，家庭首领也关心着这些人的利益"①。他认为家庭是一种自然的结合，子女是由父母的血缘关系决定的，而不能由他们进行自由的选择。家庭产生于人的自然需要与欲望，如养育后代、安全防卫与自然的群居性等。

家庭既是人类组织的一个基本形式，也是国家必然要经历的一种形式。博丹认为，家庭是在家长的最高权力支配下的一群人，家长拥有绝对的权力，完全控制家庭成员的人身、财产甚至生命。一群家庭基于共同的利益，在适当的地域内结合为村落、城市或其他各类社会团体。村落与城市之间争夺地域，出现共同的防卫与追求各自利益的需要，人民再通过强力的争夺，加上神授的社会本性的启示，异族之间联合起来，形成国家。在博丹看来，构成家庭的第一个要素是要有家庭成员。法律规定至少三个人才能组成一个社团，因此构成一个家庭也需要同样数量的人，其成员包括家庭首领、妻子、儿女、奴隶、自由人等。构成家庭的第二个要素是财产，由其成员共同享有。属于家庭的这些财产像家庭一样，也同样具有自然的属性。构成家庭的第三个要素是要有合法的权威。在一个家庭当中，男人应该成为主人，即这不是一个权力问题，而是一个权利问题。一个家庭的维系，既要依靠命令的权利，又要依靠服从的义务，而这种命令的权利应该归属于家庭首领，家庭首领的权威要依靠各种关系来维持。

在论述妻子应该服从丈夫时，博丹首先引用了《十诫》中重要的一诫，就是人的欲望要服从理性，因为当一个人统治其他人之前，他必须学会统治他自己。欲望要服从理性，因为理性具有指导的力量。上帝赋予丈夫统治妻

① 刘郸：《博丹的国家理论》，天津师范大学硕士学位论文2001年，第8页。

子的权利，因为男人代表着理性。此外，由于妇女在道德和智力上的缺陷才使得她们从属于丈夫。他还指出，在古罗马人当中，这种服从已经成为一种习惯，丈夫可以使用武力使妻子服从，且丈夫感到不满意时，也可以与妻子离婚。无论各地的法律发生多大的变化，都没有免除妻子服从的义务，甚至没有免除妻子对丈夫的尊敬。因此，在所有的法律体系中，丈夫都被认为是妻子行动的主宰，并对妻子的财产具有处置权，神法和自然法都认为丈夫对妻子的权威是合法的、高尚的。父亲对子女的权威更是巨大的，子女应该喜欢、尊敬、热爱他们的父亲，要服从他的命令，要支持他、保护他，要用自己的生命和财产去维护父亲的生命。这个义务是自然法规定的，父亲甚至具有决定子女生死的权利。因为子女像妇女一样，没有能力为自己作出判断，而父亲则代表着理性，因此，子女必须服从他们的父亲。尽管在家庭中，男子具有对妇女和子女的至上权威，但他并不能滥用上帝赋予他的这种权利及法律。如果一个男人没有履行他对妻子、儿女负有的责任，把他们当作奴隶看待，那么他仅仅是一个奴隶主而已，而不是家庭首领，也不再具有家庭首领的权威。因此，男子不可以随意处死和买卖他的妻子；当子女还不具备独立能力时，他就有义务抚养子女，并用高尚、善良的原则去教育他们，如果他不履行这样的义务，子女可以不服从他的权威。在《国家六论》第三卷第七章中，博丹对一些非政治组织进行了论述，这些非政治组织包括社团、协会、政治团体、社区，他们的起源也是家庭。"正如树的主茎会长出叶子一样，家庭也在繁衍，形成村庄"。但随着家庭数量的增加，在一个单一的地方，他们不可能找到充足的生活必需品，于是向外扩散，村庄也因此变成了城镇。由于这些社区开始没有法律，没有地方官吏，没有至高的统治者，相互之间极容易发生争吵、冲突。其结果往往是强壮的一方把弱小的一方赶出他们居住的地方。于是，同一社区的人联合起来，形成了一些社区以及一些非政治组织。有的是为了保护家庭，有的是为了攻击富有者，掠夺他们的财产。因此，可以说是相互间的掠夺使他们聚集到一起，组成部落、社区。当受到敌人袭击时，这些组织受到上帝的鼓励，共同选举一个领导，并把至上的权威授予这个领导。因此，许多家庭和部落被一个至上的权力统一在一起，由此便形成了国家。

可见，博丹的国家起源理论深受亚里士多德城邦起源理论的影响，认为国家起源于家庭，国家是人类联合体的最终形式，是由一个至高的权力把许多更小的组织联合到一起。在这些更小的组织形式中，最基本的单位是家庭。家庭由天然的纽带联系到一起，是一个自然的组织；此后，家庭发展为社团、社区等，博丹把它们称为公民的组织；最后的发展阶段是国家，国家属于政治组织。因此，博丹把人类社会看作一系列的组织，家庭处于最低处，而国家则处于最高处。国家区别于其他社会组织的一个最显著特征就是它拥有主权，这种权力还可以使其他的组织处于其相应的位置上。家庭是一个国家的真正缩影，当每一个人都履行其相应的职能时，整个社会就会肌体健康，而当家庭被适当地规范好时，国家也会变得秩序良好。

然而，在博丹的国家起源理论中还有一些不同于亚里士多德的观点。第一，博丹虽然沿袭了亚里士多德国家起源于家庭的观点，但是他的国家起源理论已出现了向社会契约论转变的倾向。他认为由家庭组成的部落和社区在受到敌人的袭击时，会共同选举一位领导，并把这个至上的权威授予这位领导。这个权威把家庭和部落统一到一起，也就形成了国家。第二，在论述国家起源时，博丹更加强调国家进行统治的合法性和人民服从的义务。这可以从他关于家庭的论述中得到证实。博丹认为，在一个家庭中，男人应该成为主人，并不是因为男人拥有实力，而是因为男人更具有理性。一个家庭的维系，既要依靠命令的权利，又要依靠服从的义务。上帝已经赋予了男人在家庭中的统治权利，但是男人不能滥用，而妇女和子女由于在道德和智力上存在着缺陷，在家庭中要履行服从的义务。家庭是一个国家的缩影，因此，国家中的主权者的统治是合法的，服从是公民应尽的义务。

在博丹看来，国家的产生是一个自然的过程，但这一见解并不是由他首先提出。亚里士多德认为，国家的产生是一个合乎目的的自然过程，因为人是天生的政治动物，需要过一种优良的生活，家庭、村坊和一般社会团体都不能满足人过优良生活的愿望，只有在社会政治共同体中人才能实现这一目的。在这里，亚里士多德对国家起源作出了历史的和逻辑的两种含义的解释。他认为，从时间上讲，家庭、村坊先于国家而存在；但从逻辑上看，则是国家先于家庭、村坊而存在。这种认识正是亚里士多德用来解释国家为什么要以实现"灵魂诸善"的伦理为目的的基本价值依据，体现了亚里士多德整体主义的伦理国家观。博丹继承了亚里士多德的国家起源说，肯定了国家起源于家庭。然而，与亚里士多德不同的是，博丹并没有从逻辑上去澄清家庭是如何向国家过渡的，这就是说，他不是根据目的论的方法来解释国家的起源问题，而是根据历史理性的方法来探讨国家的起源问题。对于这一问题，他侧重于把家庭与国家之间的同异之处相对照，试图通过对家庭和国家之间同异性的辨析，把国家确认为一个权力系统。

博丹认为，家庭是国家的原型，家庭之间的联合构成了国家。按理说，家庭与国家之间存在着本质上的区别，他指出，家庭是一个自然的单位，国家则是一个政治实体。虽说是家庭之间的联合构成了国家，但这里对"联合"一词是有严格界定的，在他看来，并不是家庭之间的任意联合都能产生国家，只有基于共同防卫和追求相互利益的家庭联合才能促成国家的产生。这说明博丹看到了国家产生的功利性因素。然而，对于博丹来说，仅仅如此尚不能解释国家的产生，他认为，强力征服能使家庭联合，产生国家。

在此，博丹一方面看到了国家起源问题上的功利性因素，指出正是由于共同防卫和相互利益促成了家庭之间的联合，但另一方面他又意识到，功利原则只是国家产生的一个条件，如果缺乏某种权威，根据功利原则建立起来的家庭联合自身是不牢固的。它会成为某种松散的联合体，那些促使家庭之间联合的契机一旦消失，联合体就将不复存在。博丹认为，要使建立在功利基础之上的家庭联合成为真正的政治共同体，强力的介入是不可避免的。因此，国家是通过功利和强力两种因素而产生的。在国家起源问题上，博丹虽然从功利和强力两个方面论证国家起源于家庭，但他似乎更加重视强力的作用，至于强力是否具有合法性，博丹对此没有给予进一步的说明。在他看来，引入强力概念，其意义在于把国家视为一个权力系统，虽然他未为国家起源设定一个先验原则，但根据上述分析，我们不难发现，在博丹国家理论的内在逻辑中，权威的存在总是处在优先地位。

博丹用公与私的概念来表述国家与家庭之间各自拥有的范围。他认为，国家是公有领域，家庭是私有领域。家庭中最基本的权利是财产权，这种权利与生俱来。保护人们的财产权是国家必须承担的基本义务。由此看来，家庭与国家确有质的区别。但问题在于，博丹为何认为国家的产生要以家庭为原型呢？联系到他关于权威优先的思想，至少有两点原因：一是因为博丹采用的历史理性方法。根据这一方法，言说国家起源于家庭，目的在于为国家的产生找到一个可由历史理性给予说明的基础，借以区别神创国家的说法；二是认为家庭是权威存在的最初形式。他根据罗马法的概念，主张家庭中家长拥有绝对权力，夫与妻、父与子构成了从属关系，如同君王与臣民之间的从属关系一样。总之，博丹是在权力同型的意义上，将家庭界定为国家原型的。

二、国家的概念和目的

国家起源于家庭，但博丹是如何界定国家这一概念的呢？博丹在《国家六论》一书的开头就给出了他的定义：国家是由许多家庭及共同财产组成的具有最高主权的合法政府。博丹的国家概念中包含着三个基本词汇：家庭，合法政府，主权。

家庭。在博丹看来，国家起源于家庭，国家是家庭的联合体，不能离开家庭而存在。如果每个家庭都治理好了，那么就国泰民安。他还对家庭和国家进行了区分，认为家庭具有自然属性，私有财产属于家庭，而国家是公有的范围。博丹认为家庭中存在四种关系：丈夫与妻子的关系，父亲与子女的关系，主人与仆人的关系，领主与奴隶的关系。

合法政府。博丹认为国家是一个合法的政府，其目的就是要把国家与一群强盗或海盗组成的团体区分开来。一群强盗也可以组成一个社会，友好地生活在一起，但我们不应该把这个组织称为社会或国家，因为它缺少社会或国家的一个真正特征，即一个与自然法相一致的合法政府。由此，我们也可以看到，博丹承认神法和自然法的权威，认为社会和国家是自然的一部分，因此要受其支配，神法与自然法会保障人民的福利并保护家庭的私有财产。

主权。博丹把主权当作国家的一个根本特征，主权是指"在一个国家中进行指挥的一种绝对的和永恒的权力"，它是"超乎公民与臣民之上，不受法律限制的最高权力"。博丹还阐述了主权的性质和内容，这也是其政治思想中最具特色的一部分。

博丹给出了国家的概念后，就开始论述国家的目的，他认为了解国家的目的是很重要的。"如果一个人不真正了解国家的目的，他就不能正确地对国家进行定义，更没有希望找到实现这一目的的手段和方式。"博丹认为他所给出的国家定义已经包含了国家的目的。"首先，我们在定义中所说的合法一词已经使国家和一群强盗或贼的组织区分开来。这些组织缺乏一个社会的真正特征，即与自然法相一致的合法而有序的政府。"因此，古代人常把国家解释成人们"为了善良、幸福的生活聚集在一起而组成的社会"。博丹认为这个解释是有缺陷的，因为它忽略了国家的三个主要成分：家庭，至上的权力和财产，而且他们所解释的"幸福"一词也不是最重要的。"因此，我们在定义中没有把幸福当作一个重要的词汇，我们有一个更高的目标，即缔造一个真正的、合法而有序的政府形象。"因此，在博丹的心里，国家存在的目的是维持社会秩序，他不再像马基雅维利那样，关注维护统治者的统治，博丹的国家是建立在法律和权利的基础上，而不是建立在强力的基础上，这也是博丹针对当时法国的实际情况得出的结论。当时由于受到国内战争的影响，法国的经济受到了严重的破坏，封建势力有所抬头，而博丹作为一名爱国者，认为当时国家的首要目标是实现国家和民族的统一，维持安定的社会秩序。但是，他没有把这种希望寄托在某个统治者个人身上，而是认为只有国家拥有至上的主权，才能实现维持秩序这一目的。因此，他在国家概念中，突出了"合法政府"这个词，但他所指的法主要是神法和自然法。

主权者是代表上帝在地上进行统治的，所以他要受到自然法和神法的约束。自然法和神法赋予他一种至上的权力，同时也要求公民对主权者绝对服从，这就为博丹主权理论的提出奠定了基础。

虽然博丹指出国家的目的在于"缔造一个真正的，合法的而有序的政府形象"，但在论述国家的目的时，博丹又反复提到了"沉思"这个词，他假定国家和个人的真正幸福及实现幸福的条件是相同的。国家和每一个公民至高的善都在于才智上的品德和沉思，即对人类事务、自然事务、神的事务进行不停地思考。这也是对上帝的赞美，沉思是国家的目的和国家应该追求的一种善。在接下来的分析中，博丹断定人具有双重本性，因而具有双重的幸福，躯体上的幸福和精神上的幸福。躯体上的幸福包括健康、精力、力量和美丽；精神上的幸福在于服从理性，换句话说，就是道德美德的实践，这些道德美德包括审慎、知识和忠诚。第一种美德用来区分善恶，第二种美德用来区分真理与谬误，第三种美德可以判断虔诚与不虔诚。这些美德构成了最高层次的幸福。他指出，当一个人满足了基本物质需求之后，就不再有那些扰人的欲望，就会把注意力转向他的同伴，会对人与人的差异感兴趣，就会去谈论成功或失败的原因，对国家的变化也会感兴趣，即把注意力从人转向自然世界，考虑人、动物、植物、矿物质组成的链条以及相互之间的吸引和排斥，由物质世界转向对非物质世界，主要是对天空的深思。天空中的星星在自身的运动中显示着自己的灿烂与美丽，于是，人们明白了整个宇宙都处于一个和谐的体系当中。对宇宙运动的沉思会使人们产生一种渴望，去探究这个完美自由世界产生的原因及创造者。但是，人们必须就此停止，因为万能上帝的伟大、力量、美德和智慧必须永远保持其本质上的神秘。通过这个过程，一个聪明、有智慧的人最后得出了一个永恒上帝的概念，也由此实现了人类真正的幸福。

最后，博丹得出了他的结论：如果这样的人被认为是聪明的、明智的、幸福的，那么，由很多这样的公民组成的国家，即使它的领土并不大，也并不富有，但也是幸福的。由此可见，博丹虽然承认国家首先应满足人们的物质需要，但是在博丹的内心，国家的主要目标还在于通过引导人们沉思自然的伟大与美丽，从而使人们变得对万能的上帝虔诚，变得对万能的上帝敬畏。在现实中则转化为人民对统治者的虔诚与敬畏，其结果仍是要实现社会秩序。

公民通过对自然界的沉思实现了公民的义务，国家又如何履行其职责呢？博丹认为，一个充分发展的国家应该尽力满足人民的所有需求。这些需求也可以分为物质需求和非物质需求，从某种程度上讲，物质需求应先于非物质的需求，一个国家如果缺乏保障生存的基本物质条件，它就没有精力考虑去实现那些道德或才智上的价值。为了满足人民物质的需求，使人民享有物质福利，国家要有足以供养人民的领土，足以供给人民衣食的富饶土地、牲口以及适于建造房屋和城堡的适宜气候条件和丰富的资源。在这里，博丹基本上恢复了亚里士多德关于国家的目的是实现公共福利的论述，而驳斥了中世纪的神学目的论。亚里士多德认为国家的目的是实现所谓三种"善业"：物质富足、身体健康和道德良善。中世纪的一些神学家宣扬天国生活的重要，博丹则把物质生活放在首位，认为这是国家生存应该首先考虑的基本需求。为此，他还做了一个比喻，认为这正像一个父亲只有当孩子长大到可以对他进行指导时，才能对他进行教育一样，一个国家只有具备了充足的生活必需品之后，才会考虑一些道德和才智的美德。博丹的这一主张符合新兴资产阶级的要求。

从上面的论述中可以看出博丹的国家目的论主要涉及三个方面：缔造合法而有序的政府、对自然界的沉思和满足人们的需求，至于孰主孰次，博丹并没有给予明确的说明。

第三节　国家主权理论

主权是国家权力的基本属性，也是一个独立国家不可缺少的要件。长期以来，博丹的国家主权理论备受政治思想史界关注。博丹主权理论产生于文艺复兴末期，它既继承了许多重要的古典和中世纪传统，又开创了许多现代政治理论的基本线索。在西方政治思想史上，古希腊、古罗马和中世纪的政治思想家都对"最高权力"的性质进行过分析和论述，但总体上都把它理解为统治者享有、掌握的一种至高无上的权力。博丹首次把主权和国家联系在一起，是第一个系统地提出和论述国家主权学说的思想家。

一、主权概念的历史考察

从词源上看，主权一词起源于拉丁文，原意是较高和最高，经演变而具有最高权力的含义。从历史来看，"这种阶级统治的最高权力，在主权形成之前，在西方大致经过两个阶段的发展。在第一阶段中，最高权力通过各种形式得到加强和巩固；在第二阶段中，最高权力在政教相争中得到最后确定，为主权的形成奠定了基础"[1]。由此看来，主权的核心指向是政治运行中的权力归属问题，主权概念的起源、发展与政治权力和国家理论密不可分。

（一）古希腊、古罗马时期的"主权"

早在古希腊和古罗马时期，主权的萌芽就已产生。这一时期的思想家们诸如苏格拉底、柏拉图、亚里士多德以及西塞罗等，尽管没有明确提出过所谓"主权"理论，但在思考政治如何运行的过程中，都对政治权力的行使进行了各自的探讨。苏格拉底在理论上赋予了城邦国家以绝对的权力，在他看来，城邦国家具备一种超凡的权力，所有公民都不能拒绝这种权力的行使。"他认为国家起源于真理，起源于自然，而不是起源于人的偶然意志，个人应服从国家制定的法律，不计个人得失。"[2]柏拉图则将国家的象征归结为

---

① 王沪宁著：《国家主权》，人民出版社1987年版，第2页。
② 王沪宁著：《国家主权》，人民出版社1987年版，第6页。

"治权"①，也就是城邦国家的最高政治权力。他依据治权的归属将政体分为君主政体、贵族政体、民主政体和寡头政体、暴君政体及贫民政体。最高权力由谁行使，是衡量一个政体性质的最终标准。亚里士多德则指出："主人的权威异于政治家的权威，各种权威（统治制度），并不像有些思想家所说，全都相同。政治家所治理的人是自由人；主人所管辖的则为奴隶。家务管理由一个君主式的家长掌握，各家家长以君臣形式统率其附从的家属；至于政治家所执掌的则为平等的自由人之间所托付的权威。"②西塞罗一方面对罗马传统共和制表示肯定，另一方面又提出应由一人来掌控整个国家的政治权力。"西塞罗提出，王权类似父权，一个家庭只能由一名家长来管理，一个国家也只能由一个君主来统治，要把权力集中到最高的程度。"③这就使主权作为"国家最高统治权"的含义得以表述。

古希腊、古罗马时期，无论是思想家还是现实中的政治实践，都将对权力的注意力放在了对其具体的掌握和运行之上，似乎并没有过多对涉及政治权力的起源、性质等问题作进一步的思索。尽管如此，一种由较高到最高、由具体到抽象的权力运作方式，随着历史的推进不断明朗化、观念化，在当时掀起了主权观念萌芽式的微澜。

（二）中世纪神权与王权的政治博弈

世俗王权与神权之间旷日持久的争夺，是中世纪政治的重要特征。在这场政教争执中，是否存在着可以统治一切的最高权力仍是这场争执的实质问题。而且，在这场争执中，人们开始讨论到最高权力的起源、性质、归属和限制等问题，这也是日后主权理论所讨论的四个主要问题。更重要的是，这场争执最终使政治的一般权力，向着一种抽象的、本质的、最高的、统领一切具体权力的至上权力过渡，主权观念的初步形态呼之欲出。

---

① 王沪宁著：《国家主权》，人民出版社1987年版，第6页。
② ［古希腊］亚里士多德著，吴寿彭译：《政治学》，商务印书馆1965年版，第19页。
③ 王沪宁著：《国家主权》，人民出版社1987年版，第3页。

随着公元4世纪《米兰敕令》的颁布和基督教被确立为国教这两个事件的先后发生，罗马教廷的势力大大扩张，教权与世俗权力之争逐渐展开，而神权思想家们似乎表现得更加活跃和突出。其中具有代表性的就是奥古斯丁竭力宣扬神权的至高无上性。在其著作《上帝之城》中，奥古斯丁将世界上的国家分为"神国"和"俗国"，而教会是"上帝之国"，即"神国"，它应高于"俗国"而取得世间的最高治理之权。奥古斯丁的政治理论影响深远，这种逐渐发展起来的教皇专制论，成了中世纪近千年中占支配地位的意识形态。另一位神学家托马斯·阿奎那在800余年后修正了奥古斯丁的理论。一方面，阿奎那仍然坚持世间的任何权力都来自而且只能来自上帝，任何政权的本质都是神规定的，教会作为上帝在世间的代表就应该掌控最高权力。另一方面，阿奎那在强调神权最高性的同时又提出，权力虽然本质上是神圣的，但在实现方式上却完全可以是世俗的。他更主张在世界上实现两种政治权力即教会和国家的和谐统一："宗教权力和世俗权力都是从神权得来的；因此世俗权力要受宗教权力的支配，如果这是由上帝如此规定的话；即在有关拯救灵魂的事情方面。在这些问题上，人们应先服从宗教权力，然后再服从世俗权力。可是，在有关社会福利的事情方面，应该服从的是世俗权力而不是宗教权力，因为按照《马太福音》（第二十二章，第十一节）给我们的指示，'恺撒之物应归恺撒'。"[1]

阿奎那还极力推崇建立一种带有混合政府特点的君主制，它由贵族组成并听取贵族意见，同时也反映智者、富人和全体人民的意见。同时，他又提出君主制下的统治不能以暴政维持，"如果有人用杀死暴君的方法来解放他的国家，他是值得赞扬和奖赏的"[2]。阿奎那的这些思想，使基督教的服从观念发展成为可以反抗甚至有责任反抗的理论，中世纪基督教的战斗精神在

---

① ［意］托马斯·阿奎那著，马清槐译：《阿奎那政治著作选》，商务印书馆2009年版，第158页。

② ［意］托马斯·阿奎那著，马清槐译：《阿奎那政治著作选》，商务印书馆2009年版，第157页。

阿奎那的学说中发出光彩。阿奎那由此被后人誉为人民"原始主权"或"不可转让主权"思想的先驱。

王权与神权的争执延绵千年，一方极力维护神权的最高统治权，一方反驳并认为上帝之下唯一的权力就是王权，而且王权才是至高无上的最高权力。尽管这场争执在整个中世纪都难分高下，但通过千年的博弈，政教两方都承认确实存在着一种可以统驭一切的最高权力，这种权力已不是某种具体的统治权力，而是抽象的、本质的、最高的、统领一切具体权力的至上权力，它不是形式上的存在，而是一种实质上的存在，并且，更为重要的是，这种至上的权力是其他一切权力的来源。"最高权力被当成一种本质的存在，而不是形式的存在。这也是十六世纪后关于主权本质的理论的起源。"[①]

（三）确立世俗王权为最高权力

16世纪，教会内部开始的一场推动最高权力观念变革的宗教改革运动席卷欧洲大地。在德国，宗教改革的先锋马丁·路德倡导精神的和尘世的两种权力。精神权力的行使只能在教会之中，而教廷也无权干涉世俗政治。同时他强调，严格服从一个最高统治者即皇帝，也就是世俗君权，是政治运行的原则。闵采尔则直接投入德国农民战争之中，虽遭失败，却使战火所到之处的天主教势力受到猛烈打击，致使天主教在德国政治、宗教上的权势骤然衰减。另一个宗教改革家约翰·加尔文不仅在理论上坚决反对天主教权威，而且在1541年掌握了日内瓦的宗教、政治权力后，建立了一个政教合一的共和国。在这个共和国里，约翰·加尔文比马丁·路德更加坚决地清算了天主教。

更为彻底的改革出现在英国。英王亨利八世从天主教支持者转为其对立面，并发动了自上而下的宗教改革。因为路德教在政治和经济上的实践，尤其是没收教会和寺院土地的做法，比神学理论更具有说服力。

1534年，英国议会通过了《至尊法案》，宣布英国国王为英国教会的最

---

① 王沪宁著：《国家主权》，人民出版社1987年版，第5页。

高首脑，有权任命神职人员、规定教义。这就意味着英国正式与罗马教廷决裂，英国教会由此脱离了教皇的管辖，而且随着教会与国家的进一步融合，英国教会在17世纪之初就完全沦为国王的附庸和国家官僚机构的组成。英国教会改革的结果表明，最高权力的博弈以王权的胜利告结束。

这场宗教改革不仅涉及教会内部新教与天主教之间的权力之争，更重要的是教权与世俗王权的争执到达一个临界点，一个决定最高权力归属命运的时刻到来，其结果就是天主教的神权地位被大大削弱，世俗王权则普遍强大起来，"王权是国家唯一的最高权力"的政治观念得到牢固确立。一方面，罗马教廷在欧洲世俗王国的政治、经济特权或被取消或被限制，各国教会渐次成为欧洲各君主国家的统治工具；另一方面，国家的最高权力属于君主而不是教皇，逐渐演变为一个普遍的不争的政治共识。

二、博丹关于国家主权定义和性质的论述

在1576年法文版《国家六论》中，博丹认为"主权是共同体所有的绝对且永久的权力"。然而，在1586年的拉丁文版本中，主权则被定义为"凌驾于公民和臣民之上的最高的和绝对的权力"，同时也肯定主权包含有"永久的"意思。[①]也就是说，在博丹的国家主权理论中，主权具有最高性、永久性和绝对性。

（一）主权的最高性

博丹认为，主权是衍生出其他权力的最高权力，而非一项具体权力。也就是说，主权是独立于其形式而存在的。"假如，（权力）是从别人那里获取而来，无论是通过任命、风俗习惯还是授权，或者无论这样的执行权是有预

---

①　［法］让·博丹著，［美］朱利安·H.富兰克林编，李卫海、钱俊文译：《主权论》，北京大学出版社2008年版，第26页及其注2。

定期限的，还是永恒的，都不是一个最高的国家主权。即使在任命书中，没有提及诸如代表、上尉、行政长官等名词，哪怕这种权力是该国法律正常运行的结果，都莫不如此。"①由此可见，主权是脱离具体存在形式的国家最高权力。这种将主权抽象出来作为国家最高权力象征的理论，使博丹站在了主权理论的高峰，也开启了其此后关于主权理论的哲学思考。

（二）主权的永久性

博丹认为永久性是主权的又一项基本属性。"绝对性"和"永久性"是现代性意味非常强的概念。（罗马）帝国是永恒的，帝权当然就是永恒的，在古罗马和中世纪，帝权的永久性是无须论证的，但永久性对博丹来说则成了大问题。帝国永恒是因为帝国唯一，反过来说也成立。帝国没有时间维度，万世绵延不绝，中世纪认为帝国没有在公元476年随着罗马被蛮族攻陷而结束，它只不过是换了形式和主体民族继续存在。但法国不是帝国，法国还要抵抗（神圣罗马）帝国的管辖，它是特殊的，它无权享有帝国超越时间的特质。因此，论证主权的永久性就成了民族国家的重要任务，所以博丹才会努力论证主权的"永久性意味着永远不会终止"。但博丹对帝国永恒论的反叛还不够成熟，他还没有准备好为现代最重要的政治实体（民族—国家）提供可靠的论证。他对"永久性"作了具体而辩证的阐释，指出：如果永久性意味着永远不会终止的话，那么主权将不会存在。"我们假设，把这种权力授予国王的军官终生享有，那么这种权力还是永恒的权力吗？如果将永恒的意思当成没有终结的话，那么除了在贵族和民主体制中外，根本不存在，因为它们是不会死去的。如果将永恒这个词，用在君主身上的话，对其理解，应该不仅仅包括君主本人，还要加上他的继承人。即使如此，主权君主依然很少，因为他们很少是通过继承而获得王权的。特别是那些通过选举而

---

① Jean Bodin. *On Sovereignty: Four Chapters from the Six Books of a Commonwealth.* Julian H. Franklin, trans. Cambridge: Cambridge University Press, 1992, p. 7.

登上王位的人，就更不可能是主权者了。"①

（三）主权的绝对性

主权的绝对性是博丹主权理论的精要所在。无论是法文版还是拉丁文版《国家六论》，博丹都对主权的绝对性给予肯定。然而，这一思想并非一蹴而就，而是有一个发展的过程。博丹在《易于认识历史的方法》中对主权展开的论述中并不包含绝对主义的因素。随着法国国内宗教政治局势的恶化，1572年圣巴托罗缪之夜大屠杀更使宗教战争走向白热化，天主教徒和胡格诺派势不两立，法国将毁于内战。在此危急存亡之秋，博丹转向绝对主义。在《国家六论》中，博丹阐发了对主权绝对性的诠释，痛陈绝对王权对捍卫国家统一和秩序的必要性。

首先，主权者不能受其本人制定的法律和命令的约束。博丹引用拉丁格言进行说明，即"主权者不能为自己设定义务"和"主权者不能命令自己"。②这折射出罗马人对统治权力来源的看法。中世纪后期，"王权神授"学说使国王成为神授权力的国家代表，与社会共同体分离并高居其上。国王的意志就是法律，国王表现出专制独裁者的姿态。

其次，主权者能够不受先王法律的约束。博丹认为，为了保持法律的稳定和延续性，一个君主能从先王那里继受一些法律，但是从本质上讲，把自己制定的法律传继给另外一个君主来执行，这同自己去做某件事却完全依据他人的意愿一样，都是不可思议的。

再次，主权者不必受风俗习惯的约束。博丹认为全国范围内或地方的习惯法并不涉及王国的统治基础，主权的权威性和绝对权力的精义就是不经臣民的同意可以颁行对全体臣民都适用的法律。

---

① Jean Bodin. *On Sovereignty: Four Chapters from the Six Books of a Commonwealth*. Julian H. Franklin, trans. Cambridge: Cambridge University Press, 1992, p. 6.

② Jean Bodin. *Six Books of the Commonwealth*. M. J. Tooley, trans. Oxford: Basil Blackwell, 1955, p. 28.

最后，主权不必受他国法律，尤其是罗马法的限制。[1]博丹注意到在建立一些大学时，法国的国王们也总是宣称要接受罗马市民法和教会法的教育，但在适用时却由自己选择。这些法律不能以任何方式约束君主。

三、博丹关于主权主要内容的阐释

博丹认为主权是独立于具体权力形式之上的最高权力，并就其具体权力进行了阐释，认为其主要包括以下五个方面的内容。

立法权。立法权是现代主权的标志。博丹认为，主权是一切法律的唯一渊源，法律是主权者的命令，主权者就是立法者，一切臣民都不能参与立法。博丹指出："拥有主权的君主其第一个权力就是，拥有向所有普通的和每一个特殊的个人或全体人民制定法律的权力。"[2]这就意味着，君主已经不再是过去的法律"公布者"，而是"造法者"。几乎所有的研究者都把博丹将立法权作为主权的首要标志视为博丹国家主权理论创立的标志。

对外宣战、缔结合约的权力。"法律总是不严密的总体性条款，所以还有必要论述其他的标志，其中宣战和媾和就是最重要的权力之一，因为它会导致国家的灭亡或者被拯救。"[3]

官吏任命权。主权者可以凭借其最高权力，任命各级官吏。被委托人不是主权者，因为托付人仍有权收回这部分权力。"因此并不是官员选举体现了主权者的权力，而是这种官方的授权与确认。当然，这种官员的选举是包含了一定的国家主权权力的，但它是经过主权者的同意和授权的，否则只

---

[1] Jean Bodin. *Six Books of the Commonwealth*. M. J. Tooley, trans. Oxford: Basil Blackwell, 1955, p. 31.

[2] Jean Bodin. *On Sovereignty: Four Chapters from the Six Books of a Commonwealth*. Julian H. Franklin, trans. Cambridge: Cambridge University Press, 1992, p. 56.

[3] Jean Bodin. On Sovereignty: Four Chapters from the Six Books of a Commonwealth. Julian H. Franklin, trans. Cambridge: Cambridge University Press, 1992, p. 59.

能说明它不是一个拥有绝对主权的君主。"①

最高裁判权。主权者是国内的最高裁判官。"在法庭审判的最后阶段，或者是在最后诉讼中的裁决权力，一直都是主权者最基本的权力之一。"②

赦免权。属于最高裁判权的一部分。

有关忠节、服从的权力。臣民有效忠、服从主权者的义务，没有主权者的同意，臣民绝对不能解除这种义务。

征收赋税、铸造钱币权，以及度量衡的选定权。"铸币权，与立法权一样是主权中的天然本质特征，只有那个拥有立法权的人才能管理货币。"③

四、主权的限制

博丹始终审慎地对主权进行理论上的限制。他试图调和王权的绝对至上这种新观念与本国法治传统理念的关系。在博丹看来，尽管君主主权具有绝对性，但这种绝对性并不意味着没有任何约束，主权者仍要受一些条件和义务的限制。

首先，作为主权者的君主不仅要受自然法或神法的约束，还要服从适用于不同民族的共同法，这是"王在法下"理念的体现。"如果我们说拥有绝对的权力就是根本不必服从任何法律的话，这个世界上将不再会有拥有主权的君主。"同时，君主和其他主权者的绝对权力绝对不能延伸到神法或自然法的领域里，在神法或自然法面前，君主比他的任何一名臣民都更严格地受约束，即使人民也不能依据神法来免除君主的责任。

---

① Jean Bodin. On Sovereignty: Four Chapters from the Six Books of a Commonwealth. Julian H. Franklin, trans. Cambridge: Cambridge University Press, 1992, p. 66.

② Jean Bodin. On Sovereignty: Four Chapters from the Six Books of a Commonwealth. Julian H. Franklin, trans. Cambridge: Cambridge University Press, 1992, p. 67.

③ Jean Bodin. On Sovereignty: Four Chapters from the Six Books of a Commonwealth. Julian H. Franklin, trans. Cambridge: Cambridge University Press, 1992, p. 78.

其次，主权者应受其作出的正当承诺和签订的公平契约的束缚。"君主不必受自己的和先王法律约束，但他应受其作出的正当承诺和签订的公平契约的约束，不论该承诺或契约成立时是否有他的宣誓，这和任何普通私人间立约的状况是一样的……这也是我们的法律格言所主张的。君主并不必然受自己或先王法律的约束，却要遵守他签订的公平且合理的契约，因为全体或特定的臣民对它的履行都有利害关系。"①王权与封建因素结合，构成了完整的中世纪王权因素，具有强大的历史传统。

再次，主权者要接受根本法的束缚。"对于涉及王国国体和基本体制的法律，因为它们像萨里克法（the Salic Law）那样附属在王权上并与其合为一体，君主就不能取消这些法律。若他要这样做，其后继君主仍然会使这种蔑视王室法律的任何做法无效，因为这些法律是主权的基础和支柱。"②

最后，博丹积极地坚持即使拥有绝对主权的君主也要尊重自由臣民的个人自由和财产。"在不存在上述我提及的正当理由的情况下，君主未经所有人的同意，既不能获取也不能处置他人的财产。在君主授予他人礼物、荣誉、特权等行为中，都包含着一项'保留他人的权利'的条款，即使这不是明示的。"③在他看来，主权权力的运行要以神法为依据。如果要处置个人财产，必须通过正当的法律途径。"基于这个原因，因为目前中间领土的一些财产的所有权，是通过征用或接受无继承人的外国人的财产而获得的，所以我们的国王们需要依据法律和高等法院的判决，将这些财产所有权从这些人手中剥离出来，除非这些财产是直接和即刻从王权中继承而来的，即使将这

---

① ［法］让·博丹著，［美］朱利安·H.富兰克林编，李卫海、钱俊文译：《主权论》，北京大学出版社2008年版，第46—47页。

② ［法］让·博丹著，［美］朱利安·H.富兰克林编，李卫海、钱俊文译：《主权论》，北京大学出版社2008年版，第52页。

③ ［法］让·博丹著，［美］朱利安·H.富兰克林编，李卫海、钱俊文译：《主权论》，北京大学出版社2008年版，第85页。

些中间领主的上述财产所有权剥夺了，他们也并没有损失什么。"①

对主权的限制可以看作博丹对其在《易于认识历史的方法》中立宪主义倾向与《国家六论》中绝对主义立场之间的一种调和。这种调和是基于对现状的判断和对将来埋下的伏笔，当时法国确需绝对主义的权力，以达到国家统一、和平、安宁的状态；而对绝对主权的限制，又无疑为引发宪政思想、契约精神、私人财产神圣不可侵犯等理论埋下了伏笔。

五、主权的标志与合法性

博丹在其《易于认识历史的方法》中就曾经对法律的行为和执行概念作出界定：官员所能行使的法律执行权是主权者立法命令的效果。法律的宣布和废除是主权者手中权力最鲜明的标志。在最高权力所拥有的商议权、创设官职的权力以及司法权当中，创设官职的权力能将主权明显地表现出来，无论这个权力是属于君主还是属于人民，抑或元老院，这要根据不同的国家形式而定。但是它更大程度上还是属于主权者颁布与废除法律的命令，宣布战争与和平的命令，拥有终身权利的权力，最终是决定生死和赏罚的权力。当国家政府由法令、敕令和判决决定的时候，国家的境况却决定于主权者的位置。比起克拉休斯，博丹对主权者权力的解释，会让人思索他所谓的权力在多大程度上称得上真正的权力，他有没有继承克拉休斯的分类与定义呢？其实，由于博丹更乐意使用"主权"这个概念，那么被克拉休斯区分的权力和权威也就被重新糅合在了一起。博丹用执行、生效、强制力和主权者的立法权力定义法律行为的整个过程，和克拉休斯的解释方向完全一致。例如，博丹在讨论主权者的立法权时提出，法律的首要特征在于它以强制力来实施，而强制力则掌握在主权者的手中，所以强制力成为博丹主权学说的题中之

---

① ［法］让·博丹著，［美］朱利安·H.富兰克林编，李卫海、钱俊文译：《主权论》，北京大学出版社2008年版，第86页。

意。法律在人文主义法学家的理论中已经彻底地与意大利时代的习俗化理解划清了界限，不过在博丹早期的著作《易于认识历史的方法》中，他还没有明确提出立法权的地位高于国家正式生活中的其他要素。因此从克拉休斯到博丹，主权概念一直被法学观念约束，以至于未能突破法律的限制。比起马基雅维利或圭恰迪尼从国家理性的角度对权力性质所做的抽象性研究，主权理论的抽象程度在这一时期并不明显，它仍然停留在法权的特殊性意义上。

博丹的学说更多表现了政治理论在面对新兴主权国家崛起之际，试图从传统思想中寻求治理资源。博丹用 republic 而非 state 来指代国家就是最鲜明的例证。在以自治为基础的城市生活中，republic 可以用来形容公民团体尚且符合现实的本貌。但是在国家机器高速发展的法国，博丹继续使用 republic 则表现出思想理论与现实存在某种程度的脱节，尤其是他努力塑造超越于共同体之上的主权概念，却不知因 republic 本身无支配性含义，可能制约关于主权性质的解释和论证。但是博丹对 republic 的使用恰好表现出这一时期西北欧地区对于"政治社会"的理解。当时的思想家虽然认识到现实存在着从人的社会生活中分化而出的政治机体或政府部门，他们仍然趋向于把国家要素重新糅合进社会整体中理解，把国家或政府作为社会的一个部件来看待。所以，虽然博丹在绝对君主制下的法国使用 republic 多少显得有些滑稽，却还是符合西北欧思想的主流。例如，15 世纪受文艺复兴的影响，西塞罗的著作传播到了英国，英国人第一次接触到"res publica"概念，而他们将其生硬地翻译为英文"commonwealth"，即公共的福祉，此后就指代一切国家形态。这同博丹用 republic 指代一切政治共同体的方法和用意是一致的。

用 republic 来理解政治单元，说明博丹的政治视线放在单元内的"全体人"上，这是博丹在对支配关系有着清醒认识的前提下作出的选择性使用，尤其是他对 state（法文"estat"）表示支配关系有着准确的理解。例如，estat 被他用以区分各种政体，"estat populaire"是指多数人统治的政体，而"estat aristocratique"是指贵族政体，直译过来就是"多数人的支配"和"贵族的支配"。此处有个细节值得注意，当博丹谈到民主制的时候使用了两个概念，一个是 estat populaire，另一个是 democratie，前者是指多数人的支配，而后者是指代全体人的支配。全体人和多数人支配的区别在于，全体人支配中没有明确的被支配对象，所以他只用 democratie，没有用 estat。而多数人的统治中还有少数人被支配，所以要加上 estat。虽然博丹没有对这两种形式展开充分的讨论，但是从这一细节能看出他对 estat 的理解就是一种支配关系，在描述国家或政治单元的时候不用 estat，说明他不愿将支配关系上升为政治生活的首要性质。博丹对主权背后的强制性与至上性了然于胸，但是仍怀有人文主义者的政治理想，使用臣民或公民共同体的视角，而未从抽象的权力支配机制角度理解政治单元。他指出"主权是共同体所拥有的绝对且永久的权力"，而且是"最高的支配权"。他又表示："由于我们所处共同体乃是一个正义的政府，拥有主权性的权力，包括若干家庭以及它们共同的东西，所以我们需要厘清主权性权力的含义。"主权是属于共同体，属于 republic，这样主权的支配性特点就被稀释了。

但是，博丹也承认必须有一个具体的主权者执掌主权，否则讨论主权就是空谈。从中不难看出他在降低具体的支配关系的同时，又渴望能创设一个抽象的支配力量。掌握主权的人可能是君主，也可能是贵族或平民，但主权不能由不同的机构分享。博丹认为真正的混合政体是不存在的，因为它在原理上就是相互冲突的。佛罗伦萨共和体制下贵族和平民之间的剧烈冲突被博丹解释为分享主权的冲突。贵族不愿意让底层的民众与他们共同分享主权，"而只允许其享有立法权、创制官职权和分配公共财富的权力；而其他事务则由统治顾问委员会和法官们处理"①。博丹对此批评道："对于具有某些天然特性的混合物来说，这同样也是适合的，在这里由两种简单物质形成的混合物，自身便具有了特殊的属性，但该属性又完全不同于构成混合物的那些物质的属性。但是三种政体的混合并不能产生出另外一种不同的政体模式。

---

① ［法］让·博丹著，［美］朱利安·H.富兰克林编，李卫海、钱俊文译：《主权论》，北京大学出版社2008年版，第151页。

王权、贵族和民众的权力结合在一起，仅仅能产生一种民主政体。"[1]博丹批评混合政体的根据在于混合政体内无法形成统一的主权，或者说无法解决主权的归属问题。在此，他将立法权拔高到首要的高度："主权的首要特征性权力就是能够给臣民制定法律。但是如果臣民们也能够制定法律，那么谁将是臣民？"[2]博丹认为这样混合的结果必然还是民主政体。

博丹虽然将主权扩大为整个共同体的支配权加以讨论，但是他对主权鉴定的实际根据仍然是克拉休斯提出的立法权。立法权赋予了国家的主权性质。主权的首要特点不是进行审判，也不是任免官吏，因为君主和臣民都可以使用这种权力。在列举了一系列历史事例之后，博丹提出："我们可以得出这样的结论：拥有主权的君主首要的特征性权力就是为全体臣民制定普适性的法律和专门适用于个别人的特别法令。但是这还是不充分的，我们还必须加上'制定法律不必经过其他人的同意，不论这些其他人的地位是比制定者高，与之平等还是较之卑下'。"[3]博丹的逻辑在于如果君主未经上级同意就不能制定法律，那么很明显他只是一个臣民，主权的绝对性就无从体现。由此可见，支配关系存在的势位要素始终是博丹讨论主权的前提性条件。这依然会使人怀疑博丹同马基雅维利在讨论伟大的立法者时拥有相似性，然而在思想史的长河中，两者对立法者相异性的判断才真正改变了政治理论未来的走向。

与之相比，马基雅维利所谓的伟大立法者订立的不仅仅是法律，还包括习俗和宗教，尤其是在《论李维罗马史》中，马基雅维利赞美了罗穆路斯的继承者努马补充了罗穆路斯开创的法律的不足之处，而这恰恰是因为创设了

---

① ［法］让·博丹著，［美］朱利安·H.富兰克林编，李卫海、钱俊文译：《主权论》，北京大学出版社2008年版，第152页。

② ［法］让·博丹著，［美］朱利安·H.富兰克林编，李卫海、钱俊文译：《主权论》，北京大学出版社2008年版，第153页。

③ ［法］让·博丹著，［美］朱利安·H.富兰克林编，李卫海、钱俊文译：《主权论》，北京大学出版社2008年版，第107页。

宗教。马基雅维利在文艺复兴时代的恶名在于他要求君主利用宗教治理国家。博丹从来没有提出过马基雅维利式的宗教型政策，他将君主看作上帝在人间的代理人，上帝使得法律具有了绝对的而不是普通的权力，因为绝对权力是免于法律的权力，实际上的君主都是免于法律的，元老院和人民则不同；但是绝对君主却是要服从自然法的，因为他们的权力奠基于自然法之上。在《国家六论》第一卷第八章谈论何为正义时，博丹说：所以那些声称君主不必受到他们的法律，甚至他们所签订的契约的约束是一项普遍性的规则的人严重冒犯了上帝，除非君主被免除了上帝的法和自然法对他们的管辖，并且也不受他们自己所签订的契约、加入的条约的约束，或像给别人以那样的一些特别豁免。博丹认为君主是免于实定法却服从自然法或上帝之法的，没有达到马基雅维利思想中的世俗化程度。在关于僭主的讨论中，博丹提道："僭主君主制是一个人践踏上帝或自然法，滥用他的自由，将臣民变成奴隶，将别人的东西变成自己的。""僭主"这个词来自古希腊，指的是欺世盗名的人，在古代还专门指不经人民同意通过强力和诡计将国家占为己有的人。博丹对僭主的定义没有超出传统人文主义者的范畴，不过他用来定义僭主所违背的原则之法，使用的是自然法而不是"正义"，确切地说不是意大利人文主义者所理解的正义。

　　博丹并没有就自然法是什么、包含哪些内容展开讨论，其人文主义背景使自然法的概念失去了经院哲学中的精确含义，而回归古典时代对超越于人间各种法则与习俗之外的无始无终规范的定义。它造成了博丹学说在从中世纪的契约思想迈向以"命令—服从"支配关系为基础的现代政治思想的进程中出现了相当大的反复。博丹在讨论主权者立法权的时候已经将论题引申到"发布命令权"，其思想已经触及"命令—服从"关系的本质，将中世纪的契约关系逐渐转变为支配关系。然而，博丹思想的传统特点不仅来自人文主义的理论架构，也挣脱不了中世纪契约关系的影响。上帝法与自然法以普遍的道德原则在博丹的主权观念中现身，实实在在地唤醒了中世纪契约观念在博丹思想中的复苏。他指出，君主受其签订的契约约束，而这正是从上帝的神法与自然法原则中引申出来的结论。这属于典型的中世纪政治观念的模式，至少在博丹的讨论中显得并不冲突，因为博丹并没有意识到其中潜在的问题。按照他的说法，上帝是世俗权力的最终所有者，君主只不过是上帝的影子，那么君主的意志范围能有多大呢？确切地说，即君主与臣民之间的契约是否会违反道德意义上的上帝法和自然法。如果信守契约是自然法的要求，那么契约的内容如果违反了自然法的道德诫命，那么是否仍然应该信守？换言之，如果君主立的法律和发布的命令需要符合上帝的道德诫命，契约的内容不符合君主的法令与命令又当如何？

这一矛盾恰好表现了中世纪契约政治思想与现代以权力为核心的支配政治思想的差异。在契约政治思想当中，约定内容之一就是封臣要遵守宗主的法律，反过来宗主也有对封臣的义务，遵守法律是契约内容的一部分。而在支配关系之中，遵守法律是独立于契约的，契约无法对其加以规定，契约内容更可能与法律相悖。因此，若是要强调主权者权力的绝对性和不可抗拒性，就有必要重新解释契约的内容，而且要让主权者的立法从内容不确定的上帝法和自然法中解脱出来。上帝的道德诫命内容庞杂，而且每一条诫命都可能掣肘世俗主权者应用他们的权力，造成政治与道德边界的不明确，带有暴力性和强制性的权力观念只能被束缚在主权者立定法律、发布命令的具体状态上。

总之，博丹的学说站在思想史的交叉口。一方面他通过主权观念尽最大努力试图说明现代政治关系适宜以"命令—服从"机制为主导的契约关系。另一方面，他却没有把国家或政治单元理解为对臣民行使支配权力的独立实体，而是延续了共同体（republic）的视角，从而极大地影响了他对主权特征的描述。再者，中世纪的契约关系被他非常矛盾地与具有绝对权力的主权观念并置，他甚至没有意识到契约关系的存在会使得主权的命令发布无法畅通。当然，博丹选择的调和剂是自然法。至少在这个问题上，博丹的理论向政治世俗化的方向迈出了重要的一步。因为只要君主本人直接授命于自然法，教会的中间地位就被解除了。

第四节 国家的类型与形式

博丹把主权作为国家的根本，但主权并不是抽象存在的，而是和国家制度的建构联系在一起的。在这一问题上，博丹的一个重要贡献，就是试图按照主权者人数与权力行使的方式区分国家类型和政府形式。就前者而言，主要是指国家主权的归属；就后者而言，主要是指运用主权的组织形式，即政府的组织形式。《国家六论》第二卷第一章"论政体类型"从原则上论证了君主制、贵族制、民主制三种政体并驳斥了混合政体学说；第二卷第五章回应了"反暴君论"的主题。博丹对这两个问题都给出了否定的答案。

博丹认为，主权掌握在谁的手中，决定了国家的类型。博丹在第二卷中讨论了国家的政体问题，开门见山地指出："在讨论了什么是主权以及主权的特征之后，就要考虑一下在每一种类型的国家里，主权掌握在谁的手中。这样做的目的是决定国家的形式。如果主权掌握在一个国王手中，我们称之为君主制；如果所有的人分享主权，我们把它称之为民主制；如果是掌握在少数人手中，就是贵族制。"博丹坚决反对混合政体："所有古代人都认为至少有三种国家形式，一些人还增加了第四种政体：混合政体。柏拉图增加了第四种形式即智者的统治。但是准确地说，这仅仅是贵族制的一种单一的形式。事实上，柏拉图并没有把混合政体当作第四种形式。亚里士多德也接受了这种观点。"博丹还对此进行了解释："既然主权的本质是不可分割的，一个君主、一个统治阶级、人民怎么可以同时拥有主权或分享主权呢？主权的第一个本性是制定约束臣民法律的权利。但是如果所有的人都去分享这个制定法律的权利，那谁将会成为服从的臣民呢？如果一个人还要被迫服从其他人的意志，那么他还是法律的制定者吗？"

博丹认为，君主制是最好的国家类型，是实现真正统一和不可分割的国家权力的唯一形式。博丹还联系到了法国当时的实际情况，当时已经有很多人认为法国政体是三种政体的混合：议会代表贵族制、国王代表君主制、政治团体代表民主制。博丹认为这种观点不仅荒谬，而且是不忠的，把臣民等同于至上的国王是一种叛逆的论调。在抨击混合政体的同时，博丹作为16世纪的法国人和爱国者，力图在一个政治不稳定的世界里找到保持稳定的秘密，因此，他极力赞同君主制。主权的本质特征是发布命令的权力，这些命令必须是来自一个单一的意志，集体的主权只属于理想范畴，而无现实性。在民主制里，大多数人的意见占统治地位，但民主制是一种最不稳定的国家形式，因为人们中的大多数也包括那些无知的和容易动情的人；贵族制也是不稳定的，因为统治阶级与被统治阶级，以及统治阶级内部为权力而进行的斗争时刻威胁着国家的稳定。因此，他认为，只有在君主制中才能找到适合统一的条件，才能保证权力被恰当地运用。国王可以向政治团体咨询，所有的臣民都各司其职，这样的国家才是最稳定的。

博丹还进一步对君主制进行了区分，把君主制分为王朝君主制（royal，或称合法的君主制）、领主君主制（despotic）和暴君君主制（tyrannical）。在王朝君主制中，臣民服从国王的法律，国王服从上帝法的约束；领主君主制是指国王在正义的战争中通过征服而成为那些臣民及其财产的主人，他对臣民进行绝对的统治，就像家庭首领统治奴隶一样；在暴君君主制中，自然法被践踏，自由臣民受到压迫，似乎他们就是奴隶，自由民的财产也受到侵犯，似乎一切都属于暴君个人。在贵族制和民主制中，也可以分为合法的、领主的和暴君的三种形式。在三种君主制中，博丹赞同的是王朝君主制，因为它以神法和自然法为依据，人民能真正享有财产和自由，从而也能积极自愿地服从主权者的权威。

除此之外，博丹在政体学说上还有一个值得注意的观点，他根据主权者的多少把政体分为三种类型，但同时他又认为，由于行使权力的方式不同（一人，少数人，多数人），每一种类型又可分为不同的管理形式，即不同的政府形式。"所有君主制都或是领主的，或是王室的，或是暴君的，但这些不是国家的不同种类，而是在政府中不同的运作形式。国家形式和政府形式进行明确的划分是极其重要的，政府仅仅是统治国家的机器。然而没有人从这个角度来考察它。"例如，在一个君主制国家中，可以按照民主原则进行统治，国王可以把土地、官职、荣誉无差别地分配给所有人，而不考虑他们的出身、财富和道德。君主制也可以由贵族来统治，即国王把土地、财富和官职分配给贵族，或那些最富有的人。

博丹还注意到影响国家兴衰的自然原因。他发挥了亚里士多德关于地理环境决定民族性格的观点，提出由于各国地理环境，如土地、气候的不同，各国人民形成各自不同的特性。一般而言，北方人体格强壮，南方人才智优越，而中部地区的人民体格与才智均优越。他又提出，国家最可靠的基础，是使国家形式适合人民的天性和气质。他由此得出结论，作为地球中部地区的法国人，最富于正义和理性，因此也最适宜建立君主制度。从中可以看出博丹用地理环境论为君主制辩护的用意。同时也表明，他已经试图从国家本身以外的原因去寻求影响国家形式的各种因素了。

博丹是继亚里士多德之后对政体问题考察得极为详尽的政治思想家。他的政体理论第一次试图把国家的类型和形式加以区别，加深了人们对权力的组成与行使方面复杂现象的认识。他的缺点是将主权者人数与政府运作方式这两个同属于政体的要素作为划分国家类型与政府形式的标准，因此混淆了国家类型与政府形式的概念，使他的这一理论显得混乱。从总体上说，博丹的政体思想和他的主权学说一样，鲜明地反映了当时法国资产阶级希望通过中央集权的君主制实现国家统一、发展资本主义的要求。

尽管博丹的论述有些混乱，但他已经试图在区分国家类型和政府类型这两个重要的概念。提出国家政权属于谁与怎样对国家进行管理这个问题，本身就标志着政治学说的一种进步。用今天的政治学语言来诠释博丹的思想，可以说，他已经开始触及国体与政体之间的区别。当然他只是触及，并没有弄清楚，真正厘清这一点的是马克思主义的国家学说。

第五节 博丹的国家治理思想的历史意义

博丹的国家治理思想在国家治理思想史上具有独特的地位和重要贡献。博丹的主权概念、国家学说和政体理论表明，他已经在现代的意义上使用国家这个概念，指出国家是一种抽象的公共权力，这在西方近代政治思想史上具有奠基性地位，更推动着国家治理理论与实践的演进。博丹国家治理思想的局限性在于，他并没有对国家公共权力的产生及主权者与公民的关系作出论述，也没有对限制政权的自然法给予近代化与世俗化的论证。

博丹国家主权理论的提出标志着现代意义的国家概念的诞生。国家治理思想史的演进，从来就绕不开对国家概念的界定。历史地看，现代国家概念的形成经历了漫长的时期，到16世纪末，在博丹的思想体系中，国家已经成为一个全然的而又非人格化的权力。博丹已经不再把重点放在统治者个人身上，他开始关注国家，并把主权当作国家的一个本质特征，从而使国家与别的社会组织区分开来，其他有关国家的起源、目的、政体等的论述都是围绕着主权理论而展开的。从思想史来看，"首次系统地讨论主权的本质是由法国的让·博丹完成的……博丹成为法国君主制赖以建立的主权学说的创立者；实际上现代政治学也是建立在他的学说之上"。博丹的国家主权理论，为17世纪和18世纪的专制主义提供了理论基础，在更广意义上成为现代主权学说的基础，并直接影响了后来的政治思想家如格劳秀斯、霍布斯、普芬道夫、洛克、孟德斯鸠、卢梭等人，甚至20世纪的施米特。

博丹的国家治理思想在国家治理思想史上具有过渡性。所谓过渡，即指他在亚里士多德的理想到社会契约论的理想转化和过渡中起着承上启下的作用。一定程度上说，由于博丹重新提出亚里士多德之后在西方长期被遗忘却需要建构的系统国家理论，开辟了后世国家理论的论证道路，成为国家治理思想史上具有里程碑意义的人物。与亚里士多德一样，博丹也认为家庭是国家的起源，不同的是博丹认为国家发展的基础是暴力，即国家的本质是主权。然而，他也认为要使主权作为国家的最高权力取得普遍认同，"在国家中的人与人之间的关系上，需要引入契约的观念"①。博丹这种过渡的代表性无疑是在进行国家主权的合法性论证。同时，在博丹界定的国家结构中，是不存在中间层的。这并非博丹无视社会结构事实，而是在当时封建领主拥地自重的条件下，对国家统一权威的强调。在博丹的国家正式结构中，中间的各基层行使相应的权力都直接或间接来源于主权者。由此，一种基于合法国家主权的威权信仰跃然而生，"他的论点是，凡是未陷于无政府状态的政府，凡是'秩序良好的国家'，在其中的某处必然具有这种不可分割的权威根源"②，国家权力与权力行使在历史上开始分野。另外，博丹还列举了国家主权的主要内容，包括立法权、对外宣战、缔结合约权、官吏任命权、最高裁判权、赦免权、有关忠节、服从权、铸币货币权、征收赋税权等。这无疑为近代国家公法提供了可对照和阐发的模本。

博丹是继亚里士多德之后对政体问题考察得极为详尽的政治思想家。关于政体的论述，从古希腊先贤柏拉图、亚里士多德时就已经开始，但是从近代国家理论的角度加以阐述，尤其是以主权概念加以区分，应该是从博丹开始。单从这个意义上讲，"博丹并非仅仅在国家意义上论述主权，将国家主权理论应用于政体问题的分析，进而为法国现实的君主主权政制诉求申辩，才是他最直接的目的"③。近代以来的思想家们仍然对博丹充斥着专制主义的责难。博丹的时代是变革与冲突的时代。"充满世俗气氛并由强烈的民族情绪统一起来的社会，是强大而集权的政治权威的基础，这种权威大大有利

---

① 浦光祖、洪涛主编：《西方政治学说史》，复旦大学出版社1999年版，第150页。

② ［美］乔治·霍兰·萨拜因著，［美］托马斯·兰敦·索尔森修订，刘山等译：《政治学说史》下册，商务印书馆1986年版，第463页。

③ 黄基泉著：《西方宪政思想史略》，山东人民出版社2004年版，第98页。

于实现资产阶级的利益。只要社会在强大的政治统治者的权威下，保持稳定有序，团结统一，资产阶级就能够没有多大阻力地大胆进行经济活动。民族国家的权威需要有说服力的理论基础，这就是博丹所提供的学说。"①

总体来看，博丹的命运可能是所有思想家命运的缩影。人们从他那里获取所需要的建议，对其余部分弃之不理，以至于很少有人试图理解其思想的全貌。但是，"在法国或其他的地方，博丹的学说没有信奉者"。他所启发的那些学者们并不需要理解他。"从他那里获取的无论是实际的还是逻辑的需要，那就是一种绝对的和毫无限制的主权，形成一种可以制定法律的力量。他们几乎原封不动地使用博丹的术语。但是这样割裂开的概念并不是博丹所有的。"②毫无疑问，博丹影响了法国的舆论导向，那就是建立一种绝对君主制的体系。"无论在理想中，还是在当时的现实中，这都是博丹希望做的，博丹希望在法国看到被我们称作绝对君主制的体制，他在使人确信法国需要绝对君主制。"到了17世纪，博丹的思想已经被大众所熟知，对后来的很多思想家，如蒙田、霍布斯等都产生了重要的影响。博丹认为主权问题是理解国家性质的主要，也是最必要的问题，在任何政治社会中，都必须有一个绝对君主，他实行统治而不受人统治，他的臣民都不能合法反抗他。按照博丹的观点，国王不是合法反抗的对象，因为拥有主权的人除了不朽的上帝，不需要向任何人负责。这里就为霍布斯把"大利维坦"解释为"凡人上帝"，那个在不朽上帝指引下给我们带来和平与保护的那个"凡人上帝"做法奠定了基础。国内也有人评价他是"第一个在现代西方国家理论上打开了门户的思想家"③。的确，从西方政治思想的发展进程来看，博丹正处在由神学政

---

① ［印］阿·库·穆霍帕德希亚著，姚鹏、张峰、王伟光译：《西方政治思想概述》，求实出版社1984年版，第108—109页。

② J. W. Allen, *A History of Political Thought in the Sixteenth Century*, London：Methuen & CO LTD, 1957, p. 442.

③ ［印］阿·库·穆霍帕德希亚著，姚鹏、张峰、王伟光译：《西方政治思想概述》，求实出版社1984年版，第110页。

治观向权力政治观过渡的时期，可以说他的政治思想起到了一个承前启后的作用。

虽然博丹的思想中存在着许多混乱的地方，但其《国家六论》是一部具有重要意义的作品。遗憾的是，《国家六论》很快就淡出了人们的视野。客观地说，许多没有它重要的论著却比它流传得更久。博丹对国家主权理论的论述是16世纪出现的最为明确的论述，但却只有定义，没有解释。秩序良好国家的目的、臣民服从义务的性质以及国家与构成国家的家庭之间的关系，都需要进一步厘清。不过，博丹的理论还是吸引了其后诸多思想家的注意。一是根据权力的主权理论——它把国家定义为政治上级与政治下级之间的关系，以及把法律定义为一种命令。霍布斯系统地阐发了这一观点。另一是古代自然法理论的现代化和世俗化的问题，以求为政治权力发现一种伦理的，而不只是一种威权主义的基础。这一修正工作主要是由格劳秀斯和洛克成就的。格劳秀斯最早把几何学的演绎方法引入法学与政治学，并把国际关系问题引入政治学说，提出主权不仅有国内最高统治权的意义，而且有对外独立的意义，从而丰富了博丹的国家主权理论。

第四章　早期空想社会主义的国家治理思想

国家治理是以政治上层建筑为中心，从维护统治阶级的根本利益出发，对社会公共事务进行的安排和处理。国家治理古已有之，在对国家治理进行观察和思考的过程中形成了丰富的国家治理思想。早期空想社会主义者亦是如此，在对国家治理的初步实践和认识的基础上提出并形成了早期空想社会主义的国家治理思想，在社会主义国家治理思想史中具有独特意义，为科学社会主义国家治理思想的产生提供了丰富的资料和启示。早期空想社会主义国家治理思想的代表人物主要有英国的莫尔、温斯坦莱，意大利的康帕内拉，德国的闵采尔，法国的维拉斯。在众多空想社会主义者当中形成了莫尔式的早期空想社会主义国家治理思想和闵采尔式的早期空想社会主义国家治理思想。

第一节　早期空想社会主义的国家治理思想
产生的历史条件

任何一种思想的产生都离不开一定的社会历史条件，早期空想社会主义国家治理思想的产生亦如此。根本地说，早期空想社会主义国家治理思想的产生，是同16、17世纪资本主义的产生发展和资产阶级的形成发展密切相关。这一时期，英国是世界上资本主义发展比较早的国家，意大利、法国和德国也已经产生了资本主义萌芽。与经济发展和阶级关系发展状况相适应，这些国家出现了空想社会主义者，形成了早期空想社会主义国家治理思想，成为社会主义国家治理思想史中具有开创意义的思想成果。

一、早期空想社会主义的国家治理思想产生的社会经济条件

早期空想社会主义国家治理思想的产生，首先有其社会经济根源。资本主义生产方式的出现，是空想社会主义产生的前提。然而，"资本主义社会的经济结构是从封建社会的经济结构中产生的"[①]。早在14、15世纪，资本主义生产的最初萌芽就在地中海沿岸的一些城市中悄然产生。进入16世纪，随着新的生产技术的迅速发展，社会劳动分工也随之发展，从而促进了商品生产的进一步发展；与此同时，随着新航路的开辟和新大陆的发现，世界市场也开始形成和发展。在这些因素的综合作用和共同影响下，原有的封建社会自给自足的生产方式日趋瓦解，资本主义的生产方式在封建社会的内部逐步生成。由此，在欧洲，资本主义得以兴起和发展。与此同时，手工业者和农民不断加快的两极分化进程，促使资产者和无产者作为新的阶级力量开始登上历史舞台。

在英国，在14世纪末大规模农民起义的影响下，封建经济遭受了一次极为严重的冲击，日趋崩溃、走向末路。到15世纪末，资本主义手工业工场已经出现，随之有了很大的发展。由于一批工业的兴办，雇佣劳动也开始产生。由于商品生产的增长，广大农村地区也开始出现资本主义性质的农场，经营这些农场的贵族逐渐资产阶级化，成为新贵族；一些租地农业家也从农民中分化出来，他们进行的资本主义农业生产具有规模小的特点；与此同时，呢绒手工工场在农村地区迅速发展起来。这就是英国封建社会解体和资本主义产生的历史时期。[②]这就是托马斯·莫尔的早期空想社会主义国家治理思想产生的历史条件。

[①]《马克思恩格斯全集》第23卷，人民出版社1972年版，第783页。

[②] 戴清亮、李良瑜、荣民泰等著：《社会主义学说史》，人民出版社1987年版，第3页。

意大利、德国和法国等西欧主要国家出现资本主义萌芽并实现最初发展的时间甚至比英国还要早，并在 16 世纪得到了比较充分的发展。意大利早在 14 世纪就出现资本主义手工工场，许多城市曾经是国际贸易的中心，商业资本也十分活跃，其资本主义萌芽要比英国更早一些。法国和德国的资本主义萌芽则比英国要晚。在法国，呢绒、纺织、皮革、印刷等行业在 16 世纪上半叶已出现少量资本主义手工工场，到了 17 世纪中叶以后则开始大量出现。在德国，尽管资本主义在 16 世纪初开始萌芽，出现了资本主义的手工工场，然而，直到 17 世纪末，资本主义工场手工业在整个工业生产中的比重还不到 10%。就是在这样的历史条件下，康帕内拉的空想社会主义思想在意大利出现，闵采尔的空想社会主义思想在德国出现，维拉斯的空想社会主义思想在法国产生。[1]

资本主义在封建社会母体内迅速产生和发展，必须具备两个条件：第一，大量的有人身自由但失去了任何生产资料的无产者；第二，大量的为组织资本主义生产所必需的货币财富。[2]如何满足这两个条件呢？新贵族和新兴资产阶级采用暴力来实现资本的原始积累。历史地看，英国新贵族和新兴资产阶级在农奴制解体过程中，通过暴力把农民从土地上赶走，强占农民份地及公有地，剥夺农民的土地使用权和所有权，限制或取消原有的共同耕地权和畜牧权，把强占的土地圈占起来，变成私有的大牧场、大农场。16 世纪发生的"圈地运动"则更加典型，也是资本原始积累的典型方式。此外，新兴资产阶级征服殖民地、搜掠黄金和财物，贩卖黑奴，进行掠夺性的商业战争和殖民地贸易，把货币财富集中在少数人手中，也是原始积累的重要方式。"原始积累的过程，实质上就是一个暴力掠夺的过程。"[3]正如马克思所

---

① 戴清亮、李良瑜、荣民泰等著：《社会主义学说史》，人民出版社 1987 年版，第 3 页。

② 戴清亮、李良瑜、荣民泰等著：《社会主义学说史》，人民出版社 1987 年版，第 4 页。

③ 戴清亮、李良瑜、荣民泰等著：《社会主义学说史》，人民出版社 1987 年版，第 4 页。

指出的："资本来到世间，从头到脚，每个毛孔都滴着血和肮脏的东西。"①
从活生生的社会现实出发，揭露和批判现实社会存在的不合理问题与矛盾，
以现实为基础构建新的理想社会，成为当时进步人士的任务。②早期的空想
社会主义者提出的国家治理学说，就是在这种历史条件中生成的，它反映了
刚形成的早期无产者的利益和愿望。

二、早期空想社会主义的国家治理思想产生的实践基础

早期无产阶级独立运动是早期空想社会主义国家治理思想产生的实践基
础。随着资本主义的产生、发展和不断壮大，新兴资产阶级的力量也相应地
得到了增强，他们提出铲除封建贵族政治统治、建立资产阶级政治统治的政
治诉求和历史任务，这为资本主义更为广泛地发展并最终取代封建制度扫清
了道路。16世纪后期，欧洲历史上最早的资产阶级革命——尼德兰革命爆
发。17世纪中叶，英国资产阶级革命取得胜利，资产阶级和新贵族建立起自
己的政治统治。在这一历史背景下，手工场的工人同时受到封建主义和资本主
义的残酷剥削，他们形成并提出了推翻封建统治的要求，并对新兴的资本主义
也采取否定的态度。这就是早期空想社会主义国家治理思想产生的实践基础。

因无产阶级所处阶级地位，早期无产阶级在反对封建制度的资产阶级革
命运动中，掀起了反对资产阶级的独立运动。马克思、恩格斯曾明确指出：
无产阶级"反对资产阶级的斗争是和它的存在同时开始的"③。这一时期的
无产者是作为资产阶级的同盟军投身到反对封建主义斗争中，并提出了消灭
一切私有制、实现财产公有和社会平等等方面的要求，发动了无产阶级的独
立运动。这些独立运动在资本主义刚刚产生和开始发展阶段进行，其自身具
有历史进步意义，但不可能取得胜利。因为早期无产阶级本身还不够发

---

① 《马克思恩格斯文集》第5卷，人民出版社2009年版，第871页。
② 萧贵毓、牛先锋主编：《社会主义通史》第1卷，人民出版社2001年版，第6页。
③ 《马克思恩格斯文集》第2卷，人民出版社2009年版，第39页。

展，无产阶级解放的物质条件还没有具备，这些条件只是资产阶级时代的产物。①

16世纪初的德国，资本主义萌芽正在生成中，城市手工业得到了较快发展并普遍出现。然而，从总体来说，德国经济社会发展水平仍然比较落后，占据着统治地位的仍然是封建生产方式，绝大多数居民仍然是封建依附农民。在政治上，德国是一个诸侯割据、群雄争霸的分崩离析的国家。各邦、堡的诸侯，各自为政，拥有自己的议会、常备军，有权自行决定征收赋税、自行决定对外宣战或缔结条约。依仗手中掌握的政权、教权、财权，名门望族、高级僧侣集团则肆意欺压、盘剥人民。这导致市民集团的不满，提出分享行政权、立法权的要求。然而，市民集团只能承受着宗教和世俗的双重压迫、剥削。②

与此同时，宗教改革运动在德国开展，正如前文提到的，这是一次新兴资产阶级利用宗教外衣反对封建统治的革命运动，这场运动超出了资产阶级改革的范围。德国的无产者、农民和手工业工人把托马斯·闵采尔当作领袖，发动了大规模的农民战争。闵采尔主张把宗教改革同社会的彻底改造结合起来，号召人民以暴力手段建立没有阶级压迫和阶级剥削的"天国"。在这个"天国"里，一切工作和一切财产都要共同分配，实现最完全的平等。恩格斯曾指出："闵采尔所了解的天国不是别的，只不过是没有阶级差别，没有私有财产，没有高高在上和社会成员作对的国家政权的一种社会而已。"③闵采尔的思想和他提出的纲领是"对当时平民中刚刚开始发展的无产阶级因素的解放条件的天才预见"④，亦由此奠定了他作为那个时代"无产阶级的萌芽的代表人物"⑤的地位。恩格斯还明确指出："德国农民战争不仅

① 戴清亮、李良瑜、荣民泰等著：《社会主义学说史》，人民出版社1987年版，第5页。

② 高放、黄达强主编：《社会主义思想史》上册，中国人民大学出版社1987年版，第66页。

③《马克思恩格斯全集》第7卷，人民出版社1959年版，第414页。

④《马克思恩格斯文集》第2卷，人民出版社2009年版，第248页。

⑤《马克思恩格斯全集》第7卷，人民出版社1959年版，第458—459页。

把起义的农民引上了舞台——这已经不是什么新鲜事了——，而且在农民之后，把现代无产阶级的先驱也引上了舞台，他们手持红旗，高喊财产公有的要求。"①闵采尔的空想社会主义国家治理思想是德国最早的社会主义理论，在社会主义史上有特定的地位。但是，闵采尔企图从《圣经》中寻找消灭剥削、消灭压迫、消灭私有制的根据，这种空想社会主义思想带有浓重的宗教神学色彩，使其逐步失去影响。正如马克思曾指出的，农民战争"这个德国历史上最彻底的事件，因碰到神学而失败了"②。

　　在英国，随着资本主义的萌芽，无产阶级和资产阶级之间的斗争开始日趋尖锐。资本的原始积累是资本主义生产方式的出发点，是用暴力手段迫使生产者和生产资料分离的过程。马克思指出，这种剥夺的历史是用血和火的文字载入人类编年史的。③有什么样的实践，就会产生什么样的思想。这个斗争的最初产物就是托马斯·莫尔的空想社会主义国家治理思想，它是对英国资本原始积累时期社会罪恶的控诉。17世纪中叶，在英国资产阶级革命发生后，爆发了以杰腊德·温斯坦莱为领袖的掘地派运动。这是带有自发与和平性质的运动，因"圈地运动"而破产的困难群众为了争取自身的利益而进行了斗争，他们在塞利郡的圣乔治山、科布汗等地自发地共同开垦荒地，种植庄稼，平等分配。温斯坦莱强烈谴责英国革命后建立起来的政权不过是新兴资产阶级和新贵族的专政，仍然是人压迫人的阶级社会，主张建立一个以土地公有制为基础的、人人劳动、没有剥削和压迫、公正分配的理想社会，即"真正自由的共和国"。温斯坦莱依据英国资产阶级革命后的现实明确指出，资产阶级革命没有给农民和无产者带来好处，只有消灭包括土地私有制在内的一切私有制，建立公有制，劳动人民才会有"真正的平等"。温斯坦莱的空想社会主义国家治理思想就是适应掘地派和早期无产者反对地主资本家的斗争需要而出现的。

---

① 《马克思恩格斯文集》第9卷，人民出版社2009年版，第408页。

② 《马克思恩格斯文集》第1卷，人民出版社2009年版，第12页。

③ 《马克思恩格斯文集》第5卷，人民出版社2009年版，第822页。

在意大利，早在14世纪就开始出现资本主义萌芽，到了16世纪末、17世纪初，整个意大利城乡经济不断走向衰落，城乡无产者和贫民的生活异常困苦，南方的劳动群众还受着残酷的封建剥削，他们纷纷起来反对封建主义和外族侵略，由此产生了康帕内拉的早期空想社会主义国家治理思想。他不仅目睹而且参加起义，并提出了一个代表意大利下层劳动人民和早期无产者愿望的理想社会的主张：实行公有制，没有阶级，人人劳动，大家都过幸福生活。

三、早期空想社会主义的国家治理思想产生的思想根源

莫尔、康帕内拉的早期空想社会主义国家治理思想是文艺复兴时期资产阶级人文主义者提出的理论原则更彻底的进一步发展。在他们的著作中，我们不仅发现他们继承并发展了古代希腊和古代罗马哲学中的朴素唯物主义思想以及主张财产平等、消费平等的"理想王国"痕迹，而且直接利用从14世纪以来就兴起的人文主义者理论原则，特别是新兴资产阶级的理性主义和人性论。理性主义是资产阶级用来反对封建制度和宗教束缚的思潮，认为封建等级和特权不合乎理性，只有资本主义制度合乎理性。莫尔和康帕内拉等早期空想社会主义者，从资产阶级人文主义者那里拿来这个武器，加以改造，用以论证没有私有财产、没有剥削、人人平等的理想社会最合乎理性。在早期空想社会主义者那里，理性主义成了批判和否定资产阶级制度的武器。资产阶级人性论的核心是个人主义和利己主义，把资本主义的私有制和贸易自由说成最合乎人的本性。早期空想社会主义者也利用了这个理论原则，赋予它革命的内容，明确指出私有制是一切罪恶的根源，根本不合乎人性。"只有完全废除私有制度，财富才可以得到平均公正的分配，人类才能有福利"。[①]这种思想同资产阶级的人性论在内容上是有本质区别的。

---

① ［英］托马斯·莫尔著，戴镏龄译：《乌托邦》，商务印书馆1982年版，第43—44页。

第二节　莫尔式早期空想社会主义的
国家治理思想的主要内容

莫尔式早期空想社会主义国家治理思想是现代无产阶级先驱群众运动的间接产物，属于空想社会主义类型。恩格斯曾指出："伴随着一个还没有成熟的阶级的这些革命暴动，产生了相应的理论表现"。[①]16世纪的莫尔、康帕内拉，17世纪的维拉斯都是莫尔式早期空想社会主义国家治理思想的典型代表。

一、莫尔式早期空想社会主义的国家治理思想

（一）托马斯·莫尔的生平及著作

托马斯·莫尔是16世纪初期英国著名的政治家和思想家，空想社会主义奠基人。1478年2月出生于英国伦教。他的父亲曾担任过英国高等法院法官。莫尔幼年时进入圣安托尼学校学习，13岁时被父亲送到大主教、法学家莫登家中培养，受到了良好的教育。1492年，14岁的莫尔进入牛津大学攻读古典文学，学习希腊文，并对柏拉图、奥古斯丁的著作深有研究，结识了当时著名的人文主义者。人文主义思潮给莫尔带来了深刻影响。

1494年，莫尔遵照父亲的意愿离开牛津大学，转入新法学院学习，随后到林肯法学院攻读英国法。莫尔在法律方面的造诣较深，很快就在伦敦律师界站稳脚跟，成为声名显赫的律师。他主持公道，扶弱抑强，深受平民百姓的拥戴。1504年，26岁的莫尔被选为伦敦下议院议员。在担任下议院议员

[①]《马克思恩格斯文集》第9卷，人民出版社2009年版，第21页。

期间，莫尔仍然正直处事，拒绝同他人同流合污。即使国王勒令，他也以法理衡量是非。同年，英国国王亨利七世要求国会通过为其子女筹措经费的法案，该法案已经二读通过，到最后一读时，莫尔提出充分的理由和论据进行反对，终于使这个法案被否决。亨利七世怒不可遏，找借口把莫尔的父亲囚禁于伦敦塔，并处以罚款。莫尔被迫离开国会。

1509年，亨利七世去世，亨利八世即位。莫尔重新从政，1510年被任命为伦敦市代理执行官，多次奉命出使国外，签订商约，调解争端。1518年，莫尔受命为王室请愿裁判长、枢密院顾问官。1521年，他又被任命为副财务大臣，并获爵士称号。1523年，莫尔当选为下议院议长。1525年，担任兰开斯特公国首相。1529年，他被任命为英国大法官，成为英国政界的显赫人物。莫尔虽然身居高位，但仍然初心不变。1532年，莫尔不赞同国王亨利八世同凯瑟琳公主离婚而同宫妃安娜·博林结婚，愤然辞去大法官职务。1533年，莫尔因拒绝参加承认国王为英国教会首领的宣誓，被囚禁在伦敦塔上。经过一年多的关押，莫尔的精神和肉体备受摧残，但他始终坚守着自己的政治信念，拒绝宣示效忠国王。1535年7月6日，莫尔被判处死刑。他本想对群众讲话，但被阻止。他在祈祷之后安详风趣地对剑子手说："伙计，鼓起勇气来，这是你的职务，不要害怕。我的脖颈很短，照得准些，不要出丑。"莫尔就这样结束了伟大的一生，他将宝贵的精神财富留给了后人，成为空想社会主义思想史上的先驱。

莫尔的代表作是《乌托邦》，全名是：《关于最完美的国家制度和乌托邦新岛的既有益又有趣的全书》。该书是莫尔早期空想社会主义国家治理思想的代表性著作。"乌托邦"一词是由两个希腊语词根组成的，"乌"是"没有"的意思，"托邦"是"处所"的意思，合起来就是"没有的地方"。在莫尔的笔下，乌托邦是一个岛，但他表示并不知道这个岛确切的地理位置，连在哪里也不清楚。这个岛原名阿布拉克萨，后来被征服者乌托普所征服，此后才根据征服者的名字改为乌托邦。全岛一共有54个城镇，乌托邦首府名叫亚马乌罗提。岛上原来住的是"粗野的居民"，只是由于征服者乌托普的德政，岛民们才变成了有文化、有教养的居民。这部著作的手稿未被保存下来，初版于1516年出现在比利时卢万城，是莫尔第二次奉国王和商人之命出使尼德兰的法兰德斯时着手写作的。全书运用虚构的故事，记录了杰出的航海家拉斐尔·希斯拉德关于某一个国家的理想盛世的谈话。这是对地理大发现情景的反映，反映了人们心理上关心新发现、相信新发现的实际情况，深受读者欢迎。《乌托邦》曾先后被译成德语、意大利语、英语、荷兰语等出版，在全世界广泛流传。1935年，最早的中文全译本出版。[1]

（二）关于乌托邦的经济制度和生产分配

财产公有是莫尔国家治理思想中最可贵的要素。从经济维度来看，莫尔国家治理思想集中体现在他对经济制度和生产分配的讨论上。莫尔断言私有制是万恶之源，私有制存在就不可能根除贪婪、争讼、掠夺、战争及一切社会不安的因素。由此，生活在莫尔想象的乌托邦中的人们已认识到私有制的弊病，明确视其为人剥削人和人压迫人的制度，故而拒绝私有制的存在和复活。莫尔指出，“每个人一无所有，而又每人富裕”[2]。在乌托邦里公有制得以施行，生产资料和消费品均公有，甚至规定住宅每10年抽签调换一次，以杜绝私有观念的产生。在这里，人们都不占有财产，大家关心的是如何共同富裕。

乌托邦牢固树立务农为本的理念，使农业成为受尊敬的一种劳动。在乌托邦，不分男女，都以务农为业，从小学农，“部分是在学校接受理论，部分是到城市附近农庄上作实习旅行”。[3]人们都住在城市，轮流下乡从事2年农业实践。在这里，农业劳动是义务制，人们通过轮流从事农业劳动的办法，解决全社会的粮食、燃料、肉类蛋品、饮料等的供应问题。

---

① 高放、黄达强主编：《社会主义思想史》上册，中国人民大学出版社1987年版，第53—54页。

② ［英］托马斯·莫尔著，戴镏龄译：《乌托邦》，商务印书馆1982年版，第115页。

③ ［英］托马斯·莫尔著，戴镏龄译：《乌托邦》，商务印书馆1982年版，第55页。

手工业是乌托邦人的基本职业。乌托邦的城市手工业有毛织业、麻纺业、泥水业、冶炼业以及木工业等，其技术基础是手工劳动，生产单位是家庭。在乌托邦，劳动是每个人应尽的义务。乌托邦所有居民都不懒散，没有懒汉和游手好闲者，都忙碌从事着各项工作，寄生现象完全绝迹。在这里，女人和男人一样都从事生产劳动。在莫尔看来，要充分发挥妇女的作用，可以结合她们的实际使其从事一些较轻的活。乌托邦人的行为要受一定的纪律约束，在法治的轨道上进行。那里没有令人堕落的场所，没有不法之徒聚集的地方，人人都专心致志于自己的工作。莫尔认为，由于劳动义务普遍化，人们劳动技艺高超，劳动时间可能大大缩短，乌托邦人每天只需要劳动6小时。莫尔在《乌托邦》里写道："乌托邦人把一昼夜均分为二十四小时，只安排六小时劳动。午前劳动三小时，然后是进午膳。午后休息二小时，又是继以三小时工作，然后停工进晚餐"。①莫尔还认为："对于生活上的必需或便利所万不可少的全部供应，这六小时不但够用，而且绰有余裕。"②在这里，绝不会迫使人们从事多余的劳动，可以根据劳动生产率来进一步缩减工作时间。

乌托邦把人的全面发展作为价值追求。乌托邦人非常重视学习，他们不把业余时间用于放纵无度或游荡懒散上，从儿童时起就被引导阅读有益的书。在这里，脑体劳动的分工仍然存在，但是，已经不存在二者的对立。乌托邦还规定，从事学术研究的人，可以免除做工。这样，他们就可以把全部时间都用来认真研究科学。然而，如果从事学术研究的人辜负了人们的期望，就会失去豁免权，被重新派去做工。相反，"一个工人业余钻研学问，孜孜不倦，成绩卓著，因而他可以摆托自己的手艺，被指定做学问"③。担任社会管理工作的领导人员，也可以免除劳动。但是他们自己仍然争取参加劳动，希望以身作则带动大家更愉快地工作。乌托邦人并不排斥外来优秀文

---

① ［英］托马斯·莫尔著，戴镏龄译：《乌托邦》，商务印书馆1982年版，第56页。
② ［英］托马斯·莫尔著，戴镏龄译：《乌托邦》，商务印书馆1982年版，第57页。
③ ［英］托马斯·莫尔著，戴镏龄译：《乌托邦》，商务印书馆1982年版，第59页。

化，善于接受他人的思想，学习外国的技艺，并善于通过学习进行发明创造。他们经过不断地学习、充实知识和各种学问的训练，在各种技艺发明方面均取得了辉煌的成就。

在乌托邦岛上许多又脏又苦的工作是由奴隶来做的。莫尔认为，在消灭了私有制的乌托邦还需要有奴隶劳动。那些又脏又苦的劳动，除了靠虔诚的教徒自愿担负，主要都由奴隶来做。乌托邦的每个家庭都有两个奴隶。奴隶不仅做又脏又苦的活，还要套上枷锁。但是，乌托邦人不把奴隶的子女当作奴隶。莫尔还特别提到，采用奴隶劳动是改造重大罪犯的一个手段。莫尔指出："对于罪大恶极的人，一般罚令充当奴隶。乌托邦人认为这种处罚既使犯人害怕，又有利于国家，胜于匆匆处死犯人，使其立刻灭掉。使他们劳动比处死他们更有益，他们作为反面教员可在一个较长的时间内阻止别人犯罪。"[1]

乌托邦的商品和货币已经完全废除。乌托邦人十分鄙视金银，在乌托邦"公共厅馆和私人住宅等地的粪桶溺器之类的用具倒是由金银铸成。再则套在奴隶身上的链铐也是取材于金银。最后，因犯罪而成为可耻的人都戴着金耳环、金戒指、金项圈以及一顶金冠"。在乌托邦，人们就是这样用尽心力使金银成为可耻的标记。[2]在这里，人们生产的是直接满足社会全体成员需要的产品。这里的生产是按计划组织起来的，产量是在正确估计了需要量的情况下进行的，这样就避免了盲目性的产生。元老会议担负着调节生产的职能，乌托邦不会造成生产过剩或生产不足。如果乌托邦元老会议一听说某处某种产品太多，某处某种产品奇缺，马上就在甲乙两地以盈济虚，调节一下。在这里，各个家庭把生产出来的工农业产品统一运到公共仓库，并在公共仓库中领取所需的东西，这就是实行按需分配原则。莫尔提出的分配依据主要有两点："首先一切货品供应充足。其次无须担心有人所求超出自己所

---

① ［英］托马斯·莫尔著，戴镏龄译：《乌托邦》，商务印书馆 1982 年版，第 90 页。
② ［英］托马斯·莫尔著，戴镏龄译：《乌托邦》，商务印书馆 1982 年版，第 68 页。

需。有什么理由要怀疑一个人会要求过多的货品,当他确信货品决不会不够?当然,就一切生物而言,贪得无厌的心,都来自唯恐供应缺乏,可是就人而言,则出于自尊感,即认为显示一下占有的东西超过别人是值得引以为荣的。这种坏风尚丝毫不存在于乌托邦人的生活习惯中。"①具体分配方法是吃、穿、住、用都统一供给,每户家长到仓库申请全家所需要的。此外,乌托邦还实行公共食堂制度,每30户分配一个餐厅,每天中午、晚上听到喇叭声便聚集餐厅,享受现成的精美膳食。

(三) 关于乌托邦的政治制度和政治生活

乌托邦实行民主的政治制度。按照乌托邦的规定,每20个家庭要选举一名首长,称为"飞拉哈"。每10个"飞拉哈"选出一名高级首长,名叫首席"飞拉哈"。每个城市的最高首领由各区人民提名,由"飞拉哈"秘密投票产生,最高首领是终身任职。但是,如果最高首领专制独裁,虐待人民,就会被撤职。首席"飞拉哈"每年选举一次,没有特殊情况,一般不更换。正常情况下,其他行政人员都是每年选举一次。城市最高首领和各首席"飞拉哈"经常举行会议,商讨重大事务,处理争端。首席"飞拉哈"经常邀请"飞拉哈"轮流列席会议,共商大事。②元老院是乌托邦的最高权力机关,设在首都亚马乌罗提,它由每个城市每年选派3名阅历丰富的长者组成,任期1年,其主要职责是商讨全国性的事务。

乌托邦法治化水平也很高。尽管这里的法律并不多,但人人精通法律,可以使人们的行为按照法治思维和法治方式进行。他们认为,一切法律的颁布,仅仅是为了使每个人记住自己的职责。

乌托邦人爱好和平、痛恨战争,认为"战争是唯一适宜于野兽的活

---

① [英] 托马斯·莫尔著,戴镏龄译:《乌托邦》,商务印书馆1982年版,第62页。

② 萧贵毓、牛先锋主编:《社会主义通史》第1卷,人民出版社2011年版,第40—41页。

动"①。但是，他们并不因此解除自己的武装。在他们看来，如果战争的目的是反对侵略、保家卫国，或将暴政之下的人们解放出来，或者为受到不公正对待的邻邦复仇，进行战争都是合理的，"这是人类同情心所激起的一种行动"②。这就意味着，乌托邦人对战争保持高度的警惕。他们经常整军经武，训练男女战士。"如任何国王起兵攻击乌托邦人，准备进犯领土，乌托邦人立即调动大批军队出国境迎击。他们不轻易地在本国土地上作战，同时，不管发生任何紧急情况，他们也决不让外国援军进驻他们的岛上。"③

乌托邦人有宗教信仰的自由。乌托邦的每个城市都有五花八门的宗教，有的崇拜太阳神，有的崇拜月亮神，有的崇拜其他的星神，也有一些人把古圣先贤当作神来崇拜。乌托邦的法律明确规定，任何人都有权信奉自己所选择的宗教，任何人都不能因为他的信仰而受到惩罚，任何人都不能强迫别人信奉某种宗教。乌托邦实行教会民主制度。④教士以选举的方式产生，负责主持礼拜、举行圣事、监察社会风尚等，其任务是劝说开导教育青少年。于是，"没有其他的公职比起教士职位在乌托邦更受尊敬了"⑤。但是教士们只有荣誉，并无实权。而且人数又很少，每个城市只有13人，因而无须顾虑他们会祸国殃民。

（四）关于乌托邦人的社会生活

婚姻和家庭。在乌托邦，严格实行一夫一妻制。"破坏夫妇关系的人罚充最苦的奴隶。如双方均系已婚，则一双受害者在自愿的情况下可离异犯有奸行的对方而彼此结合，或可以和自己喜爱的对象结婚。"⑥家庭是乌托邦的

---

① ［英］托马斯·莫尔著，戴镏龄译：《乌托邦》，商务印书馆1982年版，第94页。
② ［英］托马斯·莫尔著，戴镏龄译：《乌托邦》，商务印书馆1982年版，第94页。
③ ［英］托马斯·莫尔著，戴镏龄译：《乌托邦》，商务印书馆1982年版，第103页。
④ 蒲国良著：《社会主义思想：从乌托邦到科学的飞跃（1516—1848）》，北京师范大学出版社2018年版，第58—59页。
⑤ ［英］托马斯·莫尔著，戴镏龄译：《乌托邦》，商务印书馆1982年版，第110页。
⑥ ［英］托马斯·莫尔著，戴镏龄译：《乌托邦》，商务印书馆1982年版，第89页。

基本经济单位，并力求达到户与户之间的人口的平衡。城市"规定每家成年人不得少于十名，也不得多于十六名"，"未成年的儿童当然不限定数目"。[①]每个城市家庭只从事一种手工业品的生产，不愿意从事这种手艺的儿童也可以自由地加入别的家庭。在农村，每个家庭的成员则不少于40人。

日常生活。就餐是乌托邦人社会生活的重要组成部分。人们（包括首长和普通公民）通常会选择在公共食堂用餐，也允许在家里吃。然而，因为公共食堂的伙食精美丰盛而具有吸引力，孕妇、产妇、哺乳的妇女以及婴儿等都有特种伙食，人们乐意到公共食堂就餐。乌托邦人追求朴素自然的生活，轻视浓妆艳服。他们穿着简单，却是一针一线亲自缝制的，凝聚着他们的信念、追求和幸福感。乌托邦人给至善下的定义是：符合于自然的生活。他们认为，"德行引导我们的自然本性趋向正当高尚的快乐"[②]。因此，自然号召人人相互帮助以达到愉快的生活。"自然教你留意不要在为自己谋利益的同时损害别人的利益。"[③]在莫尔看来，"为了自己得到快乐而使他人失去快乐，这当然是有失公平的"[④]。因此，乌托邦人经过对这个问题的认真考虑和权衡，主张人们的全部行为，甚至包括道德行为，最后都是把快乐当作目标和幸福。

市政建设。乌托邦自然风光优美，城乡规划合理，并坚持一张蓝图绘到底。乌托邦人宣称，该城的全部设计最初是由乌托普国王本人拟出草图的。至于修饰加工，他看到这不是一个人毕生力量所能完成，就留给后代去做。经过接续奋斗和持续建设，乌托邦宛如一座大花园。在乌托邦的城市里，街道宽广，交通便利，建筑整齐美观。"各段建筑的住屋正面相互隔开，中间为二十呎宽的大路。整段建筑的住屋后面是宽敞的花园，四围为建筑的背

---

①［英］托马斯·莫尔著，戴镏龄译：《乌托邦》，商务印书馆1982年版，第60—61页。

②［英］托马斯·莫尔著，戴镏龄译：《乌托邦》，商务印书馆1982年版，第73页。

③［英］托马斯·莫尔著，戴镏龄译：《乌托邦》，商务印书馆1982年版，第74页。

④［英］托马斯·莫尔著，戴镏龄译：《乌托邦》，商务印书馆1982年版，第75页

部，花园恰在其中。每家前门通街，后门通花园。"①在这里，人们酷爱自己的花园，各种果树、花草生长很好，郁郁葱葱。"一见而知，花园是对全城人民最富于实惠及娱乐性的事物。"②

医疗保障制度。乌托邦非常注重卫生和健康，在这里，人们学习依靠知识，保护公共环境卫生，最大限度防止空气污染、水污染、疾病污染等，并可以在公共医院里接受免费治疗。"在每一个城的范围内，邻近城郊，有四所公医院，都是十分宽大，宛如四个小镇。"③每一所医院都拥有完善的设备（凡足以促进健康的用具无不应有尽有）和技术精湛的医生，病人营养适度。在这里，医护人员和蔼可亲，对病人体贴入微。因此，乌托邦人患病后乐意去医院接受治疗。

二、康帕内拉的国家治理思想

（一）康帕内拉的生平及著作

托马索·康帕内拉（1568—1639），原名为乔万尼·多米尼哥·康帕内拉，文艺复兴时期意大利伟大的爱国者、著名的思想家和空想社会主义者。1568年9月5日，康帕内拉出生在意大利卡拉布里亚省斯提罗城附近农村的一个贫苦家庭。那时，他的家乡处在西班牙统治之下，他在成长过程中目睹了侵略者践踏祖国，蹂躏祖国人民，从幼年起就养成了爱国情怀。

康帕内拉并没有受过系统的学校教育，曾在童年跟随多米尼克派教士读书。他酷爱文学，13岁就能写诗。1582年，康帕内拉14岁，进入修道院，刻苦攻读，精心研读了柏拉图的《理想国》和莫尔的《乌托邦》等，涉猎了古希腊的各种名著、中世纪经院哲学著作以及近现代著作。

① ［英］托马斯·莫尔著，戴镏龄译：《乌托邦》，商务印书馆1982年版，第53页。
② ［英］托马斯·莫尔著，戴镏龄译：《乌托邦》，商务印书馆1982年版，第53页。
③ ［英］托马斯·莫尔著，戴镏龄译：《乌托邦》，商务印书馆1982年版，第62页。

康帕内拉的思想带有异端的倾向，引起了宗教当局的关注。因发表反对教会束缚和压迫的言论，1591 年，康帕内拉被宗教裁判所逮捕并监禁一年多。此后数年，他屡次因发表反对教会的言论和主张而遭到宗教裁判所逮捕。1597 年 12 月，获释的康帕内拉被勒令返回故乡。

回乡后，康帕内拉积极宣扬自己的思想和主张，号召人们建立平等自由的共和国，策划武装起义，试图推翻西班牙入侵者的统治。他预言：大动荡的时刻到了，现存世界已经到了末日，黄金时代即将回来。然而，因叛徒告密，康帕内拉不幸被捕，被控犯有双重罪：既反西班牙当局，又反罗马教廷。作为政治犯，要受西班牙当局审判；宣传异端邪说罪，则要受罗马宗教裁判所裁决。康帕内拉并未被立即处死，他巧妙地利用罗马教廷和西班牙当局之间的矛盾，拖延了最后判决，在监狱中进行了不屈不挠的斗争。

康帕内拉从 1599 年被西班牙当局逮捕，直至 1626 年 5 月 23 日才获释。同年 6 月 27 日，他又被宗教裁判所逮捕，直到 1628 年 7 月 27 日释放。康帕内拉的一生中有 33 年是在监狱中度过的，先后坐过 50 个牢房。他曾写道："有一位他们很尊敬的哲学家，尽管受敌人最残酷的刑讯达四十小时之久，但由于始终坚持沉默而没有说出敌人要他承认的半个字。"[1]说的正是康帕内拉本人。

在狱中，康帕内拉以超人的毅力完成了《太阳城》《论最好的国家》《被围攻的无神论》《为伽利略辩护》等。在社会主义国家治理思想史上，康帕内拉的代表作是《太阳城》，集中阐释了理想社会制度，是继《乌托邦》之后又一部重要的乌托邦主义文献。他指出，"我们描绘的我们的这个国家，不是上帝所提供的国家制度，而是通过哲学家的推理所发现的国家"[2]。这种理想的社会制度是从人类可能具有的智慧出发，是受"天赋理智"的支配而建立起来的。这部著作于 1602 年在监狱中写作完成。原文是意大利文，

---

① ［意］康帕内拉著，陈大维等译：《太阳城》，商务印书馆 1980 年版，第 58 页。

② ［意］康帕内拉著，陈大维等译：《太阳城》，商务印书馆 1980 年版，第 64—65 页。

1613年由其在狱中译成拉丁文。1623年，康帕内拉的文集在法兰克福出版，其中便包括《太阳城》。康帕内拉出狱后前往法国，继续从事进步的政治活动，并于1637年在法国出版《太阳城》新版本。《论最好的国家》则是对《太阳城》中若干观点的进一步发展。

1639年5月21日，体弱多病的康帕内拉在巴黎市郊一家修道院去世，终年71岁。

（二）太阳城实行绝对的公有制

太阳城完全废除了私有制，实行公有制。在这里，土地、手工作坊、劳动工具、产品、房屋以及日常生活必需品，都属于公共财产，为大家所共同拥有。这就使人们摆脱了自私自利，热爱公共财产和公社。"他们的公社制度使大家都成为富人，同时又都是穷人；他们都是富人，因为大家共同占有一切；他们都是穷人，因为每个人都没有任何私有财产；因此，不是他们为一切东西服务，而是一切东西为他们服务。"[①]之所以提出要以公有制来代替私有制，是因为康帕内拉认为，私有制和利己主义是万恶之源，现在社会中的种种罪恶和灾难都是贫富对立引起的。同时，这也与康帕内拉的社会发展观有直接的联系。他曾预言黄金时代是必然要来临的。他在《论最好的国家》中曾指出："不论对于现在或将来的生活来说，财产公有制是一种最好的制度。""按照自然法，公有制是人们在纯洁状态中所固有的"。[②]这就是说，私有制是违背自然法的。正因此，康帕内拉主张铲除社会祸根，废除私有制，一切都实现公有。

（三）太阳城的生产劳动由社会来组织

太阳城的生产是在公社统一领导下进行的，各生产部门建立操作组，设

---

① ［意］康帕内拉著，陈大维等译：《太阳城》，商务印书馆1980年版，第24页。
② ［意］康帕内拉著，陈大维等译：《太阳城》，商务印书馆1980年版，第74、76页。

组长一人，称为"王"，由生产经验丰富和生产技能出色的人来担任。"王"具有威信，小组的每个人都自觉服从"王"的调度。在这里，生产劳动主要有手工业、农业和畜牧业。农业被摆在更加重要的位置，每个人都珍惜每一寸土地。借助于"巧妙机械"工作，并采用"各种秘密方法"，农作物长势好、产量高。这里的人很注意总结农业生产经验，并把全部农业知识编成农书。然而，这里并没有农业人口，在农忙时节，除少数人留在本城，其余的居民按照统一号令参加劳动，在几小时内完成一切工作。在这里，人们善于利用新的生产技术减轻劳动强度和提高劳动成效，创造美好生活。

太阳城实行普遍的义务劳动制度，没有无所事事的人，人尽其能、人尽其才。在这里，人们热爱劳动，对游手好闲深恶痛绝。劳动、工作、公职和艺术工作，都由全体公民共同担负，按照专长和能力分配职业和劳动。除了体弱多病的老人，大家都参加力所能及的劳动，身强力壮的男子从事较为繁重的劳动，女子从事较为轻便的劳动，老年人可以对工作提出有益的意见，身体有缺陷的人也都得到适当安排。与此同时，太阳城还规定有必要的检查制度和奖惩制度，在劳动工作中有突出贡献的或者手艺高超的人，就会被授予光荣称号；玩忽职守和不守纪律的人则会受到惩罚和处分。

劳动光荣是太阳城里人们的共同追求。在这里，一切劳动都被视为是全社会必需的、有益的，是社会全体成员的光荣义务。精通手艺和手工业的人，从事最繁重的工作的人，都备受尊敬。康帕内拉曾指出："他们谁也不会认为在食堂和厨房工作或照顾病人等等是一些不体面的工作。他们把任何一种服务都称为学习。"①同时，康帕内拉还提出了脑力劳动与体力劳动相结合的宝贵思想。太阳城里，人们普遍参加劳动，并不存在单纯的脑力劳动者。这里，人们在劳动日只需劳动四小时，"业余时间"比工作时间要长得多。由此，人们有充分的时间进行科学研究，吸取外国经验中一切好的东西。

---

① ［意］康帕内拉著，陈大维等译：《太阳城》，商务印书馆1980年版，第23页。

（四）太阳城实行按需分配

在太阳城里，商品货币关系已经消除。尽管他们不像乌托邦人那样把金银用来做便桶溺器和长镣大铐，也只是把金银用来制作器皿或各种公共的装饰品。货币只供驻外人员和对外贸易之用。

太阳城坚持按需分配的分配原则，对社会消费品进行共同分配。一切产品和财富都由公职人员分配，人人都可以从公社取得自己所需的东西。同时，实行严格监督制度，"负责人员严密地监视着，不让任何人获取超过他所应得的东西，但也不会不给他所必需的东西"[①]。太阳城居民的消费水平很高，在集体食堂用餐，食谱由医生负责安排，营养符合医学要求；老年人和病人另有特殊的膳食标准。领导人的膳食比较丰盛，他们在用餐时常常把一部分食物分给学习成绩优异的儿童，作为一种光荣的奖赏。由于生活幸福，营养适度，锻炼和保健有方，长寿在太阳城已经成了相当普遍的现象。

（五）太阳城的政治制度

太阳城的政治制度和政治机构是按照民主原则和"贤人政治"的原则组织起来的，本质上是属于共和制。在这里，仍然实行着政教合一的制度。大司祭掌握着最高权力，国民通常称为"苏尔"（Sol），亦为"太阳"。这样的人必须由年满35岁以上的人来担任，且"一定要熟悉各民族的历史，他们的一切风俗、宗教礼仪和法律，要熟悉各个共和国和君主国的情况，以及立法者、科学和手工业的发明家，也要了解天体的结构和历史"[②]，这样的人才能英明地管理国家。"太阳"实行终身制，"除非是发现另一个比自己的先驱者更贤明、更有能力治理国家的人，才会更换"[③]。"太阳"主要负责一切世俗事务和精神事务，其下设"威力""智慧""爱"三位统治者，他们要研

---

① ［意］康帕内拉著，陈大维等译：《太阳城》，商务印书馆1980年版，第11页。

② ［意］康帕内拉著，陈大维等译：《太阳城》，商务印书馆1980年版，第13页。

③ ［意］康帕内拉著，陈大维等译：《太阳城》，商务印书馆1980年版，第13页。

究属于他们管理范围内的科学。"威力"主管战争与和平，军职人员和士兵由其指挥，军队供应由其掌管，防御工事由其负责建设，负责督造军械等，以此来防止意外的侵袭；"智慧"管理艺术、科学和技术，领导着艺术品部门、手工业部门以及各个科学部门；"爱"主要掌管农业、畜牧业、分配、生育和教育。由此形成太阳城的四大领导，主持一切工作，领导一切事务。凡事一经"太阳"决定，"威力"、"智慧"和"爱"不能违逆而必须遵从。他们四人并非由选举产生，人民也没有权力更换。直到有更合适的人出现时，他们才会决定移交职务，"他们只有在经过协商认为可以把自己的职务移交给一位的确是最贤明、最有智慧和毫无缺点的人以后，才能离职。他们的确是明理的和正直的人，因为他们很乐意让位给最贤明的人并听从他的教导"①。当然，这种更换国家领导人的事情，太阳城是很少有的。然而，其他负责人员的更换，则要根据人民的意愿来决定。

在太阳城，"太阳""威力""智慧""爱"每天举行会议，主要"处理日常事务并批准有关选举的决议和检查执行决议的情况"②。太阳城设立政府全体负责人员会议，出席人员有"太阳"和三个主要领导人以及各自所属的三名助手，共13人。这个会议每8天召开一次，决定重大事务。全体负责人会议实际上是太阳城共和国的中央政府。太阳城还设立公民大会，20岁以上的公民有权参加全体公民会议（或称公民大会）。通常情况下，这样的会议每月举行两次。"每个人都有权对共和国的缺点和对政府负责人员执行工作的好坏，提出自己的意见。"③

在太阳城，国家职位是根据天赋的才能来分配的。"授与职务是根据实际技能和学问的，而不是根据赏识和亲戚关系……每个人要在自己的德行出众时才能获得职位。""最重要的负责人员……是遵循天赋条件进行领导，并

---

① ［意］康帕内拉著，陈大维等译：《太阳城》，商务印书馆1980年版，第39页。
② ［意］康帕内拉著，陈大维等译：《太阳城》，商务印书馆1980年版，第39页。
③ ［意］康帕内拉著，陈大维等译：《太阳城》，商务印书馆1980年版，第39页。

给每个人指定合适的职务的。"①在太阳城里，负责人员是以美德命名的，这些名称有：宽大、勇敢、慷慨、刑事的公正裁判、民事的公正裁判、热心、慈善、殷勤、朝气、节制，等等。由此可见，太阳城把德行高尚、有实际技能和学识作为公职人员的选拔任用标准。

太阳城推行法治，善于用法律思维和法律方式来管理事务。在这里，法律条文很少，简单、明确，刻在铜版上并悬于神殿的柱子上。在个别的柱子上可以看到用形而上学的观点对某些事物所下的定义，人们一看就懂。②太阳城只有一座囚禁叛乱者的塔楼，监狱和刽子手都不再存在了。在太阳城，领导人就是法官，可以对下属作出的判决有：流放、鞭打、训诫、禁止在公共食堂进餐、开出教籍、禁止与妇女会合。③在这里，法律必须得到执行，所有犯罪者和违法者都要进行审判，原告、被告和证人在审判时都必须出庭，由法官听取他们的证词和被告的辩护词后当众宣布判卷；如果被告不服，则可以上诉，直至上诉到最高领导人。太阳城推行法治的目的并不是进行惩罚，而是为了划清底线，对违法者进行教育和改造，使其悔过自新，重新做人。

太阳城高度重视国防安全，善于用武装来保卫新的政权和新的社会制度。在这里，包括女子在内的全体公民都要学习军事知识、参加军事训练，做好保家卫国、捍卫制度的准备。康帕内拉认为，外来侵略的危险是存在的。太阳城社会制度所展现出来的优越性，使周边国家人民心向往之，甚至不愿意接受或者是反抗本国统治。因此，太阳城就会招致周边国家的侵犯。为此，必须把巩固国防摆在重要位置，上升为一项国家政策。尽管太阳城的居民爱好和平，但他们决不容忍任何人对其使用暴力，否则就会坚决回击。"只要他们受到压制、凌辱和抢劫，或者当他们的同盟国受到压制时，或者被暴政压迫的城市请求他们援助时"，这里的人们从来不会退缩，其结果是

---

① ［意］康帕内拉著，陈大维等译：《太阳城》，商务印书馆1980年版，第78—80页。
② ［意］康帕内拉著，陈大维等译：《太阳城》，商务印书馆1980年版，第42页。
③ ［意］康帕内拉著，陈大维等译：《太阳城》，商务印书馆1980年版，第40页。

"太阳城的人民总是胜利的"。[①]与此同时，对在战败国的人民方面，太阳城实行宽待政策和各种恩惠，"被征服的或者自愿归顺的城市，其全部财产立即改为公有……而且要逐渐采用太阳城的风俗习惯，太阳城就成为它们共同的首都，它们可以派遣自己的子弟到那里去受教育，而且不必为此负担任何费用"[②]。

（六）太阳城的文化教育

太阳城普遍关心下一代的教育，主张教育与生产劳动相结合，消灭体力劳动与脑力劳动的差别，提高全民的科学文化水平。康帕内拉主张后代应由国家精心培养。在太阳城，人们注重儿童智力和体力的均衡发展，主张把智育和体操训练、游戏、工艺教育有效地结合起来。太阳城还非常重视青少年教育。康帕内拉还主张科学研究同工农业生产密切结合，反对"只是去读死书和研究事物的死的标志"[③]，提倡了解事物的本性和它的意义，这是具有深远意义的。

在太阳城，7岁的时候，孩子们就要被送到各个工场去学各种技艺。这些技艺主要有鞋匠、面包师、铁匠、木匠，或者送到画室去学绘画，其目的是为了了解这些孩子未来适合做什么工作。8岁就要开始课堂学习，学习的内容有数学、自然科学、医学以及外国语等方面的知识。同时，还会组织他们通过参加农业或畜牧业劳动等来掌握农牧业等农业生产的知识。12岁就要开始接受军事训练，其目的在于抵御外敌入侵。

在教育方式上，这里的居民善于运用直观教育和快乐教育的方法。在太阳城的所有城墙上都悬挂和写画着大幅的图表、图形、标本、画像等，内容涉及自然科学知识、地理知识、历史知识等。这有助于培养人们的学习兴趣，形成了酷爱科学研究、终身学习的优良传统。

---

① ［意］康帕内拉著，陈大维等译：《太阳城》，商务印书馆1980年版，第27页。
② ［意］康帕内拉著，陈大维等译：《太阳城》，商务印书馆1980年版，第30—31页。
③ ［意］康帕内拉著，陈大维等译：《太阳城》，商务印书馆1980年版，第14页。

（七）太阳城的人际关系

太阳城的居民具有高尚的道德情操。具体表现为，人与人之间形成了新型的人际关系，彼此之间团结友爱、相互关心、互帮互助。年龄相同的人们彼此以兄弟相称，整个社会就像一个和谐的大家庭。人人关心集体，热爱公社，"首先应注意整体的生活，然后才注意整体中的一部分人的生活"①。同时，这里的居民还尊老爱幼，对老人、病人、产妇等给予特别的照顾。在婚姻家庭制度上，康帕内拉认为家庭的存在同私有制和私有观念密不可分，并把形成和保留私有制同人们占有住房、妻儿相联系。因此，他主张消灭家庭，实行公妻制度。"太阳城人民的公妻虽然既涉及服务问题，也涉及性交问题，但绝不像一般动物那样，同任何女性都发生性关系；……是为了根据一定的制度生产后代。"②这是因为，在太阳城，婚姻家庭和生儿育女是直接关系种族存续和国家兴亡的大事，不再是个人的私事。同时，康帕内拉还指出："也许太阳城的人民终有一天会废除这种风俗的，因为归附太阳城的那些城市所公有的只是财产，而绝不是那种只是为大家服务并从事手工业的妻子。"③然而，公妻制度的主张显然是荒唐的，为反共产主义者提供了口实。

三、维拉斯的国家治理思想

（一）维拉斯的生平及著作

德尼·维拉斯（约1630—1700），17世纪法国空想社会主义者，确切的生卒年月和出生地不详。他所著《塞瓦兰人的历史》是法国历史上第一部乌托邦文学著作。

---

① ［意］康帕内拉著，陈大维等译：《太阳城》，商务印书馆1980年版，第36页。
② ［意］康帕内拉著，陈大维等译：《太阳城》，商务印书馆1980年版，第25页。
③ ［意］康帕内拉著，陈大维等译：《太阳城》，商务印书馆1980年版，第25页。

1630年前后，维拉斯出生在法国郎基多克省阿莱城的一个新教徒家庭。16岁的时候，维拉斯就应征入伍加入皇家军队，参加过对意大利的战争。退役后，维拉斯潜心学习法律，获得法律博士学位，在律师界"很有成就"[①]。然而，维拉斯担任律师时目睹了法国司法制度的黑暗与腐败，认为自己不适合从事律师活动，在母亲去世后变卖家产，"一心从事于旅行，起初在法国国内旅行，后来就游历整个欧洲"[②]。

1665年，维拉斯到了英国，度过了一段独特的生活。其间，他教法语和英语，还做过贵族的代理人。他结识了不少宫廷大臣、达官显贵和文化名流等英国上层社会人士。

维拉斯曾经卷进英国统治阶级的政治角逐，同白金汉公爵乔治·维伊埃过从甚密，并参与其进行的各种外交活动、政治倾轧、宫廷阴谋。1674年，维拉斯因白金汉公爵政治上失宠而不得不返回法国，"生怕因曾经参加白金汉的密谋活动而招致灾祸"[③]。

在法国，维拉斯不再涉足政治，开始了隐姓埋名的生活，他用自己的故乡——阿莱来作为自己的名字，从事法语、英语、历史、地理等教学工作，潜心从事文学活动。他还同一些著名人士交往，如南方大运河的建筑者比埃尔·李凯，在海军中任职的阿拉伯罕·杜根等。杜根的侄子曾到过巴达维亚，他向维拉斯讲述过荷兰海船在澳大利亚海岸附近失事的故事。杜根的儿子亨利·杜根侯爵也同维拉斯成为朋友。这个人曾设想在荷兰人赐给他作为采邑的波旁岛，即现在的留尼汪岛上，建立一个理想的共和国。也正是在此期间，维拉斯出版了代表作《塞瓦兰人的历史》。

---

① ［法］德尼·维拉斯著，黄建华、姜亚洲译：《塞瓦兰人的历史》，商务印书馆1986年版，第311页。

② ［法］德尼·维拉斯著，黄建华、姜亚洲译：《塞瓦兰人的历史》，商务印书馆1986年版，第311页。

③ ［法］德尼·维拉斯著，黄建华、姜亚洲译：《塞瓦兰人的历史》，商务印书馆1986年版，第312页。

《塞瓦兰人的历史》描述了西登上尉及其随行人员所乘的"金龙号"海船在前往巴达维亚的途中失事。他们经过侦察和探险，意外发现了一个世外桃源国家——塞瓦兰。他们共同记录了塞瓦兰这个美好国家的自然景观、人文风俗、历史沿革以及政治制度、经济制度、军事、文化和社会生活。这部著作在题材和思想上都深受莫尔的《乌托邦》、培根的《新大西岛》、柏拉图的《理想国》等影响，以及同时代社会名流、底层人士等影响。

《塞瓦兰人的历史》第一章是作者在旅居英国时用英文写成，并于1675年用英文出版的。然而，这个英文版本并没有产生什么影响。回到法国后，他又用法文重写了第一章，并相继写完了第二章和第三章的内容，分别于1677年和1678—1679年在巴黎出版，由此奠定了他在空想社会主义史上的地位。

《塞瓦兰人的历史》是一部完整的用第一人称叙述的近似游记体裁的空想社会主义小说。《塞瓦兰人的历史》社会影响很大，到18世纪末已经刊印不下20版，并被后世所模仿、吸收，其后的乌托邦社会主义著作中也可以找到受其影响的内容。康德曾称它是《理想国》和《乌托邦》的续篇。该著作还先后译成英语、德语、意大利语和荷兰语出版。

1685年，《南特敕令》被法国国王路易十四废除，维拉斯同大批新教徒逃往国外。他的晚年在荷兰度过，大约1700年去世。

（二）塞瓦兰共产社会的创建

维拉斯在《塞瓦兰人的历史》中，详尽地叙述了塞瓦兰国是如何在原始共产主义状态的基础上，通过一个历史上最公正的立法者的艰苦卓绝的努力，逐步建立起来的进程和历史经验。塞瓦兰民族由当地两个土著民族——普列斯塔兰人和斯特鲁卡兰人，同来自波斯的移民拜火教徒融合形成。这两个土著民族发源于同一祖系，在语言、生活方式等方面高度相似，其不同主要体现在婚姻制度方面。普列斯塔兰人严格禁止近亲结婚；斯特鲁卡兰人形式上是一夫一妻制，实际上则允许近亲结婚，家庭内部在两性关系上是混乱的。形成这种制度的缘由是因为其受到一个骗子花言巧语的诱惑。

塞瓦利斯原本是一名波斯贵族，担任过太阳神大祭司。听说南方发现新陆地的消息，塞瓦利斯便决定前往一探究竟。他依靠从中国购买的大炮取得了统治地位，在原始公社基础上直接建立财产公有制度，除了保留行政官员与平民的差别，人民中不再有其他差别。就这样，塞瓦利斯对社会进行了革命性改造，缔造了新的国家塞瓦兰，并提出了若干设想。这也成为维拉斯国家治理思想的重要基础。

（三）国家治理的经济之维

塞瓦利斯宣布废除财产私有制，剥夺私人的财产权。在塞瓦兰，法律规定全部土地和财富收归国有，由国家绝对支配。维拉斯认为，由于财富和私产在世俗的社会中造成巨大的差别，并由此滋生了贪欲、妒忌、欺诈以及其他祸害。废除财产私有制，就能够完全驱除对财富的贪欲、捐税、租赋、灾荒和贫困，"这些正在给世界各国的社会带来极大的祸害"[1]。在实行公有制后，塞瓦兰人已经没有了私有财产，然而，"国家的全部财富都属于他们，每个人都感到自己像世界上最富有的君主那样幸福"[2]。人们不再需要为衣、食、住、行操心，也不再需要为养家糊口而劳神。"国家供应这一切，而不要求纳捐缴税。"[3]全体人民过着幸福、富裕、安宁的生活。

塞瓦兰实行义务劳动制度。全体人民都要从事各种工作，通过有益而又适度的劳动，永远保持精神振作的状态。在这里，人们达到一定的劳动年龄后，都要参加每天8小时的劳动。老年人、病人和其他不幸的人，如残疾者

---

① ［法］德尼·维拉斯著，黄建华、姜亚洲译：《塞瓦兰人的历史》，商务印书馆1986年版，第131页。

② ［法］德尼·维拉斯著，黄建华、姜亚洲译：《塞瓦兰人的历史》，商务印书馆1986年版，第131页。

③ ［法］德尼·维拉斯著，黄建华、姜亚洲译：《塞瓦兰人的历史》，商务印书馆1986年版，第131页。

可以不参加劳动。妇女从事的是纺织、缝纫等不需要付出很大体力的劳动。

在塞瓦兰，人们把一天24个小时划分为三等份，分别用来劳动、娱乐和休息。由于劳动适度，体力和智力都可以得到运用发挥，身体就不会因为过度劳累而垮掉。"脑子也有合理的令人愉快的活动，而不必承受忧虑、悲伤和烦恼的重压。劳动之后的消遣和娱乐，使身体和精神轻松、振作，随后的休息又使身心得到放松和恢复。"①这样一来，人们都从事着有益劳动，既不会也没有必要去做坏事，从而防止了好逸恶劳和惹是生非。在塞瓦兰，高尚竞赛成为自觉劳动的主要动力。维拉斯指出，在塞瓦兰，人们的心通常都热衷于高尚的竞赛。"这种竞赛出于对美德的热爱，出于对做好事理应得到嘉奖的正当愿望。"②这是社会主义史上最早提出8小时工作制和劳动竞赛的，并为后人所继承和发展。

在塞瓦兰，人们的生产资料和生活资料都按需领取实物。任何人需要什么生活必需品，只要向相关管理人员提出申请，随时可以得到满足。为了让每个人生活得舒适，人们建立了一个储存一切生活必需品和用品的公共仓库。为让每个人生活得舒适，国家建立了公共仓库和专门仓库，储藏各个奥斯马齐送去的产品。每个奥斯马齐都设有自己的专用仓库、自己的公职人员等，可以不时从总仓库中取得补充，从而给予每个人生活的必需品和从事手艺和工艺的必要用品。"从这些专用的仓库中提取维持每个人生活的必需品。"③因此，在塞瓦兰国内，没有穷人，没有人缺乏生活必需品和生活用品。每个人都不必为地租、税赋、衣食、居住而发愁，也不必为子女婚嫁而操心，都可以参加公共的娱乐和消遣活动。

---

① ［法］德尼·维拉斯著，黄建华、姜亚洲译：《塞瓦兰人的历史》，商务印书馆1986年版，第132页。

② ［法］德尼·维拉斯著，黄建华、姜亚洲译：《塞瓦兰人的历史》，商务印书馆1986年版，第132页。

③ ［法］德尼·维拉斯著，黄建华、姜亚洲译：《塞瓦兰人的历史》，商务印书馆1986年版，第153页。

（四）国家治理的教育之维

在塞瓦兰，社会教育被摆在重要位置。在维拉斯看来，"人们天性就有向恶的方面，如果不用严明的法律、优秀的范例和良好的教育对此加以矫正，那末坏的种子就会在他们心中滋生巩固起来，往往压倒他们天赋的美德的种子。于是，他们就沉醉于自己毫无节制的贪欲之中，听凭激烈的狂暴的欲念支配自己的理智"①。良好的教育一般可以矫正，有时甚至可以根除人们的恶习，而维持他们的向善因素。

为了提供更好的教育，塞瓦兰建立了公共学校，旨在把儿童集中起来交由那些经过挑选的精明人来培养。从1岁到7岁，儿童同父母生活在一起，但必须在每年四次规定的日子里，由父母带到太阳神殿。从7岁起，孩子就要送到公共学校接受为期4年的教育，接受读书、写字、舞蹈和使用武器的教育，还要养成守法的习惯。接着，他们要到农村生活，学习种地。他们每天劳动4个小时，学习耕种，另外4个小时学习学校中所学的功课。从14岁起，就可以变换住屋和衣服，学习基本文法，还可以选择职业。如果他表现出一定的才能，就给他指定师傅，由师傅向他们传艺。但是，如果他没有多大才干，那就让他们选择农民或泥水匠的职业，这是全国两个最大的职业。

在塞瓦兰，对那些具有非凡天资、适宜于从事科学或绘画雕塑等艺术的儿童，可以不参加体力劳动而专门从事脑力劳动，并会特设一些学校专门教育他们。每隔7年，选派一批人到欧洲大陆游历，学习欧洲人所特有的东西，研究一切有益的科学。

（五）国家治理的政治之维

在塞瓦兰，社会的基本单位是奥斯马齐。它具有多重属性，是政治组

---

① ［法］德尼·维拉斯著，黄建华、姜亚洲译：《塞瓦兰人的历史》，商务印书馆1986年版，第155—156页。

织、经济组织和社会组织的有机统一。奥斯马齐是一幢方形大厦，在每幢大厦里居住着1000多居民，大家过着集体生活。在这里，基层政治机构是由选举产生的。每个奥斯马齐，选出自己的奥斯马齐长及其他公职人员共同管理各项事务。所有奥斯马齐长组成塞瓦兰的总会议，这是全国最高权力机关。他们有权讨论和代表自己的奥斯马齐投票决定所有重大问题。在奥斯马齐长人达到一定的数量后，总会议设有常务委员会。常务会议最初由每4个奥斯马齐选出1个代表组成，后来改为每6个奥斯马齐选出1个代表组成，再后来就由每8个奥斯马齐选出1个代表组成。常务会议选出24名选举任期时间最长的成员组成元老会（或称最高会议），襄助总督解决重大问题。这些成员都要担任一定的国家职务。各部设特别委员会，执行各部的任务。各省、市设立省长、市长。省、市也都设特别委员会，管理本省、市的行政事务。此外，还有其他一些低一级的公务员，其中有负责青年教育的。①

塞瓦兰的国家政体是君主制的，最高统治者是名义上的太阳神和实际上的总督。在这里，太阳神是至高无上的君王和绝对主人，是国家财产唯一的支配者和所有主。维拉斯指出："最高的权威和权力属于君主一人。"②但是，太阳神毕竟是虚构，真正世俗的执政者则是太阳神唯一的代表——总督。"作为国君和神的唯一代表的总督，不仅由太阳神选拔出来就任，而且也经过总会议的选举和人民的选举。因为当要选举总督的时候，总议会就从自己的成员中选出四人，这四个人再进行抽签。四人中谁抽到太阳神像，谁就作为美丽的太阳神所选中的人，被宣布为元首。"③这实际上就是把神治和人治结合起来的一种制度设计，是君主制和民主制的巧妙结合。塞瓦兰国的

---

① ［法］德尼·维拉斯著，黄建华、姜亚洲译：《塞瓦兰人的历史》，商务印书馆1986年版，第148—149页。

② ［法］德尼·维拉斯著，黄建华、姜亚洲译：《塞瓦兰人的历史》，商务印书馆1986年版，第148页。

③ ［法］德尼·维拉斯著，黄建华、姜亚洲译：《塞瓦兰人的历史》，商务印书馆1986年版，第148页。

总督并不具有无限的权力，"如果发生总督职位空缺的情况，就由塞瓦兰人中最老的那一位代理总督行使职权，直到最高议会选出继承人为止"①。需要指出的是，在塞瓦兰，任何长官，包括国家元首在内，财产和社会地位都不能世袭，"他们留给子女的只有值得效法的良好榜样"②。

第三节　闵采尔式早期空想社会主义的国家治理思想的主要内容

闵采尔式早期空想社会主义国家治理思想是现代无产阶级先驱的群众运动的直接产物，属于空想共产主义类型，其代表人物有16世纪的闵采尔、17世纪的温斯坦莱等。他们不仅用自己的学说和纲领直接代表了现代无产阶级先驱的利益和要求，其自身就是直接从伟大的群众运动中成长起来的。"自闵采尔以来，民众在每一次动荡中都出现这种思想，直到它渐渐同现代无产阶级运动合流为止。"③历史地看，闵采尔式早期空想社会主义的国家治理思想在社会主义国家治理思想史上产生了深远影响。

一、闵采尔式早期空想社会主义的国家治理思想

（一）闵采尔的生平及著作

托马斯·闵采尔（约1490—1525），与托马斯·莫尔同时代的德国革命

---

① ［法］德尼·维拉斯著，黄建华、姜亚洲译：《塞瓦兰人的历史》，商务印书馆1986年版，第150页。

② ［法］德尼·维拉斯著，黄建华、姜亚洲译：《塞瓦兰人的历史》，商务印书馆1986年版，第150页。

③ 《马克思恩格斯文集》第2卷，人民出版社2009年版，第239页。

家，德国农民战争的杰出领袖，早期空想社会主义的代表人物之一。

托马斯·闵采尔出生于德国采矿工业中心地区哈茨山南麓的施托尔堡镇，他的父亲是铸造钱币的手工业者。1503年前后，举家前往哈茨山区东北部的克维德林堡。在克维德林堡，闵采尔在一所拉丁语学校学习。中学时期，闵采尔还曾组织过秘密团体，反对罗马教会。

1506年，闵采尔进入莱比锡大学神学院学习，并到法兰克福大学专修哲学和神学，还选修过医学。他通晓拉丁语、希腊语和希伯来语，熟谙《圣经》，获得神学博士学位，并受到人文主义思潮的影响。

大学毕业后，为了生计，闵采尔选择了神学教员和传教士的职务，辗转多地布道。马丁·路德贴出反对贩卖"赎罪券"的"九十五条论纲"后，闵采尔曾专程前往拜会。1519年，闵采尔曾在奥尔拉孟德、尤特博格等地短暂居住，并前往博伊蒂茨小镇的女修道院担任忏悔神甫。尽管闵采尔在思想深处觉察了自己同路德的分歧，但依然是路德宗教改革主张的支持者。

1520年4月，闵采尔到茨威考担任牧师，并组织了"上帝的选民同盟"，表示要不惜生命捍卫上帝的事业。这引起了僧侣贵族们的恐惧，采用投毒、暗杀、逮捕等手段逼迫闵采尔离开茨威考。在这里的一年，是闵采尔从宗教改革支持者转变为社会改革宣传者的关键时期。

1521年4月，闵采尔从茨威考出走后在各地奔走呼号、宣传其思想和主张。不久，他辗转来到布拉格，用拉丁文和德文撰写了《告捷克人民书》，初步提出了"上帝的启示"、"上帝的选民"与不敬上帝者的区别、建立崭新教会、权力转归人民等观点，号召人民倾听上帝的话，为反对真理的强大敌人而斗争。此后，他再一次因被禁止居留而被迫离开，返回德国。

1522—1525年，闵采尔先后在诺得豪森、哈勒、阿尔斯特德、缪尔豪森等地宣传社会改革主张。他对矿工们讲演时说：自我牺牲和勇敢，这是胜利的关键。收获的时期已经不远了！把镰刀磨得快快的吧！他发表的《对诸侯讲道》，对上帝、对僧侣、对世俗当局、对使用暴力等问题作了比较全面的阐述。他还用鲜明、生动的语言开导农民和手工业者们：你们切勿受骗！你们不要自欺欺人，希望领主们会自感让步。不要轻信盲从，不要使自己分裂！只要你们团结一致，谁也战胜不了你们！

1525年2月，闵采尔重新回到缪尔豪森。在这里，他主张应由人民来决定政权问题，并提出让"永久议会"治理国家。3月16日，经过市民投票而赞成的"永久议会"于次日宣告成立，这是革命的权力机关，在人民中逐步取得威信。尽管闵采尔并未在"永久议会"中担任领导职务，但并不影响他作为组织者和精神领袖的地位。"永久议会"是属于人民的政权，没收教会经费活动品，取消礼拜仪式，建立了严格的公库管理制度。

在缪尔豪森人民胜利的同时，农民起义的消息从四面八方传来。闵采尔根据形势的变化及时作出部署，加强对群众的军事训练，制造军械火药，修筑堑壕，夯实保卫"永久议会"的基础，并积极支援外地农军。5月10日，经"永久议会"授权，闵采尔带领300名战士赶赴弗兰肯豪森支援起义军，却遭到各地诸侯、骑士及僧侣组成的联军反扑和"围剿"，起义军惨遭失败。闵采尔因头部受伤而被捕。闵采尔在被严刑逼问、威逼利诱下坚守信念，坚定地指出：一切都应当变为公有！每个人都将需要从公社获得一切！对付那些胆敢阻挠实行这一点的诸侯和领主们，就应该像我所说的那样：处以绞刑或者杀头。闵采尔的处置权由恩斯特伯爵争得，他强迫闵采尔承认是出于自私而愚弄无知的人民，戕害了上帝真理，愿意用死来赎罪。闵采尔断然拒绝。然而，统治者竟然炮制所谓的《托马斯·闵采尔放弃成见书》和《托马斯·闵采尔的供词》，以欺骗天下，瓦解革命队伍。

1525年5月27日，闵采尔被一队雇佣兵押到寂静的田野秘密处决。闵采尔牺牲了，但他的精神获得了永生。恩格斯曾说："在历史上德国农民和平民所怀抱的理想和计划，常常使他们的后代为之惊惧。"[1]

---

① 《马克思恩格斯文集》第2卷，人民出版社2009年版，第220页。

（二）建立"千载太平天国"

闵采尔国家治理思想的核心要义是建立"千载太平天国"，并以神学教义的名义出现。"对于完全由宗教培育起来的群众感情说来，要掀起巨大的风暴，就必须让群众的切身利益披上宗教的外衣出现。"[1]闵采尔还提出要用暴力革命来实现这一理想。闵采尔式早期社会主义国家治理思想所展示的未来图景是原则性、粗线条的，主要是以公有制为基础，主张消灭阶级压迫和剥削，进而建成人人平等、民主、幸福的新社会。

1. 坚决根除私人占有制度，平均分配产品，没收教会、诸侯、僧侣的财产

闵采尔认为，人民是财富的唯一所有者，并揭露广大劳动群众贫困的根源是财产的私人占有。他在《论据充分的辩护词》中指出，诸侯和贵族霸占了一切财富，是高利盘剥和盗窃抢劫的罪魁祸首。当这些老爷们任意地霸占了一切之后，又竭力对穷人宣布上帝的命令——不可盗窃！如果有谁动了他们的私产，哪怕只有一星半点，就要被他们送上绞刑架。闵采尔还指出：人民仇恨贵族老爷们，这是老爷们自己造成的。他相信，人民终将起来推翻暴君，获得自由。

在"千载太平天国"，实现了完全的平等，没有阶级差别，没有贫富之分，一切财产都实行共同所有、共同分配，人们可以免费从公社领取其所必需的一切：从面包店领面包，从鞋店领鞋子，从裁缝店领衣服。在闵采尔看来，金钱和私有财产是真正基督徒的主要障碍。按照《圣经》，任何一个基督徒都无权私自占有财产，只有财产共有才适合于基督徒的社会。因此，他主张采用强制没收的办法，谁要不自愿放弃自己的财产，不宣誓忠于公社，那就应该被逐出境。凡是没收的东西都属于人民，成为公有财产，不能据为己有。

---

① 《马克思恩格斯选集》第4卷，人民出版社2012年版，第262页。

2. "千载太平天国"是全体人民实行自我管理的社会

"千载太平天国"没有高居于社会之上、同社会成员对立的国家政权，是一个全体人民实行自我管理的社会。在这里，人民通过民主投票选举来参与社会事务，管理人员要接受人民监督。任何人都不能违反人民的意志进入权力机构。任何进入权力机构的人员都不能擅用职权，或骄傲自大，以老爷自居，否则就要被撤换或受刑罚。恩格斯指出："正如他的宗教哲学接近无神论一样，他的政治纲领也接近共产主义。"[①]"闵采尔所理解的天国不是别的，只不过是这样一种社会状态，在那里不再有阶级差别，不再有私有财产，不再有对社会成员而言是独立的和异己的国家政权。"

闵采尔运用宗教教义阐述"千载太平天国"是按照福音书的要求来生活的。一个善良的基督徒对其他基督徒不得施以任何暴力，不得担任任何职务，不得享有世袭权力。他认为，上帝的儿女是平等的，政治上也要是平等的。否则，就要推翻现政权。

（三）暴力是实现社会主义国家治理的途径

实现社会主义国家治理，就必须推翻现在的统治者。如果他们不愿交出政权，就要使用武力。对统治者的顽固性，闵采尔作了充分估计：暴君们连一点儿自己的特权也不愿放弃，他们一定要疯狂地保护他们所抢来的财宝和自己的特权。他们绝不是白白地养活许多雇佣兵队伍。因此，必须让人民群众团结起来，做好暴动准备。闵采尔仍然是用宗教教义来阐述和宣传暴力思想的。他在《对诸侯讲道》中说："基督说过：我不是带着和平，而是带着刀剑来的。但是你们（萨克森诸侯）要刀剑干什么呢？你们如果要做主的仆役，那就没有别的选择，只有去驱除妨害福音的恶魔。基督十分严肃地下了命令（见《路加福音》第19章27节）：把我那些仇敌拉来，在我面前杀了吧……不要有这种浅陋的看法，认为此事应靠主的力量去完成，而不需要你

---

① 《马克思恩格斯文集》第2卷，人民出版社2009年版，第248页。

们手持刀剑予以协助，果真如此，你们的刀剑就要在鞘中生锈了。"①

闵采尔认为，建立上帝选民同盟或基督徒同盟，是推翻反动政权的必然要求。"基督教联盟的纲领和计划是这样的：托庇上帝的保佑，而且，在可能范围内，毋须武装斗争和流血，来获得自由。不过，缺乏友爱的鼓励和团结，一切有关整个基督教利益和包括置于这个纲领之后的这些附属条款的事业，都是不可能实现的。因此，我们友爱的请求、愿望和亲切的意图是，希望你们自愿地、亲睦地来参加这个基督教联盟和团体，俾整个基督教事业的利益和友爱得以恢复、建立和增进。如果你们加入了这个联盟，这就是上帝实行他的友爱的训诫的愿望的表现。"②

对于不肯参加联盟的人，闵采尔主张实行"世俗的斥革"。在闵采尔派看来，既然教会多年来对不服从教会的人有权进行斥革，开除教籍，那么人民为什么就没有权进行世俗的变革呢？他们在《书简》中规定："世俗的斥革即是所有基督教联盟的成员应该把下述事情当作自己光荣的事迹和崇高的责任，这就是：对那些拒绝参加兄弟会、促进基督教的共同利益的人，不同他们来往，也不赞成任何人同他们来往，不同那些人一起吃、喝、做买卖、推磨、钓鱼、耕田、耙地，甚至不给他们携带什么，不给他们食物、资金、木柴、鲜肉以及任何其他的东西，不买他们的东西，也不卖给他们任何东西。让他们留在世界上，就如与世隔绝的死人一样。因为，他们在这些方面，不但不促进公同的利益和地上的和平，反而阻挠它。拒绝他们进入任何集市，拒绝他们享用不归他们拥有的公社的森林、水泽和牧场，此外，任何参加我们的联盟的人违背了这些条文，他也同样地要受到世俗的斥革，受到如同开除教籍的惩罚，和妻儿子女一起被赶到敌人那边去。"③"世俗的斥

---

① 中共中央马克思恩格斯列宁斯大林著作编译局编：《马克思　恩格斯　列宁　斯大林论宗教和无神论》，人民出版社1999年版，第39页。

② 齐思和、林幼琪选译：《中世纪晚期的西欧》，商务印书馆1962年版，第164—165页。

③ 齐思和、林幼琪选译：《中世纪晚期的西欧》，商务印书馆1962年版，第165—166页。

革"不是只适用于一般拒绝入盟的人，更重要的是适用于所有的城堡、寺院和教堂。如果贵族、僧侣和修道士们拒绝离开这些地方，拒绝迁入普通住宅，拒绝入盟，就对他们实行"世俗的斥革"。这种意义上的"世俗的斥革"，就是意味着革命，意味着打倒统治阶级。恩格斯曾指出："'世俗绝罚'的规定所涉及的只是压迫者和叛徒，以及城堡、寺院和教堂；按照这种规定，必须把压迫者和叛徒处死，把城堡焚毁，把寺院和教堂没收，并把那里的财宝换成现金。"[1]如果贵族要求入盟，则要召开会议，由大家评议，审查这些贵族有无危害革命的特殊罪行。如果没有，就可以接受入盟。在建立同盟时，邀请诸侯和贵族参加，如果他们拒绝，同盟就要采取果断措施，及早把他们消灭掉。

恩格斯针对闵采尔对革命道路的探索及其失败的根源作了深刻分析，明确指出："不仅当时的运动，就连他所生活的整个世纪，也都没有达到实现他自己刚刚开始隐约意识到的那些思想的成熟地步。他所代表的阶级刚刚处于形成阶段，还远远没有得到充分的发展，也远远没有具备征服和改造整个社会的能力。他所幻想的那种社会变革，在当时的物质条件下还缺乏基础，这些物质条件甚至正在孕育产生一种同他所梦想的社会制度恰恰相反的社会制度。"[2]

二、温斯坦莱的国家治理思想

温斯坦莱用法律条文的形式表述空想社会主义观点和国家治理思想，具有创造性。

---

[1]《马克思恩格斯文集》第2卷，人民出版社2009年版，第282页。
[2]《马克思恩格斯文集》第2卷，人民出版社2009年版，第304—305页。

（一）温斯坦莱的生平及著作[①]

杰腊德·温斯坦莱，是17世纪英国资产阶级革命时期掘地派运动的领导人和理论家，空想社会主义者。温斯坦莱1609年出生于英国兰开夏郡威根。关于温斯坦莱的家庭、身世，缺乏可靠的史料。高放等学者根据德国人比尔的《英国社会主义史》进行了整理，大致如下：温斯坦莱曾经是一名商人，他在英国伦敦开店经商，从事布匹生意。然而，由于受到英国资产阶级革命内战的影响、奸商的欺骗，他的店铺破产了。在朋友的帮助下，温斯坦莱前往伦敦附近的塞利郡，靠给人放牧过活，经济地位急剧下降，成为依靠劳动为生的无产者或半无产者。这种社会地位变迁、生活环境变化，使温斯坦莱在同下层劳动群众的广泛接触中深入了解英国城乡贫民的实际处境，开始研究现实问题，探讨各种社会思潮，酝酿各种改革社会的理想和计划，逐步形成了思想体系，其国家治理思想就蕴含其中。

温斯坦莱活动的年代是17世纪中叶英国资产阶级革命胜利后，他是人民群众的代言人。他对人民群众的生活状况作了生动描述，明确提出："人民埋怨说：现在小所有者和农民承担着一切重担，他们耕地，交税，提供士兵的宿营地，各方面都超过了自己的力量，还派兵参加军队，挑起最沉重的战争的担子。但是，压迫他们和靠他们的劳动优哉游哉地过活的乡绅们，夺去了他们在人间过温饱生活的一切资料。"[②]1649年4月，大批农民和一些城市贫民在伦敦附近的塞利郡的圣乔治山、科布汗等地自发垦荒种地，并迅速扩展到诺桑普顿、白金汉、亨丁顿、兰开夏、肯特等地，是为掘地派。掘地派发表的《真正的平均派举起的旗帜》指出，"不仅这块公社土地或者荒地将

[①] 关于温斯坦莱的生平简介主要参照：高放、黄达强主编：《社会主义思想史》上册，中国人民大学出版社1987年版，第98—101页；萧贵毓、牛先锋主编：《社会主义通史》第1卷，人民出版社2011年版，第83—87页。

[②] ［英］温斯坦莱著，任国栋译：《温斯坦莱文选》，商务印书馆1982年版，第95页。

被人民耕种，而且英国和全世界的公社土地和荒地都将被没有财产的人公正地拿来耕种。土地将要成为共同的宝库"①。温斯坦莱等15人在宣言上署名。

温斯坦莱是掘地派运动的主要理论家、领导者和代言人。温斯坦莱曾对贫苦人民的愤怒作了描述："人民中间经常有人这样说：我们在战争中失去了自己的土地，失去了自己的朋友，我们毫无怨言地忍受了这一切，因为有人曾经答应要给我们自由。而现在，终于出现了新的主人，我们所受的痛苦反倒增加了。虽然各种人都承担过推翻王权的义务，但是王权到现在仍然存在。"②他对掘地派的根据和目的阐释如下，"我们开始垦殖圣乔治山上的土地，是为了能够一起吃自己的面包——我们辛勤进行的正义工作的果实"③。又说："我们和国内一切受尽压迫的穷人可以通过这种办法，用我们在土地上的诚实的劳动得到有保障的生活。我们认为，由于战胜了国王，我们有权（我以一切贫穷的老百姓的名义这样说）占有土地"，"现在，土地就应该重新由夺得这些土地的人即平民共同占有"。④

掘地派运动甫一兴起就受到资产阶级统治者的压制和镇压。1650年，英国国会根据军队总司令克伦威尔的提议，以法令的方式禁止村社荒地由掘地派耕种，并派军队镇压。次年，这场运动被镇压了下去。历史地看，掘地派运动远远超越了旧式农民运动所能达到的最高水平，是英国现代无产阶级先驱利益和要求的反映。正如恩格斯所认为的，这是属于"都爆发过作为现代无产阶级的发展程度不同的先驱者的那个阶级的独立运动"⑤。

---

① ［英］温斯坦莱著，任国栋译：《温斯坦莱文选》，商务印书馆1982年版，第17页。

② ［英］温斯坦莱著，任国栋译：《温斯坦莱文选》，商务印书馆1982年版，第95页。

③ ［英］温斯坦莱著，任国栋译：《温斯坦莱文选》，商务印书馆1982年版，第17页。

④ ［英］温斯坦莱著，任国栋译：《温斯坦莱文选》，商务印书馆1982年版，第55页。

⑤ 《马克思恩格斯文集》第3卷，人民出版社2009年版，第525页。

掘地派运动失败以后，温斯坦莱并没有退缩消沉，于1652年出版了代表作《自由法》（全称是《以细领形式叙述的自由法，或恢复了的真正的管理制度》），最集中地体现了其空想社会主义思想，并在社会主义思想史上开创了以法律条文表达政治思想的新形式。温斯坦莱后期的活动并没有可靠的记载，大约卒于1660年。

（二）温斯坦莱对土地私有制的批判

温斯坦莱对旧的国家治理的批判集中体现在对私有制的批判，特别是土地私有制的批判和资产阶级共和国的批判上。他在批判中逐步建立起社会主义国家治理的思想。

1. 土地私有制不是从来就有的，也不可能永恒存在下去

温斯坦莱认为人类最初处于自然状态时，土地和一切财富都是共有的。他指出："混沌初开之时，伟大的造物主——理智创造了土地，让土地成为共同的财富，让大地上保存野兽、飞禽、鱼和人。"[1]人拥有管理飞禽走兽和鱼类的权力，却没有一部分人管理另一部分人的权力。在温斯坦莱看来，理想的社会是没有剥削和压迫、人人平等、和平、自由的社会，"不把某一部分人交给另一些人去支配，而是所有的人都像一个人一样，一起工作，一起吃饭，像一个父亲的儿子一样，像一个家庭的成员一样，没有哪一个人将统治另一个人，大家彼此都把对方看作上帝创造出来与自己平等的成员"[2]。然而，贪婪发展成自私的自负心理、傲慢、伪善和肮脏念头，追逐财富和肉体的荣誉，于是财产私有、人剥削人和人压迫人，一部分人管理另一部分人

---

① ［英］温斯坦莱著，任国栋译：《温斯坦莱文选》，商务印书馆1982年版，第5页。
② ［英］温斯坦莱著，任国栋译：《温斯坦莱文选》，商务印书馆1982年版，第13页。

的权力也就相应出现了。①

2. 对土地私有制的弊端进行了深刻揭露

私有制是对造物主的极大侮辱，是可诅咒的东西。因此，要把私有制驱逐出去。温斯坦莱指出，私有的土地和财产是其所有者靠压迫、杀戮和偷窃的办法得到的。②土地私有制的出现，是"产生使人民陷于贫困之中的一切战争、流血、偷窃和奴役性法律的原因"③。它使占有者成为压迫者，使广大人民成为被压迫者。

（三）批判资产阶级共和国

温斯坦莱认为，英国资产阶级共和国是新的奴役制度，它是建立在国王的法律和原则之上的不公正的政权。这就意味着，革命没有达到消灭一切私有制度和人压迫人、人剥削人这一不合理现象的目的。

1. 新建立的共和国强化土地私有制

温斯坦莱认为，资产阶级共和国建立后理应变革土地所有制，废除领主对公共土地的占有。然而，共和国建立后，作为胜利品的王室贵族和主教的土地以及林地和村社土地，国会并没有"在两个集团之间即议会和人民之间进行平均的、公正的分配"④，却通过买卖的方式成功转移到新贵族手中。

---

① 关于英国私有制产生的根源，温斯坦莱还用"诺曼奴役"作了论证。他认为，在诺曼人征服英国以前，英国的土地是共有的，人民享有平等利用土地的天赋权利；在征服者威廉入侵后，就把英国的土地分配给他的军官和士兵，于是产生了私有土地、贵族和僧侣的特权以及奴役性的法律。在他看来，国王查理一世就是征服者威廉的继承人，而所有的领主也都是征服者威廉军官们的继承者。他们从国王那里得到了土地占有的权力和封号。

② ［英］温斯坦莱著，任国栋译：《温斯坦莱文选》，商务印书馆1982年版，第14页。

③ ［英］温斯坦莱著，任国栋译：《温斯坦莱文选》，商务印书馆1982年版，第35页。

④ ［英］温斯坦莱著，任国栋译：《温斯坦莱文选》，商务印书馆1982年版，第83页。

国会没有制止圈地却使其合法化，保留了领主土地所有制和领主的权力。

2. 新建立的共和国背信弃义，出卖了人民的自由

温斯坦莱指出，在议会同王权进行斗争时，领主、庄园主、乡绅们组成的议会号召人民群众出钱出力，共同推翻王权和暴政，并承诺使其获得自由。然而，革命胜利后，新建立的共和国只"给乡绅以自由，使他们物资富足，他们把从穷人那里征收来的土地的宝藏都锁了起来，以致富人家的箱子都被金银财宝挤破，房子里到处堆满粮食和各种财物，而穷人却用劳动才能勉强取得一切糊口的东西。他们如果不能像奴隶那样做工，就只有饿死"①。新建立的共和国用"饥饿纪律"代替国王的刀剑统治和残暴法律，人民的生活更加陷入悲惨痛苦。

3. 新建立的共和国是一种"集体的王权专制"，是换了一种形式的王权统治

温斯坦莱认为，英国资产阶级革命要彻底消灭私有制和人剥削人、人压迫人的现象，但这种理想并没有成为现实，新建立的共和国本质上不过是一个剥削阶级代替另一个剥削阶级、一种私有制代替另一种私有制。温斯坦莱形象地说："暴政之树的树梢被砍下来了，由一个人进行统治的王权也被赶跑了。但是，唉！直到现在，压迫仍然是一棵根深叶茂的大树，直到现在，还遮住自由的太阳，使它照不到穷苦的平民。"②正是这样的认识使温斯坦莱拒绝承认当时英国的共和国，在他看来，"当我们这些穷苦的老百姓没有得到一点土地，以便能像乡绅们那样过自由生活的时候，就不可能有共和国；当王权还假借领主的手来统治我们的时候，王权就不可能连根铲除"③。

---

① ［英］温斯坦莱著，任国栋译：《温斯坦莱文选》，商务印书馆1982年版，第70页。

② ［英］温斯坦莱著，任国栋译：《温斯坦莱文选》，商务印书馆1982年版，第65页。

③ ［英］温斯坦莱著，任国栋译：《温斯坦莱文选》，商务印书馆1982年版，第56页。

4. 新建立的共和国的法律是维护征服者权力和利益、奴役人民的工具

温斯坦莱指出，对于劳动人民来说，共和国的各种法律不过是绳索和脚镣手铐。这种法律是以自私自利的原则为基础的，为的是从人们手中夺去土地和财产。在生活中，"他们能把案件弄成这样：谁的口袋里装得钱多，谁就可以打赢官司"①。也就是说，司法被金钱收买。在温斯坦莱看来，新建立的共和国，不过是在"议会的国家权力"名义下实行新的压迫和奴役，事情和国王统治时期一模一样，革命并没有改变僧侣、法学家、法律，而是把国王的一切原封不动地保留下来。"英国是一座监狱"，因为，"法律的各种各样的伎俩都有刀剑、城堡、监狱大门做它的靠山。法学家是狱卒，穷人是囚犯。如果有人落到他们任何人（从管事到审判官）手中，不是死亡，就是一辈子被葬送掉"②。

（四）真正的自由共和国

《自由法》以法律形式描绘了温斯坦莱的理想社会，即真正的自由共和国。"这种共和管理制度把全国所有的居民联合成为一条心和一个思想。""那里的土地管理制度是普遍正义的法律，那里的人民是幸福的人民。"③"它为被压迫者、弱者和平民储备粮食，也为富人、聪明人和强者储备粮食。它把刀枪都铸成犁头和镰刀；它把两兄弟——哥哥和弟弟都变成世界上的自由人。"④温斯坦莱提出了彻底的社会革命方案，规定了共和国国家制度的基本纲领。温斯坦莱形象地说："这个纲领像一个……穿着破旧农民服装

---

① ［英］温斯坦莱著，任国栋译：《温斯坦莱文选》，商务印书馆1982年版，第69页。

② ［英］温斯坦莱著，任国栋译：《温斯坦莱文选》，商务印书馆1982年版，第70页。

③ ［英］温斯坦莱著，任国栋译：《温斯坦莱文选》，商务印书馆1982年版，第106页。

④ ［英］温斯坦莱著，任国栋译：《温斯坦莱文选》，商务印书馆1982年版，第125页。

的不懂文质彬彬的城里人的仪态和举止的穷人"；"很像一块粗糙的木头，但是灵巧的工人会拿它来盖成一幢漂亮的房屋"。①

真正的共和国中，自由就是使用土地的自由。"真正的自由存在于人们得到食物和生活资料的地方，这也就是使用土地。"②温斯坦莱在《自由法》中明确阐释了"什么是自由"，即每个自由人都有使用土地、耕种土地、在土地上建筑房屋的自由，有从仓库获得他所需要的一切并不受任何限制地享用自己劳动果实的自由。这样的自由人不向任何领主交租。③为实现这个自由，就必须废除一切旧法律，制定新法律，包括但不限于耕种法、游手好闲惩治法、仓库法、监督人法、买卖惩治法、航海法、金银法、公职人员选举法、背叛惩治法、失去自由人法、奴隶恢复自由法和婚姻法等。这既构成自由法的基本内容，也是实现真正的共和国的基础。

1. 真正的自由共和国的经济制度

真正的自由共和国，是建立在生产资料公有，特别是土地公有制基础之上的。土地是一切人的生活资料的共同宝库，应是一切人的共同财产。温斯坦莱认为，真正的自由共和国应该确立土地公有的原则，发布关于自由使用土地的法令，使全部土地都成为公有财产。同时，土地上包括林木、牛羊、五谷等一切果实也应公有。否则，就是对自然权利的违背。每人都应该在土地上享有兄弟般的自由，人们之间没有差别，既没有贫困，也没有压迫，更没有乞丐。在这样的国度里，如果有人认为土地是属于自己所有即私有的，那么，就要当众处分：让他坐在耻辱椅上，并在额头上打上耻辱的烙印。

在自由共和国，人人都要参加生产劳动。这将使共和国得到丰富的食物

---

① ［英］温斯坦莱著，任国栋译：《温斯坦莱文选》，商务印书馆1982年版，第99—100页。

② ［英］温斯坦莱著，任国栋译：《温斯坦莱文选》，商务印书馆1982年版，第108页。

③ ［英］温斯坦莱著，任国栋译：《温斯坦莱文选》，商务印书馆1982年版，第202页。

和一切必要的东西。[1]法律规定，劳动全部由青年人和失去自由的人承担。所有40岁以下的人都必须参加劳动。在这里，劳动既是一种义务，也是一种强制性的社会改造手段。有觉悟的人们不会游手好闲，懒惰的人将经过劳动变成勤劳的人，寄生虫和乞丐将通过强制劳动改造成为自食其力的人。除了生病者，凡是有劳动能力的人都不能免除劳动，否则就要绳之以法。40岁以上的人则可以根据本人意愿免除任何劳动和义务。法律还规定，拒绝参加劳动的人会受到惩处。按照游手好闲惩治法的规定，如果有人拒绝学习手艺或者拒绝在播种或收获时工作，或拒绝充当仓库看守人，而又想和劳动人民一样吃穿，保卫人员要依照情节轻重给予相应的处分，直到他服从正常秩序为止。[2]温斯坦莱认为，在劳动方面，自觉性和教育是很重要的，然而监督和纪律也是不可少的。

在真正的自由共和国里，国王统治时期的各行各业都会保留下来，并得到了非常大的改进。在这里，国民经济以农业为主，同时还有手工业、矿业、畜牧业和林业。温斯坦莱认为，人们应从事一项生产和科学技术的活动。谁从事这种活动，"谁就是人类的有益的儿子"；"谁只是袖手旁观和空谈他读过和听过的东西，而没有把自己的才干应用到某种个人的活动上来提高生产率、发扬世界上的自由和和平，谁就是无益的儿子"。[3]

真正的自由共和国里，废除了商品买卖和货币，"既不会有买也不会有卖"。在温斯坦莱看来，买卖是征服者的法律而非正义的法律，是最大的欺骗。买卖出现以后，人就失去了天真和纯洁。一部分人正是通过欺骗和掠夺而上升为贵族，更多的人则因此而沦为穷人。更为严重的是，买卖常常带来

---

[1]［英］温斯坦莱著，任国栋译：《温斯坦莱文选》，商务印书馆1982年版，第198页。

[2]［英］温斯坦莱著，任国栋译：《温斯坦莱文选》，商务印书馆1982年版，第197—198页。

[3]［英］温斯坦莱著，任国栋译：《温斯坦莱文选》，商务印书馆1982年版，第178页。

纠纷和战争。因此，真正的自由共和国的法律规定，如果进行买卖，不管买者还是卖者，都将按和平的叛逆者判罚并处以死刑。在这样的背景下，买卖不存在了，货币的功能也就丧失了。于是，货币只是为了满足对外贸易的需要。

2. 真正的自由共和国的政治制度

家庭属于基层管理单位。在真正的自由共和国中，家庭是生产单位，也是消费单位，是整个社会有组织的经济活动的组成部分。各个家庭担负着不同的社会职能，有的从事农业生产，有的从事手工业生产。家长是家庭中的公职人员，是共和国公职人员整个链条上的一个环节，负责管理家庭事务。如果某个家庭领取了超过实际需要的物品，或者挥霍浪费，家长就要受到批评劝诫，当众申斥甚至严惩。家长负有教育、训练子女并使之成为合格的劳动者的责任。家长如果对家庭生产劳动没有尽到责任，经过监督人劝诫而又不改者，就要把他送交监督人强迫劳动，直到改正为止，同时，要把这个家庭交给另一个人领导。

自由共和国实行民主政治制度。温斯坦莱提醒人们，"在建立共和国政府的同时，提防国王的一切阴谋诡计，使政权能够名副其实"①。他坚决反对世袭制、终身任职制和长期任职制，主张对所有公职人员每年改选一次，撤掉旧的公职人员，选出新的公职人员。在温斯坦莱看来，"国家和军队的高位改变了很多好心人的良心"②，他还用死水易臭、流水不腐的自然现象进行形象的阐释。之所以要这么做，是为了让所有公职人员永葆"一种为社会服务的精神"，防止和避免公职人员长期担任职务可能产生的种种弊病：蜕化变质，不再温顺、诚实和关怀群众。"他们就会变得自私起来，竭力谋求个人福利，而不去关心普遍的自由。"③相反，经常改选公职人员的好处则

---

① ［英］温斯坦莱著，任国栋译：《温斯坦莱文选》，商务印书馆1982年版，第128页。

② ［英］温斯坦莱著，任国栋译：《温斯坦莱文选》，商务印书馆1982年版，第134页。

③ ［英］温斯坦莱著，任国栋译：《温斯坦莱文选》，商务印书馆1982年版，第134页。

有"促使所有的人保持公正，待人和蔼"，培养和锻炼出"一批适合进行管理的有才干、有经验的人"①。

在自由共和国，公民拥有选举权和对公职人员的监督权，选举产生一切公职人员。所有20岁以上的男子都有选举权，所有40岁以上的男子都有被选举权。有三种情形例外：一是所有同君主政权和君主管理制度有关系的人，即旧贵族和旧官吏，如议会的议员、国王军队的士兵以及资助过国王军队的人；二是在革命中买卖共和国土地的人，即新贵族；三是受到法律处分被剥夺自由的人。醉汉、爱吵架的人、怕得罪人而不敢说实话的人、贪图安逸和热衷于争论的人、爱唠叨的人等，可以有选举权，但不适合担任公职而没有被选举权。②

温斯坦莱阐释了公职人员的政治标准。为了让所有居民过上和平、富足和自由的生活，温斯坦莱认为选举公职人员应遵循的原则主要有："请选举那些早就用行动证明自己拥护普遍自由的人"，"请选举性情温和、待人接物稳重的人"，"请选举受过国王迫害的人"，"请选举那些冒着牺牲自己的财产和生命的危险企图把土地从奴隶制度下解放出来并且始终相信会做到这一点的人"，"请选举在制定和平的、组织健全的政府的法律方面有经验的聪明人"，"请选举敢于说老实话的勇敢的人"，"请选举40岁以上的人……这种人中间往往可以找到大胆的、作风正派的、憎恨贪婪的人"。③同时，温斯坦莱还认为，要选举具备上述原则的穷人，就要从公共积累中拨出一年的给养，"因为在这一段期间内，共和国的自由就会确立起来，那时就不再需要

---

① ［英］温斯坦莱著，任国栋译：《温斯坦莱文选》，商务印书馆1982年版，第135—136页。

② ［英］温斯坦莱著，任国栋译：《温斯坦莱文选》，商务印书馆1982年版，第136—137页。

③ ［英］温斯坦莱著，任国栋译：《温斯坦莱文选》，商务印书馆1982年版，第138页。

这样的薪俸"①。

真正的自由共和国按照三级权力机构进行组织。它的第一级权力机构即中央权力机构，由议会、共和国内阁、邮政局长和军队构成。议会是国家的最高立法机关和最高权力机关，掌握着共和国的一切权力，同时也是经济活动的最高领导机关，其主要职责是：发布命令，允许并保证自由使用土地，保证实现被压迫的穷人从暴君手中夺回天赋权力；废除旧法律，制定新法律；改善人民处境，保证人民的自由；对所有机关和公职人员实行监督，确保搬掉妨碍被压迫人民享受天赋权利的绊脚石；统帅军队，抗击外敌侵略和镇压国内暴乱。第二级权力机构，即省"法院或郡议院"，这是一个由法官、区内各个城市的调解人监督人和由他们指挥的士兵组成的单纯的执法机关，其职责是监察本区域内公职人员。"如果某个公职人员危害某一个人，法院就要做出决定，根据违法者违法的性质给以惩罚。"②第三级权力机构则是城市、中心区或教区的权力机构，由调解人、四级监督人、士兵、监工和行刑吏组成，其职责主要是监督和调解。

真正的自由共和国非常重视法治。温斯坦莱认为：国家的管理制度主要包括三个组成部分，即"法律、胜任的公职人员，以及对这些法律的认真执行"③，而"法律是国家的真正管理者"④。为此，国家首先要制定具体而明确的法律，接着要认真执行。为了准确执行法律，他主张要采取必要的措施使人民掌握和运用。温斯坦莱所制定的理想社会的法律都基于"全国人民的理智"，具有鲜明的人民性。

---

① ［英］温斯坦莱著，任国栋译：《温斯坦莱文选》，商务印书馆1982年版，第138页。

② ［英］温斯坦莱著，任国栋译：《温斯坦莱文选》，商务印书馆1982年版，第152页。

③ ［英］温斯坦莱著，任国栋译：《温斯坦莱文选》，商务印书馆1982年版，第119页。

④ ［英］温斯坦莱著，任国栋译：《温斯坦莱文选》，商务印书馆1982年版，第199页。

3. 真正的自由共和国的文化教育

真正的自由共和国，人人都要接受教育。教育既是人民的一项基本权利，又是巩固和发展共和国的重要手段。法律规定，家长、监督人和公职人员都有责任用正确的守则教育儿童，并使其在教育中逐步成长为有理性、能进行自我管理的人，成为优秀的共和主义者。在温斯坦莱看来，教育的目的就是培养新人，他们在政治上不是旧制度下的烦琐哲学家，在业务上不是只有书本知识而不能做任何事情的人，从而使共和国能够由勤劳、聪明、有经验的人建立。在自由的共和国，广大居民也要接受教育，要定期向他们报告新闻，宣传法律，讲述历史和艺术，介绍各种自然科学。居民中对某一方面有研究和有经验的人，也可以登台讲演。温斯坦莱认为，不重视教育，没有从根本上解决人的教育问题，是"世界上产生深仇大恨和发生骚乱的原因"[1]。

真正的自由共和国还鼓励科学发展和技术创新，并用法律规定使每一个有新发明创造的人都得到应有的荣誉。"谁发现了某种自然秘密，他将获得荣誉称号，即使他是一个青年"[2]，这成为自由共和国遵循的原则之一。

第四节　早期空想社会主义的国家治理思想的历史意义

早期空想社会主义国家治理思想是正在产生的无产阶级对未来社会主义社会治理的美好理想和深邃思考，反映了早期无产阶级"对社会普遍改造的最初的本能的渴望"，是社会主义国家治理思想发展过程中的初级形态，为科学社会主义国家治理思想的形成提供了丰富的资料和启示。马克思在《资

---

① ［英］温斯坦莱著，任国栋译：《温斯坦莱文选》，商务印书馆1982年版，第176页。

② ［英］温斯坦莱著，任国栋译：《温斯坦莱文选》，商务印书馆1982年版，第102页。

本论》中就曾3次引用莫尔在《乌托邦》中记录的观点和材料。马克思、恩格斯曾高度赞扬空想社会主义者的成就。马克思曾指出，"我们不应该否定这些社会主义的鼻祖，正如现代化学家不能否定他们的祖先炼金术士一样"①。恩格斯曾指出，"在16世纪和17世纪有理想社会制度的空想的描写"②。列宁也指出："马克思的全部天才正是在于他回答了人类先进思想已经提出的种种问题。"③

空想社会主义者对资本主义制度批判的历史功绩，首先就在于他们在资本主义制度刚刚产生不久，就以大无畏的英雄气概批判了这个制度的几乎一切弊病，把这个制度日益加深而又不可克服的矛盾摆在了人们面前。

尽管空想社会主义者在资本主义还不发达的时代"不得不从头脑中构想出新社会的要素"④，但是他们"处处突破幻想的外壳而显露出来的天才的思想萌芽和天才的思想"⑤，体现了不少共产主义思想的微光，成为科学社会主义国家治理思想的渊薮。比如，温斯坦莱开创的以理性原则为武器批判旧世界的先河，就为后来的社会主义者继承和阐发，在社会主义国家治理思想史上具有深远影响。

早期空想社会主义为人类政治思想史作出了重要贡献，但由于受时代条件特别是无产阶级自身发展阶段的局限，亦存在着许多片面性、不成熟性。主要表现在：第一，主张理性支配世界的唯心史观。第二，主张阶级调和，反对阶级斗争。第三，没有找到消灭资本主义社会和建立新社会的强大力量，也没有找到进行社会变革的正确途径。

---

① 《马克思恩格斯文集》第3卷，人民出版社2009年版，第341页。
② 《马克思恩格斯文集》第3卷，人民出版社2009年版，第525页。
③ 《列宁选集》第2卷，人民出版社2012年版，第309页。
④ 《马克思恩格斯文集》第9卷，人民出版社2009年版，第282页。
⑤ 《马克思恩格斯文集》第3卷，人民出版社2009年版，第529页。

第二编　近代西方启蒙主义的
国家治理理论
（17—18世纪）

第五章　西方启蒙主义的国家治理思想形成的
背景与发展过程

　　继17世纪思想领域的文艺复兴和宗教改革以后，17—18世纪欧洲又爆发了一场伟大的思想解放运动。这场由思想家推动、致力于理解并改善人类现世生存状况而不问来世祸福的运动被后世称为"启蒙运动"。启蒙运动最早发源于17世纪下半叶的英国，在18世纪的法国达到高潮。这场运动由英国、法国、德国等率先开启，影响到世界很多国家。启蒙主义是一种强大的思想武器，对西方国家以及部分非西方国家的近代化进程产生了重大影响。启蒙思想家们致力于思索：人类社会是如何建构起来的？维系社会存在的关键因素是什么？社会如何发展才能够造福于人民？16—17世纪初期，连年的战争引发人们思索：政治权力将归于何处？在什么样的情况下臣民推翻暴君才是合法的？在这期间，诸多启蒙思想家纷纷著书立说，阐述并传播他们的国家治理思想。启蒙思想家们的国家治理思想对整个西方思想史乃至人类思想史都具有深远的影响。

第一节　西方启蒙主义的国家治理思想形成的背景

启蒙运动最早可追溯至17世纪的英国，在18世纪的法国达到了高潮。"启蒙"一词在法文中象征着光明和智慧。此前，人们长期处于天主教会和封建主的统治之下，迷信且无知。经过启蒙运动的洗礼，人们自黑暗走向光明，自蒙昧走向智慧。启蒙思想家启迪了人们的心智，揭开了宗教和神学的神秘面纱，批判了当时的政治制度。启蒙思想家们将天主教会、封建王权、专制制度作为主要的批驳对象，以达到资产阶级所号召的消灭专制王权、贵族特权和封建等级制度的目的，实现他们所追求的民主、自由和平等的理想。他们启发人们用理性的方式去思考、判断和批判。这场轰轰烈烈的运动持续了将近一个世纪，是欧洲历史上一次伟大的思想解放运动，在历史上留下了光辉的一页。启蒙思想家们的国家治理思想闪耀着智慧的光芒，对后世国家制度的建立和完善、民族品性和民族心态的形成产生了深远的影响。启蒙思想家们给人类留下了宝贵的精神财富，创造了欧洲历史上灿烂夺目的时代。时至今日，这些思想依然影响着人们生活的方方面面。

一、思想上：启蒙运动的深入发展

启蒙运动的深入发展是启蒙主义国家治理思想产生的历史大背景。任何一次大规模的革命运动，都要经过一个思想动员的阶段，启蒙运动恰恰是作为资产阶级革命的思想先导，出现在欧洲和世界历史上的。启蒙运动作为一种思潮，产生于特定的社会历史条件。经过16、17世纪的科学发展，深刻的思想洗礼使人们真切地感受到上帝的虚幻，神并不是唯一的主宰。在思想文化领域，新的意识形态同旧的意识形态之间冲突不断，迫切地需要一种强有力的思想武器为即将到来的资产阶级大革命造势。启蒙运动呼之欲出。启蒙运动的到来，既是时代的要求，也是历史发展的必然产物。启蒙思想家们继承了世界各国历史上思想革命的成果，丰富和完善了他们的国家治理思想。启蒙运动重在启迪人们的思想，使人们认识到封建制度的腐朽，给长期处于黑暗中的人们带来希望与光明。启蒙运动的深入发展为启蒙思想的产生和传播提供了现实的土壤，一大批启蒙思想家的国家治理思想亦深深影响了后世。

启蒙思想家们的国家治理思想内涵丰富，其中包括国家制度、政权构建、法律实施等方方面面。除了法国思想家卢梭反对理性，启蒙思想家们普遍强调理性的力量，认为万物都处于自然法则的支配之下。理性是衡量一切的标准，那些违背理性的东西都是应该被批判的对象。启蒙思想家们相信光明就在前方，人类能够洗清过去的黑暗与阴霾，不断顺应社会发展规律、不断进步。这些启蒙思想家猛烈抨击封建专制制度和天主教会，他们广泛宣传自由和平等思想。启蒙运动的思想浸润，为新兴资产阶级在政治上取代封建贵族创造了有利条件，人们的思想也获得了极大解放。17世纪，法国思想家笛卡尔最早扬起了理性的大旗。18世纪，法国的启蒙思想家继续高扬理性批判的大旗，充分彰显了理性的批判精神。启蒙思想家们不仅仅局限于纯思辨的知识领域，宗教、政治、社会运行等一切领域都是他们批判的对象。他们用理性的眼光批判一切、重构一切，他们向封建专制制度开火，主张消灭专制主义；他们批判世袭特权，主张消灭阶级固化；他们批判宗教，主张反对封建迷信。他们主张彻底打碎困在人民头上的宗教枷锁，号召人们摒弃愚昧，崇尚自然科学。启蒙运动中，"人"的作用进一步凸显，开始将"人"作为研究问题的主要视角。18世纪，启蒙思想家所讨论和研究的范围涉及艺术、商业、法律、自然、国家、人民等社会生活的方方面面。正如恩格斯所言："他们不承认任何外界的权威，不管这种权威是什么样的。宗教、自然观、社会、国家制度，一切都受到了最无情的批判；一切都必须在理性的法庭面前为自己的存在作辩护或者放弃存在的权利。"①启蒙思想家用理性、批判的视角来审视他们生活的社会和时代，提出了一系列国家治理思想。这场运动的深入发展无疑为启蒙思想家们国家治理思想的产生、丰富和发展创造了良好的先决条件。

启蒙思想家将自然科学领域的研究方法应用到人类社会历史和现实的研究中来。他们批判中世纪的经院哲学，在经济上主张以自由放任对抗封建专制的束缚，在政治上以社会契约来否定王权神授，用理性代替迷信、用自由代替专制、用平等代替等级特权，为建立自由竞争的资本主义制度扫清了障碍。一大批启蒙思想家高举理性的大旗，将斗争矛头指向封建社会和它的全部上层建筑。他们冒着身陷囹圄、逃亡异国的风险，传播自己的国家治理思想。他们构筑了理想国家的蓝图，给封建王权和宗教神权以沉重的打击。这场声势浩大的思想解放运动的中心在法国，但是其影响范围波及整个欧洲。启蒙运动的光辉照亮了整个18世纪以及后世。18世纪也被后世称为哲学的时代、理性的时代、光明的时代、批判的时代。启蒙思想家虽然生活在专制王权统治时代，但他们勇于发声，通过自己的努力将隐藏在人们心中的理性和科学的精神彻底激发出来，将人们从彻底的不成熟和依附的状态中解放出来，逐渐摆脱封建权威的束缚。启蒙思想家们带领人们冲破黑暗和专制的阴霾，带给人类以希望和光明。他们宣称每个人的权利和价值都应当受到尊重。经历启蒙运动，深压许久的斗争和反抗精神被激发出来，人们开始了摧毁神权、王权和特权以及争取自身权利的斗争。启蒙运动的意义不仅限于思想层面，更在于它重构了人们对于世界的理解——企图重新建构一种社会架构、运行方式和知识体系。启蒙思想家为推翻腐朽的封建统治、确立资本主义制度作了思想和理论上的准备，他们绘制了未来理想王国的蓝图。启蒙运动倡导的自由、平等、民主和法制的思想，对此后的北美独立战争、法国大革命以及19世纪欧洲爆发的一系列资产阶级革命产生了重大而深远的影响。

---

① 《马克思恩格斯文集》第3卷，人民出版社2009年版，第523页。

二、经济上：资本主义经济的发展

17、18 世纪是资产阶级革命的时代。18 世纪初，西欧资本主义经济已经有了相当程度的发展，新兴资产阶级的力量逐渐强大。18 世纪中叶，一些工业部门像采矿、冶炼等已经开始使用先进的机器。多个城市成为当时的对外贸易中心。资本主义经济的发展带来阶级的分化，手工业主、手工业者、市民阶层以及资产阶级逐渐在社会变革中发挥重要作用。在一些工业较为发达的城市和地区已经出现了大量有资本主义性质的手工工场，其中雇佣千名以上工人的分散的手工工场和雇佣百人左右集中的手工工场较为多见。西欧资本主义发展到相当高的水平，资产阶级力量持续变强。资本主义经济的发展迫切需要一个相对宽松的环境。新兴资产阶级迫切想要争取更多的政治话语权，希望建立一个合乎理性的国家。而此时，欧洲绝大部分国家依旧处在封建专制制度统治之下，这种状态对资本主义工商业的发展有极大阻碍。法国王室贵族将工商业当作财富的重要来源，征收高额的赋税，攫取了大部分的利润。封建行会制度严格限制工匠和学徒的数量，阻碍了大批手工业作坊向手工工场过渡。另外，占全国人口大部分的农民购买力不足，农业落后导致工业发展原材料不足，工商业发展困难不断。新兴的资本主义生产关系与旧的封建生产关系矛盾尖锐，阶级矛盾不断激化，引发了一系列革命和战争。西方先后爆发了一系列资产阶级革命，尼德兰革命（1565—1609）、英国光荣革命（1688—1689）、美国独立战争（1775—1783）以及法国大革命（1789—1794）等。这一系列资产阶级革命给封建专制统治造成了极大的冲击。17、18 世纪，欧洲主要国家的封建君主纷纷通过消灭割据、实行重商主义、进行海外扩张掠夺、重视科技教育等方式加强封建专制统治。比如法国国王路易十四，为了加强王权、维护封建统治，采用了多种措施。他实行中央集权，一切国事公文都要由他签署，直接向各省派遣具有财务、司法、警察、行政和军事权力的财政官。同时，他干涉英国资产阶级革命，扶植斯图亚特王朝复辟，并加强意识形态方面的控制。但正如恩格斯所说："但是这有什么用处呢？那时自由思想家皮埃尔·培尔已经在忙于从事活动，而1694年伏尔泰也诞生了。路易十四的暴力措施只是使法国的资产阶级更便于以唯一同已经发展起来的资产阶级相适应的、非宗教的、纯粹政治的形式进行自己的革命。"①资本主义越发展，与封建专制制度的矛盾越发不可调和。资本主义对自由的呼唤与封建专制制度对思想的禁锢、言论压制形成直接冲突，迫切需要一种新的思想体系和价值观念冲破旧体制的牢笼。新兴的资产阶级和进步知识分子为了争取政治上的合法地位、打破森严的等级制度、推翻封建独裁统治，发动了一场声势浩大的思想解放运动，启蒙运动呼之欲出。启蒙思想家猛烈地向封建专制开炮、为资本主义造势。因此，欧洲资本主义经济的发展和资产阶级力量的持续壮大，为启蒙思想家的国家治理思想的产生奠定了经济基础和阶级基础。

三、文化上：近代科学的兴起，科学与知识的进步

15世纪下半叶以来，欧洲资本主义工商业萌芽不断发展，资本主义生产关系逐渐形成。在社会历史不断演进过程中，人们也逐渐增进了对自然科学的认识。15世纪，一种全新的自然观念开启，近代意义上的自然科学诞生了。以"神"为中心的观念逐渐被打破，"人"变成了世界的中心。自然科学的发展赋予了人类认识世界的新工具。人们对自然规律的认识也更加客观全面，并逐渐开始利用自然规律。从经济发展方面来说，科学技术的进步推动了生产力的发展，促进了资本主义生产关系的完善。指南针、印刷术、火药在12—13世纪陆续传入欧洲，为欧洲地理大发现、书籍印刷等提供了技术支撑。大量书籍的印刷为启蒙思想家的国家治理思想的传播提供了现实可能。机器的投入使用，大大提高了生产效率。14世纪，佛罗伦萨毛织企业已

---

① 《马克思恩格斯选集》第4卷，人民出版社2012年版，第263页。

经有300多家，威尼斯造船厂的年均造船量已达上千艘。新航路的开辟，使启蒙思想家们认识到了"世界"的概念。伏尔泰等人在出国躲避君主的迫害时，借助英国、荷兰、瑞士等地出版业传达了新思想。这些都为启蒙思想的发展和传播提供了便利条件。

17世纪科学革命之后，基督教神学思想的基础地位受到质疑。人们不断地从自然中寻求问题的解决办法。自然科学的演进和传播，使人们逐渐认清上帝的虚无，逐渐摆脱神学的束缚，用科学的眼光来认识世界。科学的力量渗透于伦理学、政治学、法学等各个学科，可以说，自然科学的进步和发展直接推动了整个人类社会的进步和发展。人本身的需求逐渐受到关注，科学崇拜逐渐取代诸神崇拜。更多的自然界奥秘被发现，天主教此前的很多说法被推翻。笛卡尔运用数学推理的方式认识世界，培根提出从特殊到一般、从具体到抽象的归纳法来认识世界，牛顿发现了三大定律和万有引力定律等。18世纪上半叶，物理学、植物学、地理学等学科的诸多成就更使人们认识到大自然的奥秘，社会也因此形成了崇尚科学、探求真理的风气。自然科学的发展点燃了人类的理性之光，指引人类穿过黑暗走向光明。科学技术和航海活动相辅相成，增进了人类对天文学、地理学、动物学等自然科学的认识。

自然科学不断地发展，随之而来的是人类对社会现象、社会规律的认识更加科学。在此过程中，一批自然科学家付出了巨大的努力，有的甚至付出了生命的代价。1543年，哥白尼提出了"日心说"，这一观点对长期居于宗教统治地位的"地心说"是巨大的冲击。它否定了教会的权威，实现了天文学的根本变革。布鲁诺继承了哥白尼的"日心说"，而后遭受宗教和封建君主的迫害，在罗马百花广场被施以火刑。他勇敢地捍卫和发展了哥白尼的"日心说"，并将其传遍欧洲。布鲁诺被后人称为反教会、反经院哲学的无畏战士，是捍卫真理的殉葬者，鼓舞了16世纪欧洲的自由运动。尽管布鲁诺的哲学思想有许多不彻底的地方，但其对之后的资产阶级革命和近代资产阶级唯物论的发展起到了巨大推动作用。伽利略从科学实验的角度来认识自然规律，认为实验是理论知识的源泉。他崇尚科学、反对迷信，敢于向权威挑战，否认绝对真理和绝对权威的存在。他发现了自由落体定律、惯性定律和伽利略相对性原理，他承认物质的客观性、多样性以及宇宙的无限性。这些观点对现代哲学具有重大意义。为了不受强权和旧制度压迫、寻求学术自由，伽利略一生都在与经院哲学斗争，他在人类思想解放和文明发展过程中作出了划时代的贡献。英国数学家、天文学家以及物理学家牛顿创立了经典力学的理论体系，是欧洲科学界的巨人。他通过观察和实验的方法发现了自然界的规律，运用数学定量的方法描绘自然现象，用科学的方法揭示自然现象。自然科学的巨大发展直接推动了理性力量的增长。牛顿从自然科学的角度发现自然界以及人类社会的法则，推动了社会的进步。他的学说给启蒙思想家带来的影响无疑是巨大的。自然科学的发展为启蒙思想家国家治理思想的形成和发展起到了巨大的推动作用。

四、地缘上：新航路的开辟

资本主义工商业的发展使得商人和工场主获得巨额的利润。他们不再仅仅满足于在欧洲各国开展贸易，迫切地希望开辟更广阔的市场。15—17世纪，欧洲航海者不断开辟新航路，打开了新世界。这场轰轰烈烈的航海探险活动始于葡萄牙和西班牙。迪亚士、哥伦布、达·伽马、麦哲伦等作为开辟新航路的先驱，在世界历史上留下了浓重的一笔。新兴资本主义国家英国、荷兰、法国等也投入到开辟通往东方的航道中，并在这期间发现了北美洲，纷纷建立殖民地。地理大发现为这些国家的资本主义发展提供了大量的原材料和市场，资本主义发展进入一个新阶段。

新航路的发现使英国逐渐成为世界航路的中心，至18世纪30年代，英国在北美大西洋沿岸建立了共计13个殖民地。加拿大北部的哈德逊湾地区、百慕大群岛、牙买加岛等都是英国的殖民地。16世纪上半期，法国也开启了新航路的探索之路。同英国一样，法国在北美的殖民活动始于17世纪。历经数十年，法国的殖民地范围不断扩大。

海外扩张和殖民掠夺给西欧国家带来的巨额利润，极大地促进了欧洲资本主义国家的发展。英国、荷兰、法国等新兴殖民国家逐渐强大，欧洲经济中心自地中海沿岸转移到大西洋沿岸地区。贸易往来的过程中伴随着思想的碰撞，异邦文明冲击着原有的知识体系和思维观念。人们也开始有了"世界"的概念，康德就此提出"世界主义"的观点。对外界了解得越多，越有助于纠正早期的蒙昧主义思想。西方思想家极大地开阔了他们的视野，开始以比较的观点来看待本国的政治制度和文化。新兴市民阶级通过行会、工会、市民社团等组织联合起来，跨国界传播了启蒙主义思想。具有现代思想和独立人格的哲人、作家和出版商、平民知识分子在传播启蒙思想的过程中发挥了巨大作用。

五、政治上：英、法等中央集权民族国家形成

伴随着世界贸易的出现，欧洲出现了一些民族国家。民族国家是指统一的中央集权国家，拥有统一的文化和国内市场。中世纪后期，西欧主要国家王权开始形成。文艺复兴时期，英国、法国、西班牙等国基本完成了国内领土的统一，建立了中央集权的君主政体。经济上，主权国家极端重视财富的积累，推进重商主义。文化上，逐渐统一语言，极大地增进民族认同。在西方历史中，通常将17、18世纪称为"专制主义时代"。专制主义是指政治上的集权。王权形成过程中面临着天主教会和封建割据两大力量。当时，大部分地产掌握在天主教会手中，封建势力也不断干预国政。君主们通过重商主义加强自己的力量，他们鼓励进行海外贸易以获取更大的利润，同时亦通过各种方式不断削弱天主教会的权力。至17世纪，除德意志和意大利，欧洲大多数国家都废除了封建制度，民族国家得以形成。统治者不断削弱贵族权力，实现了对地方的直接管辖。

英法百年战争对两国民族国家的形成起到了重要作用。英法之间长期以来的领土争端对建立统一民族国家是一种障碍。14—15世纪，英法两国进行

了一场旷日持久的战争，这场战争从1337年持续到1453年，双方损失惨重。其间，黑死病席卷欧洲，英法两国接连遭受瘟疫和战争的重创，损失巨大。经此一战，英国内部又爆发争夺王位的战争，亨利·都铎建立了都铎王朝（1485—1603），史称亨利七世。这场战争重创了欧洲贵族，割据势力被大大削弱，英国王权得以建立。英国统一了市场，加强了王权，推行重商主义政策，大大推动了商业的发展。同时，积极拓展海外市场，逐渐建立海上霸权。这场旷日持久的战争在一定程度上推动了资本主义生产关系的萌芽，对民族国家的形成起到了促进作用。在英法百年战争中，法国王室的领地也在不断扩大。民众在心理上逐渐形成了统一的民族意识。百年战争之后，统治者不断加强中央集权，打击封建势力。至15世纪末，法国基本上实现了政治统一。政府出台了一系列促进经济发展的政策。这些措施加速了资本主义萌芽的发展和国内统一市场的形成。各民族逐渐融为一体，市场和语言逐渐统一，版图逐渐确立，封建贵族势力得以瓦解，法国民族国家形成。

14、15世纪，欧洲生产技术不断进步，社会分工逐渐精细化，商业迅速发展。意大利等城市出现了资本主义萌芽，资本主义萌芽又加速了封建社会的瓦解，从而引起了一系列社会变革。西欧人逐渐认识到主权的重大意义。主权是民族国家的核心标志，没有主权就没有民族国家。总的来说，资本主义发展是促进西欧民族国家形成的根本因素，资本主义的萌芽从根本上促进了西欧民族国家的形成。自15世纪起，王权与教会斗争不断，欧洲最早的一批"新君主国"逐渐形成；至17世纪，发展成君主专制统治。教会听命于王权，大贵族的权力被削弱。王权的军事力量不断加强，为实现国内统治和对外扩张提供了坚实的保障。欧洲君主专制统治的实现给封建统治以极大的冲击，有力地促进了近代民族国家的形成。除了西班牙、葡萄牙、奥地利、英国、法国，北欧的丹麦和瑞典，中欧的波兰等也逐渐形成民族国家。整个西欧除了所谓的"神圣罗马帝国"和意大利半岛，其他的国家基本完成了统一。民族国家的形成奠定了近代欧洲的政治格局，对欧洲历史产生了深远的影响。从经济上，欧洲资本主义得到迅速发展，欧洲各国推行重商主义政策，鼓励殖民扩张。从文化上，天主教会的势力受到削弱，自然科学的影响力逐渐增强，启蒙思想得到广泛传播。

第二节　西方启蒙主义的国家治理思想的发展过程

启蒙主义国家治理思想的形成充满艰辛曲折，集中体现了近代以来欧美主要国家民众反对封建专制、推动人类社会走向文明的重大成果，为新兴资产阶级国家的建立和国家治理提供了强有力的思想基础。启蒙运动波及荷兰、英国、法国、德国、美国等。在这场运动中涌现出霍布斯、洛克、休谟、斯密、弗洛森、孟德斯鸠、伏尔泰、卢梭、狄德罗、康德等一大批思想家，他们的思想影响深远。启蒙主义孕育了近代以来西方国家的一系列基本治理理念，有力地推动了世界秩序和价值理念的重构。西方国家治理实践中的理性主义、科学主义、自由主义、共和主义、保守主义、多元主义、权威主义、结构功能主义等或多或少都有启蒙主义的影子。启蒙思想在推动近代以来西方国家的革命、改革和治理等方面发挥了重要作用。拿英国来说，科技的发展带动了经济、政治各领域的发展，提升了英国的国家治理水平。法国启蒙主义思想家提出的共和、权力分立、社会契约、人民主权等思想体现在法国国家治理的方方面面。在美国，天赋人权、社会契约等主张，对美国政治制度的建立产生了深远的影响。启蒙思想为美国现代资本主义的发展奠定了基本政治原则和价值基础。在德国，启蒙思想同样影响深远。可以说，西方国家的国家治理思想几乎无一例外地深受启蒙思想的影响。

总体来说，西方启蒙主义思想家将崇尚科学理性的精神作为国家治理的基本前提。他们用自然科学来解释自然现象，并将其应用到政治生活领域。资产阶级政权建立初期，国家治理的首要任务是巩固资产阶级政权，为资本主义经济的发展创造良好的条件。国家治理的方向在于引导人民，使人们一方面尽快摆脱自然界的束缚，成为自然的主人，另一方面逐渐摆脱传统等级制度和封建经济运行秩序的束缚，参与到社会经济建设中去。启蒙思想家将明确政府权力的边界作为国家治理的另一个目标。封建统治者之所以能够为所欲为，是因为他们的权力没有受到约束。因此，洛克主张执行权与立法权分立。孟德斯鸠在洛克"两权分立"的基础上，提出国家的立法权力、有关国际法事项的行政权力、有关民政法规事项的行政权力应分立并相互制衡。美国的思想家也清醒地意识到立法、行政和司法权不能够置于一人手中。美国《1787年宪法》实现了立法、行政和司法三权分立。启蒙思想家在国家治理中主张尊重人民的主体地位。在封建制度下，人性一直处于被压抑的状态，生命的自由度受到极大的限制。启蒙思想家强调人在国家治理中的重要作用。各国都积极鼓励民众作为自由独立的个体在国家和社会事务中公开运用自己的理性，强调尊重个人自由，保障公民自由、平等、财产等权利。启蒙思想家要求保障公民自由参政，每个公民都可以在参与国家事务上享有"无差别"的权利。同时，参与国家事务也是公民的义务。

一、启蒙主义在荷兰

中世纪占统治地位的是宗教思想，启蒙思想家将矛头指向了宗教神学。荷兰的思想家为这一运动铺平了道路。16、17世纪的荷兰是世界上的海上强国，荷兰的国际贸易和海上航运业极为发达。当时的荷兰，有着"海上马车夫"的称号。17世纪，荷兰建立了第一个资产阶级国家。荷兰资本主义经济进一步发展，但是国内仍旧残存着封建势力。他们在宗教外衣的掩饰下同新兴资产阶级展开了斗争。荷兰的一些启蒙思想家的国家治理思想就是在这样的条件下产生。这个新生的资本主义国家是当时欧洲经济最发达的国家，是全球最大的海上霸主和殖民强国。经济的发展也促进了科学文化的发展，当时荷兰是欧洲的科学文化中心，在自然科学领域出现了一系列的发明；在社会科学方面，当时各国的进步思想家也纷纷逃亡到荷兰，在这里避难并著书立说，许多在欧洲其他国家无法出版的书籍被允许在荷兰出版。

自然法理论是17、18世纪启蒙思想家社会政治思想的核心内容。近代自然法理论最早由格劳秀斯、斯宾诺莎等提出，后来为启蒙思想家广泛接受并传播。格劳秀斯（1583—1645）是荷兰资产阶级的政治思想家、资产阶级自然法理论的开山鼻祖、近代资产阶级国际法理论的奠基人。其自然法理论的特点是用人的眼光、以人的理性为基础观察国家、政治和法律，从理性和经验中引申出国家的自然规律。较早且比较具体地解释"自然权利"，即人权问题的就是格劳秀斯。他认为人生来就具有社会性，而人最重要的标志是理性，这个理性就是自然法。在国家问题上，格劳秀斯倡导社会契约论。他用"自然状态"和"社会契约"来阐明国家的产生问题。最初人类处于无国家、无等级以及无私有财产的"自然状态"，人们彼此之间是平等自由、孤立分散的。随着私有财产的出现，人们开始有了保护自身利益的意识，也逐渐认识到组建国家的必要性，于是，通过订立契约的方式来建立国家。国家的目的是人类的"共同福利"。这种观点驳斥了"君权神授""朕即国家"等封建国家观念。他认为统治者必须履行契约的义务，否则臣民就可以起来反抗。在此基础之上，格劳秀斯扩展了国家主权理论，认为国家权力体现在对内颁布执行法律、任命官员、征税等方面，对外决定战争与和平、维护国家独立、缔结条约等方面。格劳秀斯将自然法理论应用于国际关系领域，其认为处理国际关系的基本原则在于人类对共同生活的自然要求。国际法的原则体现为正义和公理。他提出的很多国际法理论至今仍是外交关系的原则。他认为战争有正义与非正义之分，正义战争必须要有正当的战争发动者——主权国家，还要有正当的战争发动理由，而掠夺性的战争是无论如何都不能够称之为正义的战争。他在《战争与和平法》一书中指出："自然权利是正当的理性命令……并从而指示该一行为是否为创造自然的神所禁止或所命令。"①也就是说，什么是正义行为、什么是非正义行为、什么是禁止做的行为，自然法已经指明。格劳秀斯还主张"公海自由"，主张在战争中要遵循人道主义的原则，对战俘给予人道待遇，对妇女、儿童进行保护。他的国际法理论具有进步性，对国际关系也产生了一定的影响。

斯宾诺莎是资产阶级自然法学派的创始人之一，著名的资产阶级唯物主义哲学家和政治思想家。他从自然界的客观存在出发，提出整个自然界是一个永恒、唯一的实体。他从根本上否定了神学目的论和超自然的上帝创造世界的宗教神学宇宙观。斯宾诺莎依据自然法的理论建立了自己的学说，他主张按自然本来的面目了解自然，一切个体事物皆在自然之中，并且只有通过自然界才能够认识。国家是每个人将自己的自然权利移交给社会之后，按照彼此之间的契约建立起来的。国家政权不能够侵害人们在缔结契约之后仍旧保留的权利。在国家起源问题上，他提出自然法和天赋人权理论。国家的基础是个人的天赋权力或自然权利。在论述"天赋人权"时斯宾诺莎指出："我断言人的天赋所赋予的权利都不能绝对为人所剥夺，而人民由于默认或公约，保留几许权利，此诸权利若被剥夺，必大有害于国家。"②斯宾诺莎的国家起源思想深受霍布斯社会契约论的影响，他认为国家产生的原因在于使每个人都能够生活得安全和幸福，人们基于理性认识到生活和利益不取决于自己的力量和欲望，而是来源于全体人民的力量和意志，这样人们就订立了契约，产生了国家。人的本性是邪恶的、利己的，因此需要强大而有力的国家权力才能够对游离于规则之外的人进行严厉的惩处。按照契约建立国家的目的就是限制人们的欲望和冲动，使他们按照"理性的法则"生活。社会契约订立之时，人们的一部分权利保留。当国家中出现了力量和欲望更大的人以及当人们所保留的自然权利受到侵犯时，人民可以废除契约，订立新的社会契约。斯宾诺莎认为民主制度是国家的最好形式，民主政体下人们的思想

---

① 周辅成编：《从文艺复兴到十九世纪资产阶级哲学家政治思想家有关人道主义人性论言论选辑》，商务印书馆1966年版，第222—223页。

② ［荷］斯宾诺莎著，温锡增译：《神学政治论》，商务印书馆1963年版，第16页。

和言论自由才能够实现，而君主制度下维持的和平只是表面的。他指出："政治的目的绝不是把人从有理性的动物变成畜生或傀儡，而是使人有保障地发展他们的心身，没有约束地运用他们的理智……政治的真正目的是自由。"[1]在自由的国家每个人都可以自由思想、自由发表意见。国家拥有的是判断善恶和实施惩罚的权力，但是财产权、言论自由权、信仰自由权和思想自由权属于不能够剥夺的人的自然权利。他尤其反对对自由和思想的压制，但赞成人们一定要守法。斯宾诺莎同样反对宗教，认为宗教黑暗、腐朽，宗教同封建暴政紧密联系在一起。他认为政治社会的新基础在于重构人们的宗教信仰。斯宾诺莎同封建教会进行斗争，他主张必须破除"迷信"，将"上帝"和"神"清除出去才能够有一块独立的政治领地。他的国家治理思想有鲜明的阶级性，他站在近代进步资产阶级和中小市民的立场上同封建统治阶级进行斗争。斯宾诺莎将人性论与功利主义结合起来，指出："人性的一条普遍规律是，凡人断为有利的，他必不会等闲视之，除非是希望获得更大的好处，或是出于害怕更大的祸患；人也不会忍受祸患，除非是为避免更大的祸患，或获得更大的好处。也就是说，人人是会两利相权取其大，两害相权取其轻。"[2]斯宾诺莎对近代唯物主义的发展作出了重大贡献，他的国家治理思想对后世产生了深远的影响。

二、启蒙主义在英国

作为一个岛屿国家，得益于航海技术的发展以及地理大发现，英国后发优势凸显。一大批启蒙思想家在英国涌现，他们的国家治理思想深刻影响了英国的历史。英国启蒙主义深受牛顿和洛克的影响，崇尚科学和理性，注重实验的结果和经验形式的探索。英国的启蒙运动主要分为两个阶段：第一阶

---

① ［荷］斯宾诺莎著，温锡增译：《神学政治论》，商务印书馆1963年版，第276页。

② ［荷］斯宾诺莎著，温锡增译：《神学政治论》，商务印书馆1963年版，第214—215页。

段主要是在思想上的启蒙，第二阶段是自下而上的社会运动。启蒙运动开启了近代自然科学的大门，并在此基础上完成了第一次工业革命，为发展市场经济准备了必要条件。英国启蒙运动的主要任务是为日益发展的资本主义政治和经济实践提供理论支持。英国启蒙运动发生在资产阶级革命以后，加上革命后君主立宪政体的妥协性，具有温和性与保守性。英国的启蒙运动，引发了科技革命，形成了市场经济，"日不落帝国"由此逐渐崛起。

弗兰西斯·培根（1561—1626）是英国近代唯物主义哲学家、思想家和科学家，被马克思称为英国唯物主义和整个现代实验科学的真正始祖。培根是资产阶级上升时期的代表，他反对经院哲学，认为经院哲学阻碍了当代科学的发展。他批判经院哲学的荒诞，对经院哲学进行了有力的抨击。他肯定世界是物质的，并从唯物论的立场出发，提出科学的任务在于认识自然以及自然规律。他反对君权神授，主张限制王权。培根重视科学实验在认识世界中的重要作用，认为实验能弥补感官的不足。他强调归纳方法的正确性。囿于时代条件，他的世界观具有朴素唯物论以及形而上学的特点。他提出"知识就是力量"的响亮口号，提出反对教条和权威，要求清除"剧场假象"，反对绝对的权威。他提出，真理是时间的女儿，不是权威的女儿，突出了自然科学的重要性。

霍布斯（1588—1679）是英国机械唯物主义哲学家。他提出社会契约学说以及国家起源学说，他反对君权神授理论。机械唯物论是霍布斯研究社会政治问题的理论基础，他认为一切的物体都是在必然因果规律之下运行的，包括国家。尽管现在机械唯物主义大多是作为批评的靶子而存在，但是在当初它具有革命性。霍布斯将机械唯物主义推广到整个人类生活领域。他指出，国家起源于人民，人民通过契约把权力让渡给政府，政府起初并没有权力。人民让渡部分权力是为了换取政府对人民幸福的保障。霍布斯从抽象人性原则和人的理性概念出发，首次系统地用社会契约论揭示了国家的产生及基础。他批判了君权神授的观点，确立了近代资产阶级国家学说的基本形态。霍布斯认为，在自然状态下，人类天生是平等的，"如果人生而平等，那么这种平等就应当被予以承认"①。霍布斯并不认可民主制度，他认为民主政府并不能够长期维持稳定。在霍布斯看来，国家就像一个伟大的巨人或怪物一样，如同利维坦一般，它的身体是由人民组成的，它的生命起源于对一个公民政府的需求。霍布斯指出，人民无论如何都不能够违背与国家签订的社会契约。但是，当利维坦不能够再保护它的人民的时候，社会契约就会失效。要想维护社会和平就必须要有社会契约，社会是一群人服从于一个人的威权之下，每个人将刚刚好的自然权利交付给这个威权，让它来维持内部的和平，并抵御外来的敌人，而法律的作用就是确保契约的执行。如果主权者侵犯了个人的经济权利，个人可以拒绝服从，但是革命却是不被允许的。霍布斯比较赞成君主制，但认为不管是哪一种制度都必须有一个绝对的威权，他推崇国家权力。霍布斯国家治理思想中关于国家主权的阐述标志着西方近代政治思想史上国家主权说的正式形成。

洛克（1632—1704）是英国唯物主义经验论哲学家、机械唯物主义经验论创始人。他认为，不管是在思辨领域还是在道德实践领域，天赋的概念均不存在。洛克质疑君权神授的理念，他强调保护公民自然权利的重要性以及资产阶级民主制度的合理性。洛克认为，国家起源于人民和君主订立的社会契约，政府建立的全部目的在于保护人民根据自然法而享有的自然权利，将立法权、执法权以及对外法权掌握在不同的机关可以有效防止暴政。他提出政府分权制衡学说，政府建立在人民对统治者信任的基础之上，统治者的权力是有条件的，一旦政府失去人民的信任，就得解散。这些理论成了后来英国议会制度的重要养料。人民拥有最高裁判权，如果人民的自然权利受到政府的侵犯，人民有权推翻政府。洛克拥护代议制政府，提倡宽容和自由。他认为，在自然状态下所有的人都是平等而独立的，没有人有权利侵犯其他人的生命、自由或财产。政府的权力也应该受到监督和制衡，当政府背叛了人

---

① ［英］霍布斯著，黎思复、黎廷弼译：《利维坦》，商务印书馆1985年版，第117—118页。

民的时候，当订立的法律被违反的时候，人民就有权再建立一个新的政府，以对抗旧政府的不正当权威。此时的革命不仅是一种权利，还是一种义务。他在其著作中系统地阐释了唯物主义经验论哲学和资产阶级的社会政治思想。洛克被认为是最有影响力的启蒙思想家之一和自由主义之父。孟德斯鸠和卢梭继承并发展了洛克的政治学说，对启蒙运动产生了深刻的影响。

亚当·斯密（1723—1790）是现代资本主义经济制度的创立者，强调自由市场、自由贸易以及劳动分工，被誉为"经济学之父"。他的主要研究领域是政治哲学、伦理学、经济学。在经济政策方面，斯密倡导经济自由主义。他期望在个人自由的基础之上建立一种自发调节的社会经济秩序，倡导一种"自然的简单明了的自由体系"。在这其中，政府负责维护和平，建立和维持一个严密的执法体制，以及提供教育和其他最低限度的公共事业。政府无须干预一般的经济事务，可以放心地让每一个人都按他自己的方式来行动，这样他自然地会对公共利益作出最大的贡献。自由的社会经济体制能为市场经济顺利运行和经济增长创造条件。

休谟（1711—1776）是18世纪英国著名哲学家、历史学家、经济学家。他反对企图改革而不顾既定传统的改革者，认为只有人民在遇到极端恶劣的暴政时才有理由反抗自己的政府。休谟相信贸易的扩大会带来经济的繁荣。他大力主张政治权力分立和分散，主张将选举权延伸到所有拥有财产的公民，同时对教会的权力进行限制。休谟推崇瑞士的民兵制度，认为那是很好的国防体制。休谟的社会历史观以人性论为基础，将对财富、享乐和权力的追求看作人的本性，而无论何时，人的本性是不会变的。

三、启蒙主义在法国

随着法国资本主义的发展，封建专制制度越来越成为资本主义发展的掣肘。新兴的资产阶级迫切希望尽早摆脱封建专制的束缚，自由地发展资本主义，他们迫切希望获得政治上的话语权，迫切想要摆脱封建专制统治和教会的压制。法国启蒙思想家在思想文化领域开启了对旧制度的猛攻，他们揭露了神学和封建专制的虚伪和社会的不平等。他们主张在国家治理中以追求现世的幸福来代替对来生的憧憬，开创了一个全新的理性时代——启蒙时代。

法国启蒙运动思想家的国家治理思想中斗争指向非常明确。在启蒙思想家看来，宗教迷信和专制制度是其攻击的主要目标。启蒙思想家广泛吸收了当时自然科学的最新成果，广泛地宣传科学知识，希望用科学代替蒙昧。恩格斯曾经这样评价："在法国为行将到来的革命启发过人们头脑的那些伟大人物，本身都是非常革命的。他们不承认任何外界的权威，不管这种权威是什么样的。宗教、自然观、社会、国家制度，一切都受到了最无情的批判；一切都必须在理性的法庭面前为自己的存在作辩护或者放弃存在的权利。思维着的知性成了衡量一切的惟一尺度。……以往的一切社会形式和国家形式、一切传统观念，都被当作不合理性的东西扔到垃圾堆里去了；到现在为止，世界所遵循的只是一些成见；过去的一切只值得怜悯和鄙视。"[1]启蒙思想家认为，理性的光辉能够冲破迷信、偏私、特权和压迫。"18世纪的法国启蒙运动，特别是法国唯物主义，不仅是反对现存政治制度的斗争，同时是反对现存宗教和神学的斗争，而且还是反对17世纪的形而上学和反对一切形而上学，特别是反对笛卡儿、马勒伯朗士、斯宾诺莎和莱布尼茨的形而上学的公开而鲜明的斗争。"[2]启蒙思想家以怀疑论、自然神论和无神论为思想基石，他们怀疑一切，将自然神论当成理论基点，主张用无神论来对抗宗教神学。

伏尔泰（1694—1778）是18世纪法国资产阶级启蒙运动的泰斗。1726—1728年，伏尔泰流亡英国，他详细考察了君主立宪的政治制度和当地的社会风俗，深入研究了英国唯物主义经验论和牛顿物理学新成果，形成了反对封建专制主义的政治主张和自然神论的哲学观点。他主张开明的君主政治，强

---

[1]《马克思恩格斯全集》第25卷，人民出版社2001年版，第371—372页。
[2]《马克思恩格斯全集》第2卷，人民出版社1957年版，第159页。

调自由和平等。伏尔泰一生都在为思想和言论自由而战，他宣扬英国资产阶级的革命成就，抨击法国专制政体。他拥护自然法，从自然法论的立场来揭露和批判封建专制和教会统治。所谓自然法，就是符合人性或人的本能的，适用于所有人的，且天下人都认为是公正的自然法律。伏尔泰同样崇尚理性，他认为理性是历史前进的动力。人既依靠理性来认识自然，也依靠理性来改造社会。发扬理性能够推动历史，蒙蔽理性就是阻碍进步。封建专制和基督教否定和压抑人的理性理应受到批判。伏尔泰剖析了君主专制的种种弊端，主张以法治国、反对君主专断。伏尔泰揭露和批判了宗教的虚伪和贪婪，他扛起理性主义的大旗，猛烈抨击了神意史观，肯定了作为历史主体的人在历史进程中的主导地位，从而将理性主义史学摆在了应有的位置上。作为自然神论者，伏尔泰提倡对不同的宗教信仰采取宽容的态度。伏尔泰终身与宗教偏见作斗争，但是他又认为宗教作为抑制人类情欲和恶习的手段必不可少。伏尔泰坚持自然权利说，认为"人们本质上是平等的"，"一切享有各种天然能力的人，显然都是平等的；当他们发挥各种动物机能的时候，以及运用他们的理智的时候，他们是平等的"。[①]他要求人人享有自然权利，主张人人在法律面前平等，但又认为财产权利的不平等在所难免。他将英国的君主立宪制理想化了，认为最理想的是由开明君主按照哲学家的意见来治理国家。伏尔泰的国家治理思想反映了上层资产阶级的利益。伏尔泰漫长的一生走过了整个启蒙时代，他的影响不仅限于法国，而且代表了整个启蒙运动的思想。他的国家治理思想推动着法国启蒙运动的发展并使其影响扩展到整个欧洲。

孟德斯鸠（1689—1755）是18世纪法国法学家、启蒙思想家。他漫游了欧洲诸国，在英国待了两年多。其间，他考察了英国政治制度，学习了大量早期启蒙思想家的著作。孟德斯鸠在洛克的分权思想基础上明确提出"三

---

① 北京大学哲学系外国哲学史教研室编译：《十八世纪法国哲学》，商务印书馆1963年版，第88页。

权分立"学说。他重视法律的作用，认为法律是理性的表现。1748年，他出版《论法的精神》，指出国家的目的不是限制人的自由，而是保护人的自由，他还把政权分为立法、司法、行政三个部分，强调彼此分立、相互约束。一方面，他提倡资产阶级自由、平等，一方面又强调自由是在法律限制之下的自由。假如公民做法律所禁止的事情，他将不再自由。孟德斯鸠的思想深受英国培根的实验主义、法国笛卡尔理性主义以及英国资产阶级思想的影响。他反对神学，提倡科学，但他又不是一个无神论者和唯物主义者，他是自然神论者。其国家治理思想的局限在于忽视了人民群众的力量。具体表现为，他一方面批判封建专制主义，另一方面又主张君主立宪。一方面反对宗教僧侣主义，另一方面又不是一个无神论者，而是一个自然神论者。他比其他许多启蒙思想家更深刻地提出了社会发展的规律性和动力问题，但却没能正确地解决这个问题。在社会观方面，他仍旧是一个唯心主义者。孟德斯鸠从自然状态论述平等，他不认为平等是人与生俱来的权利。"在原始时代，人一生出来就都真正是平等的，但是这种平等是不能继续下去的。"[1]他认为真正的平等或"平等的真精神的含义并不是每个人都当指挥或是都不受指挥；而是我们服从或指挥同我们平等的人们"[2]。孟德斯鸠是一个"不承认任何外界的权威"[3]的伟大人物。他像一个战士一样机智而勇敢地抨击了腐朽反动的封建专制主义和宗教僧侣主义，穷尽一生探索着不同学科领域的问题，站在时代前列为新兴资产阶级的利益不懈奋斗，给人类留下了丰厚的思想遗产。他关于分权和法制的理论为一些资产阶级国家直接采用。他的理论是欧美资产阶级革命家反对封建暴政的锐利武器，对世界范围内资产阶级革命运动产生了巨大影响。

---

① ［法］孟德斯鸠著，张雁深译：《论法的精神》上册，商务印书馆1982年版，第114页。

② ［法］孟德斯鸠著，张雁深译：《论法的精神》上册，商务印书馆1982年版，第114页。

③《马克思恩格斯全集》第25卷，人民出版社2001年版，第371页。

卢梭（1712—1778）是法国启蒙思想家中小资产阶级民主派的代表人物。在《论人类不平等的起源和基础》一书中，卢梭系统阐述了他的国家治理思想。他阐明了社会不平等的原因以及克服的方法，批判了封建等级关系。他认为，人类不平等的根源在于私有制，而每个人拥有少量的私有财产是社会平等的基础。卢梭的国家治理思想中有唯物主义因素，他将抽象的孤立的个人作为研究问题的出发点，将私有制产生的条件归之于人的"自我完善的能力"。他将人类社会发展的原因归于人的理性和意志活动，将私有财产和国家的出现说成是玩弄阴谋和欺骗的结果，这显然陷入了历史唯心主义。卢梭论述了人类不平等经历的三个阶段：第一个阶段是私有财产的产生，导致了收入的不平等，出现了富人和穷人；第二个阶段是通过契约建立的权力机构，实现了强者对弱者的统治，产生了压迫者与被压迫者的不平等；第三个阶段是政府权力的腐化，专制独裁政治下出现了主人和奴隶之间的不平等。专制制度下社会的不平等到达顶峰。他认为"绞死或废除"暴君是"合法的行为"，当暴君"被驱逐的时候，他是不能抱怨暴力的。以绞杀或废除暴君为结局的起义行动，与暴君前一日任意处理臣民生命财产的行为是同样合法"。[①]暴力推翻专制权力也是被允许的，如有必要可以重新订立契约实现新的平等。他的不平等学说具有革命性和战斗性，实际上，他对专制制度的攻击直指法国封建专制制度，体现了第三等级对推翻封建专制的强烈要求，为法国资产阶级革命做了舆论准备。卢梭思想中的局限性是他并没有提出消灭人类不平等现象必须要消灭私有制的结论。他抨击封建制度，但并不要求废除一般的私有财产，只是要求废除巨大的私有财产。从这一点来说，卢梭要求推翻专制独裁制度，建立新的平等制度，只不过是主张建立小私有者的社会。卢梭认为，在自然状态下人是平等的，随着生产和技术的不断发展，人类逐渐从野蛮走向文明。文明每前进一步，不平等也前进一步。

　　[①]［法］卢梭著，李常山译：《论人类不平等的起源和基础》，商务印书馆1962年版，第146页。

人类社会从自然状态到社会状态，从不平等到平等，既是进步又是退步。因为文明社会带来了野蛮状态所不具备的罪恶和痛苦，这是倒退。人类社会的进步中又包含着对抗。专制制度下不平等达到顶点，最后，极度的不平等制度又被人们用暴力推翻。在这样的情况下，不平等又重新转变为平等，但并非原始状态下旧的自发的平等，而是转变为更高级的社会契约的平等。恩格斯评价了卢梭平等思想的积极意义："虽然我们关于杜林先生对平等观念的浅薄而拙劣的论述已经谈完，但是我们对平等观念本身的论述没有因此结束，这一观念特别是通过卢梭起了一种理论的作用，在大革命中和大革命之后起了一种实际的政治的作用，而今天在差不多所有国家的社会主义运动中仍然起着巨大的鼓动作用。"①卢梭的主权在民思想，深刻影响了欧洲革命运动和英属北美殖民地的独立战争。卢梭认为，人生而自由，但却无往不在枷锁之中，而这个枷锁就是国家。国家之所以产生，原因在于：人要获得生存，但个体的力量非常微小，个人的权利、快乐和财产在一个有正规政府的社会比在一个无政府的、人人只顾自己的社会能够得到更好的保护。因此要联合起来，形成国家来保护成员的人身和财产。国家是自由的人民自由协议的产物，每个人生来自由而平等，国家是人民契约的集合体。在这个契约里，每个人对所有人承担了义务，所有人也对每个人承担了义务。这样一来，人与人之间也许存在体力、智力上的不平等，但是他们在权利上是平等的。卢梭区分了国家与政府（国王）之间的关系，政府是人民的受托方、法律的执行者，是统治者与被统治者的一种契约。政府是联系主权者与人民之间的纽带，代表着主权者的共同意志执行国家事务，是法律和主权者的执行人。但是，政府受到利益诱惑的可能性时有发生，在权力不受监督的情况下更甚。因此，人民要加强对政府的约束，要推动政府成为好政府。人民是国家真正的主人，"主权在民"而非"朕即国家"，才是政府存在的法理基础。如果政府不合人民的"公共意志"，人民就有权推翻它。从某种意义上说，

---

① 《马克思恩格斯选集》第3卷，人民出版社2012年版，第480页。

人类有了在议会中推翻政府的权力，也就有了走出治乱循环的能力。主权在民最重要的表现就是谁在掌握立法权。如果作为受托人的政府僭越拥有了立法权，国家动荡就在所难免。卢梭围绕"法"做了大量启蒙工作，契约首先就是一个法律规范用语，是权利和义务的明确表示。因此，为了把权利和义务结合起来，使正义达到它的目的，就需要有约定和法律。他主张通过法律途径使得社会财富分配基本平等，"使一切人的财产不知不觉地接近于乃是社会的真正力量的中等程度（中等财产）的这种政治，乃是国家的目的"①。他认为："政府最重要的任务之一，就是要防止财富分配的极端不平等。"②缺少法律建立起来的国家不过是没有灵魂的躯壳。卢梭认为，"立法权是国家的心脏，行政权是国家的大脑，大脑指挥各个部分运动。大脑可能陷于麻痹，而人依旧活着。一个人可以麻木不仁地活着，但是一旦心脏停止了它的机能，就会立刻死掉"③。谁掌握立法权，谁就拥有国家的最高地位，就决定了国家的生活状态。

空想社会主义的早期代表梅叶、摩莱里、马布利等也在启蒙者之列。让·梅叶（1664—1729）是法国18世纪空想社会主义的先驱，著名的唯物者论和无神论者。梅叶生活在17世纪后半叶和18世纪初，此时的法国资本主义生产关系在封建社会内部有了一定的发展，封建统治的经济基础遭到了破坏，封建统治者不断加强专制统治，导致民不聊生、社会矛盾不断激化、农民起义不断。他揭露了社会的不平等，反对宗教和封建专制制度，认为宗教产生的根源是无知。他主张全力以赴地对群众进行教育，以达到消除宗教偏见的目的。梅叶的思想反映了早期无产者和贫苦农民的思想要求。梅叶本身也是一个"天赋人权论"者，认为人生来平等，每个人都平等地享有在地

---

① ［苏］勃·姆·别尔纳狄涅尔著，焦树安、车铭洲译：《卢梭的社会政治哲学》，中国社会科学出版社1981年版，第105页。

② ［法］卢梭，王运成译：《论政治经济学》，商务印书馆1962年版，第20页。

③ ［法］让·卢梭著，赵建兵译：《社会契约论》，中国社会出版社1999年版，第83页。

球上生活和行动的权利。他认为私有制带来了社会的不平等，是无数祸害和痛苦的根源。在揭露、批判现实社会不平等和私有制的基础上，他提出了关于未来社会的构想。在未来理想国家中，人民平等地占有和享用一切财富和土地资源，人与人之间通过缔结联盟保持和平、互助的关系。人与人之间保持适当的、公正的从属关系更能有效保持社会秩序。摩莱里是18世纪法国杰出的空想社会主义思想家。他指出，私有制是一切不平等的根源。他幻想建立一个没有私有制、人人都有劳动权的理想社会。摩莱里代表了法国早期无产阶级利益，对资产阶级企图以资本主义剥削代替封建压榨提出抗议。马布利（1709—1785）是18世纪杰出的空想社会主义者，政治家、理论家和历史学家。他的国家治理思想同样具有空想社会主义色彩。他认为，私有制是一切不幸的来源，建立在私有制基础之上的社会是不符合理性和自然秩序的。人与人之间一律平等，没有高低贵贱之分。他致力于拟订向未来共产主义的理想社会过渡的立法改革方案，主张通过立法改革使人类逐渐恢复理性。如通过改革现行税制和土地制度，防止财产过分集中等。马布利赞成禁欲主义，认为人们改善物质生活的欲望和要求是不道德的，他主张限制消费，实行平均主义。马布利的国家治理理论以自然法学说为理论基点，他充分重视法律的作用，认为可以通过法治对社会进行改造。

法国启蒙运动中，以百科全书派为中心的一批唯物主义思想家同样作出了重要贡献。他们既是唯物论者，又是无神论者。拉·梅特里（1709—1751）从唯物主义思想出发，运用大量医学和生理学知识，说明人和其他动物一样也是机器一般的物质实体。他公开表明唯物主义和无神论的立场。他指出，所谓灵魂不过是肉体的产物，进而抨击宣扬灵魂不朽的宗教教义。在自然观、认识论、社会历史观、无神论和伦理观等方面，他都提出了一系列后来为其他法国唯物主义者进一步发展的思想，在反封建和反对宗教神学的斗争中发挥了巨大作用。霍尔巴赫（1723—1789）是18世纪法国启蒙思想家、哲学家。法国专制制度的危机和早期启蒙思想深深影响了年轻的霍尔巴赫。在荷兰莱顿大学读书的经历，为霍尔巴赫进步的社会政治观和唯物主义思想的形成奠定了坚实的基础。霍尔巴赫毕生坚持民主、反对专制，他对法国专制制度进行了无情抨击，指出法国专制制度是建立在情欲、人性以及某些统治阶级个别利益之上的不公平的社会制度。霍尔巴赫无情地揭露专制制度所造成的灾难，认为专制统治必然带来革命，反抗专制制度的革命是合理的。霍尔巴赫深受社会契约论和人民主权思想的影响，反对君权神授。他认为，国家起源于社会契约，国家主权属于全体人民，人民的共同意志就是法律，领袖、君主不过是社会权力或大或小的一部分受托者，而非它的绝对主人，也不是国家的所有者。君主应该服从法律，而非法律服从君主。霍尔巴赫的国家治理思想具有鲜明的反专制主义性质和鲜明的斗争性，他将斗争的矛头直指法国专制制度和天主教会，反映了以资产阶级为代表的第三等级人民反对君主专制的民主要求，推动了法国革命的到来。爱尔维修（1715—1771）是18世纪法国哲学家、启蒙思想家。他攻击以宗教为基础的一切道德。他认为，人是环境的产物。这里的环境并非自然环境，而是政治法律制度和社会教育。他主张要消除社会上的邪恶就必须改变不完善的政治法律制度。爱尔维修主张摧毁一切传统宗教，在道德的基础上建立一种新的真正的宗教。他同样认为国家起源于社会契约，国家的目的在于保障人民的生命、财产和自由。最高执政者受托于人民，一旦人民的基本人权被剥夺，人民将有权起义。爱尔维修的国家治理思想推动了18世纪资产阶级革命运动的发展，并且直接影响了19世纪法国的空想社会主义者。狄德罗（1713—1784）是《百科全书》主编，法国启蒙思想家、哲学家、戏剧家、作家。狄德罗宣传社会契约论，认为君主的权威来自政治契约，君主的职责是保卫公民不受他人欺凌。他集中了一批志同道合的同志，通过对《科学、美术与工艺百科全书》的编纂和出版掀起了一场思想领域的革命，向反动的宗教和社会势力发动猛攻。

四、启蒙运动在德国

在 17、18 世纪，德国在欧洲几个主要国家中相对落后。16 世纪，马丁·路德领导的宗教改革终于走上了和封建诸侯妥协的道路，托马斯·闵采尔领导的农民起义因遭到残酷镇压而失败。德国在经济上长期保留了农奴制，农业生产落后，租税负担沉重，农民过着贫苦的生活，工商业的发展缓慢，政治上长期处于分裂的状态。在日耳曼土地上就有 300 多个独立小国，这些小国的公爵一方面过着奢侈的生活，对人们进行残酷的剥削；另一方面互相倾轧，为了争权经常发动战争，破坏了农业和工商业的发展。在宗教问题上，这些小国也分裂成新教联盟和天主教联盟两个阵营，斗争不断。政治和宗教的分裂，加上外部势力的干扰，酿成了历史上破坏性极大的"三十年战争"。当时，德国人口减少了四分之三，农业和工商业止步不前。战争结束后，勃兰登堡公国变得强大起来，到了 18 世纪初，它成为普鲁士王国，逐渐发展成一个军国主义国家。这就意味着封建势力在德国并没有削弱，反而加强了。政治的分散和经济的凋敝不利于资产阶级的发展，当时德国资产阶级的力量还很薄弱。英国的资产阶级在 17 世纪就进行了革命，法国的资产阶级在 18 世纪启蒙运动时期就在积蓄力量，而当时德国的资产阶级依然卑躬屈膝地依附于封建君主。以当时德国的条件，开展启蒙运动是极端不利的。但启蒙运动还是在德国开启了，而且取得了显著的成绩。这亦对德国的统一起到了推动作用。

相较英国、法国，德国的启蒙运动来得要晚，大约在 17 世纪末才开始，至 18 世纪 20 至 50 年代达到高潮。德国启蒙运动深受英法启蒙运动的影响，但在追求目标和表现形式上与英法有很大的不同，并在理论深度上超过英法。德国启蒙运动是一场反对封建专制，反对教会和宗教，普及文化和教育，倡导人权、自由、平等诸多新观念的思想文化解放运动。17 世纪的德国处于启蒙前夜，经院哲学和人文主义哲学的影响同时存在，各种思想流派像改革派、亚里士多德主义、神秘主义和自然法学派等异常活跃。德国的大学为这一时期的哲学发展提供了土壤，成为理论研究和科学争论的阵地。1618—1648年，德国经历了一场欧洲史上空前的国际性宗教战争，这场战争极大地破坏了经济和社会结构。战争不利于社会发展，但同时也刺激了知识分子的思考。受到经济文化活跃的意大利、荷兰、英国、法国的影响，德国开启了崭新的启蒙时代。德国的启蒙主义有着德国人特有的理性色彩。这一时期，唯物主义思想萌芽，哲学与宗教的关系也发生转变，政治上出现了自由化的趋势，这亦促进了各种寻求政治改革的多元化政治思想争论。思想家们注重自然科学的作用，觉醒的知识分子高举理性的大旗，反对蒙昧主义、教条主义、专制主义和各种宗教狂热。德国启蒙运动时期涌现出了一大批思想家、哲学家、科学家。

德国启蒙运动早期，在托马西乌斯、莱布尼茨和沃尔夫等人的共同努力之下，理性主义传到德国，启蒙思想广泛传播开来。此后，一大批德国启蒙思想家涌现，德国启蒙运动空前活跃。托马西乌斯、莱布尼茨和沃尔夫三人对德国启蒙运动起了巨大的推动作用。他们的推动作用不仅在于哲学甚至理论研究方面，更在于他们提倡用德语上课、用德语写作，体现出浓厚的民族意识。他们在传播启蒙思想的同时也表现出强烈的民族情感。这对于后来德意志民族的统一起到重要的推动作用。沃尔夫（1679—1754）是德国启蒙运动的代表人物，著名的哲学心理学家、数学家。他将英法启蒙哲学同德国莱布尼茨（1646—1716）哲学结合起来，形成莱布尼茨-沃尔夫哲学。这一体系在哲学上导致了一种理性主义独断论，但是对当时在德国思想界占统治地位的虔敬主义神学或信仰主义独断论形成了猛烈冲击，对德国启蒙运动起到了极大的推动作用。沃尔夫甚至将灵魂不朽和上帝的本质也当作理性认识的对象，认为理性能力可以把握宇宙、灵魂和上帝的全部知识。理性在沃尔夫那里实际上已经成为一个形而上学的万能的和独断的上帝。沃尔夫树立起理性的绝对权威，尽管这种理性的绝对权威是以一种僵化刻板的独断方式建立起来的。在某种意义上说，沃尔夫用一种理性主义独断论击败了当时在德国思想界中占统治地位的信仰主义独断论。沃尔夫哲学开启了18世纪中叶以后德国思想界对神学、信仰的一般性批判的先河，体现了启蒙运动的基本特征。总之，沃尔夫将德国早期启蒙运动推向了高潮。莱布尼茨-沃尔夫哲学所倡导的理性至上原则在德国知识界引起了一股与法英等国不尽相同的启蒙思潮。莱布尼茨是近代理性主义哲学的重要代表，无论是单子论的本体论思想还是其"最好世界"的神学理论，都充满了理性主义色彩。莱布尼茨是一位全能的天才，被认为是那个时期德意志最有学问的人，被称为"17世纪的亚里士多德"。他熟悉古代哲学和中世纪神学，在逻辑学、数学、力学、地质学、法学、历史学、诗学、语言学乃至政治学等领域都有独到的建树。经过早期探索，德国启蒙运动发展到繁盛阶段，不断涌现出一个又一个思想家，他们在哲学、文学和史学等领域展开研究，他们的思想激发了德意志人的民族认同感，对德意志民族意识的传播发展起到重要的推动作用。

莱辛（1729—1781）是德国启蒙运动的重要代表人物、诗人、思想家、哲学家。莱辛更倾向于对德意志的分裂状态进行尖锐批判。莱辛强烈反对不自由和不宽容，宣扬人性和宗教宽容，力图在理性知识与宗教信仰之间寻求妥协。莱辛通过展示上帝对人类实施教育的历史过程，将理性与信仰辩证统一起来。不同于慷慨激昂的法国启蒙运动，德国的启蒙运动始终保持着一种理性的审慎态度。德国启蒙思想家对基督教的批判不如法国启蒙运动那样激烈，却更加深刻。德国启蒙思想家以德国人特有的严肃认真态度对《圣经》进行了深入细致的历史考据。莱辛与同时代的大多数德国启蒙思想家一样，对于信仰和理性的关系怀有矛盾的心理。德国人始终将信仰看成神圣的事情，而唯理主义和启蒙思潮的影响使得思想深邃、逻辑严谨的德国人深深意识到理性与信仰之间的巨大矛盾，他们认识到基督教作为一种权威性的宗教在历史发展过程中包含了大量经不起理性考验的成分。德国启蒙思想家既要树立理性知识的权威，又不愿意完全放弃基督教的信仰，结果他们要么像康德那样将理性知识与宗教信仰划分为井水不犯河水的独立领域，要么像黑格尔那样在一种神秘的辩证法中将两者融为一体，更多的人在信仰与理性之间徘徊，莱辛在对待信仰与理性的关系问题上充满矛盾。他认为，基督教是人类走向道德完善（自律）过程中的必然环节。宗教是上帝对人类进行教育的一种基本手段，首要的目的就是促使人类道德走向完善，它的内容和形式要随着人类道德水准的提高而不断变化。德国启蒙思想家对于基督教的兴趣，已经从抽象的神学理论转向了道德实践方面。

康德的思想对后世产生了不可估量的影响。他的批判哲学对封建神学体系是一种有力的冲击，推翻了神权在人们精神领域的绝对统治，是德国古典哲学辩证法的理论基础。康德的国家治理思想并不是彻底的唯物主义，而是将唯物主义与唯心主义相结合，其表现出来的是一种既坚持科学又维护自由，还为宗教留下一席之地的矛盾状态。康德的思想在当时是一种巨大的进步，代表了当时人们反封建反教会的强烈愿望。

五、启蒙运动在美国

在美国历史上，18世纪后半期被称为启蒙运动时期。美国启蒙运动始于摆脱英国殖民主义统治时期，至《独立宣言》发布达到顶峰。美国的启蒙运动引导美国人从清教思想的束缚中解放出来，激励着他们为了建立独立的国家而奋斗。18世纪后半期的美国启蒙运动体现了强调理性的基本特征。美国人认为理性是人获取真理的唯一可靠途径，坚信人可以凭借理性的力量解决科学问题、宗教问题、道德问题等一切实际问题。"理性"涵盖了知识的所有自然来源，特别是包括了自然科学获取知识的逻辑方法、数学方法和经验方法以及人作为理性主体所具有的直觉认识能力。美国启蒙主义者坚信国家的发展、社会的进步要靠人的努力获得，于是他们积极投身于科学技术的发明，创造出大量的新机器、新发明，推动了工业革命的发展。美国革命领袖将欧洲思想家的政治哲学理论和思想成功地应用于实践，并最终赢得独立战争的胜利，这些思想和理论被写进美国宪法。从整个西方启蒙运动的大背景下来看待美国启蒙运动，就会发现美国启蒙运动不同于欧洲的一点在于其对待基督教的温和态度。尽管美国启蒙运动的领袖意识到基督教对社会发展有着巨大的阻碍作用，但他们并没有试图消灭它，而是希望确立另一种强有力的政治秩序和宗教秩序。启蒙运动极大地动摇了基督教的地位，并改变了美国社会的精神面貌。美国人没有抛弃对上帝的信仰，但是经过启蒙运动之后，他们追求现实生活价值和意义的热情和积极性得到了强化，启蒙运动之后美国有了很大的变化。

这场社会政治运动使美国一跃成为一个政治独立的国家。启蒙思想家运用启蒙的政治理论和社会理论在北美建立了新的政治秩序。在他们看来，政府是确保人的自然权利的必要手段，人的生命、自由和幸福必须得到政府的有效保护。他们相信唯一合乎理性的政府是民主政府，即由被统治者自主决定政府形式。美国的启蒙运动扭转了美国社会的道德思想，给美国带来了自由、民主、权利等一些新观念。这从根本上给清教时代的价值体系带来了冲击。启蒙运动思想家对人类社会的认识更加客观全面，他们相信人的善良，积极肯定人类自由和进步，他们运用理性和试验认识周围的世界。他们相信科学试验的力量，看到知识对人类进步的重要意义。启蒙思想家从人本主义或世俗的视角对德性进行审视，将人看成社会变革的主体和推动社会历史发展的重要力量。启蒙时代，人的权利与义务被置于同等重要的地位。"自然权利"是美国启蒙思想中的一个核心概念，它包括：人生来是自由的、平等的，任何人都天生具有生活、生存的道德权利，任何人都天生具有追求自由和幸福的权利，任何人都无权侵害他人的平等权利。自然权利不可剥夺。本杰明·富兰克林、托马斯·杰斐逊、托马斯·潘恩、詹姆斯·麦迪逊等一大批思想家的国家治理思想对美国国家制度的建立和美国精神的形成产生了至关重要的影响，为美国提供了宝贵的精神资源。

乔治·华盛顿（1732—1799）是美国政治家、军事家、革命家，首任总统，美国开国元勋之一。他坚决反对殖民统治，主张国家独立，坚持国家统一和民族团结，反对分裂和倾轧。他坚持共和制、反对君主制，认为权力永远属于人民，各国人民都有权利建立他们认为最能幸福生活下去的那种政体的政府。他反对君主专制，力主建立联邦政府并加强其权力。他反对美国走向绝对主义，但是力主殖民地十三州作为一个国家的完整与统一，反对激进民主主义，认为过度的自由与专制一样危害自由的事业。美国革命确立的新政府体制以代议制为基石，以保障人民的自由权利为目的。

托马斯·潘恩（1737—1809）是英裔美国思想家、作家、政治活动家、理论家、革命家。1776年，潘恩在其著作《常识》中公开提出美国独立问题。他讨论了政权的起源及目的，提出保障安全是政府的目的和存在的意义。政府力量来源于民众的支持，而只有为全体人民谋福利的政府才能获得民众的支持。这种思想与在天赋人权中提到的人们追求幸福的权利一脉相承。政府必须保障公民的自由，英国君主制并不能够真正维护北美的利益，只有独立才能使北美走上健康发展的道路。《常识》和《林中居民的信札》是美国独立战争时期的启蒙佳作，这些作品集中批判了英国君主制的腐败专横，提出了北美独立的思想，是北美革命的思想武器。《论人权》批判了封建等级制和君主政体，提倡、赞扬了代议制共和政体，强调理性在政体中的重要作用。潘恩的文字不单服务于独立战争，更重要的是塑造了"美国公民"，潘恩的思想唤醒了人们心底对民主的追求，对法国和英国的民主革命产生了深远的影响。潘恩一生都在与君主制作战，并终生宣扬激进的民主共和思想。潘恩主张人没有高低贵贱之分，他追溯人权的起源，探寻理性的归宿，宣称在宇宙万物的体系中，人类本来就是平等的。人生而平等，每一代人同前一代人在权利上也是平等的。潘恩认为，天赋权利主要是人在生存方面所具有的权利，包括思想上的权利，以及在不妨碍别人权利基础上为自己追求幸福的权利。公民权则指人们作为社会成员所具有的权利，主要包括选举权、立法权以及言论自由权等。

本杰明·富兰克林（1706—1790）是18世纪美国政治家、物理学家，同时也是出版商、印刷商、记者、作家、慈善家，更是杰出的外交家和发明家。他是美国独立战争时重要的领导人之一，《独立宣言》起草人和签署人之一，美国制宪会议代表及《美利坚合众国宪法》的签署人之一、美国开国元勋之一。他参与了多项重要文件的草拟工作，并出任美国驻法国大使，成功取得法国对美国独立的支持。法国经济学家杜尔哥评价富兰克林："他从苍天那里取得了雷电，从暴君那里取得了民权。"

亚历山大·汉密尔顿（1755—1804）是美国开国元勋之一，美国制宪会议代表及美国宪法起草人和签署人之一，他拥护三权分立的共和制度。但是，出于对人民和民主制度的极端不信任，他主张建立高度集权化的行政部门来制约民选的立法议会，主张建立高度集权的强有力的政府。汉密尔顿致力于将美国建设成为像英国那样以发达的工商业为基础的资本主义强国。尽管汉密尔顿饱受民主派的批评，但他本人是一位废奴主义者，主张美国走工业化道路。

托马斯·杰斐逊（1743—1826）是《独立宣言》的主要起草人，美国开国元勋之一，与乔治·华盛顿、本杰明·富兰克林并称为"美利坚开国三杰"。杰斐逊是资产阶级民主主义思想家，他主张人权平等、言论、宗教和人身自由。1776年，杰斐逊主持起草《独立宣言》，制定宗教信仰自由法案，取消宗教上的特权和歧视，反对奴隶制度。他认为，在自然法则之下，人生来就是平等和独立的，每个人应该享有与生俱来、不可转让的权利，包括生命的保存、自由和追求幸福的权利。杰斐逊关心精神的自由和平等，他认为宗教信仰自由是精神自由的一个组成部分，他为宗教自由的实现进行了不懈的斗争。他反对一切的压迫，仇视君主制以及贵族特权。他反对暴政，设计周密而完善的机制来防止暴政的出现，并将普及教育和发展教育看作防止民主蜕化为暴政最重要的手段。他将自由看作神圣不可侵犯的自然权利之一。他强调思想自由，反对任何钳制、束缚人的思想的东西，认为不论是教会还是政府都不应该束缚人们的思想。他主张消灭贫困，消灭社会的不平等，对人民有极深厚的感情。他重视人的尊严和价值，认为人的生命安全、人的自由以及人的幸福才是目的，而财产和政府只不过是手段。

詹姆斯·麦迪逊（1751—1836）被称为"美国宪法之父"，他立足于美国现实政治生态设计了全新的独一无二的分权制衡机制，并尝试使该思想在国家宪法上予以明确。这种制度设计在很大程度上有助于防止专政和暴政的出现，在制衡中实现了保障人民自由的作用。一方面，麦迪逊出于对权力滥用危险性的恐惧而设计了横向的分权制衡机制。受这一理论的影响，美国宪法最终确立了立法、行政和司法既各自独立又部分混合的横向政府分权体制。在此基础之上，又进一步设计了三权之间相互制衡的机制，比如说立法复议制度、总统和法官弹劾制度、司法审查制度等。另一方面，又在纵向以分权原则为指导，在联邦政府和州政府的关系上做了重新设计，即设计了所谓的联邦制。这样的设计主要是为了解决联邦时期中央政权控制力较弱的问题。在纵向分权制衡框架下，联邦政府享有最高的国家权力，州政府只是作为联邦的一个组成部分而存在。当然，州政府的主权也有一定的保留。麦迪逊并非分权制衡的首创者，他对立法权进行制衡设计的思想最早来源于洛克。麦迪逊强调宗教信仰、言论、出版自由的重要性。理论上的成熟为美国的社会改革创造了条件。1776年7月4日通过的《独立宣言》，继承和发展了天赋人权和社会契约理论。《独立宣言》第一次以政治纲领的形式确立了人权原则，如果政府损害了这些权利，人民便可以重新建立政府。

17、18世纪欧洲启蒙思想家们宣扬的天赋人权，社会契约，自由、平等、民主和法治，三权分立等思想，是《独立宣言》重要的理论来源。英属北美殖民地资本主义经济的发展为《独立宣言》的发表奠定了物质基础。英属北美殖民地人民民族民主意识的不断增强为《独立宣言》的发表提供了内在动力。《独立宣言》的中心思想是宣布美国独立，它深刻地阐述了资产阶级民主主义原则。《独立宣言》坚持平等的原则，包括政治和经济的平等，继承了洛克的天赋人权学说，尊重人的生命权、自由权和追求幸福的权利。这一观点承认了个人的尊严，从理论上摧毁了封建专制主义存在的基础，将促进人民的幸福当作政府的主要目的。它打破了否定现实生活而将希望寄托到天堂或来世的中世纪宗教观念，是现代政治理论的一次重要革命。《独立宣言》提倡主权在民的思想，指出政府的一切权力来自人民，政府之所以存在是为了保证人民的幸福和权利，政府应该服从人民的意志。政府一旦沦为祸国殃民的政府，人民就有权利发动起义或革命来推翻它。《独立宣言》将欧洲启蒙运动时期产生的天赋人权和社会契约思想转化为现实政治的原则，在人类历史上首次以政治纲领的形式宣告了民主共和国的原则，彻底摧毁了封建专制主义的理论根基，将人民主权首次贯彻到新兴资产阶级的建国实践中，推动了整个欧洲的反封建斗争，给拉丁美洲和亚洲的民族独立运动以巨大影响。

在启蒙思想影响下，南美和亚洲一些国家民众的政治热情被极大地激发出来，掀起了激烈的反殖民斗争。在启蒙思想影响下，日本通过明治维新开启政治、经济、社会等领域的改良以摆脱贫穷落后的面貌。中国在谋求国家独立、民族解放的过程中同样深受启蒙思想家的影响。资产阶级维新派在启蒙主义思想的影响下主张兴民权、设议院，实行君主立宪制。资产阶级革命派主张用暴力推翻清朝的统治，建立资产阶级民主共和政体，在《中华民国临时约法》中确立行政、立法、司法三权分立的政治体制。

第六章　以自然法为核心的权利治理思想

17世纪，正值可辨识的现代国家观的初创阶段，启蒙思想家们著书立说，以格劳秀斯、霍布斯、斯宾诺莎、普芬道夫等人为代表的思想家对传统的以亚里士多德主义、经院主义哲学为基础的自然法思想展开了攻击与清算。然而，虽然他们对自然法的研究方式与前人不同，但都表达了自然法在政治社会生活中的重要作用。这一时期建构于自然法基础之上的契约论，成为解释国家和法律起源的最流行的一种理论。这一理论将自然法与自然权利结合起来，成为早期启蒙思想家们斗争的武器。

第一节　格劳秀斯的国家治理思想

伴随着文艺复兴和启蒙运动的开展，格劳秀斯的国家学说以人性论作为阐述的出发点，基于自然状态，主张自然法、宣扬自然权利、达成社会契约。他在国内强调君主主权论，排斥人民主权论；在国际舞台上，基于国际法原则缔结和约、寻求国际和平与安全，强化了主权国家的理念。

一、格劳秀斯的生平及思想渊源

（一）格劳秀斯的生平及著作

胡果·格劳秀斯（1583—1645），生于荷兰代尔夫特一个贵族家庭。他是一位古典学者，8岁就能用拉丁文进行诗歌创作，12岁进入莱顿大学学习文学课程，用才学赢得了大家的认可。格劳秀斯学识卓越，作为荷兰特使出访法国，深得亨利四世的赞赏。在法国期间，他的思想深受亚里士多德主义的影响，结识了许多杰出的学者。他也是较早接受新教传统法学人文主义影响的学者之一。他有较丰富的政治活动经验，曾出任国史编纂官、某些地区的总检察长以及鹿特丹市的首席执政官。1619年，由于在政治上偏离当时的新政府，他被宣判终身监禁后流放。

在格劳秀斯的著作中，《捕获法》和《战争与和平法》汇集了他的国家治理和法哲学思想。20多岁时，他便创作了《捕获法》，但该书在其有生之年却未能出版，其中第12章《论海上自由》还是以匿名方式于1609年发表。要了解其中奥秘，还得进一步分析格劳秀斯研究捕获法的缘由。1603年，荷兰东印度公司的船只在马六甲海峡捕获了葡萄牙帆船"圣凯瑟琳号"，并获得大量战利品。作为有教养、有学识的律师，格劳秀斯受邀为荷兰东印度公司辩护，整个事件促成了《捕获法》手稿的写成。据史料记载，该船载有中国的丝绸和瓷器、日本的铜、墨西哥和秘鲁的金银，总价值不菲，相当于当时东印度公司资本总额的一半。面对巨额"战利品"，关于荷兰是否有权利夺取葡萄牙船只并将其占为己有，引发了一个国际问题。这同时也是国内问题，因为该公司的一些股东是门诺派和平主义者，他们既认为所缴之物为不义之财，也认为任何形式的暴力都违背基督教教义。作为律师，格劳秀斯在捕获法庭上为荷兰东印度公司辩护，后来又在《捕获法》中详细表明了自己的观点：为了尊严和正义可以有正当防卫之战，也就是说荷兰东印度公司进行的是一种为了正义的自卫战。

1609年，格劳秀斯论述公海自由的一章《论海上自由》出版，其内容非常符合他所追随的荷兰奥尔登巴内费尔特政府的外交意图：使荷兰的独立被正式承认，并增强共和国的实际行动自由，尤其是保持与英法等国拥有平等贸易的自由权。《论海上自由》的论点是葡萄牙以及任何其他国家都没有独占东印度群岛航行、渔业和贸易的权利，无论是通过发现、占领，还是因教皇捐赠而获得的权利。该书主张海洋的自由以及本国的海事权利，深刻揭露葡萄牙禁止其他国家在东部海域进行商业贸易的霸道行径。

虽然格劳秀斯所倡导的重要理论已在其早期著作中有所展示，但是《战争与和平法》却让他久负盛名。该书主要研究国家间的战争与和平法规问题，根据正义的原理和基督教派别斗争的实践，将为处于战争中的世界导向和平与安全。实际上，该书大部分重要内容都是《捕获法》观点的扩展和补充。该书之所以获得如此高的声望，除了格劳秀斯本人的才学魅力，还得益于荷兰的兴盛之势。刚刚摆脱西班牙殖民统治，成为民族独立、政治自由、宗教宽容、商业贸易发达的共和国，这一切都促使荷兰走向开放、先进的政治强国。不可否认，1648年签署的《威斯特伐利亚和约》深受格劳秀斯思想的影响，这一和约而后构建了欧洲主权国家体系的新时代。

（二）格劳秀斯的思想渊源

格劳秀斯的思想受到了希腊哲学、自然法传统和科学主义论证方式的影响。研究格劳秀斯思想内在的哲学基础，不得不谈谈古希腊哲学对其的影响。格劳秀斯在《战争与和平法》中大量援引了亚里士多德的观点，可以说，他的理性自然法是建构于像亚里士多德这样的圣贤哲人的思想之上的。

在《战争与和平法》中，格劳秀斯大量运用了自然理性法学观点来完善和修正自己的观点。"自然法乃是一种正当理性的命令"①，这是人之本性和事物本性所标识的必然之物。格劳秀斯之所以把自然法理论放到如此高的地位，其实只是遵循那个时代的特色而已。

"诚信、实质正义和协议的神圣性，在此之前的各个时代就一直被认为是具有自然起源的规则。"②从某种程度来说，格劳秀斯诉诸理性进行推演与古代自然法论具有天然联系。

17—18世纪，自然科学的发展使人们把科学主义的方法和研究成果不经意地运用到社会科学领域中，以自然科学技术来构建哲学基础，并确信它能解决社会问题。自然科学及其科学主义大行其道，企图借用自然之力来帮助人们追求幸福。在《战争与和平法》中，格劳秀斯虽然没有直接运用统计和数学符号去论证观点，但是文中无不体现了理论推演中的逻辑性和科学性。格劳秀斯企图将推理、归纳、演绎等自然科学方法论融入理性主义世界观，以建立一套可推行的科学主义体系。

二、格劳秀斯的国家治理思想的主要内容

格劳秀斯生活在一个充满疾风暴雨的年代，神圣罗马帝国行将就木，基督教内部派别林立、纷争不断，天主教和新教两者之间的冲突和矛盾已达到白热化，再加上资本主义商品经济发展又促成新兴资本主义国家崛起。1618年，"三十年战争"爆发。经过尼德兰革命洗礼的荷兰渐渐摆脱了西班牙的统治，逐步走上了发展资本主义和海外贸易之路，但是面临伊比利亚人和英国人的阻挠，面对这样的局势，荷兰共和国何去何从，怎么融入新秩序？以什么方式登上国际舞台？格劳秀斯当仁不让，创作了《捕获法》《战争与和

---

① ［美］乔治·萨拜因著，［美］托马斯·索尔森修订，邓正来译：《政治学说史：民族国家（上）》，上海人民出版社2015年版，第129页。
② ［美］乔治·萨拜因著，［美］托马斯·索尔森修订，邓正来译：《政治学说史：民族国家（上）》，上海人民出版社2015年版，第131页。

平法》等经典著作。

（一）"去神化"治理：从自然法说起

古希腊贤者们早就提出自然法显然区别于人为的"法律"（习俗），自然正义便是自然法的核心要义。后经斯多葛学派演绎，自然法与道德被平等地放在一起，认为可以被人类普遍接受，它是先于"人类法"的评判正义的重要标准。当欧洲走过令人窒息的神权时代，进入启蒙觉醒新时代，人们从人性、理性的角度重新看待自然正义。新兴资产阶级毅然扛起时代旗帜，打破以神权理论为指导的王权君主法统，建构起新的法治秩序，正是新自然法对启蒙时代作出的全面的应对和表达。

17世纪在欧洲大陆上出现的各种社会变革赋予自然法新的内涵，自然法和宗教神学被分离开来。自然法学者"已经开始用人的眼光来观察国家了，他们从理性和经验出发，而不是从神学出发来阐明国家的自然规律"[1]。格劳秀斯认为人生来就是一个理性的社会性动物。他出生前的中世纪，是神学统治的时代。无论是奥古斯丁还是托马斯·阿奎那，或者是教会、君王，都把国家和组织打上神的烙印。格劳秀斯则在自然法观念中将"上帝"的踪迹清理出去，在将法律科学与神学和宗教分离的过程中，格劳秀斯为世俗的和理性主义的现代自然法观奠定了基础[2]。他把自然法这根主线融入自然权利、社会契约、国家主权等概念中，从而创建了一套系统阐述国家形成、国家职能及国家治理的新观点。

格劳秀斯生于经过人文主义、加尔文主义和亚里士多德主义洗礼的时代。"这一世界中的人文主义伴随他终生，但他死时却因其抛弃了加尔文主义和亚里士多德主义而招致激烈的攻击。可是，正是这一抛弃（如18世纪启蒙运动的历史学家所意识到的）变革了新教文化并使得17世纪晚期和18

---

[1]《马克思恩格斯全集》第1卷，人民出版社1995年版，第227页。

[2]［美］E.博登海默著，邓正来译：《法理学：法律哲学与法律方法》，中国政法大学出版社1999年版，第42页。

世纪的政治理论成为可能。他是我们所追踪的这段历史中最为重要的人物，他叛出阵营的起源（如其同时代人所认为的那样），需要加以仔细阐明。"①与经院主义和人文主义保持克制性的距离，格劳秀斯以其独特的方式思考：在自然状态下有一种独特的权利，通过比拟或类推可以称之为所有权（dominium）。他通过所有权的转移来区分诸种关系，并将自由看作财产的一部分。从某种意义上，他的理论为崛起的荷兰在公海区域的自由贸易和竞争提供了正当性：人们对海洋"所具有的是（类似的）所有权（dominium）的原初权利；他们可以取走他们所想要的事物，并知道他们有明确的权利这么做"②。这一观点蕴含着当人们面对威胁时可以进行正当防卫的权利这一意义。通过这一财产权理论，格劳秀斯为荷兰在欧洲秩序之外的贸易竞争和海上自由提供了合法性依据。

格劳秀斯不仅承认自然的人有（某种）自然的所有权，他还承认自然的人有自然的惩罚权利。这是他提出的第二个观点，但这个观点因为未整合入《论海上自由》而影响较小。有了关于惩罚权利的观点之后，他致力于建构比任何信奉新教的同时代人都更具个人主义的国家理论。在他认为的自然状态里，道德世界中满是原子式个体所享有的权利：国家不具有任何个人不曾有的权利，并且只是与个人同样的道德实体。这些基本原则已经具备现代自然权利的基本内涵。

格劳秀斯对于自然权利的表达，通过自然法的方式呈现出来，而他对自然法理论的阐述是站在斯多葛学派以及中世纪神学者阿奎那们的肩膀之上。因此，这也注定他的自然法思想离不开神的影子，他将自然法归因于上帝：上帝恩赐万物并赋予他们不同的属性。格劳秀斯将法划为两类：一类为自然法，一类为意志法。自然法源于人类理性，它"是正当理性的命令，它指示

① ［美］理查德·塔克著，杨利敏、朱圣刚译：《自然权利诸理论：起源与发展》，吉林出版集团有限责任公司2014年版，第85页。

② ［美］理查德·塔克著，杨利敏、朱圣刚译：《自然权利诸理论：起源与发展》，吉林出版集团有限责任公司2014年版，第91页。

任何与合乎本性的理性相一致的行为就是道义上公正的行为，反之，就是道义上罪恶的行为"①。自然法是客观存在的，关于这一点，他大胆创新、小心求证，运用复合式方法加以证明，先是先验的（a priori），接着是经验的（a posteriori）。所谓先验的，是严格按照人性自然规律推演，要求某种行为和事件遵循理性、社会性步调；所谓经验的，是已经被发生过的事实证明了的、国家和社会规范所认可的。

意志法则源于人类意志。它是由意志而生的——要么是人类的意志，要么是神的意志，因此又可分为神法和人法两种。根据法的等级分类，神命法优于人为法，却受制于自然法准则。按照人的意志，法又可以分三种：第一种是亚国家秩序，它不是以国内权力支配为基点，而是听从父权、族长、头人的命令以及所有类似的指令。第二种是国内法或市民法，围绕国家政权展开，在一个特定的非自然状态下调整着多种社会关系。第三种是国际法（万国法）（law of nations），是从诸多国家内部和国家间抽离出来的、具有约束力的。格劳秀斯认为的国际法与自然法两者相互独立，有时甚至还会矛盾，国际法是可以变化的，但自然法是稳定不变的。神命法明确来自神灵的意志，是上帝决意要实现它、赋予它正义。既然法律是上帝晓谕给人类的，那便可以分为三个阶段：在上帝造人后立即发生的，从大洪水之后的人类复兴开始的，从由耶稣基督实现的更壮观的复兴开始的。很显然，这三个阶段的法律都会约束人类。由此可见，意志法不是简单地可以被人的理性所洞察的，与人的理性和社会性步调一致，而是基于意志之上，不以人的理性为转移。

在格劳秀斯看来，自然法有两个来源：一是来自人的社会性，即人的本性；二是来自上帝和宗教权威，并不能完全脱离神学的基础。这种理解既不同于古希腊罗马时代朴素自然法的观点，也不同于中世纪把神的意志嵌入自

---

① ［荷］胡果·格劳秀斯著，［美］A.C.坎贝尔英译，何勤华等译：《战争与和平法》，上海人民出版社2017年版，第23页。

然法的看法。来自理性指令的自然法具有最基本的、裁决性的功能，它是诸多行为善恶的基本准则。即使上帝也不能对它指手画脚，以至于自然法永恒不变。"不可改变的自然法事实上是不会发生任何变化的，变化只可能发生在它所支配的那些事物上，只是这些事物才容易发生改变。"①

格劳秀斯也开创了治国理政"论证体系"的先河。从上述分析可知，自然法可以通过先验和经验两种方式加以证明，前者以人类的本性为镜像，后者以普遍的事实为根据。格劳秀斯凭借严密的数学和几何公式推演，从一些初始化、不证自明的常识出发，形成一系列的概念、知识和原则，再根据这些基本原理，通过一系列的推演进一步得出符合理性的结论。在《战争与和平法》之中，格劳秀斯正是围绕9条根本原则和13条规律紧密组织论证，整个论著犹如一整套几何学的推演，虽然不是所有人都可以理解，但是经过适当的考察论证，便能获得社会赞同。这种方法在当时很快被认为是真正的科学，因为它经历了考察实验、知识搜集、论证加工和总结提炼的过程。这一系列演绎过程就是一个科学方法的实践过程，它的目的是发现问题或验证假设。

格劳秀斯借助几何学方法赋予理性新内容，其实验论证、精准测量的科学程度是古代自然法论说所不曾企及的。毋庸置疑，这消解了神性的"干预"，凸显了理性的政治地位，还推动了自然法理论以及治理思想的世俗化。这种几何学的确定性形态，后来被霍布斯加以总结和概述，并由斯宾诺莎等思想家更加精细合理地推广，引入伦理学、社会学、经济学等学科的研究中，使之成为自然法体系推进的有效理念，并为社会实践提供了科学指导。难怪历史主义学派的主要倡导者、政治学家萨拜因认为，"格劳秀斯在法理学史上的重要地位并不是建立在国家理论或他必须论及的宪法问题上

① ［荷］胡果·格劳秀斯著，［美］A.C.坎贝尔英译，何勤华等译：《战争与和平法》，上海人民出版社2017年版，第24页。

的，而是建立在他关于法律是调整主权国家间关系的观念上的"①。它的重要性在方法论上，这种论证方法虽然从当代来看并不是那么令人称奇，但在那个时代，由于当时数学等自然科学的发展，却被人们认为是理性的并加以考察利用。他也因此开启了启蒙时期法学和政治学论证体系的时代。

（二）权威治理：君主主权

在国际法领域中积极探讨国家和主权问题，也是格劳秀斯思想的重要特征。早在欧洲大陆民族国家体系构建之前，主权概念作为一种国家治理理念就已见诸一些思想家的论著中。法国的让·博丹于1576年出版的《国家六论》就是一部影响久远的论著，他从神学的故纸堆里拣出主权理论，首次较系统地区分了国家和主权的关系，将主权看作国家的本质特征并把它融入宪政理念中。他认为主权是人们订立契约的结果，但并未专门就有关政治社会起源问题加以论述，而是在法理学说、抵抗权、私有财产的起源等问题上论及。总而言之，在非政治社会出现之前，他所预设的人类社会的景象类似于《圣经》中所探讨的父权制时代，也就是启蒙思想家所称的自然状态。人们受制于自然法的支配，比较充分地发挥自身优势，享受自由、平等，但人是一种社会动物，在本能欲望的驱动下聚集起来并统一于社会之中。人们基于公共利益，避免相互争斗带来的伤害，在理性指导下通过契约建立了国家，并将自己的权利从属于主权者的规定之下。由上可见，格劳秀斯关于国家起源的学说有两个来源，即"人类对于社会生活的自然冲动与人类以自利为主而有意订立的契约"②。前者显然是亚里士多德式的，后者则成为近代社会契约论之先声。

在国家治理学说中，主权问题一直在核心位置，所谓主权是"凡行为不

---

① ［美］乔治·萨拜因著，［美］托马斯·索尔森修订，邓正来译：《政治学说史：民族国家（上）》，上海人民出版社2015年版，第125页。

② ［美］威廉·邓宁著，谢义伟译：《政治学说史》中卷，吉林出版集团有限责任公司2009年版，第93页。

从属于其他人的法律控制，从而不致因其他人意志的行使而使之无效的权力"①。在理论和现实的张力之下，格劳秀斯极力倡导君主主权论，而拒斥主权在民论。接着，格劳秀斯从性质上将主权者的行为概括为两类：一类具有公共的性质，一类具有私人的性质。主权者的公共性行为包括开征赋税、保障人身安全、保护财产、决定战争与和平、缔结条约及其他类似行为；主权者的私人行为是指那些通过他的授权而使私人间的争端得以解决的行为。

与之前主权理论倡导者博丹相比，格劳秀斯从国际法的视野看待国家主权问题，常常把对内主权（internal sovereignty）和对外主权（external sovereignty）放置于统一体去比较。比如关于主权归属问题，他既主张主权应归于国家掌控、人民大众拥有；又承认由该国法定，可以认可一个人或少数人掌控。当他论及具体对象时，几乎只限于后者意义的主权者；而当谈论结果时，主权成了一种权利，与其他私人权利同样地属于某一人或几人，而且受同样规律的限制。面对当时环境，格劳秀斯极力支持对内主权最好属于一个人，他赞成君主主权，反对人民主权。因为"在任何地方，主权权力都是掌握在人民的手中的，没有任何例外，因此人民有权因君主滥用权力而对他们施以限制和惩罚。然而，任何有理智的人都会发现，这种观点已经引发并仍将引发无法估量的灾难"②。但是，在特殊情况下，格劳秀斯又承认人民对君主拥有抗争权，只不过这种权利也是极其微弱的。

拒斥人民主权，格劳秀斯理直气壮地公开宣称"最高权力永无例外地属人民"会引发无法估量的灾难；君主与人民之间的"相互服从模式"，"即人民必须服从于君主，只要其统治良好，但君主领导的政府又得接受人民的审查和控制"③，并不意味着人民拥有对君主合法统治的命令和控制权力。如

① ［荷］胡果·格劳秀斯著，［美］A.C.坎贝尔英译，何勤华等译：《战争与和平法》，上海人民出版社2017年版，第63页。

② ［荷］胡果·格劳秀斯著，［美］A.C.坎贝尔英译，何勤华等译：《战争与和平法》，上海人民出版社2017年版，第64页。

③ ［荷］胡果·格劳秀斯著，［美］A.C.坎贝尔英译，何勤华等译：《战争与和平法》，上海人民出版社2017年版，第70页。

果人民以扬善抑恶为借口，实际上可能会为获得君主的权力而发动武装战争，以至于出现混乱状态。为了维持公共和平和社会稳定，国家诉诸必要手段制止人们因彼此恐惧、恶意的争斗而对"天赋权利"的吞噬。如果国家允许人民滥用抵抗的权利，国家将无法自保且群龙无首。显然，格劳秀斯反对人民对主权的拥有，害怕由于人们对权力滥用而招致混乱。但他又主张在某些极端情况下，如果主权者违反法律和背离人民的利益，把国家拱手转让给他国，或将国家变成另一个国家的附属地时，人民可以反抗君主。

这一主权原则，反映了当时资产阶级和新贵族的要求。一方面，反映荷兰资产阶级反对西班牙的民族压迫和维持民族独立的愿望，具有历史的进步意义；另一方面，反对人民主权原则，害怕人民强大继而反抗资产阶级统治，这种态度在当时欧洲各国的资产阶级中有普遍性。格劳秀斯是一个热爱和平的人，当和平和自由二者不可兼得时也会徘徊。尽管他给一国之君预留了更多权力，但他在拒斥君权神授方面迈出了可敬的一步。

（三）国际治理规则：国际法原理

调节人类关系的并不只是源于人性的法律，在国家层面，出于权宜考量也会确立一套基于同意的法律。与自然法不同，这套国际法（万国法）基于更大的国际社会利益，它是"一种在适用范围上更加广泛的法，其权威来自所有国家，或者至少是许多国家的同意"①。国际法同样遵从自然法原则处理国家间的关系。探讨国际法的来源，除了有各国寻求各自利益需要，人们对于共同秩序的自然要求也是原因之一。在由全体人类或人类的一部分构成的、以国家为单位的共同社会里，自然就应有共同遵守的法律。格劳秀斯也对自然法和国际法作了区分，认为自然法是可以由人类理性自然推论出来的，而万国法是各国共同采用的，"虽然力求自然法与万国法分离，但他自

---

① ［荷］胡果·格劳秀斯著，［美］A.C.坎贝尔英译，何勤华等译：《战争与和平法》，上海人民出版社2017年版，第27页。

始就没有成功；而他的讨论愈趋详细，他的失败也愈趋明显"①。他极力主张对两者加以区分，不过是为人类设置普遍性适用的规范原则。任何人类联合体的存在都离不开法律的维系，一旦人们背离法律，一切事物都会变得不可思议。

自然法与万国法不仅适用于和平时期，也适用于战时。"由于战争是为和平而发动的，没有争端就不会引起战争，所以，应当把通常发生在国家间的所有这些纷争看作是战争法的调整对象。"②不过，格劳秀斯认为，在战争中意识到拥有正义的一方将更可能取得胜利。如果缺少有组织的合法宣战，自然法和万国法的效力可能会大打折扣，特别是在战争期间。"要使一场战争成为正当的，不仅必须由双方的主权权力拥有者实施，还必须经过正当和正式的宣布程序，并以某种方式使得每一交战方都知晓。"③再者，拥有这样一种"正当"声誉，将非常有助于争取朋友和盟国。这些因素将有助于提升自然法和万国法在战争时期的效力。

正是基于上述观点，格劳秀斯试图说明国际关系其实就是法律关系这一命题。法律在平时和战时对主权者（sovereign）之间的相互关系都有约束意义。但是，国际法意义上的主权国家应该拥有平等的权利资格（equal capacity for right），这意味着没有任何国际社会的制度安排既允许某类主权国家获得法律权利或维持法定自由，又将另一类主权国家排除在外。格劳秀斯认为所有主权国家都应该受到国际法的约束，而且是平等地受到约束。可以认为，格劳秀斯赞同所有主权国家在法律面前平等的观点。此外，格劳秀斯赋予了万国法新意蕴，以适应新时代的呼唤。他认为次级万国法类似国际法，

---

① ［美］威廉·邓宁著，谢义伟译：《政治学说史》中卷，吉林出版集团有限责任公司2009年版，第91页。

② ［荷］胡果·格劳秀斯著，［美］A.C.坎贝尔英译，何勤华等译：《战争与和平法》，上海人民出版社2017年版，第19页。

③ ［荷］胡果·格劳秀斯著，［美］A.C.坎贝尔英译，何勤华等译：《战争与和平法》，上海人民出版社2017年版，第278页。

尤其与国家的公开同意或默许相关，并补充了来源于自然、人类理性和神意的初级万国法，开启了一条以同意为基础解释国际法的路径。

在格劳秀斯看来，国际法的最终目的是避免国与国之间的冲突、达成国际和平。"基督教君主们理应禁止一切不必要的流血，因为他们必须向国家委任他们完成的事项负责——也正是由国家的权力，并为了国家的利益，他们才得以拥有手中的剑。"[①]他们为了实现一个和平的社会秩序，才拥有国家主权力量。比如关于公海自由等主张，他认为国家不得以单独或集体占有的方式来拥有公海，因为它们是"一切人的公有物"或"非交易物"。他批评当时战争给人类带来的各种伤害，同时明确地区分正义与非正义的战争，鲜明地支持正义的战争，相信正确的理性和限制武力使用，可以缓解战争带来的伤害。在备战和作战时基于某些共同的利益，尤其在正义面前为了自卫和自救，每个国家都可以在必要时诉诸武力。此外，格劳秀斯在诸多方面倡导人道主义精神，比如正当而又合法，守规、不违纪，对妇女、儿童免除和宽恕，保护神职人员、研究型人员、耕作之人和商人，保护反战者、爱好和平以靠手艺营生之人等。他试图通过强调"战争的节制"来缓和这一残酷的结论——战争为和平而发动的，其目的是为了缔结和约，营造并维持国际和平氛围。格劳秀斯提出的道德治理、理性主义、自然权利、国际治理等思想，对于启蒙时代乃至以后的法学、政治学都有着重要的推动作用。

三、格劳秀斯的国家治理思想的性质及影响

（一）格劳秀斯的国家治理思想的性质

格劳秀斯关于法律调节主权国家间关系论是代表新兴资产阶级利益和要

---

① ［荷］胡果·格劳秀斯著，［美］A.C.坎贝尔英译，何勤华等译：《战争与和平法》，上海人民出版社2017年版，第315页。

求的。他逐步摆脱神学政治论的羁绊，开始用人的眼光来看财产、国家、法律，在当时的历史条件下，其观念和看法有许多值得赞扬的地方。例如他明确提出了私有财产不可侵犯的原则，他认为君主的权力是由社会契约所赋予的，达官贵人如果背离法律和公共利益，人民也可以推翻他们的统治。但在荷兰已经爆发资产阶级革命的形势下，格劳秀斯仍执意坚持反对人民掌握国家主权的主张，秉持君主主权的传统观念，并且认为神命法高于人为法，这也证明在他的骨子里依旧没有完全摆脱封建、专制主义观念的禁锢。

他的观念代表着资产阶级的新兴力量，从抽象人性论出发，打着保守的烙印，脱离不了当时欧洲的实际状况以及他本人的阶级属性。当时他为荷属东印度公司捕获葡萄牙帆船"圣凯瑟琳号"事件以商业贸易及船只航行的天然自由为出发点进行辩护，并对葡萄牙人的侵占行为进行坚决抨击。格劳秀斯为荷兰在印度的商业扩张辩护，"并非是为了保护其祖国或既有的贸易模式而在印度发动自卫战争，他们发动的是一场进攻战，目的是开辟贸易路线并攫取大量的钱财"[1]。格劳秀斯的主要著作"阐述了一种意识形态，它完全适合为确立商业霸权而采取的'超经济'策略。而且，构思这些著作显然是为了给荷兰（特别是通过战争方式）追求商业支配地位的极特殊实践提供辩护"[2]，满足了荷兰正在崛起的新型资产阶级的需求。

（二）格劳秀斯的国家治理思想的影响

1. 在处理国家关系问题上开启了国际法律治理的先河

格劳秀斯虽然从现实主义角度为荷兰的崛起在理论上扫除障碍，但是也较早阐释了近代意义上的自然法理论以及以自然法理论为基础的国际法。格劳秀斯被称为"自然法之父"，或至少是其首位"现代"阐述者，因为他阐

---

① ［美］理查德·塔克著，罗炳等译：《战争与和平的权利：从格劳秀斯到康德的政治思想与国际秩序》，译林出版社2009年版，第98页。

② ［加］艾伦·梅克辛斯·伍德著，曹帅译：《西方政治思想的社会史：自由与财产》，译林出版社2019年版，第118—119页。

发了一种并不依赖神学根据的自然法概念。①他所倡导的自然规范理论迎合了当时正义的要求，因而创建了一种借助法律语言加以表述的实践伦理。综观17世纪的主要启蒙思想家，无论是霍布斯、洛克，还是普芬道夫，都以不同方式继承了这种自然法传统。这种"国际义务正当性"理念无疑开启了国际法律治理的先河，对奠定欧洲格局的《威斯特伐利亚和约》的签订以及第一个国际治理体系的形成，乃至对现代全球治理都具有重要参考价值。

其国际法律治理观念为我们提供了一个思考现代国际关系的范式，为当今国际关系的运行和维护世界的相对和平提供了根本原则。格劳秀斯并不是这种观念的唯一发明者，并且，他的观念和设想一直都被不断调适，现在也仍然频繁被修正。他的观念本身并没有被认为是神圣不可侵犯的或无可争辩的。但是，通过提出关于现代国际关系的最基本问题，整合解答这一问题的所有最出色的思想和语言，为我们提供其独特的有关国际社会观念的一种系统阐释，格劳秀斯确保了其成为该主题理论的权威之一。

2. 在方法论上开创了治国理政"论证体系"新时代

在方法论上，格劳秀斯"为达致一整套构成政治安排和实在法条款之基础的命题提供了一种理性的方法……从根本上讲，它同古代各种自然法论说一样，是诉诸理性的，但是它赋予理性含义的精准程度则是古代的自然法论说所不曾企及的"②。从近代以来，格劳秀斯开创了治国理政"论证体系"的时代。格劳秀斯将法划为两类：一是自然法，一是意志法。他认为自然法导源于人类理性，是第一个比较系统地论证理性自然法理论的人，开创了近代理性自然法的先河。在他看来，自然法是正确理性的命令，深刻体现着人的本性和上帝的意志，坚持自然法永恒不变。

对这一观点，他通过先验和经验两种方式加以证明，前者以人类的本性

---

① ［加］艾伦·梅克辛斯·伍德著，曹帅译：《西方政治思想的社会史：自由与财产》，译林出版社2019年版，第121页。

② ［美］乔治·萨拜因著，［美］托马斯·索尔森修订，邓正来译：《政治学说史：民族国家（上）》，上海人民出版社2015年版，第131页。

为镜像，后者以普遍的事实为根据。他凭借严密的数学和几何公式推演，从一些初始化、不证自明的常识问题出发，形成一系列的概念、知识和原则，再根据这些基本原理，通过推演进一步得出符合理性的结论。这不仅消解了神性的"干预"，凸显了理性的地位，推动了自然法理论以及治国理政理念的世俗化。

3. 在国际社会中的地位评价

格劳秀斯在《战争与和平法》中提供了一个能以自由主义路径解读的理论。其后，英国激进派和洛克等人都以不同方式推进。"但是这些自由主义理论的格劳秀斯式的起源不能被忽略，因为它们总是令人不安地接近于它们的威权主义对应物。"[1]格劳秀斯以自然权利为基础建构了一个正义战争的理论，从而在很大程度上实现了国际法观。这应该是《战争与和平法》最突出的直接贡献：对战争法这传统主题和根本主题的实践与权威论述作了系统的重新整合，首次以根植于自然法的一套原则将它们组织成一个整体。以此为遵循，后来的学者就格劳秀斯对特定国家的国际法理论与实践的直接影响做了诸多探索。美国助理国务卿戴维·J.希尔在《战争与和平法》英文版导论中评价格劳秀斯的著作及影响：为了和平的目的而召开一个国际会议，进行制定条约的谈判和协商，并通过设立常设的国际法庭来和平解决国家之间的争端，改进规范战争的法律。通过这些活动，来纪念这位伟大卓越的法学家——他的思想至少产生出了上述如此宝贵的成果。

第二节　霍布斯的国家治理思想

霍布斯以人性论作为阐述的出发点，以自然状态、自然法、社会契约等

---

① ［美］理查德·塔克著，杨利敏、朱圣刚译：《自然权利诸理论：起源与发展》，吉林出版集团有限责任公司2014年版，第4页。

组件构建了国家治理学说体系。他认为人们为了摆脱自然状态带来的恐惧和混乱，进入了具有契约认可的"人为的"社会状态，从而自由获得保障，国家由此诞生。霍布斯沿袭传统做法，将"利维坦"式国家分为三种政体形式，并用类比的方法论证了君主制的优越性，表达了对开明君主政体的倾向。

一、霍布斯的生平及思想渊源

（一）霍布斯的生平及著作

托马斯·霍布斯（1588—1679）是17世纪英国唯物主义哲学家和政治思想家，西方近代政治学理论的系统阐发者。他在哲学、政治学、伦理学等许多领域都作出了开创性的贡献，被誉为"现代人之父"。霍布斯出身于英国一个南部小镇的贫苦牧师家庭，15岁时进入牛津大学学习。1608年大学毕业后成为德文郡伯爵威廉·卡文迪什的家庭教师，此后便与卡文迪什家族建立了联系。作为贵族子弟的教师，霍布斯有机会游历欧洲大陆，不仅目睹了法国王权被宗教教会扼杀的事件和由此造成的政局混乱以及资本主义的崛起，也感受到了意大利新科学的兴起和亚里士多德哲学的衰落。这一切预示着一个新时代的到来。霍布斯的国家治理思想也受到当时自然科学成果和人文主义思想的影响。在游历欧洲时，他结识了著名科学家伽利略等人，深受新科学思想的影响，并同伽利略结成莫逆之交。他曾一度担任培根的秘书，领悟和发扬了培根的思想。

霍布斯一生著述很多，与国家治理相关的著作有《自然法与政治法原理》《论公民》《利维坦》。1640年，霍布斯的《自然法与政治法原理》以手稿形式公开，《论政治体》是其中的重要一节。1650年再版时，霍布斯将该书分为《人的本性》和《论政治体》两篇文章发表。在这部书中，他从个人的自然权利出发，论证了至高无上的主权对于保卫国内和平的重要性，也阐述了政府的起源、形式，以及对政府的服从和抗争等问题。1642年，霍布斯《论公民》一书发表，其主旨表达了教会和国家应合为一个以主权者为首的物体，教会从属于国家，为主权者服务。1651年，霍布斯完成《利维坦》一书并出版。利维坦原为《圣经》中记载的一种怪兽，霍布斯用来比喻一个强大的国家。该书系统阐述了国家学说，探讨了社会的结构，其中的人性论、社会契约论，以及国家的起源和性质等思想在西方产生了深远影响。该书是霍布斯所有作品中体系最完备、论证最严密、学术价值最高、影响最广的政治著作。这三部政治著作虽然表达的立场和视角不同，但主旨内容基本上一以贯之。霍布斯为了从理论上论证自己的政治主张，又写了《论物体》（1655）、《论人》（1658）两部哲学著作。1660年，斯图亚特王朝复辟，流亡海外的查理二世重返英国，霍布斯由此遭受王党分子迫害，其政治著作被列入禁书并销毁。1679年，他逝世于哈德威克庄园。

（二）霍布斯的国家治理思想渊源

要想理解霍布斯国家治理思想的哲学基础，我们一定不能忽视他的自然哲学。霍布斯把柏拉图视为最杰出的古代哲学家，无论其是否意识到，但他的自然哲学与伊壁鸠鲁的物理学一样具有无神论的性质。他将柏拉图式的观念"数学是一切自然科学之母"与伊壁鸠鲁式的唯物主义结合起来，既是数学的机械论者，又是唯物主义的机械论者。在他看来，前现代的哲学或科学整体而言可以说"更像是梦幻而非科学"，其中缘由正是它没有进行那种结合。虽然他把神学排除在哲学或科学之外，但是发展了亚里士多德以来人性与人类行为的第一个综合性理论。[1]

霍布斯的政治观念受到当时自然科学发展和人文主义思想的影响。霍布斯深受培根思想的影响，他继承并发展了培根的哲学，同时又为以后机械唯

---

① ［英］安德鲁·海伍德著，白云真、罗文静译：《全球政治学》，中国人民大学出版社2014年版，第14页。

物论的发展提供了理论基础。与伽利略、伽桑狄、梅林·梅尔森等著名科学家、哲学家的交往，使他养成了探讨问题先下定义然后推论的习惯，他绝不轻易相信历史的教训与名家的说教，甚至看不起只信名家的结论而不去考虑他们所用的名词的定义的人，认为只有几何学的方法才能证明科学推演结论。他曾专注于物理学与数学的讨论与研究，集中心力研究笛卡尔的著作。霍布斯和笛卡尔的哲学要素依次按照形而上学、物理学和其他特殊哲学一样规划。这些决定了他研究政治哲学与伦理哲学的方法与形式。

马基雅维利、格劳秀斯等也对霍布斯的政治观念产生了直接影响。例如，他秉持马基雅维利将道德与政治彻底二分的观念，进一步把政治建构在现实主义的大厦之上，以经验为出发点分析现实政治，但缺乏较系统的概述。霍布斯以个人的自然权利为起点，分别在《人的本性》《论政治体》中论证了至高无上的主权对于保卫国内和平的意义和价值。格劳秀斯的自然法学说亦成为霍布斯构建自然权利的理论基础。霍布斯继承了前辈们先进的政治理念，从经验和现实出发，在主权的基础上提出了全面的近代政治理论。

二、霍布斯的国家治理思想的主要内容

霍布斯一生著述丰厚，其中，《利维坦》《自然法与政治法原理》和《论公民》蕴含着其国家治理思想。这三部政治著作虽然表达的立场和视角不同，但是主旨内容基本上一以贯之。他从对个人自然权利的推崇出发，论证了至高无上的主权者对于保卫国家和平与安全的意义，也论证了国家的起源、形式以及对国家的服从和对抗等方面内容。霍布斯以比较谨慎的态度从英国实际出发，既不取悦保王派，也不得罪议会派，既极力主张国家应有无限权威，又认为要谨慎行权，既倡导君主专制，也认为要保证臣民的自由权利，其思想呈现出诸多矛盾。那么，在探讨治国理政方案时，霍布斯应如何"恰当"表达？应在多大程度上树立国家权威？构造的利维坦应以什么方式存在？

（一）"去自然化"的国家观

自西方启蒙运动以来，霍布斯算是系统论述国家学说的第一人。其在《利维坦》中关于社会契约的论述，可以体现其在这一领域的卓越成就。霍布斯提出的"一切人反对一切人的战争"状态基于人性恶之上，在自然状态下，人们彼此竞争、猜忌、爆发荣誉之争，具有"自我保存"的本能；为了摆脱这种战争状态，人们签订契约，让渡自然权利予主权者，建立君主专制的国家。霍布斯把自然状态设计为"恶"的状态，是为了解释当时社会的不合时宜。因此，"人必须依靠自己的技艺来继续完成这业已开始的去天性化（或去自然化）过程，或者说继续去完成这种技艺化过程"[1]。霍布斯为摆脱自然状态而设计的方案，即其治国理政之学。

在国家或政府出现以前，霍布斯预设了一种自然状态，人们生活在这种状态之中。如果我们稍加注意，"对自然状态的全面描述明显处于霍布斯著作的中心；事实上，他是第一个提出这个词语的人"[2]，在他预设的理论中，凡是自然的就是粗俗、野蛮、初始化的状态。利己主义、趋利避害是人的天然本性，在原始的、初始化状态下，为了生存，人人寻求自保，迫切追求属于自己的自然权利。对同一事物，每个人没有拥有比其他人更多的权利，人人平等；每个人又都是自由的，人人将自由地运用属于自己的权利以求保全生命。人们相互猜忌、争斗，没有人能预测自己应该采取什么办法才能保全性命，更不可能预测别人会有什么行为，而人人又只顾自己的保全。因此，在既定资源不变情况下，人人自保，没有善恶评价标准，必然为争夺私利而成为对手，人人都可能用伤害他人的办法来满足自己的需求，于是相互斗争，生活在恐惧之中。由"竞争、猜疑以及荣誉感引起人们之间的纷

---

① 王军伟著：《霍布斯政治思想研究》，人民出版社2010年版，第2页。
② ［美］理查德·塔克著，罗炳等译：《战争与和平的权利：从格劳秀斯到康德的政治思想与国际秩序》，译林出版社2009年版，第164页。

争，使自然的状态真正成了战争状态"①，于是"一切人反对一切人"的战争状态成为"自然"的常态。这一常态化"互斗"行为导致的直接后果："那便是没有财产，没有统治权，没有'你的'、'我的'之分；每一个人能得到手的东西，在他能保住的时期内便是他的。"②也许有人会认为霍布斯所阐述的自然状态都是虚构的，霍布斯本人也承认那不是对历史场景的现实写照，但是在人类历史上，"国王和最高主权者由于具有独立地位，始终是相互猜忌的，并保持着斗剑的状态和姿势"③，这也是当时英国需要解决的问题。霍布斯从人性的角度出发，假借自然法原则推演其国家学说，实际上反映了当时英国代表着不同阶级、阶层利益要求派别的角逐，把新兴资产阶级处理人与人之间关系的原则普遍化和抽象化了。

根据自然权利的边界原则，如果自我保存或避免死亡是一种自然冲动，那么人类为保存自己，所做的一切就是合理的。自然法认为每个人可以根据理性，最大限度地保护自身的生命与躯体："每一个人只要有获得和平的希望时，就应当力求和平；在不能得到和平时，他就可以寻求并利用战争的一切有利条件和助力。"④要求人们竭尽全力去寻求和平，为了自身和平与安全，放弃对所有事物的权利，签订契约、履行义务。霍布斯把契约看作是"权利的相互转让"⑤，但是臣民的某些权利是不可转让的，比如自我保护的权利神圣不可侵犯，人们自己的生命权不能放弃、不可转让，其他一切权利皆可放弃或者转让。

①［美］列奥·施特劳斯、约瑟夫·克罗波西主编，李天然等译：《政治哲学史》上，河北人民出版社1993年版，第455页。

②［英］霍布斯著，黎思复、黎廷弼译：《利维坦》，商务印书馆1985年版，第96页。

③［英］霍布斯著，黎思复、黎廷弼译：《利维坦》，商务印书馆1985年版，第96页。

④［英］霍布斯著，黎思复、黎廷弼译：《利维坦》，商务印书馆1985年版，第98页。

⑤［英］霍布斯著，黎思复、黎廷弼译：《利维坦》，商务印书馆1985年版，第101页。

霍布斯从残忍、阴暗的角度描绘人性，使得有政府的社会成为必要和可能。这就"需要很多人的合作，组成一个足够强大的群体惩办破坏契约及侵犯他人权利的行为，同时抵御外敌的侵犯"[①]。受趋利避害自然欲望的驱使，需要一个真正的联合体，通过类似政府的强制力使每个人得到保护，免受他人侵犯。说来有趣，"社会契约理论的第一部杰作，也就是霍布斯的《利维坦》，居然是那么非典型的社会契约论"[②]。霍布斯在其论著中提出通过签订社会契约构建国家的思路：为了避免战争，需要建立一种能抵御外来侵略和制止相互侵害的共同权力，而这种高于自身的公共权力可以使得人人自危、保持畏惧感，以共同利益指导他们的行动。要"建立这样一个公共权力的唯一方法就是将他们的权力和力量赋予某个领导人或公共组织，并确保这一公共权力的行使人——伟大的利维坦——合理使用赋予他的权力和力量"[③]。在霍布斯看来，只有将公共权力赋予像巨大海兽利维坦式的国家，才能遏制人们的欲望、避免社会纷争带来的伤害，并使人们携手共进抵御外敌。有了安全保障，社会契约才有约束力。

显然，霍布斯的国家观具有以下特征：国家绝非上帝恩赐的神造物，而是从人性角度推演而来，利维坦式的国家是人造的"活的上帝"，摈弃了教会神论和自然血统论对国家的禁锢；国家是一个人造的人格，由于主权者是这样一个主体，社会的成员授权给它，让它代表他们采取行动；国家是以克服自然状态中的不利因素而实现的，通过授权契约的认可，按照其认为有利于人们和平与共同防卫的方式运作。霍布斯的国家学说是对当时英国流行的君权神授论的抨击，但这一理论在政治领域略显保守：独立于国家的社会领

---

① ［美］列奥·施特劳斯、约瑟夫·克罗波西主编，李天然等译：《政治哲学史》上，河北人民出版社1993年版，第460页。

② ［美］约翰·麦克里兰著，彭淮栋译：《西方政治思想史》，海南出版社2003年版，第222页。

③ ［英］克里斯多夫·皮尔逊著，刘国兵译：《论现代国家》，中国社会科学出版社2017年版，第13页。

域是不存在的，国家和社会二元结构融为一体，作为统治者的主权者拥有绝对的至高无上、不受限制、不可分割的权力。

（二）主权者的权利与义务

自然和艺术是霍布斯思想大厦的理论基石。正如《利维坦》中所表达的："'大自然'，也就是上帝用以创造和治理世界的艺术，也像在许多其他事物上一样，被人的艺术所模仿，从而能够制造出人造的动物。"①在一般的意义上，"自然的"就是未经人工加工过的；与此相对，"艺术的"或"人为的"就是经过人的技艺加工改造过的。在霍布斯看来，人类有能力创制一整套"技艺"，可以消除自然状态、恐惧状态。在国家状态下，人们要比在自然状态下好过得多。"因为根据国家中每一个人授权，他就能运用托付给他的权力与力量，通过其威慑组织大家的意志，对内谋求和平，对外互相帮助抗御外敌。国家的本质就存在于他身上。用一个定义来说，这就是一大群人相互订立信约、每人都对它的行为授权，以便使它能按其认为有利于大家的和平与共同防卫的方式运用全体的力量和手段的一个人格。"②担负着这一人格使命的就是主权者。

主权者是一个人、少数人或一个团体。基于创造国家的契约，他可以代替全体立约人表示意志，以达到和平生活的目的。根据霍布斯的论述，无论以建制创造主权，还是以征服创造主权，两者并无大异。"原初的建制或社会契约不因恐惧因素而无效，公民社会中的契约也不因恐惧因素而无效"③，人们都别无选择地遵从主权者的意志。因此，无论什么理由，臣民反抗主权者的行为都是不可以容忍的；人民不能以主权者违反社会契约为理

---

① ［英］霍布斯著，黎思复、黎廷弼译：《利维坦》，商务印书馆1985年版，第1页。

② ［英］霍布斯著，黎思复、黎廷弼译：《利维坦》，商务印书馆1985年版，第132页。

③ ［美］约翰·麦克里兰著，彭淮栋译：《西方政治思想史》，海南出版社2003年版，第207页。

由而发生叛乱；一国的少数人不能以主权者为多数人所选定，自己未曾同意，因而起来反抗。所以，主权者完全不能受到人民的抵抗和质疑，人民的反对或干涉都是不义的行为。

霍布斯将主权看作国家的核心"保障"。主权包括惩戒权、统军权、战争权、订立规章立法权、司法裁决权、官吏甄选权等内容。凡属有助于维护公共安全、营造和平氛围的都应为主权之界。惩戒权，国民出于安全需要通过契约、同意放弃抵抗的基本权利，属于主权者最本质的权利。"安全不是被协议而是被惩罚所担保的"[1]，它是基于共同发展、维护和平而捍卫治安的权利。战争权，发布与他国战争和签订合约造就和平的权利。司法权，听审和裁决一切关于自然法及其相关事实争辩的权利。审定出版及其言论意见的权利。甄选权，参与遴选议会人员、高级官员、地方领导和官员的权力。根据法规、人员品级和地位颁赐荣衔的权利等。以上这些"构成主权要素的权利，同时也是识别主权存在于哪一个人或哪一群人的集体手中的标志，因为这些都是不可转让和不可分割的权利"[2]。主权者拥有的这些权力完整不可或缺，否则便不能维持和平，国将不国。

在霍布斯看来，主权拥有绝对的、至高无上的力量。根据其本质属性，主权者的权力不受任何个人、团体的挑战和控制。按照契约建立的国家，主权者拥有人格权利，它不受旧制度、规矩的限制和约束，可以任意杀死一个臣民而不为不义；原先持异议的人也必须心甘情愿地表明遵从这个主权者所做的一切行为，人民对主权者必须表示绝对地服从，不能有任何抵抗，否则其他的人就有正当的理由杀掉他。如若按照这个原则，人们由于抗拒主权者的命令和压力而招致丧失生命，那也只能坦然接受；如果由于暴力抗争而导致主权者的死亡，或者人们以任何理由惩戒和反抗主权者都是不正义的；主权者的权力具有至高无上的力量，不仅不受任何法律的约束，也不受到任何

①［英］霍布斯著，应星、冯克利译：《论公民》，贵州人民出版社2003年版，第62页。

②［英］霍布斯著，黎思复、黎廷弼译：《利维坦》，商务印书馆1985年版，第139页。

个人和组织的挑战。可以看出，霍布斯主张反对任何形式包括议会提出的对国王权力限制的法律。在他看来，如果国王要受到法律制约并且服从它，就相当于在国王头上又立了一个新的主宰者，这样就有可能又出现新主权者以制约上一个主权者。如此往复，恶性循环，国家必乱必亡，这是与主权本质属性相背离的。可见，在霍布斯眼里，"统治者的权力是绝对的，即人类没有再大的权力可以交给其他人"①。

接着，霍布斯主张主权也是不能任意分割、随意转让的。由于"其中任何一种权利不论表面上根据什么言词转让出去了，只要主权本身没有直接宣告放弃、而受让人又没有不再将主权者之名赋与转让权利的人的话，这种让渡便是无效的；因为当这人把一切能让出去的全都转让了之后，我们只要把主权转让回去，这一切便又全都作为不可分割地附属于主权的东西而恢复了"②。这其中所蕴含着的意思即只要主权者不主动退出和放弃对权力的拥有，任何权力都不可避免地附着在主权者之上，也就是包括主权者自身都无法转让和分割任何权力给他人。比如"战争权和司法权这两种权利都是主权所固有的，它们从根本上出自国家的自然"③。对于主权者来说，任何一项权力的丧失都会带来执政地位的丧失。因此，人们要放弃除了生命权以外的其他任何权力，一切权力都必须由主权者掌握。从这一理论看，霍布斯反对分权的主张。主权是不可分割的，否则就会出现多个权力机构，它们之间的相互制约就会使国家机能失调，这样也就没有了主权，也就等于人们重新又回到了自然状态，"国分则国将不国"，分权意味着国家的解体。

在霍布斯看来，主权者不仅拥有至高无上的权力，而且还对人民负有一

---

① ［美］列奥·施特劳斯、约瑟夫·克罗波西主编，李天然等译：《政治哲学史》上，河北人民出版社1993年版，第463页。
② ［英］霍布斯著，黎思复、黎廷弼译：《利维坦》，商务印书馆1985年版，第140页。
③ ［英］霍布斯著，应星、冯克利译：《论公民》，贵州人民出版社2003年版，第63页。

定义务。作为统治者，无论是国王还是议会，其职责皆取之于双方基于契约签订所要达到的目的，那就是为人们寻求幸福和安全，即"主权者为公民的幸福所能做的不过是使他们能享受由于他们的勤劳而为自己赢得的财产以及使他们免受内外战争的困扰"①。这也是根据契约精神赋予主权者的职能。基于人们的同意被赋予权力的统治者"如果不去做法律所能允许做的一切，以确保给公民不仅充分提供生活所必需的所有好东西，而且充分提供享受生活所必需的所有好东西，那么，他们的行事就违背了自然法，因为他们辜负了那些把主权交在他们手里的人的信任"②。因此，霍布斯认为："一旦人们所了解的正义原则就像数学知识一样地确定，野心和贪婪就会丧失力量，人类将享有永久的和平。"③

霍布斯认为主权者要承担的义务具体包括：在国家防御方面，主权者要有明确的国家战略方案，部署防御作战计划、国家预备役军队和武器装备，并有足够军费开支保障等；在育才方面，要善于引导和教化人民，通过合适的仪式接受教化，记录、传授有关公民学说的正确原则和方法，甄选良好的参议人员，军队统帅必须要勇敢而又勤勉、才高而又爱兵；在获得财富方面，主权者对各个等级的人平等施法，并确保公平征税，根据国家法律引导公民劳动致富，适度给予弱者救济；在公民自由方面，主权者要为公民保留合法的自由；在法律方面，主权者根据实际需要制定符合人民利益的法律，制定条文简洁、动因意图清楚的法律，正确地执行赏罚，使奖赏永远有益于国家。霍布斯从《利维坦》中推演了一套以自然律与社会契约为起点的政治义务理论。对此，有些学者提出异议，他们认为霍布斯并未为政治义务论提

---

① ［英］霍布斯著，应星、冯克利译：《论公民》，贵州人民出版社2003年版，第134页。

② ［英］霍布斯著，应星、冯克利译：《论公民》，贵州人民出版社2003年版，第134页。

③ ［美］列奥·施特劳斯著，彭刚译：《自然权利与历史》，生活·读书·新知三联书店2003年版，第204页。

供任何道德基础，没有说服人们从内心觉得有义务服从主权者，这也是要讨论的另一个议题。

（三）为主权作注：臣民自由

可以为霍布斯主权观点进一步作注的，便是他关于自由的学说。霍布斯关于自由的表达，总是通过反面措辞来定义，当自由在场时，意味着一些东西不在场。按其字面义，自由的最基本含义就是不受限制和约束，不受外力设置障碍，由自己作主。"没有推动就没有变化"，霍布斯从运动变化的角度来理解自由，自由意味着没有阻碍。他所指的阻碍，是"运动的外界障碍，对无理性与无生命的造物和对于有理性的造物同样可以适用"[1]。按照霍布斯的这个逻辑，只有属于外部障碍的自然力量才会制约人类的自由。如果人类恰当地理解自由，所谓制约和束缚便没有限制人类的自由。为了能够清楚说明，霍布斯做了区别：一种是唯一恰当的自然自由；另一种是臣民的自由。霍布斯这么区分是告诉大家，人类有两种全然不同的状态：处于纯粹自然状况，只要不受到外界物理上的干扰和强迫，人们就会拥有自然自由；另一种自由将人捆绑在人为的锁链上，通过契约创造"人造人"的公民社会。

霍布斯论述中的臣民自由只不过是诸多项目中的一环。通过契约成为"人造人"的臣民时，实际上便认可了这个国家，意味着受制于法律而失去了某种自由。法律未加规定地留下空间，就是人们理性表达自己的空间，如"买卖或其他契约行为的自由，选择自己的住所、饮食、生业，以及按自己认为适宜的方式教育自己子女的自由"[2]。这一自由充分表现在人们的经济生活领域，霍布斯将人们这一领域的权利称为经济生活权利。人们在某些领域享受的自由，并不会构成对主权者权威的挑战和威胁，主权者也不会因此主权被限制甚至取消。虽然路加城的城楼上写着耀眼的"自由"二字，但是

---

① ［英］霍布斯著，黎思复、黎廷弼译：《利维坦》，商务印书馆1985年版，第162页。
② ［英］霍布斯著，黎思复、黎廷弼译：《利维坦》，商务印书馆1985年版，第165页。

绝对不可以据此推断出，这一区域的人们拥有的自由比其他区域更多，或能更多地免除国家徭役。所以，要求人们以理性思维和合理判断力去加以区别对待，而不要轻易被自由的表面现象迷惑。实际上，"臣民的自由就必须或者是从这种语词及其他相等表示中去推论，或者是从建立主权的目的——臣民本身之间的和平和对共同敌人的防御——中去推论"①。

霍布斯对自由人的理解就是"在其力量和智慧所能办到的事物中，可以不受阻碍地做他所愿意做的事情的人"②。自由和恐惧不相冲突，例如，人们有时只是因为害怕监禁而还债，同时又由于并没有人阻挡他不还债，这便是有自由的人的行为。一般说来，人们在国家之内由于畏惧法律而做的一切行为都是行为者有自由不做的行为。自由与必然也不冲突，一个人必然服从上帝的永久的意志，同时又可以自由做他所要做的事情。法律与自由之间也并无矛盾，"法律，作为得到批准的法规，其用处不在于约束人民不做任何自愿行为，而只是指导和维护他们，使之在这种行为中不要由于自己的鲁莽愿望、草率从事或行为不慎而伤害了自己。正如同栽篱笆不是为了阻挡行人，而只是为了使他们往路上走一样"③。因此，国家和法律只不过是人类出于自身安全、公共的和平而设置的。法律就其本质而言，体现着主权者的指令和尊严，是自然法在政治社会中的拓展和延伸。因此，人在非自然状态中的自由，并非毫无法律限制的自由，而是在法律之外未加指明的一切行为中去理性判断、作出最符合自己利益选择的自由。

霍布斯所秉持的自由观是一种不以权利为基础的自由主义。这种自由主义的基础是"消极"的自由观念，这一思想的很多方面与立宪主义思想接近，正如很多评论家所指出的，霍布斯即使不是真正的自由派，也是"早期自由派"。有学者进一步说明，霍布斯人类自由理论并没有任何矛盾问题：

---

① ［英］霍布斯著，黎思复、黎廷弼译：《利维坦》，商务印书馆1985年版，第168页。
② ［英］霍布斯著，黎思复、黎廷弼译：《利维坦》，商务印书馆1985年版，第163页。
③ ［英］霍布斯著，黎思复、黎廷弼译：《利维坦》，商务印书馆1985年版，第270—271页。

"他先说自由只能由外在阻碍来限制，然后说它可以被法律限制，这并非前后矛盾。相反的，我们可以按他的说法把人的自然自由和公民自由看成两个范畴里的事情。"①后经过格劳秀斯、洛克、卢梭等启蒙家的进一步阐发，自由主义发展成为西方最重要的思想流派之一。

（四）理想治理方式：君主政体

霍布斯对与亚里士多德一脉相承的经院哲学深恶痛绝，但是他在政权组织形式问题上却沿袭传统的观点，根据主权者组成人数多少来区分政体的差别：当主权被交付给一个人时，就是君主制；被交付给部分公民组成的会议时，就是贵族制；被交付给全体公民组成的会议时，则是民主制。他将国家分为三种政体形式：君主政体、贵族政体和民主政体。其中，他认为最好的是君主制。他用类比的方法论述了君主制的优越性。

一、在君主政体下，主权者不仅仅从自身利益考虑，也能够代表人民的利益行事，就是"不论任何人承当人民的人格，或是成为承担人民人格的会议中的成员时，也具有其本身的自然人身份"②。所以，主权者具有双重"人格"，君民利益"一致"的优越性是其他政体所不具备的。因为在贵族和民主政体下，主权者往往把私利摆在公利面前，损害国家利益。二、在君主政体下，由于代表国家主权者的权力由己出，从而可以防止由于权力分配不公而带来纷争的危险，君主政体集权力于君主，不像其他政体容易因一部分人反对另一部分人而引发矛盾和混乱。三、在君主政体下，出于人性的自保原则，君主可能在主观判断中形成偏差，但是不会因权力争夺问题而导致大的变故；在其他政体，除了人性自保带来的矛盾，还会有因人们意见不一而发生纷争甚至产生冲突。四、君主肯定也不会因为利害问题和权力配置问题

---

① 韩东晖主编：《西方政治哲学史（第二卷）：从霍布斯到黑格尔》，中国人民大学出版社 2017 年版，第 29 页。

② ［英］霍布斯著，黎思复、黎廷弼译：《利维坦》，商务印书馆 1985 年版，第 144 页。

而自绝其路，但是通过议会或商议，则可能由于自利矛盾而不能达成一致，造成一部分人反对另一部分人的状态，甚至发生冲突革命。霍布斯有对绝对君主政体的偏好，并认为那是唯一切实可行的政府形式，从《伯罗奔尼撒战争史》到《论公民》，直到《利维坦》，他一直坚守着这样的观点。但是，他赋予君主政体的内涵却随着时间变化，这可以从他不同时期的著作中在阐述君主政体突出地位时采用的不同表述窥见一斑。

同时，霍布斯又进一步指出君主政体也有弊端：可能养肥君主的宠臣和利益相关之人；可能导致权力旁落而被别有用心之人所利用，使国家陷于混乱之中。他的论述只说明绝对君主制"可能"是最好的政府形式，并不反对贵族制、民主制，三者政体并无本质上的区别，只是行使"便利程度不同"。人们在订立契约时，可以按照自己的意愿选择"恰当表达自由"的一种政体，但他确信，人类社会只可能有两种存在状态，不是无政府便是专制。"如果英格兰绝大部分人当初没有接受一种看法，将这些权力在国王、上院、下院之间加以分割，人民便决不会分裂而首先在政见不同的人之间发生内战，接着又在宗教自由问题方面各持异议的人之间发生内战。"①他自己亦证明了政府必须掌握绝对权威，权威分散会造成灾难。

三、霍布斯的国家治理思想的历史影响

（一）霍布斯的国家治理思想的性质

霍布斯的国家学说以及国家政权组织形式所表达的绝对集权思想，论证了君主主权绝对至高无上，人民必须无条件服从君主的统治，任何反对君主的行为都是违反理性的、不正义的，充分暴露了他反民主、极力维护绝对君主的立场。他的理论以人类追逐"权力之后的权力"的假设为基础，为绝对

---

① ［英］霍布斯著，黎思复、黎廷弼译：《利维坦》，商务印书馆1985年版，第140页。

主义政府提供了现实主义的理由，从而使其成为"自然状态"的唯一替代方案。①这就为正在发展中的新兴资产阶级残酷镇压人民群众的革命运动提供了理论根据，他把国家叫作"伟大的利维坦"，正反映了有产阶级建立强大国家政权的要求。霍布斯的政治著作大都是流亡到海外时发表的。1640年，他完成第一部政治著作《自然法与政治法原理》，在书中回应了短期议会的观点，为绝对主权辩护。几个月后，正如他自己所说，他是"第一个逃跑者"。当多年以后议会再次召开并开启对保王派的诉讼程序时，他也害怕因为言论中的绝对主义倾向观念被控告。在逃亡巴黎期间，他与保王派交往甚密，曾做过查理二世的老师。显然，他在政治著作中就是想明确表达国家与主权的观念，借以拥护君王。

霍布斯是因战争频发、社会混乱而从事政治论著写作的。在大革命前，他既要借此对国王一方施加影响，又不满新贵族在下院的激烈态度。他把资产阶级自私自利的阶级特性看作整个人类的共同本性，据此构建了一个恐怖的自然状态，主张依靠专制政府结束混乱，而按霍布斯的意图，专制政府指的乃是君主专制。他个人的所有旨趣促使他依附于保王党，因而他也真诚地认为君主制乃是最稳定、最有秩序的统治形式。

（二）霍布斯的国家治理思想的历史影响

1. 开启现代政治科学第一人

霍布斯是第一个试图把政治理论同一种完全现代的思想体系密切勾连起来的现代哲学家，他还努力使这一体系丰富到足以按照科学原理来说明自然界的所有事实——包括个人和社会两方面的人之行为。他在自然法、自然权利、国家起源、社会契约论、组织政权等方面，为治理国家、保障公民自由开启了通往现代之路。正如牛津大学政治学者阿兰·瑞安毫不掩饰的溢美之

---

① ［英］安德鲁·海伍德著，白云真、罗文静译：《全球政治学》，中国人民大学出版社2014年版，第14页。

词："托马斯·霍布斯是英国最伟大的政治思想家，也是用英文写作的最大胆无忌、最激动人心、最言之成理的政治论说家。"①所及评述，虽然有拔高之嫌，但大体不无合理之处。

霍布斯论著主旨大体有两方面："（1）第一次把道德及政治哲学置于科学基础上；（2）致力于公民之间的和平、和睦友爱的建立，并促使人类完成公民责任。"②显然，以往人文社会研究者在论及哲学与伦理时试图假借科学之法而失败，究其失败原因在于"缺乏恰当的方法"。霍布斯则摆脱激情和偏见，通过数学推理、几何演绎的应用，把政治学提升到科学高度，单这一点就使他成为当之无愧的近代政治科学之父，第一个在科学的基础上解释政治的人。

2. 开拓现代国家学说

霍布斯是历史上首位对现代国家进行系统研究的政治理论家，并形成了自己的国家思想：人类要想避免内战，社会个体需要建立一个高于他们自身的公共权力，使得每个个体或成员保持畏惧，以共同利益指导他们的行动。其独特的政治思想也对当时及后世产生了一定的影响。

一方面，霍布斯批判地继承和发展前人的国家学说。在霍布斯提出建构利维坦式国家之前，人们构建政治生活模式主要受古典政治学家亚里士多德等的影响，由于没有将政治从道德中分离出来，对政体的分析也就仅限于如何建立较为适合人类社会的政体形式。霍布斯国家理论在此基础上的新阐释无疑是向现代国家观转向的一个重大飞跃。霍布斯的"国家"绝非上帝恩赐的神造物，而是从人性角度推演而来的，是人造的"活的上帝"，摈弃了教会神论和自然血统论对国家的禁锢；"公共权力"形成的权威是由人民转让、托付的，其权力的行使不但要经得一致同意，而且需要新的强制力。人

---

① ［英］阿兰·瑞安著，林华译：《论政治》下卷，中信出版社2016年版，第15—16页。

② ［美］列奥·施特劳斯、约瑟夫·克罗波西主编，李天然等译：《政治哲学史》上，河北人民出版社1993年版，第451页。

们对理性和幸福生活的追求出于建构新的"活的上帝"。很显然，霍布斯利维坦式的国家从根本上颠覆了君权神授论，根除了封建专制运行的理论根基。霍布斯这种釜底抽薪的理论建构在无形中打击了封建制度，为现代国家理论发展奠定了原始基础。

另一方面，霍布斯的学说启迪着后人国家学说的发展。霍布斯较早进行了关于社会契约的探讨，社会契约论的集大成者卢梭等人都有在霍布斯论述基础上的阐发。霍布斯作为现代国家理论的创始人，他的国家主义理念对后世的影响不可低估。克里斯多夫·皮尔逊在《论现代国家》中认为霍布斯是历史上首次对现代国家进行系统研究的英国社会理论家。霍布斯政治哲学研究的集大成者列奥·施特劳斯在《自然正义与历史》一书中，详细推演了古典政治学的核心概念"自然正当"是如何演化为近代的"自然权利"概念的，他认为霍布斯是促成这一变化的重要人物。当今剑桥派的昆廷·斯金纳和理查德·塔克是研究霍布斯最有影响力的代表人物，他们关注经典文本，把霍布斯著作放在特定的历史语境中考察。斯金纳在《霍布斯作为纯粹虚拟人的国家》一书中，在公民和国家关系的问题上，不仅区分了霍布斯与古典时期人物的不同理解，而且界定了公民与国家的不同场域。

可见，无论是在区分国家与主权者方面，或是主权国家在处理有关政治自由和社会的问题方面，还是人们追求民族国家独立和幸福生活的过程中，霍布斯的国家治理思想都给后人以丰富的启示和借鉴。后世学者演绎出国家的出现是为了更好地保护公民个体权利，但是霍布斯同克伦威尔集团一起，提倡主权者至高无上的权力，拥护君主政体。因此，他的国家理念受制于时局，深深烙上了阶级印记。同时，霍布斯在构建国家理论时所作的某些假设也缺乏时间的检验和唯物论分析，需要理论上的补充和完善。"利维坦不但是有死的，而且是必死的……利维坦这个被造物决不会稳固。"①诚然，在当

---

① 夏菊泽：《不稳定的利维坦——霍布斯式国家解体的必然性考察》，《政治思想史》2017年第2期。

时，霍布斯的国家理论有其存在的合理之处，但从社会发展趋势来看，君权至上、主权者拥有至高无上权力的观点后来成为资产阶级革命发展道路上的路障。

第三节　斯宾诺莎的国家治理思想

面对神权宗教的影响与王权专制的覆辙，斯宾诺莎从荷兰政治局势出发，试图提出治国理政方案。他基于自然实体考虑，论证人类自我保存的"努力"，形成了一种自然权利。为了摆脱"自然状态"下的不利因素，人们出于理性思考，相互签订契约、建立国家。由于捍卫思想自由的必然性，而肯定了思想言论自由对于国家的意义。以此为基础，斯宾诺莎分别探讨了君主政体、贵族政体和民主政体三种政体的优劣以及克服各自缺陷的办法，通过比较观察，表达了对民主政体的倾向，这也使他成为现代民主的拥护者。

一、斯宾诺莎的生平及思想渊源

（一）斯宾诺莎的生平及著作

巴鲁赫·斯宾诺莎（1632—1677），17世纪荷兰著名的哲学家、政治思想家。他出生在一个犹太人家庭，其祖上来自西班牙，后来因国内宗教法庭的迫害而逃亡到葡萄牙，最终定居阿姆斯特丹。他的祖父励精图治，是当地受人尊敬的犹太商人，并在犹太人商会中担任重要职务。他的父亲继承了祖上留下的事业，并在多个部门担任职务，在当时阿姆斯特丹的犹太人地区地位较高。他的童年生活在母亲的照料下美好又幸福。可好景不长，在斯宾诺莎6岁时，母亲因病去世。好在他很快进入校园，学习成为他的主业。他进入专门培养犹太教士的神学院，学习希伯来文和犹太法典。他天资聪明、勤奋好学，完全沉浸在犹太人的神学教育中。

按照父亲的意愿，斯宾诺莎从学校毕业后继承家业。1649年，在哥哥去世后，他正式接替哥哥的事业，投身商界，结识了很多思想自由、敢于追求光明的年轻商人，慢慢形成了以斯宾诺莎为中心的哲学爱好小组。与来自不同家庭、环境的年轻人在文化和思想上广泛进行交流，从客观上拓展了他的眼界。当时，他也结识了一生当中对他影响最大的老师范·丹·恩德。范·丹·恩德是一位自由思想家和人文主义者，正是在老师的启蒙下，斯宾诺莎才有机会接触文艺复兴时期的自然哲学思想和笛卡尔等人的新哲学观念。

斯宾诺莎接受了进步思想，坚持信仰和思想自由，开始对犹太教的教义教规提出质疑。在这样的情况下，犹太教集团认为他的言论亵渎神明，是异端邪说，开始排挤打压他。1656年，24岁的斯宾诺莎被犹太教公会"永远革出教门"，开始过艰苦的生活。1660年，他从繁华的商业城市阿姆斯特丹迁居于莱茵斯堡的小农庄，以磨镜片为生，同时著书立说。经过曲折辗转，1663年夏天，他又移居伏尔堡，有时也到海牙居住。直到1677年，因患上肺结核，他在海牙去世。斯宾诺莎一生撰写了多本哲学、伦理学与政治学方面的著作，包括《神、人及其幸福简论》（1658）、《知性改进论》（1662）、《笛卡尔的哲学原理》（1663）、《伦理学》（1675）、《神学政治论》（1670）、《政治论》（1676）等。

《伦理学》研究了实体的基本结构以及世俗存在与永恒秩序之间的关系。他提出自然界是一个唯一的、永恒的实体，这便是其政治哲学的逻辑起点。《神学政治论》不仅是斯宾诺莎"关于政治哲学的最完整的理论著作"，而且也是"政治科学的奠基性著作"。它重在分开政治哲学与神学，并倡导思想自由（信仰自由、言论自由）和民主政治。《政治论》则是斯宾诺莎专门讨论政体与法治问题的一部未完成的著作，论及自然权利、几种主要政体以及法律的意义。若仔细辨析，《政治论》显然是《神学政治论》的延续。如果说《神学政治论》论述了国家状态的根本基础和一般性原理，而不论国家的统治采取什么形式（如君主政体、贵族政体或民主政体），那么，《政治论》则更具体地论述了不同政体的国家如何能够良好运行。通过考察《神学政治论》和《政治论》，我们可以发现，斯宾诺莎政治学说的中心议题是国家出现后怎么治理、理想的政体是什么、怎样维护这一政体以及如何防止这类政体的蜕变。

（二）斯宾诺莎的思想渊源

斯宾诺莎出身于富商家庭，曾在阿姆斯特丹一所七年制的犹太教会学校接受了良好的教育。在这所学校里，在启蒙老师的教导下他开始研读希伯来文圣经法典和古犹太哲学家阿本·以斯拉等人的著作。这使得他完全沉浸于犹太人的神学教育中，不可自拔。这种系统的犹太教育在他幼小的心灵中种下了一颗哲学的种子。他天资聪慧、勤奋刻苦，不但很快掌握了基本知识，而且善于独立思考，敢于对权威观点提出质疑，甚至当地犹太教会领袖也把他看作犹太人的未来——"希伯来之光"，期盼他能够将犹太教义和精神发扬光大。但是，随着他知识的累积和眼界的拓展，犹太人的教义教规已经无法满足这个渴望追求真理的年轻人，他需要寻找一块能使他的心灵在人类思想的浩瀚广宇中遨游的空间。

因经商的需要，斯宾诺莎结识了许多荷兰商人，他们大多是基督教中具有革新意识的门诺派和社友会教徒，对正统加尔文派持批判的态度。这些教徒经常以学习或交流为目的聚在一起，讨论有关宗教信仰、经文阐释的问题，同时涉及哲学、政治、文化等各方面。与他们的交往，极大地开拓了斯宾诺莎的眼界，此前他的思想禁锢在犹太教枷锁之中，现在似乎恍然大悟、茅塞顿开了。为了了解新的观念和思想，斯宾诺莎必须掌握由拉丁文书写的经典著作。为了学习这些知识，他进入由范·丹·恩德在阿姆斯特丹创办的一所拉丁文学校，结识了对他一生产生极大影响的老师。学校提供了艺术、哲学、科学等人文主义课程，他大量阅读古代学者的著作，丰富自己的人文社会知识，也学习拉丁文。学校还经常组织学生排练以古代剧本为基础的拉丁文剧，他曾经在阿姆斯特丹市剧院演出。在宗教和政治方面，范·丹·恩德主张宗教宽容、政治民主，提倡自由。斯宾诺莎后来的某些思想变化，与他的老师有很大关系。

这一时期，不得不提两种学说对斯宾诺莎的影响，那就是布鲁诺的自然哲学和笛卡尔的新哲学。布鲁诺是哥白尼"日心说"的阐发者和捍卫者，并将这一思想传遍欧洲，被后人誉为"反教会、反经院哲学的战斗士"。布鲁诺的自然哲学理论认为，关于自然的概念具有无限和神圣的特点，自然和上帝（神）是等同的；而在犹太神学里，最基本的哲学概念就是那无限存在的唯一的上帝。斯宾诺莎在传统神学的基础上试着接受了布鲁诺的这一思想，虽然他在著作里从来没有提到过布鲁诺，然而在他的第一部哲学著作《神、人及其幸福简论》的第一篇对话里，他提出自然是出自自身而不是出自其他原因，通过自身而被认识，是唯一实体。

笛卡尔比斯宾诺莎年长36岁，斯宾诺莎出生时，笛卡尔已经是闻名遐迩的哲学大师，他的学说充满了理性的光辉和科学的精神，是当时欧洲启蒙思想的一面旗帜。笛卡尔要求一切观念、一切知识都应当是清楚而且明晰的，是按照严密的逻辑程序推演出来的。这种思想引起了斯宾诺莎的注意，他认真地学习了笛卡尔的各类哲学著作和物理学著作，对笛卡尔的实体学说产生了浓厚的兴趣。他从笛卡尔那里学到的是属于他的思想内容的东西，即他的心灵赖以支持的现实的具体知识。后来，他把原先从犹太宗教里学习到的"神的概念"和从布鲁诺自然哲学里学习到的"自然概念"同笛卡尔的"实体概念"结合起来，认为神、自然和实体这三个概念并非表述三个不同的东西，而是在表达同一个最高的存在。按照这种研究方法，斯宾诺莎建立起了他自己的理性主义哲学体系。斯宾诺莎的天才般理论架构和哲学体系得益于他兼容并蓄地接受了各种哲学观念，并站在更高的角度对这些理论加以批判吸收。

二、斯宾诺莎的国家治理思想的主要内容

斯宾诺莎一生著述颇丰，其国家治理观主要集中在《伦理学》《神学政治论》《政治论》中。

（一）国家来源：自然理论

斯宾诺莎立足于形而上学的哲学原则，吸收了霍布斯、格劳秀斯等前代哲人关于恐惧、自我保存、自然状态和自然权利等的思想。"我们今天所有的哲学家，往往自己并不自觉，却都是透过巴路赫·斯宾诺莎磨制的眼镜在观看世界。"①关于斯宾诺莎的哲学和政治思想，应当从其自身去探寻。"真正说来，所有的伟大思想家本人才是自己的最好解释者，对于斯宾诺莎来说，更是如此。"②斯宾诺莎不仅承袭了先贤哲人的思想，而且对它们进行了发展。这也为我们理解斯宾诺莎的思想提供了重要视角，否则我们就很难准确把握"自因"学说的真正含义以及斯宾诺莎的自然法思想对前人相关理论的发展。

在斯宾诺莎的哲学世界里，除了实体和它的样态，没有其他任何东西，实体和样态构成了他的哲学体系的全部实在。他从客现存在的"实体"出发，来说明自然界的万物。他说："一切存在的事物不是在自身内必是在他物内（据公则一），这就是说（据界说三与五）在知性外面，除了实体和它的分殊以外，没有别的东西。"③正由于"实体"自身是自身的原因，所以对实体的认识也只有通过它自身。斯宾诺莎对客观世界的这种唯物论阐释，从

---

① ［德］亨利希·海涅著，张玉书译：《论浪漫派》，人民文学出版社1979年版，第100页。

② ［英］罗斯著，谭鑫田、傅有德译：《斯宾诺莎》，广西师范大学出版社2018年版，绪论第2页。

③ ［荷］斯宾诺莎著，贺麟译：《伦理学》，商务印书馆1983年版，第5页。

根本上抛弃了那种超自然的精神实体——上帝的存在和神学目的论，从而摆脱了中世纪以来神学的羁绊。对此，恩格斯在《自然辩证法》一文中提道："从斯宾诺莎一直到伟大的法国唯物主义者——坚持从世界本身说明世界，而把细节方面的证明留给未来的自然科学。"①

斯宾诺莎认为世界是一个客观存在的"实体"，按照其自然规律运行，它有很多表现"样式"，其中人也是实体的一种"样式"，人和实体的其他"样式"一样，在本质属性上是一致的。他混淆人和自然物之间的差别，并且抹杀了人与人之间的差别，他说："我们于此不承认人类与别的个别的天然之物有任何差异，也不承认有理智之人与无理智之人，以及愚人、疯人与正常之人有什么分别。"②斯宾诺莎之所以这样认识，是因为他要表达人类与自然界之物具有一种永恒不变的共同本性。这种共同本性不受任何时空的限制。

斯宾诺莎认为，人类与其他自然物一样具有的共同本性是自我保存、趋利避害，这种力求自我保存的"努力"就是人类的一种自然权利。"每个个体应竭力以保存其自身，不顾一切，只有自己，这是自然的最高的律法与权利。"③斯宾诺莎的"自我保护"原则从人性出发。这一原则也构成了斯宾诺莎理论学说的基础。努力保持自己的存在和活动力量是每个人最高的自然权利。"两利相权取其大、两害相权取其小"应为"永恒的真理与公理之一"。由此可见，斯宾诺莎的政治思想前提与霍布斯不同，他对自然状态和自然权利的理解不局限于人，而是包括万事万物。这意味着，他将自然法等同于自然权利，这一理解与他的反目的论精神有关。

斯宾诺莎的"自我保存"遵循着"保持自己的现实存在和活动力量"的原则，这是万事万物所共同遵守的公理。斯宾诺莎继承了霍布斯的思想，认为在国家产生之前，人类存在着一种自然状态，人在这种状态中拥有自然权

---

① 《马克思恩格斯全集》第20卷，人民出版社1971年版，第365页。

② ［荷］斯宾诺莎著，温锡增译：《神学政治论》，商务印书馆1963年版，第212页。

③ ［荷］斯宾诺莎著，温锡增译：《神学政治论》，商务印书馆1963年版，第212页。

利。但是两人的出发点却有着明显差别：霍布斯认为，自然法乃是一种违反人性的强制命令，体现上帝的意志；而斯宾诺莎认为，自然法乃是人性的普遍规律，体现理性的命令，是一种人依据自己本性法则而行的"德性"。凡是受到理性指导的人，绝对遵循德性而行，依据人们固有的本性法则行事。

根据这种"自我保存"的自立原则，斯宾诺莎明确提出自然权利说。首先每个人都努力追求生存权，这一最高自然权利是每个人竭尽能力保存自身，不顾一切。其次，由于人在自然状态下根据自己的力量决定自己的行为。斯宾诺莎认为"权利的大小决定于每个人力量的大小"，肯定了人的自由权。斯宾诺莎也指出，尽管自然法要求每个人转出自己的自然权利，但并不是说一定要全部转让出去。"人的心是不可能完全由别一个人处治安排的，因为没有人会愿意或被迫把他的天赋的自由思考判断之权转让与人的。"[1]人的天赋的自由思考判断的自由权不可以转让，这里面渗透了"天赋人权"的思想。他把自然法引入政治学和哲学体系中，作为实体主义的组成部分，正是为政治体制和哲学发展提供客观依据。

（二）国家建立：社会契约

斯宾诺莎认为，在国家产生以前曾存在过"自然状态"。他说："在自然的状态下，无所谓人人共同一致承认的善或恶，因为在自然状态下，每一个人皆各自寻求自己的利益，只依照自己的意思，纯以自己的利益为前提，去判断什么是善，什么是恶，并且除了服从自己外，并不受任何法律的约束，服从任何别人。"[2]在这种自然状态下，人类和其他一切动物均受自然法支配，他们都具有天赋的自然权利。譬如，鱼儿生来就有自然游水的能力，鱼与人虽然不同，但是本质上与人类一样具有天赋的自由、平等生存的权利。

"自我保存"是自然赋予人的本性，在自然状态下，每个人都关心自己

---

① ［荷］斯宾诺莎著，温锡增译：《神学政治论》，商务印书馆1963年版，第270页。
② ［荷］斯宾诺莎著，贺麟译：《伦理学》，商务印书馆1983年版，第200页。

的"自我保存"。在自然状态下，每个人自然权利的大小取决于他们每个人的实际力量。因此，在具有同等权利的情况下，为了争夺同样一个客体，人们便会发生争执、纠纷甚至冲突。如何免于生存的威胁，实现和睦相处，从而实现人的自我保存？答案是从"自然状态"过渡到"公民状态"。斯宾诺莎主张，人们从理性思考，应该相互签订契约，从而建立起国家这样的机构。国家存在的目的是让人能够更好地自我保存，"国家状态的目的不外乎生活的和平和安全"。

自然状态向公民状态的过渡，"只消社会能将私人各自报复和判断善恶的自然权利，收归公有，由社会自身执行，这样社会就有权力可以规定共同生活的方式，并制定法律，以维持秩序……建筑在法律上和自我保存的力量上面的社会就叫做国家，而在这国家的法律下保护着的个人就叫做公民"①。主权者掌管国家事务，享有国家统治权，公民则享有国家带来的权益。这样可以避免自然状态下的伤害，达到保护个人权利的目的。斯宾诺莎针对自然状态向公民状态的过渡，提出了两条定律作为社会过渡的条件，其一是"任何情感非借一个相反的较强的情感不能克制，并且又曾指出，一个人因为害怕一个较大的祸害，可以制止作损害他人的事"②。人们经过理性思考，基于社会契约，交出部分自然权利，这是国家得以成立的关键所在。

但是人们签订契约后一定就会遵照契约执行吗？这是个涉及契约有效性和权威性的问题。对霍布斯来说，社会契约依靠武力强制执行，"没有武力，契约便只是一纸空文"；而对斯宾诺莎来说，"契约之有效完全是由于其实用，除却实用，契约就归无效"③。契约的基础在于保护人们的天赋人权，权利让渡之后需要维护，如若某约定丧失保障其功能，人们就有权废除。实际上，斯宾诺莎在使用"契约"这一术语时亦把它还原为一种权利关系。国家产生之后，绝不能只进行理智宣传和空洞说教，必须制定法律和设

---

① ［荷］斯宾诺莎著，贺麟译：《伦理学》，商务印书馆1983年版，第200页。
② ［荷］斯宾诺莎著，贺麟译：《伦理学》，商务印书馆1983年版，第200页。
③ ［荷］斯宾诺莎著，温锡增译：《神学政治论》，商务印书馆1963年版，第215页。

置刑罚。刑罚可以激起人们的"恐惧"，这样他们就不敢轻易触碰国家设置的底线。法律的制定和刑罚的执行，能促使人们节制情欲，使人们理智地生活，从而真正享受自我保存的权利。"如果人要大致竭力享受天然属于个人的权利，人就不得不同意尽可能安善相处，生活不应再为个人的力量与欲望所规定，而是要取决于全体的力量与意志"①，这个力量和意志就是刑罚与法律。服从命令和遵守法律并不等于说丧失自由，在理智的指导下，一个人越遵守国家的法律和制度，服从统治权命令，他就越自由。

斯宾诺莎也注重法制的建设，认为需要凭借强制的力量，帮助人们克服畏惧、不道德的或情欲给人带来的堕落，使人们按照理性的教导过和平的生活，因此，"政府最终的目的不是用恐怖来统治或约束，也不是强制使人服从，恰恰相反，而是使人免于恐惧，这样他的生活才能极有保障"②。人们服从统治者的法令，是以主权者按照理性行事为条件的，若主权者不能按照理智发出命令，国家权力的合法性基础将不复存在，被统治者就有权起来反抗。尽管斯宾诺莎与霍布斯一样，认为国家的出现是为了摆脱自然状态下的不利因素，保护人们的生命安全和社会和平，但是他更认为，一个良好的国家应该让人们充分享受自由和过上幸福的生活。

（三）国家治理向度：民主自由

如果从人的自由角度来看，自由是我们本性的必然性本身，因为它使它自身的基本命令得以实现。自由的结果已不是某些人认为的那种作为对压抑欲望的生活的正当的报答、外来的奖赏。自由是由于对必然的东西的认识和接受而产生的内在的满足。人是自然的一部分，服从自然的法则，就此而言人只有必然，没有自由，人所谓的自由只是就人的理性能力说的。在斯宾诺莎看来，按照激情行事的人是"奴隶"，而按照理性行事的人便是"自由

---

① ［荷］斯宾诺莎著，温锡增译：《神学政治论》，商务印书馆1963年版，第214页。
② ［荷］斯宾诺莎著，温锡增译：《神学政治论》，商务印书馆1963年版，第272页。

人"。他"将理性压倒激情、独立性战胜依赖性的个体权利称为自由"①。人们根据理性的要求签订契约，不是丧失自由，而是实现和保障自由。

斯宾诺莎强调思想自由的重要性。对于思想自由的捍卫首先是基于必然性。也就是说，国家不可能完全控制人的思想。同时，他还从可取性的角度肯定了思想和言论自由对于国家的意义。他针对宗教神学的思想束缚和君主专制的高压统治，极力声辩要给人们言论和思想自由权。他认为，思想自由、自由发表意见是每个人天赋的不可转让的权利。每个人是他自己思想的主人，"人人生来就赋有的自由"，是任何政府都不可以剥夺的。他在批判专制王权时，尖锐地指出，"如果人的心也和人的舌头一样容易控制，每个国王就会安然坐在他的宝座上了"②。斯宾诺莎认为思想和言论自由不会危及主权者的统治和权威，只要人们所表达的自由在法律允许的范围之内。实践证明，用法律去禁止思想和言论自由所引发的弊端将更多。所以，他坚决反对统治者用法律禁止人们思想和言论自由，认为这将会给国家和人民带来极大伤害。

斯宾诺莎认为，强制思想和言论一致是绝对不可能的，因为"人的心灵是不可能完全被他人控制的"，思想自由是一个人无法让渡的自然权利。一个理性的政府或明智的统治者就不应该试图控制人们的思想，控制人们的思想不仅是徒劳的，而且还可能导致专制和暴虐，从而激起人民的反抗。他说："即令自由可以禁绝，把人压制得除非有统治者的命令他们都不敢低声说一句话；这仍不能做到当局怎么想，人民也怎么想的地步。"③这只能助长阿谀奉承、欺上瞒下之风，败坏社会风气。斯宾诺莎认为，禁止思想和言论自由会给科学与艺术事业发展带来伤害。他说："若是一个人判断事物不能

---

① ［法］艾蒂安·巴利巴尔著，赵文译：《斯宾诺莎与政治》，西北大学出版社2015年版，第100页。
② ［荷］斯宾诺莎著，温锡增译：《神学政治论》，商务印书馆1963年版，第270页。
③ ［荷］斯宾诺莎著，温锡增译：《神学政治论》，商务印书馆1963年版，第275页。

完全自由，没有拘束，则从事于科学与艺术，就不会有什么创获。"①斯宾诺莎坚决反对迫害坚持真理的科学家和艺术家。他用真实的事例表明，某些短视的政府和统治者不能容忍甚至杀害有学问的人，他们只会败坏国家信誉和社会风气，对公众的福利没有任何好处。

在宗教信仰自由的问题上，斯宾诺莎在《神学政治论》中着力把政治哲学与神学分开，并明确主张思想自由（信仰自由和言论自由），并在《伦理学》中全面地分析了自由人的崇拜活动。虽然我们无法从其著述中精确地描述出他的宗教观，但有一点可以肯定，他从未试图怀疑过人对宗教的需求。斯宾诺莎在其论著中阐述了摆脱旧宗教的弊端和危害，提出把理性与爱相结合产生理性宗教观。在权利的意义上，使宗教与国家分离，为个人的信仰自由提供发展空间。他说敬神的表面仪式与宗教的表面礼节，不是内心虔诚的对神的崇拜，也不是引导人们内心对神和宗教崇拜的手段，因为"内心对上帝的崇拜与敬神本来属于每人的私权，是不容让与别人的"②。也就是说，个人的内心信仰，是每个人都不可让渡的一种自然权利，国家不能去制止和干涉这种行为。

斯宾诺莎虽然极力主张思想和言论自由，但他并不赞成不加任何限制的自由。"凡足以引导人们到共同的社会生活，或凡足以使人们有协调的生活的东西，即是有益的；反之，凡足以引起国家中的冲突的东西，即是有害的。"③他努力让人们接受理智的教导，认为必须遵守和维护通过法律建立的社会秩序。公民遵守法律实际上就是在遵循理智。因为每个人都有思想的自由，他的判断与国家的法律本身不可能完全一致。他说，政治的真正目的是自由，"政治的目的绝不是把人从有理性的动物变成畜牲或傀儡，而是使人有保障地发展他们的心身，没有拘束地运用他们的理智"④。他认为，在保留

① ［荷］斯宾诺莎著，温锡增译：《神学政治论》，商务印书馆1963年版，第274页。
② ［荷］斯宾诺莎著，温锡增译：《神学政治论》，商务印书馆1963年版，第259页。
③ ［荷］斯宾诺莎著，贺麟译：《伦理学》，商务印书馆1983年版，第202—203页。
④ ［荷］斯宾诺莎著，温锡增译：《神学政治论》，商务印书馆1963年版，第272页。

思想和言论自由的同时，必须放弃行动的自由，否则国家将无法进行有效的统治，最终会使整个社会变得混乱无序。

在《神学政治论》的结尾部分，斯宾诺莎重申了对思想和言论自由方面的判断，表明了探寻思想自由的精神。这种自由是"理性的自由""理智的自由"，是人在自然法则的约束下唯一能拥有的自由。在那个思想和言论遭受神权和王权约束与控制的年代，斯宾诺莎一生都在为他的自由理想而奋斗，确实值得被后人称颂。

（四）理想治理形式：民主政体

17世纪下半叶，随着以德·维特为首的共和派下台，荷兰共和国岌岌可危，以奥兰治为首的君主派趁机重新获得政权，共和制即将被沉寂一时的君主制湮没。国家处于生死攸关之际，斯宾诺莎认为对政治只作抽象哲学的思考已经不能应对现实问题。荷兰国家发展应向何处走？应该采用什么样的治理方式？这些问题引发了斯宾诺莎的思考。他的《政治论》对现存各种政治制度作经验考察，打破了大多数先贤政治家们在书斋里经院哲学式的思考。斯宾诺莎认为研究政治学的目的，"不是为了提出任何新的或前所未闻的东西，而只是通过确凿无疑的推理来证明这些最符合实际的制度和手段，根据人的真正本性推导出它们"①。

与同时期的大多数思想家一样，斯宾诺莎也对三种国家的主要政体形式作了区分。从政治现实考虑，他的《政治论》一书主要探讨君主政体、贵族政体和民主政体这三种政体形式各自的优劣以及克服各自缺陷的办法。斯宾诺莎从当时荷兰的政治发展态势出发，试图通过对三种政体的比较分析，指出各自利弊，然后从改进政体制度的角度提出理想的治理状态。斯宾诺莎抨击王权者，阐发自己的治国理政主张。正如他在《政治论》的扉页中所表明

---

① ［荷］斯宾诺莎著，谭鑫田、傅有德、黄启祥译：《政治论》，广西师范大学出版社2016年版，第2页。

的：本书欲证明君主政体或贵族政体国家如何组建才不会蜕化为暴政，公民的和平与自由才不会受到侵害。只有对不同政体作出区分，斯宾诺莎才能提取绝对主权难题的不同方面，从而明确三者的内涵。这样我们要分析不同政体的组合"模型"，"它们介于国家的抽象理念和现实政治的复杂性之间，每种模型都采取了朝向现实主义的步骤，但它们的前后相继并不构成某种简单的进步"①。

从1581年成立联省共和国起，荷兰政治舞台上就出现了维护议会权力的共和派与以奥兰治家族为首的王权派的角逐。根据统治国家人数多少划分，德·维特家族统治多年的共和国，实质上是自由的贵族制共和国，在斯宾诺莎看来，这一统治形式由少数资产阶级商人掌权。贵族政体尽管充满着封建主义的色彩，但是"它比君主政体更接近绝对统治形式，因此更适合于维护自由"。他在《政治论》中，论证了贵族政体优于君主政体，从统治者人数多少出发，分析由一人统治和由一个足够大的议会统治之间的区别。"授予一个足够大的议会的统治权是绝对的或近乎绝对的。因为如果存在着绝对统治权的话，它实际上就是由全体国民掌握的统治权。"②从上述引文可以看出，斯宾诺莎认为：首先，贵族是不能世袭的，只有那些被明确选举出来的人才能被纳入贵族；其次，贵族的数量要有一定限度，因为一个"贵族制国家要想稳定，贵族的人数一定不要低于某个最低的限度，这个限度要根据国家的大小来确定"③。斯宾诺莎分析贵族政体的实践，显然是为了说明贵族政体比君主政体优越。

斯宾诺莎进一步分析了当时荷兰共和国为什么会被君主王权打败，着力

①［法］艾蒂安·巴利巴尔著，赵文译：《斯宾诺莎与政治》，西北大学出版社2015年版，第93页。

②［荷］斯宾诺莎著，谭鑫田、傅有德、黄启祥译：《政治论》，广西师范大学出版社2016年版，第59页。

③［荷］斯宾诺莎著，谭鑫田、傅有德、黄启祥译：《政治论》，广西师范大学出版社2016年版，第58页。

指出贵族政体应当注意的问题。首先贵族制国家的统治权不能回归到人民手中，国民无论如何也不能参政。鉴于当时执政的荷兰共和国曾经允许人民参政自由，这一点后来被奥兰治集团所利用，以至于荷兰共和国崩溃。斯宾诺莎指出贵族政体的基本原则是"应当只依赖于这个议会的意志和判断，而不是依赖于人民的监督，因为人民被禁止提供政见和参加表决"①。将人民排除在外的贵族政体是否会带来奴役和压迫？他并不这样认为，因为一个那么大的议会的意志必定取决于"理性而不是任性"，主权者权力越大，就越符合理性的命令，这种贵族政体就越有利于维护和平和自由。

从1672年以后，鉴于贵族政体被君主政体所代替，斯宾诺莎从客观实践出发，试图给当时的君主行政指出一条康庄大道。既然荷兰已经趋于君主政体，那么应该实现怎样的一种君主制？怎样最大限度地满足自由民主不受君主制的侵占和威胁。他对君主政体的基本判断是"人们越是把国家的权利绝对转让给君主，他越不能掌握自己的权利，他的国民的状况就越不幸"②。显然，他反对君主绝对主权，主张建立一个人民维护和平、君主保障人民幸福和自由的有限君主制。为此，他大篇幅地陈述了一个好的君主政体的基本原则，并逐条论证它们的合理性。所谓有限制的君主政体，不仅人民要服从法律，而且君主也要服从法律。法律神圣，不可以被轻易废除，并且要充分考虑人的情感。为了防止君王滥用权力，也应该建立参议会辅佐君王、商讨国家事务等。因此，斯宾诺莎所主张的便是有限制的宪政君主制。实践证明，他试图为荷兰建构"一种有着最低限度专制主义特点、而保持最大限度共和制度优越性和自由的君主政体"③。

对于民主政体问题，斯宾诺莎在《政治论》中并未完成论证便溘然长

---

① ［荷］斯宾诺莎著，谭鑫田、傅有德、黄启祥译：《政治论》，广西师范大学出版社2016年版，第59页。

② ［荷］斯宾诺莎著，谭鑫田、傅有德、黄启祥译：《政治论》，广西师范大学出版社2016年版，第33页。

③ 洪汉鼎著：《斯宾诺莎哲学研究》，人民出版社1993年版，第685页。

逝，但从其著作中依旧可以看出他对民主政体的偏爱。只有民主制国家及其法律，最符合人的天性和最能给人以自由。在所有政体之中，民主政体是最自然且符合个人的自由和思想自由的优良政体。"我们深信这是最好的政治制度，最不容易受人攻击，因为这最合于人类的天性。在民主政治中（我们在第十六章中已经说过，这是最自然的政体），每人听从治权控制他的行动，但不是控制他的判断与理智；就是说，鉴于不能所有的人都有一样的想法，大多数人的意见有法律的效力。如果景况使得意见发生了变更，则把法律加以修改。"①在斯宾诺莎看来，民主政体首先是对自然状态的模仿。在自然状态中，每个人都是平等的。而民主政体的根基，就在于人人平等。在这个意义上，民主政体是最自然的，也就是最人性的，更准确地说，是最"人民性"的。其次，民主政体又最符合人人享受其自由的要求。斯宾诺莎在《神学政治论》中告诉读者："只有这种政体我说得很详尽，因为这与我说明在一个国家之中享受自由的利益这个目的最为相近。"②该书其实是一部自由与民主的宣言书，是一部阐述通过民主政体保障和实现自由的宣言书。这是斯宾诺莎对民主政体的最高评价和赞许，也是他对民主政体最深刻、最有力的声辩。

民主政体不仅是一种最自然的国家形式，而且是一种最理性的政体，出于这些考虑，斯宾诺莎才极力倡导民主政体以及与之相关的政教分离、思想自由和宗教宽容等原则。作为国家的每一成员，他们不仅要听从理性的指导、服从统治权的命令，还必须要绝对遵守国家的法律。由于"民主揭示了在所有这类契约中都出现的这样一种机制：把个人力量'集中起来'或'整体转让'，从而创制一种公民服从的制度"③，因此他们对法律的服从就不是一种被动的外在服从，而是一种出于理性的内在自觉，即他们服从的是自己

---

① ［荷］斯宾诺莎著，温锡增译：《神学政治论》，商务印书馆1963年版，第277页。
② ［荷］斯宾诺莎著，温锡增译：《神学政治论》，商务印书馆1963年版，第219页。
③ ［法］艾蒂安·巴利巴尔著，赵文译：《斯宾诺莎与政治》，西北大学出版社2015年版，第54页。

创制的法律。"除了国家的法律所必须赋予他们的自由之外，他们没有其他自由，这类国家将处于最好状态。"①换言之，一个人越遵循理性的教导，就越服从法律，从而就越自由。对斯宾诺莎来说，人们能够听从理性的安排和教导是民主政体得以存在的前提。

三、斯宾诺莎的国家治理思想的性质及影响

（一）斯宾诺莎的国家治理思想的性质

斯宾诺莎的国家治理思想具有鲜明的时代特色，正如美国政治学家威廉·邓宁总结的两大特点："一个是呼吁宗教自由，又一个就是阐明贵族政治的共和国是最科学最实用的制度。"②显然，斯宾诺莎对当时荷兰共和国的治理作了一些富有实践意义的思考，主张思想和言论自由，基于理性的考虑教导公民要遵守法律，并表达了支持民主政体的倾向。17世纪荷兰的统治者励精图治，凭借尼德兰革命的胜利建立了联省共和国，虽然取得了国家的相对统一，但是国内一刻都没有停止过激烈的政治矛盾和斗争，最终出现了主张王权的君主派和坚持新思想的共和派的激烈角逐的局面。随着约翰·德·维特的遇难，斯宾诺莎一度面临着威胁。反映那个时代的价值追求和利益诉求自然而然就成为斯宾诺莎政治考量的主要内容。

在当时联省共和国实践中，荷兰省的政权组织方式最接近理论中斯宾诺莎所提倡的民主政体。斯宾诺莎确实偏向这样的共和制：它得到更多的人民支持，支持来自倾向于同奥兰治集团和执政长官站在一起反对城市精英的下层阶级。但是，很难分辨出斯宾诺莎所表达的民主观念与他生活于其中的那

---

① ［荷］斯宾诺莎著，谭鑫田、傅有德、黄启祥译：《政治论》，广西师范大学出版社2016年版，第59页。

② ［美］威廉·邓宁著，谢义伟译：《政治学说史》中卷，吉林出版集团有限责任公司2009年版，第163页。

样一种城市共和国有什么不一样的地方。斯宾诺莎在其论著中为民主、自由歌颂，"在哲学界首开先河，写下了一系列为民主声辩的论著"。这表明，他是资产阶级民主共和国的倡导者，在那个时代深深激励、鼓舞着人们拿起思想武器与封建王权作斗争，为许多伟大的思想先驱所称颂。

（二）斯宾诺莎的国家治理思想的影响

1. 斯宾诺莎开拓了哲学新视野

斯宾诺莎的哲学是泛神主义的。他认为万"有"为一，可称为上帝，又可称为自然，其哲学原则是坚持上帝和自然的统一。每一种"有"都有一种力，也就是说，每一种事物之所以存在，总有一种使它存在的力；而上帝或自然只是一切事物所以存在的力的总和体。他认为事物的真谛在于人类由自身思考而获得知识，不是由感觉得到知识。两者虽然在基本原则上有所不同，但是涉及伦理与政治问题时，便有了共同之处。斯宾诺莎是新时代典型的思想家，他将自己的思想置于信仰与科学之中，但是他的哲学是纯粹与理智的产物。就像一个身患重病的人，虽然找不到救治疾病的良药，但是可以找到心灵的慰藉，看到活着的希望。斯宾诺莎的哲学可以利用自身来克服那些蹩脚的命题。无论是唯物主义和唯心主义，还是理想主义和神秘主义，还是人道主义和自然主义，还是唯我主义和利他主义——所有这些主义和其他类似的观点，都可在斯宾诺莎哲学这个"完满的圆"中找到它们的"一致之处"。但是他的哲学并非"折中主义的大杂烩"，而是关于现实的独特的说明，它的伟大之处在于对事实的遵从。

2. 斯宾诺莎对自然权利观的继承和发展

面对神权宗教观的遗产与封建专制的覆辙，斯宾诺莎从荷兰政治实践出发，试图建构国家治理方案。他基于自然实体，论证人类通过自我保存的"努力"形成一种自然权利。他对思想自由的捍卫基于必然性，肯定了思想和言论自由对于国家的意义。他关于自然权利、自然状态和社会状态的理论，从表面上看与前人霍布斯等并无不同，但是在一封写给朋友的信中，斯宾诺莎诚恳地回答了他与霍布斯在政治学方面的不同之处，他要让自然权利不受侵犯，保证国家的最高权力只有与其超出臣民的力量相适应的权力，此外对臣民没有更多权力。

霍布斯的主权观不受契约限制，他认为自然状态中一个主权者不可能与他未来的臣民订立契约，即使在公民社会也不可能与他们签订契约。而斯宾诺莎则处处为他人自由留有余地。霍布斯所表达的个人自由，内容空洞而又诡辩。而斯宾诺莎以个人自由为国家的最高目标，但也并不把国家当成人民恣情纵欲的挡箭牌。他认为国家要让人民生活过得更加美好，让人人思想自由和说他心中的话，这是统治者保留这种权利和维护国家安全的最好的办法。像其他自然物一样，国家的权利也相当于国家的权力，并且国家行使权力的首要目的是寻求自我保护。所以，如果说国家享有绝对的无限制的权力，就是享有绝对无限制的权利，那是不可想象的。

在自然法和社会契约论方面，与格劳秀斯、霍布斯等人相比，斯宾诺莎的理论，无论在形式上还是在内容上都更加完整、更加进步。他基于自然实体考虑，从人性的自我保存和节制情欲的观点出发，来阐述国家的出现，为资本主义建国立法、规训公民服从法令和制度提供了哲学基础。这种观点虽然站在新型资产阶级唯心主义的立场上，但是相对应用上帝（或神）的意志来表达国家问题是历史的一大进步。斯宾诺莎赋予人"自我保存"的力量，拒绝宗教和神性，力图用人的眼光来区分和看待国家、法律问题，由此他被马克思誉为"道德领域内的思想巨人"。

3. 斯宾诺莎为民主理论启蒙发展点燃一盏明灯

在《神学政治论》中，斯宾诺莎把民主制描述成最接近自然状态的国家形式：在所有政体之中，民主政治是最自然，与个人自由最相合的政体。他还进一步指出，政治生活中最能表达主权的形式，"如果这种东西存在的话，实际上就是全体人民握有的主权"。对此，他在未完成的《政治论》一书中，展现给我们的是最早的、最详细的关于民主的阐述。他借此提出了民主制和贵族制之间的区别。在贵族制国家中，"统治权完全取决于选举"；而在民主制中，"统治权主要取决于一种天赋权利，或者命运赋予的权利"。一个贵族制国家要想稳定，应该有一个较大体量的贵族组成的贵族阶层支撑。但是，即使全体人民都被允许加入贵族阶层，只要加入权利是由表达机会而非由某种一般法或继承权所决定的，它就仍是一种贵族制。同时，即使那种一般的或世袭的权利局限于少数人之中，一个国家仍可以是"民主的"。斯宾诺莎基于现实中的无奈抉择，仍然按照传统的做法把一种类似贵族或寡头制的政体命名为民主制。由于古代人们对民主的偏见，将民主制理解为一群人的意志表达，更像"乌合之众"。在有产者看来，这就是对其利益的一种威胁和挑战。在当时，无论现实怎样，固执的斯宾诺莎坚持使用"民主"一词表达对民主的倾向和喜好，这或许能充分说明他是一名为民主辩护的战斗士。

第四节　普芬道夫帝国宪制的设计

普芬道夫在格劳秀斯的基础上成功地使自然法从宗教神学的束缚中脱离，使其获得了独立的地位并成为一个理论体系。普芬道夫的国家理论，基于社会契约，论述人们经过自然状态，以自我保存为需要，通过两重契约、一项法令建立国家。其义务理论结合政治秩序，为国内外秩序建构奠定了基础，力图实现国家的安全稳定运行。他为帝国宪制设计了一套政体理论，试图使帝国进入"正常"国家行列，实现德意志的统一与和平。

一、普芬道夫的生平及思想渊源

（一）普芬道夫的生平及著作

塞缪尔·普芬道夫（1632—1694）是17世纪杰出的政治思想家，德国法哲学的开创者，是使近代自然法脱离神学束缚而拥有独立地位并成为体系的第一人。普芬道夫在很多领域都颇有研究，哲学、伦理学、社会学、经济学和政治学等多学科思维使其具有敏锐的洞察力。

1632年，普芬道夫出身于萨克森厄尔士山区的一个牧师家庭，父亲是路德教会牧师。18岁那年，普芬道夫进入莱比锡大学学习路德神学，但在此期间他对神学失去兴趣，转而学习人文、法学和自然科学，研究了宪法和国家，并创作了相关著作。1656年，他进入耶拿大学学习自然法及道德哲学，并接触到了笛卡尔的研究方法，后者对他日后的著作《法理学基础》影响很大。1658年，26岁的普芬道夫遭遇了人生中的一大苦难，当时他在瑞典做家庭教师，但随即因瑞典和丹麦的战争而入狱。他在狱中完成了《法理学基础》，这是他的第一部关于自然法的著作。1661年，他进入海德堡大学担任哲学系自然法与国际法副教授一职，第一次使自然法和国家法进入课堂成为单独课程。1670年，他获得由瑞典国王查理十一世提议授予的兰德大学法学系自然法与国际法教授职位。1672年、1673年，他相继出版了在自然法方面最著名的著作——《自然法与国际法》《人和公民的自然法义务》，分别将它们题献给查理十一世和兰德大学校长。

普芬道夫的政治生涯开始于1677年，因丹麦军队的入侵，他离开兰德大学前往斯德哥尔摩，担任瑞典国王查理十一世的私人顾问及皇家历史学家等。1688年，普芬道夫回到柏林担任腓特烈·威廉一世的私人政治顾问及宫廷历史学家，在后者逝世后继续效力于其子腓特烈三世。1694年，年逾花甲的普芬道夫在瑞典被查理六世授予男爵之位，在于该年10月返回德国的途中与世长辞。

作为自然法学家，普芬道夫的著作中处处体现了自然法的精髓。普芬道夫最为著名的著作莫过于《自然法与国际法》。该书是普芬道夫自然法思想的集大成之作，他在其中创设了一套极具特色的自然法与国际法理论体系。该书被翻译为多种文字广泛传播，并在100年中被欧洲各大学的法律和哲学专业用作教材。此外，他于1667年创作的《德意志帝国宪制》在社会上掀起了很大的波澜，广遭批判及教皇的谴责，并被德国各大学列为禁书。他的《欧洲现存主要地区及国家历史导论》，分析比较了欧洲各国利益及权力集团的特点与性质，具有百科全书般的作用。后期出版的《就公民社会论宗教的本质与特性》，是论述宗教宽容思想的著作。

（二）普芬道夫的思想渊源

普芬道夫研究并批判性地吸收了神学自然法思想，其自然法的很多思想来源于神学自然法和格劳秀斯开创的古典自然法里秩序、规范等义务方面的理论。他的自然法继承了前辈的古典自然法传统，基于人的理性思想，使自然法从神性向理性世俗化方向转变。

在文艺复兴、宗教改革之后，以人性代替神性使解构中世纪神学自然法思想成为可能。近代以格劳秀斯、霍布斯、斯宾诺莎、普芬道夫等人为代表的思想家对传统的以亚里士多德主义、经院主义哲学为基础的自然法思想展开攻击与清算。虽然他们对自然法的研究方式不一，但均论述了其在政治社会生活中的重要作用。普芬道夫的自然法思想深受格劳秀斯与霍布斯的影响，他认为人的本性是自私复杂的，与动物相比，具有侵略性以及对他人造成伤害的特质。但普芬道夫也强调，人本身是脆弱的，没有他人的帮助在自然中难以生存，人类自我保存的本能有结合他人过安宁稳定生活的社会性倾向，并且也有与他人保持和平的理性。根据黑格尔对普芬道夫的分析，他的自然法思想有着格劳秀斯自然法思想的遗风，但是两者又有不同，17世纪的自然法思想是在推翻神学自然法思想的基础上重建的，普芬道夫的自然法思想大体遵循着那个时代的特征。普芬道夫认为，正因为人们极度自我保存的功利性，与他人和平相处更能保存自己的利益，相互帮助才能实现个人利益的最大化，社会性有助于功利性。

普芬道夫糅合了格劳秀斯和霍布斯等人的自然法思想，在调和两者矛盾的基础上发展自己的思想，建立了较为全面的自然法理论体系。除了其重点研究的自然法义务理论，自然权利也同样受到普芬道夫的重视，其有关财产权、自卫权等的论述在很大程度上受格劳秀斯思想的影响。

二、普芬道夫的国家治理思想的主要内容

来源于古希腊哲学的自然法，在西方政治思想史上具有重要的地位，流传多年不断革新，其地位屹立不倒。自然法被认作是一种带有神性的，不以人的意志为转移的，放之四海而皆准、垂诸百世而不易的道德规范。

（一）冲破神性重构自然法

1. 自然法重构之背景

在当时德国的政治经济背景下，普芬道夫等一批政治思想家试图将神学自然法向理性世俗化方向推动。亲历"三十年战争"的普芬道夫，深感战争带来的巨大破坏。战后的德意志非但没有实现统一与民族独立，反而持续分裂，国家支离破碎，被残暴与恐怖支配，不仅政治混乱、经济秩序被破坏，思想文化层面也遭到了摧残。基于"三十年战争"对国家各层面的打击，人们对传统的教会与国家的二元关系产生了怀疑：社会能不能在世俗而非宗教的领导下，针对公众事务达成有效的共识？为解决这一问题，17世纪的政治理论家极力强调自然法的概念。为了建立一个稳定和平的世俗国家并发展经济，当时的政治思想家将自然法作为新的正当性规范及标准。基督教神学思想在中世纪的政治地位根深蒂固，是一切制度的基础与来源。在文艺复兴这场伟大的思想解放运动及反封建反教会的宗教改革之后，人文主义的传播使以理性自然法代替神学自然法，从而重构自然法的想法具有可行性。当时的许多思想家致力于为新的自然法思想提供合理性论证，与很多思想家一样，普芬道夫认为自然法是永恒的，来源于人的理性，即便上帝不存在，自然法依然存在。格劳秀斯是近代理性自然法理论的奠基人之一，其自然法思想深刻影响了普芬道夫。格劳秀斯在当时资本主义发展日盛的背景下重塑自然法理论，从现实性、人的理性出发，将自然法与宗教神学分离。在格劳秀斯看

来，喜爱社交是人之本性，自然法与世间一切法律的根基便是人对有序和谐生活要求的本性，自然法亘古不变的特性是神也无法动摇的，就算没有上帝，人也能依据理性决定自己的行为。

格劳秀斯创造了近代古典自然法且第一个使其世俗化。在他看来，人性是自然法的基础。虽然他将自然法世俗化是一个进步，但在其最终来源的论述上，他认为上帝依然是自然法的最高渊源，并没有使自然法独立于神法并与神法分离。可以说格劳秀斯把近代自然法的概念与构想带到了人们面前，但真正使其世俗化并成为理论体系的人是普芬道夫。普芬道夫接替前辈扛起了自然法世俗化的大旗，即便他们阐述自然法的路径不一，但共同推动了自然法向世俗化与理性化的方向前进。

2. 自然法独立之实现路径

普芬道夫通过突出自然法的特点，指出其与神法的差异，从而划分自然法的自有领域。普芬道夫明确了自然法与神法的区别，他认为神法来源于神的启示，自然法来源于人的社会性，人定法来源于人的意志，从而限制了自然法的范畴，明确划定了自然法的界限，让自然法拥有了独立的基础。

普芬道夫分析了自然法的六个特征及其与市民法、神法的区别。第一，自然法的适用对象为所有人；市民法的适用对象是国家公民，它是国家的法律；神法的适用对象则是宗教信徒。第二，自然法由人的社会性给予其正当性与合理性；市民法由国家主权者规定其权威；神法由上帝规定其正当性。第三，自然法由人的理性去探寻；市民法的发展靠主权者的意志；神法则靠神的启示去发现。第四，自然法主要是为了规范人的道德行为，指引其成为对社会有益的人；神法是为了指引另一个世界的人如何得救。第五，自然法约束的是人的外在行为而非主观意志；神法还涉及人的思想意识层面。第六，自然法主要面对的是罪恶、黑暗的人性；神法则要面对所有的人性，包括完好的和崩坏的人性。通过对自然法特征的分析，普芬道夫成功划分了自然法与神法的界限，从而摆脱了神性的束缚实现独立，迈入了世俗化之路。

（二）国家理论：基于社会契约

神学政治思想中最初认为神是国家的缔造者，王权也来自神授。中世纪后期，国家主权思想已在欧洲出现。到了17世纪，以英国为代表的新兴资产阶级国家完成了资产阶级革命，英国施行了君主立宪制，该政体限制君权并赋予人民主权。在此背景下，近代自然法学家纷纷从自然法学的角度探索国家建立和治理的方法。基于此，普芬道夫提出了"一个国家的建立需要两个约定和一个法令"的二重契约国家建构思想，为公民和统治者设定了行为的尺度标准，赋予了国家更多的内涵，意欲帮助国家更为有效地运转，以适应时代形势，预防战争的发生，建立内外新秩序并实现和平。

1. 自然状态之上的国家建构

普芬道夫基于自然状态的社会契约建立其国家理论，认为在了解人类的本性与自然状态之后才能更好地理解建立在自然状态上的国家理论。人类自我保存的意识极强，对于一切侵犯势必会反抗。自然状态中，人类的处境是极其糟糕的，相对于其他动物而言，人类尤其脆弱。假设一个人没有任何他人的帮助，单凭自己的力量，也许刚出生便会死去。即便奇迹般地长大成人，他也没有任何人的社会属性，没有知识和技能，不会生产食物与生活物资，只能以最原始的方式获取生存材料，只能食不果腹、寄居洞穴荒野。且他单薄的力量难敌野兽的攻击，也许最终会死于野兽口中。

普芬道夫认为，可从三个层面理解自然状态：一是上帝的层面，二是人与其本身，三是从人自身与他人之间的关联来看。首先，造物主将人打造成优于动物的优秀作品，此杰作充满了理性的光辉，其生活方式必然与动物不同。其次，在人与自身层面来看，没有他人的帮助，人即便能存活下来，也只会以一种原始的方式生存。最后，在血缘亲族关系中，人们认识到与他人的联合有助于保卫自己的安全，并因此学会组成一些小的组织，但这些组织依然处于自然状态。在此自然状态下，人类不存在权威与服从的关系，人人都是平等的，人的行为由其自我保存的理性决定。与霍布斯的"自然状态下人们处在战争状态"之说不同，普芬道夫认为自然状态中的人们能维持和平的状态。"照普芬道夫这样说来，自然状态下的生活似乎应该是很适于一切人类的需要，用不着再有社会组织与政治组织。但是，不幸大多数人常不听理智的指示，只顺应自己的感情，很少的人能遵守自然法的精义。所以，由自然状态转入政治社会对于大多数人是必要的……普芬道夫以为像他那样完全过理智生活的哲学家虽然不需要国家，但比较劣等的人却不能如此。"①照理说，自然状态中的生活是适宜的，但因大多数人的感性及逐利，事实并非如此。

人类天生有很多恶习，有伤害他人的能力，相比动物，人类有更多的欲望及其他复杂的情绪，在很多方面都能造成对他人的伤害。且人类伤害他人的手段也较之动物的尖牙利爪更为多样，致他人死亡的能力也更强。除了上帝，人类依靠其他同伴才能获益，人类联合起来保护自己，反抗敌人的侵略。但人对他人的伤害性，也可使其同伴受到伤害，在自然状态下也可能发生争斗，人们必须采取措施避免这种伤害。但在自然状态中，无论是自然法还是和平协议，或是仲裁都不足以约束违背约定的人。而在国家中，人们可以寻求一个共同的权威者的帮助，借助国家法律制度及强制力约束人们的行为，国家之中充满了理性，到处都是和平、安全、知识、友爱等，因此，建立国家才能维持良好的秩序。

与霍布斯只关注一重契约的直通式国家理论不同，普芬道夫认为国家的建立需要两重契约和一项法令。首先，人们建立第一重契约，即社会契约，在此契约中，人们组建一个经过众人同意的联合的共同体。其次，人们集体决议通过一项法令，确定一个将要采用的政府形式，通过它管理今后的社会。最后，人们建立第二重政府契约，选派一个人或一个团体进入政府任职，将建立好的政府交付给他，使此人或此团体来管理国家，每个人的意志

---

① ［美］威廉·邓宁著，谢义伟译：《政治学说史》中卷，吉林出版集团有限责任公司2009年版，第168页。

都要服从这个人或团体的意志，后者则为前者提供公共安全保护。只有在第二重契约建立之后，一个正常的国家才算正式成立。

2. 国家建立之后的秩序构建

通过两重契约与一项法令建立起国家之后，维系稳定的国内政治秩序及和平的外部环境，使人们能够在国家中和谐有序地生活成了新的任务。对此，普芬道夫提出了具有特色的自然法义务理论，并将它与国家政治秩序相结合，创造正常稳定的国家秩序，确保国家的顺利运行，有效实现和平的社会生活。

普芬道夫的义务理论可分为两类：一是所有个体必须履行的义务。首先是个人对上帝的义务，该义务要求人相信上帝的存在，尊重上帝的权威，根据上帝的意旨规范自己的行为、不做违背神意的事。其次是人要有对自己的义务，每个人都是上帝的恩赐，人要自爱，做对社会有益又有所贡献的人才能不负上帝的创造。最后是人对其他人也有义务，在人类社会中，最根本的义务是不伤害他人，每个人都要承认他人与自己是平等的，都应对他人给予帮助，做乐于奉献的人。受他人恩惠之人要常怀感恩之心，大家一起创造平等友善、和谐互助的社会。

二是人还具有作为一个社会组织成员的义务，比如作为家庭成员、联合体成员及国家公民的义务。在家庭中，父母有抚养自己子女长大成人，培养其具备高尚的品格且使其成为对社会有益、有贡献的人的义务。子女要尊重并孝顺父母，感恩父母。夫妻双方有支持帮助自己另一半配偶的义务，丈夫有爱护自己妻子的义务，妻子有给予丈夫爱与尊重、在生活中协助丈夫的义务。在国家中，公民有对国家统治者的义务及统治者对公民的义务。就公民之间的义务来说，主要是为了促进国家公共政治秩序的创建，公民要与其他公民和平相处、互帮互助。人本身存在的利益需求以及过度的不正当的欲望恶习，会导致某些人有伤害他人的倾向，这是造成社会秩序混乱的原因。所以就需要公民友善共处、礼貌待人、互相帮助、尊重他人的私有财产，消除不正当的欲望，规范自身的行为，形成良好的交往秩序。公民对统治者要有遵从、尽忠的义务，要对自己的统治者不怀二心，不与其他统治者存在不正常的往来，不做颠覆自己统治者权威的事。作为国家成员要尽自己所能保卫国家的安全与繁荣昌盛，甚至为此不惜付出自己的生命与财产。

除此之外，还有一些特殊成员的特殊义务，比如牧师的义务是维护自身的道德，宣扬正确真实的教义。有教育权的有识之士有传授人们真理与正确价值观的义务。掌管军队的人的义务是操练兵士、保证纪律严明并确保军队誓死效忠国家等。人人各司其职，各自履行其义务，国家社会的秩序便可有效地实现稳定。

作为国家统治者，有保护公民及善于治国理政的义务。"首要要求是，掌权者尽力学习与其职位相关的所有知识，……人民的安全是至上的法律。"统治者要不断增加自己的学识，提高自己的执政能力，要知人善任，维护法律的权威与公正。统治者在其高位不能以权谋私，损害公共利益，需要保证公民的利益及安全。

除却其义务理论，普芬道夫同时也注重权利，尤其是财产权——对社会和谐的实现具有极大的作用。普芬道夫的"消极共有"之说表明世间一切事物都是人类所共有的。但对于某些事物而言，在同一时刻只可能供一人使用，无法满足多人甚至所有人共同使用的需求。当多人欲同时占有一件只可供单一人使用的事物时，各人受利益需求的驱使必将产生争斗与掠夺，"消极共有"便不再能维系下去。财产权的提出便可有效解决这一矛盾，与格劳秀斯一样，普芬道夫也认同劳动对取得并占有某物的正当性。除劳动之外，还应加之契约的道德约束，使人们能不约而同地承认人可以通过劳动取得某一财产，并且每个人都遵守契约以默示这种取得方式的正当性。对此，财产权确保了人们可以在不发生争斗的前提下，正当合理地占有某一事物且将其私有。

而对维持国家周边的安定、确保国家安全和不受他国的侵略，普芬道夫表示，国家具有公民意志及力量结合的人格，国家与国家之间并非总是和平的，利益是国家的最高行为准则。为了利益随时会爆发战争，如同人在自然中，国与国之间亦应构建一个秩序体系维持和平，在发动战争前应当积极探寻和平的解决方式，如通过仲裁等方式解决国际争端。当战争不可避免地爆发后，各国应尽快订立条约制止战争、构建战后秩序。

（三）理想体制：帝国宪制设计

早在15世纪，权利政治观便已出现，并逐渐代替传统的封建神学政治观，主权概念及民族国家观念开始兴起，帝国的观念岌岌可危并呈现出衰落之势。在西欧各国权利政治观开始形成、逐渐建立民族国家的时期，神圣罗马帝国名存实亡，早就不是传统意义上强大的帝国，而是一个封建愚昧、权力涣散的政治体。帝国内部混乱，亦遭受周边新兴民族国家的威胁。帝国亟须向现代主权国家转型，从而加强中央集权，实现德意志的统一，以应对外敌的入侵威胁。在对帝国政体及主权归属的问题上，普芬道夫认为帝国是一个非正常国家，其主权归属是极其混乱的。

在普芬道夫看来，主权是通过国家产生的并拥有最高的地位，主权在国家中是最大的权力，是神圣的，任何人都不能违抗主权的正当性命令，主权者至高无上，高于人定法。主权不可分割，主权之于国家，犹如灵魂之于身体。主权的最大特性是其不可分割性，对于国家来说，统一的主权是其灵魂，没有"灵魂"的国家是不正常的。衡量一个国家正常与否的标准是主权是否不可分割，是否统一于一个主权者之下。基于帝国的非正常性，普芬道夫对帝国宪制进行了理想化设计，期望帝国能够顺利向现代主权国家转型，成为一个统一强大的主权国家。

1. 混乱的帝国现状及其非正常性

帝国内部的混乱与矛盾重重，首先体现在皇权与各邦国权力及教会的冲突中。皇帝试图用君主制将帝国改造成一个正常国家，但各个邦国却竭力想脱离皇帝的束缚。数次的权力争夺极大地消耗了帝国权威，加上屡次试图加强中央集权的做法均告失败，使邦国的地位特别是选帝侯的地位得到加强。此外，帝国内部各个邦国不断争夺领地。在领地化运动中，由于利益的争夺及宗教问题，直辖于帝国皇帝而不受邦国管辖的自由市，因其特殊的地位而逐渐陷入不利的地位，皇帝没有能力维护其安全，且日益受到邦国的欺凌及外国势力的干涉。神圣罗马帝国也在行政区划上被逐渐分裂，为了便于帝国内部治理而设立的帝国大区，由于领地化的深入发展，逐渐被强邦的势力所占据，似乎变成了各自的私有化区域，帝国仿佛是一个松散的政治实体而非一个完整的国家。

皇权与各邦权力的争夺只是造成帝国非正常性的原因之一，另一原因主要是外部势力的干涉。《威斯特伐利亚和约》的签订虽然意味着欧洲结束了生灵涂炭的战争并使反对干预他国内政的准则得到各国的一致认可，但在另一方面，该和约体现了外国干涉帝国及试图分裂帝国的企图。在和约的谈判过程中，外国试图在主权归属问题上制造矛盾与混乱，以便分裂帝国。法国和瑞典要求神圣罗马帝国各个邦国以各邦自身名义签署和约，相当于置各邦于独立的位置。此种做法便将帝国内政问题转化为国际问题，一旦某邦国不履行和约义务，外国便可介入。和约规定，各邦在不威胁国家安全的前提下可建立联盟，获得一定的对外自主权，谈判中要求所有邦国参会，皇帝不能作为帝国的代表。但皇帝依旧拥有最高外交权，即使邦国不签署和约，该和约依旧对其具有约束作用，此种矛盾的做法加剧了帝国内部的混乱。虽然各邦都享有缔结同盟权，但并非所有邦国都能有效行使。强邦可以利用此权争取自身的利益，而弱邦只可借此寻求帮助，这种做法使外部势力介入帝国内部事务有了可乘之机。然而最为严重的是，该和约和《金玺诏书》一样成为神圣罗马帝国的基本法，获得了宪制地位，外国势力利用该制度漏洞在干涉帝国主权、分裂帝国的阴谋中如入无人之境。基于帝国如此混乱的局面，普芬道夫试图通过一系列理想化的政体设计使其走向正常化。

2.正常政体设计——国家体系

普芬道夫特别重视国家意志的人格承担者。在分析不同政体的国家意志之后，普芬道夫认为，即便主权者的职责是维护公共利益，但作为自然人的主权者依然会受到人性缺陷的影响，而此缺陷可受到优良制度的纠正及管制。主权是否被滥用体现了一个正常国家的优劣程度，只有建立良好的政体，才能有效消除人格缺陷带来的影响。

根据普芬道夫的观点，帝国要转变为一个正常国家，势必要采用一个正常政体。对于帝国来说，当前没有强大的军事实力，无法对松散的帝国进行统一；而在宗教信仰自由无法保证的前提下，对于教众来说，无法接受异教徒作为帝国的元首。帝国疆域辽阔，各邦国民情不一，人民主权的意识还未普及，君主制和民主制都是不可取的。贵族制正符合了各邦国借助其维护本邦利益的企图，各邦并不同意主权统一在一个君主手中，若采取贵族制，权力将会集中在强邦和选帝侯集团手中。贵族制下，宗教信仰自由无法保证，宗教事务分裂，势必会导致帝国的混乱与分裂，根本无法有效领导帝国，亦会导致皇帝和弱邦的反对。鉴于此，在《德意志帝国宪制》中，普芬道夫基于帝国的发展进程及当前混乱的状况，试图将主权理论与帝国结合起来，在帝国中采用具有统一主权的现代国家政体。在帝国宪制的设计中，通过分析各政体的适用性，普芬道夫为帝国筹划了新的形态——国家体系。在该政体中，各邦国权力不变，共同拥护一位君主。君主作为纽带联结政体各异的各邦。君主虽是虚职，但作为国家的代表，也是维系现有政治平衡的最重要因素。

国家体系不同于传统的国家联盟，联盟中各国没有共同的主权，无法为了公共利益而限制自己的权力。联盟的协议只是短暂的合作而非永久的联合，亦没有强制力的约束，各国可依据国家理性决定本国的行为。普芬道夫试图从道德角度出发，明确国家体系的正当性及其实行的方式。他认为建立国家体系以更好地维护公共安全为目的，如同自然状态下人类建立国家一般，单个国家没有足够的能力抵御其他国家的侵略，所以需要联合他国以保卫自己。各成员国为了安全而同意组成联合，交出部分权力，而要行使这部分主权须取得全体成员的同意，诸如发动对外战争、对外缔结和约等权力的实行。各成员国只可保留不侵犯其他成员国利益的部分主权。但是在商议公共事务时，少数服从多数原则则不适用于国家体系，因为在国家体系中各成员国以自我保存为最高决断原则，这就决定了其无法接受服从他国的决定；另外，各国如何决定属于其自由，是在契约规定下的合理自由，无人可干涉。

在普芬道夫看来，所谓各邦国的平等只是平等的自我保存、不受他国利益干涉的法权平等，而不是国家状况、政治制度等相同或相似的实际平等。在国家之间并没有上位者的约束，国与国之间的关系依旧是自然状态间的关系。各邦国在契约中的地位是平等的，各邦国对帝国的义务是相同的。这表现在维护国家统一及拥护主权上，各邦国在经济上互相助益，在军事上共同维护帝国安全，面对外敌侵略时一致对外。在帝国议会中，各邦国具有同等的投票权重，各邦国需要上交一部分主权给帝国议会，外交、军事等主权由议会行使。而议会负责保证各邦国利益一致，不能侵犯某一邦国的利益。对此，即便承认各邦国的法权平等，但是无法避免各邦国在实质上不平等的事实。

政治平等实为苛刻的不现实的平等，不仅不会实现真正的平等，反而会削弱其价值。例如选帝侯集团在帝国中无论是在政治上、经济上还是在军事上都占有极大的优势，起着主导作用，只有选帝侯集团具有候选皇帝的资格；弱邦受到强邦的威胁，且很多弱邦需要依靠强邦生存、依赖强邦的军事帮助等。在投票权上，强邦具有决定权，部分弱邦没有投票权，且即便弱邦在票数上占多数，但是得不到强邦的支持，通过的政策也无法顺利实施。普芬道夫认为，虽然确立了法权平等，但是强邦主导帝国的事实不会被改变。只有达成一项契约，在确立了法权平等的情况下承认各邦国的实质上不平等，在保障各邦国政治、宗教等平等的前提下，同意强邦在某些事务上可以被赋予更大的权力，如外交、军事等方面，这样才能既保证各邦国的基本权力，又能调动强邦在外交、军事等方面的积极性。

3. 实现一致对外战线的构想

虽然承认了实质上不平等的事实，但此政体理论依然无法获得各邦国的认同，各邦国仍不愿意为了帝国的公共利益而牺牲自己的利益。鉴于外国势力的干涉是阻碍帝国宪制的重要因素，普芬道夫试图从各邦国的权力划分上入手，用法权观念调整其矛盾，以此来建立统一的军事联盟，从而提高帝国的军事力量以抵御外侮。

普芬道夫将神圣罗马帝国与荷兰、瑞士的政体都归为国家体系，后两国的国家体系相对于神圣罗马帝国来说更为稳定与健全。通过对比三国的情况，他总结出荷兰、瑞士两国的共同特点，得出了两国较之帝国政体更完善的原因在于宗教政策、共同意识及国家实力等方面。普芬道夫通过借鉴荷兰、瑞士两国在以上三方面的做法，认为拥有良好政体及具有强大军事实力，是帝国所不可或缺又极为需要的。在宗教领域，荷兰、瑞士两国既奉行宽容政策又支持主导的宗教派别的做法，刚好符合普芬道夫的想法。他认为个人的宗教信仰自由必须被尊重，但是国家有权对民众思想加以干预与引导。荷兰、瑞士两国在国家共同意识方面具有一致对外的民族共识，联盟条约也具备永久性联合契约的特征。

行使主权之一的战争权时，往往会通过各邦国投票表决的方式决定，但相比于强邦，弱邦在该方面并无话语权。同时，整个帝国的军事，倘若仅由一个强邦承担，也是不现实的，故而在维护共同利益的前提下，联合强邦并使其交出自身一定的军事力量，以此让帝国将这些军事力量集合起来进行统一管理，这样才能更好地抵制外敌。然而由于利益的冲突和难以达成军事共识，各邦国在某些时候并不愿意将自身的军事力量交出。为了解决这一问题，普芬道夫将统一战线的理论依据提供给了帝国。同时，道德哲学也被纳入国家理性的范畴，他对慎战思想进行了阐述，即在发起战争时，首先要考虑后果，且应当积极探求和平解决的方法。当战争无法避免，那么对于邻国的行动战略则要极力了解，并要对国家关系予以精心维护，谨慎订立盟约。以当时的局势来说，普芬道夫并不是试图对战争进行限制，而是在努力构建正当化的军事联盟。而这与当时德意志的作战共识是相一致的：通过以神圣罗马帝国为核心，构建反抗法国威胁的军事同盟。

宗教在帝国中占据着重要地位，普芬道夫尤其重视宗教问题，主要原因有两个方面：第一，在他的理论体系中，基督教的地位不容被忽视。无论是在对自然法和国家理论进行建构的过程中，还是在自然状态或政治状态中，对个人、社会或是国家而言，宗教都起着重要的作用。第二，在帝国宪制的发展中，宗教是重要的影响因素。宗教改革前，天主教教会在帝国中有极其重要的影响力，其拥有的权力甚至与国王和贵族相当。同时，在改革宗教时，新教为各邦国的权力加强起到了积极的作用。在这样的背景下，皇帝的权威便会遭到一定的削弱。当时，天主教和新教已基本确定了各自的势力范围，但是在公共政策当中，宗教宽容并没有能够作为普遍原则得以实现。除了天主教对新教的迫害，新教内部同样存在着矛盾及信仰不宽容。由于两教之间的教众及统治者存在冲突，试图通过一套普遍适用的宗教观调和天主教和新教矛盾的途径也未能达成，若以武力干涉个人信仰，强迫信仰统一，在当时是不正义、不合法的行为。

普芬道夫提出，宗教信仰属于个人信仰，国家不得肆意干涉，但对于涉及国家安全的宗教事务，国家有权介入。在国家体系中，各邦国在上交主权时，仅会上交有关公共安全的部分，其余主权会予以保留。而基于帝国权力划分的影响，普芬道夫看到，为了能够让各邦国突破合约的限制，可通过分散权力的方式，因此在实行宗教政策时，便更加宽容。同时，他还把宗教事务分成了两个部分：一是与公共安全相关的宗教行为，二是单纯的个人信仰。并且，他还对这两者赋予法权。

对个人利益进行维护并不是普芬道夫倡导宗教宽容的主要目的，而是基于对信仰自由的利用，对法国的威胁进行抵御。在其《自然法与国际法》中，他要求人们无论如何都要服从统治者而不能反抗。而当时法国国王利用宗教统一的名义对他国进行侵略及迫害，"由于用武力强迫臣民信奉某一宗教是最不正义的，所以被强迫的人们可以正当地用武力保卫自己的宗教"①。于是，普芬道夫在其著作中论证了人们可以动用武力反抗统治者的

①［德］萨缪尔·普芬道夫著，俞沂暄译：《就公民社会论宗教的本质与特性》，上海三联书店2013年版，第119页。

强权，以保卫自己的宗教。在有效结合主权者的义务和信仰自由观念的基础上，他将一种伦理上的品质赋予国家。这样，当帝国参与战争时，他们便是为自由而战，而非为某种宗教教义而战。因此，在该种中立化的论述中，不管是信奉什么教的国家，都可以团结起来一致抗敌。

普芬道夫为神圣罗马帝国设计的正常国家形态便是如此，它仍被称为帝国，皇帝仍作为国家首脑，各邦国依据契约保留部分主权，其余主权交予帝国议会行使。为了维护内部稳定与外部安全，在承认政治不平等的同时，需要协调军事法权与宗教宽容，试图建立统一对外的军事联盟。为防止帝国在剧烈的转型中出现动荡，于是只在现有的政治框架下适当进行内部结构的调整。有人说，普芬道夫设计的德意志国家虽然表面上是帝国，但其实质上是一个政治联合体。由于帝国内部的极端复杂性，也为了邦国利益不受损，普芬道夫对皇权与邦权的划分并不彻底，造成了矛盾的主权归属，这是其帝国宪制设计的局限性，也意味着帝国的现代转型之路注定十分曲折。

三、普芬道夫的国家治理思想的特点及历史影响

普芬道夫基于自然法思想，提出其建国理论，并依据自然法义务理论，从德国统一的愿望出发，提出实现永久和平、建构国家内部治理及国际秩序的思想。他对帝国宪制进行理想化设计，为神圣罗马帝国向现代国家转型并实现和平统一提供了思路，为当时欧洲各国及其后世界各国在不同层面建构秩序提供了路径。

（一）普芬道夫的国家治理思想的特点

普芬道夫的思想一直受人诟病，有些人认为他缺乏原创性且没有特别杰出的论著，其自然法思想是格劳秀斯和霍布斯思想的结合物。但无论如何，普芬道夫对自然法的贡献是毋庸置疑的，他创造性地使自然法摆脱了神性的束缚，获得了独立的地位且成为科学的体系，并通过二重契约论提出了国家

建构理论。在其他政治思想家注重研究自然权利的时候，普芬道夫便巧妙地对自然法义务展开了研究，后者是其自然法思想中独具特色的部分，他的自然法理论对后世政治秩序的建构产生了积极的影响。普芬道夫在对自然法及国家理论进行构建时，试图为德国统一提出理论基础。并且，他认为真正的自然法，最适宜根植于民族国家的基础之上。因此从某种程度上来说，其政治思想理论具有超现实性。

（二）普芬道夫的国家治理思想的历史影响

作为17世纪德国著名的法学家和德国古典自然法学派的代表人物，普芬道夫的思想和著作对德国和世界法学产生了巨大影响，其著作被多次再版，并被译成多国文字。普芬道夫曾因其思想中的折中主义、缺乏原创性而被看作是二流的政治思想家，不过，也许正因其糅合各家思想，普芬道夫引起了18世纪政治家、法律思想家的关注。洛克、休谟、卢梭以及亚当·斯密等人均在一定程度上受其影响。在德国法哲学的最初历史形态中，自然法的精神突出了人性或人自然本性的重要地位。法哲学的上述精神对其他社会科学、文化思想的发展影响很大。因此，普芬道夫既是近代古典自然法思想的先驱和奠基人，更是德国法哲学的真正开创者。

17、18世纪，随着基督教的分裂和近代国家的出现，自然法具有了新的作用，主旨在于为道德生活发现一种与基督教信条不相矛盾，对各教派信仰持中立态度的基础。在人类的认知力量能否以及在何种程度上引导现实世界的生活的辩论中，形成了由霍布斯和普芬道夫领衔的唯意志论。在霍布斯看来，人类有一种最低限度的自然法，其规定了理性的利己规则；普芬道夫对他的理论予以补充，认为人还有一种天然的社会交往能力。普芬道夫新自然法思想在一定程度上为英属北美殖民地人民反压迫的独立斗争提供了理论支持。殖民地人民深受欧洲自然法思想的影响，尤其是自然权利、平等自由等思想。普芬道夫的《自然法与国际法》一书在苏格兰和北美殖民地的大学中被用作课本。约翰·瓦斯是普芬道夫思想的追随者，是反英国殖民统治的先锋人物。瓦斯继承了普芬道夫理论中人的自然平等观点，认为人与人之间是平等的，每个人都应该平等地对待他人。在普芬道夫思想的基础上，瓦斯论述了关于奴隶的学说。他认为只有经过契约才能产生权威与服从关系，在没有契约的前提下，一个人不应被其他人奴役。在国家理论方面，瓦斯在普芬道夫的基础上论述了国家的目的不仅是自我保存，还在于促进人与人之间的自由和谐、幸福生活。这些思想契合了殖民地人民反殖民的需求，提高了他们的斗争热情。在《独立宣言》的起草过程中，部分成员都以普芬道夫的思想作为自己的理论支持。可见，普芬道夫的自然法理论具有重要的影响。

普芬道夫除了重点强调自然法的义务理论，还创造性地结合了政治秩序，这为国家的运转、现代政治的发展都提供了充分的基础保障。普芬道夫的国家治理思想不仅在当时产生了重要影响，其影响力也持续到了今天。他说，任何国家无论大小、实力强弱，其身份地位都是平等的。当今的国际协议中，有关于国家争端的解决方案，总少不了协商、仲裁等和平的方式，这些普芬道夫在很早便已提出来了，至今仍被视为合理的方案。

第七章　以激进和自由为核心的理性治理思想

18世纪的法国，随着资本主义工商业的迅猛发展，经济结构发生巨变，由此带来社会阶层的新变化，代表资产阶级不同阶层的启蒙运动在法国蓬勃开展。新思想企图借助科学力量批判神学，用人权反对专制，以维护新型资本主义开花结果。以洛克、孟德斯鸠和卢梭等为代表的启蒙思想家不仅继承了笛卡尔以来的自然科学成果，而且传承了文艺复兴时期人文主义者的批判精神。在思想家们以谨慎态度为国家治理出谋划策的过程中，理性主义通过自然法思想得到了充分展示。他们与先前荷兰、英国的资产阶级学者相比，向封建专制、神学教会进攻时更具有深刻性和批判性，在传播资产阶级的人权和民主思想的运动中成为主流。

第一节　洛克的有限政府治理观

约翰·洛克是英国著名的哲学家、启蒙思想家，被誉为西方"自由主义之父"。《政府论》是洛克的代表作。洛克在上篇中驳斥了当时英国居统治地位的君权神授和王位世袭的观点，在下篇中阐述了人民的自然权利和天赋自由、国家和政府的起源等重要问题。洛克的有限政府治理观，对英国和其他国家的资产阶级革命产生了深远的影响。

一、洛克的生平及思想渊源

洛克（1632—1704）出身于英国的一个清教徒家庭，从小接受英国传统文化的熏陶。他曾在牛津大学就读并任教，见证了英国资产阶级和清教徒之间激烈的政治斗争，而后开始研究相关的社会问题。后来，洛克遇到了影响其一生的沙夫茨伯里伯爵，开始广泛参与英国的政治实践和斗争。洛克受过良好的教育，有着丰富的政治实践经验，广泛地阅读政治学相关著作，这些都成为洛克国家治理思想的重要来源。

（一）洛克的生平及著作

1632年，洛克出生于英国。1647年，洛克就读于伦敦威斯敏斯特中学，后进入牛津大学基督会学院学习。1656年，洛克获得牛津大学学士学位。1658年，在获得牛津大学硕士学位之后，洛克开始留校任教。

1660年，在牛津大学任教的洛克经历了英国国内激烈的政治斗争，开始研究相关的社会问题。1664年，洛克写成《论自然法》，但是该书并未出版。1667年，洛克到沙夫茨伯里伯爵家中担任私人秘书和医学顾问。之后的15年里，他在伯爵手下任职，和伯爵交往密切。沙夫茨伯里伯爵是君主立宪制坚定的捍卫者，在复辟时期，他坚决反对信仰天主教的詹姆斯二世继承王位。同时，沙夫茨伯里伯爵是辉格党的创始人。因为洛克与沙夫茨伯里伯爵关系十分密切，所以洛克也被看作辉格党的哲学家。洛克与伯爵经常在一起探讨政治问题，洛克的政治思想在很大程度上受其影响。

1681年，洛克参与了沙夫茨伯里伯爵反对天主教徒约克公爵的斗争，结果失败。1684年，洛克随沙夫茨伯里伯爵逃往荷兰。在荷兰，洛克构思了他的哲学著作《人类理解论》。流亡期间，洛克与各派学者进行了广泛交流，积极参加反对英王专制的活动。1688年"光荣革命"后，洛克重获自由，他随威廉王妃，即后来的女王玛丽二世同船回到英国。此后，他担任了新政府的法官和议长等一系列职务。洛克晚年辞去公职，回归故里，专心创作，直至1704年去世。

在"光荣革命"胜利的鼓舞下，洛克发表了《论宗教宽容》、《政府论》和《人类理解论》等重要著作，建立起政治、哲学、宗教、伦理的庞大知识体系。《政府论》是洛克最有代表性的著作，被公认为现代政府理论的奠基之作。洛克在上篇中运用明确清晰的逻辑，反驳了罗伯特·菲尔麦关于"父权是统治权"的论证逻辑，有力地否定了君权神授学说，扫清了论证政治权威世俗起源的理论障碍。洛克在下篇中全面阐述了人民主权理论，具有重要的理论价值。他采用了与霍布斯类似的社会契约论的方法，以个人主义作为逻辑起点，最终得出有限政府治理观。

（二）洛克的思想渊源

洛克出身于17世纪英国传统的清教徒家庭，跟随沙夫茨伯里伯爵参与了许多英国政治斗争，经历了英国革命的全过程。不难发现，洛克的思想主要来自三个方面：丰富的政治经验、英国政治文化传统、霍布斯的政治遗产。

1. 丰富的政治经验

洛克作为沙夫茨伯里伯爵的重要幕僚，参与了很多英国现实的政治斗争与实践。在这个过程中，洛克与伯爵频繁地讨论政治事务，伯爵也让洛克研究重大的政治问题。伯爵向洛克透露最秘密的谈判，在适合公之于众的国家问题上，让洛克代笔来鼓舞国民的士气。在沙夫茨伯里伯爵的影响下，洛克阅读了大量有关政治权力和政治发展方面的文献，为其后来国家治理思想的形成奠定了重要基础。洛克不仅为沙夫茨伯里伯爵出谋划策，还参与伯爵策划的一系列政治行动。正因为如此，洛克的国家治理思想具有很强的实践色彩。

2. 英国政治文化传统

洛克的国家治理思想离不开英国政治文化传统的影响。英国政治文化有两大传统：法治传统和分权传统。英国自诺曼征服以来，一直有强化法律意识的传统，诺曼人把陪审团制度引入英国，使英国基层民众可以捍卫自己的正当利益。洛克的父亲是一名律师，在法律上对洛克的指导也很多。洛克一直重视法律的作用，致力于把权利纳入法律之中，利用法律来保护自由。关于分权传统，英国分权既有实践基础，又有理论基础。从实践上看，自13世纪英国就开始出现议会制度。洛克认为议会所掌握的立法权是国家最高权力，他尤其重视议会在民主政体中发挥的现实作用。从理论上看，英国的分权思想一直是存在的。从1556年约翰·波内特提出君主制下建立混合政体，到1659年哈林顿明确表述并发展了权力分立学说，其间，无数的学者发展和丰富了英国的分权治理思想，这些都为洛克的分权治理理论提供了充足的养分。

3. 霍布斯的政治遗产

洛克的国家治理思想深受霍布斯理论的影响，洛克曾在笔记中表示自己读了霍布斯论述关于主权者权力的《论公民》和《利维坦》后感到非常满意。洛克政治理论的哲学基础亦受到霍布斯的影响。霍布斯的唯物主义哲学是洛克经验主义认识论的基础。洛克同样关注霍布斯关心的问题，他们都对探讨政治服从感兴趣，两人都没有把服从看作既定事实，而把它视为有待理论加以说明的东西。洛克继承和吸收了霍布斯的一些基本观点，从霍布斯的《利维坦》和洛克的《政府论》可见，关于国家和政府的产生原因、公民自由等方面的论述有异曲同工之妙。

二、洛克的国家治理思想的主要内容

洛克认为，人们为了克服自然状态下的缺陷，自愿放弃享有的执行权和惩罚权，相互签订契约，从而形成了政府和国家。洛克深刻地批判了父权论，宣扬自然权利，认为人民拥有生命权、自由权和财产权。在洛克看来，政府的本质是具有立法权、执行权和对外权的政治共同体。设立政府的目的就是保护人民的合法权利。政府应该依法行政，分权治理国家，拒绝不作为和贪腐。如果政府不能保障人民的合法权利，人民有推翻暴政、组建合适政府的自由。

（一）政府的起源和本质

洛克认为，在国家出现以前，人类以一种自然的状态生存着，享有天然的自由，能根据自己的意愿支配自身和财产，每个人都是平等的，不受他人支配。在这种状态下，任何人都不享有多于其他人的权利，任何人都可以根据自己认为合适的想法采取行动与处理财物。但即使在如此完备的自然状态下，仍有许多不方便的地方。由于没有明文规定的法律，缺少公正的裁判者和执行者，人们容易因为对自然法认识不足和对自己利益的偏私而侵犯他人的合法利益。于是，为了更好地保护自己和他人，人们相互签订契约，放弃自己享有的执行权和惩罚权，把这些权利交给大家指定的人，并遵从社会全体成员或其代表所制定的规则，所有人联合起来组成社会和国家，以保障自己的生命、自由和财产不受侵犯，这就是政府和国家的起源。

洛克指出，国家这一共同体的建立者实际上是一些能够服从大多数人决定的自由人。为了使这个共同体成为一个有较大力量的整体，大多数人有必要替其余人作出决定，每个人都要服从大多数人的决定。如果机械地认为只有每一个人都同意才能算是全体行为，大家才肯服从，那么这个共同体可能什么都做不了。因为总有些人由于某些原因不能出席公共集会参与讨论，总有些人由于利害冲突而提出不同意见，每个人都同意这种理想的状态是无法做到的。所以，为了使共同体有效地运转起来，洛克指出："凡是脱离自然状态而联合成为一个共同体的人们，必须被认为他们把联合成共同体这一目的所必需的一切权力都交给这个共同体的大多数。"[1]只有当人们把权力交给

---

① ［英］洛克著，叶启芳、瞿菊农译：《政府论》下篇，商务印书馆1964年版，第61页。

共同体，少数服从多数，才能建立起有效的政府。正如洛克所说的，"开始组织并实际组成任何政治社会的，不过是一些能够服从大多数而进行结合并组成这种社会的自由人的同意。这样，而且只有这样，才曾或才能创立世界上任何合法的政府"①。

洛克认为，政府实际上是拥有政治权利的共同体。政府的合法性来源于人民的同意，政府的政治权利来源于人民的委托。他认为"政治权力就是为了规定和保护财产而制定法律的权利，判处死刑和一切较轻处分的权利，以及使用共同体的力量来执行这些法律和保卫国家不受外来侵害的权利"②。因此，政府的本质是具有立法权、执行权和对外权的政治共同体。

（二）批判父权论和宣扬自然权利理论

罗伯特·菲尔麦宣扬人们生来就隶属于父母的父权论。君主拥有绝对的"王权"，支配着世间一切财富和臣民，没有人是生而自由的，人从一出生就是奴隶，直到丧失生命。洛克在《政府论》里对此进行了深刻的批判。洛克称菲尔麦的观点不过是一根用沙粒做成的绳子，它对于专门以谣言惑众为能事的人也许有用，可以蒙蔽人们的眼睛，更易于引领他们走入迷途，但是对于那些明眼人和具有充分见识、懂得锁链这个东西（不管经过多么精心的锉磨，仍不过是一种恶劣的披戴物）的人们来说，却不具有任何力量使他们束手就擒。洛克在书中对父权、王权、父亲身份和谁来继承等问题进行了大量论述，他认为亚当作为人类的祖先对其后代享有一定的权利，但这种权利不是政治上的统辖权。况且人们也无法根据自然法和上帝的明文法来确定谁是亚当的合法继承人，因此，无法确定英王就是亚当的继承人，享有对英国的合法统治权。

---

① ［英］洛克著，叶启芳、瞿菊农译：《政府论》下篇，商务印书馆1964年版，第61页。

② ［英］洛克著，叶启芳、瞿菊农译：《政府论》下篇，商务印书馆1964年版，第2页。

洛克在《政府论》下篇里全面阐释了自然权利理论。他认为，在自然状态下，人人生而平等，都拥有相同数量的权利。这些自然权利主要包括生命权、自由权和财产权，这些权利在政治社会出现之前已经存在了。洛克从自然权利理论出发，构建其有限政府治理观。自然权利理论在洛克政治哲学中的地位不言而喻。

1. 生命权是人类的天赋权利

洛克认为就自然理性来说，人类一出生即享有生存权利。人出生以后，大自然就赋予了他生存的权利，每个人都有自我保存的本能。人类出生以后可以享用各种自然物品，包括各种肉食和饮料；可以通过劳动把自己的人格加在自然之物上，把公有物品变成自己的私有物品，以维持自己的生存。洛克认为，每个人出生以后，不但享有用各种自然物品填饱肚子的权利，而且拥有学习各种自我保护技能的权利。人类依照本能来躲避自然界各种潜在的危害，以保护自己的肉体不受外来伤害，使生命得以延续下去。正如洛克所说：凡能主宰自己和自己生命的人也享有设法保护生命的权利。生命权是人类重要的天赋权利，是大自然给予每个人不可剥夺的自然权利。人类一旦失去了生命权，其他权利也将不复存在。

2. 自由权是人类的保留权利

人们在签订契约、让渡权利的过程中，并没有让渡个人的自由权，自由权被保留下来。自由有自然自由和社会自由两类。人们在自然法下拥有的自由，被称为自然自由；在社会上遵守所制定的法律的自由，被称为社会自由。洛克认为的自由权是在社会法律许可的范围内，人们可以自由地支配自己的行为和财富。洛克指出，法的根本向度是自由。关于自由的论证，洛克的观点是"没有法律就没有自由"。只有每个人都遵守法律才有自由，法律的出现没有限制自由，反而扩大了自由。如果没有法律规定，那么人们就只受自然法约束，可以按照自己的意志去行事，即具有自然自由。自然自由和社会自由都是人类自保的必要手段。一旦失去它们，人的生命亦会丧失保障。正因为如此，在订立契约的时候，人们不能把自由权让渡出去。

3. 财产权是人类的基本权利

除了生命权、自由权，人类的其他自然权利都是以财产权为基础建立起来的。洛克认为，生命权的重要体现是保护自己的财产不受侵犯，自由权是能随心所欲地支配自己的财产，政府应当保护个人的财产。所以，他指出，任何形式的政府只要保障自然权利，尤其财产权，就是有正当性的政府。公有财产权是自然和上帝给予人类的。就上帝的启示来说，上帝把自然物品给予人类共有，个人通过劳动，使自己的人格加之在自然物上，就获得了占有该物品的私有财产权。正如洛克在书中写道："只要他使任何东西脱离自然所提供的和那个东西所处的状态，他就已经掺进他的劳动，在这上面参加他自己所有的某些东西，因而使它成为他的财产。"[①]人们可以通过劳动，把公有的东西变成私有，所以劳动被看作是财产私有的根源。"劳动使它们同公共的东西有所区别，劳动在万物之母的自然所已完成的作业上面加上一些东西，这样它们就成为他的私有的权利了。"[②]这就如同，本来长在苹果树上的果实是大家所公有的，但是谁去采集它，在上面加入自己的劳动，就能把公有的果实变为他个人的所有物。再如，野兔是公有的，但猎人杀死的野兔是归他所有的，这是显而易见的，不必经过大家同意，否则人们会因为无法占有食物而饿死。

洛克的财产学说实际上差不多是他政治学说中最核心的部分，当然也是最具特色的部分。在他之前的学者，关于私有财产起源的讨论大多以先占有为原则。但是洛克将劳动视作私有财产的起源，他认为人们通过自己的劳动，把个人人格扩展至它所生产的物品。通过把自己的内在能量消耗在这些物品上，把它们变成自身的一部分，这是洛克财产学说极具特色的观点。

[①] ［英］洛克著，叶启芳、瞿菊农译：《政府论》下篇，商务印书馆1964年版，第18页。

[②] ［英］洛克著，叶启芳、瞿菊农译：《政府论》下篇，商务印书馆1964年版，第18—19页。

（三）人民的自由和国家的义务

洛克认为，人们签订契约组成政府，是为了更好地保障自己的生命、自由和财产。洛克指出："人类天生是自由的，历史的实例又证明世界上凡是在和平中创建的政府，都以上述基础为开端，并基于人民的同意而建立的；因此，对于最初建立政府的权利在什么地方，或者当时人类的意见或实践是什么，都很少有怀疑的余地。"[①]洛克始终坚定地认为，自由是高于一切的东西。

1. 自由是不可分割的

洛克认为，自由是无法割让的。人们在签订契约、组建政府时，只交出自己的一部分权利。内容主要包括：第一，个人保护自我财产的权利。交出这项权利就是为了组成一个更加强大的集体，以便更强有力、更好地保护个人财产。第二，违反自然法的惩罚权。即每个人把惩罚违反自然法的行为和个人的权利，统一交由政府在全体范围内执行。洛克始终相信，法律的目的不是取消或限制自由，恰恰相反，法律的目的在于扩大自由度。在洛克看来，如果没有法律，自由亦无从谈起，自由要在法律的框架下进行。换句话说，在法律许可的范围内处置和安排自己的财富和各种行为，这才是自由。洛克还认为，法律适用于所有社会成员，政府制定的法律人人都要遵守，凡是违反法律和不符合理性原则的行为就构成了犯罪，所有违反法律的社会成员都应该受到惩罚。

2. 自由是不受权力约束的

洛克认为自由与生命紧密联系在一起，任何人都不能无故丧失自由，不能置身于别人的绝对权力之下。丧失自由就意味着丧失自卫的能力，任人宰割。正如他在书中写道："这种不受绝对的、任意的权力约束的自由，对于

---

① ［英］洛克著，叶启芳、瞿菊农译：《政府论》下篇，商务印书馆1964年版，第64页。

一个人的自我保卫是如此必要和有密切联系，以致他不能丧失它，除非连他的自卫手段和生命都一起丧失。因为一个人既然没有创造自己生命的能力，就不能用契约或通过同意把自己交由任何人奴役，或置身于别人的绝对的、任意的权力之下，任其夺去生命。"①正因为自由与生命紧密相连，失去了自由，无疑就等于失去了生命。

3. 自由是有不同状态的

人在不同状态下有不同的自由，包括自然状态下的自由、政治社会中的自由以及处在政府下的自由。自然状态下的自由即人的自然自由，自然自由只以自然法为约束；政治社会中的自由指受国家法律限制的自由；处在政府下的自由则以立法机关所制定的"长期有效的规则"为准绳。三种状态下的自由有着相同的本质：自由是人的生命中最重要的组成部分。但是，这三种状态下的自由有重要的区别，例如自由的约束条件不同。在自然状态下，自由受自然法的约束；在政治社会状态下，自由受国家法律的约束；在政府状态下，自由受明文法的约束等。

4. 人民有组建政府的自由

在自然状态下，人人享有天然的自由，能根据自己的意愿支配自身和财产，每个人都拥有平等的权利。但在这样的自然状态下，仍有许多不方便的地方。由于缺少明文规定的法律，没有公正的裁判者和统一的执行者，人们容易因为对自然法认识不足和对自己利益的偏私，而侵犯他人的合法权益。于是，为了更好地保护自己和他人，人们签订契约让渡自己的权利，组成政府进而形成国家。这说明在自然状态下，人们可以自由地根据需要组建政府和国家。

5. 人民有重新选择的自由

洛克认为法治和分权的目的是保障个人权利。当政府违背人民建立它的

---

① ［英］洛克著，叶启芳、瞿菊农译：《政府论》下篇，商务印书馆1964年版，第15页。

初衷时，人民可以推翻政府，并重新进行选择。洛克认为，当君主滥用权力，独断专行，用自己的意志代替法律；当君主擅自用权违背选举法，预先限定选民选择他所指定的人民代表，然后让这些代表按照君主的意志去建立议会和制定法律；当君主只顾享乐，无心问政，懒政不作为；当立法机关变成人民生命、自由和财产的主人或任意处理者时；这些都明显违背了人民建立政府的最初目的，最终都会导致政府解体。洛克认为，在面对暴政或不作为的君主时，人民有推翻政府并重新选择的自由。

洛克认为，国家和政府有义务维护人民的生命、自由、财产的安全，尤其要保护臣民的财产，洛克在书中写道："人们联合成为国家和置身于政府之下的重大的和主要的目的，是保护他们的财产。"[1]社会是通过立法权和执行权来实现上述目的的，自然人将有关权利交给社会而形成立法权和执行权。人们在订立契约组成社会时，把保护自己的权利交给社会，社会就建立了立法权；把惩罚他人的权利交给社会，社会就建立了执行权，这就是立法权和执行权的起源。正如洛克所说："谁握有国家的立法权或最高权力，谁就应该以既定的、向全国人民公布周知的、经常有效的法律，而不是以临时的命令来实行统治；应该由公正无私的法官根据这些法律来裁判纠纷；并且只是对内为了执行这些法律，对外为了防止或索偿外国所造成的损害，以及为了保障社会不受入侵和侵略，才得使用社会的力量。而这一切都没有别的目的，只是为了人民的和平、安全和公众福利。"[2]

（四）依法行政和分权治理

结合英国的具体实践，洛克在吸收和发挥胡克与柯克的传统法治思想后，进一步提出了他的法治思想和分权理论。洛克的法治思想强调依法行

---

① ［英］洛克著，叶启芳、瞿菊农译：《政府论》下篇，商务印书馆1964年版，第77页。

② ［英］洛克著，叶启芳、瞿菊农译：《政府论》下篇，商务印书馆1964年版，第80页。

政，用法律来约束和限制王权。洛克的分权理论强调国家有立法权、执行权和对外权三种权力，实行分权治理国家。

在洛克的政治理论中，人们加入政治社会的目的是接受一个不变的法律的约束，这个目的只能通过建立立法权和行政权来达到。他从英国的政治实践中充分认识到，真正威胁人民生命权、自由权、财产权的恰恰来自政府的侵害，所以政府必须实行法治，必须依法行政。洛克从法治与统治、法治与自由的关系上来阐释自己的法治观念。在法治与统治的关系方面，政府不能根据临时的命令和未定的决议来行政，只能依据正式公布和经常有效的法律来进行统治。这样做可以避免君主因心血来潮或以毫无拘束的意志代替法律行事，进一步规范了政府行为。在法治与自由的关系方面，洛克提出，法律的目的不是废除或限制自由，而是保护和扩大自由。法律的作用应该是指导有智慧的自由人去追求他的正当利益，而不是限制、缩小自由的范围。没有法律就没有真正的自由，自由意味着不受他人的束缚、在法律许可的范围内，自由地处置自己的人身、行为和财产。

洛克认为主权只有一个，就是立法权。设立政治社会的重大目的是和平安全地享受各种财产。制定法律就是为了实现这一目的。在未得到政府机关的许可下，任何人的命令都不具备法律的效力。如果没有立法权，法律就失去了"社会同意"这个绝对条件。可以把任何人的最后服从，都归结于立法权及根据其制定的法律。但洛克又指出它不是最本源的权利，有一定的范围和限制。第一，政府权利来自人民的委托，必须受委托条件的限制，即不能侵害人民的生命、自由和财产。第二，政府应根据颁布的法律进行统治，而不能以临时的专断来统治。立法权不能统揽一切权力，要由有资格的法官来执行司法权和裁判权。第三，立法机关必须依法制定法律，不能把制定法律的权力转让给他人。

执行权和对外权从属于立法权。首先，立法机关是最高权力机关，执行机关是由立法机关建立，并且从属于立法机关。一方面，立法机关有检查和监督执行机关的权力。立法机关可以随时检查执行机关的执法情况，如若需要，立法机关也可以调动或更换执行机关。而另一方面，执行机关也可以约束立法机关。执行机关具有召集和解散立法机关的权力，具有确定立法机关开会期限的权力。关于对外权和立法权的关系，洛克认为，对外权隶属于立法权，立法机关可以检查对外权的执行情况。

以上三种权力都要受到人民的制约，人民一旦发现立法机关和君主滥用权力，违背法律，侵犯人民的权利，就可以行使最高权力来改变立法机关和君主。在这里，洛克已经体现出权力间要相互监督和制衡的思想特点，但并没有对此展开充分论述。

洛克指出，在一个完善的国家里，立法权由一部分人掌握，他们定期召开集会制定法律，使法律成为为公民谋福利的工具；法律制定好后，所有人包括立法者都要受其约束。执行权和对外权则由君主来掌控，分别负责执行法律和处理对外事务。执行权是对社会内部成员执行国内法，对外权是对外处理有关公共安全和利益的事务，两者虽有所区别，但都需要社会力量的支持。两个权力总是联系在一起，从而由不同的人来掌握。如果把国家权力盲目地交给不同的、没有隶属关系的人来掌握，很可能会导致纷乱和灾祸。所以，洛克虽然认为国家有三种权力，但实际上他主张的是三权两立，而不是三权分立。

可以说，洛克提出的分权思想，对法国启蒙运动和美国独立战争的政治斗争与政治思想产生了深刻的影响，对西方国家分权思想的发展作出了重大的贡献。而后经过孟德斯鸠改造后的"分权制衡"理论，更是成为美国立国的重要政治制度架构。包括分权理论在内，洛克的政治理论和思想原则已经成为现代西方国家制度建设和社会运作的重要组成部分，因此，洛克被称为"自由主义之父"。

三、洛克的国家治理思想的性质及历史影响

洛克是英国著名的哲学家和启蒙思想家，他首次从自然权利、私有财

产、法治分权、有限政府等方面阐述了自由主义的基本原则，被称为西方近代自由主义思想的奠基人。洛克在《政府论》中先驳斥了罗伯特·菲尔麦的父权论，而后全面阐述了自己的人民主权理论，就其本质来说，洛克的理论思想是为英国资产阶级服务的，并为资产阶级巩固政权提供了理论依据。

（一）洛克的国家治理思想的性质

洛克在《政府论》中采用"先破后立"的方法，在上篇中驳斥了当时英国居统治地位的君权神授和王位世袭的观点；在下篇中则全面阐述了人民主权理论，通过自然状态、自然权利、社会契约推导出有限政府、人民反抗暴政的权利，是英国光荣革命的先声，对于后世的法国革命、美国革命也都有着深远的影响。[①]

洛克的政府理论围绕着保护公民的基本权利这个核心，提出了法治、分权和制衡等国家治理思想，极大地推动了保护人民基本权利思想的发展，对世界各国发展民主政治、建构有限政府产生了深远的影响。洛克特别重视保护人的自然权利，认为政府存在的目的就是保护人的自然权利，使人的根本利益得到更好的维护和发展。洛克认为，尽管在自然状态下，人们的行为受到自然法的约束，可以使自然权利得到一定的保护，但由于缺乏一个有共识性的法律规范和执行机构，导致人们的自然权利无法得到充分保护。为了克服这种局限性，人们不得不让渡部分自然权利来形成政府，以达到充分保护自然权利的目的。

洛克认为，政府依法行政和分权治理是维护与发展公民利益的重要保障。在专制社会中，君主控制着法律的制定和实施，法律只体现君主的个人意志，法律失去了原本应有的价值，彻底成为维护君主专制统治的工具。在现代法治社会中，法律不仅是国家意志的体现，更是公民多元化价值理念和

---

① 刘立之：《政府和政治权力的理论本质——论洛克〈政府论〉下篇中的政治思想》，《湖南医科大学学报（社会科学版）》2008年第6期。

合理化权利需求的统一。政府依法行政，即通过法律手段制约和规范政府行为，是实现社会治理从人治向法治转变的必然选择，从根本上否定了特权的存在，保证了所有人对法律的服从。并且，洛克进一步意识到权力的过度集中可能会使政府侵犯到公民的基本权利，损害公民的根本利益。因此，洛克提出要分权治理国家，强调权力的分立和制衡。洛克将国家权力分为立法权、执行权和对外权，三种权力相互制衡。可以说，洛克的分权思想是社会政治文明的重大进步，具有很强的预见性和前瞻性，为后面孟德斯鸠三权分立思想的提出打下了坚实的基础。

洛克的政治思想影响深远。但就其本质来说，洛克的国家治理思想就是为当时刚刚登上历史舞台的资产阶级，特别是工商业资产阶级服务的。可以说，洛克的理论思想是英国资产阶级革命和1688年"光荣革命"的产物。洛克所提出的以私人财产为根本的天赋自然权利反映了当时英国新兴资产阶级利益的要求。这些政治思想，如立法权和执行权相分离、法律保障人民自由、有限政府等，为君主立宪制和"光荣革命"后资产阶级巩固政权的斗争提供了理论依据。

（二）洛克的国家治理思想的历史影响

1. 影响法国启蒙思想家

菲利普·李·拉尔夫等人著的《世界文明史》中提出，洛克对法国大革命时期的思想家以及大革命本身产生了巨大影响。法国《人权宣言》就借鉴了洛克的国家治理思想。伏尔泰、孟德斯鸠也高度认可洛克的政治观点。伏尔泰自称是洛克的忠实信徒，孟德斯鸠发展了洛克的分权思想和代议制理论，卢梭则继承了洛克的人民主权理论和财产权的思想。

2. 影响《独立宣言》和美国政治思想家

在世界历史上，很少有政治哲学家像洛克这样影响如此深远。洛克的天赋权利、立宪政府和反抗暴政的思想，不仅是法国革命理论的重要依据，而且也深刻影响了美国的思想界。美国《独立宣言》中的大段文献几乎是《政府论》下篇的翻版。洛克的思想还影响了美国宪法的起草，为宪法通过提供了依据。美国《独立宣言》的核心思想是："我们认为这些真理是不言而喻的：人人生而平等，他们都从他们的造物主那边被赋予了某些不可转让的权利，其中包括生命权、自由权和追求幸福的权利，为了保障这些权利，所以才在人们中间成立政府。而政府的正当权利，则来自被统治者的同意。如果遇有任何一种形式的政府变成是损害这些目的的，那么，人民就有权利来改变它或废除它，以建立新的政府。"这些思想基本上都可以在洛克的书中找到出处。《独立宣言》可以说是美国版通俗化的《政府论》。

3. 影响西方自由主义

洛克首次从自然权利、私有财产、人民同意、法治分权、有限政府等方面系统地阐述了自由主义的基本原则，被称为近代西方自由主义政治哲学思想的奠基人。比起17世纪捍卫议会、反对国王的他们的前人，18世纪的他们可能较少使用基于自然权利或契约的论证。在一个革命时代，他们也越来越有理由避免使用可以被底层转而用来反对他们的语言。但是，他们一致同意某些非常基本的原则，它们正是洛克比其他政治思想家更系统地予以阐述的原则。①洛克的理论比同时代任何伟大的思想家的理论都更具自由主义和个人主义色彩，诺贝尔经济学奖获得者哈耶克就曾在他的自由主义思想史巨著《自由宪章》中，对洛克进行高度评价："约翰·洛克的《再论公民政体》以其经久不息的影响而出类拔萃，以致我们不得不把我们的注意力集中于这部著作上。"②洛克提出的确保个人权利、人民主权、多数统治、国家内部分权、立宪君主制和议会政府的代议制，成功地预见了19世纪和20世纪初民主政府发展的关键，预见到现代国家核心概念的诞生。

洛克不仅是英国著名的哲学家、启蒙思想家，更是英国资产阶级革命的

---

① ［加］艾伦·梅克辛斯·伍德著，曹帅译：《西方政治思想的社会史：自由与财产》，译林出版社2019年版，第284页。

② ［英］弗里德里希·奥古斯特·哈耶克著，杨玉生等译：《自由宪章》，中国社会科学出版社2012年版，第253—254页。

总结者，被人们公认为是英国资产阶级的代言人。洛克的国家治理理论对后世产生了深远的影响，被认为"超越了英国当时的政治解决方法，而体现在美国和法国的政治思想之中，并在18世纪末叶的两次大革命中达到了顶点"[①]。特别是他的天赋人权论、私有财产理论、法治和分权理论，这些都成为近代政府的基本原理。同时，洛克也是首位从自然权利、私有财产、人民同意、有限政府、议会主权等方面系统阐述自由主义基本原理的政治思想家，被誉为"自由主义之父"。

洛克设计的现代国家政体模式，即立宪君主制以及法治、分权、反抗权等有效的运行机制，是其国家治理理论不可分割的重要组成部分，也成为现代国家和政府组织运行的基本原则。与此同时，洛克提倡的个人主义、自由主义、私有制等思想也早已成为西方国家的立身之本。与其他的契约论者类似，个人主义是其理论假设和政治架构的逻辑起点。个人拥有生命权、自由权、财产权等天赋自然权利，国家和政府的起源基于大多数人的同意，其建立的目的就是确保这些自然权利的实现。同时，如果国家和政府因为各种原因不能保护人们的权利时，人们有推翻政府并重新进行选择的权利。可以说，洛克的这些国家治理思想和原则已经融入了现代西方国家的意识形态中，成为维护资本主义制度的理论基石。

第二节　孟德斯鸠的国家治理思想

孟德斯鸠是18世纪法国卓有成就的一名启蒙思想家，他的创新之处在于他曾试图通过自然法理论来向世人阐释国家和法的起源和本质，并在此基础上按照国家的政体划分了三种治理形式，表达了对共和政体的支持。他的

---

① ［美］乔治·萨拜因著，［美］托马斯·索尔森修订，邓正来译：《政治学说史·民族国家（上）》，上海人民出版社2015年版，第288页。

法理理论为西方国家学说和法理学说的发展提供了坚实的理论基础。尤其是《论法的精神》这一著作被看作他的写作生涯中最为成功的一部著作，奠定了西方近代以来法律与政治理论发展的基础。

一、孟德斯鸠的生平及思想渊源

孟德斯鸠出生于法国，是18世纪杰出的启蒙思想家，他凭借优越的家庭条件获得了优良的教育，后来又通过学习与研究撰写了具有跨时代意义的著作。"虽说他没有完全撇开理性的手段——诸如永恒不变的正义的自然法和契约说等，但是他实际上却淡化了契约说，并且提出了一种与不证自明的道德法则颇不相容的社会学相对主义。"①他的国家治理理论为资产阶级国家理论与法理理论奠定了理论基础，不仅帮助了当时新兴资产阶级建立新政权，也对后来的资本主义国家的发展产生了巨大影响。

（一）孟德斯鸠的生平及著作

1689年，孟德斯鸠出身于贵族家庭。他的家族历来饱受皇恩，他的祖辈自16世纪起就先后担任纳瓦拉王国和亨利四世的宫廷总管。得益于优越的家庭条件，再加上天生爱好读书，孟德斯鸠19岁时就凭借过人的才智完成了学业，获得了法学学位，随后便在当地担任法官。1714年，25岁的孟德斯鸠开始担任波尔多法院顾问，在他叔父去世后，他顺利继承了波尔多法院院长的职务。后来由于法国的黑暗统治，孟德斯鸠在担任法院院长时屡屡受挫不得志，他便辞去了从叔父那里继承的职位，带着巨额财富移居巴黎，专心写作和研究。在此期间，他游历了许多欧洲国家。值得一提的是，他花费了两年多时间考察英国的政治制度，这一经历对他政治思想的形成有着巨大

---

① ［美］乔治·萨拜因著，［美］托马斯·索尔森修订，邓正来译：《政治学说史·民族国家（上）》，上海人民出版社2015年版，第303—304页。

的影响。与此同时，孟德斯鸠还认真学习了早期启蒙思想家的著作，其中洛克的著作与思想对他的分权理论产生了巨大的影响。

在一系列的游学与考察的过程中，孟德斯鸠深谙封建统治的腐朽与落寞。1721年出版的《波斯人信札》成为他打开巴黎贵族沙龙之门的"敲门砖"。在1734年出版的《罗马盛衰原因论》一书中，他通过描写古罗马从兴盛到衰败的历程，从而阐明自己的政治主张。1748年出版的《论法的精神》是其耗时20多年时间完成的，也是他生平最为成功的著作，在书中他系统地阐述了国家理论与法学理论。通过对洛克分权思想的研究以及对当时英国宪政的考察，孟德斯鸠提出了更加科学的三权分立学说。他十分重视法律的作用，将法的地位提高到了前所未有的高度。他还提出了政治自由理论，为新兴资产阶级谋求自己的权益提供了可靠的理论支撑。在书中，孟德斯鸠开创性地提出了"地理环境决定论"，认为气候对一国人民的性情与偏好会产生巨大的影响，同时他还通过整体比较法，指出土壤以及领土大小与国家制度也有着极密切的联系。这一理论为后来的学者们研究国家形成提供了新的思路和视角，并不断被实践和反复修正，时至今日仍在学界被广泛应用。

除了在学术上取得了巨大成就，孟德斯鸠还拥有极高的社会地位，他先后成为不同地区的科学院院士以及皇家会员。1755年，孟德斯鸠旅居时可能因感染了当时最流行的热病而与世长辞。启蒙运动的国际主义在孟德斯鸠身上生动地体现出来。他的思想不仅对法国的发展起到了巨大的推进作用，更对资本主义社会的发展起到了引领作用。

（二）孟德斯鸠的思想渊源

孟德斯鸠的社会历史观和政治观的形成离不开他良好的出身环境以及游历多国的经历。他接受过较为正统与全面的教育。大学时期，孟德斯鸠选择攻读法律专业，并顺利获得了学士学位以及硕士学位，毕业后也从事了大量与法律相关的工作。尤其是在议会和法院的工作经历，使得孟德斯鸠对法国整个法律系统的运行情况有了更加深入的了解，他能够切实看到其中的种种弊病，由此深刻地认识到了封建专制主义与专制政体对法律、法理乃至整个国家的毁灭性打击与伤害。因此，孟德斯鸠在1727年离开了自己成长的地方，辞去官职，移居巴黎，后于1728年开始了游历生活。

在他的游历生活中最为重要的两次经历：一是在意大利罗马，二是在英国。在游历罗马期间，孟德斯鸠结交了许多宗教人士，从这些宗教人士口中他得知了罗马教会内部的情况以及中国的一些情况。这使得孟德斯鸠在宗教观上保留了有神论的观点，也影响了他对于当时中国的评价。1729年，孟德斯鸠到达英国，当时英国已经完成了资产阶级革命，建立了相对比较完善的国家体系和社会制度，这对于孟德斯鸠来说是具有无可比拟的吸引力的。孟德斯鸠在游历英国期间不仅参与了许多贵族活动，也在一定程度上涉猎了政界，他切身实地地感受到了英国君主立宪制带来的好处，并将英国的这种制度看作一种理想的政治制度，在其著作中展开了大量的引申和论述。

除了进行社交活动，孟德斯鸠还阅读了大量早期启蒙思想家的著作，尤其对启蒙思想家洛克的思想进行了深入的研究。由于深受英国游学经历的影响，孟德斯鸠在洛克的理论基础上将三权细分为立法权、行政权、司法权，重点强调了行政权的地位。同时，受到英国宪政的启发，他还将分权理论与政治自由理论联系在一起。他认为英国社会能够避免不同阶级的冲突是因为英国政体能够包容异教以及保障公民在政治生活中的自由权利。因此，孟德斯鸠进一步提出政治自由可以作为衡量政体优劣的一项标准。在关于政体的思想上，孟德斯鸠还吸收了柏拉图与亚里士多德的政体思想，提出了将国家政体分为民主政体、君主政体以及专制政体三大类的政体理论。除此之外，代表当时新兴资产阶级的进步学者们，提出的抨击封建专制主义的腐败社会秩序，建构各式各样的新的新兴资产阶级的社会理想，也对孟德斯鸠的思想产生了影响。

二、孟德斯鸠的国家治理思想的主要内容

孟德斯鸠摒弃了封建专制主义的传统，与新兴资产阶级站在统一战线，猛烈抨击封建专制主义。从他的著作中，我们可以看出他对专制政体的无情批判以及对法治国家的美好向往。孟德斯鸠在《论法的精神》中提出，不同政体的国家需要依靠不同的体制运行，而他最厌恶的是依靠统治者的喜怒哀乐来统治的专制政体国家。这样的政体是培养暴君的土壤，是他极力反对的。他最为推崇的是一种以"法理精神"为导向，即统治者制定法律是从本国的人口、气候、地理环境以及宗教风俗出发，并且统治者的权力会受到牵制与约束，也就是他在书中所提到的以三权分立为特征的君主立宪制国家。孟德斯鸠认为，只有严格按照法律来治理国家才能够避免国家与政体走向自我毁灭。

（一）国家治理的价值基础：法的精神

汉语中对"法的精神"有不同的理解方式，在本文中，我们更倾向于将"法的精神"理解为"各类法系的特质"，即法律同政治体制、宗教习俗、地理环境之间以及法律与法律间存在一定的关联，这些关联构成了"法的精神"。

1. 如何理解"法的精神"

在《论法的精神》一书中，孟德斯鸠提出，法从最普遍的意义上说，就是起源于事物天然的必然关联。从这个角度来说，世界上所有的存在物都存在各自的法。各种存在物的运动也存在着固定不变的运动法则，这种运动法则就是"法"，在这里我们可以理解为"规律"。

在论述"法的精神"时，孟德斯鸠通过较为全面的比较方法，告诉人们在探究"法的精神"的实际表现时，应当从一个国家或地区宏观的法律体系及其实施情况出发，而不应从某一项单独的法条出发。孟德斯鸠认为，在认

识法律时要在结合各个国家的自然地理条件、历史发展状况、生活习性等的基础上，从法律的宏观体系出发，联系具体的部门法进行比较才能探究出其本质，也就是我们所说的"法的精神"。除此之外，孟德斯鸠还从法律发展的历史轨迹中去探寻"法的精神"，他告诉人们法律并非一成不变。他在《论法的精神》中系统地描述了法的精神在不同的地区、不同的时代背景下存在着不同的表现方式，但其本质是不变的，那就是法律应当是与每个地区的政体性质、地理环境以及人们的自由程度等一系列条件紧密相关的。通过以上可以得知，孟德斯鸠所指的"法的精神"可以从以下几个方面探寻：

一是法律与国家政体的性质及原则的关系。孟德斯鸠认为法律来源于政体性质及其原则，换言之，就是一个地区的政体性质与原则规定了该地区的法律所服务的对象以及内容，因此在关注法的精神时，他着重论述了政体与法律两者之间的联系。孟德斯鸠将政体分为三种类型，每种类型都有与之相适应的原则。他举例说道：在共和政体下，国家的运行依靠统治者和人民的美德，法律的作用不如公民自身的美德。在专制政体下，统治者依靠自己的意愿进行统治，法律在专制政体中只是用来维护统治者的工具。而只有当一个国家有固定的法律，统治者也必须按照法律来进行统治的时候，才是真正意义上的法治。虽然孟德斯鸠认为共和政体是最理想的政体，但不得不承认君主政体是最现实的政体，他认为君主政体比共和政体多一个显著的优点，那就是君主政体下法律可以最大限度地发挥作用。

二是法律与国家的自然地理环境的关系。孟德斯鸠认为在不同的气候条件下，不同的需求造就了不同的生活方式，不同的生活方式产生了不同的规律。他把气候分为寒冷、温和、炎热三种。他提出，由于寒冷，身体表面的纤维结缔组织收缩，弹性增强，使血液流向心脏。相反，在炎热地区，人们的头发会变得松散，力量和弹力也会减弱。因而在气候较冷地区的人往往拥有更强大的心脏，具有更多的能量，这种能量会带来很多好处，比如自信心的增强、勇气的增强以及更坦率等。如果生活在闷热的环境中，人们在性格上会表现出唯唯诺诺的特点。地形和土壤同气候一样，对人们的精神气质以及国家的发展起到了一定的作用。如果土地资源好，那么这片土地就会养育更多的人口，不管任何时代土地都是国家统治的基础。孟德斯鸠还提到了国家领土面积的大小对国家政体形态的影响：面积小的国家适合实行共和制，中等面积大小的国家适合君主制，地广人多的国家则适合独裁制。孟德斯鸠的这种表述在当今看来或许显得比较死板，但是他给我们展示的是一种从实践出发、实事求是的精神，建议人们在选择政体时需要考虑自然地理环境，包括气候、土地面积等。

三是法律与政治对自由的容忍度以及居民生存习性的关系。孟德斯鸠认为公民的政治自由起源于所有人得以享受安全的念头，是一种心境平和的状态，我们需要建立的政府是在其统治下公民人人能够参与政治、讨论政治。由此可知，不管处于何种政体、何种法律体系之下，保障公民自由是永久的追求。孟德斯鸠还提出，无论是民主政体还是贵族国家，在本质上并不能被称为自由国家，真正的政治自由存在于宽容的国家，而只有当宽容的国家在权力未被滥用的情况下才能享有政治自由。孟德斯鸠以英国为例，阐述了只有让司法权独立于行政权和立法权之外时，才能真正防止公民的生命权与自由权不落到专制权力手中。

2. 人的理性是"法"的基础

孟德斯鸠的法学理论是以人的理性为基础的，在《论法的精神》开篇中他就对此展开了论述。孟德斯鸠把"法"分为自然法、人法、神法。自然法是人们在结成社会之前适用的法，是人们在一种和平的状态下所接受的规律；人法是处理结成社会以后用以调节社会关系的法；神法是处理人与宗教信仰、与神的关系时遵循的法，需要依靠人的主观意识来实行。从时间先后来看，自然法是先于人法存在的，但并不因人法和神法的出现而消失。孟德斯鸠在论述"法的精神"时，是以人性本善为出发点的。他认为自然法能够满足自然状态下人们的需求，但当人们结成社会后，就会因为各种利益问题而不停地产生纷争与摩擦，此时不能仅仅依靠人的简单的理性来解决问题，这个时候需要更加具体和细致的法律来解决人们之间的争端，人法就应运而生了。由此可以看出，法律是人类理性意识到需要主动维护社会秩序而产生的衍生物。孟德斯鸠不仅论述了人类理性在解决社会问题时的局限性，还指出当人们利益不断发生冲突时没有相应的法律来调节或忽略法律的作用，最终会造成社会无序，会威胁到人们的政治自由。

从上述逻辑可以看出，孟德斯鸠肯定了自然法，也就是认同人类理性对于社会有一定的调节作用，并且提出人的理性就是法律的基础，充分考虑到了人在制定法律时的作用。但我们不得不看到自然法是一个非常抽象的概念，它是孟德斯鸠用来论证人法的合理性以及批判神法的一种工具。因此在制定法律时，人的理性因素固然需要考虑，其实更要考虑的是社会的需求以及时代的需要。

3. 法治是划分政体的基本标准

政体的本质区别——对"法的精神"的实现程度。用是否实行法治来划分政体不是孟德斯鸠独创的。在政体的发展历史上柏拉图曾将没有法治的民主政体定义为暴民政体，亚里士多德曾将是否实行法治作为判断不同政体的特征。发展到孟德斯鸠这里，他吸收了柏拉图依照人数和守法情况的划分标准以及亚里士多德按照是否服务于民众的划分标准，再结合当时的社会需要，将公共权力是否遵守法律、受到法律约束作为评判标准。从这里我们可以看出，他对政体的划分重心不在于其形式，而在于该体制在多大程度上符合"法的精神"，以及能否实现政治自由与法治两者的统一。依据这种标准，他进行了以下划分：共和政体、依法律统治的君主国以及不依法律统治的专制国。在《论法的精神》中孟德斯鸠明确将政体划分为共和政体、君主政体、专制政体三种类型。他指出，"共和政体是全体人民或部分人民掌控最高权力的政体；君主政体是一个人以确定不变的法为依据，独立执政的政体；专制政体同样由一个人独立执政，但依据是此人自身的意志和变化多端的情绪，至于法律与规则，都是不存在的"①。并且，"法"不再单纯地是政

---

① ［法］孟德斯鸠著，欧启明译：《论法的精神》，译林出版社2016年版，第9页。

体产生后为维系其生存与发展而颁布的人法，这里的"法"在更大程度上是指"法的精神"，是人类理性的体现。只有当社会在法律的规范下运转，才能最大限度地发挥人的理性。在这样的人类社会里，具有不同文化背景的人们因商业行为汇集到一起，他们能够生活在各自原有的法律之下，并且受各自法律的管辖和审判。①除此之外，孟德斯鸠还强调，真正适用的法律不仅要体现人的理性，更要体现上文我们提到的"法的精神"。他提出只有当法律与各个因素之间达成一定的联系时才能卓有成效地发挥作用。

4. 法治是孟德斯鸠评价政体优劣的标准

在评价一个政体优劣与否的问题上，孟德斯鸠吸收了古希腊学者提出的有无法治作为标准，并参照了洛克的分权思想，进一步细化了标准。他把权力运行是否受法律约束作为划分政体种类和评价政体的基本标准，即他把权力分立的观念融入进了体制各组成部分之间的法律制衡系统之中。具体来说，在这三类政体中，孟德斯鸠最为反对的是专制政体。他在《罗马盛衰原因论》中提到罗马的盛衰原因，即有无公民品德，是否实行共和制，以及从分权的角度阐述权力专断的危险性等，由此可见，孟德斯鸠对于专制政体的排斥。在《论法的精神》中，他更是猛烈地抨击了专制政体。他说："所谓专制政体，便类似于当路易斯安那的野蛮人想要果子时，就从根部砍掉果树，之后采摘。"②他认为专制政体是最野蛮的政体，没有人愿意生活在这种体制之下，统治者应该避免选择这样的专制政体。而且，就算是民主政体，他认为直接民主并不能够完全保障公民的政治自由，直接民主制下人民的权力过于分散，法律难以发挥约束作用，这样会使得权力无限扩张，最终走向"多数人的暴政"。在三类政体中，孟德斯鸠较为赞同的是君主立宪制政体，但是与英国现实中的君主立宪制不同，英国君主立宪制下的君主仅仅是国家

---

① ［英］马克·戈尔迪、［英］罗伯特·沃克勒主编，刘北成等译：《剑桥十八世纪政治思想史》，商务印书馆2017年版，第35页。

② ［法］孟德斯鸠著，欧启明译：《论法的精神》，译林出版社2016年版，第50—51页。

荣誉的代表，没有掌握实权，由人民选举出来的议会才是真正掌握实权的。
而孟德斯鸠认同的君主立宪制最大的特征是君主掌握最高权力，并且君主在行
使实权时必须受到法律的限制。他的君主立宪理论在当时确实为法国的新兴资
产阶级推翻封建统治、谋求自身利益提供了新思路。但是，在这种君主立宪制
下孟德斯鸠过于关注如何维护贵族特权，这是他贵族出身立场的自然表现。

（二）防止权力成为暴力武器的有效途径：实行三权分立

孟德斯鸠认为，世界上的一切国家都有一个相同的目的，即寻求国家的
独立与自我保存。但不同的国家又有其特殊的目的。例如君主专制国家的目
的是寻求君主个人的欢乐。在孟德斯鸠的构想中，理想的政体是以实现人民
的政治自由为宗旨，人民有权利参与讨论政治是最基本的特征。孟德斯鸠提
出，要保证这种政治自由，使得每个公民能够获得安全的心境，应该效仿英
国建立起三权分立的国家。同时他又指出，只有将三种权力交给不同的人或
机构来运行，才能保障国家和公民的政治自由。因为他深刻地意识到，权力
在掌权者的手中很大概率会被滥用。要防止滥用权力，就必须对权力进行明
确的划分和平衡。孟德斯鸠精心设计的保障自由的政治制度便是实行立法、
行政、司法三权分立制衡的机制。

立法权，指的是关于制定、修订以及停止或废除某一法律的权力。孟德
斯鸠认为在自由国家中，公民拥有自己管理自己的权利，也就是一种政治自
由的权利。按照这种思路，立法权应由公民共同享有。但是，这在现实中缺
乏可操作性，人民只能通过自己选出的代表行使立法权。立法机关实行两院
制，其他公民在选举立法机关代表时都应享有投票权。另外，民众选举代表
组成众议院，贵族团体则组成贵族院。两者有各自不同的利益与立场，因此
它们应有不同的立法机构。贵族团体是世袭的，为了与民众代表众议院保持
平衡，它在立法上只有反对权却并不享有创制权，从而防止一方侵害另一方
的利益。

行政权，指的是各个执行立法机关意志的机关所行使的权力。行政权应

掌握在国王手中。因为行政部门通常需要迅速行动，所以由一个人管理比由几个人管理更为优越。如果由一个团体行使行政权，就会议而不决，办事拖延，贻误时机。国王享有行政权，他可以否决立法，但自己无权立法；行政权受立法机关审查和监督，但不受其控制。立法机关应根据国王的要求召开会议。

司法权，指的是裁决罪犯和公民诉讼的权力，相对于其他两项权力而言，它具有更多的独立性。它不受君主左右，仅凭法官和评审员行使。世家贵族出身的孟德斯鸠在司法上也考虑到了贵族特权。他说，由来自平民的法官审判贵族，其判决肯定对贵族不利，因此，贵族们不应到普通法庭而应到由贵族组成的国会的贵族院中接受审讯。孟德斯鸠主张审判过程公开透明，被告人应有辩护权；审判时由几个法官共同审议，少数服从多数。对已作出的判决，人们不服的，可以有权上诉。

在孟德斯鸠看来，以上三权之间相互分立、制衡和约束，是防止产生独断专横以及防止出现权力滥用情况的根本途径。如不实行三权分立，便会对政治自由造成巨大的伤害。他在书中说道："若由一个人或一个机构掌控立法权与行政权，就会失去自由。因为会有这样一种担忧，君主或是议会有可能制定一些残暴的法律，并残暴地付诸实行。"[1]他还指出："若司法权和立法权合二为一，法官就成了立法者，公民的生命与自由就落到了专制权力手中。若司法权和行政权合二为一，法官就获得了压迫者的力量。"[2]在真正拥有政治自由的国家里并不存在绝对的权力集中，相反，三种权力会相对分离，交由不同的人或机构行使，从而达到权力间的相互制约。

（三）国家治理的终极目标：实现公民政治自由

政治自由是孟德斯鸠永恒追求的目标。在《论法的精神》中，孟德斯鸠

---

① ［法］孟德斯鸠著，欧启明译：《论法的精神》，译林出版社2016年版，第132页。
② ［法］孟德斯鸠著，欧启明译：《论法的精神》，译林出版社2016年版，第132页。

将自由分为哲学上的自由和政治上的自由。"自由从哲学上说，便是执行自身意志，或最低限度（若要从全部体系出发），觉得自己在执行自身意志。政治自由即处在安全中，或最低限度觉得自己处在安全中。"①同时，孟德斯鸠将人民的自由与人民的权利进行了区分。他提出，在共和政体中人民的权利与人民的自由的界限是模糊的，因为在民主国家里，人民想做什么就可以做什么。但他又指出，政治上的自由并不是想做什么就做什么，在法治国家里，自由是人们可以做法律规定的事，不会被强迫去做他不想做的事。

1. 作为评价政治制度标准的自由

自由是孟德斯鸠用以评价政治制度的基本价值，他认为自由是符合人理性的天赋的权利。他把自由分为两类：一是哲学上的自由，即思想自由；二是政治自由，即在一定的制度条件下人民对于政治生活的参与度。孟德斯鸠在其著作中着重探讨了政治自由，他对政治自由进行了划分：一是政治自由与政体的关系，即不管何种政体都应该保证公民享有基本自由，如财产自由、人身自由、言论出版自由等；二是政治自由与公民的关系，即公民内心能感到自我处于安全状态的一种心境，这种心境上的自由源自在某一政府统治下公民之间保持和谐的关系，不会产生畏惧心理。这种情况下政治自由的关键在于人民有安全感，或者人民认为自己有安全感。这两个方面的本质是一样的，即国家与政府通过制定和实施法律使遵守法律的公民保持安稳的心境，对于不遵守法律的人进行惩治以维护社会稳定，这就是政治自由的内涵。孟德斯鸠认为，政治自由并不代表着人们可以不受任何约束尤其是法律的约束，相反，只有在法律约束的范围内行使自己的权力才是真正的政治自由。孟德斯鸠在《论法的精神》中提道："自由是一种权利，能做法律允许的所有事；若一个公民能做法律禁止的事，那其他人也有相同的权利，自由也就不存在了。"②自由并不代表着人们可以随心所欲地做任何事情，真正的

---

① ［法］孟德斯鸠著，欧启明译：《论法的精神》，译林出版社2016年版，第157页。
② ［法］孟德斯鸠著，欧启明译：《论法的精神》，译林出版社2016年版，第131页。

自由是人们将自己的行为控制在法律规定的范围里，并且不被胁迫去做自己不愿意做的事。因此，人们必须服从法律，而法律也必须以保障公民的自由为首要目的。

2. 三权分立——实现政治自由的保障

在《论法的精神》中，孟德斯鸠提出，宽容仁慈的政治环境是培养政治自由的沃土，政治权力不被滥用是培养政治自由的基本前提。他指出，三权分立是实现政治自由的必要途径。孟德斯鸠在书中描述道："所有国家都有立法权、针对万民法的执行权、针对公民法的执行权这三项权力。"①对此，孟德斯鸠进一步指出，司法权如果不与立法权和行政权分置，自由也就不复存在。要防止权力被滥用，就必须"以权力约束权力"。以英国宪政体制为例，孟德斯鸠提出了想要建立真正的法治国家，就必须让立法权、行政权、司法权三权分离、相互制衡。在三种权力的具体划分上，孟德斯鸠作出了更加细致的区分：从立法权看，在宽和政体的国家里，每个人有自我管理的权利，所以立法权可以由人们集体享有；从行政权看，为保证政令的及时统一，这一权力应掌握在国王手中；从司法权看，为保证其权威性，应当由独立的法官行使。

（四）国家治理方式：政体划分

孟德斯鸠通过对政体的性质、原则的区分来界定不同的政体，三种政体的性质和原则都是不同的。孟德斯鸠认为："政体的性质与原则的区分在于，性质决定了政体，原则推进了政体。性质是政体的特殊构造，原则是对政体发挥促进作用的人类情感。"②通过对政体进行区分，并确定各自政体所需要的治理形式，这是孟德斯鸠国家治理思想中的核心问题。

---

① ［法］孟德斯鸠著，欧启明译：《论法的精神》，译林出版社2016年版，第132页。
② ［法］孟德斯鸠著，欧启明译：《论法的精神》，译林出版社2016年版，第18页。

1. 政体性质的标准：运作方式

孟德斯鸠在讨论政体时引入了"法"的概念，他注重将"法的精神"与政体的性质和原则贯穿在一起，试图找到一一对应的规律，从而建立一些每种形式的政府都可借以完善自身的法律、制度和习俗。在孟德斯鸠的国家治理思想中，三种政体有非常明显的区别：共和政体就是最高权力掌握在全体人民或部分人民手中的体制；君主政体则是君主按照已经确立的法律来实行统治；专制政体就是按照统治者的个人意志而非法律法规进行统治。

（1）共和政体及其原则。共和政体中有两种更加细致的划分，如果是全体人民共同掌握最高权力的就是民主政体，如果是少部分人掌握最高权力的则为贵族政体。在民主政体中，人民需要自己管理自己，因此对于民主政体最重要的便是选举出人民意志的执行者，也就是所谓的官员来代替人民集中行使一些权力。我们可以得出，在民主政体中最能影响国家运行的因素，就是公民如何行使其选举权、选举程序如何运行。孟德斯鸠认为，民主政体中的公民应该依据民主精神被分为不同的等级，以确保合适的人能够当选。并且为了保证民主政体的有效性，国家的立法权应该交给人民，只有人民才能立法。

孟德斯鸠指出，美德是民主政治的原则。这里的美德具体来讲就是爱国主义，要求人民能够将国家整体利益放在第一位，能够主动维护国家与社会的整体利益。换句话说，就是热爱国家、积极履行个人义务。美德是民主政体不可或缺的。孟德斯鸠认为，在民主国家里，每个公民都被赋予了权利，但出于公民个人自身的限制而容易被利用和操纵，因而这种政治美德对民主制的存在来说显得尤其重要。美德一旦丧失，"野心就入侵了接受者的内心，贪婪却入侵了全体人的内心。欲望使目标改变，以前喜欢，现在却不喜欢了"[1]。

贵族政治的最高权力由部分人掌握，法律的制定与执行都由该部分人决

---

① ［法］孟德斯鸠著，欧启明译：《论法的精神》，译林出版社2016年版，第19页。

定，以处置贵族团体中难以决定的事务。所以我们可以得出，应当在贵族较为集中的地方设立元老院。

在贵族政体的国家中，它的原则是节制，这是贵族政治的灵魂。这种节制的基础是美德。在贵族统治下，人们需要受到贵族所制定的法律的约束。与民主政体相比，贵族政体并不需要那么多的美德。美德更多的是用来约束贵族团体之间的交往。而节制是为了防止少数的贵族以无限制的权力剥削大多数的平民，防止贵族政体演变为专制政体，是一种保护平民的机制。

（2）君主政体及其原则。君主政体就是君主依据法律对国家实施统治和管理的体制。君主权力的行使不能仅仅依靠君主一个人，需要借助某些中间渠道。这里的中间渠道指的就是贵族团体。因为贵族的权力是最自然的过渡权力和从属权力，如若没有贵族团体，那么君主将会成为暴君。

在君主政体下，"所有美德都被法律取而代之，人们根本不需要美德，国家也不要求人们再拥有美德"①。孟德斯鸠认为，君主政体的运行不仅仅依靠君主个人，更多的是依据各种已经建立起来的法律法规来实现国家治理。所以荣誉是君主政体的原则。"这是所有个人和阶层固有的观点。它代替了我口中的政治美德，且无时无刻不在作为美德的代表。它能刺激产生最高贵的行为，要是再加上法律的力量，它就能达成政体目标，跟美德所能达成的一样。"②在君主政体中，人们对荣誉的追求能够让君主政体保持长久的生命力。荣誉推动政治团体的各个部分运动，借助其自身作用连接起各个部分，虽然看起来各个部分像是在追求不同的利益，但最终实现的是公共利益。

（3）专制政体及其原则。专制政体的性质决定了其权力的行使者和执行者都是唯一的，君主为了减轻自己的工作负担，会把权力交托给一名宫相，让他拥有和君主一样的权力。因此可以得出，在专制国家，统治者为了实现

---

① [法] 孟德斯鸠著，欧启明译：《论法的精神》，译林出版社2016年版，第21页。
② [法] 孟德斯鸠著，欧启明译：《论法的精神》，译林出版社2016年版，第22页。

统治，最主要的手段是设立宫相，由宫相代替君主处理日常事务，由此君主便可以去过骄奢淫逸的生活。

专制国家的原则是恐怖，这种恐惧是统治者将残忍的武力施加于群众时所产生的极端反应。因为"荣誉的荣耀在于对生命的轻视，而专制君主刚好是因为强权能杀人才掌控着强权"①。专制君主的统治基础是人们的服从，所以专制国家并不需要美德与节制，它需要制造恐怖来使人民保持服从。君主依靠这样的权威来统治国家，而恐怖恰恰是制造这种权威的不二选择。

2. 政体所面临的危机：政体原则的腐化

政体原则的基本功能在于维系政体的性质不变，推动政体正常运转。一旦政治共同体中主要的政体原则受到腐蚀，就会导致政体腐化，进而改变政体的性质。

民主政体的危机就是作为民主政体原则的政治美德的缺失。这种缺失往往会导致以下这些情形：人民追求极端的平等，这时民众不再依赖自己选举出来的领导，任何事情都想自己去做，无法真正地让渡出自己的权利。人们欲望的无限膨胀可能会导致多数人的暴政，道德的缺失会在社会上引起巨大的反响，就像传染病一样快速传染给每个公民。人们只计较个人得失，社会中大多数人都自私，这与暴君的本质无疑。美德伴随着自由，美德的缺失会造成社会的无序以及自由的消失。在社会中，人们最重要的一项权利便是享受政治自由，如若美德与自由都缺失了，会使民主政体转变为专制政体。

贵族政体原则的腐化是由于贵族的权力不受限，从而走向专制。贵族团体之间的利益问题难以调和，他们互不相让，除了通过法律去调节，无其他更好的方法。"执政的各个家族若都不遵从法律，那就是一个专制政体，由多个专制君主共同管理。"②所以说，法律是制约贵族权力的唯一的途径。"法律应尽可能地激励宽容精神，让国家体制必然会清除的平等再重新建立

---

① ［法］孟德斯鸠著，欧启明译：《论法的精神》，译林出版社 2016 年版，第 23 页。
② ［法］孟德斯鸠著，欧启明译：《论法的精神》，译林出版社 2016 年版，第 97 页。

起来。"①正是因为法律能够将贵族的权力规范在一个合理的范围内，才使得平民在贵族政体之下也能够保证基本的生活权利，法律能够很好地维护节制这一原则。

君主政体的腐化在于对中间阶级（贵族阶级）权力的剥夺。君主政体最大的特点就是君主在行使权力时在一定程度上受到了法律的约束。"无君主则无贵族，无贵族则只有暴君。"君主政体腐化的开端就是丧失法律的约束或剥夺平民的权利，一旦君主的权力不受控制，最终会演变成独裁的专制主义。在君主政体下，君主应维持贵族作为中间渠道的稳定性，使贵族有世袭性质，保留贵族的特权。

上述几类政体的腐坏是由于某些具体的因素导致的，而专制政体是因为其本身不可逆转的缺陷导致它最终走向毁灭。专制政体的运行在很大程度上是依赖统治者制造出来的恐怖，人民因为惧怕才依附于统治者。当有人敢于起来反抗时，这一政体便会遭受到前所未有的冲击。对于专制政体孟德斯鸠是深恶痛绝的，因为它严重违背了政治自由的取向。

三、孟德斯鸠的国家治理思想的性质及历史影响

孟德斯鸠究其一生用犀利的文笔为新兴资产阶级摇旗呐喊。他的理论为新兴资产阶级提供了崭新的思路与参考，为资产阶级革命提供了理论支持。

（一）孟德斯鸠的国家治理思想的性质

孟德斯鸠生活的时代是法国封建王朝最为昌盛的时期，奢靡的背后意味着封建体制即将走向衰败。当时法国的社会矛盾加剧，国王过着骄奢淫逸的生活，人民却食不果腹，国王集权专断加深了社会苦难，不管是平民还是贵

---

① ［法］孟德斯鸠著，欧启明译：《论法的精神》，译林出版社2016年版，第44—45页。

族都苦不堪言。时代给孟德斯鸠提出了反封建反神权的任务，但同时他的思想不可避免地具有局限性与妥协性。他所受的教育以及人生经历，使其深受主宰法国整个贵族阶层的哲学的影响，因为他代表特权阶层提出了对权力的无理要求，这个阶层一味索取而不知回报，贪恋权势而放弃责任，甚至把改革贬低为暴政。虽然如此，孟德斯鸠依然是时代造就的为新兴资产阶级代言的先锋人物。孟德斯鸠给世人描绘了一套近乎完美的政治体制：以实现政治自由为导向，以三权分立为手段，带动国家治理体系运转。这一理论为新兴资产阶级的国家构建理想奠定了科学的理论基础，在当时来说是历史的一大进步。

孟德斯鸠所提倡的政治自由主张也暗含着新兴资产阶级的利益要求。"政治自由是通过三权的分立与制衡来实现的"，孟德斯鸠笔下的三权分立不仅仅是一种价值取向，更多的是一种能够实现权力制衡的具有操作性的手段。总的来说，孟德斯鸠的国家治理思想以及政体学说，在当时具有鲜明的阶级性和科学性。他反对国王的专制统治，一方面为了维护新兴资产阶级进入国家治理中心的权利；另一方面，赞成保留贵族在立法权和司法权上的特权，这与法律面前人人平等和政治自由的理论相悖。

（二）孟德斯鸠的国家治理思想的历史影响

孟德斯鸠作为时代的先锋人物，他站在时代浪潮的前端为18世纪新兴资产阶级挥旗呐喊，猛烈抨击腐朽落后的封建专制主义与神权统治。他为新兴资产阶级提出了一系列进步的国家治理理论，促进了新的资本主义社会取代旧的专制主义封建社会的进程。与其同时代的伏尔泰、卢梭等人都是当时资产阶级革命的思想先驱，孟德斯鸠的启蒙思想不仅在当时也对后来的思想家们产生了深远的影响。他对封建专制主义以及宗教神学的批判，对法国唯物主义学者产生了巨大的影响，后者继承了孟德斯鸠批判唯心主义与宗教神学的传统，并在此基础上更进一步否定了自然神学观，成为彻底的唯物主义者与无神论者。

除此之外，孟德斯鸠的国家治理和政治思想还传至其他国家，尤其是他的法理学说、三权分立学说。孟德斯鸠的三权分立学说，影响了很多资本主义国家的发展进程。首先，对法国大革命产生了巨大的影响。法国1789年制定的《人权宣言》就体现了孟德斯鸠三权分立的思想。其次是美国。1787年美国宪法就沿用了孟德斯鸠三权分立的理论，对美国国家的建设有着不可磨灭的影响。时至今日，三权分立思想仍是西方国家政权组织的普遍原则，正如美国"宪法之父"詹姆斯·麦迪逊指出："在立宪问题上，自始至终被我们倾听和援引的，是著名的孟德斯鸠。诚然，在政治科学中具有不可估量的价值的这一（分权）原则，并非由他首创，然而，他以最易接受的方式向人们阐述和介绍了这个原则，这至少是他的功绩。"①

从上述内容可以看出，孟德斯鸠的理论对资产阶级社会的进步与发展有着深刻而持久的影响，他的理论不仅是旧时资产阶级革命家用作反对封建专制主义暴政的尖锐武器，直到今日他的法理学说还对理解西方政治发展有着不可忽视的借鉴作用。

孟德斯鸠基于对人的理性的推崇，对"法的精神"的研究，极度重视法治以及人的政治自由。他主张通过实行三权分立的立宪君主制来实现一个国家的法治与政治自由，但在其理论推理的过程中却陷入了唯心主义历史观。孟德斯鸠认为，人的理性决定了社会和历史的发展，这一论断违背了马克思主义的"社会存在决定社会意识"的客观规律。

第三节　卢梭的国家治理思想

卢梭是法国启蒙思想家中影响力最大的政治哲学家、教育思想家、文学

---

① ［法］路易·戴格拉夫著，许明龙、赵克非译：《孟德斯鸠传》，商务印书馆1997年版，第493页。

家，是近代民主理论最具代表性的人物之一。作为启蒙运动最具代表性的思想家，针对腐败黑暗的社会，卢梭一直致力于寻找一种新的政治形式。卢梭通过追溯现实社会形成的过程，发现自由和平等不仅是人的自然权利也是人的本性。在此基础上，正义社会的基础只能是基于人与人之间自愿的约定。人们通过契约结成的社会共同体承载着道德与集体的公共人格，其意志就是公意。主权是公意的运用，法律是公意的行为，立法是主权的表现形式，而政府只是法律的执行者。卢梭的国家治理思想最终的落脚点是"人民主权"。

一、卢梭的生平及思想渊源

（一）卢梭的生平及著作

卢梭（1712—1778）出身于普通家庭，父亲是钟表匠，母亲是牧师的女儿。卢梭出生三天后，母亲就去世了。卢梭小时候受其父亲影响，热衷于读书，父子经常一起阅读古希腊和古罗马时代的著作。卢梭10岁时，他的父亲因为债务问题离家出走。卢梭被其姑妈收养，并与其表兄一起到牧师家里学习基础知识。青年时代的卢梭有着极为丰富的工作经历，他做过学徒工、仆役、随从、家教，深刻体会过社会底层民众的生活，后来遇到了华伦夫人，开始了一段稳定的生活。他系统地学习了哲学、音乐、化学等知识，并接触到了上流贵族社会。在此期间，卢梭结识了狄德罗、伏尔泰等启蒙思想家。虽然接触到许多启蒙思想家，但卢梭却表现出与他们不一样的气质，甚至是与那个时代都不一样的风格。

卢梭一生成果颇丰，其著述涉及音乐、科学、哲学、戏剧等多个领域，其中影响最大的是政治哲学领域的著作。卢梭的政治思想主要集中在《论人类不平等的起源和基础》《社会契约论》这两本书中，《论科学与艺术》则是卢梭整个思想体系的先导。1749年，卢梭从万塞讷前往巴黎看望自己的朋友——百科全书派代表人物狄德罗。在途中，他偶然看到第戎科学院的征文题目——科学与艺术的复兴是否有助于促进道德教化，对这一题目产生了极大的兴趣。之后，他便开始创作并投稿。在文中，卢梭极力称赞自然的美好。他认为，自然的人生来是自由而且平等的，而科学和艺术的文明却腐化了人们。事实上，卢梭并非主张过自然的生活，用自然来替代文明，他是要批判当时法国和欧洲其他国家封建统治下的文明。卢梭敏锐地洞察到当时科学和艺术繁荣发展的背后是社会的堕落与腐败，他真正的目的是要为新的文明开辟道路。1755年，《论人类不平等的起源和基础》出版。此书也是应第戎科学院征文而作，沿用了文中的观点。本书在对比人在自然状态下和社会状态下生活的基础上，探讨了人与人之间不平等的成因，卢梭将其归纳为社会诞生过程中所确立下来的私有制。

1762年，年过半百的卢梭写成了他学术体系中最重要的两本著作：政治学方面的《社会契约论》和教育学方面的《爱弥儿》。自此，卢梭开始了他晚年颠沛流离的生活。很明显，在这之前的著作中卢梭已经彻底批判了旧制度。人们究竟应该生活于何种社会之中？社会中的政治生活又是如何安排的？这是卢梭在书里主要阐明的问题。卢梭一生没有养育自己的孩子，但在《爱弥儿》中他却创造了一个完美的孩子。在《爱弥儿》一书中，卢梭主张教育应当遵循天性，顺从自然。他厌恶封建制度下的臣民，他要用自己"消极教育"的方法培养出如同在自然状态下一样的公民。这名公民应当是独立、自由、平等的，是一位道德高尚、能力与智力都极高的人，是最适合生活在公意思想下的个体。之后，卢梭写成了《山中来信》《忏悔录》等书。晚年，卢梭的健康每况愈下，他在病中写下了《一个孤独漫步者的遐想》。

（二）卢梭的思想渊源

卢梭出生于日内瓦，但其生命中的绝大部分时间是在法国度过的。卢梭出身平凡，但他的一生大起大落。从下层社会的学徒工、仆役、音乐教师、随从到结识华伦夫人，跻身上流社会，卢梭几乎接触过当时社会所有阶层。这些经历使得卢梭能够体会人民的疾苦以及洞见社会政治的积弊所在。同时，颠沛流离的生活也赋予了卢梭感性和激情的一面。在对比上下层社会生活的巨大差异之后，卢梭将平等和人民放在了第一位，以至于在《社会契约论》的开篇，卢梭就直言"人生而平等"。

卢梭的母亲是一位牧师的女儿。在那个时代，牧师是整个社会文化教育的主要承担者。卢梭幼时丧母，但他的母亲和外祖父给他留下了无比宝贵的遗产——大量的藏书。卢梭从小就养成了阅读的好习惯。勒苏厄尔著的《教会与帝国历史》、博叙埃的《世界通史讲话》、普鲁塔克的《名人传》、那尼的《威尼斯史》、奥维德的《变形记》、拉勃吕耶尔的著作、丰特奈尔的《宇宙万象解说》和《已故者对话录》，还有莫里哀的几部著作。[①]在《忏悔录》中，卢梭坦言自己尤其喜欢普鲁塔克的作品，书中古希腊和古罗马的伟人对其影响尤为深刻。正是在与这些古人对话的过程中，城邦和共和国中公民的自由、平等、法治和爱国精神铸就了他的那种复古的倾向。他说：我竟自以为是希腊人或罗马人了，每逢读到一位英雄的传记，我就变成传记中的那个人物。[②]

法国大革命前夕，封建主义和资本主义将法国社会推向两个不同的方向。路易十四以后的两位国王软弱无能、少有作为，但封建君主专制制度由于历史惯性仍然根深蒂固，国王势力强大。在路易十五统治期间，整个国家的权力都掌握在其情妇蓬巴杜夫人的手中，统治十分黑暗。此外，社会等级制度根基牢固，整个社会被分成三个等级。第一等级是贵族，第二等级是教士，第三等级是包括资产阶级、农民和城市贫民在内的广大民众。前两个等级是实际意义上的统治阶级，拥有不必纳税的特权。而第三等级属于被统治阶级，是被剥削的对象。卢梭深知科学与文艺的文明背后掩盖着的是一个已经完全腐败的社会，因此他大肆批判这种虚假的繁荣。卢梭将这些社会问题归于政治制度。因此，卢梭打算写一本《政治制度论》来详细探讨"如何找

---

① ［法］卢梭著，黎星译：《忏悔录》，人民文学出版社1987年版，第8页。
② ［法］卢梭著，黎星译：《忏悔录》，人民文学出版社1987年版，第9页。

到一个能把法律置于一切人之上的政府形式"。

卢梭的论述框架大体上依然延续着当时的主流思潮，基于对于人性的判断和对自然状态的描述，通过契约构建起国家或者社会。但是，无论是自然法理论还是社会契约论思想在卢梭这里都发生了巨大的转向。从古至今，契约的思想在整个西方历史上都或多或少地存在过。早在公元前4世纪，伊壁鸠鲁就用契约的思想来论证国家的起源。中世纪，在《圣经》中上帝也先后与诺亚以及亚伯拉罕立约。此外，无论是《新约全书》还是《旧约全书》，都能说明契约在西方人的生活中是一个极为常见的概念。契约作为社会结成的基础早在16世纪就被人提出，但是当时君权神授思想仍然是主流理论。近代契约论思想真正是从17世纪的霍布斯开始的。霍布斯以人性本恶为出发点，推演出自然状态是每个人反对除自身以外任何人的战争状态。然而自然法规定，人具有自我保护的本能。因此，为了安全与和平，人们之间相互约定，共同遵守某一个人为他们制定的法律，服从其统治。

继霍布斯之后，洛克也以此种范式创作了经典的《政府论》。相比霍布斯，洛克对人性的假设要乐观得多。他继承了霍布斯的理性人假设，但最多也仅止于人的好利性。因此，在自然状态下，人与人之间的关系也要缓和得多，在多数时候人们是可以和平相处的，为了保护个人的生命权、财产权等，人们相互约定将惩罚他人的权力授予从他们中选出来的人，并按照所有人一致同意的规定来行使，由此结成共同体。然而，无论是霍布斯还是洛克，都没能脱离君主的范围，在主权的归属上他们一个坚持君主主权，一个将主权归给议会。与他们二人相比，卢梭的思想有了一个大转弯。从人性本善到和平的自然状态，再到双重社会契约，卢梭最终将民主理论推到最高峰——提出主权在民。

二、卢梭的国家治理思想的主要内容

卢梭的政治思想始于美好的自然状态，通过契约结成社会共同体。而共同体的意志，即公意是其思想的核心。通过公意，卢梭最终要实现自然的自由、社会的自由以及道德的自由三者有机统一。此外，人民主权的价值向度也要以此为基石。

（一）国家起源：基于善的自然法理

系统使用自然法理论，卢梭可谓启蒙时代的最后一人。卢梭对于自然状态的论述主要集中在《论人类不平等的起源和基础》一书中。当时的思想家们几乎都以人性的假设作为理论的基点，人性的善恶决定了人在自然状态下的生存状况。为了摆脱这种不利的境遇，寻求便利的秩序与安全，人们通过契约结成社会。卢梭主张人性本善，但他所说的善并非道德意义上的概念，而是从生理意义上说的。自然状态应当是和平的，甚至是美好的。自然状态下的人如同动物一样依靠本能生存，其行为的唯一目的是保全自身。相比社会状态下的人，自然状态下的人更加强壮，也更容易存活。因为自然状态下的人既没有可以借助的工具，也无法依靠他人，他只能凭借自身的能力。此时，人完全作为个体存在，相互之间不会有任何联系，即使有也是短暂的。种族的繁衍源于男女偶然的结合，表现出一种原始的动物性。在自然状态下，卢梭是排斥理性的，他认为存在着两个先于理性的原动力：自爱和怜悯。前者是一种尽全力进行自我保护与自我关怀的冲动，而后者乃是厌恶同伴受残害的"不忍人之心"。此外，自爱并不是无限度的，要受到怜悯心的克制。"只要他不抗拒怜悯心的内在冲动，他就不会伤害其他人，甚至不会伤害任何一个有知觉的生物，除非在他的生命受到威胁的时候，他才不得不先保全自己。"

从外部来看，卢梭的自然法理给人设立的前提是平等和自由。首先，人是平等的。在自然状态下，人与人之间可能会存在诸如年龄、健康、体力、智力等生理方面的差异，但这并不会带来任何问题（冲突）。其次，人是自由的。生活在自然状态下的人和动物都要受到大自然的支配，动物的本能决定了它们只能消极顺应自然规律和法则。而人是自由的，这使得他可以选择接受或拒绝，并且在自然中融合自己的行动，这也是人的自主性。因此，作为一种本能的自由，既然能适用于应对自然，在面对同类时就更无可厚非了。同样的条件在霍布斯那里，自然状态是每个人对每个人的战争状态，而在卢梭笔下却发生了转折。一方面，自然资源是如此的丰富，人只要稍微作出努力就能获得养活自己的物资。另一方面，人是如此的单纯和易于被养活，因为除了满足自己的生存需要，他没有攫取的贪欲。

总的来看，在自然状态下，人类和自己以外的事物都保持着一种和谐的平衡。卢梭论述的自然状态比前代思想家们的理论更加彻底和纯粹。单从方法来说，同其他思想家一样，卢梭不可避免地要借助于现实社会或受到现实社会的影响。以洛克为代表的自然法思想家们通过归纳不同社会中的一般通则，得出自然法则的具体概念。而在卢梭看来，社会只是追溯自然状态的工具和途径，他要剔除人们的社会性，以此来回溯人的本质以及自然的生活。因此，他批判洛克等人将社会状态中才有的概念移植到自然状态中，将文明人的观念硬安到野蛮人身上。他大胆承认自然状态是假设和有条件的推论，而非事实陈述。简而言之，卢梭认识到自然状态是从人到社会再回到人的辩证过程，这是同时代以及前代思想家们的思想中薄弱之处。

如果仅仅保有这些本能和感情，人类本可以像动物一样生活在自然状态之下。卢梭认为，人区别于动物之处在于人拥有自我完善的能力。这使得人可以在自然环境中利用自然不断发展自身，也正是这种品质最终使人进入社会状态。

（二）国家建构：基于公意的理性假设

卢梭对人类自然状态历史的描述是理性假设和历史史实相结合的产物。人类能进入社会状态，其原动力是人类自我完善的能力。在漫长的自然状态下，人类缓慢地进化。在此过程中，为了应对外界的诸多困难，男女偶然的结合被稳定的家庭替代，日益完善的技巧和工具取代赤手空拳。人类越来越发现群居的生活可以在既有的基础上获得更大的力量。而如何组织群居生活是摆在卢梭面前的问题，也是卢梭理想和现实的分离所在。

1. 现实社会的诞生

随着人与人之间日渐频繁的交往，语言慢慢产生，思想意识随之也开始取代本能控制人的行为。对自身和自然的认识使得激情被理智压倒，但它从来不会消失。卢梭将家庭的出现当作第一次社会变革。家庭的产生意味着固定的居住地域和一定的财产，随后在家庭的基础上诞生民族。更大的群体必然带来更多观念形态的演变，人的精神智力在这其中不断提高。在人与人交往的过程中，尊重、荣辱等道德评判观念必然在人际关系的调节中起到关键作用。农业和冶金两种技术带来人类的第二次社会变革，正是此次变革，使人类最终进入社会生活。在《论人类不平等的起源和基础》中，卢梭就写道："谁第一个把一块土地圈起来，硬说'这块土地是我的'并找到一些头脑十分简单的人相信他所说的话，这个人就是文明社会的真正缔造者。"① 自然状态下对土地的占有，这一点卢梭借鉴了洛克的观点。面对无主物时，个人只要对其付出劳动就可以宣称对它的所有权。在卢梭看来，人类在进入社会状态之前，对土地进行年复一年地劳作，这种行为就将土地转换成私有了。在今天看来，卢梭到此差不多已构建起了社会。因为一方面，社会和自然两种状态的边界本来就是模糊的。另一方面，我们也应当认识到，今天我们所称的社会，在概念含义上与那个时代的标准是不同的。卢梭所说的社会显然是带着政治意义的，俨然是一种政治社会，是权力的分配，其中包含着基于契约的服从与支配关系。

在私有观念的基础上，如果农业以物化实体的方式将它确立下来，那么工业就使得这种方式更加稳定，并在此过程中使贫富差距拉大。卢梭由此揭示出了人类不平等的起源——私有制。人类天然所有的生理差异，在私有制的裹挟下使不平等越来越危险。此外，卢梭在自然状态下所宣称的限于理性

---

① ［法］卢梭著，李平沤译：《论人与人之间不平等的起因和基础》，商务印书馆2015年版，第87页。

的原动力也发生了变质，自爱心放大就变成了利己，而同类之间的怜悯心被贪婪所取代。在对自然资源的占有达到饱和时，人类就只能靠掠夺他人的财产来满足自己的贪欲，于是刚产生的新社会马上就要让位给战争。人类社会战争不断，正如霍布斯笔下每个人对每个人的战争。

此时人类再也无法回到那个美好的自然状态，因为每个人都舍不得放弃既有的财产。而为了摆脱这种战争状态，富人以安全为由，诱骗穷人联合起来以结成共同体，以共同的力量来保障每个人的利益。其方式是大家相互约定，共同遵守一定的法律规则，相互承担义务，以此来稳定社会秩序。但同时，原本的不平等和不公正的权利，也由这一契约的律条确立下来，被合法化了。由此，富人获得了新的权力，穷人和弱者则被戴上了新的镣铐。自由也因此被不平等的社会永恒摧毁了。至此，现实主义的政治社会已然形成，它和自然状态下的完美生活相差太远。这违背自然法，也违背人的本性。但是，这是让人类放任自流发展所导致的必然结果。这是卢梭面临的难题，也正是他在《社会契约论》一书中要解决的问题。他要寻找到这样一种社会，它既能满足人们的利益诉求，又能像在自然状态下那样的平等和自由。

2. 理想标准

《社会契约论》又称《政治权利的原理》，曾是卢梭计划写作的《政治制度论》中可独立的部分。由书名可知，卢梭要讨论的核心不外乎是为政治权力寻求合理的依据，同时也为政治权力努力寻找服从的理由。与其说卢梭要追求理想社会的建立方式，倒不如说他要为政治社会订立标准。

第一，社会共同体的建构。人生来是自由的，但却无处不身戴枷锁。无论如何，卢梭始终认为人类生活在社会状态之中是必然的。但是建构一个理想社会的条件是苛刻的。首先，卢梭批判了基督教那套上帝创造国家的学说，国家的权力不可能起源于家庭中的父权。因为从根本上来说，子女对于父亲的服从是出于生存的需要，而父亲对于子女的管教是养育的天性，两者是自然的本能。一旦子女能够独立生活，这种自然义务就消解了。因此，家庭本身也需要自愿约定才能得以存在和维系。其次，社会的基础更不应该是强力。因为统治者和被统治者之间的力量博弈是如此的不稳定，以至于力量天平只要稍稍倾斜，国家就会解体。强力只能用于镇压一群人，而要治理一个社会，则需要另寻他法。此外，卢梭也反对霍布斯将战争后对于俘虏的生杀权转让成服从的权力。因为战争本是物与物的争斗，与人无关。战争本身的前提就是共同体已经结成。

卢梭认为每个人生来就是自由的，自由乃人的本性，每个人都应当是他自己的主人。而放弃自由就是放弃作为人的权利，这既是违背常理的，也不可能有什么能够等同于自由对于一个人的价值。因此，社会只能产生于人与人之间完全自愿的约定。合法权威的基础是每个人对于契约的肯定。契约的具体内容是：我们每个人都以其自身及其全部的力量，共同置于公意的最高指导之下，并且我们在共同体中接纳每一个成员，作为全体之不可分割的一部分。简言之，就是每个结合者把自己的一切权利全部转让给集体，由此来构成社会共同体。这就是卢梭认为的社会建构的应然方式。

通过社会契约，人们构建起的实际上是一个联系道德与集体的共同体，是一个具有生命和意志的公共人格。这一由全体个人的结合所形成的公共人格，以前称为城邦，现在则称为共和国或政治体。当它是被动时，它的成员就称它为国家；当它是主动时，就称它为主权者，把它和它的同类相比较时则称它为政权。这里有必要指出，卢梭是反对洛克等人将国家和社会对立起来的。国家和社会是统一的，它们同时产生于社会契约之中。社会并不是简单的机械的人口聚集，而是一个具有能动性的有机体。

卢梭的社会契约与其他两位契约论学说代表人物洛克、霍布斯差异极大。就授权对象来说，洛克和霍布斯将主权或是授予一个人，或是授予一群人，并将其作为主权者。在这个意义上，人民只是主权的来源而并非主权者。而卢梭认为人们将权利让渡给了自己组成的共同体。也就是说，并没有一个实际的权力承接者的存在，共同体自身乃是基于人们相互之间的信任的虚构存在。此外，在其他自由主义思想家们的契约中，个人的权利都在一定程度上实实在在地受到了削弱。按照这种逻辑，限制个人自由的国家只是一种必要的恶。但是卢梭却从意志的角度对它做了巧妙的转化。由于每个人都将自己的自然权利毫无保留地转让给了集体而非某个人，因此个人之间并不存在权利大小的差异。同时，所有人都同样服从于集体的意志，而并非某个人的意志。由于每个人都是集体的组成部分，集体的意志也来自每个人的意志，因此服从集体就是服从自己。此外，每个人都能够平等地享有来自共同体的回馈。从这个意义上来说，个人其实并没有转让出什么。卢梭希望人们将所有的问题都放置在公共空间中来加以解决，这是后人批判其集体主义和专制主义最重要的点。

第二，公意视域下国家治理的设想。公意又称公共意志，是卢梭政治思想体系中最基础的部分，关于国家治理的所有设想都必须置于公意之下，都必须符合公意。公意是作为一种公共人格的国家或者共同体的经常意志，是指导国家实现公共幸福的关键。相对于人来说，公意就好比国家的大脑。卢梭似乎认为，所有由人构成的机体都拥有自己的意志。个人有个人的意志，个人永远在追求自己的利益；国家之下的团体有团体的意志，或称众意，众意是个别意志简单相加的总和。公意在一定程度上来自众意，原则上我们只需要除去个别意志中的非公意部分，剩下的就是公意。因此，公意永远着眼于公共利益，这也是它和其他意志的根本区别。从性质上来说，首先，公意对于生活在共同体之中的人来说永远是公正以及正确的。一方面，公意本身就是一个道德人格，它本身就是共同体成员评判的标准。另一方面，想要追求幸福的个人，往往被眼前的利益所迷惑，公共智慧却能看得更加长远。其次，公意是永恒存在的，而且是不可被摧毁的。因为公意根植于每个人的意识之中。只要人们以群体的方式生活，在追求自己利益的过程中，个人总会或多或少地考虑到公共利益。虽然公意不会自己消亡，但会在和个别意志的博弈过程中被压倒以至于被回避。毕竟公共利益从某种意义上来说，对个人而言是一种负担，个人在行动时会尽可能地避开。正是由于公共利益是如此容易被忽略和侵犯，所以公意是具有强制性的。这是公意本身能够得以保存和指导国家各种力量的依托和基础。公意是至高无上的，具有普遍约束力的，任何人或者团体不得违抗。否则，他要么脱离共同体，要么被强制服从。但卢梭认为这并不是强制他服从，而是强制他自由。

公意是通过由全体公民所组成的大会来体现和表达的。卢梭认为公民大会每年除了在决定重大事项时召开，还应在固定的时间召开。公民大会召开的主要任务是立法。公民大会的决策方式是投票，每个公民都享有投票权，这也是作为主权者最重要的权力。通过投票，公民将自己的意志融入公意。在决定原则上，卢梭也承认多数决定是必要的、有效的，而且具有普遍的约束力。他认为，公民大会并不讨论法律内容的正确与否，而是让公民表决此法是否符合公意。在某种意义上，卢梭只能承认公意存在于多数人中。而对于那些少数人来说，他们只是错误地估计了公意在这个问题上的看法，而一个人不可能每次都是少数中的一分子。卢梭也并不是单纯地将公意归结于多数，他也设立了其他原则进行补充。票数的差异应根据所表决事项的重要性和紧急性来确定。越重大的事项就越发需要接近全体的多数，而越紧急的事项则越可以容忍差距不大的多数。

公意是一个国家的生命，当人民越服从公意，越通过公意来指导自己，共同体就越稳固。而当社会中的人们，最终以自身的利益作为行动标准，那就背离了公意，公意也就退居幕后了，共同体会因此走向死亡。

第三，社会共同体下的个人。由于社会的形成，个人也发生了翻天覆地的变化。首先，个人作为共同体的成员获得了双重身份：公民身份使他成为主权者的一分子，臣民身份使得他必须服从国家的法律。除此之外，公民作为人的自然权利并没有因此而消失。卢梭认为，人们转让出去的那部分权利只是对完善集体有重要作用的那部分，而且生命和自由是天然独立于公共人格之外的。个人仍然具有自己的意志。但是，这些都应当由共同体来判断，如人们转让给共同体的权利内容，个人意志是否符合公意等。谁拒不服从公意，整个共同体就要强迫他服从公意。其次，在卢梭的社会共同体中，人与人之间的平等有了更加实质的意义，他将社会经济领域的平等放到与政治领域的平等同等的地位。卢梭主张，为了尽可能地缩小人与人之间的经济差距，富人和穷人都要节制自己。社会的底线应当是：就财富而言，没有一个公民可以富得足以购买另一人，也没有一个公民穷得不得不出卖自身。同时，卢梭并不否认私有制，他认为共同体的目的之一就是确立财富的合法性。从最普遍的意义上来讲，财产权乃是一种排外权，其实质是排除他人对已占有财物的任何权力。卢梭希望通过对于财产权的确认，以物化的方式来确保臣民对共同体的忠诚。而在政治上，平等意味着所有公民受到的约束和享有的权利完全是一致的。相比起那些只关注法律和权利平等的启蒙思想家们，卢梭的平等思想显然要进步得多。此外，个人的自由也从自然自由进化到社会自由，但这并不是终点。卢梭认为真正的自由乃是道德自由，是自己为自己立法，只有这样，人才能成为自己的主人。这显然是一种道德自觉，卢梭在这里表现出了后来康德所提出的那种道德哲学的影子。相比其他的启蒙思想家，卢梭认为自由和平等存在着价值排序，他认为平等是自由的基础和前提。

（三）价值向度：人民主权

卢梭从社会契约理论出发，明确地提出了人民主权思想。这一思想是卢梭社会契约论的精华和根本特点，它既不同于霍布斯的君主主权论，也不同于孟德斯鸠、洛克的分权说，而是有自己的特点，闪烁着民主主义的光辉。卢梭思想的独到之处正是他的公意理论，主权在此也被置于公意之下。卢梭认为主权乃是公意的运用，是公意行动力的体现。作为一个国家经常性的意志，公意要治理国家，完成共同体诞生的使命，就必须具备控制一切的力量和权威。而主权正是公意强制性的保证，也是一个国家的根本。在卢梭的契约论学说之中，国家实际上是通过人与人之间相互的约定建构的。也就是说，卢梭的社会契约是每一个人和其他所有的人签订的。这一点颇有霍布斯的风格，但与霍布斯不同的是，卢梭主张的国家是具有生命的。人民不需要一个外在强力的主权者也能和平稳定地组织在一起。主权者应当是所有国家成员构成的整体。也就是说，人民既是主权的来源，同时也是主权者本身。这对于同时代的思想家们来说，是一次巨大的思想变革，同时在整个思想史上也是浓墨重彩的一笔。精英主义的思想从苏格拉底和柏拉图那里开始就一直占有主导地位。普通的人民从来没有被给予过如此大的信任，以至于他们能够作为主权者来统治国家和自己。由于作为国家成员的人民具有双重身份，因此，个人和主权者之间不应当是一种上下级，或者说是统治者与被统治者的关系，而是共同体和他的各个成员之间的一种约定。这种约定是合法的、公平的、有益的和稳固的。

1. 主权不可转让

在卢梭看来，首先，作为一种公共意志的体现，主权是不可转让的。"纵使个别意志与公意在某些点上互相一致并不是不可能的，然而至少这种一致若要经常而持久却是不可能的；因为个别意志由于它的本性就总是倾向于偏私，而公意则总是倾向于平等。"①如果公意异化为某个人的意志，或者个人的意志取代了公意，即"如果人民只一味诺诺连声地服从，人民本身就会由于这一行为而解体，就会丧失其人民的品质；只要主权者之上出现了一个主人，主权者就不再存在，这个政治体就被完全摧毁了"。它违背了最初约定的目的和性质，因此，主权必须由全体人民直接行使，不可转移，这是国家的灵魂所在。卢梭的这一思想不仅旨在反对封建专制，而且也在反对资产阶级代议民主制。其次，卢梭还认为国家是由主权者构成的，只有主权者才能行使主权；"权力可以委托他人行使，但意志不能听任他人支配"，主权既然不外是公意的运用，因此就永远不能转让。由于社会契约中，每个人都和其他所有的人签订了约定，也就产生了所有的人对每个人的反约。他们不受役于任何人，而且在以他们唯一意志为律令的时候，他们还是一如既往地自由，从而大家的意志就是至高无上的秩序与律令。

---

① ［法］卢梭著，何兆武译：《社会契约论》，商务印书馆2003年版，第32页。

2. 主权不可分割

首先，构成主权的全体民族中任何一部分都绝不可能成为公意的代表者，充其量只是其个人或集团的代表。因此，主权只能作为整体而存在。其次，卢梭反对洛克和孟德斯鸠的分权论，认为他们实际上并没有理解主权的真正含义，将主权和由主权所派生出来的其他权力混为一谈。国家有立法权与行政权的职能之分，主权则表现为立法权。立法权属于全体人民，必须体现公意，并由全体人民掌握。行政权是从属于立法权的，它的行使必须以至高无上的公意，即全体人民的公意为前提。政府是根据人民的意志行使行政权力的机关，它的职责仅仅是执行公意，它不是人民的主人，只是人民委托的执行人。

3. 主权不可代表

卢梭旗帜鲜明地指出，"主权也是不能代表的，主权在本质上是由公意所构成的，而意志又是绝不可以代表的；它只能是同一个意志，或者是另一个意志，而绝不能有什么中间的东西"。可是，卢梭同洛克、亚里士多德一样很清楚，理想的民主制只有在一万人的城邦中产生，十万人的国家则无法实现真正的民主，一百万人的国家甚至已经不配谈民主。如果大家对利益攸关的问题不能进行讨论，那么当然不能算是民主。代议制从形式上看，是因得到多数人的支持而产生的，但事实上越往上级，与民众的距离就越远，一直到政府制定施政纲领，普通民众已经无法参与了。

4. 主权至高无上和神圣不可侵犯

卢梭认为主权是绝对的，因此它不受别的权力的限制。主权者可以制定法律，也可以废除法律。主权者可以责成全体臣民服从主权者，但不能以相反的理由要求约束自己；主权的至高无上性要求它可以任命政府的官吏而不受政府的限制。主权是神圣不可侵犯的，因为它代表了公意。但卢梭又认为，主权的神圣性并不等同于主权的绝对性。一方面，主权者绝对不能给臣民添加对集体毫无用处的约束。也就是说，主权者的一切行为都要有合理的解释。另一方面，主权者永远不能超过约定的界限和目的，人们建立国家的根本目的是生存和幸福，一旦主权者违背了这个目的，共同体也就失去了存在的理由。卢梭相信，主权只有一直在公意下运行，才是完美的。人们生活在这种环境下，并不需要担心个人会受到损害，因为人不可能自己害自己。

（四）"实质"政府：公意运用的基础

卢梭关于政府的理论是从属于他的人民主权论的。他把政府与主权者区分开来，认为它与人民和主权者是截然有别的，它是两者之间的中间体。他否认政府是基于契约产生的，认为契约建立和产生的只是主权和主权者，政府的创制不过是一项法律而已。因此，行政权力的受任者绝不是人民的主人，只是人民的官吏。只要人民愿意，就可以委托他们，也可以撤换他们。当政府的成员们分别篡夺了那种只能由集体加以行使的权力时，国家就会解体，回到无政府状态，于是，需要重新签订契约。

卢梭对于政府的分类也表现出与同时代的思想家们不一样的风格。自从主权这一概念被提出之后，启蒙思想家们纷纷以主权的归属来划分政治体制类型。卢梭认为主权只能归属于人民，在此基础上，国家类型的划分只能依赖于政府类型的不同。按照构成政府成员的人数，他粗略地把政府区分为民主制、贵族制和国君制。同时卢梭认为，在实际的政府形式中，每种形式的政府总有一点是与第一种形式相重叠的。因此，如果要细究政府类型，那是难以计数的，因为每一种大类型的政府体制之下又可以划分出更多的类型。在作为主权者的人民授权的基础上，行政官和公民存在着这样一种数量上的对比：当作为行政官的公民多于纯粹的公民时，是民主制政府；当行政官的人数少于单纯作为公民的人数时，是贵族制政府；当整个政府都集中于一个行政官的手上并由他去分配行政权力时，是国君制政府或者皇朝政府。

卢梭认为并不存在纯粹意义上的民主制政府。因为一方面，从理论来说，当执政者和主权者合二为一的时候就是共同体本身，因此并不存在一个政府。另一方面，从实际来说，无论在什么样的组织中，出于处理事务的方便性，权力总会从多数人的手上流到少数人那里。此外，卢梭认为制定法律的权力和执行法律的权力应当截然分开。前者是主权的表现，它代表着一种普遍性的权力；而执行法律的权力，即行政权力则是一种个别性的权力，它所针对的是个别人或者个别团体。因此，当两者被同一个主体行使的时候，必然会导致权力的滥用。

首先，在国君制下，行政权力集中在一个人身上，国君本人以一个人代表原本应当由一个集体所代表的人格。人民的意志、君主的意志、国家的公共力量和政府的个别力量全部都响应着同一个动力，整个国家的所有力量都可以被调动起来，从而实现一个共同的目标。国君制最大的优点就是，它可以以极小的代价发挥出极大的作用。但同时，国君一个人的意志也最容易凌驾于公意之上，从而使得行政权力只是为了谋取个人私利，而完全忽略了公共利益。最终，行政权力僭越主权，危害国家。其次，个人专制的政府缺乏连续不断的继承性，这样的政府很难保持一个长期固定的目标，也不具备一贯的动力。因为，人们必然会为争夺王位而发生混乱。在权力面前，个人的理性和正义感是很难坚守的，因为一旦具有能操纵他人的可能，人们就会奋不顾身地去争取。此外，在对官吏的选用上，个人的眼光并不像群体那样理性和客观。

卢梭根据历史的演变将贵族制划分为自然贵族、选举贵族和世袭贵族三种类型，认为只有选举出贵重人才是真正的贵族制。在这种制度中，行政权和立法权有合理的划分。此外，人们往往会选择那些正直、明智以及受人尊敬的人来担当执政官，这必然成为政治文明的保证。同时，由于人数合理，集会也便于举行，集会讨论的质量相对于民主制而言会更高。当然，卢梭认为贵族制的根本目标应当是追求公共利益，而不是追求贵族集团自身的利益。

卢梭认为并不存在一个绝对好的和带有普遍性的政府形式，因为"每一种形式在某种情况下都是最好的，但在另一种情况下又是最坏的"。民主制可以演化为群氓制，贵族制则可演化为暴君制。卢梭受孟德斯鸠的影响，认为政府组织形式的选择，会受到国家财富状况、气候、人口等因素的制约。

除此之外，他提出，"国家愈大，政府便应愈紧缩"，"行政官对政府的比率，应当与臣民对主权者的比率成反比"。他认为，"一般说来，民主政府适宜于小国，贵族政府适宜于中等国家，而君主制则适宜于大国"。总的来说，在卢梭的理论体系中，他并不十分重视政府的形式，而是将之降格为一种治理技术的选择问题。他所关心的始终是政府对人民或主权者的从属性质。在他看来，关键在于创建出这样的一种体制，使它永远准备着为人民牺牲政府，而不是为政府牺牲人民。最好的政府，是使其自有的意志服从和同一于主权者意志，符合国家创制目的的政府。传统的政治思想家总认为区别一种政府形式对于政治共同体有决定性的影响，如亚里士多德认为中庸政体最能维护城邦利益，孟德斯鸠认为君主立宪制最好。卢梭的这一做法表明：他的思考重心在于实质民主，在于人民的权益是否真正地被给予了保障。

卢梭从实质上来判断政府优劣的思想，比起传统的思想家来说是一个巨大的进步。这个进步表明了卢梭思想的深刻，他所言说的政府理论同人民主权学说相互辉映，至今仍是人类思想史上不朽的篇章。不过，他以政府治下公民人数繁殖和增长最多作为优劣准则，就犯了简单化的错误。人类在一定时空下也有义务去追求一种适于其自身生存的形式。从形式上来保证人民主权，也是政治思想家们应努力思考的。

政府从其诞生之初就存在着自己的意志。同时，作为法律的执行者，政府又必须以公意作为指导。此外，政府的官员也不可避免地拥有自己的意志。在卢梭看来，最完美的排序应当是个人意志毫无地位，政府本身的意志极其次要，而公意永远占据着主导地位。然而，越是易于集中的意志就越活跃，因此事实上的排序恰恰相反。为了避免政府中的官员或者政府本身侵犯公共意志，就有必要对政府进行限制。首先，公民大会对政府来说是最大的限制。因为在公民大会召开期间，主权者亲自行使权力，而委托也暂时失去了意义，政府就没有存在的理由。因此，在政府越大的国家，公民行使权力的机会也应当越多。其次，作为法律的执行者，除了严格按照法律作为，政府本身也应当服从法律。

（五）法治：公意实现的保障

为了确保公共幸福的实现以及国家实现有效的治理，卢梭明确提出了法治的必要性。首先，卢梭通过公意给人们所许诺的自由，一方面表现在个人对于道德法则的服从，另一方面则表现在个人对于公意下的法律的服从。正因为每个人都要服从公意，而法律又是公意的直接表现和具体化，因此，法律是人们认识公意和服从公意的必要途径。其次，法律是政治体的唯一动力，政治体只能是由于法律而行动并为人所感受到，因此没有法律就形成的国家，只不过是一个没有灵魂的躯壳，它虽然存在但不能行动。此外，法律也是公意的保障，它一方面驯化个别意志；另一方面规范政府的意志，防止其僭越。卢梭甚至认为凡是实行法治的国家，无论它的行政如何，都可称为共和国。

卢梭反对孟德斯鸠将法律抽象化，法律既不是事物的本性，也不是上帝的正义，而是人类社会的产物，是用于规定生活在共同体中的人们之间的权利和义务的约定。在反对形而上学的法律的基础上，卢梭认为法律是全体人民对全体人民所作出的规定。这一概念既规定了立法权的归属，也设定了守法者的普遍性。基于人民主权，作为国家主权的直接表现的立法权只能属于全体人民。任何个人的或者团体的意志都不能成为法律。法律对象的普遍性决定了在法律面前任何人都是平等的，没人能够例外，也不存在任何凌驾于法律之上的特权。

正如卢梭为政府设立了双重标准，在法治问题上这一标准仍然适用。作为公意下的产物——法律自然具有正当性。但具有正当性的法律却不一定是最适合人民的法律，明智的立法者也并不先从制定良好的法律本身入手，而是事先要研究他要为之而立法的人民是否能接受他制定的法律。卢梭认为，只有成熟的民族，才能够实现真正的法治。也就是说，不同的国家应适用不同的法律，即使是同一个民族或者国家在不同的时期，法律也应当作出相应的调整。

此外，卢梭还根据法律的适用对象对法律进行了划分。他将法律分为政治法（也称根本法）、民法、刑法和宪法四类，政治法用于调节共同体对其自身的关系；民法用于调节共同体成员之间的关系；刑法用于调节不服从与惩罚的关系；而宪法则是铭刻在公民内心中，用于保持一个民族独创精神的风尚和习俗。宪法在整个法律体系中占据着核心地位，它是一个民族的品质和特性，并且具备强大的生命力。当其他法律衰老或消亡的时候，它可以复活那些法律或者代替那些法律。很明显，卢梭重视法律的精神和法律的意识。法律只有真正内化于一个国家的公民精神之中，公民形成对法律的信仰和崇尚，法律才能够真正发挥作用，这是一个成熟民族的标志。

三、卢梭的国家治理思想的性质及历史影响

（一）卢梭的国家治理思想的性质

作为启蒙思想家，卢梭的理论首先是推动资产阶级革命的学说。在18世纪的欧洲，英国早已经完成资产阶级革命，建立起了资本主义国家。与其渊源颇深的法国却仍然处在封建制度的统治之下。虽然资本主义工商业克服重重困难，获得了一定程度上的发展，但由于封建社会制度的阻碍，法国仍然处于手工作坊向手工工场过渡的阶段。此外，包税制的传统在法国塑造了一大批金融资本家。资产阶级经济实力雄厚却被排除在政治生活之外，他们迫切希望改善自己的政治地位。法国国内学界派系林立，以伏尔泰为代表的一些思想家们主张开明君主制，百科全书派的学者们则认为可以通过教育来改造社会。虽然他们都针对某些社会问题提出了一些措施，但对于一个行将就木的社会来说并没有切中要害。卢梭理论体系的问世恰好弥补了这一空白。通过《论人类不平等的起源和基础》，卢梭希望唤醒人们对于自由和平等的追求。通过《社会契约论》，卢梭在揭示和批判"君权神授""父权论""强权论"等学说的基础上，号召人们在"可以打破自己身上的桎梏时，就

打破它"，从而建立一个既能保障权力又能兼顾利益追求，既能确保安全又不损害自由，结合了正义和功利的这样一种制度。因此从根本上来讲，卢梭的思想为法国资产阶级发展开辟了道路，绘制了蓝图。

如果说卢梭的国家治理思想仅仅只是为了推动法国的资产阶级革命，他不至于如此为后世所称赞，以至于在今天，其理论还具有如此巨大的生命力。《社会契约论》的写作方法是"唯理论"，卢梭批判亚里士多德、霍布斯等人用现实中固有的事实来作为权力的佐证。例如，亚里士多德主张有的人天生就是奴隶，对此卢梭反驳这一论断是倒果为因，正是由于"强力造出了最初的奴隶，他们的怯懦则使他们永远当奴隶"。卢梭崇尚理性的推理和思辨。卢梭的初心是要探讨政治现象背后的规律，寻求政治权力的原理。从这个角度来说，卢梭的思想内容十分丰富深刻。

卢梭的学说对于政治学界本身来说具有里程碑的意义。卢梭第一次提出人民主权的思想。从博丹提出主权理论开始，主权的归属一直同国家的制度紧密相连。推崇君主制的思想家们主张君主掌握国家的主权，立宪制国家议会掌握着主权。卢梭认为国家乃是所有人共同行为的结果，是一个公共人格，那么，作为其成员的每一分子都应该是主权者的组成部分。只有当所有人集会的时候，主权才能行使。因此，主权是无法被分割的，也无法被代表，因为意志只能是自己的或不是自己的。

（二）卢梭的国家治理思想的历史影响

作为启蒙运动的代表人物之一，卢梭可以说是西方国家治理思想史上具有里程碑意义的人物。他的思想自诞生以来，无论是对人类政治理论，还是在治理实践中都有着极其深厚的影响。首先，卢梭的人民主权思想第一次实现了主权由君主和议会到人民手中的转变。其次，卢梭深刻地阐述了自由和平等的思想，尤其将平等延伸到了经济领域。从国家治理实践来看，卢梭思想直接引导了法国大革命和美国独立战争。在《人权宣言》和《独立宣言》两份纲领性的文件中，我们都看到了卢梭理论的影响。"在权利方面人们生来是，而且始终是自由平等的。""人有生而自由、平等和追求幸福的天赋人权，为保障这些权利，人民建立起了政府。"正是这些理论实现了人们思想意识上的启蒙，唤醒了他们的民族情感和民主意识，从而拿起武器反对封建君主专制，反对外来殖民统治，反对封建神权思想。此外，法国大革命中雅各宾派的领导人罗伯斯庇尔、美国独立战争的精神领袖托马斯·潘恩等都深受卢梭的影响。罗伯斯庇尔甚至将卢梭视作自己的导师，表示他永远支持卢梭的国家治理思想。卢梭的人民主权思想通过在法国的实践，形成了一股浩浩荡荡的革命洪流，席卷欧洲，有力地冲击了欧洲封建专制，加速了其解体。

卢梭的国家治理思想不仅促进了近代资产阶级革命进程，其政治原则也影响了西方近代政治制度的建立。主权不可分割，不可转让，不可代表，永远归属于人民；法律是政治体唯一的动力，是公意的行为；主权者和政府之间是委托者与被委托者的关系等。这一系列政治准则为西方的民主、法治、宪政、代议制提供了理论基础。

从理论影响来说，首先，卢梭的公意对德国政治哲学产生了深刻的影响，康德和黑格尔都把自己的政治原则描述为自由意志的转化。在康德来看，个人自由必须遵循一个普遍的法则，即你认为当他人遇到同样情况时也会如此作为的法则。这一点正好印证了个人对于公意的服从。此外，卢梭认为，真正的自由应该是自我立法。康德将其发展成为：自由乃是人的意志自律，人既是道德法则的制定者又是执行者，故而人是自由的。黑格尔将"自由"和"意志"作为学说的核心概念，他继承了卢梭将自由作为人的本质的理论。其次，当代政治思想家罗尔斯继承了卢梭的契约论传统，提出了"原初状态"和"无知之幕"的概念。再者，卢梭的民主主义思想是现代价值民主用来对抗程序民主的理论源泉。程序民主认为民主只是作为一种实现自由的手段，而卢梭的公意理论将民主提到了价值的高度，任何制度都必须具备合法性与正当性，也就是说，必须经过人民的同意，这是它存在的基础。

第八章　以革命和宪政民主为核心的现实治理思想

　　自从 1607 年英国人在北美建立第一个殖民点弗吉尼亚起，北美大陆经历了一个多世纪的殖民争夺。作为移民国家，虽然国家治理的思想来自欧洲大陆，尤其是英国，但是受到本国独特的民情、社情的影响，18 世纪的美国政治思想显得更加务实。人人机会均等、追求幸福的权利成为自然权利的重要内容，摆脱殖民统治、追求美国独立和如何建构联邦制共和国成为政治家们讨论的主题。于是，逐渐形成了以杰斐逊为首的民主共和党和以汉密尔顿为首的联邦党，焦点主要集中于联邦党人和反联邦党人的治国理政思想。

第一节　杰斐逊的国家治理思想

　　托马斯·杰斐逊是创造美国自由和民主思想的先驱，缔造出美国民主共和制度，构成了美国独具一格的民主治理文化。杰斐逊的治国理政思想，起源于自然权利理论，强调人民的生命权、自由权以及追求幸福的权利。杰斐逊认为政府的首要任务，就是确保人民的自然权利不受侵犯，并为此设计了一套缜密的"立体分权"构架，实现了横向和纵向上权力的分化、制约和平衡。在政体方面，杰斐逊立足人民，主张建立美国式民主共和国，提出全民参政思想，以此来保障人民主权。他的治理理念刚好与美国独立战争阶段广大中产阶级的政治思想契合，既是西方理想主义政治传统的发展，也为美国之后的政治发展提供了新鲜血液与动力。研究杰斐逊的治国理政思想，可以更好地掌握和理解美国政治发展历程。

一、杰斐逊的生平及思想渊源

（一）杰斐逊的生平及著作

托马斯·杰斐逊（1743—1826）是美国的开国元勋之一，更是《独立宣言》的主要起草者。他不仅是美国的第三任总统，还是美国著名的思想学家、政治学家与人民革命家，是当代美国政治民主思想萌芽期的制度构建者，在美国民主政治建设过程中有着举足轻重的地位，被世人称为美国的"民主之父"。

1743年，托马斯·杰斐逊出身于种植园主家庭，5岁进入英语学校学习，9岁去拉丁语学校学习。1760年，他进入威廉·玛丽学院学习，主修哲学、文学，对科学有了初步认识。1762年，他师从法律教授威思学习了5年法律，并在殖民地法院从事律师工作。1769年，杰斐逊开始从政，并成为弗吉尼亚议会议员，接着于1773年同亨利等人共同建立起了弗吉尼亚通讯委员会。该委员会的主要工作是以斗争的形式来公开反对英国的统治。1774年，杰斐逊完成了《英属美利坚权利概观》，主要宣传殖民地独立思想，强调人的自由平等权利是与生俱来的，而非受限于殖民地人的身份。1775年，杰斐逊以弗吉尼亚议会议员的身份来到费城出席第二届大陆会议，1776年被推选为《独立宣言》起草委员会成员之一，成为宣言的执笔者。1777年，杰斐逊提出《弗吉尼亚宗教自由法案》等一系列重要法案，赞同废除奴隶制度。1779—1781年，杰斐逊任弗吉尼亚州州长，接着在1785年任驻法全权公使。1789年9月，杰斐逊出任美国第一任国务卿，组建了美国国务院。在任期间，他与亚历山大·汉密尔顿在经济和外交等方面的施政方针上分歧不断。1793年末，杰斐逊不再担任美国国务卿，而是转身成为民主共和党的创始人与领袖，他所在的民主共和党和汉密尔顿所在的联邦党彼此牵制，形成了美国日后两党政治斗争的雏形。在1796年的总统选举中，杰斐逊当选副总统，1801年成为美国第三任总统。1805年3月4日，杰斐逊再次就任美国总统，并于1807年签署法律禁止从国外输入奴隶，这标志着联邦主义的衰败和共和主义的兴起。杰斐逊卸任总统职务后仍活跃于公共事务中，从事科学研究和教育事业，创建了弗吉尼亚大学。

（二）杰斐逊的思想渊源

杰斐逊的政治思想主要受以下四个方面的影响。一是家庭的影响。他的父亲是辉格派，信奉民主观念，而且付诸行动。其父亲长期担任弗吉尼亚州下议院议员，热衷于公众事务，清正廉明，乐于助人，对待印第安人友善公平，受到很多人的尊敬和爱戴。另外，即使自己是奴隶主，他依然把奴隶们当作朋友，从来不使用暴力。父亲的种种行为，使没有种族歧视的平等之花盛开在杰斐逊心中，促使他用尽一生去追求自由民权。

二是成长环境的影响。弗吉尼亚西部地处边疆地区，较为落后，受殖民地影响较弱，当地人习惯于独立、自由的生活，因此，产生了较为浓厚的民主主义思想和平等观念。从小成长于这样环境的杰斐逊，对于民主思想有着一定的偏爱。

三是启蒙思想的影响。富裕的家庭环境带给他较好的学习条件，年轻的杰斐逊较早地接触到了欧洲启蒙思想。通过对洛克、培根、孟德斯鸠和卢梭等进步人物思想的学习，杰斐逊开始对政治、法律和哲学等方面进行深入的研究。这些都让他在理性、天赋人权、自然法则等方面的研究与理解更为透彻。斯多葛学派的自然法理论是自然权利学说的雏形，洛克、孟德斯鸠、霍布斯、卢梭等启蒙思想学家都为杰斐逊的国家治理思想带来了影响，其中，洛克的影响是最明显全面的。杰斐逊自诩是洛克思想的嫡系传人，但他的思想不仅是对洛克思想的继承，更是在他思想的基础上进行发展完善。通过研究舍夫茨别利、科克等人撰写的科学思想批判著作，杰斐逊充分学习了历史批判与科学怀疑的技巧。欧洲先进的启蒙思想与科学理论极大地提升了杰斐逊的知识容量，使其完成了思想蜕变，这让杰斐逊的政治思想发展有了极为成熟的理论体系作为基础。

四是时代的影响。除了成长历程的影响，我们还可以根据杰斐逊所在的历史时期进行分析。青年杰斐逊所处的时代是美利坚民族的反英斗争时代，这一时期美国资本主义发展初具规模，殖民地与宗主国的矛盾不断加剧，往来摩擦增多。美国新兴资产阶级不想继续受控于英国殖民统治，领导当地人民进行革命起义，并建立起独立自主的新国家。这一背景是杰斐逊政治思想发展的完美"温床"，促使其最终完成了革命任务，使自由平等的人民需求得以保障。杰斐逊的"立体分权"思想就是在这样的背景下应运而生。理论上，杰斐逊在早期就充分了解了柏拉图、亚里士多德等人所倡导的"天赋人权"观点，接着充分掌握了启蒙时期洛克、孟德斯鸠所构想的分权理论。就现实而言，在美国尚未建国、依旧处于英国殖民统治的阶段，杰斐逊便已经开始尝试权力分立与制约和自治制度的研究，他精心设计了一套缜密的构想：横向的三权分立与制衡，纵向的地方自治与层层分权、人民的监督与参与、政党的分立制衡和军权的分割控制。可以说，这样一个纵横交错、主辅交融的"立体分权"思想是在吸收前人思想的基础上，结合美国殖民地时期权力分立与制衡以及自治制度的实际而发展起来的。

二、杰斐逊的国家治理思想的主要内容

杰斐逊的国家治理思想起源于自然权利理论，他十分看重天赋人权，并坚信每个人都是自由而平等的，人们应该享受言论、新闻、宗教的自由，平等地行使自己的权力，追求自己的幸福。而政府的成立就是确保人民的自然权利不受侵犯，政府由人民组建，受人民监督。如果政府不能维护人民的基本权利，人民就拥有革命权去推翻它。为了使政府更好地维护人民的基本权利，杰斐逊设计了一套缜密的"立体分权"构架，建立起纵横交错、主辅交融的立体防护体系，使权力相互制衡。另外，为了拓宽国家治理的多向度，他提出全民参政思想，在保障人民基本权利的同时，促进人民参政议政，监

督政府行为，建立起美国式民主共和国。

（一）国家治理基础：自然权利理论

自然权利理论，是杰斐逊国家治理思想的基础，也是其民主思想的出发点。早在青年时期，杰斐逊就曾在公开场合表示过："在自然法则下面，一切人生来都是自由的，每一个人来到这个世界上都对自己的身体有支配的权利，这个权利包括按照自己的意志移动自己的身体及使用它的自由。"这是杰斐逊第一次对自然权利进行解释说明。紧接着，出席第一届大陆会议之前，杰斐逊将自然权利学说当作思想武器来推动反对英国殖民统治的斗争，更进一步加快了北美十三州的独立步伐。而且，他在《英属美利坚权利概观》中明确指出：从封建法与自然法的规定可知，北美洲的土地并不是任何人的赐予，而是属于在这片土地上流血过或者耕种过的人。之后，杰斐逊在1776年起草的《独立宣言》中，进一步阐述了自然权利学说："我们认为下面的真理是不言而喻的：一切人生来就是平等的，他们被造物主赋予他们所固有的、不可转让的权利，其中包括生命、自由和追求幸福的权利；为了保障这些权利，才在人们中间成立政府，而政府的正当权力来自被统治者的同意。"显而易见，杰斐逊的自然权利学说由三大基础思想构成，即自由思想、平等思想、人民革命权利思想。

1. 自由思想

杰斐逊的自由思想强调"自由"二字，不仅包括思想言论自由、新闻出版自由，还包括宗教信仰自由。思想的自由，是人类权利中最基本的存在，异同意见的沟通更是"天赋人权"中最直观的体现，是人民应当享有的最基本的权利。人们如果没有思想自由及表达思想的自由，那么人就只不过是一架肉的机器，只能靠外力活动罢了。只有身在思想言论自由的国家，人民才能不受外界力量的干扰，畅所欲言，发表自己的看法，即使有分歧，争论也会使真理越辩越明。思想言论自由的另一方面，表现在哪怕是面对政府，也可以提出自己的意见，不管是发牢骚、吐怨言还是进行批评，都不应该被干涉。

在倡导思想言论自由的同时，杰斐逊更重视新闻出版自由。他认为，人不应该受到外界的干扰，尤其是政府；人是理性的，在辨明是非的同时用自己的思想理论武器武装自己来克服谬论的误导，拥抱真理。所以，"我们的第一个目标应该是使所有通往真理的道路为人类开放，迄今为止所找到的最有效的道路就是新闻自由"。杰斐逊始终坚信新闻出版自由的影响力应当凌驾于言论自由之上，他对新闻媒体自由的重视程度远高于言论自由。他认为前者的影响范围远大于后者，后者的影响受众可能只有少部分人，新闻出版自由在特定的情况下是能够避免出现政府集权、暴政等情况的。换言之，新闻出版自由是能够当作极为可靠的舆论监督工具存在的。美国报刊最崇尚自由主义理论，便是最直观的体现，美国报刊还拥有着监督与批评政府的职能。杰斐逊认为报纸的功能主要体现在监督政府和启发民智上。一方面，报刊通过公开发行的方式，走进千家万户，使得绝大部分民众能够阅读时事，充分了解公共事务，帮助民众保持警觉和监督政府。同时，报刊会尖刻地披露一些政府的不法行为和官员的玩忽职守的行为，使其暴露在光天化日之下。另一方面，即使报刊是真理和谎言、正义和欺骗的"大杂烩"，或者是某些野心家想操控的工具，只要民众敢于发声，理性思考，借助传媒的力量，可以提高人们的判断力，不被政府的一些政策所愚弄。为此，杰斐逊声称："如果让我决定我们是应该有一个政府然而没有报纸好呢还是有报纸而没有政府好？我会毫不犹豫地主张后者。"[1]

杰斐逊自由思想很重要的一点就是反对政教合一、倡导宗教信仰自由，强调每个人的信仰都是自由平等的，应当尊重每一种信仰。在杰斐逊看来，信仰自由是一种特殊的自由，同样是人类无法被剥夺的天赋人权之一，民主政府的成立离不开信仰自由的推波助澜，所以信仰自由需要民主政府的尊重

---

[1] ［美］梅利尔·D. 彼得森注释编辑，刘祚昌、邓红风译：《杰斐逊集：自传　英属美利坚权利概观　弗吉尼亚纪事　政府文件　演说　咨文和答复　杂集　书信》，生活·读书·新知三联书店1993年版，第980页。

与理解，这是极为关键的。"宗教仅是一种内在的、个人的信仰，是人和他的上帝之间的私事"，"不容外界力量，甚至教堂，更不用说政府干预"。杰斐逊想要实现宗教信仰的自由，使其不再受地方教会与政府的约束，他觉得政府的权力应该用于保护人民的合法权益免受侵害，而非用于控制人们的思想。

2. 平等思想

首先，杰斐逊在阐述平等思想时反复强调，在自然法则理论中，所有人自降生后都应当自由平等。《英属美利坚权利概观》中提到，人民的权利基本都来自自然基本法则，并非国家元首赐予。在《独立宣言》中，杰斐逊认为：人人生而平等，他们被造物主赋予他们所固有的某些不可转让的权利，其中包括生命、自由和追求幸福的权利。他对自然权利进行了介绍与说明，还率先为平等理论进行了系统性阐述。在杰斐逊看来，每个人的政治地位和经济地位都是处在相同高度的，在平等的基础上并没有任何区别。因此，杰斐逊倡导法律在处理事件或人时必须一视同仁，以激发人民关注和参与公众事件或参政议政的热情。

其次，不仅是政治上需要自由平等，经济上也应当贯彻落实平等的思想。在杰斐逊看来，人类大多数灾难发生的原因是经济上的不平等造成的。杰斐逊思想中最闪光的一点就是在处理财产权的问题上，他对洛克的理念做了进一步补充完善，以"追求幸福的权利"作为"财产权"的替换者，用于自然权利思想的补充。这意味着杰斐逊在充分掌握了洛克的自然权利思想之外，还在此基础上添加了部分近代自然权利思想，让该思想的民主性质越发清晰明了，且更符合北美革命实践的要求。杰斐逊认为"追求幸福的权利"对人类而言，属于无法割舍的天赋人权之一。"追求幸福的权利"中所提及的"幸福"并不只是物质方面的享受，这个"幸福"更加倾向于人类在精神方面的享受与追求，而人类拥有的物质财产仅仅是最基本的幸福。因而，他主张有限的财产权，认为一个人拥有的财产是暂时的，是会流动和被消灭的，不可能是永恒的和被无限保护的。为此，他建议取消《限定嗣续法》和

《长子继承法》，用制度和法律去规定祖辈拥有的财产可以被后代平均分割、不断划分，以达到财产分散、不能长期集中的目的。

除此之外，杰斐逊还非常重视黑人奴隶的人权平等问题。他对黑人奴隶制度极其不满，在他眼中，奴隶制是与"人人生而平等"原则背道而驰的反人权制度，严重减缓了所有人共同获得基本自由权利的步伐。黑人奴隶制的巩固，让人类共同自由、平等、幸福的最终目标遥遥无期，这意味着黑人奴隶制度必须被废除，才能最终实现自由平等。

3. 人民革命权利思想

人民革命权利思想是指人民自己确立并赋予统治权的政府，为了谋求私利而扩张自身权力，不再维护人民利益，此时人民应当觉醒，用革命权利思想去修改这个政府或者消灭这个政府后重新组建全新的政府。简单来说，杰斐逊眼中的人民暴动与反抗精神都是有利于民主发展的，能够避免民主政府腐败堕落成暴政专制政府。在他看来，人民的反抗可以让统治者更加重视人民的权利；而对所有政治权利都无动于衷的人民，于统治者而言，是"任人宰割的羔羊"，这会让当权政府对人民权利的维护越来越无动于衷。人民只有始终都具备反抗精神，让统治者处于被监督的状态，才能获得稳定持续的自由平等权利。杰斐逊对愿意接受人民革命反抗精神的政府格外敬佩。他认为人民反抗精神的存在对政府来说有着监督作用，能让政府的存在更加干净透彻。但是，杰斐逊所认可的反抗精神并不是不理性的反抗，人民的革命权利思想在落实过程中需要谨慎小心。如果政府的罪恶处于还能忍受的状态，人民通常都是选择忍受，而非贸然反抗政府的行为，政治形式的变更是需要反复考虑的。只有当一个政府在一个时期开始实行的一连串的暴政和倒行逆施表明它决心要把人民放在绝对专制主义的淫威之下时，人民才会推翻这样的政府，并为他们未来的安全设立新的保障。①

简而言之，人民革命权利的思想并非杰斐逊首创，是他将人民革命权利

① 刘祚昌：《略论托马斯·杰弗逊的民主思想》，《历史研究》1980年第4期。

思想灌输到政府管理理念中，让美国人民的反英斗争有了纯粹可靠的思想武器，也让之后席卷整个欧洲、南美洲等地的革命风暴有了理论依据。

（二）"立体分权"思想

北美人民经过长期的奋战，终于在独立战争中取得了胜利，摆脱了英国的殖民统治，建立了美利坚合众国。然而，这一场资产阶级革命是不充分不彻底的，土地、奴隶等问题仍未得到解决，美国的主要矛盾从对外取得独立转为对内的阶级矛盾。整个利益集团内部的矛盾越来越多，各级政府之间的利益冲突也日益加剧，不同地域及民族文化的冲突越发激烈，甚至已经升级到了暴力抗争的程度。该怎样在维持利益多元化的同时，使政府、每个利益集团、各级政府之间的权力使用始终处于一个平衡的状态，找出符合美利坚合众国建国初期社会发展的基本需要，让人民的民主、自由、幸福能够在"立体分权"思想的影响下得到保障，这是杰斐逊需要处理的难题之一。

1. 三权分立与制衡

杰斐逊的"立体分权"思想就横向而言，即三权分立和制衡，三权分立所指的"三权"分别是立法权、行政权和司法权。杰斐逊认为，政府权力一旦出现自我膨胀的情况，必然会引发政府腐败与暴政等一系列连锁反应。如果将三个权力完全交给某个单独的个人或者某个主体，那么人民的生活必然会遭遇暴政。无论是哪个机构在行使权力时都要注意自身是否处于合法权限内，要懂得如何去抑制越权行为的出现，实现各个掌握权力的机构的相互制约。因此，三个权力应当完全分离，且保持牵制平衡的状态，不能有某个权力过大甚至超过别的权力的情况发生。

美国成立之初并没有独立的全国行政机关，软弱的行政机关受控于邦联国会。杰斐逊提出，"为了使邦联政府最有效地行使分配给它的权力，应当把它像州政府一样分成立法、行政和司法三个部门。第一个和第三个部门已经独立了，第二个也应当独立"①。他强烈主张行政权应该是独立的，不应受国会控制。

面对"议会至上"的现象，杰斐逊认为，"政府的全部立法权、行政权和司法权都归结到立法机关。把这些权力集中在同一些人手里正是专制统治的真谛。这些权力由多数人行使而不是由单独一个人行使并不能使情况有所好转。173个暴君肯定和一个暴君一样地富于压迫性"②。他提出修改弗吉尼亚州的宪法的要求，让行政权获得更大的空间，以确保其能够和另外两个权力处于同样独立平等的地位。政府各部门的工作应当井然有序，严禁任何部门出现越权行为，任何人都不得同时在一个以上权力机构中任职。杰斐逊认为行政权应当只属于政府首脑，可是行政顾问的存在也是必要的，需要为政府首脑准备足够多的行政顾问以提供政治意见，防止政府首脑的决策出现偏差。

在美国宪法制定修改期间，杰斐逊对总统连任的问题非常重视，他不希望总统终身连任的情况发生，而当时的美国宪法并未对总统连任次数作出任何限制，这对民主共和制的发展来说是个巨大的隐患。为了防止总统权力过大，破坏权力制衡，他明确要求禁止总统连选连任。他认为总统任期不得超过四年，一旦任期结束就应当离任。后来在来自多方的压力和周旋下，他做了让步，同意连选连任，但只能连任一次。为了明确落实这一点，杰斐逊完成长达8年的总统连任后，宣布辞任，且公开声明不再连任。这是自华盛顿总统后第二位任期未超过两届的模范总统，也让之后的美国总统在面临连任问题时有了标杆。直至1951年，美国宪法第22条修正案的颁布才让杰斐逊的提议得到完全落实。

时任美国联邦最高法院首席法官约翰·马歇尔热衷于通过宪法赋予他的

---

① ［美］托马斯·杰斐逊著，朱曾汶译：《杰斐逊选集》，商务印书馆1999年版，第386页。

② ［美］托马斯·杰斐逊著，朱曾汶译：《杰斐逊选集》，商务印书馆1999年版，第229页。

权力，对国会已经通过的法律进行名为"违宪"的否定判决，这让杰斐逊充分意识到司法权同样需要受到限制。尽管司法权独立出来，法官不受其他利害关系和压力集团的约束，一切以宪法和法律为准，但这并不意味着可以超越立法权和行政权，凌驾于它们之上，从而破坏权力的制约与平衡。

不仅仅是三权分立和制衡，杰斐逊认为立法机构应当一分为二，成立参议院与众议院。这样既避免了立法权的集中，还能够让议案的审判有双重保障。广大人民群众组成众议院，发出来自普罗大众的呼声，发挥维护普通选民利益的作用。但鉴于民众容易走极端，会被自身情感、公共舆论等影响，增设一个参议院，由各领域的领军人物、精英阶层组成，人数较少但任期长，容许学院派的看法与党派之见，这样更具专业性，从而弥补众议院的不足之处。且规定用年龄作为划分依据，或者抽签的方式，定期对两院人员进行划分，防止他们私下串通勾结。两院制在很大程度上可以避免议案审议上的疏漏和错误，在立法上有利于集中更多人的智慧，两者结合，相得益彰。

2. 地方自治与层层分权

北美在殖民地时期曾盛行一种殖民地自治制度，其中以英格兰乡镇自治最为典型。乡镇居民更关心与自身利益相关的事情。对他们而言，乡镇事务比殖民地政治更值得关心。因为英王对殖民地的权力控制只达到殖民地一级行政单位，乡镇并不受太多影响，这使得乡镇具有更大的活动空间。原则上，乡镇大多数人能参与公共事务，他们可以选举出选民召开会议和审议事务，自由投票决定赋税，为行政官员规定责任，选出陪审团参加审判等。英格兰乡镇的这种自治模式，很快传到相邻的州，并席卷整个联邦大陆。北美移民社会民众始终都充满着对独立平等的渴望与对自由浪漫的热爱，这也成为北美移民社会的文明传统。在这种环境下出生成长的杰斐逊，有着同样的社会性格与对独立平等的追求，这让他对地方自治的认可与重视非比寻常，也正因为如此，他的政治思想一直都坚持要给地方政府足够的自治管理权力。

杰斐逊的"立体分权"思想最新颖的一点就是在纵向上，主张联邦政府与地方政府层层分权，即乡镇（区）自治、县自治、州自治，层层自治，层层分权，联邦政府只分担一部分有关全国性利益的权力，积极维护地方自治。杰斐逊认为，要想有一个良好的和安全可靠的政府，其办法并不在于把它全部委托给一个人，而是把它在许多人当中划分，分配给每一个人的恰恰正是他所胜任的职责。所以，杰斐逊觉得政府需要完成以下几点改动：一是联邦的整体共和国，需要处理对外事务与联邦之间的事务；二是州共和体，需要处理自己州内涉及公民的事务；三是县共和体，需要处理自己县内涉及公民的事务；四是区共和体，需要解决最基础的、以街道为单位的、涉及公民的事务问题。

按照他的设计，"政治制度是由分区组成的共和制，它是民主的农业社会，在意识形态上敌视工商业，未来可能会分解为由众多小共和国组成的松散联盟"①。在政府管理或者其他权力机构管理时，需要将具体的职责细分到极致，方可将所有的事务都处理妥善完备。所有的联邦公民需要积极投身于公共事务的管理，有利于巩固政府的"立体分权"思想。这样实行联邦中央与地方层层分权的制度的好处有：第一，便于人民对政府的监督，有利于人民关心国家事务；第二，可以清除庞大的官僚机构，防止政府腐化；第三，便于表达人民的愿望和维护人民的利益。杰斐逊相信这样的层层分权与自治的共和国是世界上最强有力的政府。在这种政府下，"每个人一经法律召唤，就会飞奔到法律的旗帜下，对付破坏公共秩序的行为，如同处理个人的事情一样"②。

3. 政党的分立制衡

与美国建国初期的其他领袖人物不同，杰斐逊充分认识到政党的重要性，在对待政党的问题上也坚持分立和制衡，并将此作为一种辅助的监督手段，防止当权政府施行暴政，以弥补三权分立与制衡原则在政府机构运行中

---

① ［英］阿兰·瑞安著，林华译：《论政治》下卷，中信出版社2016年版，第207页。

② ［美］托马斯·杰斐逊著，朱曾汶译：《杰斐逊选集》，商务印书馆1999年版，第306页。

的不足之处。"由于人们密谋反抗专制暴君，政党被抹上了一层谋反的色彩。就像华盛顿在其谢职演说中所警告的那样，被人们称之为宗派的所谓政党，在美国的早期历史上是声名狼藉的。"①大多数美国人尤其是美国领袖们，对政党都投去厌恶的眼光。他们认为政党的存在，就是不断地进行派系斗争，甚至会以政治纠纷的形式来追求利益，这会给国家的团结统一带来许多麻烦。

青年时期的杰斐逊对政党的看法是和主流观点相一致的，然而随着更深入的了解，杰斐逊眼中的政党已经不再是原本纯粹的派系斗争代表。他意识到不同的政党恰恰就是现代民主政治最应该注重的关键，反对党的存在并不是完全无用的，每一个政党的观点都有着各自的价值，即每一个人的看法与见解都有其存在的价值。这就是民主国家追求的自由与平等，即允许人民自由地思考、自由地表达。因而，具有相同观点的人聚集在一起，形成不同于当权党的党派就是自然而然的事情了。而且，不同的党派不仅是表达人们不同见解的工具，也是遏止当权党派为非作歹的一个重要力量。他认为："党派的分立之所以形成，是因为人们可以按照他们个人的结构之不同而自由思考、自由言论和自由行动，而且党派划分或许对于保持政府的纯洁是必不可少的，因为这些党派习以为常地互相审查。"②政见不同的党派不是美国才有的，追根溯源，早在古希腊、古罗马时期，拥有不同意见的政党就已产生。事实上，在现代民主政治下，公民是一个个分散且无组织的，难以形成合力，且政府不可能分别去了解每一个公民的看法。因此，民众想表达自己的见解并让政府听到是很难的，更何况是监督政府的所作所为，或与政府相对抗。这时候，政党和社团就可以把分散的公民组织起来，形成一个强有力的

---

① [美] 莱斯利·里普森著，刘晓等译：《政治学的重大问题——政治学导论》，华夏出版社2001年版，第209页。

② [美] 梅利尔·D. 彼得森注释编辑，刘祚昌、邓红风译：《杰斐逊集：自传 英属美利坚权利概观 弗吉尼亚纪事 政府文件 演说 咨文和答复 杂集 书信》，生活·读书·新知三联书店1993年版，第1453页。

集团，向政府施加压力，从而解决这个问题。杰斐逊提出："在每一个自由和深思熟虑的社会里，基于人性，必须有反对党，也必须有激烈的分歧和不同意见……因为它会推动一个党去监督另一个党，并且把另一个党的所作所为控诉给人民。"① 由此可见，杰斐逊认为一党制是不可取的，会使得政党和政府混为一谈，政党对政府的监督作用会消失，党派之间的互相监督作用也会消失。他不仅赞成不同党派的存在，还极为支持各个党派乃至派系之间的互相牵制。他倡导反对党的存在，期待通过反对党来给执政党与政府施加监督压力，避免暴政或者腐败情况的出现。

不仅如此，杰斐逊还利用政党来促进权力部门之间的合作。权力的分立与制衡，表示各种权力之间相互独立、相互平衡。权力部门之间不能相互侵犯，影响其他部门的权力。但作为共同管理国家的机器，它们之间也是需要相互配合的，在工作中需要协调合作，划分职责的同时要避免责任的推脱。这个时候，政党作为联结物的作用就体现出来了。政党可以作为维系各个权力部门之间关系的润滑剂而存在，这能够让国家的民主化发展稳步前进。然而，事实证明这种党派之间所谓的权力制衡，本质上是资产阶级不同利益集团的分赃，损害的是民众利益。

4. 军权的分割控制

杰斐逊在军权方面的研究，主要来源于欧洲历史上的革命研究，其中，英国克伦威尔与法国拿破仑的军事独裁统治给杰斐逊留下了深刻印象，让他意识到军权控制同样应当贯彻落实民主管理。为了避免美国也滋生出军事独裁主义，他专门提出了相应的军权分割控制手段。

第一，依靠民兵，不建常备军。杰斐逊认为常备军是自由的自然的敌人之一，它无论是受行政权，抑或是立法权的管辖，总会成为镇压的工具。对于一个自由的而且也打算继续自由的人民来说，一支组织良好的、武装的民兵队伍是他们最好的保障。他多次表示，常备军不但耗费国家大量的金钱，

---

① 刘祚昌著：《杰斐逊》，中国社会科学出版社1996年版，第442页。

造成财政上的沉重负担，还有可能成为对人民的权利和自由造成威胁的政府工具。在和平时期，维持这样一支常备军是没有必要的，除非爆发对外战争，那时才能征召常备军。为此，他大力裁减正规军规模，同时加强民兵建设，以民兵牵制正规军并取消常备军。杰斐逊在《弗吉尼亚宪法》中取消了该州的常备军，紧接着其他各州同样模仿其做法，取消常备军，交由民兵组织替代。之后颁布的《联邦宪法》专门强调了民兵的重要性，民兵的存在可以确保民主制度进一步得到巩固，而且还不会有组建常备军才会出现的各种问题。

第二，军事权利从属于文官权利。杰斐逊认为军队也应受监督，如果军权过高，军官不受制于文官，军队很有可能成为特权工具，引发暴政。因此，他通过《英属美利坚权利概观》提出了六项民主原则，其中便要求军队必须由文官管理，而且全体军官任命权属于行政官。军事权利是文官权利的附庸，总统为三军总司令，宣战、议和及招募军队等权力划归议会，这样更便于监督和控制军队。因为议会有通过关于军事上的有关立法、财政支出和监督的作用，军队的总规模和军费的总金额都受议会控制。而文职政府和议会是由选举产生的，文官及议员受选民监督。这样层层监督下来，能防止出现军权失控的危险。杰斐逊不断重申文官政府控制军队，以便将"国家从君主制和军国主义中拯救出来，使它恢复共和制的质朴"。

第三，设立军权分割的机制。除了文官控制军队，杰斐逊认为军权作为一个整体，也是可以分割的。总统掌握军队的指挥权，是军队的统帅；国会掌握军队的财政大权，负责一切费用支出和颁布法律法规；而最高法院可以对总统和国会进行司法审查和监督。这样，军权被分为三个相互独立、相互牵制的平衡权力，且这三个权力受选民的监督。联邦的常备军也受各州民兵的牵制。

（三）治理多向度：全民参与

美国通过独立战争摆脱英国殖民统治后，关于建国选用哪种民主制度有过激烈的争论，这是一场全民性质的民主思想大混战。大多数的建国者们由于受到古希腊政治思想的影响，都对民主制度不信任，普遍认为公民没有能力自治，无法判断是非，对公民的参政能力表示怀疑，民主制下的政府也很容易受到民意和大众感情的支配和影响。然而，杰斐逊却有不同的意见，他认为人民是"组成一个社会或国家的人民是那个国家的全部权力的来源；他们可以自由地让任何一些他们认为合适的代理人来处理他们的共同事务，可以随意将这些代理人个别予以撤换，或者把他们的组织从形式上或功能上加以改变"①。由此可知，杰斐逊希望人民得到应有的政治权利。他眼中的国家权力是人民所赋予的，而政府的最终解释权同样是人民提供的。政府之所以成立就是用来确保人民利益免受外界的侵害，政府的所有政治活动全部是用于维护人民的利益的。为了避免民主政府成为一个腐化的政府或者出现暴政，需要始终牢记政府权力的来源是人民，人民是国家的主人，而非当权政府，当权政府只不过是人民选举出来的代理人罢了。在杰斐逊眼中，美国人民是聪明和理性的，他们有着极高的修养与参与政治的能力。民主的本质就是权力在人民手中被牢牢掌控着，而民主的有效性如何体现，就需要从全民参与政治的比例中去寻找，人民群众参与程度越高则民主性越强，由此体现了政府治理的多向度。所以，杰斐逊主张中央和地方分权自治，实际上就是尽可能让人民直接参与政治和地方事务的管理活动，而不是依靠少数代表们的个人决定，尽可能地实现直接民主。与此同时，为了保障全民参政的有效性和可能性，杰斐逊还大力推进教育，保证政治主体有参政的能力。

1. 全民参政，监督政府

杰斐逊认为以统治集团为首的政府会为了追求少数群体的利益而选择忽略甚至舍弃人民的权利，最终导致政府的权力过于膨胀，"世界上每一个政府都带有人类弱点的某种痕迹，带有腐化堕落的某种胚芽，运用狡智便能发

---

①　［美］托马斯·杰斐逊著，朱曾汶译：《杰斐逊选集》，商务印书馆1999年版，第301页。

现，居心叵测便会去发掘、培植和助长。任何政府如果单纯托付给人民的统治者，就一定蜕化。所以，只有人民本身才是政府的唯一可靠的保护人"①。所以，人民参政的首要任务就是将政府腐化堕落的可能性扼杀在摇篮中，换言之，需要由人民自行选举出代表来代替人民解决政府事务，而且还需要人民监管政府事务，充分发挥他们所能发挥的一切作用。

杰斐逊关于人民对政府的控制与监督的看法是认可肯定的，主要还是因为他在人性方面的见解比较深刻。他坚信人类生而正义，所有人的本性都是善良的，有着无可比拟的正义感。杰斐逊对普通人民的信任感非常高，他认为：每一个人都具有自治的能力以及相应的素质，即对于人民的天生的正直及明辨是非的能力，以及可以信任他们管理自己的政府的可靠和限度，我比他们有更大的信心。

一是主张地方自治，让人民自己去保障自己的自由和民主，通过足够多的人民群众的参与，来挖掘民主的深度，加大民主的广度。若所有的政务都需要中央政府处理，地方政府的存在就会显得非常尴尬，而且各级官员都是由选民票选出来的，需要选民行使他们的监督权。地方政府的缺职，将会给整个政府造成极为恶劣的影响，甚至会加速产生腐化与暴政的政府。如果人民不能参与政务工作，就会对社会事务的兴趣锐减，热情消散的同时将会影响到每一个国民的社会政治生活。美国国土面积庞大，导致人民只能通过选举自己的代表来实现对国事的管理。但他们可以随时个别地撤换这些代表，或在形式上、职能上改变代表的组织。否则，民选的代表仍然有可能蜕变成豺狼。二是主张实行普选制。杰斐逊明令禁止设置财产条件来剥夺部分人民的选举权，主张取消担任官职的财产资格限制。他认为每一个成年公民都应当享有选举权，这会让投票的公民基数得以提升。三是禁止议员连续任职，也不允许出现参议员终身任职的情况。杰斐逊认为参议员终身任职会导致政

---

① 《资产阶级政治家关于人权、自由、平等、博爱言论选录》，世界知识出版社1963年版，第58页。

府与人民之间的距离越来越远。除此之外，在司法方面他极力推崇人民陪审制。他觉得人民需要积极投身于政治活动，这可以让人民永远成为国家事务的主人翁，确保人民在自己的自由和幸福权利遭到侵犯时，可以拿起法律的武器去捍卫它们。

2. 少数服从多数原则

前文提到，为了避免政府出现暴政与腐化等情况，人民需要将权力牢牢掌握在自己的手中，任何决策的推行都需要得到人民的允许。因此，需要遵守民主原则中最关键、最核心的原则，即少数服从多数原则。杰斐逊说：归根到底，大多数人的意志应该始终占优势，这便是我的原则。人民的意愿代表着大多数人，人民在政治决策上的决定权是不可动摇的，应该相信人民的能力与素养会让越来越多的人民有参政的积极性，把政治事务交由大部分人民选举出来的代表进行处理。而政府对于人民来说，仅仅是为了保证人民行使权力而选举出来的执政工具，其存在的目的是让人民的政治理想与政治追求得以实现。

所以，杰斐逊希望利用普选制来贯彻落实多数原则，这意味着所有的公民都能够平等地行使选举权与参政权，来保障权力掌握在人民手中。国家的立法权属于民选代表所在的国会，并非通过直接民主或间接民主来彰显人民所拥有的绝对权力，而且人民手中的参政权是终身制的，国家的权力来源于此且受限于此。无论是哪个人选举的代表都能够被人民的意志所替换掉，甚至是执政党及政府都可以被改变。想要增强选举权的普及性，应当适当降低选举权的门槛条件，并增加普通民众享有的选举率。杰斐逊认为全体成年男性公民都应当享有选举权，而且每一位议员乃至副总统、总统应均由公民直接选举而来。他意识到了投票权的唯一性与等值性将会给民主制度的建立带来影响，即每个选民的投票都是平等的，每一张选票能够造成的影响也是完全一样的，即"一人一票、每票同值"。一方面，所有选民只有一次投票机会。另一方面，每一张选民的投票价值是一样的，所以选民的数量将会产生一样数量的代表。正是由于选票的唯一性和等值性，人民的权利在各种政治体系下才可以得到保障。而且，杰斐逊觉得普选制是选举权的普遍性的充分体现。除此之外，人民政治权利的平等性也得以体现，是民意最直接的表现形式，对保障人民的合法权利而言至关重要。

3. 教育是全民参政的基石

从本质上来说，杰斐逊提出"立体分权"和全民参政的思想，其目的是保证人民的权益，实现人民主权。但光靠理论研究和制度建设是不够的，更多地需要人民自己具备一定的文化水平，可以判断是非，即可以有效地辨别政府和政策的好坏。这就需要有效地提高人的基本素质，包括文化素养和政治素养，保证政治主体有参政的能力。大力推行教育是唯一的和有效的途径。正如杰斐逊所说的那样，"如果我们认为人民的知识不够，不能以健全的判断力行使他们的统治，补救之道，不在于把统治权从他们的手中夺走，而是靠教育去加强他们的判断力"。教育可以提高人民参与政治和自治的能力，可以使人民掌握必要的政治常识，保证人民政治决策的科学性，培育和提高人民实行民主的技能，这是监督政府有效性的最好保证和实现手段。

一个人能够靠读书而改进他的道德和能力，"知道自己应享受哪些公民的权利与义务，学会正当地行使自己的公民权利和履行公民义务，学会选举自己所信任的人，学会不倦地、直言不讳地、有判断力地监督他们的行为"①，学会聪明地、忠实地观察他身处其中的所有社会关系。于个人来说，教育可以使人们的心智获得成长，让人的潜力得到开发，最终在学业结束后彻底蜕变为能够理性思考、拥有道德观念的成年公民。就国家角度而言，教育能够为民主社会提供源源不断的合格公民，更是让弱国成为强国的必然手段。简单来说，推行教育能够让越来越多的人清楚地意识到自己拥有哪些合法权利与应尽的责任，从而推动社会和国家的进步。

杰斐逊是美国公共教育的倡导者，一生都在为构建美国公立教育体系而努力。为此，他设计的以小学、普通中学与大学为基础的公立教育体系，能

---

① 朱旭东：《杰斐逊的现代化教育制度思想》，《比较教育研究》2000年第S1期。

够利用极为严格的考评选拔制度来完成教育任务，既能普及全民教育，又能筛选出德才兼备的统治人才。他认为所有分区都需要建立一所小学，用来为附近的适龄儿童提供无偿的教育资源。以公立小学为基础，让儿童学习读、写、算等基础知识，并掌握种植、栽培等一些基本的生活技能。初级教育则进一步培养学生的计算能力、文字表述能力、思考能力等，让学生成为一个可以基本掌握社会生活能力的现代公民，以国家的合格公民身份参与国家建设管理。完成初级教育后，将会有严格的考评选拔制度筛选出一些能力较强、智商较高或发展前途较好的学生前往公共教育的后一个阶段（即文法学校）继续学习。当最优秀的学生完成文法学校的学业后，会经过选拔考试的筛选，将一部分顶尖的学生送至大学完成最后三年的公费教育，这就是当时的教育资源。大学教育期间，学校会按照学生们的个人学习意愿与社会职业发展的需求来决定他们的教育方式，最终让他们能够顺利地蜕变成充满正义感的、和善可信的、爱国爱民的政治家，分别在立法、行政和司法等部门崭露头角，成为促进国家繁荣和人民幸福的统治人才。

（四）政体要求：民主共和国

杰斐逊是共和主义思想的集大成者，他在继承了古典共和主义思想的优秀成果之上，又把代议制度、分权理念与宪政观念引入共和，拓展了共和的含义，使之现代化，从而具有制度上的可行性，最终形成了独树一帜的共和主义思想，并将其思想付诸实践。民主与宪政之间既有张力又有合力，杰斐逊试图在两者之间达成调和，使其融合在一个体系内，他极为注重人民主权、宪政的民主性、代议制、多数原则等，努力促成以人民民主为主的宪政民主制。

人民主权对杰斐逊民主理论来说是不可动摇的基石。杰斐逊眼中的国家是由人民的共同意识所构建而成的，这意味着国家的权力是由人民赋予的，人民对国家来说才是绝对的主人，可以在所有的国家事务上行使作为国家公民的合法权力，甚至是建立、改变或者撤销政府机构的权力。在杰斐逊眼里，共和主义的原则是人民可以在他们喜欢的时候建立或是改变政府，国民的意志是这一原则唯一的实质。杰斐逊把人民主权思想引入宪法，他始终强调人民的权威是宪法的基础，而人民本身更是国家的基础，宪法的内容更是自然所赋予的，这让宪法的民主性因素得到进一步体现，意味着宪政民主思想的形成有着极为扎实的理论依据。杰斐逊坚定地指出，人民的权威是宪法的基础。国民有权依其意志改变政治原则和宪法。在民主共和制度的探索期间，通过以杰斐逊为首的等人的不懈奋斗，人民主权晋升为美国宪法的核心原则，而且人民主权用美国宪法的传播效应让所有现代资本主义国家的宪法原则都产生了一定的变化。杰斐逊在法律方面有着特殊的认知。一方面，他非常认可法律的重要性，尤其是在政治生活的过程中；可另一方面，他又并不完全信任法律，他觉得法律的力量是有限的。这与联邦党人的看法截然相反，所有的自然权利在法律的实践中都会被削减或是被管制。他觉得，法律的本质其实是国民意志的体现，而遵守法律是每个公民都需要牢记在心的，然而他又认为在法律与国家本体之间应该选择后者，如果坚持遵守法律却失去了祖国，那就是极其离谱的本末倒置。

在民主形式的选择上，杰斐逊选择了代议制，与直接民主制不同的是，代议制会把人民的权力以民主选举的形式集中到少部分人手中，交由人民选举出的代表来代为行使。这既能够保障人民的意志成为决定的关键因素，还能避免因直接民主制而导致问题的出现。杰斐逊认为，政府的权力确实源自国民，但是国民意志的体现需要代理机构来进行尝试，最终机构的选用也只是暂时的，需要根据实际国民的意志随时变动。换言之，人民主权的存在是合理的，可是要将人民主权本身与行使主权的机构分开，这样才能够确保宪政和民主之间处于一种均衡的状态。

杰斐逊非常认可多数决定原则的合理性，他将服从多数的决定理解为社会的根本法则。在杰斐逊看来，多数决定原则是共和主义法则中最核心的一条，该法则也是社会的根本法则之一，每个个体都是权利平等的个人；选举投票中获得更多投票的社会意志等同于全体都认可的意志，前者有着后者一样的崇高地位。杰斐逊对多数决定原则的认可度很高，但是这并不影响他也重视少数人的权利。杰斐逊认为共和主义的内涵是无穷无尽的，能够在包容多数原则的同时，又因为正义原则而允许少数人拥有合法的权利。他指出："大家也都会牢记这一神圣的原则：虽然在任何情况下都应该以多数人的意志为重，但是那个意志必须是合理的才能站得住脚，而且少数人也享有同样的权利，必须受平等的法律保护，如果加以侵犯就是压迫。"[①]杰斐逊对少数人权利的重视之所以存在，是为了避免自己陷入贵族政治的误区，他需要时刻确保自己遵守民主的基本原则。

三、杰斐逊的国家治理思想的性质及历史影响

杰斐逊一生追求民主、平等、自由，是一位坚定的民主主义者。作为美国开国元勋之一，他缔造了美国民主的传统，被誉为"美国民主之父"。虽然杰斐逊的政治生涯非常漫长，可是在此期间却未将其政治思想以著作或者研究论文的形式流传下来，主要是通过与其他思想家的书信以及政府文件和咨文表现的。其中，最为著名的论述《独立宣言》将其政治思想展现得淋漓尽致。杰斐逊的政治思想奠定了美国民主政治的理论和思想基础，在美国思想界有着重要的地位和影响力。

（一）杰斐逊的国家治理思想的性质

综观杰斐逊的治国理政思想，他基于天赋人权等自然法思想，认为自然法赋予人民生命权、自由权和追求幸福的权利。这些自然权利是每个人与生俱来的、平等享有的和不可剥夺的，成立政府也是为了维护人民的自然权利。他始终坚持人民是政府权力的拥有者，从人的道德理性角度入手，来确

---

① ［美］托马斯·杰斐逊著，朱曾汶译：《杰斐逊选集》，商务印书馆1999年版，第305页。

定人民拥有足以落实人民民主政治的能力与素质。他觉得人民的参政能力足以应付将会遇到的各种问题，并有着自我管控能力去监管政府。他对政府是始终保持怀疑的，并提出政府的组建是基于人民意志的观点。他认为制衡政府权力的关键在于人民要牢牢掌握住对政府的选举权与监督权，在必要的情况下可以建立、改变或者撤销政府机构。杰斐逊将自己积累的理论知识充分融入政治实践，彻底打造完成美国的共和政体。他充分吸收了亚里士多德的共和制度思想，在此基础上融合了洛克、孟德斯鸠的分权理论，建立起符合美利坚合众国发展的联邦国家制度，满足了美国作为一个大国发展的制度需要。在制度构建与探索的过程中，杰斐逊与汉密尔顿等联邦党人一直都在将其努力完善，这也让美利坚合众国成为共和主义思想发展的重要一环。

然而，杰斐逊政治思想也有其历史局限性：天赋人权思想意味着封建等级制度势必会被摧毁，专制统治将会被终结，因此获得了新兴资产阶级的支持，更是让受尽剥削与压迫的民众得到了喘息的机会，但这并不符合人民民主的本质需要。所以，所谓的天赋人权论，是为了满足资产阶级民主革命的利益要求而应运而生的。这并非完全全民平等，也并没有将所有自然权利都归还给人民。民主和国家形态、国家政治制度之间的关系是密不可分的。杰斐逊构建的民主政体，表面上是遵循了国家公民至上的平等思想，但实际上却是不平等的。无论是"两党轮流执政"还是"普选制"或者"三权分立"，都只是资产阶级假借"民主"头衔对国家进行管理的方式，并不是真正的民主治国。所以，资产阶级民主始终都是带有各种限制的、虚伪的民主。

（二）杰斐逊的国家治理思想的历史影响

1. 弘扬了人民革命权利思想

杰斐逊不仅是在理论上提出人民革命权利思想，还把它写进了官方文件，把该思想灌输到政府管理的理念中去，这对当时的美国人民夺取独立战争的胜利起到了极大作用。当时，北美人民长期受到英国殖民政府的压迫，他们对于拥有一个独立的、属于自己的国家有着极大的需求。此时，杰斐逊在《独立宣言》中对人民革命权利思想的提出及宣扬，适应了当时历史和革命形势的需要，亦成了正义的代表，极大地激发了美国人民的革命热情。杰斐逊的人民革命权利思想，迅速成为当时反英斗争的思想武器，激起了美国人民对殖民统治的不满，对推动美国独立战争的胜利起到了不可估量的历史作用，也让之后席卷整个欧洲、南美洲等地的革命风暴有了理论依据，让人民革命的大潮正式拉开帷幕。在《独立宣言》中宣布的与生俱来的、普遍的、革命的权利的观念，是战斗檄文，是生动实践于人间的政治理论。

2. 奠定了美国民主政治体制的理论基础

杰斐逊"立体分权"思想的核心，即在国家最高等级的权力之间进行分权制衡，维护地方权力的自治。杰斐逊始终认为中央权力的过分集中，会导致政府的膨胀，不利于维护民主。因此，纵向的分权制衡就尤为重要。并且，人民更愿意关注与自身利益相关的地方性事务，保护地方政府的自治制度，才便于人民去参政议政，保障自己的根本利益。所以说，杰斐逊的"立体分权"思想其实是在思考如何让人民更有效地管理国家和如何更好地监督国家权力的运行。他充分意识到，只有让人民真正参与政治，实现自己管理自己，才能更好地落实对政府的监督，防止暴政发生。杰斐逊坚信这样一个纵横交错、主辅交融的"立体分权"体系，是完美且有效的。事实证明，虽然由于时代的限制，杰斐逊并没有完全实现自己的政治理想，但是这样的构架很符合当时的社会需要，具有一定的合理性，奠定了美国民主政治体制的理论基础，也为后来美国一系列的政治和体制改革做了铺垫。

3. 保障了民主政体的运行

杰斐逊认为最优的政体是建立民主共和国，实质是用人民掌控下的体制去维护人民的根本利益。这需要大多数人都参与政治活动，即全面参政。杰斐逊强调每一个公民应参与政治，这是一种天赋的权利，是不可剥夺的，并探讨了如何去实现和保障全面参政。他以"性善论"作为自己的逻辑起点，阐述人民的参政能力和政治素养是可以在后天培养的。教育就是唯一的方法。所以说，杰斐逊的政治思想，不仅在理论上提出全民参政的构想，还通过构建教育体系，在实践上加以落实保障。正因如此，当时的美国民众有好的教育条件，可以更多地接触到、认识到、学习到政治事务，有着极大的参与政治热情，从而有效地防止政府的腐化。

总之，杰斐逊在治国理政思想中，始终围绕人在出生后都应该理所当然地拥有全部的自然权利，而且人民的权利地位都是平等且固定存在的这一点，不断去阐述、完善整个理论框架。

第二节　汉密尔顿的国家治理思想

汉密尔顿是美国著名的政治家，其治国理政思想深深地契合美国当时的国情。他的治理思想，以"人性恶"作为出发点，继承了当时启蒙思想的成果和参考了有关政治实践，在吸收洛克、孟德斯鸠等人分权思想的基础上，创造性地提出了分权制衡的理论，从而构成其国家治理思想的最核心的部分。基于对联邦政府弊端的考量，他提出了建构共和国的理想，也就是联邦主义，这为美国的迅速崛起作出了不可磨灭的贡献。

一、汉密尔顿的生平及思想渊源

（一）汉密尔顿的生平及著作

亚历山大·汉密尔顿（1757—1804）是美国开国元勋之一，是美国建国初期著名的政治家、国务活动家，1787年宪法的主要起草者，联邦政府第一任财政部部长，联邦党的创始人之一。汉密尔顿出生于尼维斯岛，成长于一个并不富裕的苏格兰家庭中。他于1772年进入国王学院（今哥伦比亚大学）学习，但在独立运动的呼唤中中断了学业。汉密尔顿希望建立军功以此来提高声望，而且他的确在独立战争中表现出色。独立战争一打响，他立即从军，参加了 1776—1777 年的主要战斗，随后晋升中校，进入华盛顿的司令部，成为华盛顿的秘书兼副官，进而成为华盛顿的密友。1782—1783 年，汉密尔顿成为纽约驻邦联议会代表，同时在纽约市开设律师事务所。

汉密尔顿留下来的著述很多，在 1961—1987 年，哥伦比亚大学出版社整理出版了一部多达 27 卷的汉密尔顿个人政治论文集。这些著作表明他在美国的影响巨大。汉密尔顿在美国政治中的影响突出表现在制宪会议期间。1786 年，他参加安纳波利斯会议，与麦迪逊等人一起筹划制宪会议。1787年，根据美国联邦国会的邀请，由乔治·华盛顿主持，在费城举行了全国代表会议。汉密尔顿作为纽约驻邦联议员，当选出席制宪会议的代表。原本准备修改执行已有 8 年之久的《邦联条例》，但经过讨论之后，决定重新制定一部新宪法。新宪法在费城会议通过后，要由 13 个州的代表会议分别批准，9 个州同意即可生效。但是，在各州的批准过程中，对新宪法有两种截然不同的意见：一种拥护，一种反对。双方就此展开了美国历史上最激烈的一场论战。汉密尔顿的重要作用主要体现在为新宪法所做的宣传中。在争取宪法能在各州得到批准的过程中，1787 年 10 月至 1788 年 8 月间，汉密尔顿和政治盟友麦迪逊都自称联邦主义者，两人与约翰·杰伊联手，用"普布利乌斯"的笔名在纽约报纸上发表连载文章，后来结集为《联邦党人文集》。

这本书是为新宪法全面辩护的一部著作，对新宪法和建立美利坚合众国政府所依据的基本原则做了分析与说明，驳斥了反对派对新宪法的各种责难和攻击。它从不同方面深刻地揭示了 1781—1787 年联邦政府的缺点，强调建立联邦共和制的必要性和优越性。这本书半数由汉密尔顿完成，或者是他参与写成的。可以说，这本书全面反映了在当时历史背景下汉密尔顿的国家治理思想。批准新宪法和建立联邦政府以后，汉密尔顿出任美国历史上第一任财政部部长，提出了一系列带有战略性的财政方针，建立了美国近现代金融工商体系。在 1800 年总统选举中，汉密尔顿运用自己的政治影响力，促使一些联邦党人支持杰斐逊成为总统，伯尔则因此败选。1804 年，伯尔改而竞选纽约邦长，汉密尔顿又令伯尔落选。新仇旧恨加在一起，伯尔向汉密尔顿提出挑战。于是二人决斗，汉密尔顿中弹身亡。

（二）汉密尔顿的思想渊源

汉密尔顿奉行"性恶论"，他认为，"不了解人性是所有民主理论家的致命弱点；他们把只适于乌托邦生存的利他主义当成了人的家当。但当我们把人作为人来考虑时，我们发现他们与野兽没什么两样，如果不加以限制，他们会把每一座花园变成猪圈。无论在哪里，人都被一种原始贪欲所驱使，政治哲学家必须调整他的体系，使之适于这个不幸的事实"[1]。他的治国理政思想深受霍布斯的影响。经过独立战争的动荡后，联邦政府的软弱无力暴露无遗，因此，汉密尔顿选择英国式的君主立宪国家为理想政体，希望以此来加强中央政府的权力。在1787年费城制宪会议上，他提出建立英国式君主立宪制度的美国版，让美国人掌权，为美国人服务。但是他的提案并没有通过，因为汉密尔顿本身体会不到美国人对君主制与贵族制的痛恨。会议后来通过了以弗吉尼亚方案为蓝本的联邦宪法，汉密尔顿毅然表示支持这部宪法。

汉密尔顿的分权制衡思想是孟德斯鸠分权思想、英国的实践与当时美国国情相结合的产物。就政治思想的来源看，汉密尔顿深受当时欧洲政治思想的影响。他既接受了英国宪政思想，同时也吸收了来自法国的民主理论。汉密尔顿创造性地将当时两种主要观念融合在一起，提出了更契合美国国情的国家治理思想，他认为混合型政体是适合当时美国国情的最优政体。而当时的英国政府被认为是出色的混合政府，英国的政治是由君主制度、贵族政治与民主构成的一种独一无二的混合体。在汉密尔顿的理论中，混合政府是平衡政府，意思是应该没有一个政府部门能主宰其余部门。实践上，这表示决

---

[1] ［美］沃侬·路易·帕灵顿著，陈永国等译：《美国思想史》，吉林人民出版社2002年版，第260页。

策将是各部门共同做成的决策，因为以此方式做成而具正当性。决策因为以合宜的方式做成，所以有正当性。

二、汉密尔顿的国家治理思想的主要内容

汉密尔顿结集出版的著作《联邦党人文集》，蕴含了他治国理政思想的核心内容。作为一本为新宪法辩护的著作，汉密尔顿一方面驳斥了反对派对新宪法的责难和抨击，批判了联邦政府的各种弊端；另一方面，阐释了新宪法和建立联邦政府的必要性和优越性，同时对联邦政府运作所依据的分权制衡思想做了详细的分析和说明。

（一）治理中的人性：性恶论

在关于人性论的问题上，汉密尔顿是持人性本恶观点的。他认为人是"野心勃勃、存心报仇而且贪得无厌"的。人天生拥有一种对权力的欲望，一旦掌握了权力却又不加以限制，就一定会导致权力的滥用。作为自由主义者，汉密尔顿对权力怀有一种根深蒂固的不信任。就人性论的基本内容来看，汉密尔顿更关注人的权力本性，正如在《联邦党人文集》一书中所提及的："人的利益必然是与当地的法定权利相联系。用这种种方法来控制政府的弊病，可能是对人性的一种耻辱。但是政府本身若不是对人性的最大耻辱，又是什么呢？如果人都是天使，就不需要任何政府了。如果是天使统治人，就不需要对政府有任何外来的或内在的控制了。"[①]在独立战争中，汉密尔顿目睹了士兵们由于缺粮而不愿意参战，深切体会到了人性自私的现实性和真切性。英、法两国经过上一次的战争已经筋疲力尽，但很快又开始彼此互相仇视。在分析战争爆发的原因时，他认为，"和平或战争经常不会由我

---

① ［美］汉密尔顿、杰伊、麦迪逊著，程逢如等译：《联邦党人文集》，商务印书馆1980年版，第264页。

们来选择；不管我们怎样稳健或毫无野心，我们也不能依赖稳健，或者希望消除别人的野心"①。所经历的事情使得他对"人性恶"坚信不疑，他指出："从人类历史来判断，我们将被迫得出结论说：战争的愤怒和破坏性情感在人的心目中所占的支配地位远远超过和平的温和而善良的情感；而根据对持久平静的推测来建立我们的政治制度，就是指望人性的比较软弱的原动力。"②

与此相联系，汉密尔顿治国理政思想的基本出发点是"人性恶"的假设。他深受霍布斯等人的影响，继承了西方源远流长的"人性恶"思想。汉密尔顿用一种完全不同的思考方法，他承认人性中恶的一面，但同时认为，只要在政治设计中加以考虑并正确利用，那么它就会对政治大有裨益。大卫·休谟曾指出："在设计任何政府体制和确定该体制中的若干制约、监控机构时，必须把每个成员都设想为无赖之徒，并设想他的一切作为都是为了谋求私利，别无其他目标。"③汉密尔顿完全赞同这种观点，亦即"正视人类天性、不扩大其美德、不夸张其瑕垢"。汉密尔顿并不认为大多数人的品格有多么高尚，这并不是说他认为人大多没有无私的爱国精神，而是说，千万不能信赖人是一心只念国家福祉的爱国者。他明确指出："人总是要追求其个人私利的。要改变人性，就像要阻挡自私的情感的狂流一样困难。聪明的立法者应该巧妙地通过改变河道对其加以引导，并在可能的情况下将其导向公共利益的方面。"当然，这并不是说汉密尔顿否认人性中存在高尚的一面，只是他认为不能把国家政治的基点建立在"人性善"的假定之上。汉密尔顿的分权制衡理论实际上是这样一种思想的体现——允许个人的或者党派的利益在政治中得到合法的表达，但这种表达的结果对公众的利益也有好

---

① ［美］汉密尔顿、杰伊、麦迪逊著，程逢如等译：《联邦党人文集》，商务印书馆1980年版，第164页。

② ［美］汉密尔顿、杰伊、麦迪逊著，程逢如等译：《联邦党人文集》，商务印书馆1980年版，第164页。

③ ［英］休谟著，张若衡译：《休谟政治论文选》，商务印书馆1993年版，第27页。

处。在这一方面，正如政治思想史学家波考克所指出的，汉密尔顿表达了"一种倾向，它把共和制之下的平衡与对其公民个人的任何道德要求分离开来"。

（二）宪政治理观：分权制衡思想

美国独立之后，汉密尔顿目睹了联邦条款之下政府的种种无能，日益坚信必须要建立一个强大的中央政府。他在吸收洛克、孟德斯鸠等人分权思想的基础上，基于"人性恶"的假设创造性地提出了分权制衡的理论，构成其国家治理思想最核心的部分。

1. 思想渊源：洛克和孟德斯鸠的分权学说

国家权力作为一种重要的政治资源，能够为其掌权者带来额外的利益，因此，权力极其容易存在被滥用的可能性。洛克就曾表示人性的"劣根性"在于其总是企图抓住尽可能多的权力。孟德斯鸠则进一步指出："一切有权力的人都容易滥用权力，这是万古不易的一条经验。有权力的人们使用权力一直到遇有界限的地方才休止。"[1]在分权思想方面，洛克走出了第一步，孟德斯鸠则在其基础上完善了分权理论，后者提出的三权分立思想立足于权力只能由权力加以抗衡这样一个基本前提，为从制度上控制国家权力、保障公民自由提供了非常完整的理论构想。

洛克是西方近代政治思想家分权理论的创始人，他最先明确地把国家的权力分为立法权、执行权和对外权。立法权是一个国家中最根本的权力，为了实现对立法权的制约，洛克主张把执行法律的权力从立法权中分立出来。因为，如果执行权和立法权掌握在同一个人或同一机构中，就很难防止他们用权力来谋取私利。而对外权是决定"战争与和平、联合与联盟以及同国外

---

① ［法］孟德斯鸠著，张雁深译：《论法的精神》上册，商务印书馆1961年版，第154页。

的一切人士和社会进行一切事务的权力"①。在洛克看来，对外权与执行权并没有明显的区别，他认为这两种权力掌握在同一批人手里更为恰当。但是洛克的分权理论并不成熟，他在划分三种权力的时候依据的标准并不一致。与之后孟德斯鸠的分权理论相比较而言，后者更为完善和成熟。

孟德斯鸠的分权理论的出发点和洛克一样，在借鉴洛克分权理论的基础上，把国家权力分为立法权、行政权和司法权三个部分。与洛克不同，孟德斯鸠把司法权单独划分出来，相比之下，他认为司法权是一种被动的权力。"告诉才受理"是司法机关的工作原则，这就和行政权不同。孟德斯鸠针对划分这三种权力的必要性指出："当立法权和行政权集中在同一个人或同一个机关之手，自由便不复存在了；因为人们将要害怕这个国王或议会制定暴虐的法律，并暴虐地执行这些法律。如果司法权不同立法权和行政权分立，自由也就不存在了。如果司法权同立法权合而为一，则将对公民的生命和自由施行专断的权力，因为法官就是立法者。如果司法权同行政权合而为一，法官便将握有压迫者的力量。"②孟德斯鸠认为不仅仅要对国家权力进行合理的划分，还要使分开之后的权力相互牵制，也就是以权力约束权力。

洛克和孟德斯鸠等思想家的理论为美国立国者们所继承，进一步发展为制约与平衡的理论，并且在美国宪法的设计中得到了充分体现。汉密尔顿正是在这些思想家们的分权理论的基础上，创立了美国的宪政制度，从而进一步提出了分权制衡理论。

2. 政治技艺：分权制衡

汉密尔顿相信，通过分权制衡体制，既可以平衡各方面的利益，又可以有效地约束国家权力，从而保护公民个人的自由。对于汉密尔顿来讲，防止国家权力被滥用的最好方法，就是把权力分散在不同的机构之间，并且使这

---

① ［英］洛克著，叶启芳、瞿菊农译：《政府论》下篇，商务印书馆1964年版，第92页。

② ［法］孟德斯鸠著，张雁深译：《论法的精神》上册，商务印书馆1961年版，第156页。

些机构之间相互制衡。汉密尔顿非常具体地指出："把权力均匀地分配到不同部门；采用立法上的平衡和约束；设立由法官组成的法院，法官在忠实履行职责的条件下才能任职；人民自己选举代表参加议会——凡此种种，完全是崭新的发现，或者是在现代趋向完善方面取得的主要进步。这些都是手段，而且是有力的手段，通过这些手段，共和政体的优点得以保留，缺点可以减少或避免。"①

　　汉密尔顿继承了前人的分权理论，把国家权力划分为立法权、行政权和司法权。其中，立法权由众议院和参议院共同行使，行政权由总统来行使，法院行使司法权。为什么在有了众议院之后，还要设立参议院呢？它是否是必须存在的机构呢？汉密尔顿表示："由于僭越权力或背离职守的阴谋，需经两个不同机构的同意才能实现；而单一的机构则容易为野心所左右或为贿赂所腐蚀，这样就加倍地保障了人民的利益。……由于两个机构的特点越是不一样，就越是难以勾结起来为害，因此，在能够保证对一切正当措施进行相互协调的情况下，在符合共和政体的真正原则的基础上，使这两个机构在一切方面都有所不同，这样做必定是恰当的。"②比如，规定参议院议员由间接选举产生，成员任期相比众议员长；但同时将提出财政法案的专属权力赋予众议院。另外，在关于众议院和参议院立法权的分配上也有所不同，但是由任何一院提出的法案最后都必须经过另一院同意，才能递交总统签署。汉密尔顿认为，作为立法机构的众议院能够直接反映人民的利益和需求，并且更多地具有进取精神，但是在个别时候，很可能一时主张采取某些措施，而事后又极有可能反悔。如果在这种时候，由参议院加以干预，就可以防患于未然。因为参议院更多地反映各州的利益，具备专业性和稳定性。通过两院之间相互制衡，能使立法机关更为稳妥和周到。

---

　　①［美］汉密尔顿、杰伊、麦迪逊著，程逢如等译：《联邦党人文集》，商务印书馆1980年版，第40—41页。

　　②［美］汉密尔顿、杰伊、麦迪逊著，程逢如等译：《联邦党人文集》，商务印书馆1980年版，第315—316页。

要实行新宪法的一个原因是完成政府的管理工作，结束联邦政府现在的混乱状态。汉密尔顿主张建立一个强而有力但又不至于专制的行政机关，因为"软弱无力的行政部门必然造成软弱无力的行政管理，而软弱无力无非是管理不善的另一种说法而已；管理不善的政府，不论理论上有何说辞，在实践上就是个坏政府"①。在汉密尔顿的政治设计中，任命合众国总统由选举方式产生，以此来保证总统在职期间除了人民本身不会依附于其他任何人。为了减少选举过程中的骚动和紊乱，他又主张不直接由公民们直接投票，而是让他们选举出总统选举人，再通过后者进行投票选出总统。同时，选举出总统之后公民基本上不再对总统具有影响力。汉密尔顿认为行政权最宜集权力于一人，因为"集权力于一人最有利于明智审慎，最足以取信于人民，最足以保障人民的权益。统一才有力量，这是不容争议的"②。同时对于全体公民来说，"行政权集于一人更易于加以规范；人民的警惕和监督只有一个对象，这样就安全得多；总之，执掌行政权的人越多，越不利于自由"③。汉密尔顿同时认为在日常政治活动中，总统的行动不必对议会负责，以保证他在一定程度上的独立性。他指出："有些人会以为行政部门对于社会上或立法机构中之行时潮流能够屈从顺应，乃是其最大的美德。但是，此种人对于所以要设置政府的宗旨，以及对于促进人民幸福的真正手段，都是理解得十分粗浅的。共和制度的原则，要求接受社会委托管理其事务的人，能够体察社会意志，并据以规范本人行为；但并不要求无条件顺应人民群众的一切突发激情或一时冲动，因为这些很可能是由那些善于迎合人民偏见而实则出

①〔美〕汉密尔顿、杰伊、麦迪逊著，程逢如等译：《联邦党人文集》，商务印书馆1980年版，第356页。
②〔美〕汉密尔顿、杰伊、麦迪逊著，程逢如等译：《联邦党人文集》，商务印书馆1980年版，第357页。
③〔美〕汉密尔顿、杰伊、麦迪逊著，程逢如等译：《联邦党人文集》，商务印书馆1980年版，第361—362页。

卖其利益的人所阴谋煽动的。"①另外，为了保证行政权行使得强而有力，汉密尔顿认为总统要有一个合适的任期，以4年为一任期同时可以连选连任，这样可以使总统更好地发挥自己的实践经验，从事一项长期的、规模较大的有益于人民的事业。

汉密尔顿对于保障司法独立也给予高度重视。在他看来，司法权为分立的三权中最弱的一种，因为它既不像行政权那样拥有荣誉、地位的分配权和执掌军权，也不像立法权那样控制着国家的财政权。加上司法部门的被动性质，因此司法权被滥用的机会比较少。即司法部门"既无强制、又无意志，而只有判断；而且为实施其判断亦需借助于行政部门的力量……与其他二者不可比拟。司法部门绝对无从成功地反对其他两个部门；故应要求使它能以自保，免受其他两方面的侵犯"②。因此，对于司法权来说，重要的是如何保证它相对于行政权和立法权的独立性，而不在于如何对其加以限制。为了保障司法独立，汉密尔顿认为一个重要的措施就是防止法官的任命受到法律之外的各种因素的影响，"短期任职的法官，不论如何任命或由谁任命，均将在一些方面使其独立精神受到影响"③。汉密尔顿为此设计的制度是使法官不经由民选产生，因为如果由人民来任命，可能会使法官过于迁就民意，而且规定合众国任命的一切法官只要"行为正当"就可以终身任职，这样就可以保证司法的稳定性和公正性。另外，要保证法官的薪俸固定，且在任期之内不得减少，并随着时代的变迁根据需要加以调整。

汉密尔顿的分权制衡思想不仅仅对国家权力进行分权，同时还包括三种权力之间的混合和制衡。他认为，"防止把某些权力逐渐集中于同一部门的

---

① ［美］汉密尔顿、杰伊、麦迪逊著，程逢如等译：《联邦党人文集》，商务印书馆1980年版，第363—364页。

② ［美］汉密尔顿、杰伊、麦迪逊著，程逢如等译：《联邦党人文集》，商务印书馆1980年版，第391页。

③ ［美］汉密尔顿、杰伊、麦迪逊著，程逢如等译：《联邦党人文集》，商务印书馆1980年版，第395页。

最可靠办法，就是给予各部门的主管人抵制其他部门侵犯的必要法定手段和个人的主动。在这方面，如同其他各方面一样，防御规定必须与攻击的危险相称"①。根据汉密尔顿设计的美国政治体制，掌有行政权的总统，可以否决立法机关所制定的法律，但是他自己不能制定法律，他可以任命法官，但不能亲自管理司法；司法部门有广泛的审判权，且拥有法律解释权，对立法机关所制定的法律有"违宪调查权"；立法议会有权决定最高法院人数和弹劾法官的权力；立法议会对包括总统在内的行政官员有质询权和弹劾权，对政府签订的条约以及任命的官员有批准权；总统拥有特赦权。

还有一点需要说明的是，汉密尔顿"之所以设计了这样一种制约与平衡的体制，其原因除了希望能够防止派系之争与国家权力被滥用之外，还有一个重要的考虑，就是他们既担心少数对多数的暴政，同时也害怕多数对少数的压制"②。汉密尔顿主张的这种分权制衡的宪政制度，其基本出发点是对人性不信任的假设。从其理论主张来看，汉密尔顿的立场明显是站在美国资产阶级这边的，追求秩序和稳定，以此来保证少数人的利益不被多数人所侵犯。在孟德斯鸠的分权学说里面，一个完美的权力分立制度是一种静态平衡的政府体制，也就是说，政府近乎无作为。但是汉密尔顿的分权制衡理论还有一个更加重要的用意，就是他打算建构一套比《联邦条款》强力得多的政府结构。他要合众国政府对内对外都有威慑力，因为只有强有力的政府才能保障人民的基本权利。

（三）共和国的理想：联邦主义取向

1775年，北美独立战争爆发。1776年7月4日，在费城召开了第二次大陆会议，组成"大陆军"，由乔治·华盛顿任总司令，通过了《独立宣言》，

---

① ［美］汉密尔顿、杰伊、麦迪逊著，程逢如等译：《联邦党人文集》，商务印书馆1980年版，第264页。
② 唐士其著：《西方政治思想史（修订版）》，北京大学出版社2008年版，第263页。

正式宣布建立美利坚合众国。1777年，大陆会议通过了《邦联条例》。这部条例是北美殖民地筹建13个新州统一政府的第一个正式文件。按照这部宪法，美国过去的中央权力很小，各州保留了很大的独立性。因此，美国俨然是由13个独立城邦组成的松散的邦联。但由于一些州不愿把自己的统治权交给一个全国政府，这个条例直到1781年才最后由13个州全体批准并生效。从美国建国初期发展的历程，可以看出州权观念在美国具有很大的影响。在独立战争胜利之后，各州之间矛盾不断，特别是邦联政府的软弱无力造成了危险局势。汉密尔顿在制宪会议上说："我们看到，贪婪、野心、利益，所有这些主宰大多数人和所有公共机构的激情，都流进邦政府的溪里，流不到总体政府的河里。因此，邦政府一般总是压倒总体政府，使得任何邦联的性质都变得靠不住。"①汉密尔顿认为，对于当时的美国而言，最主要的任务是建立一个强而有力的联邦政府，实现社会稳定。在制宪会议通过的新宪法批准过程中，以汉密尔顿为首的联邦党人与反对派之间展开了一场激烈的论战。这时汉密尔顿所要做的就是从积极的角度论证联邦政府掌握的权力足够但并不会侵犯各州的自治权和个人自由权。汉密尔顿通过著述深刻地揭示了当时邦联政府所存在的种种弊端，以论证合众国实行联邦制的必要性和优越性。

1. 基于邦联政府弊端的考量

要论证合众国实行联邦制的合理性，第一，要揭露现行邦联政府的弊端。汉密尔顿认为："目前邦联政府结构上的主要弊病，在于立法原则是以各州或各州政府的共同的或集体的权能为单位，而不是以它们包含的各个个人为单位。"②汉密尔顿认为，如果想建立一个全国政府，就必须把联邦的权威用到政府的唯一的真正对象——公民个人的身上。因为以各州集体权能为

①［美］詹姆斯·麦迪逊著，尹宣译：《辩论：美国制宪会议记录》，译林出版社2014年版，第128页。

②［美］汉密尔顿、杰伊、麦迪逊著，程逢如等译：《联邦党人文集》，商务印书馆1980年版，第73页。

单位立法，变相的是对州权的一种肯定。于是各州之间为了本州的利益相互争斗，从而使整个国家的利益受到危害。而且，由于邦联政府无力管理，"各州的懈怠情况逐渐达于极端，终于阻止了全国政府全部车轮的运转，使它们可怕地停顿下来。……每个州听从了关于眼前利益或便利的劝导，相继收回自己的支持，直到脆弱而动摇的建筑物似乎就要倒在我们头上，使我们在其废墟下面压得粉身碎骨"①。

第二，汉密尔顿指出，目前邦联政府第二个最明显的缺点，就是它的法律完全缺乏支持。邦联政府的法律没有保障，没有合法的方式使人民服从决议的权力，没有明确授予合众国对不尽职责的人民使用武力，没有维护合众国稳定的人。

第三，由于"各州政府缺乏相互保证，是联邦计划中另一个重大缺点，在组成联邦的条款中，并未申明这类保证"②。汉密尔顿认为如果没有这类保证，当遇到威胁各自州宪法存在的危险时，联邦政府就没有能力提供任何帮助。1786年，谢司起义爆发后，马萨诸塞州向邦联政府求援，但邦联政府却不能在宪法范畴内为州政府提供任何帮助。虽然最后马萨诸塞州的局势勉强稳定了下来，但是如果其他各州再发生类似的事情，结果会怎么样？他认为当时的人民过于看重州权，反对全国政府对其成员的内部事务进行多余的干涉。然而，当发生类似的灾祸时，如果想要保证政府的稳定性和社会的安全性，就需要一个强有力的政府。当一个州因为管理不善而发生局部或偶然骚动时，不仅仅可以诉诸武力，而且可以通过调整人事来解决问题。汉密尔顿指出："国家当局的保证，不但能对付社会上党争和民变的动乱和暴行，

---

① 〔美〕汉密尔顿、杰伊、麦迪逊著，程逢如等译：《联邦党人文集》，商务印书馆1980年版，第77页。

② 〔美〕汉密尔顿、杰伊、麦迪逊著，程逢如等译：《联邦党人文集》，商务印书馆1980年版，第102页。

同样也能对付统治者的篡权行为。"①而"用定额规定各州向国库捐献的数量的原则，是邦联政府另一个主要错误"②。其一，一个州的财富不可能有共同的衡量标准；其二，各州的财富取决于各式各样的原因，各州的财富总量也相差很大，也就没有办法决定各州纳税多少的固定标准。因此，用固定的准则来规定各州纳税的数额，对各州来说就是一种明显的不平等行为。如果政府通过强制力来实现纳税的目标，那么这种压抑和不平等的行为足以使邦联政府走向灭亡。

第四，邦联政府由于缺乏管理商业的权力和司法权，使得政府制度不适宜管理邦联的事物。汉密尔顿认为，缺乏管理商业的权力"已经成为同外国订立有利条约的障碍，并且造成了各州之间的相互不满。凡是熟悉我们政治联盟的性质的国家，没有一个会不明智到同合众国签订条约的程度，因为他们通过条约就要让与对他们说来多少有点重要的特权"③。由于各个州之间不能同心协力采取措施，致使其他国家可以享受到他们所需要的种种特权，而且无须给予合众国任何回报。而部分州政府所作出的与邦联政府精神相反的规定，为其他州的抱怨提供了正当理由。长此以往，各州之间发生冲突和矛盾的危险大大增加。另外，汉密尔顿指出："有一种使邦联政府的缺点处于登峰造极的情况尚待论述，这就是缺乏司法权。法律如果没有法院来详细说明和解释其真正意义和作用，就是一纸空文。"④他认为邦联政府缺乏一个最高法院，如果每个州都有一个最后审判法庭，那么对于同一问题就会有不同的判决。为了避免发生这样的矛盾，就需要一个有监督权和最后决定权的

---

① ［美］汉密尔顿、杰伊、麦迪逊著，程逢如等译：《联邦党人文集》，商务印书馆1980年版，第103页。

② ［美］汉密尔顿、杰伊、麦迪逊著，程逢如等译：《联邦党人文集》，商务印书馆1980年版，第103页。

③ ［美］汉密尔顿、杰伊、麦迪逊著，程逢如等译：《联邦党人文集》，商务印书馆1980年版，第106页。

④ ［美］汉密尔顿、杰伊、麦迪逊著，程逢如等译：《联邦党人文集》，商务印书馆1980年版，第111—112页。

最高法院。

通过对邦联政府的评论，汉密尔顿论述了它的种种弊端，他一针见血地指出："对于能够放弃先入之见的深思熟虑的人们来说，显而易见的是，这个制度是如此错误百出和不健全，以致不能加以修改，而必须完全改变它的主要特征和性质。"①这就是他认为当时的合众国必须建立以分权制衡为基础的共和制国家的理由。

2. 建构美国联邦制的妙想

汉密尔顿很清楚当时的合众国需要一个全国性的政府，而且这个国家政府必须比《邦联条例》之下的政府强有力得多。在指出邦联政府的弊端之后，他又论证了合众国实行联邦制的必要性和优越性。

首先，只有联邦政府才能维护合众国内部稳定和保证外部和平，避免各州之间发生战争和产生仇视，从而成为敌对国家各种阴谋诡计的牺牲品。汉密尔顿认为，"一个牢固的联邦，对于各州的和平与自由是非常重要的，因为它是分裂和叛乱的障碍"②。当两个州发生争端时，因为一个实力强盛的州很容易诉诸武力来使弱小的州屈服。在这个时候弱者自然不甘心受其欺凌，常备军应运而生，这样自然力量薄弱的州就可以通过训练有素的军队帮助战胜自然力量强盛的州。这样发展下去，一种军事专制主义就会发生在合众国各州之中。如果各州之间仍然保持分裂状态，那么很快就会因为这种不一致的同盟的活动，卷入到欧洲列强的政治战争之中，各自州政府极可能变成利益争夺的牺牲品。汉密尔顿大量引用孟德斯鸠的论述，证明建立一个强有力的联邦政府是完全符合现实的。联邦制度在镇压内乱、维护内部稳定以及增加外部和平等方面的好处，已经在不同的国家和时代得到证明。

其次，一个强有力的联邦政府有利于美国商业的繁荣。汉密尔顿认为，

---

① ［美］汉密尔顿、杰伊、麦迪逊著，程逢如等译：《联邦党人文集》，商务印书馆1980年版，第113页。

② ［美］汉密尔顿、杰伊、麦迪逊著，程逢如等译：《联邦党人文集》，商务印书馆1980年版，第40页。

美国商业具有冒险精神的特征，并拥有强烈的进取心，这种种因素促使美国人积极地从事贸易。但是美国这方面的优势已经引起欧洲海上强国的警惕，他们预见到了以后所面临的危险，因而开始干涉和破坏各州联合在一起，以便可以继续占有贸易利益。在这种情况下，建立一支强大的海军成为合众国政府的当务之急。汉密尔顿指出："对于建立海军这一伟大的全国目标来说，联邦将在各方面作出贡献。每一个组织的生长和发展都是同集中用于创立并维持该组织的资财数量成比例的。建立合众国的海军这一目标，由于它能利用全国的资源，要比任何一个州建立海军或部分邦联建立海军能更快地达到，因为后二者只能利用部分的资源。"①拥有一个强而有力的联邦政府，可以集中国家的自然力量和资源，以此来抵挡欧洲各国为遏制合众国发展而使用的种种阴谋诡计。反之，如果合众国仍处于不统一、分散的状态，那么各州在同欧洲各国进行商业往来的时候，必然会受到各种各样的压制和掠夺。

再次，一个强有力的联邦政府有利于税收发展。汉密尔顿认为，一方面，商业的繁荣是国家获得财富的最有效和最丰富的来源，商业的繁荣有助于社会各个方面的共同发展。而且发展商业促进了合众国的货币流通和货币流通速度，这样使纳税更加方便，大大地增加了国库的必要收入。另一方面，从合众国的国情来看，用征收直接税的方法来筹集巨款已被证明是行不通的。所以，间接税最适合于合众国，而且必须通过贸易获得。由此看来，"这种事态必须以成立整个联邦为基础。正因为成立有利于商业，所以同样也有助于增加来自商业的税收。正因为成立联邦能使税收规则更为简化和有效，所以同样也能达到税率相同而税收增多并且使政府有权增加税率而不影响商业等目的"②。同时，成立联邦政府对于防范走私极为有利，能够以少量的开支来保证合众国政府的利益。相反，如果不能以一个强有力的政府来

---

　　①［美］汉密尔顿、杰伊、麦迪逊著，程逢如等译：《联邦党人文集》，商务印书馆1980年版，第56页。

　　②［美］汉密尔顿、杰伊、麦迪逊著，程逢如等译：《联邦党人文集》，商务印书馆1980年版，第60页。

获得税收，那么这个合众国政府是不可能长期存在的。不管如何，税收是一定要收的，如果税收不是通过商业贸易获得，那么必然要从其他方面来获得。消费税因太不得人心而不能大量采用，不动产税难以查究而不宜使用。然而，国家要持续地运转下去必须要获得财政收入，其他财源的匮乏最后必定会大大加重土地所有者的负担。一个没有充足的财政供给的政府，是不能保证合众国人民的安全的，也不可能维护合众国人民的共同利益的。

最后，从开源节流来讲，如果建立一个联邦政府，那么就只需要负担一份公务人员的薪资。如果分成几个联邦政府，就需要负担许多份不同的公务人员的薪资。汉密尔顿说："从一件事上节约下来的金钱，可以有益地应用到另一件事上，而人民的荷包里就可少掏出这么多的钱。……当一个州的面积达到一定大小时，它对政府能力和管理方式的需要，和一个大得多的州是一样的。"①而且他认为如果分为几个联邦，除了要负担几份薪资，还要考虑到以后各个联邦间的内陆交通，防止非法商业贸易而需要的人员等。再加上分散之后各个联邦之间的猜疑和冲突而成立的军事机构，"我们将会清楚地发现，分裂对于经济的危害，不亚于对于各部分的安定、商业、税收和自由的危害"②。

基于以上种种分析，汉密尔顿认为，根据当时合众国的国情而言，建立一个由13个州联合而成的联邦政府是非常必要和紧迫的。汉密尔顿的政治盟友，联邦党人麦迪逊指出："我们已经知道联邦的必要性，因为它是防御外来危险的堡垒，是我们的和平保卫者，是我们的商业和其他公益的保护者；只有联邦才能代替破坏旧世界自由的军事机构，才能适当地医治党争的弊病。"③

————————

① ［美］汉密尔顿、杰伊、麦迪逊著，程逢如等译：《联邦党人文集》商务印书馆1980年版，第63页。

② ［美］汉密尔顿、杰伊、麦迪逊著，程逢如等译：《联邦党人文集》商务印书馆1980年版，第65页。

③ ［美］汉密尔顿、杰伊、麦迪逊著，程逢如等译：《联邦党人文集》商务印书馆1980年版，第65页。

三、汉密尔顿的国家治理思想的性质及历史影响

汉密尔顿基于"人性恶"的思想，提出了宪政治理分权制衡的思想，为共和国的理想联邦主义实践提供了理论支撑，为美国新宪法的建立和完善作出了重要贡献。

（一）汉密尔顿的国家治理思想的性质

汉密尔顿理论的其中一个性质具有其所处时代的特点。17—18世纪，经典物理学已经发展到了完整、系统和成熟的阶段。牛顿建立起一个完整的力学理论体系，成为万有引力定律的发现者。这里存在一个绝妙的巧合，就是当时汉密尔顿对待权力的态度，与牛顿经典物理学的万有引力定律十分契合。汉密尔顿十分认同孟德斯鸠所提出的观点，即权力不受制约就会无限增长，这种观点在当时最新的自然科学发展中可以找到印证。牛顿万有引力定律认为所有天体都因天体之间的万有引力而保持其适当位置，宇宙中一切都因彼此的引力而安居其位。而对于新宪法来说，这套巨大、自我调节的合作系统可以作为社会、政治体制或宪法的完美模范。权力相制，则任何事物没有脱离其指定位置之虞。[①]当然，汉密尔顿的分权制衡理论并非有意识地根据牛顿原理建立，但是参与制定新宪法的汉密尔顿多多少少也被17—18世纪物理学与力学的发展所影响。他以此方式建构了自己的治国理政思想。

汉密尔顿理论的另一个性质可以从其阶级立场反映出来。汉密尔顿出身并不好，但是他的治理思想所支持的却是少数资产阶级。他把社会成员分成两类：由少数拥有资产的富人和有教养者组成的少数人，由穷人或大

---

① ［美］约翰·麦克里兰著，彭淮栋译：《西方政治思想史》，海南出版社2003年版，第416页。

多数人民组成的多数人。他认为，权力总是以财产为基础的。"绝对握有财权的权力一定能统治。"掌握社会经济命脉的主人成了政治上的主人。政府不反映财产阶级的利益，永久地对大经济财团持有敌意，这是不可想象的。①这一点通过汉密尔顿所参与构建的美国宪法体现出来，在有了众议院之后，还要设立参议院来制衡。从这个意义上说，汉密尔顿的国家治理思想存在着某种"贵族政治"的倾向，尽管其观念中的少数人并非出身贵族，而是"能力和财富"方面的资产阶级。同时，这一点在关于美国宪法的争论中一再被反对者们所强调。有人认为，新的政府不可能是一个得到有效平衡的政府，它事实上将成为一个永久的贵族政体。还有人指出，这个国家的天然贵族会被选举出来，但事实上他们代表不了人民的任何一个部分，他们代表的只不过是富人，即使在被人们视为最具民主性的立法机构中也是如此。对宪法原则中的这种贵族政治倾向，甚至宪法的部分拥护者也表示不满。杰斐逊就曾经指出，共和主义最重要的原则，就是在所有拥有平等权利的个人中由多数进行统治。汉密尔顿国家治理思想中的这种贵族主义倾向其实不难理解。联邦政府的建立本来就是为了克制邦联时期的混乱状态，因此总的趋势是权力的集中而非分散。

（二）汉密尔顿的国家治理思想的历史影响

关于汉密尔顿的国家治理思想的历史评价大致存在两种看法，可以称为"永恒智慧"说和"历史意见"说。这对我们认识汉密尔顿的联邦主义思想有所帮助。

1. "永恒智慧"说②

"永恒智慧"说意指汉密尔顿拥有超越常人的政治智慧。汉密尔顿拥

---

① ［美］沃侬·路易·帕灵顿著，陈永国译：《美国思想史》，吉林人民出版社2002年版，第261页。

② ［美］约翰·麦克里兰著，彭淮栋译：《西方政治思想史》，海南出版社2003年版，第407页。

有扎实缜密的理论基础，并通过与反对新宪法的人论战、撰写《联邦党人文集》来表达治国理政思想。他参与制定并解释一部大致以其原貌发挥作用达200多年的宪法，而且这部宪法在合众国后加入的37个州中也发挥了作用。制宪会议通过新宪法这一程序，使得《联邦党人文集》具备了重要的理论地位，它甚至被认为具有解释宪法的效力，成为合众国新宪法不可或缺的一部分。新宪法并没有说明合众国的政府将以什么样的方式治理国家，而《联邦党人文集》则配合新宪法论述了合众国政府将用一个什么样的治理方式呈现政治样态。在1787年制宪会议上，参会议员无疑讨论过权力分立之类的问题，但是在新宪法获得批准后实际施行的政治体制里，将发展出来什么样的权力关系并不是确定的。在汉密尔顿的设想中，合众国是重视经济的商业性帝国。新宪法通过后，合众国实行中央集权，重视军事实力，在汉密尔顿的主持下设立了符合近代国家要求的财税制度。以新宪法为根本，汉密尔顿参与设计了一部宪法，也设计了一套政治制度，而且有人认为这套制度与宪法一样持久。并不是说这期间不曾有何变化，而是说这套政治制度有相当可观的持续性。①

当然，以"永恒智慧"说来评价汉密尔顿的理论也许有过誉之处，却也有一定的合理之处。因为《联邦党人文集》是对合众国宪法及其政治制度的定义性评注。在《联邦党人文集》之后，对美国宪法的任何评论解释都不能不依据汉密尔顿、杰伊及麦迪逊的思想。以汉密尔顿为首的联邦党人在美国当时的情况下制定一部宪法，设计了一套维持200多年的政治制度，足以令他们彪炳史册。人世间一切事务都会随着时间而慢慢衰败，这部宪法及其政治制度为何可以持续到现在未发生大的改动，其中一个重要原因就是汉密尔顿所提出的分权制衡理论，尤其是它可以通过自我调节达到一种动态平衡。合众国中各种利益集团之间相互制衡，因而形成一种自我调节，达至平衡的

---

① ［美］约翰·麦克里兰著，彭淮栋译：《西方政治思想史》，海南出版社2003年版，第407页。

体制。《联邦党人文集》还被翻译成多国文字，对世界各国宪法的制定产生了重要的影响。可以说，汉密尔顿分权制衡的理论不仅成为美国宪政的基本精神实质，而且成为资本主义国家组织国家政权的基本原则，对西方宪政史的发展产生了重要的影响。

2. "历史意见"说

历史的意见，这也是马克思主义研究坚持的历史分析方法，就是要把政治事件、政治现象放在特定的历史范围内去加以考察。"如果要去探究那些隐藏在——自觉地或不自觉地，而且往往是不自觉地——历史人物的动机背后并且构成历史的真正的最后动力的动力，那么问题涉及的，与其说是个别人物，即使是非常杰出的人物的动机，不如说是使广大群众、使整个整个的民族，并且在每一民族中间又是使整个阶级行动起来的动机；而且也不是短暂的爆发和转瞬即逝的火光，而是持久的、引起重大历史变迁的行动。"①美国当时的合众国所面临的问题主要有两个：一个是联邦政府的软弱无力，另外一个就是各州政治民主化的问题。17世纪英国共和时期发生了社会平等运动，而当时的美国则出现了废除债务的呼声。也许这个事情发生的可能性不是非常大，但是对于当时的资产阶级来说是个可能存在的噩梦。在独立战争期间，平时为民，战时为兵，人人自由且平等，这是政府主要的宣传点。人民保卫了这个国家，在战争胜利后开始谈起战利品，于是出现了重新分配财富的呼声，而且在政治上认为最卑微的人和最伟大的人应该享有同样的政治权利。1786年，美国农民军和资产阶级军队在马萨诸塞州掀起谢司起义，从某个方面来说就是人民平等运动的结果。汉密尔顿本身是站在资产阶级这一边的，对于他来说解决这两个问题的办法就是设计一套政治制度，既要建立一个强有力的联邦政府，又要以此来磨钝人民的意志，这样能有效地对付人民，通过新宪法将人民的运动定义为非法行为。新宪法中众议院和参议院的相互制衡就可以体现出这一点。众议

① 《马克思恩格斯选集》第4卷，人民出版社2012年版，第255—256页。

院是直接民选，对于一个事情必然意见纷杂。就算有一天众议院出现主张重新分配的多数，但是总统手中拥有否决权。后来，司法审查制度的发展又加入了最高法院的制衡。

通过上述的分析，可以看出汉密尔顿为解决合众国所面临的两个主要难题，设计了一部与当时的美国国情极为相配的宪法。他的建国理念之一就是要建立一个能够保障资产阶级的财产不被农业平均主义者侵犯和保证契约能够得到执行的国家。他所著述的《联邦党人文集》与他所处的时代紧密相连。正如麦克里兰所说的那样："时至今日，已经没有人认为开国诸贤是超越利害，一心只关怀国家福祉的爱国人。不过，他们视他们自身的利益为国家的利益，谁又能厚责他们？最纯粹的爱国情操与最纯粹的自我利益结合的例子，历史上不胜枚举。"①

---

① ［美］约翰·麦克里兰著，彭淮栋译：《西方政治思想史》，海南出版社2003年版，第426页。

第九章　在自由与保守间寻求平衡的治理思想

1688年光荣革命后，英国逐渐建立起君主立宪制的政体原则，国家权力由君主转移到议会，这标志着资产阶级新贵族取得了统治地位，并由此开启了资产阶级革命的时代。随着资产阶级统治地位的确立和资本主义的迅速发展，由英国的政治制度、政府体制及其政治实践活动而萌发的国家和国家治理思想也随之发生明显的变化。这一时期的政治思想逐渐由疾风骤雨式的革命转向对传统的坚守和改良，也就是说，由要求打破旧的封建专制制度而建构理想的政治秩序转向维护现存的资本主义制度和政治秩序。就国家及国家治理思想来说，这一时期的一个重要特点就是在自由与保守之间寻求平衡。自由主义关注的重心从政治自由转向社会经济领域的自由。保守主义并不是指采纳传统观念或古老观念，而是指观察和处理政治问题的思路和方式方法。在资产阶级革命以后，保守主义自然成为资产阶级意识形态中重要的组成部分。

第一节　休谟的国家治理思想

休谟是英国18世纪著名的哲学家，也是著名的历史学家、经济学家以及政治学家。美国20世纪中期新保守主义思想家罗素·柯克曾这样评价休谟：如果要寻找18世纪西方精神的化身，休谟就是最好的代表。中国学者高全喜也认为休谟的哲学集中体现了18世纪的保守主义、自由主义和古典主义的交际融汇。如果从英美主流社会的视角来看，18世纪的精神化身，不是卢梭，而是休谟。卢梭只是一面旗帜，而休谟则是代表了西方18世纪的精神气质。[①]

作为近代认识论的集大成者以及政治哲学转折的关键人物，休谟认为所有的科学都建立在人性理论的基础之上，遵循着从"人性"到"社会秩序的形成"，再到"政治理论"的内在逻辑。休谟的国家理论的逻辑起点是从人性和正义出发而建立的一种政治构想。在理论上，休谟的国家治理思想是他在经验主义哲学基础上对人类社会政治生活提出的一套系统的理论解释；在实践中，则形成于对英国近代资产阶级革命及宪政实践活动的思考，并在一定程度上影响了始于1776年的美国独立战争及其后来的政治立宪活动、1789年的法国大革命。

一、休谟的生平及思想渊源

（一）休谟的生平及著作

大卫·休谟（1711—1776），英国启蒙运动以及西方哲学历史上最重要的人物之一。休谟出身于英国苏格兰爱丁堡的一个没落贵族地主家庭，父亲是一名律师。休谟3岁丧父，由母亲抚育成人。他母亲说他是一个平静的、好脾气的"火山口"，他有一个非比寻常的清醒的头脑。1723年，年仅12岁的休谟就被家里送到爱丁堡大学学习法律和哲学（当时正常的入学年龄是14岁）。1725年，在他尚未毕业时，家中发生了火灾，再加之厌倦大学教育，于是休谟返回家中自修。由于休谟出身于法律家庭，家人也希望他从事法律工作，所以休谟的最初打算是从事法律工作。1726—1729年，休谟一直在家中自修法官业务知识。但不久他发现自己有了"一种对于学习哲学和知识以

---

① ［英］大卫·休谟著，张正萍译：《论政治与经济》，浙江大学出版社2011年版，导言第2页。

外所有事物的极度厌烦感",尤其是在 1729 年读了洛克和贝克莱的著作后,休谟决定改变自学方向,从法学转向哲学。

1732 年,休谟就开始构思他的主要著作《人性论》。1734 年,在英格兰西南部城市布里斯托经商数个月之后,休谟前往法国旅游,之后隐居法国,从事哲学研究及著述。在法国舒适地过了三年之后,休谟于 1737 年返回伦敦。在旅居法国的三年期间,他先后系统地研读了洛克的《人类理智论》、贝克莱的《人类知识原理》等。在 1737 年从法国返回伦敦时,休谟已经完成了《人性论》手稿,当时他年仅 26 岁。1738 年末,他与出版商签订《人性论》出版合同,获得 50 英镑的稿费。1739 年,《人性论》第一卷、第二卷(《论知性》与《论情感》)正式出版,1740 年第三卷(《论道德》)出版。虽然现代的学者们大多将《人性论》一书视为休谟最重要的一本著作,也是哲学历史上最重要的著作之一,但此书刚出版时并没有获得多少重视。这对休谟来说无疑是一个不小的打击。但他的天性是愉快的、乐观的,所以不久后,他就恢复了常态,而且在乡间更加热烈地从事研读工作。1744 年,休谟申请担任爱丁堡大学的伦理学和精神哲学系的教授,但被大学拒绝。在詹姆斯党人叛乱时期,1745 年,休谟给当时被官方形容为"疯子"的年轻贵族安南戴尔侯爵当家庭教师,这份工作仅仅维持了 12 个月左右便因工资等问题而结束。在此期间,休谟开始撰写他的历史巨著《大不列颠史》,这本书一直持续写作了 15 年,完成时超过百万字,并于 1754—1762 年分成六册出版发行。1746 年,受圣·克莱尔将军的邀请,他出任秘书,并伴随远征团出征法国,最终失败而归。1747 年,休谟又随圣·克莱尔将军出使维也纳和都灵。1749 年,休谟回到家乡潜心著述,因母亲去世,他在乡下哥哥的府邸里度过了两年时间。1751 年,休谟从乡下移居到爱丁堡市,当年 12 月完成《人性论》第三卷的修订工作,并以《道德原理研究》为名出版。

从 1752 年起,休谟担任爱丁堡苏格兰律师协会图书馆馆长。虽说这个职位薪俸不高,但可以让他有机会接触一个庞大的图书馆。正是利用那里丰富的藏书资源,休谟才得以继续《大不列颠史》的研究和写作,并最终完成了他的这部多卷本历史巨著。这本书叙述了从撒克逊王国到光荣革命的历史，一出版便引起巨大轰动，并迅速成为畅销书。这部历史巨著，不仅使休谟以一个杰出的评论家和历史学家的身份闻名，而且获得了不菲的稿酬。这使他不仅经济独立，而且相当富有。事实上，休谟是英国第一位靠文字作品而赢得大笔财富的文人。同时，休谟在世的时候，他同样确立了自己在哲学方面的声望，成为英国最著名的哲学家之一。他同时代的一位著名评论家写道："大卫·休谟是当今英国最有才智的人之一。有些哲学家，与其说属于他们的祖国，不如说属于由他的光辉所照耀着的那个世界。休谟就像这些哲学家一样……可以被纳入用他们的智慧和小说诗歌文学作品造福于人类的少数人之列。"①

1763年，休谟应英国驻法国公使赫特福德伯爵邀请担任使馆秘书。在巴黎的两年多时间里，休谟结识了当时法国许多著名的进步思想家，如卢梭、霍尔巴赫、狄德罗等，并同他们密切交往，经常进行思想交流，探讨共同关注的问题，其中卢梭对其思想的影响最为深远。1765年夏天，赫特福德伯爵调任爱尔兰总督，休谟升任使馆代办，直到年底里士满公爵到任。1766年初，休谟离开巴黎回到英国。1767年，经国务大臣康威将军推荐，休谟出任副国务大臣。1769年，他退休之后回到爱丁堡。休谟终身未娶，于1776年去世，被埋葬在他生前所安排的"简单的罗马式墓地"，地点位于爱丁堡卡尔顿山丘的东侧，可以俯瞰山坡下他位于城内的老家。

（二）休谟的国家治理思想的渊源

休谟的国家治理思想与18世纪英国乃至整个欧洲的经济社会发展状况及国家政治实践活动密切相关，是他所生活的那个时代的产物。休谟的思想主要见于其代表作《人性论》以及由后人汇集选编的《休谟政治哲学论文

---

① 辛向阳著：《17—18世纪西方民主理论论析》，山东人民出版社2013年版，第114页。

集》。在《人性论》一书中，休谟从社会角度而非自然科学角度探讨了基于公共意见与信念而形成的人的社会本性，为我们提供了关于人性的基本说明以及对人的道德心理学机制的阐述，并将这些应用于他对社会政治的理解，构成了其国家治理思想的理论基础。要深刻理解休谟的国家治理思想，很有必要回顾一下他政治哲学的思想渊源。

1. 亚里士多德的古典政治学

作为古希腊伟大的政治思想家和政治哲学的集大成者，亚里士多德的古典政治学传统对后世的西方政治思想产生了深远的影响，以至于人们在研究西方政治思想史时往往把亚里士多德的政治思想作为研究的起点。与大多数西方政治思想家一样，休谟对政治的理解基本上也是建立在亚里士多德的古典政治学传统上。与亚里士多德一样，休谟认为人是一种政治动物，首先是一个社会性的存在，他不赞同当时各种社会契约论有自然状况的假设。在他看来，人诞生于家庭，成长于社会，所以必须结成社会，这是环境所决定的，也是人的天性和习惯使然。人类的进一步发展，必然要求建立政治社团，以维护正义，确保和平、安全和相互交流。这里的政治社团就是指一种组织形式或政体制度。在西方古典政治学中，政体主要关注的是由谁来进行统治以及如何统治。休谟指出："离开政体去谈统治者问题，那是徒劳的，没有意义的，不值得为之争论，更不值得为之斗争。"[1]由此可以清楚地看出，政体在政治制度中的突出作用。

除了借鉴有关政体的理论，休谟还批判地继承了亚里士多德正义论的思想。在亚里士多德看来，正义是指人们在社会关系中所产生的一种美德。美德是不受欲望影响的理性的表达，可以使一个人做好自己本身和工作的性格。亚里士多德还特别注意区分了交易平等的正义和分配平等的正义。公平交易注重付出与所得相等，当一个人利益受损时，法律就要为其恢复平等，进行公平的补偿和公平的惩罚。休谟的政治论述在很多方面都有亚里士多德

---

① ［英］休谟著，张若衡译：《休谟政治论文选》，商务印书馆2010年版，第151页。

的影子。正如休谟同样认为正义是一种美德，他还指出："正义对社会是有益的，因此，它的部分价值至少应从这种考虑中产生出来，要对这一点进行证明是多余的。社会功利是正义的唯一源泉，对这种德所产生的有益后果的思考，是它的价值的唯一根据。"①很显然，在这里休谟不仅坚持而且还超越了亚里士多德关于正义是社会美德的观点。休谟一直强调："正义这个德完全是由于对人类的交往和社会化状态有必不可少的用处，才获得其存在的。"②休谟在继承亚里士多德思想的基础上，又以其时代的敏锐性不断创新和发展。亚里士多德认为正义是理性的化身，而休谟则认为正义是社会功利的必然要求，是社会利益的表现。

2. 苏格兰启蒙学派

苏格兰启蒙学派是指18世纪早中期，活跃在苏格兰地区，以爱丁堡为中心形成的一个持启蒙观念的知识群体或思想派别。一般认为，一些著名学者如历史学家爱德华·吉本，思想家边沁，哲学家弗西斯·哈奇森、托马斯·里德和大卫·休谟，经济学家亚当·斯密、詹姆斯·斯图亚特，文学家沃尔特·司各特，社会学的鼻祖亚当·弗格森等是该学派的重要创始人和成员。埃德蒙·柏克虽然来自爱尔兰首府都柏林，但由于长期在苏格兰地区活动，所以也被认为是苏格兰启蒙学派的成员。休谟作为苏格兰启蒙学派的重要代表人物，也受到该学派思想的影响，尤其是哈奇森等人的思想对休谟有着深刻的影响。苏格兰启蒙学派认为，一切社会进步都是建立在历史传统的基础上的，社会建设要以传统为基础来进行；社会科学应当建立在经验和观察的基础上，这与自然科学在本质上并无区别。

苏格兰启蒙学派早期的重要代表人物中，伦理学家曼德维尔和哲学家哈奇森的思想观点对休谟产生了重要影响。曼德维尔在其著作《蜜蜂的寓言》

---

① ［英］大卫·休谟著，周晓亮译：《道德原理研究》，中国法制出版社2011年版，第13页。

② ［英］大卫·休谟著，周晓亮译：《道德原理研究》，中国法制出版社2011年版，第15页。

中提出了"私恶即公德"的观点，即损人利己的邪恶导致了对人人有利的后果，促进了公共利益。这一观点反映了新兴资产阶级赤裸裸的利益诉求。这种颠覆性思维对休谟影响很大，尽管不赞同这一看法，但休谟的思维方式与曼德维尔基本一致。休谟认为人的本性是维护自己的利益，为此他提出了"自爱"的概念，他说"自爱是人性中一个非常广泛的原则"，人们在一切活动中考虑自己的利益，就是"自爱"。另外，休谟还区分了"自爱"的善与恶。

哲学家哈奇森在《道德善恶的探讨》中第一次清楚地叙述了功利原则。哈奇森认为自爱产生的行为有好有坏，只有发自仁爱的品性才是值得赞许的。他的道德伦理观深刻地影响了休谟。休谟在《道德原理研究》中专门就慈善和仁爱问题进行了论述，他说："除了慈善、仁爱、友谊、感恩、天生的爱、公益精神……再没有其他任何品质更值得人类的普遍欢迎和赞许，这就足够了。"[1]由此不难看出，休谟与哈奇森一样把仁爱看作最重要的德行。

3. 洛克与贝克莱

洛克是英国资产阶级革命的倡导者和17世纪认识论中经验论的奠基者、杰出代表。洛克的经验哲学和政府理论对休谟的国家治理思想有着重要影响。洛克认为，人没有天赋原则，人的观念和知识都是后天的，天赋论是人们获得知识的最大障碍。休谟同样提出了"人心如白纸"的著名论断。休谟认为，人的全部推理材料和知识归根到底源于经验，人们可以通过感觉和反省两条途径来获得经验、形成观念。但洛克的经验论也不是完美无缺的，它有一个理论缺口：既是经验，能否肯定感觉观念所提供的实在事物正是知识呢？洛克无法回答这个问题，甚至认为人类根本无法把握实在存在的事物的本质，这就导致了不可知论。

列宁明确指出，贝克莱和狄德罗都渊源于洛克。其实，休谟也源于洛克。贝克莱和休谟抓住了洛克的理论缺口并进一步向前发展。贝克莱是主观

---

① ［英］大卫·休谟著，周晓亮译：《道德原理研究》，中国法制出版社2011年版，第9页。

唯心主义哲学的典型代表，也是一个虔诚的基督教徒，生前担任爱尔兰克洛因地区教会主教18年。贝克莱认为物质就是"无"，都是感觉观念、主观精神的产物。他用上帝的创造解释科学所揭示的自然规律，其经验论和不可知论直接导致了休谟的经验论及怀疑论的产生。休谟认为感觉知觉是我们认识的唯一对象，他否认心灵和物质的实在性，他认为思想或观念反映的是印象，而不是客观经验世界。他提出，除了感觉以外，一切都是不可知的。休谟把自己的哲学称之为"温和的怀疑主义"。恩格斯指出，还有其他一些哲学家否认认识世界的可能性，或者至少是否认彻底认识世界的可能性。在近代哲学家中，休谟和康德就属于这一类，而他们在哲学的发展上是起过很重要的作用的。[1]恩格斯的这一句话既指明了休谟理论的性质，又肯定了其历史价值。休谟的国家治理思想及其政治制度设计是以其经验论和怀疑论为基础的。

二、休谟的国家治理思想的主要内容

休谟以一个哲学家的视角从正义论和人性论的角度，寻求自己心目中的理想国家模式。他在对自然法与契约论的批判的基础上探寻国家和政府的起源问题，提出了无赖假定、理想共和国设想、制衡的政治体制、法治政府及党派政治理论等观点，构成了其国家治理思想的基本内容。

（一）国家起源：人性缺点的存在及功利主义倾向

休谟认为，自然法所强调的自然而然的天赋权利是不存在的，所谓"自然状态"只是哲学家的假设和虚构。尊重和保护个人自由与权利是人类文明发展的结果，是现代精神的体现，而不需要纯理论作为依托。与自然法一样，休谟认为唯理论倾向的社会契约论同样是无法证明的，是虚构的。值得

---

[1]《马克思恩格斯选集》第4卷，人民出版社2012年版，第232页。

注意的是，休谟反对的是契约论中统治者与民众关系的想当然的理解，反对的是它所依据的与各国历史实践活动并不相符的前提和逻辑，而不是契约论内含的道德意蕴以及信守契约的社会价值。休谟是赞同契约论的政治结论的。

休谟认为，国家和政府之所以得以产生和存在就是由于人性存在缺点。休谟说，人们追求自己的小利益，而不顾社会公共利益和长远利益，必然导致社会秩序和公德的破坏。对此，休谟提出要有一些人来执行正义，"这些人就是我们所谓民政长官、国王和他的大臣、我们的长官和宪宰；这些人对于国内最大部分的人既然是没有私亲关系的，所以对于任何非义的行为，都没有任何利益可图，或者只有辽远的利益；他们既然满足于他们的现状和他们的社会任务，所以对于每一次执行正义都有一种直接利益，而执行正义对于维持社会是那样必需的。这就是政府和社会的起源"①。很显然，休谟认为公权力起源于两个因素：一是人性存在的缺点，即人性的邪恶与脆弱；二是功利主义倾向，即现实的利益与需要。休谟认为，由于人的自私会不断不惜一切代价追逐自我利益，但在没有秩序和约束的情况下，就会侵犯和损害他人利益，最终导致个人生命财产的丧失和遭到侵害。正是出于人身安全和保护财产权的需要，人们原始的本能就会驱动他们放弃自由放纵的欲望，建立一种使社会安宁的公共秩序。我们进而慢慢地发现，为了维持社会秩序的安定和平，需要公权力，需要管理者，需要把自己的部分权力交给公权力和管理者，这样就产生了对政府的服从和效忠。因此，在休谟看来，国家和政府的目的就是为了实现正义，即保护财产和维护秩序，惩治不正义的行为。

休谟从人性缺点和正义角度出发，用权利观取代契约论，用功利主义倾向和利益需要来解释国家和政府的起源问题，开创了西方政治思想史中的功利主义倾向。他在国家起源问题上的解释，对自然法、天赋人权及社会契约

---

① ［英］休谟著，关文运译，郑之骧校：《人性论》上册，商务印书馆1980年版，第577—578页。

论的批判以及对人性的德与恶、正义与习俗的看法和理解，深刻地影响了杰里米·边沁、约翰·斯图亚特·密尔等人的功利主义思想。休谟关于国家和政府起源于人性的缺点及功利主义倾向的观点，为构建其理想国家模式和政府体制奠定了思想基础。

（二）国家治理的完美形式：理想共和国的设想

休谟认为，共和国式的政体模式是最理想的国家制度或政权组织形式，尤其是像英国、法国这样的大国建立共和国的政体更具有优势，更容易保持国家的稳定、统一和发展。休谟说，在幅员辽阔的国家中建立一个共和政府虽然比在一个城市中建立一个这样的政府更为困难，但这样的政府一旦建立却更易于保持稳定和统一，不易发生混乱和分裂。那什么是共和国呢？根据古罗马历史学家西塞罗的定义：共和国是人民的财产，是依法建立的有着共同利益的集合体。毫无疑问，休谟的这一观点对后来的政治学发展起到了积极的促进作用。

休谟在强调共和国的公共事务性的同时，根据自己的国家情况和国家治理思想设计出了一个理想共和国的系统架构，具体如下：第一，将整个英国和爱尔兰分成100个郡，每个郡分成100个教区，以教区为基础进行选举。第二，让所有拥有一定数量财富的人每年到所在教区开会，投票选举郡中有地产的人作为郡代表。第三，每个郡选100名代表，再从中选出10名治安官和1名参议员。于是整个国家有100名参议员、1000名治安官和10000名郡代表。第四，郡代表会议拥有国家的全部立法权，郡代表权利一律平等，国家的重大决定事项由大多数人决定。参议员组成的参议院拥有国家的全部行政权，即拥有英国国王的全部权力，但无否决权。第五，规定了共和国比较严密的立法程序。第六，郡代表年度选举三周后，内部开会选出行政长官、国务秘书及各委员会负责人，并对各委员会人员组成及任期作出规定。第七，成立竞选委员会，规定委员选举产生办法，其职责是检查公共账目，并向参议员控诉任何人。第八，制定防止参议院因利益或其他因素而共谋和分裂的办法及其相关制度。第九，要防止治安官的共谋和分裂，主要是将职位和利益分开。第十，在荷兰联省共和国体制的基础上进行进一步优化以达到理想共和国的实现，升级版的荷兰共和国就是休谟心中理想的共和国。第十一，把英国政府变成最完美的有限君主国的典型。[1]

休谟提出的理想共和国设想，是他根据政治科学原理和欧洲民主政治传统设计出的一个理想主义的共和政体。休谟设想的这种政体可以有效地消除1688年光荣革命所确立的英国政治体制的非制度主义内容，在自由与权威之间可以实现最大化的均衡。据上述论述可以看出，休谟提出的是一种代议制式的联邦主义制度共和国，这样的制度设计可以使得共和制政府如同君主制政府一样获得规模优势，而且更容易保持社会秩序的安定有序，有利于经济社会即资本主义工商业的发展。休谟采用的多种制衡制度设计，可以使共和国有效避免或制止掌握国家重要权力的参议员之间的共谋与分裂，从而使得共和国成为一个自由与权威相兼容的社会，为资本主义工商业的扩张与发展保驾护航。值得注意的是，休谟并不主张在英国实行这种共和制，他认为他的理想共和国只是哲学家心目中的一种理想状态、一种理论上的探索和设想，而非政治现实，不应当依此来改革现实政府，因为任何现实的政府的建立都受制于该国的基本国情，即历史传统、文化制度和现实社会条件，特别是受人们公共信念的制约。

（三）国家治理的一个基本原则："无赖之徒"假定

休谟认为有了国家以后，国家治理和政府运转必须建立在一定的基本原则之上，为此，他提出了著名的"无赖之徒"假定原则。"无赖之徒"假定原则是基于休谟的"性恶论"提出来的。休谟认为，大多数政治学家或政论家在设计政府体制或确定相应的规章制度、监督管理机构时，都是建立在人

---

① 辛向阳著：《17—18世纪西方民主理论论析》，山东人民出版社2013年版，第129—131页。

性本恶的基础上的。也就是说，把每个人都设想为无赖之徒，并认为他所做的一切行为举止都是为了谋取个人的私利，除此之外没有别的目的。所以，我们必须用一定的利害关系来控制他、限定他，使他不能为所欲为，并使他尽可能与绝大多数人合作，尽管他可能本来极度自私、野心很大、贪得无厌。如果没有相应的外在制约或刚性约束，他们就会说，任何社会制度不管最初设计得多么合理或优越，都是纸上谈兵，都是毫无用途的。而且最终结果就是导致我们的自由和财产除了依靠统治者的施舍或善良之心，并没有别的办法或方式来保障，也就是说，根本没有什么保障。正是因为如此，休谟说，必须把每个人都设想为无赖之徒确实是条正确的政治格言。①基于这样的考虑，休谟认为，一个好的政治体制不能是过分集权的，各种权力之间应当是相互制约的。

休谟的"无赖之徒"假定原则是其国家治理思想及政治体制理论的重要基石，具有一定的合理性，但我们要进行更为具体的分析，以免陷入休谟理论陷阱。有学者认为，基于人性本恶的休谟的政体理论，对近现代西方政治思想的发展乃至社会政治制度的建立都具有重要意义。这一原则实际上就是说，任何政治制度、政治机构、法律或社会公约制度的建立不是为了发挥人的善良本性，团结一致地向着特定的远大目标或政治理想而努力奋斗。从根本上说，这些制度具有的是一种否定性的价值，是为了防范人性的邪恶而设计出来的一种有效的制度安排，只是为了消除由人性的邪恶所带来的负面价值，而不是为了追求正面的价值。这种看法有一定的道理，但并不全面。休谟在提出"无赖之徒"假定原则的时候，是十分谨慎的。他说："虽然，这同时看来有些令人奇怪：箴言在政治上是真理，在现实中则是谬误。"②可以想象一下，如果一个政治体制完全是由一群无赖之徒建立起来的，那么它要么是邪恶的，要么根本无法运转。可见，这样片面理解也不符合休谟本人的

---

① ［英］休谟著，张若衡译：《休谟政治论文选》，商务印书馆2010年版，第27页。
② ［英］休谟著，张若衡译：《休谟政治论文选》，商务印书馆2010年版，第27页。

想法。

（四）国家治理的最佳政治体制：权力制衡

休谟在对不同的政治体制进行全面系统考察的基础上，提出了他所认为的理想政体，即权力有制衡的政体。他在《论议会的独立性》一文中提出，我们在检查或考究任何政府计划时，无论是现实的还是想象中的，当权力分散在不同的机构、不同的阶层手中时，我们应该考虑到每个机构、每个阶层的单独利益。如果我们发现，由于这种巧妙的权力分配，这些利益在操作中必然也符合社会利益，那我们可以断言这一政府是英明正确的；如果相反，这一单独利益没有得到社会的制衡，也没得到它的引导，在这种制度中，我们看到的将只有派系、混乱和暴政。我们的这一观点既为经验所证实，也为古往今来的哲学家、政治家的经典著作所肯定。这段关于权力制衡的思想反映了休谟所代表的新兴资产阶级利益的要求，也是他政治哲学思想的核心内容。

休谟提出的权力制衡可以建立英明政府的观点，主要是建立在英国1640年资产阶级革命和1688年光荣革命经验的基础之上的。英国的历史经验证明了权力制衡的重要性。自古希腊、古罗马以来的众多哲学家、政治学家都提出了权力制衡的思想和观点，尤其在英国，从16世纪到18世纪中叶，关于权力和权力制衡的思想极为丰富。1586年，托马斯·史密斯发表《论英国人的共和国》一文，强调建立一种包括君主、贵族、平民三者在内的混合公正政体。英国资产阶级革命时期，李尔本提出，应当分立立法权和行政权以防止权力的垄断和滥用。1647年，乔治·劳森论证了分权的重要性，他强调立法权至高无上，是一切管理活动的基础和准则。1649年，约翰·萨德勒提出了政府职能三分的设想：原初权（立法权）是给平民院的，司法权是给贵族院的，而行政权是给国王的。这些分权和制衡理论对休谟有着很大的影响，是他提出权力制衡理论的重要思想基础。

休谟认为，自由的政府就是实行分权的政府、权力相互制约的政府，

"一般被称为自由的政府即是允许其中若干成员分享权力的政府；他们的权威联合起来不比任何君主小，通常或许还更大些"[1]。休谟认为，权力的相互制约并不能削弱政府权威，反而能增加政府权威。正是适当的分权制衡，才确保了英国自由制度的存在。休谟一直高度赞同英国自由制度的价值，认为英国社会的发展一方面得益于法律制度对自由的保障，另一方面得益于法治的政府对于商业和经济的推进作用。英国经济社会之所以快速发展，科学文化之所以繁荣兴盛，其中一个最为关键的因素就是英国是一个法治国家，经济社会在法律制度的框架内运转，财产权得到保障，商业规则得到遵守，进而又推动商品经济与科学技术相互促进、相辅相成，共同向前发展。另外，休谟还提出，真正的共和国也是实行分权的政府，在纯粹的共和国中，权力分散在几个议会或议院中，制约和监督的机构能更为正常地发挥作用。

（五）政治权威与国家治理的合法性

休谟国家理论的逻辑起点是"人性"与"社会秩序"，而社会秩序的基础是正义。因此，研究休谟的国家治理思想，必须探讨其国家理论与正义理论的关系。不同于霍布斯和卢梭对人类"求利、求安全、求荣耀"和"胆怯、怜悯"的概括和描述，休谟认为，人的本性是"自私与有限的慷慨"。他认为良好的社会秩序必须以正义规则达成的协议为基础，保护财产权、公平交换和信守承诺是正义的三个重要原则。正义不是天生的，也不是凭空产生的，是人类社会实践的结果，是一种自发的创造，是随着社会发展在人类情感机制作用下生成的道德情感。道德情感一经确立，就会自发规范人们的行为方式和思想观念，并对人们是否遵守正义规则进行评判。休谟认为，人们遵守正义规则，是因为它有助于实现人们的长远利益，归根到底具有自利的功利主义倾向。这样在政府产生之前，正义原则就出现了，并以此构成了社会秩序的基础规范。

---

① ［英］休谟著，张若衡译：《休谟政治论文选》，商务印书馆2010年版，第26页。

正义原则是社会秩序的基础，那么，政府是不是就是正义原则的补充或者说是附属物呢？休谟并不这样认为，他强调政府权威与正义原则具有同样重要的地位。一方面，政府权威对维护人类社会的公共利益具有极其重要的作用；另一方面，政府权威的产生有着独立于正义规则之外的内在逻辑。这两者相结合，共同构成了休谟国家理论生成的内在逻辑。休谟认为，正义规则的实施有其内在局限性。对于规模巨大而又复杂的人类社会来说，人们极容易在短期利益的诱惑驱动下破坏正义，这时就需要外来的强制力来主持公道，以免陷入正义经常被破坏的霍布斯式"自然状态"之中。于是，政府便自然而然地被创造出来了。休谟还强调，政府的产生是为了执行正义，其维护社会秩序方面的作用并不比正义规则小，甚至比正义规则更为重要。当然，政府一旦解体所造成的破坏也更大。休谟的这些论断是为了证明，政府权威在维护社会秩序和公共利益中具有独立的存在逻辑和价值。此外，休谟还通过"自然权威"理论揭示了政府的产生是一个自然的历史过程，而不是基于社会契约。政府的建立基本上都起源于暴力、篡夺和非正义，但经过时间的推移，政府因有利于公共利益而逐渐得到人们的认可，于是便取得了合法性。

现代政治学常识告诉我们，只有建立在合法性基础上的政府才能代表国家意志执行国家治理功能。由于任何一个社会，被统治的民众都占人口中的绝大多数，政府只有获得大多数民众的承认才能获得合法性。政府的合法性来自公共意见，即绝大多数人同意和认可政府代表国家行使全部权力以促进公共利益。同样，休谟认为公共意见是政治权威的构成基础。人类的行为受利益与道德情感驱使，只有大多数人认可政府的作用，在情感上维护政府，人们才会自觉服从政府的统治行为，这样的政府才能具有政治权威。同样，休谟认为，虽然还有自我利益、恐惧和情感等因素影响政治权威，但从本质上来讲，这些因素必须同公共意见结合在一起才能产生影响，不能独自发挥作用。

从政治权威的构成基础可以知道，公共信念发生变化必然会导致政治权威的变化。休谟把公共信念划分为三种：关于公共利益的意见、关于谁拥有权力的意见和关于谁拥有财产的意见。休谟认为，政府权威是这三者共同作用的结果，其中关于公共利益的意见更为关键，是其他两种意见的基础。因为，建立稳定的政治权威的基础在于占人口绝大多数的人们承认政府、认同政府，并且认为服从政府权威有利于公共利益的实现。这样，服从政府就会被认为是理所当然的事，而反对政府就会受到人们的谴责和敌视。另外，休谟也认为政府权威的建立必须以社会经济的发展为基础，商业及社会风尚对人们公共信念的塑造具有重要的影响，对有效的政府权威的形成有着重要的作用。

休谟还指出了在国家治理中政府权威所面临的由现代政治文明带来的威胁和挑战。简单来说，对人类社会政治权威的重要挑战主要有：一是狂热的派系斗争，休谟主张采取综合性的方式和手段来解决党派政治问题；二是国家公共信用危机，休谟主张弘扬理性声音，使公共意见聚焦在维持正义和稳健的政府之上；三是极端自由观念和弱政府的危险，休谟主张维护政府权威，以免政府过弱，难以保障自由；四是休谟主张现代政治文明必须在社会对政府的影响和政府对公共信念的影响之间建立适当的平衡关系。

（六）国家治理中的党派政治理论

休谟认为，派系根植于人性之中，在人类社会生活中存在着人的情感倾向的多样性以及非理性信念，两者相结合就导致了派系现象的产生。经过对英国派系及派系斗争的考察研究，休谟认为党派政治的出现及其运转对现代国家治理具有重要的推动作用。由于在休谟生活的时代，英国政治生活中派系斗争十分激烈，以至于休谟非常担心派系斗争会破坏英国光荣革命所确立的君主立宪制这个自由秩序。所以，他比较早地研究了党派政治的优势和弱点，指出了党派政治在推进国家治理中的作用。休谟的有些观点直到今天仍然有值得借鉴的价值。

第一，党派政治有助于自由政体的形成与巩固。休谟认为，英国自由政体的成熟与发展离不开党派政治的推动作用。他强调，人的幸福感不仅仅来自享受物质，更重要的是在安宁或安全的环境中享受这一切。同样，公众享受幸福，必须要有一定的社会道德和良好风气，这些都不是凭空产生的，当然也不可能来自严峻苛刻的法律制度和严格的宗教戒律，它必然只能来自对青年的道德教育，来自明智的法律和政治体制①。明智的法律和政治体制是由很多要素构成的，其中一个很重要的方面就是政党之间有节制地相互妥协。休谟认为，只有政党之间相互制约和平衡、相互妥协合作，才能使英国社会达到最完美的状态。同时，他还强调要防止形成极端性的党派，因为极端性的党派会威胁到民主政治的发展。

第二，党派的激烈竞争也存在一定的风险。党派政治容易在同一国家民族的内部造成不同派别之间的强烈敌意，而本来这些人应该相互合作、相互帮助，且由于党内成员的利益大致相同，就容易出现徇私现象，进而损害政体，导致法律瘫痪。更为令人憎恶的是，这些党派创始人所种下的野草一旦在任何国家生根，就极难铲除。它们自然繁殖并延续许多世代之久，总是要到它所植根的政体整个垮台方告终结。②在自由政体中，党派政治更容易存在和快速发展，不仅如此，还经常会侵染立法机构。依照亲疏恩怨和利益分歧，休谟把党派划分为情缘派和实在派。其中，实在派又可分为利害派、原则派和感情派三种类型，但从根本上说，这三种派别真正的核心问题都是利益。正如马克思主义所说，政党本质上是特定阶级利益的集中代表者，党派之争的本质问题就是代表谁的利益。

第三，党派政治治理必须采取综合性的方式和手段。在分析党派政治产生的原因及类型划分的基础上，休谟提出了自己的派系治理思想：首先，休谟认为派系之所以产生就是受人类错误信念的影响，所以化解派系斗争首先要促进人们理性发展。为了提高人们的理性，就要使人们认识到良好社会秩

① ［英］休谟著，张若衡译：《休谟政治论文选》，商务印书馆2010年版，第38页。
② ［英］休谟著，张若衡译：《休谟政治论文选》，商务印书馆2010年版，第39页。

序的构成原理和基本规范。只有清楚地认识到这些原理和规范要求，人们才能知道如何实现自身的长远利益。因此，大力发展科学与艺术成为人们的必然选择。与科学、艺术紧密相连的是商业，因为商业会促进人类知识的增长，密切人们之间的联系，促进联合等。提高理性还需要良好的修辞，通过谈话和演说技巧可以消除人们之间僵化的原则分歧，缓解派系之间的紧张，增进相互的理解与同情。其次，"无赖之徒"假定原则使休谟认识到国家治理不能依靠"美德"，而是要以制度为核心。制度的核心是通过分权和制衡，消除掌权者或派系的破坏作用，最大限度地实现公共利益。为此，休谟认为在党派政治治理中也要设计出一些科学有效的制度来平衡各方的利益。最后，对于最为狂热的宗教派系，休谟认为这类派系最危险，最易造成社会分裂、权威解体，但同时休谟也认为宗教狂热不会持久，会随着时间推移而减弱，变得温和。为此，休谟主张对宗教采取宽容的态度，一视同仁地对待所有宗教派系，但对最为狂热的教派要实施必要的政府控制。

三、休谟的国家治理思想的实质及历史影响

在爱丁堡大学的皇家大厅里，有座休谟像，脚趾头被前来"朝圣"的人们摸得锃亮，因为有这么个说法："信休谟，不挂科。"不过，求学者笃信休谟，倒真的错不了。休谟二十几岁就写出了《人性论》一书。德国大哲学家康德称，正是此书把他从"教条主义的沉睡"中惊醒，而康德读的还不过是个改名为《人类理解研究》的缩写本。休谟在历史、经济、宗教等各领域都有见解深刻的著述，其国家治理思想博大精深、独树一帜，很多见解和观点对同时代及后来的政治思想家的国家理论以及政治实践活动都产生了巨大影响。

（一）休谟的国家治理思想的实质

休谟国家治理思想是资本主义快速发展、阶级意识矛盾逐渐显露时期的代表性思想。著名学者张若衡在总结休谟理论时讲道：休谟的理论一方面认

为政治可以析解为科学，有规律可循；另一方面又认为人类社会政治事务甚多偶然事件，每条政治规律都有例外。①休谟理论的矛盾性在于：一是休谟认为，自由与权威始终存在斗争，但谁也不能独占上风。政府的权威来自自由的牺牲，但政府权威绝不能不受限制。二是休谟认为，如政治体制一样，人们也受到利害关系的控制，利害关系与控制利害关系的信念之间经常发生冲突。三是在原则上，休谟认为民主共和国是最好的政体，但又因担心由此带来暴政而反对直接民主制度。四是休谟在情感上倾向于君主制，但又认为君主制包含非正义的专制因素。五是休谟反对党派政治，但又认可党派政治的积极作用，认为不可能完全消除党派政治。

或许正是因为资产阶级这些天生的潜在矛盾缺陷和阶级性，休谟对资产阶级政治体制的未来感到悲观。他认为，每种政体都有终结之时，既然死亡不可避免，那么以英国为例，英国政体最好以何种方式告终，是民主政体还是君主专制政体？休谟倾向于后者，他说，对英国体制来说，死于君主专制政体最为舒适，这是真正的无痛死亡。②由此可见，休谟认为：一方面，资产阶级民主政治有无法克服的内在矛盾，必然会死亡；另一方面，维护资本主义制度，只是希望资产阶级政治制度静静地自然死亡，而不希望发生意在推翻资产阶级统治的无产阶级革命。由此可以看出，休谟是坚决反对无产阶级革命的，针对资产阶级政治体制存在的矛盾和缺陷，他主张进行渐进式的改良和革新。

休谟对人民主权之类的思想是持批判态度的。他认为，所有政府在新建立的时候都是靠暴力征服、摧毁旧政府而产生的，从古到今无一例外。那么谈论政府最初起源于公共事务和公共利益的需要而建立在民众认可的基础上，是没有意义的，也是错误的。他还指出，政府建立后，人民也不能随意地推翻政府。他说，人民不应该认为由于他们的认可就可以奠定政府的基

---

① ［英］休谟著，张若衡译：《休谟政治论文选》，商务印书馆2010年版，第5页。
② ［英］休谟著，张若衡译：《休谟政治论文选》，商务印书馆2010年版，第37页。

础，他们就可以任意推翻和颠覆政府。[①]为此，休谟非常担心人民的愤怒情绪，一旦人民感到愤怒就有要推翻和颠覆政府的煽动性行为出现，这是很危险的，因为这往往会导致专制暴君的统治。所以，休谟说人民的愤怒不管起源如何总是可怕的，特别是挣脱一切法制、理性和信念约束时，后果最为严重。在他眼里，人民的反抗都是不应当的，是对法律和理性的摒弃。这些都体现了休谟本人的阶级性和为资产阶级辩护的立场。

（二）休谟的国家治理思想的影响

1. 对美国宪法及联邦党人的影响

休谟认为，人们同意创立政府是出于维护共同利益以及安全的需要。一旦政府不能保障人们的共同利益和安全感，那么人们就有权推翻政府。他的这一思想影响了联邦党人托马斯·杰斐逊、汉密尔顿等人。杰斐逊认为，人们有权对抗地球上的一切政府，无论这个政府是一般的还是特定意义上的政府，一切正义的政府都不能拒绝它。在探讨国家制度设计时，休谟提出了"无赖之徒"假定原则。普遍的"无赖之徒"假定，构成了国家治理所必需的思想前提和思维方式的基础：就是在最坏的情况下，即以每个政治家尤其是掌握国家重要权力的人都是无赖之徒这样最坏的情况为基本出发点，而不是寄托于他的无赖本性的突然转好向善或自我提升。这是因为，在休谟看来，人们根本无法依靠改变人的本性为善，进而全心全意为公共利益服务，人类只能依靠制度设计来预防和防止人性中恶的方面发挥作用，也就是以消极的防御观为基本依归。

杰斐逊指出，在权力问题上，任何时候谈信任都是徒劳无益的，只能用宪法来约束人们不做坏事。这实际上就是受到了休谟"无赖之徒"假定原则的影响。美国宪政学家詹姆斯·麦迪逊的观点基本上也是以休谟的逻辑为出发点。他说，如果人都不做坏事，都是完美无缺的天使，那么政府就不需要

---

① ［英］休谟著，张若衡译：《休谟政治论文选》，商务印书馆2010年版，第148页。

存在。如果由天使统治人，就不需要对政府作出限制了。在组织一个人统治人的政府时，最大的困难是政府要管理好自身。当然，依靠人民可以实现对政府的控制，但现实的经验告诉我们，还必须要有合适的预防措施加以辅助。[①]由此可见，麦迪逊认为：一方面，人不是天使，所以需要政府；另一方面，人民把权力交给政府来行使，同时要把政府划分成不同部门来相互制衡。

在党派政治问题上，休谟将派系看成对正义和权威的主要威胁，这一观点也影响了联邦党人。正如麦迪逊所说，管理各种各样又互不相容的利益集团，是现代立法的主要任务。[②]他提出，建立一个大共和国，在国家政体制度设计中采用联邦制，在民主选举制度设计中采用代议制等方式，可以有效地消除派系的影响。很显然，麦迪逊的这一思想受到了孟德斯鸠的影响，但派系治理在孟德斯鸠思想中并不占有重要位置。而休谟明确地将党派政治问题看作国家治理的重要内容。休谟所设想的理想的联邦共和国是一个拥有统一主权的联邦制国家，而不是孟德斯鸠的主权国家的邦联模式。从这个意义上来说，休谟的国家治理思想对美国的宪法有着更为重要的影响。

2. 对新自由主义者哈耶克的影响

休谟对哈耶克产生了巨大影响。哈耶克曾说休谟是他的精神偶像，是他永恒的伙伴和睿智的向导，休谟给了他最重要的启示。可以说，哈耶克很多的理论都直接来源于休谟，主要体现在以下几个方面：

第一，休谟为英国1688年光荣革命作了充分的理论论证。哈耶克认为休谟这一论证，首次提出了以个人主义为基础的自由主义。第二，休谟理论为社会秩序和规则的自发形成奠定了最初的理论基础。哈耶克指出，休谟等人对文明自然生长的解释，是为自由辩护的基石。第三，休谟对政府职能作

---

① ［美］汉密尔顿、杰伊、麦迪逊著，程逢如等译：《联邦党人文集》，商务印书馆1980年版，第264页。

② ［美］汉密尔顿、杰伊、麦迪逊著，程逢如等译：《联邦党人文集》商务印书馆2004年版，第47页。

了比较合理的界定。哈耶克认为休谟等人从没反对过政府的积极使命，政府正是由于被授予了自由支配权，才能更好地促进公共利益。第四，休谟认为自由的真谛就是建立法治国家、法治政府，使国家和政府都在法律的框架内运转，不得有逾越法律的权力。此外，哈耶克认为，休谟还影响了后来很多思想家，如德国的康德、席勒和洪堡等。

第二节　埃德蒙·柏克的国家治理思想

埃德蒙·柏克是18世纪英国著名的政治家和保守主义政治理论家，他也被誉为西方保守主义的真正创始人。作为辉格党的重要代言人，柏克以尊崇传统、捍卫自由为基本着眼点，反对以抽象的理论来思考政治问题，主张要注重实际状况。柏克的著作和演说都是对他所处的那个时代的具体政治事件发表的见解，蕴含着丰富的哲学思想和国家治理智慧。他的保守主义国家治理思想对现代保守主义与自由主义思想和英、美等国的政治实践活动及主流意识形态均产生了重大影响。英国著名的自由主义者哈罗德·拉斯基曾这样评价柏克，说他的思想是永恒的政治智慧宝典，没有这一宝典，政治家们不过是在没有航标的海面上航行的水手。

一、柏克的生平及思想渊源

（一）柏克的生平及著作

埃德蒙·柏克（1729—1797），是18世纪英国的政治家、政治理论家，保守主义的创始人。关于柏克的出生地点，大多数柏克传记的作者认为是爱尔兰的都柏林，也有一些历史学家认为他出生在巴里沃特小镇的舅舅詹姆斯·那格尔的家里。柏克的父亲是一位相当有成就的律师，最初信仰天主教，后来改信新教。母亲是一位虔诚的天主教徒，出身于爱尔兰的名门望族。柏克自小跟随父亲信奉新教，而其姐妹则随母亲信奉天主教。复杂的宗教家庭背景，对柏克的思想道德观和政治理念产生了重要影响。

柏克受过良好的教育。他少年时就读于基尔代郡的巴利托尔学校，1743年，柏克就读于都柏林的三一学院，1748年毕业后获文学学士学位。他不仅学习了古希腊和古罗马的语言、历史和文学，还学习了逻辑学、伦理学、形而上学，甚至初步学习了物理学、生物学、地理学、天文学和地质学。柏克在给他的老师的一封信中这样写道："我所有的学习与其说是出于某种合乎情理的缘故，不如说是出于一时的兴致。正如许多自然欲望一样，兴趣来时如潮涌，过一段时间又会慢慢平静下来。我也常常想，为何这两年我会陷入这种几近疯狂的兴趣中。最初，我被自然哲学深深地迷住了，既然这样，我本该致力于逻辑学的学习，但我却对数学产生了狂热。直到上大学的时候我才意识到我应该学习逻辑学和形而上学。这段时间我的状态不错，从中也得到了不少乐趣，我称这段时间为对逻辑的着迷。接下来的一段时间我又对历史学着了迷。现在我又对诗歌着迷了。"

柏克精通拉丁文，对许多哲学家、政治学家和剧作家，如亚里士多德、西塞罗、孟德斯鸠、莎士比亚等都有很深的研究。从柏克后来的作品中可以看出，这些人对柏克都有一定的影响。与亚里士多德一样，柏克认为政治应当是政治家的政治而不是"理论家"的政治，他一样强调道德、法律和宪政的重要性，尤其关注西塞罗关于各种政府形式的言论。他认为政治学不是凭人的理性所能推断的科学，而是人们在历史传统和现实环境的基础上进行的一系列理性的思考。正如柏克所说的，支配人们行动的是与自身利益一致的动机，而不是形而上学的思辨。亚里士多德这位推理大师郑重其事，也恰如其分地告诫我们，不要相信这种虚妄的几何学般精确的道德论证，它是最不可靠的诡辩。[①]由此可见，古典政治学的传统理论和观点对柏克的政治哲学

---

① 陈志瑞、石斌编：《埃德蒙·伯克读本》，中央编译出版社2006年版，第99页。

思想有着较大的影响。

1750年，柏克到伦敦的中殿律师学院（当时伦敦四大律师工会之一）学习法律。他广泛学习了欧洲各国的法律，从古典时代开始一直到他所生活的英格兰时代。他始终觉得学习法律这一门知识过于狭窄，反而一直对文学和论辩更感兴趣。对政治和社会生活中的纯粹理性，柏克一直表现出极大的不信任，这也是他终身坚守的一项重要原则。他认为，人们的行为主要来自与其利益密切相关的动机，而不是来自抽象的理性。在道德问题上，他强调抽象理性是所有诡辩中最荒谬的一种。

1756年，柏克出版了他的第一部论文著作《为自然社会辩护：检视人类遭遇的痛苦和邪恶》。这是一本讽刺博林布鲁克勋爵，赞美自然宗教、攻击天启宗教的作品，为文明的社会与政治结构辩护。这本书也被称为第一篇无政府主义的论文著作，深刻影响了后来的许多无政府主义者，如威廉·戈德温等人。1757年，柏克发表了著名的美学著作《对崇高与美之起源的哲学探讨》，这是柏克以英国经验主义传统写成的现代哲学著作，也是柏克唯一可以称为"理论著作"的作品。这本书的正式出版，标志着18世纪早期古典形式主义的审美理论向浪漫主义思潮的过渡。1759年，柏克开始出版具有相当影响力的《年鉴》杂志并担任主编。《年鉴》是由许多作家主笔、以探讨每年国际政治时事为主题的政治期刊，以客观与准确为人称道。时至今日，《年鉴》杂志仍是研究当时政治的必读材料。与此同时，柏克开始撰写《英国史》一书，但最终没能完成。其残篇《英国史纲》是在柏克去世以后出版的，此书描绘了英国政体的变迁。

1759年，柏克弃文从政，以国会议员威廉·汉密尔顿私人秘书的身份登上政治舞台，开启了他的政治生涯。柏克的教育背景和知识结构，尤其是古典文学和法律素养对他的政治实践活动产生了重要影响。柏克认为政治是一种实践的信念以及对公共事务中纯粹理性的拒绝，这在他的政治生涯中开始得到检验。柏克对认为可以通过一定的社会安排来达到人性完美的理性主义抱有极不信任的态度，并对之进行了尖锐批评。从柏克从政后的著述和演说中，可以清楚地看出他在有关政府和社会方面的理论始终没有改变。1765年，柏克担任辉格党领袖的私人秘书，不久后任国会议员，由此进入政治活动比较活跃的时期，其政治思想也逐渐趋于成熟。在此期间，柏克不仅积极投入到了英格兰经济改革和议会改革之中，还以令人震撼的雄辩口才积极参与了有关美洲殖民地、爱尔兰、印度事务的辩论。柏克不仅具有很高的理论素养，他还更加注重实践活动，他的政治著述大多写的是现实的政治事务，目光所关注的是全人类。由于1766年以后绝大多数时间内，辉格党都是在野党，故而柏克在议会的大部分时间都是反对派的成员。通常他的观点与当时政府的政策是不符的，其政策主张也很少能得以实施。针对当时英国的现实政治，柏克于1769年、1770年分别发表了《对当前国家状况的考察》和《论当前不满的根源》两部著作。柏克反对他所在的辉格党进行激进的变革，最终导致众多辉格党旧友对他产生不满和敌视。尤其是他对法国革命提出的尖锐批评，使他与福克斯领导的新辉格党人更加疏远。最终柏克在一部分反对革命的老辉格党人的支持下与小皮特领导的托利党结成了联盟。在面对"新辉格党人"批评他前后不一、持不同的标准对待美洲革命与法国革命时，柏克以《一个老辉格党人对新辉格党人的呼吁书》作了回答。柏克指出，自由存在于不同势力对垒的夹缝中，倘若一支势力打垮了其他的势力，自由就没有了安身之处。所以当英国的君主制因法国革命的原则而动摇时，他便来扶持君权；当议会权力因宫廷的阴谋而弱化时，他便来增援议会；当议会欲宰割殖民地时，他则保卫殖民地。针对这些问题的论述有《论课税于美洲》《论与美洲的和解》《致布里斯托长官书》等，这些论述表面上看来前后矛盾、朝秦暮楚，实际上却体现了柏克始终如一的政治立场和观点。

　　综观柏克的一生，他在政治上算不上成功，但是他的政治哲学和国家治理思想却有着持久的影响力。他一生最大的成功就是1790年发表了他最为著名的著作《法国革命论》。在书中，柏克以激扬的文字猛烈地攻击了法国大革命的原则，甚至把法国大革命看成是人类罪恶的渊薮，是人性的贪婪、虚伪、野心和阴谋诡计之集大成的表现。正是这本书对传统的捍卫和对激进主义的批判使他和辉格党中的许多人决裂，也使他成为西方思想界反对法国革命的保守派首席代表人物。《法国革命论》是柏克从政多年的智慧结晶，也是他保守主义政治思想的集中体现，被认为是历史上最有影响力的政治小册子，为柏克赢得了极大的荣誉。柏克在《法国革命论》一书的结尾总结了他的思想："除了长期的观察和富有公正无私的精神而外，我没有什么可以推荐我的见解的。它们出自一个不曾充当过权力的工具或伟大性的谄媚者的人；而且是一个在他最后的行动中不希望辜负他自己一生的宗旨的人。它们出自这样一个人，几乎他在社会上所作的全部努力都是一场为了别人的自由的斗争；出自这样一个人，在他的心胸中除了他所认为的暴政而外，从不曾点燃过任何持久的愤怒和激情，并且在他一涉足于你们的事务时，就从被好人们用于怀疑富人压迫的各种努力中也攫取了自己应有的一份，而且在这样做的时候他使自己相信，他并没有脱离他通常的职守。它们出自这样一个人，他也渴望着荣誉、声名和酬报，但所望甚少，而且他根本就不期待着它们；他并不鄙视名声，也不怕责骂；虽然他要冒一种见解上的危险，但他并不躲避辩论；它们出自这样一个人，他期望着保持一贯，但是要通过变换能确保他的目的的一致性的手段来保持一贯；而且，当他航行的船只的平衡可能由于一边超载而有危险的时候，他愿意把他的理性的轻微重量移到可以维持船的平衡的那一边来。"[1]对自己的这种赞美，柏克可以说在历史上绝无仅有。

（二）柏克的思想渊源

从柏克的生活经历、教育背景及其大量的演说、著述中可以发现，柏克的思想渊源主要来自四个方面：一是亚里士多德与西塞罗，二是神学自然法思想，三是苏格兰启蒙学派，四是英国宪政传统和普通法。

---

① ［英］柏克著，何兆武、许振洲、彭刚译：《法国革命论》，商务印书馆1998年版，第318—319页。

1. 亚里士多德、西塞罗对柏克的影响

柏克的政治思想深受亚里士多德、西塞罗的政治理论及自然法思想的影响。亚里士多德认为人天生具有合群的自然性，人类社会的形成和发展是一个自然的过程。柏克继承了这一观点，与亚里士多德一样，认同人的自然本性产生于社会，人们之所以组成社会是为了生存便利和过有德行的生活。关于自然法，亚里士多德认为，自然法就是自然的公正，对全体的公民都有着同一的效力，不管人们承认还是不承认。①在这里，自然法是普遍的规则，包括自然界的自然规律和人际关系中的自然法则。亚里士多德认为，人具有善和恶的双重性，纠正人性中的恶需要靠德性的提高，就是要体现在公共利益中，即正义性。这种正义需要通过制度规范来体现，也就是说，符合自然法则的制度规范设计是自然正义的，这样才能促进公共利益和美好生活。总的来说就是，好的制度来自良好德性，道德提高保证了好制度，好制度又促进了人民幸福。因此，亚里士多德得出结论：最优良的政体应该是由最优良的人们为之治理的政体。亚里士多德的这些思想影响了柏克，柏克在此基础上提出了政治不是"理论家"的政治而是政治家的政治的观点，两者具有同样的人性自然法思想基础。

亚里士多德认为，社会形成于人的自然性而不是人与人之间的约定，只承认人在社会中享有的自然正义和公正，不承认自然状态及其天赋的自然权利。因为正义、公平、幸福、权利只有在文明社会才存在，且与政治制度和风俗密切相关。这对柏克的权利理论产生了重大影响。亚里士多德认为，政治学是一门道德的艺术。他说，我们的德性既非出于本性，也非反于本性生成，而是自然地接受它们，通过习惯而达到完满，而品质追随着相同的现实活动。②道德理论和政治学不是凭人的理性所能推断的"科学"，而是对人们

---

① ［古希腊］亚里士多德著，苗力田译：《尼各马科伦理学》，中国社会科学出版社1990年版，第109页。

② ［古希腊］亚里士多德著，苗力田译：《尼各马科伦理学》，中国社会科学出版社1990年版，第28页。

自己所生活的时代状况、现实环境以及历史传统进行思考的结果。道德的善体现在政体之中，尊重先辈的智慧及其成果，即社会制度，成为政治学重要的内容。在对自然法、社会及制度等的认识上，柏克继承了亚里士多德的这些观点，但又有很大不同，柏克坚持人的幸福和德性追求是在神的指导下完成的，具有明显的神学自然法烙印。

古罗马自然法，尤其是西塞罗的自然法思想对柏克也有非常重要的影响。柏克在自己的著述中曾数十次引用西塞罗的原话。西塞罗第一次对自然法进行界定，认为自然法处于最高位置，是一直存在的自然存在，具有普遍性，不能被改变，否则会产生严重后果。与亚里士多德相比，西塞罗的自然法也倾向于神性，他把自然法看作神的意志，这一点与柏克的观点类似。西塞罗不仅强调了人的自然本性，他还更加强调自然生活中的神性，指出人的理性是神和人所共有的。西塞罗推崇自然，因为自然法在古罗马社会生活中具有相当重要的作用，古罗马人是非常崇尚自然精神和自然法则的。西塞罗指出，我们遵循自然，不仅区分合法和非法，而且区分高尚和丑恶。由此可见，在西塞罗眼里，自然法不仅造就了物质世界，还造就了人的精神世界，理性和智慧都以自然为基础形成，并以此为判断标准。在法律和社会政治制度的设计上，西塞罗反对纯理性的科学思考，强调历史与传统，更突出政治的实践意义。西塞罗的这些思想备受柏克推崇，对柏克的思想影响深远，可以说是柏克政治思想的重要来源。

2. 神学自然法思想对柏克的影响

作为一个虔诚的基督教徒，柏克的思想毫无疑问会受到宗教神学的影响，神学自然法思想是柏克思想的一个重要渊源。对柏克影响最大的神学家有两位：一是有"神学界之王"之称的中世纪经院哲学的哲学家、神学家托马斯·阿奎那，二是英国16世纪最著名的神学政治理论家理查德·胡克尔。其中，阿奎那的神学自然法影响了胡克尔，胡克尔则直接影响了柏克。

阿奎那是自然神学的最早提倡者之一，他把理性引进神学，用上帝创造的自然法则来论证君权神圣论。他最著名的著作是《神学大典》。胡克尔继承了阿奎那的自然法思想。胡克尔认为，人性有先天的缺陷和不完美，以至于人们不能单靠自身来满足所有的生活需要，因此需要与他人合作或者组成共同体，这就是政治社会得以产生和发展的内在原因之一。社会的产生有两个基础：一是所有人在基于自身利益的基础上对社会生活的自然倾向，二是相关秩序规则。胡克尔的这一思想深深地影响了柏克。

胡克尔等英国神学家对神意的认识和理解也影响了柏克。柏克把对上帝的信仰运用到法治思维之中。胡克尔及阿奎那对信仰上帝有共同的认识。他们认为信仰上帝是为了实现人性完美和追求人生永恒。实现人性完美就是过有德性的生活，追求人生永恒是基督教的一个基本信念。神学家认为只有通过信仰才能实现这一切。柏克继承和发展了这一观念，并将之应用到对社会和政治问题的思考中。他认为，在现实的社会生活中人们的终极目标就是追求完美生活，实现永久的幸福。那么，究竟如何才能实现这一目的呢？对此，柏克认为，只有遵循自然法则，敬重和服从依据自然法则而形成的法律、习惯、道德规范、社会体制和制度，才能实现永久的幸福。

3. 苏格兰启蒙学派对柏克的影响

苏格兰启蒙学派主要以如何促进社会进步为研究对象，他们界定了理性的作用，认为引导人们政治行为的不是理性而是具体事实的经验传统。苏格兰启蒙学派更为注重从历史传统、社会经验的角度认识世界、改造世界。他们反对社会契约论，认为人类社会是逐步向前发展的，是一个自然的历史过程，这样就否定了先验的自然法。这就意味着没有任何永恒的政治标准和原则，显然也无法依靠理性或自然法来对社会进行彻底建构。因此，他们认为，社会秩序就是不断演进的制度、习惯、法律等各种非个人社会力量相互作用的结果，无论多么适合人类社会需要的制度设计，也根本不是智慧的创造。这些思想影响了柏克的自然权利观和有限理性政治观。在苏格兰启蒙学派的众多思想家中，休谟的哲学思想尤其是对理想的区分和澄清，也对柏克有着较为深远的影响。

4. 英国宪政传统和普通法对柏克的影响

柏克非常认同英国古老的宪政制度和法律制度，在深入研究文献资料的基础上，柏克对英国的判例法传统、法律至上精神和原则怀有崇高的敬意，这些对柏克的自然法理论和宪政思想有着深远的影响。美国著名的法学家庞德认为，普通法的观念是自然的法律秩序的组成部分，不能理解为理性的人竟然容纳与之相反的法律观念。盎格鲁-撒克逊人拒绝人和别的法律统治，相反，却能使他人受制于己。普通法的力量来自它对具体事务的解决，而它的对手，现代罗马法的力量则是抽象概念的逻辑发展。①英国普通法是英国社会法律智慧和理性原则渐进的演化和发展的长期历史积累的结果，可以有效地解决法律问题的连贯性和稳定性。普通法的产生过程，进一步使柏克看到了英国社会的演进过程与之相类似。哈耶克在论及英国法律成长过程时，也有同样的认识，他说英国普通法论者提出了一些极为重要的观念，它们多少有些类似于自然法传统的观念，但是没有采用自然法学派那些极具误导性的术语予以表达。阻止英国在此后像欧洲大陆国家那样发展的力量，就是那个根深蒂固的普通法传统，因为英国人当时认为普通法并不是任何人意志的产物。从这里可以清楚地看到，英国普通法的成长和发展对英国的社会与政治生活有很深的影响，它的原则和精神影响了政治家的思想和决策。

英国普通法有三大特色：一是遵循先例原则，二是法律至上原则，三是陪审团审判原则。其中，遵循先例原则，就是用先辈遗留的智慧解决现实的问题，这成为柏克所提倡的尊重社会传统和习惯、崇敬和保护古老的宪政精神和制度的有力根据。法律至上原则，意在强调人人遵守法律以限制王权，是柏克提倡法律至上理论的根据。正如布莱克顿说，国王不应服从任何人，但应服从上帝和法律。这些对柏克的保守主义思想产生了特别的影响，并培育了他的法治思想。

---

① ［美］罗斯科·庞德著，唐前宏、廖湘文、高雪原译：《普通法的精神》，法律出版社2000年版，第3页。

二、柏克的国家治理思想的主要内容

（一）国家的起源与基础

1. 国家的起源：社会契约说

社会契约说最早源于古希腊的智者学派，第一次对之进行较为系统的理论阐述的是伊壁鸠鲁。正如马克思所说，国家起源于人们相互之间的契约，起源于社会契约，这一观点就是伊壁鸠鲁最先提出来的。到18世纪，社会契约说仍然是关于国家起源的主流学说。就启蒙主义思想家而言，社会契约说先假定最初人类社会是在自然状态，出于自利、安全或进步等需求，人们一致同意将某些自然权利让渡给某些权威个人或机构组织，由后者保障人们的利益和安全需求，从而产生社会和国家。

人民订立契约，把部分自然权利交给政府是为了让政府作为社会秩序的管理者来保障自身的福利和安全。当然，一旦政府违背约定，不能保护甚至侵犯天赋人权，人民就有权推翻政府。所以，社会契约论表面上说的是国家的起源问题，实际上是在探讨政府合法性的基础问题。这一问题的实质是政府合法性来源于人民的同意。卢梭强调，只有公正平等的社会契约才是政府合法性的基础。他说："社会秩序乃是为其他一切权利提供了基础的一项神圣权利。然而这项权利绝不是出于自然，而是建立在约定之上的。"①社会契约论在法国大革命中的应用及其产生的后果，引起了柏克对社会契约论的不同看法。

针对卢梭的社会契约论，柏克提出了自己的社会契约说。他认为社会确实是一种契约。那些单纯以偶然的利益为目标的各种附属性的契约，是可以随意解除的，但是国家却不可被认为只不过是一种因为一些诸如胡椒或咖

---

① ［法］卢梭著，何兆武译：《社会契约论》，商务印书馆2003年版，第4—5页。

啡、布匹或烟草的生意，或某些其他无关紧要的暂时利益而缔结的合伙协定，可以由缔结者心血来潮去加以解除的。"我们应当怀着另一种崇敬之情来看待国家，因为它并不是以单只服从属于暂时性的、过眼烟云的赤裸裸的动物生存那类事物为目的的一种合伙关系。它乃是一切科学的一种合伙关系，一切艺术的一种合伙关系，一切道德的和一切完美性的一种合伙关系。由于这样一种合伙关系的目的无法在许多代人中间达到，所以国家就变成了不仅仅是活着的人之间的合伙关系，而且也是在活着的人、已经死了的人和将会出世的人们之间的一种合伙关系。"①柏克认为，国家的建立是一个自然的历史发展过程，国家形成以后便不能随意推翻。国家不仅仅是一个地理范围的概念，它是一个在时间上连续、在空间上延伸的概念。国家还肩负着开启民智、传承文化的责任，即教育国民使之具有知识和智慧，明辨事理，把人类的知识、艺术、美德和创造等代代传递下去。

柏克关于国家起源于社会契约的观念，实际上是一种有机论的国家观。柏克继承了欧洲中世纪的自然法传统，他认为，人类社会具有有机体的性质，社会契约是普遍、连续的社会关系，只要国家存在，人们之间的契约关系以及与之相关的责任和义务就无法解除。这意味着对现实秩序要有足够的尊重，不能无视和超越历史。否则，社会秩序就容易被打乱和破坏，最终导致文明社会的解体。这也体现了柏克在国家问题上坚决反对革命、主张渐进式改良的保守主义倾向。

2. 国家的合法性基础与公民社会基础

柏克认为，国家合法性的基础来自历史和传统。柏克的社会契约说认为国家是自然的、历史发展的结果，是时间的产物，历史和传统是国家合法性的基础。英国的整套国家政治制度以及自由、道德、善等基本原则都是建立在历史和传统之上的，并随着时间推移变成一种习惯性的概念被普遍接受，

---

① ［英］柏克著，何兆武、许振洲、彭刚译：《法国革命沦》，商务印书馆1998年版，第129页。

甚至变成传统本身。柏克认为，政治社会是由具有神圣性色彩的习俗决定的，我们的政体是约定俗成的体制，它的唯一权威在于它的源远流长。约定俗成对财产权、对政府是最大的权威。约定俗成支持既定方案，反对未经考验的计划，这是国家长期存在和繁荣的前提与保证。国家可以依此作出更好的决定，远比通过现实选举决定突发事件或作出暂时性抉择要好得多。国家是一个在时间上连续、空间上延伸的概念，不是乌合之众的选择，而是经过一代代人慎重选择的结果。这是一种比选择要优越万倍的政体，它是由特定的环境、条件、性格、气质以及人们的道德、民俗和社会习惯所决定的，所有这些只有经过很长时间才能显示出来。历史和传统习俗赋予国家合法性，并在发展过程中进一步加强和巩固了这种合法性。国家历史越悠久，存在时间越长，历史文化传统和风俗习惯对国家的积极影响也就越大。柏克认为人类智慧经验的积累远胜于理性判断，作为历史和传统的具体体现，经验可以为社会和个人提供正确的行为导向和指导。因为经验来自历史，只有经过历史检验的正确经验才能被传递下来，这就确保了其有效性，历史和传统就可以保证国家和社会的稳定性。人们继承传统并不意味着排斥革新，传统和历史为社会发展留下了足够的空间，它让人们自由地获取新东西，也让人们守住业已取得的东西。在现实的国家政治生活中，历史和传统是国家政治生活运转的理论来源和依据，是作出正确政治决定的基础。正如柏克在《法国革命论》中指出的，历史是指引人类前行的灯塔，"历史是一部打开了来教诲我们的大书，可以从人类过去的错误和苦痛中汲取未来智慧的材料"[1]。

柏克认为，国家的公民社会基础是宗教信仰。柏克有深厚的宗教背景，也是一个虔诚的基督教徒。宗教对柏克影响极为深远，在他的政治理论中，宗教被视为人类社会最伟大的纽带之一，具有极其重要的地位。柏克宣称，

---

[1] ［英］柏克著，何兆武、许振洲、彭刚译：《法国革命论》，商务印书馆1998年版，第184页。

"宗教是公民社会的基础，是万善、万福之源"①。柏克认为，从本性上讲，人是一种宗教性动物。无神论不仅与我们的理性相违背，也与我们的天性相违背。柏克认为，宗教可以帮助人性趋于完美，实现的手段即是国家。柏克的宗教观，使他得出了一个结论：国家出自上帝的意愿。宗教赋予国家神性，让人们对之敬畏和服从；宗教约束国家行为，让管理者慎重使用权力。这样可以有效防止人们随意地推翻政府、破坏社会结构，以维持良好的现存的社会秩序。如果缺乏这种信仰，国家连续性的整个链条极易被打断，进而陷入毫无原则的随意变更，国家终将不复存在。柏克从宗教观念出发来认识国家，认为服从国家、维护秩序就是服从自然秩序，也就是服从上帝的意志。这种服从就构成了真正的道德基础，正是因为如此，柏克认为宗教信仰是公民社会的基础。

（二）国家的目的与作用：实现公民权利

柏克承认国家起源于社会契约，认为人们签订契约组成政府的目的，就是为了保障生命、自由和财产等权利，但他并不认可天赋人权的观点，而是认为公民的权利是人为赋予的。这并不意味着他反对自然权利说，也不是反对人应该享有的人权，他是反对公民社会建立在天赋人权或自然权利之上。他认为天赋人权只是抽象的理论虚构，在实践中有很大的缺陷，而人权问题的关键在于权力如何在社会实践中运用。

柏克认为，自然权利源于自然状态，也就是人民订立契约之前的还未形成社会的状态。在那里人们拥有自然权利，如人人都有自我防卫的权利、支配自己的权利，甚至是对一切事物的权利，其中自我防卫权利可以称为自然法则的第一原则。但这是一种野蛮状态，拥有自然权利也不能保证人民的幸福与安全，人们无不希望进入一个有秩序的状态而脱离自然状态，这就要签

---

① ［英］埃德蒙·柏克著，蒋庆、王瑞昌、王天成译：《自由与传统——柏克政治论文选》，商务印书馆2001年版，第235页。

订一种原始的约定而形成社会，由社会来保障大家所需要的安全与幸福。契约一经订立，人人都要信守约定，在政治社会中人们不能也无权随意地退出这个约定。在原始约定中，自然权利并不能转化为普遍的人权，况且不同地域、不同群体所确立的原始约定必然是不同的，与之相应的人权也是不同的，这也可以解释为什么直到今天我们还有这么多不同的国家和民族。因此，高于一切的抽象人权是无意义的，只是一种理性思辨的虚构。政治社会建立在原始约定之上，参与这一约定的人们的自然权利就转化为契约规定的权利。契约就是最初的法律，约定的权利也就成为法律规定的权利。

柏克接受了洛克的政府起源思想，但他反对人们随意解除原始契约，除非在极端条件下。人们没有再次订约的权力，原始契约可以说是最早的宪法。他说："社会的缔约或者说公约——那通常就名之为宪法——是禁止这种侵权和这种弃权的。"[1]这一约定确立后，参与这一约定的人们才成了公民，才拥有受到宪法和法律保护的各项权利。宪法在前，公民在后，公民权利由宪法约定而产生。这样一来，公民就没有通过投票来废除原始契约的权力，也就是说，没有再次制定宪法的权力，而只能通过缓慢的修补、调整来完善宪法。当然这种修补、调整也必须在宪法的原则认可下才能进行，因为宪法只能有一部，而不可能有第二部。这就是柏克关于这个问题的基本思想。此外，柏克还指出，不能因为现实社会中的我们没有参与订约就认为可以不履行义务。他说，我们从祖先那里不仅继承了他们的全部权利，还有他们的全部义务，每一个出生的人在继承祖先或家族权力的时候就已经默认了原始契约存在，否则他就不会受到宪法和法律的保护，也不会享有宪法和法律规定的权利。

原始约定就是最初的宪法，契约一经订立，人们便成为公民，享有宪法规定的权利和义务，这种法律是最高意志，任何人都不能凌驾于法律之上，

---

① ［英］柏克著，何兆武、许振洲、彭刚译：《法国革命论》，商务印书馆1998年版，第27页。

人们也没有推翻、重立这一契约的自由。柏克认为，国家是神圣的，应该尊重和崇敬国家，把国家当作权利和自由的基础，而不是一种束缚和限制。国家的目的与作用主要就是保护财产权，保护全体公民的安全与幸福，实现公民的各项法律权利。基于这一点，柏克强烈反对法国大革命。他认为，法国大革命虽然打着普遍人权的旗号，却无处不在侵犯人权，实际上是以自由为名义禁锢自由，以民主为名义实行集权专制。所以，柏克说，法国大革命是"形而上学指导下的革命"。

（三）国家治理形式：民主宪政

宪政，又称立宪主义，是现代西方国家的普遍政治制度。一般而言，宪政包括有限政府、权力分立、代议民主、司法独立等原则和制度设计。立宪政体以宪法为前提，通过宪法安排限制政府的权力，实行代议制民主和依法治国来保护公民的权利与自由。宪政最早产生于英国，是各种利益集团相互斗争的结果。柏克非常推崇英国的宪法和宪政制度，他认为这是国家治理的最佳形式。与美国宪法不同，英国宪法是历史和传统的结晶，是世代积累起来的宪法性的法律条文和惯例，并随着时间的推移和社会的进步而不断地成长和变化。柏克认为，英国宪法的优点很多，主要在于它在漫长的历史中总能汲取许多代人的智慧和经验，从而变得越来越好。对于英国宪法的巨大优越性，柏克说，这是保障公民权利和自由的有效手段，宪法一直是我们的骄傲，是其他国家羡慕的对象。

公民权利和自由依赖于稳定的社会秩序。前面已经讲过，柏克认为宗教是公民社会的基础，它使国家神圣化，使国家体现上帝意志，使现存社会秩序具有正当性。柏克论述道：在我们心中，宗教是第一位的、终极性的和具有中心性的内容。宗教意识不但像一名高明的建筑师建构起了雄伟的国家大厦，而且还确保这座大厦免遭玷污和毁灭，并确保它免受欺诈、强暴、不义和专横等一切不法之物的侵害，使其成为神圣殿堂。[①]国家是神圣的，人们应该对国家保持敬意和审慎，应努力使国家保持稳定。同时，柏克认为，公民的隐私和尊严不应受政治权力的干预。限制政府的权力尤其是防止专制独裁是宪政最大的目标。柏克认为，国家应当保护公民的个人财产、自由、言论、信仰等权利不受侵犯，政府权力的行使范围应当仅限于公共领域。国家治理的目的是维护社会秩序，保障公民的法定权利与幸福，其实现形式就是法治。

贵族在柏克政治思想中占有极其重要的地位，他认为贵族是捍卫宪政的中坚力量。柏克认为，正是由于贵族阶层有效地遏制了王权，才使英国在历史上没有产生长期的专制政权。柏克所指的贵族是自然贵族，类似于现代社会的精英阶层。柏克认为，正是由于贵族的存在，才使国家和民族得以存在。他们在品质、能力、责任等方面关心国家事务和公共利益，他们受过良好的教育，素质较高，本身也是文化的传承者，加之拥有巨多的财产，决定了他们在国家事务方面的巨大影响。柏克不认为贵族会因其影响力巨大而侵害人民的权利和自由，因为，"贵族的那种影响是以人民的意愿为基础的，是从人民那里来的；而且，人民也知道，并切身感受到，贵族的这种力量恰是他们自身重要性的结果和见证"[②]。所以，柏克认为，贵族是社会秩序的维护者，是实现民主宪政制国家治理的主导者，也是中坚力量。

（四）国家治理方式：依法治国

英国历来具有依法治国的传统，这对柏克的国家治理思想有很大的影响。柏克认为，国家的目的是保障和实现公民权利，政府作为公共事务的管理机构，应当是被人民共同认可的有限政府，绝不应该是专制的独裁政府。

①［英］柏克著，何兆武、许振洲、彭刚译：《法国革命论》，商务印书馆1998年版，第123页。

②［英］埃德蒙·柏克著，蒋庆、王瑞昌、王天成译：《自由与传统——柏克政治论文选》，商务印书馆2001年版，第156页。

政府的运转应当以法律为基础，体现正义与自由精神。在柏克看来，依法治理国家要具备三大要素：一是有一个能够严格依照法律行使行政权力的政府；二是有一个代表人民意志的立法机构，制定出符合人民意愿和公共利益的法律；三是有一支业务素质高的专业司法队伍。这些都是依法治国、依法治理社会的必备条件。除此之外，柏克还强调了公民的法治精神和法律信仰的重要性。他说这些要素不是凭空产生的，而是英国的历史和传统长期演化的结果。尊重法律、法律至上的精神已经成为英国社会的传统和习惯，潜移默化地影响着每一个人，深深扎根于人们心中。

1. 建设法治政府

法治政府要求各个组成部门之间应当依据法律划分权能，用公开公正的法律原则规定相应的权利和义务，否则，权能与权力可能很快就会成为令人讨厌的东西，法律可能荡然无存，最后只剩下强权意志。①柏克从自然正义的角度论证了政府为何要遵守法律，因为法律讲究的是权利与义务相统一，管理社会是法律授予的权利，也是义务，"任命我做行政长官，我就有义务维护财产权；给予我权力，我就要为民众提供保护"。而专制政府刚好相反，它只讲权利而不讲义务，不受任何法律约束。这种政府最终将会被人民所抛弃。柏克认为只有法治的政府才是连续稳定的政府，才能维护和平秩序，保障公民权利。此外，柏克还认为，法治政府主要是阻止邪恶，而不应当积极为善。这需要建立良好的政治体制，阻止和惩罚坏人作恶，并将之排除在政府体制以外，这样政府就会成为有道德和智慧的人为国家与社会服务的机构。同时，法治政府要在法治轨道上恰当运用各种手段和方式，处理好复杂多变的各类社会事务。由此可见，柏克所主张的法治政府，实际上是建立在法律基础上政治家的人格魅力和法治精神、原则的统一体。

---

① ［英］埃德蒙·柏克著，蒋庆、王瑞昌、王天成译：《自由与传统——柏克政治论文选》，商务印书馆2001年版，第24页。

2. 立善法与司法公正

在高度认可英国判例法传统和精神的同时，柏克认为立法和司法是法治的最重要条件。柏克认为，立法机关制定的法律应当体现社会的公平和公正，立善法是立法者应尽的责任。因为只有善法才能被广泛认可，执法者和守法者才能做到有法可依、有法必依，才能实现法治社会的目的。柏克指出，立法者在立新法、修订和废除旧法时应当采取谨慎的原则。因为法律就像房屋一样，一幢紧连一幢，拆除时十分棘手，需要加倍小心，不到势在必行的地步，就不应进行。①同时，立法机关要代表人民意志，"人民才是真正的立法者"，人民的同意是法律具有合法性和权威性的基础与前提。柏克强调，一部法律的真正实施，除了是善法，还必须要有公正的司法。司法公正是法治社会的重要标志，也是法治社会得以维持和发展的根本动力。在柏克看来，英国的法官审判制度、陪审团制度和新闻自由制度，可以从不同的角度参与司法过程，保证了司法的公正，体现了社会良心。综上所述，柏克认为立善法和司法公正是依法治理国家的重要内容，也是法治国家得以维持和发展的最重要条件。

（五）国家治理主体：政党政治

在柏克的国家治理思想中，政党政治具有极其重要的地位。作为辉格党的重要一员，柏克是政党理论的创立者之一，他最先认识到政党对民主政治的极端重要性，并自豪地以党性人物自称。在柏克生活的时代，政党之间的竞争已经非常明显，政党政治运转也较为成熟。一般来说，政党通常通过选举获得足够多的支持而成为下院的多数，从而组建内阁，代表国王的意志掌握并行使国家权力，履行治理国家的职能。很显然，在宪政体制下，政党实际上已经成为毫无疑问的国家治理的主体。柏克的政党理论直接影响了英国

---

① ［英］埃德蒙·柏克著，蒋庆、王瑞昌、王天成译：《自由与传统——柏克政治论文选》，商务印书馆2001年版，第281页。

以及美国的政党政治理论和原则。直到今天，柏克的政党理论仍然对西方发达国家的政党制度、政党政治有着重要的启示和借鉴价值。

柏克认为政党制度对于监督权力、维护宪政和个人自由至关重要。他认为国家的腐败是缺乏有效的监督机制造成的。一个强有力的由正直人组成的监督团体，是抵御王室内阁的贿赂与诱惑的不二选择。对于政党的定义，柏克指出，政党是人们通过共同努力以提高民族福利，并根据某些他们共同认可的原则而结成的组织。[1]政党的主要目标是通过宪法和法律手段去获得权力，进而组成政党内阁，负责政府运行、国家治理职能，根据政党的原则实现民族的最大福利。在柏克看来，政党真正依靠的是议会多数的支持。这不仅团结了大多数人，便于凝心聚力向着共同目标前进，而且体现了英国宪法广泛的代表性。此外，柏克认为，政党是可以抵制坏人，使好人和聪明人联合的团体。正如西塞罗所说，当人们联合在一起时，就容易而且迅速地交流罪恶阴谋的情报，促使他们用共同协商的办法来识破它，用联合的力量来抵制它。所以，柏克的结论是好人必须联合起来，团结一致地对抗坏人，否则就会坏人当道，好人白白牺牲，并且这样的牺牲是不值得同情的。

柏克主张把政党引入宪政，以减少英国政治对伟人政治的依赖，他所主张的政治体制改革其实就是由政治家政治转向政党政治。这样，政党便成为公共机构，成为好人对抗坏人的利益集团。与现代政党理论相比，柏克的政党理论有以下几个特点：一是柏克所主张的政党的活动范围要窄得多，并不像现代政党那样，活动范围和影响力渗透到社会生活的方方面面；二是政党政治是政治活动家的政治，广大人民群众基本上游离于政治之外；三是柏克认为政党组织应是较为松散的组织，不是由利益而联合的阴谋集团或某个阶级的集中代表。根据柏克关于政党政治的演说和论述，政党政治有以下三个功能：一是政党政治的首要作用是全党一致行动，在宪法和法律的基础上谋

---

① ［英］埃德蒙·柏克著，蒋庆、王瑞昌、王天成译：《自由与传统——柏克政治论文选》，商务印书馆2001年版，第148页。

取政治权力以实现政党的治国方略；二是政党政治活动具有统一性，在政党内部应达成默契或形成统一意见，减少分歧；三是政党政治可以保证国家大政方针和执政理念的连续性，不会因领导人的更迭而改变有利于国家和民族的原则与政策方略，这样就可以保证国家的安定有序，促进公共福利。

三、柏克的国家治理思想的实质及历史影响

作为近现代保守主义政治思想的开创者，柏克的国家治理思想包括尊崇历史和传统，维护英国宪政体制；反对专制，捍卫自由；主张有限政府，实行依法治国等。综观柏克的演讲、著述以及政治实践活动中的政治主张，我们可以发现，他始终站在辉格主义立场上为贵族制度及统治阶级辩护，以维护英国现存的社会秩序和政治制度。柏克的国家治理思想对近现代保守主义和自由主义等社会政治思潮以及近现代欧美国家的政治实践活动都产生了重要的影响。

（一）柏克的国家治理思想的实质

柏克的国家治理思想以保守主义为基础，致力于保守与传统。他认为英国自古以来的宪政传统及风俗、习惯蕴含着丰富的历史经验与智慧，这些都是指导英国政治实践活动的重要财富，具有很高的意义和价值。他推崇英国宪法及宪政制度，反对激进的理想主义革命尤其是反对工人无产者的革命，主张以审慎的准则、渐进温和的改良方式来维持和改进现存政治秩序。他的思想不仅体现了他的保守历史功利主义倾向，还表明了他的辉格主义立场和为英国资产阶级贵族及其统治地位辩护的思想本质。

1688年光荣革命以来确立的英国宪政制度及其政治实践活动，使柏克相信现存的英国政治秩序是现实社会中最好的政治制度设计，人们应当尽力维护它，而不应该反对它。对此，柏克强调国家和政府的权威，强调人对社会、对国家的责任和义务。义务就是对权利的约束和限制，不履行义务就无

法享受权利，有了义务便不可为所欲为。他严厉地批判了法国大革命，认为法国大革命中所体现的原则看似是在维护人权和自由，但实质恰恰相反，是对人权、自由、宪政以及维系欧洲文明的政治文化传统的粗暴践踏。柏克预言了法国大革命可能产生的后果，即破坏性的暴力革命终将导致一种新的极权主义强权的出现。他认为，在文明社会中，公民的权利和自由应该受到限制，人们的意志和感情也需要加以控制和约束，不然就会产生以捍卫自然权利为目标的激进的理性主义革命。为此，柏克主张在坚守历史和传统的基础上，按照英国宪法和法律，团结并汇聚新贵族的智慧和力量，以温和的渐进式改良方式来推进英国宪法的不断完善，提高政府执政能力，以达到促进公共利益之目的。

柏克认为，社会与政治秩序极其复杂，不宜轻率地去改变它，这是他维护贵族秩序的一个重要基础，其背后是对社会与政治制度一种极具功能取向的观点。柏克认为，政治与社会制度的建立和存在，是为了解决公共生活的问题。一个问题一旦出现，只能用既有的各种制度来解决，别无他法。由于不了解这一点，法国人遇到问题，不善于用一代代人传承下来的制度来解决问题，反而认为是古老的制度本身出了问题。于是，他们开始进行激进的革命，以暴力来摧毁一切，其结果是丢掉了解决国家问题的手段。柏克认为，政治工作中最难的是建构政治制度。即使是老练的政治家，对此也会感到寸步难行。法国大革命中政客都难以做到这一点，生搬硬套外来的政治制度并使之产生效用，必然会导致政治灾难的发生。

（二）柏克的国家治理思想的历史影响

1. 对保守主义思想的影响

1790年，柏克在英国下议院发表演说，猛烈抨击了法国大革命。这次演说内容就是后来柏克整理出版的《法国革命论》。这是他站在捍卫英国自由传统基础上的一次重要演说，集中体现了他反对革命、崇尚历史与传统的保守主义思想，被称为保守主义诞生的重要标志。自此以后，保守主义在西方各国都有一定程度的发展。但从其理论渊源来讲，各国保守主义思想的发展都是在柏克思想的影响下进行的。

芬兰学者佩卡·苏范托按照历史发展进程把欧美保守主义思想分为四个阶段：从法国大革命到19世纪60年代、从民族主义崛起到第一次世界大战、1918—1945年保守主义的试验阶段以及第二次世界大战后的新保守主义阶段。总体而言，19世纪保守主义思想在欧洲主要的国家得到了相当程度的发展，尤其是在英、法、德三国，其中英国资产阶级对柏克保守主义思想继承和发展得最好。这一时期，英国保守主义者主张个人自由、议会民主、法治，主张以温和的方式调节社会冲突，明显地体现出柏克思想的色彩。进入20世纪，保守主义获得了较为充分的发展，并迅速在西方蔓延，形成占据主导地位的政治思潮。

近代以来，英国的保守主义思想无论是在理论上还是在现实的影响力上，都要远超法国和德国。作为保守主义政治思想的创始人，柏克的理论展示了保守主义的一些根本特征，如尊重历史和传统，强调人类社会是随着历史发展的自然生成物，是一个有机体，而不是人为设计的产物等。值得指出的是，与欧洲大陆保守主义理论相比，柏克的保守主义思想与理论有着明显的不同。一方面，柏克的理论缺乏严整宏大的理论体系。柏克反对启蒙运动的理性主义，认为纯粹的理性主义主导下的政治理论必然是形而上学的理论，用抽象理性改造现实政治就会导致激进的理想主义。所以，为了避免激进的理想主义的产生，柏克没有从哲学方面为自己的保守主义思想构建理论根基。这种倾向影响了后来众多的英国保守主义思想家。另一方面，尽管英国保守主义坚决反对法国大革命，却能够以容忍的态度对待由后者所产生的新社会，体现出了真正的保守主义风格。除此以外，柏克的政治思想在美国获得了一种新的发展，但美国的保守主义思想偏离了柏克本来的保守主义原则，进而发展成为美国式的新保守主义。作为一种完整的意识形态，美国新保守主义应用于美国政治、经济和社会生活的各个方面，对美国的内政外交和整个世界局势都产生了不可估量的影响。

2. 对英美政治实践的影响

柏克的国家治理思想对西方国家的政治实践活动产生了很大的影响，尤其是在英国和美国。在英国，保守主义者一直坚持柏克的保守主义基本原则，并着力将之运用到英国的政治实践之中，如强调历史与传统、维护既有宪政政体、反对激进革命、主张温和的渐进式改良、主张经济自由等。直到今天，这样的思想和观念也依然存在，并在英国政治中有很大的影响力。随着历史的进步和时代的发展，保守主义也在不断发展。18世纪末至19世纪初期，当时英国历史上最年轻的首相小威廉·皮特在任职期间，对保守主义的温和的渐进式的改良思想理念加以灵活运用，大力推行了一系列改革，如反对重商主义、实行贸易自由、进行财政改革以及治理腐败，他被称为英国的"保守主义之父"。但在小威廉·皮特执政后期，他对保守主义的理解发生了很大的改变，他认为维护英国传统就是要维护现有的政治经济和社会状况与秩序，并认为这是最佳的方式。他极力反对改革，大力镇压改革运动，违背了柏克创立保守主义政治思想的原则，走向了反动的对立面。[1]19世纪上中叶，新一代保守主义的杰出代表，托利党人罗伯特·皮尔出任英国首相，为了使保守主义思想适应日益快速发展的资本主义工业化，罗伯特·皮尔主张并实施了一些缓和的改革措施来保存英国最重要的传统，使他在压制性的老保守党的残迹中建立起了比较开明的英国新保守党的基础。19世纪中后期，新的保守党领袖迪斯累里继承了柏克的观点，他把维护现有制度、稳固国家、提高人民的生活水平作为保守党的三大主要奋斗目标。其中，维护既有制度是柏克一直主张的，稳固国家、提高人民的生活水平是迪斯累里个人对保守主义的发展。20世纪70年代，"铁娘子"撒切尔夫人开始领导保守党，并带领保守党在1979年、1983年和1987年三次大选中接连获胜而出任英国首相。撒切尔夫人强调对权威和传统的尊重，主张调和阶级矛盾和社会

---

① 唐士其著：《西方政治思想史（修订版）》，北京大学出版社2008年版，第392页。

紧张关系，在经济上减少国家干预，增加市场调节，削减福利，减少公共开支，在政治上推行新保守主义右翼纲领政策。这一系列的改革措施，都蕴含有柏克所主张的国家治理思想的基本原则。

柏克的国家治理思想对美国的政治实践也有重要影响。作为英国的殖民地，美国在独立之前便深受英国的影响。美国独立后，以约翰·亚当斯和汉密尔顿为代表的保守主义者，吸收了柏克国家治理思想中的一系列观点和理念，他们主张财产自由，宣扬私有财产神圣不可侵犯，强调主权在民，提倡建设有限政府、实行宪政制度，极力倡导资本主义价值观。同柏克一样，美国总统约翰·亚当斯不认为广大民众具有主导和管理国家事务的能力，所以他主张实行精英政治，并且根据财产和能力将社会成员分成地位高低不同的阶级，让那些所谓的上层人士或社会精英参与政治，参与到国家公共事务中来。由此，在美国的政治实践中也就有了柏克保守主义的成分。1981年，共和党人罗纳德·威尔逊·里根登上美国总统的宝座。里根上台后，实施了一系列政策，如实行自由企业制度，削减政府开支，并改善美国国内教育，促进就业，增强政府的权威，强调道德的重要作用，这些都是保守主义国家治理思想在具体政治实践中的运用。

第十章　空想共产主义的国家治理思想

　　18世纪中叶，法国资本主义经济已经有所发展，无产阶级和资产阶级之间的矛盾也逐渐加深。启蒙运动极大地促进了无产阶级意识的觉醒，并为法国大革命做好了舆论准备。这一时期，空想社会主义有了进一步的发展。这一时期的空想社会主义者以自然、理性、自由、平等为理论武器，深刻地揭露资本主义私有制度的罪恶，勾勒未来社会主义的轮廓，探索理想社会构建的路径，并试图通过法律条文的形式固定下来。这一时期的代表人物是法国的让·梅叶（1664—1729）、摩莱里（约 1720—1780）和加布里埃尔·邦诺·德·马布利（1709—1785）以及弗朗斯瓦·诺埃尔·巴贝夫（1760—1797），他们开始从理论上论证社会主义的原则。空想社会主义思想在法国资产阶级大革命的准备和进行时期产生，反映了无产阶级针对资产阶级的经济、政治要求和社会理想。空想社会主义者把批判的矛头对准正在诞生的资产阶级共和国。此时，法国无产阶级提出的社会、经济的平等要求，已经不限于政治权利方面，而是逐渐扩大到个人的社会地位方面了，并指出此时应该加以消灭的不是阶级特权而是阶级差别本身。因此，恩格斯称这一阶段的空想社会主义为"直接共产主义的理论"。当时的法国资本主义生产关系还不完善，社会生产力发展水平也不高，因此这一时期的空想社会主义者的国家治理思想带有明显的小生产者和平均主义、禁欲主义的色彩。

第一节　梅叶的国家治理思想

梅叶是18世纪法国空想共产主义者、唯物主义者、无神论者，但他在社会历史观上陷入了唯心主义。梅叶是一位杰出的政治思想家，在法国首先提出了消灭一切剥削者和压迫者的统治的革命纲领。他的国家治理思想主要集中在《遗书》中，对封建专制制度进行了猛烈的攻击，抨击贵族和僧侣的特权，直指私有制是造成社会祸患的原因。他提出了人类在平等的基础上共同占有并享用财富和生活资料的空想共产主义理想。梅叶站在贫苦劳动人民的立场上，指出社会上不平等现象和私有制违反自然法与人的自然本性。他从天赋人权、理性和正义的原则出发，批判现存社会，认为私有制是一切罪恶的根源，主张消灭私有制，建立以公有制为基础的共产主义社会。他认为人民群众才是真正有力量的群体，号召人们团结起来，靠自己的力量解放自己。梅叶站在唯物主义世界观的高度批判了宗教神学，揭露出上帝是虚构出来的，只有物质世界才是现实存在的。梅叶指出宗教是封建势力奴役劳动人民的工具，宗教非但不能够拯救人民，使他们免受地狱之苦，恰恰相反，宗教迫使人们忍受痛苦。梅叶的无神论思想在18世纪法国启蒙运动中产生了重要的影响。囿于时代和阶级条件的限制，梅叶这种消灭私有制的想法和依据共产主义标准来组织生产和消费的小型农民公社的狭隘思想只能是空想。他的思想建立在小生产的基础之上，带有平均主义的倾向。梅叶的个人悲剧在于他本人是一个无神论者和唯物主义者，他认清了宗教的虚伪性和欺骗性，但其一生却在从事传播宗教的工作。梅叶自己也说这份职业与他个人的信仰没有关系。梅叶一生承担着思想家和神甫这两个冲突的角色，始终处于矛盾和煎熬之中。

一、梅叶的生平及著作

梅叶（1664—1729）是18世纪空想社会主义的先驱者，法国18世纪第一个杰出的战斗的无神论者和唯物主义思想家。让·梅叶于1664年诞生于香槟省马泽尔尼村的一个乡村纺织工人家庭。他的父亲是一位穷苦的纺织工人。梅叶自幼时起就非常喜欢学习，在教区神甫处接受了初级教育。为了使梅叶继续接受教育，他的父母将他送到里姆的宗教学校上学。梅叶在宗教学校被同学们认为脾气古怪，他在这里深入钻研笛卡尔和卢克莱茨的著作。1687年，梅叶从宗教学校毕业，开始担任神职。至于为什么担任神甫，梅叶后来写道："我从来不是一个有宗教信念的人，可是在青年时代，父母希望看到我成为宗教人物。为了使父母喜欢，我轻率地同意做了教徒。"①另外一个原因是梅叶的远房本家中，有的是低级神甫，有的是高级神甫，这种农民兼神职人员的现象，是梅叶家族时代因袭的传统。因此，尽管梅叶一生反对宗教和神学，但还是从事了神甫的工作。他后来写道："……当我被迫向你们传播我从心里憎恨的那种虔信宗教的谎言时，我的内心是多么痛苦！……你们的轻信的态度，引起了我多少良心上的苛责啊！我有一千次准备公开地忏悔，可是，那种压倒我的力量的恐惧，突然控制住我，强迫我沉默到我死亡的时刻。"②

1689年，梅叶受命负责香槟省的埃特列平低级教区的事务，并在埃特列平一直住到逝世。这个小村庄远离省会，只有150户居民。在长期与农民教徒的相处中，梅叶看到了劳动人民所受的盘剥。他对穷人给予深切的同情，他将自己的部分收入送给穷人，执行圣礼的时候免收酬金。梅叶对于那些凭

---

① ［法］让·梅叶著，陈太先、眭茂译：《遗书》第3卷，商务印书馆2017年版，第285页。

② ［法］让·梅叶著，陈太先、眭茂译：《遗书》第3卷，商务印书馆2017年版，第335页。

借职务来骗取钱财的无耻神甫表示出极大的厌恶。他看不惯那些人的虚伪，认为他们一边靠着丰裕的进款过着享乐的生活，一边又在同行业人员中嘲笑自己宗教的圣礼和仪式。对于那些愚弄信徒的行为他也表示出不满。他斥责那些人剥削群众的贪得无厌的欲望，斥责那些利用人民敬畏神灵的心理制造出新的迷信的做法，斥责那些依靠辛勤劳动的信徒而过得十分富裕的神甫。后来，梅叶同有权势的人发生了冲突，在教会讲坛上斥责封建领主德杜里对农民的残暴行为，因此受到了大主教的谴责。梅叶的传记中对他的社会活动的记载并不多，他同当时知识界的代表人物也没有什么联系。晚年，梅叶的视力逐渐丧失。1729 年，梅叶因病逝世，享年 65 岁。

　　梅叶撰写了《遗书》一书，公开讲述其关于人的关系、关于宗教、关于国家、关于社会制度等方面的思考。《遗书》这部著作影响非常大，该书全篇反对宗教神学，抨击封建专制制度，充满了反对剥削、反对压迫的革命热情。该书在 18 世纪所有的社会主义文献中大放光彩。梅叶关于国家治理的思考主要体现在《遗书》中，他揭露了宗教的虚伪和荒谬。他对于宗教的批判是彻底的。梅叶无情地抨击了封建制度，他反对一切压迫者、暴君和剥削者。梅叶聚焦于农民问题，他站在劳动人民的一边，号召他们采取革命行动，积极参加革命斗争。他主张任何人都有权利杀死暴君。《遗书》原稿一共 3 册，在梅叶去世的第二年，该书的手抄本在法国秘密出售。伏尔泰和霍尔巴赫都从自己的理解出发，编写过《遗书》的摘要本。1864 年，《遗书》全文根据手抄本在荷兰出版。梅叶写作《遗书》就是为了打开穷人的眼界，向他们说明全部真理。正如梅叶所说，世上的穷人们受了太长时间迷信的欺骗，富人和强者掠夺及压迫穷人的时间也已经足够长了，也该是打开穷人的眼界、向他们说明全部真理的时候了。他希望通过思想宣传将人民群众从迷思中解放出来，摆脱强加在人民身上的沉重枷锁。在《遗书》中，梅叶广泛地吸收前人的思想，形成了自己的国家治理思想。

二、梅叶的国家治理思想的渊源

梅叶所生活的年代是法国路易王朝统治时期，这一阶段法国农民面临的赋税严苛，农村经济呈现一片衰败的景象。梅叶长期同农民和无产阶级先驱生活在一起，他对农民悲惨的生活有深刻的了解，激发起他对建立在私有制基础上的剥削和压迫制度的强烈愤慨以及对宗教神学的极端憎恨，这对梅叶国家治理思想的形成具有决定性的影响。而后，梅叶作为早期无产者和贫苦农民的利益的代表者，和封建势力发生了直接的、公开的冲突。梅叶本人的国家治理思想与其自身的工作和生活经历不无关联。出身于农民家庭的梅叶，自然对农民的生活感同身受。梅叶国家治理思想的形成和完善与其孜孜不倦地学习、广泛地吸收其他学者的思想也有很大关系。梅叶继承和发扬了诸多学者的思想，他的国家治理思想建立在唯物论和无神论的基础之上，他用唯物论驳斥了上帝的存在，揭示了宗教的虚伪。梅叶在宗教学校时学习了很多的经文、古籍、哲学和神学文献，这一点从之后他的著作正文的注脚和引文上可以看出。在学校通过与有识之士交往，他积累了大量知识。梅叶一生坚持学习，不断地充实自己，知识渊博，为其国家治理思想的形成和完善奠定了基础。

（一）梅叶生活的时代

了解梅叶思想最深刻的根源，就要了解其生活的年代。梅叶生活在路易十四统治时期。路易十四这个历史上有名的暴君，对外穷兵黩武，在生活中穷奢极欲，对农民大肆盘剥。当时农民生活极其艰苦，既要向领主缴纳繁重的地租，又要向国家和教会缴纳繁重的捐税，此外还要承担各种各样的徭役和封建义务。在横征暴敛之下，农民终日劳动，生活却极端困顿。在封建剥削以及资本主义剥削叠加之下，农村经济一片萧条，广大农民和无产者过着半乞丐式的生活。长期与农民和无产阶级的先驱生活在一起的梅叶深深地体会到他们所饱受的灾难与苦痛，从而激发起其对于私有制和建立在私有制基础之上的剥削与压迫制度的愤慨，以及对封建专制制度残酷压榨进行辩护的宗教神学的极端憎恨。在18世纪的法国，等级特权制度森严，有一些人没有尊严，而有一些人神圣不可触犯，财产只掌握在那些做官的人手中，普通老百姓的生活步履维艰。当时的社会环境对梅叶的国家治理思想的形成，具有决定性的影响。

在那一时期，法国社会的不平等现象极其严重。封建教会和封建王朝对广大人民群众进行极其严重的剥削和压迫，造成了高级僧侣、贵族和普通民众的极端对立。梅叶将斗争的矛头指向了教会、王朝、国王、僧侣、贵族，将他们的丑恶嘴脸充分地暴露在阳光之下，对他们进行尖锐的批判。梅叶最深刻的思想根源是法国大革命前法国农民的情绪和自发感情。在那个时期，人民对于统治阶级的愤怒像火山一样爆发，他们对其生活的环境表达了强烈的不满，引起了一系列的法国农民和城市贫民起义。这些起义在16世纪不断发生，贯穿17世纪，一直持续到18世纪。梅叶所生活的年代处于18世纪初期，这一时期法国农民的生活异常艰难悲惨。农民们过着非人的生活，长期处于食不果腹、衣不蔽体的状态，他们被牢牢地束缚在土地上。他们负责生产，但自己却不能够享受劳动的果实。17世纪和18世纪初法国农村极度贫困是不争的事实。倒塌的房屋无钱修复，自耕农被迫卖掉了自己所有的土地，农民担负着还不清的债务，过着半乞丐式的生活。一旦发生哪怕是轻微的自然灾害，都足以毁灭他们，让他们被迫流离失所。黑面包、蕨根是他们的食物，洞穴是他们的居所。农村经济呈现一片衰败的迹象，连农民中的富裕阶层也陷入贫困，农民生活的境遇没有丝毫可以改变的迹象。农民将仅有的土地当成避免沦为乞丐和流浪者的唯一筹码。而农民的生存现状之所以如此，农村之所以呈现一片倾颓之势，最直接的原因在于政府的捐税政策。沉重的捐税几乎压垮了农民。梅叶写道："他们对葡萄酒、肉、白酒、啤酒和油类征税；他们对羊毛、麻布和花边、胡椒和食盐、纸张和烟草以及各种食物征税；他们对出境权和入境权、检查和登记征税，结婚、洗礼和葬埋都要交费，对房屋的雕刻、厕所、木材和森林、水源都征税，所差的只是没有对风和云征税而已。"①农民和剥削阶级之间的关系作为一个基本矛盾一直存在着，封建关系对于法国18世纪初期农村经济生活起着决定的作用。一些在法国别的省已经消亡的封建主义特征仍旧在香槟省顽强地存在着。一直到法国大革命前夕，香槟省依然保存着农奴制度和徭役制度。农民最凶狠的敌人——封建领主一直存在着。国家通过各种方式来对农民进行掠夺，路易十四时期所实行的捐税和贸易政策几乎将农民榨干。政府是贵族和资产阶级利益的代言人，将沉重的负担强加在农民身上，农民几乎没有应对的能力，自发的革命情绪就这样在农村不断地滋生着。17世纪末和18世纪初大大小小的农民起义此起彼伏，政府不得不镇压。梅叶的国家治理思想就是在此背景下产生的。他在《遗书》一书中对于农民的生存境地也进行了描绘，并对他们表达出了深切的同情。

（二）梅叶的个人经历

梅叶的一生都在从事宗教活动，对宗教的内幕了解得非常清楚、深刻。梅叶在从事神甫工作的时候和农民打交道是最多的，在这么久的工作过程中，他看到了大量农民生活的境遇。他的情感发生了很大的变化，一方面深切地同情农民的遭遇，另一方面对于封建领主的行为表示出了极大的憎恶。梅叶的国家治理思想的形成与这段工作经历有很大的关系。生活在水深火热中的农民所经受的苦难也成为梅叶撰写《遗书》的素材。身为神甫，他看透了宗教的虚伪，这也奠定了他国家治理思想的理论基点。梅叶一面同情农民生活的境况，一面又要违背自己的意愿和良心宣传谎言与邪说。在这样的境遇下，梅叶作为一个坚定的无神论者一针见血地揭露王权和神权之间的关系。他批判宗教的愚昧和虚伪，抨击封建制度本身，将斗争的矛头直指贵族

---

① ［法］让·梅叶著，何清新译：《遗书》第2卷，商务印书馆1959年版，第142页。

阶级的总代表国王。梅叶鞭挞国王和公爵任意压榨臣民的行为，痛恨他们由于想要开疆辟土而发动战争、肆意践踏人民生命财产的行为。梅叶批判私有制，认为私有制造成了不平等，是私有制导致了两极分化。后来，梅叶和封建势力发生了直接冲突。他在讲道中披露了埃特列平的封建领主压榨剥削农民的罪行，引起了宗教领导层的不满。面对封建领主的质问，梅叶并没有丝毫歉意，而是公然宣读了此前准备的揭露贵族阶层罪恶的证词，因此受到了惩罚。这是梅叶一生中唯一一次公开地与压迫者进行斗争。

梅叶一生勤奋好学，广泛涉猎多学科知识。这一点从他的著作中所引用的文献资料可以看出来。梅叶对待《圣经》的态度同他对待神甫这份职业的态度是一样的，都是"表里不一"。一方面，他要扮演神甫的角色；另一方面，他在内心咒骂着宗教，并将《圣经》看作一本愚蠢和荒谬甚至是有害的书。梅叶长期违背自己内心的意愿担任神甫的工作，在他将要离开人世的时候将自己长期以来思考的关于国家、关于社会制度等的思想通过书的方式公之于众。梅叶充满着革命的热情，他的革命热情来自平凡的生活。长期在农村生活的经历，贫苦的农民被压迫的生活使他产生了反对暴君、反对宗教、反对专制制度的思想，使他变成了民主主义者和革命家。梅叶本人具有广博的知识，大量的知识储备使他在论述自己反对专制制度、反对私有制、反对暴君等思想的时候充满了战斗性和理论性。

（三）梅叶的国家治理思想建立在唯物论和无神论的世界观的基础之上

梅叶在《遗书》中阐明了这样的观点，他认为上帝是一个杜撰出来的谎言。它的目的就在于迷惑人民，通过上帝存在说来迫使人民接受封建王权的残暴统治。那些关于上帝存在的证明都是捏造出来的，都是荒谬至极的。梅叶对上帝创造万物的说法进行了驳斥，这也就说明了其国家治理思想是以唯物论和无神论为基点的。梅叶继承和发扬了古代朴素的唯物主义原子论的思想，认为世界的本原是物质。"物质粒子"构成了万物，灵魂和精神是物质的派生体。梅叶坚持一元论的观点，他指出："我们自己是作为存在物存在着的，如果没有这个存在物，就根本没有我们，我们也就不能有对存在物的想法了。而且，我们完全无疑地知道，我们是存在的，在思想着的，我们对这一点无论如何不能怀疑，因此，存在物的存在是显然无疑的，因为如果没有存在物，当然就不能有我们，如果没有我们，我们也就不能思想了。这一点是再清楚不过的了。"①梅叶坚持物质统一性的原理，这样就为驳斥上帝存在论提供了有力的理论支撑。他批判了自然神论认为上帝推动物质运动的观点。梅叶肯定17、18世纪的"自然法"学说，认为人人生来平等。他站在无产者和贫苦劳动人民的立场上，认为普通劳动者平等地拥有生存权和享受世间福利的权利。在原始公有制的自然状态下，人与人是平等的，私有制的出现是违背自然法的。梅叶看到了人民的力量，他主张通过暴力革命来推翻现存统治。梅叶的国家治理思想是建立在唯物论和无神论的世界观的基础之上的。

三、梅叶的国家治理思想的主要内容

梅叶的国家治理思想散落于《遗书》中，许多思想家将《遗书》看成是取之不尽的思想源泉。梅叶对法国封建制度进行了全面的批判，在批判中梅叶发展了其反对一切剥削制度的国家治理思想。梅叶的国家治理思想围绕着对封建专制制度和宗教的批判展开，他将批判宗教与批判现存政权紧密结合起来。他揭露宗教的实质是宗教和世俗政权相勾结，共同剥削和压迫人民。他攻击了法国社会令人痛恨的不平等现象，并揭露了这种不平等的根源。他批判那些只为掠夺和压迫别人的寄生虫以及大批无用的教士、闲逸的僧侣。梅叶对封建社会的批判不仅仅停留在一般的社会关系上，而是直接指向了封建制度。他主张用暴力推翻暴政，提出人民应该团结起来获得解放以及进行暴力革命的思想。

----

① ［法］让·梅叶著，何清新译：《遗书》第2卷，商务印书馆1959年版，第197页。

（一）国家治理的制度基础：公有制

诚如上文所说，梅叶认为一切不平等的根源在于私有制，因此他主张消灭私有制。梅叶生活在一个社会不平等现象极其严重的历史时期，集中表现为宗教和封建王朝对民众的残酷剥削、压迫，以及高级僧侣、贵族和广大人民的极端对立上。梅叶批判的焦点也就在于此，他在著作中将教会、国王、僧侣、贵族等批判得体无完肤，将他们的丑恶嘴脸揭露得淋漓尽致。梅叶是坚定的无神论者，是贫苦劳动人民的代言人，始终站在广大无产者和贫苦劳动人民的立场上。梅叶认为人天生都是平等的，每个人同样有权在地球上生活和立足，同样有权享受天赋的自由和他的一份世间福利，而他所认为的"同样"并非指的是所有的人都穿着同样的衣服、吃着同样的大锅饭，也不是平均主义，而是指没有特权。梅叶所认为的平等是指大家应该权利均等、共同占有财富和资源，不仅仅是平等地占有财富和资源，而且要在平等的地位上共同利用它。而只有财产公有才有可能实现平等，只是私有制的出现助长了人们的贪欲和横暴。梅叶认为，如果财产和土地掌握在个人的手中，那么就不可避免地会造成不平等。想象一下，如果将土地资源和财富分配为私有财产，供所有者单独任意利用会造成什么后果？结果可能是每个人为了使自己的利益最大化将会不择手段，力求为自身揽获最多的资源和财富，人的贪欲无止境，而贪欲是万恶之源，由此将会产生极大的不平等。有的人多就有的人少，甚至会出现有的人占有一切而有的人一无所有、一贫如洗。有的人过上奢侈的生活，而有的人可能连栖身之地都没有，最后陷入饥饿直至死亡。有一些人享受无尽的荣誉和无尽的尊敬，而有些人因为愚昧无知而遭受践踏。有些人无所事事、四处游荡却过得愉快而充满安乐，有的人终日工作却所获无几。有的人患病之时能够得到精心的照料和丰富的药物，而有的人面临疾病束手无策，在痛苦中走向死亡。这将造成天堂与地狱的区别，而天堂与地狱往往只有一街之隔或一墙之隔。而那些得到最多个人财富和资源的人，往往就是那些最霸道、最狡猾、最奸诈、最恶毒、最刁钻的人。他们所拥有的财富和土地越多，所获得的生活上的享受就越丰富。这就会产生地位上的不平等，一些人生活富足安乐，就有另外一些人艰难困苦、生活困顿，两极分化就由此产生。由于收入上的不平等、地位上的不平等、生活境遇上的不平等，人与人之间就产生了一些不良的情绪，诸如嫉妒、仇恨、冲突以及对抗。梅叶认为不平等的根源在于私有制，提出建立一个以财产公有制为基础的理想社会来取代它。私有制的产生和社会的不平等是由暴力造成的，而暴力又是由贪欲引起的，因此，他把启发人们的理性作为自己的主要任务。废除私有制，用公有制代替私有制，将给人们的生活带来深刻的改变。在那样的境遇下，将没有以占亲友便宜为目的的欺骗和诡诈行为，将没有诉讼案件，也不会有嫉妒之心，没有偷窃、抢劫以及谋杀，也不会有人总是打别人钱袋的主意。

根据梅叶的看法，私有制和不平等的消灭以及公有制的建立，会直接影响到婚姻和家庭，届时不再有法律意义上的婚姻。两性之间因为彼此难舍难分可以结为夫妻，而当感情破裂的时候可以自行结束两人之间的关系，那时将不会存在不幸的婚姻。儿童的生活境遇也会随之改变，他们将一改从小就受到的苦痛，他们的养育费用将由村社负担，教会他们对社会有益的知识而免于受宗教影响。儿童将成长为对社会有用的人，而不会变成富有的吸血鬼，不会变成暴君，不会变成吹毛求疵者，不会变成僧侣。没有人会因为过度劳累而病倒，也没有人会游手好闲，所有的人包括那些游手好闲的人都承担相应的劳动，那样就不会供养过多的寄生虫，就不会有人掠夺别人的劳动成果。如果说人人都能够非常平和地、友好地为了全体人民的利益而劳作并明智地分配劳动果实，那么每个人都能够过上有保障的生活。人们共同占有一切财富和土地，并按照权利平等的原则共同加以使用，全体居民互相友爱，亲如兄弟姐妹，他们共同生活，吃同样好的食物，住同样好的房子，穿同样好的衣服。同时，人人按照自己的专业和特长参加劳动，并且根据个人的需要进行分配，使每个人都将劳动当作义务。分配首先考虑的是技艺和人力而不应该是产品。依梅叶所说，每一个人都从事同样的劳动或者做其他任何正当有益的事情。每个人依照自己的专业劳动，或者遵照最必需和最合乎心愿的事情去劳动，依照对某种产品的需求从事劳动。所有这些事情应该由最英明善良的、力求支持和发展人民福利的领导者来带领，而并非是在那种力图发号施令、残忍的统治压迫别人的人的领导下进行。翻遍《遗书》通篇，在梅叶有关未来理想国家的一系列鲜明的观点中，一个空想平均共产主义者的形象已经跃然纸上。

（二）国家治理的基本原则：平等

梅叶认为，私有制给国家治理带来了一系列的祸害，而各等级之间财富分配不平均是摆在第一位的祸害。凭什么有些人天生地统治他人，自己的生活穷奢极欲；而另一些人只能够被奴役，在生活的重压下苦不堪言。梅叶断言，每个人生来平等，每一个人都有在地球上生活和行动的权利，都平等地享受天赋自由和从事劳动以获取生活必需品的权利。在人与人的关系中，抬高一些人和贬低一些人都是违反天赋人权的原则的。那些诸如皇帝、国王、公爵、诸侯、官僚、贵人、臣民、被释放的奴隶这样的称号，都是虚荣心的产物，是不平等和暴政的产物。梅叶主张消灭不平等，他认为社会各种祸害的来源就是不平等。这种不平等将带来社会的割裂和分化。这种不平等本身就是不公平的，是不应该出现的，是应该消除的。为什么有些人好像生来就是高贵的统治者，享受现实的一切幸福，而另一些人好像生来就沦为贫穷和不幸的奴隶，他们好像生来就要在毕生艰难的劳动中接受不断的盘剥和压迫。在教会和封建专制制度下，农民是出力最多的，受压迫最严重的，生活境况是最悲惨的，梅叶对他们表现出无限的同情。尽管他们起早贪黑、夜以继日地工作，还是解决不了最基本的生存问题，难以糊口、无处栖身，生活无以为继。那些贵族为了满足他们的私欲经常用魔鬼这样的东西来吓唬农民，而事实上那些贵族老爷和当权者，那些穿金戴银的人"才是真正的男女魔鬼"①，他们才是人民应该斗争的对象。这种区分人高低贵贱的方式和标准非常不正确、不公平，并不是因为一些人成就了什么丰功伟绩才身处高位，而另外一些人也不是由于犯了什么严重的错误才身处被压迫的地位。这种区分王公贵族和庶民百姓、家臣奴隶的做法是完全不公正的。梅叶说，各个时代和各国人民都为我们提供了类似的例子：最高的地位总是以最令人痛恨的暴行的代价获得的。而这种行为是令人憎恶的，这种不平等的现象是无数罪恶和暴行的根源。这种现象与制度有关，法国封建专制制度是一种充满着暴力、血腥的制度，是统治者借以维护本身寄生生活的工具。因此，必须消除私有制度下的不平等。

（三）国家治理的价值理念：反对宗教的无神论

梅叶本人一生从事宗教活动，在长期的具体的与农民接触的过程中培养了对农民深厚的感情，对宗教的内幕也了解得较为透彻。终其一生，梅叶都没有对宗教表示过认同，在其著作中用大量的篇幅、辛辣的语言批判了宗教神学。梅叶在对宗教的批判中，充分地表达了自己的无神论思想。他揭露了宗教为封建统治效劳的反动本质。梅叶不仅仅反对现存的宗教，而且反对一切宗教，揭露出宗教存在的根源，揭露出宗教的反动作用，力图找寻消灭宗教的路径。宗教是统治阶级借以用来压迫、奴役人民的工具，是维护不平等、对人民进行控制的精神武器。所谓宗教与神，并非真实存在，而是人杜撰出来的一个器具；宗教实质上不外乎是拴住牛鼻子的绳子。那些教会以及僧侣们大肆鼓吹的所谓天堂生活的美妙以及地狱生活的糟糕只不过是骗人的把戏，其目的就是要现世苦难的人们心甘情愿地忍受苦难。教会和僧侣们宣扬君权神授只不过是想要通过这种方式给暴政营造舆论，给暴政披上神圣的外衣，借以欺骗愚昧的贫苦人民，使其服从暴君的思想和行动方面的全面统

---

① ［法］让·梅叶著，何清新译：《遗书》第2卷，商务印书馆1959年版，第101页。

治。这些都是凭空捏造出来的虚无缥缈的东西，而实际上教会和僧侣们狼狈为奸、沆瀣一气，做一些作奸犯科、蝇营狗苟之事以欺瞒群众。梅叶无情地揭露了当时法国僧侣和封建统治者卑劣的行径，教会和统治者之间相互利用、相互支持、相互庇护的关系再明显不过。教会为坏到不能再坏的政府站台，政府为蠢到不能再蠢的宗教提供保护。教会和世俗的统治者像两个罪犯一样相互包庇，相互给对方提供庇佑。他们共同的作用就是来统治民众、吓唬民众、欺瞒民众，以换取自身生活上的无尽享乐。不过尽管世俗的统治者以及宗教的统治者大肆地宣扬上帝，但是其本身并不信仰上帝，他们只是假借这样一个名义和权威来实现让人民群众敬畏和服从的目的。梅叶以极大的义愤表示自己愿意用大力士神那样的力量来扫清世间的邪恶和苦难，"拿神甫的肠子做成绞索，用这种绞索把世界上一切强暴者和高贵的老爷们吊起来，绞死他们"[1]！

梅叶在其著作中揭露宗教反动本质的同时，进一步剖析了宗教之所以产生和存在的原因。梅叶指出，就像上帝是捏造出来的一样，宗教本身也是虚幻的。他认为至少世界上大部分宗教，都纯粹是人们捏造出来的，那些捏造宗教的人，其所以冒用神的名义及声威，只是为了更容易贯彻他们自己的法律及规则，同时，迫使人们更加尊敬、崇拜和害怕自己。他们需要靠这种阴谋诡计来统治人民，也希图靠这种阴谋诡计来欺骗人民。既然宗教及其产生过程都是虚幻的，那么要打破宗教对人精神的奴役和控制，就必须打破迷信。他告诫人们：你们不要受迷惑，不要受这一点的迷惑，也绝不要受你们的虔诚而无知，或无耻而自私的神甫和神学家灌输给你们的一切所迷惑，也不要受他们在俨然绝对正确的、神圣而美妙的宗教形式下传布给你们的一切所迷惑。梅叶本人极具革命精神，他将宗教作为斗争对象，提出消灭宗教的口号。要使人民真正地实现自由、通往幸福之路，就必须摆脱宗教对人的精神

---

① [法] 让·梅叶著，陈太先、眭茂译：《遗书》第1卷，商务印书馆2017年版，第12页。

控制，与宗教进行激烈的斗争。

（四）国家治理的斗争对象：专制制度及暴君

梅叶直接将斗争的矛头指向专制制度。在其著作中，他花了大量的篇幅对专制制度进行了批判。一切统治者、国王和公爵都是暴君，他们为所欲为地压榨人民。他们自己的意志就是国家的意志，他们自己的意志就是合理的依据。他们狂妄地以为自己对臣民的生命财产具有绝对的支配权力。梅叶反对暴君的思想不仅仅是针对封建专制的法国，而且适用于这个世界上所有的专制国家。在实际生活中，梅叶认为那些被称为国王、皇帝的统治者，所有的高贵的封号、头衔的根据与起源都是一样的，他们就是挂着这样的头衔和封号来治理人们，实际上这些所谓的统治者就像暴君一样压迫着群众。这些统治者利用社会福利作为借口，无情地掠夺人们最美好的东西；他们借着自己的权力是神授予的，从精神和心理上迫使人们像敬畏上帝一样敬畏他们并听命于他们。官员出现，是因为他们不能够独自地统治这个国家所有的领土，不能一个人办完所有的事情，所以就采用这样的一种方式。什么方式呢？就是说这些统治者派遣被称为官吏、军需官或者其他的走卒等来管理这个国家，由被管理者向这些人支付酬金，为的就是稳固他们的利益，维持好既定的政权，避免有的人公开反对这种专制制度或者反抗这个政权。各级统治者不是为人民服务的，大大小小的行政长官，所有的部队指挥官、普通军官和士兵等，他们对国王负责，他们献身于暴君，而不对人民负责。那些贵族、伯爵以及类似的称号都是虚荣的，他们自私、贪婪，法治和权力仅仅只是统治人们、压制人们的借口和工具。法院是什么呢？法官也只是审理诉讼案件，对国王绝对服从，而没有什么反对意见。一些小职员、乡村警察、密探这些人物他们或查封和没收人们的财产，或将人们送进监狱，或对人们施以刑罚，甚至会动用死刑来惩罚人民。暴政使世间这么多的人民在痛苦地呻吟着，而外表堂皇、内容虚伪的令人憎恨的宗教竟胆敢为暴政打掩护。因此，所有的各种宗教和各种政策法规都只是一些不公道的神秘制度。[①]这些手段都是巩固政权的方式，统治者打着管理、维护社会福利的旗号利用这些手段来对人们施以虐待和折磨。他们利用强迫手段，共同建立自己坚固的政权，以使人民长期在暴君的严刑峻法的压制下失去自由。这些基层政权像金字塔一样支撑着最高政权——君主的政权。

大多数帝王只是一些骄傲自大的暴君，但是身处压迫下的奴隶却不敢违背国王的意愿，成千上万的人为了能够从国王那里得到实惠会不停地迎合和谄媚，甚至会将恶行说成是美德。梅叶一针见血地揭露了事情的真相，也揭露出了社会最阴暗、最隐蔽的一面，将颠倒了的世界观进行重构。正是由于他对农民的生活状况了解得太透彻了，正是由于他知道太多教会和圣徒的内幕了，他无法继续与那些所谓的上层人士为伍，他们之间的关系只能是割裂的。梅叶对于政治的态度不是厌恶，而是愤恨。梅叶对暴君的非正义性进行了逐一剖析，他言辞激烈地炮轰路易十四，痛斥他到处进行的大抢劫、大侵略、大屠杀。梅叶反驳了一些政治家说国王进行一系列活动是为了追求公益，是为了社会福利这种说法。梅叶认为这种说法极具虚伪性。看看人们的生活就知道了，让他们一直处于贫穷的状态，这要是能称得上社会福利实在说不过去。此外，梅叶在《遗书》中多次谈到战争的非正义性以及破坏性。由于国王想要扩大领土，就用一些毫无根据的借口发起战争，意图侵占别国的领土，对别国进行烧杀抢掠。这个野心是靠掠夺穷人的财产来满足的，不论是士兵还是金钱抑或是粮食都是来自人民的。统治者的大不义、大破坏、大屠杀造成的恶果难以估量。暴君表面上慷慨陈词的那一套再虚伪不过，他们为了建立和巩固专制政权使得受管辖的人民陷入悲惨、贫贱的境地，的确是不争的事实。

梅叶从历史上追溯暴君政权的基础，顺着历史的脉络考查以往统治者的

---

① ［法］让·梅叶著，陈太先、眭茂译：《遗书》第3卷，商务印书馆2017年版，第230页。

家谱，那些贵族大多是嗜血和残暴成性的人，他们都是压迫者。这些人是阴险的叛徒、法律秩序的破坏者、窃贼、弑父者。他们把真正的抢劫称为胜利的成就，难道这不是讽刺吗？凭借着国王至高无上的权力，一部分人劫夺另一部分人，一部分人依靠另一部分人的劳动而生存，这难道不令人感到愤恨吗？这就是暴政。谁能杀死这些暴君，谁就是人民的英雄。但是消灭暴君也仅仅只是其中的一部分，消灭暴君并不等于消灭暴政，暴政的实行是从上到下或者说是从下到上的体系。专制制度是一整套的体系，从司法官到行政官，从省长到一切城乡统治者，从将军到士兵等，他们所起到的作用就是将暴君政权以一种看似正确的样子维系下去。我们要做的事情不仅是消灭暴君，而是要把这个害人的制度一起消灭。

（五）理想国家的实现路径：人民革命

梅叶说他写《遗书》的目的，就是要唤醒人民仇视和蔑视世界上豪强的暴力，唤醒人民摆脱暴君所强加的不堪忍受的枷锁。[1]为了推翻暴君的残暴统治，唯一正确的途径就是用革命的手段，驱逐世界上所有的国王，打倒一切压迫者。[2]梅叶看到了人民的力量，主张通过人民革命来推翻现存的专制制度。梅叶一方面希望自己有力量能够承担起这个革命的重任，以便能够将这些给万千劳苦人民带来苦难和不公的人与事通通消灭掉；另一方面主张通过人民革命来推翻暴君和整个暴政体系。他说，要努力团结起来，以便最后摆脱那些公爵和国王的残暴统治的桎梏。要推翻那一切不公道和无信仰的宝座，敲破那些戴王冠的人的头颅，要打垮那些暴君的骄傲自大。[3]梅叶号召

---

① 中国法国史研究会编：《法国史论文集》，生活·读书·新知三联书店1984年版，第206页。

② 中国法国史研究会编：《法国史论文集》，生活·读书·新知三联书店1984年版，第206页。

③ ［法］让·梅叶著，陈太先、眭茂译：《遗书》第3卷，商务印书馆2017年版，第234页。

人们向荷兰人学习，荷兰人曾经是那样英勇地挣脱了以阿里巴公爵为代表的西班牙暴政。他号召法国人们要向瑞士人学习，瑞士人同样英勇地摆脱了奥地利大公的残暴统治。"如果你们能摆脱各种不堪忍受的压迫，即摆脱迷信和暴政的压迫，并改由贤明的、有良心的管理者来管理你们，那你们就会有幸福。"①人们的解放全靠人们自己。国王和贵族的财富都是从人民那里获得的，只要人民放弃供养他们，他们就会像失去养料的植物一样枯萎而死。因此，人们应该丢掉彼此间的一切私仇私怨，就要把自己的全部仇恨和愤怒用来反对共同的敌人，反对那些骄傲的贵族世家。

梅叶在宣传鼓动民众上面也做了很多努力。他认为，如果说一些作家和演说家能够勇敢和大胆一点，能够通过自己的作品痛斥这些卑劣的行径和邪恶的统治，那将能够唤醒民众、启迪民智，使他们能够投入到反对残暴统治的斗争中。但是可悲的是，这样的人很少见了，反而那些苟活的人多了起来，这不得不说是时代的耻辱。民众的觉醒意识、反抗意识、斗争意识应该再增强一些。可悲的是，人们已经习惯了奴隶的地位，能够心平气和地接受暴君的统治。梅叶起初对人民不抱怜悯之心，他认为人民之所以不能够坚决摆脱强加在身上的奴隶枷锁，是由于他们的怯懦。人民革命最直接、最有害的障碍是人民心不齐，人民之间的分散、争执以及不信任对于人民革命十分有害。因此，他号召人们团结起来摆脱现有困境。"同胞们，团结起来，如果你们有健全的思想的话！团结起来，如果你们有勇气摆脱你们共同遭受的苦难的话！你们要互相鼓励，去完成这种崇高的英勇的和伟大的事业！"②

怎么让人民联合起来也是梅叶思考的一个问题。梅叶认为，既然无法一下子调动所有人，那就先把一部分人发动起来。那些自身已经认识到反动统治者的卑劣的人，只需要稍稍启发下就能够引起其共鸣，就可以启迪他们的

---

① ［法］让·梅叶著，陈太先、眭茂译：《遗书》第3卷，商务印书馆2017年版，第236页。

② ［法］让·梅叶著，陈太先、眭茂译：《遗书》第3卷，商务印书馆2017年版，第237页。

心智、打开他们的眼界。具体到建立联盟，这也不是一件简单的事情。对于这部分民众来说，完全自发地由他们组织并不现实，他们在建立一个坚强稳固的联盟方面，还需要更多的帮助。这种联盟应该建立在互相理解的基础上，并且要讲究策略和方法，成员之间要本着共同利益的原则秘密交换意见，互相帮助。

（六）理想国家的组织方式：教区公社联盟

梅叶国家治理思想中理想的社会样态是教区公社联盟。这个理想的社会样态以自然经济为基础，它的基本单位是小教区公社。一切互相毗邻的城市及其他的村社，应当力求相互联合，保持巩固的和平和相互的协调，以便在需要时互相帮助。在这个理想的社会中，为了便于管理和服务，需要建立权力机关。社会之所以存在是基于一种现实和情感的需要，人与人之间存在着依赖与被依赖、隶属与被隶属的关系。不同于旧社会制度的隶属关系建立在压迫、剥削和强制的基础之上，理想社会的隶属关系是以公正、平等为原则的。这种隶属关系是为了方便管理和服务，保障成员的利益。正如梅叶所说，理想社会必须实行贤人政治并赋予他们权力，这种贤明的人一般是年老的哲人。必须让充满智慧和先见之明的年老的哲人负责好好地管理人民，而不要让恶人、不道德的人、自高自大的人，不要让无知的年轻人、鲁莽的小伙子和因偶然诞生在帝王家以致被捧到王位上来的乳臭未干的小孩子来管理人民。[①]这样的政府将不同于暴君统治下的政府。这样的统治者摒弃了骄傲自大，他们会采用温和的方式来管理国家和人民的各项事务。新的统治者致力于人民的幸福和维持国家整体的公平与正义。

在这个理想的社会中，人与人之间是平等的。劳动是必须的，也是每个人的权利。劳动是创造财富的方式，是人民通往幸福之路的必要途径，也是

---

① ［法］让·梅叶著，陈太先、眭茂译：《遗书》第3卷，商务印书馆2017年版，第235页。

锤炼人们优秀品质和高尚道德的必要手段。谁想成为具有完善品质的人，必须劳动出众。因为流汗是道德之源，而劳动是光荣之本。大家共同享用同一种食物或相似的食物，有同样好的衣服，同样好的住所，同样好的寄宿处，同样好的鞋子。人人应当同样做事情，即从事劳动或做其他正当的、有益的工作，每人应当按自己的行业，或考虑到某种工作比较需要、比较适当，并按照环境和季节来工作。在理想社会中，每个儿童都能接受良好的教育，以便把他们培养成社会需要的人、正直而善良的人以及能够为国家和社会谋利的人。在这个理想社会中，诸如忌恨、欺骗、盗窃和谋杀等行为将消失不见，那些为剥削者辩护的法律条文也将消失，战争和掠夺也不复存在。人与人之间相互关心、相互帮助，因为产生这些不良思想、情绪和行为的根源在这个理想社会中已经消失了。

四、梅叶的国家治理思想的影响及评价

梅叶生活在17世纪下半叶至18世纪初的法国，当时的法国社会处于以小生产经济为基础的封建土地所有制阶段。梅叶在其著作中谴责了整个专制制度以及专制制度之下的管理体系，他攻击了封建领主、暴君、官吏，揭露了各种社会矛盾，抨击了社会制度以及宗教。他揭露了战争的残酷，描绘了人民的悲惨生活，揭示了人民贫苦生活的原因，攻击了统治阶级统治人民的一套神秘的制度。梅叶在宣传方面作出了很多的努力，他力图通过宣传的方式让人民群众团结起来，反对私有制、反对暴君、反对不平等。他的思想表达了早期无产者的利益和诉求。梅叶的国家治理思想体系尚属于不成熟的无产阶级思想体系。他的思想在整个空想社会主义思想史上占据重要的地位。

梅叶设想的理想社会样态是以小生产为基础的平均共产主义制度，这只能是一种空想。脱胎于当时的历史背景，梅叶的国家治理思想明显带有小生产者的思想烙印。伴随着对封建剥削制度的控诉，梅叶否定了以私有制为基础的整个剥削制度。他的理想是建立财产公有、人人平等的共产主义公社。

这种思想超越了农民小私有者的狭隘视野和对平均享用私有财产的社会的追求，代表的是早期无产者的利益。梅叶的国家治理思想大多来源于现实生活。例如，他对私有制的批判多来源于其多年与农民打交道的经历。梅叶以理性和正义为出发点对私有制及其所产生的后果进行道德谴责。他深信人民能够通过自己的力量推翻暴君的统治从而获得自我的解放，这一点是他进步的地方。

作为一个机械唯物论者，他并没有看到内部矛盾是物质运动的动力，有时候忽略了物质和运动之间的必然联系。但是，相比较17世纪唯物主义者思想的不彻底性，他进步的地方在于同宗教等唯心主义观点进行公开的论战。他运用自然法学说来驳斥私有制和社会的不平等，虽然自然法学说也是一种唯心史观。他的思想并没有摆脱人性论和理性主义的影响。

梅叶反宗教的思想也缘起于道德和理性的原则。他的反宗教思想颇具启蒙主义的色彩。尽管他一生都在反对宗教，但是他对于宗教的认知还是有限的。他看到了宗教作为封建统治压迫人民的手段，但他并没有认识到宗教产生和传播的社会阶级根源，也不知道和宗教斗争的方式。他对于宗教产生和流行的历史条件缺乏完整的认知。就他而言，宗教的目的是欺骗，而之所以盛行是因为民众的无知。对于如何消灭宗教，梅叶并没有说清楚。梅叶消灭宗教的思想也是具有理想主义色彩的。他认为消灭宗教的方式就是让群众认识到宗教和神的虚妄与荒谬，这样人民就不会再受到骗子的愚弄和欺骗，就会自动地抛弃宗教了。揭穿宗教的反动性是他需要做的事情。但是，有一点必须明确的是，如果仅靠宣传就能够让人民认识到宗教的危害进而远离和抛弃宗教，是愚蠢又可笑的。正如列宁所说的："如果认为，在一个以无休止的压迫和折磨劳动群众为基础的社会里，可以用纯粹说教的方法消除宗教偏见，那是愚蠢可笑的。如果忘记，宗教对人类的压迫只不过是社会内部经济压迫的产物和反映，那就是受了资产阶级观点的限制。"[①]他脱离了社会物质

---

① 《列宁全集》第10卷，人民出版社1958年版，第65页。

条件而从主观上寻找宗教的根源，陷入了历史唯心主义。但是，梅叶当时在攻击宗教堡垒中发挥的巨大作用不容忽视，其重大贡献不可磨灭。

梅叶关于劳动的思想同样具有进步意义，他不光看到了劳动创造财富，能够给人民提供更好的物质条件，更在于他看到了劳动对人的内在的影响。劳动可以净化人的道德，对于改造人的主观世界具有积极的作用。同时，他跳出了狭隘的眼界，站在整个社会发展的角度上来看待劳动，看到了劳动对于整个社会进步的重要意义。

相比18世纪初法国其他反对派政治思潮的代表，梅叶在批判封建关系和专制制度方面有很大的进步。梅叶不仅看到了农民的赋税过于繁重的现状，他还意识到了税制是有问题的。他看到了这个高赋税背后的专制制度的不合理性。他不主张改良，而是将整个制度当成自己攻击的对象，希望构建一个新的国家治理制度。他主张废除私有制，实行公有制。他细数了私有制之下的各种问题，述说了公有制在保证人民利益和幸福方面的优越性。梅叶还有一个进步的地方在于，他看到了人民群众的力量。他认为，人民通过自己的努力是可以为自己争取自由和幸福的。因此，在群众观上他是历史和唯物的，他彻底地捍卫农民的利益。但是，梅叶关于人民革命的思想缺乏完整性，他所设想的农民群众和城市贫民共同行动的可行性并不大，这种行动也不大可能掀开历史的新篇章。

第二节　马布利的国家治理思想

马布利是18世纪法国杰出的空想社会主义者，著名的历史学家和政论家。他出身于贵族家庭，曾任神甫、主教秘书和外交官，1746年辞官索居，全心致力于研究历史和现实社会政治制度，并完成大量著述，成为法国启蒙运动中较有影响的学者。他批判封建专制制度，探求君主专制产生的根源。马布利国家治理思想主要建立在自然神论、自然法学说和理性主义的基础之上。他以当时合乎"人性"、合乎"自然"的理性主义为理论基点，认为起初自然界既没有创造穷人和富人，也没有规定某一些人是另一些人的主人，人类最初都是平等的。在"自然状态"时，社会成员各尽所能、互相帮助，公务人员除了维持道德和向各户居民分配必需品，别无其他职权。私有财产的出现破坏了自然秩序，社会的不平等是整个社会恶习锁链的第一环。马布利抨击维护资本主义私有制的种种观念，指出只有公有制社会才是合乎自然秩序、合乎理性和正义的。他主张禁欲主义，主张禁止商业，他认为最高尚的品德和幸福就是清心寡欲。但马布利对他的理想社会持悲观的态度，他认为恢复自然秩序、重新实现人类的"黄金时代"是不可能的。因为私有制所引起的欲念已经产生，这种欲念阻碍人们倾听理性的声音，所以公有制只能停留在过去，于将来无法实现。

一、马布利的生平及著作

加布里埃尔·邦诺·德·马布利（1709—1785），是18世纪法国著名的空想社会主义思想家，著名的历史学家和政论家。1709年，马布利出身于法国格勒诺布尔市一个长袍贵族家庭。马布利青年时期就读于著名的里昂耶稣会学院，较早地受到人文主义和启蒙思想的影响，毕业之后，在巴黎圣·苏尔皮齐修道院担任院长。马布利的家人希望他从事神职工作，这样就能够获得教会和政府机关的高级职位。但是，马布利不愿意从事神职工作，不久之后就离开了修道院，回到家乡，埋头研究古典文学、哲学和历史。1740年，马布利出版了第一部著作《罗马和法国的比较》。同年，马布利又回到了巴黎。他常在亲戚谭先家做客，在谭先家结识了一批著名的学者，并同资产阶级启蒙思想家孟德斯鸠等人成为朋友。1742年，谭先出任外交大臣，马布利应聘做了他的秘书。他为谭先草拟了许多重要文件，曾多次出色地完成外交使命。数年的外交生涯使马布利有很多接触社会方方面面的机会，加深了他对封建专制制度的了解，让他看透了欧洲各国资本主义发展所带来的恶果。

他对广大无产者和劳动群众抱着无限的同情。1746年，他决意离开外交部并断绝了与法国宫廷的关系，全力从事社会科学研究。其间，他研究了古希腊和古罗马的历史，对于古希腊的民主制度非常崇拜，尤其推崇斯巴达人的社会制度，从斯巴达人的生存状态中找寻理想社会的思想素材。

马布利致力于研究古希腊、古罗马和法国的历史。同时，他对法国和欧洲的现状也很有兴趣。他陆续发表了《希腊史要》《罗马史要》《外交原理》《法国史要》等一系列著作。截至18世纪60年代，马布利已经是闻名欧美的历史学家和政论家了。1770年，马布利受托帮助草拟波兰宪法，在波兰生活了一年。1784年，马布利应美国著名政治活动家富兰克林的邀请，发表了他评论美国宪法的《美国政府和法律概观》一书。1758年，马布利在《论公民的权利和义务》一书中对私有制进行批判，第一次明确地提出要到某一个荒岛上建立理想社会的愿望，他描绘了一个财产公有、人人平等的理想社会。但是，他并没有完全突破早期乌托邦主义的空想描绘形式。1768年发表的《哲学家经济学家对政治社会的自然的和必然的秩序的疑问》一书，是一部论战性质的著作。马布利在书中批判了重农学派关于私有制和政治问题的资产阶级观点，进一步发展了自己的国家治理思想。他对资产阶级政治经济学家为财产私有制和社会不平等辩护的论点进行驳斥，从理论上阐明了自己的国家治理思想。1776年，马布利发表《论法制或法律的原则》一书。该书的对话者一个是瑞典人，一个是英国人，他们都是在国家制度和社会问题方面颇有见地的哲学家。马布利通过两位哲学家的一场针锋相对而又平心静气的长对话和论争，深刻阐述了自己的国家治理思想。在书中，他批判了私有制，论证了公有制的重要意义，精心设想了理想国家的社会改革纲领。但是，马布利在人类思想史上真正的功绩和地位，是他曾为科西嘉岛草拟过最好的政治制度。因此，马布利既是一位杰出的空想社会主义者，也是一位政论家、历史学家。

二、马布利的国家治理思想的渊源

18世纪下半叶，法国处于专制制度急剧衰落、资本主义生产关系快速发展、资产阶级革命日臻成熟的时期。这一时期，尽管资本主义已经有了很大的发展，但是当时的法国仍旧是一个经济落后的农业国。小农经济居于统治地位，资本主义工业尚处在工场手工业时期，工业无产阶级还没有形成。在这期间，法国的社会矛盾处于空前尖锐和复杂的状态。一方面，以新兴资产阶级为代表的第三等级同封建贵族和地主阶级的矛盾十分尖锐，专制政府处于统治危机的状态；另一方面，在第三等级内部，即城乡无产者与资本家、商人和高利贷者之间，农民与农场主、包买商之间的剥削与被剥削关系的矛盾，也逐渐暴露，并时常以激烈的形式表现出来。1752—1786年，法国里昂的丝织工人发动过多次大规模的罢工斗争。1776年，巴黎包装女工开创了女工参加罢工斗争的先例。从哲学的角度来说，马布利属于当时猛烈抨击封建制度和宗教观念的启蒙学派。马布利的国家治理思想是对当时法国广大贫苦群众的现实生活的深刻反映。他的思想充分反映了城乡无产者的经济利益、政治要求、社会理想和战斗诉求。发生于18世纪的启蒙运动，就社会基础和目的而言，是资产阶级的运动。这个运动的代表者们，以理性和"人的本性"为理论基点，对一切旧的、封建专制制度的基本原则进行猛烈的批判，为资产阶级革命做了充分的准备。此时的法国，生产力的发展和陈旧的生产关系之间的矛盾异常尖锐，资产阶级的利益受到极大的损害。乡村贫农以及城市平民等下层居民也感受到了国家社会政治经济的落后。因此，来自社会各个阶级的革命情绪不断增长，他们积极地投身于反对封建制度的斗争中。这场斗争对于法国来说具有很大的进步意义。当时的法国工人并没有意识到自己的阶级利益，但是在启蒙时期出版的大量著作，启发了半无产阶级和无产阶级群众的革命意识。其中，马布利在宣传上面起到了很大的作用。马布利的国家治理思想便是形成于这样的社会历史条件。

三、马布利的国家治理思想的主要内容

马布利是自然权利或自然秩序论者，他认为自然界给予人类的一切都是平等的，人类一开始就处于一种美好的自然状态。他将这个原则作为观察和分析一切人类历史和社会现象的理论依据。从这一点出发，马布利认为，当今世界所有的国家都不是理想的社会制度。这些国家施行的政治制度是对自然秩序的破坏。马布利尖锐地批判了法国封建专制政体，还将批判的矛头直接指向资本主义制度。他指出，地位不平等的起因和一切罪恶的基本原因在于财产私有制度。马布利在和论敌论战的过程中对未来社会作了粗略的设想。马布利坚持民主原则，主张人民是最高权力的唯一源泉，最高权力的代表者是人民，人民代表机关是全国最高立法机关，立法权属于人民。一切管理人员由民主选出，每个公民都有改变现有政府和管理制度的权利和义务。如果国家和机关采取了对人民有害的措施，那么人民可以要求更换这个政府，这是权利也是义务。在完美共和国中，马布利重视法律的作用，要求制定完善、公正的法律。马布利崇尚斯巴达人的生活方式，认为现代人应该向斯巴达人学习，努力提高道德水平，逐步克服普遍存在的财富占有欲。马布利主张禁欲主义，这种禁欲主义不同于僧侣的苦行主义，在客观上是对剥削阶级贪婪和奢侈的对抗。但是这种禁欲主义是小生产者思想情绪的反映，与历史的发展背道而驰。马布利认为，建立理想社会制度必然要遭受阻碍，因此要放弃一蹴而就的想法。他提出了一个以立法为中心的社会改革纲领，通过改革逐渐地趋向理想社会。马布利认为，如果暴君用强权压迫自己的人民，那么人民有权通过内战来保卫自己的权利。马布利主张革命和内战的观点反映了18世纪后半叶法国日益增长的革命情绪，但是这种主张仅仅停留在理论层面。他并不认为在法国这是一种必要，认为当时的法国通过和平的方式就能够达到改革的目的，否定了内战的意义。

（一）国家治理的理论基础：自然秩序

马布利的国家治理思想以自然神论、自然法学说和理性主义为基础。马布利本人是自然神论者，他承认非人格神的存在，认为自然界由上帝创造，但他并不认为世界受上帝支配，世界自然有一套自己的运行规律。马布利并不认可神主宰一切的理论，他将神排除到自然界以外，认识到了自然界的物质以及规律的客观性。马布利用自然法学说来解释人类社会的产生和发展。他强调平等，自然界以千百种的不同方式在向我们说：你们都是我的孩子，我同样地爱你们，每一个人所有的土地都是你们每一个人的财产，你们在离开我的怀抱的时候都是平等的。"自然界没有创造国王、统治者、庶民和奴隶……每一个人都是一个有权治理世界规模的大国的君主。"①他认为，上帝创造人类之初，就赋予了人类追求理性、自由以及幸福的本能。上帝赋予了人同情心、感恩、好胜心以及重视荣誉等美好的社会品质。其中，理性是最重要、最高尚的，理性是上帝用来教导我们理解我们义务的机关，是引导我们通向幸福的唯一向导。马布利坚守自然秩序论，他主张自然界赋予人类的一切权利都是平等的，人类始于美好的自然状态。大自然赋予人们同样的器官和需要，同样的权利和义务，同样的欲念和理想，同样的同情心、好胜心，爱荣誉、爱集体和爱祖国等美好的社会品质。每一个人使用土地和分配产品的权利都是平等的，大自然本身并没有创造富人和穷人，也没有创造主人和奴仆，没有创造统治者和被统治者。大自然并没有提供人类财产和地位不平等的基础。在这种自然的美好状态下，每个人平等地参加劳动，权利和义务对等。在马布利看来，这是最符合人类理想状态的社会。

马布利认为，原始社会是最美好的自然状态，那里的人拥有优良的品质，所有的人平等地享受大地上的一切财富。每个人各尽所能、互相帮助。在自然状态下，人们摆脱了高低贵贱的区别，虚荣和贪欲消失不见。在人口

---

① ［法］马布利著，何清新译：《马布利选集》，商务印书馆1960年版，第104页。

还很稀少的时候，人们以打猎和捕鱼为生。那个时候没有土地私有制度，他们过着游牧的生活。出于共同的需要，他们互相帮助。为了整顿和反对不公正行为，社会权力得以建立。后来，人口规模不断扩大，人民开始从事农业并逐渐过上了定居的生活。人民习惯于将土地视为公共财产。自然状态下产生的公有秩序，能够较容易地满足社会的需要。人们根据性别和身体状况从事相应的作业，劳动产品共同所有。这样的社会样态能够称为"黄金时代"，是符合"自然秩序"的社会样态。后来，这种状况发生了改变。部分人不愿意付出劳动，或者由于一些公职人员的贪婪和不公正，破坏了公有制，而私有制随之产生。当时的人们并没有意识到分财产可能会带来的种种弊端，踏上了分割土地和建立土地私有制的道路。人们分了土地，推行了土地私有制，这样一来就违背了自然的意志，也就受到了惩罚。私有制带来的一系列的连锁反应就开始了。财产的不平等将人们分离，滋生了一些不良社会品格以及丑恶和不幸。剥削、压迫、掠夺、战争等都是违背自然秩序的。

马布利将自然权利作为观察和分析一切人类历史和社会现象的理论基点。根据他的自然理论，现存的一切社会制度都不是理想的状态。因为在现存制度下，所施行的法律和道德规范或多或少对最原始的自然状态和自然秩序造成了破坏，人类的理性原则也被破坏了。这样一来，各国人民就变成了自己制度的不合理法律的牺牲品。因此，马布利认为，国家治理的方向在于必须尽快恢复和保卫自然界赋予人类的平等权利，实现公民财产和地位的平等，实现国家繁荣、人民幸福。

马布利用自然法的学说对包括资本主义在内的私有制进行了批判，他认为以私有制为基础的一切社会制度并不符合自然状态和自然秩序，而公有制是符合自然状态和自然秩序的。但是，马布利并没有认识到私有制社会制度的根源，这一点是他的思想的局限之处。私有制度不能够保证平等，只有公有制才能够保证人类的幸福。当人民在私有制的社会里只能够遭受苦难的时候，就幻想在某处的荒岛上建立一个共和国。在这个共和国里，人与人之间都是平等的，没有贫穷和富有的区别，任何东西都不能够据为己有。劳动产品应当缴入公共仓库，归为整个国家的公共财产，由公务人员向每个公民发放他们所需的物品。

（二）国家治理的制度基础：公有制

马布利认为，私有制的存在导致了社会经济方面的不平等。社会贫富差距不断拉大，富人和贫人的生活截然不同。富人像猛兽一样贪得无厌，他们将大地上的所有果实全部都吞食干净，仍旧感觉不到饱。普通的劳动者是社会财富的创造者，结果连最基本的温饱都难以维持。这些贫苦的人将自己的劳动所得献给了国家，而变得愈加贫困。私有制将人分成了富人阶级和穷人阶级。富人阶级轻视国家的财产而重视自己的财产，穷人阶级也不会爱护他们的国家和法律。马布利揭露了英国资产阶级靠掠夺而发财致富的罪行，他们从世界各地攫取利润归为己有。这种通过掠夺别人的财富而获得财富、通过剥夺别人的幸福而获得幸福的方式是违反自然秩序的。在平等和有节制的需要的条件下，每个人都有足够的土地。然而，在不平等的条件下，土地就会不足。一个国家，一旦失去了最基本的平等，虚荣、卑鄙、残酷、贪婪和暴虐就会越来越多，战争就会产生。私有制的存在使得那些富人们最大限度地扩张自己的财富，甚至不惜通过掠夺国外的领土和财富来使得自己的利润最大化，造成广大穷苦人民的负担不断加重，税负增加，人口大批死亡，经济遭受破坏。私有制不仅使一个社会的公民之间的相互关系破裂，甚至会导致国与国之间的关系破裂。如果说，他们国家靠压榨邻国就能够获得强盛和更大的收获，那么他们就支持对外战争。贫困、战争这些都是由于人们离开了自然预定的平等而受到的惩罚。

除此之外，私有制还造成政治上的不平等。建立在私有制基础之上的政治制度是不稳固的，必然会灭亡。经济上的不平等必然带来社会地位上的不平等。这样一来，相互对立的群体，即压迫者和被压迫者就出现了。富人居于高位，而穷人处于低下的位置。富有者的幸福建立在穷人辛劳的基础之上。财富累积到了一个高点，富人就想夺取国家政权，国家就沦为了富人利益的代言人。贵族政治必然导致寡头政治，然后又导致暴君专制。此时的法律也就演变成维护富人私利的工具，连法律都能够被任意地篡改。那些富人害怕自己的财产被盗，就规定对强盗施以死刑。富人阶级为了巩固自己的地位，保护自己已有的财产，必然使国家走上暴虐的道路。穷人受到压迫的结果就是通过起义进行反抗，内战和革命由此产生，带来共和国的灭亡。

马布利通过与重农学派的论战分析了私有制的种种弊端，论证了公有制的必要性。重农学派是资本主义生产方式最早的有系统的解释者。重农学派反对封建土地私有制，广泛地论证资本主义私有制是唯一符合"自然秩序"的，认为土地私有制是公正的自然权利。马布利反驳了该观点，指出个人私有只是代表着人应当是自由的，生活必需品私有权只意味着人在生活享受上应当是平等的。私有制非但不能让人更加享受自由的生活，反而会给人带来灾难，违反了自然秩序。马布利驳斥了重农学派认为资本主义制度是使人们"得到一切最大快乐和幸福"的制度的这一观点。在土地私有制和财产不平等的社会样态下，分成两大不同的利益阶级。财产的不对等带来的是社会地位的不对等，人与人之间的关系不再是平等的关系，而是对立的关系。那些穷苦的人只能够维持基本温饱，而富人却拥有大量的财富，过着富足的生活。重农学派认为，社会各个阶级是奇妙的统一整体中的各个必要的部分。他们认为，这些阶级之间的关系就像四肢和内脏器官不可分割一样，社会就是由不同的阶级组成的，这些阶级之间的不平等也是应该的。马布利针对这种观点发出了质问，按照这样的逻辑，如果有富人就必须要有穷人，那么凭什么一部分人要安于可怜的穷人的地位，而有的人就要居于显要的富人地位呢？重农学派宣扬的资本主义制度能够使人们得到一切快乐和幸福，显然站不住脚。

在理想的共和国里，人民尊重和爱护共同财富的感情会增强，公有制并不会妨碍富裕。重农学派认为资本主义社会符合自然秩序，封建土地所有制不符合自然秩序。马布利对该观点进行了批判，他主张彻底消灭一切土地私有制。他认为，公有制社会才符合自然秩序。表面上看来，马布利和重农学派都是自然秩序的维护者，但是实质上是不同的。重农学派主张"整体的私有制"，即对个人的私有权、对生活必需品的私有权和对土地的私有权。马布利认为，三者是可以相互独立的。斯巴达人在土地私有出现之前的600多年中，一直过着幸福的生活。出现了土地私有制之后，斯巴达人的幸福生活就终止了。马布利坚决反对土地私有制，他只承认个人私有权和对生活必需品的私有权。按照自然秩序，土地以及土地的产品都应当公有。重农学派主张，只有土地私有才能够刺激人们的劳动兴趣和劳动的积极性。一旦消灭了私有制，人们的劳动积极性也就丧失了。马布利认为，自从土地私有制和财产不平等制度出现以后，诸如贪婪、虚荣、嫉妒等不良的情绪就荼毒着我们的心灵。调动公民劳动积极性的不是私有制以及由它所产生的各种不良欲念，而是人的符合自然秩序的各种优秀的道德品质。

理想国家的制度基础是公有制，并且人类社会回归到公有制社会是可能的。马布利反驳了资产阶级政治家认为私有制会一直存在的谬论。私有制并非从来就有。人类社会伊始，在完全的自然状态之下，财产是公有的。每个人平等地享有权利和义务，人们之间进行合理的分工劳作，根据性别和体力的强弱不同，负责相应的劳动。而公务人员除了需要维持社会道德和给居民平均分配生活必需品，此外没有任何特权。后来，一些懒惰的人不参加劳动而享有公共的劳动果实，一些公务人员在处理社会分配的时候不公正，这种现象逐渐泛滥开来。当产品有了剩余，商业交换就出现了。由于需求的增加，人们开始感到占有产品的好处。这样一来，公有观念逐渐淡薄，私有观念发展起来。公共利益遭到破坏，私有制就此产生。马布利预见到阶级对立发展的结果将带来反抗，甚至会爆发内战和革命。由此可见，私有制并非从来就有，这是一种违背人性、破坏自然状态和自然秩序的方式。理想国家要消除剥削和压迫，就必须要消灭私有制，建立公有制。马布利向资产阶级私有制的辩士们发出了质问，既然人类社会一开始并不是私有制社会，那么再回归到没有私有制的社会又有何不可呢？

（三）国家治理的价值旨归：激发美好社会品质

马布利认为私有制破坏了原始的、优良的社会品质。私有制是社会道德败坏的根源，会带来人的各种欲念。第一欲念就是贪婪的欲念。贪婪是可怕的，在贪婪的支配下人会变得冷酷无情，在做事情的时候失去底线。英国资产阶级为了获得最大限度的利润，在世界各地攫取财富。这种为了满足一小部分人的利益而将世界各国人民的利益都踩在脚下的行为就是贪婪欲念在作祟。即便如此，他们仍旧感到不满足。但凡有私有制存在的地方，人们就不可能放弃财富或者放弃增加财富的愿望。如此一来，人们逐渐丧失了最基本的美好品格，人与人之间变得不那么和谐，甚至充满了憎恨，于是公正和诚实不复存在，阴险、狡诈、欺骗和中伤不断上演。这种由私有制带来的人性的泯灭，一到紧要的关头就会冒出来。在财产公有制度之下，建立平等制，就能够消除私有制下的弊病。"平等一定会带来一切福利，因为它团结着所有的人，提高人人的品格，培养人们相互怀有善意和友爱的情感。"① "在一个国家内，平等越少，虚荣、卑鄙、残酷、贪婪和暴虐就越多。"②

马布利认为，政治的真正目的是追求社会美德。良好的政治，在本质上与美德没有多大差别。马布利推崇平等，他认为平等是最大福利的源泉。财产和地位的平等，能够限制人们多余的需求，使人不至于陷入不断争夺的痛苦之中，心情更加平和，从而不断激发出人更多美好的社会品质。一旦最基本的财产和地位的平等遭到破坏，一些不好的社会品质就会出现。人心的自然趋向就会改变，人的头脑中一些不公平、不合理的欲念就会涌现，社会的恶习就会滋生。占有财富的人愈加感受到占有财富的好处，贪婪之心滋生。拥有财富多的人、享受特权的人成了别人羡慕和崇敬的对象，人们心中追求财富、爱慕虚荣的欲念就产生了。为了满足自身欲求，就会出现暴力行为以

---

① ［法］马布利著，何清新译：《马布利选集》，商务印书馆1960年版，第24页。
② ［法］马布利著，何清新译：《马布利选集》，商务印书馆1960年版，第25页。

及人压迫人、人剥削人的现象。马布利认为，在平等的社会状况下，防止一些恶习的出现是很容易的事情。平等会带来一切福利，因为它会滋生一切美好的品格，互相激发人与人之间的善意和美好的情感。而不平等将会是不幸的根源，就是因为不平等的存在，会降低人们的品格，在人们之间散布憎恨。他极力地论证虚荣和贪婪等不良社会品格不是私有制的原因，而是私有制的结果。只有消灭了私有财产制度才能够消除由私有制带来的一切恶果，人民才能真正地享有幸福。对于马布利关于财产和地位的永久平等这一观点，有人认为并不现实。拿土地分配来说，即便是实行了土地分配的平等原则，历经一段时间或者几代之后，由于人们的劳动能力、智慧或者子女多少的不同，又会重新滋生出财产的不平等。马布利并不认可这种看法，他认为这种观点毫无根据。他坚持一种观点，即只要是取消一切私有权，全部的财产归国家集体所有，那么不平等的现象就能够杜绝。

反对公有制的人说，私有制的存在会刺激人们劳动的积极性，这样社会就不会归于普遍贫穷。马布利对此并不赞同。他肯定了私有制在一定程度上能够刺激人们劳动的说法。但是，他认为即便是没有私有制也能够使人产生劳动的兴趣。他认为，劳动是一种乐趣，私有制会助长游手好闲的思想。对于一个人来说，比财富更重要的是爱荣誉、爱尊敬的心。爱荣誉和喜欢受到尊敬的心情，对于人的推动力在一定程度上比获取更多的财产的力量更大。理想共和国里，劳动是光荣的。在荣誉的驱使之下，人民会辛勤劳作，劳动将受到法律的鼓励。因此，财产公有并不会妨碍富裕。财产公有制比土地私有制更具优越性，社会品格的发展比培植五谷更重要，也就是说"道德高于五谷"。财产公有并不会造成社会的倒退。马布利认为，如果每个人都不占有财产，而且人的情感不以财产为转移，那么那些损人利己、贪慕虚荣的观念就不会存在。公务人员就会客观公正地办事情，土地就会有一个好收成。而人们之所以担心财产公有，很大一部分原因就在于没有了解到财产公有是自然界规则的要求。马布利始终坚持，财产公有会使得公民更加专注于国家的命运。当人们从自己狭隘的个人私利的争夺中解放出来的时候，他们就不纠缠于自己财富的获得和生活上的享受，他们就能够更多地关心国家和法律。如果一个人没有任何财产，并且经由政府得到所需要的一切，那么相信他会更加热爱自己的祖国，因为自己的一切都有赖于国家。

（四）国家治理的理想状态：完美共和国

如前文所述，马布利认为公有制是符合"自然状态"和"自然秩序"的，只有公有制才能够使人们得到最大的快乐和幸福。马布利将其设想的未来国家的方案称作"完美共和国"。马布利说："我读过一位旅行家的游记，他到过一个天空晴朗和流着有益于健康的清溪的荒岛。在读这本书时，我一直怀着一个愿望，想到那里去建立一个共和国，在这里，人人都是富人，人人都是穷人，人人平等，人人自由，人人是兄弟，这个共和国的第一条法律就是禁止财产私有。我们把我们的劳动果实都送到公共仓库去；这些果实都是国家的珍宝和每个公民的财产。家长们每年选出家政管理员，这些人员的职责是按照每个人的需要分配必需品，按照公有制对每个人的要求分配工作，并维护国内的道德。"[①]他说，我并不认为这种公有是无法实现的幻想。

在马布利设想的完美共和国里，每个人必须自觉按照自己的能力和年龄从事劳动。劳动是光荣的、自发的，是一种优良的社会品质，能够带给人幸福。那些劳动好的人应当受到奖赏。在分配方式上，马布利设想的完美共和国实行"按需分配"。这里没有商品交换，一切劳动产品被运送到公共仓库，由管理人员按需分配。但是，对于那些本国没有的物品，可以采用小规模的对外贸易的方式来满足全体公民的需要。完美共和国必须制定完善的法律。法律崇尚公平公正，鼓励劳动，有助于公民形成尊重和爱护公物的心理。

马布利乐观地认为完美共和国将变成现实，只是需要时间。起初，他认为完美共和国只是一种空想，他不相信这种理想国家真的能够实现。他认为

---

① ［法］马布利著，何清新译：《马布利选集》，商务印书馆1960年版，第154页。

这种共和国的建立还缺乏一定的基础。正如他所说的：我想建立一个比柏拉图的共和国还要完美的共和国，可我没有建筑这所房屋的材料。马布利并不认为完美共和国的建立会仅仅停留在幻想之中，但是他也否认了那种一下子就能够建成完美共和国的想法，他将视野放到未来，将希望寄托到未来。

（五）理想国家的实现方式：革命或内战

马布利认为可以通过革命或者内战的方式实现理想国家，但是他这种观点仅仅停留在理论层面。事实上，他认为法国通过和平的方式就能够达到目的，暴力和内战并非一种必须。马布利认为，国家的目的就在于保障公民的自然权利和幸福，而不是破坏它。任何政权都无权剥夺人的自然权利。马布利认为如果说政府能够保障人民自由而充分地利用自己的理性，那就应该尊重这个政府。政府的行为应当符合人类理性要求，一旦政府采取了不合理的、有害的措施，每个公民都有权要求撤换这个政府。如果政府是暴君的政府，那么人们就可以站起来反对它，这是公民的权利和义务。不服从可能会引起混乱，但是盲从会养成奴性。他说，"公正的原则是允许人民拿起武器，反抗破坏法律或滥用法律来窃取无限权力的压迫者"[1]。马布利认为，人民是最高权力的唯一来源。人民最初只是授予领袖临时的权力，而很少有固定的全权。人民服从领袖，但是从来不认为自己低于领袖。到了后来，这些领袖才逐渐夺取了绝对的权力。当人们认为有更好的、更合理的管理制度的时候，人民可以取消原有的而用别的法令来代替。当没有更合理的法律的时候，人们只能够服从现有的法律。随着理性的发展，曾经合理的制度也会变得不合理，因此改革是必需的。为了使改革能够顺利进行，他并不反对采用革命的方法。革命不仅可行，而且有时还非常必要。他认为，反对暴虐的统治是应该的。

---

[1] 中国法国史研究会编：《法国史论文集》，生活·读书·新知三联书店1984年版，第207页。

在涉及国家政权的问题上，重农学派拥护开明的专制制度，他们希望通过开明君主进行自上而下的改革来防止革命的发生。马布利认为，如果说实属必要的话，发生内战或革命是一件好事情。因为，私有制存在的社会，国家是剥削阶级统治的工具，即便是法律也是站在富人一边，毫无公正可言。马布利否定了那种认为内战永远不公正的思想，告诉公民不要认为以武力对付暴力的思想是违反道德的。不可否认，专制可以产生安宁，革命会引起混乱和内战。但是专制下的安宁带来的是死亡，而内战会带来好处。当然，我们不鼓励内战，因为内战会带来伤亡，会破坏人们的安全和幸福。内战会给我们带来巨大的伤痛，但是正如我们的手脚患坏疽的时候，把手脚切去会使人体恢复健康一样，这是好事。当人民生活在专制制度之下的时候，当人民的权益得不到充分保障的时候，我们可以通过内战的方式使这个社会肌体恢复正常，因此，内战有时候是伟大的福利。号召人民继续忍耐实则是对于暴政的纵容，时常发生革命并没有什么可怕的。如果多发生几次革命，反而会给人类带来更多的好处。这种主张内战和革命的观点，反映了18世纪后半叶法国社会上日益增长的革命情绪。

但是，马布利对内战的赞同纯粹是理论上的。在讨论法国内战的可能性时，他持怀疑的态度。他认为，法国没有必要采取这种极端手段，可以不通过内战而实现改革。当时的法国通过国会和三级会议就能够达到改革的目的，而并不需要通过内战的方式。马布利将改造社会的力量寄托在善良的政府和英明的立法者身上，他过分地夸大了教育和道德的力量，认为在道德的辅助下良好的秩序和纪律就能够轻而易举地建立。从这一点上可以看出，马布利并没有找到改变现状和现存社会制度的真正的力量。

（六）国家治理的理想样板：斯巴达式共产主义

马布利推崇斯巴达国家的运行方式，他认为那就是"完美共和国"的样子。斯巴达是古希腊的一个奴隶制的城邦国家，这个国家实行公有制，土地平均分配，产品公有。在这个平等社会中，奴隶主平等地占有奴隶，禁止人们买卖土地和发展财富。马布利推崇斯巴达的平等和公有制，认可斯巴达那种简陋的生活方式。他希望共和国居民发扬斯巴达精神，苦修苦练。他主张禁欲主义，推崇"需求越少，幸福越多"。马布利对英国资本主义制度进行了深刻的批判。他反复论证了财产公有制社会才是人类真正幸福的制度。真正的幸福并不是完全由财富带来的，在银行和商店是找不到幸福的。那些终日醉心于追求财富和虚荣的人无法获得幸福，那些遵从自然规律并平等地享受自然界赋予的权利、不贪图财富和享乐的人才会真正地拥有幸福。马布利一直主张财产公有，他主张建立一个人人平等、共同劳动、平均分配、没有阶级、消灭剥削、消除压迫的理想共和国。他熟悉古希腊的历史，他并不认为柏拉图的"理想国"是人类理想社会。马布利对斯巴达式的公有制社会大加赞赏，他认为以贫困、自制、节制和勇敢自豪的斯巴达人是幸福的。斯巴达人做事情非常公正，无所畏惧。马布利认为，人类社会建成斯巴达式的公有制社会是完全有可能的。后来，斯巴达人的生活方式和社会制度之所以遭到了破坏，就是因为取消了公有制。一旦开始实行土地和财产私有制，共和国也就瓦解了。所以说，马布利认为，只有在公有制度下才能得到幸福。斯巴达是马布利最喜欢的古代的典范。马布利认为，斯巴达即使不是共产主义，也非常接近共产主义了。没有土地私有制的破坏，斯巴达国家保持兴盛了600多年。斯巴达人比其他部族的人更加幸福，他们的生活需求较少，即便是在艰难困苦的环境中也能够找到幸福。

马布利反驳了英国资产阶级政治家和哲学家声称的资本主义是人类理想的社会制度这一说法。首先，马布利凭借敏锐的政治洞察力深刻地指明了资本主义的雇佣和侵略本质，资本主义制度之下社会出现严重的两极分化，根本没办法称之为理想的社会。马布利以自然权利为理论武器驳斥了这种观点。自然界赋予人们同样的器官、同样的需要、同样的爱好、同样的欲念和同样的理性。那些企图将全世界的财富都集中到资本主义社会的行为和想法本身就是违反自然秩序和自然状态的。一个理想的国度，无论是财富还是个人享乐都应该是有节制的，每个人都应当平等地享受追求财富和幸福的权利。那么，由此看来，这种建立在危害他国或他人利益基础之上的英国资本主义制度，无论如何都不能够称之为人类最理想的社会制度。其次，英国资产阶级政府通过商业和对外贸易获得巨额财富，这些财富集中在少数人手中，而最大多数的人却没有享受到财富带来的幸福。少数人占有巨额的社会财富，这种制度带来了很多的弊端，连国会也变成了虐政和不公平的帮凶。因此，英国的政治制度不能够称为最公正、最合理的制度。最后，英国资产阶级社会的富有是表面的，其背后隐藏着无法克服的阶级矛盾和政治危机。英国通过无休止地掠夺别国增加财富的同时，也增加了敌人的数量。在获取财富的同时，英国进行了很多债务维持下的战争，根基不稳固，很容易出现问题。社会两极分化严重，阶级矛盾异常尖锐，纷争不断。英国既不是最富有的，也不是最强大的，更不是最幸福的。这种制度下的强大只是表面的，它的内在躯壳是虚弱的，长久下去必然灭亡。马布利论证了英国制度的虚弱，认定英国资本主义不长久。他认可斯巴达式的共产主义，认为斯巴达国家式的共产主义能够给人民带来幸福。

（七）理想国家的过渡阶段：以立法为中心的社会改革

在马布利看来，共产主义是理想的社会制度。马布利认为历史的车轮不可倒转，他并不认为人类会回到自然制度中去。自然制度是一切制度中最好的制度，自然也就是人心所向。但是那些成长于以不平等为基础的社会制度下的人却不那么认为。私有制产生了千百种私欲，而这些私欲又反过来成为私有制的卫道士。政治本应当是为人类造福的，现在却屈从于富人的利益。人民的行为受私欲的影响，而要战胜私欲是非常困难的。私欲是统治人类的暴君，如果偏见和私欲被消灭了，那么就能够恢复完全的平等。

马布利认为公有制的实现在实际操作上是很难的。他认为，不管是法国还是欧洲其他的国家都不具备这种条件。在马布利看来，在私有制社会的基础上恢复平等要面临的障碍非常复杂，而这些障碍几乎无法克服。假如你想要通过重新分配财产来恢复平等，人们将会称你为疯子。在私有制度下，富人希望成为显贵，显贵希望成为富人。而本身已经富贵的人希望在原有的基础上更高一等。那些卑微的人不愿与富人为伍，有些人已经接受了自己的命运，那些由穷变富的人也不会再想着反抗。马布利反对私有制，但是又不知道如何消灭私有制，也不知道靠什么力量实现共产主义。他在和重农学派论战的时候，批判了他们的唯理论，揭露了资本主义社会的矛盾。但是马布利在现实中并没有找到消灭这些阶级矛盾的力量，导致他在实现社会理想方面陷入悲观主义。马布利针对如何实现理想国家的路径提出了自己的想法。在当时的历史条件下，马布利论证了私有制是不合乎自然状态的，必须以公有制来取代私有制，人类才可能得到真正的幸福和平等。但是，马布利并没有找到消灭私有制和实现理想国家的物质力量。他并没有限于描绘和设想理想社会的美好蓝图，而是将主要精力放在探索实现理想社会的途径上。既然推翻私有制并不容易，那么短期内实现公有制的理想可能性也不大。马布利提出通过以立法为中心的改革实现这个过渡。面对资本主义发展带来尔虞我诈和贫富对立的现实，马布利提出对现存社会进行政治和经济的改革。他认为，不要指望在某一个国家或地区就能够建立起财产公有的社会制度，必须放弃一蹴而就的想法，应当通过法律的方式限制私有制的进一步扩大，逐步改造现存社会，历经一个过渡阶段，最终实现人类的理想制度。马布利关于社会改革纲领的内容通过法律来表现，法律的调节可以抑制和监督人们的欲念。

一是限制国家财富和需求的法律。马布利认为，财产私有无限扩大的趋势应该被限制。执政者的习惯在一定程度上决定着整个社会的生活习惯，国家和政府官吏应该起到带头的作用。执政者和公务人员的待遇和需求应该受到限制，"希望财富不要创造使人参与治国的权利"。人民有权利撤掉那些不受信任的执政者和公务人员。马布利主张，履行社会义务的人不需要支付酬金，因为对社会的贡献不能够用货币来衡量。国库富裕是有害的，国家的支出应该减少而不是增加。国家经费需要的越少，人民受到的盘剥就越少。

二是取缔奢华法。取缔奢华法是马布利社会改革纲领的核心内容。在私有制度下，使富人阶级彻底放弃财富的愿望往往陷入徒劳。但是，对富人生活进行限制却有可能。取缔奢华法，可以限制富人贪得无厌的欲念，使人们的行为更加节制。通过法律的形式对富人的住宅、家具、饮食、服装和仆人的数量等进行逐一规定。像制造奢侈品这样的无益技艺理应禁止。一切奢华的行为也都应该禁止，例如修建高楼大厦就是一种奢华行为，这种行为容易引起人们羡慕的情绪和想住豪华私人住宅的欲念。法律越严格，财产不平等现象就会越少。该项法律带来的后果就是，富人们不会再为自己拥有的东西多而受到尊重。执政者应该为公民做好朴素的榜样。

三是税收法。"由于税务工作复杂，征税办法就成了罪恶难于被人揭发的内心秘密。"[1]马布利主张对现行的税收方式进行改革，应直接实行土地税，将一切间接税废除。理由是：间接税会造成国家收入的提高，或者给执政者提供满足其贪婪欲念的机会。富人们才有纳税义务，无财产者则不应该缴纳相应的赋税。立法者应当孜孜不倦地设法减少税收。

四是禁止经商法。"商人没有祖国"，贪婪就是商人的道德准则。商业无限刺激人的需求，激起人无限的贪欲。马布利主张颁布禁止经商法。商业精神是与完善的管理制度相对立的，因为商业精神的基础是贪婪。越接近自然经济，对社会越有利。

五是财产继承法。马布利认为，为了国家整体利益，国家有权控制财产转让。对于拥有财产的死者，不给予他们立遗嘱的权利，其财产按法律规定处理。他认为，施行这种法律之后，可以使富人养成视穷人如子女、兄弟和继承人的习惯。

六是土地法。马布利认为，通过制定一套土地法，规定一个人最多只能占多少土地，可以抑制过分的土地集中。这样一来，就可以阻止贵族和僧侣阶级对土地进行吞并，并迫使他们珍惜穷人的土地。规定一个人可以持有的最高土地限额的土地法，可以防止地产向少数人手里集中和促进地产分散。

---

① ［法］马布利著，何清新译：《马布利选集》，商务印书馆1960年版，第56页。

马布利还主张通过法律的形式，提倡公民减少需求，提倡生活朴素。他还主张，通过法律的形式规定任何一个公民不得到其他国家去积累财富，运回国内。在社会改革纲领中，还有一项关于取消职务世袭和终身制的规定。他认为，这种社会秩序存在很大缺陷，即使它的各种制度本来很好，也要受到这种缺陷的破坏和影响。马布利社会改革纲领主要有两个目的：一个是通过对现存私有制社会进行局部改革；另一个是限制私有制无限扩大和财富集中在少数人手里的趋势，使得公民的财富和社会地位尽可能趋于平等，以更趋近理想国家。马布利将改革纲领作为向未来公有制社会过渡的必要步骤。改革纲领代表的是早期无产者及其他下层劳动群众的利益，是缩小贫富差距、实现社会平等的具体举措，也是向财产公有制社会过渡的准备措施。马布利也知道，由于人们对此前的社会习以为常，将这些法律付诸实践确有困难，但马布利坚定自己的信念并积极努力地传播他的学说。

（八）理想国家的幸福原则：禁欲

马布利的国家治理思想具有禁欲主义的色彩。以"自然状态""自然秩序"为理论基点，他认为，人类最幸福的时期莫过于自然状态时期，也就是以财产公有为基础的原始社会时期。原始社会没有高低贵贱之分，人与人之间相互帮助，共同为正义而斗争，财产和土地都是公有的。马布利将视野转向了过去，他对生产力的发展采取了否定的态度。他并不认为私有制是历史的进步，相反，他认为私有制是一种不幸。马布利支持正义、节制和勇敢，反对财富、豪华和享受。他反对商业，排斥经商，认为商业是社会腐化的原因。他认为幸福绝不是商人随着砂糖和洋红运来卖给人民的商品。他认为，幸福与财富无关，而在于是否拥有高尚的道德情操，财富往往会产生罪恶。他反对商业经济的发展，主张退回到自然状态中的做法是不合理的。作为一个带有禁欲主义色彩的道德论者，他从道德的视角分析人类社会、研究人类社会历史。禁欲主义的倾向在马布利的思想中体现得再明显不过。恩格斯所说的"苦修苦练的、斯巴达式的共产主义"，主要讲的就是马布利的学说。

马布利反对奢侈浪费，甚至认为改善物质生活也不是人应该追求的。他认为，即便是享乐也应该有节制。他说："我的哲学使我明白了法律，它既要节制王权，也要使庶民能够享受自己的财富和劳动果实，而不崇尚美丽的花园。"①资本主义在18世纪有了很大发展，新兴资产阶级通过对内剥削、对外掠夺的方式不断积累财富，他们的生活更加骄奢淫逸。马布利反对奢侈浪费与反对资本主义的获取财富的方式是一致的。禁欲主义是18世纪空想社会主义学说的显著特色，在马布利的国家治理思想中尤为突出。

四、马布利的国家治理思想的影响及评价

马布利从理性的角度批判一切私有制和资本主义卫道者的谬论，他论证了公有制的合理性，详尽地阐述了革命和内战的争议性和必要性，提出了暴力革命和内战是改造现存社会的重要手段。马布利发展了空想社会主义理论，他的思想在空想社会主义学说史上占据着重要的地位。总的来说，马布利在国家治理方面提出不少见解。马布利并不能算作是一个彻底的共产主义者，但是他的自然共产主义理论，他关于共产主义制度的优越性和私有制的罪恶的观点，在共产主义思想的传播中起到很重要的作用。在18世纪共产主义史上，马布利显然有权占据一席地位。恩格斯在《反杜林论》中评价道："而在18世纪已经有了直接共产主义的理论（摩莱里和马布利）。平等的要求已经不再限于政治权利方面，它也应当扩大到个人的社会地位方面；不仅应当消灭阶级特权，而且应当消灭阶级差别本身。禁欲主义的、禁绝一切生活享受的、斯巴达式的共产主义，是这种新学说的第一个表现形式。"②

马布利通过与重农学派的论战，鲜明地驳斥了资产阶级的观点。他试图通过改革使人类社会逐步摆脱私有制从而建立公有制的社会，实际上是一种

---

① ［法］马布利著，何清新译：《马布利选集》，商务印书馆1960年版，第102页。
② 《马克思恩格斯文集》第3卷，人民出版社2009年版，第525页。

在剥削阶级旧有的政治制度下改造社会的幻想。马布利提出了许多有价值的思想。比如，他从经济的角度说明了私有制的产生，提出阶级和阶级斗争的问题，承认内战和革命的必要性等。他在宣传共产主义思想方面起到了积极的作用，但马布利的国家治理思想仍然带有浓厚的小资产阶级的特点。

马布利还是一位民主革命战士。他抨击专制政体，揭露资产阶级民主的虚伪性和欺骗性。他指出，资本主义制度并非理想的制度。他将自由和平等理解为没有私有制、没有阶级、没有阶级剥削和阶级压迫。马布利进步的一点就在于他将私有制同社会阶级利益的对抗联系起来，并且认识到了阶级之间的斗争在所难免。但是，马布利并没有找到社会革命的依靠力量，也缺乏一个明确的政治纲领，他的社会改良方式偏温和。他将希望寄托在立法者的身上，他的改革纲领反映了当时丧失生产资料的农民小生产者的利益和要求。他对阶级利益相互对立，以及它们对意识形态的影响作了非常透彻的，而且可能是大革命前法国最透彻的阐述。然而，马布利在现实中没有找到能够解决这些对立，进而建立起真正的和谐制度，即无产阶级社会的力量。他陷入悲观主义，同时他也放弃了实现自己的社会理想的想法。他说，力求制定共产主义的一切法律时，要是不考虑到私有制在人的心目中培养起来的欲望，将是完全无益的。于是，马布利得出了结论：既然私有制已经建立起来，不管这一决定在当时是多么的错误，必须把它看作是和平、安全和秩序的基础。

马布利关于改革的纲领中也有局限的地方。一方面，马布利在改革纲领中提倡绝对平均主义。他主张以绝对平均的方式进行分配，认为平等高于一切。马布利关于社会主义改革纲领中的基本精神是通过限制和分散富人财产而逐渐实现财产和地位平等的，这是一种平均主义思想。马布利坚信从理论上来讲，斯巴达式的共产主义是可以实现的。另一方面，马布利在改革纲领中倡导禁欲。他称赞斯巴达式的社会，认为人应该节制欲望，忠于过简单朴素的生活。教会和僧侣提倡过禁欲和苦行的生活，是压抑人民的反抗精神、维护剥削阶级反动统治的一种政治手段。马布利提倡的禁欲主义则是谴责奢侈浪费的生活方式。在生产力水平不高、生活资料极端匮乏的情况下，马布利所宣扬的禁欲主义精神有助于平均主义原则的推行。但马布利的禁商主义思想是不科学的，他企图用自然经济来代替资本主义的商业活动，这是退步的。禁欲主义是空想社会主义思想体系中的糟粕。再者，马布利企图通过立法的途径，遏制财产私有和地位不平等不断扩大的趋势，这充满了历史唯心主义的色彩。他认识到了私有制产生的阶级对立的冲突不可调和，但是并没有将暴力革命作为推翻私有制、实现公有制的基本途径和手段。他通过社会改革纲领诸如取缔奢华法、财产继承法、限制官吏的待遇和特权的法律等方式，实则是想通过和平的方式来达到消灭阶级特权和阶级差别的目的。通过这种和平的方式实现理想国家几乎不可能。但是，在资本主义制度在法国尚未确立、共产主义遥遥无期的状态下，马布利试图通过过渡时期立法改革的方式，为将来理想国家的到来创造条件，是一种积极的态度。他没有沉溺于对共产主义的幻想之中，也没有消极地等待，而是一步一步地探索通往理想国家的路径，这一点是难能可贵的。

第三节　摩莱里的国家治理思想

摩莱里是18世纪中叶法国空想共产主义者，他是空想社会主义发展到唯理论阶段的典型代表，其国家治理思想主要集中在《巴齐里阿达》和《自然法典》两部著作中。摩莱里认为存在着一种永恒不变的理性，社会生活和人类历史都要用这种理性来检验。摩莱里认为，理性同人类的自然本性、自然状态是一回事。凡是符合理性要求的也符合人的本性要求，符合理性和人的自然状态便是事物的自然状态。世界是多元多变的，唯有理性和自然不变。任何一个民族如果能够切实地按照自然界的要求来办事的话就能够适应自然。摩莱里认为，现存的社会制度、通行的政治和道德都不符合理性和自然的要求，都应该全部推翻。只有以公有制为基础的社会制度才是理性的、合乎人的自然本性的制度，任何状况都不会比单纯的自然状态更美妙。摩莱里认为，人类社会历史发展形成这样一个循环：理性—理性的错误—理性的发现。意思就是，一开始人类社会处于理性的状态，而后遭到破坏出现了非理性的制度，人类遭受到非理性状态的痛苦之后又回归到理性的状态，也就是遵循公有制—私有制—公有制的循环过程。摩莱里在其著作中批判了现存制度，揭露了私有制带来的一系列恶果，用法律的形式系统地阐述了其国家治理思想。他论证了私有制度的非理性，驳斥了资本主义私有制将永世长存的谬论。摩莱里接受了启蒙思想家的理性和人性论的观点。在自然状态下，人们互助、友爱、平等、团结，而私有制带来了道德的败坏。他认为私有制是万恶之源，人要想重新回到幸福的生活状态就要遵循自然法的准则。

一、摩莱里的生平及著作

摩莱里（约1720—1780），18世纪法国著名空想社会主义者，法国百科全书派的先驱者之一。有关摩莱里的生平活动记载大多已经失传，他的生卒年月也已经无从可考，只能作大致的推断。据史学家的考究，摩莱里出生在一个叫作维迪佛朗士的地方，他是一个官吏的儿子，早年曾经教过书。据流传下来的著作记载，摩莱里一生的大部分时间生活在路易十五统治时期，他的主要理论活动和写作时间是在18世纪40至70年代之间。其间，摩莱里写过很多的著作，但是署名不一。他的著作里有的署名摩莱里，有的匿名发表，有的只用"Mr. M……"作为标记。直至今日，摩莱里究竟是真名还是笔名尚有待考证。摩莱里的研究涉及哲学、教育学、美学、历史、政治、法律等诸多领域，早期著作有《人类理智论》《人心论》《君主论》等，后期主要有《巴齐里阿达》和《自然法典》等。其中《巴齐里阿达》（1753）和《自然法典》（1755）两部著作影响比较大。《巴齐里阿达》是一部十四章的长篇叙事诗。在这部长诗里，他用寓言的体裁描述了一个以共产主义原则为基础的社会。这个幸福的民族由具有一切美德的君主治理，他们没有恶习，根据自然规律生活着。该诗出版之后，遭到猛烈攻击，人们指责摩莱里的这种想法是一种幻想。为了回击论敌，摩莱里又匿名发表了《自然法典》。《自然法典》是在《巴齐里阿达》空想社会主义思想基础之上的继续和发展。在《自然法典》一书中，摩莱里直截了当地、全面系统地阐明了他的国家治理思想。《自然法典》突破了《乌托邦》《太阳城》以来的文学游记形式，开始将理想社会制度化、法律化，对后来的空想社会主义者产生了深远的影响。摩莱里的国家治理思想以自然理论为中心，他认为理性的任务是认识和研究自然规律，人们应该按照自然规律办事。摩莱里将自然状态称为"黄金时代"，并将此作为理论武器批判私有制的种种罪恶。摩莱里将战斗的矛头指向腐朽残暴、充满罪恶的封建专制制度。摩莱里与伏尔泰、卢梭同处一个时代，他的思想深受莫尔、康帕内拉、维拉斯和温斯坦莱等人的影响。空想社会主义者巴贝夫曾经在资产阶级法庭上公开称自己是《自然法典》的学生，德萨米也不止一次对摩莱里共产主义理论进行高度肯定。

二、摩莱里的国家治理思想的渊源

任何一种思想和理论的出现都是时代的产物，摩莱里国家治理思想也脱胎于其所生活的时代。摩莱里生活在封建社会后期，处于路易十五统治的时期。这一时期相较于18世纪初（路易十四时期），资本主义有了进一步的发展。法国成为仅次于英国的工业发达国家，境内工业中心和工人聚集的城市不断地涌现，农业也出现了资本主义的大农场，对外贸易也取得了重大发展。一些城市不断发展成为工商和对外贸易中心。资产阶级的经济实力不断增强，作为一个阶级逐渐强大起来。他们开始表达自己的利益诉求，对于财政制度的现状表示不满。国王路易十五连年发动战争，战争带来的是人民生活的负担加重。强行的征兵征税让人民苦不堪言，国库日渐空虚，沉重的负担只能够转嫁到广大劳动群众身上。不幸的是，遭遇自然灾害，人民的生活愈加悲惨。国内的阶级矛盾日益尖锐，资产阶级和工人阶级之间的矛盾冲突也不断加剧。政府站在资产阶级的一边对工人阶级进行压榨，工人罢工事件时有发生。农业在不断的发展中也逐渐集中化，衍生出资本主义大农场主。在农村，无产者和农民本身经常发生一系列斗争，矛盾此起彼伏。自18世纪中叶，农民爆发的"饥饿暴动"以及城市起义不断。手工业工人、帮工、学徒工和雇农、失业者和乞丐等，作为无产阶级的前身，逐渐表示出自己特殊的利益诉求，封建专制制度岌岌可危。不同的思想流派应运而生，法国思想界发生了著名的启蒙运动，不同的社会思潮和流派代表不同的阶级利益。

摩莱里的国家治理思想具有空想社会主义性质。他从理论上探讨和论证消灭生产资料私有制等重大社会主义原则，对资本主义剥削制度的罪恶行径进行了深刻的揭露和辛辣的批判。他的国家治理思想集中反映了农民和初期无产者的利益和要求。摩莱里国家治理思想不仅仅局限于对未来理想社会的描述，而且论述了私有制过渡到公有制的历史必然性。摩莱里对资本主义生产方式进行了深刻的批判。英国资产阶级革命的胜利对法国产生了重大影响，法国封建专制制度的危机日渐加深，资产阶级革命的形势逐渐成熟。摩莱里的国家治理思想就是在这样的历史大背景下形成的。

三、摩莱里的国家治理思想的主要内容

摩莱里是空想社会主义者中以自然为中心的唯理论的典型代表。摩莱里国家治理思想以自然法为理论基础。他认为人类社会和自然界一样，存在着一种永恒不变的"自然规律"。理性的任务是认识和研究这些规律，人们要按自然规律办事。摩莱里将斗争的矛头指向腐朽的封建专制制度。同时，摩莱里抨击了私有制下的法律制度、政治，揭露了其虚伪性。他论证了君主制的合理性，认为君主制是理想的政体。摩莱里国家治理思想阐明了理想君主政体的组织运行形式，对国家运行的基本要素、基本原则、法律保障等问题进行阐释，同时对于未来社会的家庭、婚姻、教育和科研制度等作了相关的设想和规定。

（一）理想国家的社会形态：原始社会

摩莱里是卓越的共产主义先驱。他的国家治理思想建立在共产主义基础之上。摩莱里强调了理性的力量，认为理性力量高于一切。人类历史和社会生活需要通过永恒不变的理性来检验。理想的制度应遵循合乎理性的原则。制度只有合乎理性才符合人的自然本性和自然规律，私有制显然违背了自然规律。"人口的增长破坏了血统的感情的关系；人口的迁移破坏了占有的公共性，在各个家庭之间产生了差异。立法者不仅不和这种灾难、这种破坏自然规律的行为作斗争，反而确立了私有制，把社会脱离自然的这种现象永远固定下来。"[①]摩莱里认为私有制其实是一切社会罪恶的根源和原因，他对私有制深恶痛绝。那些立法者的任务就是通过法律的形式恢复被破坏了的自然秩序和原始的公有制。如果立法者能够正确了解他们对于社会所承担的任务——根据自然的基本规律调节社会生活——那么，最美好的远景就会展现在眼前。私有制是人类社会发展的低级阶段，人类社会发展的方向必然是公有制，公有制合乎理性。摩莱里认为原始社会是黄金时代，他说："差不多所有的民族都想过或者现在还在想着黄金时代。"[②]实际上，这个黄金时代也就是人生活在原始社会条件下的那个时代。而人们缺乏这种意识自觉，并没有意识到这是一个美好的、有希望的制度。

摩莱里论证了原始公有制转变为私有制的过程。在原始社会，人是受制于自然规律的，人们依赖于自然界而存在。随着人口的不断增长和迁移，公有制逐渐遭到破坏。起初，家长制的父权模式是稳定的。那时，家庭的规模并不大。在以家庭为基本单位的社会构成中，财产是公有的。父权家长在分配时，将财产分配给家庭的所有成员而不会占为己有。随着人口的增长，这

---

① ［法］摩莱里著，黄建华、姜亚洲译：《自然法典》，商务印书馆1982年版，第194页。

② ［法］摩莱里著，黄建华、姜亚洲译：《自然法典》，商务印书馆1982年版，第189页。

种以血缘为基础的关系逐渐淡化，父权的家长制模式被削弱，人口的不断迁移将每个家庭公有制的纽带吹散了，再加上认识上的错误，一些道德上的沦丧现象就产生了，随之而来的是掠夺、纠纷和战争。社会分化就此产生，人与人之间由于掌握财产的多寡而产生了对立。大量的私有财产掌握在一些人的手中，相反，另外的一些人一文不名。那些没有财产的人不得不依附于别人而生存，这些人必须让渡出他们的劳动成果来换取基本的生活所需。这样一来，社会就过渡到了违背自然状态的私有制社会。私有制不是与生俱来的产物，而是社会历史发展到一定阶段的产物。当然，摩莱里没有认识到，原始社会制度的瓦解并不是人口增多等原因造成的，其根源在于生产和交换方式的变革。摩莱里论述了从私有制回归到公有制的必然性。不管经过多少次错误的认知，人类的理性终究会发现，任何社会形态都没有简单的自然状态来得更加幸福。他明确指出，公有制是合乎理性和自然的，私有制会给人带来痛苦和罪恶。

（二）国家治理的制度基础：公有制

摩莱里认为，私有制是人类一切道德堕落的原因。社会上终究还是会存在贫富差距，存在富裕的人和终日不得果腹的人。摩莱里明确地阐明了自己的观点：私有制消失的时刻也就是社会中美德和善良恢复的那一刻。摩莱里认为："社会上的任何东西都不得单独地或作为私有财产属于任何个人，但每个人因生活需要、因享乐或因进行日常劳动而当前使用的物品除外。"[①]政治制度的缺陷同样与道德的缺陷有关系。摩莱里在《自然法典》中指出，全世界中最人道、最温和的民族向来是那些几乎没有私产或还没有普遍建立私有制的民族，因此，这些民族最无私、最能行善，至少对自己的公民是如此。摩莱里认为，在某种程度上说，道德和政治是一码事。在私有制的状态

---

①　[法] 摩莱里著，黄建华、姜亚洲译：《自然法典》，商务印书馆1982年版，第106页。

之下，要找寻到一种保证人类自由的完善形式几乎不可能。只要私有制不消除，不管是在什么样的政府抑或是在什么样的法律之下，邪恶和罪罚就会一直存在，那些旨在改善社会统治的做法也只是治标不治本。通过国家机器来镇压或者一些行政措施来处理的方式也仅仅是能够维持表面上的和谐，使这个秩序看上去一片平静。贫困的人继续贫困，苦难的人继续苦难。凡是私有制存在的地方，就有一种力量在统治，即个人利益。只有废除私有制，才能够使人们恢复自己原来的美德。

摩莱里将私有制比作残暴的怪物的母亲。他明确地提出了废除私有制的主张。但是，当公民在使用一些产品的时候对物品是可以私人占有的，公民享有对分配给他本身的直接消费品以及日常劳动所必需的物品的所有权。他认为："宇宙的永恒法律就是：人除了自身的实在需要所要求的东西，即足以维持他每天的生计和娱乐的东西以外，其它任何东西都不属于他个人；田地不属于耕者，果树不属于采果人；甚至在自己的工艺产品中也只有他自己使用的那部分才属于个人，其余的部分，以及他本人，都属于全人类。"①幸福的国度具有这样的特点：那里的人民风尚高洁，人们根本不知道万恶的私有制的存在。生活在这片土地上的每一个人都是平等的，每一个人都受到一视同仁的对待。在这片土地上，每一个人都有责任耕耘土地，即便田地不属于私人，黄牛和房屋也不是仅属于某一个人。一个农夫，假如他看到他人收割自己的土地，也不会着急，因为他也可以去别处来获取自己所需要的东西。人与人之间相互帮助，并从大地中获取养料。摩莱里认为："没有任何必要建立私有制，因为私有制丝毫都不是从野蛮过渡到文明的条件。"②私有制的存在会产生奴役他人的思想，如果私有制不存在的话，那么暴政将不复存在，也就不会有暴君。在公有制的社会里，就不会出现像私有制之下的那种混乱、暴力的局面。摩莱里设想的以

---

① 〔法〕摩莱里著，黄建华、姜亚洲译：《自然法典》，商务印书馆1982年版，第140页。

② 〔法〕摩莱里著，黄建华、姜亚洲译：《自然法典》，商务印书馆1982年版，第192—193页。

公有制为基础的社会中，人与人之间的关系是完全平等的，这是一切的前提和基础。封建贵族特权被消除，阶级之间的差别也不存在了。这样一来，人与人之间是相互爱护和相互帮助的关系，就避免了很多的斗争。在这个公有制为基础的幸福国度中，每个人辛勤劳作。在大家的共同努力下，物资供应充足，按需分配，辅以开明君主的统治，所有的人都生活在幸福之中，也就不会出现为了个人的私利而纷争不断的现象了。

在《自然法典》中，摩莱里从理想和"人的本性"要求出发，提出并论证了从私有制回归到公有制的必然性。他旗帜鲜明地亮出了自己的态度，私有制将人分成了穷人和富人。一部分人不劳动却拥有财富，另一部分人承担着让少数人享福的重担而将牺牲自己的幸福与安宁。终日劳作的人过着饥寒交迫的生活，终日消遣娱乐的人却坐享其成。私有制下滋生了利己主义，利己主义思想毒害下产生了一些不良的社会情绪和社会罪恶，人们变得贪婪无情和残酷，人被一个叫作利益的东西裹挟着。只有私有制废除之后，人性的善和美才会回归。立法者的智慧之处就在于要深刻认识到私有制的罪恶性，就是要明确私有制的反自然性和不合理性，这样才可能制定出完美的法典。人类在经历了一系列磨难之后，必将重新回归到合乎自然和理性的公有制社会，这一点摩莱里深信不疑。人类终会意识到任何一种状态都不会比最简单的自然状态更让人幸福。

（三）国家治理的最佳形式：世袭君主专制

那个以平等和公有制为基础的原始社会制度是如何过渡到以不平等和私有制为基础的现存制度的？人类是怎样脱离自然的？摩莱里思考了这些问题。在原始社会这个黄金时代，唯一的法律就是亲属的眷恋和温情。后来，人口不断增长，家庭成员人数不断增加。这种维系他们亲属关系的感情以及以这种感情为基础的父权在一定程度上不断削弱。随着人口的不断增长，一些人口不得不迁居，这样一来，有的秩序就被破坏了。在旧秩序遭到破坏、新秩序尚未建立之时，社会往往是处于混乱状态的。如果再严重的话可能会造成社会冲突甚至是全面的混乱。为了避免这个阶段的到来，就需要发挥制度的力量。摆脱这种混乱情况的出路是，社会必须建立不以感情为基础而以精确的法律为基础的新的政权、新的制度。在新制度下，公民为了共同福利放弃一部分自然权利，服从元首成了义务。如此一来，那些命令就变成了元首用来维护自身权威、实现共同福利的工具。从理论上讲，主权掌握在自己手里的形式是最易于被人接受的。但是，民主制在实际运用中功能会遭到弱化。财富、地位、荣誉等会带来竞争，公共利益就会让步于私人利益，由此，阴谋与叛乱就会滋生，进而带来整个社会体系的崩塌。在摩莱里的思想里，少数人统治权的确立并不能够终止政权的斗争。当那些有权势的人将政权交给自己人的时候，或者当某个自己人夺得了政权之时，斗争才会终止。经过几个阶段之后，人民政权最后变成了选举或者世袭的君主政体。

摩莱里在《自然法典》中指出，为了将政治机构的作用发挥到更大，可以将管理权委托给一个人。摩莱里认为，君主政体是最好的国家治理形式。他在写《君主论》和《巴齐里阿达》时，就把君主政体当成了保证公民福利的最稳固和最好的管理形式。未来理想社会可以实行开明君主的统治，开明君主拥有高尚的品格，他们关心全体人民的幸福生活，丝毫不谋私利，人民尊重他、服从他的领导。在君主政体下，能够实现保证公民最好的福利的目的，能够实现最好的管理。相比较之下，摩莱里更加认可的是世袭的君主政体，而不是选举的。他更倾向于君主专制而非君主立宪。"只有专制政体才能使人们幸福"[1]，摩莱里称它为"真正的专制主义"[2]。摩莱里在《巴齐里阿达》中所描述的理想社会中占统治地位的正是这种开明的专制主义，这反映出其思想的糟粕之处。

---

[1] ［法］摩莱里著，黄建华、姜亚洲译：《自然法典》，商务印书馆1982年版，第191页。

[2] ［法］摩莱里著，黄建华、姜亚洲译：《自然法典》，商务印书馆1982年版，第191页。

（四）国家治理的基本原则：公平

摩莱里国家治理思想中处处体现着公平的原则。理想国家应该是一个统一的经济整体，受统一的经济计划指导。理想国家的生产活动分为农业和工业两大类。农业方面实行劳动义务制。法律规定，公民年满20—25岁之间要从事农业劳动。公民年满25岁之后才可以从事工业劳动。如果自愿留在农业劳动的团体里，自26岁起就可以成为农业劳动技师和领导者。因为农业劳动既繁重又至关重要，所以必须采取强制措施。唯其如此，才能保证从事农业劳动的公民数量。他主张消灭城乡差别，在理想国家中，没有职业的农民，也没有真正的农村。

理想国家是由基本法保证的没有压迫和剥削的社会。每位公民没有等级和职位高低之分。任何一个人只要做了有违基本法的事，就应当受到监禁以及开除公民权的处罚，但是不能够连带其父母和妻儿。摩莱里不认可选举制，因为在平等的社会里，所有人都应当同样受尊敬。选举的方式实际上是对平等原则的破坏。他主张轮流制，各个家族的族长在一年之内轮流出任市长，各市市长轮流担任省长，各个省的省长轮流担任国家元首。所以，他在《自然法典》里否定了领导职务的选举制。但是，他认为也不能完完全全地取消选举制，提出国家各级参议会和政务会的议员由50岁以上的家长选出，每年选举一次，用来监督法律的执行和指导行政工作。在16—18世纪的空想主义者中，大概摩莱里比其他任何人都更接近消灭体力劳动和脑力劳动的对立的思想。任何人都不能够享受不从事体力劳动的特权。老弱病残人士将得到社会充分的供养，他们理所应当地在公共房屋中得到舒适的住处、饮食和给养。每个城市都要提供专门场所给这些人居住，他们平等地得到相同的待遇和良好周到的护理。这些公共场所务必保证物资供应充足，以便病人能够更好地恢复健康，享受生活乐趣。

摩莱里的分配思想充分体现了公平原则。他主张整个社会生产理应符合社会的需要，生产产品的数量由国家统一进行统计，然后统一按照一定的标准分配给公民。在分配的时候，要核准物品数量和公民人数，使其相适应。不易保存的物品在公共市场统一分配。耐存的产品需要集中到公共商品店里，在指定时间内进行分配。当产品数量不足的时候，暂停分配或者减量供应。那些自由选择劳动的40岁以上的人在族长的监督下承担分配工作。各个地区多余的粮食和其他生产品存储起来，以备不时之需。无论是生产资料还是个人消费品都不允许贸易和交换。只有对外贸易或援助才能够采取商品交换的方式，并且必须进行公开监察。公民需要草料、蔬菜和水果等用品，可以到公共广场去取一日的用量，这些产品由种植者送到广场。如果一个人需要面包，就按照规定的时间到烤面包的人那里去取，而烤面包的人从公共仓库领取做面包所需的一日或数日用的面粉。如果有人需要衣服，那就可以向裁缝领取，裁缝从织布人那里获取布料，织布人从公共仓库领取所要的原料，生产这种原料的人，把原料送到公共仓库。一切需要分配的物品都可以按照这种方式来进行分配，这样一来，买卖和交换也就失去了存在的价值和意义。摩莱里的先辈们，如莫尔和康帕内拉主张"按工作分配的原则"。他们主张将较好的物品分配给一些负责人和一些有劳绩的人。莫尔认为，社会分配给每一个公民以一切"需要的东西"。康帕内拉认为："任何人不仅对需要上的缺乏不能忍受，而且甚至对娱乐上的缺乏也不能忍受。"[1]在这一点上，摩莱里和莫尔、康帕内拉都不同。摩莱里认为不受算术计算限制的按需分配是一般的原则，他并没有规定什么补助的供应品。每个人都不用为了吃喝穿而发愁，生活中的一切物品都可以各取所需，也不用嫉妒别人拥有的东西比自己多。劳动是生活必须而不是负担，做事情多的人发自内心地高兴，因为他们拥有高尚的精神。即便是为大家做更多有益的事情，那也是出于自发自愿。工作完成之后，人们一起娱乐、野餐，享受生活之乐。工作的时候是幸福的，工作之后的休息也是甜蜜的。

---

① ［法］摩莱里著，黄建华、姜亚洲译：《自然法典》，商务印书馆1982年版，第204页。

摩莱里在《自然法典》中对于市政建设做了相应的制度设想，同样遵循公平原则。《自然法典》提出，在一个形状规则的宽大的广场周围，建造一些结构划一、形式优美的储存各种物品的公共仓库和公共会议厅。在房屋的外围，要有规则地布置城市街区并划分街道，街区的大小要相等，形状要相同。每个部族占一个街区，每个家庭住一所宽敞舒适的房屋。所有这些房屋形状划一。就城市规划而言，理想国家未来城市建设要满足三个条件：一个是规模要大体相等，一个是要遵循着有益于工人做工、农民种田以及生活方面舒适的原则，再一个是要能够消除城乡对立的现象。土地是由自然界赐予人类的，由大家共同经营，所得的收成供大家平等地享用。而自然人是不知道有私有制的，正如摩莱里所说，世界是一张饭桌，它足以陈列所有共餐者所需要的一切，桌上的菜肴或者属于所有人，因为大家都饥饿，或者只属于某几个人，因为其余的人已经吃饱了。所以，"任何人都不是世界的绝对的主人，任何人也没有权利要求这一点"[1]。每个城市都有自己的土地，土地尽可能连片，形状尽可能整齐，数量尽可能充足。土地要能够满足居民的需求，为居民提供最基本的给养，实现耕者有地可种。

（五）国家有序运行的保障：法律

摩莱里在《自然法典》中论述了国家与法的观点。他指出了现存法律的不公正性。在现有的私有制度下，法律是用来掩饰富人压迫穷人的工具。私有制度下的法律，是违反自然法的、不合理的。摩莱里批判了现存的国家制度，直指资产阶级所说的民主、自由、分权只是停留在表面上的工具，从本质上来说，根本不可能改变压迫和剥削的本质。私有制造成了惊人的不平等，使得国家的居民集体陷入不幸。理想国家理应在法律规定的框架下运行。在《自然法典》里，摩莱里通过法律条文的形式将他的国家治理思想系

---

① ［法］摩莱里著，黄建华、姜亚洲译：《自然法典》，商务印书馆1982年版，第188—189页。

统地绘制出来，构成了一个系统完善的理想国家运行谱系。这部法典一共有113条，分为基本法和单行法两个部分。在基本法的基础之上，摩莱里在其著作中还制定了各种单行法。这些单行法建立在基本法的基础之上，是基本法的原理在社会生活各个方面的具体化。《自然法典》里面的单行法总共有十一项，包括分配法、经济法、土地法、城市规划法、公共秩序法、取缔奢华法、以防止一切暴政为宗旨的政府法、行政管理法、以防止父母溺爱子女为宗旨的教育法、以预防人们理智的谬见和一切超验的幻想为宗旨的科学法、惩罚法等。这十一项单行法，使大众能够清晰地看清楚摩莱里理想中的国家政治、经济、文化的概况，以及未来社会生活的大致图景。摩莱里的国家治理思想通过法律规定的形式刻画得细致清楚，涉及社会生活的方方面面。

摩莱里认为，立法者应该明确的一点是，法律应该追求的一个目的就是恢复被破坏了的自然秩序和原始的公有制。通过法律确立的规章也应该是作为自然界总规律的一部分，与自然法总规律相一致。立法者必须认识到私有制是违背自然状态的，必须认识到私有制阻碍人类通往幸福之路，他才会有可能制定出最完美的法典。人们服从这个法典，社会就可以重新铲除私有制，建设一个理想中的共产主义社会。摩莱里在《自然法典》中系统完整地勾勒了其理想的社会生活图景，并指出这个理想的生活状态必须要由法律提供保障。凭借这部法典，社会的运行规则和方式变得有章可循。摩莱里认为，通过法律条文的规定可以规避掉很多的问题。正如他在书中所言："任何一个明理的读者，根据这些无须详加解释的条文，都可以判断这些法律会使人们摆脱多少灾难。"①摩莱里主张通过法律规定公民的权利和义务。每个公民都平等地享有依靠社会供养、维持生计和受到照料的权利。每个公民都要根据自己的力量、才能和年龄促进公共利益的增长。其中，每个公民所承担的义务都要按照分配法进行分配。分配法第五条中表明，在每十名、百名

---

① ［法］摩莱里著，黄建华、姜亚洲译：《自然法典》，商务印书馆1982年版，第106页。

（以下类推）公民里，都有一定人数的各行业的工人；这个人数按照工作的难易程度和每个城市的居民所需物品的多寡，按比例加以规定，使这些工人免于过度劳累。摩莱里对于医护设施建设以及养老设施建设也考虑得很细致，他说："在离所有这些房屋不远的地方，选一块最清洁的地段，建筑一所宽敞舒适的大厦，供收容和医治各种病人使用。"[1]"在另一片地面上，再建筑一所宽敞舒适的养老院，收容一切有残疾的和年老的公民。"[2]

法律在摩莱里的国家治理思想中发挥着重要的作用。在《自然法典》中，他对公民的吃穿用度也作了非常细致的规定。通过法律规定的方式，在国家中倡导勤俭节约、杜绝奢侈浪费的思想。比如，规定每个公民自30岁起可以按照各自的爱好选择穿着，但不能过于奢华，饮食方面不能过于浪费，应当有所节制。当然，摩莱里的平均主义思想也有其狭隘的一面，对于一些问题规定得过于细致。比如，他规定每一行业的10—30岁的年轻人，都穿着布料相同，并且一般适合于各种职业的划一的洁净的衣服；每一行业都要用符合本行业的主要劳动对象的颜色来作为标志，或者用其他的标志。

（六）国家治理的基本单位：家庭

摩莱里认为，任何一个民族，不管它的人数多么众多，必然是以一个或者几个联合的家庭开始的。理想国家中，家庭是社会的细胞。家庭的概念不仅限于情感的维系，更具有社会意义。家庭是国家重要的政治细胞，承担着巩固和稳定社会的作用，对于未来理想国家起着重要的保障作用。作为父母，出于一种天然的血缘关系和情感，承担保育和教养儿童的义务。儿童在5岁之前生活在家中，15岁从工业手工作坊学徒结束之后，16岁成为公民，回到家中作为家庭成员受家长的领导。即便已经娶妻生子，作为儿子只有在

---

[1]［法］摩莱里著，黄建华、姜亚洲译：《自然法典》，商务印书馆1982年版，第112页。

[2]［法］摩莱里著，黄建华、姜亚洲译：《自然法典》，商务印书馆1982年版，第112页。

其父过世之后才能成为家长。一个个小家庭是整个国家的重要组成部分，每一个家庭的稳定在整个国家的稳定中发挥着重要作用，同时家庭还有重要的政治功能。在这个理想国家中，家族由一定数量的家庭组成，而若干个家族组成一个城市，若干个城市组成一个省，若干个省组成一个国家。在家庭里实行父权制，只有一家之父才有政治权利。《自然法典》中规定，一般公民不能享有政治权利，只有一家之父才能享有政治权利，才能成为族长、市长和国家元首。

婚姻同样被赋予社会意义，他认为婚姻制度要能够使个体家庭得到稳固。凡适婚年龄的公民，若非本人素质或者身体健康状况不宜结婚之外，都应当结婚。只有40岁以后才允许过独身生活。为了使家庭幸福美满，摩莱里主张一夫一妻制。为了家庭稳固，规定男女双方在婚后十年之内不允许离婚。如若双方意图离婚，十年之后根据双方意愿或单方面请求允许离婚。离婚之后，当事人在六个月之后方可复婚。离婚经过一年之后才能够与他人结婚。法律规定离婚的人不得与比自己或比自己离异的配偶更年轻的人结婚，而丧偶者没有这种限制。为防止重婚，规定已婚人士不得与未婚青年或姑娘结婚，并且禁止通奸。公民可以在任何部族、城市或省份自由选择对象，但是女性和子女要加入男方的部族。如若双方离婚，子女归父方所有，孩子母亲的身份只有男方最后一任妻子才能够拥有，其余任何一个前妻对于前夫的孩子都不能够拥有母亲的称号。婚姻生活要严格服从规定，这样单个家庭不至于轻易瓦解。

儿童5岁以前留在家中接受道德教育课程，让他们了解法律。家庭承担着教育子女的责任。《自然法典》中，对于教育子女的方法都有所规定。家庭教育应该有助于维系家庭的亲密关系以及防止溺爱子女。只要身体状况允许，母亲应当母乳喂养。家中有婴儿的，即便已经离婚的妇女也应当继续喂养婴儿一年。父母对子女的关爱情况要受到监督，部族族长负责检查父母对子女的关怀程度。在理想国家，教育和照管婴儿既是荣誉也是责任。由于个人疏于管教，使儿童沾染上不良习惯的，将视情况暂时或永久剥夺该荣誉。

（七）理想国家的实现方式：理性和教育

自然思想是摩莱里国家治理思想的中心。人类的生活始于"自然状态"，大家共享大自然给予人类的一切财富，并且按照自然法则过着共同占有、共同劳动、共同享受的平等而幸福的生活。摩莱里将符合这种自然状态的原始社会称为"黄金时代"。后来由于人们缺乏自觉意识以及家庭户数不断增加、不断迁徙等各种原因，原始社会过渡到私有制社会。摩莱里认为私有制社会是万恶之源，而要达到理想国家状态需要靠理性和教育的力量。摩莱里曾经提到过"暴力要用暴力来消灭"的办法。但他主要认为，实现理想社会，不是用革命手段去改造社会，而是要求助于理性和教育。摩莱里认为，需要通过传播理性来改变人们的错误认知，他将希望寄托于英明的立法者制定出一部以公有制为基础的完善法典。人们愿意服从这个法典，就能够建立一个符合自然状态的公有制的理想社会。

通过法典，摩莱里对教育问题作了规定。理想国家所有儿童从5岁起就被送到儿童乐园接受社会教育。在儿童乐园里，教师选择适合儿童年龄的游戏和劳动作业进行体育、劳动和科学的教育，为将来的劳动打下基础，还要给他们上道德教育课，并讲解有关国家法律的知识。通过集体教育，养成孩子们高贵的品德，使他们的行为规范化。对每个部族的儿童的饮食、衣服和享受的初等教育一视同仁。一定数量的家庭的父母接受族长的监督，承担每星期五天照顾这些儿童的义务。接着，由另外一批同等数目的父母来接替他们教育和照看这些儿童，教会这些儿童要节制和顺从，避免沾染不良习惯，不要任性。随着儿童年岁和智力的增长，要教育他们敬畏法律、顺从长辈和首长，教育他们和气、友好并养成良好的行为习惯。教育这些儿童从事一些与他们年龄相称的工作以强身益智。

《自然法典》的理论部分和立法部分都对劳动有所规定，劳动既是公民的权利也是义务，并且劳动本身也具有教育意义。劳动光荣的理念应该成为全社会的共识。摩莱里在《自然法典》中阐述了教育与生产劳动相结合的思想。他将工厂称为社会学院，工厂除了做工，还承担教育的职责，孩子从10岁起就要从儿童乐园转到工厂接受职业技术、社会道德、社会政治和哲理方面的教育，做到脑力劳动和体力劳动相结合。15岁开始，少年开始独立生活。他们从事自己所学的专业，其中最能干的可以继续研究科学。除此之外，其他公民年满30岁之后也可以研究科学。通过教育，让孩子明白社会运行方式设计的合理性。教育让私有的观点逐渐清除，将公有的观念深深地刻进脑子里，让人的本性回归自然。不能够参加劳动是一种惩罚手段，"无所事事"也是一种处分方法。例如，摩莱里主张禁止那些有过失的人在数小时或数日之内从事任何事，用无所事事来制裁这些人。

理想国家的工业生产在手工作坊中进行。按照《自然法典》的规定，工业生产由各级首长统一管理。公民自10岁开始，就选择或者被分配到某一个行业中去，在作坊中接受相应训练至15岁，16—20岁的公民是该行业的普通工人。20—25岁之间的农民劳动之后再回归到原来的行业或者重新选择行业。如果从事原来的行业，公民在年满26岁的时候可以成为工长；如果是选择了其他行业，那么还要经过五年也就是说要到30岁时才能够成为工长。工长职位实行终身制，工长要承担起训练年轻工人的任务。在工业生产中，每一种行业组成一个行会，由行长领导。行长也采用轮流制，由工长轮流担任，为期一年。公民年满40岁才可以不参加行会规定的劳动。到40岁，公民可以根据自身喜好自由选择工作，只要这份工作对社会有益。也就是说，他不脱离劳动，但可以根据个人意愿随意选择从事何种劳动或者只负担自己所承担的任务，并且作为自由工人有权利自由支配休息时间。不管从事何种行业，凡是在该领域有重大发明的人，都必须向本行业的全体成员进行汇报。即便不到规定年龄，他也可以担任工长职位，并且可以在次年担任行业首长。每一行业的生产都集中在专门的作坊中，劳动等级摆脱了宗法的传统，领导生产的是工长而非家庭的父亲，这样生产组织按类型来说更像手工工场。

（八）国家治理的中心思想：自然

摩莱里认为，只有从自然给予人的那些属性中产生的东西，换句话说，只有自然状态和自然规律才是必然的。摩莱里是唯心主义者，他坚决反对唯物主义。他认为唯物主义是经不起推敲的，是荒诞的。摩莱里的自然论思想和18世纪其他许多启蒙学者以及一些早期的空想社会主义者的思想一样，同样是与上帝联结在一起的。摩莱里不是无神论者，他坚持理性的自然神论，坚信上帝的存在和功能，任何人都不能否认上帝的存在。摩莱里认为世界由建筑家创造，建筑家必须对自己的创造物的命运给予关切。摩莱里相信上帝是主宰、是准则，一切现存的事务都取决于上帝的意志。在《自然法典》的前三篇中，摩莱里阐明了他的哲学思想，特别是关于未来理想国家的思想。人类的生活起始于"自然状态"，"在道德的领域内……天性只有一个，它是永恒的，不变的"①。摩莱里国家治理思想的中心也就在于此。外在的事物和环境也许会发生变化，比如习俗、文化和文明可能会变，但是人性的规律永恒不变。摩莱里在《自然法典》中，以唯理论的哲学观点和方法为根基，分析社会的政治现象，论证理性力量高于一切。即便人脱离了真理，真理依然存在。只有经过无数次的实验，人类理性才会发现，没有比纯粹的自然状态更幸福的了。一个民族如果能够切实按照自然界的要求行事，就能够真正理解自然规律、适应自然规律。作为立法者，所承担的任务应该是深刻地认识自然规律、了解自然规律，按照自然规律来生活，这才是人们通往幸福的正确道路。国家要想有秩序，变成一个有幸福感和道德感的国家，就必须按照自然法典来生活，按照规律来生活。

凡是与自然、理性以及人的本性相契合的社会状态都是可以探求到的。摩莱里认为，原始社会就是与人的本性和自然状态相契合的，是合乎理性的

---

① ［法］摩莱里著，黄建华、姜亚洲译：《自然法典》，商务印书馆1982年版，第184页。

公有制社会。最初，人类的生活就是从"自然状态"开始的。后来，由于自然界赋予人类的"需求"和"满足需求的能力"不对等，相比较而言，"需求"大于"满足需求的能力"。当一个人的力量有限的时候，就需要联合起来摆脱势单力薄的状态。此时，集体精神和团结精神显得尤为重要。这样原始社会就顺理成章地产生了。在原始的公有制社会里，人们生活幸福，每个人共享大自然赋予人类的财富。《自然法典》阐述了原始社会共产主义公有制发展为私有制的过程。在自然规律的支配下，处于原始社会阶段的人们过着共同劳动、共同占有、共同享用的平等而幸福的生活。家庭是最基本的组织单位，在这种组织架构中，法律处于血缘凝结下的爱和温柔情感的支配中，这样的情况下财产都是公有的。当时，人们并没有意识到自己所处的社会就是美好的、幸福的和平等的，人们也没有主动去维护这种状态。人们也没有意识到，自己摆脱自然状态的行为会对现存状态带来破坏。于是，在不自觉的情况下，公有制遭到了破坏，违反自然状态的私有制就产生了。随着家庭户数不断增多，长期以亲属感情为基础的父权逐渐削弱。随着人口的不断增长，人们不得不迁移到别的地方去，宗法时期的社会关系受到了冲击，变得淡薄直至瓦解。人们在一个新的住地建立秩序的时候出现了很多的困难，新旧秩序之间的冲突导致混乱和纷争不断。解决这个问题的办法就是建立一种不以感情为基础而以精确的法律为基础的新政权、新制度。

摩莱里的自然理论指出，只有从自然给予人的那些属性中产生的东西才是必然的，只有在自然状态和自然规律下产生的东西才是必然的。根据摩莱里的自然法理论，人在自然规律运行以外发生的行为都是偶然的。在自然状态和自然规律之外发生的事情也许意味着灾难。人们刚出生之时，对世界的认知处于茫然的状态，具体说来什么是好社会他们并不知晓。人们享受自然状态的一切福利，并不去思考它，不了解它的优越性。历经灾难之后，人们才会发现理想的黄金时代就是纯粹的自然状态。在科学研究领域，摩莱里同样坚持自然的理论。他鼓励进行科学研究，但是规定一般的科学研究活动只能够在个人自由支配的业余时间进行，而专业的科学研究工作必须由国家从最精干的人中挑选一定数量的人来进行。那些从事自然科学和技术科学研究的人拥有充分的研究自由，但是对于哲学、社会科学的研究应该有所限制。科学研究应该在道德允许的范围之内，科学研究的对象仅限于解释自然规律所表现的基本原则，任何超出这个范围的大胆设想都不被允许。摩莱里理想的科学设想都要遵循自然法则，那些脱离了自然状态和自然法则的研究将会使人类陷入危险的境地，这将是一种罪恶，这种罪恶不能容忍。

四、摩莱里的国家治理思想的影响及评价

作为空想社会主义的代表人物之一，摩莱里的著作和思想被广为传颂。摩莱里本人也被列入社会主义先驱者的行列之中。作为空想社会主义的代表人物，摩莱里的贡献是不可否认的，对后来的共产主义者起到了引领的作用。空想共产主义的代表人物之一德萨米不止一次地说摩莱里是共产主义理论的最高权威。摩莱里的思想体系在整个社会主义思想发展中是一个巨大的进步。任何对社会主义的研究都不能跳过摩莱里。

摩莱里论证了消灭私有制、建立公有制的必然性和必要性，驳斥了为私有制和资产阶级政权辩护的资产阶级偏见。摩莱里通过法律的形式对公有制、劳动权、按需分配、婚姻、家庭、教育以及其他社会运行的必要因素作了明确的规定。他的国家治理思想对以后的空想社会主义者有很大影响。摩莱里国家治理思想中有局限的一点在于，他对社会发展客观规律的认知是欠缺的。在摩莱里那里，共产主义和原始共产主义的区别在于自觉和不自觉。他认为，原始社会是不自觉的共产主义，而经过不断演进之后的公有制社会就是共产主义。摩莱里将原始社会过于美化、理想化了。他认为原始社会是人类社会发展的黄金时代，但原始社会的社会形态和制度设计显然不能够满足时代的发展和社会的需要。如何实现理想国家？摩莱里并没有看到千百万群众的力量，他寄希望于靠少数天才人物说服和教育的方法，使人们接受理性的指导，从私有制观念的迷雾中清醒。通过说服和教育使大众认识到私有

制的害处和公有制的好处，届时，理想国家就会实现。摩莱里还寄希望于英明的立法者身上，他希望他们能够提供完善的法律。假使一个英明的立法者依照"自然权利"和"理性"原则，制定出一种以公有制为基础的完善的法律，人们愿意服从这个完善的法律，并且认识到自己的过错，那么私有制就可以消除，美好、幸福的社会就会到来。摩莱里没有认识到社会形态变革的最根本动力，没有找到社会形态演变的根源所在。摩莱里这种想法未免过于简单，近似于一种幻想。

摩莱里论述了公有制的合理性和合规律性。在社会整体运行中，为了满足人们的需要，共同占有、共同劳动、共同享受是必须的。摩莱里认为原始社会能够满足人的一切需要，这是一种空想，他用符合自然状态的理性来说明公有制的合理性却是一种进步。他没有看到共产主义社会到来的必然条件是生产力的高度发展。人类社会简单地回归到原始社会这个最初的起点，从生产力上来说是一种倒退。他关于这一点的论述陷入了社会发展的机械论和循环论的怪圈。就像列宁所说的："说原始人获得的必需品是自然界无偿的赐物，这是笨拙的童话……这种黄金时代在过去从来没有过，生存的困难，同自然斗争的困难使原始人受到十分沉重的压抑。"[1]摩莱里提出人类社会是一个运动发展的过程，而不是一成不变的。人类社会的终点并不是私有制，是从原始社会的公有制到私有制再到公有制的演进过程，这一点来说是进步的。受限于当时的法国小生产方式占主要地位的历史条件，他的国家治理思想具有平均主义和禁欲主义的色彩。摩莱里的国家治理思想建立在形而上学和唯心史观的基础之上。他希望通过永恒的理性和法的力量来实现理想国家。他的思想确实启发了人们，但是用于解决实际社会问题却显得苍白无力。

---

① 《列宁全集》第5卷，人民出版社1959年版，第89页。

第四节　巴贝夫的国家治理思想

巴贝夫是杰出的空想共产主义者，他的国家治理思想深受卢梭和摩莱里的影响。巴贝夫透过现象看到了资产阶级国家和法律的阶级本质，直指国家为资产阶级利益服务，而法律的作用就是将掠夺者对广大劳动人民的掠夺合法化。教育、道德、宗教都是为维护资产阶级利益服务的。为了大多数人的幸福，必须通过革命推翻这一系列不合理的制度。但是，巴贝夫没有从根本上否认资产阶级国家和法律在巩固和促进资本主义生产关系中所起的作用。巴贝夫提出了广泛的共产主义纲领，论述了消灭私有制、建立公有制的必要性，认为未来社会应该是平等的，不应该再有剥削者和被剥削者、暴君和妄自尊大的人。巴贝夫阐述了其建立普遍劳动制度的思想，规定每个人必须参与劳动。未来理想国家实行国民公社制度，公社的公职人员经由选举产生，社员之间除了年龄和性别之外不应该有任何差别。巴贝夫提出通过革命手段实现理想社会。法国资产阶级革命并不意味着革命的结束，只是换了一个剥削机关，因此必须建立革命的政权保卫革命的果实。巴贝夫通过《关于起义的法令》，对革命胜利后所实行的具体措施和革命政府的政治、经济政策作了详细的规定。总之，巴贝夫的国家治理思想相比法国大革命前的空想社会主义者的思想有了很大的进步。

一、巴贝夫的生平及著作

弗朗斯瓦·诺埃尔·巴贝夫（1760—1797），1760 年 9 月 23 日生于法国毕卡迪省圣康坦城一个劳动人民的家庭。巴贝夫是 18 世纪法国坚定不移的革命家、平等派运动的领袖、著名的空想共产主义者。幼年时期，由于家境贫困，巴贝夫并没有受过多少教育，就被迫谋生。他自幼酷爱读书，有强烈的求知欲。古希腊著名哲学家柏拉图、亚里士多德的著作，近代思想家洛克、孟德斯鸠、伏尔泰、卢梭、摩莱里和马布利等人的著作都是他的精神食粮，其知识之渊博令人惊叹。他对以往的各种学说都有深刻的研究和理解。他的国家治理思想深受摩莱里《自然法典》的影响，他自己也说《自然法典》的作者是他的导师。

巴贝夫与摩莱里、马布利的一个重要的区别在于，他不仅仅停留在理论上面，对于解决问题采取现实的实践态度。巴贝夫的革命历程大体可分为两个阶段：1789年法国大革命以前是他的共产主义早期阶段，1789年以后是他的共产主义后期阶段。当1789年法国大革命爆发之时，巴贝夫就积极投入了革命斗争，得知巴士底狱被人民群众攻陷后，他就立刻奔赴巴黎。在巴黎期间他亲眼看到了革命群众的英勇斗争精神，见证了反封建的《人权宣言》的通过。巴贝夫参加法国大革命之后，不久就回到家乡创办了《毕卡迪通讯》，从事革命宣传。他组织领导了反对酒类和食盐消费税的运动。1790年5月，巴贝夫因为从事革命活动而入狱，出狱之后他继续从事革命斗争。1792年，巴贝夫被推选为索姆州行政长官，而后任职不到五个月因敌人的迫害被撤职，避难巴黎。彼时的巴黎，斗争更加尖锐和复杂。1794年热月大资产阶级发动了反革命政变，推翻了罗伯斯庇尔的限价法，建立"经济自由制度"。热月党人借此大发横财，带来了一系列的混乱，造成货币贬值，物价飞涨，人民的生活更加艰难，资产阶级和劳动人民之间的矛盾异常尖锐。起初，巴贝夫对热月党人的反革命本质认识不明。后来，巴贝夫目睹热月党人上台后实行的一系列反人民的政策，彻底认清了热月党人政变的实质，更加了解了人民群众的疾苦。巴贝夫勇敢地做了自我批评，对热月党政变进行了抨击，认为这是一场"富人反对穷人的内战"。他强烈地谴责了热月党人，站在了人民群众的一边并且为罗伯斯庇尔辩护。1795年2月，巴贝夫被热月党反动派以"煽动叛乱、谋杀和瓦解国民会议"的罪名逮捕。狱中，巴贝夫结识了诸多志同道合的革命战友，其中就有邦纳罗蒂和歇尔曼。邦纳罗蒂和歇尔曼对空想共产主义思想体系的最终形成起到重要作用。巴贝夫同他的革命战友采用秘密通信的方式在监狱内外传播革命的思想。

经历过两次铁窗生涯，巴贝夫的革命意志更加坚定。出狱之后，巴贝夫立刻投入革命斗争的洪流之中，他采用报纸、传单、墙报、俱乐部等宣传方式，广泛宣传人民革命的主张。此时，恰逢督政府开始统治时期，但是督政府和热月党人的统治相比并没有什么实质性的变化，这个政权本质上依然不是人民的政权。督政府并不能够代表人民的利益，反而站在人民群众的对立面，使人民的苦难日益加深。他否定了那些寄希望于资产阶级自己放弃政权和平过渡到新社会的思想。巴贝夫认为必须揭露反动政府的实质，积极地开展阶级斗争，号召人民团结起来拿起武器建立新的公正的共产主义制度。巴贝夫广泛地宣传革命思想，很快地引起了督政府的注意，于是他的活动被迫转向了地下。

为做好起义准备，巴贝夫于1796年3月成立了平等派密谋委员会，通过这个委员会将革命志士组织动员起来。委员会下设联络员和军事代表，这个组织有着严密的组织纪律。马克思将它和英国的掘地派并称为最早出现的"真正能动的共产主义政党"[1]，称巴贝夫为真正能动的共产主义政党的奠基人。平等派决定起义，并发布了《起义法令》。平等派的活动一直受到督政府的监督。督政府宣布1796年4月为"非常时期"，对于平等派的活动进行镇压，颁布镇压革命的法令，对平等派成员进行大肆逮捕，使得各密谋小组受到重创。由于叛徒告密，革命委员会的领导人巴贝夫、达尔蒂、邦纳罗蒂、歇尔曼等人被捕，气氛一度非常恐怖。

巴贝夫在法庭上对政府进行控诉，指责其歪曲事实、捏造证件、雇佣伪证人进行诬陷的卑鄙伎俩，将法庭变为了宣传其理想的讲坛。当1797年5月27日法院宣判他和达尔蒂死刑时，他即刻拔刀自杀。身受重伤的巴贝夫在临行之前写下给妻儿的遗书。他向全世界宣称："我的行为洁白无瑕，没有任何可以指责的地方。我是为了最伟大、最崇高的事业而牺牲自己的。为了要

---

[1]《马克思恩格斯选集》第1卷，人民出版社1972年版，第173页。

使你们幸福，我觉得除了使所有的人幸福以外，没有别的道路可走。我没有成功，我牺牲自己。这样的死是光荣的。我会像一个正直的人那样酣眠！"①巴贝夫始终坚信事业必定会胜利，曙光必定会到来。他说："我确信后世的公论一定会宣布我们无罪并为我们加上花冠。"②巴贝夫及其战友从容就义。

二、巴贝夫的国家治理思想的渊源

巴贝夫是一位革命实践家，他的国家治理思想从革命活动中产生。巴贝夫发展了摩莱里和马布利的国家治理理论，将其国家治理思想同革命实践相结合。也正因此，巴贝夫的国家治理思想远远超过他的前辈们。巴贝夫同样批判私有制，批判资产阶级的自由平等不过是空话、是花言巧语的装饰，指出资本主义制度是一种新的奴隶制度、无耻的制度和饥饿的制度，揭露了资本主义的剥削本性，提出了消灭资本主义私有制的必要性。真正的自由和平等只有在消灭私有制的平等共和国中才能够实现。他的国家治理思想来源于实践，他将自己的理想诉诸群众性的革命斗争，并为了伟大而崇高的事业牺牲了自己，表现出一个无产阶级革命先驱的高贵品质。

（一）生活经历及工作经历的影响

巴贝夫的家乡是一个农业省，但资本主义生产方式在农业和工业中都得到了发展。巴贝夫观察当时的社会有大量的无产者，他们的生活极度困苦，遭受着剥削和压迫，处境非常危险。在长期的生活中，巴贝夫逐渐发现资本主义发展给广大无产者和劳动群众带来了无尽的灾难，对贫苦人民表示深切的同情。巴贝夫从事过很多的工作，1776年之后，他在鲁畦县地政机关档案室工作。在工作过程中，他发现贵族阶级霸占产业的秘密，认识到贵族阶级

---

① 陶大镛编著：《社会主义思想史略》，中国青年出版社1956年版，第27页。

② 辛向阳、王鸿春主编：《文明的祈盼——影响人类的十大文明理论》，江西人民出版社1998年版，第82页。

的丑恶性。巴贝夫开始对这个社会有进一步了解是从1785年在毕卡迪省担任封建土地法顾问开始的。在工作过程中，他逐渐对封建关系有了深刻的认识。他认识到封建关系的实质是地主对农民的剥削。巴贝夫深切地认识到"贵族地主老爷是用极端卑鄙龌龊的伎俩取得各种特权的"①。由于资本主义的发展，农村半无产阶级化的农民和地主之间的矛盾，各地家庭手工业工人、城市手工业者和企业主、资本家之间的矛盾日益凸显。巴贝夫在1787年给福赛的信中首次提出了建立一个土地和产品公有、实行均等分配的新社会。他主张人生来绝对平等，每个人不应该独自占有任何东西，而应该能够共同支配一切。巴贝夫逐渐认识到私有制是不公正的。他建议颁布土地法，以平均地权的方法来消除社会的不平等。巴贝夫这一思想的形成对他后来整个活动具有决定意义。

（二）激进的启蒙思想和空想共产主义思想的巨大影响

共产主义学说和任何新的学说一样，它必须首先从已有的思想材料出发，虽然它的根源深藏在物质基础中。巴贝夫的国家治理思想主要在总结法国大革命的经验中形成，明显带有时代的烙印。不可否认的是，此前的一些思想家对巴贝夫的思想有着重要的影响。巴贝夫虽然没有机会接受多少正规教育，但他酷爱读书，阅读了大量思想家的著作。他疯狂地获取知识，广泛地吸收其他思想家的成果。18世纪法国启蒙思想家关于自由、平等的思想深深地影响了巴贝夫。巴贝夫对伏尔泰、柏拉图、亚里士多德、卢梭、马布利、摩莱里、狄德罗、孟德斯鸠以及百科全书派和一些英国学者的著作进行了深入研究。他从这些思想家身上汲取了不少养料，形成了自己的国家治理思想。卢梭的思想为他理解财产在构成社会不平等的作用问题上提供了深刻的启迪。他还吸收了卢梭关于暴力革命、人民主权、直接民主制度等思想。

---

① ［法］G.巴贝夫著，［法］G.韦耶德、C.韦耶德合编，梅溪译：《巴贝夫文选》，商务印书馆1962年版，第5页。

摩莱里的国家治理思想也对巴贝夫的思想产生了直接而深刻的影响。比较巴贝夫和摩莱里《自然法典》中的思想，不难发现它们之间有很多相近之处。卢梭和摩莱里是对巴贝夫影响最深的思想家。

（三）多年的革命斗争使其形成了自己的国家治理思想

在近三年的时间里，巴贝夫在给前国王侍从、阿腊斯科学院常任秘书杜布瓦·德·福赛共写过28封信。在这28封信中，除了对科学院会议报告和科学论文发表意见的一般信件外，其余的都是在阐述他的国家治理思想和关于解决现实社会中问题的重要信件。马克思、恩格斯指出，巴贝夫是作为争取平等的战士出现的。列宁也说过，法国大革命产生了共产主义的观念。[1]法国大革命之前，巴贝夫是平均主义者。法国大革命之后，巴贝夫目睹了封建制度的崩溃，这对于他国家治理思想的形成起到了促进作用。雅各宾革命专政的建立，对巴贝夫的国家治理思想产生了直接的影响。正是在雅各宾专政时期，巴贝夫的思想向共产主义立场转变。在雅各宾专政时期，巴贝夫先后在巴黎市物资局和全国物资局工作。在工作期间，巴贝夫有机会了解诸多经济问题。也正是在这段时期，他对于城市资产阶级和无产阶级以及其他劳动群众之间的阶级关系有了进一步了解，并且为他日后对大商人和投机者进行批判做好了准备。巴贝夫后期关于产品分配的思想也与这段时间的经历不无关联。在此期间，受到民主自由思想的影响，巴贝夫对罗伯斯庇尔暂缓实施宪法规定的各项民主自由和基本权利，对反革命和大资产阶级的利己主义者实行恐怖统治持反对的态度。这时的巴贝夫坚信，废除土地私有制、建立以财产公有制为基础的新制度是可能的。后来，巴贝夫认识到并且深信对于社会问题不可能采取折中的解决办法，必须建立一个公有制度。1795年，巴贝夫入狱。在狱中，他和一些志同道合的民主人士一道组成了平等派。出狱之后，平等派密谋组织策划，试图用暴力推翻督政府，建立完全平等的社

---

[1]《列宁全集》第55卷，人民出版社1990年版，第23页。

会。至此，巴贝夫的平等思想得到进一步的完善和发展。

三、巴贝夫的国家治理思想的主要内容

巴贝夫系统地对资本主义制度进行了批判，他揭露了资本主义制度的本质，剖析了资产阶级为维护这种制度而使用的各种政治伎俩。巴贝夫揭露了法律、财政政策以及舆论等都是为统治者巩固自己的统治服务的。当法律、经济、舆论的手段不足以维持剥削阶级的暴虐统治时，政府就会采用暴力手段、利用军队来维护统治。巴贝夫看到了国家的阶级性质，认识到国家是一个阶级统治另一个阶级的工具。巴贝夫参与了法国大革命的全部发展阶段，亲身感受到法国大革命中错综复杂的阶级斗争、贫富差距的事实。基于对阶级关系的深刻认识，巴贝夫明确提出阶级斗争是推动革命向前发展的动力。他认为，人民革命不可避免，穷人反抗富人具有历史必然性。人民革命不是政府的更迭，也不是政府官员的变换，而是社会经济、政治制度的根本变革。

巴贝夫认为，必须通过暴力革命才能实现从经济制度到政治制度的彻底变革，这是唯一出路。要取得人民革命的彻底胜利只能依靠人民。为了保证人民革命的胜利必须建立秘密的政党。根据巴贝夫的建议，1796年3月平等派密谋组织成立，虽然不久就被督政府彻底破坏了，但它是现代无产者的先驱建立本阶级革命组织的一次尝试，马克思称之为真正能动的共产主义政党。[①]过渡时期思想和人民专政思想是巴贝夫及其战友国家治理思想中的核心内容。达到未来理想社会的蓝图更重要的是要找到通往那个社会的途径、方法和步骤。在实现理想社会的过程中必须经过一个革命转变时期以便创造条件向未来理想社会过渡。巴贝夫的过渡时期思想在空想社会主义国家治理思想史上是一个重要的突破。巴贝夫认为，过渡时期首要的任务是建立和巩固革命政权，而革命专政的一切权力属于人民。当然，他们所说的人民革命

---

① 《马克思恩格斯选集》第1卷，人民出版社1972年版，第173页。

专政并不是无产阶级专政，而是劳动者的联合革命专政。建立革命专政并不是革命的目的，而是革命的开始。其任务是巩固革命专政，彻底肃清反革命的人员，为实现理想社会创造条件。为此，需要从政治、经济等各方面采取一定的措施。在政治上对敌人进行镇压，还要剥夺他们的财产，其目的是改善贫困群众的生活，剥夺敌人进行反革命活动的经济实力，从而彻底肃清反革命势力。在经济上，革命后建立的新政权高度重视人民群众的实际利益，革命胜利后应公开宣布私有财产违反自然法，必须废除私有制。但在实际行动中，他们并不主张立即全面剥夺所有的私有财产，而只能由革命政权建立国民公社进行改造。随着公社制度的推广和发展，过渡到理想社会的条件逐渐成熟。过渡时期和人民专政的思想，在空想社会主义国家治理思想史上是一种独创，这一思想的提出启发了早期无产阶级的政治觉悟，为科学的无产阶级专政理论形成提供了思想基础。

（一）理想国家的制度基础：公有制

和其他空想社会主义者一样，巴贝夫同样反对私有制，主张建立以公有制为基础的完美共和国。巴贝夫透过资本主义制度下人民的生存境遇，对资本主义制度以及资本主义制度下的一系列统治工具进行了揭露和批判。他看透了资本主义制度背后所蕴含的问题，看到了资本主义制度下军队、法律、教育等的实质。他认为，资本主义制度是产生严重的贫富差距的制度。他写道，无产者群众在冷酷无情的资本家的鞭子下当囚徒，为了一点半饥不饱的工资从清早工作到半夜……而那些可以这样靠做苦工来苟延残喘的人，还算是交了好运；其他的人都要讨饭。①越是劳动的人越是一无所获，"他们拄着拐杖，满脸伤痕，两臂残缺，在大街小巷到处为家……"②，"遍身罗绮者，

---

① 山东大学等《空想社会主义学说史》编写组：《空想社会主义学说史》，浙江人民出版社1981年版，第68页。

② ［法］G.巴贝夫著，［法］G.韦耶德、C.韦耶德合编，梅溪译：《巴贝夫文选》，商务印书馆1962年版，第68页。

不是养蚕人"的悲剧在资本主义社会不断上演。那些织布的人没有衣服穿，制鞋的人没有鞋子穿，制造家具的人甚至连生活必需品都没有。那些依靠剥削的人却过着奢侈逸乐的生活。那么这个制度是有问题的，资本主义制度本身就是导致贫富严重对立的制度。

巴贝夫深刻揭示了剥削者和被剥削者的对立。他有力地鞭挞了那些所谓"上流社会"的人士。巴贝夫显然已经认识到了资本主义社会剥削制度的源头在哪里。那些上流社会的人，自己不劳动，只靠别人的血汗和劳动来生活，他们蔑视和奴役唯一能够对社会作出贡献的人民群众，他们永远要购买群众的体力、智力和他们的劳动，同时又要让他们饿死。"购买劳动"这一说法，透露出巴贝夫对资本主义制度的深刻认识。在看清了资本主义社会的真相之后，巴贝夫认为资本主义制度与奴隶制度并无区别。资本主义制度不过是奴隶制度的变种，甚至要更恶劣。巴贝夫深刻揭露了资本主义制度下无序竞争所造成的严重恶果，这种不良竞争将导致不择手段、漫无目的和无计划地制造商品，带来大量原料的浪费，使得大量占有资本的人愈加富裕，贫困的人愈加贫困。巴贝夫预见性地看到了，这种竞争会带来无政府状态以及生产过剩的危机。随之而来的资本集中，带来垄断和商品价格不断上涨。巴贝夫看到了竞争和无政府状态以及生产过剩的经济危机这三者之间的内在关系。可以说，这种思想是非常具有先见性的。

透过贫富的对立，巴贝夫看到了资产阶级和无产阶级这两大直接对立的阶级。在资产阶级革命之前，法国存在三大等级：僧侣、贵族和第三等级。在资产阶级革命之后，法国社会出现了两个集团，这两个集团一个是由资产阶级和贵族等"上层一百万人"组成，另一个是由无产者和劳动人民等"下层两千四百万人"组成。巴贝夫将前一个集团称为富人、剥削者、压迫者、掠夺者。第一个集团人数较少，但是占有绝大多数的社会财富，他们掌握着国家的政权。第一个集团压迫和剥削第二个集团，但他们赖以生存的东西都是第二个集团的辛勤劳作创造的。由于所在立场不同，这两个集团的政治要求和理想也截然不同。第一个集团希望国家属于资产阶级和贵族，另一个集团则希望建立人民共和国。当时的法国，资本主义发展并不彻底，资本主义生产关系和阶级关系并不成熟。无产阶级并没有作为一个独立的阶级登上历史舞台，没有从一般劳动群众中完全分化出来。就这一点来说，巴贝夫区分两个阶级的方式主要是从占有财富的角度，这种阶级区分的依据并不完整。

热月党政变之后，人民生活愈加困苦。巴贝夫深切感受到了大资产阶级的反动统治和劳动人民的穷苦生活。他看透了资产阶级的罪恶和血腥。资产阶级政府无疑是反动的政府，他们对革命群众无情屠杀，对人民肆意搜刮，人民生活在一片黑暗之中，无数的民众死于饥饿和寒冷。巴贝夫指出，此时的国家实质上已经是资产阶级统治普通劳苦大众的工具和手段。资产阶级政府统治下，人民生活困顿，国家陷入一片狼藉。资产阶级政府对富人充满着善意，对于第二集团则是怒目相对。共和国本着第一集团利益至上的原则，不惜榨干第二集团的鲜血。那些高高在上的官吏根本不考虑人民的利益，他们是野蛮的高利贷者和投机商的帮凶。他们扮演着吸血鬼的角色，通过各种各样的方式堵住悠悠众口，不断地将人民推向痛苦的深渊，他们比封建官吏更加不讲道义。资产阶级统治的政府之下，军队是剥削阶级进行暴虐统治的工具。他们也知晓，单靠法律和宣传的作用来维护资产阶级的统治明显力不从心，他们必须假借军队这种暴力机关来进行秩序的维护，迫使人民服从统治。法律本身也是一种工具，充满了虚伪性。法律条文是设置来掩盖少数掠夺者的罪行的。立法的目的是为了资产阶级的利益，绝非为了教人向善和守规矩。巴贝夫认为，即便是《人权宣言》，所代表的也只是资产阶级的利益，而广大劳动人民的基本权利却被无情忽视。针对当时反映资产阶级人权观的《人权宣言》，巴贝夫一针见血地指出："这个宣言的内容极不完备，太不具体，而且不明确的词句太多……在这个宣言里，鱼饵和圈套紧挨着放在一起，我们仔细地看一看这个'宣言'，就立刻可以看出，它是危险的、只有那些想哄人民睡觉的人才会创造出的幻影……它承认自由平等的一些大原则，那固然是不错的，但却附有各种各样的保留，使得人们在实际应用中可以曲解这些概念，或者把这些概念弄得如此温和，或者把锋芒磨灭，使之不能发生任何实际效果。"①《人权宣言》中所承认的自由平等也只是空虚的幻影。巴贝夫将其称为"儿童玩具"，并没有什么别的实际效果。

关于教育，巴贝夫也阐明了自己的观点。教育本身也是统治阶级进行阶级统治的工具。它的作用在于向人民灌输愚昧的思想，成为统治阶级颠倒黑白、压制真理的工具。财富的占有者想要通过教育让人民满意现状，将当前他们所经历的极端贫困的现象当作是理所当然的惯常，这样一来他们就不会反抗，就会永远生活在有产者的统治之下。那些有关道德的条条框框也是统治阶级套在人民头上的枷锁，包括宗教也是。他们的作用就是教导人民要听话，要安心地处在贫穷和受压迫的地位。

巴贝夫眼中的共和国和奴隶制度无异，只不过是换了一个名称而已。法兰西共和国根本不是什么永恒正义的理想王国。资产阶级认为，革命的终点和胜利就是资产阶级国家的建立。对于无产者来说，革命必须继续延续下去，直至出现一种将现有的剥削制度彻底摧毁的新制度才行。这个新制度不再只是代表少数人的利益，不再只是能够让少数人吃饱穿暖。当资产阶级统治下人民无法忍受的时候，被压迫者定会奋起反抗，这是一种不可避免的趋势。追根溯源，这种经济和政治上的不平等的根源在于私有制，私有制才是应该消除的对象。

（二）理想国家的制度形式：平等共和国

巴贝夫国家治理思想的核心是平等。他指出，人人都有天赋的平等权利，享受大自然所提供的一切财富。社会的最大目的，在于谋求全体人民的福利，这福利必须包含着平等。他认为，罪孽、压迫和战争就是因为人类违背了自然规律。他心中的平等是绝对的。他说过，我们所要求的，或是真正的平等，或是死亡。巴贝夫领导革命的终极目的也是实现平等。在巴贝夫看

---

① ［法］G.巴贝夫著，［法］G.韦耶德、C.韦耶德合编，梅溪译：《巴贝夫文选》，商务印书馆1962年版，第54—55页。

来，法国大革命带来的平等并不是真正意义上的平等，那种所谓的平等仅仅是一种形式上的平等。在巴贝夫设想的平等共和国里，没有富人和穷人的区别，没有大人物和小人物的区别，也没有统治者和被统治者的区别，没有地位的高低，也没有所谓的低人一等和高人一等，没有第一和最后之说。人剥削人的制度将彻底消灭殆尽。每个成员除了年龄和性别差别以外，在经济和政治上都是绝对平等的。"不应该独自占有东西，而应该能够共同支配一切。"①这样一来就没有剥削和被剥削、压迫和被压迫，每一个人都是生产者和消费者。每一个人努力奋斗并不是为了争先后，而是为了实现友爱、团结、公正、自由和平等的伟大目标。就这一点来说，巴贝夫的思想具有很大的进步意义。

巴贝夫同样反对私有制，在他所设想的平等共和国中是实行公有制的。在平等共和国中，财产和土地是公有的，甚至各式各样的手工艺品都是公有的，一切都是公有的。不管是土地还是工厂所获得的收益，都将汇聚到整个共和国的财富库里面来。社会发展只有一个目标，那就是以劳动换取公众福利。巴贝夫认为，私有制是不平等的根源，私有制本身就是社会最大的灾难。理想的平等共和国必须是以公有制为基础的。只有共产主义制度才是公平的，才是正常的。在巴贝夫所设想的平等共和国中，在分配制度上不是按劳分配也不是按需分配，而是采用绝对平均的分配制度，他将这种绝对的平均主义看作是真正的平等。他认为，福利是属于大家的，每一个人必须能够普遍地享受到劳动的果实，必须实行均等的分配。但是，不工作的人是没有这个权利的。将来没有一个故意偷懒的人能够在社会上生存。在共和国中，每一个人将受到公正的对待，并且每一个人应当给予儿童、老人、病人们同样的关怀。在分配的时候，每个人平等地得到一些生活的必需品，想要获得更多的报酬在巴贝夫看来是不合理的。因为这样一来，有的人得到的多，有

---

① ［法］G.巴贝夫著，［法］G.韦耶德、C.韦耶德合编，梅溪译：《巴贝夫文选》，商务印书馆1962年版，第86页。

的人得到的少，就会使得一些人去掠夺另外一些人的物品。巴贝夫认为共产主义的建设是一个长期的过程，他主张要把大企业国有化以后再将私人财产收归国有。他主张废除遗产制度，这样的话，约过50年，一切私人财产就可以归为公有。巴贝夫对于消费品的分配论述得比较多，当然，这与巴贝夫曾经从事的工作是有关系的。巴贝夫曾经在物资局工作过，他对于社会上消费品缺乏以及投机成风的情况相对来说是比较了解的。他想要通过平均分配消费品的方式来实现人人平等。这是他的思想中有局限性的地方。

巴贝夫畅想的未来国家制度中一切生产都是按照计划进行的。通过计算，人们能够预见到这个国家需要多少物品。这样就避免了无序的竞争和生产过剩带来的浪费。一切生产活动都在计划中进行，即便是最偏远的地区也都会被安排得好好的，每一个人对产品的需要都能够得到满足。有计划的生产能够给社会带来丰厚的财富，给人民带来幸福和收益。那么，在这种平均分配的情况下究竟会不会出现懒惰现象？巴贝夫认为，劳动是每个人应尽的义务，也是这个社会运行的基本规则。劳动是人们为社会作出贡献的标准，每个有劳动能力的人都必须按照自己的能力和技能参加劳动。那些繁重和艰苦的劳动采取义务劳动的形式由全体社员轮流担任，其余的劳动由专业的劳动者来做。那些没有付出劳动的人没资格享受福利。如果有人偷懒，那么他将不具备享受分配的权利。所以说，那些懒惰的、不付出劳动的人无法在平等共和国生存。孩子们从小由共和国抚养，在接受教育的时候，学校向他们灌输平等主义的教育。在共和国中，那些老弱病残人士也应该享受最基本的保障，他们平等地得到社会同等的关怀，平等地享受一样的衣、食、住等，这样的话就能够调动每一个人的工作积极性。

在平等共和国中，科学技术和文化艺术的作用非常重要。艺术和科学将会对社会发展产生极大的推动力，服务于全社会的利益。在平等共和国中，艺术、科学和工艺工作将创造出伟大的作品和成绩，它们的地位将受到重视。

（三）国家治理的基本单位："国民公社"

巴贝夫认为"国民公社"是共和国的基层单位。他和他的战友所设想的平等共和国由许多的"国民公社"组成，"国民公社"是生产和消费的联合组织。巴贝夫设计了一套社会运行体制，在这套体制中每个人都有条不紊地开展自己的工作。共和国设立中央行政管理局，中央行政管理局负责各个公社的生产和劳动力的分配，负责调节各地区、各公社之间的产品，安排劳动力并掌管对外贸易。每个公社的公务人员要向中央行政管理局负责，服从中央行政管理局的指示并定期向其汇报工作进展情况。巴贝夫说设想的未来制度是能够保证一切都按照计划进行，这样一来每个人做的事情、生产物品的数量都是很清晰的。对一些特殊部门，需要安排多少人来承担工作、多少青年人来专门致力于某项工作，都是可以掌握和预计的。如此，像资本主义制度下出现的盲目生产、盲目扩张以及资源浪费现象就会有效避免。巴贝夫看到了资本主义中生产的竞争所带来的问题以及无政府状态的问题之所在，他的制度设计有效避开了这一点。他初步提出的社会主义计划经济的思想是空想社会主义的新内容。

在新政权下，公民参加公社本着自愿的原则。此外，新政权还号召善良的公民自愿将财产献给"国民公社"。凡是愿意按照共产主义原则共同劳动和共同享受劳动成果的人都可以参加"国民公社"。那些富有的人如果愿意放弃私有财产也可以加入公社。这样的话，公社将会拥有强大的经济力量以及政治力量，凭借着这些优势，就能够很快地排挤掉私有土地和私人企业，对于私有者形成压力，从而迫使他们带着自己的财产加入公社。一段时间之后，"国民公社"制度就能在全国范围内全面推广开来。

农业是"国民公社"的主要经济来源，其次就是各种手工业。在这个平等共和国里，所有的人民都居住在农村，没有大城市。这些劳动者因为所从事工种的不同分成不同的小组，来从事农业或者农村工厂手工业生产。因此，巴贝夫和他的战友有时候称共和国为"农业国"，将居民称作"农业人民"。巴贝夫所设想的社会主义从根本上来说还是一种农业社会主义。巴贝夫还设想了平等共和国对于机器的使用。平等共和国采用公有制，那么在公有制之下，新的机器的使用并不会产生不好的后果，反而能够起到省时省力的作用。"人类社会由于采用新机器，自然会节约出相当长的一段时间，劳苦会减少些。机器代替他们工作的那些人，将会调到别的部门工作，没有人会因此挨饿。"[1]人民因为使用了机器反而能够减轻负担。

（四）国家治理思想的原则：完全平等

完全平等是巴贝夫国家治理思想的核心。1787年3月21日，巴贝夫在给杜布瓦·德·福赛的信中就明确提出了全人类平等的问题。他在信中说，一个民族建立的社会制度，应该要使这个民族的人与人之间是没有任何差别的绝对的平等。[2]追本溯源，巴贝夫的这种思想受到摩莱里、马布利和卢梭的影响，特别是吸收了马布利和卢梭的观点。巴贝夫认为任何一个人都不应该独自占有任何东西，而应该能够共同支配一切。每个人生下来的时候都是平等的，没有一个人比他周围的任何一个人富些或者穷些、贵些或者贱些。巴贝夫的思想中有摩莱里的影子，而巴贝夫本人也在法庭上公开承认了《自然法典》的作者就是他的导师。巴贝夫的基本观点也是从自然权利、人的本性出发的。从这一点上来说，巴贝夫和摩莱里的思想是一致的。巴贝夫同摩莱里的思想也有不同的地方，摩莱里的思想中存在着理想性的成分，相比较而言，巴贝夫的思想更加偏于实践性，他突出了绝对平等的观点和共产主义学说的现实性。

在巴贝夫看来，完全平等的共产主义制度是法国人民要达到的最终目标。革命的理想状态就是要"达到完全平等的制度"。巴贝夫思想中，平等

---

① ［法］G.巴贝夫著，［法］G.韦耶德、C.韦耶德合编，梅溪译：《巴贝夫文选》，商务印书馆1962年版，第92页。

② ［法］G.巴贝夫著，［法］G.韦耶德、C.韦耶德合编，梅溪译：《巴贝夫文选》，商务印书馆1962年版，第86页。

占据重要的位置，他曾经规定所有法律中的第一个法律就是伟大的平等法，因为平等是产生真正文明的基础和前提。在巴贝夫的学说中，他过分强调了完全平等。因此，从某种意义上来说，他口中的平等和马布利一样带有绝对平均主义的性质。巴贝夫认为任何形式的不平等都应当被消灭，人与人之间达到没有任何差别的绝对的平等是理想的状态。社会不断进步的意义和标志就是将一切慢慢拉平。巴贝夫自由平等的思想与资产阶级启蒙思想家所说的自由、平等的内容和意义又有不同之处。他在临刑前的辩护词中说，像"自由""平等"等词，在资产阶级的宣传中已经变成了哄人的装饰。要实现真正的自由和平等需要建立共产主义制度。

巴贝夫主张平等分配。但是，他主张的平等分配其实是一种平均主义。他指的既不是按劳分配也不是按需分配。当然了，巴贝夫所提倡的这种分配方式不能够称为先进的也不能够算作是合理的。这种平均分配的思想在古希腊就有了，是手工业和小农经济的产物。这种分配方式会使人变得消极，会对社会发展起到阻碍的作用。由于巴贝夫本人工作的经历，他对于社会上消费品的缺乏和投机成风的情况了解得比较透彻。巴贝夫既讲到消费也讲到生产，他是非常重视生产的。巴贝夫讲的共产主义以生产为前提，如果没有生产也就根本谈不上分配，那些不参与社会生产的人也不能够参与社会分配。

（五）理想国家实现的途径：人民武装革命

巴贝夫认为，理想国家的实现途径是人民武装革命。巴贝夫在与人民群众的广泛接触和参加革命斗争实践的过程中，看到了人民群众的巨大力量。他主张通过人民武装起义的方式推翻资产阶级政权，并且他对于革命胜利之后的国家政权问题进行了思考。巴贝夫的这一思想是其国家治理思想中最有价值的一点。我们所说的革命绝对不是仅仅换一批人而已，而必须要通过武装革命彻底消灭这个人吃人的暴虐制度。革命不仅仅只是触碰一下现存的制度，而是要将这个旧制度一网打尽，彻底消灭。巴贝夫等人在他们草拟的《起义法令》中，向人民发出革命的战斗号召："前进吧，我的朋友们，推翻和打倒这个社会，它不顾我们死活。占领你需要的任何地方，一无所有的人有权享有多余的财富！"①他们号召人民"无情地铲除暴君、贵族、百万富翁和一切荒淫无耻的人"。改良主义的方案不能够解决根本问题，所起到的作用不过是减轻一点点人民的负担。改良主义是缺乏内在坚实基础的。不光要革命，还要不断地闹革命。巴贝夫口中的人民指的是一般的穷人和平民，并不是指独立的无产阶级。因此，他所指的"人民革命"和人民的武装起义与后来马克思主义的无产阶级革命和暴力革命并不相同，两者不能相提并论。

邦纳罗蒂在《为平等而密谋》中，曾明确指出，"在贵族政权垮台和人民政权最终建立之间"②必须有一个过渡阶段，以便改造旧社会，建立新制度。理想的平等共和国不可能自动出现，也不能够指望在革命胜利的第二天，通过简单的行政命令就一下子摆脱私有制、实现公有制。这是不可能的。从武装起义取得胜利直至真正的平等共和国的建立，中间需要经历一个过渡的阶段。在这个阶段，需要通过一系列的举措才能够逐渐过渡到公有制制度的实现。在这个过渡阶段，需要建立革命的专政组织，需要将群众联合起来以镇压敌人的反抗，要让人民群众转变思维，积极拥护，需要采取一系列有利于穷人的改革措施，满足广大劳动人民尤其是穷人的诉求，获得人民的支持使得政权逐渐稳固下来，为在全国推广和普及国民公社制度做准备。

法国资产阶级革命之前，就已经有了阶级和阶级斗争的观念，社会上也有了贵族、商人、手工业者、农民等概念，但那时人们并没有真正地将阶级斗争当作是历史发展的动力，也并没有将无产者劳动群众和资产阶级完全划分开来。巴贝夫指出，法国资产阶级革命前，法国存在着三个公认的等级：贵族、僧侣、第三等级。法国资产阶级革命之后，在旧有的等级之上又增加了几个等级：一生丁占有者等级、十生丁占有者等级、五十生丁占有者等

---

① 中国法国史研究会编：《法国史论文集》，生活·读书·新知三联书店1984年版，第209页。

② 中国法国史研究会编：《法国史论文集》，生活·读书·新知三联书店1984年版，第209页。

级、一法郎占有者等级。这里是按照纳税的等级进行划分的。巴贝夫明确指出，一生丁等级也就是广大劳动群众，他们受到轻视和侮辱，被剥夺了选举自己领导人和参加审议国家事务的权利。无产阶级同资产阶级对于革命的态度不同。无产者认为革命尚未结束，他们认为真正的革命还在前面，因为人民并没有真正彻底地摆脱苦难。而资产阶级认为革命已经完成了，他们开始加强对广大无产者的迫害，人民陷入水深火热之中。巴贝夫认为，革命的真正目的和最终目的是使人民获得利益，革命并没有终止，革命必须重新进行，并且要不断进行。巴贝夫提出了阶级和阶级斗争是革命动力的观点。他认为的政治革命是贵族和平民之间、富人和穷人之间的斗争。关于法国革命实质上是富人即资产阶级的革命，关于人民必须重新革命、不断革命并将革命进行到底的思想是首次提出来的。

巴贝夫所提到的阶级斗争、人民革命和人民专政的思想值得深入研究。巴贝夫在投身革命实践的过程中，通过对法国资产阶级革命整个过程的观察，对于阶级斗争有了深刻的认识。巴贝夫看到了两个截然不同的集团之间不可调和的斗争。其中一个集团是由资产阶级和贵族组成，另一个集团是由劳动人民组成。前者对后者通过横征暴敛肆意地进行欺诈和压迫。前者的舒适生活是建立在后者不断辛勤劳作的基础之上的。而后者付出了大量的劳动却过着牛马不如的生活。巴贝夫认为，政治革命就是一场战争，这场战争是贵族和平民之间、富人和穷人之间公平的战争。当一个国家的存在不是给人民的生活带来愉悦而是带来了无尽的痛苦和屈辱的时候，那么被压迫者一定要起来反抗压迫者，一些人之所以占有的生活必需品少了，恰恰是因为少数人占有的东西太多了，占有者和被占有者之间的斗争不可避免。

巴贝夫主张发动人民的力量，以人民的名义去推翻业已建立的资产阶级及其统治。革命一旦能够将群众动员起来，就拥有了强大的力量。巴贝夫的这一观点已经接近马克思所讲的"理论一经掌握群众，也会变成物质力量"①。巴贝夫认为，革命并不仅仅是一种情感上对一部分人的恨，要明确斗争的目标就是面包、物质福利和自由。要取得革命的胜利，只能够依靠自己、相信自己。任何一项伟大的事都是依靠人民才能办成的。那些想要依靠别人或者求助于一些大人物的想法是错误的，人民这面旗帜就是胜利的旗帜。这一点也是巴贝夫思想进步的地方，他充分肯定了人民群众的历史地位和巨大的作用，明确指出了革命胜利的根本力量在人民。

巴贝夫认为要想胜利就必须团结起来，团结起来就是力量。巴贝夫告诫"平等派"同盟的战友们，为了把他们的祖国从危险中解放出来，必须团结起来对敌人进行打击，这样才有可能获得胜利。内部的分歧会逐渐瓦解自身的力量，巴贝夫主张"平等派"的成员们要和其他"愿意全体法国人民幸福"的人们团结起来形成统一战线。巴贝夫较早地提出了统一战线的思想。他要求"平等派"成员对形势有深刻的认识，要认清当前的现状，不要被一些外在表象和流言蜚语迷惑。要看清敌人的欺骗，团结一心，反对专制暴政，向压迫者开炮。如果革命者自身不团结的话，那么我们就会沦为反动派压迫人民的武器和帮凶，就给了敌人可乘之机，他们就可以为所欲为、为非作歹。团结的力量是巨大的，敌人自然就会被吓倒。不团结只会削弱革命的力量。我们的人民、军队和维护自由的人只要团结一致，那些贵族、保皇分子就会走向溃败，人民的正义之战就会取得最后的胜利。巴贝夫充分调动小商人、手工业者和军队士兵们的力量，积极地做好宣传工作，使他们认识到此刻自己所受的苦难是罪恶的资产阶级政府造成的。小商人、手工业者和军队的士兵们也应该为了人民而积极投入这场战争。

关于人民武装战争，巴贝夫不仅认识到广大人民群众的力量，积极宣传战争的必要性、目的和性质，鼓励人们团结一心、抵御外敌，而且对于革命成功之后国家的整体运行状况也进行了设计。巴贝夫认为，革命取得成功之后，新生的政权也许并不会马上由人民民主选举产生，最高权力应该掌握在

---

① 《马克思恩格斯选集》第1卷，人民出版社2012年版，第9页。

英明和坚定的革命者手中。巴贝夫及其战友作出决定，执行委员会，即中央政府由起义委员会在起义胜利之后担任。革命后起义的巴黎人民宣告成立国民公会作为立法机关，其代表名单由执行委员会拟定并向人民提出。革命的政权必须保证人民群众的特殊权利，必须能够完全体现出人民当家作主的意愿。这个政权必须要服从人民，对人民不能够有丝毫的抗拒。人民群众理应武装起来，用强硬的手腕来打击敌人。对那些不从事有益劳动的人，像僧侣、贵族、大投机商等，要剥夺他们的所有政治权利，因为他们对国家没有贡献。应该将这些人作为政权专政的对象，将他们处于行政机关的监督之下。

新生的革命政权推行普遍劳动制，身心健康的公民参加劳动是一种义务。如若具备劳动能力而又不参加劳动则应该被取消公民权，以"外国人"的身份被对待。在这个政权之下，教育也是平等的。每个人的利益都将得到保证，不管他占有财产的多少。将没收来的敌人的财产分配给为国者或者穷人，将反革命分子的房子没收给穷人。革命政权保障穷人的利益，将此前穷人典当的衣物无条件归还，免费向穷人提供面包，解决他们的吃饭问题。革命烈士的家属理所应当地受到爱护。新政权通过对广大人民群众的教育，消除他们此前因为不断遭受奴役而导致的愚昧无知的思想。新政权下，财产是公有的，并主张逐渐扩大公有财产，逐渐普及国民公社。新政权以废除私有制为目标，热月政变之前没有被卖掉的国家财产、村社土地和未开垦的荒地，以及被坏人侵吞的公产等统统归公社所有。新的政权之下，必须将那些剥削者彻底消灭，决不能够给他们卷土重来的机会，对待旧秩序同样如此，必须彻底消灭剥削、偏见和迷信的旧制度。

四、巴贝夫的国家治理思想的影响及评价

巴贝夫的国家治理思想在整个空想共产主义思想史上占有重要地位。从理论上讲，巴贝夫的国家治理思想建立在前期空想社会主义思想的基础之

上，提出了通过人民武装革命的方式逐步实现消灭私有制、建立公有制，进而建立一个理想国家的新思想。巴贝夫站在革命的一线领导广大劳动人民同敌人展开了殊死的搏斗。他坚定不移地从事革命工作，从1790年5月第一次被捕到就义的七年中，共计在狱中度过了两年零八个月，坐过13处监狱。他在身心遭受如此巨大摧残的境遇之下从来没有低头，这种革命精神值得尊敬。

相较于其他的空想共产主义者，巴贝夫的思想具有进步性的一点在于他主张通过暴力的方式来推翻现存的政府和社会制度。巴贝夫认为暴力是正当的手段，他认为通过革命夺取政权是必要的。巴贝夫在致约瑟夫·柏特逊的信中非常推崇罗伯斯庇尔提出的专政制度，他认为这个专政制度是极好的。巴贝夫身上所流露出来的英勇主义精神和敢于推翻一切的精神值得肯定。他呼吁人们要摆脱现有剥削制度下的法律束缚，为了人民的利益必须不断拼搏。面对人民的敌人，他态度非常坚决。他指出，凡是敌人认为是好事的对于我们来说都是坏事，凡是对于敌人来说是坏事的对于我们来说都是好事。巴贝夫关于人民革命的思想具有极大的先进性，推动着空想社会主义国家治理思想史进入一个新阶段。这一思想为后续的空想共产主义者带来了启迪，而且直接为马克思主义无产阶级革命理论提供了宝贵的思想材料。巴贝夫充分肯定了人民群众的历史地位和巨大的作用，明确指出了革命胜利的根本力量在人民。但是，巴贝夫口中的人民指的并不是成熟的无产阶级，他所讲的人民革命也不是无产阶级革命，人民专政指的也不是无产阶级专政。巴贝夫所讲的人民，指的是手工业者、平民和农民，其中大部分是小生产者。

巴贝夫在革命实践中提出了过渡时期的问题，这是他国家治理思想中进步的一方面。巴贝夫提出，通过人民武装革命夺取政权，到建立平等共和国之间实际上有一个过渡期。不要指望革命胜利之后，一切问题就随之解决了。革命的胜利并不意味着剥削者就消失了，平等共和国就建立起来了，而是依然会有部分的敌人不断地进行反动的斗争，这些人的行为会时不时地对新政权和新社会制度造成冲击和破坏。与敌人的斗争应该是一项长期的工作。此外，还要组织教育人民，在新兴的社会制度中通过一系列的改革举措，消灭私有制，将财产收归公有。这时，才能够真正地建立起平等共和国。当然，巴贝夫关于过渡时期的理论与科学社会主义的革命专政和过渡时期理论有着明显的区别。巴贝夫过渡时期思想的提出在空想社会主义者中属于首位，具有开创性，是巴贝夫国家治理思想中进步的一面。这一思想的提出在整个人类思想史上是有着重要意义的。马克思和恩格斯关于无产阶级革命和无产阶级专政的理论继承了巴贝夫关于无产阶级革命和无产阶级专政理论的合理因素。马克思和恩格斯高度称赞了巴贝夫的贡献，指出："以巴贝夫密谋的失败而暂时遭到失败的革命运动，产生了共产主义的思想。1830年革命以后，在法国，这种思想又为巴贝夫的友人邦纳罗蒂所倡导。这种思想经过彻底的研讨，就成为新世界秩序的思想。"[1]他们称巴贝夫的著作是"在现代一切大革命中表达过无产阶级要求的文献"[2]。

巴贝夫国家治理思想中先进的一点还在于，他意识到了机器的重要作用和意义。在巴贝夫生活的时期，工人运动缺乏组织性和规模性，几乎完全处于自发的状态。工人将自己的苦难归咎于机器的使用，他们将愤怒发泄到机器身上，通过捣毁机器的方式表达自己的不满。巴贝夫认识到，人民的悲惨境遇并不是机器所带来的，从根本上来说是制度的问题。私有制和生产的无政府状态才是根源。巴贝夫在社会主义思想史上首次提出了有计划组织生产的想法。巴贝夫肯定了机器的重要作用，机器存在的意义在于减轻人民的体力劳动，节省更多的时间。那些工作被机器代替的人可以去从事别的工作，这样整个社会还是在正常运转的。机器的使用并不像资本主义社会那样给人类带来无尽的痛苦和灾难。机器也不会带来失业，相反，使用机器可以使人民有时间更愉快地休息。他认为，机器的使用可以推动社会的发展，这是他思想中进步的一面。但是，从另外一个角度来说，他设想的在小生产的狭小

---

① 《马克思恩格斯全集》第2卷，人民出版社1957年版，第152页。
② 《马克思恩格斯文集》第2卷，人民出版社2009年版，第62页。

规模和旧式分工的基础上采用大机器，并不具备可操作性。

　　基于巴贝夫本人的经历，他本人对于工业生产了解得并不多。巴贝夫国家治理思想中局限的一点在于，他对于工业生产的重要意义缺乏认知。在巴贝夫眼里，大城市将逐渐消亡，社会将会变为农村。这种思想是狭隘的，是一种历史的倒退。针对这一点，有人对巴贝夫进行攻击，说他是社会倒退的助推手，指责他想要社会退回到野蛮的状态，并斥责他是野蛮人。这种言论是不对的。巴贝夫的国家治理思想充分肯定了科学和艺术的重要作用。在他所设想的平等共和国中，科学和艺术为社会进步提供强大的推动力，能够更好地为社会服务、更好地增添社会福利。那些艺术家、科学家和文艺工作者，他们的地位和作用将受到极大的肯定，并能够创造出对人类有益的伟大成就。

　　巴贝夫并没有认清共产主义社会代替资本主义社会的历史规律，没有看到社会主义革命的历史必然性。因此，巴贝夫所设想的超越资本主义发展阶段、建立人人平等的平等共和国仅仅是一种理想的状态或者说是一种主观臆想。正如恩格斯所说："像巴贝夫企图从督政府立即跳到共产主义那样，是荒谬的，甚至还更加荒谬，因为督政府毕竟还是资产阶级的和农民的政府。"①巴贝夫所设想的理想国家，从本质上来看处于农业社会主义的状态，带有浓厚的小农经济特征。他所设想的共产主义具有平均主义的色彩，是一种消费的共产主义。他的思想局限性也与当时的社会境况具有很大的关系。彼时的法国，资本主义制度刚刚建立，近代工业无产阶级尚处于成长期。巴贝夫在那个时候并没有意识到无产阶级所承担的历史使命和伟大的历史作用，也没有深刻地认识到无产阶级专政的历史必然性。由于其思想的局限性，他不可能赋予他所说的革命专政以无产阶级的性质。从巴贝夫的角度来说，他仅仅是将无产阶级专政当成是一种为了穷人解放、为穷人谋取利益的专政制度。巴贝夫认识到建立新的政权的目的在于消灭私有制，改变现有的所有制，但是他并没有认识到通过无产阶级专政大力

---

　　①《马克思恩格斯全集》第20卷，人民出版社1971年版，第677页。

发展生产力、彻底消灭阶级的问题。此后，马克思、恩格斯在批判性地继承空想社会主义学说、总结19世纪初期以后工人运动的经验的基础上，在社会主义思想史上首次明确提出无产阶级专政的科学概念，创立了无产阶级专政的理论。

有人评价说，巴贝夫思想提倡平均主义，那么就必然伴随着禁欲主义。这种说法无论在逻辑上还是在现实依据上都是站不住脚的。巴贝夫认为，国家就是为了实现公众福利，使每一个人能够更好地满足自己的生活需求。国家的目的就是为了人民的生活更加幸福，就是为了给每一个人创造持续不断的幸福源泉。在巴贝夫所设想的理想国家中，要让每一个人都能够劳动，让每一个人都能够有权利去享受美好生活的乐趣，这种权利应该平等地属于每一个人。巴贝夫并没有过多流露出禁欲主义的思想。他并不反对商业和贸易，相反，他对商业和贸易持支持态度。他攻击的对象是资本主义那种粗暴的、野蛮的、泯灭人性的商业方式。他认为，这样的行为是极其不道德、极度败坏的。由此可以看出，巴贝夫的思想并没有禁欲主义的色彩。

受到资产阶级启蒙学者的理性主义和教育万能思想的影响，巴贝夫对于教育和理性的作用估计过高。他夸大了教育的作用，认为教育是改进现存社会的可靠手段。他认为理性是社会发展的动力，他说："新升的光辉四射的理性之光，将使人重新获得人所应有的尊严；人的一切痛苦将会消失，我们正在奋起反对的那种人类可怕的灾祸所引起的各种现象也将会消失。"[1]他将教育和理性看作是社会发展的动力，设想革命胜利之后依靠教育和理性的力量来彻底地改造现存社会，这种想法显然是不现实的，陷入了主观唯心主义。

综上所述，巴贝夫的国家治理思想中既有积极的因素，又有消极的因素。总体来看，积极的方面大于消极的方面。巴贝夫提出的很多观点具有现实性和先见性，对于后世有很大的启迪。

---

① ［法］G.巴贝夫著，［法］G.韦耶德、C.韦耶德合编，梅溪译：《巴贝夫文选》，商务印书馆1962年版，第42页。

第十一章　古典经济学家的国家治理思想

17—18世纪，随着自然科学的发展，"政治算术"大行其道，形成了一批处理经济问题、追求精确之风的政治经济学派。他们反对封建专制，主张自由放任，提倡商业贸易，对资本主义经济制度作了初步分析。"政治经济学"试图用新方法、新构想以满足"对于精确数字信息的需要"。这一理论的运用奠定了劳动价值论的基础，并在不同程度上探讨了剩余价值的各种形式，如利润、利息和地租等问题，逐步形成了代表新兴资产阶级利益的经济理论体系，其中英国的威廉·配第、亚当·斯密和法国的弗朗索瓦·魁奈最为突出。

第一节　威廉·配第的经济治理密码

威廉·配第作为英国古典经济学家，首先运用数字、重量和尺度等统计方法研究经济问题，由此测量出英国、法国和荷兰三国的国情实力，客观上为经济领域引入一种新的分析视角，开拓了统计学研究新天地。威廉·配第所处的时代正值经济学向古典政治经济学转变时期，其思想中未免夹杂着很多重商主义的色彩，但是他的计量统计方法和财政经济等理论为英国取得世界霸主的地位起到了较大作用。

一、威廉·配第的生平及思想渊源

（一）威廉·配第的生平及著作

威廉·配第（1623—1687），英国经济学家，古典经济学和统计学的创始人，也是英国皇家学会的创始人之一。配第把经济学研究对象从流通领域转到生产领域，运用计量和统计方法来分析经济社会问题，并最早提出了劳动创造价值的基本命题。关于财税问题，配第提出对财政收支要进行总体分析，主张减少非生产性支出，增加生产性支出。配第的主要经济著作有：《赋税论》（1662）、《献给英明人士》（1664）、《政治算术》（1672）、《爱尔兰的政治解剖》（1672）、《货币略论》（1682）等。

配第出生在纺织作坊的家庭，天资聪明、勤奋好学，一生从事过许多职业，从商船上的服务员、水手到医生、大学教授。对德"三十年战争"使欧洲整个毛纺织业遭到严重破坏，从事纺织手工作坊的家庭也由此沦落贫困。迫于生计，他离开家庭学习炼铁、木工等手艺。1635年，他已经成为一个出色的手工匠。第二年，由于能力出色，他破例成为船只服务员，随英国商船出海，往来于英法等国之间。这使他有机会接触到操作罗盘针和阅读航海历，由此掌握了很多航海、天文、数量知识。他不幸在一次航海失事中受伤，被放在诺曼底登陆并在距卡昂不远处的宗教学校学习。由于善于接受新鲜事物，他很快学会了拉丁文、希腊文，并由此开始探索航海术、天文、数学等。1638年，他回到英格兰。1642—1651年，英国发生了在议会派与保皇派之间的第一次英国内战。在这期间，配第逃往荷兰，在荷兰莱顿大学学习解剖学；在阿姆斯特丹，他曾一度成为托马斯·霍布斯的私人秘书。此后，配第到巴黎参加穆尔塞尼学会的学术活动，并且遇见了勒内·笛卡尔、皮埃尔·伽桑狄等当时著名的哲学家、思想家。

1648年，配第再次回国，继续参加伦敦哲学会等学术活动。1649年，配第获得牛津大学医学博士学位，这为他在1651年成为牛津大学的解剖学教授奠定了知识基础。同年，配第被英国驻爱尔兰总督奥利弗·克伦威尔看中并成为其侍从医生，后来又任爱尔兰土地分配总监，由于他能力突出、勤学苦干，后成为总督的私人秘书。

1658年，克伦威尔病死，由其子理查德继位。资产阶级和新贵族为了维护自身利益，与流亡海外的查理二世勾结，使斯图亚特王朝得以复辟。配第为人圆滑、政治业务精明，投靠了复辟的王朝，并被封为令人羡慕的男爵称号，成为新贵族，受赐大量土地。经历风雨之后的配第，也见机引退，1666年，他重回爱尔兰，一方面经营自己庞大的田地产，一方面试图对爱尔兰进行现代化改革。余年岁月，他虽然失去了在牛津大学任职解剖学教授的机会，但是更多地转向了社会科学，与友人们共同探讨各种自然科学问题，促进皇家自然知识促进学会的发展，其著作风格表现出强烈的务实倾向和探索精神。此后，配第陆续创办过渔场、冶炼厂、铝矿等，还经营过木材生意，晚年时他成了拥有大片土地的大地主兼资本家。1687年，配第于伦敦病逝。

（二）威廉·配第的经济治理思想的渊源

英国与欧洲大陆一样，17世纪时正处于封建社会解体和资本主义开始兴起的阶段。在经济领域，基于农业、手工业的技术进步和商品经济的发展，工场手工业日趋兴盛，产业资本逐渐代替商业资本在社会经济中占据重要地位。在自然科学领域，伴随着哥白尼"日心说"、牛顿三定律、开普勒行星运动三大定律的发现，涌现出了一批以哥白尼、布鲁诺、开普勒、伽利略和牛顿为代表的科学家。创新的科学革命，促使知识精英用科学和理性的方法，对人文社会科学进行了一次彻底变革，由此涌现了一批像弗朗西斯·培根、托马斯·霍布斯等著名的唯物主义哲学家。

近代以来，培根是首个从实验科学走出来的，明确指出真正的哲学应该具有实践性质，应以经验材料为依据，应建立在对自然现象的观察和实验的基础上的哲学家。他认为，中世纪经院哲学和神学成为阻碍自然科学和社会进步的毒瘤，严重遏制了人们思想的启蒙。培根指出，感觉是认识的开端，是一切知识的源泉，但是可以通过科学实验来弥补感官的不足。他认为，世间最珍贵的事情在于人类心智同万物的本质的同一性这样一种结果。[1]人类能够制作最佳理想共和国，有待在实践中进行建造。霍布斯继培根之后，把英国经验主义与欧洲唯理主义哲学相结合，促成机械唯物论的哲学观。他将物质的物体看作是世界的唯一存在，一切物体都是遵守一种必然因果规律运动的，观念只是物体在人的意识中的反映。可以说，配第的方法就是培根和霍布斯唯物主义方法的具体应用和发展。

威廉·配第作为霍布斯从事研究解剖学的助理和秘书，从老师那里学习真经；他的老师霍布斯曾经以同样的身份成为培根的助理，使自己成为"把培根唯物主义系统化"的人，可谓师承同源。如此，威廉·配第才能把培根所创始的经验科学的方法应用到社会科学当中，即把算术统计、实证主义、归纳法、科学抽象等方法相结合，用计量作比较，用数字作语言，阐明社会经济发展规律，写出《政治算术》这部名著。其中，配第较早认识到归纳法是从实际事实与经验事实中总结经验活动的规律，并试图将培根的归纳逻辑学方法运用于政治经济学中，这无疑能够看出他的统计治理思想深受培根、霍布斯的影响。

还有一个非常重要的原因就是配第所处的那个时代——理性和数字彰显的时代，在英国很多领域里已经用数字来表现各种社会关系了。16—17世纪的英国正处于资本主义发展时期，早期重商主义者看中货币是财富累积的唯一形式，他们重视财富存储的重要意义，严禁货币向外流出，以贮藏更多货币为目的，主张用行政手段支配货币自身运行。英国新兴资产阶级为了取得更多的原始资本积累，"货币主义"政策大行其道。当时社会上流通的一切产品都以货币来表现，社会关系受到商品生产、流通中货币的支配。而配第

---

① ［美］列奥·施特劳斯、约瑟夫·克罗波西主编，李天然等译：《政治哲学史》上，河北人民出版社1993年版，第414页。

通过"政治算术"的方法，即用数字、重量和尺度的词汇来表达自己想说的问题，只进行能诉诸人们的感官的论证和考察在性质上有可见的根据的原因[①]。他试图以简单的统计分析为政治经济学提供"精确性"基础。

二、威廉·配第的经济治理思想的主要内容

（一）满足国家治理需求的现实背景

15世纪以前，在世界上影响最大、实力最强的中国，是世人争相模仿和学习的楷模。建构在以春秋战国时期文化理念为遵循的社会治理经验的基础上，其政治和文化体制经由古代先贤们论证演绎，在思想形态下形成了儒学居于主流思想体系地位，道学、佛教等其他学说理论为补充的治国经验，最终在中华文化圈下形成了大一统的中华民族，同时也让人们最早接受了"民贵君轻"的民本情怀、"礼以行义"的正义观、"德主刑辅"的治国理念等。中国也曾以出使西域、丝绸之路、茶马古道、七下西洋等各种路径，把中国先进文化和精湛技艺带到世界各地，也让世界人民了解中国文化的博大精深，同时也让欧洲和东南亚各地感受到帝国的富足。这种美好却与当时欧洲神性奴役的压抑以及资源的匮乏形成鲜明的对比，使得15世纪末的欧洲出现对东方心驰神往和对现实愤懑的倾向。

直到1492年意大利航海家哥伦布奉西班牙国王之命，抱持着对神秘东方的憧憬，率领船队，从西班牙港口出发，横渡大西洋，到达巴哈马群岛、古巴、海地等地，一开始他们认为到达了东方陆地印度，便称呼当地人为"印第安人"。后来又经历三次西航（1493年、1498年、1502年），抵牙买加、波多黎各诸岛及中美、南美洲大陆沿岸地带。显然，这不是欧洲人眼中的东方文明古国印度，而是等待近代工业文明开发的乐土。自此新大陆发现

[①] ［英］威廉·配第著，陈冬野译：《政治算术》，商务印书馆2014年版，第8页。

后，整个欧洲世界进入大航海时代，欧洲人口源源不断地涌向美洲，迎来了人类迁移史上的又一次高峰。由迪亚士1487年开始到1522年麦哲伦的环球航行结束，经迪亚士、德莱昂、哥伦布、麦哲伦、达伽马等人航行，最终找到了通往中国和印度的探索之旅。

16世纪的欧洲，封建主义瓦解与资本主义发展冲突不断，加上持续多年的"黑死病"鼠疫威胁人们生命，整个欧洲社会上空乌云密布。为改变社会经济、文化以及政治发展弱势，基督教新教改革冲破了天主教会的垄断地位，成为早期资产阶级革命的一面旗帜。文艺复兴打破中世纪神学禁锢的思想枷锁，人文主义兴盛达到极点。新兴资本的商业发展，促进启蒙运动"百家争鸣，百花齐放"，预示着新的生产方式已经开始孕育，新的产业革命必将产生，亟须思想家和时代发展竞相迸发产生一种必然力量。

到17世纪，随着商品贸易发展，欧洲工业革命蓄势待发，最终由神圣罗马帝国（德意志第一帝国）因宗教信仰分歧而爆发天主教与新教两大阵营之战，演化为整个欧洲主要国家陷入的"三十年战争"。因世俗化革命的推动，从《圣经》中引经据典越来越失去往日的说服力，一大批自然科学和知识精英随着时代发展如雨后春笋般出现。在自然科学方面，牛顿力学横空问世，开普勒行星运动三大定律出现，伽利略发明望远镜。而古典经济学领域亦不甘落后，将数理统计方法运用到经济学中的最具有代表性的人物便是威廉·配第。对此，卡尔·马克思给予高度评价，配第的一系列著作为古典政治经济学奠定了理论基础，甚至可以说是统计学的创始人。

荷兰为了满足新兴资产阶级利益，通过世界上第一次成功的资产阶级革命——尼德兰革命，一跃成为欧洲强国，在航海和造船产业等领域最为发达，拥有商船的数量和吨位最多，被誉为"海上马车夫"。它往返于东西方从事贸易，雄霸海上世界。随着新兴产业的日益发展，争夺国外市场及殖民地，已成为英国统治阶级追求的主要目标。英国资产阶级政府的当务之急，就在于如何削弱荷兰、法国两国的优势。为了与荷兰争夺殖民贸易等利益，直接促成1652—1674年连续三次的英荷战争。

（二）古典经济治理中的统计方法

配第所要阐释的国家治理经济思想，需要在他所预设的统计中完成，他的很多观点都成了古典政治经济学永不凋零的常青树。从一开始，他就注重实证、反对主观判断，运用统计、算术和比较方法来分析社会经济问题，成就了实验哲学较早在社会科学方面的主张和应用。他所撰写的《政治算术》关于国家政治经济情况的分析报告实际上就是运用这些统计方法得来的。

1. 主张用"政治算术"方法和原则研究社会经济现象

威廉·配第认为解决国家治理中存在社会问题不能"只使用比较级或最高级的词汇以及单纯做思维的论证"方法，而可以借助自然科学中的定量方式分析既定问题，以他的主张用数字、重量和尺度的词汇来表达①自己想要解决的问题，只有这样才能对现实问题解决具有说服力和论证力。配第在《政治算术》中对英国、荷兰、法国三个国家的国情进行了实力测量。他首先根据各国实际情况进行数字比较，接着运用推演方法，得出与实际数据不一样的一组数据。就这样，他为不能像自然现象那样通过实验方法加以证明的社会经济现象，创立了验证的方法。

配第所建立的这种特殊的方法和学说，及后来以他为中心形成的"政治算术派"及其一系列基本原理，对开创用计量和比较的方法阐明政治经济现象的实质及其相互关系的统计科学作出了重大贡献。比如18世纪是一个政治算术大行其道的时代，经济学家用新方法、新构想来解读教区纪实录和死亡率报表、航海日志和贸易报告，以满足"对精确数字信息的需要"。在经济问题上追求精确之风，无疑离不开多才多艺的杰出统计学家配第所创立的"政治算术"及其基本原理。

---

① ［英］威廉·配第著，陈冬野译：《政治算术》，商务印书馆2014年版，第7—8页。

2. 统计的研究对象

配第的统计思想围绕着"统计什么""为谁统计""如何统计"一系列观念和意识，是借助自然科学数量验证与具体事物相结合的一种思维方式。配第的《政治算术》具有鲜明的阶级观，展示了新兴资产阶级在国内和国际舞台攫取巨额利益的目的，在国内推行"圈地运动"迫使自耕农丧失土地，攫取土地资源外获得大量廉价剩余劳动者。当时英国在与荷兰、法国海外市场和殖民争夺中处于劣势，对外加紧海外殖民掠夺和国际市场竞争。增强与荷兰、法国争夺海外市场的信心，成为当时英国统治者的当务之急，而配第的《政治算术》恰逢其时。

配第统计的对象就是社会中的方方面面，涉及财富和力量的比较对国情实力的影响，就有关国家的地理位置、人口、土地、产业、财税政策甚至军事等情况进行统计调查。在17世纪50年代，配第曾任爱尔兰土地分配总监，主持土地测绘，掌管土地分配工作，掌握了大量关于爱尔兰人口、土地、地理、贸易等的第一手材料，并以此完成了《爱尔兰的政治解剖》一书。这个政治解剖必然以当地的自然环境和财富资源为依据，在一定程度上反映了爱尔兰的经济地理，配第关于统计研究对象的认识得到充分的体现。

3. 具体统计方法运用

在研究社会经济现象的规律时，配第对统计方法的应用具有多重性和复杂性。但是在具体事物处理上主要通过数量对比、平均数取值、数据推算、数据分组与编制图表，计算一系列的总量指标、相对指标和平均指标。比如在英国与荷兰、法国经济实力对比中，分析出财富和力量增进上的差异，是由各国的位置、产业和政策，特别是海运和水运的便利造成的。[1]这是数量对比在社会经济现象中的应用。

例如，书中针对英国同法国贸易比较得出结论，按人口平均计算，英格兰等地的人民所掌握的对外贸易，等于法国人民的三倍，他们掌握着整个商

---

[1] ［英］威廉·配第著，陈冬野译：《政治算术》，商务印书馆2014年版，第18页。

业界贸易的九分之二和全部船只的七分之二。①又例如，英国国王的1000万臣民实际上等于法国国王的1200万臣民。②

他又在数量的对比中，推论出不同物品之间的共同性，从而发现财富的真实基础。他从一蒲式耳小麦和一盎司白银的对比中，推理出小麦和白银有着共同的地方，从而得出劳动是"一切价值相等和权衡比较的基础"的结论，这是推算法。书中也涉及计算一系列指标（总量指标、相对指标和平均指标）。例如，如果英国有600万人口，每人每年消费7镑，那么，全部开支就是4200万镑，抑或每周大约花费80万镑。③这其中人口"600万"和全部开支"4200万镑"均为"总量指标"。而每人每年消费"7镑"就是"平均指标"，从而对这门科学的性质、任务、对象和方法，作了精辟的论述，为统计学奠定了理论基础。

4. 政治算术中的财政理论

配第作为英国古典政治经济学的代表人物，其独特的财政观为古典学派财政学奠定理论来源。他的《赋税论》就财政收支、税收原则和课税方法等做了很多探索和努力。

（1）国家财政收支总体观

要了解国家财政收支情况，就得从国家整体出发，掌握全国人口、产业数量，了解全国有多少财富。他的《政治算术》实际上是一篇关于国家政治经济情况的分析报告。在很多时候，因为政府对于本国人口的数量以及产业和财富的状况一无所知，这通常也是人们不得不承受不必要的纳税负担的一个原因。④在《政治算术》中，他进一步论述，要知道一种赋税有益还是有害，必须彻底了解人民的状况和就业状况。⑤在财政收入方面，主张合适

① ［英］威廉·配第著，陈冬野译：《政治算术》，商务印书馆2014年版，第77页。
② ［英］威廉·配第著，陈冬野译：《政治算术》，商务印书馆2014年版，第73页。
③ ［英］威廉·配第著，陈冬野译：《政治算术》，商务印书馆2014年版，第95页。
④ ［英］威廉·配第著，邱霞、原磊译，《赋税论》，华夏出版社2017年版，第28页。
⑤ ［英］威廉·配第著，陈冬野译：《政治算术》，商务印书馆2014年版，第77页。

的、让国民接受的税收制度，主张农民、海员、士兵、工匠和商人是国家财富的创造者，是产业劳动的生产者。

在财政支出方面，配第建议：一方面，削减与行政、司法以及教会相关官职的管理费支出；另一方面，削减那些从事对社会贡献为零或很少的职业人数。同时，提出增加社会救济和公共福利事业费用支出，尤其要善待产业劳动者。增减财政支出的实质是对内缓和国内社会矛盾，对外开拓海外资本，减少不必要的开支，增加生产性的累积、国家财政总量，为英国资产阶级开拓海外市场以及掠夺殖民地资源奠定雄厚的军事、经济基础。

（2）财政治理中的原则观

威廉·配第是最早关于税收原则进行论述的经济学家，虽然他没有专门对税收原则做系统分析，但是在他的《赋税论》和《政治算术》中关于课征赋税的论述都坚持公平、便利和效率原则。不管赋税多么重，如果政府能一视同仁，按照合理的比例对每个人征税，那么对于任何人来说，都不会因负担了赋税而使自己的财富减少……因为每个人都仍然保持着原来的地位、尊严和身份。①对于筹集公共开支经费，在配第看来，无论国家对民众采用何种征税的方法，只要公平对待、如约征收，而不是突然对国民进行额外强征，那么生活在这个国家中的国民就是幸福的。配第在《赋税论》中根据欧洲各国实施的主要征税方法，针对不同税制进行利弊分析，论述了通过哪些方法和途径能够最容易、最迅捷地在人们不知不觉中把这些赋税征收上来。②通过对赋税征收方法进行分析，找到最"简便"和"节省"的税制，来增加公共开支，促进新兴资产阶级产业发展。

配第的税收"确实原则"在《赋税论》中也处处体现。比如他认为，维持一国的商业和贸易正常运行所需要的货币量是有一定的标准和一定比例

---

① ［英］威廉·配第著，陈冬野译：《政治算术》，商务印书馆2014年版，第26页。
② ［英］威廉·配第著，邱霞、原磊译：《赋税论》，华夏出版社2017年版，第37页。

的，货币量过多或过少都会对一国商贸的正常运行产生不利影响。[①]每个人都应当根据他实际获得的享受缴纳税款，这符合自然的意义。[②]税收标准要从国民实际状况出发。

从中我们可以看出，配第虽然没有明确提出坚持税收原则，但是对财政收支以及赋税征收方法进行了论述，在论述利弊的字里行间中，已经具备了现代税收原则理论的基本要素，也为亚当·斯密系统阐述税收原则做了思想准备，提供了具体的可靠素材。

（3）《赋税论》中涉及的税种

配第在《赋税论》一书中，关于英国和西欧各国税收利弊或施行得是否恰当在相关章节中均有论述，具体内容涉及地租、关税、人头税、彩票、献金、罚款、什一税等主要税种。在配第看来，关税是对进出各国领域的贸易产品而征收课税的一种赋税，根据奖出限入的原则，通过这种赋税，能够促进本国产业的发展。彩票是国家根据法规授权发行的，旨在用于筹集小额款项等公益事项上。献金是指国家为开展某事业，而向该事业受惠者按照适当比例所征收的赋税，但是可能因为捐献方式有所欠缺，带来社会混乱、政治动荡。什一税是一个比例税种，按照十分之一的比例征收赋税。

配第极力推荐的课税办法是一种针对人身征收的人头税和根据自身实际享受程度而施行的国内消费税。这两种税制是全体国民根据实际情况来承担相应赋税的重要手段。人头税具体可以分为对全民征收的绝对人头税和对有荣誉头衔的人所征收的人头税。关于国内消费税，配第认为它是一种筹集公共开支经费的好办法，因为这种赋税是由人们真实富有程度以及自身消费和享受而定的，但是在商品还没有用于消费之前，不宜对此征税。

---

① ［英］威廉·配第著，邱霞、原磊译：《赋税论》，华夏出版社2017年版，第31—32页。

② ［英］威廉·配第著，邱霞、原磊译：《赋税论》，华夏出版社2017年版，第145页。

三、威廉·配第的经济治理思想的性质和影响

（一）威廉·配第的经济治理思想具有强烈的资本主义色彩

17世纪，伴随文艺复兴、自然科学的大发展，在充斥着理性和数字的年代，也正值重商主义向古典政治经济学派的过渡时期，自然有许多思想家和理论家运用理性和算术来探讨紧迫的公共问题。重商主义经济理论伴随时代需要并得到系统化发展，虽然是糅合了各种经济观念的大杂烩，但是能够满足不同环境下政治家的需要。威廉·配第经济思想关于计量统计运用、财政理论等方面的阐述，引领英国思想界向古典政治经济学进发并取得丰硕成果，不仅为西方古典政治经济学开拓新视野，而且为马克思主义政治经济学提供了有益的理论来源。

资本主义古典经济学终究属于资产阶级思想体系，威廉·配第除了为英国资产阶级筹划如何对外争夺之外，还就如何掠夺殖民地人民向英国资产阶级献策。他的《政治算术》就是在英国同荷兰、法国等争夺海外市场显得力不从心的状态下，为了给英国民众鼓足信心，运用数据比较方法对英国、荷兰和法国作了经济实力综合评估，写下的早期政治经济学名著，并因此成为经济统计学派的创始人。通过数理统计方法对地域、人口、贸易等方面综合实力进行比较，该著作论证了荷兰、法国不如英国的方面，提出，对英国国王的臣民说来，掌握整个商业界的世界贸易，不但不是不可能的，而且是完全可以做到的事情。[①]本着开发国内产业、开拓国际市场等主张，威廉·配第在《赋税论》中，对原始资本积累的各种手段（殖民地制度、国外贸易等），做了进一步论述，鼓励英国资产阶级努力发展本国产业，争夺国外市场，获取财富（金、银、珠宝），以扩大英国的统治基础。

---

① ［英］威廉·配第著，陈冬野译：《政治算术》，商务印书馆2014年版，第98页。

随着封建主义解体，为了维护资产阶级利益，反映资本原始积累时期的经济理论必将是思想家们探讨的焦点。重商主义是在封建制度瓦解和欧洲资本原始积累时期应运而生的，它对资本主义生产方式进行早期的理论解读，其基本观点认为，财富来源或价值追求可以在流通领域完成，所以早期重商主义有着崇尚货币和财富累积的倾向，在政策上多主张国家要通过贸易取得财富累积和黄金储备。这种思想加速了商品货币关系和资本主义工商业的发展。在欧洲市场资源相对匮乏和无法满足需求时，人们自然将目光转移到海外市场。而当世界市场体系没有形成，更没有统一贸易规则时，强行贸易通商和殖民掠夺必将纷至沓来。

（二）威廉·配第的经济治理理论对后世产生的影响

作为英国古典主义思想和重商主义思想的代表人物，配第的理论体系旨在为英国资本主义发展加油鼓气，但是客观上也为国家的宏观经济管理提供了科学的参考，并为古典政治经济学发展起到了开拓作用。

首先，比较实证研究方法极大拓展了经济学研究思路。在《政治算术》一书中，通过对英国、荷兰、法国三国在位置、产业、政策等方面经济实力的比较，配第提出英国可以取代荷兰、法国两国的策略。虽然这种思想和做法是在为帮助英国资产阶级争夺国内外市场做理论准备，但是在计量统计学、国际贸易、财政学等方面都有着深远意义。他在《赋税论》中提出的财税问题，后来在《政治算术》中得到进一步实证验证，尽管这些实证分析还处于探索阶段，既没有现代科学的精确统计，也没有建立数理模型，但是他对实证研究方法的探索，可以说是前人没有尝试过的。

其次，配第较早认识到生产者是国家财富的主要创造者，是国家的重要力量。在《政治算术》中，配第认为，农民、海员、士兵、工匠和商人，在任何国家都是社会的真正支柱。所有其他职业，都是由于作为支柱的人们有缺点或不能完成任务而产生……①他不仅认识到农民、海员、士兵、工匠和商人是国家的支柱，而且进一步分析由于职业差异，人们创造财富的能力也不同。他在著作中论证，拥有海员资格者需要经由多年训练和实践，他可以一人兼任农民、士兵、工匠和商人中的三种。这一国家创造财富劳动主体的范围，比他的重要继承者重农学派和亚当·斯密所阐述的从事生产性劳动的主体范围要广泛些，这一理论表达与今天的国民经济核算体系基本保持一致。

再次，分工可以提高劳动生产率理论也是配第首次提出的。例如通过比较发现各国擅长制造本国特产，有利促使他们发展许多产业。由于位置优势，荷兰人发展航海业并带动相关产业，除了垄断海上交通要道所用运费比别人少外，还通过分工协作促进劳动生产率的提高。比如织布，一人梳清，一人纺纱，另一人织造，又一人拉引，再一人整理，最后又一人将其压平包装，这样分工生产和只是单独一个人笨拙地担负上述全部操作比起来，所花的成本一定较低。②荷兰人还有通过建造不同类型船只来适应不同海域从事不同贸易的例子，都蕴含着主张分工的思想。

最后，配第看到劳动是创造物质财富的来源。在重商主义思想大行其道的时期，早期重商学派普遍关注货币贸易和对贵金属累积的追求，而配第则在他的著作中，开始运用计量和实证方法将研究的重心转移到了物质财富的生产创造过程，以及社会财富的再分配政策等的研究上，法国重农学派代表人物魁奈将这一思想进一步系统化、理论化后，对后世影响很大。配弟在书中就有这样的论述：一个国家生产金、银、珠宝，或者经营会使本国积累金、银、珠宝的产业，比经营任何别的产业都有利。③配第本着"土地为财富之母，劳动为财富之父"的见解，将土地和生产者看作社会经济生活的重要构成要素。

---

① ［英］威廉·配第著，陈冬野译：《政治算术》，商务印书馆2014年版，第24页。
② ［英］威廉·配第著，陈冬野译：《政治算术》，商务印书馆2014年版，第26页。
③ ［英］威廉·配第著，陈冬野译：《政治算术》，商务印书馆2014年版，第25页。

第二节　亚当·斯密的国家治理思想

亚当·斯密是18世纪英国著名经济学家、哲学家和作家，是英国古典政治经济学的开山鼻祖，被誉为"经济学之父"。亚当·斯密最著名的著作全称为《国民财富的性质和原因的研究》（简称为《国富论》），是现代经济学的奠基之作，可以说，亚当·斯密在经济学领域的崇高地位和声誉基本上都是由这本书带来的。亚当·斯密以后的经济学家，无论是李嘉图、密尔还是马克思，都将亚当·斯密作为现代经济学研究领域的先驱和领路人。但是，亚当·斯密的成就不仅仅局限于经济学领域，他在哲学、政治学、社会学等领域也颇有建树，尤其是在伦理学（道德哲学）方面著有著名的《道德情操论》一书。长期以来，亚当·斯密在经济学领域的成就掩盖了他在其他领域的研究成果。事实上，在《国富论》和《道德情操论》中蕴含着丰富的政治哲学思想，集中体现了斯密的国家治理思想。

一、亚当·斯密的生平及思想渊源

（一）亚当·斯密的生平及著作

亚当·斯密（1723—1790），1723年6月5日生于苏格兰法夫郡的柯卡尔迪。亚当·斯密的父亲是一名律师，曾担任军法官和海关监督，在斯密出生的几个月前便去世了。亚当·斯密由其母亲玛格丽特·道格拉斯抚养长大。亚当·斯密除教书任课以及学习旅行外，一生与母亲生活在一起，并终身未娶。

亚当·斯密从小时候开始，就很孤独，总是自言自语。独自出神思考和喜欢自言自语的特点，是从孩提时期就养成的习惯，而后一生如此。[①]
1730—1737年，亚当·斯密在家乡苏格兰的柯卡尔迪市立学校学习。1737
年10月开始，斯密进入格拉斯哥大学学习，直到1740年。这三年的大学时
期是斯密政治思想形成的关键时期。在此期间，斯密完成了拉丁语、希腊
语、数学和伦理学课程，各门成绩均非常优异，并深受当时学校道德哲学教
授弗朗西斯·哈奇逊的青睐。正是在哈奇逊的影响和帮助下，斯密认识了正
在写《人性论》的休谟，休谟的政治哲学观点对斯密有着深刻影响，为斯密
日后的经济、政治、道德和伦理理论体系打下了重要基础。

　　1740年，斯密获得了牛津大学奖学金并赴牛津大学求学，直到1746年
毕业。在牛津大学期间，斯密长期在图书馆中埋头苦读，通过不断努力和广
泛阅读，深入研究了大量的经典，为日后的研究工作积累了大量文献资料和
知识储备。从牛津大学毕业后，亚当·斯密和母亲生活在一起，他没有找到
一份令自己满意的工作，于是便潜心从事自己的学问研究。1749年，亚当·
斯密在爱丁堡大学担任讲师，主要讲授英文、法学、政治学和道德哲学。
1751年，亚当·斯密担任格拉斯哥大学的逻辑学教授，教授修辞学，后来又
教授神学、政治学、法律和伦理学等，并最终成为道德哲学教授。1759年，
亚当·斯密发表的伦理学著作《道德情操论》，使他声名鹊起并成为著名的
道德哲学教授。1764年，亚当·斯密辞去格拉斯哥大学教授职务，前往欧洲
各地游学。在游学期间，他不仅与当时著名的哲学家休谟、霍尔巴赫等人进
行了理论交流，还了解了杜尔哥、魁奈等人的经济学理论观点，并同魁奈等
人进行过交流，而且还开始构想他的另一部名著《国富论》。1767年，亚
当·斯密结束欧洲游学回到英国家乡后，便开始潜心著述自己最重要的作品
《国富论》，经过几年的努力，此书终于在1776年3月正式出版。这一巨作拉
开了古典政治经济学的序幕，对当时的资本主义社会以及后世都有划时代的

---

　　① ［英］约翰·雷著，胡企林、陈应年译：《亚当·斯密传》，商务印书馆1983年
版，第6页。

意义。1787—1789年，亚当·斯密担任了格拉斯哥大学的校长。1790年，亚当·斯密在爱丁堡去世，享年67岁。

亚当·斯密的成长与生活环境相对较好，他生活富足，没有经历过生计困难的折磨，也没有遭受过政治磨难被关进监狱，在年轻的时候便获得大学教师资格，又很快成为教授。可以说，亚当·斯密在生活方面是很顺利的，这固然离不开他本人的勤奋和努力，但同时一个很重要的原因就是，处于资本主义急剧上升时期的英国在经济、政治以及文化方面的快速发展与繁荣。良好的外部环境，加上自身的努力共同促使了亚当·斯密的《国富论》与《道德情操论》这两部历史性巨著的诞生。

（二）亚当·斯密的国家治理思想渊源

亚当·斯密的国家治理思想，是基于经济自由主义的国家治理理论，对近现代以来资本主义经济社会的快速发展有举足轻重的深刻影响，对西方思想史的发展同样具有不可忽视的重要作用。亚当·斯密的国家治理思想体系在结构严密、内容论证充足有力的同时，还具有深厚的理论渊源和政治哲学基础。

1. 自由主义与个人主义

自由主义思想在资本主义发展史上具有极其重要的地位，可以说，自由主义思想奠定了近现代欧美发达国家的经济制度、政治制度的思想基础。自由主义作为一种政治思潮最早出现在17世纪的英国，其表现形式是由约翰·洛克开创的政治自由主义。洛克的《政府论》是自由主义的经典著作，他主张国家起源于社会契约，目的在于保护人的自然权利，如果政府违背约定，则人民有权推翻政权、建立新的契约。洛克的财产权理论对亚当·斯密有很大的影响，是其开创经济自由主义的最初思想渊源。洛克之后，政治自由主义随着18世纪资产阶级革命传播到资本主义国家。苏格兰启蒙运动中的自由主义者开始关注经济方面的问题，他们以政府干预经济的方式和限度为研究的焦点，对亚当·斯密的影响最为深远。正是在这期间，亚当·斯密将政治自由主义扩展到经济领域，开创了经济自由主义思想。

个人主义也是亚当·斯密经济自由主义思想的重要理论基础。英国具有悠久的个人主义传统，亚当·斯密就是在这样的基础上构建自己的经济自由主义的。亚当·斯密将个人主义与自由主义统一起来，并将其应用于资本主义工商业的扩张和发展中，从而开创了资本主义社会的个人主义经济传统。亚当·斯密生活在资本主义初期，为促进资本主义的发展，他致力于通过市场机制的作用促进资本主义工商业的快速扩张。他提出了著名的"经济人"假设来解释个人主义对经济和整个社会利益的促进作用。由此可见，18世纪，亚当·斯密给予个人主义一张更愉快的面孔，他争辩说，听任个人在竞争市场中自由地进行自己感兴趣的交易，就可能会获得最好的社会效果。①从这里我们可以清楚地看到，个人主义与自由主义之间有着密切的关系。个人主义强调个人自由、个人利益，是一种强调自我支配的政治、伦理学说和社会哲学，就其本质来说，强调个人本身就要自由，个人权利也是自由的。因此，我们可以得出这样一个结论，自西方主流经济史发展以来，亚当·斯密的经济自由主义可看作个人主义理论的延伸。

2. 苏格兰启蒙学派的影响

前文已经讲过，苏格兰启蒙学派是指18世纪早中期活跃在苏格兰地区、以爱丁堡为中心形成的一个持启蒙观念的知识群体或思想派别。一般认为，一些著名学者如历史学家爱德华·吉本，思想家边沁，哲学家弗朗西斯·哈奇逊、托马斯·里德和大卫·休谟，经济学家亚当·斯密、詹姆斯·斯图亚特，文学家沃尔特·司各特，社会学的鼻祖亚当·弗格森等人是该学派的重要创始人和成员。此外，还有经常活跃在苏格兰地区的埃德蒙·柏克。作为苏格兰学派的重要一员，亚当·斯密的思想深受苏格兰启蒙学派的影响，尤其是苏格兰启蒙运动中的自由主义思想对亚当·斯密理论的形成具

---

① ［英］约翰·伊特韦尔等编：《新帕尔格雷夫经济学大辞典》，经济科学出版社1996年版，第854页。

有非常重要的影响。

在欧洲启蒙运动时期，苏格兰启蒙主义以改良和商业为重要主题，对近现代以来的政治、经济、思想和文化等方面的发展都起到了非常广泛的影响。苏格兰启蒙学派所主张的自由主义是以"自然秩序"为中心而展开的，这对亚当·斯密的商业思想有着至关重要的影响。在18世纪初期，苏格兰与英格兰相比，在经济社会尤其是在农业方面的发展较为落后，但在两国联合组成一个统一的大不列颠王国后，苏格兰便与英格兰形成了自由贸易，两国的经济文化交流日益频繁和密切，为苏格兰启蒙运动的发展提供了经济基础和理论依据。正如约翰·雷在《亚当·斯密传》中写道，择优学会是效仿当时法国大城市中常见的学会建立起来的，在某种意义上是讨论国内外大事的民间团体，也是以促进苏格兰的艺术、科学和制造业为宗旨的爱国组织。[①]从1757年《苏格兰杂志》刊登该学会的题目摘要来看，每个专题都具有经济性质，亚当·斯密常光临学会并参与讨论，可以说这个学会给他提供了非常难得的机会，让他能够直接听熟悉农业的人来讨论农业问题[②]，这些都对亚当·斯密产生了很大的影响，使他对经济和政治问题更加感兴趣，认识也更为深刻。

亚当·斯密的道德伦理思想与经济学思想是不能割裂的，二者互相影响、互相交织在一起为其经济主张服务。亚当·斯密的道德哲学属于英国情感主义伦理学派，深受苏格兰启蒙学派道德思想的影响。亚当·斯密认识到了人的能动性对自然进步的促进作用，他指出人类社会的进步发展，不仅需要满足人们生产、生活需求的基本生活资料，还需要更多的让人过上富足或享受生活的稀缺货物。或许，有许多思想家都看到了这一点，但只有亚当·斯密在《道德情操论》中阐述了这些内容。正如英国经济学家约翰·伊特韦

---

① ［英］约翰·雷著，胡企林、陈应年译：《亚当·斯密传》，商务印书馆1983年版，第96页。

② ［英］约翰·雷著，胡企林、陈应年译：《亚当·斯密传》，商务印书馆1983年版，第99—100页。

尔在《新帕尔格雷夫经济学大辞典》中这样写道，亚当·斯密承认，除了最基本的必需品之外，人类的需求总是相对的，是地位和攀比问题，总是想改善个人条件。①

3. 法国重农主义

法国重农主义与亚当·斯密的思想有着密切的联系。作为与重商主义相对立的一种思想，重农主义产生于18世纪中期的法国，创始人是弗朗索瓦·魁奈。当时的法国还处在封建专制制度的统治之下，但由于长期实行重商主义政策导致法国的经济趋于崩溃的边缘，这也充分表明单纯从流通领域寻找财富增加是行不通的，不能满足资本主义快速扩张的要求。为了改变法国经济和旧政权政治体系的一些特征，一群改革者们试图说服统治者和君主，需要某些变化来使国家更为富庶和政治上更为强大。②为此，弗朗索瓦·魁奈在自然秩序理论的基础上，提出了重农主义经济思想。简单来说，魁奈的重农主义以自然秩序和理性作为方法论工具考察当时法国所面临的经济社会问题。针对当时法国严重束缚资本主义生产发展的各种法令和制度，魁奈提出了实行经济自由的主张。

魁奈主张的经济自由主要包括自由选择、自由贸易和自由竞争三个方面。其中自由选择是选择职业的自由，人们可以选择使自己利益最大化的职业，这样可以促进收入分配合理化。自由贸易是国内外商业贸易的完全自由，自由贸易可以促进国内相关产业的发展，增进国家财富，解决货币缺乏等问题。而自由竞争则是最有利于贸易和商业的政策，对自由贸易的发展极为重要，有助于打破垄断，实现公平正义。魁奈主张的经济自由，实际上是贸易领域内的经济自由，并不能简单地应用于其他任何经济活动。对此，亚当·斯密曾评价说，虽然，这个学说存在许多缺点，但是在政治经济学主题

---

① ［英］约翰·伊特韦尔等编：《新帕尔格雷夫经济学大辞典》，经济科学出版社1996年版，第90页。

② ［英］约翰·伊特韦尔等编：《新帕尔格雷夫经济学大辞典》，经济科学出版社1996年版，第932页。

下所阐述的诸多理论中，这个学说最接近于真理。①正是由于重点吸收了以魁奈为代表的重农主义学派的思想和观点，亚当·斯密才在批判继承的基础上提出自己的经济自由政策理论。

4. 哈奇逊与休谟的影响

亚当·斯密的思想的形成离不开他所生活的那个时代的社会状况以及与他同时代的其他重要思想家的影响。这其中，以弗朗西斯·哈奇逊和大卫·休谟的思想对亚当·斯密的影响最为深刻。哈奇逊崇尚自由精神，这是他留给青年人最宝贵的财富。哈奇逊关于宗教自由和政治自由等问题的观点和理念，非常受学生们欢迎，经常使学生们备受鼓舞。正是受到了哈奇逊的影响，亚当·斯密才深切而强烈地热爱一切合乎理性的自由。②哈奇逊的经济思想也对亚当·斯密的思想产生了极其重要的影响。哈奇逊主张产业自由，他关于自由、劳动和价值等方面的观念和思想，影响了亚当·斯密。在此基础上，亚当·斯密提出了他在产业方面的天赋自由学说，即每个人都可以根据自己的爱好或意愿选择自己从事哪方面工作的自由。当然，哈奇逊和亚当·斯密都认为，为了保障公共利益还需要对天赋自由进行一些较为合理的限制，并认为这是必不可少的重要一环。但他们对待法定利息的态度有很大的不同，其中，哈奇逊主张废除法定利息，而亚当·斯密则主张保留它。

大卫·休谟不仅在人性问题上，而且还在社会分工与伦理方面影响了亚当·斯密。作为苏格兰启蒙学派的重要成员，休谟与亚当·斯密有很深厚的友谊，休谟的整个思想体系都深深地影响了亚当·斯密。如亚当·斯密在《国富论》中所讨论的分工与伦理方面的内容，就深受大卫·休谟经济思想的影响。休谟的经济思想主要体现在他的反重商主义的论战中，他的经济论文成为亚当·斯密大学讲课和写作的重要参考。通过反对重商主义的论战，

---

① ［英］亚当·斯密著，郭大力、王亚南译：《国民财富的性质和原因的研究》上卷，商务印书馆1972年版，第244—245页。

② ［英］约翰·雷著，胡企林、陈应年译：《亚当·斯密传》，商务印书馆1983年版，第12页。

休谟提出了他的货币数量论，这也使休谟成为首次提出"硬币流动机制"的人，并据此批判了重商主义的贸易差额论。休谟在主张自由贸易的同时也呼吁通过征收适当的关税等措施来支持国内产业的发展。休谟的理论揭示出任何国家都不可能依靠重商主义而长期保持国际贸易顺差来增加国民财富。著名哲学家周辅成曾评价休谟说，他是从重商主义到英国古典经济学演变时期的一个重要而又杰出的人，"硬币流动机制"理论的发现使休谟脱离了重商主义者的局限，向古典的宏观经济学理论迈进了一步。[1]亚当·斯密所倡导的自由贸易及经济自由思想很大程度上都直接来自休谟对特定时期经济现象的分析和解释，尤其是他关于国际贸易和货币的国际间流动会自动趋向均衡的思想，很可能影响了斯密关于"看不见的手"这一市场自动均衡机制的思想。[2]

二、亚当·斯密的国家治理思想的主要内容

亚当·斯密基于"经济人"假设和市场中"看不见的手"的理论认为商品经济存在客观的市场规律。这种规律可以自发地调节经济运行，促进经济社会发展进步，实现国家财富增加和公共利益最大化。在此基础上，亚当·斯密提出了他的政府理论和国家治理思想，他在《国富论》中提出了国家的三个义务，即：第一，保护社会，使其不受其他独立社会的侵犯；第二，尽可能保护每个社会成员，使其不受其他社会成员的侵害或压迫，即设立完全公正的司法机关；第三，建设并维护某些公共事业或公共设施。[3]由此可见，亚当·斯密认为国家治理的目的应当是保护和服务于自由的市场经济，减少对市场的干预，实现公共福利和利益，充当"守夜人"角色。

---

[1] 周辅成主编：《西方著名伦理学家评传》，上海人民出版社1987年版，第307页。
[2] 张旭昆编：《西方经济思想史18讲》，上海人民出版社2007年版，第80页。
[3] ［英］亚当·斯密著，郭大力、王亚南译：《国民财富的性质和原因的研究》上卷，商务印书馆1972年版，第98页。

（一）政府角色定位："守夜人"

亚当·斯密的经济自由主义理论在国家治理上，主张自由竞争和自由放任的经济发展模式，他批判重商主义国家干预经济社会活动的观点，主张以"看不见的手"自发调节经济运行及经济活动。但亚当·斯密并不是绝对地反对一切国家干预，他承认由于人性中的利己心、自爱和偏见的存在，在完全自由竞争环境下的市场经济是很难实现的。他在《国富论》中说，不能期望自由贸易在大不列颠完全恢复。为此，亚当·斯密提出了一种"守夜人"式的政府理论。他认为，在市场关系中必须明确界定政府的责任，政府不应该对市场进行过多的干预，其职责主要是为自由的经济社会运行和市场体制提供法治、秩序、保护等，充当社会和市场的"守夜人"。这充分体现了亚当·斯密主张政府以"看不见的手"来服务和调节市场经济的思想。

1. 公共政治中的有限政府

亚当·斯密认为，政府作为国家进行统治和社会管理的机构主要具有以下功能：一是保卫社会使之免受其他独立社会的暴行和侵犯的职责；二是尽可能保护社会的每一个成员使之免受任何其他人的侵害和压迫，这就要求建立严格的司法行政的职责；三是建设和维持某种公共工程和公共机构的职责，公共工程和公共机构不是为了任何个人或少数人的利益去建设和维持的，国家必须承担建设国防的责任，建立司法制度保证成员的权利，建设和维护必要的社会公共事业或机构。[①]

第一，保卫国家公共安全。政府的主要职能是维护国家和公共安全。从国家的起源和目的，我们知道任何一个国家都必须保护本国公民不受来自其他国家、社会或者个人的侵害。古今中外的无数历史事实证明，落后就要挨打，一些弱小的国家或者国家很大、资源丰富但军事力量却相对较弱的国

---

① ［英］亚当·斯密著，郭大力、王亚南译：《国民财富的性质和原因的研究》上卷，商务印书馆1972年版，第252页。

家，常常被其他军事强国欺压，甚至武装侵略。安全问题在任何时候都是一个国家的根本性问题，离开了安全，国家的发展和进步就是一句空话。因此，政府的职责首先就是要维护和保证国家的安全问题。对此，亚当·斯密认为要想彻底地解决国家安全问题，唯一的答案就是要建立保卫国家的常备军。常备军的重要职能是，一方面对外实行积极的防御战略，抵御来自外部的军事侵略和其他威胁；另一方面维护政府权威，政府权威又能促进公共利益、保障经济社会秩序。亚当·斯密的这一结论，是从古罗马的兴衰历史中分析出来的。他认为，随着经济社会的发展，人们会越来越富有，对生活品质的要求也越来越高，就越来越喜欢过着平静的生活而对战争的参与逐渐失去兴趣，这样发展下去就会导致国民军事素质整体下滑，并且内心逐渐变得懦弱，其结果必然导致国家军事力量的严重衰落。因此，亚当·斯密认为只有建立国家军队和常备军，才能从根本上解决这一问题，这样，国家的公共安全和公民的自由与安全才能得到保障。

第二，设定严正的司法机关。亚当·斯密的"经济人"假设理论认为，人们在社会中进行一切经济活动都是为了满足自己的私欲，为了个人利益最大化会不惜采用一切手段，如果没有相应的正义法则约束，就会出现侵害他人利益的行为，进而导致社会秩序失衡、公共利益受损。为此，亚当·斯密认为，政府的一个重要职责就是要建立严正的司法机关，这样不仅可以维护正常的社会秩序，保护人民的合法权利不受侵犯，而且还可以推动经济社会发展、促进社会公平正义。亚当·斯密认为，无论是作为统治阶级代表的君主、政府首脑及其他掌权者抑或是普通的贫民都有追求自己私利的动机和欲望，这就使得政府必须制定公正的法律和严格的司法机关来主持社会公道，保证社会公平正义。亚当·斯密认为，经济的持续增长会逐渐加大贫富差距，富人与穷人之间的对立也就越发明显，财产安全问题便成为富人担心的主要问题，保护公民财产权是政府不可回避的重要责任，这就需要建立一个具有权威性的司法机关。除此以外，亚当·斯密认为，国家除了建立司法机关外，还应将司法权与行政权分离开来，实行权力相互制衡的国家治理体制，以防权力滥用等不公正现象的产生与出现。

第三，建设公共事业与设施。政府对外不仅要维护国家安全，抵御和消除来自外部的威胁与挑战，对内还应完善各种制度以维持社会秩序以及提供公共设施和公共服务。亚当·斯密在《国富论》中指出，公共事业和设施的建设需要大量的费用，个人财力或大的群体无法负担，由于其利润并不能弥补巨大的投资，因此公共事业并不期望由个人或少数人来建设和维护。[①]亚当·斯密认为，一个良好的让人民满意的政府，对于公共事务的建设，不仅仅是修路架桥、修建码头港口，还应该扩展到银行、学校、医院、公园等社会公共事业中。亚当·斯密关于政府这一职能的观点主要有以下几点。首先，政府是社会公共事务的建设者与维护者。因为公共事业与工商业不同，它需要巨额的资金投入但收益很少或者回报时间过长，与其投入的成本相比，没有哪个人或者少数人愿意投资，一般而言他们也是无力承担的。这样只有政府才能承担得起公共事业与设施的投资及其运营，因为政府以公共财政为依托，并不以营利为目的。其次，在投入大量资金后，政府对于公共事业与设施的正常运营仍然需要较多的资金，如果全面免费使用，一是政府财力不足，必然导致税收增加，而税收增加对不使用或较少使用公共设施的人而言就会造成不公平；二是免费使用也不符合自由的市场经济的原则和初衷。所以，亚当·斯密认为，政府需要对公共设施的使用者收取相应的资金，以便弥补后期资金的不足。再次，亚当·斯密认为政府还应当参与到经济活动当中，对国民经济的运行进行相应的调节，以维护经济社会秩序健康发展。这样，就不可避免会出现政府工作人员工作失误或者其他不当行为的情况发生。因此，政府应积极加强与其他社会团体和组织的相互合作和制约。

[①]　［英］亚当·斯密著，郭大力、王亚南译：《国民财富的性质和原因的研究》上卷，商务印书馆1972年版，第84页。

2. 市场关系中的政府责任

亚当·斯密基于"经济人"假设和"看不见的手"的理论，主张自由放任的经济政策。但他并不反对国家对经济进行适当的干预，亚当·斯密认为，适当的政府干预在一定程度上可以有效避免完全由市场机制导致的经济问题，如垄断、供给失衡、价格急剧波动等弊端。亚当·斯密认为，作为社会公平正义的执行者和维护者，政府在市场关系中承担宏观调控经济运行、服务市场经济、纠正市场偏差等功能。

第一，政府的调控功能。如何正确处理政府与市场的关系是自由主义经济体制的一个至关重要的问题。从国家的起源、目的和性质，我们可以得出这样一个结论，政府是社会秩序的维持者和社会正义的执行者，政府最主要的目的和功能便是维护现有政治社会秩序。那么，对于市场经济来说，政府应充当市场监督的角色。对此，亚当·斯密认为，政府不能过多干预市场经济的正常发展，但为防止经济弊端等问题的出现，政府应加强对市场的监管。逐利性是资本的根本属性，为了获得更多的剩余价值和高额利润，资本主义会不惜一切代价扩大再生产。亚当·斯密通过对资本主义经济运行的观察，意识到随着资本主义的快速扩张会导致越来越多的中小工商业者因破产而被兼并，最终可能在某些行业和领域内形成垄断现象。垄断不但会严重扰乱正常的自由经济秩序，如垄断可以控制价格和产量，对上下游相关产业形成控制或制约等，还会破坏产业间和市场主体间的平等和竞争权利。面对垄断弊端，个人或少数群体是难以与之抗衡的，只有掌握国家政权的政府出面才能解决。政府机构应当从事前控制入手，观察、评估和决定要不要采取措施、要采取怎样的措施，从而预防垄断的生成和运作，防止垄断在人们不知不觉中自动出现。[①]因此，政府应从国家层面做好顶层设计，建立和完善相关法律制度以及相关政策要求，从坚持预防为主的策略出发，采取适当的手段对国家经济运行进行干预，积极鼓励企业以创新为驱动不断发展，并且鼓

---

① ［美］加文·肯尼迪著，苏军译：《亚当·斯密》，华夏出版社2009年版，第279页。

励、支持中小企业的发展，从根本上破坏垄断现象出现的土壤。

第二，政府的服务功能。在亚当·斯密看来，"看不见的手"在自由的市场经济中起着自发调节经济的作用，而政府应充当服务于市场的角色。对政府来讲，进行宏观调控不是目的，无论是对经济进行有限度的干预还是放任自由的经济政策，其最终目的都应该是促使国家富裕和人民物质生活水平提高。①由此可见，政府应当服务于市场，让市场在资源配置中起决定性的作用，这样的市场经济才能健康有序地向前发展，进而才能推动经济社会的发展进步，实现国民财富的积累和社会文明的提升。因此，政府必须定位于服务市场的角色，对于市场中杂乱部分以及不良因素都要合理地加以控制。亚当·斯密认为，一个国家富裕与否，关键看这个国家的人民是否富裕，富国首先要富民，因为对于个人来说，他首先关心的是自己而不是国家和社会的公共利益，个人从事经济活动都是出于个人利己心的驱使，但在"看不见的手"的引导下，无数个人的利己心驱使下的活动就会共同促进公共利益。这就决定了政府应当以保护人民利益为主，为每一个人的发展创造公平公正的机会和社会条件，鼓励人民以自己的聪明才智发家致富，推动国家的富裕。众所周知，个体不可能生产所有产品，只有通过交换才能获得自身所需的生活资料和生产资料，那么这种交换就构成了市场的运行。保证市场自然流动，维持正常交换秩序，保障人民的交换自由权利，就应当是政府义不容辞的责任，也是其必须履行的义务。事实上，政府无须对交换行为本身进行过多的制约和限制，只需要预防和及时排除干扰市场正常运行的不利因素。正如亚当·斯密所说，政治家或设计者需要做的并不是扰乱人类事物的自然运行，而应为自然运行创造条件，在追求目标时让它自然发挥。②政府应当服务而不是利用市场经济。

---

① ［英］唐纳德·温奇著，褚平译：《亚当·斯密的政治学》，译林出版社2010年版，第25页。

② 郭志琦、申米玲：《对亚当·斯密政府角色理论的重新思考》，《当代经济研究》2012年第1期。

第三，政府的纠偏职能。斯密认为，纠正市场失误和偏差，调节市场不足，是政府的另一个重要功能。基于"经济人"假设和"看不见的手"的理论，亚当·斯密崇尚市场机制在经济运行中的作用，他认为在市场经济条件下，市场会通过自由竞争和自由交换来自动调节供求、价格、竞争、风险等要素，政府无须对之进行过多的干预，而应当遵循市场经济的客观规律，顺应自由放任的经济政策，发挥保护和引导等作用以维护正常的经济社会秩序，从而促进社会与经济均衡发展。然而，市场并不是万能的，它不能包打天下，市场本身也有弊端和失误，这就是为什么需要政府进行宏观调控和经济干预。亚当·斯密在分析18世纪英国殖民地问题时就意识到了这一问题。当时，资本家们受"看不见的手"引导，在殖民地投入巨资扩大再生产以追求高额利润，结果造成大量国内资金流入殖民地，很多产业和工商业系统停滞不前，最终破坏了英国的经济平衡。对此，亚当·斯密指出，英国的贸易，不在多数小的商业系统中进行，却被引到大的商业系统中，整个工商业系统越来越不安全、不健康。[1]那么，如何才能解决这个问题呢？亚当·斯密的答案是政府，唯有政府出面才能干预和纠正市场的这一行为。这就需要政府通过制度设计包括政策调整、法律手段或直接行政手段等来规范市场失误带来的问题，以解决社会经济的失衡现象。政府纠正市场失误时，应当与价格政策、货币政策和赋税政策相适应，避免制定错误的违背经济需求的产业政策，市场健康运行时不给个别行业优惠或限制，从而更好地协调产业均衡发展。[2]

（二）"税收公平"思想

税收的公平原则是指在收税及其过程中对各课税主体一视同仁、平等对

---

① ［英］亚当·斯密著，郭大力、王亚南译：《国民财富的性质和原因的研究》上卷，商务印书馆1972年版，第175页。

② ［英］亚当·斯密著，郭大力、王亚南译：《国民财富的性质和原因的研究》下卷，商务印书馆1974年版，第384页。

待，不存在任何的偏见和标准不一，这是税收制度的首要原则，也是全世界公民公认的税务制度中的道德价值准则。坚持税收公平，是亚当·斯密国家治理思想的一个重要方面。亚当·斯密认为，国家必须在自己范围内，合理划分比例，即按照各自在国家保护下享有的收入，缴纳国税，维护政府。[①]政府保护人民、维持社会秩序，人民则需要缴税来维持政府运行。税收的最大问题不是该不该收，而是怎么收，收多少的问题。政府制定税收制度要得到人民中绝大多数人的同意，也就是说税收制度要具有合法性，否则政府就难以向民众收税。税收制度的合法性，首先要体现实践公平原则，这是因为：首先，税收的来源必须是合理、合法的，是正义的行为；其次，税收的税率即公民应纳税多少必须具有法律依据，政府任何时候都不能肆意增加税收；再次，政府必须制定相应的法律制度严厉打击和惩罚偷税、漏税等非正义的现象和行为。税收取之于民、用之于民。但如果政府收税以后并不是用之于民，而是进行奢侈浪费甚至致使权力无限地扩大，这就不是正义的行为，也是不道德的，是违背税收公平原则的，需要坚决杜绝此类现象的发生。当然，任何一项税收制度都不可能是绝对公平的，也不是绝对正义的，只是相对而言的公平和正义。亚当·斯密认为，制定税法时首先要坚持公平原则，尽可能地考虑到社会中绝大多数人的利益，这样的税法才是公平和正义的，才具有合法性。

对于税收公平的判断标准，亚当·斯密认为，这主要体现在税收制度中的公平标准以及能力标准。亚当·斯密认为，社会公民纳税越多，国家财政就会越多，两者成正比例关系。对于这个论断，亚当·斯密进一步解释说，联合承租人是要分别依据他们个人在庄园的利益按比例对管理费用作出贡献[②]，也就是说，公民要想得到国家庇护，就必须依法纳税，同时公民纳税

---

① ［英］亚当·斯密著，谢祖钧译：《国富论：国民财富的性质和原因的研究》，新世界出版社2007年版，第626页。

② ［英］亚当·斯密著，郭大力、王亚南译：《国民财富的性质和原因的研究》下卷，商务印书馆1974年版，第380页。

越多则政府对其保护程度越高，两者是成正比例关系的，并且以公民从国家中获取利益的数额作为纳税的税额是相对公平的。根据税收中的公平原则，亚当·斯密把公民能力标准划分为公民的天赋能力、收入与支付能力。天赋能力，顾名思义就是指公民运用自己的天赋才能所创造的收入，由于人与人之间的天赋能力是有差别的，甚至是千差万别的，这就会导致人们收入存在差异，因此对于公民的税收费用也存在差别，这种差别是客观的，但也必须符合税收制度中的公平原则；所谓收入与支付能力，是指公民获得的可以自由支配的收入，按照这种收入来判断公民是否应该纳税，收入越高，纳税就越多，收入低则纳税少，除此以外，没有收入能力的公民则无须纳税，但也同样会受到政府的保护和帮助，这样才能保证社会中存在一种平衡。

（三）"公共福利"思想

国家治理模式与公共福利政策息息相关，公共福利历来都是国家治理中的一项重要内容。公共福利的完善和发展受到国家所提供的公共财政资金的制约，也就是说会受到税收制度公平与否的影响。亚当·斯密关于公共福利政策的主张，主要包括社会救济、大众教育等方面。

1. 社会救济

亚当·斯密认为，自由的市场经济越发达，人们之间的贫富差距也就越大，也就不可避免地产生贫困人口。如何对待处于社会底层的贫苦人民是国家治理中不可忽视的一个重要方面，体现了国家与社会的正义程度。针对这个问题，亚当·斯密认为，个人或少数人是无能为力的，只有政府才能承担起这个责任。为此，必须发挥政府的能动性作用，从制度层面制定科学有效的就业政策，积极采取相应的就业措施，尽最大可能促进社会公众就业，对于贫困人口要着力提高其工作收入并改善其工作条件。亚当·斯密主张政府采取积极的社会救济制度，例如，为穷人提供工作，增加穷人收入，缩小贫富差距；通过税收制度调节社会收入差距等，收入越高则缴税越多，低收入者少缴税甚至不缴税。亚当·斯密认为，税收的标准应该体现社会公平正义。除此以外，亚当·斯密还特别强调，劳动环境对劳动者的劳动效率和工作态度是至关重要的，企业单位应当在创造良好的劳动环境上下些功夫。直到今天，亚当·斯密的这些经济思想对解决社会中存在的一些突出问题仍具有一定的借鉴意义。

2. 大众教育

教育可以增进人们的知识和技能，提高人们的思想道德水平，大众受教育程度是衡量一个国家和民族文明进步的重要标志。亚当·斯密指出，为提高劳动者的智性，必须对大众进行普及知识教育，鼓励建立各种社团组织。社会化大生产导致社会分工，社会分工使大多数劳动者只从事一个或两个作业，每天都在做着同样反复的机械动作，缺乏智力锻炼，久而久之就会变得更加无知。如不改变这种趋势，人们就会常常处于愚昧的状态。为此，亚当·斯密提出了发展公民教育的主张，他要求民众必须接受义务教育。针对当时英国公民普遍缺乏基本的科学文化知识的现状，亚当·斯密认为，教育对每个人的发展都是极其重要的，即使是最穷苦的人也应该学会最基本的写作与算术。亚当·斯密认为，公民的智力与能力是国家发展与强盛的基础，大力发展教育可以使人摆脱愚昧，这样才能促进国家繁荣富强、人民幸福安康。在一个自由的国家，政府的安全，在很大程度上取决于人民对政府的行动建议，人们往往不轻易对政府进行判断作用，这对政府是一个非常重要的事情。[①]亚当·斯密认为，人们的意见对政治社会秩序的运转过程起着重要的作用，这也表明，大众教育对社会的控制和调整也同样具有重要影响。

（四）廉价政府思想

建设一个高效的廉价政府是亚当·斯密的一贯主张，也是亚当·斯密坚持税收公平制度原则的重要体现。关于如何建设廉价政府，亚当·斯密的主

---

① ［英］亚当·斯密著，郭大力、王亚南译：《国民财富的性质和原因的研究》下卷，商务印书馆1974年版，第345页。

张主要包括节约公共资源和有限高效廉洁政府两个方面。

1. 节约公共资源

亚当·斯密虽然没有在著作中对节约这个问题进行专门的论述，但在很多地方都蕴含着节约的思想。一是在讨论分工问题时，亚当·斯密认为分工的最大优势就是节省了原来在未分工状态下因工作转换而浪费掉的时间，机械和技术的应用可以大大提高劳动生产力，生产同样多的产品所需时间大为减少，这样，同等数量的劳动力在相同时间内就会创造出更大的价值。二是他认为节俭是有效增加国家财富和直接提高资本积累的最有效方法，正如他在《国富论》中所说的："资本的增加是因为节俭，资本的减少是由于奢侈与浪费。"三是要善于管理和利用资本，切忌铺张浪费，节省不必要的开支，能够促进财富的增长。

亚当·斯密认为节俭是一种社会美德，是良好社会形成的重要条件。节俭可以使人养成良好的生活习惯，人们节俭可以积累资金，再加之谨慎选择投资的途径，可以提高收入、改变自身状况。因为节俭和谨慎能够增强人们投资的理性行为，从而减少胡乱投资的状况，经济动荡的可能性就会随之减少。正如亚当·斯密所说的那样，每个人改善自身境况的一致的、经常的、不断的努力是社会财富、国民财富以及私人财富赖以产生的重大因素。[1]基于此，亚当·斯密强烈反对奢侈浪费的行为，尤其是政府的奢侈浪费的行为，在他看来是不可原谅的。他指出，奢侈者所浪费的，如果不能被一部分人的节俭相抵，那么这种奢侈行为不仅会使个人陷于贫困，也将使全国陷于匮乏。[2]因此，亚当·斯密认为节约公共资源是政府行为的道德准则，只有节俭和廉洁的政府才能制定出适合本国国情的发展策略和计划，合理地制定公共开支的范围和数额，谨慎地将资本投入最有用和最需要的地方。这样的

---

①［英］亚当·斯密著，郭大力、王亚南译：《国民财富的性质和原因的研究》上卷，商务印书馆1972年版，第315页。

②［英］亚当·斯密著，郭大力、王亚南译：《国民财富的性质和原因的研究》上卷，商务印书馆1972年版，第312页。

政府，才是民众认同和拥护的正义的政府。

2. 有限的高效廉洁政府

亚当·斯密把"经济人"假设应用于纳税人，提出政府必须是有限的高效廉洁政府的主张。众所周知，政府收入来自民众缴纳的税收，但税收不是随便收取的，而是在法定标准下由纳税人缴纳给政府的。纳税人缴税的目的是要政府保护他们，放在市场经济条件下，就是要政府保护和服务于市场，此时的纳税人其实就是市场活动中的"经济人"，自然希望政府是小成本大收益的政府。因此，作为提供服务和遵守市场规则的政府应当是一种廉价政府模式，即花纳税人最少的钱，为社会公共利益提供最大的服务。这样，就要求政府控制其规模、降低运行成本，在政府职能受到限制的同时提高行政质量和效率，尽可能地做到"物美价廉"。

亚当·斯密认为，只有生产性劳动才能创造价值、增加国民财富，这对资本积累有积极的促进作用。但对于君主、政府官吏等人，亚当·斯密认为他们并不属于生产性劳动者，他们不创造价值，他们的工作和行动不会直接增加国民财富，而一旦铺张浪费就会使财富减少，更何况铺张浪费是官僚主义的一贯作风。想要国富民强就必须进行资本积累，这就需要劳动者创造更多的剩余价值。剩余产品或生产物越多，资本积累也就越快。只有在节约的情况下，才会有更多的资本投入扩大再生产之中。亚当·斯密认为，节俭是资本增加的直接原因，而勤劳并不是。当然，勤劳一定是节俭的前提条件，通过节约而积累的物品，都出自劳动。但是如果没有节俭来贮藏积蓄，单靠勤劳之所得必然无法增加资本积累。[①]正因为如此，亚当·斯密反对政府浪费和奢侈的行为，认为政府的浪费行为会直接导致国家资本减少，长此以往国家就会趋于贫穷。合理的政府应当是节俭的、精简机构的、提高行政效率的政府。

---

① ［英］亚当·斯密著，郭大力、王亚南译：《国民财富的性质和原因的研究》上卷，商务印书馆1972年版，第310页。

三、亚当·斯密的国家治理思想的影响及评价

亚当·斯密一生主要有两部代表作，分别是出版于1759年的《道德情操论》和1776年的《国富论》，再加上由他在格拉斯哥大学担任教授时的部分讲义集结出版的《关于法律、警察、岁入及军备的演讲》，这些著作奠定了亚当·斯密成为古典经济学代表人物的身份。亚当·斯密在对重商主义和重农主义批判继承的基础上，提出了他的自由主义经济思想，并主张将其应用于国家治理的各个方面。亚当·斯密的国家治理思想不仅对18世纪的英国造成了很大的影响，还深刻影响了近现代以来世界各国的国家治理模式及政治实践活动。当然，受多重因素的影响，亚当·斯密的国家治理思想也不可避免地存在许多历史的局限。

（一）亚当·斯密的国家治理思想的历史影响

1. 亚当·斯密对穆勒的影响

亚当·斯密对穆勒的国家治理或政府观有着巨大影响。约翰·穆勒（1806—1873），是19世纪英国古典经济学家的代表人物，他的代表著作主要有《政治经济学原理》《代议制政府》《论社会主义》等。穆勒反对国家干预市场的观点，但他不认同完全放任自由的主张，他主张在这两者之间采取一种恰当合理的折中态度，并在分析相关利弊的基础上，提出了自己的国家治理观点。

关于限定政府职能，穆勒受到了亚当·斯密的影响，他认为政府干预会伤害经济的运行，政府的干预行为常常依赖错误理论的支持，这些行动多多少少对经济发展有害。主要体现在：第一，政府干预价格机制，人为操控商品价格的浮动，会直接破坏价格机制的自动调节功能。第二，政府控制国际贸易交流，保护本国较弱的工业是必要的，但必须遵守一定的原则即相对优势贸易原则，否则会造成国家与民众利益受损。第三，穆勒认为政府的过度

干预意味着政府职能和权力扩大、政府所管控的事情及其工作责任的扩大，这样极易导致官僚主义倾向。

对于自由放任的经济政策，穆勒也提出了自己的看法。一是自由放任适用于追求利润最大化的"经济人"，即那些理性的以自我利益为中心的人，他们对自己的利益目标及行动有着清晰的认识，但并不是每一个人都有这样的能力和认识，对于这些人，政府应当出面提供相应关心、支持和帮助。二是自由放任下，个人可以追求自身利益，而对于能力有限的贫困人口来说，因帮助他们是无利可图的，因而没有人会为他们无私奉献，这时只能由政府承担社会救济和补贴的职责。

在系统分析国家干预和自由放任两方面局限性的基础上，穆勒提出了较为折中的政府干预理论观点：第一，穆勒认为政府应制定实施有益于民众的经济政策或判断导向；当大多数人需要某种帮助才能实现自身利益时，政府应当承担提供帮助的责任；关乎全社会利益的事，必须由政府出面干预。第二，穆勒认为政府要善于运用非命令式的间接干预，这样既能干预国家经济又不会限制个人自由，如以通过劝告或传播信息的形式进行干预。允许个人自由追求利益目标，不实施干预于个人，但是也不完全交给个人做，同时设立自己的机构做同样的事。①第三，大规模的基础设施投资，如兴建公路、港口、医院等，有利于公共利益，但个人或少数人又难以承担的，政府应当干预和实施。此外，还有如科研工作、地质考察等高科技高知识含量的事业，政府给予鼓励、支持甚至财政补贴。

2. 对哈耶克的影响

作为新自由主义的杰出代表，哈耶克继承和发展了亚当·斯密的经济自由主义国家治理思想。哈耶克高度赞扬亚当·斯密关于经济自由发展等主张，对于亚当·斯密，他曾这样评价：亚当·斯密的决定性贡献在于他对一

①　［英］约翰·穆勒著，胡企林、朱泱译：《政治经济学原理》下卷，商务印书馆1991年版，第220页。

种自我生成的秩序所做的阐释。正如他所指出的那样，如果个人只受适当的法律规则的约束，那么这种秩序就会自发形成。斯密所著的《国富论》一书，也许要比其他任何著作都能标示出现代自由主义发展的开端。[①]

哈耶克继承了亚当·斯密的自然的自由制度和社会正义的观点，提出了过程公正的观点。他认为在遵守正义法则的前提下人们能够产生一种自发的秩序，但在现实的社会生活中，个人是无法揣摩或预测其他人的具体行动的，唯有通过一定的规则如正义的法律制度、良好的道德规范等才能约束人们的行为。因此，在市场经济的运行中，就需要政府从国家层面上制定公正合理的原则来制约人们的行为。哈耶克发展了亚当·斯密的正义理论，他认为在合理的正义原则规范下的经济行动本身是正义的，其经济结果也是正义的和公正的，因为这是正义规则即市场自发形成的结果。公正的经济过程即使会导致收入差距，那么收入差距本身就是合理的，是市场经济公正性的体现。此外，哈耶克认为，一定程度的收入差距可以刺激人们的欲望和工作动力，进而能够促进经济发展，但同时也认为收入差距不能过大，要控制在一定范围之内。哈耶克的过程公正观点是对亚当·斯密的正义理论的发展。

哈耶克继承和发展了亚当·斯密关于政府在市场中的作用的观点。哈耶克认为，市场秩序隐含于整个市场经济之中，运用大量具有客观事实的知识来进行资源配置，而这些知识来源于参与市场经济活动的所有人，因而任何个人是掌握不了这些知识的。市场的价格机制及其规律，能够自发协调经济个体之间的行为，政府无须过多干预。因为自由的市场经济的基本原则就是利用社会自发力量来促进社会经济的发展。哈耶克认为，国家和政府相对于社会来说，只是个极小的部分，市场依靠的是整个社会的自发力量驱动，为此，政府不能过多干预经济，应当把政府的干预约束在一个很小的范围内，让更多的人拥有参与市场的自由和权力。哈耶克清楚地认识到亚当·斯密并

---

① ［英］冯·哈耶克著，邓正来选编、译：《哈耶克论文集》，首都经济贸易大学出版社2001年版，第58页。

不是绝对反对一切的政府干预，并不是一味认为政府应"无为而治"地对市场放任自由。他认为在一定程度上，政府应当实施积极行动以维护经济社会的健康发展。值得注意的是，哈耶克不认同亚当·斯密所主张的政府被动干预经济的角色，而是认为政府应积极主动地支持、引导和保护自由经济的发展。他指出"认为自由主义就是放弃国家活动的做法，实则与政府直接或间接支持垄断无异，都会导致竞争走向衰落。政府采取某些行动能够有效地促进竞争"①。由此可见，哈耶克的政府职能观点深受亚当·斯密的影响，但对市场经济而言更加具有现实意义。

（二）对亚当·斯密的国家治理思想的评价

亚当·斯密的国家治理思想对18世纪的英国乃至整个资本主义世界都产生了广泛而深远的影响，但仍然存在许多历史的局限，研究亚当·斯密的国家治理思想要求我们坚持实事求是的科学态度。

首先，亚当·斯密思想中关于"利己"与"利他"的问题，实际上是人性弱点在现实中的反映，是人们之间道德与利益的问题，亚当·斯密对这个问题的解决虽然有可借鉴的价值，但是我们也不能忽视其局限性。其次，亚当·斯密以旁观者的角度来看待利己与利他，但在市场经济条件下，人们的欲望是无止境的，仅依靠社会道德评价来规范人们的行为是不现实的。再次，亚当·斯密强调好政府以及好"政治人"的重要性，但是将衡量标准分别归结为自然的自由，以及政治人信息的完备和个人能力的充分，这本身就具有很大的局限性。最后，亚当·斯密只研究了"经济人"，而忽略了"政治人"也能够进行的正当经济行为。如布坎南所说，政治的实质是一个复杂交换的过程，从这一点来说，与市场是类似的。②"政治人"本身也具有

---

① ［英］F. A. 冯·哈耶克著，邓正来译：《个人主义与经济秩序》，生活·读书·新知三联书店2003年版，第162页。

② ［美］詹姆斯·M. 布坎南著，吴良健、桑伍、曾获译：《自由、市场和国家——20世纪80年代的政治经济学》，北京经济学院出版社1989年版，第91页。

"经济人"的特性，两者是不能分开的，并且在现实社会中经济和政治也是密切相关的。总之，在充分肯定亚当·斯密国家治理理论具有高度的合理性、进步性以及非常重要的理论与实践价值的同时，我们也应看到具有其内在的历史局限性，这些局限性也反映了他的理论是为新兴资产阶级贵族和资本主义经济制度辩护甚至是摇旗呐喊的立场和阶级本质。

第三节　弗朗索瓦·魁奈的重农治理思想

魁奈的重农治理思想基于"自然秩序"哲学基础，以"纯产品"理论为核心及经济主张和理论体系。在"自由放任"和"政府之手"之间满足人们幸福和国家富裕的需求，需要两者的共同努力。他既主张遵循自然秩序的"自由放任"，又强调"政府之手"的干预作用，同时认为利益表达功能是勾连两者结合的机制。魁奈提出"纯产品"概念，引出"剩余价值"，无疑拓展了古典政治经济学的研究范围，从流通领域转到直接生产领域，为科学地认识和了解资本主义经济运行规律提供了理论依据。

一、弗朗索瓦·魁奈的生平及思想渊源

（一）弗朗索瓦·魁奈的生平及著作

弗朗索瓦·魁奈（1694—1774），法国重农主义学派创始人，古典政治经济学体系奠基人之一。1694年6月4日，他生于巴黎蒙福尔·拉穆里的梅里村，出身普通家庭，家境状况虽不是那么窘迫，但因兄弟姊妹众多，年少时没有得到良好教育，直到11岁时，他都没有进过一天学堂。12岁时，他结识了一位读书先生，教他读书识字，燃起了他渴望求知的热情。直到13岁时，父亲去世，他迫于生计出门拜师学医，16岁时被外科医生收留做学

徒。不久，他来到巴黎，在一位雕塑家家里学习工作5年，同时以饱满的热情在不远处的大学研习医学，同时涉猎化学、生物学、数学、哲学等。24岁时，他从巴黎返乡在蒙脱担任外科医生，维持生计。由于他的聪明好学，医学声誉日渐提高，很多知名人士亦去就诊。

1730年，魁奈发表了《放血效果的观察》的论文，在医学界引起较大的反响，得到医学界的认可，随后得以住在巴黎，并与当时著名外科医学者佩洛尼等人有了密切接触和交流，被聘为巴黎外科医学会的常任秘书。1736年，他又发表《动物经济论》一文，该论著奠定了生理学的哲学基础。鉴于其理论在当时的影响，10年后在其论著再版基础上建立的心理学，以自然法为出发点，提出自由放任的建议和关于人类的社会性的观念。作为魁奈经济学说基础的社会哲学思想，开始在这部论著中生根发芽。1749年，55岁的魁奈，由于医术精湛被任命为国王路易十五的爱妃蓬巴杜侯爵夫人的侍医，从而搬进凡尔赛宫。1752年，又因治愈皇太子重病有功，继而成为国王路易十五的御医，从此飞黄腾达，被赐封为贵族。在天子脚下生活，让他有了更多的机会接触达官贵人，在这些人当中有很多智者和思想家，他们经常在一起讨论交流，魁奈借以了解法国当时的政治经济情况。由于法国当局实施牺牲农业扶植工商业的重商主义政策，经济发展滞后，危机重重，人民生活在水深火热之中，这一切成为人们谈论的焦点。由于他出众的才学和品德，逐渐形成了以他为中心的研究小组，正是在这样的背景下，魁奈逐步由医学研究转向人文哲学，并进一步转向经济学。促使他思想观念转变的哲学家和思想家，有狄德罗、达兰贝尔、爱尔维修、孔狄亚克等，同时有许多经济学家也经常与他见面，如米拉波、里维埃尔的迈尔西埃、杜邦·德·奈穆尔、勃多、杜尔哥等，这些论者也成为"第一波"重农主义学派开创者。他们中很多人会把魁奈的观点奉为圭臬，称他为大师、长者、"欧洲的孔子"，甚至是

"现代的苏格拉底"。[①]

正是在这样的背景下，魁奈1756年和1757年分别为狄德罗和达兰贝尔编撰《百科全书》第6卷，发表了《租地农场主论》和《谷物论》，试图解释法国农业经济衰落的原因，由此开启了重农经济思想的阐释。同年，他又为《百科全书》投递《人口论》和《赋税论》，由于审核原因论著发表被搁置。1759年，他又连续发表出版了《农业国经济统治的一般准则》和《经济表》，从此，以魁奈为中心的重商主义思想体系逐步完善。1764年，随着魁奈在凡尔赛宫中的有力靠山蓬巴杜夫人的去世，他在皇宫中的地位下降。1774年，路易十五逝世后，魁奈退职，同年底，他也死于凡尔赛宫，享年80岁。

魁奈发表出版了《经济表》后，形成了以他为中心的"经济学家"的学派，对魁奈的见解毫无保留地加以接受。这样一来，就逐步形成了以魁奈为中心的在政治经济学领域中所创造的学说，即所谓重农主义学说。重农学派首先确定财富的形成基础以及财富的真正来源，而不像传统经济学家看重财富的表现形式。在魁奈看来，金和银只不过是一种标志，是人类彼此之间进行交换的一种手段，国家拥有大量金银绝对不能成为该国经济繁荣的表现。所以，他不是把目光紧紧盯着这些金银被各个阶层所把持带来的差异，而是关注这些金银是由谁创造出来的。他分析经商的和工厂的人们只是交换转移而非创造财富，从事机器厂房劳作的工人只是代表这些不同价值的积累而已。最后，魁奈着力分析农业方面。

不同于同时代重商主义者的观念，他认为农民、商人和工人地位相同，农民和工人一样，也是用土地进行现在和将来的交换。但是不同之处在于，农民能够创造实实在在的农产品。于是，魁奈提出"纯产品"学说，将自己研究重心从流通领域转移到了生产领域。为此，他认为国家应竭尽全力地增

[①]［美］彼得·盖伊著，刘北成、王皖强译：《启蒙时代：人的觉醒与现代秩序的诞生》下卷，上海人民出版社2019年版，第391页。

加对农业的需求，同时抑制奢侈品和制成品的支出。依据这个判断，国家被分成两种类型：一种是以农业为财富的主要来源，另一种由于缺乏生产剩余农产品的能力，为了生存，必须将注意力集中于贸易上。为了改变当前经济低迷状况，法国应该尝试着前一种类型而不该尝试模仿后者，因为那将冒两头落空的风险。因此，法国政府应当全力以赴增加农业生产中的投入。

（二）弗朗索瓦·魁奈的重农治理思想的渊源

自然法和自然权利的影响。重农学派与启蒙时代其他思想家一样，视自然法和自然权利为自身理论阐述的逻辑起点。霍布斯显然是较早论述现代自然权利的思想家，他试图辨析自然权利与自然法的关系。经由洛克、孟德斯鸠、伏尔泰以及启蒙运动的进一步熏陶，重农学派也深受自然权利观的感染。这一时期所倡导的民主、平等、理性等观念已经普遍为民众所接受，具有天赋属性的权利天然地遵循着自然正义，无疑契合了重农主义所倡导"自然秩序"的观点，这为早期重农学派唯物主义世界观提供了哲学基础。

重农学派创立自然秩序学说，一方面，脱离不了欧洲本身的古希腊传统所带来的启蒙思想家训诫和启蒙运动的熏陶；另一方面，离不开从当时流行于欧洲的中国古代思想中汲取的源源不断的养分。中国几千年的重农抑商的思想无疑对重农主义产生了极大影响。形成于战国时期的"奖耕战""抑商贾"，经由秦汉时的"重农抑商""崇本抑末"，到后来宋元"专卖"法乃至明清"海禁"，均与重农抑商经济形态有关。魁奈对中国的政治经济制度情有独钟，因为他所处的时代在中国正值"康乾盛世"，这让他直接感受到中国封建王朝重视农业所带来的繁荣和兴盛。

魁奈因对中国文化的推崇，素有"欧洲的孔子"之美誉。正如他在《中华帝国的专制制度》一书中，极力为专制君主制做了缜密的理论辩护，中国的制度系建立于明智和确定不移的法律之上，皇帝执行这些法律，而他自己也审慎地遵守这些法律。[①]中国自古遵循自身数千年所形成的稳定的自然秩序。这种对中国君主专制的溢美之词，甚至没有了底线。他对中国文化的崇拜，这与17—18世纪，在中国与欧洲尤其是与法国之间，曾经出现过百余年极不寻常的以西方效法中国为其显著特征的文化交流历史有关。[②]魁奈所著《中华帝国的专制制度》的出版，被当时西方经济学家评价为"中国典范的影响达到了它的顶点"。

在魁奈看来，即使希腊七贤的智慧也难抵孔子一部《论语》。为此，在他的《格言集》中，就直接采取《论语》的写作手法。他向法国各都市下发的关于经济状况的《质问》，也是模仿中国古代采风之官巡行天下以采诗的成果汇编。早期他以御医身份进入凡尔赛宫后，也常常援引中国典籍论证自己的思想。1756年，他就曾力谏国王路易十五模仿中国古代举行"籍田大礼"以重视农业，认为那也是开明君王应有的本分。

二、弗朗索瓦·魁奈的重农治理思想的主要内容

魁奈的重农治理思想基于"自然秩序"哲学基础，以"纯产品"理论为核心及其经济主张和理论体系，以求在"自由放任"和"政府之手"之间达到一种平衡机制，实现他治国理政的伟业。

（一）重农学派思想的哲学基础：自然秩序

魁奈认为，客观存在着不以人们意志为转移的物质世界，就像经济、社会和政治领域一样存在着由"造物主"所决定的具有不以人们意志为转移的客观规律。这就是"自然秩序"，它受"自然法则"的支配。所谓"自然法

---

① ［法］魁奈著，谈敏译：《中华帝国的专制制度》，商务印书馆2018年版，第28页。

② ［法］魁奈著，谈敏译：《中华帝国的专制制度》，商务印书馆2018年版，译本序言。

则"，应是对人类最有利的自然秩序，确切地规定适合于一切人的自然法①，它是固定不变、没有任何强制力可以改变的。在社会领域存在着为人们的生活、繁衍和安适所必需的支配财富不断再生产的物质法则。人类劳动必须与自然的力量相互配合，才能再生产他们所需要的财富。即使实在法的出现也只能遵从自然法则而不应以侵害社会的自然秩序为条件。在原始农业社会，耕种者只应遵从物质法则以及物质法则为他们规定的那些条件，而不应被迫遵守任何别的法则。

在魁奈看来，详细地为人为秩序规定公民自然权利的实在法，是由大自然的造物主所规定的基本法则加以确认和调节的，这些实在法之所以应当为一个国家所采用，只是由于它们符合并且严格地服从这些基本法则。立法者绝对不可以任意规定而违背本应该严格服从由自然秩序规定的基本法则，否则超出实在法本身限度而有失公平。如果人们意识到应遵从自然秩序规则来制定人为秩序，这个社会就处于健康状态。反之，如果人们违反自然秩序而制定人为秩序，这个社会就处于病态。用魁奈的话来说，人身自由和所有权，或者是每个人能够享有他为满足自身需要而寻找到的东西的信念，一直是由自然法则对人们加以保证的，各种完善社会的基本秩序的基础，就是建立在这种自然法则上②，并且能够一以贯之地遵从大自然所予以的各种法则。

从自然秩序出发，魁奈认为农业是最能体现原始状态天然运行规律的行业。依据他的观念，如果没有农业，各种社会团体只能组成不完善的民主。只有从事农业的民族，才能够在一个综合的、稳定的政府统治之下，建立起稳固和持久的国家，直接服从于自然法则的不变秩序。③住在北极的和在原

---

① ［法］魁奈著，谈敏译：《中华帝国的专制制度》，商务印书馆2018年版，第136页。

② ［法］魁奈著，谈敏译：《中华帝国的专制制度》，商务印书馆2018年版，第139—140页。

③ ［法］魁奈著，谈敏译：《中华帝国的专制制度》，商务印书馆2018年版，第138页。

始状态下生活的部族为了生存不得不开垦土地，他们不得不通过劳动占有一片土地和获得土地产品等，这一切都是从最初的自然法则中产生的结果，而自然法则毋庸置疑地从本质上建立起这些社会的联系[1]，也就是"最初的自然规律"。合乎自然和自发的社会，就是指那些不得不"服从自然秩序的合法守信统治者"所统治的社会状态。因此，魁奈像那个时代的启蒙思想家一样看重自然法，而不同之处在于他主张农学为人世最重要的学问，农业为社会最重要的职业。

（二）重农主义思想的核心："纯产品"学说

魁奈非常注重一个国家经济实力的来源，就是一个国家通过什么样的方式累积财富。借此，他将货币财富和实物财富做了严格区分，认为货币财富本身并不具有真正价值，只是辅助性或潜在的、处在流通中的财富，代表实物财富得以在贸易中流通。因此，代表一个国家真正财富实力的并不是所持货币财富的多少，而应当是努力实现增加实物财富的办法。于是，增加国家实力的办法不是在流通领域打转转，而是要专攻于生产领域，创造和发展实实在在的物质财富。于是，魁奈提出"纯产品"学说，将自己的研究重心从流通领域转移到了生产领域。

所谓的"纯产品"，就是"从土地产品中扣除了全部费用以后构成盈利的那部分产品"。顾名思义就是从每年收获总产量中扣除种子、工具、肥料、人力、运输等成本之后的余额。在重农学派看来，国家财富收入的核心要点是能否创造出更多的"纯产品"。通过对农业、手工业、商业、航运等不同行业比较和分析，魁奈认为在生产领域中，只有农业才能创造"纯产品"，使国家财富累积。显然，农业就成为创造财富的唯一部门了，成了财富的源泉。他希望政府将注意力重新放回到鼓励那些创造社会财富的人身

---

[1] ［法］魁奈著，谈敏译：《中华帝国的专制制度》，商务印书馆2018年版，第142页。

上——首先是鼓励农民，因为他们是国家收入最可能和最可靠的来源。商业和制造业的生产结果有着太多的不确定性，还会影响到财政收入，但农业不同，农业能满足基本需要，保证人口增长，并易于征税。而其他行业只是财富的搬运和"叠加"。重农学派以"纯产品"理论为依据，将国民分为生产、土地所有者和不生产三种阶级。只有从事"纯产品"劳动的才是生产阶级。只有从事农业生产的才是真正的生产，只有投射到农业领域的资本才是生产资本。为了研究社会资本的再生产和流通理论，即农业生产和农产品流通，魁奈绘制了经济表，这标志着重农主义体系的形成。

（三）左右摇摆：在"自由放任"和"政府之手"之间

在重农学派看来，自由放任是市场运行以及促发自然秩序的一个重要条件。在认识自然秩序和人为秩序之间的关系时，如果人类社会遵守自然秩序规则来制定人为秩序规则，那么社会趋于良好健康的状态；反之，如果在制定人为秩序时没有遵照自然秩序发展，那么社会就会趋于疾病状态。能够让自然秩序和人为秩序保持一致的最好办法就是自由放任。保持自然秩序的状态首先是确立个人与公众两者利益协调问题，而如何实现两者调和又要居于自由体系之下才能得以实现。于是，重农主义者就从自然秩序推演出经济自由主义。

依魁奈之见，建立一个完全自由的制度，可以更好地促进从事农业生产者和其他所有阶级的利益。因为最稳妥、最确实和最有利于民族和国家的国内外贸易政策，能够体现在充分的自由竞争中，所以应该支持完全的贸易自由。一方面，绝不能只为了满足土地占有者和耕种者的利益而阻碍或制约航海家、商人、手工业者的干劲。若限制了他们应该享有的自由，那他们就很难提供便利的服务。另一方面，也不能只顾及生产阶级的利益而限制农业产品的自由流通，这样会挫伤农业生产者的积极性。若生产者能够以最大的自由进行产品创造，就会调动他们生产的干劲，那么他们就会不断累积剩余产品，从而增加国家财富的体量。因此，支持完全自由、安全和公正的制度，是促进社会各层面获得最大利益的最好方法。

魁奈一方面倡导市场自由放任、自由竞争，另一方面又竭力主张一切遵从自然秩序的国家干预。我们在论及国家财富的累积时，国家首先需要拥有足够的生产工具和生产预付资本，保证每年生产一定量的纯产品。而对一个逐步衰落的农业国家来说，情况大不一样。这样，国家靠每年生产勉强支持的一切财富，会由于生产费用预付的减少，而相应地遭到破坏或损失它的价值。[1]比如，在大规模耕种下，需要预付资本购置一批农耕器具、种子、家畜，支付仓库保管以及工资等费用。如果农业预付资本充足，农业耕作就会得到相应保障，那么土地生产者就能产出更多的纯产品。为此，一切意欲使农业人口增加的经济管理机构，应当以增产粮食产品作为自己的任务，但必须对人和这些工作所需的财富给予关怀和爱护，在农业上作适当的资金预付。[2]这些都需要国家宏观规划。政府应认识到对经济干预的重要性，君主及其大臣通过对国家经济的管理，也能在总的方面间接地促进财富的增加。[3]可见，魁奈虽为古典重农学派代表人物，对政府干预之理性对待比现代学者正式提出"看得见的手"的国家干预政策还要早200多年。

我们通过魁奈重农经济主张可以看到，他既主张遵循自然秩序的"自由放任"，又强调"政府之手"的干预作用，同时又将两者很好地结合起来，这也是他不同于其他重农学派的高明之处。那么他又是通过什么方式将两者结合起来的呢？要回答这个问题，魁奈首先提出"什么是国家幸福生活的必要条件呢？——使耕种土地尽可能得到更大的成效和使社会上没有小偷和乞丐。实现第一个必要条件是由每一个人的切身利益决定的；而第二个必要条

---

① ［美］A.E.门罗编，蔡受百等译：《早期经济思想》，商务印书馆2011年版，第340页。

② ［法］弗朗索瓦·魁奈著，吴斐丹、张草纫选译：《魁奈经济著作选集》，商务印书馆1979年版，第148页。

③ ［法］弗朗索瓦·魁奈著，吴斐丹、张草纫选译：《魁奈经济著作选集》，商务印书馆1979年版，第157页。

件的实现，则是由政府负责执行"。满足人民幸福和国家富裕需要"自由放任"和"政府之手"的共同努力。

魁奈十分推崇在自由环境下作为自然秩序而支配市场运行的利益表达机制的功能。因为在现实生活中，总有人会超出自然法本身所规定的公平，而任意篡改，形成凌驾于其他人基础之上的特殊利益。那样可怕的后果可能会破坏国民和君王两方面的自然权利，并使国家丧失由于遵守秩序而获得的利益。利益表达机制的出现可以纠正立法者本身的弊端和偏见，回到正常自然秩序之中，恢复正常公共秩序。在魁奈看来，发挥利益机制的功能，就是以"政府之手"予之保护为条件。魁奈之所以如此强调利益机制与"政府之手"相结合，主要是因为，人类社会的出现既要遵从于自然秩序本源，又要遵从于实在法。实在法也是由大自然的造物主所规定的基本法则加以确定和调节的，这些实在法之所以应当为一个国家所采用，只是由于它们符合并且严格地服从这些基本法则。[①]基于自然秩序之上的利益机制与"国家干预"之间是相辅相成、密不可分的。这是统治人类社会一切活动的基本规律，也必须是支配市场运行的基本规律。

三、弗朗索瓦·魁奈的重农治理思想的影响

（一）强烈的资本主义色彩

18世纪50至70年代法国资产阶级革命前夜，启蒙运动也在法国逐渐开展起来，出现了以狄德罗为首的"百科全书式"不同思想的流派，他们著书立说表达为国家出谋划策的决心和信心。其中，重农学派的学理属性无疑反映了那个时代新兴资产阶级的利益和要求。他们大都倾向开明君主政体，总

---

① ［法］魁奈著，谈敏译：《中华帝国的专制制度》，商务印书馆2018年版，第143页。

以为自己是代表封建地主贵族的利益，把希望寄托在"开明君主"身上，认为只有"开明君主"才能使法国封建制度重见天日。资本主义的实质和封建主义的外观，就是重农主义的基本特征，确实也是由于对中国文化的喜好和受到专制制度的影响，极力推崇中国开明的封建统治并为之游说。实际上，重农学派就是企图在封建社会的"框架"里开辟新兴资本主义的道路。

无论怎么去评判，重农学派所倡导的似乎与欧洲工业革命带来的新兴资本主义市场发展方向相背离，但事实上，法国资本主义市场萌动以及贸易往来的发展并没有由于重农学派的主张而受到丝毫影响。面对欧洲资本市场和商品工业发展带来阶级利益的变化，数百年形成的统治秩序随着新革命的到来，内部暗潮澎湃。魁奈所主张的遵从"自然秩序"经济运行规律不以人们的意志为转移，无疑暗合了对传统君权神授观以及由此带来制度的否定和抗拒，从某种程度上来说，促进了资产阶级人文思想大解放，为法国大革命提供了理论准备。重农学派的主张，为当时经济低迷、发展道路迷茫的法国提供了一种新的研究视角，虽然没有被当时法国统治者所接受，但是他们所主张的农业自由贸易，暗合着资本主义追求竞争、自由的较早表达。随着事态发展到与魁奈所拥戴的专制皇权制相冲突，又提出开明君主的"政府之手"来干预经济活动。

（二）弗朗索瓦·魁奈的重农治理思想对后世的影响

1. 推进古典政治经济学发展

魁奈所完成的《经济表》内附图解的公式，开启了宏观分析、模型分析等先河，为经济学研究方法带来了新革命，很快便使他赢得了很高的荣誉。魁奈阐明政治经济学的基本原理并企图研究和分析财富源泉的功劳，无疑应该是属于他的，他就是这样给了政治经济学一个系统的形式，并把它升高到一门科学的地位。[1]无论如何，重农学派作为18世纪法国古典政治经济学中最重要的经济学派之一，它所蕴含的思想内容以及对后世的影响无法磨灭。对此，马克思对重农学派给予了很高评价：加深对财富来源的认识，辨别了创造财富是在农业生产领域而不是流通领域，重农学派把理论研究的中心从流通领域转到生产过程，从生产中而不是流通中引出价值和剩余价值，从而为分析资本主义奠定了基础，使现代政治经济学有可能成为一门科学。正因此功绩，他们成为现代政治经济学的真正鼻祖。

但是重农学派这个18世纪最著名的经济学派的不确定性名声，长期掩盖了那个世纪经济思维的清晰性。这个学派的开创者魁奈及其门生在当时很多进步思想家当中是有些难以应付的，以至于他们的写作风格和他们的自负让人难以忍受。比如《经济表》一书，就连魁奈最忠诚、最信赖的弟子米拉波都看不懂书中的图表，这些图表都是三栏数字、用交叉线彼此相连，寥寥数语的表达会使读者如看天书。但是他的疯狂追随者，过分热烈地为之辩护和宣扬，因而出现了党派色彩多于忠诚追求真理的状况。即使这样，毫无疑问，重农学派不遗余力的宣传和著述，加速了古典政治经济学的进步和发展。

2. 开拓政治思想研究

在那个时代，很多研究者并不把重农主义理论看作政治理论创新，根本不会认为它是一种一以贯之的政治理论体系。不管是出生在苏格兰的亚当·斯密等早期经济思想者，还是到后来法国的经济学家让·巴蒂斯特·萨伊，都习惯认为法国重农主义在经济上是不合时宜的，在政治上是无能为力的，在对财富创造机制的理解上是怀有偏见的，在应对日渐突出的法国公众舆论以及跨越宫廷政治障碍方面也是顾此失彼，很难站得住脚跟。但是在弗朗索瓦·魁奈那里，聚拢着一大批具有共同理想信念的追随者。由此也合作发表

---

① ［英］约·雷·麦克库洛赫著，郭家麟译：《政治经济学原理》，商务印书馆2009年版，第27页。

了一系列作品，他赢得了米拉波侯爵的信任之后，与之合写了一篇关于税收理论的文章，一篇关于农业哲学的文章；他帮助勒梅西耶编著了《政治社会的自然和必要秩序》，这无疑将重农学派的关注范围扩大到了社会和政治生活。

那个时期重农主义的政治理论几乎不讨论那些封建残余或共和主义要素，如果说国家的角色是在所有其他社会集团强调各自特殊利益时发现并维护普遍利益，那么，各式各样的局部联合体就能够处理小的诉求。高等法院和传统的等级会议都不能提供出路；而按照米拉波的观点，共和主义也经常是沦为寡头的宗派主义或大众的无政府主义。在农业社会中，恰当而不会带来权威分裂危险的唯一的代表制，是省议会中的地主代表制，因为这种形式在财富的关键创造者和国家本身之间建立了明确的利益和忠诚纽带。

3. 消极影响

魁奈首先关注财富生产者，其最终动机在于监督和确保国家的稳定收入，他清楚地指出，只有大规模的资本主义农业才能真正带来大规模的产出，而这是经济的显著增长所必需的。他的方案很少考虑小规模的农业生产，根据他的分析，小农最好的出路是卖掉财产变成挣工资的劳动者，重农思想难以说服公众相信自己能带来更加广泛的社会收益，不仅仅因为上面指出的那些修辞和陈述上的缺陷，还在于他们致力于给社会中的每个群体赋予创造性角色，这一点至少对魁奈来说是根本性的，尽管从广泛的经济领域看，所有的人都能够从农业资本主义的成功中获益，但农业内部因规模经济造成的损失未被充分考虑——这是加利亚尼和其他批评者敏锐指出的又一问题。

在处理公共利益与个人利益关系上，魁奈认为，整个社会应当允许个人利益得以自由伸张，政府的任务是加以协调，并在必要情况下强制推行社会的共同目标。要做到这一点，唯一的途径是不可分割的国家主权者。这里的悖论在于，主权者要求绝对性和有效性，但又要实行干预的最小化以便经济机器不受阻碍地运行，主权者的任务是给自由的、不受限制的经济行为扫清目前的障碍，然而又要像自然神论观念中的上帝那样，随时准备干预国内新近赋权的各个追求自身利益的派别之间必然会出现的争端。这就是"合法专制"概念的精髓。

在亚当·斯密看来，重农学派的最大缺陷是对重商主义的矫枉过正。17世纪，柯尔培尔作为法国重商主义代表人物，在他担任财政大臣期间，推行了一整套重商主义政策。该政策对法国工商业发展起到了一定的积极作用，但是在经济运行中以牺牲农业为代价，片面追求手工业和商贸发展，在一定程度上也给法国带来伤害。而以魁奈为首的重农学派，却只强调农业才是生产财富的源头，把手工业、商业排斥在生产领域之外，否定工业和商业在国民经济中的重要地位和作用，是一种狭隘的经济发展观。

第十二章　西方启蒙主义的国家治理思想

在西方语境中，启蒙运动一般是指发生在17—18世纪欧洲的一场资产阶级和人民大众的反封建、反教会的伟大的思想文化解放运动，它为欧美资产阶级革命作了思想准备和舆论宣传，它是继文艺复兴运动之后欧洲近代第二次思想解放运动。启蒙运动最初产生于英国，而后发展到法国、德国等欧洲国家，其中法国是启蒙运动的中心，其运动声势最为浩大、战斗性最强，影响也最为深远，堪称西欧启蒙运动的典范。这个时期的启蒙运动，以孟德斯鸠、伏尔泰、狄德罗、卢梭为主要代表，涵盖了各个知识领域如自然科学、哲学、政治学、社会学、伦理学、经济学等。他们主张用理性之光驱散黑暗，把人们引向光明，于是纷纷著书立说，积极地批判专制主义、宗教愚昧和特权主义，宣传自由、平等和民主。其中，启蒙主义的政治哲学以及有关国家和政府建构的思想为美国独立战争与法国大革命提供了框架，促进了资本主义和社会主义的兴起，极大地推动了近代以来国家现代化的产生和发展。直到今天，世界上各主要发达国家的现代治理仍深受西方启蒙主义国家治理理论的影响。

第一节　西方启蒙主义的国家治理思想的主要内容

关于如何定义启蒙，德国著名哲学家伊曼努尔·康德早已为我们指引了方向。1784年，在启蒙运动的鼎盛时期，康德撰写了名为《什么是启蒙》的文章，其中开篇第一句便将"启蒙"定义为"人类脱离由自我所导致的不成熟状态"。对康德来说，启蒙运动标志着人类的最终成年，也即人类意识脱离了无知与错误的不成熟状态。关于启蒙运动的始末时间，尽管历史学家们各执一词，但根据不同的时间段和不同地点、启蒙运动的主题及其显现和受重视程度的不同，大体上可将之分为三个阶段：即1688—1750年前后为早期阶段；1750年前后至美国独立战争后不久为中期阶段；1780年前后至法国大革命结束为晚期阶段。[①]作为一个思想运动，启蒙运动其实是从路易十四死后法国比较自由的政治气候开始的。路易十四之后的法国虽仍旧是一个绝对君主制的中央集权王国，但资本主义的发展和资产阶级力量不断壮大，冲破了旧的封建专制制度的束缚。加之近代自然科学的发展、文艺复兴和宗教改革对教会权威的沉重打击，人们要求摆脱专制统治和天主教会压迫的愿望也日益强烈。一批先进的新兴的思想家便首先在思想领域掀起了启蒙运动，为原本黑暗的时代带来了光明，促进了近现代文明的产生。

西方启蒙主义思想家的国家治理理论，其建构逻辑是在摆脱神学，基于自然法基础之上，形成天赋人权即自然权利包括生命、自由、法治、民主、财产权等，为了摆脱自然混乱状态，启蒙家们提出通过订立契约的形式，组成国家保护人民权益，进而形成不同国家政权组织形式（政体），以及与之相应的一整套国家制度设计来治理国家的一整个逻辑思路。17世纪，荷兰和英国的思想家主要阐述自然权利，法国的思想家们主要论证建构怎么分权，美国的政治家们研究怎么把理论应用于实践。到了18世纪，随着资本主义不断完善发展，启蒙思想家们对教权和封建从斗争逐渐到维护甚至保守，尤其爱思考的德国人更趋于理性思考，所以思想不免打上了保守烙印。

[①]［英］吉隆·奥哈拉著，牛靖懿译：《人人都该懂的启蒙运动》，浙江人民出版社2018年版，第35页。

一、自然法与社会契约

自由主义是近现代西方政治思想的主流。自由主义基于自然法理论，被认为是人天生的自然权利，而国家就是为了保护诸如自由、生命、财产等这些自然权利而通过社会契约进行的一种人为创造。此外，近代以来自由主义被高度世俗化，保护人最基本的物质欲求，自由、生命、财产等作为自然权利被确定下来，并被认为是国家义不容辞的义务。

从近代以来政治思想发展史可以清晰地看出，自然法理论和社会契约论具有基础性作用。早在古希腊和古罗马时期就已经有关于自然法和社会契约的学说，像古罗马时代著名政治学家和哲学家西塞罗、塞涅卡以及中世纪著名经院哲学家和神学家托马斯·阿奎那等人都对之进行过系统阐述。自然法理论认为，自然法则支配着世界上的一切，包括人类社会和自然界都必须接受客观存在的自然法则的支配。自然权利就是自然法则赋予人们的一些基本权利，在进入政治社会后这些权利就构成了国家法律的基础。一般来说，自然法则是人们批判社会政治现实的有力武器和重要前提，也是人们反对统治者的暴力统治和专制制度以要求更多政治权利和社会权利的基本依据。社会契约论认为，国家起源于社会契约，即人们之间通过谈判而形成的某种约定，这也从理论上解释了国家法律得以产生的基础和原因。

近代以来社会契约论的发展经历过两个阶段。在第一个发展阶段，社会契约论主要是提倡和主张抵抗权。16世纪以后，传统的抵抗权摆脱了宗教观念的束缚，为了抵抗封建专制的统治，思想家们开始寻求一种新的但又符合传统的理论基础来论证所倡导的抵抗权的正当性，这就是社会契约论。其中，最早的一部著作就是在1579年由法国新教徒于贝朗格撰写的《为自由反抗暴君》。正是这样的一本书，首次提出了国王的权力来自他与人民所定的某种契约，如果国王不遵守约定，人民便有理由来反对他，即人民有反抗之权。同年，苏格兰人乔治·布坎南出版了《论苏格兰人的主权》一书。布坎南认为，自然状态下的无秩序和种种不便导致了人类政治社会的产生，并认为政治社会是上帝意志的反映，为此统治者负有保护和改善民众生活、提高幸福度的义务，这是民众把自己的部分权利让渡于统治者来行使的结果。布坎南同样认为，统治者权力的依据是他与被统治者之间的契约，人民将据此通过其代表保证统治者即国王的行为符合他们的利益。对于暴君，人们不但有权不服从，而且还有权将其处死。①

西班牙人马里亚那在1599年出版的《论王权及国王的教育》一书中进一步发展了基于社会契约的抵抗权思想。马里亚那指出，政府起源于社会契约，也即是自然状态基础上民众与统治者的约定。君主制是国家早期发展阶段中的一种制度形态，在这种制度下，君主最初是不受约束的，随着政治社会的发展，法律便成为对君主进行约束的重要工具。君主制无法避免暴君政治，而一旦出现暴政，人民便有权抵抗，直至推翻暴君的统治。他还强调，人民是最高权力的所有者，即便历史事实并非如此，人们从常识出发通常也都会拥护这一观念。从这里可以清楚地看出，马里亚那立论的重点是人们的理性与常识而非宗教，抵抗权理论进入一个新的发展阶段。1610年，荷兰法学家阿尔都修斯发表了名为《政治体系》的著作。在书中，他以社会契约论解释国家起源，并强调契约的目的是制定法律和建立各种权威，这些法律和权威对所有人包括国王和民众都具有同样的约束力。阿尔都修斯还认为，主权只能属于人民，因为它不受任何限制，人们所服从的是整个政治体系而不是作为统治者的个人。在此基础上，他甚至认为，人类的一切组织，包括家庭、公司，甚至国家，都是契约的产物。

社会契约论的第二个发展阶段是通过与自然法理论相结合而实现的。提起近代以来具有重要影响的自然法理论家，通常首先想到的便是荷兰政治学家和法学家格劳秀斯。格劳秀斯认为，人是社会动物，人的生存和生活都在

---

① 唐士其著：《西方政治思想史（修订版）》，北京大学出版社2008年版，第209页。

社会之中，为了维持社会存在，人们需要一些基本法则来处理彼此之间的社会关系；这类法则自古有之，但人类社会向更高级的形态演化，那些基本法则也就上升为法律。在格劳秀斯看来，法律是伴随着社会的产生而产生的，可以说是同时产生，同时演进，两者缺一不可。这种思想与后来的霍布斯的自然法理论相比，无疑是更为进步的一种思想观念。格劳秀斯是一位虔诚的基督教徒，但同时也是一位彻底的理性主义者。一般来说，他是最早把自然法的基础从神学转变为理性的思想家。他认为，国家是通过个人主动同意服从其权力与法律而产生的，是自由意志的产物。国家与个人一样需要社会联合，为此，所有国家都应该加入国家社会，遵守共同规范。格劳秀斯强调，人的自然权利必须从人的社会性出发加以理解，这是因为自然法与自然权利具有内在的一致性，自然法是自然权利的基础。自然权利是国家的基础，保护自然权利是国家的义务，而法律权利则是由国家创造出来的。

在近代自然法理论中，自由被认为是自然权利的一项基本内容，这就导致大部分自然法理论家都认为国家起源于社会契约。格劳秀斯认为，政府的合法性在于被统治的绝大多数民众的同意。他还认为，人们通过契约而建立政府，他们有权选择政府的形式、确定政府权力的范围。德国政治学家普芬道夫也持有类似的观点。他认为，国家起源于民众与未来统治者之间规定双方权利与义务而订立的契约。由此可见，与霍布斯不同的是，普芬道夫提出了被统治者对统治者的权力进行约束的问题，这一观点影响了后来的洛克。普芬道夫关于"主权既是绝对的又是有限的"的主权论观点，实际上已经为自由主义敞开了大门。

斯宾诺莎是另一位重要的自然法理论家。他认为，自然状态下人们拥有完全自由，不受任何宗教和法律约束。我们认为的自然状态先于与缺乏神圣启示的法律与权利，并不只是因为无知，也是因为人人生来就被赋有自由。①自然法最根本的内容就是拥有自我保护的基本权利，"所谓天然的权利

①［荷］斯宾诺莎著，温锡增译：《神学政治论》，商务印书馆1963年版，第223页。

与法令，我只是指一些自然律，因为有这些律，我们认为每个个体都为自然所限，在某种方式中生活与活动"①。同时，他也肯定人类利己欲望的正当性，并认为这是人性的一条普遍规律。对于社会契约，斯宾诺莎采取了一种彻底的实用主义态度。他明确指出，契约之有效完全是由于其实用，除却实用，契约就归无效。②在公民的各项权利中，斯宾诺莎真正在意的是自由权利，他认为，政治的真正目的是自由。在各项自由权利中，他特别强调思想和言论自由的重要性。

自然法和社会契约论对英国资产阶级革命有着深刻的影响，成为英国乃至欧洲反对专制制度的一种普遍的社会思潮，在经过洛克的全面论述后，直接影响了美国独立战争和美国宪法，并成为其重要的理论依据。不可否认的是，自然法和社会契约只是理论上的虚构，无法进行科学论证，而历史进程也并不像它们所揭示的那样，以至于有些思想家对其进行了批判。如18世纪英国经验论和怀疑主义者休谟便从经验主义出发对自然法和社会契约论进行了批判。当然，休谟对自然法和社会契约论的批判并不是因为这些理论难以在历史上得以证实，而是因为它们的革命性在休谟看来可能会对社会带来破坏性影响，这也体现了休谟的保守主义思想。

二、自由、财产和生命的权利

自然法和社会契约论在洛克的政治理论中得到了出色的运用。洛克认为，自然法是政治秩序和法律的根本，人们根据自然法享受基本的自然权利，而自由、财产和生命的权利是人的最重要的权利。人们订立契约成立政府，为的就是要保护这些权利，而政府一旦不能保障人们的这些权利也就意味着政府违背了契约，这样人们则有权利推翻政府并重新建立一个政府以满

---

① ［荷］斯宾诺莎著，温锡增译：《神学政治论》，商务印书馆1963年版，第212页。
② ［荷］斯宾诺莎著，温锡增译：《神学政治论》，商务印书馆1963年版，第215页。

足他们的需求。这便是自由主义政治哲学最早的系统阐述。

洛克早期倾向于专制主义的政府，曾积极拥护1660年斯图亚特王朝的复辟，但后来的经历与思考使他逐步走向自由主义。在1640年以后的英国，自由主义成为普遍的社会思潮，与当时很多共和主义政治家相比，洛克的自由主义政治思想反而显得比较保守。一般而言，洛克所强调的自由，更多的是政治上的自由，因为避免类似1640年那样的革命，洛克在一定程度上回避了自由主义所要求的民主和平等的一面。

关于自然状态的理论是洛克政治学说的起点。同霍布斯一样，洛克认为，政府出现之前，人们处于自然状态之中。但在自然状态和自然法理论方面，洛克与霍布斯有很不大的不同。在洛克自然法理论中，人们处于一种自由平等和谐的相互关系之中。他还强调说，自然状态下的自由并不意味着放任自由、为所欲为，人们受到自然法的约束。洛克曾说，自然状态有一种人人所应遵守的自然法对它起着支配作用。而理性，也就是自然法，教导着有意遵从理性的全人类：人们既然都是平等和独立的，任何人就不得侵害他人的生命、健康、自由或财产。①为此，洛克认为自然状态下人们最重要的自然权利就是自由、生命和财产权，并认为这是人与生俱来的权利。在这三种自然权利中，洛克最为重视的是自由。洛克指出，人的自然自由，就是不受任何人为的约束，只以自然法作为他的准绳；而社会中人的自由，就是在经过人们同意所建立的立法权及其立法机关所制定的法律外，不受其他任何立法权和法律的支配与约束。洛克强调，无论在自然状态还是国家之中，自由意味着人们除法律之外不受任何约束的权利。

洛克的自由，是人们对自己的所有物加以支配的自由，也即对包括本人的身体以及财产支配的自由。洛克甚至认为，自由是自然权利的基础，或者说，自然权利的基础在于这样一种实际，即我们对于事物有自由的使用权。②

---

① ［英］洛克著，叶启芳、瞿菊农译：《政府论》下篇，商务印书馆1964年版，第6页。

② Paul E. Sigmund. *Natural Law in Political Thought*, Cambridge, MSS: Wingthrop, 1971: 91.

可以看出，洛克认为自由就是人的一切，如果一个人失去了自由就等于失去了所有的一切。洛克在《政府论》中写道，在自然状态中想夺去处在那个状态中的任何人的自由的人，必然被假设为具有夺去其他一切东西的企图，这是因为自由是其余一切的基础。同样地，凡在社会状态中想夺去那个社会或国家的人们的自由的人，也一定被假设为企图夺去他们的其他一切，并被看作处于战争状态。①

财产权理论对于洛克来说是极为重要的，洛克的财产权理论可以看作劳动价值论最早的体现形式，对后来的政治学和经济学都有很深的影响。洛克认为，上帝平等赋予每一个人以大自然的所有物，但人们不能凭空获得这些东西，他们需要付出一定的代价，也即是说要付出相应的劳动才能排他性地占有原本属于所有人的财富的一部分。当然，这种权利是相互的，洛克意识到，一个人的财产权也必须以别人同时拥有财产权为前提。为此，他提出了两个方面的限制：一是留下的对象足够多，可以让别人获取；二是每个人都不浪费，洛克认为占有物不被浪费是很重要的，也是很有必要的。他说，超过这个限度就不是他所应得的份，就归他人所有。上帝创造的东西不是供人们糟蹋或败坏的。②

洛克的这种理论带有明显的空想性质，因为他假定任何人只能占有或消耗一小部分物品，任何人都不会侵害或损害他人的权利，因为他人在被别人取走自己的一份之后仍然能够获得和以前一样多和一样好的财产。很显然，在这里洛克认为资源是无限的，但在现实的社会环境中，资源总是有限的。按照现代的观点来说，洛克把所有物设想为一个巨大的蛋糕，足够所有的人来吃，在限定不浪费的情况下，任何人无论他胃口有多大即吃多少都不会影响其他人的应得份额，但是他对在蛋糕不够大的情况下该如何分配未加以考

---

① ［英］洛克著，叶启芳、瞿菊农译：《政府论》下篇，商务印书馆1964年版，第13页。

② ［英］洛克著，叶启芳、瞿菊农译：《政府论》下篇，商务印书馆1964年版，第21页。

虑。在这一点上，英国著名政治学家托马斯·莫尔以"羊吃人的运动"很好地解释了资源的稀缺性。为此，我们可以认为，洛克的财产权理论只能适用于简单的农业生产时代，远远落后于他所生活的资本主义上升时期的社会现实。他的理论无法解释资本主义经济方面的诸如信贷、雇佣劳动、地租等问题，而把他的理论应用到这些问题上，那么就会得出他在为资产阶级辩护的结论。事实上，洛克也看到了货币的作用，劳动者可以以货币的形式保留劳动成果，同时，货币所有者可以以货币购买他人劳动，占有其劳动成果，这就是资本主义生产方式的合法化证明。

关于生命权，洛克经常将其与财产权放在一起来讨论，并称其为所有权或所有物。但生命权与财产权也有很大的区别。财产权来源于劳动所得，而人的生命来自上帝，因而任何人都无法随意处置生命权。从某种程度来说，洛克所说的生命权，不仅指生存权，还包括对人自身的支配权，特别是人生来具有的不受奴役和专制支配的权利。这种权利来自上帝，所以任何人都无权将其交给别人来处理。洛克指出，因为一个人既然没有创造自己生命的能力，就不能用契约或通过同意把自己交由任何人奴役，或置身于别人绝对的、任意的权利之下，任其夺去生命。一个人可以毁灭向他宣战或对他生命怀有敌意的人。①

洛克认为，在自然状态下，没有公共权威，每个人都是自己权利的保护者，为此，除自由、生命、财产这些基本权利之外，人们还有为维护这些权利而派生出的权力。而一旦形成政治社会或加入国家，这种权力便都放弃了。同时，洛克认为，人们之所以通过契约而建立政府，是为了更好地保护自己的自由、生命和财产等自然权利，也即是说与自然状态下相比是为了获得更多的东西而不是相反。针对霍布斯对自然状态的恐惧和在国家问题上的悲观理论，洛克认为，为了更好地生存，人们除了建立国家别无选择，国家

---

① ［英］洛克著，叶启芳、瞿菊农译：《政府论》下篇，商务印书馆1964年版，第12—17页。

的统治无论如何都比自然状态下更为和平和安全。即使一个专制政权被推翻，人们也不可能再回到自然状态。为此，洛克主张双重社会契约论，一是建立公共社会的契约，即每一个人与每一个人之间的契约，二是民众与统治者之间的契约，政府则由此而产生。可见，在这里，洛克采用与格劳秀斯一样的契约论观点。这种理论设计最大限度地避免了霍布斯契约论的最大难题，即政府不是契约订立者，不受契约约束，进而导致专制的权力。在洛克的理论下，政府作为契约的一方，必然会受到契约的限制和约束，而民众则有相应的权利对政府进行监督，以便政府更好地履行约定。

三、有限政府理论

在西方启蒙主义国家治理思想中，国家是为保护个人权利的一种人为创造的工具。自由主义认为，国家是不得已而为之的强制工具，极易带有某种滥用权力、产生腐败的趋势，因为被称为"必不可少的恶"。为此，西方启蒙主义思想家在承认国家必要性的同时，几乎一致认为必须对国家权力加以约束，并精心设计和论证了有效限制国家权力的制度安排。洛克在限制政府权力方面走出第一步，孟德斯鸠提出的三权分立则提供了非常完整的理论构想。这些理论为美国创立者所继承，并将其应用于美国宪法和政治实践而发展为制约与平衡的理论。这为西方现代权力制约与平衡的政治结构和政治生活提供了可行的理论支撑和政治法律框架，深远地影响了西方现代国家治理思想。

西方启蒙主义认为，封建君主专制政体下，作为统治者的君主对臣民和领土有无限制的权力，其统治权不受法律约束，往往会造成专政纵权、生活腐化、残酷剥削和压迫民众的行为，甚至恣意发动战争，为所欲为，其根本原因在于权力不受限制，代表王权的政府公权力的运行缺乏必要且清晰的边界。因而，对政府权力进行合理限制成为启蒙主义国家治理观的重要旨趣之一。

　　近代国家治理思想首先对国家和社会的关系进行了区分，从理论上为限制国家权力提供了必要的有力支撑。在古希腊时期，人们对国家和社会没有进行任何区分。到了古罗马时代，由于国家概念带有更多的政治性和公共性，而社会则带有更多的私人性，罗马法学家和政治思想家开始在某种程度上把国家和社会区别开来。到中世纪后，国家作为世俗权力机构，与教会明确区别开来。奥古斯丁和托马斯·阿奎那进一步把基督教会的天国与世俗国家完全对立起来，认为前者的基础是上帝之爱，而后者的基础是人的私欲，与之相对应的分别是人与人之间的相互友善以及暴力与强制。在近代思想家那里，这便进一步发展为国家与社会区分对立的观念。其中，在斯宾诺莎的思想中，他实际上把社会等同于自然状态，认为社会在国家之前便已存在。因社会没有强制力来保护秩序和安全，人们才通过契约成立国家。他说，若无政府、武力和法律以约束压抑人的欲望与无节制的冲动，社会是站不住的。①洛克的双重契约理论使国家和社会处在两个不同层面上。洛克认为社会是人们自愿结成的共同体，国家和政府是这个共同体为实现某种目的而建立的，并且根据其意志加以变更的一众机构。这样，国家与社会便明确区别开来。

　　西方启蒙主义思想家从国家与社会的区别出发，批判君权神授，否认国家权利的无上性，主张对国家权力进行限制，形成了所谓的"有限政府"理论。该理论明确了国家或政府行为不能逾越的边界和底线，大致包括以下三个方面的内容。第一，就国家而言，其本身并没有自己的目的，国家是人们为维护社会秩序、幸福与安全而创造出来的某种实用工具，国家的公共权力运行必须以服务于满足人们所需要的这些目的为限度，否则，国家就会超出其权力运行的边界和底线，进而导致暴政。洛克高度赞成这一思想，他坚定地支持说，人们参加社会就是为了保护自身的财产，人们成立立法机关并授权的目的，是希望制定出法律以保护财产权，限制社会各部分及各成员的权

---

① ［荷］斯宾诺莎著，温锡增译：《神学政治论》，商务印书馆1963年版，第82页。

力，调节他们之间的统辖权。当立法者不能保护人们的财产和安全或者试图夺取和破坏人们的财产，或行使专断权力奴役人们时，立法者与人民便对立起来，这时，人们便无须再服从，可以团结起来共同抵抗暴政。第二，国家是"必不可少的恶"，即人们为了安全和幸福，为了更好地生活必须借助国家，但同时国家又在某种程度上时刻威胁着他们的自由与安全。这就为在人们不需要国家的场合，通过国家之外的其他途径来解决个人问题提供了必要性，这也是经济自由主义者强调市场在资源配置中起主要作用的一个基本立场和理论依据。潘恩强调，国家权力必须被限制在明确的范围内，在某些方面人们只有在没有政府干预的情况下才能更好地行使自己的自由权利，比如宗教信仰和思想方面。密尔对如何限制政府权力进行了明确界定，他说反对政府干涉有三种情况：个人比政府做更好的事情；一些个人联合起来比政府办更好的事情；不必要地增加政府权力，会有很大的祸患。[①]第三，国家权力在任何情况下都有被滥用或误用的可能性，这是因为掌权者的智慧和道德修养不一定都是符合人们所期望的那样，权力本身能为其所有者带来很多其他巨大利益，权力也并不等于真理，以至于滥用、误用会时常发生。洛克曾说，人性的"劣根性"在于权力欲无限膨胀，企图抓住更多的权力。孟德斯鸠指出，一切有权力的人都容易滥用权力，这是万古不变的一条经验。有权力的人们使用权力一直到遇到有界限的地方才休止。[②]孟德斯鸠的这一思想深深地影响了美国的启蒙主义思想家及其国家的缔造者，他们认为人性的邪恶必然会通过掌权者带入政府内部。为此，一切权力无论其性质如何都必须接受监督和控制，只有这样才能确保民众的自由和幸福得到切实保障。

除了在理论上阐述以外，启蒙主义思想家还从制度设计方面对国家权力进行约束和限制。启蒙主义思想家认为只有在政府结构中加入某些自我控制的机制，才能使政府运行在相当程度上摆脱掌权者个人厌恶喜好的影响，以

---

① ［英］约翰·密尔著，许宝骙译：《论自由》，商务印书馆1959年版，第120页。
② ［法］孟德斯鸠著，张雁深译：《论法的精神》，商务印书馆1959年版，第154页。

达到即使坏人掌握了国家权力也不可能做坏事的目的。一般而言，对国家权力进行约束的机制主要有法律和政府结构两个方面，其中政府结构包括代议制民主、分权和平衡的机制。法律对政府的约束主要表现在：一是政府的构成必须以法律作为基本依据；二是政府的运行即政府行为必须依照法律来进行，这也是法治原则的最基本要求。

当然，还有部分思想家认为，社会本身对政府权力的约束往往比法律和制度更有效，为确保政府权力的行使与社会利益相一致，只有通过民主的形式让广大民众积极地直接参与政府的管理才能实现。正如杰斐逊曾说，自由民主才能防止权力被滥用，为此，政府要尽可能地接近群众，进一步发展民主，这样就能避免或及时纠正政府的错误。美国的缔造者们把一种由公众参与并为公共利益服务的政府称为"共和主义"政府。麦迪逊曾对民主与共和两种政体进行过明确区分。他认为，民主政体是由少数人组成的团体来管理社会，而共和政体则是一种代议制政体，这种政体不仅能实现民众对政府的参与，还能平衡各方利益要求，有效根除政治中的派系之争。虽然麦迪逊倾向于共和制，但他也同样认为民主制在限制政府权力方面与共和制有共同之处。

西方启蒙主义思想家认为，如果人们无法通过正常的方式参与政府管理、制约和限制政府权力的运行，政府就很有可能发展成为专制政府，民众的自然权利也就得不到保障，这也就意味着政府违背了社会契约，那么民众有权推翻这种专制暴政的政权。洛克发展了法国胡格诺教派的抵抗权观点，区分了人民行使抵抗权的两种场合：一是对征服者的抵抗，征服又包括合法的征服和不合法的征服两种情形；二是对权力滥用者的抵抗，这里包括篡夺和暴政两种情况。洛克强调，无论在哪一种情况下，只有占人口绝大多数的民众才能对政府行为是否合法作出判断。

综上所述，对政府权力进行限制和制约，是西方启蒙主义思想家国家治理思想的一个重要观点，但对于最根本的力量和最有效的方式到底是法律、制度还是人民这个问题，他们给出了不同的回答。一般来说，保守主义者倾向于主张法律和制度，而激进主义者则倾向于依靠人民的力量。当然，还有不少思想家同时强调法治、制度和民主的重要性，认为这些力量和要素在限制和制约政府权力方面都很重要，不可偏废任何一方面。如1789年法国大革命的激进民主确实带来了不少问题，但一味强调法律和制度极易成为维护传统和旧制度的借口。民主、法治和制度是西方政治思想中的一个极其复杂的问题，政治思想家们所建构的理想政治模式很难对近代以来西方国家的民主与法治发展历程作出完备的解释。

四、分权治理思想及其制度设计

权力分立理论是继民主与法治思想之外，对政府权力进行限制和制约的又一项重要内容。权力分立理论最早可以追溯至古希腊古罗马时代的混合政体思想，经过近代洛克与孟德斯鸠进一步发展之后形成了较为完备的理论体系，最终为美国的缔造者们所接受，并通过运用于美国宪法和美国政治实践活动而直接发展成为一套完整具体的政治制度设计。

洛克最早明确提出了把国家权力划分为立法权、行政权与外交权三权，且三权分立的观点。他的这种划分主要是考虑到这三种权力具有不同属性，其目的在于限制和约束国家权力。洛克认为，约束国家权力首先要约束制定法律的权力，因为这是一个国家最根本的权力，是社会契约论的结果。洛克指出，立法权是指享有运用权力来指导如何运用国家力量保卫这个社会及其成员的权力。[①]洛克并不认为立法权应归君主制的君主，而是认为立法权应属于若干个人，他们定期集会，掌握或连同他人制定法律的权力。这样就可以大大地减少立法者独断专行的可能性。但是，洛克也同样认为，仅凭这点显然无法有效地控制政府的权力。

洛克提出了两方面的举措来约束立法者。一是立法者只能短期内集会立

---

① ［英］洛克著，叶启芳、瞿菊农译：《政府论》下篇，商务印书馆1964年版，第89页。

法，一旦立法完毕，立法者的集会期就会结束而重新四处分散开来，立法者个人也必须遵守他们所制定的法律。如此则可以有效维护法律的稳定，保证立法机关在制定法律时采用审慎的态度，并在日常生活中同样受自己所制定的法律支配和制约。二是把执行法律的权力从立法权中分立出来，以避免法律成为某些掌握立法和司法两种权力的人牟利的工具。这样，就能使权力的实际执行者不能随心所欲地行使权力，而创造权力的人也不可能通过权力的行使牟取私利。值得注意的是，洛克之所以把这两种权力分开，一个重要原因是两者性质不同，执法机关是常设机构，执行法律是日常行为，无时无刻不在进行，而立法机关则是短期内集会立法，大部分时间要定期解散。

洛克划分出的第三种权力——外交权是决定战争与和平、联合与联盟以及同国外的一切人士和社会进行一切事务的权力。[1]洛克单列外交权是从社会契约论的逻辑前提出发提出的一个观点，他认为，立法权和行政权是政府的内部权力，这是经过社会契约已经确立的，而外交权则涉及国家或社会之外的全体或地方。同样，外交权不能超越立法权，它只能在既定的法律框架内处理对外关系。因为，洛克也指出，外交权在实际运行上类似于行政权，但两者有所区别，主要在于行政权必须依法而行，外交权则经常会碰到意想不到的事情或情况。同时，洛克认为，行政权与外交权应掌握在同一批人手中，而不应各自为政，否则会带来纷乱和灾祸。

在洛克看来，立法权、行政权和外交权三者并不是平等的，其中立法权最为重要，享有至高无上的地位。在一切场合，只要政府存在，立法权就是最高的权力。[2]那么，如果立法机关制定的法律不符合广大民众的利益要求，人们除公开反抗之外是否还有其他办法来矫正呢？对此，洛克提出通过规定立法机关不能制定某些法律来避免与公共利益不一致的法律的产生，但

---

① ［英］洛克著，叶启芳、瞿菊农译：《政府论》下篇，商务印书馆1964年版，第90页。

② ［英］洛克著，叶启芳、瞿菊农译：《政府论》下篇，商务印书馆1964年版，第91页。

这一点很难从制度上加以保证。事实上，在西方的政治实践中，直到美国宪法产生以后，这个问题才得以基本解决。洛克的分权理论还有划分依据标准不一致的缺陷，对立法权与行政权划分时主要依据权力的性质，而外交权则以社会契约论为前提，这样在实际运行中就产生了一系列矛盾。直到孟德斯鸠提出分权理论后，这一方面的矛盾才被克服。

同洛克一样，孟德斯鸠分权理论也是为了防止公共权力被滥用或者专制权力出现，确保政府依法运行。孟德斯鸠把政府权力分为立法、行政和司法三个部分。与洛克相比，他不是把外交权，而是把司法权作为政府的三大独立权力机构单列出来。他之所以这样，是为了保护公民的自由。为此，孟德斯鸠还对司法机关及其权力运行方式进行了明确界定，使其与一般行政权力相比具有明显不同特征。在孟德斯鸠看来，行政部门要根据经济社会政治生活状况实时积极主动地进行管理，而司法部门只有启动相关程序后才能实施各种法律，司法机关的基本原则是"告诉才受理"，所以，行政权具有主动性，司法权则是一种"被动"的权力。孟德斯鸠的立法、行政与司法三权分立的划分理论原则在西方主要资本主义国家已被普遍采用。

孟德斯鸠在其著作《论法的精神》中，对权力三分的必要性作出了系统论述，他指出，当立法权和行政权不分开，自由就难以保证。这是因为在这种情况下，政府或者其掌权者如国王、议会等极易制定专制的法律，并以执行这些专制法律来实行暴政。如果司法权不独立，同样无法保证人们的自由。因为立法与司法合一，就会对公民的生命和自由拥有实施专断的权力。司法同行政权合一，法官则拥有压迫者的力量。如果由同一种力量行使这三种权力，那么一切都完了。当然，主张三权分立并非孟德斯鸠理论贡献的全部。孟德斯鸠认为，政府权力不仅需要进行合理划分，还必须使划分后的各种权力之间相互制衡，也即是以权力约束权力。①由此可见，在孟德斯鸠的理论中，权力划分是对政府的"消极防御"，而权力制衡则是进行"积极防

---

① ［法］孟德斯鸠著，张雁深译：《论法的精神》，商务印书馆1959年版，第154页。

御"。这种思想在他对政府结构的设计中主要表现在以下几个方面：一是立法机关分为两部分，即由世袭产生的贵族院和选举产生的平民院，两者因代表的阶级基础和利益不同而相互制衡；二是行政部门能对立法机关的决定行使否决权，同时决定后者的开会和休会时间，以及从公共利益角度对其进行相应约束；三是立法机关对行政机关具有监督的权力，可以对行政机关的违法行为提出弹劾；四是司法机关对立法和行政机关的违宪行为具有监督权。这些思想及其制度设计在美国宪法中都得到了体现和运用。

第二节　西方启蒙主义的国家治理思想的影响

兴盛于17—18世纪法国大革命之前的西方启蒙主义，与理性主义等一起占据了一个较长的文化运动时期，是一场思想解放运动。启蒙主义思想家所倡导的关于国家治理方面的价值观念、思维方式及其政治制度设计，不仅对欧美资本主义的发展以及国家治理实践活动产生了深刻影响，还对人类社会发展产生了广泛影响。恩格斯在《流亡者文献》中曾高度评价启蒙主义思想的"卓越的法国唯物主义文献"在工人运动中的作用，他说："在今天看来它们的内容也仍然有极高的价值，它们的形式仍然是不可企及的典范。"[1]列宁在《社会主义与宗教》中强调，无产阶级政党的一个重要工作就是要"翻译和大量发行18世纪的法国启蒙著作和无神论著作"[2]。西方启蒙主义国家治理思想的影响主要体现在以下几个方面：

---

① 《马克思恩格斯文集》第3卷，人民出版社2009年版，第361页。
② 《列宁全集》第12卷，人民出版社2017年版，第134页。

一、孕育了近现代西方国家治理的基本理念

西方启蒙主义国家治理思想所倡导的平等、民主、自由等价值理念对西方国家的发展产生了深刻的影响，在一定程度上可以说，具有根本的价值引导和行为规范作用。直到今天，大多数西方学者仍旧认为，启蒙运动是理性思维胜利的标志，寻找的是一种真正的"人的科学"。启蒙主义的蓬勃发展开启了人类社会的现代性，成功地从思想变革引发物质变革和社会变革，有力地推动了世界秩序和价值理念的重构。启蒙运动分布广泛，涉及经济社会的各个方面，并且影响深远。近代以来，西方国家尤其是欧美主要资本主义发达国家在国家治理和政治生活实践中提出或推行的一系列治理思想、主张以及各种社会思潮，如自由平等、民主法治、三权分立、宪政、新自由主义、保守主义、多元主义、权威主义等，都或多或少地受到启蒙主义思想的影响。为此，深入考察西方启蒙主义国家治理思想，对进一步了解当代西方国家治理及其政治运行，分析其政治、经济、文化、社会等各领域治理问题具有重要参照意义和价值。

启蒙主义早期阶段的思想家们主要在寻求阻止专制主义统治蔓延的方式。为此，洛克主张建立立宪君主制政府，认为所有合法的权力都要经过人民同意，都要受到自然法约束。孟德斯鸠在洛克的基础上，提出了三权分立来限制和制衡政府权力。这样，人们的注意力转移到了政治权力的目标与用途的问题上。那么，国家该如何治理呢？什么样的治理模式和政策能够最大限度地促进公共利益呢？国家治理的目的和政治纲领就变得更加明确。在启蒙主义思想的影响下，爆发于1776年的美国独立战争，向世人揭示了捍卫自由的正当性和可行性，美国宪法则证明，共和制的政府形式能够在现实政治生活中确立并有效运转，更重要的是，创造了一个由全体人民作为具有最高权力之政治体制的先例。1789年的法国大革命，明确地回答了人民实际上由谁构成或者说由谁代表的问题，并创造出了形形色色的政治理论和方案。

尽管有其自身的局限性，启蒙主义国家治理思想所倡导的基本理念无疑为近代以来的国家治理实践提供了具有根本性的价值规范和价值导向。

二、影响了西方国家的革命、改革与治理

在西方发展史上，欧洲曾受宗教正统思想禁锢多达数百年之久。教会与封建王权的联合，使欧洲民众饱受剥削与压迫。作为思想解放运动的西方启蒙主义，形成于社会急剧转型的17—18世纪的欧洲，有力推动了西欧国家的资本主义的快速发展，人性、自由、平等、幸福被赋予创造性和革命性的解读，人们在各个领域寻求变革与突破，最终导致了美国独立战争和法国大革命的爆发，深刻影响了世界历史的发展进程。

革命源于思想。在打破宗教束缚的枷锁之后，启蒙主义将注意力转移到人本身，认为人才是万物的尺度。为追求和保障天赋人权，启蒙主义思想家纷纷著书立说，积极投身政治实践，为西方资产阶级革命、改革以及政治实践和治理提供了思想源泉和理论支撑。在英国，启蒙主义的科技革命直接导致了人类历史上第一次工业革命的发生，促进了英国议会制度和市场经济的形成，极大地提高了英国的国家治理水平和海外殖民扩张的能力。在这期间，亚当·斯密的经济自由主义国家治理思想发展迅速，尤其是在政府管理和商业贸易领域。随着急剧增长的国家财富，英国的政治体制及其政治制度设计无疑得到了最好的辩护。亚当·斯密的经济理论发现了"自由企业"的优点，为国家的经济政策提供了重要参考。这也使自由主义成为工业革命时期新兴资产阶级的主流意识形态。同苏格拉底一样，亚当·斯密强调主张所有人的幸福的国家治理思想。但在这一时期的英国，穷人没有选举权，无法建立一个合法的组织进行集会和演讲，生活处于最底层，饱受折磨和压迫，所进行的斗争也都是最基本的最原始的反抗斗争。这个曾经被称之为最为现代政治楷模的国家似乎正沦为未启蒙之地。这也为19世纪的英国进行一系列政治改革提供了基础。

　　恩格斯在《社会主义从空想到科学的发展》中指出，西方启蒙主义所倡导的价值理念，"给予法国共和党人和恐怖主义者一面理论旗帜，并且为《人权宣言》提供了底本"①。法国启蒙主义思想家提出的天赋人权、社会契约、共和政体、三权分立、人民主权等思想促进了法国大革命的爆发，并在法国近代以来的国家治理中得到了不同程度的体现。在法国大革命的影响下，启蒙运动的思想呈两极分化状态，分别形成了激进革命派和保守主义两大对立派别。在美国，英法的启蒙主义思想得到了进一步发展，美国宪法为理性主义政治学立了一盏明灯。18世纪中期，欧洲启蒙运动传到了北美，点燃了北美殖民地人民对新思想的渴求，在富兰克林、杰斐逊等人的推动下，《独立宣言》继承和发展了欧洲启蒙主义天赋人权、社会契约、三权分立、民主自由等主张，并以政治纲领的形式确立了"人权原则"，为制定美国宪法奠定了政治原则和价值基础。

　　作为西方资本主义国家的典型代表和领导者，美国的政治制度设计最完整地体现了西方启蒙主义权力制衡理论。按照孟德斯鸠的分权理论，美国把国家权力划分为立法、行政、司法三种权力。其中立法院由议会掌握，即由参议院和众议院共同行使，两院又相互制衡和约束。美国建国后，为建立一个强大的又不专制独裁的行政机构，逐渐从邦联过渡到联邦国体制。在国家制度设计中，一方面行政首脑即总统由选举产生，另一方面公民除选举以外不再拥有影响行政权力的其他途径。在日常生活中，总统具有一定的独立性，并不受制于议会。因此，可以说，美国的宪法原则包含国家治理和引导人们利益与要求的相互制约与平衡。美国对司法独立相当重视。美国创立者认为，在三种权力中司法权最弱，较少存在滥用现象，因此，司法权不在于如何对其进行限制，而是如何保证它的独立性及其正常运行。值得注意的是，美国政府权力的制约与平衡不仅体现在立法、行政、司法三权的分立与制衡，还体现在联邦与州之间的权力关系。之所以如此，就是希望这样

---

　　①《马克思恩格斯文集》第3卷，人民出版社2009年版，第514页。

可以防止派系之争与国家权力滥用，同时避免少数人对多数人的暴政和多数人对少数人的压制。为少数人确立严格的保障，也反映了美国创立者们同样存在着某种贵族政治倾向。这也充分说明，美国的这种共和主义政治体制仍具有自身局限性，如果卢梭在世的话，同样会把他对英国议会的批判用于美国宪法。

三、影响了世界近代化与现代化的历史进程

启蒙主义是西方资本主义快速发展和急剧上升时期构建现代社会的内源性思想体系，它不仅深刻影响和促进了欧美资本主义国家发展的进程，还对其他非西方资本主义国家的近代化与现代化产生了重要影响。第一，促进了部分国家和地区的政治革命。启蒙主义思想在欧美以外其他国家和地区的广泛传播，为当地人民带来了驱散阴霾和黑暗的新思想，激发了人民被封建专制主义、殖民主义束缚和禁锢的政治意识，由此引发了人民反思自身的理性需求，他们开始为争取自身权利而积极投身到政治革命实践中。如爆发于1810—1826年的拉丁美洲独立运动，使拉美各国摆脱了西班牙和葡萄牙的殖民统治，形成了一系列新兴国家。第二次世界大战结束后，非洲各国反殖民地的独立运动同样受到了启蒙主义的影响。第二，对部分国家和地区经济社会改革或改良产生影响。近代以来，资本主义占统治地位的欧洲成为世界的中心，一些相对落后的国家和地区在启蒙主义思想的影响下，为改变经济社会发展落后的局面，进行了一系列改革和改良。如19世纪60至90年代日本明治维新，在其改革期间"向外国（主要是西欧）看的潮流弥漫了整个社会""日本社会的众多领域、它们的领导人和无数的知识分子都接触了外来的影响，并传播了各种各样的社会和政治秩序的新型模式"。①对于近代以来

---

① ［以］S.N.艾森斯塔特著，王晓山、戴茸译：《日本文明——一个比较的视角》，商务印书馆2008年版，第33页。

的中国来说，同样受到启蒙主义的影响，并在有志之士的推动下进行了一系列改革。如领导维新变法的康有为、梁启超等人在19世纪末期的中国大力宣传进化论思想，积极倡导兴民权、设议院，实行君主立宪制；辛亥革命后，以孙中山为代表的资产阶级革命派，主张建立资产阶级民主共和政体，并在《临时约法》中规定国家的主权属于全体国民，确立了行政、立法、司法三权分立的政治体制等；1919年新文化运动倡导"科学"与"民主"，反对专制和愚昧，解放了人民的思想，推动了现代科学在中国的发展，被称为中国的"启蒙运动"。

四、对社会主义、新自由主义的影响

社会主义在西方具有深远的历史根源，它吸收各种思想流派中强调人的社会性和平等性的因素，并在此基础上进一步创造和发展。西方启蒙主义思想所倡导的价值观念和国家治理理念，对社会主义思想的发展演变产生了重要影响。在马克思主义出现以前的空想社会主义者，毫无疑问受到启蒙主义较为深远的影响。"圣西门是法国大革命的产儿"①，正是受到法国大革命的影响，即理想与现实的巨大反差促使他开始批判现实社会。他所倡导的理想社会是实业社会，在这个社会中，圣西门主张消灭一切特权、实现人人平等的理念。国家治理的重要工作就是对生产活动进行管理，实行计划经济，消除无政府状态。傅立叶通过揭露资本主义的丑恶现象，主张建立"法郎吉"，满足人们的生活欲望。欧文则主张在生产资料公有制的基础上建立劳动公社来代替现有社会，并积极进行了社会实践。社会主义的基本主张是在社会范围内解决人与人之间不平等的问题，以保证人们的自由和权利。很显然，这些主张带有启蒙主义的影子及影响。

自由主义作为西方启蒙主义国家治理思想的一个基本价值理念，是一个

---

① 《马克思恩格斯文集》第3卷，人民出版社2009年版，第529页。

重要的思想体系。约翰·密尔继承了洛克的思想，发展了功利主义，将自由作为最重要的社会价值观，认为只要不妨碍别人，个人就完全自由。对自由的维护与亚当·斯密的经济自由主义相结合后，产生了新自由主义，其主要代表人物为弗里德里希·哈耶克。从某种程度上讲，新自由主义是启蒙自由主义的变种，是一种较为谦卑的思想，认为世界极其复杂且时刻变化，以至于人们无法完全理解。新自由主义认为，国家治理中应当依靠自由且竞争激烈的社会、市场机制来调配资源，唯有如此才能实现最优化资源配置。可以看出，新自由主义认为市场机制是至高无上的，应该是决定资源分配的唯一合理方式。新自由主义同样担忧传统和文化阻碍人类进步，哈耶克认为，一个自由的市场会弱化政府对社会的控制力，但经济自由促进了政治自由，人们将更加支持和拥护它。

五、西方启蒙主义国家治理思想的局限与评价

启蒙主义的时代是西方历史上最富创造力的时代之一，启蒙主义思想家带来的新思想和新希望是人类政治思想史的宝贵财富，在最广泛的领域内促进了人们的思想大解放，并为之斗争。当然，由于受到历史、阶级、地域和文化等方面的局限，启蒙主义也不可能是完美的理论。总体而言，启蒙主义的局限性主要体现在：第一，启蒙主义是资产阶级的运动，启蒙主义所倡导的国家秩序及其制度设计从根本上来说代表的是新兴资产阶级的经济政治发展要求，也就是说这是为资产阶级和资本主义制度辩护的。虽然与封建专制制度相比，启蒙主义具有明显的进步性，但这不是人类社会发展的终极目标。启蒙主义宣扬的自由和民主，其实质是资产阶级通过解放思想，大力发展资本主义社会化大生产来促进资本主义的扩张。对此，恩格斯曾明确指出："这个理性的王国不过是资产阶级的理想化的王国；永恒的正义在资产阶级的司法中得到实现；平等归结为法律面前的资产阶级的平等；被宣布为

最主要的人权之一的是资产阶级的所有权……"①第二，制度设计与民主诉求存在偏离。启蒙主义高度崇尚科学主义、理性主义，以至于在一定程度上导致了工具理性泛滥。"理性至上""理性万能论"最终使人不再是目的而仅仅是手段。根据马克思主义唯物史观，人民是历史的创造者，是推动人类社会发展变革的最终决定力量，人的本质和社会发展趋势，决定了只有紧紧依靠人民，保障人民权益、激发人民斗志，才能推动人类社会从"必然王国"向"自由王国"转变。这样的国家治理才是真正具有科学意义和价值理性的治理取向。很显然，启蒙主义治理主张的工具理性与人类社会价值理性的民主诉求之间缺乏一定的张力。这是因为，启蒙主义强调精英阶层才是国家治理主体，进而不可避免地陷入了崇拜资本、技术的另一个极端。再者，工具理性无法克服资本主义危机，当然也无法保证处于社会底层劳动人民的利益诉求和权利要求。除此以外，启蒙主义对自由和个体解放的强调，导致个人主义、自由主义泛滥，加剧了人类中心主义思潮的蔓延，这也是生态危机、责任危机等现代性危机产生的重要根源之一。第三，作为愿景的价值追求与付诸行为的价值实践之间存在背反。启蒙主义倡导的一系列新思想新理念都是在引导民众批判封建专制统治，积极投身资产阶级革命。这些思想解放了人民的思想，对资本主义统治地位的确立起到了重要作用，但在资产阶级掌握政权后，他们在启蒙运动中所倡导的价值理念并未在国家治理中得到完全的实践，甚至在很多时候，出现了价值追求与价值实践背道而驰的现象。就法国大革命而言，在革命之前启蒙主义者提出了"理性王国""永恒的正义""平等的人权"等进步主张，号召广大民众参与革命，然而在革命后实际掌控政权的资产阶级将其抛之脑后，试图建立并巩固自己的专制统治。同样，在美国，一大批资产阶级革命家在美国独立战争以前高举启蒙理性大旗，而获得独立后却强调"传播文明"的使命，进一步加剧了对北美原住民的殖民统治。当然，这不能因此而认定启蒙本身就带有虚伪性和欺骗性。

---

① 《马克思恩格斯文集》第9卷，人民出版社2009年版，第20页。

　　西方启蒙主义的重要政治遗产就是使欧洲思想摆脱了蒙昧教条的束缚，它的影响是激进的，也是深远的。一般来说，思想源于社会现实，但又不会远远领先于社会，启蒙主义许多大胆的、创新性的思想观念及其政治制度设计在经过迅速改造之后，进而成为之后欧美资本主义国家主流社会的坚定基础。启蒙运动中关于人的科学，如分析社会生态、人口增长以及财富的创造等，逐渐成为实证主义科学，为国家治理提供了必不可少的意识形态工具。这些都在一定程度上为资本主义制度辩护，解释为何资本主义秩序是永恒不变的、是历史的终结，以及为何一切过错都在于贫苦的人们。启蒙主义帮助人们摆脱了过去愚昧、黑暗的状态，但这并不意味着它能够杜绝未来加在人们身上的枷锁。

A
HISTORY
OF
WESTERN GOVERNANCE THOUGHT

西方国家治理思想史

辛向阳 主编

[下 卷]

浙江人民出版社

目　录

下　卷

第三编

西方国家在革命中的多元治理理论

(19—20世纪)

第三编 西方国家在革命中的 多元治理理论

（19—20世纪）

第十三章 德国古典哲学家的国家治理思想

　　18世纪末、19世纪初德国的哲学思想辉煌璀璨，对当时和之后欧洲和世界的影响极为深远。其中的政治哲学思想包含对国家、国家治理等问题的认识，形成许多重要的国家思想，在西方国家思想史中占有极其重要的地位。罗素曾经评价，德国哲学思想中的许多奇特的东西，反映出一个由于历史的偶然事件而被剥夺了它那份当然势力的精悍民族的心境。①德国古典唯心主义哲学家对国家问题的看法是理性政治论或伦理精神政治论。他们以实践理性或伦理精神作为对国家问题认识的基础，从中引出对国家治理问题的一系列学说。此时的德国政治学具有浓重的思辨色彩，使用一种纯粹思辨的哲学形式和抽象晦涩的语言来表达，其中最具代表性的人物是康德、费希特和黑格尔。

---

　　① ［英］罗素著，马元德译：《西方哲学史》下卷，商务印书馆1976年版，第264页。

第一节 康德的国家治理思想

康德是德国古典哲学的开拓者和奠基人。他在自身哲学思想的指引下对国家问题、国家治理问题进行分析判断，构建康德国家思想。在康德眼中，法国大革命理论变成深邃抽象的道德教条，他以个人主义和自由主义精神的伦理学说阐释 18 世纪启蒙思想，探求一种与合理的、先验的原则相符合的理想国家，还将法律与政治视为道德实现的手段，将永久和平作为政治的最高目标，其中充满矛盾、妥协和调和，集中体现了资产阶级的软弱性和妥协性。

一、康德的生平及著作

伊曼努尔·康德（1724—1804）出生在东普鲁士哥尼斯堡的一个马鞍匠家中，家庭中浓厚的宗教气氛和刻板的道德教义，使他从小倍感压抑和束缚，对他日后性格的形成造成很大影响。康德少年时期在腓特烈中学学习，1740 年进入哥尼斯堡大学学习哲学和自然科学，大学毕业后担任几年家庭教师，然后继续深造学习。1755 年，他以论文《论火》获得博士学位，以论文《对形而上学认识论基本原理的新解释》获得哥尼斯堡大学编外讲师职位，此后一直在哥尼斯堡大学工作，著书立说，直到 1796 年退休。1770 年，他以论文《论感觉世界与理智世界的形式和原则》获得教授职位，还出任哥尼斯堡大学哲学院院长、哥尼斯堡大学校长等职务。康德一生未婚，除曾经到但泽旅行过一次外，从未离开哥尼斯堡。他的生活简单而规律，当地居民甚至以他散步的时间来安排作息，他被称为"哥尼斯堡的时钟"。德国诗人海涅曾说，康德是没有什么生平可说的。然而生活中的宁静和淡泊使他终生用来思考、写作，取得非凡的成就。恩格斯曾评价康德："法国发生了政治革命，随同发生的是德国的哲学革命。这个革命是由康德开始的。"①

康德对自然科学和哲学的研究都有很大的成就，因此，他的学术发展分为两个阶段。从1746年发表《关于动力的真正测量的想法》到1770年，被称为"前批判时期"，主要致力于自然科学研究，发表许多作品，其中较有影响力的是两个著名假说：一是"地球自转速度由于潮汐摩擦的影响而逐渐迟缓"的假说，二是"太阳系起源于原始星云"的假说。第二个阶段是从1770年成为教授直到逝世，被称为"批判时期"，主要作品就是十分著名的三大批判，1781年的《纯粹理性批判》、1788年的《实践理性批判》和1790年的《判断力批判》，建立了康德著名的真、善、美体系。除了三大批判外，他的著作还有1783年的《任何一种能够作为科学出现的未来形而上学导论》、1784年的《什么是启蒙》、1785年的《道德形而上学原理》、1793年的《纯然理性界限内的宗教》《政治权利原则》、1795年的《论永久和平》、1796年的《道德形而上学》、1796—1797年的《法律哲学》、1798年的《实用人类学》、1800年的《逻辑学》和1803年的《教育学》等。康德一生著述颇丰，他的思想体系的出发点和归宿是人，主要是维护人的尊严。康德认为，无论在道德领域还是政治领域，体现人的尊严就是人的自由。自由成为其道德哲学和政治哲学的基石，是把握和认识康德理论的关键。

二、康德的国家治理思想的渊源

康德国家治理思想的产生不是偶然的结果，这与当时德国和欧洲的经济政治发展有着很大的关系，是时代发展的产物。康德深受诸多启蒙思想家的影响，在他自己构筑的哲学体系指引下，对卢梭、孟德斯鸠等的政治思想进行改造，最终诞生康德的国家治理思想。

---

① 《马克思恩格斯全集》第3卷，人民出版社2002年版，第489页。

（一）康德的国家治理思想是时代环境的产物

18世纪末是欧洲大变革的时期。当时，英国资产阶级取得了政权，建立君主立宪制国家，同时，发动并完成了工业革命，极大地推动了英国经济发展，成为当时欧洲最先进的国家。法国资产阶级在1789年发动大革命，通过一波又一波的革命浪潮不断把革命推向深入。这样的变革不仅改变了英法两国的面貌，而且极大促进了欧洲其他国家资本主义的发展，动摇了欧洲的封建专制统治。对比英法的进步状况，反观当时的德国，无论政治上还是经济上都是个落后的国家。政治上是一个分裂的封建专制国家，所谓"德意志联邦"由38个邦国组成，彼此间各自为政。经济上是封建生产关系占统治地位的落后农业国，大多数农民都是农奴，毫无自由和权利；没有形成统一的市场、货币和度量衡，各地区之间保留着中世纪的关卡。当然，受英、法的影响，资本主义生产方式在德国开始出现，一些工场手工业开始破土而出。到了19世纪初，德国的资本主义经济有了较大发展。1806年，拿破仑入侵德国，这给德国带来了资本主义。德国实行了资产阶级改革，建立了近代工业基础，加速了德国资本主义的发展。与此同时，德国的资产阶级也逐渐要求经济和政治上的各种权利。恩格斯说，"德国资产阶级的创造者是拿破仑"[①]，"自从1815年以来，德国资产阶级的财富不断增加，而且随着财富的增加，它在政治上的重要性也不断增长"[②]。随着资产阶级的不断壮大，它对封建专制制度越来越不满，要求进行经济政治方面的改革，实现资产阶级的民主、自由和平等。但由于当时德国没有能力与封建制度决裂，于是把变革的希望寄托在封建君主身上，希望通过自上而下的改良促进资本主义的发展，建立君主立宪制的国家。他们害怕群众，也害怕革命。德国"只是用抽象的思维活动伴随现代各国的发展，而没有积极参加这种发展的实际

---

① 《马克思恩格斯全集》第4卷，人民出版社1958年版，第52页。
② 《马克思恩格斯选集》第1卷，人民出版社2012年版，第569页。

斗争"①。康德对国家认识的矛盾受此影响，他一方面主张追求自由、平等和权利，另一方面又害怕革命，不敢付诸实际行动，而是停留在精神幻想领域，寻求理想与现实的统一。

（二）康德的国家治理思想受法国启蒙思想家的影响

康德的国家治理思想深受法国启蒙思想家的影响。卢梭的人文主义精神和自由主张深深感染了康德。他认为卢梭是第一个揭示出人的真正本质的思想家，是道德领域的"牛顿"，并给他指出了一条认识人、尊重人的道路，摆脱了书斋学者的许多偏见。在卢梭的影响下，康德深入研究人性和自由，提出应该把人当作目的而不只是手段的观点。他对卢梭的《爱弥儿》爱不释手，甚至一度打破了他数十年如一日固定时间散步的习惯。但是，卢梭那种充满革命精神的、包含着对物质利益和政治权力的追求并具有政治意义的思想，在康德的思想里完全变成了空洞无物、冷冰冰的抽象思辨。康德认为，法国革命只是人类固有的道德品质，革命可以摆脱专制和压迫，但其本身是一种偏见，只会产生混乱而不能导致理智的改革。他视革命为灾难和罪恶。他向往革命的基本原则——自由和平等，但又认为自由只是一种观念和理想，在现实世界里不可能实现，从而把这种美好愿望推到了可望而不可即的"彼岸世界"。如此，现实的要求不存在了，人们追求的只是纯粹的善良意志，所以，真正的问题是要不断改善人的道德，而这无法用革命的手段实现。

康德的国家治理思想同样受到休谟和孟德斯鸠的影响。休谟对人性的判断、对知识的普遍必然性的怀疑，对事实与价值二分法的界分，直接影响了康德对人性的认识和对理性的批判。在继承并超越休谟的理性分析精神与方法的基础上，康德构建起以"理性批判"为特征与主线的思想体系。在休谟怀疑论的影响下，他从独断主义的美梦中清醒过来，走上了先验主义的道

---

① 《马克思恩格斯选集》第1卷，人民出版社2012年版，第11页。

路。在权力问题上，康德接受了孟德斯鸠的三权分立学说，强调权力分立与制衡的重要性。在此基础之上，他又进一步发展，注意到权力之间彼此协作、联合与从属的必要性。

（三）康德的伦理思想为其国家治理思想奠定基础

康德的伦理学说为他的国家治理思想奠定了基础。他的伦理思想中沁透着个人主义、自由主义的精神，其核心原则是"道德法则"。只有遵守"道德法则"的行为才是合乎道德的。真正的"善行"或"道德"乃是"善良意志"本身。他把道德法则归结为"不论做什么，总应该做到使你的意志所遵循的准则永远同时能够成为一条普遍的立法原理"[①]。你的行为不能只根据个人意愿和爱好，而要与普遍道德法则一致去行动才是有道德的。道德法则的核心内容是：要把人当作目的而不能当作实现目的的手段。因为在道德领域人是绝对自由的，人之所以存在是因为人是目的而不是工具。这种道德法则是人为自己的行为所设立的法则，它必须以意志自由为前提，这是道德法则得以成立的保证。康德认为，人都有意志自由，都知道什么是人的道德行为的最高法则，并按照它去行动。这样，道德法则与意志自由便成为一体的东西了。人越自由便越能遵循道德法则去行动，道德就越发展；一个人越按照道德法则去行动，道德法则越发展，他也就越自由。

康德认为，由于道德法则的普遍使用，政治屈从于道德便是十分必然的了。法律和政治都受"道德法则"的指示，要符合它的要求。法律是社会生活中的"普遍必然"，个人行为与普遍道德法则协调一致，依靠国家强制力量使个人自由与他人自由协调一致。所以，法律是个人自由与他人自由共存的条件和制度。法律与道德的不同在于道德是内在的、自觉的，它推动人们应该这样行动；法律是外在的、强制的，它限制人们做某些事。法律是调整人们外部行为的，具有强制力。法律是道德的外壳，法律的完善是社会进步

---

① ［德］康德著，关文运译：《实践理性批判》，商务印书馆1960年版，第30页。

的标志。康德的伦理思想对他关于人权、平等、自由的思想产生巨大影响，并在此基础上形成对法律、权利等问题的认识，进而形成对国家问题的认识。

三、康德的国家治理思想的内容

康德从哲学家的视角出发，追寻一种与合理的、先验的原则相符合的理想国家，他将契约论与先验理性相结合来论证国家的起源和本质，这是康德国家治理思想的突出特点。

（一）国家的起源：先验理性下的契约结果

国家是怎样产生的？深受卢梭影响的康德接受了社会契约理论，认为契约可以说明国家的产生。康德认为，在国家产生之前存在一个自然状态，没有法律和国家，每个人不受习惯约束却要彼此防范，人们享有天赋的权利和自由，过着和谐友爱的生活，但人的本性是贪婪、虚荣、自私的，使得人与人之间相互侵犯，自然权利难以保障，自由时刻受到威胁。这时通过订立契约，放弃自己的部分自由，获得了法律主宰下的真正的自由。各个人的意志联合成一个"公共意志"，国家由此诞生。康德说，在一个法律的社会状态能够公开建立之前，单独的个人、民族和国家绝不可能是安全的、不受他人暴力侵犯的。这种情况从人们的思路中便可以看得很清楚，每个人根据他自己的意志都自然地去做在他看来好像是好的和正确的事情，完全不考虑别人的意见。因此，除非决心放弃这个法律的社会组织，否则，人们首先不得不做的事，就是接受一条原则：必须离开自然状态（在这种状态中，每一个人追求他自己的爱好生活），并和所有那些不可避免要互相往来的人组成一个政治共同体，大家共同服从由公共强制性法律所规定的外部限制。人们就这样进入一个文明的联合体，在这其中，每个人根据法律规定拥有那些被认定为他自己的东西。对他的占有物的保证是通过一个强大的外部力量而不是他个人的力量。对所有的人来说，首要的责任就是进入文明社会状态的关系。①这个法律规定下的外部力量就是国家。

但是，康德也强调尽管契约是国家建立的基础，事实上它并不是真实存在的，它只是一种理性观念，是对组织国家的程序的合法化说明。"人民根据一项法规，把自己组成一个国家，这项法规叫作原始契约。这么称呼它之所以合适，仅仅是因为它能提出一种观念，通过此观念可以使组织这个国家的程序合法化，可以易为人们所理解。"②人们之所以订立契约，是因为拥有立法意志，而立法意志又源于先验理性，因此，现实中的国家并不是人们实际需要的产物，而是"绝对命令"的产物，是先验理性要求的结果。"国家是许多人依据法律组织起来的联合体。这些法律必须要被看成是先验的必然，也就是，它们一般地来自外在权利的概念，并不是单纯地由法令建立的。"③国家是建立在自由、平等、独立的原则之上，每个社会成员作为人都是自由的，作为臣民都是平等的，作为公民都是独立的。这种自由、平等、独立是每个公民在国家中承担政治义务的根本依据。

（二）国家的本质：先验自由

康德对国家本质的认识深受卢梭的影响。卢梭认为，人们签订契约，将自己的所有权利转让出去，交给主权者，人们对主权者绝对服从。第一，每一个参加契约的人必须把自己的全部权利让给联合体，而且所有的人交出的权利都是同等的。第二，参加社会契约的人把权利交给了联合体，即交给了整个集体，而不是交给任何个人。订约者依据这两大契约原则建立了一个崭

①［德］康德著，沈叔平译：《法的形而上学原理——权利的科学》，商务印书馆2015年版，第137—138页。

②［德］康德著，沈叔平译：《法的形而上学原理——权利的科学》，商务印书馆1991年版，第143页。

③［德］康德著，沈叔平译：《法的形而上学原理——权利的科学》，商务印书馆1991年版，第139页。

新的政治共同体。这样，社会契约作为主权者权力合法性的源泉就是来自人民的公意。人民服从法律法规，就是服从自己的意志，这就是人民主权的国家。

康德按照卢梭的思路，认为构成社会契约的人民公意是一种纯粹理性——先验自由。这种纯粹理性的现实性在于：它迫使每一位法律的制定者以这样的方式来颁布法律——法律出自全体人民的共同意志。只要法律制定者还愿意成为公民，他就得把每一项法律条款看作是自己加入了对这种共同意志的认可。换言之，康德认为国家和法律的合法性根基就是纯粹理性——先验自由。自由的原则已按卢梭的观点逐渐为世人所理解，给予了人类无限的力量，从而使人类也把自己看成是无限的。这就促成了向康德哲学的过渡，康德哲学按一种理论的观点把这个原则作为它的基础。这样就把认识引向它本身的自由，引向一种具体的内容，这种内容本身是它在自己的意识里所具有的。①

在自然状态方面，康德认为自然状态是一种理性观念，其核心是自由，对每个人来说，你想实现自身的自由，但在没有任何法律或权威机构保护的情况下，你的自由权利很快会消失，因此，实践理性要求我们放弃这种随心所欲的、毫无保障的自由，而进入一种自由能够得到保障的文明状态。因此，在康德那里，国家不再被视为社会契约论意义上的国家意志，就"意志"被康德还原为"实践理性"而言，人们的联合的意志也就是人类联合的实践理性，而国家的意志也就变成了国家的实践理性。也就是说，国家意志受制于一种国家的实践理性，或者说受制于一种预先存在了的法权关系。由此，近代以来的国家主权理论经过康德的改造延伸出了一种特有的德国式的法治国家理论，即法权国家理论②。从社会契约来看，社会契约能够成为国

①　［英］鲍桑葵著，汪淑钧译：《关于国家的哲学理论》，商务印书馆1995年版，第236页。

②　［美］杰弗里·墨菲著，吴彦译：《康德：权利哲学》，中国法制出版社2010年版，序言第15页。

家合法性的基础，根源在于个体成员出于理性的自由意志。康德认为通过契约而实现的自由意志的联合是人们的一种理性追求，这种联合并不意味着自由的放弃和消失，而是通过自由意志的自然权利派生出来的一种操作程序而已。康德将该过程称为人民中每个人都放弃他们的外在自由，为的是立刻获得作为共和国成员的自由的过程。

总之，共同体的每个成员都对每个人具有强制权利，其中只有共同体的领袖是例外，因为领袖有权强制别人而自身不服从强制法，因此，每个人在这种状态中生来的权利就是彻底平等的。在法律之下自由的人们都是平等的，法律规定了公民行为，其成立来自人民公意的力量，因此，法律不能对任何人做出不义之事，而违背人民公意就是违背组成人民公意的每个人自己，这显然是不成立的。公意之所以能够发挥作用，这是原始契约在起作用。在康德看来，这个原始契约只是纯粹理性的一项纯观念，就是纯粹实践理性——自由意志。

（三）国家的目的：公共强制性的法律下实现人的权利

康德认为国家的目的是在公共强制性法律下实现人的权利。具体来说，就是运用法律限制那种"野蛮的无法的自由"，以实现在法律基础上的完全的正当的自由，使每个人意志的自由与其他人的自由共存。国家的使命和目的并不是为了公民的幸福，而是维护法律秩序，维持国家本身的存在。实际上，国家就是为了实现其道德法则，以维护公民的自由。在注重个人权利的同时，应强调作为整体的国家的重要意义。每一个真正的共和国只能由人民代表的系统来构成，因为联合意志是一切公共契约最后的基础。国家的最高权力应由人民执掌，每个公民的一切权利，都必须从这个最高权力中派生。但他不认为人民主权与人民革命权之间存在必然联系。一个国家中的最高权力，对臣民只有权利，并无义务。在任何情况下，人民抗拒国家最高立法权力的行为，都是不合法的。人民没有暴动的权利，更无叛乱权。"对最高立法权力的一切对抗、使臣民们的不满变成暴力的一切煽动、爆发成为叛乱的一切举事，都是共同体中最应加以惩罚的极大罪行，因为它摧毁了共同体的根本。"①康德猛烈批判弑君行为，认为这是一种国家的自杀行为。

康德渴望并呼吁社会变革，但他反对以暴力的革命手段进行，认为应以"非暴力反抗"的方式取代革命。革命虽然可以推翻个人专制和社会压迫，但也会导致两方面问题的出现：一是法律的真空状态，即整个社会的法律状态在一段时间内暂时消失，这绝对是人类社会最糟糕的时刻；二是思想意识不会真正变革，社会变革的真正希望应在公众启蒙上，并逐步改良。康德试图借助自由的社会风气反作用于人民的内心世界，进而影响权力本身，从而使人类不断进步，最后达致"自由王国"这一终极归宿。他的方案是，将服从与自由结合起来，在公共事务中倡导理性自由，在社会风气中培养思想自由，学者以世界公民的身份发言。

（四）国家的基础：公民的权利

康德在社会契约论、天赋人权基础上提出公民权利思想。只有赋予公民特定的权利和自由，国家建立才是可能的。他认为，社会中的成员作为人应该是自由的，作为臣民应该是平等的，作为公民应该是独立的，这些先验原则是"外在人权之纯粹理性原理"。

"作为人应该是自由的"是指在遵守先验理性法则或法律基础上的自由。康德把人区分为感觉世界的人和理智世界的人，认为感觉世界的人是服从自然规律，没有自由；而理智世界的人是服从理性规律，有自由。"自由即是理性在任何时候都不为感觉世界的原因所决定。"②自由只受理性法则支配。他说："凡自由受到其他人的专制与蛮横的限制，我们就叫作约束和强制；所以，我们可以推论说，公民的宪法乃是自由人们的一个关系，而自由的人类，的确是受约束法则支配的（这个说法总之并不妨碍他们和别人相结

① ［德］康德著，何兆武译：《历史理性批判文集》，商务印书馆1990年版，第193页。
② ［德］康德著，苗力田译：《道德形而上学原理》，上海人民出版社1986年版，第107页。

合的自由）：因为理性本身要这样做，而且，具体地说，就是那个纯粹的、先验地立法的理性要这样做的。"①

"作为臣民应该是平等的"是指臣民在法律上的平等，大家都受先验理性所支配的法则支配，而不受其他个别意志支配。国家的每一个分子对其他的每一个人，没有强制权利。②但国家首脑不在其中，因为国家首脑并非国家的一个分子，而是国家的创造者与维持者，只有创造者或维持者才有强制的权能，而本人并不受约束法则的支配。③而且，臣民之间在经济上是不平等的。他说："这个一般的平等是同人们私有制财产在数量等级上极大的不平等共存的。"

"作为公民应该是独立的"是指他们作为共同立法者是独立的，既有经济独立又有参与政治的权利。在经济上需要依赖别人生活和保护的人，就失去了公民的独立性，因而在政治上也不能享受平等的权利，而只能享受法律的保护。因此，他把公民区分为"积极公民"和"消极公民"，积极公民是独立的，而消极公民则不是。在共和政体里，人民对统治者只有消极抵制的权力，没有反抗的权利，更不允许暴力革命。"一切反抗最高立法权……一切诉诸暴力的反叛，在共和政体中是最大和最须惩罚的罪行，因为它破坏了它的基础，这种禁止，是聚堆的。"即使国家首脑破坏了契约，滥用权力，臣民仍无反抗的权利。

（五）国家治理的最佳形式：共和制

康德的国家理论中包含两个基本问题：谁来统治国家？国家如何统治？

---

① 周辅成编：《从文艺复兴到十九世纪资产阶级哲学家政治思想家有关人道主义人性论言论选辑》，商务印书馆1966年版，第636页。

② 周辅成编：《从文艺复兴到十九世纪资产阶级哲学家政治思想家有关人道主义人性论言论选辑》，商务印书馆1966年版，第638页。

③ 周辅成编：《从文艺复兴到十九世纪资产阶级哲学家政治思想家有关人道主义人性论言论选辑》，商务印书馆1966年版，第638页。

康德在自己的政治哲学框架中对这两个问题进行了回答。谁来统治国家，是指国家的统治形式问题，即国家最高权力掌握在谁的手里。他根据统治者数量多少把国家区分为三种形式：君主政体、贵族政体和民主政体。君主政体只有一种关系，即国王一人和人民的关系。因此，只有一人是立法者。贵族政体，作为一种政府形式却是由两种关系结合起来的关系：一种是贵族们作为立法者彼此发生关系并因此构成了主权；另一种是统治权力对人民的关系。民主政体是所有国家形式中最复杂的，因为它首先要把所有人的意志联合起来组成一国的人民，然后必须委托一个统治者来统治这个共同联合体，而此统治者职能是这个共同体的联合意志本身。①康德把君主一人、贵族集体和全体人民掌握最高权力作为划分君主政体、贵族政体和民主政体的主要标准。国家如何统治，主要是指国家的政权组织形式，即国家中的统治者对公民采取的统治形式，根据政权运行方式主要分为共和制度和专制制度两种。这两种制度的最大区别在于是根据法律来统治还是根据统治者的意志来统治。康德认为专制制度是根据统治者意志进行统治，而共和制度则是根据法律来统治，共和制度能够真正实现人民权利，法律赋予人民以最大的自由，因此，统治国家的最好形式是君主统治下的共和制。

为什么说共和制是国家治理的最佳形式？康德给出了自己的解释。如前所述，康德认为社会成员作为不同的身份拥有三项基本法则，作为人的自由、作为臣民的平等、作为公民的独立。而判断一个国家治理的成效关键在于国家能否维护这三条基本法则。康德认为，人们让渡出自己的一部分权利构成了国家，人们进入了文明状态，因此，双方根据契约的精神，订约双方必须保证都是自由的。人的自由是先天的，人们让渡出去的一部分权利也是自由的，因此，由这部分权利构成的国家也是自由的，国家的本质就在于先验的自由。国家的合法性就在于自由原则，国家建立的目的是为了维护人们

①［德］康德著，沈叔平译：《法的形而上学原理——权利的科学》，商务印书馆1991年版，第174页。

的权利自由，因此，人们需要服从国家的立法，在国家的立法范畴内，人们可以享有更多的自由。从形式上看，人们是在服从国家的法律，但由于国家是人民让渡权利构成的，立法是为了保护人们更多的自由，所以实质上人们是为自己立法，服从国家也就是服从自己。此外，国家的每个成员为国家让渡的权利是一致的，所以自身拥有的权利也是一致的，任何人不能声称自己拥有更多的权利，也不能声称拥有更少的权利，成员之间在权利上是平等的。当然，享有自由、平等的每个成员又是独立的，不依赖于任何人，也不依赖于国家的独立个体。所以，真正构成立国原则的是自由权利原则。也就是说，人类立国本是以自由权利原则为基础的，自由权利原则是一切国家的制度安排之合法性的唯一源泉。因此，一个国家制度是否是合法的，其唯一的标准就是看它是否建立在自由权利原则上。具体地说，一个国家制度的合法性可以从两个方面来考察，一方面是看它的宪法是否确认公民诸如言论自由、出版自由、结社自由、信仰自由、迁徙自由等这些直接来自自由的基本权利，另一方面是看它的权力系统是否真正能够维护和捍卫公民的这些基本权利。①康德认为符合这种国家要求的只有共和制，即由一个民族全部合法的立法所必须依据的原始契约的观念而得出的唯一体制就是共和制。②

康德认为共和制是最好的，是符合人类自由权利的唯一体制。因其本身具有的分权制和代议制的特点，切实践行了契约理念的三条基本原则。首先，分权制。康德认为国家权力分为立法权、行政权和司法权三部分。立法权是国家的最高权力，应永远属于人民，行政权属于执政者，司法权归法官所有，三种权力既是从属的又是协调的，彼此独立，相互制衡，保证国家能够有效维护公民的权利和自由，这样的政府才是好的政府。只有三种权力彼此联合、相互合作，国家的福祉才能得到实现。国家的福祉，作为国家最高的善业，它标志着这样一种状态：该国的宪法和权利的原则这两者之间获得

---

① 叶秀山、王树人总主编，张慎主编：《西方哲学史》第6卷，凤凰出版社、江苏人民出版社2004年版，第234—235页。

② ［德］康德著，何兆武译：《历史理性批判文集》，商务印书馆1996年版，第105页。

最高的和谐。这种状态也就是理性通过绝对命令向我们提出的一项责任，要我们为此而奋斗。[①]康德认为君主政体和贵族政体都可以做到分权和代议，也可以采用共和制的管理形式来治理国家。消除专制独裁，关键不是谁来掌权，而是如何行使权力，不是由人而是由法律来治理国家。只要开明君主实行分权和法治，真正体现"公民意志"，就是好的国家治理形式。他认为君主立宪制就是共和制的最好形式，表明他对英国君主立宪制的支持。其次，代议制。康德认为国家运用强制权力和法律来维护公民的自由和权利，那么国家必然通过代议制，以人民的名义通过代理人来进行国家治理。唯有在代议制体系中，共和制的政权方式才是可能的，没有代议制体系，任何政权都可能是专制和暴力的。康德认为，根据国家形式所区分的三种形式——君主制政体、贵族政体和民主政体，都有可能沦为专制主义，特别是民主政体更是会导致专制主义。直接民主极易导致多数人暴政，而且是对绝对平等和极端民主的追求，坚持少数服从多数，少数人的利益无法得到保障，因此，康德反对直接民主的形式，赞同代议制。康德认为君主政体和贵族政体虽然也有专制倾向，但只要君主和贵族的权力得到限制，共和制是可以产生的，关键在于是否实行分权和代议制。

（六）国家治理的前提：国家间的永久和平

康德在共和制的基础上分析实现世界永久和平的可能。康德珍视和平，认为和平是政治的最高目标，是道德的内在要求，实现国家间的永久和平是人类的共同目的，是国家治理的前提，是历史发展的必然。然而和平不是自然而然产生的，而是被建立起来的，他提出了消除战争、实现永久和平的计划和方案，包括六项预备条款和三项正式条款。预备条款是实现和平的前提，正式条款是实现和平的必要条件。

---

① ［德］康德著，沈叔平译：《法的形而上学原理——权利的科学》，商务印书馆2015年版，第145页。

六项预备条款是：1. 任何和平条约在签订时不应有引发战争的可能性，否则这一条约就不应被认为是和平条约；2. 任何国家都不应以继承、交换、买卖或让与等手段侵吞一个独立国家，不论这个独立国家是大还是小；3. 以自由公民自己组织的民兵取代常备军，以达到逐渐完全废止常备军的目的；4. 国债不得用于国家对外事务；5. 任何国家的政治制度和政府机构都不应受到他国的强行干预；6. 交战的国家不得有诸如雇佣暗杀偷渡者、违反投降条件、煽动敌国叛乱等敌对行为，这些行为会使彼此间的信任化为乌有。

三项正式条款是：1. 每个国家都是共和政体。战争的根源在于各国的政治制度不合理，尤其是专制君主制，它使战争成为"全世界最不假思索的事情"。而共和政体是最完美符合人类权利的体制，它按照人民的公意行事，人民是反对战争的，同时它将追求和平作为一种道德义务。2. 各自由国家的联盟是国际法的基础。一般意义上的势力均衡根本无法实现持久的普遍和平，唯一可行的办法就是建立"自由国家的联盟"。在坚持国家独立和主权的前提下追求和平的目的，但并不是要取代国家，而只是作为一种扼杀战争的力量而存在。唯有如此，国家之间才能进入一种真正和平的状态，各民族的公共权力才能实现。当然这也是解决国家间分歧的最好方式，而不是一定诉诸武力。3. 任何来到其他国土的陌生人都应受到尊重，这是世界公民法所保证的。肯定世界公民的价值，可以使人们超越不同文化的国际伦理，从而形成可以规范人类行为的共同道德法则。

康德认为实现永久和平是历史发展的必然趋势。他强烈反对侵略战争，反对任何战争准备，认为战争是文明民族的最大灾难。永久和平的实现不能是弱肉强食，而只能是各国平等携手建立起国家联盟。不过，康德对于实现永久和平并没有信心。

四、康德的国家治理思想的影响及评价

康德是18世纪末、19世纪初政治哲学中的代表人物，他的国家治理思想博大精深、独树一帜，其中的看法、观点、视角对后世思想家看待国家问题产生巨大影响，其中以黑格尔和马克思受其影响最大。当然，受多重因素的影响，康德的国家思想也存在严重的历史局限。

（一）为黑格尔、马克思的国家理论奠定根基

黑格尔是康德政治哲学的直接继承者，两者是德国古典哲学的集大成者，康德是开创者，黑格尔则达到巅峰。黑格尔的国家思想深受康德的影响。黑格尔是在对康德道德自由主义的批判中，树立起自己的自由理念，并由此构建自己的国家理论。他既是康德国家思想最直接的继承者，也是对康德政治思想最有力的批评者。黑格尔接受了康德赋予自由的绝对性特征，也承认康德以自由为基础建构国家制度和政体形式的合理性。但是，黑格尔认为康德只把自由看作理性的实践运用，并把理性自由看作是一个用以证明道德先天原则的形式概念，这样的自由只是一个单一的、抽象的形式，并无现实的具体性。因此，黑格尔批评康德关于自由权利的形式标准是缺乏内容的，是空虚的。他指责康德在理性自由最初始的地方停滞不前。他认为自由不是抽象的形式，而应该是一种能动性的力量，它是人的自我意识的本质体现，自我意识的本质就是一种自由的、自为的、自觉的运动状态。世界历史无非是自由意识的发展过程，因此，自由意识就是人的自我意识，就是绝对精神。国家是伦理观念的现实，是绝对精神的产物，真正的自由就存在于国家之中。国家意味着人的自由的实现。

康德和黑格尔国家思想的价值追求和时代精神基本一致，"共同表达了现代化进程中对传统国家观念合法性的批判。在传统社会中，国家的合法性被诠释为君权神授、家庭继承。康德与黑格尔则一致认为国家观念的阐释必

须建立在对人性的自信和理解之上，人是法、道德、伦理的出发点"①。康德与黑格尔都相信国家是正义的，这里的正义是指以理性自由为基础的道德正义。这在康德那里是人的意志自由所表现出来的人人应承担的责任，在黑格尔那里就是绝对精神所表达出来的普遍的善。康德认为，只有出于责任的行为才具有道德价值，而且其道德价值绝不取决于责任行为想要实现的意图，而取决于责任行为被规定的准则。也就是说，责任行为就是由人们尊重道德法则而产生的行为，康德将此看作国家与公民的基本命题。同样，黑格尔也在追问如何使一个国家成为正义的国家而不是罪恶的国家。正义的国家应该是道德的国家，是绝对理念在伦理的客观显现中善的表达，因而要从人的自身上为国家寻找正义和道德，黑格尔最后找到绝对精神作为国家的基础。从这个意义上说，黑格尔和康德是一脉相承的。

康德的国家思想也深深影响了马克思。马克思的父亲以及中学老师都非常崇拜康德。在马克思的青少年时期，康德在宗教等问题上的看法对他产生了影响。康德对马克思的主要影响是对于自由的认识，马克思批判了康德的抽象自由观，"在康德那里，我们又发现了以现实的阶级利益为基础的法国自由主义在德国所采取的特有形式。不管是康德或德国市民（康德是他们的利益的粉饰者），都没有觉察到资产阶级的这些理论思想是以物质利益和由物质生产关系所决定的意志为基础的。因此，康德把这种理论的表达与它所表达的利益割裂开来，并把法国资产阶级意志的有物质动机的规定变为'自由意志'、自在和自为的意志、人类意志的纯粹自我规定，从而就把这种意志变成纯粹思想上的概念规定和道德假设"②。马克思在唯物史观基础上建立起来的"自由"，不是抽象的自由，也不是先验的道德法则，更不是现成的、先在的、实体性的东西，而是特定历史条件下人的具体的实践活动，是人的发展过程本身、人的发展趋势本身、人的历史生成过程本身，是这种实

---

① 张政文：《康德与黑格尔国家理论中关于现代性的分歧》，《哲学研究》2007年第2期。

② 《马克思恩格斯全集》第3卷，人民出版社1960年版，第213页。

践活动的历史性产物。马克思把康德抽象、先验的自由批判改造为唯物史观现实的自由，把自由变为现实的实践活动，赋予了自由新的生命力，产生对自由的科学认识。

总之，康德和马克思的国家思想的主体都是以人为目的。康德的政治哲学通过对人的研究来确立对人的认识，最终得出结论：真正的人是意志绝对自由的人，即完全受其自由意志支配和决定的纯粹而至善的道德主体。马克思通过对人的研究来理解人。真正的人固然也是自由的人，但自由人在其本质上是自由人的联合体，即人在其现实性上是一切社会关系的总和，因此，人的自由的实现最终是为了全人类整体的解放。可见，两者的政治理论出发点都是人的自由。只不过，康德政治哲学侧重于人之自由何以可能，而马克思政治哲学侧重于如何真正实现人的自由。

当然，除了黑格尔与马克思，康德对近代自由主义的影响也非常大，其中的自由主义思想家或多或少都受到康德的影响。直到20世纪，康德的政治哲学依然发挥作用，罗尔斯、哈耶克、福柯、诺奇克等都受到康德自由思想的影响。

（二）对康德的国家治理思想的评价

尽管康德的国家治理思想影响广泛而深远，但仍然存在许多历史的局限。康德以抽象的道德法则作为基础，构建他的理性国家观、共和主义、改良主义、和平主义。简单概括康德的思想就是"现实存在的不是理想的，理想的又是不可能实现的"，这反映康德思想中的矛盾性：他主张并倡导个人自由，但对自由的逻辑阐释最终陷落到抽象自由的窠臼中去；他赋予人们思想自由和投票自由，却没有反抗的自由；他虽然主张国家必须保护人民的权利，但又害怕人民的力量，不愿依靠人民反对封建统治；他反对暴力，惧怕革命；他主张分权、代议和共和制，想为新兴资产阶级争取政权，但又不敢彻底与封建统治决裂等。康德的理论中有许多能够表明他反对君主专制和封建特权的进步倾向，但其思想中的局限性又清楚地反映了康德思想的保守性和他对现实的妥协。

第二节 费希特的国家治理思想

费希特是 19 世纪德国古典哲学的代表人物，他建构了庞大的哲学体系，并以此为基础形成了对自由、权力和国家等问题的独特看法，尤其是对国家问题有过深刻描述，对国家的目的、出现、演进和理性王国等进行了系统阐释，建构起自己的国家治理思想体系。

一、费希特的生平及著作

约翰·哥特利勃·费希特（1762—1814）是德国著名古典哲学家、唯心主义的代表人物之一、资产阶级激进派的代表，在批判康德哲学的基础上建立了主观唯心主义哲学体系。他出身于德国奥伯劳济兹的农村手工业家庭，9 岁以前为家庭生计放鹅，后由当地的贵族资助开始学习生涯。1780 年秋进入耶拿大学学习，第二年转入莱比锡大学专攻神学。1788—1794 年在苏黎世、莱比锡、克罗考夫从事家庭教师工作，其间开始研究康德哲学，并曾在 1791 年 7 月到哥尼斯堡拜见康德。费希特声名鹊起是因其所著《试对一切启示的批判》，于 1792 年由康德推荐出版。随后，1793 年他又发表了《纠正公众对法国革命的评论》和《向欧洲君主们索回他们迄今压制的思想自由》等文章，评述法国大革命，肯定法国大革命成果。1793 年底到 1794 年初，费希特在苏黎世首次进行关于知识学的演讲，之后正式成为耶拿大学的教授。在担任耶拿大学教授期间，主要负责主持康德哲学讲座，系统讲授知识学。在相关讲稿的基础上，他于 1794 年发表了《论知识学或所谓哲学的概念》《全部知识学的基础》，还与朋友合办了《哲学杂志》，发表了《论学者的使命》等文章。1796 年发表了对后世影响巨大的《自然权利基础》。1797 年又接连发表《知识学引论第一篇》《知识学引论第二篇》。他坚持每周利用课外时间给学生进行一次演讲，对当时的青年学生和思想界都产生巨大影响。然而，在1799年，他被指控宣传无神论，被迫离开耶拿，搬到柏林居住，后继续进行公开演讲并写作。1800年发表了《人的使命》《闭关的商业国家》，1805年受聘担任爱尔兰根大学的教授，夏季在学校授课，冬季回柏林演讲，并发表了《现时代的根本特点》。1806年发表了《极乐生活指南》。1807年法军攻占柏林，普法最终达成和平协议。1807年底到1808年初，费希特连续14次做了《对德意志民族的演讲》，激励民众站起来反抗拿破仑侵略，由此赢得了极大的权威和荣耀。他积极参与筹建柏林大学，并在1810年被选为第一任校长。1813年，德国爆发了武力反抗拿破仑侵略的自由战争，正当德军进取之际，费希特遗憾逝世，年仅52岁。

费希特是康德的忠实信众，他是从康德到黑格尔哲学发展过程中重要的过渡人物，同样，在政治思想上也是从康德的先验理性国家到黑格尔的伦理国家的中间环节。费希特在多部著作中表达他对国家问题的观点和看法，其中主要集中在《国家学说：或关于原初国家与理性王国的关系》《自然权利基础》《对德意志民族的演讲》之中，全景展现费希特国家治理思想的主要观点和根本看法。

二、费希特的国家治理思想的渊源

受时代背景、前人的理论结晶和自身的哲学体系影响，加之对国家治理问题的深度思考，费希特形成了其自身的国家治理思想。考察费希特的国家治理思想要从这四个角度展开。

（一）时代背景的影响

费希特生活在18世纪末、19世纪初，当时整个欧洲正处于轰轰烈烈的革命运动洪流之中。英国工业革命成就非凡，推动英国资本主义经济飞速发展，同时，英国的君主立宪成为当时社会的先进制度，保证英国资产阶级统治地位的稳固。经济和政治的双重加持使英国成为欧洲大陆甚至整个世界向往追逐的标杆。同时，当时的法国正处于大革命的浪潮之中，法国大革命推翻了封建政治制度，建立了推动经济迅速发展的资本主义政治制度。与英法两国不同，费希特所在的德国正处于黑暗腐败的封建统治之中，"在政治上和道德上大都是腐败的，在精神与文化上日趋落后贫乏，以及顽固地坚持落后的正统思想方式和臣民精神"①。德国在经济、政治、文化各个方面都落后于同期的英国和法国，当时先进的思想家急切盼望德国能够建立先进的政治制度，希望德国的资产阶级能够带领德国走出黑暗。然而，德国的资产阶级兴起很晚，19世纪初才出现一定的小资产阶级，而这些小资产阶级又依附于封建王室、官府和军队生存，缺乏革命精神以及足够的反抗勇气和斗争力量，在夹缝之中艰难求生存。德国腐朽的封建统治实行严格的书报检查、限制出版等反动措施，严格束缚人们的思想自由和言论自由，正如恩格斯所说："这是一堆正在腐朽和解体的讨厌的东西。没有一个人感到舒服。国内的手工业、商业、工业和农业极端凋敝。农民、手工业者和企业主遭到双重的苦难——政府的搜刮，商业的不景气。贵族和王公都感到，尽管他们榨尽了臣民的膏血，他们的收入还是弥补不了他们日益庞大的支出。一切都很糟糕，不满情绪笼罩了全国。没有教育，没有影响群众意识的工具，没有出版自由，没有社会舆论，甚至连比较大宗的对外贸易也没有，除了卑鄙和自私就什么也没有；一种卑鄙的、奴颜婢膝的、可怜的商人习气渗透了全体人民。一切都烂透了，动摇了，眼看就要坍塌了，简直没有一线好转的希望，因为这个民族连清除已经死亡了的制度的腐烂尸骸的力量都没有。"②对照繁荣先进的英国、法国，面对腐朽落后的德国，费希特的国家治理思想致力于改造旧的德国，努力打造一个前景光明、制度完善的新德国。

---

① ［德］汉斯-尤尔根·格尔茨著，伊德、赵其昌、任立译：《歌德传》，商务印书馆1982年版，第40页。

② 《马克思恩格斯全集》第2卷，人民出版社1957年版，第633—634页。

　　费希特生活的时代与法国大革命同步，其国家治理思想深受法国大革命的影响，正如法国哲学家科尔纽评价他，费希特的观点是他那个时代的革命倾向的反映①。他始终坚持法国大革命的理想，反对封建专制制度，主张建立理性王国，深刻批判封建社会中的阶级压迫，尤其是对农民阶层的残酷压迫，贵族阶层利用手中的权力鱼肉百姓是严重的道德败坏，甚至是罪恶行为。在法国大革命的洗礼下，费希特格外关注人的自由，认为人的思想自由是一种不可出让的权利，君主的权力是社会全体成员权利的让渡，封建君主的专制统治是非法的，只有通过暴力革命或自上而下的改革才能结束这种反动统治。费希特虽然支持法国大革命，但并没有被革命冲昏头脑，而是始终保持理性态度从革命中汲取经验，称赞法国人民为自由而作出的努力等，这些都成为费希特国家治理思想的来源。

（二）社会契约论思想的影响

　　社会契约论是近代西方最有影响力的政治思想之一，代表人物有霍布斯、洛克和卢梭等，对西方主要资本主义国家政治制度的形成发挥十分重要的作用，成为当时的主流政治哲学，当时和后来的许多哲学家、思想家的政治理论都受其影响，费希特也是其中一员。

　　霍布斯认为人性本恶，趋利避害寻求自我保护是人的本能，人并不是消极被动地自卫或自我保护，而是拥有极大的"权势欲"，"造成这种情形的原因，并不永远是人们得陇望蜀，希望获得比现已取得的快乐还要更大的快乐，也不是他不满足于一般的权势，而是因为他事不多求就会连现有的权势以及取得美好生活的手段也保不住"②。因此，人们在欲望的支配下就会相互争夺、相互残杀，每个人都想占有更多的东西，不断通过暴力手段侵占他人来满足自己的欲望，而自然状态下物品的稀少和人们之间的竞争关系就使

---

　　① ［法］奥古斯特·科尔纽著，王瑾译：《马克思的思想起源》，中国人民大学出版社1987年版，第12页。

　　② ［英］霍布斯著，黎思复、黎廷弼译：《利维坦》，商务印书馆1985年版，第72页。

其不可避免地陷入战争之中，所以，"在自然状态下，权利的尺度是利益"①。这样人们时常处于暴力死亡的恐惧和危险中，为了维护自己的生存，人们需要终止战争，通过订立理性的法则来规范人们的行为，这一法则就是自然法。但这种契约并没有强制力，为了保障契约的履行需要一个强有力的权力，"把大家所有的权力和力量付托给某一个人或一个能通过多数的意见把大家的意志化为一个意志的多人组成的集体……大家都把自己的意志服从于他的意志，把自己的判断服从于他的判断"②。而人们让渡的权利和力量就形成一个具有强制力的公共权威——国家。国家一旦形成，臣民就要无条件服从国家权威，因为一切的让渡和授权都是臣民自愿，这样就形成一个通过社会契约建立起的君主专制的"利维坦"。

洛克从自由角度出发解释自然状态，他认为自然状态不是霍布斯所描述的充满私欲的争斗，而是人们处于一种和平互助、平等自由的状态中，拥有平等自由等天赋权利。但由于人自由而平等地占有社会财富，缺乏普遍承认的权威，在私有财产的占有上陷入矛盾，人人都可声称某一财产归自己所有，这必然导致战争，这时就需要国家的存在以解决这种自然状态下可能产生的财产纷争。所以，国家是为了更好地保障人们享有自由的权利，而不是限制人们的自由。洛克关于权利让渡的看法也与霍布斯不同，他认为生命权、财产权和自由权是与生俱来、不可让渡的，在自然状态中并不能使自己受制于另一个人的专断权力，也不享有支配另一个人自由、财产的专断权力，因此也不可能把专断权力让渡给国家。③国家的存在是为了保护公民的这些权利，如果不能保护公民的权利甚至损害公民权利，破坏契约，人民就可以推翻统治者建立新的国家，"人类天生是自由的，历史的实例仅证明世界上凡是在和平中创建的政府，都以上述基础为开端，并基于人民的同意而

---

① ［英］霍布斯著，应星、冯克利译：《论公民》，贵州人民出版社2003年版，第9页。
② ［英］霍布斯著，黎思复、黎廷弼译：《利维坦》，商务印书馆1985年版，第131页。
③ ［英］洛克著，叶启芳、瞿菊农译：《论政府》下篇，商务印书馆1964年版，第83页。

建立的"①。

卢梭对霍布斯和洛克的思想在继承的基础上又有发展。卢梭认为人在自然状态下是孤独的，彼此之间各自隔绝没有交往，"每一个人都把自己看成是观察自身的唯一的观察者，是宇宙中关心自己的唯一存在物"②。自然状态的人是自由、平等的，没有私有财产、没有阶级差别，虽然为了利益也会发生暴力事件，但这是一种自然现象，没有傲慢或愤恨的情绪，人们之间相互平等友好，没有奴役、压迫、统治。而国家的产生是因为随着人的需要不断增多，满足人的需要的新工具被发明和使用，人的智力和自我意识不断觉醒，逐渐产生了家庭、私有财产和私有制，打破人们之间的自由平等友好的关系而向着剥削和被剥削、奴役和被奴役的关系转变。在此过程中，富人们为了保证自己的财产不被侵犯，名义上是为了保护每个人的所有权，主张订立契约建立国家和法律。所以，他认为国家是建立在私有制和社会不平等基础上的，本质是为了保护私有财产进行阶级压迫。

费希特的国家治理思想继承了社会契约论的部分思想，并在他们的基础上进行了发展。他认为契约论者们将国家与社会混淆，国家是从社会中产生的，国家以市民社会为基础，"国家本身是靠社会才存在的。国家本身应将她必须归功于社会的东西归功于社会；我们即使没有国家作中介，也会对社会心满意足的"③。他还认为国家是人们通过订立契约建立的。人们通过相互协议形成共同意志进而建立国家。人们在建立契约时，把自己涉及外在行为的一部分权利让渡给国家，从而形成国家权力，但个人权利并不是全部让渡给国家，并不全属于国家管辖之内，思想自由就是个人权利不能让渡给国家的部分。反而国家的存在是为了保护人民的自由，国家是基于人们划分自

---

① ［英］洛克著，叶启芳、瞿菊农译：《论政府》下篇，商务印书馆1964年版，第64页。

② ［法］卢梭著，李常山译：《论人类不平等的起源和基础》，商务印书馆1962年版，第184页。

③ ［德］费希特著，李理译：《论法国革命》，贵州人民出版社2001年版，第138页。

由范围的需要建立的。由于自我只有自由地发挥作用时才算是存在，因此，众多的自我都是自由者，都需要承认别的自我也是自由者，从而要求人们划分彼此自由的范围，这需要由国家来完成。国家来划分个人自由的范围并保护个人自由的权利。

卢梭对费希特的影响最大。费希特继承和发扬了卢梭的人民主权思想，认为人民是国家一切权力的源泉，人民拥有最高权力。他说，人民实际上按照法律是至高无上的权力，这种权力是任何别的权力的源泉，它只对上帝负责。在人民议会面前，行政权实际上按照法律失去了它的权力……在世界上还有什么比人民更高的呢？①他主张建立由人民选举产生的检察机构来行使检察权，监督政府的活动，使政府严格按照法律办事，以保障人民的权利。他还认为，如果政府侵犯了人民的权利，为了维护人权，人民在必要时可以使用暴力将其推翻。"任何诚实的人，当他仅仅确信共同意志的时候，他就会心安理得地依靠他的良心，去完全推翻国家。"②在此思想的指导下，他论证了法国大革命的合理性，甚至支持雅各宾专政，但他并没有把暴力革命的思想坚持到底，反而认为推广国民教育是改革社会的手段。费希特还继承了卢梭关于国家消亡问题的思想，他认为人的自由是先天具有的权利，不是国家给予的，不可随意被剥夺。"国家生活不属于人的绝对目的，相反地，它是一种仅仅在一定条件下产生的、用以创立完善社会的手段。国家也和人类的一切典章制度一样，是纯粹的手段，其目的在于毁灭它自身：任何一个政府的目的都是使政府成为多余的。"③卢梭作为社会契约论集大成者对费希特的政治哲学思想产生巨大影响，使其构建起自身的国家治理体系。

---

① ［德］费希特著，梁志学、沈真译：《论学者的使命·人的使命》，商务印书馆1984年版，第 vi—vii 页。

② ［德］费希特著，梁志学、沈真译：《论学者的使命·人的使命》，商务印书馆1984年版，第 vi 页。

③ ［德］费希特著，梁志学、沈真译：《论学者的使命·人的使命》，商务印书馆1984年版，第18页。

（三）康德自由思想的影响

在德国古典哲学家中，康德是开创者，其后的哲学家大都受其影响。费希特受康德的影响很大，而他又影响了谢林和黑格尔，是德国古典哲学发展中的关键人物。尤其是关于自由问题的认识，费希特受康德思想的影响最大。康德强调人的自由权利，积极捍卫公民的个人自由，认为个人自由不应该受到外在的强制。在《纯粹理性批判》中，康德为解决自由与必然的二律背反，考察批判了人的"先天综合判断"，论证了先验自由的可能性。然后又在《实践理性批判》中论证了人的自由的客观实在性，"自由概念的实在性既然已由实践理性的一条无可争辩的法则证明，所以它就成了纯粹的，甚至思辨的理性体系的整个建筑的拱顶石"[①]。他认为实践理性为自由、道德立法，人在本质上是实践理性自由，"个人的价值就在于自由"[②]。当然，康德重视个人自由，但个人自由必须服从国家法律秩序，自由和法律并不矛盾，法律是为了维护个人自由，使每个人尽可能在更大范围实现自身自由。客观的道德规律是"我"的灵魂的内在呼声，是"我"的良心，它在生活的各个特殊环境中规定"我"应当做什么，不应当做什么，"我"的使命就是诚实地、无保留地服从它。"你要这样行动，就是把你的意志的准则能够想象为你自己的永恒规律。"[③]人有意志选择自由，"然而这类自由行动，也像一切行动一样，一般是服从于道德规律的，因为道德规律是我们行为的调节者，或者说，这个自由行动服从于一项绝对命令，我把这项命令表达为：你切不可在你的意志规定的目标中陷入自相矛盾；用这种公式表达的规律任何人都可以遵循，因为我们的意志的规定根本不取决于自然界，而完全取决于

---

① ［德］康德著，韩水法译：《实践理性批判》，商务印书馆1999年版，第3页。
② ［德］康德著，邓晓芒译：《判断力批判》，人民出版社2002年版，第414页。
③ ［德］费希特著，梁志学、沈真译：《论学者的使命·人的使命》，商务印书馆1984年版，第9页。

我们自己"①。费希特认为康德是自由的捍卫者，康德"证明中所作的，无非是论证和解释自由概念"②，他批判封建专制制度，认为人作为主体具有不可让渡的理性和自由。费希特全面研究了康德哲学，在继承的基础上进行批判思考，形成自己的自由学说，并从中观察社会中的自由与法律、个人与国家、民众与君主、国家与社会等关系。因此，对自由问题的认识成为费希特对国家问题认识的基础，是其国家治理理论形成的前提。

（四）自身哲学体系的影响

众所周知，费希特是位著名的哲学家，是德国古典哲学的代表人物，形成了一套自己的完整哲学体系。他继承了德国古典哲学的辩证法传统，注重从自我的内在矛盾进行论证。他设定了三个基本命题：一是"自我设定自我"，即正题；二是"自我设定非我"，即反题；三是"自我设定自我与非我"，即合题。用这三段式论证支撑起其唯心主义辩证法的核心框架，描述思维与存在的矛盾产生和解决，认为矛盾是事物活动的本质，是事物发展的动力和源泉。在后来关于国家性质的论述中，费希特运用"三段式"的辩证分析方法解释了国家的性质等问题，其国家治理思想深受其哲学思想的影响。

"自我设定自我"是费希特哲学体系的起点。他认为自我既不是感性的、经验的、个别的自我，也不是纯自觉的、个别的、一般的自我意识，而是包含着意识和无意识、自我和非我、个别和普遍等于一身的整体性主体，它构成个别的自我意识的隐蔽的基础，也构成整个历史规律性发展的潜在根据。纯粹自我可以从个人经验和自我意识中去认识，但不能归结为个人及其意识或经验，而是先于并产生个人意识和经验乃至整个对象世界的前提和根据。纯粹自我的本质不是存在而是行动，是主体根据绝对自决性进行自我设定，并对贯穿其中的直观及其反思过程进行综合的能动活动。绝对自我从根

---

① ［德］费希特著，梁志学、沈真译：《论学者的使命·人的使命》，商务印书馆1984年版，第32—33页。

② 梁志学著：《费希特青年时期的哲学创作》，中国社会科学出版社1991年版，第3页。

本上否定了自在之物和自在理智的存在，将其统一于自我的创造活动，植根于思维的自由。我是自为地存在的，这是一个事实。然而，我只有通过某个行动才能自为地产生，因为我是自由的；而且唯有通过这种特定的行动我才能自为地产生，因为通过这种特定的行动，我每时每刻都能给我产生，而通过任何别的行动给我产生的则是完全不同的某物。那个行动正是关于自我的概念，而自我的概念也是关于那个行动的概念，两者完全是同一个东西。①由此可见，费希特强调"自我"，因为自我是行动者也是行动的产物，先于一切存在和事实，是无意识的意识，先于一切经验的先验。"自我设定自我"奠定了世界统一性、历史可知性和主客一体性的基础，也就是奠定了认识论就是世界观、历史观和价值观的基础。

"自我设定非我。"如果说"自我设定自我"体现了自我的自由本性，那么"自我设定非我"则体现了自我的创造本性。"自我设定非我"要回答的关键问题是"一种为我们的存在是如何可能的"，也就是"由必然性感觉伴随的表象系统是从何而来的？或者，我们是如何得以将客观有效性赋予那种纯属主观的东西的？"②这个问题是自我哲学成立与否的关键点，而费希特对这一问题的回答非常简单凝练："我们的论证如下：自我是受限定的（它既然应当是一个自我，它就必然是受限定的），但是按照它的存在的规律，它必须把这个限定及其根据设定到某个限定者中去，因此这个限定者是它的产物。"③这意味着，从自我设定开始，自我已经不是作为绝对主体，而是作为有限主体被认识。它对自我的限定也就是对所有限定者的限定，即设定了"非我"。费希特认为"非我"要从自我中找根据是因为把握受限定的事物只能靠经验，而经验无法把这些有限的事物统一起来。那么，如何才能实现统一？"自我设定非我"及两者的统一，并非单纯的自我意向，而是具体的历史活动，是实实在在的相互作用和相互转化。自我只是由于非我的作用才被

---

① 梁志学主编：《费希特著作选集》卷2，商务印书馆1994年版，第691页。
② 梁志学主编：《费希特著作选集》卷2，商务印书馆1994年版，第686—687页。
③ 梁志学主编：《费希特著作选集》卷2，商务印书馆1994年版，第147页。

意识到，所以自我和非我必须同时存在才可能出现意识及其创造活动。因此，自我与非我互相对立，两者在形式和内容方面都同样不受对方限制，因而需要一个能够保证这两个对立面统一的第三者，就此引出第三个命题。

自我与非我的统一，即"自我在自我之中对设一个可分割的非我以与可分割的自我对立"。费希特认为自我不是在客体（非我）中自动显现的，而是在主客体相互作用中生成的。自我要通过把自己作为对象使自我成为受动的存在，因此，自我就把两种活动（主动和受动）、两种形态（自主和它主）集于一身，成为真正的历史主体。具体而言，或者将两种活动（真正的活动和受压制的活动）相互联系起来，而只有通过在两者之间设定一个特定的第三环节这种方式才是可能的，这第三环节既是自我的活动又是受压制的活动；或者这个事实按照它的规定是由自我设定的，按照存在是由非我设定的，观念根据和现实根据都在其中，是同一个东西。自我的这种分割把无限性变成有限性，使自我对象化，从而与非我（客体）对接，这是实现辩证统一的关键。"为了综合而寻求的第三个环节是限定。感觉只有在自我与非我相互限定的范围内，只有在两者的这个共同界限上，才是可能的。（这个界限是自我与非我的真正结合点。除了这个点，它们没有任何共同之处，也不可能有任何其他共同之处，因为它们相互之间应当是完全对立的。但它们从这个共同点出发，就分道扬镳了，从这个点出发，自我才成为理智，这时它自由地跨越界限，用这样的方式，从它自身带出某种东西，超越这个界限，把这种东西传递到一个应该存在于界限那边的事物上；或者，如果从另一方面看这件事情，这时它把只有在界限那边存在的事物才应该具有的某种东西吸收到它自身中来，这两者就其结果来看都是完全一样的。）"[1]这样自我与非我的统一就成为一个辩证发展的过程，费希特以其特有的哲学方式把握人类认识的历史规律，构建自身的哲学体系，这种"正题—反题—合题"的三段式哲学认识方式对他认识国家治理问题发挥了重要的指导作用。

---

[1] 梁志学主编：《费希特著作选集》卷2，商务印书馆1994年版，第131页。

三、费希特的国家治理思想的主要内容

费希特继承吸收前人的智慧成果，并在自身哲学体系指引下，形成对国家和国家治理等问题的看法和观点，打造相对完整的理论体系。

（一）国家的出现：自由正义矛盾运动的结果

费希特认为国家是一个进行调和和治理的机构，国家单纯作为对于通常的和平进程中前进的人类生活进行治理的机构[1]，在关于国家出现的问题上，费希特与恩格斯对于国家出现的认识有许多共同之处。恩格斯说："国家决不是从外部强加于社会的一种力量。国家也不像黑格尔所断言的是'伦理观念的现实'，'理性的形象和现实'。确切地说，国家是社会在一定发展阶段上的产物；国家是承认：这个社会陷入了不可解决的自我矛盾，分裂为不可调和的对立面而又无力摆脱这些对立面。而为了使这些对立面，这些经济利益互相冲突的阶级，不致在无谓的斗争中把自己和社会消灭，就需要有一种表面上凌驾于社会之上的力量，这种力量应当缓和冲突，把冲突保持在'秩序'的范围以内；这种从社会中产生但又自居于社会之上并且日益同社会相异化的力量，就是国家。"[2]费希特强调国家是理性王国的观念现实，国家的出现是自由正义矛盾运动的结果，并以"正题—反题—合题"的哲学分析公式加以解释。

费希特形成的第一套"正题—反题—合题"如下。

正题："每一个人都应当是自由的——他只应遵循其自己的洞见。我们说的是：每一个人均应如此。在自由的众我之世界中，根本不应该出现听命

---

[1]　［德］费希特著，梁志学、沈真、李理译：《对德意志民族的演讲》，商务印书馆2010年版，第134页。

[2]　《马克思恩格斯选集》第4卷，人民出版社2012年版，第186—187页。

于他的洞见的其他某个人。"①费希特认为个人自由是国家存在的"最初环节",是正义法则的绝对要求,任何人不应以任何形式为他人所强制,自由王国应该排除一切强制,强制剥夺了个体的内在自由,是与绝对正义相抵牾的。

反题:"没有自由,道德目的就根本不可能实施……为了自由的缘故,可以使用强制,可以使用比其许可的范围之内更多的强制。"②自由纯粹存在于道德世界中,现实世界中并不存在自由。费希特说,那一方认为,根本没有任何人违背正义,因为我没有通过强制来限制任何人,于此处只有芸芸众生;而这一方坚持,即使他们是芸芸众生,也应拥有形式上的自由,他们从其本性出发,通过本真的自由而在道德世界中自我提升;那另一方说,自由只是在道德世界中,而在另一个世界中根本没有自由,这是纯粹的现实主义者。这一方:我们所看到的是两个世界,还知道从一个世界向另一个作为自由的世界的转化;那一方:你只有在道德世界中才是有价值的,除此之外你一无是处,没有任何价值!这一方:即使在向着另一世界——你并未降生于那个世界——的转化中,你依然是你自身的原则。③如何解决这两者之间的矛盾?费希特认为正题谈论的是意志而不是行为,反题谈论的是行为而不是意志,两者的关联在于,前者是作为希望得以提升的东西,后者是作为事后补足的东西,可以提出合题。

合题:只有逼迫人们进入正义的强制才是被允许的,任何其他强制都是违背正义的。强制在形式上必须合乎正义,专制君主需要在最大程度上证明他的洞见是真实坦诚的。人人都有遵循自己识见的权利,这是不可让渡的,

---

① [德] 费希特著,潘德荣译:《国家学说:或关于原初国家与理性王国的关系》,中国法制出版社2010年版,第62页。

② [德] 费希特著,潘德荣译:《国家学说:或关于原初国家与理性王国的关系》,中国法制出版社2010年版,第63页。

③ [德] 费希特著,潘德荣译:《国家学说:或关于原初国家与理性王国的关系》,中国法制出版社2010年版,第64页。

只有在紧急状况时，人们必须暂时顺从强制，因为自身的识见不是正义的，为了保护他们的权利必须建立这样一种机构来塑造他们正义的识见，即国家。除了教育人们达到正义的识见之外，不允许有其他任何的强制。"正义的强制，唯有通过对辅之以对被强制的民众之教育，使其达到这样的识见与善良意志才是合法的，否则它就是违背正义的。"①

费希特形成的另一套"正题—反题—合题"如下。

正题：每个人都应绝对地依据他自己的洞见行事，唯有如此他才是自由的。无任何强制性！②每个人都是自己的主人，是真正自由的，不能有任何强制。

反题：然而若没有某种强制，没有对人的外在本性之自由的限制——没有为了退回到观察与权衡而终止行为——正义者的洞见甚至都不会显现出来。③没有强制也不会有真正的自由，强制是维护自由的重要手段。

合题：强制是显现洞见以及接受教育的前提条件：强制是一种如何将共同体的洞见与个体联结起来的方式，是将出自纯粹的自然生物之个体转化为精神性的生物的方式……因此，强制性的国家实质上是一所学校，一所为了建立一个基于所有人的洞见之王国的学校。④于是，国家就产生了。

费希特经过"正题—反题—合题"的论证，阐明国家的出现是自由正义矛盾运动的结果。个人是自由的，但如果没有某种强制，人的自由是无法实现的，正义的识见也是无法实现的，国家是为了实现这个目的而出现的。国家用以实施正义的强制，对民众进行强制的教育，使之达到正义的识见和善

---

①［德］费希特著，潘德荣译：《国家学说：或关于原初国家与理性王国的关系》，中国法制出版社2010年版，第68页。

②［德］费希特著，潘德荣译：《国家学说：或关于原初国家与理性王国的关系》，中国法制出版社2010年版，第69—70页。

③［德］费希特著，潘德荣译：《国家学说：或关于原初国家与理性王国的关系》，中国法制出版社2010年版，第70页。

④［德］费希特著，潘德荣译：《国家学说：或关于原初国家与理性王国的关系》，中国法制出版社2010年版，第70页。

良意志，除此之外，国家不能对个人实行其他强制，以保护民众的自由。

（二）国家的演进：在信仰与理智的冲突中发展

费希特认为国家为维护自由而出现，又在信仰与理智的冲突中发展。他认为信仰与理智是人类的两个基本原则，存在于意识中的被给定状态，连同它的应当如此存在的附加之物，便是信仰；自由之规律存在于理智之中。[①]历史就是两者的交互作用，人类从信仰到理智的发展进程便是历史。因此，历史的发展有两个时期：一个是古代世界，一个是现代世界。在古代世界，国家起着重要作用；在现代世界，国家变成了祸害。

费希特说，主要时期有：

I. 国家作为信仰中的绝对者——在信仰中，也就是在某个被给定的形态中；每一国家都存在于信仰所给予它的形态中。

通过局部的理智进一步规定这种形态与形式，关于国家的信仰由此而从根本上得以确定。（古代世界）

II. 通过完善化的理智原则，这样的国家彻底地没落；开启了一个新的世界——国家变成了一种祸害。理智在继续发展。国家发展被看作是一种手段，看作是前提条件的预先准备，以便完成在自由的艺术中所产生的任务——建立王国。新的世界史一直延续到我们的时代。[②]这样，古代世界国家是"信仰的绝对者"，信仰以局部理智规定它存在的特定形态，而到了现代世界理智进一步完善，信仰则被压制，国家则彻底没落，变成一种祸害，也成为通向自由王国的一种手段。（现代世界）

关于国家的起源，费希特也曾从战争的角度进行过论述。他认为，国家是财产所有者的一个机构，有产者建立了国家。使用国家机器的人往往是有

---

① ［德］费希特著，潘德荣译：《国家学说：或关于原初国家与理性王国的关系》，中国法制出版社2010年版，第125—126页。

② ［德］费希特著，潘德荣译：《国家学说：或关于原初国家与理性王国的关系》，中国法制出版社2010年版，第126页。

产者的仆人。他说："人类划分成两个基本的群体：私有者和非私有者。前者不是国家——作为有产者的是先于国家的，他们的存在无须国家的说明，而是他们维持着国家，如同一个主人聘用其侍者，后者实际上是他们的仆人。谁能够支付仆人的报酬，他自己就无须参加服务。这样一来，国家权力机器之成员便只能由非有产者来担任。"①国家是可恶的东西，它消耗钱财。它也不是最重要的，生命是第一位，财富为第二位，第三位才是国家。

（三）国家繁盛的基础：思想自由

费希特的政治思想中对于自由的描述有很多，尤其强调思想自由。针对普鲁士当局实行的反对启蒙教育、压制言论自由的措施，他激烈反对封建专制对于思想自由的压制，什么都可以放弃，只有思想自由不能放弃。民众，一切的一切都可以献出，只有思想自由不能。②人不可以通过继承得到，更不可以被出卖、赠送，人只归自己所有，不属于任何人。他自己必须根据他内心的这样一个规律做事：他是自由的，并且必须永远是自由的；除了他心中的这一规律，任何东西都不能命令他，因为这一规律是他的唯一规律，如果他允许另一规律约束自己，他就违反了这一规律，他的人性就会遭到毁灭，他的地位就会降低到动物这一等级。③人拥有思想自由和独立性，这是人不同于动物、优越于动物的最大特点。人的最大禀赋就是人拥有思想自由和意志自由，且这种自由是不能委托和转让的。在这个问题上他质疑社会契约论，他同意公民社会以全体成员或某个成员与全体成员签订契约为基础，但个人权利并不是全部让渡给国家，而只是部分让渡，其中思想自由是完全属于个人的权利，不能让渡给国家，国家也无权压制人们的思想自由。君主，你没有权利压制我们的思想自由；而你没有权利做的事情，你就绝不要

---

① ［德］费希特著，潘德荣译：《国家学说：或关于原初国家与理性王国的关系》，中国法制出版社2010年版，第35页。

② ［德］费希特著，李理译：《论法国革命》，贵州人民出版社2001年版，第6页。

③ ［德］费希特著，李理译：《论法国革命》，贵州人民出版社2001年版，第12页。

做，即便在你周围的世界毁灭，你将与你的人民被埋葬到世界废墟底下的时候。①思想自由是实现人真正自由的基础和底线，即便是君主也无权干涉思想自由。

费希特将思想自由的观点延伸到他对国家问题的看法之中，认为思想自由是国家通向繁荣昌盛的基础。他呼吁君主不要当统治者，而要做自由的合作者；不要当精神的主宰者，而要当精神成果的共享者。"我可以向你们证明，只有思想自由，只有不受阻碍、不受限制的思想自由，才能够建立和巩固国家的幸福；我可以用不可辩驳的理由向你们清楚地说明这一点；我可以用历史事实向你们证明这一点；我还可以将现今大大小小的国家指给你们看，它们由于有思想自由而不断繁荣昌盛，由于有思想自由而在你们眼皮下已经变得繁荣昌盛起来。"②人只有具备思想自由才能构成国家发展的基础，国家也只有有了思想自由的人们才能发展繁盛起来，因此，国家不能够限制民众的思想自由，而要赋予他们最大权利的思想自由。

（四）有限国家：没有超出公民契约领域的权力

费希特认为国家的权力是有限的，而公民的权力则远远大于国家的权力。国家的责任只限于公民契约领域，权力不能走出范围占领一般契约领域，甚至侵犯天赋人权领域，乃至良心领域。而公民个人的权利则是更为广泛的，可以自由进退除良心领域外的其他范围，但国家不可以追逐退出公民契约领域的人。因此，人的权利范围是大于国家的权力范围的，也正因为如此，所以国家的组织是可以改变的，包括国家的宪法也是可以改变的。从道德原则来说，任何一部不可修改的宪法都是违反那种道德规律提出的人的使命的。他阐明："没有一部国家宪法是不可以修改的，一切宪法都可修改，这是由宪法的本质决定的。一部坏的宪法违背一切国家组织的必然终极目

---

① ［德］费希特著，李理译：《论法国革命》，贵州人民出版社2001年版，第28页。
② ［德］费希特著，李理译：《论法国革命》，贵州人民出版社2001年版，第27—28页。

的，它必须加以修改；一部好的宪法促进这一目的，它自身就能修改。前一种宪法是烂草地里的一堆火，这堆火冒着烟，既不发光也不发热；它必定被扑灭。后一种宪法是一支蜡烛，它自己消耗自己，闪闪发光；在白天来临时，它就会熄灭。"①

既然公民的权利大于国家的权力，那对公民的法律约束力从何而来？它产生于公民对法律的自愿接受，除了承认自己确立的法律，不承认任何别的法律。公民个人的意志、个人不断下定的决心就是立法者。国家是人们按照契约形成的，国家的一切成员本身都是平等的。因此人是可以退出国家、脱离原来的契约关系的。"只要一个人能退出国家，许多人就都能退出国家。现在，这些人都只服从天赋权利，他们相互对立，与他们所离弃的国家也是对立的。如果那些相互分离的人想较为紧密地团结起来，并在任意的条件下缔结一项新的公民契约，那么，他们根据天赋人权——他们已经退到这个领域——是有充分权利这样做的。于是，一个新的国家就产生了，那种在目前还只包括一部分契约的革命就完成了。每一次革命都是同从前的契约脱离关系，并形成一个以新的契约为依据的联合体。这两者都是合法的，因此，每一场革命也都是合法的；在革命中，这两者都是以合法的方式发生的，也就是说，是出于自由的意志发生的。"②这就肯定了人民进行革命的权利，废除坏的旧法统，建立好的新法统；人民可以不断地修改宪法，使之不断接近人类的终极目的。

（五）国家的终极目的：个人终极目的的实现

人是自由的，国家是人让渡出一部分权利组建的，那么国家组织的最终目的是什么？人又为什么要让渡出一部分权利组建国家？费希特认为"每一个在道德上可能成立的国家组织最初产生于道德规律的唯一条件是，国家组

---

① ［德］费希特著，李理译：《论法国革命》，贵州人民出版社2001年版，第99页。
② ［德］费希特著，李理译：《论法国革命》，贵州人民出版社2001年版，第141页。

织的终极目的不能与道德规律所规定的每个个人的终极目的相矛盾，不能阻碍或破坏后一终极目的的实现。凡是违背这一基本规则的终极目的，本身就是卑鄙的，因为它是非正义的"[1]。可见，费希特坚持认为国家的终极目的在于促进每个人的终极目的的实现，是为实现个人目的而服务的。这充分说明费希特把国家看成是促进人类进步的工具，也体现其对封建专制的反抗态度，所以他认为法国大革命是非常明智的。因为理性对于精神存在者的自由行动所作的陈述是绝对有效的、普遍的规律；理性所要求的，就必须绝对产生；理性所允许的，就绝对不允许受到阻碍。"做吧，这是你的最高利益；如果你放弃它，你的整个幸福就都受到破坏，你就坠入了苦难深渊，你头上的宇宙废墟就会倒塌下来。"[2]他认为法国大革命就是明智呼声的体现，其最终目的就在于促进每个人终极目标的实现。

（六）理想国家的构想：民主政体

费希特生活在德国腐朽没落的封建统治之下，面对当局的反动制度，他期盼能够建立理想的国家制度，因此，对理想的国家进行了大胆构想。他强烈反对封建专制政体，深刻批判当局的暴行，认为共和政体能够体现公意、实现依法治国，符合理性和道德法则。他要求人们服从法律，因为法律是公意的体现，包含个人意志，服从法律也就是服从自己。他还从经济、政治、文化上描绘了理想国家。经济上，主张杜绝对外贸易，实行自给自足的政策，建立生产、流通、分配、消费按合理比例发展的国民经济；政治上，德意志民族应当在民主制度的基础上统一起来。"假如建立的统一政府本身真的没有采取共和政体的形式，而是采取了君主政体的形式，那么我说，在这种情况下，如果这一图谋获得成功，如果每个高尚的人都必须在整个共同的大地上对它进行抵制，这对德意志人的热爱祖国的事务就诚然会是一个很大

---

① ［德］费希特著，李理译：《论法国革命》，贵州人民出版社2001年版，第59页。
② ［德］费希特著，李理译：《论法国革命》，贵州人民出版社2001年版，第71页。

的不幸。"①民主政体是德意志民族文明的源泉，而"一统天下的君主国的梦幻是可憎的和毫无理性的"②。文化上，德意志民族要建立一种纯粹的、伟大的、高尚的精神，要培养建立理性国家的一代新人，这种"完整的人将在他的各个方面都臻于完善，在内部变得圆满无缺，在外部变得十分干练，可以达到他在时间过程和永恒状态中的一切目的"③；这样，"精神的本质把我们完全摆脱一切压迫我们的苦难的解救工作同我们光复民族和振兴祖国的事业不可分割地联系在了一起"④。

（七）理性王国：基于理性、自由行程的理想社会状态

费希特在其对哲学、自由、国家等问题认识的基础上，形成了关于理性王国的认识。他认为王国就是基于理性、自由而形成的一种理想社会形态。建立理性王国是人类发展的最终目的。理性所要求的正义之王国，是人类世界发展的基本规律的必然要求。理性王国是什么样子的呢？他说："理性一步一步地扩展着对于自然本性的统治。这种对于自然本性的统治必定在某个地方通过共同的力量才能获得成功。然后从这个地方开始，才有可能根据全部人类的明晰的目标概念赢得更大的胜利。因此，这需要有序地处理两部分内容：a）其一为理智。理智的全部工作是对本性作出判断，并且每一次都要看清这一点，它在此征服的过程中如何合乎规律地获得进展；b）其二为全体劳作者。他们在理智的引导下工作。不需要所有人都现成地具有这种理智，而在此之后，所有的人都将在思考中获得某种、甚或同样的理智；而这

---

①［德］费希特著，梁志学、沈真、李理译：《对德意志民族的演讲》，商务印书馆2010年版，第28页。

②［德］费希特著，梁志学、沈真、李理译：《对德意志民族的演讲》，商务印书馆2010年版，第206页。

③［德］费希特著，梁志学、沈真、李理译：《对德意志民族的演讲》，商务印书馆2010年版，第143页。

④［德］费希特著，梁志学、沈真、李理译：《对德意志民族的演讲》，商务印书馆2010年版，第143页。

样就足够了，即如果理智在这个世界——在这一王国之前提下的世界——的延续期间从根本上现成地存在着。全体劳作者之单一个体必须遵循理智的计划保持其方向。因此，那种理智事实上不是全体劳作者所具备的，而只是存在于单一的个体那里，并且，全体劳作者在其思考中必须遵循理智的洞见。由此，人们依然只是遵循着他们自己的洞见，这就使得形成某种普遍性的以及所有人都一致赞同的意识成为必须。能胜任理智工作的，成为引导者；与之相对的劳作者，应听从引导者。如果后者把这一点看作是与自己有关的，还会进一步认识到，在他们对上帝的理解中迫使自己知道，他们理智才能的匮乏和前者理智才能的具备也都是上帝的安排。他们也因此清楚地认识到，他们听从那些人的使唤并不是顺从那些人，而只是听从那些具有不同的理智才能的人所揭示的、作为上帝的规律而被认识到的自然规律。"①概括地说：首先，理性最终统治了自然本性；其次，全体劳作者都在理智的引导下工作，单一个体必须遵循理智的计划；最后，正义得到实现，自由得以彰显，理性成为主导。

（八）国家治理的基础：凝聚民族精神

费希特国家治理思想中很重要的组成部分是关于民族主义的。他的民族主义思想与反对德国封建状态、反对拿破仑的侵德战争密切相关。费希特认为德意志国家分裂、生灵涂炭、遭受外族侵略的根本原因在于当时的封建专制制度，因此，形成统一的德意志民族，必须反对封建专制制度。除非铲除掉各邦君主，德意志民族便根本不能诞生。②他认为应该把反对拿破仑的民族解放战争同德国人民的解放战争结合起来，以此来改变封建专制制度，建立资产阶级民主制度进而统一德国。德意志要实现独立，必须把争取民族独

---

① ［德］费希特著，潘德荣译：《国家学说：或关于原初国家与理性王国的关系》，中国法制出版社2010年版，第200—201页。

② ［德］费希特著，梁志学、沈真译：《论学者的使命·人的使命》，商务印书馆1984年版，第xvi页。

立与人的自由结合在一起。同时，他认为要通过教育来培养人民的民族意识，教育和道德复兴也可以为德意志爱国主义和民族主义开辟道路。在他的国家民族观念里，他认为国家必须具备武装权力并为民族服务。

民族精神是民族之魂，一个民族的兴盛在于发扬民族精神；德意志民族的分裂和衰败是因为缺乏民族精神和民族自尊心，只要人们觉醒过来，发扬民族精神，德意志民族的统一和复兴将指日可待。民族精神主要体现在民族精神文化方面，所以他尤其强调民族文化对民族复兴的伟大作用。

他还认为德意志民族统一和复兴的力量在于德意志的民族性，即德意志民族的优越性。德意志民族由于它的本源性，天生负有实现人类道德理想的使命；德意志民族是"世界唯一优秀的民族"，它在宗教、道德、哲学和语言上都优越于其他民族，要发扬民族的优越性，反对模仿外族文化。只要恢复德意志民族的自信心，依据自己的文化传统与道德观念，奋发图强，就一定能够重建祖国。

四、费希特的国家治理思想的影响及评价

费希特的国家治理思想对之后的政治哲学发展产生较大影响，这种影响有积极的一面也有消极的一面，当然对费希特国家治理思想的评价也是多样的，但总的来说是西方国家治理思想发展中较为重要的一环。

（一）费希特的国家治理思想的影响

费希特的思想对后世思想家针对国家问题的认识有较大影响，其中包括马克思，甚至对中国革命也产生较大影响。

1. 对后世思想家的影响

费希特的国家治理思想对其后的政治哲学家产生巨大影响。谢林、黑格尔、马克思对国家和国家治理认识都深受费希特的影响。德国学者霍尔斯特·福尔曼斯在为谢林的《对人类自由的本质及其相关对象的哲学研究》

（1964年德文版）一书写的导论中讲，18世纪转折的时代确实是一般德国人的伟大时期，是他们"星光灿烂的时刻"，在这个时代里，康德之后主要是费希特、谢林和黑格尔决定了哲学的发展。一个又一个的体系相继出现，着实令人震惊：首先是康德的，然后是费希特的，接着是谢林的，再后是黑格尔的。并且，这些不断出现的体系同样都是一个以另一个为出发点（费希特从康德出发，谢林从费希特出发，黑格尔或多或少是从谢林出发的）。①谢林在关于人类自由本质的论述中有对费希特人的自由的思想的论述，他在《对人类自由的本质及其相关对象的哲学研究》中写道："享受过自由的人，都能接受这种要求：让一切都与自由相通，直至将自由推广到宇宙。"②这与费希特的自由观点相通，费希特认为人类与世界其他物种不同之处就在于能够进行自由创造。"人类的基本特征是，直接关注所有人的自由以及它们的教育。""这便是与生俱来的道德的东西，它从根本上是向着自由之可见性发展的前提。"③费希特还认为自由与必然是统一的。"而那个内在的必然性恰恰是自由本身：从本质上说，人的本质就是他自己的行动。必然和自由相互内在，并作为一个本质，只是从各种不同的方面来看，这个同一的本质才表现为这一个或另一个，自在的自由，形式上就是必然。费希特说，自我就是他自己的行动；意识就是自我设立——但自我完全不是这个多样性东西的自我，而正是自我设立本身。"④谢林在这里也阐明他在自由问题上对费希特的继承。"自由的直接自我确定之力量以个体的形式实现了。"⑤谢林则认为

---

① ［德］F. W. J.谢林著，邓安庆译：《对人类自由的本质及其相关对象的哲学研究》，商务印书馆2008年版，第1—2页。

② ［德］F. W. J.谢林著，邓安庆译：《对人类自由的本质及其相关对象的哲学研究》，商务印书馆2008年版，第64页。

③ ［德］费希特著，潘德荣译：《国家学说：或关于原初国家与理性王国的关系》，中国法制出版社2010年版，第103页。

④ ［德］F. W. J.谢林著，邓安庆译：《对人类自由的本质及其相关对象的哲学研究》，商务印书馆2008年版，第101页。

⑤ ［德］F. W. J.谢林著，邓安庆译：《对人类自由的本质及其相关对象的哲学研究》，商务印书馆2008年版，第167页。

"从本质上说，人的本质就是他自己的行动"，实现了两者之间的相通。

费希特对19世纪德国工人运动活动家拉萨尔影响巨大。梅林在1908年1月写的《费希特对德意志民族的演说》中讲，就在宣布禁令的那一年，出生了最后一个，但也是最纯正的费希特唯心主义的追随者。费希特之后没有一个人能像拉萨尔那样深刻、那样敏锐地了解这种唯心主义最本质的东西，他接受了费希特的政治遗产，把它从"有教养阶层"的挥霍无度的手里夺下来，把它作为民族大事交给人民，人民在这时已经成熟，用不着任何帮助了，从那时起用自己的坚强的手不倦地工作，以求实现费希特的最宏伟的图画，这位预言家临终前才看到这幅图画：以自由和所有具有人的面目的人一律平等为基础的真正的法治国家。①

2. 对马克思国家观的影响

费希特国家治理思想对马克思同样产生了较大影响。

在自由与国家产生的关系上，费希特在不同的著作中表达了自由与国家产生的关系，虽然视角不同，但主要的观点是：国家是维护自由的手段，人之间是一种相互作用的关系，每个人的自由必须以其他自由存在者的自由的可能性加以限制，即个人自由的实现以不侵害他人的自由为条件，为了保障个人的自由不受他人侵犯，最终形成了国家。马克思在博士论文中表达了类似的思想，他认为考察自由不能脱离外在环境，更不能脱离现实中的人，"抽象的个别性是脱离定在的自由，而不是在定在中的自由。它不能在定在之光中发亮"②。阿尔都塞敏锐地把握到费希特对马克思的影响，认为马克思在写作博士论文期间占其思想中主导地位的是离康德和费希特较近而离黑格尔较远的、理性加自由的人道主义。③

在市民社会与国家的关系上，他克服了社会契约论将市民社会等同于国

---

① ［德］梅林著，吉洪译：《保卫马克思主义》，人民出版社1982年版，第240—241页。

② 《马克思恩格斯全集》第1卷，人民出版社1995年版，第50页。

③ ［法］路易·阿尔都塞著，顾良译：《保卫马克思》，商务印书馆2006年版，第218页。

家的观点，首次将市民社会与国家加以区分，国家是建立在市民社会基础之上的，市民社会中的人比国家中的人拥有更多的基本权利，国家生活不是人的目的，国家只是让社会更加完善的手段。马克思对市民社会与国家的关系也做了类似的洞见，认为"家庭和市民社会都是国家的前提"，"政治国家没有家庭的自然基础和市民社会的人为基础就不可能存在"①。马克思认为市民社会是社会关系的综合，是国家决定市民社会而不是市民社会决定国家，继承费希特关于市民社会是国家的基础的判断。

在个人与社会关系方面，费希特认为人是一个类概念，而不是个体概念，个人在与他人的交往中才能存在，自由存在者之间的相互关系就是通过理智力量和自由进行的相互作用。如果双方不相互承认，就没有一方会承认对方；如果双方不是这样相互看待，就没有一方会把对方作为自由存在者加以看待。②个人如果不承认自己生活在与他人的关系中，他也不会得到承认，这种个人与他人的相互关系构成了个人存在的可能。人作为类概念存在本身包含着人与人的社会关系。由此，他提出人与人之间经济平等的思想，富人应该从自己财产中抽出一部分分给穷人以维持穷人的生存。费希特主张建立一个计划经济模式的封闭国家。他还提出理性国家的基础是人的自由平等，国家的终极目的是通过教育的手段培养自由、全面发展的人。费希特的这些思想对马克思的社会主义思想的影响不言而喻。恩格斯在《社会主义从空想到科学的发展》德文版序言中直接说道："我们德国社会主义者却以我们不仅继承了圣西门、傅立叶和欧文，而且继承了康德、费希特和黑格尔而感到骄傲。"③

在国家消亡的问题上，费希特认为，国家不是人生活的目的而是实现人自由全面发展的一种手段，当人类实现了自由的发展时，国家就成为多余。

①《马克思恩格斯全集》第3卷，人民出版社2002年版，第10、12页。
②［德］费希特著，谢地坤、程志民译：《自然法权基础》，商务印书馆2004年版，第45页。
③《马克思恩格斯全集》第19卷，人民出版社1963年版，第347页。

马克思同样认为国家不是从来就有的，也不是永恒存在的，国家是阶级矛盾不可调和的产物，将随着阶级的消失而消失。马克思实现了对费希特国家消亡理论的继承和发展。

3. 对中国革命的影响

1915年，梁启超翻译了《对德意志民族的演讲》，把费希特介绍到中国。梁志学曾指出，这部著作一直被视为反对卖国主义、维护民族独立的宝书。当时，袁世凯正与日本政府缔结密约，拟将德国在山东的权益转让给日本，以此换取对他称帝的支持。这位伟大的启蒙主义者在反对袁世凯这种丧权辱国的行径时，发表了这篇洋为中用的文章，以唤醒国人的民族意识，"拔诸晦盲绝望之渊，而进诸辑熙光明之域"。但费希特这些演讲的真正传播，还是在日本侵占我国东北三省之后。当时，张君劢翻译了这些演讲的节本，贺麟在《大公报》副刊上连续发表了关于"费希特处国难时之态度"见解的长文。前者向读者介绍了这些演讲的概要，后者向读者介绍了费希特复兴德意志民族的思想，它们都对中华民族的救亡图存产生了积极的影响。在抗日战争时期，臧广恩与马采又在兵荒马乱、生活艰苦的环境中分别完成了《对德意志民族的演讲》全译本，为我国人民的浴血抗战作出了自己的贡献。①

（二）费希特的国家治理思想的评价

费希特是一位著名的哲学家，其国家治理思想是在哲学体系的基础上形成的对国家治理的认识，对国家的出现、演进、繁盛、权利、终极目的、理想国家、理性王国和治理基础进行了全面的阐释，构成关于国家问题的完整体系。其中关于自由问题的认识对于启发民智、批判当时的腐朽落后统治、深化对国家问题的认识、对德国的资产阶级革命建立资本主义国家具有积极

①［德］费希特著，梁志学、沈真、李理译：《对德意志民族的演讲》，商务印书馆2010年版，第34页。

意义。但他对理想国家的描述，结合当时的实际情况来看，又充满着乌托邦的色彩。费希特极度宣扬民族主义思想，这对当时德国人民反对拿破仑的民族解放战争和德意志民族的统一与复兴起了促进作用，但他过分夸大德意志民族的优越性，具有强烈的种族主义色彩，而他的这种思想被后世的纳粹主义者歪曲利用，对整个德国，甚至欧洲造成极为消极的影响。

第三节　黑格尔的国家治理思想

黑格尔是18世纪末、19世纪初最著名的哲学家之一，是德国资产阶级的思想代言人，是德国古典哲学的集大成者。黑格尔在自己的哲学体系之上对国家问题进行深入思考，形成了其对国家、国家治理等问题的观点和看法，对后世尤其对马克思、恩格斯有极大的影响。

一、黑格尔的生平及著作

格奥尔格·威廉·弗里德里希·黑格尔（1770—1831）出身于德国符腾堡公国首府斯图加特的一个高级官吏家庭，从小热爱知识、勤奋好学、兴趣广泛、才华出众，青少年时期深受法国和德国的启蒙思想影响，其中受到卢梭的影响最为深刻。1788—1793年，黑格尔进入图宾根神学院，前两年学习哲学，后三年学习神学，取得了哲学和神学的学位。在此期间，震撼世界的法国大革命爆发，黑格尔热情欢呼，积极支持。他在朋友的纪念册上写下"自由万岁""卢梭万岁"口号，并和弗·荷尔德林、谢林等同学一起种植"自由之树"，作为纪念。他赞成罗伯斯庇尔的理想，但反对雅各宾派的恐怖政策。1793年大学毕业后到1800年，黑格尔先后在瑞士伯尔尼和德国法兰克福任家庭教师，并专注哲学、经济、政治和宗教的研究，写下的重要著作有《民众宗教和基督教》（1792—1795）、《耶稣传》（1795）、《基督教的实证性》（1795—1796）、《市参议员必须由公民选举》（1798）、《德国宪法》（1799）等。1801—1807年，黑格尔在当时德国哲学和文学的中心耶拿大学任教，先是担任哲学编外讲师，1805年转为副教授，讲授了逻辑学、形而上学、哲学史、数学等课程。这个时期在他一生之中具有决定意义，也是他把自己的理想变为体系的一个转折点。在此期间，他写了《伦理体系》（1802）、《实在哲学》（1805—1806）和《精神现象学》（1807）等。其中，《精神现象学》标志着由康德开始的德国哲学革命进入了新的阶段，也标志着黑格尔已经成为一位成熟的、独树一帜的哲学家，他在这部巨著中划时代地提供了一部人类意识的发展史。

1806年10月，法军进入耶拿，黑格尔为拿破仑的胜利而欢呼，赞美拿破仑是骑在马背上的"世界精神"，是使人"五体投地的杰出人物"。1807年黑格尔到《班堡日报》任编辑，1808—1816年担任纽伦堡文科中学校长。1811年，他和贵族女子结婚，这个时期完成了重要著作《逻辑学》（1812—1816）。在1815年"神圣同盟"的影响下，黑格尔的思想日趋保守。1816—1817年，他担任海德堡大学哲学教授，出版了巨著《哲学全书纲要》（1817），包括《逻辑学》（即《小逻辑》）、《自然哲学》和《精神哲学》，全面系统地阐述了他的哲学体系。1818年，黑格尔被普鲁士政府聘为柏林大学哲学教授，直至逝世。1821年出版的《法哲学原理》集中阐述了他的社会政治和伦理思想。1822年，黑格尔被任命为柏林大学评议会委员。1829年，黑格尔被选为柏林大学校长。在此期间，普鲁士政府加紧镇压学生运动，黑格尔同情革命者，他不赞成学生的激进行动，但努力援救自己的学生。1831年，黑格尔被授予三级红鹰勋章，同年去世。去世后，他的学生整理出版了《哲学史讲演录》《历史哲学讲演录》《美学讲演录》《宗教哲学讲演录》等著作。

二、黑格尔的国家治理思想的渊源

黑格尔的国家治理思想是大时代的产物，同时也深受前人智慧的影响，更与自身建立的哲学体系密切相关。

（一）黑格尔的国家治理思想产生的时代背景

黑格尔生活在18世纪末、19世纪初的欧洲，英、法经过资产阶级革命后进入了快速发展阶段，而德国依然在政治上分裂、经济上落后，处于封建黑暗统治下。普鲁士政府的封建专制统治与当时欧洲大陆许多已经完成资产阶级革命的国家形成鲜明对比。面对德国的封建专制统治与英国、法国等国家的资产阶级开明统治的巨大差异，黑格尔在自己的哲学体系指引下对国家问题、国家治理问题进行深入思考，表明对国家问题的具体看法。然而，黑格尔同当时德国大多数知识分子一样，在特定的历史条件下表现得异常软弱，虽然他具有强烈的爱国主义情怀，希望分裂的德国能够统一，走上发展资本主义的道路，实现德意志民族的强大，但历史的局限又使得他无法与封建专制进行彻底的决裂，不能组织一支对抗封建贵族统治的强大力量，他没有毅力和勇气同人民联合起来推翻封建势力的统治，而甘愿接受封建君主统治。18世纪末爆发的法国大革命震撼了黑格尔，他表达对法国大革命的同情和向往，但又惧怕革命采取的激烈手段和残酷的斗争形式，只能继续接受封建专制统治。这些矛盾的情绪体现在他的国家治理思想中，实现了人民与贵族阶级的联合①，他被称为普鲁士王国的"官方哲学家"，他自己也说"哲学是为国家服务的"。当然，要清楚一点，即黑格尔所说的"人民"是指资产阶级，而不是通常被认为的工人和农民。正如恩格斯所说："当黑格尔在他的《法哲学》一书中宣称立宪君主制是最终的、最完善的政体时，德

---

① ［德］黑格尔著，贺麟译：《小逻辑》，商务印书馆1959年版，第45页。

国哲学……就表示支持资产阶级。换句话说，黑格尔宣布了德国资产阶级取得政权的时刻即将到来。"①因此，在黑格尔的国家治理思想中，他对国家非常重视，具有强烈的国家主义和民族主义，并且认为君主立宪制是最好的国家治理制度，这实际上是对当时实际情况的妥协。

（二）黑格尔的国家治理思想产生的理论渊源

黑格尔的国家治理思想是在继承前人的国家治理思想的基础上产生的。对黑格尔产生影响的思想家有很多，其中最有影响力的是古希腊思想家和17—18世纪英国、法国政治思想家。

古希腊是西方国家思想和国家治理思想的发源地，诞生了苏格拉底、柏拉图、亚里士多德等许多优秀的思想家，他们在希腊的城邦制度下形成了对国家问题原始而又充满理想主义的认识，并深刻影响后世政治思想家。对古希腊特别是雅典城邦充满浪漫主义和理想主义的想象，极大地影响了黑格尔以及德国古典哲学家的思想。②黑格尔深受古希腊城邦思想的影响，古希腊的城邦是一种特殊的国家形式，是国家最早的雏形。古希腊政治思想家认为城邦是自然而然形成的，是由各种自然的社会组织（家庭、部落和村社等）自然进化的产物，是一个有机共同体，个人是其有机的组成部分。个人的价值依存于城邦，离开了城邦，人就不能实现自己的价值，不能过正常人的生活，因而也不能完善自己。城邦作为公民共同体，同时是政治共同体，也是血缘、宗教共同体。每个人与城邦紧密联系在一起，离开了城邦就失去了公民的身份。因此，每个人的生命、财产和能力，不是属于个人的，而是属于城邦的。在城邦中，集体主义和爱国精神是公民非常自然的感情。这种整体主义政治观与个人主义国家观不同，他不是将国家视为个人的工具，而是将个人视为国家的工具。综上可以看出，黑格尔认为国家是由家庭、市民社会

---

① 《马克思恩格斯选集》第1卷，人民出版社2012年版，第575页。
② 吴永华：《黑格尔国家观刍议》，《江苏师范大学学报（哲学社会科学版）》2013年第7期。

发展而来，市民社会产生国家；他把国家放在至高无上的地位，个人要服从国家，坚持国家主义的基本原则等观点深受古希腊国家思想影响。

除了古希腊的政治思想家外，对黑格尔影响最大的就是17—18世纪英国和法国的政治思想家，其中以霍布斯和卢梭的影响最为广泛、深刻。霍布斯在《利维坦》中阐释他对国家的看法，他认为国家是由契约产生的，人们为了摆脱"自然状态"，彼此之间共同约定：大家都放弃自己的全部权利并把它交给一个人或由一些人组成的议会，这样，公共权力或国家就建立起来了。被授予权力的人或议会被称为主权者。契约是"权利的相互转让"，人们转让权利的目的是为了自身安全，这是立约的宗旨。霍布斯认为主权是国家的本质，主权是基于国家"整个机体以生命和运动的灵魂"。他推崇君主政体，因为能够避免"内乱"，而且国家既然属于君主个人，君主的私利就和公益结成一体，君主的私利就是公益。他对国家起源、本质以及君主政体的观点，或被黑格尔继承，或被黑格尔批判，对黑格尔国家治理思想的诞生起了很大的推动作用。

卢梭是契约论的集大成者，对黑格尔关于国家问题的认识影响巨大。他坚持人生而自由，努力探究人类不平等的起源，深刻批判封建专制制度，当然，最主要的理论是社会契约论，人们在缔结契约时把自身的全部权利转让给整个集体，人民是主权者，不会损害全体成员和个别的人。人民整体拥有最大的权威和力量，个人要有服从国家的精神，国家具有"一种普遍的强制性的力量"，如果有人不服从公意，全体人民可以迫使他服从。他提出公共意志理论，这是其国家学说的基础。他认为"国家全体成员的经常意志就是公意"，个人服从公意也就是服从自己的意志，等于自由。黑格尔反对社会契约论，在对卢梭思想批判的基础上又吸收了他关于自由、平等、公共意志等方面的合理内容，构筑其自身的国家思想。

（三）黑格尔的国家治理思想受自身哲学体系影响

众所周知，黑格尔除了是名政治思想家外，更是著名的哲学家，他的辩证法在哲学思想史上具有里程碑式的意义。他的政治哲学、国家思想受到自身哲学体系的深刻影响。黑格尔运用他的辩证法思想来构建他的国家思想。他说："凡是现实的，都是合理的。"这似乎是在为封建制度进行辩护，但从黑格尔的辩证法来看凡是现存的，绝不是无条件的，现实的本性只属于同时具备必然性的事物。针对当时的普鲁士来说，这个国家在必然的限度内是合理的，但现实性绝不是某种社会制度或政治制度在一切环境和一切时代所固有的属性。在发展进程中，现实的东西会变成不现实的，丧失存在的必然性，更有生命力的现实的东西就会来代替衰亡的现实的东西。那么，就变成了："凡是现存的，都是应当灭亡的。"

黑格尔的哲学体系分为三大部分：逻辑学、自然哲学以及精神哲学。其中逻辑学是整个体系中的核心，是研究理念自在自为的科学。马尔库塞曾评价，黑格尔的《逻辑学》论述了存在本身的结构，也就是存在的最普遍的形式。①存在是一个过程，在这一过程中，思维"认识"或"把握"了其存在的各种形态，因而，理念在自在自为的运动中统一了客观世界和主观世界。自然哲学是研究理念的内在或外化的科学。理念在其发展过程中要不断地外在化，变成他物。这种情况并非事物的断裂，而是事物发展中否定之否定环节中的必然一环。精神哲学是研究理念由他在返回自身、外在转化为内在的科学，这种返回不是简单的重复，而是在更高水平上的返回。

黑格尔的精神哲学主要有主观精神、客观精神和绝对精神。在精神发展的进程中，精神首先表现为"主观精神"（个人意识的形成和发展，包括人类学、现象学和心理学），然后外化为"客观精神"（人类社会的组成部分，包括法律、道德、国家），最后"主观精神"和"客观精神"相结合，达到"绝对精神"极端。绝对精神经过一系列变化之后可以按照自己的本来面貌来展现自己，就是艺术、宗教和哲学。人们在艺术中通过直观来把握绝对精

---

① ［美］赫伯特·马尔库塞著，程志民等译：《理性和革命：黑格尔和社会理论的兴起》，上海人民出版社2007年版，第68页。

神，在宗教中通过表象或想象来把握绝对精神，在哲学中通过逻辑的思考来完成对绝对精神的理解。黑格尔的法哲学就在精神哲学的指导之下完成的。他从所有权讲到契约和不法行为，又从法律讲到道德，从道德讲到伦理；在伦理中，从家庭讲到了市民社会，又从市民社会讲到了国家，内容环环相扣。

三、黑格尔的国家治理思想的内容

黑格尔对于国家问题的论述集中在《法哲学原理》中，他认为国家是"客观精神"发展到伦理阶段才出现的，从伦理精神出发阐释整个国家问题。

（一）国家的起源：伦理精神高度发展的结果

在黑格尔的理论体系中，国家是精神、理性的产物，是绝对精神发展到客观精神的伦理阶段出现的，是伦理精神高度发展的结果。伦理精神的发展经历三个阶段：第一阶段是家庭阶段，即"直接的或自然的伦理精神"，处于人的关系尚未展开的抽象普遍伦理实体阶段，它是因为爱结合起来，是自我与他人的直接统一。第二阶段是市民社会阶段，即"差别的特殊的伦理精神"，处于社会成员作为独立的单个人的联合，即在形式普遍性中的联合、外在的联合，尚未结合成有机的全体的阶段。这个阶段，每个人都把自身的利益作为目的，当然也满足他人的利益，在满足他人利益的同时满足自身，在这个阶段，存在自我与他人、个人利益与普遍利益等各种不可调和的矛盾，"市民社会是个人私利的战场，是一切人反对一切人的战场"①，为了解决市民社会中存在的这些不可调和的矛盾，就需要到市民社会之外，又高于市民社会的领域寻求力量，即国家。第三阶段就是国家，即"具体的普遍的

---

① ［德］黑格尔著，范扬、张企泰译：《法哲学原理》，商务印书馆1961年版，第309页。

伦理精神"，实现普遍与特殊统一的伦理实体。在这一阶段，黑格尔把国家看作是伦理精神高度发展的产物，是由家庭和市民社会发展而来的。在这一阶段伦理精神实现了主观与客观、普遍与特殊、形式与内容的综合，成为伦理精神发展的最高阶段。

黑格尔把国家看作伦理精神的体现，是具有自身的根据和目的的独立力量。他多次重申，"国家是伦理理念的现实""国家是绝对自在自为的理性东西""国家的根据就是作为意志而实现自己的理性的力量"。[①]他认为国家是人类社会生活中最高的、最完美的形式，高于市民社会、优于市民社会，是决定家庭、市民社会的力量。他给国家下了一个具体的定义：一群人为共同保卫自己整个所有权而联合起来，这才能把自己叫作一个国家。这种联合不是单有自卫的意图，反之它要用真正的防御来自卫，不管力量和所企求的成功会是怎样。[②]

黑格尔在阐述国家起源的同时批判了社会契约论。他认为契约论违背了国家的本性，契约论以任性为基础，可以订立，也可以解除，这严重违背了国家的本性。"国家的本性也不在于契约关系中，不论它是一切人与一切人的契约还是一切人与君主或政府的契约。"[③]国家是理性的产物，而不是任何偶然性的结果。契约论不符合人生实际。"因为人生来就已是国家的公民，任何人不得任意脱离国家。生活于国家中，乃为人的理性所规定，纵使国家尚未存在，然而建立国家的理性要求却已存在。入境或出国都要得到国家许可，而不系于个人的任性，所以国家决非建立在契约之上，因为契约是以任性为前提的。"[④]契约论破坏了国家的权威和尊严。黑格尔认为法国思想家的

---

①［德］黑格尔著，范扬、张企泰译：《法哲学原理》，商务印书馆1961年版，第253、259页。

②［德］黑格尔著，薛华译：《黑格尔政治著作选》，商务印书馆1981年版，第28页。

③［德］黑格尔著，范扬、张企泰译：《法哲学原理》，商务印书馆1961年版，第82页。

④［德］黑格尔著，范扬、张企泰译：《法哲学原理》，商务印书馆1961年版，第83页。

契约学说是运用抽象思维想象出来的，从头开始建立国家制度，缺乏理性，进而把国家变成最可怕和残暴的模样。黑格尔通过对"占有性个人主义"的拒斥以及一个财产权的社会概念的建立，通过对契约的基本性质的分析，改变契约论者所认为的国家建立的那种手段—目的关系。黑格尔还进一步把契约论与停留于"知性"之域的政治经济学联系起来，指出契约论者把政治经济学作为政治理论的基础，是一种僭越行为。

（二）国家的本质：伦理观念的现实

对于国家的本质是什么，黑格尔进行了分析，从不同的角度为国家下了若干个定义。

1. 国家是伦理理念的现实

黑格尔说，国家是伦理理念的现实——是作为显示出来的、自知的实体性意志的伦理精神……国家直接存在于风俗习惯中，而间接存在于单个人的自我意识和他的知识和活动中。同样，单个人的自我意识由于它具有政治情绪而在国家中，即在它自己的实质中，在它自己的目的和成果中，获得了自己的实体性的自由。[①]这表明黑格尔认为国家是伦理精神发展的最高阶段，国家吸收了家庭的单一性原则和市民社会的特殊性原则，是比家庭和市民社会更充分地显示出伦理精神的伦理实体。那什么是伦理呢？黑格尔认为伦理是自由的理念……伦理就是成为现存世界和自我意识本性的那种自由的概念。[②]伦理性的东西就是自由，或自在自为地存在的意志，并且表现为客观的东西、必然性的圆圈。[③]伦理不是抽象的东西，而是具有强烈现实性的，国家

① ［德］黑格尔著，范扬、张企泰译：《法哲学原理》，商务印书馆1961年版，第253页。

② ［德］黑格尔著，范扬、张企泰译：《法哲学原理》，商务印书馆1961年版，第164页。

③ ［德］黑格尔著，范扬、张企泰译：《法哲学原理》，商务印书馆1961年版，第165页。

作为伦理观念的现实，是实体性意志的显示。这就意味着国家是自由意志的体现，而实体性意志要求权利与义务相统一，有多少义务就享有多少权利，享有多少权利就承担多少义务，个人只有在这种国家中才能获得实体性自由。"个人主观地规定为自由的权利，只有在个人属于伦理性的现实时，才能得到实现，因为只有在这种客观性中，个人对自己自由的确信才具有真理性。"①

2. 国家是绝对自在自为的理性的东西

"因为它是实体性意志的现实，它在被提升到普遍性的特殊自我意识中具有这种现实性。"②黑格尔多方面解释了国家的自在自为理性：首先回答了国家的合理性，"这里合理性按其内容是客观自由（即普遍的实体性意志）与主观自由（即个人知识和他追求特殊目的的意志）两者的统一"③。国家合理性的实现关键在于能够实现两者的统一。其次，评判国家合理性的标准。"在谈到国家的理念时，不应注意到特殊国家或特殊制度，而应该考察理念，这种现实的神本身。根据某些原则，每个国家都可被指出是不好的，都可被找到有这种或那种缺陷，但是国家，尤其是现代发达的国家，在自身中总含有它存在的本质的环节。但是因为找岔子要比理解肯定的东西容易，所以人们容易陷入错误，只注意国家的个别方面，而忘掉国家本身的内在机体。国家不是艺术品：它立足于地上，从而立足在任性、偶然事件和错误等的领域中，恶劣的行为可以在许多方面破损国家的形象，但是最丑恶的人，如罪犯、病人、残废者，毕竟是个活人。尽管有缺陷，肯定的东西，即生命，依然绵延着。"④国家是自在的理性意味着国家具有客观性，不为个别人

①［德］黑格尔著，范扬、张企泰译：《法哲学原理》，商务印书馆1961年版，第172页。

②［德］黑格尔著，范扬、张企泰译：《法哲学原理》，商务印书馆1961年版，第253页。

③［德］黑格尔著，范扬、张企泰译：《法哲学原理》，商务印书馆1961年版，第254页。

④［德］黑格尔著，范扬、张企泰译：《法哲学原理》，商务印书馆1961年版，第259页。

的意志所左右；说国家是自为的理性，意味着国家又是个人意志所自由活动的场域，个人在国家面前不是丝毫无所作为的。"把国家在认识中理解为一个自为的理性东西这种思想，还遭到另一种相反的看法，那就是把外部现象——匮乏的偶然性，保护的必要性，力量和财富等等——看作不是国家的历史发展的环节，而是国家的实体。"①

3. 国家是道德的实体和自由的现实

黑格尔认为国家是自由目的和自由手段的统一。"我们在前面提出了两个因素：第一，自由的观念是绝对的、最后的目的；第二，实现'自由'的手段，就是知识和意志的主观方面，以及'自由'的生动、运动和活动。我们于是认为'国家'是道德的'全体'和'自由'的'现实'，同时也就是这两个因素客观的统一。"②国家实现自由的过程也是由低到高的。"世界历史表现原则发展的阶程，那个原则的内容就是'自由'的意识。"③黑格尔将这一阶程划分为三个阶段：第一阶段就是"精神"汩没于自然之中；第二阶段进展到不完全的自由意识；第三阶段特殊的自由形式提高到了纯粹的普遍性。发展到第三阶段，国家才充分实现自由的本质。

4. 个人只有成为国家成员才具有客观性、真理性和伦理性

黑格尔认为国家是具体自由的现实，其目的是实现具体的人类自由，就是个人的单一性及其特殊利益不但能够得到完全发展并且得到承认，而且能够实现普遍利益。现代国家的特点就是个人权利与普遍精神的统一，"现代国家的原则具有这样一种惊人的力量和深度，即它使主观性的原则完美起来，成为独立的个人特殊性的极端，而同时又使它回复到实体性的统一，于

① ［德］黑格尔著，范扬、张企泰译：《法哲学原理》，商务印书馆1961年版，第255页。

② ［德］黑格尔著，王造时译：《历史哲学》，上海书店出版社1999年版，第49页。

③ ［德］黑格尔著，王造时译：《历史哲学》，上海书店出版社1999年版，第57页。

是在主观性的原则本身中保存着这个统一"①。黑格尔努力调和资产阶级和劳动群众的矛盾，希望使劳动群众自愿服从资产阶级国家的政治控制，国家是现实的一种形式，个人在它当中拥有并且享有他的自由。但是有一个条件，就是他必须承认、相信并且情愿承受那种为"全体"所共同的东西。②

（三）国家的发展演进：国家是个有机体

黑格尔认为国家是个有机体。"政治制度首先是国家组织和国家内部关系中的有机生命过程；在这种关系中，国家把自己区分为自己内部的几个环节，并发展它们，使它们能够巩固地存在。"③国家作为一个有机体有其产生、发展和消亡的规律。之前我们谈到了黑格尔对国家起源的认识，他同样也认为国家是必然消亡的，"我将证明正像机器没有思想一样，国家也没有思想，因为国家是某种机械的东西。只有国家成为一个自由的客体时才能被称作是理念。因此，我们必须超越国家。因为任何一个国家都把自由的人当成一个机器的齿轮。这恰恰是不应该的。因此，国家必然要消亡"④。这对马克思的国家消亡理论产生较大影响。当然，国家的消亡有着漫长的过程，在此期间国家制度不断演进。黑格尔认为，国家的演进有历史顺序，是从低级到高级的发展过程，国家形式不断推进演化向前发展。最早的国家必然是一个暴政国家，暴政是最低级的也是最早的国家形式，世袭君主政体是最后的和最高的形式。他认为评价国家形式高低的标准就是看其是不是将个体有机地统一在整个社会中。"暴政通过否定个体而把个体统一起来。它有一个积极的结果：它训练了个体，教会了他们服从。对统治者个人的服从就是为

---

① ［德］黑格尔著，范扬、张企泰译：《法哲学原理》，商务印书馆1961年版，第260页。

② ［德］黑格尔著，王造时译：《历史哲学》，上海书店出版社1999年版，第38页。

③ ［德］黑格尔著，范扬、张企泰译：《法哲学原理》，商务印书馆1961年版，第283页。

④ ［美］赫伯特·马尔库塞著，程志民等译：《理性和革命：黑格尔和社会理论的兴起》，上海人民出版社2007年版，第26页。

服从法律做了准备。"①随着社会历史的发展，暴政渐渐变成了不必要的东西，丧失了存在的历史必然性，被人们推翻。法律成为国家的主宰，变成了民主政体。民主政体有优势也有缺陷，黑格尔以古希腊城邦制为例进行了分析。黑格尔认为，古希腊个体和普遍愿望之间的统一是偶然的，个体在偶然中产生的统一占多数，这样的民主不能代表个体与政体的最终统一，"这样的民主与其说建立在社会的有意的文明和道德组织上，不如说是建立在自然和情感之上。人类必然超越这一形式而进入更高一级的国家形式中"②。民主政体的演变也经历了一个过程，从古典形式演变为资产阶级民主。"民主政体代表了个体和整体间的真正的统一，政府就是所有个体的政府，个体的愿望表达了整体的利益，个体不断地追求他自身的特殊利益，因此，他是'资产阶级'；但个体间也致力于社会整体的需要和使命，因此，他也是公民。"③资产阶级民主尽管表现为追求社会整体的利益和需要，但实质上是资产阶级追求他自身的特殊利益的阶级的民主。黑格尔也指出资产阶级民主存在的问题，就是资产者与公民之间的冲突，往往是追求个体利益的资产者会战胜追求整体利益的公民。所以，黑格尔认为最理想的国家形式是世袭君主制。"君主本人代表了建立在所有特殊利益之上的整体；君主是天生的，他的统治，好像是'自然的'，不涉及任何的社会对立。因此，君主制是在整体社会运动过程中最稳定和最永恒的。公共舆论'制约了生活的领域，并控制了生活的过程。国家既不是一个强权国家，也不是一个自然的国家，而是通过它的各个等级而建立起来的一个合理的社会组织'。"④君主制成为国家

---

① ［美］赫伯特·马尔库塞著，程志民等译：《理性和革命：黑格尔和社会理论的兴起》，上海人民出版社2007年版，第85页。

② ［美］赫伯特·马尔库塞著，程志民等译：《理性和革命：黑格尔和社会理论的兴起》，上海人民出版社2007年版，第86页。

③ ［美］赫伯特·马尔库塞著，程志民等译：《理性和革命：黑格尔和社会理论的兴起》，上海人民出版社2007年版，第86页。

④ ［美］赫伯特·马尔库塞著，程志民等译：《理性和革命：黑格尔和社会理论的兴起》，上海人民出版社2007年版，第86页。

治理最理想的形式。

（四）封建专制是反人权的制度

黑格尔的国家思想中带有强烈的反对封建专制的色彩。黑格尔认为封建专制制度已经不符合时代的要求，他说更美好、更公正的时代途径已跃然出现在人们的灵魂内心，对更纯洁、更自由状态的渴望、迷恋，正激励着所有心灵，并与现实分裂为二。因此，"就国家大厦现在还存在的情况来说，它是不能维持的，这种感觉是普遍而深切的"，"国家大厦将会整个崩溃"。①黑格尔还认为封建专制制度是反人权的制度。他说，在这种制度中，一切归根到底都要围着一个人转，这个人……把所有权力都集于自身，由于承认和尊崇这个人，人权便没有任何保证。②黑格尔坚持把人权的保护与发展作为衡量一个政治制度合理与否的重要标准。

黑格尔直言德国国家制度不是先进的制度，德国已经不再是个国家。他认为封建专制制度下的德国国家制度是一个只有躯体而没有灵魂的制度。"德国现在似乎一般还算个国家，因为德国曾经是个国家，而且还存在过一些现在自身已失去其活灵魂的形式"。现在只剩下躯体，"这一躯体叫作德国国家制度，它曾在完全另一种生命内成长，和自己后来及现在寄居的不同"③。德国为什么会变成只剩躯体没有灵魂的样子？因为在专制制度下，王族和贵族占据了全部国家权力。政治权力和法权没有依整体组织加以筹划安排的国家机关，个人的本分和义务不是由整体需要决定，反之倒是由每一政治特权的成员、每一王族、每一等级、每一城市、行会等决定，总之在国家关系方面具有权利和义务的一切，都给自己赢得了这些权利和义务，而国家在这样缩小自己的权力时，除确认自己的权力已被剥夺，也没有别的职

---

① ［德］黑格尔著，薛华译：《黑格尔政治著作选》，商务印书馆1981年版，第11页。
② ［德］黑格尔著，薛华译：《黑格尔政治著作选》，商务印书馆1981年版，序第11页。
③ ［德］黑格尔著，薛华译：《黑格尔政治著作选》，商务印书馆1981年版，第22页。

能。"这一国家政权等于零。"①因此，黑格尔的理论本质上是反对封建专制制度的，他甚至在1802年就大声疾呼："对德国国家这一法权大厦来说，唯一得体的匾额也许只是：让法权存在，听德国灭亡！"②

（五）国家治理的最佳形式：君主立宪

在国家权力运行的问题上，黑格尔认为国家权力应当划分为三种实体性权力：（一）立法权，即规定和确立普遍物的权力；（二）行政权，即使各个特殊领域和个别事件从属于普遍物的权力；（三）王权，即作为意志最后决断的主观性的权力，它把被区分出来的各种权力集中于统一的个人，因而它就是整体即君主立宪制的顶峰和起点。③君主立宪制中，代表普遍性的立法权为多数人所掌握，使特殊利益服从于普遍利益的行政权为少数人所掌握，王权把两者有机结合起来，形成完美的政治体制。每个官员都要专心于普遍利益，他们是应该被选举出来的。"在每个等级中，个体都放纵自己的特殊活动，但仍服务于共同体。每一等级都有它自己的特殊地位、意识和道德，但这些等级都统一于一个'普遍'的国家。那就是说，在这个普遍的国家中，每个政府官员都专心于普遍的利益。这些官员是被选举出来的，每一地区（镇、协会等）的官员都负责处理各自地区的事务。"④黑格尔分别对王权、行政权、立法权进行分析。

王权。黑格尔认为王权本身包含着整体的所有三个环节：体现国家法律制度和法律的普遍性的立法环节，作为特殊对普遍关系的行政环节，以及作为自我规定的最后决断环节。王权展现着国家的精神，展示着它的所有一切

---

① ［德］黑格尔著，薛华译：《黑格尔政治著作选》，商务印书馆1981年版，第24页。

② ［德］黑格尔著，薛华译：《黑格尔政治著作选》，商务印书馆1981年版，第26页。

③ ［德］黑格尔著，范扬、张企泰译：《法哲学原理》，商务印书馆1961年版，第286—287页。

④ ［美］赫伯特·马尔库塞著，程志民等译：《理性和革命：黑格尔和社会理论的兴起》，上海人民出版社2007年版，第86页。

的环节。"国家的职能和权力不可能是私有财产"①，不能是代表少数人而是代表整个国家。"国家人格只有作为一个人，作为君主才是现实的"②，君主只是国家人格的载体，君主不能违背国家理念的要求，君权不是随意行使的，它必须合乎国家理念与人格要求。黑格尔还强调人民主权和君主主权是一致的，君权的合法性是以它能否体现人民主权为基本原则的。"王权的第三个环节所涉及的是自在自为的普遍物，这种普遍物从主观方面说就是君主的良心，从客观方面说就是整个国家制度和法律；所以主权以其他环节为前提，而其他的每一个环节也以王权为前提。"③王权必须体现国家制度和法律的精神，否则王权就不是自在自为的普遍物，就失去存在的意义。黑格尔反复强调"君主现在是有机发展了的国家中的绝对顶峰。这一历史产物对公共自由和合乎理性的国家制度来说是最重要的"④。王位世袭制和王权的巩固必须以国家制度的建立和完善为基础。"至于保障的问题，无论王位世袭制和一般王权的巩固，或者正义和公共自由等等，都是通过各种制度而获得保证的。人民的爱、品质、誓词、权力等等固然都可以看作主观的保障，但是谈到国家制度时，问题却完全在于客观的保障，即各种制度，也就是有机交错和相互制约的各个环节。"⑤

行政权。行政权就是执行和实施国王的决定，就是贯彻和维护已经决定了的东西，即现行的法律、制度和公益设施等。行政权的本质就是使特殊事务从属于普遍事务。行政权的特点是与市民社会中的特殊利益有着直接的联系，并通过这些特殊利益来实现普遍利益；行政权是直接接触君主的最上层，他们是为了维护国家的普遍利益和法制，"在这些特殊权利中维护国家

---

① ［德］黑格尔著，范扬、张企泰译：《法哲学原理》，商务印书馆1961年版，第293页。

② ［德］黑格尔著，范扬、张企泰译：《法哲学原理》，商务印书馆1961年版，第296页。

③ ［德］黑格尔著，范扬、张企泰译：《法哲学原理》，商务印书馆1961年版，第306—307页。

④ ［德］黑格尔著，范扬、张企泰译：《法哲学原理》，商务印书馆1961年版，第307页。

⑤ ［德］黑格尔著，范扬、张企泰译：《法哲学原理》，商务印书馆1961年版，第308页。

的普遍利益和法制，把特殊权利归入国家的普遍利益和法制之内，这都需要行政权的全权代表、担任执行的国家官吏以及最高谘议机关（这些机关以委员会的形式组成）来照料，而这些人和机关都汇合起来，成为和君主直接接触的最上层"[①]。行政权主要有审判权和警察权，警察是从普遍利益和国家制度的要求出发去监督和禁止个人做侵害他人及公共利益之事的人。行政权本身又分工，既有具体管理市民生活的部门，也有一些抽象的部门。政府公务人员应当有大公无私、奉公守法和温和敦厚的品行，要服从普遍利益、观点和事业；政府成员和国家官吏的主要组成部分是中间等级，也就是新兴的资产阶级，黑格尔认为全体民众的高度智慧和法律意识都集中在这一等级之中。

立法权。立法权就是以法律的形式来规定完全具有普遍性的国内事务。黑格尔认为，国家制度是立法权赖以建立的、公认的、坚固的基础，立法权本身是国家制度的一部分。立法权应当解决两个主要问题，一是个人从国家那里可以得到什么，可以享受什么；二是个人应该给国家什么。立法权要体现多数人的观点，"作为多数人的观点和思想的经验普遍性的公众意识通过它来获得存在"[②]。立法权要体现各个等级的存在意义，国家通过各个等级进入人民的主观意识，而人民也就开始参与国家。拥有立法权的议员应当由市民社会中各种同业公会选派出来，议员熟悉并亲身体验市民社会的特殊需要、困难和利益。这样一来，立法权就成为新兴资产阶级利益的重要保障。

黑格尔主张建立王权、行政权和立法权有机统一的君主立宪制。"国家的各种权力固然必须加以区分，但是每一种权力本身必须各自构成一个整体，并包含其他环节于其自身之中。"[③]"如果各种权力，例如通称的行政权与立法权，各自独立，马上就会使国家毁灭。"[④]黑格尔的最高政治理想是君

---

① ［德］黑格尔著，范扬、张企泰译：《法哲学原理》，商务印书馆1961年版，第309页。
② ［德］黑格尔著，范扬、张企泰译：《法哲学原理》，商务印书馆1961年版，第319页。
③ ［德］黑格尔著，范扬、张企泰译：《法哲学原理》，商务印书馆1961年版，第286页。
④ ［德］黑格尔著，范扬、张企泰译：《法哲学原理》，商务印书馆1961年版，第285页。

主立宪，他从国家权力的统一性出发，为王权歌功颂德，制造理论依据，因此，他的法哲学的任务是通过国家和法的理念的分析论证君主立宪制的必然性和合理性。他认为君主立宪制体现了单一、特殊、普遍三个环节的统一，即王权、行政权、立法权三者的统一。所以恩格斯评价道："当黑格尔在他的《法哲学》一书中宣称立宪君主制是最终的、最完善的政体时，德国哲学这个表明德国思想发展的最复杂同时也是最准确的温度计，就表示支持资产阶级。换句话说，黑格尔宣布了德国资产阶级取得政权的时刻即将到来。"[1]

（六）市民社会与国家

黑格尔的国家哲学的一个重要特点是详细解释了市民社会与国家之间的关系。按照他的辩证法，事物发展经历了肯定、否定、否定之否定三个阶段。从家庭到市民社会，再到国家就经历了这样的进程。家庭是第一阶段，处于一种低级形式的统一状态，内部矛盾尚未爆发。第二阶段是市民社会，它破坏了前一阶段的统一性，事物开始被区分开来，表现出各自的特殊性。因此，市民社会是对家庭的否定，而市民社会在形成国家的过程中也不过是一个中介，发展开始向第三阶段过渡。国家就是第三阶段，是在新的更高形式上的统一，它是主观与客观、普遍与特殊、形式与内容的综合。黑格尔认为国家与市民社会之间存在着这样的辩证关系：一方面，市民社会是国家理念的一个抽象因素，它不能离开国家而存在；另一方面，市民社会在发展阶段和性质上可同国家区别开来。他强调市民社会的抽象性和终结性，也论证了国家的普遍性和伦理性。他承认市民社会的特殊性，但也肯定了市民社会对国家形成的必要性。他没有否认市民社会，而是将市民社会视为历史演化的产物，是国家发展的中介；也没有否定国家对社会干预的必要，强调了国家在社会生活中的重要作用。他批评了市民社会与国家不分的个人主义，也批评了国家至上的国家主义。他所理解的国家与市民社会之间的二元分离关

---

[1]《马克思恩格斯选集》第1卷，人民出版社2012年版，第575页。

系，并非绝对的对抗，这种分离以国家保护和完善市民社会、克服市民社会的不足为前提，而克服市民社会的特殊性而达致国家的普遍性的力量就蕴藏于市民社会之中。

（七）国家的目的：维护社会普遍的福利

黑格尔反对启蒙思想家关于国家的目的是保障个人的生命、自由、财产等天赋权利的观点。他们把国家与市民社会混淆，认为国家是契约的产物，以个别意志和特殊利益为基础得出国家是以保障个人的生命、自由和财产为目的的结论。然而，"国家根本不是一个契约，保护和保证作为单个人的个人的生命财产也未必就是国家实体性的本质"①。

黑格尔认为国家的目的是维护社会普遍的福利，这是实现臣民个人特殊目的和福利的唯一条件，"国家的目的就是普遍的利益本身，而这种普遍利益又包含着特殊的利益，它是特殊利益的实体"②。他认为国家是一种客观存在的普遍意志，每个公民都是一个特殊个体，每一公民这个特殊个体只有通过对国家这一普遍意志，或者说只有通过国家这一客观存在的"神物"，才能实现个人的自由和利益，才能展现自己的才智，才能获得自身的幸福并成为有道德的人。"国家是客观精神，所以个人本身只有成为国家成员才具有客观性、真理性和伦理性。结合本身是真实的内容和目的，而人是被规定着过普遍生活的；他们进一步的特殊满足、活动和行动方式，都是以这个实体性的和普遍有效的东西为其出发点和结果。"③国家是具体自由的现实，而具体的自由在于：公民个人的特殊利益获得了保护和发展，公民的权利获得了明确的承认，而且公民也积极地去维护国家利益，即"通过自身过渡到普遍物的利益……并把普遍物作为它们的最终目的而进行活动"④。

---

① ［德］黑格尔著，范扬、张企泰译：《法哲学原理》，商务印书馆1961年版，第103页。
② ［德］黑格尔著，范扬、张企泰译：《法哲学原理》，商务印书馆1961年版，第269页。
③ ［德］黑格尔著，范扬、张企泰译：《法哲学原理》，商务印书馆1961年版，第254页。
④ ［德］黑格尔著，范扬、张企泰译：《法哲学原理》，商务印书馆1961年版，第260页。

黑格尔还把保障国家利益作为国家的目的，"假如人民的私利和国家的公益恰好是相互一致的时候，这个国家便是组织得法，内部健全。因为在这个时候人民的私利和国家的公益能够互相找到满足和实现——这是一个本身极重要的命题"①。在他看来，把国家的最终目的只看成保护个人生命财产的安全，是一种十分错误荒谬的观念。总之，黑格尔认为个人对国家作出生命、财产的牺牲是无条件的，这充分反映了他的国家主义倾向。

（八）国家治理的指导思想：民族主义

黑格尔的国家治理思想中有着强烈的民族主义倾向。他认为国家是自在的、完全独立的整体。在国际社会中，"每个国家对别国来说都是独立自主的"，"独立自主是一个民族最基本的自由和最高的荣誉"②。因此，国家中的每个公民都有义务维护国家的独立、自由和荣誉，为此甚至可以牺牲自己的生命。"由于为国家的个体性而牺牲是一切人的实体性关系，从而也是一切人的普遍义务，所以这种关系，作为理想性的唯一的方面以对抗巩固地存在的特殊物的实在性，同时就成为一种特殊关系，而献身于这种特殊关系的人自成一个等级，以英勇著称。"③黑格尔将国家视为至高无上的，成员需要为国家的发展作出任何牺牲，具有强烈的国家主义情怀。

他认为世界精神总是在一个民族身上得到充分体现，能够体现世界精神的民族便是统治民族。日耳曼民族最完满、最高地体现了世界精神，日耳曼民族是世界上最优秀的居于领导地位的民族，其他民族在世界历史中只处于从属地位。一个民族替代另一个民族取得统治地位必须通过战争。如果国家间的利益冲突不能达成协议，那只有通过战争来解决国家间的争议。"国与国间的争议可以它们关系中任何一个特殊方面为其对象。勠力保卫国家的特

---

① ［德］黑格尔著，王造时译：《历史哲学》，上海书店出版社1999年版，第25页。
② ［德］黑格尔著，范扬、张企泰译：《法哲学原理》，商务印书馆1961年版，第339页。
③ ［德］黑格尔著，范扬、张企泰译：《法哲学原理》，商务印书馆1961年版，第342页。

殊等级的主要使命也就在于应付这种争议。"①因此，黑格尔认为，为了防止内部骚乱，巩固国家内部的权力，战争不应被看作是绝对的罪恶。战争还具有更崇高的意义，它可以防止一个民族由于长久的和平生活和闭关自守而堕落腐化，从而保存"各国民族的伦理健康"，所以，有些战争不仅是必然的而且是应然的，有合理性和必然性。"在战争中，战争本身被规定为一种应该消逝的东西……和平的可能性应在战争中予以保存"，"战争的矛头不得指向内部制度、和平的家庭生活与私人生活，也不得指向私人"。②黑格尔褒扬战争主要是渴望通过战争实现国土统一和实现德意志民族的复兴，当然这种民族主义情怀也被德国的法西斯主义者利用。

四、黑格尔的国家治理思想的影响及评价

毫无疑问，黑格尔是18世纪末、19世纪初一位思想深邃且富有创造性的思想家，他的辩证法、法哲学对后世影响巨大。

（一）对黑格尔的国家治理思想的评价

对黑格尔的支持或批判已经成为许多后世思想家理论研究的出发点。当然，对黑格尔的评价众说纷纭，有的认为黑格尔哲学是"复辟哲学"，认为黑格尔是"官方的和普鲁士的国家哲学家"；有的认为黑格尔哲学四分之三是胡说八道、四分之一是陈词滥调；有的认为黑格尔哲学是"调和哲学"；在纳粹德国，黑格尔的哲学被曲解为"权力哲学"，为纳粹行为提供理论依据。总之，对黑格尔的评价更多是污蔑诽谤，从20世纪60年代以后，黑格尔的理论渐渐得到客观的对待。利特尔评价黑格尔"没有第二种哲学像黑格尔的那种哲学一样，直到其最内的动因深处，在如此程度上是革命的哲

---

① ［德］黑格尔著，范扬、张企泰译：《法哲学原理》，商务印书馆1961年版，第343页。
② ［德］黑格尔著，范扬、张企泰译：《法哲学原理》，商务印书馆1961年版，第350页。

学"①。印度学者也对黑格尔的认识采取科学的态度，"黑格尔的声望在于他用他的政治哲学很好地满足了他那个时代资产阶级的迫切需要。应该依据这种历史作用来评价黑格尔在欧洲政治思想中的地位。不能依据以后历代人物对他的思想的利用来评价他"②。洛苏尔多评价"黑格尔应该被定位于左派或中间偏左派"③。

当然，评价黑格尔必须坚持客观公正的原则，采取科学的方法和态度。马克思、恩格斯对黑格尔做了客观公正的评价，恩格斯曾说："不论哪一个哲学命题都没有像黑格尔的一个著名命题那样引起近视的政府的感激和同样近视的自由派的愤怒，这个命题就是：'凡是现实的都是合乎理性的，凡是合乎理性的都是现实的。'"④黑格尔的国家思想、政治哲学之中包含许多合理成分。他批判社会契约论，认为国家产生自市民社会之中，把家庭、市民社会、国家视为社会发展的同一逻辑顺序之中，探寻到国家起源的真正路径，包括他对国家最终消亡的观点，为马克思、恩格斯科学发现国家的起源奠定坚实的基础。他还承认人民群众的作用，"人民的个人努力是个威力至大、不可战胜的精灵，前述特权制度驱逐这一精灵，只有当最高国家权力尽可能把事情委诸公民自己办理时，这一精灵才有生命"⑤。他强调政府的职责是保护公民的自由，因为自由是神圣的，"至于作为国家权力的中心即政府，必须把对它组织和维持权力这种本分并非必要的事情听任公民自由处理；（因而）把对它内外安全并非必要的事情听任公民自由处理，对它来说没有什么应该像在这些事情上能保证和保护公民自由行动那么神圣，而这样

---

① ［德］黑格尔著，薛华译：《黑格尔政治著作选》，商务印书馆1981年版，译者序第4页。

② ［印］阿·库·穆霍帕德希亚著，姚鹏、张峰、王伟光译：《西方政治思想概述》，求实出版社1984年版，第167页。

③ ［意］洛苏尔多著，丁三东等译：《黑格尔与现代人的自由》，吉林出版集团有限责任公司2008年版，第119页。

④ 《马克思恩格斯选集》第4卷，人民出版社1995年版，第215页。

⑤ ［德］黑格尔著，薛华译：《黑格尔政治著作选》，商务印书馆1981年版，第37页。

做又应毫不谋取功利，因为这种自由本身即是神圣的"①。当然，他认为国家的目的在于维护社会普遍利益，他对封建专制制度的批判，对君主立宪制度中王权、行政权、立法权的分析，对国家统一的追求和独立自主的渴望等都具有十分进步的意义，对后世影响深远。

　　同样的，黑格尔的国家思想中也包含许多保守的内容。黑格尔的整个国家思想建立在唯心主义哲学基础之上，把国家视为"伦理观念的现实"，从绝对精神探求国家的起源，这本身就是对国家问题的偏颇认识，最终沦为一种抽象的、不合乎实际的国家观，他没有把握国家起源的真谛，忽视阶级在国家起源中的重要作用。黑格尔的主张主要是为有产阶级服务，为资产阶级统治辩护。"我们在《法哲学》的结尾发现，绝对观念应当在弗里德里希-威廉三世向他的臣民再三许诺而又不予兑现的那种等级君主制中得到实现，就是说，应当在有产阶级那种适应于当时德国小资产阶级关系的、有限的和温和的间接统治中得到实现。"②他自己也说过，"国家成长为君主立宪制乃是现代的成就，在现代世界，实体性的理念获得了无限的形式"③。黑格尔寄希望于借助一个强有力的君主来实现德国的统一和强大，故而神化国家，推崇王权，同时，他又处于对祖国统一、民族复兴的愿望和要求的阶段，从而高度推崇战争。这两种愿望与他的民族主义相结合就表露出对其他民族的蔑视和对强权政治的推崇，最终这种思想被法西斯主义利用，为其最终对外扩张埋下祸根。

（二）黑格尔的国家治理思想的影响

　　黑格尔的国家治理思想影响十分深远和广泛，一些思想家直接受惠于黑格尔，坚持黑格尔国家理论中保守的一面，如加布勒、辛里克斯、罗生克兰兹等，他们极力维护封建等级制度，为普鲁士专制政权作辩护。有的从黑格

---

　　① ［德］黑格尔著，薛华译：《黑格尔政治著作选》，商务印书馆1981年版，第35页。

　　②《马克思恩格斯选集》第4卷，人民出版社1995年版，第218页。

　　③ ［德］黑格尔著，范扬、张企泰译：《法哲学原理》，商务印书馆1961版，第287页。

尔出发，但最后开始批判普鲁士国家制度，有的走向空想社会主义，有的走向无政府主义，有的走向极端个人主义等。马克思、恩格斯则对黑格尔的思想取其精华、弃其糟粕，在批判的基础上不断发展，形成了马克思主义国家观，其中借鉴吸收了黑格尔对国家问题的许多合理看法，当然也对其不合理的地方进行深刻的批判。他们坚持了黑格尔思想中的革命性和辩证法的内涵，提出科学系统的民主理论，还扬弃了黑格尔市民社会与国家、国家消亡等思想。黑格尔同样对20世纪的民主社会主义影响深刻。民主社会主义主张指导思想的多元化，反对把马克思主义作为唯一的指导思想，其中就包括黑格尔的辩证历史哲学。20世纪著名思想家马尔库塞也深受黑格尔影响，他提出一种黑格尔主义的马克思主义，主张用黑格尔的政治理论来解读马克思主义。

第十四章　自由主义流派中的国家治理思想

　　随着19世纪两次工业革命的兴起，资本主义生产力得到了前所未有的开发，生产效率不断提高，资本市场和商品交换范围一再扩大，整个社会生产总量获得了大幅度增加。据估计，19世纪20年代持动力纺织机的单位产量大约是手工工人的20倍，而1台走锭纺纱机相当于200台手动纺纱机的工作能力。[1]马克斯·韦伯就曾不无感慨地说，"纺织工业的兴衰决定了西方整个物质的历史"[2]，它不仅推动西欧从亚麻时代、羊毛时代走向了棉花时代，加快了工业化的发展步伐，而且确立了资产阶级的统治地位。

　　作为资产阶级意识形态的重要体现，自由主义从诞生之日起就以其独特理念在国家的政治和社会问题中产生影响。但直到19世纪，当资产阶级在科学革命、工业革命和政治革命的推动下取得统治地位时，自由主义才逐步确立了在西方政治思想中的主流地位。20世纪英国著名思想家拉斯基曾这样评价自由主义，"从一战爆发前的滑铁卢战役以来，历史上尚无任何其他学说能有如此权威的声音，产生如此广泛的影响"[3]。作为19世纪西方的主流意识形态，自由主义在其自身发展中围绕自由、平等、民主等问题，形成了诸多关于国家治理思想的具体内容，除了洪堡、贡斯当、托克维尔等早期自

---

　　① ［美］保罗·肯尼迪著，陈景彪等译：《大国的兴衰——1500—2000年的经济变迁和军事冲突》，国际文化出版公司2006年版，第141页。

　　② ［法］费尔南·布罗代尔著，肖昶等译：《文明史纲》，广西师范大学出版社2003年版，第352页。

　　③ ［英］拉斯基著，张振成、王亦兵译：《思想的阐释》，贵州人民出版社2001年版，第239页。

由主义代表人物以外，还诞生了功利自由主义、英美新自由主义两股政治思潮，为整个19世纪国家治理思想、治理理念的发展注入了丰富的理论内涵。

第一节　19世纪早期自由主义的国家治理思想

伴随着资产阶级在欧洲确立统治地位，资产阶级的政治任务和发展要求也随即从鼓吹革命走向倡导改良。这一时期的自由主义一边适应着资本主义扩大经济与社会自由、减少国家干预要求；一边批判着法国大革命的激进性，主张通过改良缓和社会矛盾，维护资产阶级统治。洪堡、贡斯当、托克维尔就是19世纪早期自由主义的代表人物。

一、洪堡的国家治理思想

威廉·冯·洪堡（1767—1835）是德国著名的自由主义政治思想家、教育改革家和外交家。他把人看作一切政治问题的核心，将个人与国家的关系作为现代国家中最根本的关系，以国家的目的和国家的作用理论，集中表达了"最小国家"的国家观念。

（一）洪堡的生平及著作

1767年，威廉·冯·洪堡出生于柏林西南部的小城波茨坦，这位"贵族少爷"①从小就受到了比较良好的教育和比较系统的贵族化训练。他的家庭教师中，不仅有被看作是"充满着完全'现代'的、卢梭的启蒙博爱思想的

---

① ［德］彼得·贝格拉著，袁杰译：《威廉·冯·洪堡传》，商务印书馆1994年版，第12—13页。

教育家"①的约阿希姆·海因里希·卡姆佩，还有以后成为枢密顾问的威廉·冯·多姆、著名法学家克莱因、启蒙哲学家恩格尔等，他们秉持的天赋人权等观念对洪堡政治思想的形成产生重要影响。1788年，21岁的洪堡放弃了母亲为他选择的财政学方向，转学到哥廷根大学学习哲学、历史和古代语言等相关课程，并研读新出版的康德著作。这一转变把洪堡从僵化的思想教条中解放出来，再加上1789年法国大革命的所见所闻，最终促使他形成了在政治理论上的创作个性，成为19世纪德国自由主义的重要代表人物。同时，洪堡也是19世纪德国杰出的外交家和教育家。他先后担任过驻罗马教廷的代办（1802），被授予过"全权驻任公使"称号（1806），出任过驻维也纳大臣级公使（1810），以普鲁士代表的身份多次出席各种国际会议和德意志联邦会议，并创建普鲁士文理中学和柏林中学，提出了一系列教育改革主张。直到1819年，在任等级事务大臣期间，洪堡因坚持自由主义立场、反对政府对大学的控制、反对不断加强的新闻书刊检查制度，最终同首相发生严重冲突，结束了政治生涯。

作为自由主义重要人物，洪堡主要政治著作是《关于国家政治结构的思想》（1791）和《论国家的作用》（1792）。其中，《论国家的作用》堪称洪堡自由主义思想的代表作，被誉为"德国自由主义的《大宪章》"。全书分为16章，其中4章（第1章、第2章、第15章、第16章）概括性地论述了国家的目的和作用，其余12章则从公民的物质福利、教育、宗教、治安、民法、刑法以及未成年人的安全等方面详细讨论国家的作用。尤其是在1918年威廉帝国崩溃之后和1945年希特勒帝国覆亡之后，这本书更是被反复刊印出版。

---

① ［德］彼得·贝格拉著，袁杰译：《威廉·冯·洪堡传》，商务印书馆1994年版，第15页。

（二）洪堡的国家治理思想的渊源

17世纪以来的启蒙思想是洪堡国家治理思想的主要理论来源。贵族出身的洪堡，在少年时期就已经开始接触洛克、卢梭等启蒙思想家的政治理念。在保存下来的洪堡听课、读书笔记中，经常能看到笛卡尔、斯宾诺莎、洛克、莱布尼茨、赫尔德、康德等思想家的名字，以及社会契约、人性之善、自由平等等启蒙思想价值观。在启蒙思想的影响下，洪堡的国家治理思想体现了思想启蒙时代对人类理性的高扬及对人性尊严的维护，是17世纪以来一系列国家权力限制理论的延续。

法国大革命的革命实践是洪堡国家治理思想的实践来源。1789年，洪堡与家庭教师卡姆佩一同在法国游学。其间，他虽然目睹了法国大革命带来的国民制宪会议取代三级会议、《人权宣言》通过且实施、平等投票等革命的胜利和喜悦，但是，对日益增大的国家权威的忧虑也时刻充斥心间，他甚至认为这是新形式极权主义代替旧极权的前兆。因此，对于国家革命等治理问题，洪堡更倾向于一种渐进式的稳定性改革，他所想的不是颠覆，也不是共和国，而是一种改革，承认分权和通过立宪来保障人的权利和自由。

对德国"开明专制主义"的深刻反思是洪堡国家治理思想的现实来源。弗里德里希二世时代，德国在坚持专制主义统治传统的同时，宣布接受启蒙思想家的某些主张，致使独具特色的"专制主义与启蒙运动的同盟"在德国出现，形成了所谓"开明专制主义"。从结局来看，这一时期的德国在农奴制度、教育制度、工商业制度、新闻制度等多个领域进行了改革，但由于法律制度不完善和国家至上主义情结，官僚体系机构臃肿、规章无效、人浮于事的行政弊病突出，国家需要进一步改革。在这种表面均势、暮气沉沉的政治氛围下，洪堡提出"最小国家"这一解除病垢、实现自由的国家治理理念。

（三）洪堡的国家治理思想的主要内容

在洪堡论述其国家治理思想的代表作《论国家的作用》中，他在一开篇就提出了一个问题："整个国家机构设置的工作目的何在，以及它的作用应该有何限制？"①在洪堡看来，问题的本质不是政府要不要对市场进行干预，而是国家和社会怎样才能保障个人以自身方式发现并充分发挥其天赋的自由，怎样才能避免可能令人窒息的人类生活。因此，他着重从公民与国家之间的关系入手，讨论其国家治理思想。

1. 国家的目的：个人自由

如果说，私人生活和公共生活显而易见的差距造成了公民自由和国家自由间不可避免的对立，拥有绝对政府权力的国家势必会威胁个人自由的发展，那么，现代国家的目的是什么呢？是人（人本主义）还是国家本身（国家主义）？是单个的人（个人）还是集合的人（集体）？是更应该关心人的福利还是人的自由？对这一问题，洪堡给出了完全自由主义的回答。他首先认同国家是源于人们为争取安全而形成的"目的性联合"。国家既然源于人的自愿联合，那么，它真正目的就是人，是单个的人，而单个人及其存在的最终目的就是国家的最高原则。洪堡研究发现，个人发展的最高和最终的目的是按其个性特点获得最高的和最均匀的培养，因此，国家的"最高原则"是：不仅每一个单一的人享受着从他自身按照其固有特征发展自己的、最不受束缚的自由，而且在其中，身体的本质不会从人的手中接受其他的形态，每一个个人都根据他的需要和他的喜好，自己随心所欲地赋予它一种形态，这样做时仅仅受到他的力量和他的权利局限的限制。也就是说，国家以人为本，国家满足人的需要和人的发展，国家以人存在的最终目的来运作。

国家的目的不可能是双重的：虽然，它既可以促进幸福，也可以为防止自然灾害和人为祸患的弊端而存在，但是，这种"促进幸福"的目的在洪堡看来完全是有害的。它不仅形式单调，而且，为了所谓"促进幸福"，不得不破坏和妨碍外在的身体活动和外在环境对人精神和性格的反作用；为了所

---

① ［德］威廉·冯·洪堡著，林荣远、冯光元译：《论国家的作用》，中国社会科学出版社1998年版，第22页。

谓"促进幸福"，会不得不采取一些带有严重缺点的、适应他们当中个别人的措施而损害其他人；最终，因为妨碍人的个性和特长的发展，增加国家行政管理的困难，而成为种种弊端的渊源。因此，洪堡将"防止弊病"、防止自然灾害和人为祸患作为国家的目的。他说，"国家关心公民负面的福利即他们的安全——这种关心是必要的——构成国家固有的最终目的"，并从对内和对外两个方面指出，国家目的的最高原则"既防范外敌又防范内部冲突，维护安全，必须是国家的目的，必须是它发挥作用的领域"①。

2. 国家作用的范围："最小国家"

在国家目的的最高原则基础上，洪堡发现国家虽是个人自由实现的必要条件，但也是个人自由的一种"必要的痛苦"。要让这种痛苦降到最小值，就需要建立一种切实有效的国家结构和相应的政府职能，将国家作用的范围限制在最小的框架内，以捍卫公民的合法自由。他认为，国家是手段而非目的："除了公民们仅靠自己无法办到的事情即促进安全之外，国家永远不许把任何其他的事情拿来作为它发挥作用的对象；这是唯一真正而可靠的手段，能把似乎是相互矛盾的事物，即国家整体的目的和公民个人所有目的的总和，通过一条牢固和持久的纽带紧密地相互结合在一起。"②洪堡从单个人的最高和最终目的出发，指出国家作用的真正范围在于，除了保障公民的安全外，国家不要对公民正面的福利作任何关照，更不得为了其他别的最终目的而限制公民的自由。③在这个意义上说，只要是不直接影响到单个人权利的实现，国家任何干涉公民私人生活的尝试都应该受到鄙视。

因此，洪堡反对国家对个人自由的干预，主张将一切非法律形式的限制

①［德］威廉·冯·洪堡著，林荣远、冯光元译：《论国家的作用》，中国社会科学出版社1998年版，第60页。

②［德］威廉·冯·洪堡著，林荣远、冯光元译：《论国家的作用》，中国社会科学出版社1998年版，第168页。

③［德］威廉·冯·洪堡著，林荣远、冯光元译：《论国家的作用》，中国社会科学出版社1998年版，第54页。

排除在外。他指出，为了保障公民的安全，国家必须禁止或限制那些未经他人同意，就违背他人意志、贬损他人自由、损害他人财富的行为，或者是那些有可能导致这种结果的行为。"在考虑这样一种可能性时，一方面必须注意令人担心的损害的大小，同时又要注意通过某一项防范性法律产生的对自由限制的重要性。"①为了关心安全，国家必须禁止侵犯公民权利的行为，当发现这类行为时，国家应当强制侵权者赔偿所造成的损失。在相关各方的行为中产生的一些权利和义务，只要是符合各方意志的自由缔约，国家都应予以保护。

同时，洪堡也毫不犹豫地反对国家过多干预教育、宗教、艺术、道德、风俗、习惯等社会公共事务。在洪堡看来，公共教育应完全处于国家作用的范围之外，因为在一个自由民族中，良好的私人教育才是不可或缺的，公共教育妨碍了教育的多样性存在，因此是无用的、有害的。②教育只应该造就人，至于用什么样确定的方式、怎样给予人民，则不是它的考虑范围，因此，它不需要国家。③此外，宗教也不属于国家作用的范围，因为宗教产生于人的感觉方式的最内在的相互联系之中，这种"从最高的和最普遍的视角出发决定着事情的东西，恰恰是国家根本无法企及真正对道德精神发挥作用的唯一东西，即根本不能企及内心接受宗教概念的形式"④。国家的目的是人，人的目的是个性的发展和完善，而自由是实现人的个性发展和完善的根本条件。因此，国家最重要的职能应该是保障个人自由，国家的作用范围仅是在那些人们通过个人力量无法达到的地方，如安全方面。除此以外，所有

---

① ［德］威廉·冯·洪堡著，林荣远、冯光元译：《论国家的作用》，中国社会科学出版社1998年版，第121页。

② ［德］威廉·冯·洪堡著，林荣远、冯光元译：《论国家的作用》，中国社会科学出版社1998年版，第69页。

③ ［德］威廉·冯·洪堡著，林荣远、冯光元译：《论国家的作用》，中国社会科学出版社1998年版，第74页。

④ ［德］威廉·冯·洪堡著，林荣远、冯光元译：《论国家的作用》，中国社会科学出版社1998年版，第76—77页。

的地方都不应被国家关注或者干预。

为了更加有效地确定国家作用的范围，洪堡主张制定一部明确限制国家权力的宪法，用以对可以成为现实的东西加以规定，对自由的未来前景加以说明。他认为，国民精神是宪法的源泉和基础，宪法要在民众中唤醒和保持真正的国民意识，使公民摆脱利己主义，参与公共事业。

还需要说明的是，洪堡主张限制国家作用的范围，缩小国家权力的界限，但却并不否认国家在促进公民发展等内容上负有重要责任。因此，他的国家治理思想更多地体现出对个人自由的向往，而不是完全否认国家作用的"无政府主义"思想。在洪堡看来，保障安全的职责只有国家才能承担，任何妨碍人的力量的发挥或是妨碍人的能力的享受的事情都是违法的，只有国家权力才具备对付违法事件的条件。因此，个人要实现人性目的，要在没有外界干预的情况下自主处理事务，国家的存在和国家的行为，是必不可少的。尽管国家权力可能会对个人自由造成威胁和损害，但是，任何民族的发展与安全诉求都是离不开国家的。在洪堡眼中，国家是一种"必要的痛苦"。我们不是要通过摆脱国家享有自由，而是要在国家中享有自由。[①]

（四）洪堡的国家治理思想的影响及评价

洪堡国家治理思想主要凝聚于其代表作《论国家的作用》。该书集中表达了洪堡"最小国家"的治理观。这一成就不仅是自由主义思潮在19世纪德国的缩影，而且对自由主义的后续发展产生深远影响。19世纪中期，英国自由主义代表人约翰·密尔在提起这位半个世纪之前的自由主义者时，说他是唯一想与之交谈的作者。可以说，在整个19世纪，洪堡自由主义思想中的国家治理观，一直是德国乃至欧洲各国进步思想援引和阐发的热点。他提出的以个人主义为基础的自由主义观点，甚至与20世纪的自由主义主张不

---

① ［德］威廉·冯·洪堡著，林荣远、冯光元译：《论国家的作用》，中国社会科学出版社1998年版，第19页。

谋而合，引起欧美其他国家自由主义思想家的重视。艾德蒙·福赛特这样评价洪堡与自由主义的关系，他说"他（洪堡——引者注）出生的时候人们还不知道自由主义为何物。到他去世之时，美国、荷兰和法国的革命浪潮已经撼动了整个大西洋世界，自由主义大行其道，正阔步迈向未来，为永不停歇的市场社会提供了一种复变的政治实践"①。现实中，德国在第二次世界大战后还曾掀起一股重读《论国家的作用》的热潮，将洪堡所阐发的"限制国家、保卫自由"治理理念作为理论明灯。

今天来看待洪堡的国家治理思想，不难发现，不同于古典自由主义将其国家治理思想的理论基础建立在自然法和普遍人权的学说上，洪堡在德国的人道主义和个性完善理想中寻找理论支撑，他重视个人，更看重的是个人的个性完美而非个人幸福。②因此，洪堡对私人财产和经济自由等问题的关注也明显低于其他的自由主义者，对国家财政收入方面的阐述也比较少。但是，洪堡国家治理思想仍然为世人展示了西方自由主义传统与德国政治思想的有机融合，不愧是德国自由主义的大宪章。

二、贡斯当的国家治理思想

本杰明·贡斯当（1767—1830），法国著名的政治家、政治活动家，近代自由主义重要奠基人，也是波旁王朝复辟时期法国自由主义思潮的领军人物。他提出的关于古代自由与现代自由的比较学说，对人民主权理论的批评和近代自由主义的发展影响颇大。

（一）贡斯当的生平及著作

本杰明·贡斯当是近代自由主义重要奠基人。贡斯当在他的自传性随笔

---

① ［美］埃德蒙·福赛特著，杨涛斌译：《自由主义传》，北京大学出版社2017年版，第28页。

② 张岸：《洪堡论国家》，《科学社会论坛（学术研究卷）》2008年第7期。

《红色笔记本》开篇这样写道："一七六七年十月二十五日，我出生在瑞士的洛桑。母亲昂利埃特·德·尚迪厄出身于法国的一个古老的家族，其先辈是为了躲避宗教之争才移居到沃州来的，父亲朱斯特·贡斯当·德·勒贝克则是驻在荷兰的瑞士军团里的一名上校军官。就在我呱呱坠地后的第八天，我的母亲因不幸患产褥热而离开了人世。"①

童年时代，贡斯当就接受了良好的家庭教育，并在1782年到巴伐利亚的埃尔兰根大学接受正规教育。1783年，贡斯当转入苏格兰的爱丁堡大学，再次接受了两年正规的大学教育。这一时期他深受大卫·休谟和亚当·斯密等启蒙思想家的影响，奠定了自由主义思想基础。离开爱丁堡大学以后，就像他的自由主义一样，贡斯当天马行空，四处漂泊，先后到过瑞士、英国、法国、德国等地。直到1794年9月18日，他在洛桑遇到了斯塔尔夫人，这位作家兼评论家给贡斯当的生活和思想带来了剧烈的变化。1795年，贡斯当与斯塔尔夫人抵达巴黎，并以极大的热情投入政治生活，相继发表了一批阐述其政治立场与观点的小册子：《论当前法国政府的力量和赞同它的必要性》（1796）、《论政治反动》（1797）以及《论恐怖》（1797）等。

1799年拿破仑发动雾月政变后，贡斯当在西耶斯的帮助下入选法案评议委员会的委员，后因反抗拿破仑的军事统治于1802年被逐出法案评议委员会，过着流亡生活。在流亡期间，贡斯当继续从事写作和著述，在德国接触到了浪漫主义哲学和宗教思想，并不断思考着法国的未来，起草了共和国宪法。1806年，他完成了宪法中关于对政治综合论述的第一稿，其中很多思想后被编入《政治学原理》（1815）中；撰写了一部论述政治学专著的初稿，即后来发表的《适用于所有代议制政府的政治原则》；完成了一部心理分析小说《阿道尔夫》，为他在文学史上赢得了一定的地位。1813年，在拿破仑政权垮台前夕，贡斯当撰写了《征服的精神和僭主政治及其与欧洲文明的关系》，集中对拿破仑的军事统治进行了激烈的抨击，而他本人也因反对拿破

---

① ［法］贡斯当著，王韦蔚译：《阿道尔夫》，上海译文出版社1985年版，第145页。

仑、赞成君主立宪而著名。1815年百日政变期间，应拿破仑的邀请，贡斯当担任了其制宪顾问，负责起草《帝国宪法补充条例》。1815年6月18日，拿破仑的军队在比利时滑铁卢战役中全军覆没，7月15日正式投降。法兰西第一帝国覆灭，路易十八再度复辟。拿破仑被流放到圣赫勒拿岛。波旁王朝复辟后，贡斯当被驱逐出境，直到第二年（1817年）才得以返回。此后，贡斯当坚持不断同波旁王朝进行斗争。1819年发表了著名演讲《古代人的自由和现代人的自由》，1820年出版了为建立宪政制度而呼唤的《立宪政治教程》，1819—1827年两次当选为国会议员，并于1830年七月革命后当选为立法委员会主席。1830年11月，贡斯当逝世，法国为其举行了国葬仪式，以表彰他一生为自由而奋战的功绩。

贡斯当政治理论著作和文章有：《现存政府的权力》《论政治反动》《论恐怖》《政治原理》《征服的精神和僭主政治及其与欧洲文明的关系》《对宪法的反映》《古代人的自由和现代人的自由》《大臣的职责》《议会的解体》《新闻自由》《立宪政治教程》等。

（二）贡斯当的国家治理思想的渊源

从实践上看，贡斯当的政治思想来源于英国的宪政体制和对法国大革命的反思。贡斯当曾在《对菲朗杰里著作的评论》一书中写道："我对（英国）人民的制度十分赞叹和尊重，在这种制度的支撑下，英国人民抵抗了拿破仑；我对（英国）那种有着一个半世纪立宪经历的政府形式表示敬意，我建议深入研究英国的宪法，我忘不了英国新闻自由的历史。"[①]另外，贡斯当是从对法国大革命实践的反思中来建构其自由主义民主理论的。他从法国大革命的实践中发现一个悖论式的现象：大革命试图摧毁所有旧观念、旧制度、旧道德，建立一套全新的制度、全新的法律、全新的道德，然而，所有新

---

① ［意］萨尔沃·马斯泰罗内著，黄华光译：《欧洲政治思想史——从十五世纪到二十世纪》，社会科学文献出版社1992年版，第274—275页。

的理想社会建构的基础却是对古代制度的模仿，尤其是关于自由制度的设计打上了古代社会的深深烙印。这一现象促使贡斯当不断加强对自由的理论探讨。

从理论上看，贡斯当的自由主义思想深受孔多塞"人类不断进步"的历史观和亚当·斯密自由主义竞争理论的影响。

1. 孔多塞历史观的影响

孔多塞（1743—1794）是18世纪法国一位重要哲学家、数学家，也是启蒙运动的杰出代表人物，有法国大革命"擎巨人"之誉。孔多塞在《人类精神进步史表纲要》一书中提出的"人类不断进步"的历史观念，对19世纪和20世纪所有的思想家，包括贡斯当，都产生了深远的影响。这部18世纪启蒙哲学的经典之作使孔多塞成为西方历史哲学中历史进步观的奠基人之一。1785—1787年，贡斯当在法国多次与孔多塞见面，并自称是孔多塞的弟子。他继承了孔多塞的人类社会进步观念，对未来发展抱有乐观态度。他认为，在即将到来的新社会，只要人们不试图去阻止它，或强行将它往选定的方向引导，进步就一定会出现。也就是说，只要人们不加干涉，人类的知识和智识活力就会增长。

2. 亚当·斯密自由主义竞争理论的影响

亚当·斯密是古典自由主义经济学的代表人物。他认为，对经济活动不予干预的自由主义是一个国家最好的经济政策。经济的发展以及社会的繁荣是个人追求自己利益、发挥自己才智的结果，这不是政府有意组织就能实现的，政府的职能仅仅在于为个人追求利益提供安全和有序的外部环境。因此，斯密批评重商主义，反对政府违反自然趋势而鼓励特定的产业或限制特定的产业的行为，主张建立最单纯的自然的自由制度。在这种制度下，每一个不违反法律的人，都完全自由，都可以自由追求自己的利益，以其劳动及资本与其他人或其他阶级相竞争。贡斯当基本上继承了斯密的上述观点，明确提出，国家必须尊重私人的财产权，不干涉私人生活。因为对财产的侵犯必定会激起被侵犯者的反抗，进而会造成对反抗者的粗暴压迫，结果就是个人的自由被侵犯了。[①]因此，财富就是力量，应该由有产的"中间阶级"（即资产阶级）来掌权。他说，18世纪"革命的最大收获"就是"使中间阶级得以管理政治事务"，对这一收获必须加以巩固。因此，应该建立起英国式的君主立宪制度。

（三）贡斯当的国家治理思想的主要内容

贡斯当从对古代人的自由和现代人的自由的区分入手，对个人自由和政治自由关系进行了系统阐述，并竭力通过国家权力体系安排、国家民主形式的设计捍卫其自由理论。

1. 国家与自由的关系

在其代表作《古代人的自由与现代人的自由》中，贡斯当明确提出了两种自由，即古代人的自由和现代人的自由。其中，古代人的自由可称为政治自由，具体表现为公民参政自由，如集体行使多数人的主权、共同讨论公共福利、决定战争与和平、制定法律、参加审判、选举公职人员等；而现代人的自由是指一种"每个人在法律下的权利"的个人自由，包括个人的人身自由、思想自由、选择职业、处置财产、行动自由、与他人合作自由、宗教自由、贸易和经营自由等。贡斯当认为，古代人的自由产生于古代城邦。只有城邦这种小规模政治共同体的存在，才能使主权分享成为一个具体的政治活动。随着现代社会的到来，国家面积越来越大，人口越来越多，个人与国家的关系越来越疏远，个人的注意力越来越集中于个人自由的实现上，这就是现代人的自由。但这并不意味着古代人的自由或现代人的自由只存在于各自对应的时代。相反，这两种自由普遍地存在于古代和现代的政治生活中。也就是说，不仅古希腊、古罗马存在着个人自由，现代社会也存在着政治自由。同时，贡斯当还指出了这两种自由各自不同的侧重点。古代人更注重社

---

① ［法］邦雅曼·贡斯当著，阎克文、刘满贵译：《古代人的自由与现代人的自由》，商务印书馆1999年版，第168页。

会权力的分享，现代人则注重个人权利的实现。这种差别容易产生一种隐患，即"古代自由的危险在于，由于人们仅仅考虑维护他们在社会权力中的份额，他们可能会轻视个人权利与享受的价值。现代自由的危险在于，由于我们沉湎于享受个人的独立以及追求各自的利益，我们可能过分容易地放弃分享政治权力的权利"①。

贡斯当指出，现代社会商业时代的来临，宣告了这个时代的自由必定是以个人经济自由为基础的个体自由、现代人的自由，政治自由是个人自由的保障。他说："个人独立是现代人的第一需要：因此，任何人决不能要求现代人作出任何牺牲，以实现政治自由"②，"让我再重复一遍，个人自由是真正的现代自由。政治自由是个人自由的保障，因而也是不可或缺的"③。因此，问题并不是要选择哪一种自由，或是放弃哪一种自由，而是如何同时保持两种自由。贡斯当在《古代人的自由与现代人的自由》演讲结尾部分，提出可以通过宪政民主制度将两种自由结合起来，在保持公民政治参与热情和参政要求的同时，保证个人自由的实现，避免过度关注个人自由而带来个人主义和强权主义危害。

2. 国家权力体系：五权分立

贡斯当认为，个人自由最大的危害来自不受约束的权力。他借由对绝对权力的强烈抨击，深刻反思了卢梭的人民主权思想。他认为，"如果你确信人民主权不受限制，你等于是随意创造并向人类社会抛出了一个本身过度庞大的权力，不管它落到什么人手里，它必定构成一项罪恶。把它委托给一个

---

① ［法］邦雅曼·贡斯当著，阎克文、刘满贵译：《古代人的自由与现代人的自由》，商务印书馆1999年版，第44页。

② ［法］邦雅曼·贡斯当著，阎克文、刘满贵译：《古代人的自由与现代人的自由》，商务印书馆1999年版，第38页。

③ ［法］邦雅曼·贡斯当著，阎克文、刘满贵译：《古代人的自由与现代人的自由》，商务印书馆1999年版，第41页。

人，委托给几个人，委托给所有人，你仍将发现它同样都是罪恶"①。而这种不受约束的权力最终也意味着所有人将失去个人的一切权利。就卢梭的人民主权思想而言，人们在缔结社会契约时，让渡个人权利而形成的人民主权本身就是抽象的、超越个人的，但是主权的行使最终要归结到实际的制度和具体的个人身上。所以，如果人民主权不能受到约束，那么受委托代表人民主权的个人也就不会受到限制，那么这些权力就将成为暴政的工具。在现实中，正是因为混淆了政治自由和个人自由两种不同类型的自由，将自由简单地理解为政治自由，忽视了个人自由对人民主权的限制，才使得旷日持久的法国大革命发生质变。贡斯当明确说："波拿巴（指拿破仑）的罪行确实比野蛮时代的征服者严重一千倍，因为那些征服者统治的是野蛮人，这在他们的时代无可非议。他和他们不一样，他选择了野蛮状态；他喜欢野蛮。他试图把文明拖进黑暗。他宁愿把一个温文尔雅的民族改造成贪婪、嗜血的部落；他的罪恶就在于这种图谋，在于他不遗余力地掠夺我们历代开明的前辈留给我们的遗产。"②所以，必须对不加限制的人民主权观念进行反思和重构。

贡斯当从孟德斯鸠分权理论出发，以英国君主立宪制度为蓝本，构建了五权分立的理论体系。贡斯当认为，在君主立宪政体中存在着五种分立的权力：王权、行政权、长期代议权、舆论代议权以及司法权。其中，王权是"国家元首的权力"，是一种中立的权力；行政权由大臣掌握，负责法律的执行，它来源于王权，不仅是王权的被动执行者，而且也是承担一定的责任、能动的权力；立法权分属世袭制议院和选举制议院，世袭制议院掌握长期代议权，选举制议院掌握舆论代议权；法庭掌握着独立的司法权，负责在个案中运用法律。行政权、长期代议权、舆论代议权以及司法权等权力都是受到

①［法］邦雅曼·贡斯当著，阎克文、刘满贵译：《古代人的自由与现代人的自由》，商务印书馆1999年版，第56页。

②［法］邦雅曼·贡斯当著，阎克文、刘满贵译：《古代人的自由与现代人的自由》，商务印书馆1999年版，第392—393页。

一定限制的，并且是相互限制的。他还说，没有上议院和下议院的参与，就没有法律的出台；没有大臣的同意，就没有任何法令的执行；没有法庭的审判，没有任何人能够进行宣判；而王权对以上所有权力起着非常重要的约束作用。"万一行政权的行为带来了危险，国王将会罢免他的大臣。万一上议院被证明有害，国王将会册封一批新贵族，以迫使它进入一个新方向。万一下议院被证明行为险恶，国王可以行使他的否决权解散下议院。最后，万一司法权因对个人行为过度使用严厉的普遍惩罚而造成破坏性后果，国王将使用他的赦免权以淡化它的决定"[①]。此外，王权也不是无限制的，它是自由制度下的王权，是受到宪法约束的王权。在这样一种制度下的王权，是庄严、高贵和完美的。

3. 国家民主形式：代议制民主

贡斯当认为，现代民主应当是间接的，是代议制民主，即通过代议制度以一种假定方式行使的主权。贡斯当念念不忘的就是要建立英国式的议会制度。为此，他对于议会民主进行了多方面的探索。

（1）议会采用两院制

贡斯当继承了孟德斯鸠的思想，主张实行两院制。一个是世袭制议院，一个是选举制议院。世袭制议院用来保证制度的稳定性，对抗由公民选举产生的选举制议院，但世袭制议院成员的人数应该不受限制，因为"世袭制议院是一个人民无权选举、政府无权解散的机构。如果那个机构的成员人数受到限制，其内部就可能形成朋党，虽然它没有政府或人民的赞同和支持，但却永远不可能被推翻，除非制度本身和它同时被推翻"[②]。选举制议院代表采用直接选举制度。这样能为下议院送来最开明、最优秀的人士，能让国家充分享受代议制的好处。

---

① ［法］邦雅曼·贡斯当著，阎克文、刘满贵译：《古代人的自由与现代人的自由》，商务印书馆1999年版，第68页。

② ［法］邦雅曼·贡斯当著，阎克文、刘满贵译：《古代人的自由与现代人的自由》，商务印书馆1999年版，第87页。

（2）人民在选举中有初始提名权

贡斯当指出，每个地区享有投票权的全体公民，可以先拟定一个50人的初选名单，然后，发起一个百人会议，从中推举出5个人，再由全体公民从这5个人中作出选择。这看似是很民主的，但要注意，贡斯当这里讲的"人民"其实是有产者。为了不使有产者提名的候选人落选，贡斯当特别强调：如果他们自作主张地在人民出于忠诚或猜疑而表明自己的选择之前拟定一个名单，如果没有合法暴力支持这个名单，将有可能导致人民排斥他所提出的人选。

（3）议会权力也应当受到限制，否则就会产生无法预料的后果

贡斯当指出，"一个既不受约束也无人能控制的议会，是一切权力中最为盲目运作的权力，其后果是最无法预见的，甚至在它自己的成员看来也是如此"[1]。届时，人民及其代表将不再是自由的捍卫者，很可能变成暴政的候选人，严重危害人民自由的实现。要受什么约束呢？在贡斯当看来，一个是宪法的约束，一个是国王的约束。

（四）贡斯当的国家治理思想的影响及评价

贡斯当的国家治理思想深刻影响了托克维尔、密尔、伯林、阿隆等后世自由主义者。有学者讲："托克维尔对多数暴政的分析、对多元主义的讴歌、对个人自由的倡导可以看到贡斯当思想的影子。"[2]尤其是贡斯当对两种自由观的区分，开启了自由二分法研究的先河。新自由主义思想家伯林指出：没有像贡斯当那样深刻地理解和清楚地表达两种自由的冲突。因此，"古代和现代自由的区分是自由学说的关键"[3]。当代著名社会理论家、美国

---

[1] ［法］邦雅曼·贡斯当著，阎克文、刘满贵译：《古代人的自由与现代人的自由》，商务印书馆1999年版，第81页。

[2] ［法］邦雅曼·贡斯当著，阎克文、刘满贵译：《古代人的自由与现代人的自由》，商务印书馆1999年版，第18页。

[3] 吴春华主编：《西方政治思想史》第4卷，天津人民出版社2005年版，第70页。

普林斯顿大学教授菲利普·佩迪特在《共和主义：一种关于自由与政府的理论》一书中开宗明义地指出：当代关于社会和政治组织的探讨一直受到以赛亚·伯林所作的一个著名区分的支配，这就是关于消极自由和积极自由的区分。伯林继承了将古代人自由与现代人自由区分开来的传统。"这种古代/现代的划分突出地反映在19世纪早期贡斯当的著名论文《古代人的自由与现代人的自由》中。贡斯当所说的现代人的自由就是伯林所说的消极自由，而他所说的古代人的自由——即属于一个民主自治共同体的自由——则是伯林所说的积极自由最突出的变种。"①

此外，贡斯当的国家治理思想影响了中国民主革命先行者孙中山的国家治理观。孙中山走上革命道路后"经历千辛万苦，向西方国家寻找真理"，深入研究西方的民主政治理论与制度。早在1906年12月2日，在东京《民报》创刊周年庆祝大会的演说中，孙中山就提出将来中华民国的宪法是要创一种新主义，叫作"五权分立"，并明确指出，所谓"五权分立"就是在欧美民主国家的立法、行政、司法三权之外，再加上考选权和纠察权，五权相互独立，各自行使自己的权力，从而保证民主制度的真正实现。孙中山的"五权分立"思想既受到孟德斯鸠三权分立思想的影响，也受到了贡斯当的影响。

从整体上看，贡斯当的国家治理思想带有鲜明的时代和阶级烙印。一方面，他反映了当时法国大革命背景下，人们对抽象人民主权说的反思，提出了以宪政为核心的一系列具体的权力安排、政体形式和政府形式，标志着19世纪法国自由主义从理性自由主义学说向改良的、宪政的自由主义学说转向。另一方面，贡斯当的国家治理思想带有强烈的资产阶级色彩，本质上是为了防止人民大众对政治权力的影响。正如马克思在《路易·波拿巴的雾月十八日》中提及的，"新的社会形态一形成，远古的巨人连同复活的罗马古

---

① ［澳］菲利普·佩迪特著，刘训练译：《共和主义：一种关于自由与政府的理论》，江苏人民出版社2006年版，第23页。

董——所有这些布鲁土斯们、格拉古们、普卜利科拉们、护民官们、元老们以及凯撒本人就都消失不见了。冷静务实的资产阶级社会把萨伊们、库辛们、鲁瓦耶-科拉尔们、本杰明·贡斯当们和基佐们当作自己真正的翻译和代言人；它的真正统帅坐在营业所的办公桌后面，它的政治首领是肥头肥脑的路易十八。资产阶级社会完全埋头于财富的创造与和平竞争，竟忘记了古罗马的幽灵曾经守护过它的摇篮"①。这就形象地说明了资产阶级思想家是如何维护资产阶级利益的。

三、托克维尔的国家治理思想

阿列克西·德·托克维尔，法国思想家、政治家、历史学家，政治社会学的奠基人。他通过对现实社会的比较，着重提出了以民主为核心的国家治理思想，并且把由贡斯当开始的自由主义对大众民主的恐惧发展为一套系统的理论。

（一）托克维尔的生平及著作

托克维尔（1805—1859）出身于法国一个非常古老的贵族世家。法国大革命后家道中落，但贵族的阶级烙印始终深深镌刻在他的灵魂中。1821年，16岁的托克维尔开始在梅斯皇家学校接受正规教育，1823年高中毕业后正式进入巴黎法学院学习法律，并在1827年担任凡尔赛法院的助理法官。在这期间，托克维尔与自由派青年古斯塔夫·德·博蒙结为好友，在思想上逐渐转向自由主义。1830年，法国七月革命爆发，是拥护奥尔良王朝还是波旁王朝，托克维尔和其家族发生意见分歧。为了避免由此带来的冲突，他与博蒙商议，向内务部申请去考察美国的监狱制度。从1831年4月2日离开法国到1832年2月20日离美回国，美国之行给托克维尔带来了全新的感受，启发了

---

① 《马克思恩格斯选集》第1卷，人民出版社1995年版，第585—586页。

新的思考。1835年，他出版了成名作《论美国的民主》上卷，并于1838年获得第昂奖金，1839年先后当选为法国人文和政治科学院院士、众议院议员，1841年当选为法兰西学院院士。1848年，二月革命后，托克维尔当选为新成立的法兰西第二共和国制宪议会议员，参加了新宪法的制定，并被选为新宪法实施后的国民议会议员，出任过5个月的外交部部长。1851年12月，因反对路易·波拿巴称帝，托克维尔被捕，获释后退出政界，避居图尔，专门从事历史研究和著书立说。1859年，托克维尔病逝于法国东南部港口城市戛纳，享年54岁。

托克维尔的主要代表作有《论美国的民主》《旧制度与大革命》。其中，《论美国的民主》一书仅在英美两国的英译本就有60多种。该书分为上、下两卷，分别于1835年、1840年出版。其中，上卷主要介绍了美国的政治制度，分析了美国的民主现状；下卷重点阐述了作者的政治理论和政治社会学思想。而另一部著作《旧制度与大革命》是专门论述法国大革命的专著，在他生前只出版了第一卷（1856年出版），余卷因病重未能完成。

（二）托克维尔的国家治理思想的渊源

毫无疑问，托克维尔丰富的政治经历为其国家治理思想的形成和发展奠定了坚实的实践基础。但此外，托克维尔民主理论中还透露出同时代其他政治思想家理论发展的印记。主要表现在：

1. 葛德文"民主和平论"的影响

威廉·葛德文是18世纪末英国著名的政治思想家，他在1793年出版的《政治正义论》中提出了这一思想。他认为，由于绝大多数普通人都力求避免战争，所以民主本质上是倾向于和平的。托克维尔的民主思想深受其"民主和平论"的影响。在《论美国的民主》一书中，托克维尔专设一章来讨论"为什么民主国家的人民自然希望和平而民主国家的军队自然希望战争"。他提出：可以把在文明国家里随着身份的日益平等，好战的激情将越来越少和越来越不强烈，视为一个普遍的常规。因为随着"爱好和平的不动产所有者人数的不断增加，可以迅即毁于炮火的动产的增多，民情的纯朴，人心的温存，平等所激发的怜悯心情，很少被战时产生的诗意般的强烈激情所打动的冷静理智——这一切联合起来，便足以抑制尚武精神"[1]。

2. 孟德斯鸠分权和法制思想的影响

法国著名学者雷蒙·阿隆于1963年在美国加利福尼亚大学伯克利分校的一次演讲中直截了当地指出，"托克维尔是孟德斯鸠的继承者"[2]。在国家治理思想上，我们可以看到，托克维尔深受孟德斯鸠的影响。一方面，托克维尔在孟德斯鸠立法、行政、司法三权分立横向分权思想的基础上，提出了中央与地方纵向分权的思想，继承和发展了孟德斯鸠分权理论。另一方面，托克维尔继承了孟德斯鸠的"法的精神"的思想，认为美国的宪法是一切法律之首，其他任何法律均不能修改它。美国人虽赋予法院以无限的政治权力，但在法院强迫他们服从的时候，他们也可以通过司法手段来抵制，即可以大大减少这种权力的弊端。美国法院的这种做法不仅十分有利于公共秩序，而且十分有利于自由。

3. 美国政治民主观念的影响

法国学者让-克洛德·朗贝蒂在1986—1987年出版的《托克维尔评论》上发表了一篇题为《托克维尔眼中的自由与个人主义幻想》的文章。文章谈到了托克维尔思想的渊源："在他的家庭中，托克维尔找到了贵族民主的模式，并接受了自由而富有责任感的心灵的宗教理念。他在美国的亲身经验，以及1835—1840年间通过研究帕斯卡、孟德斯鸠和卢梭而进行的哲学反思，促使他接受自由民主观。"[3]其中，美国的游历使他获得了很多美国民主的观念。他在1831年9月30日的日记中有："任何个体，个人，社会，乡

---

① ［法］托克维尔著，董果良译：《论美国的民主》下卷，商务印书馆1988年版，第812页。

② ［法］雷蒙·阿隆著，姜志辉译：《论自由》，上海译文出版社2009年版，第4页。

③ ［法］雷蒙·阿隆、［美］丹尼尔·贝尔等著，陆象淦、金烨译：《托克维尔与民主精神》，社会科学文献出版社2008年版，第80页。

镇，或民族，都是其自身利益唯一合法的裁判者，而且只要它没有伤害到他人的利益，任何人都无权干预它。"①这里强调的是地方自治。他又说："一个完全民主的政府是一个如此危险的机构，以至于甚至在美国，人们也不得不采取大量的预防措施来对抗民主的失误和激情。"②这里则强调的是完全民主带来的问题，特别是民主暴政问题。

（三）托克维尔的国家治理思想的主要内容

民主理论是托克维尔国家治理思想的核心。他一边指出民主是人类历史发展的大势所趋，一边对民主的弊端表现出前所未有的担心，在这种矛盾的斗争中，托克维尔构建了其国家治理思想的主要内容。

1. 对民主与平等的追求

虽然托克维尔非常关注民主理论，但在论著中，他没有对民主的含义进行过统一而明确的界定。要么把民主看作是向平等发展演变的一种趋势，一种社会状态；要么把它看作是由多数人掌权的政府形式。正如拉斯基在为《托克维尔全集》中《论美国的民主》所作的导言中谈到："大家知道，托克维尔在使用'民主'一词时有些含混……事实上，他经常用这个词表达好几个意思。他基本上是把'民主'这个词看成是社会的各个方面走向平等的趋势的同义语，认为这个趋势是法国大革命的最重要的和不可逆转的结果，并把他的注意力几乎全部用到这一方面。但是，有时他也用这个词指代议制政府。在某些场合下，他又赋予这个词以人民，特别是散漫的群众的意义。他还用这个词指普选，指社会日益走向可以清扫一切特权，而主要是可以清扫政治制度方面的一切特权的平等的演变。"③

其次，通过对法国大革命的反思和在美国进行的考察，托克维尔提出了民

---

① ［法］托克维尔著，倪玉珍译：《美国游记》，上海三联书店2010年版，第130页。
② ［法］托克维尔著，倪玉珍译：《美国游记》，上海三联书店2010年版，第130页。
③ ［法］托克维尔著，董果良译：《论美国的民主》下卷，商务印书馆1988年版，第948—949页。

主是人类历史发展的潮流。他说，欧洲过去700年的历史已经证明，历史是不断朝着民主目标前进的。"人民生活中发生的各种事件，到处都在促进民主。所有的人，不管他们是自愿帮助民主获胜，还是无意中为民主效劳；不管他们是自身为民主而奋斗，还是自称是民主的敌人，都为民主尽到了自己的力量。"①当所有人在同一个目标的带领下一起行动，就必然形成民主这股强大历史洪流。在这股强大的历史洪流中，对平等的追求是其必然趋势。他断言："身份平等的逐渐发展，是事所必至，天意使然。这种发展具有的主要特征是：它是普遍的和持久的，它每时每刻都能摆脱人力的阻挠，所有的事和所有的人都在帮助他前进……以为一个源远流长的社会运动能被一代人的努力所阻止，岂非愚蠢！认为已经推翻封建制度和打倒国王的民主会在资产者和有钱人面前退却，岂非异想！在民主已经成长得如此强大，而其敌对者已经变得如此软弱的今天，民主岂能止步不前！"②民主的力量任何人也阻挡不了。

2. 国家治理的挑战：民主悖论

尽管托克维尔无比看重民主，但他也并不回避或否认民主可能对自由产生的威胁。其中，"多数人暴政"或者"民主暴政"就是民主弊病在政治层面的具体表现。因为，所谓多数决定的民主原则，实际上就是由多数人代表行使人民主权，由多数人的意志取代单个人的主张。但是，当民主社会把"多数"完全凌驾于个体和政府之上，就给予了"多数"无限权威，必然导致拥有绝对权力的"多数"无法得到有效制约，从而产生巨大的破坏性能量。正如托克维尔所说："民主政府的本质，在于多数对政府的统治是绝对的，因为在民主制度下，谁也对抗不了多数。"③在这种情况下，没有人可以

① ［法］托克维尔著，董果良译：《论美国的民主》上卷，商务印书馆1988年版，第7页。

② ［法］托克维尔著，董果良译：《论美国的民主》上卷，商务印书馆1988年版，第7页。

③ ［法］托克维尔著，董果良译：《论美国的民主》上卷，商务印书馆1988年版，第282页。

抗拒以人民的名义发号施令的政府，政府也可以假借大多数人的意志所形成的道义力量，坚定地、迅速地和顽固地去实现某一个人的想法或意志。另一方面，当民主社会中的多数人形成统一意志时，就客观上造成少数人只能迎合和巴结多数人，少数人的思想和灵魂被无情地压制了。托克维尔指出："在民主共和国，暴政就不采用这种办法，它让身体任其自由，而直接压制灵魂。""你是自由的，不必跟着我思想；你的生活，你的财产，你的一切，都属于你；但从今以后，你在我们当中将是一个外人。你可以保留你在社会上的特权，但这些特权对你将一无用处，因为如果你想让同胞选举你，他们将不会投你的票；而如果你想让他们尊重你，他们将假装尊重你。你虽然仍然留在我们当中，但你将失去做人的权利。在你接近你的同胞时，他们将像躲避脏东西一样远远离开你；即使是那些认为你是干净无垢的人也要离开你，因为他们也怕别人躲避他们。你安安静静地活下去吧，但这样活下去比死还难受。"①因此，托克维尔冷静地表达了对大众民主的恐惧，他说："在我看来，不管任何人，都无力行使无限权威……当我看到任何一个权威被授予决定一切的权利和能力时，不管人们把这个权威称作人民还是国王，或者称作民主政府还是贵族政府，或者这个权威是在君主国行使还是在共和国行使，我都要说，这是给暴政播下了种子。"②这种认识从根本上讲体现了资产阶级对无产阶级力量日益壮大的恐惧。

在社会生活层面，民主的弊端表现为个人主义。在托克维尔看来，民主社会下人与人之间的平等状态，客观上将单个人置于孤立和软弱的境地。每个人彼此独立，同时又只顾自己。这种个人主义以"一种只顾自己而又心安理得的情感，它使每个公民同其同胞大众隔离，同亲属和朋友疏远。因此，当每个公民各自建立了自己的小社会后，他们就不管大社会而任其自行发展

---

① ［法］托克维尔著，董果良译：《论美国的民主》上卷，商务印书馆1988年版，第294页。

② ［法］托克维尔著，董果良译：《论美国的民主》上卷，商务印书馆1988年版，第289页。

了"①。但是，这种由民主社会产生的个人主义在某种程度上又与专制制度的发展相互借力，相互成全。因为，维持专制制度最可靠的方式就是始终保持人与人的相互隔绝，而个人主义就是保持这种隔离状态的最好方式之一。在民主社会中，如果身份平等的个人只一味追求自己的物质享乐，就必然导致公共精神不断丧失，随即，政治权利会逐渐从个人手中转移至掌权者身上。这样，一个权力极大的监护者当局形成，它愿意为公民造福，但它要充当公民幸福的唯一代理人和仲裁人。监护者没有约束，没有束缚，成为民主社会形态下专制制度的代理人，反过来威胁民主本身。

3. 国家权力制约方式：以社会制约权力

托克维尔认为，既然民主与自由相辅相成、和谐统一是民主社会的理想状态，那么面对民主与自由在现实中的两难境地，唯一方法就是挖掘民主社会中的自由因素，以多元社会对权力的制衡来对抗专制，弥补民主弊端。个人只有走出私人空间，积极参与政治生活，才能将个人利益与公共利益结合起来，才能克服孤立和软弱的状态，才能最终成长为公民；公民个人只有通过结社，在公共生活中形成中间性的多元的自由团体，才能获得信心和经验，才能对抗政治权威。托克维尔反复强调，美国民主与其他国家民主的不同之处就在于结社的自由。"美国人不论年龄多大，不论处于什么地位，不论志趣是什么，无不时时在组织社团。"②这种由各自平等、独立、自由的社团、组织和群体构成的多元社会，巧妙地将权力和社会功能分散到了不同的社团组织中。通过结社，公民不仅在社会生活中经受民主的锻炼，而且避免了无止境地滑向个人主义，防止了专权、专制的出现。美国当代著名的民主理论家罗伯特·达尔评价托克维尔这种"以社会制约权力"观点时说："托克维尔是最早认识到民主的体制与一种多元的社会与政体具有亲和性的人之

---

① ［法］托克维尔著，董果良译：《论美国的民主》下卷，商务印书馆1988年版，第625页。

② ［法］托克维尔著，董果良译：《论美国的民主》下卷，商务印书馆1988年版，第635页。

一。他是完全正确的。"①英国的J.凯恩在他的《民主与公民社会》一书中更形象地赞许说，托克维尔所说的社会，具有一只独立的眼，这只眼监督国家，以致国家不至于沦为专制。②

此外，托克维尔还意识到，结社自由与言论自由特别是报刊的发展紧密相连。报刊在制造社团的同时，社团也在制造报刊。报刊的数量越多，社团的数量也越多，反之亦然。但是期刊的发行情况与行政的组织形式之间则是完全相反的关系，即行政越集权报刊越少，越不集权报刊越多。③他认为，在一个民主国家中，言论自由、出版自由是现代自由的基本组成部分，是防止多数暴政、救治平等的重要方式。

（四）托克维尔的国家治理思想的影响及评价

虽然托克维尔出身于保王色彩强烈的贵族家庭，但他通过对美国民主制度的深入考察、对法国大革命的批判研究，以惊人的远见卓识预测并阐释了未来社会发展的民主趋向，深刻影响了后世的民主理论的发展。其中，最直接受到托克维尔影响的就是19世纪英国的自由主义思想大师约翰·密尔了。他称赞托克维尔是"当代贤达"，对《论美国的民主》赞不绝口。此外，托克维尔还深刻影响了19世纪乃至20世纪的资产阶级政治学者。《论美国的民主》（下卷）最后有一篇题为《研究〈论美国的民主〉的参考文献》的文章谈到了托克维尔的历史性影响："《论美国的民主》在英国受到的评价，也不低于在著者的祖国。拿骚·西尼尔、亨利·里夫、乔治·康韦尔·刘易斯、约翰·斯图尔特·穆勒（又译为密尔——作者注）、格罗特、格雷格、阿克顿、西奇威克、戴西、莱斯利·斯蒂芬、阿诺德、莱基等人，都从这位伟大

---

① Robert Dahl. *A Preface to Economic Democracy*. Berkeley and Los Angeles: University of California Press, 1985, p. 46.

② J. Keane. *Democracy and Civil Society*. London: Verso, 1988, pp.49–51.

③ ［法］托克维尔著，董果良译：《论美国的民主》下卷，商务印书馆1988年版，第642页。

法国人的思想中吸取过营养，他们的著作受到了他的精神的鼓舞。"①这篇研究还谈道："在意大利和俄国，《论美国的民主》也有其专心致志的读者。意大利的加富尔的思想，俄国的赫尔岑和车尔尼雪夫斯基的思想，以及这两个国家的其他许多人的思想，都从这位法国伟人的思想中吸取了营养。"②

托克维尔作为19世纪的自由主义者，敏锐地看到民主与平等是历史发展的必然趋势，并把自由主义对大众民主的恐惧系统地发展为一整套理论，提出在不触动资本主义经济制度的前提下，依靠结社自由克服民主的弊端。这本身就是难能可贵的。尽管这一思想不可避免地带有资产阶级幻想的成分，反映了托克维尔本人的阶级和时代局限，但都不妨碍他被称为伟大的资产阶级政治思想家。在西方，他的代表作《论美国的民主》被认为是与亚里士多德的《政治学》、博丹的《国家六论》和孟德斯鸠的《论法的精神》并列的经典名篇。

第二节　功利自由主义的国家治理思想

随着19世纪资本主义的发展，英国的功利自由主义学派率先突破了自然权利学说和社会契约论的局限，把趋利避害的功利原则视为行动的唯一动机，把"最大多数人的最大幸福"作为评价是非善恶和政府优劣的标准。这种新的论证方式打破了自然权利学说对自由主义理论基础的垄断，并在边沁、密尔等人的推动下逐渐发展成为19世纪自由主义的主要论证方式。

---

① ［法］托克维尔著，董果良译：《论美国的民主》下卷，商务印书馆1988年版，第969页。

② ［法］托克维尔著，董果良译：《论美国的民主》下卷，商务印书馆1988年版，第974页。

一、边沁的国家治理思想

杰里米·边沁是英国著名的哲学家、法学家、政治思想家，也是功利主义学说的创立者和主要代表人。他率先提出了以功利主义原则为核心的功利自由主义学说，被视为是自由主义政治哲学发展中的一次重大革命。

（一）边沁的生平及著作

边沁（1748—1832）出身于伦敦的一个律师家庭。他3岁开始学习拉丁文，7岁被送到威斯敏斯特学校，12岁进入牛津大学女王学院，15岁时一边在林肯法学院接受法律教育，一边在高等法院法庭做见习生。按照父亲的安排，聪慧的边沁毕业后应该子承父业，成为一名优秀的律师。但是，边沁对律师职业毫无兴趣。他终身未婚，依靠父亲生前留下的财富，心无旁骛地投身于道德、立法、政治、哲学、经济等领域的理论研究与改革实践活动，创立了功利主义学说，开辟了古典自由主义者向功利自由主义者转变的先河。

1776年，年仅28岁的边沁出版了第一部著作《政府片论》，反驳了牛津大学布莱克斯通在《英国法律诠释》中为英国国家制度和法律制度进行辩护的观点，并阐述了他自己的政治思想和改革主张。1789年，他发表了《道德与立法原理导论》。这本经过15年构思的著作，最终让他名声大振。1823年，他出资兴办了宣传哲学激进主义的《威斯敏斯特评论报》，大力宣传激进的改革主张，为推动19世纪上半叶的英国法律改革和议会改革作出了贡献。此外，为了改变19世纪英国法律观念落后、法律体系混乱的状况，他一边进行理论研究，先后出版了《论民事和刑事立法》（1802）、《赏罚原理》（1811）、《司法证据论》（1813）、《法典编纂与公众教育》（1817）、《谬误种种》（1824）和《宪法典》（1830）等理论研究著作；一边积极推动各国立法，向多个国家发出为其制定法律的提议。如1808年，他在撰写《苏格兰改革》一文时，自告奋勇提出要为苏格兰起草法典；1810年，应弗朗西斯科·德·米朗达的要求为委内瑞拉起草了一部出版法典；181—1817年，通过多次致信的方式公开表示要为美国制定法典；1814年，向俄国皇帝亚历山大一世表示，希望为波兰制定新法典；1821年，向葡萄牙政府提议为其起草民法、刑法和宪法法典……

在边沁思想的影响下，欧洲出现了大量边沁学说的拥护者和传播者，他们把边沁思想介绍到法国、俄国、葡萄牙、西班牙和南美洲的一些国家。据说，1830年，边沁的著作仅在南美市场就售出了4000本，而他本人也在1792年被法国革命政府选为"法国荣誉公民"。

（二）边沁的国家治理思想的渊源

20世纪，英国著名哲学家罗素在谈论边沁的思想渊源时说："他的主要兴趣是法学，在法学方面他承认爱尔维修和贝卡利亚是他的最重要的前驱。通过法学的理论，他才对伦理学和政治学有了兴趣……边沁及其学派的哲学的全部纲领都是从洛克、哈特里和爱尔维修来的；他们的重要地位与其说是哲学上的，不如说是政治上的：在于他们是英国急进主义的领袖，是无意之间为社会主义学说铺平道路的人。"[1]除了罗素的评价，边沁自己也公开承认了18世纪法学和哲学思想对自己学术观点的巨大影响。他在阅读大卫·休谟的《人性论》时说，自己仿佛"感觉道德的天平从眼睛落下"，"一切善德的基础蕴藏在功利之中……从我自己这方面来说，我记得很清楚，当我读了这本著作中有关这个题目的部分，顿时感到眼睛被擦亮了。从那个时候起，我第一次学会了把人类的事业叫作善德的事业"[2]。边沁自己也承认，正是通过休谟和爱尔维修的著作，功用观念和"最大幸福原则"的观念，才在他的心中融为一体。

边沁的功利主义思想同时也受到意大利杰出的法学家贝卡利亚的巨大影

---

① ［英］罗素著，马元德译：《西方哲学史》下卷，商务印书馆1982年版，第327页。

② ［英］边沁著，沈叔平等译：《政府片论》，商务印书馆1997年版，第149页。

响。边沁说："我记得非常清楚，最初我是从贝卡利亚《论犯罪与惩罚》那篇小论文中得到这一原理（计算快乐与幸福的原理）的第一个提示的。由于这个原理，数学计算的精确性、清晰性和肯定性才第一次被引入道德领域。这一领域，就其自身性质来说，一旦弄清之后，它和物理学（包括着它的最高级部分：数学）同样无可争辩地可以具有这些性质。"①正如蒙塔古在1890年指出的那样，我们在这里便有了功利主义的一切要素，留给边沁做的只是把休谟的理论结合到贝卡里亚的公式中去。

此外，边沁曾在《时间与地点对立法问题的影响》一文中，承认孟德斯鸠的历史方法的价值。边沁说："在孟德斯鸠以前，一个人如果要为一个遥远的国家制定法律，他可以把此事很快做完。……在孟德斯鸠以后，一个立法者所要求阅读的文献数量，就大大地增加了。他会说：'让那个民族到我这里来，或者让我到他们那里去；把他们的生活与谈话的全部方式告诉我；请描述那个国家的地理状况；让我尽量仔细地了解一下他们的现行法律、风俗习惯与宗教。'"②尽管边沁不太赞同孟德斯鸠提出的三权分立，但他认同其要对权力进行制约的思想。边沁提出，自由国家或者民主国家的标准之一就是，社会的最高权力是在几种阶层的人们之间分享的。

（三）边沁的国家治理思想的主要内容

随着18世纪、19世纪英国社会政治形势的变化，边沁认识到革命时期的自然法权理论已经不能适应新时期改革的发展，资本主义的国家治理和政治制度改革急需新的理论根据和指导原则，并由此提出以功利主义原则作为国家治理理论的价值基础。

1. 国家法律和制度的根本价值标准：功利原则

在《道德与立法原理》一书中，边沁明确指出：自然使人受苦与乐两个

---

① ［英］边沁著，沈叔平等译：《政府片论》，商务印书馆1997年版，第38页。
② ［英］边沁著，沈叔平等译：《政府片论》，商务印书馆1997年版，第32页。

最高主宰所统治，只有他们指出我们应该做什么，决定我们要做什么。是非的标准、因果的链条都是固定在他们的宝座上的。他们决定着我们的所为、所说、所想。我们为摆脱臣属地位而做的一切努力都将用来论证和证实它。在边沁的学说中，快乐与痛苦是统治人的最高的主人，人们除了趋乐避苦并无选择。这些快乐可以分为感官的快乐、获得或拥有财富的快乐、技艺的快乐、和睦的快乐、荣誉的快乐、权力的快乐、虔敬的快乐、想象的快乐、期望的快乐等14种快乐；痛苦包括了穷困的痛苦、感官的痛苦、不和的痛苦、耻辱的痛苦、虔敬的痛苦、想象的痛苦、期望的痛苦等12种痛苦。这些不同的快乐或不同的痛苦之间只有量的差别，而没有质的不同，因而是可以计算的。对于政府和立法者而言，其主要任务就是计算苦乐的价值，并通过对法律的改进，实现最大多数人的最大幸福；而对于人民而言，追求最大多数人最大幸福的实现角度，是判断政府制度和立法效果好坏的根本价值标准。因此，实现最大幸福不仅是个人的人生追求，而且也应该是政府存在正当性的基础。他一再强调，政府的任务就是促进社会的幸福，立法者的任务就是通过立法尽可能地增加国家中的幸福总量。一旦幸福的总量增加了，那么相应地，快乐的总量就会增加，痛苦的总量就会减少。因此，边沁功利主义最根本和最重要的假设在于，无论在私人领域还是公共领域，能带给最大多数人最大幸福的行为就是好的行为。

但是，幸福或者快乐到底是什么呢？在边沁看来，幸福或快乐就是尽可能地拥有最大量的财产和金钱。他说，货币则是唯一流行的财产，唯一的快乐工具，立法者有条件运用这个快乐，他所用的唯一方法简单说就是给钱。正是在这个意义上，马克思才说边沁是市侩的，他把所谓幸福或是快乐归结到一个个金钱货币上，反映了18世纪、19世纪英国新兴资产阶级的幸福需要。

2. 国家的起源：主权理论

不同于革命时期对自然法学说和社会契约论的追捧，这一时期的政治学家对上述观点多持批判态度，边沁功利主义思想中的主权理论更是对此作出突出贡献。

在《政府片论》中，边沁借评述布莱克斯通的《英国法律诠释》，系统批判了社会契约论观点。他认为社会契约论是一种虚构，虽然这种原始契约在历史上发挥过积极作用，但是构成这种虚构的理由已经过时了。以前在这个名义下，也许得到过容忍和赞许；如果现在仍试图使用或者提出任何一种类似的新的虚构的话，它就会因为涉嫌更严重的伪造或欺骗，而构成新的罪名，受到谴责和批评。①因此，如果虚构的理论和历史已经不能唤起18世纪末民众的政治认同，那么国家主权到底是什么呢？它又是怎样形成或是起源的呢？

边沁认为，主权应该具有这样几个含义：第一，主权者是具有确定性质的、进行国家治理的一个人或者一群人，其他非主权人对主权者表示习惯性服从。第二，主权者的权威是没有限制的，边沁认为，除了受到明确协定的限制等极为特殊的情况外，所有主权者，无论是自由国家的主权者还是专制国家的主权者都不受法律限制。第三，主权者的执行力是强有力的。边沁认为，只要主权者能将他发布的命令顺利实施下去，他便是一个真正的主权者。第四，主权者有自由和专制之分，两者的区别在于最高权力是否共享。凡是最高权力由若干阶层分享的政治主权所体现的就是自由国家，反之就是专制国家。第五，自由国家的主权者是依法办事的，同时主权应当受到道德的限制，也就是要合乎功利的原则。凡是不合乎功利原则的主权者都是要被反对甚至推翻的。

对于政治社会而言，主权来源于人们实现利益最大化这一功利原则的需要。边沁认为，国家的产生并不是基于自然社会中所虚构的个人契约，而是来源于一群人对进行国家治理的一个人或一群人的习惯性服从，当这些人合在一起，便可以说是处在一种政治社会的状态中。②在这个政治社会中，统治者不仅可以作为独立的主权者而存在，而且可以通过赏罚影响人们的意

---

① ［英］边沁著，沈叔平等译：《政府片论》，商务印书馆1997年版，第150页。
② ［英］边沁著，沈叔平等译：《政府片论》，商务印书馆1997年版，第133页。

志，限制人们的行为。这样一来，对于被统治者而言，就构成了一种服从的状态。这种服从状态并不是出于自然法学家所谓那种承诺或是契约，而是出于臣民对主权恐惧的一种习惯，出于人们要维护自己的利益的一种惩罚——遭受痛苦。因此，臣民越是服从，主权就越有力量；主权所提供的对生命、自由和财产的保护力度越大，臣民对惩罚、痛苦的恐惧和服从的习惯也越大。

3. 人民主权制度理论

按照边沁提出的功利原则，一个国家或政府形式的好坏是以能否为最大多数人谋取最大幸福这一标准来判断的。那么，君主专制政体、君主立宪政体以及贵族政体都不能称作是理想政体，因为他们维护的都是少数人的利益，不可能促进最大多数人的最大幸福。相反，只有在民主政体下，统治者才会必须对被统治者负责，被统治者才会以最大幸福原则来评判统治者的治理效果，并以此决定是否继续选举他们来掌握统治权力。只有在这种政体形式下，边沁的人民主权学说才能得以实现。

因此，边沁批判了布莱克斯通对英国政体的赞美。在布莱克斯通眼里，英国的政治制度是完美的制度结合，国王代表着君主制的力量，上院代表着贵族的智慧，下院代表着民主制的善良，只要这三种因素结合在一起，就可以扬长避短。但边沁敏锐地观察到，所谓"给君主政体以最完全的力量，给贵族政体以最完全的智慧，给民主政体以最完全的善良"的理论本身就是编造的完美推论，英国现存的政府才是最软弱、最愚蠢和极不公正的政府。因为君主利益和臣民利益不一致，上院和下院权利义务不对等，英国的民主政治障碍重重。

因此，边沁提出应该实行一院制的议会政府，强调议会才是行使最高立法权的部门。只有议会才能制定法律，确定行政部门人选，所有官员都只是立法议会的仆人，立法议会拥有"最高有效权力"。在最高有效权力之上是"最高选民权力"。边沁设想的政府的结构特征，不是权力的分立或平衡，而是从属性的链条，行使执行权的国王从属于国民议会，国民议会行使最高立法权，从属于作为选民的人民。①也就是说，国家把最高权力或主权交给人民，人民享有构建政府的权力，处于权力关系的最高位阶。次一级位阶的是立法机关，它以成年男子的普选权为基础直接从属于人民；最低位阶的是从属于立法机关的行政和司法权力。代表制民主的体制只是达到最大幸福目标的不可或缺的手段："只有在这种政府体制下，才可能采纳有效措施，以确保官员的适当资质，并使政府成本最小化。"②一旦人民可以选举代理人组成立法会议，再经立法会议选举任命首相及其下属官员，人民就可以对公共权力的行使进行监督和制约。如果政府和官员在行使权力时发生腐败问题，或是产生与人民利益相背离的事情，人民就可以重新选举，从而确保政府权力行使与公共利益相一致。此外，为了更好地保障人民主权制度的实现，边沁还提出了很多有益设想，如扩大公民的参政权范围，选举制度遵守男女平等、自由与秘密投票原则；国会议员必须实行对选民负责制，议员的代表行为应当以选民的意愿为依归，不受政府意志牵制而保持独立；议员不得担任政府职位，议员的经济津贴普遍平等。这些思想为边沁人民主权制度的具体化进行了有益补充。

（四）边沁的国家治理思想的影响及评价

边沁的国家治理思想体现了资产阶级国家治理思想的一次重大转变。在政治观念上，他以功利主义原则为核心，对资产阶级革命时期以自然法和社会契约论为核心的权利政治观念进行了重大修正；在思想方法上，他摒弃了资产阶级在主权理论上的虚构幻想，用经验和实证的方法取代了形而上学的理论假设，实现了古典自由主义向功利自由主义的转变，开启了19世纪实证主义和实用主义的先河，影响并发展了一大批边沁思想的信奉者和传播

---

①［英］菲利普·斯科菲尔德著，翟小波译：《邪恶利益与民主：边沁的功用主义政治宪法思想》，法律出版社2010年版，第312—313页。

②［英］菲利普·斯科菲尔德著，翟小波译：《邪恶利益与民主：边沁的功用主义政治宪法思想》，法律出版社2010年版，第462页。

者，对自由主义的演变和国家治理思想的发展发挥了重要作用。

但客观上讲，边沁的国家治理思想带有一定的阶级局限，在理论上还略显粗糙和不成熟。18世纪、19世纪正处在资产阶级不断夺取政权和维护政权的时代，进一步维护和扩展现实利益，实现最大剩余价值是他们的首要目标。边沁代表的资产阶级，以功利主义原则建构的主权理论恰好满足了他们利益扩张的需要。但也正因如此，边沁看不到阶级冲突在国家起源中的作用，他的国家治理思想反映了浓厚的斤斤计较的市侩作风和庸俗习气，边沁也被马克思斥为是"庸人鼻祖"。

二、密尔的国家治理思想

约翰·斯图亚特·密尔（1806—1873）是英国著名思想家，19世纪自由主义代表人物。他继承了功利主义传统，却反对功利主义基本原则；他深受空想社会主义的影响，却反对科学社会主义；他主张进行社会改革，却反对社会革命。但这些国家治理思想中的矛盾，丝毫不妨碍他被誉为"理性主义的圣人"。

（一）密尔的生平及著作

密尔的父亲——詹姆斯·密尔是英国著名历史学家、哲学家、政治学家。在父亲的教育理念中，正规学校教育远不如家庭教育的实践价值高，因此，密尔的童年就是在父亲的指导下伴随着书籍度过的。他3岁开始学希腊语，8岁学拉丁文，9岁熟读希腊著作，到了13岁，就已经开始在父亲的指导下阅读李嘉图的《政治经济学及赋税原理》、亚当·斯密的《国富论》以及边沁的一些著作。由于父亲和圈内诸多思想家的友好关系，密尔能够听到其与访客李嘉图围绕经济学、哲学问题的探讨，能够受业于边沁和奥斯丁门下，并开始在学术活动中崭露头角。1822年，密尔发起组建了"功利主义社"，专门探讨边沁的功利主义思想；1825年，19岁的他不仅发表了讨论商业政策和货币政策的论文，而且与边沁合编了《司法证据的理论基础》，组织了"思辨学会"，为成长为功利自由主义大师奠定了思想基础。

1823年5月，经父亲介绍，密尔来到东印度公司通讯检察署当秘书，主要负责文书的起草工作，到1858年公司解散时，他已官至印度通讯检查部的检察官。长达35年的实践经验丰富了他对现实政治和行政管理的认识，他说："我的职务给了我一种机会，使我得到凭个人的观察去研究公共事务实行上的必要条件。这种机会对于我这样一个从学理上革新当代的思想和制度的人是有相当价值的。"通过实际工作，"我渐渐知道了使人赞许的种种困难，妥协的种种需要，和牺牲不重要者以保持重要者的法术"①。通过这一时期的实践，密尔对自由主义的认识不断深化，政治思想不断发展成熟。1834年，密尔担任了6年激进派报刊《威斯敏斯特评论报》的实际编辑，为法国初期革命党人发表多篇辩护文章；1848年出版《政治经济学原理》一书，该书成为此后近半个世纪英美等国大学初级经济学课程的基础性教材。1866年，密尔作为自由党候选人竞选获胜，成为下议院议员；1868年，在再次竞选失败后，迁居法国阿维尼翁，直到1873年5月去世。

密尔的学术涉猎广泛，著述丰硕。他主要的政论文章和政治著作有：《论边沁》（1838）、《托克维尔论美国民主》（1840）、《为1848年法国二月革命申辩》《政治经济学原理》（1848）、《论自由》（1859）、《功利主义》（1863）、《代议制政府》（1865）、《妇女的屈从地位》（1869）和《论社会主义》（1878）等。

（二）密尔的国家治理思想的渊源

2002年，卡帕尔迪在其出版的《约翰·斯图亚特·密尔传记》中认为，有两件事情对密尔的人生产生了深远的影响，即他是詹姆斯·密尔的儿子以

---

① 吴春华主编：《西方政治思想史》第4卷，天津人民出版社2005年版，第200—201页。

及与哈丽雅特·泰勒相爱。因此，如果我们想要深入研究密尔的国家治理思想以及其形成的思想来源，首先要将目光投向他的父亲詹姆斯·密尔。詹姆斯·密尔一开始就希望把儿子培养成功利主义的接班人。从1812年老密尔写给友人边沁的一封信里，我们可以清楚地看到他对儿子的厚望："如果我在这可怜的孩子成人以前去世的话，我最痛心的就是无法使这孩子的心智达致优秀，那正是我想做的……唯一能够减轻我痛苦的就是将他交给您……那样我们有可能让他成为我们两人合格的继承者。"①因此，在约翰·密尔的少年和青年时代，老密尔对其进行了严格的思想训练，马兹利什就曾生动地描写道："老密尔像写一部书似的'塑造'他的小密尔。"②而约翰·密尔也在为父亲代写关于政府改革和政府统治的大量文章时，在同父亲就政治经济学的各种问题进行交流探讨中思想不断成熟，不仅继承和发展了父亲代议制思想的基本框架和基本理念，而且成为19世纪英国自由主义大师。

另一位对密尔思想的形成产生直接影响的人物是他父亲的好友，杰里米·边沁。由于父亲的关系，密尔小时候便与边沁一起生活过一段时间，并在1821年与边沁的信徒约翰·奥斯丁学习罗马法的同时，通过阅读《立法论》，逐渐为边沁思想所征服，树立了功利主义信仰。他说，"当我读完《立法论》的最后一卷时，我的思想完全变了。像边沁那样理解的，像边沁在三卷《立法论》中那种方式运用的'功利原则'，确实成为把我分散零碎的知识和信仰融合一起的基本原理，使我对事物的概念统一起来"③。甚至在1822年，密尔还发起了一个专门研究边沁思想的学会，虽然这个学会人数不多，仅仅持续了4年时间，但一直坚持着边沁的"最大多数人的最大幸福"这一伦理和政治行为原则。可以说，在密尔的青年时代，他几乎是把边沁思

---

① John Bowring(ed). *Works of Jeremy Bentham*(Vol.5). Edinburgh, 1843, p. 473.

② Bruce Mazlish. *James and John Stuart Mill*：*Father and Son in the Nineteenth Century*. New York: Basic Books, 1975, p.6.

③［英］约翰·穆勒著，吴良健、吴衡康译：《约翰·穆勒自传》，商务印书馆1987年版，第46页。

想奉为圭臬，边沁对他的影响更是不言而喻。只是，在经历了20岁时那次深刻的"精神危机"后，密尔才突然开始逐渐修正并超越了边沁的思想。他认为边沁功利思想忽视了人的精神需求，便将快乐进行了质和量的区分，尝试用社会感情来协调个人利益和社会的整体利益，淡化了边沁功利主义思想中的极端利己主义和享乐主义。在政府理论方面，密尔反对那种仅仅代表多数而忽视少数的"虚假民主"，认为少数应当与多数一样在议会拥有自己的代表；代表本身具有独立性，有权在具体政策上作出独立判断。

此外，密尔思想发展也受到了生活在同一时代的其他思想家理论的影响，比如孔德的实证主义。孔德生活在法国大革命的动荡时期，早年曾是空想社会主义者圣西门的秘书，代表性著作是《论实证精神》。孔德主张任何研究都要从事实出发，尊重客观事实，从而在事实的基础上构建知识体系。这种观点对自觉抵制神学和纯思辨思维方式产生了极其重要的作用。处于同一时代的密尔从孔德提出的一系列思考中受益颇多。再比如托克维尔的民主理论。1835年，托克维尔以一个旁观者的角度在游历美国之后写下成名作《论美国的民主》，全书不仅肯定美国政治制度的优势，同时敏锐地注意到民主的危害。该书上卷一出版，密尔便购入阅读，并马上致信给《威斯敏斯特评论报》的巴黎代理人吉伯特，希望更多地了解托克维尔的情况。托克维尔得知后，也给密尔写了信，说他可能是唯一一位能够理解《论美国的民主》一书精神的人。此后，密尔便经常和托克维尔通信，进行理论探讨。频繁的思想交流，对密尔思想的形成产生了重要的作用。

（三）密尔的国家治理思想的主要内容

密尔的国家治理思想主要集中在他的代议制民主理论中。他从功利主义原则出发，认为国家的目的不仅是为了发展被统治者的福利，保护公民的财产和安全，而且更重要的是"促进人民本身的美德和智慧"，保证人民精神生活发展的需要。这样，密尔的功利主义就淡化了边沁功利思想中浓厚的个人主义色彩，突出了社会利益和公共利益在个人与社会、国家关系中的地位。

1. 政府职能理论

在1848年发表的《政治经济学原理》一书中，密尔从政府职能的种类、政府职能的内容以及政府干预方式的类型等多个层面对政府职能问题作了非常系统的分析。

（1）政府职能的种类

密尔提出，政府职能可以划分为两类：必要的政府职能和可选择的政府职能。所谓必要的政府职能又称为一般政府职能，是指政府在所有社会中都普遍行使的，并且被所有人普遍赞同政府行使的那些职能。所谓可选择的政府职能意味着政府纯粹出于自身的任意选择的职能，这些职能并非必须行使，人们对于政府是否应行使这些职能可以有不同意见。

（2）政府一般职能的内容

其一，政府必须承担起保护人身与财产安全的职责。其二，预防和制止暴力与欺诈行为，强制人们履行契约。政府要制定促进产业发展与人们遵守道德的法律，并加以有效实施，对于违反法律的，要给予严厉制裁。其三，提供有效的公共服务。

（3）政府干预方式有两种类型

一是命令式的政府干预，即政府可以禁止所有人做某些事情，或规定没有它的允许就不能做某些事情；也可以规定所有人必须做某些事情，或规定必须以某种方式做那些可做可不做的事情。二是非命令式干预，即政府不发布命令或法令，而是给予劝告和传播信息；或者，政府允许个人自由地以自己的方式追求具有普遍利益的目标，不干预他们，但并不是把事情完全交给个人去做，而是也设立自己的机构来做同样的事情。对两种干预方式的区分，拓展了密尔对政府职能的研究。

2. 代议制政府理论

将委托代理的思想从经济领域推演到政治领域，密尔借此提出在政治领域的委托代理问题，这就是代议制政府。

密尔认为，政治制度是人的劳作的产物，而政治制度运行需要三个基本条件：第一个条件是人民必须愿意接受这一制度；第二个条件是人民愿意为制度的发展付出自己的力量，特别是当制度遇到威胁时能够挺身而出；第三个条件是人民的素质与制度的要求相匹配，只有当一项制度或一套制度具有与其相匹配的民族舆论、爱好和习惯时，人民才更易于接受和学会这种制度，并从一开始就更倾向于去做需要他们做的事情，以维护这种制度、实现这种制度。密尔提出："正如它最初是由人制成的，同样还须由人，甚至由普通的人去操作。它需要的不是人们单纯的默从，而是人们积极的参加；并须使之适应现有人们的能力和特点。这包含着三个条件。为人民而设的政府形式必须为人民所乐意接受，或至少不是不乐意到对其建立设置不可逾越的障碍；他们必须愿意并能够做为使它持续下去所必要的事情；以及他们必须愿意并能够做为使它能实现其目的而需要他们做的事情。"①这三个条件的建立是密尔分析代议制的一个基础。

密尔提出，检验政府好坏的标准是能否促进社会利益总和。具体来说，第一个标准是能否促进民众品质的提升和美德的形成。从这一标准出发，可以断定代议制政府是一个好的政府形式。因为这一政体能够保证社会中现有的一般水平的智力和诚实，以及社会中最具智慧的成员的个人的才智和美德，可以更直接地对政府施加影响，使政府品质更加优化。第二个标准是政府能否有效组织起来，形成有组织的制度安排。行政部门应当有恰当的制度设计：规定了对官员资格的适当考察，对官员升级的适当规则；事务被适当地分配给办理事务的人，为事务的处理建立起便利的和有条不紊的秩序，在事务处理之后保留正确而明晰的记录；每个人都知道自己所负的责任，并让别人知道他的责任所在；对行政部门中的疏忽、徇私或假公济私行为规定精心设计出来的控制办法。以上两个标准紧密联系在一起，既是对人类精神起作用的巨大力量，又是为了公共事务的一套有组织的安排。

密尔认为，最理想的政府形式就是代议制政府。

---

① ［英］J.S.密尔著，汪瑄译：《代议制政府》，商务印书馆1984年版，第7—8页。

（1）最理想的政府形式首先是民主制度

民主政府的优越性使它更有利于提供良好的管理，又促进较好的和较高形式的民族性格的发展。而民主制度的形成，依赖于两个原则：第一个原则是，每个人或任何一个人的权利和利益只有当他本人能够并习惯于捍卫它们时，才有可靠的保障；第二个原则是，个人能力越大，越是富于多样性，国家的普遍繁荣就越广泛普及。

（2）采用代议制政府需要具备三个条件

"这些条件是：①人民必须愿意接受它；②他们必须愿意并能够做为保存它所必要的事情；③他们必须愿意并能够履行它加给他们的义务和职能。"①

（3）代议制政府容易有三类弊端与危险

第一类是消极的缺陷。这类缺陷分为两种形式：一种是议会授予政府的权力过大，范围也极不确定，又干涉这些权力的行使，它整批地给予权力，但又通过对行政事务的很多单个干涉行为逐一将它们收回；另一种是不能使人民的个人能力——道德的、智力的和积极的能力——得到充分发挥，人民的参与程度不高。第二类是积极的缺陷。这类缺陷可以概括为两条："第一，议会中的普遍无知和无能，或者说得温和一点，智力条件不充分；第二，有受到和社会普遍福利不同的利益影响的危险。"②第三类是致命的缺陷。密尔认为，这一缺陷必然导致"无产阶级专制"的出现。对于工人阶级的统治，密尔始终保持着一种特殊的警觉，他用"多数人暴政"等概念来警示富人集团。密尔指出：和所有其他的政府形式一样，民主制最大危险之一在于为了实现（不管是否真正实现）统治阶级的眼前利益，意图损害全体的统治。因此，在决定代议制政府的最好构成时，需要考虑如何提供防止这种"害处"出现的制度设计。他写道："任何阶级，或是任何可能联合起来的阶级的联合，都不应该在政府中发挥压倒一切的影响。"③

① ［英］J.S.密尔著，汪瑄译：《代议制政府》，商务印书馆1984年版，第56页。
② ［英］J.S.密尔著，汪瑄译：《代议制政府》，商务印书馆1984年版，第85页。
③ ［英］J.S.密尔著，汪瑄译：《代议制政府》，商务印书馆1984年版，第98—99页。

（4）实现真正民主的方法是实行比例代表制

在不妨害民主政体所特有的益处的情况下，如何组织民主制，使人类最大限度上消除民主的害处？密尔认为，方法就是：在一个真正的民主制国家里，每个部分或任何部分的人都会有一定比例的代表。选举人的多数有多数的代表，选举人的少数也有少数的代表。少数和多数一样将得到充分的代表权。否则，就是不平等和特权的政府，即人民的一部分统治其余部分，就会有一部分人被剥夺他们在代表制中公平而平等的影响。

（四）密尔的国家治理思想的影响及评价

密尔的代议制民主理论对西方国家治理思想发展产生了长久的影响。戴维·赫尔德在1998年出版的《民主的模式》一书中认为，密尔建构了一种可称为发展型民主的模式。这一模式具有两个论证原则：对政治生活的参与不仅对于保护个人利益是必要的，而且对于造就一种信息灵通的、负责的和发展的公民也是必要的；政治参与对于个人能力的"最高的和谐的"发展是不可或缺的。这一模式具有五个主要特征：人民主权和普选权（以及"按比例"分配选票制度）；代议制政府（民选领袖、定期选举、秘密投票等）；宪法制约，以确保对国家权力的限制和国家权力的内部分工，确保对个人权利的张扬；议会和公共官僚机构明确分离，即当选者的政治功能与专业行政管理人员（专家）的技术功能分开；公民通过投票、广泛参与地方政府参与政府活动。[①]戴维·赫尔德甚至认为，密尔始创的这一模式在20世纪后期的几十年中在西方世界得以牢固确立，"并在西方之外的地区，被原则上广泛采纳为一种合适的政府模式"[②]。此外，密尔的行政思想中提出了个人负责制、行政官员不由选举产生、公共服务常备力量的重要人员不随政治变动而

---

①　［英］戴维·赫尔德著，燕继荣等译：《民主的模式》，中央编译出版社1998年版，第145页。

②　［英］戴维·赫尔德著，燕继荣等译：《民主的模式》，中央编译出版社1998年版，第149页。

变动、考试晋升四个方面重要的原则，这对西方国家和其他一些实行公务员制度的国家都产生了广泛影响。英国以密尔的原则为指导，率先在世界上建立了现代文官制度，有效地促进了行政制度的改革。

从本质上看，密尔的代议制民主思想仍然是当时资产阶级利益的反映，是为自由资产阶级的发展提供理论基础的。19世纪50至60年代，英国资产阶级正处于自由资产阶级发展的兴盛阶段。他们在国内要求不断加强自身的统治，在国际上推行自由贸易、自由竞争，追求利润最大化。而密尔的政治思想和政治主张就是为这一呼声而服务的。马克思在1848年2月所作的《关于自由贸易问题的演说》中清楚地分析了自由思想与自由竞争的本质，他说："让我们来作个总结：在当今社会条件下，到底什么是自由贸易呢？这就是资本的自由。排除一些仍然阻碍着资本自由发展的民族障碍，只不过是让资本能充分地自由活动罢了。"①此外，在国家治理环节，密尔还试图把资产阶级的利益与无产阶级的要求调和起来。密尔认识到，如果工人群众要求改变自身生活状况的愿望得不到满足，他们就有可能起来革命；要防止工人阶级起来革命，就应当增加工人的普遍福利，包括实施教育普及制度，经济上改善工人的生活，政治上以选票分配制约工人，由此不断降低工人的革命热情。马克思就曾在《资本论》中指出："1848年大陆的革命也在英国产生了反应。那些还要求有科学地位、不愿单纯充当统治阶级的诡辩家和献媚者的人，力图使资本的政治经济学同这时已不容忽视的无产阶级的要求调和起来。于是，以约翰·斯图亚特·穆勒为最著名代表的平淡无味的混合主义产生了。"②但毫无疑问的是，这种调和中的主导色依然是资本的利益，无产者的利益可以融入资本的利益之中，但不能改变资本的本性包括其政治统治的格局。

---

① 《马克思恩格斯文集》第1卷，人民出版社2009年版，第756页。
② 《马克思恩格斯文集》第5卷，人民出版社2009年版，第17页。

第三节　新自由主义中的国家治理思想

19世纪中期开始，随着英国第一次工业革命率先完成，自由资本主义得到迅速发展。资产阶级在国内不仅获得了政治上的选举权，而且得到了政府保护私有财产的承诺，国家实力达到强盛顶峰。但与此同时，自由放任与国家干预之间的关系、无产阶级强烈的革命诉求，越来越多地受到资产阶级政治思想家的关注。英国的格林、美国的杜威等自由主义学者，先后提出了以一定程度的国家干预促进经济发展、缓和社会矛盾的新自由主义观点，标志着自由放任的古典自由主义向国家干预的新自由主义的转型。

一、格林的国家治理思想

托马斯·希尔·格林（1836—1882）是英国的政治思想家和社会活动家，是新自由主义、牛津唯心主义学派和新黑格尔主义的代表人物。作为新一代的自由主义者，格林通过对早期自由主义理论的修正，使得新的自由主义学说适应了资本主义社会发展的需要，成为当时英国政治变革的理论基础。格林的学说被认为是放任主义转向国家干预的新自由主义这一过程中的奠基性理论。

（一）格林的生平及著作

1836年4月7日，格林出身于英格兰东北部约克郡的一个牧师家庭。他的父亲是当地的教区长，母亲在他1岁时就去世了，他作为家中最小的孩子一直由父亲亲自抚养长大。童年时代的格林，虽然一直在父亲的言传身教中接受宗教熏陶和影响，但并没有表现出任何超乎同龄人的哲学家气质，甚至在拉格比学校时的表现也并不突出。据该校校长的评价，格林甚至是腼腆、消极和笨拙的。直到 1855 年，在牛津大学贝列尔学院攻读学士学位期间，在本杰明·乔伊特、约翰·康宁顿和查尔斯·帕克三位导师的督促和鼓励下，格林才以哲学和古代史考试第一名的成绩顺利毕业，并于 1860 年留校任教，成为贝列尔学院的一名古代史和现代史讲师。这一时期，格林的传世作品多与宗教有关，如 1858 年所作的《环境的力量》《文明对天赋的影响》，以及后来发表的《论基督教教义》《上帝的见证》《信仰》《因信称义》《不朽》等阐述其宗教观的演讲或论文。

19 世纪 60 年代后，受到乔伊特的影响，格林逐渐对德国的唯心主义哲学产生了浓厚兴趣，甚至于 1862 年和 1863 年的暑假两次来到德国，希望直接接触德国哲学和德国社会。1864 年，格林尝试用一篇黑格尔色彩浓重的论文申请圣安德鲁斯大学道德哲学讲席资格，但由于此时的唯心主义还不是英国哲学圈的主流，第一次申请以失败告终。直到 1866 年，格林才获得了该讲席的任职资格，开始进行伦理学讲座。到了 19 世纪 70 年代末期，格林的哲学思想逐渐成熟，他把英国传统古典自由主义与德国唯心主义结合起来，构建了一套新的哲学体系，并于 1878 年获评牛津大学的终身教授。围绕唯心主义哲学，格林撰写了题为《亚里士多德的哲学》（1866）的书评，发表了《通俗哲学和生活的关系》（1868）、《对 J. 凯尔德的〈宗教哲学导论〉的评述》（1880）等文章，完成了最重要的哲学著作《伦理学绪论》（1883），并以"康德哲学"为题向学生讲授纯粹理性批判和道德形而上学等问题。然而，据格林自己的描述，"政治最使我感兴趣"。早在求学时期，他就曾加入牛津辩论联盟协会，旗帜鲜明地反对狭隘的民族主义；工作后，参加了 1861 年的协会演讲，批判了美国南北战争中的奴隶制；1871 年卷入英国的禁酒运动之中；1874 年被选为首任牛津市政会评议员。除了热心公共事务和政治活动外，格林的政治思想成就也非常引人注目。其中，最著名的是《关于自由立法和契约自由》（1880）和《关于政治义务原理的讲演》（1895）。1882 年，格林因先天性心脏病逝世。由于其高尚的品德和杰出的思想贡献，包括牛津大学副校长、牛津市市长在内的 2000 多人冒着大雨参加了他的葬礼。

（二）格林的国家治理思想的主要内容

在格林眼中，伦理学是哲学在人的实践领域的应用，而政治学是通过确定"国家的法律，以及国家权力所支持的权利和义务体系的道德功能和道德目的的"[①]理论体系。因此，他的政治学说是从哲学和伦理学出发，通过对古典自由主义的反思，重新协调了个人与国家、个人与集体的关系。格林扭转了古典自由主义者对国家形象的"必要的恶"的描绘，把国家作为道德的善、"共同的善"的表现，提出积极的国家观。

1. 哲学基础："共同的善"

格林继承了黑格尔的唯心主义思想，他把精神看作世界的基础，认为"自然是关系的体系"，世界不是各自孤立、互不相干的事物的偶然堆积，而是一个相互联系的整体，这种联系的本身就是人的自我意识统摄的结果。同时，他进一步指出，自我意识背后还存在一种"永恒意识"，"所有现实的东西不过是它的活动或它的表达"[②]。现实是这种永恒意识的基础，自我意识的统摄能力源于永恒意识；自我意识是有限的，永恒意识是无限的，自我意识是永恒意识的一部分，是永恒意识得以自我实现的手段。

引申到伦理学意义上，格林认为人区别于其他动物的一点就是，人是具有自我意识的思维主体，人的行为动机是基于特定条件下对善的认识，人的自我满足归根结底是对"个人之善"的满足。因此，善是人们行为的最高准则和最终目的，是人们道德实践和政治实践的内在根据。但是，正如格林一再强调的，"没有社会就没有个人"，"自我乃是社会的自我"，道德的善在本质上就是共同的善，就是"人类心灵能力的充分体现"，"人类品质的完善"，"人类精神的实现"或"人的使命的完成"[③]。作为一种全体社会成员

---

① 骆沙舟：《格林国家思想论析》，《厦门大学学报（哲学社会科学版）》1990年第3期。

② 吴春华主编：《西方政治思想史》第4卷，天津人民出版社2005年版，第357页。

③ T. H. Green. *Prolegomena to Ethics*. Oxford：Clarendon Press, 1907.

共同的道德理想，"共同的善"只有在集体中才能被个人感知和实现。只有在这种情况下，才能产生个人对于家庭、部落和国家制度的要求，而国家、法律和各种制度也就成为实现"共同的善"的最好形式。

2. 国家的起源

格林的国家起源思想是以永恒意识作为出发点的。他认为，永恒意识在逻辑上是先于客观世界的，是超越自然、不受自然制约的绝对自由，因此，是一切事物的"自由之因"。而自我意识作为永恒意识的表现形态，也必然是自由的。当这种个人自由聚合为社会的自由，就转变为全社会共同的或享用有价值之物的一种积极的权利或能力。其中，社会的承认是个人要求转化为权利的关键，其存在表现就是确立一套规范人们关系的制度。格林说，"如果没有一个体现在文明制度中的权威，个人就无法取得权利"。同时，社会的承认、社会权威的形式也伴随着人类社会组织的变化不断演变。在国家产生之前，类似于家庭、家族、部落等社会组织便已存在，源自这些社会组织内部的或相互之间的对其权力的承认也已存在。但由于缺少统一标准，无论个人或社会组织，对权利的理解分歧甚大。因此，选择有一个普遍适应的法律来确定各种权利的界限，来协调各种不同的权利要求就产生了。"当这种法律产生之后，并实际地起作用，当法律自觉地为个人及社会组织所遵守，且有一个强制力量来保证法律的实施时，当这个强制力量能够有效地抵御外部入侵，保卫社会的完整时，最初的国家便形成了。"[①]因此，构成国家的基本要素，不是主权者，而是为法律所维持的权利体系。国家也不是主权者统治下的个人的集合体，而是以法律的形式确定并协调现存权利体系的社会组织形式。

3. 国家的职能和目的

既然国家源自对维护权利体系的需要，那么国家的职能和目的就是支持

---

① 骆沙舟：《格林国家思想论析》，《厦门大学学报（哲学社会科学版）》1990年第3期。

和协调国家的权力体系。一是支持职能。这意味着国家的首要职责是凭借法律和武力保护上述权利，使得它们既不受其他民族的侵犯，又不为内部的社会成员所干扰。二是协调职能，即国家既要协调好个人与家庭、氏族、各种职业团体、行业行会等"小社会"的关系，也要协调好这些"小社会"与"大社会"之间的关系，使得相互之间的自由与权利实现平衡。通过这两项国家职能的完成，最终实现国家的根本目的，提高人们的道德水平，达到全社会的"共同之善"。

4. 国家统治的基础

格林在对契约论者"人民同意说"进行批判的基础上，提出"国家的基础是意志，不是武力"，把国家看作是"促进共同的善的制度"。格林说，"关于政府的权力是建立在被统治者的同意基础上的理论，是以一种混乱的方式表达了一种正确的观念：各种政治制度（唯有通过这些制度，人才能实现自身的道德化）代表了一种共同之善的观念"[①]。也就是说，国家是社会全体成员"共同之善"的公共意识的体现，是善的化身。在国家的作用下，个人把对共同的善的追求作为提升自己道德行为和道德能力的内容和归宿，个人只有在国家中才能实现自身之善，才能完成自身的"道德化"。因此，格林认为个人应当积极地参与国家的各项事务和生活，同是作为国家成员，个人既没有反对国家本身的权利，也没有违反国家法律的权利。只有当国家没有保障好或是侵害了社会对共同的善的追求时，公民才能够不服从国家。否则，国家对个人的干预行为不受个人意志而转变。

格林认为国家统治的基础虽然不是武力，但武力是建立国家和维持发展必不可少的条件。当一个民族的权利意识已充分发展，武力的作用在于促使国家的最终形成。国家必须有能力对影响道德之善的各种障碍进行强制拆除，必须能够对个人产生一种不能冒犯法律的强大威慑。"武力的存在是必

---

① T. H. Green. *Lectures on the Principles of Political Obligation*. Kitchener: Batoche Books, 1999, p. 116.

要的，并非每个服从法律的人一开始就是自觉自愿的。法律代表了共同之善。一旦他领悟了共同之善，就会自觉地服从法律而无需武力的威慑。"①但格林同时也指出，武力只能仅仅局限在为个人道德发展提供外部条件的作用上。因为"法律不能使人为善，它的作用是使人自觉地使自己为善"，他既不能直接提高个人之善的能力，更不可能将个人的善传递给其他人。武力的作用只能到此。

5. 国家干预原则的应用

通过上述讨论可以看出，国家要完成社会全体对共同之善的追求，势必要在必要时刻调节所属成员间的关系，清除影响共同的善发展的障碍，这就必然导致国家的干预行为。如果这种干预是基于道德进步和文明发展的目的，是为了达成社会全体对共同的善的道德理想的追求，那么这种行为即是有效和合法的行为。格林认为，"只有那些行为或不行为，无论出自何种动机，它们对一个可以实现道德目的的社会的存在是如此必要，以至于与根本不做这些行为相比，哪怕出于对法律后果的畏惧或希望这样毫无价值的动机而做或不做这些行为也是较为可取的，才应该成为法律命令禁止的对象"②。面对这种行为，个人必须服从。但国家的干预不能改变个人的精神世界，不能直接使人变善，只能为个人追求共同之善扫清可能的障碍。这就提出了国家干预的原则。借此，格林为当时的英国已经采取或将要采取的政策进行了合理性论证。

格林主张国家应该建立强迫教育制度，发展初等教育。儿童的教育问题不仅是父母的责任，更是国家保障公民能够充分发展其追求道德理想的能力的必要条件。因此，国家应当通过税收和其他方式筹集公共资金，建立发展一套全国性的公立基础教育体系，增加教师数量，提高教师工资待遇，让全

---

① T. H. Green. *Lectures on the Principles of Political Obligation*. Kitchener: Batoche Books, 1999, p. 118.

② T. H. Green. *Lectures on the Principles of Political Obligation*. Kitchener: Batoche Books, 1999, p. 15.

国儿童都能接受免费的强制性公共教育，并且，所有由政府资助的公立学校必须接受由当地纳税人选举产生的管理部门的监督。

格林提出要在英国推行禁酒令。格林受哥哥酗酒问题的影响，一直致力于推动英国的戒酒运动。他认为，酗酒不仅使得个人的健康、财富和能力受损，而且会带来家庭的贫困、道德的退化，更有甚者会演变为犯罪和赤贫。因此，国家必须通过严格的立法和行政手段来限制酒类产品的生产和销售。虽然，这种干预行为会影响酒类产品的贸易自由，但由于能让人们从酗酒问题中解脱出来，更好地实现道德之善，格林认为这种干预是合法的。

格林还主张限制私有制。首先，格林修改了"私有财产不可侵犯"的传统财产观念，提出如果私有财产的行使妨碍了社会共同利益和共同的善的实现，那么国家的制度和法律就必须对此进行限制。其次，格林区分了两种不同形式的私有财产，即以资本为表现形式的财产和以土地为表现形式的财产。其中，以资本为表现形式的财产，以其并不必然地以他人所拥有同类财产的减少的前提，得到了格林的认同。但格林认为，个人对土地的财产权利的行使必然会影响他人对土地财产的占有，并且会导致大量少地或无地农民的产生，是造成社会贫富悬殊的根源。因此，国家应当采取强制措施，限制土地私有制的发展。

（三）格林的国家治理思想的影响及评价

格林是英国政治思想史上一位承前启后的著名思想家。他的国家理论将传统的自由主义与黑格尔思想相结合，以社会全体对共同之善的追求取代了以功利主义为基础的自由主义论证方式，重新界定了个人自由与国家和法律的权利之间的关系，完成了向新自由主义的转舵。这场由格林所领导的唯心主义运动，从1870年开始在英国的大学中盛行了大约50年。"一方面，他为自由主义赢得了支配19世纪与20世纪之交整个一个世代英美哲学的思想运动；另一方面，他修正了自由主义，以应对人们对自由主义所做出的那种有效的批评意见，即自由主义作为阶级利益的一种片面表达，它所赞同的自由观念，如果不是有意的，那事实上也等于是一种毫不顾及社会稳定和安全的观念。在相当程度上讲，格林做出的这一修正只是把密尔所做的那些界说变得一致和明确而已——而在此之前，密尔实际上是要通过这些界说为边沁式自由主义中的个人主义和利己主义进行开脱。"①在19世纪末、20世纪初，格林学说为自由主义赢得了广泛的社会反响，影响了如鲍桑葵、霍布豪斯、布拉德雷、内特尔西普等一大批政治思想家，极大地促进了英国政治思想的发展，而新自由主义也因此成为影响英美最为重要的政治潮流。

同时，格林是西方思想史上最早提出国家干预理论的思想家之一。此前的自由主义者将国家视作"恶"的力量，主张放任和自由，反对国家干预。格林开创性地将国家看作实现永恒意识的工具、社会共同之善的代表，认为只要是在不损害个人道德之善的前提下，可以对个人进行外部干预，排除阻碍共同之善的障碍。这样，格林的国家理论就纠正了国家是对个人自由的威胁，是武力的、无道德的错误思想。但由于缺乏对工业化所带来的社会问题的深刻认识，格林将工业社会中的贫富差距问题归结到土地私有制上，以致他的论述不免有些隔靴搔痒。②

二、杜威的国家治理思想

约翰·杜威（1859—1952），美国哲学家、教育家，新自由主义的代表人物之一。杜威的国家治理思想发端于美国自由资本主义晚期，形成于自由放任的自由主义政策走投无路的大萧条时期，成熟于罗斯福"新政"时期，反映了在"个人至上"传统自由主义不能适应资本主义发展的情况下，资产阶级思想家调和新旧自由主义、推动美国自由主义向新自由主义转型的过程。

①［美］乔治·萨拜因著，［美］托马斯·索尔森修订，邓正来译：《政治学说史》下卷，上海人民出版社2010年版，第412页。

②［美］乔治·萨拜因著，［美］托马斯·索尔森修订，邓正来译：《政治学说史》下卷，上海人民出版社2010年版，第413页。

（一）杜威的生平及著作

杜威，1859年出生在美国佛蒙特州一个家境殷实的中产阶级家庭，1879年毕业于佛蒙特州立大学。在大学期间，他修过希腊文、拉丁文等科目，并在大学毕业后继续进行了哲学史的学习和研究。1882年，他进入当时美国的学术中心霍普金斯大学跟随霍尔做研究生，以论文《康德的心理学》在1884年获得了博士学位。此后，杜威开始长期从事教育研究工作，先后在密歇根大学、芝加哥大学、哥伦比亚大学等多所美国大学执教。在芝加哥大学期间，他创办了著名的实验学校——"杜威学校"，从事教育革新，成为美国"进步教育"的先驱，并于1900年被选为美国心理学会主席；在哥伦比亚大学期间，他专心于研究心理学及其在教育和哲学上的应用，由于与教师学院里世界各国学生接触频繁，其教育思想逐步传播到世界各地。他也曾到过日本、中国、土耳其、墨西哥、苏联等国家进行讲学，宣传他的民主和教育思想。

1919年，杜威曾在中国居住了两年多的时间，先后在北京、南京、杭州、上海、广州等地讲学。从1919年9月20日开始，杜威在北京大学法科大礼堂进行了16次"社会哲学与政治哲学"演讲，把他理解的民主与科学的观念直接播种给中国。此外，他还在中国《晨报》以《杜威五大演讲》为名正式发表了大量的论文，对中国的思想界产生了重要的影响。胡适、蒋梦麟、陶行知等许多近代中国的著名学者都是杜威的学生。胡适曾高度评价杜威对中国的影响，称："自从中国与西洋文化接触以来，没有一个外国学者在中国思想界的影响有杜威先生这样大的。"[①]

杜威在哥伦比亚大学任教26年，退休之后仍从事著作，并热心于民主理论的阐释。78岁时，他还一度到墨西哥为托洛茨基辩护。他一生有两位妻子，养育了6个子女，其中有两个儿子幼年夭折。1952年，93岁的杜威因肺

---

① 胡适著：《胡适文存》，黄山书社1996年版，第277页。

炎去世。杜威一生学术成就丰富，并在哲学、政治学、教育学、伦理学、心理学等诸多领域做出了非常重要的贡献。在政治哲学方面的著作主要有：《民主的伦理学》（1888）、《民主主义与教育》（1916）、《公众及其问题》（1927）、《新旧个人主义》（1930）、《人的问题》（1946）等。

（二）杜威的国家治理思想的主要内容

杜威通过对传统个人主义的批判，重新界定了个人与社会的关系，提出了新个人主义和新自由观念，并在此基础上提出新民主学说，成为美国新自由主义的代表人物。

1. 新个人观：重新界定个人与社会的关系

杜威认为，传统个人主义推崇的"个人至上"反而在客观上造就了当时的法律、政治与金钱的结合，"个人主义所代表的机会平等、自由的联合与相互交流正在变得模糊，逐渐暗淡下去"[①]。个人的权利非但得不到充分的肯定和发挥，而且个性已经开始丧失，并直接影响到政治。因此，杜威提出要从社会合作的角度重新定义个人自由。一是要从社会的角度理解个人，将个人置于其生活的社会环境中。他认为，个人"代表那些在共同生活影响下产生和固定的各种各样的人性的特殊反应、习惯、气质和能力"[②]。二是强调个体的合作性。杜威认为克服个人主义危害的方法不是抛弃个人主义，而是创造出一种与他人的思维和欲望具有持久一致性的新型个人，以促进其社交中的合作性。三是强调权利的社会性。杜威否认那些将个人权利看作是独立个人所有的观点，明确指出，"个人所以能有权利，全赖个人是社会的一分子、国家的一分子。他的权利全赖社会和法律给他保障，否则便不能成立。这个观念是根本的观念。真讲权利的，不可不承认国家社会的组织"[③]。四是

---

① John Dewey. *Individualism: Old and New*. New York: Minton, Balch & Company, 1930, p. 18.

② ［美］约翰·杜威著，许崇清译：《哲学的改造》，商务印书馆1989年版，第107页。

③ 沈益洪编：《杜威谈中国》，浙江文艺出版社2001年版，第64页。

试图从合作性的角度出发，培养一种新型的个人主义。这种个人主义"不再将社会合作和个体对立起来"，而是把社会合作作为新的个人主义中个体性的基础。

2. 新自由观念：强调国家和社会的作用

在重新界定了个人与社会关系的新个人主义基础上，杜威提出了新自由观念。杜威认为，在当前的社会背景下，仅仅是消极自由观这种选择的自由和不受外来压迫的自由已经越来越不能满足发展的需要。被垄断资本主义加剧了的社会矛盾与冲突，正在影响资本主义经济的发展和资产阶级的统治，这迫使自由主义改变传统的自由放任政策，强调国家在经济和社会生活中的干预。因此，这一阶段的资本主义呼唤的是更为积极的行动的自由，是那种"因自由而解放、拥有所有权、积极的表达权和行动上的自决权"[1]。自由不仅是反抗暴政，免于受压迫，更表现为个体通过民主的途径参与到政治社会中的自由。

关于积极自由观的实现，杜威强调要依靠社会和国家的力量。他认为，自由不是个人天生就有的、现成的东西，它不以各种社会制度为转移，但受到社会力量，尤其是经济力量的社会制约。因此，为了使个人更自由，为了使个人更畅通无阻地行动，法律、政府、制度和社会安排必须形成合理的结合方式，使个人自由可以通过社会整体秩序和动力得以加强和保障。

杜威的自由观带有明显的积极、激进色彩。首先，杜威肯定了自由的积极意义。他指出，那些值得争取的自由，一方面通过废除那些压迫手段、残暴的法律和政府来得到保证；另一方面，它正是"因自由而解放、拥有所有权、积极的表达权和行动上的自决权"。作为一名激进的自由主义者，杜威的自由主义不可避免地带有激进主义色彩。他说，智慧是一种社会财富，是一种社会合作。如果要取得进步，这种带有激进色彩的自由主义应受到尊敬。

---

① John Dewey. *Philosophy and Civilization*. New York: Minton, Balch & Company, 1931, p. 276.

3. 新民主观：强调国家干预

在新个人主义、新自由观念的基础上，杜威提出了他的新民主主义学说。他首先肯定了人性对民主的基础作用。杜威认为，从个人角度来说，民主在于根据其能力而有责任地分享形成和指导其所属团体的活动，在于根据其需要参与那些团体所维持的价值。从团体的角度来说，民主要求在符合共同利益和共同善的前提下解放团体成员的各种潜力。也就是说，杜威的新民主观中包含着对人性潜能的尊重和信赖。他说，"民主确实包含有这样一个信仰，即政治制度和法律应从根本上考虑人性。它们必须较任何非民主的制度给予人性以更自由的活动余地"①。在杜威看来，人道主义、人性以及其他道德因素都与民主紧密联系，是不可忽视的。每一个人都有依据自己的理性对价值作出选择的权利，同时，又具有能够依据科学的方法处理社会事务的能力。对这些力量的信赖应该成为民主的基础，而"民主的共同体"则应该成为美国人的追求。

其次，杜威的民主学说将重心置于人与人的关系和人与社会的关系方面。通过对个人、社会和国家关系的重新理解，杜威向人们描述了民主社会的状态："倘有一个社会，它的全体成员都能以同等条件，共同享受社会的利益，并通过各种形式的联合生活的相互影响，使社会各种制度得到灵活机动的重新调整，在这个范围内，这个社会就是民主主义的社会。"②可以看出，杜威的"民主主义的社会"已将"共同享受社会的利益""联合生活""相互影响"等概念放到了重要的位置上，突出了民主制度对社会的协调和指导功能。

在此基础上，杜威解释了民主的概念。一是民主作为一种政治形式，它是人类智慧在一个历史的特殊时期所设计的一些最好的方法。它意味着所有生活在社会制度下的人们，都必须共同参与创造和管理这些制度的过程中

---

① ［美］杜威著，傅统先译：《自由与文化》，商务印书馆1964年版，第93页。

② ［美］约翰·杜威著，王承绪译：《民主主义与教育》，人民教育出版社1990年版，第387页。

去。民主社会中，人们不会因为外在的控制而屈从于专制权威，而是通过协商、说服、交涉、交流、理智协作的方法参与社会的管理。二是杜威将民主视为"一种真正人类生活方式的有效手段"。杜威曾明确指出，"普遍的选举权、重复的选举、在政治上当权的人们对投票者负责，以及民主政府的其他因素，这些都是我们所曾发现的实现以民主为一种真正人类生活方式的目的的有效手段。它们都不是最后的目的和最后的价值"①，"政府之存在是为了服务于共同体，而这个目的若要实现，共同体本身必须参与选择其统治者、确定他们的政策"。三是民主是一种社会秩序。它规范人的行为，告诉人们该干什么，不该干什么，指导个人的行动，为个人的行为指明方向。他认为，专制社会与民主社会之间差别的本质就是看谁对谁进行控制。在专制社会中，社会控制权在少数有经济权力的人们手里，他们牺牲了多数人的自由；而在民主社会中，社会控制权应掌握在多数人手中，可以争取一个比较平等的和可以相等的力量的平衡，使人们在一种相对稳定的社会秩序中，实现个人的尊严和价值。

4. 民主实现途径理论

杜威认为，民主发展的道路不是一条容易采取和遵行的道路，相反，就其在现代世界复杂情况中的实践上来说，它是一条极艰难的道路。

（1）以改良推动民主发展

杜威对美国式的民主大加赞赏。他认为，"美国是一个非常民主的国家。只要从大城市跑到住普通公民的小城市看一看，就立即可以明确地看到，民主主义已经渗透到普通的美国公民的生活里"。他认为，美国所拥有的民主远胜于他游历过的所有国家。当然，杜威也承认，美国式的民主并不是最完善的民主，美国社会还有很多不民主的地方，民主制度需要进一步完善。

---

① ［美］约翰·杜威著，傅统先、邱椿译：《人的问题》，上海人民出版社2006年版，第45页。

杜威认为，争取民主的斗争必须从多方面长期进行。他说："文化有多少方面，争取民主的斗争就必须在多少条战线上进行着：政治的、经济的、国际的、教育的、科学与艺术的、宗教的战线。"①在争取民主的过程中，杜威反对任何武力，反对用任何革命的方法，他认为，民主的目的要用民主的方法来实现它们。所谓民主的方法，在杜威看来，就是协商、说服、交涉、交流和理智协作的方法。他说，独裁政治以武力作根基，表面上看虽然很太平，但终究不牢固，要发生危险。民主政治则与此相反，民主政治是想叫社会互相沟通、互相影响，根本不靠武力，只靠兴趣维持——社会各分子都有表示兴趣的机会，各方面互相帮助，使社会巩固。他提出"改良主义坚信，任何情况都是可以改善的"。

（2）用科学技术推动民主的发展

杜威非常重视科学技术对民主的推动作用。他提出，要使科学人文化或者民主化，使科学和技术成为民主希望和信仰的侍仆。他在1937年指出，科学通过其在发明和技术上的应用，是近代社会中产生社会变化和形成人生关系最伟大的力量。可以毫不夸张地说，它引起了150年来人类共同生活情况的大革命。杜威提出："就我所能看到的来说，维持民主主义的希望在（于）利用科学给我们的巨大资料，去开创一个不仅是物质丰裕和物质安全的时代，而且是文化的机会平等的时代，是每人有充分发展其能力的平等机会之时代。"②20世纪80年代西方出现的"技术民主论"吸收了杜威的这一观点。

（3）以教育推动民主发展

杜威特别重视教育对巩固和完善民主制的重大作用。杜威认为，民主与教育的关系是极为密切的。没有教育，就没有民主。杜威认为，"一个奠定在普遍选举权基础上的民主的政府，除非选举并遵从政府之人都受过教育，

---

① ［美］杜威著，傅统先译：《自由与文化》，商务印书馆1964年版，第131页。

② ［美］约翰·杜威著，傅统先、邱椿译：《人的问题》，上海人民出版社2006年版，第40页。

否则这种政府是不能成功的。民主的社会既然否定外部权威的基本原则，就必须用自愿遵从政府的倾向和兴趣来替代它；而这种自愿的倾向和兴趣只有通过教育才能形成"[①]。在杜威看来，学校的责任就是通过民主观念、民主知识、民主行为等多方面的教育，培养民主社会所需要的合格公民，就是"严肃地准备我们的社会成员，使其力尽民主社会的义务和责任"[②]，使公民能够自觉地把民主的思想和行为变成生活的习惯。杜威强调，为了使教育更好地为巩固和发展民主政治服务，必须发展教育的民主化和思想、学术研究的自由化，必须进行教育体制的改革。在民主社会的教育制度中，道德、智力发展的过程是自由、独立的人从事探究的、合作的、相互作用的过程，这些人一方面把过去的思想和继承的东西作为进一步丰富生活的手段和方法，另一方面运用已获得的良好成就来表现和制造更美好的东西。为了建立这种制度，杜威主张把民主方法引入学校教育行政的管理体制中，在学校教育中，贯彻自由原则，通过自由来实现民主。

（三）杜威的国家治理思想的影响及评价

杜威具有实用主义色彩的自由主义理论，为美国现代自由主义打上了深深的个人烙印。他不仅对传统自由主义进行了深刻的批判，而且通过把实用主义与自由主义紧密结合起来，提出了新自由主义，倡导了更为积极的自由观念和民主观念，捍卫了个人主义、自由和民主的基本价值观，甚至为协商民主理论的发展带来灵感。协商民主的主要代表人物之一、澳大利亚国立大学教授约翰·S.德雷泽克在其代表作《协商民主及其超越：自由与批判的视角》中讲："在古希腊城邦国家中，以及在对西方经典理论作出贡献的政治理论中，比如在埃德蒙·伯克和约翰·斯图尔特·密尔的政治理论中，还有

---

① ［美］约翰·杜威著，彭正梅译：《民主·经验·教育》，上海人民出版社2009年版，第80页。

② ［美］约翰·杜威著，傅统先、邱椿译：《人的问题》，上海人民出版社2006年版，第28页。

20世纪早期以来的理论家，比如在约翰·杜威的著作中，我们都能找到关于协商民主的论述。"①

与此同时，杜威的政治思想深深影响了近代中国的发展进程。在五四运动以后的中国学术界里，学者们大都按照杜威"人民治理国家"的观念来理解民主。他最得意的弟子胡适就表达了对英美自由主义传统中的民主、自由、法制和宪政等概念的崇拜，表现出对在中国形成英美式的民主政治制度的向往，并提出要让人民接受民主宪政这个"最幼稚的政治学校"的民治制度教育。早期马克思主义者陈独秀也曾对杜威的实用主义政治民主观表示认同。在《实行民治的基础》一文中，他明确提出，"我们所主张的民治，是照着杜威博士所举的四种原素，把政治和社会经济方面的民治主义，当作达到我们目的——社会生活向上——的两大工具"②。对于杜威政治民主（政治和民权）的含义，社会经济的民治主义的解释（社会和生计），陈独秀也没有任何异议，而且还宣称此说"可算是各派社会主义的公同主张"③。此外，杜威的政治思想还影响了一大批中国青年学生。胡汉民认为，五四以后"各校风潮迭起，就是受了杜威学说的影响"。蒋梦麟也指出杜威学说"使学生对社会问题发生兴趣也是事实。这种情绪对于后来的反军阀运动却有很大的贡献"④。

但是，总的来看，杜威的国家自由思想没有超越自由主义的基本方法，只不过是在坚持个人主义根本原则的基础上进行了一些适应时代要求的修正，归根结底仍然是试图调和资产阶级与无产阶级的矛盾，以及资产阶级内部矛盾的改良学说。

①［澳］约翰·S.德雷泽克著，丁开杰等译：《协商民主及其超越：自由与批判的视角》，中央编译出版社2006年版，第2页。

②《陈独秀文章选编》上，生活·读书·新知三联书店1984年版，第430页。

③《陈独秀文章选编》上，生活·读书·新知三联书店1984年版，第430页。

④ 蒋梦麟著：《西潮》，辽宁教育出版社1997年版，第114页。

第十五章　19世纪古典经济学家的国家治理思想

19世纪古典经济学家的国家治理思想主要针对当时各自国家面临的经济问题而展开。当时的欧洲在工业革命的推动下，资本主义经济迅速发展，国家经济实力和综合国力显著提升，欧洲成为世界的中心。然而，资本主义国家的各种矛盾也出现了，国内地主阶级、资产阶级和无产阶级的矛盾成为主要矛盾，国际上欧洲各国政治、经济发展不平衡的矛盾也亟须解决。这时，古典经济学家从自己的阶级立场出发，以经济的视角阐述了各自的国家治理思想。这些思想虽然带有思想者的阶级局限性和历史局限性，但仍值得借鉴。

第一节　大卫·李嘉图的国家治理思想

大卫·李嘉图号称西方最富有的经济学家，在财富和学识两方面都是出类拔萃的。他既是一位成功的金融家和商人，又是一位具有突出贡献的经济学家。他从经济学家理论的角度和商人实践的角度提出了自己独特的国家治理思想。

一、大卫·李嘉图的生平及著作

大卫·李嘉图是一位传奇式的经济学家，他继亚当·斯密之后把古典经济学推向了顶峰，是一位典型的商而优则学、学而优则仕的代表。马克思很赞同布卢姆勋爵的一句话："李嘉图先生似乎是从别的行星上掉下来的。"[1]

（一）大卫·李嘉图的生平

大卫·李嘉图（1772—1823）出身于英国伦敦的一个犹太民族的资产阶级家庭。据说，他的祖先原本居住在西班牙，后来移居到意大利的里窝那，18世纪初又搬迁至荷兰的阿姆斯特丹，他的家族世代从事国际贸易和金融业，在当地属于富裕的家庭。大卫·李嘉图的父亲亚伯拉罕·以色列·李嘉图（约1733—1812），从阿姆斯特丹移居伦敦。由于他勤俭能干，很快就成为一个生意兴隆的商人和证券经纪人，经营同荷兰等地的贸易和证券交易。1770年12月，他同伦敦另外6名有地位的犹太人联名向英王申请加入英国籍，次年6月获得了批准。1773年，他被指定为伦敦市的12名犹太经纪人之一。可见，亚伯拉罕·以色列·李嘉图当时已经相当富有并且具有一定的社会地位和影响力。1769年，亚伯拉罕与在英国经营烟草的新教徒犹太族女子阿比盖尔·德尔瓦尔结婚。婚后，她大约孕育过23胎，但最终存活的子女有15个，其中大卫·李嘉图排行第三。[2]李嘉图在伦敦的圣玛丽－阿克斯的伯里街1号度过了自己的童年和青年时代，而且"早年，他在伦敦的'公立学校念书'，最终受到了注定要搞商业的人通常所受到的良好教育"[3]。

11岁时，李嘉图被父亲派到荷兰留学，学习语言并考察荷兰的风土人情，为他后来发展荷兰的贸易准备了条件。两年后他返回英国，后来又去了两次荷兰。[4]14岁时，他进入父亲的交易所工作，但并没有停止学习，这个

---

① 陈其人：《经济学家的科学精神与气度——李嘉图印象》，《中国经济问题》2010年第1期。

② 胡世凯：《大卫·李嘉图的生平和著作》，《山东大学学报（哲学社会科学版）》1987年第S1期。

③ ［英］彼罗·斯拉法主编，陈福生、林纪熹译：《大卫·李嘉图全集》第10卷，商务印书馆2013年版，第29页。

④ ［英］彼罗·斯拉法主编，陈福生、林纪熹译：《大卫·李嘉图全集》第10卷，商务印书馆2013年版，第30—33页。

阶段，李嘉图以经商为主学习为辅。他具有稳健和坚定的性格，深受父亲的喜爱和信任，父亲给予了他超出同龄人很多的权力。几年下来，他对交易所的工作已是非常熟悉。这和他具有非凡的经营能力密切相关，李嘉图的一个兄弟在李嘉图的回忆录中写道："他在经营方面表现出来的非凡能力与他在其他方面的才能相比，也许更为明显。他深得经商的全部奥妙，能以惊人的速度计算数字，能毫不费力地进行他所关注的大笔交易。"[①]由此可见，这段工作经历使大卫·李嘉图对经济活动具有较深的理解。[②]

值得一提的是大卫·李嘉图具备非凡的独立思考能力，凡是经他深思熟虑的决定，他都会坚持到底；即使对他父亲的决定，如不经过深思熟虑他也绝不会赞同。这样，他的思想观点常常和父亲不一致。

1793年，大卫·李嘉图21岁时，不顾父亲的反对，放弃了家庭里正统的犹太教信仰，坚持追求长他4岁的教友派（基督教的一个分支）教徒普里西拉·安·威尔金森女士，两人于1793年12月20日结婚。他的父亲是虔诚的犹太教徒，而且是葡萄牙和西班牙教堂的重要人物，他绝不允许儿女背叛自己的宗教信仰，因而父子决裂。也有材料显示，李嘉图的母亲也非常反对这桩婚姻，坚决支持他父亲把他从家里赶出去。[③]总之，李嘉图不再经营父亲的业务，断绝了与父亲的私人关系，直到他母亲去世，二人关系才缓和一些。[④]

断绝了和父亲的关系后，李嘉图过得并不富裕，于是开始独立经营证券交易业务。由于他具有7年的证券交易业务经验，再加上他的性格特点，以

---

① ［英］彼罗·斯拉法主编，陈福生、林纪熹译：《大卫·李嘉图全集》第10卷，商务印书馆2013年版，第5页。

② 胡世凯：《大卫·李嘉图的生平和著作》，《山东大学学报（哲学社会科学版）》1987年第S1期。

③ ［英］彼罗·斯拉法主编，陈福生、林纪熹译：《大卫·李嘉图全集》第10卷，商务印书馆2013年版，第37页。

④ ［英］彼罗·斯拉法主编，陈福生、林纪熹译：《大卫·李嘉图全集》第10卷，商务印书馆2013年版，第37页。

及他父亲和他在交易所里的良好信誉；而且，他因婚姻和父亲决裂获得不少人的同情，所以很多人都愿意帮助他，让他的证券交易业务做得顺风顺水。很快，他便获得了商业上的巨大成功。到25岁时，他已成为富翁。物质生活富足之后，他开始关注自己感兴趣的东西。早在少年时李嘉图就喜欢抽象推理和莎士比亚的作品，而此时的他开始在闲暇时间研究矿物学、地质学、化学和数学；还在家里设立实验室，进行电学和化学试验，收集矿物标本。他在矿物学方面的成就，还让他成为矿物学会的早期成员之一。[①]

1818年，李嘉图当选为格洛斯特郡郡长，后又当选为代表爱尔兰波塔林顿的下院议员，成为主张社会改革的激进派。[②]这个时候，他已脱离了商界，专心处理议员的公务。毫无疑问，他的议员当得非常成功。"他不用雄辩就能在议会里引人注目。对于议题，他只谈他认为最重要的问题，而且意见中肯。他不参加任何党派，无论站在哪一边，他只拥护正确的主张，有时候他既反对执政党，又反对反对党。依附于一个党派往往会使人的中立地位遭到别人的蔑视，而这种投靠某一党派的人则很少能得到别人的重视。但李嘉图先生就没有这样，他的独立地位别人大为赞赏。他不想享有盛名，也不想从议会中的任何一个党派得到好处，他超然脱俗，赢得了双方的尊重和爱慕。"[③]这段从政的经历，对李嘉图思考国家治理具有实践支撑意义。

李嘉图患耳疾多年，但不严重，他也不大在意。但到了1823年8月31日，他耳内发炎，疼痛不止；到9月6日，疼痛加剧，伤势延及脑部；最终在9月11日与世长辞，享年51岁。李嘉图去世后，他的朋友们于1823年末成立了一个委员会，在伦敦举办政治经济学讲座来纪念他。[④]公众对他的功

---

① 胡世凯：《大卫·李嘉图的生平和著作》，《山东大学学报（哲学社会科学版）》1987年第S1期。

② 姚开建主编：《经济学说史》，中国人民大学出版社2003年版，第136页。

③［英］彼罗·斯拉法主编，陈福生、林纪熹译：《大卫·李嘉图全集》第10卷，商务印书馆2013年版，第10页。

④ 胡世凯：《大卫·李嘉图的生平和著作》，《山东大学学报（哲学社会科学版）》1987年第S1期。

绩也给予了极高的评价："他从不受个人私利的诱惑，一生致力于消除不合理的制度，推行公正的原则——这些原则能改善人类的状况，能使人们获得最大的益处。其私德无瑕无疵，作为哲学家出类拔萃，担任公职堪称议员楷模，这就是李嘉图先生。"①

（二）大卫·李嘉图的著作

当时，英国由于参加了对拿破仑的战争，军费开支浩大，导致国库空虚，财政收支失衡。1799年，英国实行《银行限制法》，宣布停止银行券兑现，并不断增加纸币发行，引起纸币贬值和物价上涨，导致经济秩序混乱。这样的社会现实引起了大卫·李嘉图的思考，他和朋友们不断讨论银行证券和货币的相关问题，最终以《黄金价格》为题写了一篇文章，并于1809年8月29日在英国《晨报》上发表，这是他发表的第一篇研究经济问题的文章。文章指出，银行券贬值的原因在于发行过多，只要银行从流通中收回过多的银行券，黄金的价格即可恢复正常。李嘉图的这篇文章引起了他的朋友哈奇斯·特罗尔在报上的争议与反驳，为了应对反驳，他又公开在《晨报》上发表了两封信。为了让更多的人了解自己的观点，他决定出版一本小册子。于是，他在发表了《黄金价格》之后又重读了亚当·斯密、洛克等人的经济学思想，特别是他们关于货币的论述，并在这些人的观点基础上提出了自己的观点，形成了《金块的高价是银行券贬值的证明》一书。1810年初，伦敦的默里书店出版了这本小册子，之后，这本小册子共出过4版，第3和第4版都作了增补。第4版出版于1811年4月，增加了附录，附录中提出了恢复银行券兑换黄金这一计划的要点。一时间，他成为很有影响力的货币专家。李嘉图持续对货币问题的研究，1824年，在他死后出版的《建立国家银行的计划》一书中提到设立国家银行，发行纸币，以免发行纸币的巨大利润

---

① ［英］彼罗·斯拉法主编，陈福生、林纪熹译：《大卫·李嘉图全集》第10卷，商务印书馆2013年版，第11页。

全归英格兰银行一家所有的思想。

1815年，英国政府颁布了《谷物法》，旨在维护地主阶级的利益，以保护本国谷物免受外来廉价谷物的冲击。但《谷物法》不利于资产阶级，因此成为资产阶级和地主阶级斗争的热点之一。马尔萨斯代表地主阶级，先后发表了《地租的性质与发展及其支配原则的研究》《对限制国外谷物输入政策的意见的根据》等文章，为地主阶级的利益辩护；李嘉图代表资产阶级则发表《论低价谷物对资本利润的影响》一文，代表了工业资产阶级的利益。此文发表之后，产生了非常广泛的社会影响。李嘉图的朋友詹姆斯·穆勒鼓励并支持其把经济学的系列观点写出来，于是李嘉图用了两年时间写出了他最成功的政治经济学著作——《政治经济学及赋税原理》，并于1817年出版。该书的出版使李嘉图获得了极大的声誉，并成为当时英国政治经济学的权威。该书于1819年和1821年分别出版了第2版和第3版，后被译成多种文字逐渐流传开来。但是该书的出版，也遭到了包括李嘉图的朋友马尔萨斯在内的一些人的反对。从私人感情上，马尔萨斯和李嘉图是朋友，但在经济学的观点上，两人的意见并不一致。于是，马尔萨斯写了《政治经济学原理》一书，对李嘉图著作中的观点做了系统的反驳。为了回应马尔萨斯，李嘉图在1822年又写了《对马尔萨斯〈政治经济学原理〉一书的评论》，继续阐述自己的经济学观点；1823年，李嘉图还写了《绝对价值与交换价值》，继续与马尔萨斯讨论价值及其尺度的问题。①

李嘉图的《政治经济学及赋税原理》出版以来，一直被人看作古典经济学的代表作，有人认为他的研究方法高明，论点深奥，阐述精准，内容深刻。至今，还有英国新剑桥学派提出"回到李嘉图去"的口号。但是，也有人指责李嘉图这本书制造阶级矛盾，把经济学引向歧途，并给李嘉图扣上"共产主义之父"的帽子。②但是，当时的人给了李嘉图高度评价，认为李嘉

---

① 姚开建主编：《经济学说史》，中国人民大学出版社2003年版，第137页。
② 姚开建主编：《经济学说史》，中国人民大学出版社2003年版，第138页。

图"似乎是从别的行星上掉下来的"经济学奇才。[①]

二、大卫·李嘉图的国家治理思想的渊源与社会背景

大卫·李嘉图国家治理思想的形成，一方面是他生活的社会背景的反映和要求；另一方面是他在汲取前人思想基础上，在良师益友帮助下创作的结晶。

（一）亚当·斯密的思想是大卫·李嘉图的国家治理思想的重要来源

作为经济学家的大卫·李嘉图，他的国家治理的思想渊源主要来自古典经济学家的另一个代表人物——亚当·斯密。李嘉图对经济领域的兴趣就是源于亚当·斯密的《国富论》。1799年，李嘉图陪妻子在伦敦休养时，因一个偶然的机会看到了亚当·斯密的《国富论》，这本书的内容深深地吸引了他。从此，他开始注意并专心研究经济问题。[②]

从《国富论》的内容来看，亚当·斯密的理论主要集中在"如何使国家富裕"这一主题的论述上，主要论述国家财富的增加途径或者说是收入来源，对于分配当然也进行了论述但不是主要侧重点。李嘉图在亚当·斯密的基础上，把经济学分析的重点转移到财富分配的各种法则上来。

大卫·李嘉图的价值学说是从探讨亚当·斯密的价值学说开始的，他继承了亚当·斯密对两种商品价值即使用价值和交换价值的区分，并对两者关系进行了修正和发展。亚当·斯密在他的代表作《国富论》中把商品的使用价值和交换价值进行了区分，他认为使用价值和交换价值不一定一致，使用价值大的商品交换价值未必大，相反，使用价值小的商品交换价值未必小。

---

① 陈其人：《经济学家的科学精神与气度——李嘉图印象》，《中国经济问题》2010年第1期。

② 胡世凯：《大卫·李嘉图的生平和著作》，《山东大学学报（哲学社会科学版）》1987年第S1期。

使用价值不直接决定交换价值，他甚至认为，交换价值大的东西很可能使用价值极小甚至没有。李嘉图却认为交换价值虽然不是由使用价值所决定的，但是受使用价值的影响，"一种商品如果完全没有用处……总不会具有交换价值"[①]。除此之外，李嘉图还继承和发展了亚当·斯密的价值是商品交换的基础，劳动创造价值，价值的产生只在于生产领域而非交换领域，自然价格和市场价格的关系等思想。

在国家对外贸易理论上，李嘉图也对亚当·斯密的学说进行了继承与发展。亚当·斯密认为，如果一国的生产集中在绝对成本低廉的物品，该国则会获得巨大的利益，即"绝对优势说"。李嘉图则在此基础上，说明了"比较成本"法则。

（二）朋友对大卫·李嘉图的国家治理思想的影响

对李嘉图产生巨大影响的人不是很多，但马尔萨斯、萨伊和詹姆斯·穆勒算在其中。马尔萨斯和李嘉图经常公开论战，他们虽然代表的阶级利益及思想观点不太相同，但亲密朋友的关系让他们在思想上彼此影响。此外，与萨伊的交往，使李嘉图接受了"萨伊定律"的主要内容。

李嘉图和詹姆斯·穆勒也很有交情。詹姆斯·穆勒是一位有影响力的历史学家和逻辑学家，在经济方面也有独到的见解。李嘉图经常阅读穆勒主编的主张贸易自由的《爱丁堡评论》，也特别欣赏穆勒的专著《商业保护论》，他们彼此影响很大。"李嘉图和穆勒经常就当时的热点问题进行座谈或通信讨论，这使李嘉图的知识素养和研究能力得到了培养和提高，如果没有詹姆斯·穆勒，李嘉图的天才将被埋没。……李嘉图的第一篇文章就是在穆勒的鼓励下才发表的。"[②]"大约也是在这个时候，他认识了撰写《英属印度史》

[①] ［英］大卫·李嘉图著，郭大力、王亚南译：《政治经济学及赋税原理》，商务印书馆1962年版，第7页。

[②] 韩媛媛编著：《大卫·李嘉图——古典政治经济学集大成者》，人民邮电出版社2009年版，第24页。

的著名作家穆勒先生，他们两人最终成为至交。对李嘉图先生影响最大的人也许寥寥无几，但穆勒先生能算上一个。李嘉图先生一直认为穆勒先生具有卓越的智慧。他的判断、他的识别力和他的观点，都使他比起别人来更能影响李嘉图。"①

（三）大卫·李嘉图的国家治理思想的社会背景

李嘉图所生活的时代即18世纪末、19世纪初，正是英国工业革命迅速发展的时期，是英国率先成为现代化国家并成为世界强国的关键时期，资本主义生产方式已经确定并发展，英国经济空前繁荣。19世纪上半叶，英国成为海上霸主、日不落帝国，国民生产总值世界第一。在这种情况下，社会财富的总量发展已经不是核心问题。在生产力快速发展的基础上国内各个阶级发生了变化，各种矛盾凸显，特别是地主阶级和资产阶级的矛盾比较尖锐，经济利益的矛盾导致两个阶级在政治上也矛盾重重。各种社会矛盾把财富分配推到最前沿，所以李嘉图的国家治理思想重点在于解决分配问题。

三、大卫·李嘉图的国家治理思想的主要内容

大卫·李嘉图的国家治理思想集中在国家财富的分配领域，他的劳动价值论是财富分配理论的基础，国内三大阶级的分配和国家自身的收益是他国家治理思想的核心，此外还有在此基础上为了扩大经济来源而进行国家贸易的思想。

（一）国家发展的基础：劳动价值论

劳动价值论是李嘉图全部经济理论的起点和基础，李嘉图先接受了亚

---

① ［英］彼罗·斯拉法主编，陈福生、林纪熹译：《大卫·李嘉图全集》第10卷，商务印书馆2013年版，第7—8页。

当·斯密对商品交换价值和使用价值的区分，但是又否定了亚当·斯密认为的有很大交换价值的商品未必有使用价值的观点。他认为，使用价值虽然不是衡量商品价值的尺度，但它是交换价值的基础，商品没有使用价值就不会有交换价值，因为一件商品如果对人没有任何用处的话，无论生产它耗费了多少劳动，也没有人愿意拿货币或商品和它进行交换，即它没有任何交换价值。这表明，李嘉图已经认识到使用价值是交换价值的物质承担者。

李嘉图强调了国家财富的增加和国家商品价值的增加不是一回事，他认为经济学上的很多错误就是因为混淆了国家财富与商品价值。

李嘉图敏锐地认识到，获取商品的交换价值有两种途径：一是商品的稀缺性，二是商品中的劳动量。人的活动是价值源泉，价值是社会规定的劳动的体现。李嘉图特别强调，自然条件和机器厂房等可以增加商品的使用价值，但不会增加商品的价值，商品的价值只能来自人类社会的劳动。李嘉图认为，不是收入决定价值，而是价值决定收入，资本家投资获得收益，地主获得地租，这样的商品分配方式并不影响商品的相对价值。而且，劳动时间决定着价值量大小的规律不但适用于简单商品，还适用于资本主义社会的市场经济。同时，李嘉图指出了在同样的劳动时间内，劳动强度和劳动熟练程度的差异对价值量的大小影响也不同。他认为，宝石匠一天的劳动比普通劳动者一天的劳动价值更大。也就是说，李嘉图已经意识到复杂劳动在同样时间内比简单劳动创造的价值量大。

值得注意的是，与亚当·斯密的观点（斯密认为只有直接生产劳动才能形成价值）不同，李嘉图认为影响商品价值的因素不仅是作用在商品上的直接劳动，而且还有形成这种直接劳动的工具、器材以及间接劳动等。李嘉图认为："生产出来的商品的交换价值与投在它们生产上的劳动成比例：这里所谓劳动不仅是指投在商品的直接生产过程中的劳动，而且也包括投在实现该种劳动所需要的一切器具或机器上的劳动。"①

（二）国家对外贸易理论："比较成本"学说是核心

李嘉图提倡自由贸易理论，反对关税。他认为，一个国家的国内贸易和国外贸易具有巨大差别，国内的劳动与资本能够自由流动和转移，很容易形成统一的市场，但是国外贸易会受到各种各样的限制，所以国内与国外贸易属于同样的规律。关于国与国之间的贸易，他提出"比较成本"学说，认为只有当国内生产某种商品的成本价格比他国生产成本低时，才有必要和他国发生贸易。如果两国都集中力量生产在本国成本很低的商品，然后进行交易的话，这两个国家的财富都会快速发展。李嘉图认为，国家不仅要发展本国具有绝对优势的商品，而且也可以发展具有相对优势的商品。②关于这个理论，李嘉图在《政治经济学及赋税原理》中提出了一个著名的经济学假设：假设英国生产一定量的毛呢需要100人一年的劳动，生产一定量的葡萄酒需要120人一年的劳动；葡萄牙生产同等数量的毛呢需要90人一年的劳动，生产同等数量的葡萄酒需要80人一年的劳动。显然，葡萄牙的毛呢和葡萄酒的劳动效率都高于英国。如果按照亚当·斯密"绝对优势"的贸易理论，葡萄牙不会和英国进行贸易活动。然而，实际上并非如此，葡萄牙虽然能以90人一年的劳动生产同等数量的毛呢，但它宁可从一个需要100人一年劳动才能生产这些毛呢的英国输入。因为对它来说，与其把资本用来生产毛呢，不如生产葡萄酒，再用葡萄酒换回90人一年劳动所生产的毛呢。这样就节省了10人一年的劳动，从而对葡萄牙有利。英国也愿意以100人一年劳动的产品（毛呢）去交换葡萄牙80人一年劳动的产品（葡萄酒）。英国人这么做并没吃亏，英国自己生产这些葡萄酒需要120人一年的劳动，而现在只要付出100人一年的劳动（生产毛呢），就可换回这些酒，这就节约了20人一年的

---

① ［英］大卫·李嘉图著，郭大力、王亚南译：《政治经济学及赋税原理》，商务印书馆1962年版，第19页。

② 王一凡：《大卫·李嘉图的经济学说及其影响》，《新经济》2015年第11期。

劳动。所以说，英国也是获利的。因此，贸易双方都以自己劳动率高的产品换回对方劳动率低的产品，都是获利方。显然，李嘉图已经涉及国际贸易规律问题。

李嘉图以"比较成本"学说为核心的国家对外贸易理论对当时的国家贸易具有借鉴意义，可以使国家通过交换获得比本国生产更多的商品，从而使国家能够扬长避短地发展本国经济，进而有利于国与国之间的交流，顺应全球化时代经济发展的历史潮流。

（三）国家财富在三个阶级之间的分配原则

李嘉图生活的时代，财富分配问题是当时社会亟须解决的重要问题。因此，他把分配理论作为经济理论的核心内容加以研究，把当时的社会分成三个阶级，即地主、资本家和工人，而社会财富则以地租、利润和工资的形式分别分配给这三个阶级，其分配比例会随着社会发展阶段的不同而不同。由此确立分配的原则就成为政治经济学的主要任务。

1. 工资理论：对工人阶级的分配

（1）在劳动、人口和资本的联系中考察工资，并提出相对工资理论

李嘉图始终把工资和雇佣工人的收入紧密联系在一起，他的"工资理论包括决定工资数量的基础、工资变动的规律和相对工资等"[1]。李嘉图把劳动看成一种商品，也具有相应的自然价格和市场价格，他认为："劳动正像其他一切可以买卖并且可以在数量上增加或减少的物品一样，具有自然价格和市场价格。""劳动的自然价格是让劳动者大体上能够生活下去并不增不减地延续其后裔所必需的价格"，"取决于劳动者维持其自身与其家庭所必需的食物、必需品和享用品价格。食物和必需品涨价，劳动的自然价格也会上涨；这些东西跌价，劳动的自然价格也会跌落"。[2]

---

① 姚开建主编：《经济学说史》，中国人民大学出版社2003年版，第148页。
② ［英］大卫·李嘉图著，郭大力、王亚南译：《政治经济学及赋税原理》，商务印书馆1962年版，第77页。

工资的变动规律与劳动市场价格相一致，劳动的市场价格围绕劳动的自然价格上下波动，和其他商品一样受稀缺性的影响。劳动稀缺时，劳动市场价格相对高些；劳动丰富时，劳动市场价格相对较低。李嘉图把工资、人口增长和资本联系起来考察工资的变化，他认为："当劳动的市场价格超过其自然价格时，劳动者的境况是繁荣而幸福的，能够得到更多生活必需品和享受品，从而可以供养健康而人丁兴旺的家庭。但当高额工资刺激人口增加，使劳动者的人数增加时，工资又会降到其自然价格上去，有时的确还会有由于一种反作用而降到这一价格以下。""当劳动的市场价格低于其自然价格时，劳动者的境况就最困苦；这时，由于习惯而成为绝对必需的享受品就会因贫困而被剥夺。只有在贫穷已经使劳动者的人数减少，或劳动的需求已经增加之后，劳动的市场价格才会再提高到自然价格上，劳动才会得到自然工资率所提供的适度享受品。"①李嘉图把工资的市场价格和人口数量联系在一起，可以看出他受马尔萨斯人口理论的影响，这一理论为人口增长与生产资料增长相协调增加了理论基础。同时，李嘉图也认为，资本增加市场上劳动的需求就增加，这时劳动供小于求，工人工资就增加；反之，当资本在市场上减少时，劳动供大于求，工人工资就降低。李嘉图把工资、人口和资本联系起来，对工资的考察比较全面和客观。

李嘉图在研究工资时提出过相对工资的概念，他把工人工资看作是与地租、利润一样，是社会总收入的一部分，相对工资就是工资在利润、地租中所占比例的大小。从时间纵向来看，虽然工人工资由于生产的发展而增加了绝对数量；但从横向来看，如果工人工资所占比例在地租、利润总数中所占比例下降了，那么工人的相对工资是下降了，工人的生活实际上会越来越困难。李嘉图认为，工人的相对工资随着社会发展阶段不同而变化，整体而言，资本增长率赶不上工人人口的增加，工资的增加就赶不上生活必需品的

①　［英］大卫·李嘉图著，郭大力、王亚南译：《政治经济学及赋税原理》，商务印书馆1962年版，第78页。

价格增长。这样算来，工人在整个社会中就越发贫穷。李嘉图看到了工资的相对性，在社会关系中把握工资的本质，具有历史进步性。

（2）反对政府干预工资的变化，建议节制生育

李嘉图强烈反对政府干预工人工资的变化，他认为："工资正像其他契约一样，应当由市场公平而自由的竞争决定，而绝不应当用立法机关的干涉加以统治。"[1]由此可见，李嘉图把工人劳动看成了商品，既然是商品就必然要遵循商品的市场经济规律自由竞争。从这种思想出发，李嘉图反对国家过度救济贫民，因为这样做就是把努力工作的人缴纳的税收用来养活懒惰的人，对努力工作的人很不公平，而且也使这些贫民更加懒惰，进一步因生育造成人口和生活资料失调。国家若长期如此救济贫民，税收迟早不够支付这些费用。因此，李嘉图一方面主张减少人口，因为他认为人口增加是社会贫困的根源；另一方面倡导增加资本积累与投入，以提高社会物质生活资料。他认为，应该制定济贫法实施的严格条件和范围，同时建议人民晚婚、有计划生育，根据自己的实际条件娶妻生子。如此看来，李嘉图的这一思想深受马尔萨斯人口决定论的影响，这些观点在当时的历史条件下具有进步意义。

2. 利润理论：对资本家的分配

李嘉图很重视对利润的研究，他认为资本家是组织国家生产的动力，所以只有利润增长国家才会好。李嘉图有时把利润同全部垫付资本相比较，有时把利润同可变资本相比较。而前者是本来意义上的利润，后者则是剩余价值。[2]李嘉图认为，劳动创造的商品价值分为工资和利润两部分，利润是商品价值扣除工资后被资本家占有的部分。

李嘉图还以劳动价值论为基础确立了利润量变化的三个规律：一是无论劳动生产率、产品数量和单个产品价值怎样变化，一定的工作日总是创造相同的价值。二是劳动生产率的提高会降低劳动者所需消费品的费用。三是因

---

① ［英］大卫·李嘉图著，郭大力、王亚南译：《政治经济学及赋税原理》，商务印书馆1962年版，第88页。

② 姚开建主编：《经济学说史》，中国人民大学出版社2003年版，第149页。

为劳动生产率的变动先影响工资，再影响利润，所以工资变化是原因，利润变化是结果。工资低，利润就会比较高；反之，利润就比较低。工资与利润成此消彼长之势。工人与资本家在物质利益的分配方面是对立关系。[①]

李嘉图在分析整体利润率变化的时候，对利润分别进行了横向和纵向的对比。横向的研究结果表明个别资本家由于改进技术而获得较多的超额利润，但随着资本家之间的相互竞争，大家的利润逐渐趋向平均化。纵向来看，随着生产发展，利润率呈下降的趋势。

3. 地租理论：对地主阶级的分配

李嘉图认为，农产品的价值由耕种劣等土地所需要的劳动时间决定的，劣质土地上生产出来的农产品按照价值出售，租种劣质土地的资本家就可以获得平均利润，租种优等和中等土地的资本家就可以获得超额利润，而这些超额利润会以地租的形式交给土地所有者。

李嘉图考察了级差地租第一形态和级差地租第二形态。级差地租第一形态是在使用同等劳动和资本的前提下，因土地的优劣和位置的远近不同而产生的差异。级差地租的第二形态是在同一块土地上追加等量资本和劳动力，而产生的不同产品而形成的地租。这样的地租呈递减趋势。

李嘉图在劳动创造新价值的基础上，区分了地租和利润的变化在推动国家生产力发展中的不同作用。李嘉图在反谷物法的文章中指出，活劳动创造的价值是一个常数，它由工资和剩余价值两部分组成，一方多，另一方必然少。谷物法旨在保护英国本国的谷物价格不受进口谷物的冲击，谷物价格提高，工人的名义工资就提高，利润就减少，地租就提高，地主最受益，资本家夹在中间最受损。李嘉图承认资本家和地主在分配上与工人是相对立的，资本家是发展生产的力量，而地主不是，如果要发展社会生产就要保护资本家的生产积极性，废除谷物法。[②]

---

① 张旭昆著：《经济思想史》，中国人民大学出版社2017年版，第110页。
② 陈其人：《经济学家的科学精神与气度——李嘉图印象》，《中国经济问题》2010年第1期。

（四）国家收益：建立国家银行和税收

李嘉图论述了三大阶级分配原则之后，又阐明了在整个分配中国家获取应有收益和财富的有效途径。在这些途径中，体现出李嘉图作为经济学家的理性、社会洞察力与资产阶级的立场。

1. 有效发行纸币，建立国家银行，抑制通货，收益国家化

李嘉图建立国家银行的思想基础是他的货币理论。他不认为货币的价值由供求关系决定，而是把货币看成一种特殊商品，它的价值也是由生产它的劳动量所决定的，而黄金白银的价值比其他商品的价值更加稳定，因此，黄金白银可以作为一般的价值尺度。但是，他们这种价值尺度并不是一成不变的，是由生产等原因而发生变化的。李嘉图想追求一种不变的价值尺度，但未能如愿。

在此思想基础上，李嘉图认为，国家可以有效发行纸币来代替金银进行流通，但是要确保国家是唯一可以发行纸币的机构，而且要保证纸币与金银价值一致，以防止通货膨胀造成金融秩序混乱。李嘉图认为："如果能使通货价值除本位金属的本身价值变动之外，不致发生任何其他变动，同时又能使用一种费用最少的媒介进行流通，那就达到了一种通货所能达到的最完美境地。"[1]国家必须做出规定，要求所有银行都必须具有最适度的资金储备，以防止出现由于纸币价值变化而中下层有限收入的劳动者遭殃。"为防止这种弊害，应规定每个地方银行，按照其发行额的某一比例，向政府或为此委派的专员缴存公债形式的财产或其他政府证券，使公众获得保障。"[2]

为了保证纸币发行的稳定性和权威性，李嘉图认为应该建立国家银行，专门发行纸币并具有金银的储备。为了保证流通中纸币数量和公众对纸币的

---

[1]［英］彼罗·斯拉法主编，蔡受百译：《大卫·李嘉图全集》第4卷，商务印书馆2013年版，第65页。

[2]［英］彼罗·斯拉法主编，蔡受百译：《大卫·李嘉图全集》第4卷，商务印书馆2013年版，第71页。

信任，对纸币要加上政府印记，并通过立法严防纸币被伪造并流通。带有政府印记的纸币是取代金银货币的法定货币，可以广泛流通并能通兑通换。发行纸币所带来的收益归国家所有，而商业部门和个人利益也不会因此受损。李嘉图反对普通银行获得远超他们付出劳动的报酬，尤其是因大额公有资产的注入而获得的巨额报酬是有失公平的。因为公有资产是社会各个阶级共同的利益所在，不能为普通银行所占有。

国家银行同时具有"经理国库"的功能，这就可以为国家节省付给英格兰银行的公共债务管理费。李嘉图认为："正同国家银行将处于政府势力之下的那种粗略、肤浅的想法相反，我们将从这个制度获得最高程度的安全。通过组成这样一个银行机构，现在每年由政府付给银行的全部利息，将成为国家资源的一部分。"[1]

为防止纸币滥发行，李嘉图建议成立5人委员会，全权负责发行全国的纸币。这5个人由政府委派但不受政府管辖，直接对国家最高权力机构负责，并由国家最高权力机构决定任免事宜。李嘉图认为，"他们应由政府委任，但不得由政府撤换"。这句话的底稿中这样写道："除非由众议院或议会两院向国王陛下呈报，不得撤换。"[2]这样的制度设计是为了防止国家银行成为政府的取款机，政府如果想增加收入则必须通过发行国债和增加税收等合法渠道。李嘉图建立国家银行的设想可以说是中央银行的最初构思，虽然他的设想在当时并没有付诸实施，但不得不说他在这方面具有先见之明。

2. 赋税理论：节约与均等原则

李嘉图的赋税思想集中体现在其1817年完成的著作《政治经济学及赋税原理》一书中，该书以资本积累为中心，对国家税收的性质、来源、影响及征收方法等赋税相关的关键性问题做了全面、深入的分析。

---

① ［英］彼罗·斯拉法主编，蔡受百译：《大卫·李嘉图全集》第4卷，商务印书馆2013年版，第271页。

② ［英］彼罗·斯拉法主编，蔡受百译：《大卫·李嘉图全集》第4卷，商务印书馆2013年版，第276页。

李嘉图认为，税收就是被政府占有的资本或收入，从而把税收的性质和一般产品相区别。李嘉图站在资产阶级的立场上，把资本积累作为赋税的中心。从整体来看，一定时期的资本积累或收入积累是一定的，征税则必然会减少相应部分的资本或收入，即造成投资或消费的下降。因此，税收阻碍了资本积累，不利于资本主义生产的发展。他认为，新的税收就是国家新的负担，不是减少生产就是减少消费。

此外，李嘉图也看到了税收转嫁问题。他认为，有些赋税可以转嫁，有些则不可以。能够转嫁的赋税主要包括工资税、农产品税和利润税，这种赋税的增加必然使商品价格上涨，产品税和利润税最终会经纳税人转嫁到消费者身上。农产品税会使农产品价格提高、工人生活资料提升，所以工资增加，资本家的利润下降，而地主贵族的利益不受影响。不能转嫁的税收包括财产税和土地税等，这种赋税会消减资本价值进而减少维持劳动的基金，还会阻碍土地和资本的使用。

李嘉图站在工业资产阶级的立场上，对国家赋税征收原则、方式及使用进行了深入分析，提出税收不能用于非生产性支出，税额应尽量压缩，并不能超过资本和收入的新增额。在征税方面，李嘉图接受了亚当·斯密"平等、确实、便利与节约"四大原则，他最看重其中的"平等"与"节约"原则。他认为，政府应该对社会的一切收入征税，国民根据自己的财力承担税额。为了公平的征收赋税，应该建立农产品税、利润税和工资税组成的税收制度。

（五）国家财富增长的两种方式

李嘉图在劳动价值论和分配理论的基础上，提出了国家财富增长的两种方法："国家财富的增加可以通过两种方式：一种是用更多的收入来维持生产性劳动——这不仅可以增加商品的数量，而且可以增加其价值；另一种是不增加任何劳动量，而使等量劳动的生产效率增大——这会增加商品的数量但不会增加商品的价值。"①李嘉图比较倾向于第二种方式，即不增加劳动的人数，通过发展科技、改良劳动工具或制造更先进的劳动工具，以提升社会劳动力，增加土地生产能力，从而增加劳动产品的数量。

李嘉图认为在自然状态下，人类社会的人口和财富都会持续增长，但是现实中国家与国家不同，要针对不同的国家类型采取不同的致富方法。他把国家分为穷国和富国。穷困的国家往往主要因为居民愚昧、懒惰和不开化而贫困，这种国家即使土地肥沃也免不了饥寒交迫的灾难，对这类国家的治理必须改良政治和教育，发展劳动密集型行业，这种行业获取新增人口的必需品比较容易。只有这样，才能使资本的增加超过人口增加的速度，从而增进人民幸福。对于比较富裕的国家，土壤的肥力已经耗费殆尽，土地的供应跟不上人口增加的需要，所以，这类国家要增加资本需求大于劳动需求的行业，即资本密集型行业。

（六）大卫·李嘉图的国家治理思想的评价

大卫·李嘉图的国家治理思想集中在经济金融领域，属于国家结构中生产力和生产关系（也称经济基础）的治理范围。李嘉图作为古典经济学派的集大成者，把西方经济学的重心从生产领域转到分配领域，他的劳动价值论也是为阐述国家分配法而做的铺垫，可以说，他发展了亚当·斯密的劳动价值论，区分了各种劳动即直接劳动和间接劳动、简单劳动和复杂劳动与商品价值的关系。

在劳动价值论的基础上，确立了国家商品价值在三个主要阶级即工人、资本家和地主中的分配法则，他的工资理论阐述了工人相对工资和实际工资的区别，在一定程度上揭示了工人相对工资的意义，为工人提高最低工资标准提供了理论依据。工资理论、利润理论和地租理论，阐明了三大阶级在物

①　［英］大卫·李嘉图著，郭大力、王亚南译：《政治经济学及赋税原理》，商务印书馆1962年版，第236—237页。

质分配方面的对立性，他反对农业保护，认为资本家是国家发展生产的中流砥柱，应该在分配中获取优势，以鼓励他们的积极性。这既体现了当时他在分配方面的进步性，也表明了他的资产阶级立场。

他在劳动价值理论、地租理论、国际贸易理论、建立国家银行设想、赋税理论，以及两种国家致富的途径等国家治理方面都做出了巨大的贡献。他在经济学上的地位、影响力及后人对他的评价，也证明了他的理论符合当时英国社会发展的需要。然而，作为他核心的分配理论显然是从资本家的立场出发的。他反对国家通过法律救济贫困的无产阶级，反对国家干预分配，主张完全通过自由竞争进行分配。众所周知，在资本主义制度下，要是通过自由竞争的原则分配的话，工人是处于弱势地位的。由于他没有深入研究商品价值的本质，所以李嘉图的分配原则出现了悖论，即一方面他认为工人的劳动创造了价值；另一方面则认为工人在分配领域中只能获得仅够维持生活的工资，这反映出李嘉图思想的历史局限性和阶级局限性。

第二节　西斯蒙第的国家治理思想

西斯蒙第作为西方古典经济学派的完成者，他的思想非常特殊。他在早期追随亚当·斯密，积极宣传斯密的思想，是古典经济学派的忠实信徒，但后来成了古典经济学的批判者。此外，他还是小资产阶级浪漫主义的经济学家。因此，西斯蒙第的国家治理思想既体现出他前后两个时期思想的矛盾性，又体现出他独特的小资产阶级立场和浪漫主义情怀。

一、西斯蒙第的生平及著作

让·沙尔·列奥纳尔·西蒙·德·西斯蒙第（1773—1842）出生于瑞士日内瓦法语居民居住区。他的父亲是一位同旧贵族有密切往来的、有势力的新教牧师。他的祖辈曾是意大利贵族，16世纪定居法国多菲尼；1685年南特赦令废除后，因宗教迫害迁居日内瓦。[①]他最初的名字是J.C.L.西蒙·德，1800年西斯蒙第从这个名字得知他是意大利名门望族的后裔之后，便把名字改为西蒙·德·西斯蒙第。[②]西斯蒙第在一所新教中学接受中等教育，后到巴黎上大学，因父亲破产而辍学，不久被父亲送到里昂学商；1792年，里昂爆发革命后回到日内瓦。[③]他与父亲因同贵族交往密切而被捕入狱，出狱后举家迁居英国，一年半后重回故乡日内瓦，但不久又移居意大利，在意大利买了农庄。西斯蒙第在经营农庄的同时开始研究经济学和历史。1800年，他重回瑞士日内瓦，成为日内瓦市商会秘书。他曾一度从事政治活动，之后专门从事研究。为保持思想的独立，他谢绝了担任大学政治经济学的教授职位。1838年，他曾入选法国社会政治科学院；1841年，被法国政府授予荣誉军团大十字勋章。[④]他与英国古典经济学家大卫·李嘉图属于同时代的人，但他是法国古典政治经济学的完成者，是小资产阶级政治经济学和浪漫主义经济学的创始人。

西斯蒙第的主要著作有：《托斯卡纳农业统计表》（1801）、《论商业财富》（1803）、《政治经济学新原理》（1819），以及后来出版的《社会科学原理》[⑤]。

二、西斯蒙第的国家治理思想的渊源与社会背景

西斯蒙第虽然和李嘉图是同一时期的人，但他们的观点不同，甚至在有些方面是对立的，这是由于他们生活的地域经济发展、所受的思想影响和阶

[①] 姚开建主编：《经济学说史》，中国人民大学出版社2003年版，第161页。
[②] 杨玉生、杨戈主编：《经济思想史》，中国人民大学出版社2015年版，第128页。
[③] 姚开建主编：《经济学说史》，中国人民大学出版社2003年版，第161页。
[④] 姚开建主编：《经济学说史》，中国人民大学出版社2003年版，第161页。
[⑤] 姚开建主编：《经济学说史》，中国人民大学出版社2003年版，第161页。

级立场不同。所以，要理解西斯蒙第前后期国家治理思想的转变及其国家治理思想的特殊之处，需要梳理他的思想渊源和他生活的社会背景。

（一）亚当·斯密的影响

西斯蒙第早期在写《商业财富论》时曾经是亚当·斯密的忠实信徒。在这本书里他详细介绍了亚当·斯密的经济学说，使之通俗化，主张贸易自由和竞争自由，同时也介绍了一些新的经济学研究方法。但是，他逐渐发现社会现实与他所坚持的亚当·斯密的学说并不相符，于是便开始质疑与批判斯密的学说；到了出版《政治经济学新原理》时，他已经转变为英国古典政治经济学的反对者。

（二）布阿吉尔贝尔的影响

西斯蒙第作为法国古典经济学的终结者，继承和发展了法国古典经济学创始人布阿吉尔贝尔的学说。布阿吉尔贝尔在《法兰西的详情》《谷物论》《论财富、货币、租税的性质》等著作中，明确表达了消费与收入成比例增长的观点。他认为，国民消费与财政收入存在着依存关系，"世上不论是君主还是其他臣民，其臣民的一切收入，或者不如说世上的一切财富，都是由消费所组成"[①]。因此，应该减轻税收以促进消费，进而增加国家收入。这个思想对西斯蒙第立足消费，以及在消费基础上进行生产的思想具有重要的影响。

（三）西斯蒙第的国家治理思想产生的社会背景

西斯蒙第生长在瑞士的法语区，这个地区的社会发展状况和法国具有相似之处。18世纪的法国，封建专制还占统治地位，农民占总人口的80%，是

---

① ［法］布阿吉尔贝尔著，伍纯武、梁守锵译：《布阿吉尔贝尔选集》，商务印书馆1984年版，第303页。

一个以农民占主导的封建农业国家。1789年的资产阶级革命摧毁了封建的生产关系，为资本主义的发展开辟了广阔的道路，产业革命便迅速发展起来，带动了社会生产力的提高。同时，众多的城乡小生产者也随着产业革命的发展摆脱了封建奴役，之后又被迫落入资产阶级新的奴役和压迫之下，使得众多的城市和乡村的小生产者又面临破产和贫困的境地。[①]

18世纪的瑞士，资本主义工业虽然有所发展，但大部分是工业与工场手工业。在法国大革命的影响下，瑞士于18世纪末也发生了资产阶级革命，并于19世纪初开始了产业革命。但是，这时的瑞士依然是小商品生产比较发达的国家，资本主义的发展不仅摧毁了封建主义的经济基础，也瓦解和排挤了小商品生产，使小商品生产者处于风雨飘摇和不断破产的境地。他们觉察到在大工业的发展过程中，将会很快失去作为资产阶级社会中的一个独立地位，并幻想保存和恢复小生产者的独立地位。在这样的历史条件下，必然会出现反映小资产阶级的利益和愿望的思想家。可以说，西斯蒙第的经济学说就是小资产阶级这种幻想在理论上的体现。[②]

三、西斯蒙第的国家治理思想

西斯蒙第的国家治理思想带有人本主义的关怀与小生产者的幻想，显示出他对下层百姓的同情。西斯蒙第注重国家对经济的宏观调控，他的思想成为西方福利国家的理论来源之一。

（一）消费决定生产，国家与国民共同富裕才是正义的

西斯蒙第批判了古典政治经济学为生产而生产，为财富而生产，努力扩

---

① 李故新著：《西斯蒙第人本主义经济伦理思想与我国企业伦理构建》，中国纺织出版社2019年版，第2页。

② 李故新著：《西斯蒙第人本主义经济伦理思想与我国企业伦理构建》，中国纺织出版社2019年版，第2页。

大生产而忽视消费的理论。他主张，以消费为出发点研究社会生产，不是生产决定消费，而是消费决定生产，人们创造和生产财富是为了满足自己的消费需求，生产是手段和过程。他强调，国家要努力发展社会生产力，以努力增加社会财富，以便满足国民消费的需要。他认为，财富应该能够被人享受才具有意义。他说："如果财富不能让人享受，如果任何人都不需要它，那么它就失去了价值，就不再是财富了。"[①]"我们同亚当·斯密都一致认为：劳动是财富的唯一源泉，节约是积累财富的唯一手段。但是，我们还要补充一句：享受是这种积累的唯一目的，只有增加了国民享受，国民财富才算增加。"[②]他把人们的生活消费提高到首要地位，他认为在发达的资本主义国家，虽然国家财富不断增加，但生产财富的广大人民自身并没有财富，他们反而越来越贫穷，消费需求不能得到满足。他对这些人抱有深深的同情。在西斯蒙第看来，财富的生产只有建立在国民消费需求基础上才是稳定而美好的事情，如果过分强调生产，而消费需求没有同步增长，甚至缩小的话，这样的生产不是一件幸事，很可能是一种灾害。他认为，国家走向繁荣的过程，应该是建立在人民对新产品需求和购买力提高的基础上而不断扩大生产的过程。社会需要的一切产品，只有建立在人们的需求增加的基础上，消费才是积极的。

他批判李嘉图没有考虑到人的需要而强调生产的思想，他认为不考虑人的消费需求而只强调生产是本末倒置。他以满足人民消费需求为立足点和出发点，然后到更高层的生产；更高层生产增加人民更多的收入，人民又产生更高级的消费需求，这样不断实现良性循环。从这个思想出发，他认为，一个国家的资本增加只有落实在能够使人民生活提升，才算是国家财富的真正增加。同时他指出，只注重生产而不顾人民的消费需求和消费能力的话，会

---

① ［瑞士］西斯蒙第著，何钦译：《政治经济学新原理》，商务印书馆1964年版，第51页。

② ［瑞士］西斯蒙第著，何钦译：《政治经济学新原理》，商务印书馆1964年版，第45页。

造成生产出来的商品积压卖不出去而有爆发经济危机的危险和可能。西斯蒙第这种消费决定生产的思想为以后西方宏观经济学的发展奠定了基础，成为"消费经济学"的起源。

（二）要给工人适当的自由时间和升迁的机会

西斯蒙第认为，人具有多种需要，除了物质生活的需要之外，还有宗教信仰的需要、休息的需要、参加文体活动的需要、社交的需要，等等。财富只是为了能让生活更加舒适和美好，但财富本身并不是目的，为了追求财富而剥夺人们多姿多彩的生活是本末倒置。他认为，工人夜以继日地工作，没有欢乐的童年、没有可以安享的晚年，从童年到晚年一直为劳动而奔波；为了劳动不得不放弃参加宗教信仰活动、休闲娱乐活动，甚至培养孩子的时间。他们似乎只是为了工作而活着，这就违背了财富生产的目的，而这种劳动并没有让工人的生活更加舒适，而是增加了剥削阶级的享受，从而使富人更加懒惰。西斯蒙第从小生产者的角度出发认为："以往工人在行会和工会的庇护下，还有升迁的一些机会，而目前就只能是永远做工人。面对这种现状，他主张应该恢复城市工人能够升迁的机会，工厂老板应该乐于让工人通过辛勤劳动提高他们的社会地位，获得更多的物质享受，工人们从获得基本工资的工作干起，通过努力工作也能够分享企业的一些利润。"[1]

（三）自由竞争导致经济危机，浪费社会资源

由于当时的法国主要以农业生产为主，法国的学者特别重视全国小农收入是否可以转化为消费的研究。西斯蒙第继承了这点，注重从消费收入的角度考量消费问题。为此，他还指出了收入和资本的区别，认为收入能用于个人消费，而资本用于追加生产资料扩大再生产，不能用于个人消费。在机器

---

① 李故新：《论西斯蒙第消费决定生产的经济伦理思想》，《长江大学学报（社会科学版）》2018年第2期。

大工业社会，自由竞争使生产具有无限扩大的趋势，相比之下，消费不断缩小，也就是与资本不断扩大相比，劳动者的社会购买力就不断降低。这样，资本主义的生产过剩形成的经济危机就成为社会发展的必然产物。由此，西斯蒙第成为第一个论述资本主义社会必然会发生经济危机的人，这是他对政治经济学的重要贡献之一。他认为，国外市场的存在还可以转移国内生产过剩的商品，还能使资本主义制度得以维持，但当越来越多的国家争夺国外市场，国外市场也将变得越来越狭窄，产品实现就成了难题。因此，西斯蒙第认为："国民收入应该调节国民开支，国民开支则应在消费基金里吸收全部生产，绝对的消费决定一种相等的或者更高的再生产，再生产又产生收入。如果说迅速而完全的消费永远决定更高的再生产，财富的其他部分以一种均衡的速度按比例向前发展，并且逐渐地增加，国民财富才能不断增加，国家才会不断繁荣，一旦这种比例遭到破坏，国家就会灭亡。"[①]

西斯蒙第反对亚当·斯密和李嘉图所认为的自由竞争对经济活动大有裨益的思想，他认为市场的自由竞争是盲目的，生产商品的个人根本不知道消费的数量、消费者的喜好和消费者的收入变化等，个人追求自己的需求时无法感觉到整体的利益和全体人的共同利益与需求。而他认为，生产的规模需要根据消费需要来确定，不能盲目竞争和生产。西斯蒙第认为，自由竞争会产生一对无法避免的矛盾：一是生产的无限扩大的趋势，二是劳动人民消费能力的相对降低，二者之间的矛盾不可避免。

盲目的自由竞争会破坏市场供求平衡的关系，因为一方盲目加大生产，另一方需求不扩大的话，只能使少数几个人发财致富、绝大多数人利益受损，这种竞争不仅不能创造社会财富，而且还会造成社会资源的浪费，对大多数人而言也是不利的。靠竞争获得的"个人利益乃是一种强取的利益，个人利益常常促使它追求违反最大多数人的利益，甚至归根结底可以说是违反

---

① ［瑞士］西斯蒙第著，何钦译：《政治经济学新原理》，商务印书馆1964年版，第80页。

全人类的利益"①，"一个有良好组织的民族，只要不忽略需求和劳动之间的基本比例，就会成为最幸福的民族。如果他们堕落下去，利用压低工资的卑鄙手段掠夺同自己竞争的民族的主顾，那么无论智慧、简朴或自由，都不能保证使自己免于苦难"②。

（四）政府应该对经济宏观调控，以降低竞争造成的社会危害

西斯蒙第认为，政府对自由竞争不能放任自流，否则自由竞争会导致上层社会的破产，最终成为社会的普遍灾难。有些国家为了满足工商业的需要，追求资本的增长，使用立法保护某些商品的专卖，但是这种商业保护行为往往与最初的目的背道而驰。西斯蒙第从小生产者的立场出发，认为政府应该限制生产的扩大和工业的发展。他认为，自由竞争使得每个人都想加快机器生产，但政府要想办法减缓生产，以调节生产和消费平衡。他认为，政府不应该盲目鼓励生产而是要监督生产，因为盲目热情的生产对他人和国家都是不利的。西斯蒙第认为，为了避免自由竞争带来的巨大危害，增加社会财富时必须有政府的积极干预，政府的职责不在于直接干预个人的经济行为，而在于保护人民不受自由竞争的影响而使每个人获得自己的利益；在于纠正经济生活中的失误，"使国家不致为了增加某种收入而沦于毁灭"。③政府还要协调经济活动中的各种比例，特别像当时法国那样的农业国家，政府尤其要处理好农业与商业的比例关系，以便于保证国家财富增长的同时大多数人能获得福利。他认为，财富按比例协调增加才能产生社会普遍的福利。他说："如果政府对财富的欲望加以调节和节制，它就可能成为一个无限慈

---

①［瑞士］西斯蒙第著，何钦译：《政治经济学新原理》，商务印书馆1964年版，第243页。

②［瑞士］西斯蒙第著，何钦译：《政治经济学新原理》，商务印书馆1964年版，第245—246页。

③［瑞士］西斯蒙第著，胡尧步、李直、李玉民译：《政治经济学研究》第2卷，商务印书馆1989年版，第36页。

善的政府。"①国家建立政府的目的，就是为了运用全民的力量保护每个国民不受他人侵害，即政府用全民的利益反对任何特定私人的利益。

（五）国家富强应以人民整体富裕为基础，不应以牺牲穷人利益为代价

西斯蒙第认为，国家富裕应该建立在人民消费需求不断得到满足即收入不断增长的基础上，因收入增加，人民购买能力不断提升才能满足物质需要，只有满足物质需要，生活才是开心而有价值的，一个国家应该能够使本国的工人通过劳动实现富裕。生产与消费应该协调进行才能推动生产有节制地进行，如果不顾大多数穷人的消费需求和消费能力而盲目生产的话，就会一方面增加穷人巨大的劳动强度，另一方面生产的产品主要供富人消费，从而使富人更加挥霍无度，这样一定会扩大贫富分化。国家应该首先考虑占大多数的人民群众的工资收入，国家的财富增长应该与人民群众共享，他反对一个阶级剥削另一个阶级。

西斯蒙第对当时资本主义大生产造成的工人阶级的悲惨处境给予极大的同情和关注，甚至流下了"伤感的眼泪"，一旦社会有困难或不协调的地方，受损害的总是工人阶级。他说："收入与人口之间发生任何不调和的现象，都一定会使资本减少或劳动的需求降低，而受损失的总是工人，被剥夺的总是工人阶级的收入。"②"现代社会组织的巨大缺陷，就是穷人永远不能知道，他能指望哪一种劳动的需求，这就是说，他的劳动能力永远不能成为一项稳妥可靠的收入。""财富的发展，使工人聚集到大工厂里，他们的技能完全置于大资本家的支配之下，从这方面来看，财富的发展对穷人特别不

---

① ［瑞士］西斯蒙第著，何钦译：《政治经济学新原理》，商务印书馆1964年版，第246页。

② ［瑞士］西斯蒙第著，何钦译：《政治经济学新原理》，商务印书馆1964年版，第419页。

利；因为大资本家们剥夺了穷人了解市场需求的一切可能性。"①由此，他憎恨资本主义国家的两极分化以及有钱人对无产者的剥削和漠视。资本主义社会造成了成千上万的失业工人沦落为乞丐，即使冻死饿死在街头也丝毫不会引起有钱人的注意。他甚至认为，前资本主义时代经常饥肠辘辘的靠打猎为生的人，都比资本主义社会成千上万无产者的生活境遇要好。有人把西斯蒙第对小生产者的伤感及对无产者的同情，误解为开历史倒车，他则为自己辩护："我请大家注意这一点：我所反对的绝不是机器，绝不是发明，绝不是文明，我们反对的是现代的社会组织，这个社会组织剥夺了劳动者的一切财产，使他除了自己的双手，其他一无所有，他没有任何抵抗竞争的保障，没有任何避免疯狂竞争的危害的保障，他是注定要遭到牺牲的。"②西斯蒙第的辩护是反对产品分配不公平。

（六）国家应该调整财富与人口之间的比例关系并提高人口素质

西斯蒙第认为，财富是人们生活幸福的重要保障，需要研究财富与人口的关系，如果"只增加人口，不增加维持人口的生活资料，这个国家就难免遭受最残酷的灾难"③。人口与财富是国家繁荣富强的重要标志但不是绝对标志，衡量一个国家繁荣程度的标准要看财富增长与人口数量的比例关系，财富的生产、分配与消费等都和人口呈比例协调发展，以便使财富能给人带来幸福。相反，如果一个国家的人口过多，超过它的生产资料承受的范围，很多人承受饥饿的灾难，这时人口就成为财富和国家的负担。

西斯蒙第认为，财富与资本应该和人口增长相一致，人口的增长不得超

---

① ［瑞士］西斯蒙第著，何钦译：《政治经济学新原理》，商务印书馆1964年版，第420页。

② ［瑞士］西斯蒙第著，何钦译：《政治经济学新原理》，商务印书馆1964年版，第514页。

③ ［瑞士］西斯蒙第著，何钦译：《政治经济学新原理》，商务印书馆1964年版，第417页。

过收入和资本的增长。财富的增长数量与速度和人口的增长数量及速度要呈一定的比例进行，一个真正繁荣的国家就是要不断增加农业和商业的资本投入，物质资料的增长与人口增长协调进行，才能使人们收入不断增加的同时生活得到改善，国家应该保证全体人员包括新增人口在内的生活水平不断提升。

如果社会组织没有缺陷，人口就会随着社会财富的变化而变化。社会财富多的时候，人口就多；社会财富停止在某一个水平上时，人口也就相应维持在某一水平上；社会财富减少时，人口也会相应减少。但是社会组织如果有缺陷的话，社会某一个阶层就会意识不到社会财富的变化，此时则需要国家进行调整，不能让人口成为国家的灾难。

除此之外，人口的质量也是工业发展和人们幸福生活的重要保障，一个人是不是幸福不仅仅在于他（她）所拥有的财富，还有其他重要的东西，比如信仰、健康、气质和道德等。因此，国家提升劳动者的素质、加强对劳动者的培训以便在单位时间内提高生产的效率和技术能力。

国家的职责在于协调每个人的工作效率，不能因为哪一个人或哪一些人的工作效率非常高而带歪了整个社会的发展方向。西斯蒙第认为，国家就像一台运行的机器，这台机器的每个齿轮和发条都需要协调才能保证整个机器的良好运转，如果某一个齿轮不按节奏运转，比其他齿轮快或者慢，提前或拖后完成自己的任务，都会给整个国家这台大机器造成灾难。

（七）社会财富在三大阶级间的分配

西斯蒙第认为，财富是劳动创造的，没有劳动即不会有财富，但是这里的劳动不仅指工人的劳动，还包括工厂和土地的劳动，"这种劳动的收获包括：除了工人的工资以外，有时还包括土地的工资，以及工厂的费用，因为土地和工厂也和人一样参加了劳动"[1]。换句话说，西斯蒙第认为财富不仅

---

[1]［瑞士］西斯蒙第著，何钦译：《政治经济学新原理》，商务印书馆1964年版，第73页。

是工人的劳动创造的，而且还包括资本家的生产资料和地主的土地共同创造的，其中土地是最重要的劳动，比其他两种劳动的效能都高。因此，"在可以任意占领地殖民地上，经营土地最有利可图，因为这是社会需要的头一项事情"①。

西斯蒙第认为，无论城市资本家还是农业资本家，在发放工人工资方面都会一致地少给工资，千方百计地给自己留更多的利润。因此，工人应该为自己尽力争取更多的劳动成果而斗争，这种斗争非常必要。

一年的生产分为两大部分，一部分是利润被资本家占有，另一部分是劳动能力。工资不代表财富，"只代表维持前一年工人生活的生活资料"②。富人支配穷人，富人的剩余资本就是穷人来年的工资，富人的剩余资本越多，穷人来年的工资就越高。因此富人应该节俭，不能挥霍剩余资本，否则来年穷人的工资会很低。相反，如果富人节约，来年穷人的工资就会高些，其生活质量会提高，人口数量也会增加，因此"富人节约自己的收入而增加资本，便是对穷人行善"③。

在以上思想的基础上，西斯蒙第认为农场主应该获得的收入包括自己和家庭生活必须的部分、种土地的本钱、养活雇工的那部分、土地所有者部分和利息；工厂主应该获得的收入包括折抵消费的原材料部分、支付工人工资部分、固定资本折旧费、利息和利润；工人通过自己的劳动获得工资。每个人都要按照自己的贡献（身份）、权利分享收入，国家的财富才能平衡，如果没有贡献还要消费或者消费超过贡献的话，个人就会破产，而由这样的个人组成的国家也会破产。因为，"如果一个国家消耗的财富超过当年的增加

---

① ［瑞士］西斯蒙第著，何钦译：《政治经济学新原理》，商务印书馆1964年版，第74页。

② ［瑞士］西斯蒙第著，何钦译：《政治经济学新原理》，商务印书馆1964年版，第75页。

③ ［瑞士］西斯蒙第著，何钦译：《政治经济学新原理》，商务印书馆1964年版，第77页。

量，而且不进行再生产，就会把该国在以后年份中能够用于再生产的资金都消灭了"①。西斯蒙第认为，国家不能用借款来制造虚假繁荣，因为一旦还款的时候到来，就会造成国家普遍贫困和发生灾难。

（八）西斯蒙第的社会改革思想

西斯蒙第的社会改革思想体现了小资产阶级的立场。他认为，国家应该保证农业劳动者有一部分自己的财产，尤其要优先发展宗法式农业，可以平分家产，促进不动产的买卖。政府应直接支持小农场主和小土地所有者，提高城市小手工业者和工人的报酬，使他们从生活的不确定中解脱出来。还应该通过立法保护工人免遭各种竞争的危害。

西斯蒙第认为，工人与资本家是互相依存的关系。在农业中比较好的耕种方式是让资本所有权、劳动所有权和土地所有权集于一身的人耕种土地，或者是农场主、分置佃农长期租赁耕种。把土地分割成小块，分给短工耕种。利用大农场主和工人的相互依存关系，让大农场主负责工人在生病与贫困期间的生活，而且不能把工资减到最低。要增加大地主的税收，因为要补偿他的生产经营方式带给社会的危害。

同样，在工业生产中也遵循同样的法则。首先要恢复行会组织，让行会首领负责照顾本行会的穷人，工人受行会的庇护。其次，要把大资本家手中的资本分给中等资本家，以便工人与雇主联合经营。让工人获得一部分利润和政治权利，而不再是机器。社会生产按比例进行，不会存在盲目生产的现象。

（九）西斯蒙第的国家治理思想的评价

西斯蒙第从小资产阶级的立场出发批判资本主义制度，注重小资产阶级的道德良心和个人利益，使他成为小资产阶级的代表人物。

---

① ［瑞士］西斯蒙第著，何钦译：《政治经济学新原理》，商务印书馆1964年版，第76页。

西斯蒙第的国家治理思想核心可以概括为四个一致：第一，国家财富增长要与人民的收入增长相一致。第二，穷人和富人的收入增长比例要协调一致。第三，生产要和消费需要和消费能力相一致。第四，财富总数以及增长速度要和人口总数以及增长速度相一致。为了保证这几个一致，国家一定要进行宏观调控，不可以放纵自由竞争，否则生产无限扩大超过人民消费需求和消费能力容易导致经济危机。

西斯蒙第的重要贡献，就是他看到了资本主义社会不顾国民消费需要和消费能力而一味生产，给社会造成经济危机、给百姓造成被剥削加重的危害；看到了资本主义制度下，经济危机爆发的必然性及其造成的人口相对过剩。他主张生产和消费应协调发展也是可取的。同时，西斯蒙第同情无产阶级，主张社会财富应该由人民分享的思想具有进步意义。另外，他不反对大机器生产而反对基于大机器生产基础上的资本主义社会组织的思想，同样具有深刻性。

西斯蒙第的国家治理思想虽然有一定的历史进步意义，但也不可避免地存在局限性。他从小资产阶级的道德良心出发，揭示资本主义社会存在的虚伪和狡诈，把工人的生活水平提高寄托在资本家行善、节俭的基础上，而没有从资本主义社会私有制的根源上剖析资本主义的社会弊病。他用小资产阶级的情怀代替经济学家的理性思维，看不到资本主义生产方式的历史必然性，企图用不符合社会发展规律的小生产代替资本主义机器大生产。他立足于小生产方式，没有站在剖析资本主义生产方式的高度分析社会生产与消费的关系，也没有看到资本主义国家中资产阶级剥削无产阶级，两大阶级对立不可调和的本质，仅仅从道德上谴责富人的剥削行为，显得单薄和狭隘了很多。西斯蒙第没有跳出资本主义制度之外来批判资本主义，幻想在保留资本主义制度的前提下消灭资本主义的矛盾，显然是错误和空想的。

总之，西斯蒙第虽然不能像马克思、恩格斯那样彻底地、科学地批判资本主义社会，但是他的思想在他的时代依然具有闪光点，有一定的进步意义，这也使他成为经济学和伦理学的重要代表人物。

第三节　马尔萨斯的国家治理思想

提到马尔萨斯，人们立即就想到他影响巨大而又争议不断的人口理论，该理论的影响掩盖了马尔萨斯的其他思想，使人们只记得他是人口学家而不知道他还是经济学家。实际上，除了人口理论之外，马尔萨斯还提出了济贫思想、经济危机理论、有效需求理论、国际贸易理论等。

一、马尔萨斯的生平及著作

托马斯·罗伯特·马尔萨斯（1766—1834）出身于英国伦敦附近的萨里郡鲁克里地方贵族家庭。他的祖先有的是皇家医生，有的是牧师，还有的是军官，在当时统治阶级里颇有一些名望。他的父亲丹尼尔·马尔萨斯在牛津大学学习过，靠祖先遗留下来的资产过着绅士生活。丹尼尔·马尔萨斯和休谟、卢梭等人都有过来往，在启蒙主义的影响下，他的思想非常激进。他同情法国革命，赞扬社会改革。作为《爱弥儿》作者的朋友，丹尼尔·马尔萨斯有意进行教育试验，让马尔萨斯在家中接受教育，由他本人和家庭教师共同教导。马尔萨斯的第一位家庭教师是理查德·格雷夫斯，他是一个学识渊博而风趣的绅士。16岁时，师从吉尔伯特·韦克菲尔德学习。韦克菲尔德曾是剑桥大学基督学院的会员，因此关系，马尔萨斯1784年进入牛津大学耶稣学院学习，他在那里学习了很多课程，曾在辩论、拉丁文和希腊文课程中获奖，主修数学，于1788年获得文科学士学位。大学毕业后，他回到家中闲居了一段时间，又进入剑桥大学继续学习，1791年获得文科硕士学位。1788年，他加入了英国教会僧籍，在萨里郡的奥尔伯里当了牧师。

1805年，马尔萨斯在英国东印度公司设立的东印度学院担任经济学和历史学教授，直到1834年去世。在此期间，英国经济学领域十分活跃。英国产业资本和土地贵族所有权之间发生的利益冲突在谷物法问题上公开爆发，引起了激烈的争论。马尔萨斯在此期间写了一些经济学著作，主要有《谷物条例的后果以及谷物价格涨落对于农业和国家总财富的影响的考察》（1814）、《地租的性质与发展》（1815）、《对限制外国粮食进口政策的一个意见的论据，论谷物条例一书的补充》（1815）、《有关东印度学院的演说，用事实驳斥近年来在所有法庭上对它的指责》（1817）、《政治经济学原理》（1820）、《价值的尺度》（1823）、《政治经济学定义》（1827）。《政治经济学原理》一书是马尔萨斯政治经济学观点的集中表述，与他在此基础上写的《价值的尺度》和《政治经济学定义》形成了一个比较系统的代表地主阶级利益、反对以李嘉图为代表的资产阶级古典政治经济学和资本主义生产方式的学说体系。

二、马尔萨斯的国家治理思想的渊源与社会背景

马尔萨斯国家治理思想的产生，既与他周围人的思想有关，又与当时英国和欧洲的经济政治发展有密切的关系；既是思想传承发展与探讨争鸣的产物，又是时代发展的产物。

（一）马尔萨斯的国家治理思想的渊源

马尔萨斯国家治理思想的中心理论——人口论，是为了反对社会改革而提出的。马尔萨斯同父亲争论时，以人口过剩为由反对社会改革和法国革命，在这之前他没有专门研究过人口问题。丹尼尔·马尔萨斯认为，贫困是由社会制度造成的，废除非理性的政府，改革社会制度就可以达到更幸福的状态。他们都属于积极的社会改革派，但是马尔萨斯竭力反对他的父亲及其所赞同的思想。由此可见，在社会改革方面，马尔萨斯比他父亲还要保守。事实上，正如他在《人口论》第一版的序言中说的："有一次，同一个朋友谈到葛德文先生《研究者》一书中论述贪欲和奢侈的那篇文章，这便是本书

的缘起。"①这里所说的朋友不是别人，就是他的父亲丹尼尔·马尔萨斯。

人口理论并不源于马尔萨斯，他是继承了前人的人口理论。人口问题在古代就有探讨，欧洲15—16世纪以后，重商主义、重农主义，以及亚当·斯密、大卫·李嘉图等都在不同程度上从不同角度谈论人口问题。一般说来，重商主义主张促进人口增殖，把人口稠密或众多看作国力所在；而重农主义则主张人口增长会超过财富增长。亚当·斯密在分析工资时也谈到人口与生活资料的关系问题，他特别强调，在文明社会底层，生活资料的匮乏会抑制人口增加。斯图加特在《政治经济学原理研究》（1767）中，曾论证了人口数量与食物等生活资料之间存在着一定的比例关系。罗伯特·华莱士（1697—1771）著有《关于上古和近代人类数目的论争》一文，其中力图证明人口按几何比率增长的规律，他还指出阻碍人口增长的原因包括自然原因（气候、土壤、地震、洪水、瘟疫）和道德原因（战争、贫困、宗教、独身、多妻、怠情、奢侈）等。唐森（1739—1816）是英国的一个牧师，曾在《西班牙旅行记》中论述了人口增长有超过生活资料增长的趋势。②这些思想都是马尔萨斯人口理论的思想渊源。

除了人口理论之外，马尔萨斯还吸收借鉴了亚当·斯密关于劳动价值的思想，并在此基础上论证利润的来源及其合理性。同时，威廉·配第的地租思想、重农学派的地租思想，以及大卫·李嘉图的地租思想都是马尔萨斯地租理论的重要来源。他和威廉·配第一样，认同重农学派关于地租来源的理论，也认同李嘉图级差地租来源的理论。

（二）马尔萨斯的国家治理思想的社会背景

马尔萨斯生活的时代正值英国工业革命趋于完成的时期。随着工业革命的完成，英国产业资产阶级日益强大。法国大革命，引起整个欧洲社会思想

---

① ［英］马尔萨斯著，郭大力译：《人口论》，北京大学出版社2008年版，第5页。
② 姚开建主编：《经济学说史》，中国人民大学出版社2011年版，第159页。

的激荡，社会思想的激荡和工业革命的完成，加剧了社会分化和社会矛盾。一方面，资产阶级的财富迅速增长，社会地位和社会影响力不断提升；另一方面，小手工业者和小工厂主纷纷破产，处境非常悲惨。大机器生产导致大量失业工人和廉价劳动力的出现，资本家和无产阶级的矛盾尖锐。围绕如何看待失业和贫困以及如何进行社会改革，英国的思想界进行了激烈的争论。

与此同时，资本主义生产方式也冲击着封建贵族的利益，产业资产阶级和土地贵族的矛盾也日益尖锐。19世纪的前30年，英国的社会史基本是产业资产阶级和土地贵族阶级斗争的历史。李嘉图出身于资产阶级家庭，自己又是一个成功的资本家。马尔萨斯出身于乡村绅士家庭，先以牧师为职业，后又长期任教于东印度公司的东印度学院。两人不同的出身和经历，在很大程度上决定了他们在这一斗争中所代表的不同立场。李嘉图是产业资产阶级的代言人，而马尔萨斯在一系列问题上是资产阶级化的地主贵族阶级的代表。①

三、马尔萨斯的国家治理思想

有"人口学之父"称号的马尔萨斯，最著名的理论著作就是《人口论》，此书一经问世便在西方经济学界产生了重要影响。他的国家治理思想也主要围绕国家人口展开。在《人口论》的基础上，马尔萨斯论述了有效需求不足理论、国际贸易与济贫思想等。

（一）抑制人口增长使其与物质资料协调发展

"人口"与"物质资料"是马尔萨斯国家治理思想的关键词，他的人口理论的主要内容，就是围绕二者的发展速度、质量以及由此产生的社会问题展开的。

---

① 李佳：《马尔萨斯——特殊的经济学家》，《新理财（政府理财）》2017年第6期。

1. 生活资料的增长比人口增长的速度慢

首先，马尔萨斯认为，从人类社会产生以来就一直存在着两大客观事实："第一，食物为人类生存所必需。第二，两性间的情欲是必然的，且几乎会保持现状。"①在马尔萨斯看来，这样两大客观事实是不需要加以证明的基本命题，而且会伴随人类的存在而持续。马尔萨斯将这一切归结为神的创造，这与葛德文所认为的人类会随着理性的进步而控制两性间的情欲这一看法相反。马尔萨斯认为，总的来说，人的情欲几千年来并没有变化，而且几乎会保持现状。此外，他还站在宗教的立场上反对实行避孕，认为避孕是违反自然规律的，也是不道德的。由此，马尔萨斯得出人口的增加是必然的结论。

基于上述两大类固有法则，马尔萨斯引申出人口增殖力远远大于土地为人类生存提供生活资料的能力，进而提出了人口增殖与生活资料增加两个级数的假设。他说："人在无妨碍时，以几何数率增加，每25年增加一倍。生活资料只以算术级数增加。随便假定世界有多少人口，比方说10亿人吧，人类将以1，2，4，8，16，32，64，128……那样的增加率增加；而生活资料则以1，2，3，4，5，6，7，8……那样的算术级数增加。250年内，人口对生活资料即将成为512对10之比例，300年内将成为4096对13之比例；2000年内，生产物虽有极大量的增加，差额亦会弄到几乎不可计算。"②

为了使"两个级数"理论更为合理，马尔萨斯在《人口原理》第二版中对土地生产能力递减规律做了进一步论证。马尔萨斯认为，在土地已经确定的情况下，由于土地生产潜力的限制，增加投入并不一定意味着增加粮食产量，反而是在超出土地肥力承载限度之后收益还会出现递减趋势。马尔萨斯认为，土地生产能力递减规律是对他的生活资料按算术级数增加假说的有力支持。由此可见，马尔萨斯的这一理论是建立在假说的基础上的。

---

① ［英］马尔萨斯著，郭大力译：《人口论》，北京大学出版社2008年版，第5页。
② ［英］马尔萨斯著，郭大力译：《人口论》，北京大学出版社2008年版，第5页。

2. 自然状态中下层阶级幸福生活的一进一退的规律

马尔萨斯认为，假如某一个国家的生活资料足以使全体居民衣食无忧，按照人口增长的规律，一旦安居乐业，人口就会快速增长，人口增长又超过生产资料的增长速度，劳动力的数量超过市场上职业岗位所需的数量。这样的话，下层百姓就没有足够的生活资料来维持生活，他们不得不勤奋地做更多工作，更加节约，生活会又一次陷入悲惨境地。又会有一部分人会因得不到充足的食物而忍饥挨饿，结婚养家的困难非常大，人口也就不再增加。这样，人口和生活资料重新回到平衡状态，人们又能够安居乐业。然后，再一次地因为人口增加、生活资料不足而陷入悲惨境地……

马尔萨斯认为，由于人类历史总是上层人的历史，所以下层人口的这种一进一退的规律不容易被发现，再有一些其他因素比如战争、疾病等会导致人口的变化。尤其是在劳动量需求降低，但商品市场并没有按比例扩大的情况下，名义工资和实际工资的差异使人们更加难以发现这种规律。

3. 两种抑制人口增长的方法

在马尔萨斯看来，食物是人生存的必然要素，因而自然法则需要人口增殖力和土地生产力相等。大自然虽然极其慷慨地到处播撒生命的种子，但并没有提供充裕的养育生命种子所必需的空间和营养，这一矛盾是阻碍社会自我完善与发展重大的困难。对这一矛盾的克服，即要使人口的增长与生活资料的增长保持平衡，马尔萨斯认为，只能是抑制占据上风的人口增殖力，而且他认为这种抑制作为一种自然法则在起作用。为了论证他的这个理论前提是否正确，他考察了植物、动物、狩猎民族、游牧民族等状况。比如就植物和动物来说，它们纯粹受本能的驱使而繁衍自己的物种，不受限制的繁衍对于植物来说，其后果常常是由于空间与营养的缺乏而受到抑制，而动物还要增加一项，就是受到自相残食的抑制。这就是强有力的自然法则在起作用。

作为自然法则的抑制，对人类所起的作用较之动植物界要复杂得多，原因在于，人类除了受强大的本能驱使而去繁衍自己的后代外，还会受理性的干预："若无力供养子女，是否可以不生育。在平等状态下，问题也许就是这么简单。但在目前的社会状态下，人们还会考虑另外一些问题。若生育孩子，生活地位是否会降低？生活是否会遇到比现在更多的困难？是否要更卖力地干活？若家庭人口很多，尽最大努力能否养活他们？是否会眼看着子女受冻挨饿而自己又无能为力？是否会陷于不能自食其力的贫困境地而不得不依靠他人施舍过活？"①马尔萨斯将这些考虑而导致的对人口增长的抑制称为"预防性的抑制"，即人们对养家糊口的忧虑而产生的抑制。马尔萨斯认为，这种抑制在某种程度上影响着当时英国社会所有的阶层，人们考虑到结婚后抚养子女的负担和自己生活将发生的变化，往往会选择晚婚甚至不结婚。不过，社会阶层愈低下，对未来社会的忧虑就愈大，这种抑制作用也就越大。作为预防性抑制工具的婚姻制度也有特别明显的负面作用，即几乎世界各地都出现了卖淫现象，这是对婚姻制度的反叛。

马尔萨斯认为，伴随着预防性抑制的是一种"积极的抑制"，即"一些下层阶级实际所处的困难境地，使他们不能给予子女以应有的食物和照料"②，造成儿童的死亡。这种抑制针对的是已经开始增长的人口，对象主要是最底层的社会成员。

除了"预防性的抑制"和"积极的抑制"，马尔萨斯还论述了其他抑制因素，包括大城市、对妇女的不道德习俗、有碍健康的制造业、流行病和战争等。马尔萨斯将这些因素归结为贫困和罪恶两大类，并提出每当这些因素被极大削弱时，人口便较为迅速地增长。

根据上述分析，马尔萨斯对人口增长与生活资料之间的关系概括如下："人口的增加必然受生活资料的限制。当生活资料增加的时候，人口总是增加。较强的人口增殖力，为贫困和罪恶所抑制，因而实际人口同生活资料保持平衡。"③马尔萨斯在此基础上分析了中国清朝时的人口问题，因为他没有到过中国，所用数字和引用的材料与真实情况有些出入。他认为"在康熙初

---

① ［英］马尔萨斯著，朱泱等译：《人口原理》，商务印书馆2017年版，第12页。
② ［英］马尔萨斯著，朱泱等译：《人口原理》，商务印书馆2017年版，第25页。
③ ［英］马尔萨斯著，朱泱等译：《人口原理》，商务印书馆2017年版，第54页。

年所作的人口统计中，全国共有11052872户，能执戈者（即'丁'）59788364人"，并认为中国人口众多的原因主要是："气候有利，土地肥沃，灌溉方便，人民勤劳，因此物产丰富；中国历来注重农业，加之土地利用率高，使得生活资料大量增长；对婚姻异乎寻常的鼓励，这直接有利于人口增长。"①他分析的这些人口增长的原因基本上正确。但他认为，无论中国的土地怎样肥沃和广大，都不能养活所有的人民，必须对人口实行有效抑制才行。实际上，那时候的人口抑制已经发生，主要出于不婚、疾病、饥饿、战乱等原因。马尔萨斯强调自然方面的力量，但没有看到中国社会制度和生产方式，因此结论不是特别全面。

（二）反对救济穷人

为了减轻底层贫困人员生活所面临的种种困难，英国颁布了济贫法。然而马尔萨斯认为，济贫法虽然是出于仁慈的目的，但并不能达到预期，甚至会使穷人的状况越来越恶化。原因有二："首先，济贫法往往使人口趋于增长，而养活人口的食物却不见增加……其次，济贫院收容的人一般不能说是最有价值的社会成员，但他们消费的食物会减少更为勤劳、更有价值的社会成员本应享有的食物份额，因而同样也会导致更多的人依赖救济为生。"②除此之外，马尔萨斯还认为济贫法削弱了普通人储蓄的能力与愿望，使国民不注意节俭，甚至会消磨国民的自立精神。此外，济贫法规定穷人只有在他出生的教区才可能领取津贴补助，这一规定的实施是为了把劳动者束缚在一定地域范围内，以供当地资本家随时雇佣，这无疑限制了劳动力的自由流动。概而言之，在马尔萨斯看来，济贫法有助于增加人口，却并没有增加生活资料，从而使其他不靠济贫法为生的人生活境况恶化，造成了更多的穷人。在此，马尔萨斯有一个基本假设，即社会总的生活资料是固定的，人为地多分

---

① ［英］马尔萨斯著，郭大力译：《人口论》，北京大学出版社2008年版，第10页。
② ［英］马尔萨斯著，朱泱等译：《人口原理》，商务印书馆2017年版，第32页。

点给穷人就会减少其他人的份额。

马尔萨斯针对济贫法，提出了三点取代措施："首先是完全废除所有现行的教区法，这将使英国农民享有行动自由……这样，他们便可以不受妨碍地选择居住地。第二，鼓励人们开垦新土地，尽最大可能鼓励农业而不是制造业，鼓励耕种而不是畜牧……最后各郡可以为极端贫困的人设立济贫院，由全国统一征收的济贫税提供经费，收容各郡乃至各国的贫民。济贫院中的生活应该是艰苦的，凡能够工作的人，都应强迫他们工作。"[1]由此可见，马尔萨斯反对政府的单纯救济，他主张国家为国民创造更多的自救条件，让国民自力更生，通过发展生产摆脱贫困，实现自身的可持续发展。

（三）扩大有效需求以提高国家财富的增长

马尔萨斯认为，有效需求和生产能力这两个因素制约着国家财富的增长，二者平衡国家财富就能实现增长，反之则无法增长。资本主义社会机器大生产以及发明创造足以使生产能力持续发展，而有效需求不足造成的消费不足则是制约社会财富增长的主要原因。有效需求对收入的作用是马尔萨斯首先提出并论述的，他反对李嘉图和萨伊等人的市场能自动调整需求和供给的理论，他认为有效需求不足就会造成生产过剩、引发危机、造成失业等系列社会问题。

马尔萨斯的有效需求理论基础是价值理论、利润理论和地租理论。他认为，商品的价值是由劳动决定的，商品的交换价值是由商品支配的劳动量决定的，即由"商品实际消耗的积累劳动与直接劳动加上以劳动估算的一切垫支的不等量利润"来衡量的。这里的"积累劳动"是指转移到商品中的物化劳动，"直接劳动"是指生产商品过程中活劳动的消耗，相当于支付给劳动力的工资。[2]马尔萨斯认为，如果商品的价值除了包括耗费的劳动量以外，

---

① ［英］马尔萨斯著，朱泱等译：《人口原理》，商务印书馆2017年版，第36—37页。

② 常明明：《有效需求：马尔萨斯与凯恩斯经济学比较》，《现代经济探讨》2008年第5期。

还必须包含一定的利润，利润是资本主义生产和再生产持续进行的保证。这里有一个问题就是："利润哪里来的呢？"马尔萨斯认为，利润是商品在市场上流通过程中实现的，实现的过程取决于商品的有效需求是否充足。有效需求充足就可以使商品实现利润，从而实现市场供需平衡和社会财富的持续增长。如果人们的消费欲望得到满足，在一定程度上不再继续消费，就出现了有效需求不足的状态，生产的商品不能全部销售，从而造成资本主义生产的普遍过剩，进而引起经济危机。

马尔萨斯认为，财富分配两极分化造成了有效需求不足。为了保证有效需求充足，马尔萨斯认为在第一次分配情况下，工人的消费需求是和资本家付给他们的工资一致的，即工人所需要的生活资料的消费，不能产生利润，这是工人所占有的财富与其他社会阶层所占财富差距太大造成的。如果要工人的需求消费产生利润的话，就必须进行财富的再分配。应该把巨富们的财产分给中等消费的人群，以提高他们的消费需求和消费意愿。因为中产阶级最有利于产生消费需求。但是，这个措施只是一个理论上的分析而已，并不可能付诸实践，因为马尔萨斯同时还认为，如果把财富分给了工人就会损害资本家的利益从而影响生产，所以是不合适的。

马尔萨斯还认为，资本家之间因需求而购买商品时，是利润对利润的交换，工人与资本的需求消费都不能实现利润的增长。所以，资本家利润的增长只能让那些不参与生产，只买不卖的人支付才能实现。只买不卖的人包括地主、军人、牧师、官吏等消费群体。为了使利润得到实现，必须使这些人的有效需求充足，因此要不断刺激他们的消费。同时，资本积累不能过快，如果过快，就会使生产速度和商品量增加，造成商品的有效需求不足，从而产生相对过剩的经济危机。

马尔萨斯认为，为了保证充足的有效需求量，还需要拓展国家间和地域间的贸易。外部贸易越发达，就越能提升消费需求，地区或国家所创造的价值总量也就越大。反之，如果国内外市场狭小的话，有效需求不足，无法形成充足的消费需求。假定有两个地区，一个拥有丰富的铜矿，另一个拥有丰富的锡矿，它们向来被不可逾越的山川所阻隔，一旦交通开辟，毫无疑问，较大的需求一定会发生，锡和铜的价格也一定会提高……假如没有这种新的产品分配或其他相当的事件发生，这两个地区的资本和矿产在数量和价值两方面都不可能增加。[①]

（四）地租是国家繁荣的标志

在地租来源上，马尔萨斯既认同重农学派的观点也认同李嘉图的级差地租，他把地租看成商品总价中扣除工资和利润之后的剩余部分。马尔萨斯认为，地租是地主占有土地的肥力的报酬，是自然对人类的赠予或是上帝对人类的赠予。他对产生地租的原因作了三点说明：（1）土地的性质。土地能生产出比维持耕种者的需要还多的生活必需品。（2）生活必需品的性质。生活必需品能不断创造出对它的需求者，即它总有销路。（3）肥沃土地的稀缺性。肥沃土地有限，因而肥沃土地生产的生活必需品比劣等土地多，从而能得到较多的报酬。马尔萨斯与李嘉图不同，李嘉图认为地租增长对资本主义生产不利，而马尔萨斯则认为地租增加是社会繁荣进步的标志。[②]

马尔萨斯认为，地租会受耕作状况、资本投入、人口以及有效需求等各方面的情况影响。当资本投入到肥沃土地上所获得的利润不如以往获得的利润高时，资本就会转向投资次等土地，次等土地投资多往往获得的利润也会多，二者呈正比例增长。马尔萨斯认为，资本投入加大、人口增长迅速、对农产品的有效需求增加，地租就会增加。

马尔萨斯反对把地租作为土地垄断的结果，不承认地租是价值的一部分，属于剥削劳动者的产物。他把地租看成土地能够生产剩余产品的天然性质。显然，这种思想既不是劳动者的立场也不是资产阶级的立场，而是地主阶级的思想。

---

① 熊海斌：《马尔萨斯"有效需求不足论"新评》，《消费经济》1986年第3期。
② 姚开建主编：《经济学说史》，中国人民大学出版社2011年版，第161期。

（五）马尔萨斯的国家治理思想的评价

马尔萨斯人口与物质资料协调发展的理论在近代人口史上具有里程碑意义，也是后来人口理论发展的基础，现代人口理论基本上都是从马尔萨斯的人口理论发展变化而来的。这一理论对很多国家的政策特别是当时英国政策具有重要影响，也引发了人类社会与自然环境关系的论战，经过后来学者的继承和发展，形成新马尔萨斯主义和现代马尔萨斯主义，以更富有时代特色的理论形式继续对社会产生影响。马尔萨斯的有效需求理论则指出了刺激消费、扩大国内外市场的必要性。这些理论都具有借鉴意义。

然而，马尔萨斯没有把人口问题放在特定的社会关系和社会历史中考察，而是把人口问题作为一个抽象的纯自然现象，并从人口论出发反对救济穷人，这是他国家治理思想的一个局限。他把国家的发展、贫困人口的出现都归咎于人口方面，而不是生产方式，显然是一种人口决定论的思想。对此，马克思和恩格斯作了批判。马克思认为，马尔萨斯谈论的抽象的人口规律只存在于历史上还没有受过人干涉的动植物世界，现实社会根本不存在这种抽象的规律，而只有工人人口在生产出资本积累的同时以日益扩大的规模生产出使他们自身成为相对过剩人口的手段，这就是资本主义特有的人口规律。[1]在马克思看来，马尔萨斯写作《人口论》的实际目的，是为了英国政府和土地贵族的利益，是为了"从经济学上"证明法国革命及英国支持者追求改革的意图是空想。[2]恩格斯认为，马尔萨斯人口论是过去一切学说中最粗暴、最野蛮的一种学说，一种绝望的学说，是资产阶级对无产阶级最公开的宣战。[3]

马尔萨斯的地租理论明确表明了他的地主阶级的立场，确实不符合当时社会历史发展潮流，亦不符合社会发展的客观现实。

---

① ［英］马尔萨斯著，郭大力译：《人口论》，北京大学出版社2008年版，第8页。
② ［英］马尔萨斯著，郭大力译：《人口论》，北京大学出版社2008年版，第8页。
③ 《马克思恩格斯选集》第1卷，人民出版社1956年版，第598页。

第四节　李斯特的国家治理思想

李斯特是19世纪德国著名的资产阶级经济学家和社会活动家。他的国家治理思想与其他经济学家不同，他的立足点在于发展德国的经济，促进德国赶超英国，因此，李斯特的国家治理思想带着浓重的民族主义的特点，他是德国贸易保护主义的首创者，第一次揭示了欠发达国家追赶发达国家的经济发展规律。

一、李斯特的生平及著作

弗里德里希·李斯特（1789—1846）出身于德国罗伊特林根城的一个皮革匠家庭。[①]1806年，他通过自学参加文官考试，进入当时的符腾堡公国政府机构任书记员，后在蒂宾根担任中级别的财政官员，同时在蒂宾根大学学习法学。1815年，符腾堡发生有关宪法的争论，他第一次以资产阶级利益代言人的身份出现，反对封建政权的官僚专横，发表文章、创办刊物，要求实行英国式的君主立宪，实现资产阶级民主权利和自由。他也要求国家保护和促进工商业发展，解除农民的封建负担。1817年，他被聘为蒂宾根大学财政学教授。1820年，他被选为符腾堡议会议员，从此开始在全德进行政治活动。1821年，他起草了一份批评政府的文件，被判处要塞监禁并强制劳动。于是，李斯特逃亡法国和瑞士。1824年，他到英国；同年，他回国时被捕，并被驱逐出德国。1825年，他在美国侨居；1827年，在美国发表了第一部系统的政治经济学著作《美国政治经济学大纲》。[②]

---

① ［德］京特·法比翁克著，吴藏芳译：《弗里德里希·李斯特》，商务印书馆1983年版，译者前言。

② 姚开建主编：《经济学说史》，中国人民大学出版社2011年版，第193页。

1830年，李斯特加入了美国国籍后，美国总统杰克逊为了答谢李斯特在1828年竞选总统时对他的支持，询问他需要什么样的回报。李斯特回答说，他还是心系德国。因此，他最终作为美国驻巴登领事的身份重返德国。回到德国后，李斯特全身心地投入了宣传关税保护、创立德国关税同盟和建设铁路的事业中，继续进行反对德国封建势力的斗争，并从事政治经济学的著述。他的敌人即德国封建反动势力一直在迫害他，最终使他于1846年11月30日在奥地利的库夫斯泰因城自杀，从而结束了颠沛流离的苦难生涯。[①]

但在李斯特去世30年后，他的著作《政治经济学的国民体系》成了德国"最受欢迎的一本书"，是仅次于马克思被翻译成世界各国文字最多的德国人的著作，在德国广为流行并成了"铁血首相"俾斯麦的案头书，对德国在崛起的关键时期（1879—1914）实施保护主义政策起到了重要的作用，对俄国、罗马尼亚、爱尔兰、意大利等国家的工业化都产生了深远的影响，并对19世纪20年代至第二次世界大战结束时的世界经济产生了深远的影响。[②]

李斯特的主要著作有：《政治经济学的自然体系》《政治经济学的国民体系》《土地制度、小农经营及国外移民》《德国政治经济的国家统一》等。

二、李斯特的国家治理思想的渊源与社会背景

李斯特的国家治理思想一方面继承吸收了前人的思想，另一方面，又根据当时德国的现实情况否定、修改了这些思想。因此，李斯特的国家治理思想既是前人思想的发展，也是德国现实的写照与要求。

---

① 贾根良：《李斯特经济学的历史地位、性质与重大现实意义》，《学习与探索》2015年第1期。

② 贾根良：《李斯特经济学的历史地位、性质与重大现实意义》，《学习与探索》2015年第1期。

（一）国家民族主义思想影响

18世纪末，德国著名哲学家费希特传承了亚里士多德的国家观，将国家看成一个特殊的实体，这个实体独立于它全体成员之上，由国家代表社会利益进行财产和产品分配。他批判了古典经济学家提倡的自由竞争是国家发展的动力的观点。他也非常重视物质力量在社会发展中的推动作用。他在《闭关的商业国家》中也表达了民族主义国家思想，这对李斯特影响很大，只是他侧重强调政治，而李斯特的学说侧重于经济。

除了费希特民族主义思想之外，李斯特还受黑格尔思想的影响，认为个人的发展与自由都离不开国家，个人的自由幸福必须通过国家才能实现。黑格尔通过法兰西民族的爱国力量，企图唤醒德意志民族的团结与抗争。这些思想对李斯特具有重要影响。李斯特认为，当时四分五裂的德国需要统一的权力中心，需要整体的国家才能实现独立与强大。

（二）前人经济思想影响

李斯特在美国流亡期间，有机会充分感受美国经济发展的实践和思想。当时的美国国内，贸易保护政策正处于初期的实践阶段。1791年，美国独立后的第一任财政部部长汉密尔顿，在《有关制造业的财政部长报告》中开创性地提出了幼稚产业保护理论。他认为，为了保护美国刚刚兴起的幼稚产业不受外国相关产业的竞争冲击，就必须采取关税保护，必要时完全取消进口。否则，美国的幼稚产业很难发展起来。这使当时身处美国的李斯特备受启发，思想理论上也进一步完善。

除此之外，李斯特还受到了重商主义学派的影响，正因为如此，他甚至在学术界被认定为重商主义学派。重商主义学派以发展国家经济，增加国家财富为目的，主张国家积极干预经济生活，鼓励各国重视本国工商业的发展，采取相应措施，通过高税率限制外国工业制成品的进口规模，实行多卖少买策略，实现对外贸易顺差。而且亚当·斯密的政治经济学思想，对李斯特的思想也产生了重要影响，李斯特在继承斯密思想的基础上，把斯密世界性的经济学发展为民族国家性的，并加强了经济学的政治性。

（三）德国当时的社会状况

19世纪初，英国在工业革命的推动下，经济实力和综合国力快速提升，并进一步扩展海外市场，进行海外殖民活动，给周围几个欧洲国家的经济造成很大的压力。在法国国内革命战争期间，拿破仑实行"大陆保护政策"，实行贸易保护政策以抵制英国的工业冲击。俄国也实行贸易保护，保护自己的工商业不受外来英国工业的冲击。但是，德国当时是一个农耕为主的国家，出口农产品、进口工业制成品，而且国内城邦林立，处于割据状态，没有统一的关税制度和国内市场，拿破仑实行的"大陆保护政策"在一定程度上保护了包括德国在内的欧洲大陆国家的国内工业。当时，德国的纺织业、冶金制造业得到发展，国内生产总值提升，但是"大陆保护政策"失败以后，德国国内工业遭到英国工业的冲击。

三、李斯特的国家治理思想

李斯特的国家治理思想主要立足于当时在西欧经济相对落后的德国如何追赶新兴的大国——英国，他为了找到一条追赶英国的方法，总结了西方世界兴衰特别是英国崛起的经验，批判性地继承了重商主义经济学的成就，并反对古典经济学，提出了独创的"国民经济学"和"生产力理论"，首创了保护贸易学说。其经济学说有两个基本点：一是国民经济学，二是生产力理论。[①]

---

① 朱曰强：《李斯特经济思想评述》，《河南师范大学学报（哲学社会科学版）》1985年第2期。

（一）以国家为核心的国民经济学

李斯特游历多个国家之后，凭着自己强烈的爱国主义情怀，依然坚持以国家为核心的国民经济学思想，立足发展德国的经济，认为经济学不是世界性的普遍学说，而是要和本国经济发展的现实相结合。

1. 取消国内关税，实行恰当的对外贸易保护，以追赶先进国家

李斯特学说可以归纳为这样两个基本观点：一是主张农产品和原料的自由输入；二是在此基础上主张借助关税，对本国工业给予有效的但并不过分的保护，以对抗外国竞争。因而，他提倡的制度与英国所采用的片面自由贸易下无条件自由输入的制度不同，也不同于俾斯麦所赞同的对食物、原料以及工业品输入一概征收保护关税的制度。

李斯特上述观点和政策主张源于他的独立思考和对其他国家的考察。根据自己的见闻和研究，李斯特发现一个矛盾，流行学派倡导的自由贸易原则与拿破仑的大陆制度都是有效的。为何两种矛盾的理论都是有效的呢？带着这一疑问，他发现问题的症结在于二者的有效性是有条件的："流行理论原来是完全正确的，但是只有当一切国家都像上述各州各省一样的情况下遵守着自由贸易原则时，这个理论才有其正确性。这就使我要考虑到国家的性质。我所发觉的是流行学派并没有考虑到国家，它所顾到的，一方面是全人类，另一方面只是单独的个人。我清楚地看到，两个同样具有高度文化的国家，要在彼此自由竞争下双方共同有利，只有当两者在工业发展上处于大体上相等的地位时才能实现。如果任何一个国家，不幸在工业上、商业上还远远落后于别国，那么它即使具有发展这些事业的精神与物质手段，也必须首先加强它自己的力量，然后才能使它具备条件与比较先进各国进行自由竞争。总之，我发现世界主义经济学与政治经济学两者之间是有区别的。我认为德国必须取消国内关税，采用统一的对外商业政策，由此来努力达到别的国家凭了它们的商业政策在工商业发展上所达到的标准。"①李斯特认为，政治经济学应该是以本国经济为核心的，立足发展本国的经济，它的核心既不是世界也不是个人，而是国家。在流行学派独霸天下的时代，李斯特的这一思想声音是微弱的。李斯特顽强地与那些有着强大后援支持的流行学者们斗争着。来来往往的辩论使得李斯特认识到了价值理论与生产力理论之间的区别，发现流行学派的错误在于："它以那些只能适用于农产品自由贸易的理由为依据，借此来证明工业品自由贸易的正确。"②怀揣着这样的见解，李斯特游历了奥地利、匈牙利、瑞士、法国和英国，想考察这些国家实际情况，想从书本里吸取教训。后来他又考察了美国社会，他发现："关于政治经济学我们可以读到的最好的书本就是现实生活。"③

在李斯特看来，没有统一的适应各国的政治经济学和经济规律，因为每个国家或民族都具有自身的经济发展情况。每个国家或民族应根据自身的特点制订适合自身发展的"国家经济学"。由此可见，李斯特将"国家"的经济发展作为自己经济理论的出发点和目的。

2. 国家经济发展具有阶段性，必要阶段需要贸易保护

通过对美国、英国、瑞士等国家的考察，李斯特得出了重要的国家经济发展结论。首先，他认为，技术和商业可以从这一个城市转移到另一个城市，从一个国家转移到另一个国家，而驱逐它们的总是专制虐政和理性的缺乏，吸引它们的总是自由精神。不过，在李斯特看来，高度发展的文化和自由制度是商业发展所必要的，但并不充分，还需要有适当的商业政策支持，否则这个国家在经济上的保障是薄弱的，这点可以从美国的历史和德国的经

---

① ［德］京特·法比翁克著，吴薇芳译：《弗里德里希·李斯特》，商务印书馆2017年版，第5页。

② ［德］京特·法比翁克著，吴薇芳译：《弗里德里希·李斯特》，商务印书馆2017年版，第7页。

③ ［德］京特·法比翁克著，吴薇芳译：《弗里德里希·李斯特》，商务印书馆2017年版，第7页。

历史中获得教训。然后，他把国家发展分成三个阶段：第一个阶段是原始状态、农业状态和畜牧业状态；第二个阶段是农业—制造业阶段；第三个阶段是农业—制造业—商业阶段。最后，他总结道："历史教导我们的是，凡是先天的禀赋不薄，在财富、力量上要达到最高度发展时所需的一切资源的那些国家，就可以而且必须——但不必因此失去我们这里所说的目标——按照它们自己的发展程度来改进它们的制度。改进的第一个阶段是，对比较先进的国家实行自由贸易，以此为手段，使自己脱离未开化状态，在农业上求得发展；第二个阶段是，用商业限制政策，促进工业、渔业、海运事业和国外贸易的发展；最后一个阶段是，当财富和力量已经达到了最高度以后，再行逐步恢复到自由贸易原则，在国内外市场进行无所限制的竞争，使从事农工商业的人们在精神上不致松懈，并且可以鼓励他们不断努力保持既得的优势地位。我们看到处于第一阶段的是西班牙、葡萄牙和那不勒斯王国；处于第二个阶段的是德国和美国；法国显然是紧紧地靠在最后一个阶段的边缘；但在目前只有英国是实际达到了这个最后阶段的。"[1]

李斯特认为在第二个阶段时，必须实行国家贸易保护政策，否则国家的幼稚工业在其他国家相关成熟行业的冲击下就会垮掉，或者只能成为他国行业的附庸。李斯特以英国为例证明自己的理论。他以历史分析方法考察了英国的发展之后指出，英国一直小心谨慎地保护本国生产力的发展。输入的物品主要是原料和农产品，输出的物品主要是工业品，把剩余的生产力用于征服未开化的国家，以及开拓殖民地方面。有时候，为了保护本国工业，打击其他国家的竞争，甚至由政府出面支付给相关行业补贴。英国如此发达，尚采取贸易保护政策来促进本国弱势行业的发展，其他各国工业的发展明显比英国晚，更应该采取国家贸易保护措施。他指出，亚当·斯密的自由贸易理论，顺应了英国开拓市场的需求，维护了英国的利益，但并不是适用于各个

---

① [德] 弗里德里希·李斯特著，陈万煦译：《政治经济学的国民体系》，商务印书馆2017年版，第117—118页。

国家的贸易政策，其他国家经济发展屡屡受挫的一个原因就是把斯密的经济学说当作了普遍适用的国策。

（二）生产力是国家之本

生产力理论是李斯特国家治理思想的一个重要特色，是他对政治经济学的一大贡献。他认为大力发展生产力才能使国家富裕，而且生产力不仅包括物质科学技术的力量，还包括精神文化的力量。

1. 生产力是国家获得财富的原因

有关生产力问题的许多精辟论述构成了李斯特国家治理思想的重要组成部分。李斯特首先指出，生产力的获得和占有对一个国家来说具有首要意义。生产力的获得是国家财富获得的重要原因，没有生产能力，即使有财富也会越来越穷；相反，如果具有生产能力，也就具有财富的源泉，即使当下很穷日后也会越来越富。正如李斯特所言："财富的原因与财富本身完全不同。一个人可以据有财富，那就是交换价值；但是他如果没有那份生产力，可以产生大于他所消费的价值，他将越过越穷。""由此可见，财富的生产力比之财富本身，不晓得要重要多少倍。它不但可以使已有的和已经增加的财富获得保障，而且可以使已经消失的财富获得补偿。"①

2. 综合性的国家生产力体系

在李斯特看来，生产力不是一个单纯的劳动能力，而是一个综合性的生产力体系。李斯特把"国民生产力"分成四种类型：（1）人的生产力，包括精神的生产力和肉体的生产力；（2）自然的生产力；（3）社会的生产力；（4）物的生产力。②这四种生产力组成了一个生产力群。

李斯特批评流行学派把单纯的体力劳动作为唯一的生产力，把物质财富或交换价值作为研究的唯一对象。具体来说，他承认亚当·斯密看到了生产

---

① ［德］弗里德里希·李斯特著，陈万煦译：《政治经济学的国民体系》，商务印书馆2017年版，第132—133页。

② 姚开建主编：《经济学说史》，中国人民大学出版社2003年版，第219页。

力对国家的重要性，但他认为斯密并没有将这种意识贯彻到底，后来将注意力过多地放到了"分工"上，从而妨碍了斯密对生产力的进一步探讨。李斯特进一步指出，斯密研究限于创造物质财富的人类活动方面，否认维持秩序、培养和促进宗教、科学、艺术、教育等有关人的精神劳动具有生产性，对于斯密唯一关注的创造物质价值的人类活动，李斯特承认斯密认识到了它的生产力是取决于进行劳动时所运用的"技巧与鉴别力"，但当他研究这种技巧与鉴别力的起因时，他说到分工就戛然而止了，只是用交换、物质资本的增加和市场的扩大这些因素来说明。李斯特批评斯密从物质环境和状态来解释精神力量把流行学派带偏了，深深地陷入唯物主义、狭隘观点和利己主义的泥潭中，成为一种只是研究财富或交换价值是怎样产生、分配和消费的理论。

李斯特用了一些生动形象的具体实例来证明流行学派的矛盾和错误："按照这个学派的说法，一个养猪的是社会中具有生产能力的成员，一个教育家却反而不是生产者。供出售的风笛或口琴的制造者是生产者，而大作曲家或音乐名家，却由于他表演的东西不能具体地摆在市场，就属于非生产性质。医师救治了病人，倒不是属于生产阶级；相反的，一个制药工人，虽然他所生产的交换价值（丸药）在化为无价值状态以前的寿命也许只有几分钟，却是一个生产者。像牛顿、瓦特或刻普勒这样一种人的生产性，却不及一匹马、一头驴或一头拖重的牛……这里所提到的流行学派的一些错误和矛盾，从生产力理论的观点来看，很容易纠正。那些养猪的和制丸药的当然属于生产者，但是青少年和成年人的教师、作曲家、音乐家、医师、法官和行政官也是生产者，他们的生产性比前一类要高得多。前者所生产的是交换价值，后者所生产的是生产力。"[①]在李斯特看来，教育家、作曲家、医生、科学家之所以是生产力者，是因为他们是生产力的生产者，他们能够使下一代成为生产者。

李斯特反对像萨伊那样把国家的发展程度归结为它所蓄积的财富即交换

---

① ［德］弗里德里希·李斯特著，陈万煦译：《政治经济学的国民体系》，商务印书馆 2017 年版，第 141—143 页。

价值的多少，他认为一个国家的发展程度取决于它的生产力的发展程度。基于此，李斯特认为保护关税对于国内生产力的提高乃至整个国家方方面面都是大有好处的："保护关税如果使价值有所牺牲的话，它却使生产力有了增长，足以抵偿损失而有余，由此使国家不但在物质财富的量上获得无限增进，而且一旦发生战事，可以保有工业的独立地位。工业独立以及由此而来的国内发展，使国家获得了力量，可以顺利经营国外贸易，可以扩张航运事业，由此文化可以提高，国内制度可以改进，对外力量可以加强。"①

李斯特提出，社会上的工作划分与工作种类以及国家生产力之间的协作状况是一个国家发展状态的主要决定力量，其中，最重要的工作划分是精神生产工作与物质生产工作之间的划分，而物质生产中最重要的工作划分与最重要的生产力协作是农业与工业之间的划分与协作。李斯特提出："在一个国家，就像在一个制针厂一样，每一个个人、每一个生产部门，以至于整个国家的生产力所依靠的是彼此处于适当关系中的一切个人的努力。"②并将这种关系称为"生产力的平衡或协调"。在他看来，对于一个国家来说，工业较之商业具有更为根本的作用："一个国家没有工业，只经营农业，就等于一个个人在物质生产中少了一只膀子。商业只是农业与工业之间以及它们各部门之间的交流中介……国家自己有了工业，食物和原料就可以尽量按照工业的需要来生产；如果依存于国外工业，那就要受到牵制，只能按照外国自己不想生产而不得不向另一国家采购的那个限度来生产剩余产品。"③李斯特认为，国家的统一是国家长期发展的基本条件，只有个人利益服从国家利益，只有世世代代地向一个目标努力，国家生产力才能获得均衡发展，生产

①［德］弗里德里希·李斯特著，陈万煦译：《政治经济学的国民体系》，商务印书馆2017年版，第144—145页。

②［德］弗里德里希·李斯特著，陈万煦译：《政治经济学的国民体系》，商务印书馆2017年版，第158页。

③［德］弗里德里希·李斯特著，陈万煦译：《政治经济学的国民体系》，商务印书馆2017年版，第159页。

力的联合对各个工厂起着有利的作用。"为了增进和发展德国的生产力，李斯特还提出了一些政策性建议，择其要者列举如下：（1）鼓励生产力的输入。包括引进国外先进技术和管理方法，吸收外资来德投资，收买商业秘诀，招聘国外技工，等等。（2）加强经济立法，其中特别强调制定专利法和版权法，以鼓励发明创造。（3）大力发展教育事业，培养科技人才，尤其要重视工业技术教育和举办工业展览。（4）大力发展交通运输业，改进运输工具和路政设施。"[①]

（三）国家干预主义

李斯特经常被称作重商主义者，但在许多方面并非如此。李斯特不想回到亚当·斯密在《国富论》中所批判的重商主义，人们往往认为李斯特试图通过去其糟粕、取其精华的方法来复兴重商主义，但在《政治经济学的国民体系》的前言中，李斯特对这一说法作出回应。事实上，尽管李斯特著作的许多内容都在致力于探讨亚当·斯密的问题，但在很多方面，李斯特都是亚当·斯密的崇拜者。毕竟，亚当·斯密是深入研究这一领域的第一人，也是政治经济学的鼻祖。李斯特并不是简单拒绝亚当·斯密，而是建立并深化自己的思想，尤其是把纯粹经济主义的方法"政治化"。数学理论需要的是简单，亚当·斯密的理论便需要一种世界政治的视角，即个人的行为处在单一的全球经济实体之中。

李斯特认为，理论上斯密的观点是正确的，但在现实世界并非如此。在现实世界中，经济是国家性的。为了与其他国家政治经济体竞争，每一个政府都必须判定什么是最有利于国家的，但最有利于国家的未必是最有利于个人的。例如，如果国家可以从修建国家基础设施中获利的话，那么尽管会损害一些个人的利益，但国家仍应推进这项计划。简单地说，国家利益重于个人利益，政府应当引导经济活动去追求长远的国家利益。然而，不只是在发

---

① 赵俊芳：《李斯特经济思想简评》，《经济学动态》1985年第6期。

展国家的实力时经济才是政治的：李斯特认为促进自由贸易本身就是政治的。在他的观念中，"英国是最大的欺凌者，对欧洲来说毫无意义可言"。英国拥有最强的工业实力，这使它在与那些难以进行竞争的地区开展自由贸易时能够利用自己的比较优势。但是，在那些英国不具有比较优势的贸易中，英国摒弃了它自由放任的意识形态，转而采取提高关税的办法来保护本国的制造商。结果，德国失去了继续发展的能力，无力与英国进行竞争。

因此，没有证据能够证明自由贸易是促进发展的手段；在那些缺少自由贸易的时期，德国的制造商得到了发展。特别是拿破仑的大陆体系时期，欧洲大陆对英国的封锁为德国工业发展提供了空间。随着1812—1813年大陆体系的结束，大批廉价的英国商品涌入欧洲，但是李斯特相信统一的大规模市场会抵御更加有力的竞争者。因此，保护弱小工业以及在国家层面促进工业创新，交通、基础设施和教育的发展非常重要。国家同样应该保证稳定性与合法性，并在军队等军事力量领域给予投资。这并不是拒绝贸易本身，而是拒绝一种认为任何贸易都可以成为"自由贸易"的思想，因为所有的贸易形式都包含不平等和不对称的力量关系。

李斯特从当时德国政治不统一，经济落后，工业不发达，外货充斥国内市场的实际情况出发，要求德国建立统一的资产阶级政权，主张国家干预经济，对内进行改革，扫除封建障碍，限制私人对国家经济的危害活动；对外实行保护性贸易政策，以促进德国实现工业化。可见，李斯特经济思想的要旨就是：国家干预经济，保护和促进国民生产力的发展。[①]

李斯特反对亚当·斯密自由放任的思想，他并不认为个人自由发展就可以使整个国家必然发展。有时有些人追求自己私人利益，就会危害国家或公众的利益。他认为，有些事情对于个人而言是不利的事情，但对国家而言可能是有利的；相反，对个人有利的事情，也许对国家是有害的事情。国家与

---

① 张家林：《论李斯特的国家干预经济思想及其借鉴意义》，《上海经济研究》1991年第3期。

个人的利益并不总是一致的。因此，为了国家的利益，国家应该对私人事业和活动做出必要的限制。李斯特认为，从长远来看，国家所做的这些限制实质上并没有真正束缚私人事业和活动；只是从国家的层面出发引导私人事业、汇集私人的财力和物力朝着有利于国家和个人的方向发展。而且国家可以做私人想做而没有力量做的事情。

（四）李斯特的国家治理思想的评价

李斯特作为历史学派的先驱人物，他反对封建势力和封建思想，同时也反对空想社会主义的一些主张。李斯特的国家治理思想的出发点是为了帮助当时相对落后的德国赶上英国，因此，他的国家治理思想充满着民族国家的色彩和强烈的爱国情怀，显示出经济学的国家边界和民族特色。他的贸易保护理论对发展中国家经济发展而言，比其他学者的贸易自由理论更具有实际的借鉴意义，为发展中国家追赶发达国家提供了贸易理论指导。历史事实证明，李斯特的经济理论具有重要的指导价值。李斯特政治经济学国家发展特色和阶段的思想，为各个国家和民族结合实际发展经济提供了理论依据。既然不存在放之四海而皆准的经济发展模式，那么发展中国家理应探索属于自己的经济发展道路而不能照搬他国的模式，不顾本国国情的现实而盲目套用他国的做法往往会给本国发展带来灾难。在这一点上，李斯特的国家治理思想显然具有借鉴意义。

李斯特的综合生产力理论，指出了国家发展科学技术是生产力，制度、教育、文化等也具有生产力的功能，国家的生产力系统是各个系统整合后的整体效果。这为国家建立科学的制度、大力发展教育和文化等提供了理论依据，值得后人学习。实际上，德国作为后起的资本主义国家之所以发展迅速，在一定程度上就是因为采用了李斯特的生产力理论。

然而，李斯特的国家治理思想集中代表了资产阶级的利益，不可避免地带着阶级局限性，他没有对资产阶级生产关系特别是私有制进行深入分析，而且以经济发展的阶段性和民族性否定经济规律的普遍性也是欠妥当的。

第十六章　空想社会主义的国家治理思想

　　"社会主义"是一个复杂概念。英国人柯尔就指出，"给社会主义下明确的定义是不可能的"，并且认为这是一件"时常引以为憾"①的事。列宁在《国家与革命》一书中也指出："马克思没有经院式地臆造和'虚构'种种定义，没有从事毫无意义的字面上的争论（什么是社会主义，什么是共产主义），而是分析了可以称为共产主义在经济上成熟程度的两个阶段的东西。"②所以，关于什么是社会主义这类问题不是必须有一个精确的定义，关键是要抓住其本质内容或本质特征。社会主义思想的产生与发展经历了一个漫长的历史发展过程。19世纪，随着资本主义产业革命的发展，社会主义学说在资产阶级统治时期产生。虽然社会主义思想总体来说是对未来社会制度进行美好的设想和描绘，但在不同的发展阶段，不同代表人物的思想还是有差异的。空想社会主义者如圣西门、傅立叶等不主张彻底消灭私有制，在理想社会中还保留私有制的某种残余，而法国的卡贝、德萨米等工人运动理论代表则主张彻底消灭私有制，建立人民民主专政的国家，无政府主义则主张消灭一切国家和法律，鼓吹个人的绝对自由。这些在不同历史阶段关于国家和社会的论述形成了社会主义国家的治理思想，对我们今天推进国家治理体系和治理能力现代化具有启示意义。

---

　　① ［英］G.D.H. 柯尔著，何瑞丰译：《社会主义思想史》第1卷，商务印书馆1977年版，第7页。

　　② 《列宁选集》第3卷，人民出版社1995年版，第200页。

第一节　空想社会主义的国家治理思想

进入19世纪，随着工业革命的蓬勃发展，资本主义剥削制度在欧洲大陆确立，成为当时先进的社会制度。资本主义制度逐渐繁荣的同时也暴露其存在的诸多问题。当时一些先进的思想家看到了资本主义制度的剥削实质，对资本主义产生不满，于是通过各种方式对其进行批判，憧憬更加美好的国家制度和国家治理方式，但由于他们没有很好地把握资本主义制度的实质，对未来国家治理的憧憬更多地限于空想范畴，一般被称为空想社会主义者。其中以圣西门、傅立叶、欧文最为著名，他们的思想在当时以及后来，直至现在都产生了巨大影响。恩格斯在1880年3月写的《社会主义从空想到科学的发展》中清楚指出："空想主义者的见解曾经长期支配着19世纪的社会主义观点，而且现在还部分地支配着这种观点。法国和英国的一切社会主义者不久前都还信奉这种见解，包括魏特林在内的先前的德国共产主义也是这样。"①为什么在19世纪初空想社会主义发展进入高潮呢？

从空想社会主义产生的时代背景来看，工业革命为空想社会主义国家治理思想的诞生奠定现实基础。工业革命极大地促进了资本主义经济的发展，并为空想社会主义国家治理思想产生提供了必不可少的组织基础：无产阶级。18世纪，完成了光荣革命的英国率先进行了工业革命，一大批先进生产工具的应用使工业生产摆脱了传统的手工业迈向机器大工业，这产生了大批的产业工人，他们从事最为辛苦的工作但又过着极为贫困的生活，虽然创造了无穷社会财富而自己却无法享受任何劳动成果；政治上没有任何民主权利和社会地位，被资本家进行无情地压榨。经济上和政治上的不平等待遇使工人迅速成为一个稳定的社会团体，无产阶级诞生了，他们代表广大劳动人民

---

① 《马克思恩格斯选集》第3卷，人民出版社2012年版，第788页。

的利益和诉求，积极为改变不平等的现状而努力。空想社会主义思想就在这样的大环境中慢慢孕育而生。法国大革命为空想社会主义国家治理思想的诞生指引方向。空想社会主义者是"法国大革命的产儿"。法国大革命使一些思想家看到了人民群众的力量，人民一次次地把革命从危机边缘抢救回来，在历史舞台上发挥重要作用。法国大革命彻底推翻了封建的君主统治，在法国进行了十分彻底的资产阶级革命，建立了资产阶级共和国，以暴力手段反抗强权政治从可能变为现实。法国大革命传播了民主自由思想，震撼了整个欧洲和世界，对当时欧洲君主封建统治造成沉重打击，对整个欧洲思想解放发挥重要作用。法国大革命极大鼓舞了空想社会主义者，运用人民群众的力量暴力反抗剥削统治，建立自由平等博爱的国家不再是资产阶级的专利，广大被压迫人民都可以拿起武器反抗剥削和压迫。启蒙运动为空想社会主义国家治理思想的诞生奠定思想基础。17—18世纪，发生在欧洲的资产阶级反封建的思想启蒙运动对当时的欧洲产生巨大影响，武装了人民的头脑。以伏尔泰、孟德斯鸠、卢梭等为代表的启蒙运动领袖所倡导的自由、平等、天赋人权启迪了人们的思想，动摇了欧洲的封建专制统治，是一场轰轰烈烈的思想解放运动。其中一些人如康德、霍布斯、洛克的政治哲学和国家治理思想对后世影响深远，深化了空想社会主义者对自由、平等的认识。启蒙运动对封建压迫专制的批判启迪了空想社会主义者，使他们对当时的资产阶级压迫制度和私有制的剥削本质采取了相似的视角和方法进行批判，更能够从思想上把握批判的实质。

　　从空想社会主义产生的理论基础来看，首先，空想社会主义国家治理思想接受了启蒙运动和自由主义的现代政治理念。圣西门是百科全书派哲学家达兰贝尔的学生，傅立叶熟读伏尔泰和卢梭，欧文接受爱尔维修的哲学，他们三人深受启蒙思想家的影响，并对他们的观点进行批判地继承，认为批判和超越启蒙哲学和自由主义是社会主义的重要任务。他们从批判自由主义入手，认为自由主义不够好，甚至是虚伪和邪恶的。在批判的过程中不断吸取自由主义的合理成分，逐步完善社会主义的内容。空想社会主义者除了批判还吸收和继承了启蒙哲学和自由主义进步的观点，认为历史发展是一个逐渐进步的过程，人们可以通过不断努力实现自身、社会和世界永无止境的进步。其次，空想社会主义国家治理思想吸收了西方近代以来的唯物主义和无神论中的养分。空想社会主义思想家以唯物主义和无神论作为自己的哲学基础来思考国家治理问题，对宗教进行批判，对各种思想流派的意识形态性质进行无情揭露，通过对宗教和有神论的批判，矛头直指以宗教赖以维系的专制统治和专制统治赖以存在的私有制的经济基础，给当时的统治阶级造成巨大冲击，启迪了人们思想，使人们对什么是国家、国家的阶级统治工作的本质有了初步的了解，为科学社会主义的诞生奠定基础。最后，空想社会主义国家治理思想吸收同时代的哲学理论和思想方法。19世纪是个思想家辈出的时代，空想社会主义者直接吸收和借鉴同时代思想家的国家治理思想或思想方法，加上自己对国家问题的深入思考，形成了空想社会主义国家治理思想。当然，思想家们不仅借鉴这些思想和方法，而且试图超越他们，康德、洪堡、费希特、黑格尔、边沁等对于国家问题的认识都对空想社会主义者产生影响，既包括内容，也包括分析国家问题的方法。

古希腊思想家柏拉图在著作《理想国》中描述了对理想国度的向往和追求。他认为："正义是最高的善，它不是某种外在的东西，而是灵魂自身的适当状态。一个理想的国家就是要符合至善理念的、正义的国家。正义不仅是个人的德性，而且是国家和个人的共同德性，是国家和个人的双向约束和互动，是对个人更是对国家的要求。正义是理想国的核心概念。"[1]他以正义为基础，对理想国家进行深入思考，形成对理想国家的设计和安排。柏拉图的思想对后世影响极大，后世的空想社会主义者或多或少都受到其影响。16—17世纪的空想社会主义主要代表人物是莫尔、闵采尔等，他们在文学作品中描绘对理想社会制度的向往，提出社会主义的一些基本原则，如公有

---

① 刘真真：《〈理想国〉中的公民教育思想及启示》，《濮阳职业技术学院学报》2010年第2期。

制、人人劳动、按需分配等，受时代所限，他们设计的理想社会只能以手工工场为原型，大致勾勒出社会主义粗糙而简单的轮廓。18世纪空想社会主义主要代表人物是摩莱里、巴贝夫等，比16—17世纪更为进步的是，他们以"法典"的形式作出明确规定，对资本主义私有制度进行批判，对私有制造成的经济上的不平等最终导致的政治上的不平等进行鞭挞，对过去所有的国家制度都是建立在私有制基础上为统治阶级服务进行深刻揭露，产生了初步的阶级观点，对未来理想社会的设计以农村公社和手工工场为原型。

一、圣西门的国家治理思想

圣西门是19世纪空想社会主义的集大成者，在他的思想中包含了对美好国家、理想制度的向往，尽管具有乌托邦性质，但形成了其对国家治理的一套认知体系，对后世有启发意义，影响深远。

（一）圣西门的生平及著作

克劳德·昂利·圣西门（1760—1825）出身于法国的一个封建贵族世家，他的父亲是伯爵，母亲也是名门望族。他在《生平自述》中说："我是查理大帝的后裔，圣西门公爵的嫡亲。"圣西门自幼接受良好教育，著名的启蒙学者达兰贝尔是他的老师，少年时期受到法国唯物主义和资产阶级民主思想的影响，喜欢自然科学，对唯物主义哲学有浓厚兴趣，批判宗教迷信。根据贵族的传统习俗，圣西门17岁参军；1779年，他随法军参加了支持北美殖民地人民独立战争，屡立战功，自称为"合众国自由的奠基人之一"。五年的战争生涯使圣西门对资产阶级民主思想的认识进一步深化，战争的正义性质和革命精神开阔了这个贵族青年的眼界，促使他确立一生为之奋斗的目标，即"研究人类理性的进程，以便将来为改进人类的文明而努力"。1789年法国资产阶级大革命爆发，大批封建贵族逃亡国外，圣西门却返回国内，放弃伯爵爵位，投入革命洪流之中。随着革命的不断发展，人民群众运用暴力手段推翻封建统治，圣西门则幻想通过和平的方式进行改造。所以，他最后退出了革命，从事金融投机活动并发了大财。奢靡的生活并没有消磨圣西门的理想，1797年，他放弃投机活动，开始潜心钻研科学知识；1799—1802年，他还到巴黎工业大学和医科大学去听课。勤奋的科学研究和考察，对于圣西门思想体系的形成和发展有十分重要的意义，最终使他成为"最博学的人"。

1802年，圣西门出版了第一本著作《一个日内瓦居民给当代人的信》，首次在书中提出阶级斗争的思想，并初步阐述了社会主义思想。然而，为了自己的研究工作，圣西门很快花光了全部财产。1805年后，他无奈到一家公营店铺当缮写员，甚至依靠他过去的仆人艰难度日。贫困并没有使他丧失斗志，反而使他接触到最下层的贫苦群众，更加敏锐地观察社会矛盾。1808年，发表了《19世纪科学著作导论》。1813年，出版了《人类科学概论》和《万有引力》，表述他的哲学思想和对历史规律性的见解。1817年，出版《论财产和法制》，其中对社会主义思想又有新的发展。19世纪20年代，圣西门接连出版一系列社会主义著作，如《论实业制度》《实业家问答》《论文学、哲学和实业》《新基督教》等，从哲学、历史、政治和经济等方面进一步阐述他的思想，形成系统的空想社会主义思想体系。圣西门的思想对后世影响巨大，苏联学者阿·列万多夫斯基在其1973年出版的《圣西门传》中对圣西门有经典评述："昂利·圣西门从生活中得到的印象是丰富多彩的，他以创造性的天才，按照自己的心愿把它们加以整理。他观察周围世界的敏锐眼光，能够在某些地方看穿掩盖过去和未来的迷雾。他给人类留下的遗产是对不朽思想宝库的重大贡献。"[①]圣西门有很多关于国家、政治制度、民主等问题的看法，由此而形成了一系列国家治理思想。

---

① ［苏］阿·列万多夫斯基著，孙家衡、钱文干译：《圣西门传》，商务印书馆1983年版，第307页。

（二）圣西门的国家治理思想的内容

圣西门的国家治理思想主要围绕资本主义国家和资本主义制度展开，对其进行了辛辣的批判，并憧憬理想的国家治理制度。

1. 批判资本主义制度

圣西门严厉批判资本主义制度，认为资本主义社会是一个充满病态、黑白颠倒的社会。统治者为了获取特权不择手段，使用暴力和阴谋压迫剥削人们，从来不付出劳动，过着荒淫无度的生活，成为游手好闲的寄生阶级。而辛勤劳动的劳动者却成了暴力和阴谋的牺牲者，尽管他们努力劳作、辛勤付出，却过着极为悲惨的生活，生活极端贫困。这是一种不合理的社会制度。同时，资本主义制度缺乏组织经济的能力，经济生活中一切主体都是孤立的、分散的、隔绝的，生产和流通处于无政府状态，最终造成经济上的严重浪费，败坏人的道德品行，把人变得极端自私自利。

圣西门认为，不合理的资本主义制度终将被新的社会制度取代，而社会制度发生转变的关键因素在于经济。他认为政治将完全为经济所容纳，政治学将成为生产的科学。他不满传统政治学将研究的中心放在政府形式（政体）上，对于政府而言"所有制的制宪工作才是基本。因此，这项制宪工作才是社会大厦的基石"[1]。圣西门重视阶级斗争，他将15世纪以来欧洲历史发展的基本内容归结为社会各阶级之间的阶级斗争。他将法国大革命前的阶级斗争由传统的贵族与市民二元斗争修正为贵族、市民、无产者之间的三元斗争，被恩格斯评价为"极为天才的发现"[2]。

2. 国家治理的理想制度：实业制度

圣西门反对三权分立，认为其在国家治理上过于重视政府形式，似乎三权分立是解决所有问题的"万金油"，然而三权分立是无法造福于整个社会

---

[1] ［法］圣西门著，王燕生、徐仲年、徐基恩等译：《圣西门选集》第1卷，商务印书馆1979年版，第188页。

[2] 《马克思恩格斯全集》第25卷，人民出版社2001年版，第378页。

的。"当然，议会政府的形式比其他一切政府形式都好得多，但这仅仅是一种形式，而所有制的制宪工作才是基本。因此，这项制宪工作才是社会大厦的基石。""因此，我们认为应当解决的最重要的问题，是应当如何规定所有制，使它既兼顾自由和财富，又造福于整个社会。"[1]在三权分立中，由下议院来制定财政法，那么这意味着"只有下议院真正拥有全部政治权力。如果说法国和英国的下议院至今未行使过这项重大权力，这仅仅是因为在法国和英国的下议院中，迄今至少仍是效忠于政府的人士占大多数，他们遵从来自政府的指示，按照政府的意图表决预算"[2]。而政府的意图就是资产阶级的利益和意志。如何改变这种状况？圣西门设想应当选出由实业界代表组成的下议院以提高实业界的作用，解决三权分立的弊端。为此，圣西门在不同阶段对未来理想的国家治理模式进行设计：一种被称为"牛顿议会体制"，由21名当选人组成的议会，把人选分成四个部分，每个部分都有权选举总会和本部分的分会，每个人都要参加其中之一；一种被称为"科学院模式"，把有才能的学者分成两类，组成两个独立的科学院，一个科学院以制定最完善的公益约法作为自己的主要工作，另一个则以改进情感约法为主要工作。

3. 国家制度转变的途径：和平地转移

为了解决三权分立的弊端，必须找到解决问题的办法。圣西门认为，解决问题的方法必须是合法的，通过合法的手段把政治大权过渡到实业界手中。他否定暴力革命，认为起义的手段不发挥实际作用，最重要的方法应当是和平地转移权力。"我们坚信已经找到了这种解决办法，并且认为我们提出的措施正好可以达到预期的目的，因为这种措施的必然结果，将是经过一段时间后，下议院会完全由公社的成员即实业界的代表组成，或者至少绝大多数由这些人组成；另一方面，由于下议院拥有表决国家预算的特权，所以

---

① ［法］圣西门著，王燕生、徐仲年、徐基恩等译：《圣西门选集》第1卷，商务印书馆1979年版，第188页。

② ［法］圣西门著，王燕生、徐仲年、徐基恩等译：《圣西门选集》第1卷，商务印书馆1979年版，第194页。

它握有政治大权。由此可见，我们提出的措施，一定能使政治大权转移到实业界手中，而这种转移将完全合法地进行，完全符合现在的宪法，并且不会引起任何突然的变动，因为这种措施，按其本性来说，只有逐步实施才会有效。"①

（三）圣西门的国家治理思想的影响及评价

空想社会主义在19世纪初期达到了高峰，其中圣西门被称为"批判的、乌托邦的社会主义和共产主义者"，且是其中的第一人。他丰富而精辟的思想为社会主义思想宝库增添了许多新内容，成为科学社会主义的一大直接思想来源。恩格斯曾高度评价圣西门："我们在圣西门那里发现了天才的远大眼光，由于他有这种眼光，后来的社会主义者的几乎所有并非严格意义上的经济学思想都以萌芽状态包含在他的思想中。"②圣西门的思想有许多进步的地方，甚至被恩格斯称为"处处突破幻想的外壳而显露出来的天才的思想萌芽和天才的思想"③。首先，圣西门认识到经济关系的变革是社会政治变革的原因。他解释社会制度转变看到了经济在社会发展中的作用。他意识到所有制比政府形式更加重要，提出所有制是社会的基础，而政府只是它的形式。其次，圣西门提出按才能和贡献分配的思想，认为社会成员的收入应当同他的才能和贡献成正比。他建立实业制度的目的，就是要让每个社会成员按其贡献大小得到最大的富裕和福利。这一思想中包含着按劳分配的萌芽，为科学社会主义制定"各尽所能，按劳分配"提供基础。最后，圣西门从经济政治关系角度论述国家发展趋势，提出国家消亡思想。他认为旧制度下，国家管理是人对人的统治，但在实业制度下，政权机关的性质和作用都将发生变化，对人的统治完全让位于对物的统治，国家的职能主要是组织人

---

① ［法］圣西门著，王燕生、徐仲年、徐基恩等译：《圣西门选集》第1卷，商务印书馆1979年版，第227页。
② 《马克思恩格斯选集》第3卷，人民出版社2012年版，第646页。
③ 《马克思恩格斯选集》第3卷，人民出版社2012年版，第645页。

们进行社会生产，以造福整个民族。政治学变成关于生产的科学。恩格斯评价为："圣西门宣布政治是关于生产的科学，并且预言政治将完全溶化在经济中……对人的政治统治应当变成对物的管理和对生产过程的领导这种思想，即最近纷纷议论的'废除国家'的思想，已经明白地表达出来了。"①

圣西门的思想虽然在很多方面具有进步性，但受历史条件和本人世界观的局限，他的思想体系中不可避免地存在一些根本性缺陷。首先，圣西门虽然对资本主义的压迫制度进行尖锐批判，但没有触及生产资料私有制问题，不主张废除私有制，在他的理想社会制度中还完整地保留资本主义私有制，保留着资本家的剥削，也保留着资产阶级对无产阶级的实际统治。"在圣西门那里，除无产阶级的倾向外，资产阶级的倾向还有一定的影响。"②其次，圣西门对暴力革命持完全的否定态度，认为革命只是一种破坏力量。他认为法国大革命是一场灾难性的暴力，给法国人民带来了不幸。"一想起我目睹的这些可怕情景，在我的内心就引起反感。"③他只希望用和平的手段来医治社会弊病，把希望寄托于统治者良心发现是绝对的空想。最后，圣西门认为无产阶级是一支没有历史主动性的力量。虽然他很关注无产阶级的命运，但他没有把无产阶级看作社会变革的主要依靠力量。马克思、恩格斯曾评价空想社会主义者的共同缺陷："诚然，他们也意识到，他们的计划主要是代表工人阶级这一受苦最深的阶级的利益"，"但是，他们看不到无产阶级方面的任何历史主动性"，"在他们的心目中，无产阶级只是一个受苦最深的阶级"。④这些严重缺陷使圣西门的思想虽然具有很大影响，但也只是处于空想阶段，在历史长河中留下一笔，但不能成为历史发展的主流。

---

① 《马克思恩格斯选集》第3卷，人民出版社2012年版，第783页。
② 《马克思恩格斯选集》第3卷，人民出版社2012年版，第393页。
③ ［法］圣西门著，王燕生、徐仲年、徐基恩等译：《圣西门选集》第1卷，商务印书馆1979年版，第146页。
④ 《马克思恩格斯选集》第1卷，人民出版社2012年版，第431页。

二、傅立叶的国家治理思想

傅立叶是法国杰出的空想社会主义思想家，也是空想社会主义者中的杰出代表。他一生著书立说，在对资本主义制度的批判中形成对国家和国家治理的基本观点，虽然不免带有空想性质，但某些对国家治理问题的看法具有一定的进步意义。

（一）傅立叶的生平及著作

弗朗斯瓦·马利·沙尔·傅立叶（1772—1837）出身于法国东部贝桑松的一个富商家庭，父亲是一家大呢绒商店老板。在优越的环境中，傅立叶从小广泛学习几何、物理、数学、音乐、诗歌，他天资聪颖且勤奋好学。中学毕业后，他遵从父母之命经商，先后在里昂和巴黎做商店雇员和推销员。商业活动给他提供了参观社会、了解社会的机会。1792年，20岁的傅立叶继承了他应得的遗产，在里昂独立经营一家商店。法国大革命期间，他的家产被洗劫一空，这影响了他对革命的态度，他尤其敌视雅各宾专政。之后20多年，傅立叶始终以职员身份在商界打工维持生计，这使他切身体会到了下层劳动群众的生活疾苦，在繁忙的职员生活之余，傅立叶自学不辍，积累了丰富的自然科学和社会科学知识，从19世纪初开始，先后出版若干有影响力的著作。1803年发表了《全世界和谐》一文，展示自己的理论雏形。1808年，匿名出版了《关于四种运动和普遍命运的理论——关于发现的说明和解释》（简称《四种运动论》），系统阐述他的宇宙观、历史观，严厉批判现实。1822年，出版《论家务—农业协作社》，进一步拓展了《四种运动论》，更提出对于未来经济制度的设想。1829年，出版《新世界》，这一著作是傅立叶思想的最高成就。他的遗著《论商业》成就与《新世界》不相上下，1845年发表后不久便被恩格斯翻译为德文。傅立叶认为，资本主义制度是"罪恶的渊薮""颠倒的世界"，充满罪恶，应该被"和谐制度"所取代。他理想的"和谐社会"由有组织的合作社"法郎吉"组成。他对"法郎吉"进行了细致的设计和安排，但他反对使用暴力，而依赖资本家或贵族的帮助。他刊登广告招募能够出资创办"法郎吉"的富翁志愿者，可惜没有一个富翁应征。1832年，他和几个门徒创办"法郎吉"，可是不久就失败了，"法郎吉"式社会行不通。

（二）傅立叶的国家治理思想的内容

傅立叶的国家治理思想同样针对资本主义社会和资本主义国家展开，他发现资本主义雇佣劳动制度的弊端，主张建立公平的协作制度。

1. 辛辣批判资本主义社会

傅立叶首先从经济角度批判资本主义，认为资本主义社会是颠倒的世界、是社会的地狱，资本主义雇佣劳动制度是"复活的奴隶制"，资本主义工厂是"温和的监狱"和"贫困的温床"。资产阶级财富的增加是以劳苦大众的贫困加深为代价，资本主义制度的原则"为了要有富翁就要有贫民"。所谓"文明"实际上是"富者对贫者的战争"，劳动人民创造的财富越多，自身就变得越贫穷，在这种文明制度下，贫困是由富裕产生的。傅立叶又从政治上深刻批判资本主义制度。他认为，按照资产阶级启蒙思想家的"社会契约"和"天赋人权"理论，订立契约是为了保障人的自由、平等、幸福等"天赋权利"。然而，在资本主义社会，劳动人民的劳动权被剥夺，连吃饭的权利都没有，整日挣扎在失业、贫困和饥饿之中，一旦反抗就要被逮捕、监禁，甚至被杀死，何谈自由、平等、幸福。所以，他认为所谓社会契约和天赋人权都是骗人的鬼话。资产阶级国家的宪法也不过是用来骗人的东西，法律只是用来保证"坐在黄金上的阶级"享受幸福，使贫困永世长存。傅立叶还对资本主义的民主制度进行辛辣的讽刺。他的学生孔西得朗说："普选吗？好！当代社会实行普选后产生的法律，也并不比实行垄断选举所产生的法律更合情理，正如你所说的：实际上并不好，因为在今天的投票人当中，有二十分之十九的人都不了解情况，一点也不会委任官吏；他们根本不懂得他们的权利的意义，不知道他们投票是为了干什么！"①傅立叶自己也说：他们口口声声谈论什么自由和自由主义，但是丝毫不能加以应用。例如："在事业问题上，自由产生了各党派的疯狂行为和商业上的欺诈；自由只是在可耻的压迫中，才能补救这种过火行为；就像这种选举金法，规定抢劫了30万法郎的阴谋家可以获得代表资格，却把仅有15万法郎的正直人士排斥在外，这不是可耻的压迫吗？"②资本主义制度的自由选举就是把99%的居民排斥在代表机关之外的选举。"因此，文明制度乃是命运的对立面，是颠倒世界，是社会地狱。"③

2. 理想社会制度："协作制度"

傅立叶规划的理想社会制度"协作制度"由集体联合的生产和消费协作社——"法郎吉"组成。"法郎吉"一词源于希腊语"队伍"，指严整的步兵队伍。他用这个词表示和谐制度、协作制度下生产和生活的有组织性，克服资本主义制度下生产的无政府状态。他详细制定了法郎吉的组织规模、生产分配和成员生活的计划。在每个法郎吉中，按劳动性质分成每个专业劳动队或联组，即"谢利叶"。法郎吉的人数是1600—2000人，最理想的是1620人，占地面积1平方法里。每个谢利叶有7—9人。所有的法郎吉成员都住在一个大厦之内，叫作法伦斯泰尔。大厦由中央和两个侧翼组成，中央有公共机关：公共食堂、图书馆、交易所、教堂、电报局、冬季花园等。法郎吉间是和平友好的平等关系，他规划未来世界人口达到50亿人时，要有300万个法郎吉。"很显然，在拥有300万人的1800个法郎吉中间，或者在1.8万个法郎吉乃至180万个法郎吉彼此之间，都能够建立同样的协调一致关系。因为

---

① ［法］维克多·孔西得朗著，李平沤译：《社会命运》第2卷，商务印书馆1986年版，第627页。

② ［法］傅立叶著，赵俊欣等译：《傅立叶选集》第2卷，商务印书馆1981年版，第92页。

③ ［法］傅立叶著，赵俊欣等译：《傅立叶选集》第2卷，商务印书馆1981年版，第103页。

无论是一个法郎吉，或者是全地球所有的法郎吉，其结构总是一样的。当全球人口达到50亿人时，法郎吉的数目将增加到300万个。"①在法郎吉中设有一般领导事务机构"阿瑞斯"，又叫"权威评判会"。但这个评判会不是国家机关，不能颁布任何章程和规则，也不发布命令，它仅仅根据自己成员的经验和学科材料提出意见，对法郎吉的计划发表自己的意见。谢利叶可以接受也可以不接受。评判会由各谢利叶的领导人、有重大经济利益的资本家、因年龄、功绩或其他原因而受到公民特别尊敬的德高望重的法郎吉成员组成。然而，傅立叶的"协作制度"并不是一个完全的社会主义制度，法郎吉也不是一个完全的社会主义协作社，没有废除私有制，而是按照股份公司的形式组织起来的，资本家向法郎吉投资，能取得大量的股息，产品分配是按资本、劳动和才能三个方面进行。傅立叶希望通过这种方式使人人变成劳动者同时也是有产者，从而达到"阶级的融合"和社会的和谐。在这种协作制度中，实际上国家政权已经不存在，蕴含着无政府主义的影子。

3. 选拔人才的原则：公平的选举

傅立叶的学生孔西得朗根据他的基本精神，在法伦斯泰尔选举中，组织人们真诚坦率地运用选举授予当选人合法的权力。法伦斯泰尔的选举是以复合的按比例计算的能力为基础的，是以选举人的能力和他在普遍的秩序中的利益为根据的。选举的特点如下：一是为确定一个候选人的职务而被找来投票的选举人，谁有资格当选非常清晰明了，每人只在他确有专长的范围内和他参加的小组与谢利叶中投票选举，如数学家由数学家来选，化学家由化学家来选，农学家由农学家来选等；二是选举人对候选人的材料十分了解，对候选人的才能也很清楚，因为每个候选人的特长，早已有所表现，人们在接连多次的考试和会考之中展示出自己在某个方面的才能；三是采取多种方法保证评选的公正和准确，"谢利叶制度在衡量人的优点方面……具有难以估

---

① ［法］傅立叶著，赵俊欣等译：《傅立叶选集》第2卷，商务印书馆1981年版，第149页。

量的能力。因此，每一个人在每项工作中的相对的价值可以非常准确地用一个级别或一个比例数表示出来"①，谢利叶内评价人有内部保证也有外部保证，确保评价的公平公正；四是选票由群众按照能力大小投票保证选举结果的公正。

（三）傅立叶的国家治理思想的影响及评价

傅立叶的国家治理思想有很多积极的方面，对于深刻认识资本主义国家具有积极意义。首先，傅立叶对资本主义制度进行尖锐的批判和无情的嘲讽，成为启发工人觉悟的宝贵材料。傅立叶对资本主义制度进行全面的批判，涉及政治、经济、文化、道德等各个领域，比其他空想社会主义者更加广泛、深刻，是其学说中最有价值的部分。他深刻揭露资本主义经济结构从生产领域到流通流域的一些根本缺陷，注意到两大基本阶级的对立和斗争。在资本主义危机刚刚出现的时候就指明了危机的性质，并预见到最终会形成垄断，这些观点极具预见性并十分深刻。他运用辛辣讽刺幽默的语言进行批判，使得批判变得尖锐、生动又充满睿智。恩格斯夸奖说，我们在傅立叶那里"看到了他对现存社会制度所作的具有真正法国人的风趣的、但并不因此就显得不深刻的批判"。"傅立叶不仅是批评家，他的永远开朗的性格还使他成为一个讽刺家，而且是自古以来最伟大的讽刺家之一。"②"到目前为止，能够进行这种批评的只有傅立叶一人。"③其次，傅立叶在关于未来社会的设想中，提出了一系列积极的主张和天才设想，如关于协作化的优越性和必然性；关于消灭城乡差别、工农差别、脑力劳动与体力劳动差别：关于劳动竞赛代替竞争、自由选择公众代替旧式分工、劳动从作为谋生手段变为生活第一需要的思想；关于男女平等、妇女解放的思想；关于教育同生产劳动相结

① ［法］维克多·孔西得朗著，李平沤译：《社会命运》第 2 卷，商务印书馆 1986 年版，第 635 页。

② 《马克思恩格斯选集》第 3 卷，人民出版社 2012 年版，第 783 页。

③ 《马克思恩格斯全集》第 2 卷，人民出版社 1957 年版，第 659 页。

合、培养德智体全面发展的一代新人的思想；关于防止人口过剩，消费者人数应与劳动力发展保持平衡的思想；关于公职人员不脱离生产由选举产生的思想；等等，都具有进步意义。

当然，傅立叶的思想中也存在着极为严重的缺陷。首先，傅立叶虽然对资本主义制度进行尖锐辛辣的讽刺，但他把问题归结为生产的分散性、商业欺骗，以及在分配方面由于缺乏能够排除寄生者和支持各个有益阶级的分配制度。他没有抓住剥削制度的根源在于生产资料私有制，在他的和谐社会里仍然保留生产资料私有制和资本家的剥削，保留资本家的特权，甚至他还明确反对财产公有的主张。对此，恩格斯评价道："在傅立叶主义的法伦斯泰尔即协作社中，有富人和穷人，有资本家和工人。"所以，"傅立叶主义还有一个不彻底的地方，而且也是非常重要的一点，那就是它不主张废除私有制"[①]。其次，傅立叶对暴力革命持完全否定态度。虽然他认识到伟大的革命准备着和威胁着要消灭现代国家，但他坚决反对以革命手段来实现改造社会的任务，认为革命是最坏的一种社会苦难。他坚持以和平的方式实施改造计划，以达到永远消灭贫穷和消除革命的目的，同样以和平的手段达到改造现实社会，建立和谐制度的目的。最后，傅立叶同圣西门一样没有把无产者和广大人民群众作为一支有历史主动性的力量。他把国家改善的希望寄托在占有统治地位的有产阶级身上，认为这样的创举只有靠上层人物才能完成。

三、欧文的国家治理思想

欧文是19世纪初英国伟大的空想社会主义者。当时工业革命极大地推动英国进步，也带来了极大的社会弊端，尤其是无产阶级在繁荣的工业革命中过着困苦的生活，这使得欧文深入思考资本主义的国家问题和国家治理。

---

① 《马克思恩格斯全集》第3卷，人民出版社2002年版，第478页。

（一）欧文的生平及著作

罗伯特·欧文（1771—1858）是英国杰出的社会主义实践家和思想家。他自幼家境贫寒，生活艰辛，但他勤勉精明，从学徒、职员干到经理、工厂主，20岁出头便在商界崭露头角。他早年刻苦自学，接受了法国启蒙运动的唯物主义哲学，之后又在曼彻斯特"文学哲学协会"宣传自己的主张。从1800年1月1日开始，他管理在英格兰的新拉纳克纺织厂。他关爱工人阶级，为他们创造良好的生活条件，缩短工作时间，建立模范学校和创办幼儿园。1817年，他出版《致工业和劳动贫民救济协会委员会报告书》，内含劳动公社的思想，初步具备共产主义思想萌芽。他在1820年的《致拉纳克郡报告书》中，详细阐明共产主义主张，包括消灭私有制、建立公有制、权利平等、共同劳动等。1823年，提出通过共产主义移民区消除爱尔兰贫困的办法。由于受到上层社会的排挤，他率领自己的信徒远赴美国实现理想，1825年成立"新协和村"进行共产主义实验，最终失败。1829年，身无分文的欧文返回英国继续开展实验，组织生产合作社，组建公平交换的市场，但不久后也失败了。此时，英国工人运动已经蓬勃开展起来，欧文走进工人阶级，在工人中进行社会主义宣传和实践。他的积极努力促成英国工会第一次代表大会于1833年10月在伦敦召开，成立英国全国总工会，欧文被推举为主席，奠定其英国工会的首位领袖和创始人的历史地位。除了工会工作，欧文投入较大精力进行理论创作，从1826—1837年，他发表上千次演说，起草500多份请愿书，撰写各种文章2000多篇并出版多本著作。1836年出版《新道德世界书》，全面介绍社会主义思想；1839年出版《论婚姻、宗教和私有财产》，严厉批判资本主义制度；1846年出版最著名的代表作《人类思想和实践中的革命》。欧文通过亲身实践探索社会主义的新模式，但不支持以宪章运动为代表的无产阶级政治运动，他主张走温和的改良道路，这亦是他的想法无法实现的主要原因。

（二）欧文的国家治理思想的内容

欧文在批判资本主义私有制度的前提下，对未来的理想国家进行了美好的勾画，并付诸行动进行试验。虽然失败了，但其构建了社会主义的大致轮廓。

1. 私有制是资本主义制度的祸根

欧文深刻分析资本主义制度弊端的祸根在于资本主义的私有制，认为私有制、宗教、婚姻是"三位一体的祸害"，而私有制是祸根。"目前，私有财产是贫困的唯一根源，由于贫困而在全世界引起各种无法计算的罪行和灾难。它在原则上是那样不合乎正义，如同它在实践上不合乎理性一样。"[1]资本主义经济制度的根本目的就是保护生产资料私有制，所以，"现行的制度实质上是依靠人们违反自然法所制定的奖惩规则来支持和管理的一种制度，这种制度是人为的，它始终在创造犯罪和灾难；犯罪和灾难日益增加，因而又要求制定新的法律来纠正旧法律所必然给社会带来的祸害，人们就是这样永无休止地增加人为的法律来反对自然法，但始终毫无成就"[2]。私有制使人利欲熏心，变成极端利己主义者，对穷人漠不关心，私有制还会导致战争、屠杀、道德败坏，阻碍社会的进步。欧文对私有制的认识具有一定的进步意义。同时，他还计算出了工人劳动和工人报酬之间的差额利润，为剩余价值的产生奠定基础。

2. 政府是少数人专有的统治工具

欧文认为，政府说自己维护人民的利益，实际上只是维护少数剥削者的利益。"一切政府至今仍然是使用暴力和欺骗的政府，为了领导创造财富和培养人的性格的工作，要有仁慈、明智、正义和善心而不使用个人奖惩办法

---

[1]［英］欧文著，柯象峰等译：《欧文选集》第2卷，商务印书馆1981年版，第13页。

[2]［英］欧文著，柯象峰等译：《欧文选集》第2卷，商务印书馆1981年版，第14页。

的政府。为了当今一代和以后世世代代的幸福而迅速地改造社会的工作，已经成为刻不容缓的事情。"①无论是专制、君主立宪制、寡头政体、贵族政体、民主政体、共和政体，都不曾为人民带来幸福，而只是统治工具，政府就是少数坏人专有的统治工具。欧文特别对资产阶级的民主制度进行深刻揭露。他明确指出，资产阶级的议会民主和选举制度是一种危害社会的制度，"选举对选举人和被选举人都起败坏道德的作用，并给社会带来无数的灾祸"②。他认为，当时所谓的文明世界的三大议会即法国议会、英国议会和美国议会的本质，就是议员们散布一党一派的偏见来蒙蔽群众，为自己的利益服务。今天的资产阶级的民主制度跟当年的状况几乎一样。"令人窒息的政治攻势，迷惑了选民，使他们面临着'两害取其轻'的无奈选择。多数选民或对政治日益厌恶而放弃投票，或盲目按他们所属的党派或工会的授意投票。由于绝大多数选民没有时间和精力去搞懂五花八门的议案的真正含义，由无知、偏见和被误导投票给最终伤害自己利益的候选人和议案的例子比比皆是。据报道，受雇于某些利益集团的一个地方议案'作家'，近年来写了上百个议案，他最大的本事是把议案措辞得如此复杂和难解，甚至成为一个圈套，如果你投票赞成就意味着反对。"③

3. 理想社会制度：劳动公社

对现存制度的不满促使欧文思考替代的方案，他提出一种新的社会组织即"劳动公社"。劳动公社建立在生产资料公有制基础上，进行自给自足的生产和消费，基本原则是"联合劳动、联合消费、联合保有财产和特权均等"。合作村既是独立的经济组织，又是基本的社会单元，在公有制的基础

---

① ［英］欧文著，柯象峰等译：《欧文选集》第2卷，商务印书馆1981年版，第61—62页。

② ［英］欧文著，柯象峰等译：《欧文选集》下卷，商务印书馆1965年版，第151页。

③ 宋小川：《西方民主模式的内在缺陷与实践中的误导》，《中国社会科学报》2011年2月15日。

上，农、工、商、学统一在合作村组织中。所有成员各尽所能，共同占有生产资料，共同劳动，共同消费，平等地享有权利，平等地履行义务，共同管理公社事务。他具体规划了合作村的整体安排，合作村为正方形，中间是主建筑物，为公共场所，四周是住宅、饭堂、托儿所等，外围是花园，最外层是大片农场。每个合作村可以容纳1200人左右，周围有土地1000—1500英亩。在公社里，最高权力属于全体大会，所有问题都由公社大会来决定，全体社员选举产生公社理事会和各种专业委员会来组织、实施管理公社的所有事务。公社废除了国家机器，没有军队、警察、法庭和监狱等暴力机构。公社由40—50岁的人组成委员会来管理，如果人太多，就由45—50岁的人组成委员会，这种委员会可以通过年龄最高的成员直接和政府联系，因此，在行政部门、立法部门和人民之间就可以建立最大的和谐。"采用这种公平而自然的制度可以避免选举和竞选运动的无数弊端。"[1]

（三）欧文的国家治理思想的影响及评价

欧文是伟大的空想社会主义者，与圣西门、傅立叶一起把空想社会主义理论推向高潮。欧文的国家治理思想对后世产生较大影响，尤其影响了马克思和恩格斯，使他们在三大空想社会主义者的影响下创建了科学社会主义。

当然，欧文的思想有先进的方面，也有巨大的缺陷。首先，欧文运用政治经济学原理分析资本主义矛盾和弊病，并论证共产主义的合理性。他反复论证生产资料的优越性，并揭露了资本家以利润形式攫取工人创造的剩余价值，抨击资本主义制度的根本缺陷，揭示无产阶级和资产阶级的对立关系，初步探索到了资本主义剥削的秘密，得出了资本主义制度与生产力发展不相适应，理应为新的社会制度所代替。由此，马克思、恩格斯认为欧文"猜到了文明世界的根本缺陷的存在"[2]。其次，欧文对于未来理想国家提出一系

---

① ［英］欧文著，柯象峰等译：《欧文选集》第1卷，商务印书馆1979年版，第353页。

②《马克思恩格斯全集》第2卷，人民出版社1957年版，第106—107页。

列的设计方案。如把生产资料公有制同现代化大生产联系起来，提出在公有制基础上进行现代化大生产将使生产力迅猛发展，使共产主义公社拥有坚实基础；消灭阶级对立和旧的分工制度，消灭三大差别，实现工业和农业、城市和乡村、体力劳动和脑力劳动相结合；明确提出"各尽所能"和根据生产力发展水平在过渡时期和理想社会分别实行按劳分配和按需分配；全体公民参加政权管理和人民当家作主，并预见到随着公社民主制度发展，国家将失去作用；对青少年进行全面教育、直观教育、生产实践教育和品德教育，以及教育与生产劳动相结合，培养德、智、体、行全面发展的共产主义新人。这些思想，天才地预见了未来社会的一些基本特征，具有一定的进步性。

当然，欧文的空想社会主义也存在非常严重的缺陷。同圣西门和傅立叶一样，欧文反对阶级斗争和暴力革命，主张阶级调和，幻想通过和平方式实现社会变革。他认为，穷人与富人、统治者与被统治者实际上利益是一致的，所以，要用"合乎理性的政府"代替"没有理性的政府"只能采取和平的方法。和平的方式不仅使穷人解除灾难，对富人也有利，因此，统治者和被统治者都会赞同。恩格斯对此评价道：欧文的"社会主义虽然在实质上超越资产阶级和无产阶级的对立，但在形式上仍然以很宽容的态度对待资产阶级，以很不公平的态度对待无产阶级"[1]。欧文虽然对无产阶级的疾苦抱有深深的同情，主张把他们从资本主义制度的压迫下解放出来，也在某种程度上认识到无产阶级的力量，但总的来看，他并没有把无产阶级视为具有历史主动性的阶级，反对他们进行推翻资产阶级统治的革命，而是把希望寄托在统治阶级的身上。他多次通过演讲和宣传向当时的统治阶级发出呼吁，希望他们协助建立共产主义，无不以失败告终。

---

[1]《马克思恩格斯选集》第1卷，人民出版社2012年版，第128页。

第二节 空想共产主义的国家治理思想

社会主义思想是在一定的历史发展过程中逐渐形成和发展起来的，每一个过程都经历了不同的发展阶段。19世纪30至40年代，伴随大机器工业的出现，封建贵族、资产阶级和小资产阶级纷纷标榜社会主义来维护他们各自阶级的利益。在这种特定的历史条件下，"社会主义意味着资产阶级的运动，共产主义则意味着工人的运动"①，空想共产主义思想学说在这种背景下逐渐形成，其主要代表人物是法国的卡贝、德萨米、布朗基和德国的魏特林。他们的主要思想在当时的工人运动中产生并发挥了重要的作用，而梳理空想共产主义思想主要代表人物的思想，对推进当前国家治理现代化具有促进作用。

一、卡贝的国家治理思想

埃蒂耶纳·卡贝是法国著名的社会主义者，他提出了很多非常重要的思想，过渡时期思想是其中的精华。他的过渡时期思想包括过渡时期存在的必要性、过渡性社会制度的原则、过渡社会的特点等内容。

（一）卡贝的生平及著作

埃蒂耶纳·卡贝（1788—1856）是法国空想共产主义的主要代表人物，著有《1830年法国革命史》《1789年法国革命时期的平民史》。马克思曾称他为"最有声望然而也是最肤浅的共产主义的代表人物"②。他出身法国手

---

① 《马克思恩格斯选集》第1卷，人民出版社2012年版，第392页。
② 《马克思恩格斯全集》第2卷，人民出版社1957年版，第167页。

工业者家庭，学习医学和法律，并获得法学博士学位。他早期参加过烧炭党，同情拿破仑，认为拿破仑是革命的继承者。1830年，他积极参加了法国的七月革命；1831年，当选为议员。由于站在民主主义立场，谴责政府背叛七月革命，他曾遭到多次控告。1833年，卡贝创办了面向工人的《人民报》；同年，因在报纸《平民》上批评七月王朝、宣传激进的民主主义思想，遭到控告和审判，被判处两年徒刑。随后被迫流亡英国，在那里度过长达5年的政治流亡生活。

流亡英国期间，他受到欧文的空想社会主义学说的影响，于是系统学习和研究了自16世纪以来的几乎所有空想社会主义者的相关著述，特别是19世纪初批判空想社会主义者的学说，进而转变为空想共产主义者。1839年，当他回到法国时，"已经成了一个最有声望然而也是最肤浅的共产主义的代表人物"。卡贝在监狱中以顽强从事写作的康帕内拉为榜样，进行思考、研究和著述，他写道："我因为献身人民事业而受迫害的时间太长，深怕从此不可能再直接参与这一事业，所以下决心要像康帕内拉那样，利用流放的时间进行思考和研究，努力使自己能再做一点有益于自己同胞的事情。"[1]托马斯·莫尔的《乌托邦》一书对卡贝产生了深刻的影响，卡贝说："这本书的基本思想却深深地触动了我，以致每当我合起书来，总是不得不认真地思索一下共产制度的问题。"[2]正是在这期间，卡贝逐步形成了自己的思想体系，成为著名的空想社会主义者。

1838年，卡贝撰写了空想共产主义小说《伊加利亚旅行记》，这成为伊加利亚派的公开纲领和有力的宣传武器。他在小说中提出"和平共产主义"思想，幻想以非暴力的方式通过改良建立理想社会。1839年，卡贝回到法国，开始了大规模的共产主义宣传活动，被他自称为"哲学和社会小说"主

---

[1]　[法] 埃蒂耶纳·卡贝著，李雄飞译：《伊加利亚旅行记》第2、3卷，商务印书馆1978年版，第367页。

[2]　[法] 埃蒂耶纳·卡贝著，李雄飞译：《伊加利亚旅行记》第2、3卷，商务印书馆1978年版，第367页。

要著作的《伊加利亚旅行记》于1840年在法国公开发表。1841年，他复办《人民报》，改称《1841年人民报》，并使它成为宣传伊加利亚共产主义的阵地，掀起了一个规模相当大的伊加利亚运动。1848年二月革命以后，卡贝领导成立中央兄弟会，当路易·奥古斯特·布朗基领导的中央共和社揭穿临时政府的阴谋时，卡贝却号召中央兄弟会支持临时政府。事实证明，随着工人运动的发展，特别是科学社会主义的产生和传播，伊加利亚共产主义便失去它原来的积极意义而渐趋反动。1848年，卡贝带领一群追随者（被称为伊加利亚派）自法国迁往美国，在得克萨斯建立了这样一个乌托邦社区，即"伊加利亚公社"。1849年，他们迁移到伊利诺斯州的纳府。由于内部不和，卡贝在1856年退出，不久即逝世。

（二）过渡时期的国家理论

卡贝国家治理思想的精华都浓缩在了《伊加利亚旅行记》中，在这部著作里，卡贝用民间小说的形式通俗而又生动地描述了他所设想的共产制度的国家——伊加利亚。他在这本书中不仅揭露了资本主义的严重贫富对立和社会黑暗，而且阐述了有关"过渡时期"思想的内容。过渡时期理论是社会主义思想体系中的一个十分重要的内容，最早提出过渡时期的是18世纪法国空想社会主义者马布利，他当时认为理想社会制度虽然美好，但不能立即实现，需要准备好砖石原料以后才有可能，因此理想社会的实现需要有一个过渡时期。到法国大革命时期，法国著名的空想家和革命家巴贝夫又进一步发展了马布利的思想，认为新社会制度的建立应当有步骤地进行，而私有制的消灭也不是一下就能完成，需要有一个运用革命政权对旧社会进行革命改造的过渡时期。19世纪30至40年代，卡贝在此基础上对过渡时期第一次做了较为全面的论述。

1. 对过渡时期及其存在的必要性进行论述

卡贝认为，所谓"过渡时期"即一种过渡性的社会制度，这是"一种既保留私有制，又尽可能迅速地消灭贫困和逐步废除财产与权力的不平等现象的制度"①。在这一认识的基础上，卡贝认为旧社会存在三大弊端，即私有权、不平等和货币。三者之间的关系是私有权产生财富的不平等，而货币则进一步扩大不平等，因而私有权是一切罪恶的根源。但是私有制的消灭不可能一下子完成，它需要有一个过渡，其缘由有三：第一，由于私有制的旧思想影响的存在。"富人和私有主们（不论大小私有主）思想上肯定都浸透着他们的旧习惯和旧成见，如果没收他们的财产，即使是另外给他们分配别的财富，他们也会像是被剥夺了生命一样地难以忍受，这样做会使他们感到痛苦，因而违背了新社会原来的目的；同时还会把他们推入绝望的境地，迫使他们起来反抗、阻挠和破坏社会改革"。第二，由于暴政压迫下的劳动者缺乏必要的知识和才干。"穷人们本身由于暴政的压迫，一般地可能都缺乏应有的习惯和必要的才能来立即担负起管理共产社会的责任，容易妨碍事业的成功"。第三，由于缺乏建立新社会的物质基础。因此私有制的消灭，共产主义的建立只能逐步地、渐进地加以实现②。"在伊加尔看来，立即完全地建立共产制度，马上全面地实施共产原则，事实上是不可能的；因为，真正建立和彻底实现共产制度是一项艰巨的工作，也许是地球上自有人类历史以来规模最宏伟的任务。举例来说，为了给所有的家庭提供合适和相同的住宅，就需要许许多多的工作。"③

2. 对过渡时期具体的任务、原则和主要内容进行了规定

卡贝认为，过渡时期的主要内容有，第一，实现绝对平等、财产共有和人人劳动的理想制度，要经过50年的时间才能够完全、彻底、普遍和最终地实现；第二，私有财产权在50年期间仍将予以保留，仍然实行自由劳动

---

① ［法］埃蒂耶纳·卡贝著，李雄飞译：《伊加利亚旅行记》第2、3卷，商务印书馆1978年版，第385页。

② ［法］埃蒂耶纳·卡贝著，李雄飞译：《伊加利亚旅行记》第2、3卷，商务印书馆1978年版，第51—52页。

③ ［法］埃蒂耶纳·卡贝著，李雄飞译：《伊加利亚旅行记》第2、3卷，商务印书馆1978年版，第52页。

制度而不是义务劳动制度；第三，现实的财产不平等将受到尊重，但要逐步地消灭社会的不平等和逐步发展社会平等制度，最后达到财产共有；第四，所有现存的有产者可以继续保留自己的财产，它的改变是通过新的继承法来逐步改变；第五，新法律的制定必须要以降低富人的富裕程度、改善穷人的生活状况和逐步建立平等为目标；第六，贫苦人生活必需品和劳动一律不征捐税；第七，富人应按累进制课税；第八，调整工人的工资，使他们能过安适的生活；第九，注重新一代人的培养教育，教育的目的是培养能够实行共产制度的公民和工人；等等。

3. 过渡时期的政治形式是建立民主共和国

卡贝认为，过渡时期的政治形式应该是建立民主共和国，其根本原则是"主权属于人民、普选、平等、博爱和共同幸福"。在卡贝看来，伊加利亚共和国就是他所看到的最理想的社会，这个社会中实行民主共和政体，主权属于人民。行政权从属于立法权，而且行政权不单独委托个人行使，而是由执委会实行集体领导。人民享有选择人民代表和执委会全体成员的权力，有同意和否决执委会、司法部门行动的权力，所有公职人员都经选举产生并不得终身任职，向选民负责，凡不称职者都可以随时罢免。对最高执委会委员实行差额选举，任期两年，每年改选半数。执委会委员不得享有任何特权，不仅没有警卫，而且也不领薪金，不脱离当选前的工作，违反者要受法律制裁。这表明卡贝的理想社会具有高度发达的社会主义民主，这在空想社会主义思想史上是一个新的闪光点。

（三）卡贝国家治理思想的影响及评价

卡贝过渡时期的治理思想带着明显的稚气，具有十分虚幻和空想的性质，但对马克思、恩格斯的早期活动也曾产生过一定的影响。恩格斯在《大陆上社会改革运动的进展》一文中说："法国共产主义者只是在我们的发展初期帮助了我们，但我们很快就发现，我们比我们这些老师知道的还要多些。"①卡贝的共产主义学说不仅尖锐地抨击了贵族资产阶级的反动统治，而且揭露了资本主义社会的种种弊害，这对启发工人觉悟提供宝贵的材料。但这种共产主义的历史观却片面地强调天才人物的作用，依赖人性的感化，看不到阶级斗争是历史发展的动力，因此它既看不到资本主义制度下雇佣奴隶制的本质，又无从发现资本主义发展的规律，也根本找不到创造新社会的社会力量。正如马克思所说："这种共产主义只不过是人道主义原则的特殊表现，它还没有摆脱它的对立面即私有制的存在的影响。"②卡贝仅仅企图通过舆论说服、榜样试验的办法来实现其和平改造社会的理想，但随着无产阶级反对资产阶级的阶级斗争的进展，无产阶级的日益壮大与觉醒，特别是马克思主义的产生与广泛深入的传播，这种空想的共产主义学说就必然日益趋向反动。诚如马克思、恩格斯所指出的："虽然这些体系的创始人在许多方面是革命的，但是他们的信徒总是组成一些反动的宗派。"③

马克思正是在去除了卡贝上述过渡时期思想中的不合理成分，继承并发展了其中精华部分，最终超越了卡贝，在此基础上实现了从空想社会主义向科学社会主义的飞跃。马克思认为，无产阶级革命的第一步便是夺取政权，建立民主的国家制度，建立无产阶级的政治统治，进而实施社会关系的变革。这与卡贝的认知是一样的。同时，马克思也赞成卡贝所认为的过渡时期的存在是必要的，但是在论证必要性时，马克思的论证更为科学。卡贝认为主要是富人的反抗，穷人的能力不足与实现共产主义的艰巨性等。而马克思则认为，之所以需要过渡时期，是因为以往制度的更替都是一种私有制代替另一种私有制，新的社会的经济基础在旧社会已成熟，只要进行政治变革即可，而公有制是不可能在资本主义社会里发育成熟的，所以就需要一个过渡性的时期来让公有制发展起来。可见，马克思在过渡时期必然存在的原因分析上比卡贝的分析要科学得多。另外，马克思指出，在资本主义和共产主义

---

① 《马克思恩格斯全集》第1卷，人民出版社1956年版，第592页。
② 《马克思恩格斯全集》第1卷，人民出版社1956年版，第416页。
③ 《马克思恩格斯选集》第1卷，人民出版社2012年版，第433页。

之间，有一个革命转变时期、政治过渡时期，这个时期的国家只能是无产阶级的革命专政。在这一点上，虽然卡贝也认识到需要一个"专政委员会"来镇压敌人，扫除反抗，阻止犯罪，但是他忽视了阶级斗争的因素，他的专政理论与马克思主义相比缺少了阶级性。

二、布朗基的国家治理思想

作为19世纪法国无产阶级革命战士的代表人物，布朗基在法国大革命后资本主义异化的背景下提出了较为完整的无产阶级革命理论。他继承了巴贝夫主义，积极投身于法国社会主义革命实践，主张以武装革命作为阶级斗争的形式，通过暴力手段推翻资产阶级专政，建立和发展了无产阶级革命思想。

（一）布朗基的生平及著作

路易·奥古斯特·布朗基（1805—1881）是19世纪30至40年代法国著名的空想共产主义者，著名的无产阶级革命家。他出身于法国一个地方资产阶级官吏家庭，年轻时即投身于民主运动，与统治当局进行英勇斗争。早在1824年他就参加了烧炭党人的秘密组织，从事反对波旁复辟王朝的活动。1829年，他担任圣西门主义者创办的《地球报》记者，开始接触圣西门和傅立叶的著作，对其中批判资本主义的部分最为关注，但不赞同这些空想家关于通过和平途径达到未来理想社会的主张。

1830年7月，布朗基积极参加了推翻波旁复辟王朝的革命斗争。布朗基对七月革命的结果大失所望，这也促使他开始研究并接受巴贝夫学说。巴贝夫是法国空想社会主义的先驱，1828年，巴贝夫的战友邦纳罗蒂在布鲁塞尔发表了《巴贝夫平等派的密谋》一书，使巴贝夫的学说得以问世，并广泛传播。七月革命后，邦纳罗蒂回到巴黎，布朗基成了他的学生。正是在邦纳罗蒂和"平等派的密谋"的影响下，布朗基接受和继承了巴贝夫的革命传统，开始从小资产阶级民主主义转向社会主义。但是，对布朗基思想转变有决定意义的是法国里昂工人的起义。法国里昂工人的起义和无数次罢工，增强了布朗基的革命信心和斗志。经过七月革命的教训、里昂起义的呼声以及巴贝夫主义的影响，布朗基在19世纪30年代初，已经由小资产阶级民主主义者转变为社会主义的热烈拥护者。

1848年二月革命后，布朗基组织了中央共和社，积极领导了无产阶级革命斗争。1865—1870年，布朗基在布鲁塞尔发表一系列有关哲学、政治经济学等方面文章及著作，其中《社会批判》和《祖国在危急中》这两本书和布朗基早年发表的短文、演说以及在秘密团体中起草的文件，是研究布朗基思想的最重要原始材料。1871年3月巴黎公社成立前夕，布朗基因参加1870年10月31日反对临时政府的起义而被捕，直到1879年大赦才获释出狱。布朗基为无产阶级的解放奋斗了一生，他有32年半在狱中度过，有10年在流放和颠沛流离中度过。马克思和恩格斯对布朗基十分关心，深表同情，赞誉他是"法国无产阶级政党的头脑和心脏"[1]，称他是一个"实干家"。

（二）阶级斗争与人民专政的国家治理思想

布朗基虽然没有写出比较系统的著作，他关于国家治理的思想主要包含在他所领导的革命组织的纲领、他所发表的演说和少数文章、手稿中。他揭露资本主义制度是"金钱王"统治世界，清楚地看到了资本是至高无上的统治者。和其他社会主义思想家一样，布朗基认为，资本主义制度存在的根源也与以前的奴隶制一样，是财产私有权。他把私有制看成是人类的一场灾难。基于此，他提出一系列对资本主义进行革命斗争的策略原则，从而逐渐形成了布朗基主义。布朗基主义是无产阶级的一个重要政派，该主义认为资产阶级国家机器和人民的愚昧是通往共产主义的两大障碍，扫除愚昧靠教育，扫除资产阶级国家机器必须依靠革命和专政。主张用密谋的方法，通过少数革命家的暴动去实现革命和专政。它的基本特点就是"政治上的冒险行

---

① 《马克思恩格斯全集》第30卷，人民出版社1975年版，第612页。

动，即主张用极秘密的方法、极严格的纪律将少数知识分子、工人组织起来，举行突然的武装起义，推翻资产阶级政府，建立革命政权，实行少数革命家的专政"[1]，从而形成了阶级斗争理论和人民专政思想。

1. 阶级斗争理论

布朗基空想社会主义学说的主要贡献是深刻论述了阶级斗争理论。布朗基认为，人类历史是一部阶级斗争的历史。在古代，存在着贵族与奴隶的阶级对立；在中世纪，是封建主和农奴之间的对立和斗争。布朗基专门分析了现代社会的阶级关系、阶级矛盾和阶级斗争，特别是对1830年法国七月革命后阶级新变化做了深刻分析。通过社会革命的实践，布朗基在1832年就已经认识到，一部法国社会的历史就是富人和穷人之间的阶级斗争史。1832年2月2日，布朗基在"人民之友社"的会议上发表了一篇《关于七月革命以来法国国内形势的报告》的演说，他通过对法国历史上的阶级斗争的分析，进一步认识到社会上的阶级斗争已经发展到人民、无产者和资产阶级、富豪贵族之间的斗争，特别是在资产阶级掌握政权以后，无产阶级和资产阶级之间的斗争已经上升到社会斗争的首位。上层阶级即封建贵族和大资产阶级，他们是波旁王朝政府的主人，掌握了国家的统治权，而人民被抛弃在一边。七月革命之后，上层阶级被打垮了，中产阶级骗取了胜利果实，而创造了一切的人民却仍然一贫如洗，"从此，中产阶级和人民之间将展开一场激烈的斗争"[2]。而里昂工人的两次起义，使布朗基更进一步看到了工人阶级的力量，他称赞"里昂工人像一个人那样站了起来"[3]的大无畏精神，他看

---

① ［法］奥古斯特·布朗基著，皇甫庆莲译：《布朗基文选》，商务印书馆1979年版，前言篇第4页。

② ［法］奥古斯特·布朗基著，皇甫庆莲译：《布朗基文选》，商务印书馆1979年版，第21页。

③ ［法］奥古斯特·布朗基著，皇甫庆莲译：《布朗基文选》，商务印书馆1979年版，第30页。

到了"利润和工资之间存在着殊死的决斗"①。因此，他得出了革命将是不可避免的结论。

基于法国复杂的革命形势，布朗基继承和发扬了巴贝夫关于暴力革命的思想，认为只有通过暴力革命，才能消灭私有制，建立人人平等的社会。因此，他认为革命不仅必须消灭王权，而且要"废除一切特权"②，建立共和国。1848年，他对革命的经验曾经进行过认真的总结，他提出，"革命应该是消灭建立在不平等和剥削基础上的现存秩序，打倒压迫者，把人民从富人的压迫下解放出来"③。布朗基还十分强调无产阶级掌握武器的重要性，他说："武器和组织，这是进步的决定性因素，消灭贫困的重要手段！谁有武器谁就有面包！……法国有了武装的劳动人民，就是社会主义的来临。"无产阶级若不掌握武装"他们首先会得到圣水，接着就会受到侮辱，最后遭到枪杀，永远贫困"④，这是从血的教训中作出的科学总结。

2. 人民专政思想

布朗基认为，革命胜利后应该建立一个革命政权，这个政权是穷人对付富人的宪兵，它将对资产阶级和革命敌人实行专政。布朗基还认为这个革命政权具有过渡性质，将为人民自治的共和国所代替。这个共和国绝不是资产阶级的共和国，它是"解放工人，消灭剥削统治，建立把劳动从资本的暴政下解放出来的新秩序"⑤。布朗基所讲的人民自治的共和国具有社会主义性质。但是，他所讲的专政并不是无产阶级专政，而只是少数革命家的专政，

---

① ［法］奥古斯特·布朗基著，皇甫庆莲译：《布朗基文选》，商务印书馆1979年版，第31页。

② ［法］奥古斯特·布朗基著，皇甫庆莲译：《布朗基文选》，商务印书馆1979年版，第35页。

③ ［法］奥古斯特·布朗基著，皇甫庆莲译：《布朗基文选》，商务印书馆1979年版，第64页。

④ ［法］奥古斯特·布朗基著，皇甫庆莲译：《布朗基文选》，商务印书馆1979年版，第54页。

⑤ ［法］奥古斯特·布朗基著，皇甫庆莲译：《布朗基文选》，商务印书馆1979年版，第46页。

他只是主张依靠少数人的密谋而反对进行真正充分发展了的阶级斗争。正如恩格斯所指出的，"由于布朗基把一切革命想象成由少数革命家所进行的突袭，自然也就产生了起义成功以后实行专政的必要性，当然，这种专政不是整个革命阶级即无产阶级的专政，而是那些进行突袭的少数人的专政，而这些人事先又被组织起来，服从一个人或某几个人的专政"①。

不仅如此，布朗基对革命胜利之后的未来社会还进行了设想。他指出，共产主义是社会的未来。他还指出，要实现共产主义，革命是不可避免的。这个革命不仅是政治革命，而且是社会革命；不只是要消灭王权，而且要消灭一切特权。在布朗基看来，只有在政治改革后才能进行社会改革，不进行政治革命，共产主义是不可想象的。他指出，共产主义社会是不会自己产生出来的，只能在摧毁了旧堡垒的基础上才能建立。所以，他认为共产主义就意味着革命，坚决反对用和平的方法对现存制度做某些改良。受到圣西门、傅立叶的影响，布朗基提出了要通过协作制来建立平等的共产主义社会。他说："共产社会是整个国家的全民协作……而全民协作是部分协作逐步形成的，部分协作又是随着联合组织的不断扩大而成的。"②协作是"时代的宠儿……是同时通向共产主义的康庄大道和它的最后胜利"③。他又说："只有用协作代替个人所有制，才能建立以平等为基础的公平的统治。"④他所设想的共产主义社会内将"没有任何令人可憎的、并且为人憎恶的、自称为政府的东西"⑤。这就是说，国家政权将不存在。

---

① 《马克思恩格斯选集》第3卷，人民出版社2012年版，第294页。
② ［法］奥古斯特·布朗基著，皇甫庆莲译：《布朗基文选》，商务印书馆1979年版，第100页。
③ ［法］奥古斯特·布朗基著，皇甫庆莲译：《布朗基文选》，商务印书馆1979年版，第79页。
④ ［法］奥古斯特·布朗基著，皇甫庆莲译：《布朗基文选》，商务印书馆1979年版，第33页。
⑤ ［法］奥古斯特·布朗基著，皇甫庆莲译：《布朗基文选》，商务印书馆1979年版，第88页。

（三）布朗基的国家治理思想的影响及评价

布朗基关于空想社会主义的思想是在实际斗争过程中，在巴贝夫学说影响下形成和发展的。在巴贝夫主义的影响下，布朗基主张以武装革命作为阶级斗争的形式，通过暴力手段推翻资产阶级专政，并且积极投身于法国社会主义革命实践。布朗基的社会主义革命思想不是突如其来的，它深受18—19世纪法国所处的革命形势和社会环境影响。因此，它的取向、内容和历史作用，也必然带有当时特定的历史背景和社会环境的局限。事实上，他的实际革命活动和关于武装夺取政权实行革命专政的思想已经超越了一般空想社会主义者。他强调由少数革命者通过起义推翻剥削制度，他主张的专政仍然是少数革命家的专政，而不是整个阶级即无产阶级的专政。

布朗基在其革命过程中逐步形成的关于未来社会的设想在社会思想史上具有重要的意义。从社会历史观方面来看，他试图从人类社会发展出发来论证人类社会最终必将进入共产主义社会，对资产阶级的国家的本质、资本主义民主、自由和博爱的虚伪性进行了极为深刻的揭露和批判。从社会革命理论方面来看，他继承和发展了巴贝夫关于革命和专政的思想，试图以暴力推翻反动统治建立起革命专政的政权。他关于革命胜利后必须采取的政治、军事和经济措施的设想，不仅为后来的巴黎公社所实施，而且为创立科学社会主义理论提供了思想资料。但同时，我们也应该认识到，布朗基对19世纪法国资本主义发展阶段和规律的认识不充分和具有片面性，他没有意识到社会主义和资本主义斗争的艰巨性、长期性和曲折性，同时，布朗基根本无法看到资本主义正处于上升发展的现状，并让其对资本主义的潜力估计不足。而且在如何进行革命和依靠什么力量实现革命专政问题上，布朗基仍然没能得出正确的答案。在他看来，革命主要靠少数革命家密谋，同样，革命后的专政也要靠少数革命家来行使。因此，马克思和恩格斯对布朗基的革命活动和英勇献身精神给予很高评价，同时对布朗基主义的错误观点给予原则性批评。

三、魏特林的国家治理思想

魏特林作为德国空想共产主义的代表人物，他主张进行一次彻底的社会主义革命，建立一个无产阶级的社会主义的理想社会。同时，他提出在推翻旧制度以后和最终实现理想社会之前，需要经历一个革命的过渡时期。魏特林关于革命思想和过渡时期的理论，既体现了对未来美好社会的设想，又结合了当时的客观历史情况，为当时的工人运动提供了很好的思想指导。

（一）魏特林的生平及著作

威廉·克里斯蒂安·魏特林（1808—1871）是19世纪德国第一个空想共产主义的理论家，他出身于德国马格德堡的一个贫困家庭，14岁开始独立谋生，1822年以后长期以裁缝为业。在法国七月革命影响下开始投入德国的民主运动，曾周游德国进行社会考察。1835年流亡到法国，学习和研究了英、法两国的社会主义理论，参加了流亡在法国的德国先进手工业工人组织的秘密革命团体"流亡者同盟"，积极从事工人革命运动。在此期间，他受到英国和法国空想社会主义的影响，思想有了很大的进步，随后不久成为从"流亡者同盟"分化出来的"正义者同盟"的领导人和思想领袖。后来，他曾这样评价自己，"我只是到了巴黎才是真正的共产主义者"[1]。

魏特林在革命生涯中共有三部重要著作。1838年他的第一部著作《现实的人类和理想的人类》是最能集中体现魏特林革命思想的书。该书发表于1842年，标志着魏特林空想共产主义思想体系的形成。1842年，他出版了第二部著作《和谐与自由的保证》。该书不仅在劳动群众中而且也在一部分著名知识分子中获得赞赏。费尔巴哈说："这个手工艺徒的严肃、气度和求

---

[1] ［苏］库拉索夫、涅克里奇主编，吉林师范大学《世界通史》翻译组译：《世界通史》第10卷，吉林人民出版社1978年版，第6页。

知欲使我感到可惊。"①马克思和恩格斯亦曾说过，此书是德国工人"史无前例的光辉灿烂的处女作"，是"无产阶级巨大的童鞋"。马克思、恩格斯指出："有哪一部论述资产阶级解放——政治解放——的著作能和魏特林的《和谐与自由的保证》一书媲美呢？只要把德国的政治论著中那种褊狭卑俗的平庸气同德国工人的这部史无前例的光辉灿烂的处女作比较一下，只要把无产阶级巨大的童鞋同德国资产阶级极小的政治烂鞋比较一下，我们就能够预言德国灰姑娘将来必然长成一个大力士的体型。"②1843年5月，当魏特林把他的第三部著作《一个贫苦罪人们的福音》一书付印时，他被以"污辱上帝"的罪名遭瑞士政府逮捕，被判10个月徒刑，刑满被驱逐出境。当1848年欧洲爆发革命时，魏特林回到欧洲，主要从事《和谐与自由的保证》第三版的修改工作。该书在通过总结1848年革命，对打碎资产阶级国家机器的问题有新的认识。

（二）暴力革命和过渡时期任务的国家思想

《和谐与自由的保证》一书是最能体现魏特林空想共产主义思想的论述。在书中，魏特林推进了巴贝夫思想中必须通过革命推翻私有制社会的思想，并且进一步阐述了自巴贝夫以来的关于革命以后需要有一个过渡阶段的思想。同时，在未来社会的本质以及建制和管理原则的很多方面都有他个人的并且结合当时客观状况的一些设想，提出了一套革命思想。

1. 始终强调暴力革命

魏特林认为，在生产力不发达的原始社会，人们形成了"一种出于自然的欲望和能力之间的和谐感"③。但是随着生产力的提高，劳动者不可能从

---

① ［德］威廉·魏特林著，孙则明译：《和谐与自由的保证》，商务印书馆1960年版，第15页。

②《马克思恩格斯选集》第4卷，人民出版社2012年版，第199—200页。

③ ［德］威廉·魏特林著，孙则明译：《和谐与自由的保证》，商务印书馆1960年版，第61页。

统治阶级及其政府的改革中改善自己的境遇，统治阶级所制定的多如牛毛的法律和条例，名义上都标榜为提高人民的福利和维持社会秩序服务。其实，其中所包含的无非是对人民的盘剥与虐待。他说："任何重大的改革只有通过革命才能实现，因为任何旧事物被新事物的代替都是一次革命。"[1]因此，魏特林高呼"革命万岁"，并积极打算用革命手段来推翻现行不公正统治。魏特林对革命问题的全面阐述主要有以下四个方面：第一是关于革命手段的理论。魏特林倾向于"用暴力来对付施行暴力的统治者"，这与马克思主义的"物质的压迫要用物质的力量来解决"的思想很相似，体现了魏特林革命思想的先进性和成熟性，但同时他也认识到革命只是一种手段。第二是关于革命阶段的理论。魏特林主张要实现理想社会就必须革命，他说："革命是永远会有的，只是它不一定永远是流血的革命……在平静的时期我们就宣传教育，在暴风雨里，我们就起来行动。"[2]魏特林总是反复强调，在同资产阶级的斗争中，无产阶级绝不要轻信有产者的任何诺言，要把解放寄托在自己的宝剑上，这就是表明要以暴力革命为其主要斗争形式和手段。建立一个无产阶级的社会主义的理想社会。第三是关于革命进程的理论。魏特林认为，革命需要的是狂风暴雨般的激进的社会革命。为了加速革命的进行，应把"现存的混乱状态加速地推到它的最高峰"[3]。第四是关于如何组织人民的理论。魏特林认为，革命运动领导者不是由人民群众选出的有实践斗争经验、有知识的人，而是"在斗争中第一个首先站起来，第一个带头往前冲，勇敢地坚持下去，并且在坚持斗争中把他的生活放在和其他一切平等的地位上的那个人"[4]。

---

[1]［德］威廉·魏特林著，孙则明译：《和谐与自由的保证》，商务印书馆1960年版，第261页。

[2]［德］威廉·魏特林著，孙则明译：《和谐与自由的保证》，商务印书馆1960年版，第260、261、269页。

[3]［德］威廉·魏特林著，孙则明译：《和谐与自由的保证》，商务印书馆1960年版，第267页。

[4]［德］威廉·魏特林著，孙则明译：《和谐与自由的保证》，商务印书馆1960年版，第269页。

2. 进一步论述了过渡时期和人民专政的思想

他强调，在推翻旧制度以后和最终实现理想社会之前，"需要一个革命的过渡时期"①。魏特林在《和谐与自由的保证》第一版中曾经提出：在革命胜利后"完全没有必要用强力去剥夺那些曾经是我们敌人的富人和有势力的人的生命、财富和自由。不！相反，这将是新政府的一个很大的错误，因而这样它就将为自己引起很多的误解和偏见"②。但在1849年该书第三版所作的增补和修改中，他增加了打碎旧的国家机器和加强对敌人专政的内容。为此，他制定出过渡时期的纲领，明确提出过渡时期的主要任务是组织革命军队，武装无产阶级和劳动者，用革命暴力解除资产阶级及其党徒的武装，解散旧的法庭和警察局，镇压侵犯共有财产的分子，没收资产阶级国家和教会的财产；在消灭私有制的基础上组织劳动与管理，增加生产，使产品能在短期内得到成倍的增长，进一步组织好人民的生活等。可见，过渡时期的任务是复杂和艰巨的，包括政治、经济和思想文化方面的一系列任务。魏特林认为，要完成过渡时期的这些任务就必须坚持人民专政，他指出，"在过渡时期专政是必要的，以便把新的组织建立起来"③。为此，他主张要强化专政力量，即主要是军事力量，运用"以毒攻毒的手段"④，即运用战争这个强力手段来镇压敌人的反抗和破坏。在他的措施中，把过渡时期和实行专政很好地结合了起来。同时他指出："社会的管理既不能委托给一个君主，也不能委托给一个独裁者，也不能委托给一个共和制的选举多数；所有这些政

---

①　［德］威廉·魏特林著，孙则明译：《和谐与自由的保证》，商务印书馆1960年版，第340页。

②　［德］威廉·魏特林著，孙则明译：《和谐与自由的保证》，商务印书馆1960年版，第272—273页。

③　［德］威廉·魏特林著，孙则明译：《和谐与自由的保证》，商务印书馆1960年版，第168页。

④　［德］威廉·魏特林著，孙则明译：《和谐与自由的保证》，商务印书馆1960年版，第279页。

府形式都只是为了管理个人的利益并且是通过个人的利益而掌握政权。"①所以，他要求当选为行政管理最高负责人的人必须把他的一切田产和财产交入行政管理的共有共享团体，以便在这方面带头作出一个好榜样。"如果行政管理者出于他个人的私利而在一般的制度中作为一个例外，那么就不能不因此又重新毁坏了这个辛苦建立起来的事业。"②

（三）魏特林的国家治理思想的影响及评价

魏特林作为空想共产主义的代表，在科学社会主义诞生以前，他的空想共产主义理论曾对德国工人运动有着极大的贡献。魏特林的空想共产主义学说与三大空想社会主义者圣西门、傅立叶、欧文的学说相比，虽然在哲学思想、对资本主义社会的批判以及对某些问题的论述方面不如他们深刻，但他的学说更接近于实际，特别是他关于无产阶级是埋葬资本主义社会的力量、关于革命、关于过渡时期专政的论述以及对未来社会的某些设想，都更加接近于科学社会主义。魏特林的学说不仅为科学社会主义提供了不少有益的思想资料，而且正如列宁所说的"那样，他以理论家的身份或多或少地参加了科学社会主义思想体系的创造工作"③。

虽然魏特林的空想共产主义思想在某些方面是有益的，但他却忽视了对社会发展规律以及社会经济发展规律的正确分析，没有充分认识到共产主义是资产阶级经济矛盾运动合乎逻辑的而非人为的后果，共产主义是未来社会发展的方向，这是马克思、恩格斯依据唯物主义历史观而得出的合乎人类社会的社会历史发展规律。因此魏特林的思想，不能有效指导社会实践，脱离了实际，最终遭受了失败。同时，他在看待革命和专政问题上也有不足之

---

① ［德］威廉·魏特林著，孙则明译：《和谐与自由的保证》，商务印书馆1960年版，第168页。

② ［德］威廉·魏特林著，孙则明译：《和谐与自由的保证》，商务印书馆1960年版，第274—275页。

③《列宁选集》第1卷，人民出版社2012年版，第366页。

处。第一，他没能认识到无产阶级革命是客观历史发展的必然结果，而是从对每个人的自由和幸福以及全体人的和谐必须得到保证的伦理观点出发，把劳动阶级的绝望看成是革命最有效的动力，他甚至把希望寄托在流氓无产阶级身上，宣扬盗窃是穷人反对富人的最后手段。第二，他把无产阶级革命看成是一群由贫困而陷入绝望的群众的自发行动，而不是一个以科学理论武装起来的、在无产阶级政党领导下的无产阶级的行动。第三，在无产阶级革命的战略策略问题上，他没有从当时德国社会的情况出发，否认未来革命的资产阶级性质，而是空想地把共产主义社会作为直接的奋斗目标，因而使他完全堕落到乌托邦宗派主义立场上去。第四，他虽然把过渡时期和专政联系了起来，但并未真正解决由谁来专政的问题。

第三节　无政府主义的国家治理思想

19世纪50年代，无政府主义思想作为一种独立的社会主义思想流派在欧洲出现，集中反映了在资本主义已经占据统治地位、无产阶级不断崛起的境况下，小生产者、小资产阶级落寞而又绝望的心理。列宁曾说："被资本主义摧残得'发狂'的小资产者，和无政府主义一样，是一切资本主义国家所固有的一种社会现象。"①由于没有代表先进的生产关系，小生产者和小资产阶级只能从小生产者经济的立场出发，企图用否定一切国家、否定一切权威的小资产阶级思想和理论来改造世界。但是，这种阻碍历史发展潮流的思潮最终将自然伴随小生产者经济模式的解体而走向衰败。无政府主义思潮的代表人物包括法国的蒲鲁东、俄国的巴枯宁和克鲁泡特金。

---

① 《列宁全集》第39卷，人民出版社1986年版，第12页。

一、蒲鲁东的国家治理思想

比埃尔·约瑟夫·蒲鲁东（1809—1865）是法国经济学家和社会学家，法国早期工人运动活动家，小资产阶级社会主义者、无政府主义者。19世纪中期，蒲鲁东在唯意志论和小资产阶级政治经济学说的基础上，凭借一套反对革命、主张改良，拒绝任何政治斗争，否定任何一种形式的政府的思想体系，开创了无政府主义思想的先河，被称为"无政府主义之父"。

（一）蒲鲁东的生平及著作

1809年1月15日，蒲鲁东生于贝桑松一个农民兼手工业者家庭。他早年当过旅馆雇工、排字工和校对员，后与人合伙开办小印刷厂。这些经历使他深切感受到了资本主义对小生产者的威胁和灾难，因此，他反对资本主义大私有制，幻想建立一个小生产者的田园牧歌生活。1840年，蒲鲁东发表了《什么是财产？或关于法和权力的原理的研究》。该书从小资产阶级立场，以"财产就是盗窃"的论点无情地批判了资本主义私有制，认为可以通过保护小私有制摆脱资本主义的各种弊端。这在法国社会中产生了很大的影响。马克思认为，这是蒲鲁东最好的一部著作，并于1846年邀请他担任共产主义通讯委员会法国通讯人，但被拒绝。1846年10月，蒲鲁东发表《经济矛盾的体系，或贫困的哲学》（简称《贫困的哲学》），试图用政治经济学来论证自己的改良主义思想，反对工人阶级的革命斗争。以上两本著作的发表，标志着蒲鲁东无政府主义思想已经形成。

1848年法国二月革命中，他创办了《人民报》和《人民之声报》，当选为国民制宪会议代表。1849年2月，他筹办的"交换银行"在巴黎开业，但因未筹集到预定的资本而告破产。同年，当选为国民议会议员，后因抨击路易·波拿巴窃取总统职位被判处监禁三年。他在狱中写成《一个革命家的自白》和《19世纪革命的总观念》，1852年获释。1858年，他因在《论革命中和教会中的正义》中批评基督教而被放逐比利时。1862年，蒲鲁东重返法国，继续宣扬无政府改良主义思想。1865年1月19日去世。蒲鲁东著述甚多，主要著作还有《论工人阶级的政治能力》《法兰西民主》《国家政变是社会革命的表现》等。

（二）蒲鲁东的国家治理思想的渊源

在蒲鲁东无政府主义思想的形成过程中，黑格尔、路易·勃朗以及皮埃尔·勒鲁等人的思想都先后影响了他。

1. 黑格尔思想的影响

马克思在1865年1月24日致施韦泽的信中，曾明确提起了黑格尔主义对蒲鲁东的影响。马克思说："1844年我居住在巴黎的时候，曾经和蒲鲁东有过私人的交往。我在这里提起这件事，是因为我对他的'*sophistication*'（英国人这样称呼伪造商品的行为）在某种程度上也有一部分责任。在长时间的、往往是整夜的争论中，我使他感染了黑格尔主义，这对他是非常有害的，因为他不懂德文，不能认真地研究黑格尔主义。"[1]他用黑格尔辩证法的形式，但又不懂得辩证法的真正实质，于是形成了十分矛盾的政治理论。他一方面主张废除一切国家和政府，另一方面又向资本主义政府乞求帮助实现自己的理想；一方面把工人阶级看成在政治生活中刚诞生的婴儿，缺乏思考的头脑，缺少担任国家公职的才能，另一方面又把工人阶级看成可怕的力量。

2. 路易·勃朗改良主义的影响

路易·勃朗是法国空想社会主义者，在代表作《劳动组织》一书中，他以一个小资产阶级社会主义者的立场批判了资本主义生产方式，谴责了大资本家对小生产者和工人的剥削，并制定出一个建立在普选基础上的民主社会和平改良方案。他说："在社会民主党内组成一个委员会。为了无产阶级的

---

① 《马克思恩格斯选集》第2卷，人民出版社1995年版，第615—616页。

解放，这一委员会要举行一种像在最近几年内所举行的募捐，这些募捐或者是为了抗议国家尊严的受损，或者是为了对某一个有德行的公民举行隆重的纪念，或者是为了援助一个和我们保持友好关系的被压迫民族。以这种方法收集的基金交由一个工人社团来支配，自然，这个社团只能算是普遍建立的劳工社团的第一个核心。"[1]同时，他还详细制定了社团运行的 14 条规约，以保证人民可以在平等的基础上自由地联合起来，切实地参与国家的各种事务。1869 年，路易·勃朗在《社会主义原理》一书中明确提出，社会主义是在不动摇现有政治制度的前提下，劳动阶级通过代议民主制实现对劳动的有效组织。蒲鲁东虽然不认同路易·勃朗的劳动组织理论，但由于小资产阶级立场的一致性，使得他能够毫无障碍地接受路易·勃朗以和平方式获得权力的思想。

3. 皮埃尔·勒鲁空想社会主义的影响

皮埃尔·勒鲁是 19 世纪法国著名的哲学家、小资产阶级空想社会主义者。他在 1838 年发表的《论平等》一书中明确提出，人类必须先经历三种可能的不平等制度——即家庭等级制度、国家等级制度和所有制等级制度，之后才能达到平等的阶段。"人类渴望摆脱这奴隶制的三层等级制，以实现自由。这就是我们所生活的这个时代的特点。""我们如今处于两个世界之间，处于一个正在终止的奴隶制的不平等世界和另一个正在诞生的平等世界之间。"[2]依据这一理论，蒲鲁东在他 1846 年出版的《经济矛盾的体系或贫困的哲学》一书中，提出了他的社会发展四阶段的理论。蒲鲁东指出历史是一种"平均化的工作"，一共会经历四个时期，即语言时期、精神时期、革命时期、社会时期。在革命时期，人类谋求自身道德与经济规则的理论，并努力通过政治和宗教将理论变为现实。在社会时期，经济原则建立在宗教和政府曾存在的两大原则之上。

---

① ［法］路易·勃朗著，何钦译：《劳动组织》，商务印书馆 1962 年版，第 198 页。
② ［法］皮埃尔·勒鲁著，王允道译：《论平等》，商务印书馆 1988 年版，第 246 页。

（三）蒲鲁东的国家治理思想的主要内容

作为无政府主义的创始人，蒲鲁东的无政府主义思想却不彻底。他的无政府中隐含着政府，反国家中隐藏着国家，反权威中隐存着权威，所以被称为"半无政府主义"[1]。这种思想中的矛盾性，我们从他的国家治理思想中得以窥见。

1. 主张绝对自由，建立自由社会

蒲鲁东仇视资本主义私有制，认为这种制度是违反人类平等的。同时，他也痛恨共产主义，认为共产主义制度不合正义。于是，在资本主义与共产主义两者之间，他提出了绝对自由社会。蒲鲁东认为，资本主义私有制具有好的一面，这就是独立性、相称性，同时又有坏的一面，这就是侵占性、专制性；共产主义具有好的一面，这就是法律性、平等性，同时又有坏的一面，这就是非正义性、暴虐性。他的目标就是，建立第三种社会制度，这一制度既抛弃了资本主义私有制的坏处，又吸收了资本主义制度的优点；既抛弃了共产主义制度的坏处，又吸收了共产主义制度的优点。第三种制度建立在独立性、相称性、平等性、法律性四个基本原则基础之上，是人类最优的制度，是一种"绝对自由"的社会形态。

什么是自由？蒲鲁东提出，自由就是平等，自由就是无政府状态，自由就是无限的多样性，自由就是个人不受限制的行动，等等。

什么是自由社会？蒲鲁东认为，这是一种以个人占有为基础的互助制社会，意味着自给自足基础上的"永恒公平"。针对这一点，恩格斯指出："小资产者蒲鲁东向往的世界是这样的：每个人制造各自的产品，可以立即用来消费，也可以拿到市场上去交换；如果那时每个人能以另一种产品补偿自己劳动的十足价值，那么'永恒公平'就得到满足，而最好的世界就建立起来了。"[2]

---

① 辛向阳著：《19世纪西方民主理论论析》，山东人民出版社2013年版，第211页。
②《马克思恩格斯选集》第3卷，人民出版社2012年版，第199页。

有了个人占有，互助制社会的建立条件就成熟了。在这一制度下，每一个自由的力量只要履行同样的义务就能够享有同样的权利，只要花费同样的劳务就可以换取相应的劳务。正所谓：互相效劳，互换产品，彼此贷款，互相信用，互相保证，彼此担保。蒲鲁东很看重自己的互助制理论，要求在工人运动中推广互助制。他在1848年11月撰写的《人民选举宣言》中指出，一切公益性生产活动都应该委托给不在国家监视之下而是自负其责的那些劳动协会和民主组织。这些不断扩大到工业、商业和农业等领域中的协会组织将构成"社会民主共和国"的真正纽带。

2. 取消国家、政府等一切政治力量，建立无政府主义社会

蒲鲁东认为，所有的国家和政府都是与个人自由的原则相违背的。因此，无论是专制政府还是民主政府，无论是资产阶级国家还是无产阶级国家，无论是君主制政府还是人民政府，无论是中产阶级的政党还是工人阶级的政党，都是要彻底废除的。他在《革命家自白》一文中明确提出："打倒政党。打倒政权。要求人和公民的充分自由。"[1]他还讲："理想的共和国是一种绝对的无政府状态。它既不像在君主立宪政体下那样，是从属于秩序的自由，也不是受秩序严格控制的自由，而是一种摆脱了一切桎梏、迷信、偏见、诡辩、重利盘剥和权威的自由；它是一种相互性的自由，而不是一种受限制的自由；自由不是秩序的女儿而是秩序的母亲。"[2]

在民主问题上，蒲鲁东也采取了无政府主义的立场。他认为："工人的民主追求就是能够自由地结社和以平等的权利直接参与政治生活。在蒲鲁东看来，勃朗提出的委托政府去实现社会计划的建议将威胁到个人的自由，是利用权威来强迫实行平等。劳动者的最大危险来自资本，也来自国家，也就

---

[1] ［苏］卢森贝著，李侠公译：《政治经济学史》第3卷，生活·读书·新知三联书店1960年版，第248页。

[2] ［英］G.D.H. 柯尔著，何瑞丰译：《社会主义思想史》第1卷，商务印书馆1977年版，第202页。

是说来自经济权力也来自政治权力。"①蒲鲁东还通过区分"所有制"和"财产"来保障与社会约束相抵触的个人自由。他说："取消所有制，但保留下财产，通过对原则的单独修改，你们可以改变法规、政府、经济和机构里的一切事物。"②

在这种打倒一切政党、政府和国家的无政府社会中，人们如何组织起来呢？蒲鲁东提出，各个家庭与自己的邻居订立契约，组成公社；每个公社再订立契约，结成社会团体；社会团体之间互相订立契约，建立自治集团；自治集团彼此再订立契约，从而建立联邦。但是，蒲鲁东的这种无政府而有秩序的设想存在着深层次的内在矛盾。比如，人们在无政府状态下去订立的契约是从哪里来的？人们为什么非要遵循这种契约？这种契约没有政府力量的约束能为人们所自觉遵从吗？如果有人不愿意去订立契约，谁来负责监督？假如这种监督是强制性的，那和政府的作用有什么区别？如果没有强制力，这种监督又有什么效果？监督一旦无效，大家又凭什么去订立契约？

3. 反对无产阶级革命，力主阶级合作

蒲鲁东不认为无产阶级能担当实现未来理想的历史责任，并且工人阶级要求改善生活、提高工资等罢工行动还会导致物价上涨，造成更大的贫困。因此，他反对工人阶级从事罢工、组织工会、建立政党等政治斗争，坚决反对无产阶级进行暴力革命。他在早期给马克思的信中讲："我宁肯用坟火烧毁私有制，也不愿为有产者安排一个巴托罗缪之夜。"③针对这一观点，马克思和恩格斯从资本主义社会的内在矛盾出发，进行了科学的剖析，提出无产阶级革命是历史的必然。资本主义社会中的生产力与生产关系之间不可避免

---

① ［意］萨尔沃·马斯泰罗内著，黄华光译：《欧洲民主史——从孟德斯鸠到凯尔森》，社会科学文献出版社1990年版，第136页。

② ［法］雅克·阿塔利著，刘成富等译：《卡尔·马克思》，上海人民出版社2010年版，第82页。

③ 中国人民大学马列主义发展史研究所编：《马克思恩格斯思想史》，上海人民出版社1982年版，第160页。

的矛盾，最终体现为无产阶级与资产阶级之间的斗争，这一斗争的最高表现就是全面革命，革命的结果就是无产阶级必将推翻资产阶级的统治，消灭一切阶级，建立自由人的联合体。马克思说："劳动阶级在发展进程中将创造一个消除阶级和阶级对抗的联合体来代替旧的市民社会；从此再不会有原来意义的政权了。因为政权正是市民社会内部阶级对抗的正式表现。在这以前，无产阶级和资产阶级之间的对抗仍然是阶级反对阶级的斗争，这个斗争的最高表现就是全面革命。"[1]马克思主义创始人不仅科学地论证了无产阶级革命的历史必然性，而且指明了在阶级消灭之后无阶级社会的性质与特点。

（四）蒲鲁东的国家治理思想的影响及评价

蒲鲁东的这种"半无政府主义"是由其小资产者的利益和性质决定的。马克思讽刺说："小资产者像历史学家劳默一样，是由'一方面'和'另一方面'构成的。"[2]

1. 在工人运动中的影响

尽管蒲鲁东的理论是站在小资产阶级立场的理论，但是他在工人阶级中的威望在很长时间内无人能及。恩格斯曾在1872年讲："非常可悲的是，25年以来，除了这位'第二帝国的社会主义者'的著作以外，罗曼语地区的工人就几乎没有过任何别的社会主义精神食粮。"[3]他还强调："除了蒲鲁东的著作以外，罗曼语地区的工人在20年内没有过任何别的精神食粮。"[4]这种影响和危害可以划分为三个主要阶段：

第一个阶段是从19世纪40年代末到50年代初期，由于蒲鲁东对资本主义的弊端进行了鲜明的、毫不留情的批判，这些批判在小资产者占优势的法国工人中产生了共鸣，得到不少人的支持。再加上，他在1848年国民议会

---

① 《马克思恩格斯选集》第1卷，人民出版社2012年版，第275页。
② 《马克思恩格斯选集》第2卷，人民出版社1995年版，第621页。
③ 《马克思恩格斯选集》第3卷，人民出版社2012年版，第212页。
④ 《马克思恩格斯选集》第3卷，人民出版社2012年版，第247页。

的大胆演说和因在1849年抨击波拿巴而被关押三年的勇敢行为，使得"半无政府主义"理论在1848年二月革命前后为蒲鲁东赢得了相当一部分群众的信赖。

第二个阶段是第一国际时期。19世纪60年代第一国际成立之初，蒲鲁东主义在国际内部具有相当大的影响，蒲鲁东主义者还试图把自己的理论纲领强加给国际。比如，他们想把无政府主义的各个组织自治的思想渗透到国际中，使国际成为一个松散的组织。但在1865年9月召开的国际伦敦代表会议和随后举行的国际第一次代表大会上，马克思主义与蒲鲁东主义等进行了激烈的论战。

第三个阶段就是巴黎公社时期。在1871年3月28日，直接选举产生的巴黎公社人民政府中，属于蒲鲁东派和支持蒲鲁东派的委员有20人，是仅次于布朗基派的第二大派别，在公社中有很大的影响。他的主张——公社应具有自治权、行政管理权、征税权以及支配其财产和税款的权力——在巴黎公社时期得到了一定程度的实现。但另一个方面，蒲鲁东及其追随者们从经济理论出发，反对没收资产阶级的银行，在他们主持制定的法令中过分注重工人协作社的作用，没有强调剥夺"剥夺者"，这些经济社会政策的制定使他们对巴黎公社运动的失败负有一定责任。

2. 马克思主义创始人对蒲鲁东的"半无政府主义"的批判

1846年，蒲鲁东出版了其哲学著作《贫困的哲学》，他从黑格尔的历史唯物主义出发，把人类历史看作是观念和永恒理性的历史，把经济关系认为是人类固有理性中的经济范畴、经济概念的现实化。对此，马克思进行了哲学上的批判。他强调，"经济范畴只不过是生产的社会关系的理论表现，即其抽象"①，"人们按照自己的物质生产率建立相应的社会关系，正是这些人又按照自己的社会关系创造了相应的原理、观念和范畴"②。因此，每个原

---

① 《马克思恩格斯选集》第1卷，人民出版社2012年版，第222页。
② 《马克思恩格斯选集》第1卷，人民出版社2012年版，第222页。

理都有其出现的时间，如权威原理出现在 11 世纪，个人主义原理出现在 18 世纪，而 19 世纪出现的则是平等的趋势。1846 年 12 月 28 日，马克思在致帕维尔·瓦西里耶维奇·安年科夫的信中指出："社会——不管其形式如何——是什么呢？是人们交互活动的产物。人们能否自由选择某一社会形式呢？决不能。在人们的生产力发展的一定状况下，就会有一定的交换〔commerce〕和消费形式。在生产、交换和消费发展的一定阶段上，就会有相应的社会制度、相应的家庭、等级或阶级组织，一句话，就会有相应的市民社会。有一定的市民社会，就会有不过是市民社会的正式表现的相应的政治国家。这就是蒲鲁东先生永远不会了解的东西……"①

在第一国际时期，马克思主义创始人对蒲鲁东主义的软弱性和内部矛盾性进行了无情的批判。马克思在撰写的《论蒲鲁东》一文中指出："关于他的一般观点，我是用以下的话概述我的判断的：'……蒲鲁东先生自以为他既批判了政治经济学，也批判了共产主义；其实他远在这两者之下。说他在经济学家之下，因为他作为一个哲学家，自以为有了神秘的公式就用不着深入纯经济的细节；说他在社会主义者之下，因为他既缺乏勇气，也没有远见，不能超出（哪怕是思辨地也好）资产者的眼界……他希望充当科学泰斗，凌驾于资产者和无产者之上，结果只是一个小资产者，经常在资本和劳动、政治经济学和共产主义之间摇来摆去。'上面这个判决尽管非常严厉，我今天仍然担保每个字都是正确的。"②又说："至于谈到蒲鲁东的政治和哲学著作，那么所有这些著作都像经济学著作一样，也暴露出同样矛盾的、双重的性质。"③

在总结巴黎公社失败的过程中，马克思主义创始人对蒲鲁东主义进行了彻底的清算。恩格斯在 1891 年 3 月 18 日为纪念巴黎公社 20 周年撰写的《法兰西内战》单行本导言中，就曾明确指出蒲鲁东主义与巴黎公社失败之间存

---

① 《马克思恩格斯选集》第 4 卷，人民出版社 1995 年版，第 532 页。
② 《马克思恩格斯选集》第 2 卷，人民出版社 1995 年版，第 617—618 页。
③ 《马克思恩格斯选集》第 2 卷，人民出版社 1995 年版，第 620 页。

在密切关系。正是因为他们不赞成没收法兰西银行，反对工人阶级之间的联合这些经济社会政策的施行，才使得巴黎公社运动最终走向失败。通过批判蒲鲁东主义，恩格斯同时指出了资产阶级民主制的三大弊端。分别是：国家逐步独立化，国家从社会公仆变成社会主人；政治被有权势者操控，成为一种生意；投机家轮流执掌政权，对国民进行掠夺。这就是资产阶级国家的样子。而蒲鲁东所向往的，归根结底，只是小资产者不可能企及的世界。恩格斯说："这个蒲鲁东向往的最好的世界在萌芽状态就已经被不断前进的工业发展的脚步踏碎了。"①

二、巴枯宁的国家治理思想

米哈伊尔·亚历山大罗维奇·巴枯宁（1814—1876）是俄国无政府主义代表人物。他宣扬个人的绝对自由，反对任何形式的国家，主张建立一个没有政府、没有国家、绝对自由的"自由社会"等观点，在欧洲影响巨大。

（一）巴枯宁的生平及著作

1814年，巴枯宁出身于俄罗斯的一个封建贵族家庭，他上过炮兵学校，做过军官。19世纪30年代，巴枯宁深受黑格尔唯心主义哲学的影响，并于1838年发表了《〈黑格尔哲学讲演录〉译者序言》。1840年秋开始，他奔走于欧洲，先后接触了德国、瑞士、比利时、法国的各种社会主义流派代表人物，从事政治运动。其间，他发表了宣传资产阶级民主主义思想的文章《德国的反动》（1842），发表了纪念波兰人民反沙皇政府起义17周年的演说（1847），为日后的发展积累了一定的声誉。

1848年，欧洲革命开始。巴枯宁先后策划了德国柏林的武装暴动，参加了在捷克举行的斯拉夫代表大会，宣传鼓吹泛斯拉夫主义。1849年，因参加

---

① 《马克思恩格斯选集》第3卷，人民出版社2012年版，第199页。

并领导德累斯顿起义被捕；1851 年，被引渡给俄国沙皇政府，并判处终身监禁。其间，巴枯宁极尽阿谀奉承之能事，向沙皇写下《忏悔书》。1861 年，他从流放地西伯利亚逃走，辗转横滨、旧金山多地，最终到达伦敦。他一边在赫尔岑的《钟声》报中担任编辑和撰稿工作，一边继续宣传泛斯拉夫主义。1861 年，他向马克思表达了自己想把《共产党宣言》翻译成俄文版的心愿，并在 1869 年由《钟声》印刷所出版了其翻译的第一个俄译本。

从 19 世纪 60 年代中期开始，巴枯宁无政府主义思想逐渐形成。1865 年，他在佛罗伦萨建立了秘密的无政府组织，在那不勒斯秘密组织了"国际革命协会"（国际兄弟会），并于 1866 年写成了《国际革命协会的原则和组织》。1868 年，巴枯宁在瑞士建立国际社会主义民主同盟，同时参加第一国际日内瓦支部的活动。此后，巴枯宁进行了一系列分裂国际的阴谋活动，如 1870 年制造的罗曼语区联合会的分裂，1871 年将第一国际汝拉联合会作为进行分裂活动的一个重要据点，直到 1872 年被第一国际海牙大会开除。会后，他联合一批无政府主义者成立了无政府主义国际（"国际工人协会"）来对抗第一国际，并发表了无政府主义的代表作《国家制度和无政府状态》（1873）。1876 年 7 月 1 日，巴枯宁因患肾病、水肿病于瑞士去世。

（二）巴枯宁的国家治理思想的渊源

巴枯宁的无政府主义思想与国家治理观念，受到了同时代的空想社会主义理论家魏特林和无政府主义之父蒲鲁东的深刻影响，这种影响在巴枯宁的论述中得到了充分展现。

魏特林共产主义理论的核心是追求绝对平等。追求财产的共有共享。这是"一切人的平等地位"，是一个既没有国家疆界，也没有语言隔阂的"人类的大家庭联盟"。这正是巴枯宁的理想。同时，魏特林出于对私有制的愤恨，提出：奴隶没有祖国。他说："祖国，好一个甜蜜的欺骗！神圣化的谎言！它用一种魔术似的狂热陷弄人类的心灵，迷惑他们的理智，混乱他们的感情；它对于那些进步和自由的最凶恶的敌人来说，是他们的谬论的最后的救急太平锚，是他们的特权的救生圈；你这古旧、暧昧的传统！撕下你那蒙着数千年尘土的画皮来吧，以便人们可以看到你究竟是个什么鬼东西！"①
"所以，祖国这个词的正确的、原来的概念是一块由父亲遗传给儿子的土地，一份私有财产。因此，只有那种自己专有一份财产或是和其他人共有一份财产的人，才有一个祖国"，"因此谁有祖国，谁也就有一部分私有财产，或是有成为私有财产所有人的自由和手段；谁要没有财产，又没有成为财产所有人的自由和手段，谁也就没有祖国"。②这些观点为巴枯宁的无政府状态提供了理论支持。巴枯宁在《国家制度和无政府状态》一书中断言："在泛日耳曼主义的旗帜上写着：竭尽全力保持和加强国家；相反，在社会革命的旗帜即我们的旗帜上用火和血的字句写着：摧毁一切国家，消灭资产阶级文明，通过自由联盟自下而上地建立自由的组织——无所约束的普通工人和解放了的全人类的组织，建立一个新的全人类的世界。"③

对于巴枯宁的蒲鲁东主义的思想来源，马克思在1871年11月23日致弗波尔特的信中讲得非常清楚。他说："他的纲领是东一点西一点地草率拼凑起来的大杂烩——阶级平等（！），以废除继承权作为社会运动的起点（圣西门主义的谬论），以无神论作为会员必须遵守的信条，等等，而以放弃政治运动作为主要信条（蒲鲁东主义的）。"他还说："对巴枯宁先生来说，学说（从蒲鲁东、圣西门等人那里乞取而拼凑成的废话）过去和现在都是次要的东西——仅仅是抬高他个人的手段。"④可以说，巴枯宁正是在蒲鲁东提出的"理想的共和国是一种绝对的无政府状态"的基础上，提出了自己的无政府主义观，并将其发展到了极端。他明确指出："我们接受无政府主义的革命

---

① ［德］威廉·魏特林著，孙则明译：《和谐与自由的保证》，商务印书馆1960年版，第122页。

② ［德］威廉·魏特林著，孙则明译：《和谐与自由的保证》，商务印书馆1960年版，第124页。

③ ［俄］巴枯宁著，马骧聪等译：《国家制度和无政府状态》，商务印书馆1982年版，第214页。

④ 《马克思恩格斯选集》第4卷，人民出版社2012年版，第497页。

纲领，我们认为，只有这个纲领提出了真正彻底解放人民群众的全部条件，我们坚信：任何形式的国家的存在都是同无产阶级的自由不相容的，都是阻碍各族人民结成兄弟的国家联盟的，因此我们要消灭一切国家。特别是对斯拉夫各族人民来说，消灭国家是生死存亡的问题……"[①]

（三）巴枯宁的国家治理思想的主要内容

巴枯宁的无政府主义思想大致萌芽于19世纪40年代，但标志着一个完整的无政府主义理论体系的形成，还需要回溯到1866年他为"国际革命协会"起草的《国际革命协会的原则和组织》一文。此后，巴枯宁开始系统地阐述和宣扬他的无政府主义观点。

1. 国家的实质：暴力国家论

巴枯宁认为，资本主义国家的实质就是对人民的镇压。资本主义的国家集权制是建立在虚假的人民代表、虚假的人民议会、虚假民意和虚假统治的基础上的。这类国家，无论是什么性质的，其实质必然是军事的、暴力的虚伪国家。因为对于现代国家，如果它不侵略别人，它就必然被侵略。所以，就国家其实质和目的来说，必然是军事的国家，而军事的国家也就必然会成为侵略性的国家。

此外，巴枯宁对他的暴力国家的理论进行了多方面的阐述：（1）国家是实现自由的最大障碍。他认为，任何国家，无论其形式多么民主，哪怕是最好的民主共和国，也不过是虚假的人民共和国。因为任何国家，甚至最共和最民主的国家，甚至马克思所设想的所谓人民国家，实质上都是通过似乎比人民本身更加懂得人民真正利益的因而有知识的、有特权的少数人自上而下地管理群众。（2）国家就是暴力。巴枯宁认为，国家与暴力是同义词，国家就是借助于在可能的情况下伪装起来的，在不得已的情况下就撕下伪装、真

---

① ［俄］巴枯宁著，马骧聪等译：《国家制度和无政府状态》，商务印书馆1982年版，第236页。

相毕露的暴力统治。巴枯宁讲："任何一种国家，哪怕用最自由最民主的形式装饰起来，都必然是建立在控制、统治、暴力即专制的基础上的，专制可以是隐蔽的，但那就更加危险了。"① （3）国家就是人民监狱。巴枯宁认为，国家，无论它怎样标榜自己是人民国家，或添加怎样的民主装饰，对无产阶级而言，也是监狱。只要国家存在，就必然残害人民，成为人民的吸血鬼。

2. 无政府的"自由社会"论

由于国家是暴力的，是对人民的镇压，所以巴枯宁理想中的未来社会是一个没有政府、没有国家，绝对自由的社会。他主张废除一切国家和权威，建立自由的统一体。

巴枯宁的"自由社会"理论包括以下内容：（1）"自由社会"的基础是生产资料集体所有制。他认为，"自由社会"应当是由人们自愿组成的工业、农业组合，这种组合既不同于蒲鲁东的生产资料个人所有制，也不同于马克思主义的生产资料公有制，而是一种不借助于任何权力和权威的自由联合。要实现这种组合，必须废除继承权。只有这样，人们才会乖乖地把财产交给社会，私有制才能变成自由组合。（2）在"自由社会"中的所有人都享有无条件的自由。这些享有完全自由的人首先建成自由生产协作社，然后以此为基础建立自由公社，再接着建立区域自由联社，最后建立自由兄弟同盟——欧洲联邦和世界联邦。巴枯宁讲："只有当人民自下而上地通过独立的完全自由的联合，没有任何官方的监护，但不是没有某些个人和政党的各种不同的、同样自由的影响而组织起来，由自己创造自己的生活的时候，人民才是幸福和自由的。"② （3）"自由社会"就是无政府的社会。在巴枯宁看来，通过对现存社会的严厉批判，可以从逻辑上推导出未来社会的否定性特

---

① ［俄］巴枯宁著，马骧聪等译：《国家制度和无政府状态》，商务印书馆1982年版，第35页。

② ［俄］巴枯宁著，马骧聪等译：《国家制度和无政府状态》，商务印书馆1982年版，第148页。

点。这就是"无政府，即各个单位或公社的各个部分组成的独立自由组织，以及这些单位或部分不是按照任何长官（即使是选举产生的长官）的指示，不是根据任何学术理论的指导，而完全是由于生活本身提出的各种需要的自然发展，自下而上地组成的自由联合体"①。他还讲："自由或无政府状态，即工人群众自下而上的自由组织，是社会发展的最终目的；任何国家，他们的人民国家也不例外，都是一种羁绊。"②（4）"自由社会"是反对一切权威的。巴枯宁把权威和服从看作绝对坏的东西、绝对恶的东西，而把自由、自治看作绝对好的东西、绝对善的东西。巴枯宁曾经讲，除了科学这个唯一合法的权威，其他一切权威都是虚假、专横和有害的。

3. 无政府主义革命道路

如何实现无政府的"自由社会"呢？巴枯宁给出了推进无政府主义革命道路的方案，并为此感到自豪。他说："这就是社会革命者的信念，人们因此称我们为无政府主义者，我们并不反对这个名称，因为我们的确是任何政权的敌人，我们知道，政权，不管是对执政者，还是对被迫服从者来说，都同样起着败坏作用。"③

巴枯宁的无政府主义革命道路的内容主要包括：（1）国家和国家制度的寿命即将终结，人们建立无政府的自由社会的时机已经来临。他认为，现代国家和国家制度的发展已经达到了一种几近荒谬的最后阶段，国家和国家制度的寿命已经屈指可数了，而普通工人群众寻求彻底解放，发展出一种由下而上的、没有任何政府干预的、由自由的经济联盟产生自由的社会组织的时刻即将来临。（2）这条道路的领导者就是巴枯宁的密谋组织。他说，随着革

---

① ［俄］巴枯宁著，马骧聪等译：《国家制度和无政府状态》，商务印书馆1982年版，第215页。

② ［俄］巴枯宁著，马骧聪等译：《国家制度和无政府状态》，商务印书馆1982年版，第194页。

③ ［俄］巴枯宁著，马骧聪等译：《国家制度和无政府状态》，商务印书馆1982年版，第148页。

命的推进，无产阶级的内部终于形成了一个主张实行社会革命的无政府主义流派，这一流派的直接目的就是要消灭一切剥削，消灭一切政治的或法律的以及政府的行政压迫，通过在经济上平均一切财产的办法来消灭一切阶级，并消灭阶级的最后堡垒即国家。这个流派就是巴枯宁领导的密谋组织。而这一组织的核心力量就是流氓无产者。巴枯宁鼓吹道，全欧洲只要有100个身怀魔胆的革命者，通过暴动就可以在24小时之内消灭一切国家。（3）实现这条道路理想的方式就是自发起义、暴动、破坏、毁灭和流血。巴枯宁完全不懂得革命的真正含义。他把革命简单地等同于粗暴、野蛮的破坏。他认为，通过人民起义这种粗暴的、野蛮的行为，往往能够建立丰功伟绩，实现那些看起来似乎是不可能实现的目的。因为在这个过程中，人民只有很少一点财产，或者根本没有财产，不会守财丧志；并且为了保卫和胜利的需要，常常表现出一种积极的破坏热情，因为大部分财产是别人的。巴枯宁十分赞赏这种破坏热情，他说："如果没有这种热情，革命事业则是不可思议的，也是不可能实现的。因为没有广泛的和剧烈的破坏，没有求生性的和有效的破坏，就不会有革命，因为正是从破坏中，而且只有通过破坏，才能孕育和产生新的世界。"①在巴枯宁笔下，革命成了野蛮、破坏的代名词。

（四）巴枯宁的国家治理思想的影响及评价

巴枯宁的无政府思想在欧洲影响广泛，曾经造成了第一国际的分裂。1868年，巴枯宁混入第一国际的日内瓦支部后，一边给马克思写信表示"我是你的学生，而且我是以此为荣的"；一边在第一国际不知晓的情况下，成立了一个半秘密、半公开的宗派组织——"国际社会主义民主同盟"，并妄图利用秘密组织的力量，把同盟盟员选入各个地方委员会和联合会委员会以及总委员会，以便于同盟控制第一国际。1872年，经过马克思、恩格斯的激

---

① ［俄］巴枯宁著，马骧聪等译：《国家制度和无政府状态》，商务印书馆1982年版，第29页。

烈斗争，总委员会以绝大多数票通过了将巴枯宁及"同盟"的骨干分子吉约姆开除出"国际"的决议，从而宣告了巴枯宁主义和"社会主义民主同盟"的彻底破产。被开除出第一国际后，巴枯宁在瑞士的圣依米叶召开了"反权威主义"的国际代表大会，继续宣称"消灭一切政权乃是无产阶级的首要任务"，并且纠集了一些国家的无政府主义者成立无政府主义国际，自称"国际工人协会"，与第一国际分庭抗礼。为此，马克思、恩格斯先后撰写了《社会主义民主同盟和国际工人协会》《政治冷淡主义》《巴枯宁〈国家制度和无政府状态〉一书摘要》《论权威》《行动中的巴枯宁主义者》等著作，从各个方面彻底清算了巴枯宁主义。

马克思主义创始人与巴枯宁长期理论论争的过程，客观上推动了马克思主义国家理论的发展。一是在《巴枯宁〈国家制度和无政府状态〉一书摘要》中，马克思通过对巴枯宁的国家消亡理论的批判，提出国家不是被消灭的，而是在阶级和阶级统治消亡后自动消亡的观点。二是在与巴枯宁围绕无产阶级专政问题的论战中，马克思进一步完善了关于无产阶级专政的理论。他不仅回答了巴枯宁提出的"如果无产阶级成为统治阶层，它将统治谁呢"[1]这样的问题，而且对无产阶级专政为什么是历史发展的必然，无产阶级专政后怎样管理国家等问题进行了多方位的深入阐释。

三、克鲁泡特金的国家治理思想

彼得·阿列克谢耶维奇·克鲁泡特金（1842—1921）是继巴枯宁之后著名的无政府主义代表人物。19世纪下半叶，在马克思主义理论的传播和影响下，宣扬绝对个人自由的无政府主义思潮在工人阶级中日渐衰败，克鲁泡特金创立的无政府共产主义思想体系在无政府主义中逐渐发展壮大，并蔓延开

---

① ［俄］巴枯宁著，马骥聪等译：《国家制度和无政府状态》，商务印书馆1982年版，第192页。

来，成为这一时期无政府主义思想的主流。

（一）克鲁泡特金的生平及著作

克鲁泡特金1842年12月9日生于俄国的一个贵族家庭。其祖父曾任沙皇的陆军大佐、西西伯利亚和东西伯利亚总督，父亲是沙皇尼古拉一世的模范军官。1857年，克鲁泡特金考入彼得堡近侍学校，五年后到西伯利亚的哥萨克骑兵队担任伊尔库茨克总督的副官，并多次在西伯利亚地区进行地质考察和探险活动，为进行地理研究奠定基础。1867年，他辞去军职，再次回到彼得堡大学集中精力研究地理科学，发表了一系列论文，并当选为俄国地理学会委员。

1872年，克鲁泡特金赴西欧旅行。在西欧革命潮流和俄国流亡者的影响下，他先是参加了第一国际的瑞士海尔克支部，后受巴枯宁无政府主义的影响，转入汝拉联合会。回国后，他加入了以"到农村去"为口号的俄国民粹主义团体，但因参与恐怖暗杀活动而于1874年遭沙俄政府逮捕入狱。1876年，患病就医期间从医院逃跑至瑞士，后赴英、法等国，积极参加巴枯宁主办的汝拉同盟会，狂热鼓吹无政府主义。1878年，在日内瓦创办无政府主义刊物《反抗者》。1882年，由于参加了发生在法国里昂的咖啡馆爆炸事件，被法国政府逮捕。1886年出狱后定居哈洛，创办无政府主义刊物《自由》。1917年俄国二月革命后，在外流亡40年的克鲁泡特金才返回俄国，在当时苏维埃政权与资产阶级政府并存的复杂局面中，选择了资产阶级的克伦斯基，反对苏维埃政权。

俄国十月革命胜利后，克鲁泡特金埋头写作，先后写作了《面包与自由》《一个反抗者的话》《田园、工厂、手工场》《互助论》等。其中，《互助论》是他阐述无政府主义理论的主要著作。1920年，去世前夕，在一封给欧洲工人的信中，他承认了十月革命的意义，呼吁工人团结起来反抗各国反动派对苏维埃的武装干涉。

克鲁泡特金的无政府主义深受巴枯宁的影响。虽然克鲁泡特金终其一生都未能见到巴枯宁，但是他潜心于巴枯宁的学说，继承并发挥了巴枯宁的理论，最终成为系统阐述无政府主义理论的第一人。

（二）克鲁泡特金的国家治理思想的主要内容

克鲁泡特金以浓厚的理论色彩，将他的无政府共产主义思想表述为：通过人类的互助本能，建立一个一切生产资料、生活资料归全社会所有，实行按需分配的自由公社联合体。具体来看，主要包括以下两个方面的内容：

1. 互助论

克鲁泡特金的互助论思想虽然来源于达尔文的进化论，却又不同意达尔文把竞争看作是生物进化主要因素的观点，认为动物界和人类中既有竞争的一面，也表现出了团结和相互扶持的一面。并且，这种竞争和斗争大都只存在于不同的物种和群体之间，而物种、群体内部的团结、合作、互助才是主流。通过长时期的发展，内部互助性强的族群得以生存和延续，互助性弱的族群则被无情淘汰。因此，克鲁泡特金认为，互助是包括人类在内的一切物种和族群得以发展进化的主要因素和特征，并在此基础上建立了他的无政府主义观点。

克鲁泡特金特别欣赏欧洲中世纪的各种行会组织，高度评价了其中的互助形式及其在人类历史上所起的作用。他说，中世纪的城市"不单单是一个保护某种政治自由的政治组织。它试图在比村落公社更大的规模上组织一个在消费和生产以及一切社会生活方面进行互助和互援的紧密组合，而又不把国家的枷锁强加于人，却使属于艺术、技术、科学、商业和政治组织的每一独立阶层的个人都能充分自由地发挥他的创造才能"[1]。行会中的成员身份平等，彼此以兄弟相称，在共同的财产和目标的驱使下，大家大胆地追求互助和自由的生活。正是各种行会组织的成功，使得欧洲在三四百年间就改变

---

[1] ［俄］克鲁泡特金著，李平沤译：《互助论：进化的一个要素》，商务印书馆1963年版，第170—171页。

了面貌。

在"互助论"中，国家是作为人类互助本能的对立面出现的，是导致社会进化迟缓的根本原因。因为，伴随着国家的出现，人民的自治范围不断缩小，强权势力不断抬头；一边是越来越多的人民的意志力、创造力被压制，一边是少数人垄断权力的任意妄为。但是尽管如此，只要深入考察就会发现，互助这种人类的倾向在农村和城市中依然存在；在现代社会中，虽然面临着国家政权的强大压力，但工会、合作社组织以及社团等各种新的互助形式仍在涌现，并一次次地与国家进行斗争。他指出，事实证明"不论是中央集权国家的压倒力量，还是'愿以良心相助'的哲学家和社会学家在科学的幌子下所教导的互相憎恨和无情斗争，都不能消灭深深树立在人类的理智和良心中的人类团结的情感，因为它是由我们过去的整个进化过程所培养起来的"[1]。因此，"我们可以断言，在人类道德的进步中，起主导作用的是互助而不是互争，甚至在现今，我们仍可以说，扩展互助的范围，就是我们人类更高尚地进化的最好保证"[2]。

2. 自由联合的公社取代国家

克鲁泡特金否定国家及其相关的制度和法律，把这些全部看作是强权的象征，是妨碍团体内部实现互助的弊端。他认为，只有无政府主义代表的理想的政治组织形式和共产主义代表的经济制度才是值得人类长期追求的目标。在经济制度方面，克鲁泡特金超越了巴枯宁的"集体主义"概念。他提出，"集体主义"的含义虽然比资本主义个人所有制先进，但仍然存在着不同集团之间争夺财富的可能性，也可能会由于个人占有生产资料而引起新的不平等，最后重新导致"强权"的出现。因此，他声明："是结束这种错误的时候了，而且只有一种办法能办到，那就是丢弃'集体主义'这个词，公

---

① ［俄］克鲁泡特金著，李平沤译：《互助论：进化的一个要素》，商务印书馆1963年版，第259页。

② ［俄］克鲁泡特金著，李平沤译：《互助论：进化的一个要素》，商务印书馆1963年版，第265页。

开宣告我们是'共产主义者'。（这将澄清）我们的'无政府主义—共产主义'的概念与1848年前神秘共产主义者和各种权威学派所散布的概念之间的差别。这样一来，我们就会把我们的理想更好地表达出来，我们的宣传就会得以加强，就会获得共产主义思想所固有的、而集体主义所缺乏的那种蓬勃的精神。"[①]根据他的说明，无政府共产主义与巴枯宁无政府集体主义的不同之处有两点：一是把个人私有的财产转交给全体人民或整个社会，而不是转交给集团所有；二是劳动产品按每个地区的需要分配给全体居民，而不按每个人所耗工时与所完成的工作种类付给报酬。

关于无政府主义的革命道路选择问题，克鲁泡特金强调，我们并不主张要在推翻旧政权的基础上，建立新政权，所以，这绝不是一次政治上的夺权行动。如果革命成功，我们绝不能组建所谓的政党，更不能允许任何权威重新上台，而是要在建立理想社会之前，快速夺取剥削阶级的土地及其生产资料。但这种剥夺必须是群众的自发行动，而不是出自一个代表自己利益行事的新政权的法令。同时，"必须将'剥夺'这个词只限于整个社会（即乡村、城市等等）所采取的对土地、工厂、住宅等实行的那种暴力收归公有的行动，以利于整个乡、市、省或全国人民；而不是用来表示私人的或集体的没收财产的行动——哪怕它是以革命的方式进行的"[②]。

在对理想社会的描述上，克鲁泡特金指出，这是一种建立在自由协议基础上的城乡各自由公社的联合体。公社内部，人们基于互助本性，根据"自由合意"原则组织生产，满足发展需要；每个成员都是自由平等的，一切事务由集体决定，没有统治者与被统治者之分，也没有国家与权威。集团与集团之间的联系通过定期召开特别会议来取得，会议的各项决议对于各集团来说不具有强制力，它们可以赞成，也可以否决。这种无权威、无政府、无国家、无财产的社会形态又被称为"自由共产主义"。

[①] ［美］马丁·艾·米勒著，于亚伦等译：《克鲁泡特金》，黑龙江人民出版社1982年版，第197—198页。

[②]《国际共运史研究资料》第2辑，人民出版社1981年版，第318页。

（三）克鲁泡特金的国家治理思想的影响及评价

克鲁泡特金国家治理思想主要继承了从赫尔岑到19世纪70年代革命民粹派试图通过村社达到社会主义的思想，并给它增添了一层无政府主义色彩，从而发挥它在共产主义社会细胞发展中的作用。这一理论在19世纪末20世纪初有了很大发展，并在意大利、西班牙等地产生重要影响，如这一时期的代表人物E.马拉泰斯塔、E.戈德曼等。但是，在工人运动方面，克鲁泡特金的理论号召力越来越小，这与无政府主义理论倒拨人类社会发展的时钟不无关系。他把国家与互助原则完全对立起来，认为国家天然地反对和消灭互助这一缺乏事实依据的论断，忽视了现代国家是资本主义生产力迅速发展的必然政治要求这一客观事实，抹杀了国家在近代历史发展中的重要意义。随着经济规模的扩大，与之相适应的上层建筑也要相应强化。所以，国家形态的政治权力的出现，国家以其强制权力制定并维护的法律体系，都是资本主义市场经济所必需。国家是一定历史发展阶段的产物，而无政府主义者激烈的反国家倾向，无疑是以小生产为其存在的社会基础。这从根本上说是不符合大工业化的社会组织形式的要求的，表现出了理论上的荒谬性。

在20世纪初的中国，克鲁泡特金的无政府主义思想吸引了当时一大批知识分子。克鲁泡特金的名字第一次出现在中国，是在1882年江南制造总局翻译出版的《西国近事汇编续编》中，1907年、1908年刘师培、李石曾等先后发表和翻译了介绍克鲁泡特金无政府主义思想的文章，引起了国内的关注。这一时期的无政府主义也与其他社会主义的流派一道，构成了中国现代意识形态的主旋律。直到五四运动前后，由于马克思主义尚未在中国广泛传播，但中国知识分子又迫切需要找到新发展道路和意识形态指导，因此在当时理论上既不可能逾越无政府共产主义和空想社会主义，也不能很好区分无政府主义和马克思主义，因此激进的无政府主义备受推崇。李大钊就曾接受过克鲁泡特金的无政府主义，他在1919年发表的《阶级竞争与互助》一文中把互助视为人类进化的真理，同时把阶级竞争视为人类前史的特征，是

"洗出一个崭新光明的互助的世界"的不可避免的途径。此外，中国共产党早期党员彭湃、恽代英都曾深受无政府主义的影响；一些革命者以克鲁泡特金的"互助论"为思想基础，发起了组织工读互助团的实验，希望建立一种人人做工、人人读书、各尽所能、各取所需的新兴社会。后来，随着北洋军阀政府对无政府主义思想的查禁，无政府主义宣传工作逐渐进入低潮。而一大批先进知识分子在十月革命和马克思主义在中国的广泛宣传下，开始转变立场，抛弃无政府主义，成为无产阶级革命者。到革命战争时期，由于缺乏阶级基础，反对国共合作，主张自由联合等多种原因，注定了无政府主义无法领导中国革命取得胜利，也在革命实践中走向破产。

但克鲁泡特金对无政府主义思潮发展的影响是毋庸置疑的。中国学术界对克鲁泡特金进行系统研究的学者陈之骅先生曾经评价："克鲁泡特金是在俄国革命运动和国际工人运动中产生过重大影响，并且具有相当魅力的一个人物。他的颇带传奇色彩的革命经历，他的独树一帜的无政府主义理论，他渊博的知识和在学术上的贡献，以及他的人道主义伦理思想和道德品性，在他生前就吸引了许多持不同政见和具有不同世界观的人。""克鲁泡特金是巴枯宁之后最大的无政府主义理论家，也是无政府主义史上最后一个具有国际意义和影响的领袖人物。他被称作是'无政府主义思想之集大成者'。"[1]

---

[1] 陈之骅著：《克鲁泡特金传》，中国社会科学出版社1986年版，第19页。

第十七章　马克思主义的国家治理思想

19世纪，马克思、恩格斯以历史唯物主义为理论基础，创立了马克思主义国家理论。马克思主义国家理论是马克思列宁主义经典作家对国家的起源、本质、职能和消亡等方面进行论述，从而形成的国家理论。马克思主义国家治理理论是马克思、恩格斯及其继承者关于国家治理系统的、科学的思想和学说。虽然马克思、恩格斯并没有明确论述国家治理的问题，但他们根据当时特定历史条件的生产力的发展水平，资本主义国家的危机情况以及社会主义巴黎公社和苏维埃俄国的具体实践，展开了对无产阶级国家治理极其宝贵的理论与实践探索，从而形成了经典作家对国家治理的探索的重要思想。列宁在继承马克思、恩格斯关于国家治理探索的基础上，结合苏联社会主义国家革命和建设的实际情况，形成了关于社会主义国家治理的实践经验。而中国继承经典作家关于国家理论阐述的基础，结合中国革命、建设和改革过程中的具体实际，从而创新和发展了马克思主义国家理论，从而形成了马克思主义国家治理理论中国化时代化的新境界。因此，对马克思主义国家治理思想进行系统的梳理，不仅为我们指出了今天在进行国家治理过程中所要坚持和遵循的原则，也明确了国家治理的根本任务，更为我们实现国家治理现代化指明了方向。

第一节　马克思、恩格斯的国家治理思想

马克思、恩格斯作为马克思主义国家理论的创始人，虽然并没有对"国

家治理"概念做出明晰的阐释，但他们在《法兰西内战》《哥达纲领批判》《黑格尔法哲学批判》《共产党宣言》《家庭、私有制和国家的起源》《国家与革命》等文本中，对资本主义社会的治理制度及其实践展开批判，以及他们的无产阶级专政理论、生产力理论、人的解放理论、"国家与社会"关系等理论都蕴含着丰富的国家治理思想，从而形成了关于国家本质、国家职能和国家消亡等治理理论。

一、马克思、恩格斯的国家治理思想渊源

马克思、恩格斯的国家理论学说是经历了自我清算的一个过程，不仅从青年黑格尔主义的理性国家观中厘清"市民社会"与"国家"的关系，而且在批判近代自由主义的国家观基础上，对空想社会主义国家关于未来国家构想的思想进行了扬弃，从而为构建科学社会主义奠定了基础，也为马克思主义国家理论提供了丰富的养料。

（一）传统国家主义思想

马克思主义国家理论是在批判地吸收西方早期资产阶级国家理论的基础上的一项伟大创新。而马克思、恩格斯早在19世纪40年代研究资本主义国家本质和资本主义社会基本矛盾时，就已经开始对国家学说问题进行了探究。他们对国家理论的阐述也是在吸取早期西方国家思想的基础上，运用历史唯物主义的观点创立了科学性和革命性相统一的国家思想。资产阶级国家理论中以个人主义为基础的"个人—国家"观不可能真正解释资本主义社会的现实，理论与现实是不可能真正匹配的，这是由资产阶级的社会地位和理论视野所决定的。虽然资产阶级的理论家们在国家理论上的论述上有所不同，但以个人主义为基础的"个人—国家"观是一致的，而且这种理论上的国家性质与现实中国家的自私膨胀形成冲突。而马克思正是看到了这种理论的弊端，以科学的分析态度，才对资产阶级的国家理论进行了一系列的批

判，在批判的基础上客观地揭示了资产阶级的本质，从而走上了唯物主义的历史观和研究政治经济学的道路，建立起以社会为基础的"社会—国家"观，重新构建了科学的国家理论。

（二）空想社会主义国家学说

空想社会主义思想是马克思主义国家理论的直接来源之一。空想社会主义产生于16世纪初，到19世纪出现了圣西门、傅立叶、欧文三大空想社会主义思想家，他们尖锐地揭露和批判资本主义，对未来社会提出了一些积极主张和有价值的猜想，都是马克思科学社会主义的直接思想来源。就正如恩格斯在《〈德国农民战争〉1870年第二版序言的补充》中写到的："德国的理论上的社会主义永远不会忘记，它是站在圣西门、傅立叶和欧文这三个人的肩上的。虽然这三个人的学说含有十分虚幻和空想的性质，但他们终究是属于一切时代最伟大的智士之列的，他们天才地预示了我们现在已经科学地证明了其正确性的无数真理。"[1]可见，马克思、恩格斯正是在批判地继承空想社会主义对国家的发展和建设问题的看法上，才逐渐形成自己的国家学说。空想社会主义国家学说中已经包含着马克思对科学社会主义发展的萌芽。马克思指出："在唯物主义的批判的社会主义出现以前，空想主义本身包含着这种社会主义的萌芽。"[2]马克思正是通过空想社会主义对资本主义的批判，和通过建立未来共产主义社会来解决资本主义社会发展问题的思路，才能够冲破资本主义的制度框架解决资本主义的发展问题。虽然空想社会主义学说提出了通过用共产主义解决社会发展问题的方案，但由于它没有找到社会历史发展的真正动力，没有揭示社会历史发展的本质，还是用理性解释社会发展，最终只能在其共产主义"实验"的失败中证明其共产主义理想的空想性。而马克思正是在继承和批判近代西方国家学说的过程中，突破了空

---

[1]《马克思恩格斯选集》第2卷，人民出版社1995年版，第635—636页。

[2]《马克思恩格斯全集》第34卷，人民出版社1972年版，第281页。

想社会主义的缺陷，从而形成了科学社会主义的国家理论。

（三）黑格尔的理性国家观

马克思主义国家理论是在批判继承黑格尔的理性国家观基础上发展而来的。马克思对黑格尔哲学的批判，集中在黑格尔从家庭、市民社会到政治国家的逻辑推论上。因为它是集"法哲学和黑格尔全部哲学的神秘主义之大成"①。黑格尔在近代开始形成的国家与社会二元对立的历史条件下，以其特有的思辨力，从哲学高度总结了国家与社会的不同特性。黑格尔根据绝对理念的不同发展阶段，认为家庭、市民社会是绝对理念的特殊领域，即把它们视为国家有限性的体现，家庭、市民社会是由国家推导出来的。而政治国家是绝对理念发展的普遍领域，从而以其客观唯心主义的方法阐明了国家的本质。黑格尔的理性国家观，突破了市民社会的个性，形成了国家的共性。在探讨国家职能的问题上，他认为国家的对内职能是保护市民社会，对外职能则是维护国家的主权和独立。但是在论述具体国家制度时，他主张君主立宪制，在现实社会里，这种制度并不具有普遍性和绝对性。黑格尔把市民社会与国家的分离当作他的整个法哲学的出发点，这是黑格尔国家观的深刻之处，黑格尔国家与市民社会的理论也对马克思和恩格斯有着重大的影响。马克思正是继承了他的这一思想，并对他的市民社会理论有所批判和超越，在此基础上科学地阐述了市民社会的概念及其与国家的关系，但是他把政治国家的普遍利益和市民社会的特殊利益完全对立起来，并企图用虚幻的"绝对理念"解决两者的矛盾，这是违背社会现实的。

二、马克思、恩格斯的国家治理思想历史演进

马克思、恩格斯所创立的马克思主义国家学说，本身就是一个前无古人

---

① 《马克思恩格斯全集》第1卷，人民出版社1956年版，第253页。

的理论创新。这样的科学国家理论也是经历了历史的演变，是随着马克思、恩格斯的思想变化和实践活动逐步推进的，是一个不断批判和扬弃的过程。从马克思、恩格斯最初提出，通过与革命实践的结合，该理论得到发展，同时不断在革命失败中总结经验，使得国家理论得到更好的完善，形成了系统的国家理论。

（一）马克思、恩格斯国家理论的探索

作为马克思主义国家理论的创始人，他们是在一个不断批判和扬弃的过程中提出关于国家的观点和思想的。马克思起初坚持从理性出发阐述他对国家问题的理解，即国家不应该基于宗教，而应该基于自由理性，国家要实现政治和法律的理性。后来，他开始意识到黑格尔理性国家观的缺陷，并且试图从物质利益出发去说明理性国家与社会现实的不协调。在《黑格尔法哲学批判》中，马克思在研究政治经济学的过程中，对市民社会和国家的关系进行了重新界定，提出了"不是国家决定市民社会，而是市民社会决定国家"的著名论断。而在《〈黑格尔法哲学批判〉导言》中写道："批判的武器当然不能代替武器的批判，物质力量只能用物质力量来摧毁；但是理论一经掌握群众，也会变成物质力量。""哲学把无产阶级当做自己的物质武器，同样，无产阶级也把哲学当做自己的精神武器。"[1]这一时期，马克思开始从市民社会的角度去审视国家问题，这标志着他的国家思想从理性主义向唯物主义转变。

（二）马克思、恩格斯国家理论的发展

如果说《1844年经济学哲学手稿》和《神圣家族》这两部论著中，马克思唯物史观的国家理论体系已经基本形成，那么1845年《德意志意识形态》著作则是马克思唯物史观国家理论基本成熟的标志。在这一著作中，马

---

[1]《马克思恩格斯选集》第1卷，人民出版社2012年版，第9、865页。

克思、恩格斯从唯物史观的基本立场出发，肯定了在人类社会发展的过程中物质生产的重大意义，他们把物质资料的生产放到了人类历史活动的首位，并认为人们在这一生产中所结成的关系是社会中最为基本的关系，人类社会的其他关系都是从这一基本关系中派生出来的，无不受到这一基本关系的作用和影响，从而系统分析了生产力与生产关系、经济基础与上层建筑的辩证关系，揭示了国家的起源、国家的性质、国家与市民社会的关系，特别指出了国家和法依赖于所有权。他们把与生产方式相关联的不同阶段的市民社会看作是整个历史的前提。与此同时，从市民社会的层面出发，系统说明了不同的意识形态，诸如哲学、艺术、道德、宗教等等。在这一著作中，马克思主义国家理论的基本观点如国家与市民社会的关系、国家的本质和特征、国家与法和所有制的问题都进行了较为成熟的表达。至此，马克思和恩格斯彻底完成了从理性主义国家观向唯物主义国家观的根本转变，马克思和恩格斯的国家观日趋成熟。在完成唯物主义国家观的彻底转变后，他们结合1848年无产阶级革命的实践，于同年发表了《共产党宣言》，标志着马克思主义国家学说诞生。在《共产党宣言》中，马克思非常深刻地指出，无产阶级在反对资产阶级的斗争中，通过革命的手段，使自己上升为统治阶级，通过暴力的手段对旧的生产关系进行彻底的革命。马克思和恩格斯创造性地提出无产阶级革命和建立无产阶级专政的思想，并且提出了无产阶级用暴力推翻资产阶级国家机器的主张，至此，马克思主义国家理论学说正式提出。

（三）马克思、恩格斯国家理论的成熟

马克思国家思想的一个重要发展就是提出了无产阶级专政理论。在《1848年至1850年的法兰西阶级斗争》一文中，马克思不仅首次用历史唯物主义的观点，深刻地研究和分析了1848年法国资产阶级革命，而且第一次提出无产阶级专政理论。在文中他是这样说的："那些形式上浮夸而实质上琐碎的、甚至还带有资产阶级性质的要求，就由一个大胆的革命战斗口号取

而代之，这个口号就是：推翻资产阶级！工人阶级专政！"①这里的工人阶级专政就是无产阶级专政。在此著作中，马克思认为，无产阶级专政是通向共产主义社会的过渡阶段，以及无产阶级夺取政权后在社会经济改造中的任务。而在《路易·波拿巴的雾月十八日》一文中，他进一步阐明了无产阶级对资产阶级国家态度的国家学说。他依据法国的历史揭示了资本主义国家的本质，指出一切资产阶级革命都没有动摇在君主专制下已经形成的军事官僚机器，而是把现存的国家机器当成主要的战利品。如果说这两部著作中只是从理论上提出了"无产阶级专政"学说，那么1871年巴黎公社无产阶级革命实践运动的失败促使马克思、恩格斯把理论与实践结合起来，从而从革命实践中总结经验，提出无产阶级要掌握国家权力，必须推翻资产阶级的论断。

在《法兰西内战》一书中，马克思运用唯物史观的国家理论对法国巴黎公社的伟大实践进行了经验总结。首先，"工人阶级不能简单地掌握现成的国家机器，并运用它来达到自己的目的"②。其次，将国家从社会攫取的权力收归社会。在马克思看来，巴黎公社所采取的种种措施的核心就在于铲除产生于社会而又脱离社会的官僚统治和军事镇压机器。因此，"旧政权的纯属压迫性质的机关予以铲除，而旧政权的合理职能则从僭越和凌驾于社会之上的当局那里夺取过来，归还给社会的承担责任的勤务员"③。最后，公社是"终于发现的可以使劳动在经济上获得解放的政治形式"④。马克思也非常关注巴黎公社这种政治形式能不能推动工人阶级的经济解放进而达到普遍的解放。从马克思对巴黎公社实践经验的总结和对地方自治的肯定来看，其思想的核心就是国家回归社会。

① 《马克思恩格斯选集》第1卷，人民出版社2012年版，第469页。
② 《马克思恩格斯选集》第3卷，人民出版社2012年版，第163页。
③ 《马克思恩格斯选集》第3卷，人民出版社2012年版，第100页。
④ 《马克思恩格斯选集》第3卷，人民出版社2012年版，第102页。

（四）马克思、恩格斯国家理论的完善

在从巴黎公社失败后到19世纪末的这段时间里，马克思、恩格斯在《哥达纲领批判》《反杜林论》《社会主义从空想到科学的发展》《巴枯宁〈国家制度和无政府状态〉一书摘要》《家庭、私有制和国家的起源》等著作中，深入研究、努力探索、不断创新，进一步完善自己所创立的科学的国家理论。首先，在《哥达纲领批判》中，马克思指出："在资本主义社会和共产主义社会之间，有一个从前者变为后者的革命转变时期。同这个时期相适应的也有一个政治上的过渡时期，这个时期的国家只能是无产阶级的革命专政。"[①]马克思的这一科学论断是其国家理论的一个极为重要的命题，也是其国家理论成熟的标志。其次，恩格斯在《家庭、私有制和国家的起源》著作中阐明了国家的本质、特征、类型和未来的发展趋势，进一步丰富了马克思主义的国家观。他指出："国家并不是从来就有的。曾经有过不需要国家，而且根本不知国家和国家权力为何物的社会。在经济发展到一定阶段而必然使社会分裂为阶级时，国家就由于这种分裂而成为必要了。现在我们正在以迅速的步伐走向这样的生产发展阶段，在这个阶段上，这些阶级的存在不仅不再必要，而且成了生产的真正障碍。阶级不可避免地要消失，正如它们从前不可避免地产生一样。随着阶级的消失，国家也不可避免地要消失。"[②]恩格斯站在辩证唯物主义和历史唯物主义的高度，深刻阐释了国家范畴的历史性和阶级性。最后，马克思把国家视作社会的一种机关，是一种表现社会有意识活动和规范制约机制。在马克思看来，国家是代表整个社会总体利益的，是社会所产生的一种群体利益的集中表现。他用历史唯物主义的观点分析了国家的产生和发展演变，客观辩证地理解国家构成、国家职能，以及国家与社会的关系等问题，从而进一步完善他们的国家理论。

---

① 《马克思恩格斯选集》第3卷，人民出版社2012年版，第373页。
② 《马克思恩格斯选集》第4卷，人民出版社2012年版，第190页。

三、马克思、恩格斯的国家治理思想的主要内容

马克思、恩格斯关于国家的学说是马克思主义的重要组成部分，他们深刻地揭示了国家产生的根源和国家的本质，并为无产阶级夺取政权和运用政权建立无产阶级国家提供了理论基础。基于此，马克思、恩格斯作为马克思主义经典作家对国家的起源、本质、职能和消亡等方面基本内容进行了详细的论述，形成了马克思、恩格斯国家理论的主要内容。这对于全世界无产阶级寻求解放的革命斗争和实现无产阶级专政的社会主义国家的建设和发展都具有重要而深远的指导意义。

（一）国家的起源与本质

国家的起源和本质，是马克思主义国家理论的基本问题。对于什么是国家的问题，在马克思主义产生以前，没有一个人能界定它的科学含义，正确分析它的影响和作用，各种非科学的解释把国家问题复杂化。而马克思将国家的本质根植于市民社会中，从而科学地揭示了国家的起源。马克思在《〈黑格尔法哲学〉批判》中，提出了研究国家起源的方法，即从国家与市民社会的关系这一角度来揭示国家的起源。马克思认为："社会结构和国家经常是从一定个人的生活过程中产生的。但这里所说的个人……是在一定的物质的、不受他们任意支配的界限、前提和条件下能动地表现自己的。"[1]在对国家形成过程的考察中，马克思首先将"生产"和"现实中的个人"联系起来，在提出了两种"生产理论"，生产发展到一定程度，就会出现"分工"，在分工理论的基础上，建立了他的所有制理论。在此基础上，马克思把国家的产生同物质生产和社会分工联系起来，从而挖掘出国家产生的阶级根源和阶级利益本质。而恩格斯则直接指出："国家并不是从来就有的。曾

---

[1]《马克思恩格斯全集》第3卷，人民出版社1960年版，第29页。

经有过不需要国家，而且根本不知国家和国家权力为何物的社会。在经济发展到一定阶段而必然使社会分裂为阶级时，国家就由于这种分裂而成为必要了。"①可见，在马克思、恩格斯看来，国家的产生遵循了从生产发展到社会分工，再到私有制的建立，出现阶级分化，国家从而出现这样的一个发展过程。

而对于国家的起源问题，马克思还着重从古代社会文明的氏族制度、家庭关系、私有财产和原始宗教等起源问题方面着手进行了深入研究，从而对国家的阶级利益本质进行了进一步的论证和说明。马克思在他的《国家与文明起源笔记》中就有意识地展开了对国家起源问题的思考。一方面，马克思对古代社会氏族组织和家庭关系进行了认识。他认为，氏族是原始社会结构的基础。另一方面，马克思对古代社会的生产关系、社会关系和阶级实质做了进一步的深入研究。在这些认识的基础上，马克思通过对梅恩抽象的、超阶级的国家观的批评，提出了国家阶级利益的本质。霍布斯在探讨国家起源时，提出了"实力论"，即统治者个人或者集团通过不受控制地显示意志而实际行使着社会积累起来的实力。梅恩不同意这种理论，他认为，这种论断当然是根本不符合事实的。大量的各种影响（这些影响我们为简便起见可以称为道德的影响）始终在影响、限制或阻止统治者对社会实力的实际操纵。对梅恩的这些观点，马克思做了评论，他说，这一"道德的"表明，梅恩对问题了解得那么差；就这些影响（首先是经济的）以"道德的"形式存在而论，它们始终是派生的、第二性的，绝不是第一性的。梅恩忽略了深得多的东西，国家的看来是至高无上的独立地存在本身，不过是表面的，……（国家）只是在社会发展的一定阶段上才出现，它代表着"一定的社会集团共同特有的利益，即阶级利益等等"，所以，国家"最终全都以经济条件为基础。这种条件是国家赖以建立的基础，是它的前提"。②

---

① 《马克思恩格斯选集》第4卷，人民出版社2012年版，第190页。
② 《马克思恩格斯全集》第45卷，人民出版社1985年版，第647页。

恩格斯受马克思关于国家起源不同形式的研究成果直接启发，从而在《家庭、私有制和国家的起源》一书中明确提出了国家起源的三种形式，从而进一步确定了国家阶级性的本质。恩格斯指出，在原始公社制度下，随着氏族组织的发展，生产工具不断改进，人们的劳动能力不断提高，产品逐渐出现剩余，这就为私有制的产生提供了现实的可能性。而且相伴随的是社会大分工的不断发展。首先是畜牧业从农业中分离出来，"也就产生了第一次社会大分裂，分裂为两个阶级：主人和奴隶、剥削者和被剥削者"[1]。随后是手工业与农业的分离，这次分工则使奴隶制"成为社会制度的一个根本的组成部分"[2]。等到商业独立化之后，"奴隶的强制性劳动构成了整个社会的上层建筑所赖以建立的基础"[3]。可见，正是由于剩余产品的出现和社会分工的推动，导致财产占有在部落或氏族成员之间事实上的不平等，这种不平等的加剧最终使占有财富者与不占有或较少占有财富者变成了两个互相对立的阶级，即奴隶主和奴隶。为了维护自身的特权，就需要一种维护社会秩序的暴力组织去镇压奴隶的反抗，从而把剥削和被剥削关系固定化、合法化。而氏族组织因不能有效地保护奴隶主阶级的特权，所以"它被分工及其后果即社会之分裂为阶级所炸毁。它被国家代替了"[4]。

由此，恩格斯对国家的起源做了总结概括，随着私有制的产生，原始的氏族管理机关已经逐渐从"人们的代表"变为"人民的统治者"。于是，"氏族制度的机关就逐渐挣脱了自己在民族中，在氏族、胞族和部落中的根子，而整个氏族制度就转化为自己的对立物：它从一个自由处理自己事务的部落组织转变为掠夺和压迫邻近部落的组织，而它的各机关也相应地从人民意志的工具转变为独立的、压迫和统治自己人民的机关了"[5]。所以，"氏族制度

---

① 《马克思恩格斯选集》第4卷，人民出版社2012年版，第178页。
② 《马克思恩格斯选集》第4卷，人民出版社2012年版，第180页。
③ 《马克思恩格斯选集》第4卷，人民出版社2012年版，第184页。
④ 《马克思恩格斯选集》第4卷，人民出版社2012年版，第186页。
⑤ 《马克思恩格斯选集》第4卷，人民出版社2012年版，第181页。

已经过时了。它被分工及其后果即社会之分裂为阶级所炸毁。它被国家代替了"①。因此，恩格斯最后总结道："国家是社会在一定发展阶段上的产物；国家是承认：这个社会陷入了不可解决的自我矛盾，分裂为不可调和的对立面而又无力摆脱这些对立面。而为了使这些对立面，这些经济利益互相冲突的阶级，不致在无谓的斗争中把自己和社会消灭，就需要有一种表面上凌驾于社会之上的力量，这种力量应当缓和冲突，把冲突保持在'秩序'的范围以内；这种从社会中产生但又自居于社会之上并且日益同社会相异化的力量，就是国家。"②由此表明，国家产生于社会，是社会阶级矛盾不可调和的产物，阶级矛盾的不可调和是国家产生的最为根本的原因。

而从国家的起源不难看出国家的本质，国家是因阶级的存在而起源的，那么它就不过是某个阶级的组织。换句话说，国家产生于阶级分化和阶级斗争，它是阶级统治的手段和工具。因此，马克思认为，国家"政权正是市民社会内部阶级对抗的正式表现"③，"是一个阶级用以压迫另一个阶级的有组织的暴力"④；恩格斯称，国家是"一个剥削阶级的组织，以便维护这个社会的外部生产条件"⑤；列宁也说，"在马克思看来，国家是阶级统治的机关，是一个阶级压迫另一个阶级的机关"⑥。所以，国家就一直是某个阶级的机构，"在古代是占有奴隶的公民的国家，在中世纪是封建贵族的国家，在我们的时代是资产阶级的国家"⑦。而且"由于国家是从控制阶级对立的需要中产生的，由于它同时又是在这些阶级的冲突中产生的，所以，它照例是最强大的、在经济上占统治地位的阶级的国家，这个阶级借助于国家而在政治上也成为占统治地位的阶级，因而获得了镇压和剥削被压迫阶级的新手

---

① 《马克思恩格斯选集》第4卷，人民出版社2012年版，第186页。
② 《马克思恩格斯选集》第4卷，人民出版社2012年版，第186—187页。
③ 《马克思恩格斯选集》第1卷，人民出版社2012年版，第275页。
④ 《马克思恩格斯选集》第1卷，人民出版社2012年版，第422页。
⑤ 《马克思恩格斯选集》第3卷，人民出版社2012年版，第668页。
⑥ 《列宁专题文集·论马克思主义》，人民出版社2009年版，第180页。
⑦ 《马克思恩格斯文集》第3卷，人民出版社2009年版，第561页。

段。因此，古希腊罗马时代的国家首先是奴隶主用来镇压奴隶的国家，封建国家是贵族用来镇压农奴和依附农的机关，现代的代议制的国家是资本剥削雇佣劳动的工具"①。可见，国家的产生不仅主要基于经济上占统治地位的阶级的意志，而且国家政权还掌握在统治阶级手中。所谓的统治阶级就是指在经济上居于统治地位的阶级，这个阶级借助于国家机器而成为政治上的统治阶级。因此，国家也就成为经济上的统治阶级维护和实现自身利益的工具，即"国家工具论"。而统治阶级之所以要把国家政权掌握在自己手中，归根结底是要利用国家政权为本阶级的利益服务，即"国家是属于统治阶级的各个个人借以实现其共同利益的形式"②。

国家的阶级本质决定了国家是统治阶级进行阶级统治的工具，是一个阶级压迫另一个阶级的暴力机关，其目的就在于维护统治阶级的统治地位，实现其根本利益。具体来说，统治阶级占有生产资料，在经济上处于支配地位，掌握国家政权，国家当然就成为统治阶级根本利益服务的工具，在阶级矛盾为社会主要矛盾的国家中，国家的阶级性集中表现为国家对被统治阶级的控制与压迫，表现为激烈的阶级斗争。但是，我们也不能把国家的阶级性即国家的本质简单片面地理解为仅仅是阶级斗争，国家的阶级性综合地体现在国家的政治、文化、法律、外交、科教及社会活动之中。

（二）国家职能

国家如何进行统治，决定了国家职能的内容和界限。马克思在《资本论》中指出，国家的职能"既包括由一切社会的性质产生的各种公共事务的执行，又包括由政府同人民大众相对立而产生的各种特有的职能"③。前者是国家的政治统治职能，后者则是国家的公共事务管理职能。恩格斯也声称，国家就是"一个剥削阶级的组织，以便维护这个社会的外部生产条件，

---

① 《马克思恩格斯选集》第4卷，人民出版社2012年版，第188—189页。
② 《马克思恩格斯全集》第3卷，人民出版社1960年版，第70页。
③ 《资本论（节选本）》，人民出版社2018年版，第502页。

特别是用暴力把被剥削阶级控制在当时的生产方式所决定的那些压迫条件下（奴隶制、农奴制或依附农制、雇佣劳动制）"①。可见，在马克思主义经典作家看来，国家的本质就是一个阶级压迫另外一个阶级的手段和工具。而国家的本质是通过国家的职能表现出来的，这决定了国家具有政治统治的职能。

在马克思看来，国家成了属于统治阶级的各个个人借以实现其共同利益的形式，是该时代整个市民社会获得集中表现的形式，把阶级利益说成是普遍利益的意识形态成了控制国家的手段之一。反对封建专制政府的政治斗争和对经济问题的研究，使得马克思从阶级本质上去认识普鲁士政府的反动性，即"把林木占有者的奴仆变为国家权威的代表的这种逻辑，使国家权威变成林木占有者的奴仆。整个国家制度和各种行政机构的作用都应该脱离常规，都应该沦为林木占有者的工具；林木占有者的利益应该成为左右整个机构的灵魂。一切国家机关都应成为林木占有者的耳、目、手、足，为林木占有者的利益探听、窥视、估价、守护、逮捕和奔波"②。国家是林木占有者的工具，国家是为一定集团的物质利益服务。国家的阶级实质，指出国家的存在是由于阶级利益的需要，国家问题的内容就是阶级间的诸关系。马克思指出，掌握国家政权的阶级必须借助意识形态把自己的特殊利益说成是普遍利益。"每一个力图取得统治的阶级，如果它的统治就像无产阶级的统治那样，预定要消灭整个旧的社会形式和一切统治，都必须首先夺取政权，以便把自己的利益说成是普遍的利益……另一方面，这些特殊利益始终在真正地反对共同利益和虚幻的共同利益，这些特殊利益的实际斗争使得以国家姿态出现的虚幻的'普遍'利益对特殊利益进行实际的干涉和约束成为必要。"③资产阶级要获得国家权力和政治统治权力，不得不把自己的特殊利益说成是普遍人的权利，借人民的名义进行统治。

---

① 《马克思恩格斯选集》第3卷，人民出版社2012年版，第668页。
② 《马克思恩格斯全集》第1卷，人民出版社1956年版，第160页。
③ 《马克思恩格斯选集》第1卷，人民出版社1972年版，第38—39页。

　　马克思、恩格斯在坚持国家阶级性的同时，也注意到了国家的公共性。他们看到，在某些特定的历史时刻，国家有可能表现出一种独立于社会各阶级之上的超然姿态，有可能具有自己的不同于任何一个阶级（包括统治阶级）的利益。也就是说，国家既是阶级统治和压迫的工具，也是平衡社会各阶级利益的工具。国家不仅是阶级统治的工具，还是社会冲突的缓和者和社会秩序的提供者，它具有某种超越于阶级统治的独立性。就正如恩格斯明确指出的，在人类历史上"有这样的时期，那时互相斗争的各阶级达到了这样势均力敌的地步，以致国家权力作为表面上的调停人而暂时得到了对于两个阶级的某种独立性"①。由此可以看出，国家不仅具有阶级性，而且具有公共性的特点，而且从这种公共性特征表现来看，它是作为"表面上凌驾于社会之上的力量"，是作为掌握和行使公共权力的"第三种力量"而存在的。其基本政治统治的功能就是压制或缓和阶级之间的公开冲突，把冲突保持在"秩序"的范围内，这也就是我们常说的国家建立和维护公共秩序的职能。

　　对于社会管理职能，马克思在《不列颠在印度的统治》一文中，在分析印度政府的职能时，他就发现了国家担当了许多社会公共管理职能，如"农业上人工灌溉具有极端重要性，修建和管理公共水利工程、交通道路的任务"，都应由中央集权政府所承当。马克思指出："在亚洲，从远古的时候起一般说来就只有三个政府部门：财政部门，或者说，对内进行掠夺的部门；战争部门，或者说，对外进行掠夺的部门；最后是公共工程部门。"②由于自然气候和土地条件，人工灌溉设施成了东方农业的基础。亚洲的一切政府因此都必须执行一种经济职能，即举办公共工程的职能。马克思还用英国人的无知进行了反证，"现在，不列颠人在东印度从他们的前人那里接收了财政部门和战争部门，但是却完全忽略了公共工程部门。因此，不能按照不列颠的自由竞争原则——自由放任原则——行事的农业便衰败下来"③。马克思

---

　　①《马克思恩格斯选集》第4卷，人民出版社2012年版，第189页。
　　②《马克思恩格斯选集》第1卷，人民出版社2012年版，第850页。
　　③《马克思恩格斯选集》第1卷，人民出版社2012年版，第851页。

对亚洲国家的政府部门所具有的"举办公共工程的职能"的分析表明，国家不仅是维护统治阶级利益的需要，也是履行社会公共管理职能的需要。

马克思国家职能的二重性内容包含了三层内容：第一，政治统治以社会职能为前提和基础。从根本上讲，国家是统治阶级的组织，是维护一个阶级对另一个阶级的统治机器，这是由国家产生的前提与目的决定的。国家的本质决定了国家首先是作为阶级统治，即政治统治的工具或机器而存在；其次才是作为执行社会职能的社会管理机构而存在。国家作为一种管理机构，履行社会职能，实现社会管理，从根本上讲，还是为统治阶级服务的。第二，国家政治职能的实现方式与社会公共事务职能的实现方式具有本质区别。国家政治职能，其核心任务是维护和实现阶级统治，这种任务主要通过阶级的统治和镇压来实现（即暴力），在这层含义上，国家就成为纯粹管理人的机构。第三，人类社会发展的进程，是国家政治职能萎缩和社会公共事务管理职能扩大的过程。

（三）国家发展趋势

马克思、恩格斯认为，国家并不是从来就有的，而是阶级矛盾不可调和的产物。因此，国家的产生和消亡与阶级的产生和消失密切相关。正像恩格斯指出的那样："无产阶级将取得国家政权，并且首先把生产资料变为国家财产。但是这样一来，它就消灭了作为无产阶级的自身，消灭了一切阶级差别和阶级对立，也消灭了作为国家的国家。"[1]国家随着阶级斗争的需要而产生，是统治阶级进行阶级统治的工具，随着阶级的消失，国家会日趋消亡。1884年，恩格斯在撰写《家庭、私有制和国家的起源》中写道："在生产者自由平等的联合体的基础上按新方式来组织生产的社会，将把全部国家机器放到它应该去的地方，即放到古物陈列馆去，同纺车和青铜斧陈列在一

---

① 《马克思恩格斯全集》第25卷，人民出版社2001年版，第409页。

起。"①国家的消亡是不可避免的，到那时，社会将变成一个无阶级的共产主义社会。消灭阶级差别，促使国家消亡，实现共产主义必须经过无产阶级专政的过渡时期。因此，国家消亡是必然趋势，但是要经历一个漫长的历史过程。

恩格斯在《家庭、私有制和国家的起源》中认为，当氏族制度处于过渡阶段，就会被社会分裂成阶级，被国家取代。恩格斯还说，社会不是被硬塞给国家的，"确切地说，国家是社会在一定发展阶段上的产物"②。所以，国家是阶级发展到一定阶段而出现的，不是从来就有的。国家的产生是随历史的发展而出现的，有其历史必然性。"辩证唯物主义认为，世界上的一切事物都有一个产生、发展和灭亡的过程。"③国家也是如此，也会经历一个产生、发展和灭亡的过程。国家是在一定的历史条件下产生的，因此，它也必将随着人类社会历史的进一步发展而走向灭亡直至完全灭亡。马克思、恩格斯在《共产党宣言》中说道："无产阶级在反对资产阶级的斗争中一定要联合为阶级，通过革命使自己成为统治阶级，并以统治阶级的资格用暴力消灭旧的生产关系，那么它在消灭这种生产关系的同时，也就消灭了阶级对立的存在条件，消灭了阶级本身的存在条件，从而消灭了它自己这个阶级的统治。"④可见，国家的消亡和国家的产生一样都是历史的必然。随着国家的消亡，人类社会就经历了一个无国家—国家—无国家的否定之否定的发展过程，达到一个更高级的发展阶段，向"更高形式上的复活"。马克思认为，人类社会随着经济的迅猛发展，会进入一个不存在阶级的社会阶段，并且这样不再是一种必然，而且还成了社会经济过程继续发展的重大障碍，所以阶级一定会消失。随着阶级的消失，以阶级为基础的统治组织——国家同样也

---

① 《马克思恩格斯选集》第4卷，人民出版社2012年版，第190页。

② 《马克思恩格斯选集》第4卷，人民出版社2012年版，第186页。

③ 聂立泽：《浅谈国家消亡的过程及其完全消亡的条件》，《南都学坛（哲学社会科学版）》1996年第1期。

④ 《马克思恩格斯选集》第1卷，人民出版社2012年版，第422页。

会不可避免地消失。恩格斯也认为，无产阶级革命在取得国家的政权之后，必须首先把社会生产资料转变为国家共有的财产，这样也就消除了无产阶级自身赖以发展的基础，消灭了一切阶级差别和阶级对立，国家也就不再作为国家而存在。因为依赖的经济基础消失了，所以国家也就必然解体消亡了。

国家消亡是指国家作为阶级压迫的暴力机关将随着阶级及阶级对立的消亡而消亡，而不是国家作为管理社会公共事务机关的消亡。国家的产生是公共权力与社会分离的结果，一旦公共权力由少数转移到多数乃至全体成员手中并自觉运用时，国家的政治权力已失去其存在的意义，国家也将消失。"那时，国家政权对社会关系的干预在各个领域中将先后成为多余的事情而自行停止下来。""国家不是'被废除'的，它是自行消亡的。"①虽然国家要消亡，但是马克思认为，国家的消亡是个"自然的历史的过程"，在现实中"实际上将经历一个极其艰难而漫长的过程"②。虽然"国家不是'被废除'的，它是自行消亡的"③，但自行消亡的国家只能是无产阶级国家。马克思认为，无产阶级要获得彻底的解放，只有通过暴力革命打碎资产阶级国家机器，建立无产阶级专政的国家。只有无产阶级专政的国家，通过生产资料公有制的形式消除阶级对立和阶级压迫，最终使国家逐渐失去阶级统治的性质而自行消亡。因此，无产阶级是实现国家消亡的现实力量和实现可能性之所在。

（四）无产阶级专政

对于"无产阶级专政"这一概念，马克思是在评述1849年6月13日到1850年3月10日法国发生的事件时，根据无产阶级专政解释了革命的社会主义或共产主义时提出的。他说："当无产阶级把这种社会主义让给小资产阶级，而各种社会主义首领之间的斗争又表明每个所谓体系都是特意强调社会

---

① 《马克思恩格斯选集》第3卷，人民出版社2012年版，第668页。
② 《马克思恩格斯全集》第42卷，人民出版社1979年版，第140页。
③ 《马克思恩格斯选集》第3卷，人民出版社2012年版，第668页。

变革中的某一个过渡阶段而与其他各个阶段相对抗时，无产阶级就日益团结在革命的社会主义周围，团结在被资产阶级用布朗基来命名的共产主义周围。这种社会主义就是宣布不断革命，就是无产阶级的阶级专政，这种专政是达到消灭一切阶级差别，达到消灭这些差别所由产生的一切生产关系，达到消灭和这些生产关系相适应的一切社会关系，达到改变由这些社会关系产生出来的一切观念的必然的过渡阶段。"①在这里，马克思首次把无产阶级专政视为消灭一切阶级差别所必要的过渡阶段，这一观点在这里得到系统阐述。随后，马克思在1852年3月5日在给约瑟夫·魏德迈的信中，他重申了他的无产阶级专政观点，在信中他写道："在我以前很久，资产阶级历史编纂学家就已经叙述过阶级斗争的历史发展，资产阶级经济学家也已经对各个阶级作过经济上的分析。我所加上的新内容就是证明了下列几点：（1）阶级的存在仅仅同生产发展的一定历史阶段相联系；（2）阶级斗争必然导致无产阶级专政；（3）这个专政不过是达到消灭一切阶级和进入无阶级社会的过渡。"②

无产阶级专政是马克思主义国家学说的精髓，反映的是不同于资产阶级国家的独特国家形态，其实质是无产阶级的国家政权。只有在无产阶级专政的条件下，无产阶级才能够将自己真正提升为社会的统治阶级，使国家成为无产阶级，从而实现大多数人利益的工具。无产阶级专政思想的提出解决了国家政权的阶级本质问题，为打破资产阶级国家机器、建立社会主义国家制度提供了明确的方向。但在1850年到1852年间，尽管马克思明确阐述了无产阶级专政和摧毁资产阶级国家机器这个观点，但对于无产阶级专政应该采取什么形式，他并没有作出说明，因为"那时在这个问题上，经验还没有提供材料"③。而1871年的巴黎公社，不仅充实了摧毁资产阶级国家机器的观点，而且还提供了解决无产阶级专政的政治形式。

---

① 《马克思恩格斯文集》第2卷，人民出版社2009年版，第166页。
② 《马克思恩格斯选集》第4卷，人民出版社2012年版，第426页。
③ 《列宁专题文集·论马克思主义》，人民出版社2009年版，第203页。

无产阶级的第一个政权组织形式是法国无产阶级创造的巴黎公社。马克思说，巴黎公社是无产阶级专政的一种具有广泛代表性的政治形式，一切旧有的政府形式都具有压迫性，而公社的真正秘密在于，"它实质上是工人阶级的政府，是生产者阶级同占有者阶级斗争的产物，是终于发现的可以使劳动在经济上获得解放的政治形式"①。它是"帝国的直接对立物"，是"一个不但取代阶级统治的君主制形式、而且取代阶级统治本身的共和国"②。巴黎公社存在的时间很短，尚未来得及建立起一整套阶级统治的新形式，但它已经具备了无产阶级专政国家政权形式的一些基本特征。第一，公社机关是按照民主集中制原则组织起来的，是人民群众当家作主的组织形式。马克思指出："公社存在本身就是对那至少在欧洲是阶级统治的通常累赘和必要伪装的君主制度的否定。公社给共和国奠定了真正民主制度的基础"③；第二，公社委员是按普遍平等的原则选举产生的，他们已不再是高官厚禄、鱼肉人民的议会大员，而是普通工作者和劳动者，是为人民办事的公仆；第三，公社把立法权和行政权结合起来，统一在公社委员会。公社委员既是人民代表，又是政府部长。因此，公社既是代表人民利益的权力机关，又是办事效率较高的工作机关。由公社委员会代表人民立法，同时又行使国家政权的职能。对于巴黎公社，马克思虽然没有公开称是无产阶级专政，但马克思说，公社"是终于发现的可以使劳动在经济上获得解放的政治形式"④。这意味着公社还必须实现从未被解放的劳动形式向劳动的解放、从资本主义向共产主义的过渡。在消除"阶级差别"的条件下政治制度才会终结。而且马克思在和反权威主义者的争论中，把巴黎公社看作是革命的无产阶级专政，他说："如果工人阶级的政治斗争采取暴力的形式，如果工人建立起自己的

---

① 《马克思恩格斯选集》第3卷，人民出版社2012年版，第102页。
② 《马克思恩格斯选集》第3卷，人民出版社2012年版，第98页。
③ 《马克思恩格斯选集》第2卷，人民出版社1972年版，第377页。
④ 《马克思恩格斯选集》第3卷，人民出版社2012年版，第102页。

革命专政来代替资产阶级专政，那他们就犯了违反原则的滔天大罪。"①同样，恩格斯在争论中也质疑道："要是巴黎公社面对资产者没有运用武装人民这个权威，它能支持哪怕一天吗？"②另外，恩格斯在1891年马克思《法兰西内战》单行本导言中第一次明确称巴黎公社为无产阶级专政。他在文中指出：德国"社会民主党的庸人又是一听到无产阶级专政就吓得大喊救命。先生们，你们想知道无产阶级专政是什么样子吗？请看看巴黎公社吧。这就是无产阶级专政"③。这些都表明，不管是马克思还是恩格斯都认为巴黎公社是无产阶级专政。

四、马克思、恩格斯的国家治理思想的影响及评价

马克思、恩格斯作为马克思主义理论的创始人，他们对国家的起源、本质、职能和消亡等方面进行论述，从而形成了国家理论。马克思、恩格斯所创立的国家理论，有丰富的国家理论学说，但往往都是散落于诸多论文或论著中，很少系统地集中于专门的著作之中，这给后继者理解马克思主义国家理论提供了广阔的发展空间。也正因为如此，某些学者在阐释这一理论时只孤立看待某一面，或者隔断开理论的继承性，从而形成了对这一理论的片面理解。如，早在俄国十月社会主义革命胜利之前，第二国际的重要领导人如伯恩施坦、考茨基等人，就因为片面理解马克思主义国家理论，背弃无产阶级革命和无产阶级专政的原则，而被列宁直接斥为修正主义。西方各国的"马克思主义者"也常常隔断马克思、恩格斯与列宁的国家理论，从而形成片面的结论。因此，要准确把握马克思主义国家思想的全貌，就必须对其创始人的文献作较全面的梳理，从而对这些片面理解进行正本清源，也进而为我们理解马克思主义国家理论在中国的创新与发展奠定理论基础。

---

① 《马克思恩格斯选集》第3卷，人民出版社2012年版，第279页。
② 《马克思恩格斯选集》第3卷，人民出版社2012年版，第277页。
③ 《马克思恩格斯选集》第2卷，人民出版社1972年版，第336页。

而且一直以来，马克思、恩格斯的国家理论不管是在无产阶级革命运动中，还是在现代化建设实践中都发挥巨大的指导作用。但是，当前在经济全球化背景下，马克思主义国家理论在现实社会中的实践作用遭遇质疑，如一些从全球化的视角明显带有马克思主义国家理论已经无足轻重的倾向对国家问题、国家在全球化进程中的地位职能以及国家与全球政治体系关系等问题进行讨论，有意无意地透露马克思主义国家理论已经过时了的观点。"国家治理现代化"是马克思主义国家理论在中国实践中的丰富和发展，在推进的过程中同样遭遇现实问题。厘清国家治理的理论思想源头，使之体系化、理论化、逻辑化，运用马克思主义国家理论去分析当前困惑人们的各种治理问题，正确看待坚持和发展马克思主义国家理论的当代意义，从而才能更进一步推进和实现国家治理现代化。

因此，马克思、恩格斯经典作家在其著作中对其国家理论的论述，不仅开创了马克思主义国家理论，也对我们理解这一理论奠定了坚实的基础。马克思主义国家理论作为马克思主义重要的组成部分，同样也是发展的理论。国家治理是马克思主义国家理论在中国的创新和发展，马克思、恩格斯对国家理论的论述，为实现和推进国家治理现代化提供了科学依据。而且随着全球化的扩展，国内外学者有关国家及其与全球化关系的著作大量涌现，新观点、新概念层出不穷，这不同程度地拓展了马克思主义国家学说研究的视域。但是，这些研究也存在一些问题。如有人把马克思、恩格斯与列宁的国家理论割裂开进行研究、有的对经典作家著作发掘得不够充分从而陷于教条式的片面理解，还有的只是限定于某个专题性研究，对马克思列宁主义创始人的国家理论没有做系统梳理，等等，这些对我们准确把握和理解马克思主义国家理论都会产生影响。基于此，也为了推进马克思主义国家理论的中国化和时代化，对马克思、恩格斯关于国家问题进行了全面发掘和重新梳理，从而使经典作家在国家问题上本来的观点得以"复原"，这不仅对我们准确认识和把握马克思列宁主义创始人关于国家问题的理论有帮助，而且对我们理解国家治理内涵，解读国家治理，从马克思主义国家理论中探索实现国家治理现代化的路径都非常有利。

第二节　列宁的社会主义国家治理思想

马克思主义国家治理理论蕴含于马克思主义国家学说之中，既体现在"对国家观及其现实社会的批判性与建构性并存的整体分析之中"[①]，也反映在社会主义国家政治实践之中。列宁在吸收马克思、恩格斯社会主义国家学说基础上，根据本国革命实践经验形成和发展的国家治理思想，它是马克思主义国家观的一个重要组成部分。列宁指出无产阶级专政是从资本主义向共产主义过渡的政治形式，在社会主义国家政权组织形式上，列宁认为应该按照人民代表制和民主集中制来组织国家政权，在改善国家机关问题上，列宁也提出了一系列社会主义国家机关建设的设想。列宁的社会主义国家观思想不仅为苏俄社会主义国家建设提供理论指导，而且对发展中国特色社会主义民主政治，推进我国国家治理体系和治理能力现代化有着重要的指导意义。

一、列宁的社会主义国家治理思想渊源

列宁的社会主义国家治理思想把马克思、恩格斯国家治理理论中的建立无产阶级政党思想、民主集中制原则、社会主义公有制运用到苏维埃俄国国家治理实践中，而且以布哈林为代表的马克思主义者对国家问题进行的诸多有益的探索，对列宁的社会主义国家思想的发展也有着促进作用。同时，借鉴西方资本主义国家治理理论，从而在苏维埃俄国的具体历史的基础上总结出社会主义国家治理理论。

[①] 梁宇：《马克思的国家治理思想探析》，《哲学研究》2015年第5期。

（一）马克思、恩格斯的国家学说

列宁的社会主义国家观是对马克思、恩格斯国家学说的继承和发展，它的直接理论来源就是马克思、恩格斯的国家理论。

马克思认为，无产阶级革命是人类历史上最深刻、最彻底的革命，最终是要"消灭私有制"。马克思、恩格斯指出，共产党人要实现社会主义、共产主义公有制的奋斗目标这一任务是要经历漫长的历史发展过程，因为"一切所有制关系都经历了经常的历史更替、经常的历史变更"[①]。无产阶级政党在夺取政权之后消灭资产阶级私有制的过程中，不仅仅依靠广大农民，还需要联合小资产阶级，对他们采取适当合理的措施进行改造，利用合作化的形式完成过渡。十月革命前，列宁的看法与马克思、恩格斯的基本观点是一致的，他在《俄国社会民主党中的倒退倾向》一文中提出："社会主义的目的（和实质）是：把土地、工厂等等即全部生产资料变为全社会的财产。"[②]由于苏维埃俄国是小农经济占优势，农民占人口的大多数，公有制是解决苏维埃俄国现实问题的有效策略。因此，列宁坚持以马克思主义的终极任务为指导，逐步地推进苏维埃社会主义国家治理。

（二）俄国马克思主义者的国家理论

第一次世界大战后，以布哈林为代表的俄国马克思主义者对国家问题进行了诸多有益的探索，对列宁社会主义国家思想的发展有着促进作用。1916年夏，列宁和布哈林关于国家问题的一场争论，在一定程度上促使列宁更加深入并全面地研究国家问题。布哈林认为，帝国主义时代以前，国家仅仅是一个组织而已，因为那时经济领域完全是一种无政府状态，那一时代的经济生活可以说是社会生活的绝大部分，因此国家并非完全是现代意义上的国

---

① 《马克思恩格斯选集》第1卷，人民出版社2012年版，第414页。
② 《列宁全集》第4卷，人民出版社1984年版，第229页。

家。但随着垄断组织的建立，国家组织和资产阶级经济组织结合起来，科学、政党、教会、企业等同盟都纷纷被纳入国家机构，这样就逐渐形成一个单一的无所不包的组织，即现代帝国主义强盗国家这一占统治地位的资产阶级的万能组织。列宁对布哈林的《关于帝国主义国家理论》以及《帝国主义强盗国家》这两篇文章都作了详细的摘录和批注。如布哈林承认国家是一个历史范畴，是阶级统治的产物。因此，随着社会进步，阶级一旦消失，作为阶级统治工具的国家也会消亡。列宁也赞同此观点。同时，在对待国家差别问题上，布哈林曾提出过从内部"炸毁"资产阶级的国家政权，建立无产阶级的国家政权。列宁通过潜心研究国家问题，同样得出了"炸毁"结论，而且在这一基础上又发展了无产阶级专政学说，在马克思主义国家发展理论思维上开辟新时代。

同时，普列汉诺夫作为最早在俄国宣传马克思主义的马克思主义者，他和他领导的"劳动解放社"对民粹主义的批判为列宁无产阶级专政思想提供了理论素材。普列汉诺夫指出，无产阶级的最终目的是用共产主义制度代替资本主义旧制度，达到这个目的的先决条件是无产阶级夺取政权。从资本主义发展中产生和强大起来的无产阶级才是最先进和最革命的阶级，只有通过无产阶级革命夺取政权，建立无产阶级专政国家才是实现社会主义的唯一途径。普列汉诺夫为了宣传和捍卫马克思主义，批判民粹派，论述了马克思主义的基本问题，揭露和批判了民粹派一系列毫无根据的错误观点。列宁继承普列汉诺夫对民粹派的批判观点，认同无产阶级才是革命的主要力量的思想，指出通过无产阶级革命夺取政权，建立无产阶级专政国家过渡到社会主义才是唯一途径。

二、列宁的社会主义国家治理思想的基本内容

十月革命胜利后，建立了第一个社会主义性质的苏维埃国家政权。苏俄社会主义制度建立后，列宁作为国家领导人就把苏维埃俄国的工作重心转移

到经济建设上来，进一步解放和发展生产力促进经济快速增长，不断提高苏维埃政权下广大劳动人民群众的物质文化生活水平。同时，又区分苏维埃国家治理中的内部党政关系问题，不断地修改国家法律体系、完善苏维埃监督机制，增加人民群众参与国家治理的机会，使人民群众发挥作为苏维埃国家治理主体的作用，更好地巩固和发展苏维埃政权，从而形成了列宁的社会主义国家治理思想。

（一）社会主义国家性质

国家性质是国家制度的核心，它决定了国家的政权组织形式和国家结构形式，是国家问题中的根本性问题。十月革命后，世界上第一个社会主义国家建立，确立这个第一个社会主义国家的国家性质是列宁阐释国家问题的首要内容。列宁指出，无产阶级反对资产阶级的斗争胜利以后，到建立社会主义制度之间有一个过渡时期。列宁在《国家与革命》中指出："现在，问题的提法已有些不同了：从向着共产主义发展的资本主义社会过渡到共产主义社会，非经过一个'政治上的过渡时期'不可，而这个时期的国家只能是无产阶级的革命专政。"[1]列宁强调在向共产主义社会第一阶段，即社会主义社会过渡的时期，必然而且只能是无产阶级专政时期。无产阶级专政"不仅对推翻了资产阶级的无产阶级是必要的，而且对介于资本主义和'无阶级社会'即共产主义之间的整整一个历史时期都是必要的，——只有懂得这一点的人，才算掌握了马克思国家学说的实质"[2]。不仅如此，列宁还反复强调无产阶级专政的阶级性，并特别强调它是一个阶级即无产阶级的专政，即"无产阶级的专政，即不与任何人分掌而直接依靠群众武装力量的政权"[3]。"专政就是社会的一部分对整个社会的统治，而且是直接依靠暴力的统治。为了推翻资产阶级并且击退它的反革命的尝试，必须建立无产阶级这个唯一

① 列宁著：《国家与革命》，人民出版社2015年版，第88页。
②《列宁选集》第3卷，人民出版社2012年版，第140页。
③《列宁选集》第3卷，人民出版社2012年版，第131页。

彻底革命的阶级的专政。"①而"专政的科学概念无非是不受任何限制的、绝对不受任何法律或规章约束而直接依靠暴力的政权"②。这里不仅强调了无产阶级专政的阶级性甚或是阶级性的纯粹性，而且认为"苏维埃是无产阶级专政的俄国形式"③。

苏维埃国家政权建立以后，为了巩固其政权，就和当时占全体人口中的绝大多数的农民结成了联盟。列宁认为："工农联盟——这是苏维埃政权给我们的东西，也是苏维埃政权的力量所在。这是我们取得成就、取得最后胜利的保证。"④他还说："在其他国家的革命还没有到来之前，只有同农民妥协，才能拯救俄国的社会主义革命。"⑤"我们帮助农民，是因为不和他们联盟就不可能有无产阶级政权，更谈不上保持政权了。"⑥"无产阶级专政是劳动者的先锋队——无产阶级同人数众多的非无产阶级的劳动阶层（小资产阶级、小业主、农民、知识分子等等）或同他们的大多数结成的特种形式的阶级联盟，是反资本的联盟，是为彻底推翻资本、彻底镇压资产阶级反抗并完全粉碎其复辟企图而建立的联盟，是为最终建成并巩固社会主义而建立的联盟。"⑦无产阶级"专政的最高原则就是维护无产阶级同农民的联盟，使无产阶级能够保持领导作用和国家政权"⑧。因此，"工农联盟"是苏维埃政权的基础和支柱，巩固了工农联盟，就可以保证苏维埃政权胜利完成社会主义改造事业。

同时，苏维埃的无产阶级国家政权建立以后，列宁还反复强调，无产阶级及其先锋队共产党是无产阶级专政的领导力量。他说，无产阶级专政的含

---

① 《列宁选集》第2卷，人民出版社2012年版，第776页。
② 《列宁全集》第12卷，人民出版社2017年版，第289页。
③ 《列宁选集》第3卷，人民出版社2012年版，第615页。
④ 《列宁全集》第33卷，人民出版社1957年版，第218页。
⑤ 《列宁选集》第4卷，人民出版社2012年版，第445页。
⑥ 《列宁全集》第32卷，人民出版社1958年版，第476页。
⑦ 《列宁全集》第36卷，人民出版社2017年版，第362—363页。
⑧ 《列宁全集》第42卷，人民出版社2017年版，第54—55页。

义就是"在推翻资本压迫的斗争中，在推翻这种压迫的过程中，在保持和巩固胜利的斗争中，在创建新的社会主义的社会制度的事业中，在完全消灭阶级的全部斗争中，只有一个阶级，即城市的总之是工厂的产业工人，才能够领导全体被剥削劳动群众"①。共产党由无产阶级的先进分子所组成。无产阶级专政由无产阶级领导，实质上则是由其先锋队共产党领导。列宁认为，"只有这个先锋队才能抵制这些群众中不可避免的小资产阶级动摇性，抵制无产阶级中不可避免的种种行业狭隘性或行业偏见的传统和恶习的复发，并领导全体无产阶级的一切联合行动，也就是说在政治上领导无产阶级，并且通过无产阶级领导全体劳动群众。不这样，便不能实现无产阶级专政"②。所以，共产党是无产阶级专政的最高领导力量。但是，共产党的领导必须通过苏维埃、工会、非党工农代表会议等"传动装置"和本阶级的群众取得密切联系来实现。这个"由若干齿轮组成的复杂体系"，"就是无产阶级专政的基础本身的结构"③。

十月革命取得胜利后，刚刚建立的苏维埃国家政权就遭遇国内被推翻的剥削阶级反扑，因此，列宁最初对这种新型的国家政权过多地强调了专政的暴力镇压职能。他说，"国家是一个阶级对另一个阶级使用暴力的机关或者机器"④。"无产阶级的革命专政是由无产阶级对资产阶级采用暴力手段来获得和维持的政权，是不受任何法律约束的政权"⑤，因此，"这个专政必须采取严酷无情和迅速坚决的暴力手段来镇压剥削者即资本家、地主及其走狗的反抗。谁不了解这一点，谁就不是革命者，就应该取消他的无产阶级领袖或顾问的资格"⑥。列宁强调无产阶级专政的镇压职能，曾遭到机会主义分子

①《列宁选集》第4卷，人民出版社2012年版，第10页。
②《列宁选集》第4卷，人民出版社2012年版，第474页。
③《列宁选集》第4卷，人民出版社2012年版，第369页。
④《列宁选集》第3卷，人民出版社2012年版，第308页。
⑤《列宁选集》第3卷，人民出版社2012年版，第594—595页。
⑥《列宁选集》第3卷，人民出版社2012年版，第835页。

的攻击，说无产阶级专政和苏维埃政权仅仅是暴力。对此，列宁认为，"无产阶级专政不只是对剥削者使用的暴力，甚至主要的不是暴力"①。"无产阶级专政同其他阶级专政相似的地方在于，这种专政之所以需要，同任何专政一样，是由于必须用暴力镇压那个失去政治统治权的阶级的反抗。无产阶级专政同其他阶级专政（中世纪的地主专政，一切文明的资本主义国家中的资产阶级专政）根本不同的地方在于，地主资产阶级的专政是用暴力镇压大多数人即劳动人民的反抗。相反地，无产阶级专政是用暴力镇压剥削者的反抗。"②同时，无产阶级专政还要对广大人民群众实行最广大的民主。"因而这个时期的国家就不可避免地应当是新型民主的（对无产者和一般穷人是民主的）和新型专政的（对资产阶级是专政的）国家。"③

　　然而，社会主义革命的根本目的就是解放生产力，发展生产力，提高劳动生产率，满足人民群众的物质和文化生活的需求。在打退国内阶级敌人的进攻以后，形势趋于稳定，列宁更强调要发展经济。他说："无产阶级专政的实质不仅在于暴力，而且主要不在于暴力。它的主要实质在于劳动者的先进部队、先锋队、唯一领导者即无产阶级的组织性和纪律性。无产阶级的目的是建成社会主义，消灭社会的阶级划分，使社会全体成员成为劳动者，消灭一切人剥削人现象的基础。"④建立社会主义的新型生产关系，从而"保证建立秩序、纪律，提高劳动生产率，实行计算和监督，建立比过去更巩固更坚强的无产阶级苏维埃政权"⑤。由此可见，苏维埃国家政权对资产阶级进行暴力镇压，从而建立了苏维埃政权，这种"苏维埃政权正是无产阶级专政即先进阶级专政的组织形式"⑥。然而，由于"无产阶级专政本身就意味着

---

① 《列宁选集》第4卷，人民出版社2012年版，第9页。
② 《列宁选集》第3卷，人民出版社2012年版，第699页。
③ 《列宁选集》第3卷，人民出版社2012年版，第140页。
④ 《列宁选集》第3卷，人民出版社2012年版，第835页。
⑤ 《列宁专题文集·论社会主义》，人民出版社2009年版，第384页。
⑥ 《列宁专题文集·论社会主义》，人民出版社2009年版，第104页。

无产阶级民主",因此,对于苏维埃政权的民主,列宁称:"苏维埃政权比最民主的资产阶级共和国要民主百万倍。"①正如斯大林所评价的,因为它不仅是"群众本身的直接的组织",而且也是"工人和被剥削农民在反对剥削者的斗争中结合和合作的场所",更是"多数居民统治少数居民的政权",它是一种多数人实施并且在多数人内实现了民主的专政。②同时,在苏维埃政权中,作为无产阶级先锋队的共产党在阶级斗争中充当着主导的角色。正如斯大林所说,这种"党实现着无产阶级专政,但它是实现着无产阶级专政,而不是别的什么专政"③。也就是说,"专政是由组织在苏维埃中的无产阶级实现的,而无产阶级是由布尔什维克共产党领导的"④。而且不仅如此,这种苏维埃政权具有镇压资产阶级的政治和建设社会主义经济的双重职能。

(二)社会主义国家职能

苏联社会主义革命胜利后,列宁作为中央政府的最高领导者一直致力于新生苏维埃政权的政府组建工作,并且亲自带领布尔什维克党和全体人民管理国家政治、经济和社会事务,从苏联具体情况出发,在经济建设和国家机构改革问题上探索、思考出了一系列独特而丰富的关于国家职能的理论。列宁认为,苏维埃国家政权要履行政治统治职能和社会管理职能。

1. 政治统治职能

列宁对在苏维埃政权建立之初以及之后的社会主义国家建设时期,如何坚持和实现无产阶级专政的论述,表明了列宁对社会主义国家政治统治职能的认识。在这一时期,如何坚持和实现无产阶级专政,可以分为两个方面:一是无产阶级要通过武装斗争维护和实现最广大人民群众的根本利益。二是进行社会主义经济建设。列宁提出的余粮收集制和新经济政策等不同的经济

① 《列宁专题文集·论资本主义》,人民出版社2009年版,第243页。
② 《斯大林选集》上卷,人民出版社1979年版,第222—224页。
③ 《斯大林选集》上卷,人民出版社1979年版,第416页。
④ 《列宁选集》第4卷,人民出版社2012年版,第157页。

政策都是列宁为了捍卫无产阶级专政政权而采取的重要措施。通过这两个步骤，苏俄坚持和实现了无产阶级专政，发挥了社会主义国家的政治统治职能。

第一，战时共产主义时期，发挥其政治统治职能，用革命的手段来保卫无产阶级政权和苏维埃俄国。在苏维埃前期，国内各种反动势力不断发动武装叛乱，英、法、美等老牌帝国主义国家肆无忌惮地用武力干涉俄国革命。面对这种内忧外患的困境，列宁提出，必须要时时刻刻掌握武装力量，必须要时刻用革命的手段和方式保卫新生的苏维埃政权。列宁希望通过这种方式集合国内一切可以集中的力量，用革命战争的手段来保卫新生的无产阶级专政政权，有力打击国内外反动势力对苏维埃政权的颠覆。战时共产主义政策是这一时期为捍卫和巩固新生苏维埃政权，实行无产阶级专政的一个重要体现。列宁希望在战争的环境下运用军事的办法来解决国家面临的严重的政治经济问题，并实现直接向共产主义过渡的措施。在苏维埃政权建立之初，列宁正是通过实行无产阶级专政，运用国家的力量来克服国内外面临的严峻挑战。

第二，社会主义国家建设时期，国家的政治统治职能主要是通过在苏俄社会主义经济恢复发展时期如何坚持无产阶级专政中体现出来的。国内战争结束，为了恢复发展经济，解决战时共产主义政策带来的问题，列宁提出用新经济政策来代替战时共产主义政策，列宁提出的新经济政策是这一时期实现无产阶级专政的重要形式。列宁具体分析了新经济政策，指出国家掌握土地以及生产资料方面的一切命脉，这是无产阶级国家"占有"的，不能退让。而实行国家资本主义，吸收私人资本以及允许在小生产领域实行自由贸易，是国家"让步"给新经济政策的东西。新经济政策符合苏俄社会主义国家发展需要，国民经济得到恢复和发展，缓解了阶级矛盾，团结了农民阶级，巩固了新生的无产阶级专政。

2. 社会管理职能

在如何管理国家上，列宁是在继承马克思人民管理制思想基础上发展而来的，马克思设想未来社会主义国家发挥人民群众在管理国家事务中的主导作用。但这种方式需要普遍提高劳动人民的素质，而且难以产生统一、迅速、高效的决策。苏维埃政权建立之初，国家政权的基本管理方式就是集体管理制，但随着国家政权的稳定，国家机关工作的正常开展，集体管理制的弊端暴露得越来越明显，官僚主义、办事拖拉、无人负责等现象严重。对此，列宁提出改革集体管理制，建立个人责任制，做到真正个人负责。但是，由于人口众多，普通工人文化程度不高和管理经验不足，通过劳动群众实行直接管理，显然是不现实的。政府机关"实际上却是通过无产阶级先进阶层来为劳动者实行管理而不是通过劳动群众来实行管理的机关"①。由此可见，在国家经济职能上，列宁主张国家的管理和人民群众的自我管理结合起来，既坚持马克思、恩格斯提出的"人民管理制"的方向，又坚决反对任何无政府主义的倾向。

为了更好地行使国家职能，列宁提出了国家机构改革问题。1921年3月，列宁在《"论粮食税"一书纲要》中指出："如果没有'国家机关'，那我们早就灭亡了。如果不进行有系统的和顽强的斗争来改善国家机关，那我们一定会在社会主义的基础还没有建成以前灭亡。"②列宁还指出，要改善国家机关，防止苏维埃国家蜕化变质，关键就是要发展社会主义民主，让人民当家作主，管理国家。列宁指出：在社会主义国家里，"要完全消除升官发财的思想，就必须使国家机关中那些无利可图但是'荣耀的'职位不能成为在银行和股份公司内找到肥缺的桥梁，像在一切最自由的资本主义国家内所经常看到的那样"③。"对我们来说，重要的就是普遍吸收所有的劳动者来管理国家。"④列宁说："苏维埃是被剥削劳动群众自己的直接的组织，它便于

---

① 《列宁选集》第3卷，人民出版社2012年版，第770页。
② 《列宁全集》第32卷，人民出版社1958年版，第311页。
③ 《列宁选集》第3卷，人民出版社2012年版，第180—181页。
④ 《列宁选集》第3卷，人民出版社2012年版，第464页。

这些群众自己用一切可能的办法来建设国家和管理国家。"①在国家政权建设与行政管理上，是否坚持社会主义民主原则，是关系到无产阶级专政的根本性质的问题。

（三）社会主义国家消亡

关于国家消亡的问题，马克思在指出无产阶级专政国家是通过暴力革命建立起来的，它也会随着自身的不断成熟而走向自我消亡。列宁十分赞同马克思有关共产主义社会阶段划分的理论。在《国家与革命》中，他引用了马克思《德国工人党纲领批注》："不是在它自身基础上已经发展了的，恰好相反，是刚刚从资本主义社会中产生出来的，因此它在各方面，在经济、道德和精神方面都还带着它脱胎出来的那个旧社会的痕迹。"②列宁比较赞同马克思有关共产主义高级阶段的论述，并且他强调国家消亡是必然的趋势，但是这种自行消亡是需要建立在共产主义高度发展的基础之上的。同时，列宁继承和发展了马克思、恩格斯关于把社会主义社会看成是一个不断改革的社会的论断，支持发展论，反对机械论。他将共产主义社会划分为三个阶段：第一阶段是从资本主义到共产主义的过渡阶段，这个过渡阶段就是无产阶级推翻资产阶级政权后建立的无产阶级革命专政阶段，也称之为过渡时期。在此期间，国家仍然以暴力机器的形式出现，但此时，暴力机器基本上与资本主义国家的暴力机器不同。它不再是剥削和压迫大多数人的暴力组织，而是一种特殊的国家机器，它服务人民群众，并代表绝大多数人的利益压制少数剥削者。第二阶段是共产主义社会的初级阶段，我们通常把它叫作社会主义阶段。列宁在分析马克思的《哥达纲领批判》时将这一阶段的特征概括为生产资料不再是私人占有，而是全社会共同占有。这与共产主义按需分配有本质区别，所以共产主义初级阶段不可能实现绝对公平。第三阶段是共产主义社

---

① 《列宁选集》第3卷，人民出版社2012年版，第606页。
② 《马克思恩格斯选集》第3卷，人民出版社2012年版，第363页。

会的高级阶段，在这一阶段，生产力水平有了很大提高，物质非常丰富，精神非常丰富，劳动已经成为一种生活需要，每个人都得到了自由全面的发展，劳动产品的再分配达到了自己的能力，按需分配。那时，阶级斗争不再存在，国家不再是暴力机器，并成为服务人民的社会管理机构。列宁认为民主也是一种国家形式与国家形态，它仅仅指的是形式上的平等权，当国家存在时，民主是通过国家暴力迫使一部分服从于另一部分人，在本质上也是属于一种暴力工具，随着国家的消亡民主也会跟着一起消亡，而这种消亡趋势是必然的，也是长期的。

三、列宁的社会主义国家治理思想的影响及评价

列宁的社会主义国家治理思想是其立足俄国国情对社会主义国家建设的理论探索，反映了东方落后国家建设社会主义国家的特殊规律。列宁无产阶级专政思想不仅适应了苏联革命和建设事业发展的需要，而且对世界上其他国家的社会主义革命和建设事业也产生了重要影响。列宁在《怎样组织竞赛？》一文中指出："现在一切都在于实践，现在已经到了这样一个历史关头：理论在变为实践，理论由实践赋予活力，由实践来修正，由实践来检验。"[1]列宁在实践中提出了一系列社会主义国家治理的原则。具体来说：第一，列宁强调国家治理要切实防止官僚主义。列宁指出：官僚不仅在苏维埃机关里有，而且在党的机关里也有。但只要苏维埃与人民保持着稳固的灵活的联系，"就可以防止苏维埃组织受官僚主义的毒害"，为此，要发展苏维埃的罢免制和自下而上的监督制。第二，列宁强调文化和道德在国家治理中的作用。列宁在《青年团的任务》一文中说：只有用人类创造的一切的财富知识来丰富自己的头脑，才能成为共产主义者。列宁提出，共产主义道德教育的任务之一是，培养个体良好的共产主义道德品质。第三，列宁在国家治理

---

[1]《列宁专题文集·论社会主义》，人民出版社2009年版，第59—60页。

中十分强调要弘扬"共产主义星期六义务劳动"的精神。"共产主义星期六义务劳动"是一种展现社会主义国家新型治理的劳动。列宁谈到"共产主义星期六义务劳动"时，曾经讲："共产主义星期六义务劳动"非常可贵，它是共产主义的实际开端。①列宁进一步谈到，"共产主义星期六义务劳动"之所以具有巨大的历史意义，是因为它向我们表明了工人自觉自愿提高劳动生产率、过渡到新的劳动纪律、创造社会主义经济条件和生活条件的首创精神。"共产主义星期六义务劳动"这种体现共产主义实际开端的精神是社会主义国家治理的价值要求，使国家治理有强大的精神力量。

而中国作为现实社会主义的重要实践者，在寻求国家发展和民族复兴的道路上，受到列宁社会主义国家观的深刻影响。列宁无产阶级专政思想成为中国建立人民民主专政国家的直接理论来源之一。今天，我们重新全面认识和把握列宁的无产阶级专政思想，对于更好地坚持人民民主专政，发展中国特色社会主义事业具有重要价值。

---

① 《列宁选集》第4卷，人民出版社1995年版，第17页。

第十八章　民族主义和精英主义的国家治理思想

　　民族主义作为一种政治意识形态，将国族（Nation）等同于国家（State），其旨在追求让民族成为国家，以追求民族的生存、发展、兴盛。而民族主义中的"民族"既可能是基于语言、族裔、部落或种族的团体，也可能是一国、一地之公民集体，还可能是某一宗教的信徒。民族主义往往认为民族拥有自我治理的主权，可以成立自身的民族国家，而不应受他人干涉，即民族拥有民族自决权，管理国家和社会。而精英主义则是从现实主义出发来理解和阐释政治与社会的结构及其发展的一种理论。精英治国的观点在古希腊政治思想中已有一定的反映，但古希腊时期的精英主义多半是站在反民主的立场上的，而作为现代政治民主化理论之一的精英主义理论，则是站在"维护"民主制度的立场上提出的。现代精英主义理论认为民主实质上并不是多数人的统治，而是一种少数精英统治，所以常常使用"权力精英""社会精英""寡头"等概念来称呼精英。精英主义认为一些特定阶级的成员，或是特定人群，由于其在心智、社会地位或是财政资源上的优势，应当被视为精英，这些精英的观点及行为更可能对社会有建设性作用，所以社会应该有精英来管理或治理。19世纪以来产生的民族主义、精英主义关于民族生存、国家发展和社会管理等阐述的一系列的重要思想和观点，形成了民族主义和精英主义的国家治理思想。民族主义和精英主义对于人类近代以来社会经济生活产生了较为广泛而复杂的影响，有很多影响是矛盾纠结的。

第一节　民族主义的治理思想

西方民族主义有着悠久的历史，它是为消除封建割据状态，伴随着资本主义的发展而产生的。民族主义是一种特殊的历史文化，"和大多数其他的主义不同的是，民族主义从未产生它自己的伟大思想家"①。然而，"民族主义不同于自由主义和社会主义，它更类似于宗教和宗教共同体"。可以把它视为"宗教替身"②。民族主义反映了其在政治和社会实践中的复杂性和多样性。在民族国家政治和社会实践中，民族主义就如安德鲁·海伍德所言，"它有一种像患有精神分裂症的人那样的政治品格。在不同时期民族主义可能带有进步性和保守性、民主性和独裁性、理性和非理性以及左倾与右倾等两面性"③，从而逐渐形成了一套关于国家治理的思想。

一、民族与民族主义的产生

（一）民族的产生及民族主义

民族是人类社会发展到一定历史阶段的产物，最早形成于原始社会末期，由氏族、部落经过部落联盟发展而来。人类最初的共同体是氏族、部落，它们各自有自己的活动场所、语言、习惯和宗教。由于生产力的发展、

---

① ［美］本尼迪克特·安德森著，吴叡人译：《想象的共同体》，上海人民出版社2003年版，第5页。

② ［英］安东尼·D.史密斯著，龚维斌等译：《全球化时代的民族与民族主义》，中央编译出版社2002年版，第152、191页。

③ ［美］安德鲁·海伍德著，吴勇译：《政治学核心概念》，中国人民大学出版社2014年版，第169页。

人口的增加，尤其是军事活动的频繁，出现了永久性的部落联盟。这种联合组织的产生加强了各部落之间的经济和文化联系，加速了部落壁垒的倒塌，造成不同部落人们的杂居与融合，从而形成了以地域为基础的具有共同的语言、共同的经济生活、共同心理状态的新的人类共同体。所谓"民族"就是以含血缘因素的族裔为纽带、在特定区域形成的、有着共同的语言文化以及在历史上培育起来的共命运的意识与感情的共同体，是人类群体演进的高级形式。

民族主义主要是一种感情体验，它具有非理性的特点。民族主义通过简明有力的政治口号，激发本族个体的忠诚和报效的热忱。正是它"在过去两个世纪中，驱使数以百万计的人们甘愿为民族……去屠杀或从容赴死"[1]。民族主义强调民族至上，共同体高于一切，个人微不足道，因此，这个共同体的领袖的职责就在于维持本民族的统一和认同，领导众人实现共同的民族大业。然而，民族主义产生以来带来的影响具有两面性，一方面，民族主义可以弘扬优秀的文化传统，强化民族自尊心，激发同仇敌忾的英雄主义精神，推动民族独立和维护国家主权和领土统一于完整的斗争。但另一方面，民族主义会为专制主义者和扩张主义者所利用，建立专制统治，发动侵略战争。此外，民族主义情绪还最易挑起不同民族间的不和甚至仇恨，或排外或分裂，或压制或扩张，或征战或屠杀。正如法国政治学家吉尔·德拉努尔所指出的："民族主义是一种非常富有弹性，甚至变化无常的意识形态；因此它能为极其矛盾的客观目标服务，它既可用于肢解国家，又可用于建立国家……这是一个包罗万象的外壳。民族主义提供了一种简单有效的政治动员手段。精英们都想利用它，因为这种手段有效，甚至几乎无往而不胜。"[2]

---

[1] ［美］本尼迪克特·安德森著，吴叡人译：《想象的共同体》，上海人民出版社2003年版，第7页。

[2] 宁骚著：《民族与国家——民族关系与民族政策的国际比较》，北京大学出版社1995年版，第85页脚注。

（二）民族主义的主要类型

民族主义形形色色，非常多样。从政治内容上看，既有要求民族独立的民族主义，也有实施民族奴役的民族主义；既有要求民族统一的民族主义，也有要求民族分离的民族主义。从范围上看，既有民族国家层面内的民族主义，也有民族国家间的或跨境层面的民族主义，还有国际层面的民族主义。从历史上看，既有古典形态的民族主义，也有现代形态的民族主义，既有符合历史发展要求进步的民族主义，也有背离历史发展要求反动的民族主义。而在新的国际环境下民族主义也在政治和社会实践中不断演进，呈现出如下不同的类型。

1. 族群民族主义

族群民族主义作为群体文化意识，是为了改变族群在民族国家经济社会生活中的弱势地位，提高自身政治、经济、文化、社会权益而诉诸民族主义理论与实践的一种发展形态。可见，族群民族主义很大程度上也是一些民族国家内部非主体民族权益保障不足的集中反映。族群民族主义作为一种政治建构，它应当是以族群文化为基础而形成的一种次国家（或者亚国家）的政治形态。然而，族群民族主义在社会实践过程中若以政治民族身份取代固有的文化民族身份，那么就逾越了其维护族群利益这一价值目标，从而威胁着民族国家的政治稳定和族际政治整合。正是在此意义上，族群民族主义在维护族群利益过程中的实践困境是以文化民族的身份攫取了政治民族的身份。

2. 公民民族主义

公民民族主义作为一种群体政治意识，它被视为以政治认同为核心、与自由主义理念相融合的民族主义形态①，强调的是所有的族群成员都以公民

---

① 张圆、喻涛：《多元主义视域下公民民族主义理论辨析》，《人民论坛》2016年第11期。

身份享有制度、政策、法律规定的权利，并承认族群文化的独立性和多样性。例如，正是民主、法治、个人信仰等原则形成了美国的公民民族主义。[①]同时，公民民族主义作为一种群体社会意识，它对民众的政治态度和社会行为的作用与影响很大。如公民民族主义在一国公民面对外部国际事务时，就是由民族主义演变而成的一种社会思潮。从价值导向上看，公民民族主义作为一种群体政治意识，凭借现代国家制度、政策、法律等塑造族群成员的公民身份，努力维护和推进各族群对民族国家产生认同。从实践层面看，公民民族主义在促进国内族际政治整合的同时，面临着其自身具有的统一性与多元性所产生的内部张力，使得族际政治一体化与离散化并存。一方面它作为一种群体政治意识，在政治实践中体现为自上而下的国家民族建构过程，具有统一性，促进族际政治一体化；另一方面，它作为一种群体社会意识，在社会实践中则体现为自下而上的社会性建构，具有多元性，容易导致族际政治离散化。

3. 文化民族主义

文化民族主义是在民族与国家外延重合、同质民族、单一文化基础上形成的民族主义。文化民族主义表现为一种强烈的母语文化认同。随着社会经济的发展，民族主义中的族裔因素、经济因素在淡化，文化的因素却反倒会因此而凸显。在经济差距缩小、经济生活水平取向一致的条件下，文化的多样性则更为人们所关注。这是保障人类发展的创造力的一个源泉。吉登斯认为，民族主义主要是种精神现象。也可以说，他指的就是一种文化民族主义。他指出："'民族主义'这个词主要指一种心理学的现象，即个人在心理上从属于那些强调政治秩序中人们的共同性的符号和信仰。"他认为，民族主义的心理特征是"依恋故土，创造与灌输有特色的理念和价值观，追溯特定历史中的'民族'经历""民族主义生成的团结精神和集体义务在文化

---

① ［英］阿纳托尔·利文著，孙晓坤译：《美国的正确与错误：民族主义视角》，中信出版集团2017年版，第8页。

衰退的环境中有很强的动员能量"。^①可以说，文化民族主义是民族主义的一种高级形态，它在历史发展的一个很高的阶段仍将存在。

（三）民族主义的发展历程

民族主义起源于西欧。民族主义与资本主义经济发展密切相关，民族主义在民族国家建设阶段的发生正好也是早期资本主义社会经济下的产物。从历史上看，近代以来民族主义的发展经历了民族国家诞生、民族国家扩张、民族国家间的冲突及其在意识形态掩盖下的冲突和抛弃意识形态的文明冲突这样几个阶段。正如桑增格所认为的，"一个多中心的、后民族主义、超资本主义的新的国际社会正在形成"^②。

1. 民族主义在西欧的产生

中世纪的西欧这一时期处于这种社会现状的民众在生存状态上依赖于地方势力，在精神状态上依赖于基督教的普世主义价值观。因此，民族国家在这一时期是不存在的，民众的信赖感总是徘徊于地方主义与基督教神学的意识下，对国家与国王并不信任。资本主义的萌芽，一方面摧毁了传统的封建制度，另一方面使长期压抑于普世宗教下的王权势力得以解放。13—14世纪，随着资本主义工业在西欧的发展，新兴的市民阶级越来越不能容忍封建割据状态，要求通过建立王权实现民族统一。他们反对罗马教廷的政治控制和经济盘剥，提倡民族的语言文字，建立民族教会，培育民族意识。此后，意大利、西欧在反对罗马教皇对世俗世界的统治权的斗争中，产生了初步的民族主义思想。1409年，"民族"一词首次出现在德国莱比锡大学召开的一场辩论会上。马基雅维利作为文艺复兴时期杰出的思想家，他认为，只有权力集中的君主制才有利于意大利的统一和强盛，伟大的君主应该是实现民族

---

① ［英］安东尼·吉登斯著，胡宗泽等译：《民族——国家与暴力》，生活·读书·新知三联书店1998年版，第141、259页。

② ［美］R.H.奇尔科特著，高铦、潘世强译：《比较政治学理论——新范式的探索》，社会科学文献出版社2001年版，第39页。

统一的人。他用"Stato"这一词称呼国家，其含义一是主权，二是领土。这标志着民族国家观念的出现。德意志思想家威克利夫主张依靠德意志皇帝和诸侯把教皇势力逐出国门之外，实现民族独立。他是第一个把《圣经》译成德语的人，对统一的德意志语文的形成作了贡献。16世纪，大不列颠民族主义产生之后，加强了罗马天主教会的分裂。正如汤因比所指出的，罗马帝国解体后，西方的政治传统是民族主义的，而不是世界主义的。

2. 近代西方民族主义的发展

随着资本主义的兴起，传统的社会结构不断被摧毁，社会成员逐渐摆脱狭隘的地理空间的束缚。马克思这样描述这个过程：各自独立的、几乎只有同盟关系的、各有不同利益、不同法律、不同政府、不同关税的各个地区，现在已经结合为一个拥有统一的政府、统一的法律、统一的民族阶级利益和统一的关税的统一的民族。①这个民族也就是近代民族国家。17—18世纪，近代民族在资本主义发展的过程中逐渐形成。君主专制是欧洲民族国家的最初实现形式。君主专制虽然是种狂暴的专制主义，维护了中世纪的特权传统，但又在新兴的市民阶级与封建贵族的斗争中起了某种平衡作用，保障了社会的稳定与发展，为完成民族国家的统一与资本主义的萌芽与发展提供了条件。中央的军事官僚机器促进了统一民族市场的形成，较为固定的民族国家疆界促进了共同的语言、文化的形成，实施以增长民族国家财富为宗旨的重商主义的对外政策，使国家之间的竞争显现了民族主义的意味。这一时期在西欧相继建立了许多民族国家。正如恩格斯所指出的，"日益明显日益自觉地建立民族国家的趋向，是中世纪进步的最重要杠杆之一"②。近代民族国家的形成，代表着传统封建专制的王权国家一去不返，社会成员不再拘泥于从前狭小的空间与地域限制，民族与民族、地区与地区之间由独立封闭走向结合开放。

---

① 《马克思恩格斯选集》第1卷，人民出版社1995年版，第277页。
② 《马克思恩格斯全集》第21卷，人民出版社1965年版，第452页。

3. 西方民族主义的演变

18世纪末，第一次民族主义高潮发生在资产阶级革命时期。美国独立战争是近代西方民族主义意识一次最大规模的爆发。《独立宣言》是体现民族主义原则的最早文献之一，在全世界燃起了独立运动的火炬，是唤起人们摆脱民族枷锁的信号。同时，法国大革命废除了许多封建特权，摧毁了封建割据局面，促进了民族国家的形成。19世纪中期，欧洲兴起了又一次民族主义高潮。1848年欧洲革命中的民族主义表现为遍及全欧洲的政治运动，其最大成果就是意大利、德意志的统一。19—20世纪，西方国家借着民族主义的名义，对外推行殖民主义达到其殖民扩张的目的。第二次世界大战后，涌现出一大批新的民族国家，伴随着帝国主义的瓦解与崩溃，西方民族主义对外由武力扩张转为经济文化的渗透。

二、民族主义的治理思想

民族主义理论在政治与社会变革的启蒙运动方兴未艾之际出现，这一时期，民族争取自我实现的斗争，成为政治与社会变化的形式之一。民族主义理论在19世纪产生后就跟启蒙运动联系在一起，从而为解决社会、思想、道德及政治相关问题提供思路，如民族主义理论家赫尔德歌颂一种自然观念，而费希特明确脱离了启蒙运动的总体精神，认为民族精神是天生的特质。而黑格尔把民族主义与德意志的统一和复兴紧密结合起来，这些都形成了民族主义重要的治理思想。

（一）赫尔德的文化民族主义

赫尔德的文化民族主义，不是从情感上强烈反对德国对法国的模仿，也不是他在现代性冲击下对民间文学和诗歌的呼吁本身，而是对"民族"这一概念从更高的学理的层面论证了抵御外来文化、发展民族文化和建立民族文学、张扬民族特性的必要性。在赫尔德看来，民族是指生活在同一片土地，在共同的语言基础上拥有共同历史传统的人们所构成的共同体，其中共同的语言和文化是民族最重要、最典型的特征。因此，赫尔德认为，民族是文化的，而非政治的共同体，是建立在特殊文化和精神传统之上的有机体。"有机"主要表现为两个方面，一方面，民族在继承传统文化遗产的基础上不断丰富和完善自身，由共同文化所体现出来的民族精神使得每一个民族成为独特的"这一个"；另一方面，每一个民族如同一个生命有机体一样，都有自己开花结果、兴旺凋零的过程，具有天然的内在力量和变化规律，它不是一个抽象、永恒不变的形式。由于每个民族的民族性由其特殊的自然环境决定，哲学家们的任务并不像启蒙主义者那般寻找适用于所有民族的普遍的、理性的法则，而应引导每个民族根据自身内在目的，探索具有民族特色的发展之路。

赫尔德认为，个人与文化是某个民族在某个时代、某个阶段的产物。首先，他把文化看作是民族共同体的基因，是一个民族归属感的来源。这种文化的内核不以个人的意志为转移，它的形成只能是在人们的相互交往中，是人们面对外部世界时的自然反应，经由世世代代的积累，成为一种我们降生于世便不得不接受的传统力量。在赫尔德看来，"人属于他本来该待着的地方，民族是有根的。他们只能根据自己的成长环境所提供的象征进行创造，他们成长的那个社会关系密切，形成了一种独一无二彼此会意的交流方式"①。与之相对，如果民族的发展基础是外来的，而非自身的，就意味着割裂与文化传统的连续性，丧失本土文化的根性，势必会破坏民族本身的有机性。赫尔德由此提出了一种关于民族、社会和文化发展的新观点，强调差异、变动、活力，独特性和个性亦获得应有的肯定，它"把世界设想为一个花园，其中的每一棵树、每一朵花，都以自己特有的姿态成长，并同环境以

---

① ［英］以赛亚·伯林著，亨利·哈代编，吕梁等译：《浪漫主义的根源》，译林出版社2008年版，第67页。

及它自身的个性所产生的抱负结合在一起，因而不能根据其他有机体的形式和目标加以判断"①。其次，文化是在历史中自然发展而成的，这就决定了文化价值的多元性。他始终如一地坚持文化的独特价值，肯定不同时代、不同民族的文化具有其不言自明的价值。最后，文化并非人类理性设计的结果，非理性的情感因素贯穿始终。赫尔德认为，忽略人类情感的力量，将会使得我们失去更加清楚地认识世界和自我的机会，以一种没有界限的理性力量掌控世界，将会导致人类活力的丧失。

（二）费希特的民族主义思想

民族主义在德国整个历史进程之中起到过重要作用，尤其体现在德国统一和战后复兴的历程中，其中，德国古典哲学家费希特民族主义思想在德国历史的进程中发挥过重要作用，他的理论哲学与实践哲学紧密联系，所倡导的民族主义和民族教育思想是爱国主义和世界主义的统一。费希特着重关注"社会道德和政治问题"②，在民族危机的土壤里和政治哲学新转向的基础上，费希特的民族主义思想滋生起来，显示出其哲学的实践性。1807年底至1808年初，费希特在柏林进行了14次《对德意志民族的演讲》，激发了德国人对拿破仑入侵的反抗精神，对于唤醒德国人的民族意识具有重要意义。正如他在1806年10月致普鲁士国家大臣的信中所说："如果我个人的牺牲对于祖国能是有用的，那么我感到我是很愿作这样一种牺牲。""如果我能够的话，我将通过生动有力的讲演激起德国人的良心，更高地激发他们的爱国热忱。"③费希特在演讲中"建构出了一个德意志民族精神共同体，其是凝聚人心、振作精神，并为现实社会中的民族团结与民族统一提供精神支柱"④。

---

① ［英］以赛亚·伯林著，亨利·哈代编，吕梁等译：《浪漫主义的根源》，译林出版社2008年版，第87页。

② 高宣扬著：《德国哲学概观》，北京大学出版社2011年版，第177页。

③ ［德］费希特著，洪汉鼎译：《激情自我：费希特书信选》，经济日报出版社2001年版，第260页。

④ 唐书明：《费希特的民族认同二元建构》，《贵州民族研究》2013年第6期。

费希特认为，德意志民族要实现复兴，必须消除在德意志历史和现实中腐败现象的根源"利己主义"，如此才能凝聚民族。[1]费希特用"原初民族"说证明德意志民族具有自我改造的能力，认为德意志民族具有其他日耳曼裔民族所没有的独特性和卓越性。因为德意志人能使用活的语言或纯粹德语，用精神文化影响着生命，做一切事情都很诚实、勤奋、认真、不辞辛苦，所以德意志民众都是可以教育的。[2]

费希特进一步指出，"我作为维护德意志民族生存的唯一手段提出的建议，就是完全改变迄今的教育制度"[3]。他称自己提倡的教育为"新教育"，这种新教育是"特有的、德意志的民族教育""施给一切德意志人"[4]，只有通过新教育培养出言行一致的善良公民，全面发展的人，提高整个民族的文化素养，才能建立起一个合乎理性的国家。费希特直言人的伟大之处在于："绝对不可能除了尊重自己，就不尊重各个民族和个人的独特性、坚定性以及生存的独特性"[5]。德意志民族的复兴在于培养建立理性王国的新人，这项工作在内容上拥有的精神是"普遍的和属于世界公民的"[6]。他提出德意志民族独特性这个课题，"不仅是为了维护德意志民族的独立，而且是为了贯彻新教育所要求的原则"[7]。费希特说："在这里，我们将一如既往，也从

---

[1]［德］费希特著，梁志学译：《对德意志民族的演讲》，辽宁教育出版社2003年版，第10—11页。

[2]［德］费希特著，梁志学译：《对德意志民族的演讲》，辽宁教育出版社2003年版，第61—62页。

[3]［德］费希特著，梁志学译：《对德意志民族的演讲》，辽宁教育出版社2003年版，第14—15页。

[4]［德］费希特著，梁志学译：《对德意志民族的演讲》，辽宁教育出版社2003年版，第16—17页。

[5]［德］费希特著，梁志学译：《对德意志民族的演讲》，辽宁教育出版社2003年版，第24页。

[6]［德］费希特著，梁志学译：《对德意志民族的演讲》，辽宁教育出版社2003年版，第25页。

[7]［德］费希特著，梁志学译：《对德意志民族的演讲》，辽宁教育出版社2003年版，第23页。

最高、最普遍的东西开始，说明什么是德意志人——不管其目前遭遇的命运怎样——自他们存在以来本身具有的基本特点，同时也说明，正由于德意志人具有这种特点，所以他们有接受这种教育的能力，非其他一切欧洲民族所能及。"①他倡导的民族主义和民族教育的精神实质"既是世界公民的，同时也是德意志的"②，是世界主义与爱国主义的统一。其精神本质"直接体现了对祖国的高度热爱，把它的尘世生活理解为永恒的生活，把祖国理解为这种永恒生活的载体，它如果要在德意志人当中建立起来，就会把对德意志祖国的爱理解为自己的必然组成部分，在自身直接体现出来"③，它把"人的解放"同"民族光复"和"祖国振兴"紧密相连。在费希特所设想的民族复兴前景中，德意志民族统一以民主制为基础，从道德层面来看，民族复兴的根本在于建立一种"纯粹、高尚和伟大的精神"，正是在德意志民族率先建立起一个"按照自觉理性安排自己的社会关系的新世界的意义上，这个民族才能够成为世界的再生者和重建者"④。

三、民族主义的治理思想的影响及评价

民族主义理论在法、德各自的现代国家建构中得到了不同的发展。但两国各自特殊的文化传统和政治实践塑造了民族主义的两种特点，影响了民族主义理论的发展。其一，民族主义理论内含共和主义价值和对平等精神的追求。在自由主义思想语境下，民族国家具有功利主义的特点，是保障人民权

---

① ［德］费希特著，梁志学译：《对德意志民族的演讲》，辽宁教育出版社2003年版，第48页。

② ［德］费希特著，梁志学译：《对德意志民族的演讲》，辽宁教育出版社2003年版，第21页。

③ ［德］费希特著，梁志学译：《对德意志民族的演讲》，辽宁教育出版社2003年版，第129页。

④ ［德］费希特著，梁志学译：《对德意志民族的演讲》，辽宁教育出版社2003年版，第25页。

利和实现人民幸福的工具。其二，历史主义民族主义是对共和主义民族主义的纠正，是对纯粹理性的批判。在德国历史主义的语境下，民族国家体现了民族的历史目的，国家本身的存在既是历史发展的目标，也是保障民族自由的工具。民族主义经由19世纪德国思想家借助文化传统和历史的阐发，发展为历史主义的民族观念。因此，经由两个国家的理论发展和实践，民族主义理论获得显著的两种属性，即共和主义的公民民族主义和历史主义的文化民族主义。这两重属性分别对应了近代以来人们对现代政治的诉求：即自由与安全。民族主义理论的两种属性迎合了人民群众对现代秩序的自由与安全的诉求，因此在各国广泛流传，尤其是那些有着悠久历史文明，却在现代化过程中遭遇挫折的国家。对它们而言，捍卫国家利益、复兴文化传统需要借助一个强有力的民族国家。

随着民族主义理论的发展，民族主义运动随之兴起，这一思想影响下的民族运动对国家治理产生重要影响。正如法国政治学家吉尔·德拉努尔指出，民族主义是一种非常富有弹性，甚至变化无常的意识形态；因此它能为极其矛盾的客观目标服务。它既可用于肢解国家，又可用于建立国家；既可以用于建立一种普救说，又可以用于激发地方主义……这是一个包罗万象的外壳。民族主义提供了一种简单而有效的政治动员手段。精英们都想利用它，因为这种手段有效，甚至几乎无往不胜。从事实上来说，民族主义既能积极地让人摆脱苦难，又能消极地引来一些苦难。民族主义之所以在当代具有强大生命力，是因为"民族主义具有独立功能、排外功能、分裂功能、动员功能、护国功能等"[1]。

一方面，民族主义对民族解放运动和现代化的发展具有促进作用。民族主义伴随着资本主义制度的兴起而发展，带有强烈的情感色彩，而往往是这种凝聚民族强烈感情的意识形态会向着两极化方向发展，民族主义的兴起为

---

[1] 华清：《揭开民族主义神秘的面纱——当代民族主义的功能析要》，《世界经济与政治》1995年第7期。

长期困于被侵略地位的国家带来一丝曙光，促进了全世界范围的民族解放运动。特别是20世纪初期，民族主义继续在亚、非、拉地区盛行，这是以建立民族独立国家为目标的民族主义，使新建立的一大批亚非拉民族独立国家成为国际舞台上的重要力量。可见，亚洲、拉美国家在经过长期的被殖民侵略后，在全世界民族主义的浪潮中激发了本民族强烈的抗击力，也正是因为这股凝聚力而促使民族国家最终得到解放。

另一方面，民族主义是一把"双刃剑"。当我们看到民族主义的积极的一面时，也应清醒地认识到它的负面影响。民族主义在促进民族的认同和民族国家的建构方面发挥了巨大作用，但也同时带来了多民族国家的社会不稳定，尤其是多民族主权国家内部的部分民族打出民族主义的旗号吸引追随者以挑战其国家主权。当今世界资本主义强国依然利用民族问题来极力干涉发展中国家的国内事务。北非、中东地区的"阿拉伯之春"，不仅造成这些国家出现动荡，而且造成了时至今日影响甚远的欧洲难民潮。极端民族主义为恐怖主义提供了借鉴和繁衍的"温床"，使得恐怖主义很容易利用各民族的矛盾纠纷，伺机获得极大发展，这是民族主义的又一个负面影响。

第二节　精英主义的国家治理思想

意大利曾经有光辉的历史，然而到了19世纪，这一历史一去不复返，留下的是国家分裂的现实。分裂成为意大利发展的最大障碍，渴望统一成为意大利近代历史的主题。马志尼坚决主张意大利摆脱异族压迫，结束分裂状态，建立一个民族统一的国家，对此他指出："联合是进步的保证……联合的目的应当是进步性的……联合必须是和平的……联合必须是公开的……联合必须尊重别人从人性的基本条件产生的权利。"[1]基于此，19世纪精英主

---

① ［意］马志尼著，吕志士译：《论人的责任》，商务印书馆1995年版，第123—124页。

义在意大利产生，意大利精英主义者开始关注社会的权利结构及其特性，围绕颇具争议的精英问题、政治制度、政治行为、政治权力和政治意识形态，从而为国家的统一找寻出路。精英的存在是任何社会中不可否认的事实，社会的进化表现为精英的循环。精英主义者从各自不同的角度，阐释精英主义理论，成为19世纪精英主义潮流的核心。精英主义理论家大多持一种精英"循环论"的论点。帕累托作为"杰出人物循环论"的主要代表，他认为，每个社会主要由杰出分子和非杰出分子两个主要阶级组成，分布在社会的各种职业中间。这些杰出分子不是固定不变的，每一社会都是个人不间断地从下层上升到上层，从而实现自身的循环。莫斯卡认为，统治阶级的地位不是一成不变。统治阶级的变换是因为统治者没有提供服务或提供的服务失去了价值。作为莫斯卡的门徒，米歇尔斯也持同样的观点。同时，他对帕累托的杰出人物循环论崇拜有加，称这一理论为"近代历史哲学中最可注意的一种理论"[①]。意大利的精英主义主要是对精英人物在国家统治和社会管理中的重要作用进行论证，从而形成了精英主义关于国家治理的思想。

一、加塔诺·莫斯卡的精英统治论

在社会学的权力理论中，精英主义传统由来已久。这一传统认为，任何社会都存在着一个完全独立并且居于支配地位的政治分层体系。莫斯卡作为精英主义理论的奠基人，他认为精英即"统治阶级"，他有时称作"政治阶级"，认为统治阶级的存在是一切社会中普遍存在的现象，它不依社会的发达与否或文明的程度而有所不同，这一精英统治思想对西方社会有着广泛而深远的影响。

---

① ［美］爱·麦·伯恩斯著，曾炳钧译：《当代世界政治理论》，商务印书馆1983年版，第81页。

（一）加塔诺·莫斯卡的生平及著作

加塔诺·莫斯卡（1858—1941）是近代精英主义政治学的奠基人。他出生于西西里岛的巴勒莫。他在巴勒莫大学学习法律，毕业后留校任教。1889年任都灵大学教授，主讲宪法学。1923年任罗马大学教授，主讲政治思想史，1933年退休。除了教学工作外，他还在政府部门兼任咨询性职务。1908年当选为议员，1919年被任命为参议员。早在1884年，这位尚未写完博士论文的年轻人就发表了《关于政府和议会制的理论》一书，并提出了他的"新政治理论"。在后来1889年发表的《政治学基本原理》和1937年发表的《政治学说史》中，他虽然对这一理论做了修改，但他的思路并没有什么变化。莫斯卡关于统治阶级的理论最初形成于1878年至1881年在巴勒莫大学学习期间。当时，他受法国著名历史学家泰纳《古代政体》一书的影响，萌生了使用泰纳分析君主制法国的方法分析任何社会的想法，并且还得出了一个与19世纪流行的多数人统治学说不同的假设：任何国家，不论它通常被称为君主制、专制或共和制，实际行使权力的绝不是一个人——不论是君主还是国家元首，也不是全体公民，而是一个特定集团，从人数上来看，这个集团在国家全部人数中只占很小的比例。而某个社会在特定阶段其文明的主要特征也是那些统治集团（政治家、统治者们）的特征。

（二）统治阶级理论

莫斯卡所说的精英主要指统治阶级，他称之为"政治阶级"。莫斯卡在《统治阶级》一书中指出，在各种社会中都有一个统治阶级和另一个被统治阶级。这个统治阶级并不是经济上占统治地位的资本家阶级，而是社会的精英，即社会各个领域中最杰出的优秀分子。正如他所指出："在所有社会中……都会出现两个阶级——一个是统治阶级，另一个是被统治阶级。前一个阶级总是人数较少，行使所有社会职能，垄断权力并且享受权力带来的利益。而另一个阶级，也就是人数更多的阶级，被第一个阶级以合法、专断和强暴的方式所领导和控制。被统治阶级至少在表面上要供应给第一个阶级物质生活资料和维持政治组织必需的资金。"①莫斯卡所指出的,对公共事务的管理权都在少数有影响力的人们手中,大多数人不论是否情愿,都要服从这种管理。

虽然社会是由少数人统治的,这一点在所有社会都是一样的,但是具体的形式还是有差别的。莫斯卡将这些社会的差别归为两方面,权威的流向和招募统治阶级的源泉。这为政治系统之间的比较提供了两条参照依据。根据权威的流向,莫斯卡提出了两条原理,即"独裁原理"和"自由原理"。又根据这两条原理,分析了不同的政治系统在一个独裁的政治系统中,独裁官员是任命的,并由更高级的官员赋予权威,其权威是向下流的;在一个自由的政治系统中,统治者是通过那些被统治者赋予权威的,常常是通过选举的手段,其权威是向上流的。而根据统治阶级的招募方式,莫斯卡又进一步区分了贵族和民主两种倾向。他指出,当统治阶级的新成员从一个已经存在的统治阶级中招募时,政治系统的倾向是贵族的;当统治阶级的新成员从被统治的最底层招募时,其倾向则是民主的。这两种倾向在政治系统中都存在,但随着时间、地点的不同而在改变。莫斯卡的两条原则和两种趋势合起来形成了四种途径,并由此形成了复杂的政治系统。在这种复杂的政治系统中,统治阶级尽管可以从任何阶级中招募,但是这种系统总是由政治精英控制。这种政治精英无论来自哪一个阶层,他们都倾向于将他们自己变成世袭精英。因此,莫斯卡认为,在政治实践中,有组织的少数总会将他们的意志强加给无组织的多数。所谓的民主只不过是少数人将自己的意志强加给多数人的一种形式。在民主制度中,选民的选票并不起实质性的作用。即使起作用,选民的选择也常常是被限于两三个可能胜出的人中间,而这两三个人总会是那些由团体、委员会或是有组织的少数支持的人。有组织的少数将自己

———————

① [意] 加塔诺·莫斯卡著,贾鹤鹏译:《统治阶级》,译林出版社2002年版,第97页。

的意志强加给无组织的多数，这种状况即使在那些组织完善的政府中也会发生。①

　　虽然统治阶级都具有明显的世袭化倾向，但是莫斯卡认为，任何统治阶级的统治都无法永远维持下去。他指出："只要政治力量的平衡发生转变——也就是当人们感到需要不同于旧有力量的势力统治国家时，当旧有力量因而丧失了它们的重要性，或者当权力分配发生变化时——那时统治阶级得以建立的方式也会变化。如果一个新的财富源泉在社会中发展起来，如果知识的实际重要性得以增长，如果旧的宗教衰落或者新的宗教产生，如果一个新的思潮扩展开来，那么统治阶级中就会发生广泛的混乱。"②而"当统治阶级不再寻找在施展才能以获得权力的机会，当他们无法再提供他们曾经提供的社会服务，或者当他们的能力和提供的服务在其生存的社会环境中失去重要性，他们就不可避免地衰落了"③。莫斯卡甚至将整个人类历史都看作是旧统治阶级衰落和新统治阶级形成的历史，"文明人的整个历史可以归结为占主导地位的成分独霸政治权力，并把它传之子孙的倾向，与旧的势力解体和新力量出生的倾向之间的冲突；在上层阶级和下层阶级的一定成分中，这种冲突产生了永无休止的对权力的认可与对其进行渗透之间的冲突"④。可见，莫斯卡所指的统治阶级更替和循环的结果是原有统治阶级内部的新精英或者是下层精英成为新的统治阶级，而原被统治阶级中的多数人仍旧处于被统治的地位。

---

① G.Mosca, *The Ruling Class*, New York: McGraw-Hill,1939, p. 154.

② ［意］加塔诺·莫斯卡著，贾鹤鹏译：《统治阶级》，译林出版社2002年版，第339页。

③ ［意］加塔诺·莫斯卡著，贾鹤鹏译：《统治阶级》，译林出版社2002年版，第182页。

④ ［意］加塔诺·莫斯卡著，贾鹤鹏译：《统治阶级》，译林出版社2002年版，第196页。

（三）莫斯卡的精英统治论的影响及评价

莫斯卡早在1894年出版的《政治科学原理》一书中提出统治阶级理论起，就已经开始把社会当作整体进行研究，并具有了一般社会学的倾向。莫斯卡的统治阶级理论以其深刻的思想、清晰的理论线条和论证受到越来越多人的重视。莫斯卡通过对人类社会历史进行实证考察，得出了人们习以为常的结论："在所有政治有机体中，存在这样一种持久的事实和倾向：一切社会，从非常原始、文明尚未形成的社会到高度发展、实力雄厚的社会，都会形成两个人们的集团，即统治阶级和被统治阶级。"[①]任何社会都是由少数人的统治阶级和多数人的被统治阶级组成的，少数之所以能够统治多数，首先在于少数人的组织优势，其次是少数人拥有一些符合社会需求的特殊品质。莫斯卡提出的精英统治和通过不同精英之间的制衡促进司法防卫的理论，也具有很强的实践意义。如莫斯卡所说，让选民去控制为数众多、分散在各个领域的统治阶级是不可能的，更好的办法是通过这些统治者之间以及不同的统治者集团之间的竞争和制衡来实现对他们的控制。

但是，莫斯卡的统治精英理论也有其缺陷性，莫斯卡的"统治阶级"理论是拒斥马克思主义阶级理论的。在莫斯卡看来，马克思主义则是对西方文化的全面否定。他认为社会也是有机的整体，其中法律、军事、科学和经济的因素和谐地共处一体。不能说其中的一种活动决定其他的活动。莫斯卡声称他"克服"了历史唯物主义并变其为"历史现实主义"。莫斯卡认为，人类社会如同空气一样，"由于热能分布不均匀，基于惰性之上的惯性倾向与运动的倾向始终处于冲突状态。这两种倾向互为消长，主宰着地球上的不同地域，时而静，时而风，时而暴风骤雨。从形式上说，人类社会也是这样，

---

① ［意］加塔诺·莫斯卡著，任军峰等译：《政治科学要义》，上海人民出版社2005年版，第119页。

时而是封闭的、固定形成的阶级的惯性倾向占主导地位，时而阶级缓慢或快速的更新是主导倾向"①。这里所说的"热能"是什么，莫斯卡也没有能够说得很清楚。在解释社会的运动和变迁的时候，他不得不引进"新兴力量""社会力量"的概念，从而"不情愿地向马克思靠近了"。但是，莫斯卡强调说，"社会力量"并不等于马克思所说的阶级，而是指"一切赋予……个人道德上的信誉以及精神和经济上的优势的那些东西"②。为了与马克思划清界限，莫斯卡更强调文化和心理因素的重要性，他说："在同一文化层次上，各民族之间心理上的相似性总是大于同一时代或同一人种中各民族之间心理上的相似性。就其思想方式来说，现代的意大利人或德国人比起他们的中世纪祖先来与柏拉图和亚里士多德时代的希腊人更为接近。"③莫斯卡的这种理论及其政治上的介入态度使他在意大利得了"保守学者"的名称。

二、威尔弗雷多·帕累托的精英循环理论

帕累托首先在政治意义上使用了"精英"和"精英统治"的概念。他对精英的定义、政治精英统治的必然性以及统治方式等方面的深入研究构成了其精英理论的主要内容，帕累托也因其开创性的贡献成为精英理论的代表人物。

（一）威尔弗雷多·帕累托的生平及著作

威尔弗雷多·帕累托是意大利著名经济学家、社会学家、政治学家，以

---

① ［意］加塔诺·莫斯卡著，贾鹤鹏译：《统治阶级》，译林出版社2002年版，第65页。

② ［意］加塔诺·莫斯卡著，贾鹤鹏译：《统治阶级》，译林出版社2002年版，第206页。

③ ［意］加塔诺·莫斯卡著，贾鹤鹏译：《统治阶级》，译林出版社2002年版，第44页。

精英循环理论和在经济分析中应用数学方法而著称于世。他出生于法国巴黎，18世纪初进入贵族阶层，属热那亚的贵族阶层。1850年前后，帕累托一家返意大利。学完传统的中等教育课程后，在都灵的综合技术大学攻读理科。1874—1892年，帕累托迁居佛罗伦萨。1869年，大学毕业后，他作为一名工程师在意大利铁路及钢铁厂等部门任职，后成为意大利铁路公司的总经理。因业务需要，他到国外特别是英国旅行。1882年，参加皮斯托亚选区议员竞选，没有成功。帕累托后来放弃了这些任职，经过十多年的努力成了一名经济学的教授。1891年，帕累托读了马费奥·潘塔莱奥尼的《纯粹经济学原理》，开始对经济学产生兴趣。在佛罗伦萨居住时，他研究物理与政治，在许多文章中用数学工具分析经济。1893年，帕累托任瑞士洛桑大学政治经济学会的主席。同年被任命为洛桑大学政治经济学教授，这时，他开始了新的职业生涯并发表作品。在经济学领域里，帕累托属于第二代新古典主义经济学家。他更多地关心分配问题。在财富和收入的分配理论上，他以一个非常复杂的数学模型提出了"无差异曲线"的理论，进而阐发了其著名但遭受颇多批评的"收入分配规律"。其代表性的著作有《政治经济学手册》（1906）、《政治经济学讲义》（1896）、《社会主义体制》（1901）等。虽然在经济学方面有很高的成就，但帕累托认为许多问题经济学无法解决，于是他转向社会学研究。他以"逻辑行为""非逻辑行为""剩余物"和"派生物"等概念为核心，建构了他的社会学理论体系，对西方早期社会学产生了重要的影响。在社会学思想方面的主要代表作为《普通社会学》（1916）（译为英文时定名为《精神与社会》）。法国著名保守主义思想家雷蒙·阿隆曾在其《社会学主要思潮》中对帕累托的社会学思想做了重要的介绍。不仅如此，同时，帕累托在政治学方面也有所建树。他将他的社会学理论用于观察政治，从而得出了诸如精英类型、精英循环等理论。他在政治方面主要取得的研究成果有《精英的兴衰——理论社会学的一个应用》《1900年意大利的统治阶级》《民主制的变革》等书。在政治思想方面，帕累托的影响主要是他的精英理论，他在《精英的兴衰》一书中阐述了他观察问题的哲学方法和精英主义思想。

（二）精英循环理论

帕累托首先在政治意义上使用了"精英"和"精英统治"的概念，他对精英的定义、政治精英统治的必然性以及统治方式等方面的深入研究，构成了其精英理论的主要内容，精英理论作为帕累托社会学理论的重要内容，在西方社会有着广泛而深远的影响。

1. 精英与统治

帕累托认为，人类社会始终存在资源分配的不平等，在任何社会中，总存在着被统治的广大群众与占统治地位的一小部分人之间的分离和某种意义上的对立，后者就称为"精英"。他认为："在每一项人类活动中，对每人的能力都能打一个类似考试时得的分数。譬如，给最优秀的专业人员打10分；对门可罗雀者打1分；给笨蛋可不打分。……为此，我们将在自己活动领域内拥有高分的人们形成一个阶级，并称之为'精英阶级'（精英）。"①帕累托认为，在任何社会，无论是传统社会还是现代民主社会，都存在人数较少的统治精英，虽然他们在总人口中所占比例较小，却掌握着社会绝大部分的稀缺资源和国家政治权力。帕累托认为，由于人类的大部分的行为源于感性冲动和情感驱动，所以，精英的存在就是必要的和必然的。精英人物是"最强大、最有活力、最有能力的人"，这些人会引领人们改造世界。而这些人的善恶品行则不在考虑之列。帕累托将民众分为两个阶层，一是低等阶层，即非精英阶层；二是高级阶层，即精英阶层。而作为上层的精英阶层又可分为两个部分：统治精英或政治精英和非统治精英。帕累托的重点在于那些统治精英。统治精英进一步可以分为"统治阶级"和"统治阶级分子"。

---

① ［意］帕累托著，田时纲译：《普通社会学纲要》，生活·读书·新知三联书店2001年版，第296—298页。

他认为，在社会当中，统治阶级分子是必不可少的，统治阶级为维持政权而使用统治阶级分子。帕累托根据保障政权的两种主要方式进一步将统治阶级分子分为两类，一类是使用暴力，如打手、士兵、警察等；另一类则玩弄权术，如政治门客等。[1]

帕累托还认为，统治精英擅长使用计谋和暴力来维持自己的统治，因此他把精英划分为两种类型，一种是狐狸类型，他们擅长吸收下层精英，用阴谋诡计和圆滑的手段进行统治；另一种是狮子类型，他们通过采取毫无约束的暴力进行统治。帕累托之所以有这样的认识，是因为他认为，所有的个人从出生起就具备了两种性情，要么是统治者，要么是随从。对帕累托来说，大众注定会成为"随从"，因为大众既不能表达自己，又冷漠无情，不适合统治。精英阶层不仅在政治上进行统治，而且由于政治上的统治，他们也掌握了思想的主动权。帕累托认为，虽然自然法存在于人们的头脑中，得到人们的认同，但同精英对它的确认是分不开的[2]。基于此，帕累托还将统治精英的政府分为两种：一种是"主要使用物质力量和宗教情感力量或类似力量的政府"，另一种是"主要玩弄权术和谋略的政府"。[3]同时，他还进一步将第二种政府又分为两种：一种以影响情感为目的，另一种以影响利益为目的。[4]然而，就剩余物与政府活动的关系来看，他指出："政府越是善于利用现存的剩余物，其活动越有效；它们对此越是一无所知，其活动成效就越小；一般来说，当它们企图用暴力方式改变现有剩余物时，其活动无效和毫

---

[1] ［意］帕累托著，田时纲译：《普通社会学纲要》，生活·读书·新知三联书店2001年版，第362页。

[2] ［意］帕累托著，田时纲译：《普通社会学纲要》，生活·读书·新知三联书店2001年版，第64页。

[3] ［意］帕累托著，田时纲译：《普通社会学纲要》，生活·读书·新知三联书店2001年版，第296页。

[4] ［意］帕累托著，田时纲译：《普通社会学纲要》，生活·读书·新知三联书店2001年版，第366—367页。

无意义。几乎所有关于政府行为成功与否原因的讨论都源于这一原则。"①

2. 精英循环理论

帕累托认为，人类历史就是一部精英持续更替的历史：即衰落的精英逐渐退出历史舞台，而新兴精英开始崭露头角。他认为，并不是所有在能力上拥有高分的人们都能够取得统治地位。那些非统治的精英虽然没有取得统治地位，但是他们具有统治的能力，这就形成了一种"剩余物"分配上的不平衡。那些具有超凡能力的人总是会寻求确认和增加他们的社会地位。为了成为更高层的精英，底层群体的特权成员努力运用他们的能力并提高自己的统治。而在精英层中，正好呈现相反的趋势，一些统治精英越来越不适合统治。作为这种运动的结果，处于社会底层，但具有更高水平的人开始崛起，向高层精英挑战。慢慢地向下层阶级中优秀分子聚集，而上层阶级中低劣分子的聚集，使原本存在的不平衡进一步加剧，并成为破坏社会平衡的重大动因。基于此，帕累托把"平衡"作为出发点对此进行了研究。他认为，在社会运动中，虽然平衡被打破，但有序的社会必然会遵循某种平衡律来运转。于是，旧的平衡打破了，新的平衡又会建立。在这个过程中，精英与非精英之间，统治精英与非统治精英之间就会发生某种循环。这种现象，帕累托把它称为"精英循环"。这种循环使得那些从某集团过渡到另一集团的人，能够把原集团所具有的某些倾向、情感、才能带到新的集团中来，从而赋予新集团以新的活力。

帕累托认为，不仅精英与精英之间存在循环，而且两种类型的精英之间也存在着一种循环。狮子类型的精英和狐狸类型的精英之间的不同，在于两种精英迥然相异的两种性格。当狮子以强制作为后盾进行统治时，他们缺乏想象力和狡猾；而当狐狸拥有了狡猾，但缺乏强制力。随着外界环境的变

---

① ［意］帕累托著，田时纲译：《普通社会学纲要》，生活·读书·新知三联书店2001年版，第358页。

化，不同类型间的精英循环在所难免。借助于精英循环的这种方式，一种类型的精英统治将会为另一种类型的精英统治所取代。在精英更替的过程中，新兴的精英往往打出为绝大多数人谋利益的旗帜笼络人心、争取力量。但是，一旦取得政权，他们就露出了真面目。帕累托指出，新兴精英力求取代旧式精英，或仅仅是分享后者的权力和荣誉，他们自视为一切被压迫阶级的领导者，声称会追求绝大多数人的利益而非自身利益，为绝大多数普通公民而非某些特定阶层的权利而战斗。当然，一旦取得胜利，精英们就会排挤统一战线中的盟友，最多给他们一些形式上的让步。在古罗马所发起的平民和贵族的斗争历史就是如此。资产阶级战胜封建贵族的胜利史也是如此。"衰落中的精英一般会展示出人道主义情感和莫大的仁慈；但这种仁慈更多只是做做样子。"①

在帕累托看来，精英人物都是有权力和实力的人，"一个社会阶级所拥有的权力和它能捍卫这一权力的力量之间，一定要达到某种平衡。没有实力的统治是不能持久的"②。帕累托以他的精英理论来解释革命爆发。他认为，革命爆发的原因即是精英的循环变得缓慢。贵族的数量并不像大众一样随着人口的增长而增长，某些贵族不仅在数量上锐减，而且在素质上衰退。能力上的降低使原来的贵族不适合进行统治，当它们不愿退出精英行列时，革命迫使它们退出历史。从这个意义上，帕累托认为，"历史是埋葬贵族的坟墓"③。基于此，帕累托认为，作为统治精英阶层一员的精英人物必须同时具备这两个条件。他指出："一位著名棋手肯定属于精英阶级，但无疑他作为棋手的功绩并未为其开拓通向政界之路。因此，如果不是由于其他品质

---

① ［意］帕累托著，宫维明译：《精英的兴衰》，北京出版社2010年版，第35页。
② ［意］帕累托著，宫维明译：《精英的兴衰》，北京出版社2010年版，第49页。
③ ［意］帕累托著，田时纲译：《普通社会学纲要》，生活·读书·新知三联书店2001年版，第302页。

从政的话，他不属于执政的精英阶级。至高无上君主的情妇往往属于精英阶级，一方面由于天生丽质，一方面由于聪明才智；但只有某些情妇极富政治天赋，在政府中占一席之地。"①

（三）威尔弗雷多·帕累托的精英循环理论的影响及评价

帕累托作为早期精英理论的开创者之一和代表人物，其精英理论对现代精英理论的产生具有重要的奠基作用，同时也被政治学家加以引述和研究。帕累托的精英理论是建立在"人性恶"的理论基础上，统治精英在对广大民众进行统治时不是以道德为准则的，而是采取暴力和欺骗的手段。因此，社会不仅在经济财富上分配不公，而且在声望、荣誉等精神财富上也分配不公。基于这种政治现实的认识，我们能够得出这样的结论，第一，人性是"恶"的，人是靠不住的，一个国家不应把社会秩序的良性有序与人际关系的和谐只寄托在几个当政者身上，不能依靠社会舆论和教育感化来解决现实中的政治问题。第二，从"人性恶"出发，国家必须加强民主政治建设和法制建设，实行政治透明和民主，建立一套行之有效的监督和约束机制。

但同时，我们也必须看到，由于极端地夸大了统治精英本身的作用，将政治与社会的互动看成是统治精英对非精英的单方面统治，这必然导致帕累托对包括民主制度在内的一切政治制度在政治进程中的作用的忽视，从而为个人独裁提供了理论依据，同时也容易贬低人民群众的历史创造作用，这也正是早期精英理论的缺陷。我们必须认识到，研究精英理论并非是有意推崇精英主义，但是发掘其中深层次的合理内核，把精英理论和现代政治中的政党制度、社会结构分化、社会动员和参与、政治制度化结合起来进行综合考

---

①　［意］帕累托著，田时纲译：《普通社会学纲要》，生活·读书·新知三联书店2001年版，第298页。

虑，广开流动渠道，扩大政治录用，完善精英流动和选择机制。

三、罗伯特·米歇尔斯的精英寡头铁律论

米歇尔斯在政治思想史上的影响，主要是他的寡头政治理论。"寡头统治铁律"是米歇尔斯在议会制度、间接民主比较发达的背景下提出的。他指出，任何政党中都存在着一种非民主的倾向，这使得政党中最终掌权的只是少数寡头。他把这看作是一种不可避免的倾向，是组织追求效率的结果。这种精英主义的规则对一个组织来说不仅是不可避免的，而且是迫切需要。米歇尔斯这种精英寡头铁律被后来的法西斯所运用，因此，米歇尔斯最后成为墨索里尼的支持者。

（一）罗伯特·米歇尔斯的生平及著作

米歇尔斯是意大利著名的政治社会学家和经济学家。他出身于德国科隆的一个中产阶级家庭，曾在法国、德国、意大利等地接受教育，通晓三国语言，并在不同时期用三种不同的语言写作。作为一名社会学家，米歇尔斯一生中大量的时间在意大利教学，曾在图林、巴塞尔和佩鲁贾等大学任教，讲授政治经济学、政治社会学等课程。米歇尔斯年轻的时候，就与其"精神上已经死亡的"家庭彻底决裂，并成为一位激进的德国社会民主党人。他在《社会的寡头统治倾向——关于民主问题的研究》（1908）一文中提出了"寡头统治的铁的规律"。在1911年出版的《政党——当代民主寡头倾向的社会学研究》中，他把这一论点更加系统化了。"寡头统治铁律"成为现代政治社会学领域的一个经典论断。米歇尔斯开始阐述寡头政治的理论，并视寡头的统治为一种不可避免的倾向，是组织追求效率的结果。在晚年的作品中，米歇尔斯进一步将精英主义的规则视为组织的迫切需要。这种思想使得他站到了法西斯一边。米歇尔斯的精英主义思想的形成深受莫斯卡的影响，两人有过深入的接触。尽管两人各有侧重，但均为精英主义的奠基人。

（二）精英寡头铁律论

受帕累托、莫斯卡精英理论的影响，米歇尔斯对传统的民主理论也提出了批评，认为大多数人统治的民主只是一种虚构出来的神话，一切政治统治都是少数人对多数人的统治，民主政治也不例外。米歇尔斯认为现代民主制是靠政党政治来运行的，而政党实际上是由少数领袖人物来领导的，归根结底仍然是少数人统治的寡头政治，而不可能是人民的统治，从而得出了政治精英主义的"寡头铁律"。他指出："正是组织使当选者获得了对于选民、被委托者对于委托者、代表对于被代表者的统治地位。组织处处意味着寡头统治。""寡头统治是任何试图实现集体行动的组织的必然结果，是任何有着良好愿望的人无法改变的'铁律'。"①米歇尔斯认为，任何政党中都存在一种非民主的倾向，这使得在政党中最终掌权的只是少数寡头。甚至在最革命的政党中，领导者都倾向于夺取更大权力。对米歇尔斯来说，精英现象不仅存在，而且还是不可改变的。他指出："少数的精英不但可以控制政治，而且，他们不受多数的控制。历史进化嘲笑一切为了预防寡头政治而实行的手段，如果通过法律控制领导的权力，那么先衰弱的将是这个法律，而不是领导者。"②米歇尔斯的寡头铁律是在对德国社会民主党的观察基础上建立的，因此，他所说的寡头实际上是一种工会寡头。但是，米歇尔斯将这一理论适用到各种场合，试图赋予他的观察以普遍的适用性。米歇尔斯认为，"寡头铁律"像每个社会规则一样，它"超越了善恶"③以一种科学的倾向成为一条铁律。

---

① ［德］罗伯特·米歇尔斯著，任军锋等译：《寡头统治铁律——现代民主制度中的政党社会学》，天津人民出版社2003年版，第1页。

② R.Michels, *Political Parties: A Sociolgical Study of the Oligarchical Tendencies of Modern Democracy*, New York, 1962, p. 423.

③ R.Michels, *Political Parties: A Sociolgical Study of the Oligarchical Tendencies of Modern Democracy*, New York, 1962, p. 6.

　　在解释寡头现象时，米歇尔斯认为，组织中寡头统治趋势来源于社会中的不平等。在存在高度社会不平等的社会中，寡头统治趋势的可能性将远远高于那些较为平等的社会。社会不平等将有可能产生领导和成员地位非常不平等的组织。社会地位的不平等都与寡头统治的趋势呈正相关，即地位越不平等的组织，其寡头统治的趋势将更明显。米歇尔斯观察到，不仅在工团主义和无政府主义以及革命政党里有一种靠少数人来统治的趋势，而且在各国的资产阶级的社会圈里也有一种"封建等级化"的倾向，例如美国人崇尚贵族血统的那种"五月鲜花心态"。他认为，这种趋势是群体组织本身所具有的，民主导致寡头统治，变成寡头统治，组织就意味着寡头统治，这一规律就像所有的社会学规律一样，是客观的，是站在非判断的彼岸的。米歇尔斯深入地探讨了组织中寡头倾向的原因，主要有三点：第一，技术原因。受技术上的限制，由大众直接控制的政府是不可能的。为了实现自己的权力，工人阶级找到了组织，他们成为工会的一员。但是，这种组织很快地走上了官僚化的道路，工人则因此而处于一种更加无权的地位。随着这种组织的巨型化，组织的成员就越无法控制他们的领导。第二，智力差别。由于各种各样的原因，领导者与被领导者之间总会存在着智力和知识上的差别。由于智力上的优势，领导者对于成员的帮助使他更加地不可或缺，甚至产生高人一等的感觉。第三，心理因素。米歇尔斯认为，人性中有一种"对权力的本能的贪婪"①，而且，那种对控制的渴望是具有普遍性的。因此，由组织需要而激发的管理、策略而完全取决于心理。另外，当人们追求权力的心理并没有得到满足时，就会产生一种"领导的心理因素"。对于那些被领导者，由于长时间生存于某种领导之下，或是由于受到某种恩惠而心存感激，或是由于某种心理而对领导恐惧有加。由于这种心理作祟，成员们对领导"顶礼膜拜"，这就又鼓励了部分领导者更加妄自尊大。

---

　　① R.Michels, *Political Parties: A Sociolgical Study of the Oligarchical Tendencies of Modern Democracy*, New York, 1962, p. 205.

（三）米歇尔斯的精英寡头铁律论的影响及评价

米歇尔斯提出的"寡头统治铁律"理论在20世纪引起了广泛的讨论。20世纪20年代早期，作为对米歇尔斯的回应，在共产党理论家布哈林看来，社会主义将不会蜕变为另一种寡头统治的社会，因为他相信社会主义社会能够使那些处于社会下层的人们通过不断提高教育和生活水平改变自己的社会地位，他们不仅在政治上有着强烈的自我意识，而且能够采取有效行动防止"管理者"主导社会。而且，许多人批评米歇尔斯，认为他过于武断，仅仅将目光局限于官僚机构一个方面，而忽视了官僚机构同时也是各种社会群体实现各自目标的手段这一事实。许多学者都承认所有的工会组织都是在一个稳定的行政中心控制之下的。即便是这样，从工会组织成员利益的角度来看，工会发挥了相当积极的作用。工会运动的目标是维护和改善其成员的整体福利，而不是让工人实现自治。20世纪70年代末期，随着"绿色"或生态不同理念政党的创建，"寡头统治铁律"的争论掀起了前所未有的高潮。这些政党的意识形态基础是现代政治代表体系中实现直接民主，即参与民主。其当选代表不受党员和专业化、强有力的党组织的影响。在公开会议上通过对基本议题的一般性讨论，以及伴随着透明的组织结构，政党意识形态的压力导致"出现非正式的寡头统治"。

尽管米歇尔斯的理论在很多方面存在不足，遭遇到很多批判，但是其理论对西方思想界产生重要影响，尤其是政治社会学的研究方法和理论深刻地影响了如李普赛特、贝尔等人。同时，米歇尔斯在论述寡头制形成的原因时提出了"领导的心理因素"及"对权力的本能的贪婪"等概念，文官接受寡头领导和寡头领导文官的心理从两个方面揭示了一种后来被称为权力主义人格的东西，这一概念被后来的马斯洛提出，到1950年关于权力主义人格方面的研究逐渐完整并丰富起来。由此可见，"寡头统治铁律"是米歇尔斯在议会制度、间接民主比较发达的背景下提出的。而随着国际社会环境的变化，直接民主制的诉求，协商民主的发展，其解释力正在受到挑战。

参考文献

著作：

《马克思恩格斯选集》第4卷，人民出版社1995年版。

《马克思恩格斯全集》第13卷，人民出版社1962年版。

《马克思恩格斯全集》第46卷，人民出版社1980年版。

《马克思恩格斯选集》第1—4卷，人民出版社2012年版。

《马克思恩格斯文集》第1—4卷、第10卷，人民出版社2009年版。

《习近平谈治国理政》，外文出版社2014年版。

《习近平谈治国理政》第2卷，外文出版社2017年版。

［德］费希特著，潘德荣译：《国家学说：或关于原初国家与理性王国的关系》，中国法制出版社2010年版。

［德］黑格尔著，薛华译：《黑格尔政治著作选》，商务印书馆1981年版。

［英］约翰·穆勒著，赵荣潜、桑炳彦、朱泱、胡企林、译：《政治经济学原理》上卷，商务印书馆1991年版。

［英］彼罗·斯拉法著，陈福生、林纪熹译：《大卫·李嘉图全集》第10卷，商务印书馆2013年版。

［英］彼罗·斯拉法著，蔡受百译：《大卫·李嘉图全集》第5卷，商务印书馆2013年版。

［英］彼罗·斯拉法著，蔡受百译：《大卫·李嘉图全集》第2卷，商务

印书馆2013年版。

　　［英］大卫·李嘉图著，郭大力、王亚南译：《政治经济学及赋税原理》，商务印书馆2013年版。

　　［英］彼罗·斯拉法著，蔡受百译：《大卫·李嘉图全集》第4卷，商务印书馆2013年版。

　　［瑞士］西斯蒙第著，何钦译：《政治经济学新原理》，商务印书馆1964年版。

　　［瑞士］西斯蒙第著，胡尧步、李直、李玉民译：《政治经济学研究》第2卷，商务印书馆1989年版。

　　［英］约翰·穆勒著，胡企林、朱泱译：《政治经济学原理》下卷，商务印书馆1991年版。

　　［英］马尔萨斯著，朱泱等译：《人口原理》，商务印书馆2017年版。

　　［英］约翰·穆勒著，张涵译：《论政治经济学的若干未定问题》，商务印书馆2012年版。

　　［英］约翰·密尔著，许宝骙译：《论自由》，商务印书馆1959年版。

　　［英］马尔萨斯著，郭大力译：《人口论》，北京大学出版社2008年版。

　　［德］京特·法比翁克著，吴薇芳译：《弗里德里希·李斯特》，商务印书馆2017年版。

　　［德］弗里德里希·李斯特著，陈万煦译：《政治经济学的国民体系》，商务印书馆2017年版。

　　［英］拉斯基著，张振成、王亦兵译：《思想的阐释》，贵州人民出版社2001年版。

　　［德］彼得·贝格拉著，袁杰译：《威廉·冯·洪堡传》，商务印书馆1994年版。

　　［德］卡尔·艾利希·博恩等著，张载扬等译：《德意志史第三卷》上册，商务印书馆1991年版。

　　［德］威廉·冯·洪堡著，林荣远、冯光元译：《论国家的作用》，中国

社会科学出版社1998年版。

　　［美］埃德蒙·福赛特著，杨涛斌译：《自由主义传》，北京大学出版社2017年版。

　　［法］贡斯当著，王聿蔚译：《阿道尔夫》，上海译文出版社1985年版。

　　［意］萨尔沃·马斯泰罗内著，黄华光译：《欧洲政治思想史——从十五世纪到二十世纪》，社会科学文献出版社1992年版。

　　［法］邦雅曼·贡斯当著，阎克文、刘满贵译：《古代人的自由与现代人的自由》，商务印书馆1999年版。

　　［澳］菲利普·佩迪特著，刘训练译：《共和主义：一种关于自由与政府的理论》，江苏人民出版社2006年版。

　　［法］托克维尔著，董果良译：《论美国的民主》上、下卷，商务印书馆1988年版。

　　［法］雷蒙·阿隆著，姜志辉译：《论自由》，上海译文出版社2009年版。

　　［法］雷蒙·阿隆、［美］丹尼尔·贝尔等著，陆象淦、金烨译：《托克维尔与民主精神》，社会科学文献出版社2008年版。

　　［法］托克维尔著，倪玉珍译：《美国游记》，上海三联书店2010年版。

　　［英］罗素著，马元德译：《西方哲学史》下卷，商务印书馆1982年版。

　　［英］边沁著，沈叔平等译：《政府片论》，商务印书馆1997年版。

　　［英］菲利普·斯科菲尔德著，翟小波译：《邪恶利益与民主：边沁的功用主义政治宪法思想》，法律出版社2010年版。

　　［英］约翰·穆勒著，吴良健、吴衡康译：《约翰·穆勒自传》，商务印书馆1987年版。

　　［英］J.S.密尔著，汪瑄译：《代议制政府》，商务印书馆1984年版。

　　［英］戴维·赫尔德著，燕继荣等译：《民主的模式》，中央编译出版社1998年版。

　　［美］乔治·霍兰·萨拜因著，刘山等译：《政治学说史》下册，商务印

书馆1986年版。

　　［美］约翰·杜威著，傅统先、邱椿译：《人的问题》，上海人民出版社2006年版。

　　［美］杜威著，傅统先译：《自由与文化》，商务印书馆1964年版。

　　［美］理查德·罗蒂著，张国清译：《后形而上学希望：新实用主义社会、政治和法律哲学》，上海译文出版社2003年版。

　　［美］约翰·杜威著，许崇清译：《哲学的改造》，商务印书馆1989年版。

　　沈益洪编：《杜威谈中国》，浙江文艺出版社2001年版。

　　［美］约翰·杜威著，孙有中、蓝克林、裴雯译：《新旧个人主义——杜威文选》，上海社会科学院出版社1997年版。

　　［美］约翰·杜威著，彭正梅译：《民主·经验·教育》，上海人民出版社2009年版。

　　［澳］约翰·S.德雷泽克著，丁开杰等译：《协商民主及其超越：自由与批判的视角》，中央编译出版社2006年版。

　　［法］路易·勃朗著，何钦译：《劳动组织》，商务印书馆1962年版。

　　［法］皮埃尔·勒鲁著，王允道译：《论平等》，商务印书馆1988年版。

　　［苏］卢森贝著，李侠公译：《政治经济学史》第3卷，生活·读书·新知三联书店1960年版。

　　［英］G.D.H.柯尔著，何瑞丰译：《社会主义思想史》第1卷，商务印书馆1977年版。

　　［意］萨尔沃·马斯泰罗内著，黄华光译：《欧洲民主史——从孟德斯鸠到凯尔森》，社会科学文献出版社1990年版。

　　［法］雅克·阿塔利著，刘成富等译：《卡尔·马克思》，上海人民出版社2010年版。

　　［德］威廉·魏特林著，孙则明译：《和谐与自由的保证》，商务印书馆1960年版。

［俄］巴枯宁著，马骧聪等译：《国家制度和无政府状态》，商务印书馆1982年版。

［俄］克鲁泡特金著，李平沤译：《互助论：进化的一个要素》，商务印书馆1963年版。

［南非］詹姆斯著，张东辉、柳波译：《财产与德性——费希特的社会与政治哲学》，知识产权出版社2016年版。

［以］阿维纳瑞著，朱学平、王兴赛译：《黑格尔的现代国家理论》，知识产权出版社2016年版。

［美］约翰·麦克里兰著，彭淮栋译：《西方政治思想史》，海南出版社2003年版。

［美］乔治·萨拜因著，［美］托马斯·索尔森修订，邓正来译：《政治学说史：民族国家（上、下）》，上海人民出版社2015年版。

［意］马基雅维里著，潘汉典译：《君主论》，商务印书馆1985年版。

［瑞士］雅各布·布克哈特著，何新译：《意大利文艺复兴时期的文化》，商务印书馆1979年版。

［意］马基雅维里著，吕健忠译：《论李维罗马史》，商务印书馆2013年版。

［意］马基雅维里著，李活译：《佛罗伦萨史》，商务印书馆1982年版。

［古罗马］西塞罗，王焕生等译：《论共和国 论法律》，中国政法大学出版社1997年版。

［美］罗威尔著，秋水译：《英国政府》，上海人民出版社1959年版。

［法］基佐著，程洪逵、沅芷译：《欧洲文明史：自罗马帝国败落起到法国革命》，商务印书馆2014年版。

［英］沃纳姆编，中国社会科学院世界历史研究所组译：《新编剑桥世界近代史》第三卷，中国社会科学出版社1999年版。

［英］温斯顿·丘吉尔著，薛力敏、林林译：《英语国家史略》，新华出版社1985年版。

［苏］施脱克马尔著，上海外国语学院编译室译：《十六世纪英国简史》，上海人民出版社1958年版。

［美］威利斯顿·沃尔克著，孙善玲、段琦、朱代强译：《基督教会史》，中国社会科学出版社1991年版。

［苏］罗琴斯卡娅著，刘立勋译：《法国史纲：十七世纪—十九世纪》，生活·读书·新知三联书店1962年版。

［法］皮埃尔·米盖尔著，桂裕芳、郭华榕等译：《法国史》，中国社会科学出版社2010年版。

［英］彼得·伯克著，郝名玮译：《制造路易十四》，商务印书馆2015年版。

［法］乔治·杜比主编，吕一民、沈坚、黄艳红等译：《法国史》，商务印书馆2010年版。

［法］伊奈丝·缪拉.科尔贝著，梅俊杰译：《法国重商主义之父》，上海远东出版社2012年版。

［美］詹姆斯·B.柯林斯著，沈国华译：《君主专制政体下的财政极限：17世纪上半叶法国的直接税制》，上海财经大学出版社2016年版。

［美］列奥·施特劳斯、约瑟夫·克罗波西主编，李天然等译：《政治哲学史》，河北人民出版社1993年版。

［美］威廉·邓宁著，谢义伟译：《政治学说史》中卷，吉林出版集团有限责任公司2009年版。

［英］阿兰·瑞安著，林华译：《论政治》下卷，中信出版社2016年版。

［美］列奥·施特劳斯著，彭刚译：《自然权利与历史》，生活·读书·新知三联书店2003年版。

［美］理查德·塔克著，罗炯等译：《战争与和平的权利：从格劳秀斯到康德的政治思想与国际秩序》，译林出版社2009年版。

［美］理查德·塔克著，杨利敏、朱圣刚译：《自然权利诸理论：起源与发展》，吉林出版集团有限责任公司2014年版。

［英］马克·戈尔迪、罗伯特·沃克勒著，刘北成等译：《剑桥十八世纪政治思想史》，商务印书馆2017年版。

［加］艾伦·梅克辛斯·伍德著，曹帅译：《西方政治思想的社会史：自由与财产》，译林出版社2019年版。

［美］彼得·盖伊著，刘北成、王皖强译：《启蒙时代：人的觉醒与现代秩序的诞生》下卷，上海人民出版社2019年版。

［英］安德鲁·海伍德著，白云真、罗文静译：《全球政治学》，中国人民大学出版社2014年版。

［英］克里斯多夫·皮尔逊著，刘国兵译：《论现代国家》，中国社会科学出版社2017年版。

［美］莱斯利·里普森著，刘晓等译：《政治学的重大问题——政治学导论》，华夏出版社2001年版。

［德］威廉·格斯曼著，王旭译：《德国文化简史》，广西师范大学出版社2017年版。

［德］黑格尔著，贺麟、王太庆译：《哲学史讲演录》第4卷，商务印书馆2017年版。

［美］加布里埃尔·A.阿尔蒙德、［美］西德尼·维巴编，李国强等译：《重访公民文化》［M］.北京：东方出版社，2014.

［美］科林·布朗著，查常平译：《基督教与西方思想（卷一）》，北京大学出版社2017年版。

［美］弗兰克·梯利著，贾辰阳、解本远译：《西方哲学史》，光明日报出版社2013年版。

［美］弗兰克·梯利著，陈正谟译：《哲学的历史（经典珍藏版）》，新世界出版社2017年版。

［法］帕特里克·布琼主编，徐文婷等译：《法兰西世界史》，上海教育出版社2018年版。

［法］雅克·索雷著，黄艳红译：《18世纪美洲和欧洲的革命》，吉林出

版集团有限责任公司2008年版。

[美] 彼得·赖尔、[美] 艾伦·威尔逊著，刘北成、王皖强编译：《启蒙运动百科全书》，上海人民出版社2004年版。

[荷] 胡果·格劳秀斯著，[美] A.C.坎贝尔英译，何勤华等译：《战争与和平法》，上海人民出版社2017年版。

[英] 霍布斯著，黎思复、黎廷弼译：《利维坦》，商务印书馆1985年版。

[英] 霍布斯著，应星、冯克利译：《论公民》，贵州人民出版社2003年版。

[英] 罗斯著，谭鑫田、傅有德译：《斯宾诺莎》，广西师范大学出版社2018年版。

[荷] 斯宾诺莎著，温锡增译：《神学政治论》，商务印书馆1963年版。

[荷] 斯宾诺莎著，贺麟译：《伦理学》，商务印书馆1983年版。

[法] 艾蒂安·巴利巴尔著，赵文译：《斯宾诺莎与政治》，西北大学出版社2015年版。

[英] 洛克著，吴云贵译：《论宗教宽容》，商务印书馆1982年版。

[英] 洛克著，叶启芳、瞿菊农译：《政府论》下篇，商务印书馆1964年版。

[法] 孟德斯鸠著，欧启明译：《论法的精神》，译林出版社2016年版。

[法] 卢梭著，李平沤译：《论人与人之间不平等的起因和基础》，商务印书馆2015年版。

[美] 梅利尔·D.彼得森著，刘祚昌、邓红风译：《杰斐逊集》，生活·读书·新知三联书店1993年版。

[美] 托马斯·杰斐逊著，朱曾汶译：《杰斐逊选集》，商务印书馆1999年版。

[美] 吉尔贝·希纳尔著，王丽华等译：《杰斐逊评传》，中国社会科学出版社1987年版。

［美］沃侬·路易·帕灵顿著，陈永国等译：《美国思想史》，吉林人民出版社2002年版。

［美］汉密尔顿、杰伊、麦迪逊著，程逢如等译：《联邦党人文集》，商务印书馆1980年版。

［美］詹姆斯·麦迪逊著，尹宣译：《辩论：美国制宪会议记录》，译林出版社2014年版。

［英］柏克著，何兆武、许振洲、彭刚译：《法国革命论》，商务印书馆1998年版。

［英］埃德蒙·柏克著，蒋庆、王瑞昌、王天成译：《自由与传统——柏克政治论文选》，商务印书馆2001年版。

［英］大卫·休谟著，张正萍译：《论政治与经济》，浙江大学出版社2011年版。

［英］休谟著，张若衡译：《休谟政治论文选》，商务印书馆2010年版。

［英］大卫·休谟著，周晓亮译：《道德原理研究》，中国法制出版社2011年版。

［法］让·梅叶著，陈太先、眭茂译：《遗书》第1—3卷，商务印书馆2017年版。

［法］摩莱里著，黄建华、姜亚洲译《自然法典》，商务印书馆1982年版。

［法］马布利著，何清新译：《马布利选集》，商务印书馆1960年版。

［法］G.巴贝夫著，［法］G.韦耶德、C.韦耶德合编，梅溪译：《巴贝夫文选》，商务印书馆1962年版。

［法］热拉尔·瓦尔特著，刘汉玉译：《巴贝夫》，商务印书馆1992年版。

［苏］维·姆·达林等著，陈林、谷鸣、译：《论巴贝夫主义》，商务印书馆1983年版。

［苏］B.波尔什涅夫著，汪守本、李来译：《梅叶传》，商务印书馆1990

年版。

［苏］维·彼·沃尔金著，郭一民编译：《法国空想共产主义》，商务印书馆1980年版。

［苏］维·彼·沃尔金著，杨穆、金颖译：《十八世纪法国社会思想的发展》，商务印书馆1983年版。

［苏］H.E.扎斯田克尔著，南致善、陈森、郭一民译：《社会主义思想史纲》，商务印书馆1990年版。

［苏］曼佛列德著，方兆琏译：《十八世纪末叶的法国资产阶级革命》，生活·读书·新知三联书店1955年版。

［俄］普列汉诺夫等著，中国人民大学编译室等编译：《论空想社会主义》上卷，商务印书馆1980年版。

［俄］普列汉诺夫等著，中国人民大学编译室等编译：《论空想社会主义》下卷，商务印书馆1982年版。

［英］威廉·配第著，邱霞、原磊译：《赋税论》，华夏出版社2017年版。

［英］威廉·配第著，陈冬野译：《政治算术》，商务印书馆2014年版。

［英］约翰·雷著，胡企林、陈应年译：《亚当·斯密传》，商务印书馆1983年版。

［英］约翰·伊特韦尔等编：《新帕尔格雷夫经济学大辞典》，经济科学出版社1996年版。

［英］亚当·斯密著，郭大力、王亚南译：《国民财富的性质和原因的研究》上卷，商务印书馆1972年版。

［英］亚当·斯密著，郭大力、王亚南译：《国民财富的性质和原因的研究》下卷，商务印书馆1974年版。

［美］加文·肯尼迪著，苏军译：《亚当·斯密》，华夏出版社2009年版。

［英］唐纳德·温奇著，褚平译：《亚当·斯密的政治学》，译林出版社

2010年版。

［法］魁奈著，谈敏译：《中华帝国的专制制度》，商务印书馆2018年版。

［美］A.E.门罗编，蔡受百等译：《早期经济思想》，商务印书馆2009年版。

［法］弗朗斯瓦·魁奈著，吴斐丹、张草纫选译：《魁奈经济著作选集》，商务印书馆1979年版。

［英］约·雷·麦克库洛赫著，郭家麟译：《政治经济学原理》，商务印书馆2009年版。

辛向阳著：《17—18世纪西方民主理论论析》，山东人民出版社2013年版。

辛向阳著：《19世纪西方民主理论论析》，山东人民出版社2013年版。

辛向阳著：《20世纪西方民主理论论析》，山东人民出版社2011年版。

徐大同主编：《西方政治思想史》第4卷，天津人民出版社2005年版。

李强著：《自由主义》，东方出版社2015年版。

吴春华著：《西方自由主义政治思潮研究》，中国社会科学出版社2018年版。

胡适著：《胡适文存》，黄山书社1996年版。

萧贵毓、牛先锋主编：《社会主义通史》第①卷，人民出版社2011年版。

中国人民大学马列主义发展史研究所编：《马克思恩格斯思想史》，上海人民出版社1982年版。

徐觉哉著：《社会主义流派史》，上海人民出版社2007年版。

陈之骅著：《克鲁泡特金传》，中国社会科学出版社1986年版。

陈岱孙著：《从古典经济学派到马克思——若干主要学说发展论略》，商务印书馆2014年版。

姚开建主编：《经济学说史》，中国人民大学出版社2003年版。

韩媛媛编著：《大卫·李嘉图——古典政治经济学集大成者》，人民邮电出版社2009年版。

张旭昆编著：《经济思想史》，中国人民大学出版社2017年版。

杨玉生、杨戈、主编：《经济思想史》，中国人民大学出版社2015年版。

李故新著：《西斯蒙第人本主义经济伦理思想与我国企业伦理构建》，中国纺织出版社2019年版。

徐大同主编：《西方政治思想史》，天津教育出版社2005年版。

张桂林主编：《西方政治思想史》，高等教育出版社2019年版。

叶立煊、郝宇青：《西方政治思想史》，华东师范大学出版社2017年版。

唐士其著：《西方政治思想史（修订版）》，北京大学出版社2008年版。

马啸原著：《西方政治思想史纲》，高等教育出版社1997年版。

蒲国良著：《社会主义思想：从乌托邦到科学的飞跃（1516—1848）》，北京师范大学出版社2018年版。

曹希岭著：《西方政治思想史纲》，中国社会科学出版社2017年版。

钱乘旦、许洁明著：《英国通史》，上海社会科学院出版社2002年版。

钱乘旦、陈晓律著：《在传统与变革之间——英国文化模式溯源》，浙江人民出版社1991年版。

周春生著：《马基雅维里思想研究》，上海三联书店2008年版。

谢惠媛著：《善恶抉择：马基雅维里政治道德思想研究》，北京大学出版社2011年版。

许章润、翟志勇编：《国家理性与现代国家》，清华大学出版社2012年版。

罗芃、冯棠、孟华著：《法国文化史》，北京大学出版社1997年版。

刘季富著：《英国都铎王朝史论》，河南人民出版社2008年版。

王觉非主编：《近代英国史》，南京大学出版社1997年版。

戚国淦、陈曦文主编：《撷英集——英国都铎史研究》，首都师范大学出版社1994年版。

刘新成著：《英国都铎王朝议会研究》，首都师范大学出版社1995年版。

牛俊法主编：《世界军事史概要》，解放军出版社2002年版。

史仲文、胡晓林主编：《新编世界军事史》，中国国际广播出版社1996年版。

龚绍方、李宝珍、主编：《世界通史（古代史卷）》，河南大学出版社2004年版。

朱寰主编：《世界中古史》，吉林人民出版社1981年版。

董建萍著：《西方政治制度史简编》，东方出版社1995年版。

渠敬东编：《现代政治与自然》，上海人民出版社2003年版。

郭华榕著：《法国政治制度史》，人民出版社2005年版。

陈文海著：《法国史》，人民出版社2014年版。

邵永灵著：《海洋战国策》，石油工业出版社2010年版。

李小园著：《多元政治角逐与妥协：英国内生型政治演进模式》，学林出版社2013年版。

张辰龙著：《西方政治思想史》，知识产权出版社2016年版。

王军伟著：《霍布斯政治思想研究》，人民出版社2010年版。

刘祚昌著：《杰斐逊》，中国社会科学出版社1996年版。

陈志瑞、石斌编：《埃德蒙·伯克读本》，中央编译出版社2006年版。

侯鸿勋著：《孟德斯鸠及其启蒙思想》，人民出版社1992年版。

邓晓芒著：《批判与启蒙》，崇文书局2019年版。

袁秉达等著：《超越乌托邦——社会主义从空想到科学的发展解读与启示》，上海人民出版社2017年版。

钱乘旦主编，刘金源等著：《英国通史（第四卷）转型时期——18世纪英国》，江苏人民出版社2016年版。

吕一民著：《法国通史》，上海社会科学院出版社2012年版。

吴易风著：《空想社会主义》，北京出版社1980年版。

陶大镛编著：《社会主义思想史略》，中国青年出版社1956年版。

白东明主编：《空想社会主义者代表著作评介》，吉林人民出版社1984年版。

江泓著：《法国著名空想共产主义者巴贝夫》，商务印书馆1987年版。

谷春德、吕世伦、编著：《西方政治法律思想史教程》，西安交通大学出版社2016年版。

章显培、王惠群、肖贵毓主编：《社会主义思想史》，中共中央党校出版社1993年版。

戴清亮、李良瑜、荣民泰等著：《社会主义学说史》，人民出版社1987年版。

李凤鸣著：《空想社会主义思想史》，上海人民出版社1980年版。

中国法国史研究会编：《法国史论文集》，生活·读书·新知三联书店1984年版。

刘宗绪著：《法国资产阶级革命》，商务印书馆1980年版。

张旭昆编：《西方经济思想史18讲》，上海人民出版社2007年版。

期刊：

吴永华：《黑格尔国家观刍议》，《江苏师范大学学报（哲学社会科学版）》2013年第7期。

王一凡：《大卫·李嘉图的经济学说及其影响》，《新经济》2015年第11期。

杨皓：《最富有的经济学家：大卫·李嘉图》，《检察风云》2019年第13期。

胡世凯：《大卫·李嘉图的生平和著作》，《山东大学学报（哲学社会科学版）》1987年第S1期。

陈其人：《经济学家的科学精神与气度——李嘉图印象》，《中国经济问题》2010年第1期。

龚金国：《李嘉图的比较成本说及其现实意义》，《上海经济研究》1984年第8期。

胡雪峰：《穆勒的相互需求理论及对国际贸易的启示》，《中国商论》2020年第3期。

李故新：《论西斯蒙第消费决定生产的经济伦理思想》，《长江大学学报（社会科学版）》2018年第2期。

李佳：《马尔萨斯——特殊的经济学家》，《新理财（政府理财）》2017年第6期。

贾根良：《李斯特经济学的历史地位、性质与重大现实意义，《学习与探索》2015年第1期。

朱日强：《李斯特经济思想评述》，《河南师范大学学报（哲学社会科学版）》1985年第2期。

杨皓：《有其父必有其子：约翰·穆勒》，《检察风云》2019年第20期。

李佩芬：《约翰·穆勒〈代议制政府〉的民主思想评析》，《中国人民大学学报》1995年第1期。

傅军胜：《劳动价值论研究讨论综述（上）》，《马克思主义研究》2002年第3期。

马腾：《后发国家的追赶型经济发展理论——以李斯特经济思想为中心的考察》，《经济问题探索》2015年第5期。

常明明：《有效需求：马尔萨斯与凯恩斯经济学比较》，《现代经济探讨》2008年第5期。

熊海斌：《马尔萨斯"有效需求不足论"新评》，《消费经济》1986年第3期。

赵俊芳：《李斯特经济思想简评》，《经济学动态》1985年第6期。

杨志刚、方明：《穆勒的政府适度干预思想及其启示意义——以经济法学研究为例》，《学海》2008年第4期。

张家林：《论李斯特的国家干预经济思想及其借鉴意义》，《上海经济研究》1991年第3期。

[英] 肖恩·布雷斯林，冯瑾译：《"中国模式"与全球危机：从弗里德里希·李斯特到中国治理模式》，《当代世界与社会主义》2012年第1期。

张岸：《洪堡论国家》，《科学社会论坛（学术研究卷）》2008年第7期。

骆沙舟：《格林国家思想论析》，《厦门大学学报（哲学社会科学版）》1990年第3期。

童世骏：《科学与民主的和谐相处何以可能？——论杜威和哈贝马斯的科学观和民主观》，《华东师范大学学报（哲学社会科学版）》1999年第4期。

常远佳：《16世纪的马基雅维利主义与马基雅维利思想》，《求索》2014年第10期。

刘擎：《反思共和主义的复兴：一个批判性的考察》，《学术界》2006年第4期。

王鸿斌：《论英国都铎王朝时期民族君主国构建的要素》，《理论界》2009年第9期。

蔡蕾：《英国"王在法下"政治传统的形成：从中世纪到都铎》，《学海》2019年第3期。

陈华文：《君主、共和与马基雅维利的政治创建理论》，《武汉大学学报（哲学社会科学版）》2015年第4期。

李德志：《英国封建君主专制政体难以持久的原因》，《吉林大学社会科学学报》1989年第2期。

刘北成：《论近代欧洲绝对君主制》，《北京师范大学学报（社会科学版）》1997年第1期。

高全喜：《论共和政体》，《中国政法大学学报》2008年第4期。

朱晓：《论马基雅维里对文艺复兴史学的贡献》，《兰州大学学报（社会科学版）》2015年第3期。

姜德福：《论都铎王权与贵族》，《东北师大学报（哲学社会科学版）》

2005 年第 2 期。

郑如霖：《略论英国君主专制制度的特点和作用——兼谈中国封建君主专制制度问题》，《华南师范大学学报（社会科学版）》1984 年第 3 期。

周均：《英国都铎王朝的财政结构及王权和议会的关系》，《江苏大学学报（社会科学版）》2004 年第 4 期。

刘训练：《共和主义：对一种政治思想传统的界定》，《中共福建省委党校学报》2008 年第 7 期。

郭梦晗：《解析马基雅维利〈君主论〉的政治思想》，《山东行政学院学报》2014 年第 7 期。

刘义程：《浅析都铎王朝重商主义政策的影响》，《井冈山师范学院学报（哲学社会科学）》2001 年第 2 期。

汪庆华：《马基雅维里的君主专制思想述评》，《北京教育学院学报》1998 年第 1 期。

聂熙原：《从〈君主论〉看马基雅维利的政治思想》，《法制与社会》2009 年第 15 期。

刘训练：《马基雅维利与古典共和主义》，《政治学研究》2011 年第 4 期。

彭军红、王慧卿、廖君湘：《马基雅维里共和思想评析》，《当代教育理论与实践》2009 年第 2 期。

张广生：《新君主与新共和：马基雅维利的"新政治科学"》，《政治思想史》2016 年第 1 期。

王寅丽：《马基雅维利与当代共和主义的两种典范阐释》，《政治思想史》2012 年第 4 期。

林振草：《论英国都铎王朝的重商主义》，《贵州大学学报（社会科学版）》1995 年第 4 期。

边瑶：《英国都铎王朝"王权至尊"的确立》，《贵州社会科学》2011 年第 11 期。

侯玉忠：《马基雅维利的共和思想简论》，《贵州师范大学学报（社会科学版）》2004年第2期。

刘新成：《都铎君主专制说质疑》，《世界历史》1992年第1期。

史方倩：《试析马基雅维利的政治思想》，《成都理工大学学报（社会科学版）》2006年第1期。

程佳佳：《马基雅维利论军政——〈君主论〉研究》，华东师范大学硕士学位论文2019年。

王田：《马基雅维利的政体思想研究》，天津师范大学硕士学位论文2016年。

朱新：《在专制与共和之间——马基雅维里政治思想的再审视》，华东师范大学硕士学位论文2013年。

张君丽：《都铎王朝专制主义研究》，山东师范大学硕士学位论文2013年。

夏莜泽：《不稳定的利维坦——霍布斯式国家解体的必然性考察》，《政治思想史》2017年第2期。

朱旭东：《杰斐逊的现代化教育制度思想》，《比较教育研究》2000年第S1期。

岑燕坤：《巴贝夫平等思想探析》，《社会主义研究》1996年第2期。

张恒山：《从空想共产主义到中国特色社会主义》，《中共中央党校学报》2017年第5期。

牛先锋：《社会主义发展纵横谈——空想社会主义的贡献与局限》，《北京党史》2013年第4期。

孟艳：《空想社会主义思想家对共产主义社会的向往——纪念〈乌托邦〉发表五百周年》，《科学社会主义》2016年第3期。

詹真荣、张健：《法国空想社会主义的社会建设思想研究》，《社会科学战线》2014年第7期。

伍光良、吕乃基：《启蒙运动路线图及其意义——从知识论的角度》，《自然辩证法研究》2012年第5期。

邓晓芒：《西方启蒙思想的本质》，《广东社会科学》2003年第4期。

王涛：《另一个维度的启蒙：天主教启蒙运动的思想与历史》，《世界宗教研究》2017年第1期。

［英］约翰·罗伯逊、关依然、周保巍译：《启蒙运动的再思考》，《华东师范大学学报（哲学社会科学版）》2017年第3期。

R.斯蒂芬妮、潘滢：《马克思主义与18世纪法国的思想遗产》，《马克思主义与现实》2019年第4期。

外文：

Robert Dahl. *A Preface To Economic Democracy*. Berkeley and Los Angeles: University of California Press, 1986.

J. Keane. *Democracy and Civil Society*. London: Verso, 1988.

Bhikhu Parekh. *Bentham's Political Thought*. London: Croom Helm, 1973.

John Bowring, ed. *The works of Jeremy Bentham (Vol.5)*. Edinburgh: William Tait, 1843.

Bruce Mazlish. *James and John Stuart Mill: Father and Son in the Nineteenth Century*. New York: Basic Books, 1975.

Stephen Paget, ed. *Henry Scott Holland: Memoir and Letters (1921)*. London: John Murray, 2009.

T. H. Green. *Prolegomena to Ethics*. Oxford: Clarendon Press, 1907.

T. H. Green. *Lectures on the Principles of Political Obligation*. Kitchener: Batoche Books, 1999.

John Dewey. *Individualism: Old and New*. New York: Minton, Balch& Company. 1930.

John Dewey. *Philosophy and Civilization*. New York: Minton, Balch& Company, 1931.

Hannah Arendt. *Between Past and Future:Eight Exercises in Political Thought*. New York: Penguin Books, 1977.

Hans Baron. "Machiavelli: the Republican Citizen and the Author of The Prince". *The English Historical Review*, 1961.

Gisela Bock,Quentin Skinner, Maurizio Viroli, eds. *Machiavelli and Republicanism*. London:Cambridge University Press, 1990.

G.R Eldon. *The Tudor Constiution Documents and Commontary*. New York: Cambridge University Press, 1990.

M. L. Bush. *The English Aristocracy:A Comparative Synthesis*. Manchester: Manchester University Press, 1984.

Benedetto Croce. *Politics and Morals*. New York: Philosophical Library, 1945.

J.G.A.Pocock. *The Machiavellian Moment*. Princeton:Princeton University Press, 1975.

Leo Strauss. *Thoughts on Machiavelli*. Chicago: The University of Chicago Press, 1958.

Niccolò Machiavelli. *Discourses on Livy*. Harvey C.Mansfield, Nathan Tarcov, trans. Chicago: The University of Chicago Press, 1996.

Leo Strauss, Joseph Cropsey. *History of Political Philosophy*. Chicago: The University of Chicago Press, 1987.

J.H.Burns, ed. *The Cambridge History of Political Thought 1450-1700*. Cambridge: Cambridge University Press, 1991.

Steven B. Smith. *Spinoza's Book of Life: Freedom and Redemption in the Ethics*. New Haven:Yale University Press, 2003.

Iain Hampsher-Monk. *A History of Modern Political Thought: Major Political Thinkers from Hobbes to Marx*. Oxford: Basil Blackwell, 1992.

Edmund Burke. *The Writings and Speeches of The Right Honorable Edmund Burke*. Boston:Little, Brown and Company, 1901.

后　记

本书由中国社会科学院马克思主义研究院党委书记辛向阳研究员负责提出全书的纲要，经多次讨论修改后确定。**编写成员如下：李紫娟、朱大鹏、王钰鑫、尹学朋、王珊珊、颜玫琳、杨春花、董学宾、孙雪凡。**

第一编分为四章内容。各章的撰写分工如下：朱大鹏负责撰写第一章；王钰鑫负责撰写第二章、第三章、第四章。初稿完成后由朱大鹏负责统稿。

第二编分为八章内容。各章的撰写分工如下：尹学朋负责撰写第二章、第三章、第四章和第七章第一、三节；孙雪凡负责撰写第一章、第六章；董学宾负责撰写第五章、第七章第二节和第八章。初稿完成后由尹学朋负责统稿。

第三编分为六章内容。各章的撰写分工如下：李紫娟负责撰写第四章第二节、第五章、第六章；王珊珊负责撰写第一章和第四章第一节；颜玫琳负责撰写第二章和第四章第三节；杨春花负责撰写第三章。初稿完成后由李紫娟负责统稿。

全书成稿后由辛向阳统稿把关。

图书在版编目（CIP）数据

西方国家治理思想史 / 辛向阳主编． — 杭州 ：
浙江人民出版社，2024.3
ISBN 978-7-213-09984-7

Ⅰ．①西… Ⅱ．①辛… Ⅲ．①行政管理—政治思
想史—西方国家 Ⅳ．①D035-091

中国版本图书馆CIP数据核字(2020)第271186号

XIFANG GUOJIA ZHILI SIXIANGSHI

西方国家治理思想史

辛向阳　主编

出版发行：浙江人民出版社（杭州市体育场路347号　邮编　310006）
　　　　　市场部电话：(0571)85061682　85176516
责任编辑：郦鸣枫　胡佳佳　尚　婧　方　程
责任校对：陈　春　何培玉　戴文英
责任印务：程　琳
封面设计：厉　琳
电脑制版：杭州兴邦电子印务有限公司
印　　刷：杭州钱江彩色印务有限公司
开　　本：710毫米×1000毫米　1/16
印　　张：59.25
字　　数：807千字
版　　次：2024年3月第1版
印　　次：2024年3月第1次印刷
书　　号：ISBN 978-7-213-09984-7
定　　价：238.00元(全二册)

如发现印装质量问题,影响阅读,请与市场部联系调换。